# HEYNE BIOGRAPHIEN

Über den Autor:

Jürgen Klein, geb. 1945, Professor für Anglistik an der Universi-
tät-GHS-Siegen. Promotion 1973 mit einer Arbeit über den
englischen Schauerroman an der Universität Marburg. 1981
Habilitation an der Universität Siegen mit einer Schrift über
englisches Denken in der Neuzeit.
Seit 1982 Professor für Anglistik. Arbeitsgebiete: Englische
Literatur von der Neuzeit bis zum 20. Jahrhundert sowie
englische Kultur- und Geistesgeschichte.
Buchveröffentlichungen: »Der Gotische Roman und die Ästhetik des Bösen« (Darmstadt 1975), »Byrons romantischer Nihi-
lismus« (Salzburg 1979), »Theoriengeschichte als Wissen-
schaftskritik« (Königstein 1980), (Hrsg.) »Francis Bacon, Neu-
Atlantis« (Stuttgart 1982), »England zwischen Aufklärung und
Romantik« (Tübingen 1983).

# Jürgen Klein

# VIRGINIA WOOLF

## Genie – Tragik – Emanzipation

Originalausgabe

Wilhelm Heyne Verlag
München

HEYNE-BUCH Nr. 12 / 114
im Wilhelm Heyne Verlag, München

Copyright © 1984 by Wilhelm Heyne Verlag GmbH & Co. KG, München
Printed in Germany 1984
Umschlagfoto: Archiv Preussischer Kulturbesitz, Berlin
Bildnachweis: Ullstein Bilderdienst, Berlin (7)
Süddeutscher Verlag, Bilderdienst, München (2)
Archiv des Autors (7)
Zeittafel und Bibliographie: Dr. Hubert Fritz, München
Umschlaggestaltung: Atelier Ingrid Schütz, München
Bildteil: RMO, München
Satz: VerlagsSatz Kort GmbH, München
Druck und Bindung: Presse-Druck Augsburg

ISBN 3-453-55115-X

# Inhalt

# 1
## Die Anfänge: Licht und Schatten des Viktorianischen Zeitalters

Zeitlebens hat sich Virginia Woolf, geborene Stephen, mit den Eigenheiten, Grundzügen und Problemen des viktorianischen Zeitalters auseinandergesetzt, das ihre Kindheit und Jugend geprägt hat.

Königin Viktoria regierte bis zum Jahre 1901. In diesem besagten Jahre 1901 war Virginia Stephen neunzehn Jahre alt. Sie war schon zu dieser Zeit besonders aufgeweckt und gebildet, hatte längst eine Entwicklung eingeschlagen, die dazu führen sollte, daß sie in der Literatur neue Wege ging.

Erstaunlich bleibt, daß Virginia Woolf den Wandel des viktorianischen Zeitalters und seine Umsetzung in die Moderne nicht nur selbst miterlebte, sondern an diesem Umwandlungsprozeß gestalterisch teilnahm. Sie gehörte zu den Begründern des englischen Modernismus.

Die Schwierigkeiten ihrer Entwicklung in der Abkehr vom traditionellen englischen Lebensstil der »upper middle class« führen entscheidend über Kindheits- und Adoleszenzerfahrungen immer wieder in das Zeitalter der Königin Viktoria zurück. Das Zeitalter der Queen Viktoria war die Epoche des britischen Weltreichs, des Aufschwungs Großbritanniens zur Beherrscherin der Weltmeere, zur Führungsnation in Industrie, Technologie, Handel und Finanz. Der viktorianische Bildungs- und Moralpropagandist Samuel Smiles betonte in seinem Buch ›Der Charakter‹: »Diejenige Schulung, welche uns zur Abfindung mit den verschiedenen Geschäften tüchtig macht, ist für das praktische Leben die nützlichste von allen. Überdies ist sie die beste Zucht des Charakters, denn sie schließt die Ausübung von Fleiß, Aufmerksamkeit, Selbstentäußerung, Urteil, Takt, Menschenkenntnis und Menschenliebe in sich.«[1]

Die Betonung der praktischen Intelligenz zusammen mit der Geschäftstüchtigkeit als »moralischer« Leitlinie des englischen Bürgertums im 19. Jahrhundert macht einerseits den ökonomischen Erfolg Englands sinnfällig — und erklärt zum anderen die eigentümlichen Vorbehalte der bürgerlichen Viktorianer gegen zweckfreie Intelligenz und Kunst. Der ökonomische Boom der Ära Viktorias schien so vorherrschend zu sein, daß er häufig zum ersten Maßstab jeder menschlichen Tätigkeit erhoben wurde. Nicht zuletzt Charles Dickens hat den Typus des prahlerischen profitgierigen Philisters und Banausen in Gestalten wie Mr. Podsnap unsterblich gemacht.

All diese Tugenden und Kompetenzen wirkten sich in der britischen Industrialisierung aus, aber auch in der Erweiterung des Britischen Empire. Eisenbahnen und Dampfschiffe wurden gebaut, zunehmend wurden im Bau- und Maschinenwesen Stahlkonstruktionen üblich — die britischen Tugenden des Viktorianismus füllten die Taschen der Besitzenden, ohne die soziale Frage zu lösen: die Not der arbeitenden Bevölkerung, welche allererst diese gravierenden Wandlungen »vor Ort« möglich machte.

»Das Schicksal Großbritanniens war, daß es die größte Fabrik der Welt wurde. Seine Bevölkerung mußte im Lande bleiben und sich vermehren. Mit billiger Arbeit und billiger Kohle konnten wir dem Wettbewerb die Stirn bieten, und goldene Ströme würden in immer zunehmenden Strömen sich über Laden- und Mühlenbesitzer und Schiffseigner ergießen... Aber der Reichtum der Nation hängt langfristig von den geistigen und körperlichen Bedingungen des Volkes ab, aus denen sie besteht, und die Erfahrung der ganzen Menschheit erklärt, daß eine Menschenrasse gesund an Körper und Geist kaum gezüchtet und aufgezogen werden wird nur in der Übung von Pflug und Spaten, in der frischen Luft und im Sonnenschein, mit ländlichen Vergnügungen und Freuden, nie zwischen ungesunden Kanalisationen und Rauchschwärze und dem ewigen Geklirr der Maschinen«[2]

Das britische Kolonialreich wurde daher als Kinderstube einer kräftigen Generation von Engländern betrachtet, die sich in Übersee entfalten konnten, ohne die Belastungen des Mutterlandes — und über das »Commonwealth« blieb die britische

»Völkerfamilie« erhalten. Doch das war nur die geschönte Seite des Kolonialismus: »Das Empire trug... sich selbst. Wohlstand billig einführen und Probleme energisch exportieren, das war es, was das britische 19. Jahrhundert so scheinbar unwiderstehlich zur Prosperität führt... bereits nach 1815 begannen Englands innere Probleme, nur tarnten sie sich zunächst als äußerer Aufstieg.«[3] Mitte des 19. Jahrhunderts konstituierte sich ein Weltwirtschaftssystem durch die neue Technologie, die Revolutionen im Verkehrs- und Kommunikationswesen: »Diese Schaffung einer einzigen, zusammenhängenden Welt ist wahrscheinlich die bedeutsamste Entwicklung in jener Epoche.«[4]

In der Entstehung dieses einzigen Weltzusammenhangs lag Englands Dilemma: solange es Pionier in Wirtschaftsdingen blieb, nahm der Aufschwung zu. Als sich England aber in das Gesamtsystem einpassen mußte, verlor es Schritt für Schritt seine beherrschende Stellung.

Im 19. Jahrhundert sank die Bedeutung des Landadels in England. Die in den Gewerben tätigen Personen erhielten, sobald sie selbständig waren, Zugang zum wirtschaftlichen und sozialen Aufstieg. Der Handel intensivierte sich, vor allem der Amerikahandel und der Handel mit Indien. In England entwickelte sich die Baumwollverarbeitung durch die Mechanisierung, so daß das Land auf dem Weltmarkt führte, mit seinen Profiten neue Industrien aufbauen konnte und schließlich auch als »Bankier Europas« tätig war.

Allerdings hat die Schutzzollpolitik gegenüber dem getreideproduzierenden Landadel die Umschichtung vom Land zur Stadt vorangetrieben — innerhalb der arbeitenden Bevölkerung. Die Industrialisierung großen Stils wurde nur möglich über die zur Verfügung stehenden »billigen Arbeitskräfte« in den Städten. So verwundert es nicht, wenn im Viktorianischen Zeitalter auch Stimmen der Kritik an der Industrialisierung und Modernisierung der Gesellschaft laut wurden. Die Anfänge der Schwerindustrie sind mit dieser Entwicklung verbunden, aber auch die Begründung der Arbeiterbewegung, die nur durch Organisation glaubte, den Strategien der Unternehmer eigene Lebensinteressen entgegensetzen und Ansprüche der Veränderung geltend machen zu können. Auf den Konflikt zwischen Unternehmern und Arbeitern ging die Geschichte der englischen Sozialgesetzgebung im 19. Jahrhundert zurück, die sich nur nach und nach durch wachsenden Druck von unten durchsetzte. Parallel liberalisierte sich das englische Regierungs- und Parlamentssystem durch die Auseinandersetzung von Adel und Bürgertum, so daß ab 1832 Wahlrechtsreformen den Weg zu einer Demokratisierung in England freimachten.

In den Zeiten gravierenden Wandels erhielt die Religion als Massenreligion einen großen Auftrieb: hier verbreitete sich die evangelikale Bewegung in England, die seelische Bedürfnisse der Menschen verknüpfte mit einem offensichtlich sozialen Engagement. Philanthropie und religiöser Sozialismus hatten somit einen deutlichen Zulauf in der Epoche einschneidender Umwandlungen.

All diese Veränderungen prägten das England der Königin Viktoria. Sicher wurden sie nicht alle in der bürgerlichen Schicht zum Bewußtsein erhoben, doch auch in ihr zeichneten sich Wandlungen ab, die für Persönlichkeiten wie Virginia Stephen zum Reservoir ihres Nachdenkens gehörten. Drei Dinge hatten sich in Virginias Bewußtsein besonders fest verankert, die sie herausforderten, sich mit dem Geist des Viktorianismus auseinanderzusetzen: einmal die viktorianische Moral und deren dekorative Verbrämungen; zum andern das Verhältnis dieser Epoche zur Kunst und Wissenschaft und schließlich die Ideologie und gesellschaftliche Praxis des britischen Bürgertums, die sich in einem Patriarchalismus kristallisierten und so zutiefst auf die Möglichkeiten der Frauen in der Gesellschaft wirkten.

Noch im Jahre 1937 schrieb Virginia Woolf an ihre alte Freundin Violet Dickinson: »Habe ich nicht Recht, wenn ich sage, daß 1,80 m groß zu sein im Zeitalter Königin Viktorias (für eine Frau; Anm. d. Verf.) gleichbedeutend war mit der Tatsache, ein uneheliches Kind zu haben.«[5] Frauen hatten in Viktorias Zeiten weder politische noch ökonomische Macht, erhielten keine Ausbildung, die denen der Männer entsprach, auch wenn sie aus bürgerlichen oder adligen Familien stammten. Frauen durften in keiner Beziehung »groß« sein.

Die britische Gesellschaft veränderte sich wohl nie so entscheidend wie im 19. Jahrhundert. England hatte seine Revolution bereits im 17. Jahrhundert durchgemacht, die schließlich zu einem Kompromiß geführt hatte: Besitzbürgergesellschaft und Protestantismus blieben die Pfeiler ihrer Konstruktion. Folglich fürchteten sich die führenden Schichten Englands vor einer Übernahme der volksorientierten Französischen Revolution. Das Schreckbild Frankreichs bestimmte weitgehend britische Politik, förderte den Konservatismus und ließ auch die Liberalen vor einer Nachahmung zurückschrecken.

Reformparlamentarier und viktorianische Propheten lehrten, »daß eine Forderung nach sozialem und politischem Wandel die vorherrschende Stimmung des Zeitalters war, daß absolute Aussagen über die Unverletzlichkeit traditioneller Rechte und Beziehungen virtuell bedeutungslos geworden waren, und daß die gegenwärtigen Verhältnisse nur durch die Erforschung der Vergangenheit verstanden werden können.«[6]

So muß der Geist der Epoche Königin Viktorias auf zwei wesentlichen Ebenen angesiedelt werden, die miteinander zusammenhängen. Auf der einen Ebene findet man die Ästhetik und Ethik des Zeitalters in einer Mischung von Oberflächenromantik, äußerer Schönheit und Harmonie zeitgenössischer Provenienz, erkauft durch Repression des Selbst, welche persönliche Probleme verdeckte unter einem Vorstellungsverschnitt von Moralismus und Utilitarismus. Dazu gehörte auch ein Haß gegen die freie Kunst in bürgerlichen und adligen Kreisen, wohingegen harmloses und wucherndes Dekor geduldet wurde. Die zweite Ebene des Zeitalters bezieht sich auf die schon genannte Revolution in Wissenschaft, Technik, Wirtschaft und Gesellschaft. Hier steht der praktische, instrumentelle Utilitarismus im Zentrum.

Während die erste Ebene Kultur zum Dekor verkommen ließ und die viktorianische Dezenz feierte, wurden die Menschen dieser Zeit im persönlichen Bereich — vor allem sexuell — unterdrückt im Zusammenwirken von Religion und Verhaltensnormativität. Roger Fry hat hierfür ein Beispiel aus seinen Erfahrungen in einer englischen Internatsschule gegeben, in der das Schulprügeln zum Programm gehörte: »Ich weiß nicht, welche Komplikationen und Repressionen dahinterlagen, aber ihre Verbindung mit der Sexualität wurden mir plötzlich eines Tages offenbart, als ich zu meinem Zimmer ging, nachdem ich bei einer Exekution (= Prügelstrafe) assistiert hatte... alle Gedanken an Sexualität waren zutiefst in mir unterdrückt worden in meiner erinnerten Vergangenheit.«[7]

Der Erfolg der englischen Gesellschaft, beruhend auf einem puritanischen Programm, sollte auch in der Zukunft gewährleistet werden, indem man die Kinder schon auf die mannigfachen Formen des Verzichts drillte. Anpassung, Arbeitsamkeit, Fleiß, Gehorsam gehörten zur Grundausstattung viktorianischen Wertdenkens. Folglich mußten Regungen der Natur in Schach gehalten werden. Nichts gehört deshalb so sehr zum Bild der Innenseite der Viktorianer wie die Scham. Die allseitige Präsenz viktorianischer Scham führte selbst einen Leslie Stephen dazu, sich mit diesem Thema auseinanderzusetzen. In seinem Buch ›The Science of Ethics‹ (1882), das er übrigens für sein bestes Werk hielt, handelte Leslie Stephen die »Empfindung der Scham« unter dem Kapitel ›Bewußtsein‹ ab und stellt sie in unmittelbare Nähe zum ästhetischen Urteil.

Für Stephen ist das Schamgefühl präziser Indikator für Normverletzungen, verknüpft mit dem physischen Zeichen des Errötens, das beim Bruch des »moralischen Gesetzes« auftritt. Doch hier verwechselt auch der scharfsinnige Leslie Stephen Moralität und Konvention, wenn er sagt: »Jemand schämt sich seiner selbst für ein Verhalten, das aktuell durch das moralische Urteil seines Nachbarn verdammt wird, insofern als er zumindest mit der allgemeinen Moral sympathisiert, und er schämt sich eines Verhaltens, das verurteilt würde, käme es ans Licht.«[8] Zudem schien für Stephen das Schamgefühl mehr durch ein »Vergehen der Sinnlichkeit« hervorgerufen zu werden als durch »Vergehen der Grausamkeit«: »... ein der Tyrannei überführter Mensch scheint kaum in derselben Weise der Scham ausgesetzt zu sein wie ein Mann, wenn er eines Vergehens gegen die Reinheit überführt wurde.«[9]

Nur wenn diese tieferen Züge der Epoche berücksichtigt werden, läßt sich der Erfolg der Industrie- und Welthandelsnation England erfassen und zugleich relativieren, wurde er doch oft durch doppelte Moral »bezahlt«. Beide Ebenen der Epoche durchdringen sich und stehen in dialektischem Verhältnis.

Königin Viktoria, im Jahre 1819 geboren, bestieg 1837 den englischen Thron. Virginia Woolfs Vater Leslie Stephen wurde im

Jahre 1832 geboren und muß daher als Viktorianer gelten: seine Erziehung, Bildung, Arbeit — seine Erfolge, all dies fiel in die Viktorianische Epoche. Leslie Stephen ist nie ein bequemer Zeitgenosse gewesen: er hegte von der viktorianischen Norm abweichende Ansichten in Fragen der Religion und des Sozialwesens. Doch blieben noch eine Reihe von Eigenschaften übrig, die unverkennbar für seine Zeit waren.

Leslie Stephen war schon als Kind besonders sensibel und kränklich, was seiner Hochbegabung eine gewisse Morbidität verlieh. Dennoch vermochte er durch Willensanstrengung seine Schwäche zu überwinden und in verschiedenen Gebieten Vorzügliches zu leisten. Zum einen blieb er zeitlebens der pure Intellektuelle, zum andern gedachte er, auch auf dem Gebiet der körperlichen Leistungen durch Anstrengung zum Vorbild aufzusteigen. Sein obligatorischer Alpenstock als Zeichen seiner rabiaten Wanderungen und Bergtouren ohne Rücksicht auf Leistungsgrenzen gehörte zusammen mit seinem puritanischen Hausregiment, das im Einklang mit seiner schriftlich niedergelegten Ethik sexuelle Reinheit als Basis eines stabilen Familienlebens forderte. Diese Forderung setzte Leslie Stephen in enge Beziehung zu Formen des selbstverleugnenden Altruismus. Doch die faktischen Lebensbedingungen in seinem Haus machten in aller Praxis klar, daß sein Ideal der »sexuellen Reinheit« in der Familie nicht durchführbar war. Wenn Leslie nicht wußte, daß Virginia und Vanessa von ihren Halbbrüdern Gerald und George Duckworth sexuell verfolgt wurden, dann führt sich sein puritanisch-viktorianischer Kult auch selbst ad absurdum. In ihrem Roman ›Die Jahre‹ hat Virginia Woolf die Form viktorianischen Familienlebens als repressiv gegeißelt, deutlicher noch in ihren autobiographischen Fragmenten ›Moments of Being‹. In ›Die Jahre‹ heißt es: »Es war ein abscheuliches System, dachte er; Familienleben; Abercorn Terrace. Kein Wunder, daß das Haus sich nicht verkaufen ließ. Es hatte ein Badezimmer und ein Erdgeschoß; und dort hatten all diese verschiedenen Menschen gelebt, zusammengesperrt, und hatten einander belogen.«[10]

Gleichzeitig huldigte Leslie Stephen einem ästhetisierenden Weiblichkeitskult in Bezug auf seine Frau Julia, der ihn aber auch nicht davor bewahrte, »ewige« Ansprüche an weibliche

Seelentröstung und praktische Versorgung zu stellen. Leslies Selbstmitleid und Sucht nach Trost durch Frauen war seine Erquickung für die Trockenheit der rationalistisch-utilitaristisch männlichen Weltsicht, die Leben auf wissenschaftlichen Erfolg reduzierte und keine Sicht freigab auf die Ganzheit der Natur.

In seinem Buch ›Soziale Rechte und Pflichten‹ aus dem Jahre 1896 schrieb Leslie Stephen über die Liebe und die weibliche Heilige, die ein Viktorianer zu verehren habe. Diese Stellen decken sich weitgehend mit der Stimmung seines späteren ›Mausoleum Book‹: »Eine erhabene Natur, die profitiert hat von einem Gang durchs Feuer, erlangt Ansprüche nicht nur auf unsere Liebe, sondern auch auf unsere Verehrung... wir können nicht versuchen, den Wert dieser geistlichen Kraft zu berechnen, der unsere Leben geformt hat, der geholfen hat, durch ein einfaches Bewußtsein seiner Existenz uns sanfter, nobler und reiner zu machen in unseren Weltgedanken... der uns beständig ein erhabeneres Ideal vorgestellt hat als wir für uns selbst formen konnten.«[11] Und Leslie Stephen fährt fort: »Der Mann ist unglücklich, der keine eigene Heilige besitzt.«[12]

In einer Tagebucheintragung vom 24. Februar 1926 berichtete Virginia Woolf über Aussagen, die Francis und Rose Macaulay über Leslie Stephen machten anläßlich eines Besuches bei den Woolfs in 52 Tavistock Square: »›Er machte es möglich für mich, ein schönes Leben zu haben‹, sagte er. ›Er riß das ganze Gebäude ab und wußte niemals, was er da tat. Er bemerkte nie, daß, wenn Gott fiel, die Moral folgen mußte. Ein bemerkenswerter Mann; denn obwohl er nicht an Gott glaubte, war er strenger als diejenigen, die es taten.‹ ›Er liebte das Klagen‹, sagte Leonard, der gerade heraufkam. Rose Macaulay erzählte, daß ihre Eltern ihn immer den ›armen Leslie Stephen‹ nannten, weil er seinen Glauben verloren hatte.«[13]

Leslie Stephen war ein Puritaner, ohne an Gott zu glauben, doch er hatte den Rigorismus des religiösen Puritanismus beibehalten, wie ihn seine Vorfahren übten, auch diejenigen, welche der säkularen Clapham Sect angehörten, eine Zugehörigkeit, die in der Intellektuellen Aristokratie des 19. Jahrhunderts weit verbreitet war.

Die Schwierigkeit der protestantischen Existenz lastete auf Leslie Stephen, auch wenn er schließlich — beeinflußt durch die bedeutenden Philosophen J. St. Mill, Comte und Kant — Atheist wurde. Stets haßte er die Laster des Luxus und der Faulheit. Immer schien sich Leslie Stephen vor einer letzten Instanz rechtfertigen zu müssen, so daß nur zwei Wege übrigblieben: das Gefühl völliger Vernichtung oder der Glaube an das eigene Übermenschentum.

Seine Gedanken über das Ende seines Glaubens an Gott hat Leslie Stephen in seiner Schrift ›An Agnostic's Apology‹ vorgetragen. Dabei definierte er den Agnostiker als jemanden, der behauptet, »daß es Grenzen der Sphäre menschlicher Intelligenz gibt«[14], denen zufolge man keine überempirische Erkenntnis erlangen könne. Diejenigen, die glauben, Aussagen über Gott seien möglich und akzeptabel, nannte Stephen Gnostiker, denn deren Wahrheitsangebote bedürften in deren Augen keinerlei Beweis durch Beobachtung oder Experiment.

Der Schluß von der »übermenschlich« geordneten Welt auf die Existenz eines Schöpfergottes blieb für Leslie Stephen bloße Spekulation. Gott als Name der universellen Harmonie muß bei den Theologen für alles Unerklärte herhalten: »Träume mögen für den Augenblick angenehmer sein als Wirklichkeiten; aber Glück muß gewonnen werden durch das Anpassen unseres Lebens an die Wirklichkeit.«[15]

Die Verteidigung der menschlichen Vernunft in dem, was sie leisten kann, hatte Leslie Stephen sich zur lebenslangen Aufgabe gemacht. Das Nichtwissen des Menschen von Gott hat für ihn zur logischen Folge, daß Menschen keine begründeten Aussagen über Gott machen können. Die Intuitionen der religiösen Menschen haben nur für diejenigen Bedeutung, welche diese Intuitionen teilen: alle anderen bleiben unberührt davon. Leslie Stephen hob hervor, daß die philosophischen Theorien der Gegenwart und der Vergangenheit sich viel zu häufig widersprochen hätten, als daß man um den Skeptizismus herumkommen könne. Die Philosophen »haben einen Punkt erreicht, wo, wie am Pol, der Kompaß unterschiedslos in jede Richtung zeigt.«[16]

Daher bleibt für ihn der Agnostizismus der einzige Weg, der ihn vor dem Skeptizismus bewahrt. Allein zum Pantheismus kann die logische Theologie führen, aber zu einem solchen, der nichts Übernatürliches akzeptiert.

Es gibt keine Wunder, es sei denn, die Natur selbst ist das Wunder, dann aber läßt sich keine Moral aus der Theologie ableiten, weil die Natur als solche nicht ethisch bestimmt ist: »Der Pantheismus kann keine Grundlage für die Moralität abgeben, denn die Natur ist ebenso Ursache des Lasters wie Ursache der Tugend.«[17] Allein die Konstruktion des menschlichen freien Willens erlaubte der Theologie die Einrichtung einer Ebene moralischer Beurteilungen, Leitlinien sowie des »Gerichts«. Folglich verläuft die gesamte ethische Debatte für Leslie Stephen zwischen zwei Polen: entweder die Menschen sind determiniert, dann hat »Gott« all ihr »Handeln« zu verantworten, oder sie besitzen einen freien Willen, dann sind sie Gott über ihr Handeln Rechenschaft schuldig. Im ersten Fall wird das Übel der Welt Gott zugerechnet, im zweiten Fall den Menschen.

In diesen Ausführungen wird deutlich, wie sehr Leslie Stephen jeden dogmatischen Anspruch auf wahre Theorie ablehnte. Er ging lieber von den Tatsachen aus und versuchte, auf der Grundlage ihrer Kenntnis eine Lehre menschlicher Praxis zu errichten. Dies ließ ihn zurückkehren zu den säkularisierten Werten des Puritanismus, deren Qualität als Leitlinien in der Praxis ihm unbezweifelbar erschien: Disziplin, Arbeitsamkeit, Reinheit. Die soziale Ebene seiner Argumentation lief darauf hinaus, daß bei Besserung der äußeren Lebensverhältnisse sich auch die Moral der Menschen anheben würde (Utilitarismus). Nicht der Wille allein bestimme den moralischen Status des Menschen, sondern ebenso die sozialen Verhältnisse. An diesem Punkt wird Stephen zum Sozialreformer: »... es ist der Höhepunkt der Ungerechtigkeit, gleiche Erlangungen gleich zu beurteilen unter völlig verschiedenen Bedingungen.«[18] Jede Verdienstethik galt Leslie Stephen als agnostisch. Während die Nützlichkeit das ethische Kriterium für den Menschen ist, geht die absolute Ethik von der Zweckfreiheit des in sich guten Handelns aus. Für Leslie Stephen konnte in einer Welt des Chaos nur eine säkulare puritanische Nützlichkeitsethik mit der zunehmenden Menge des Übels fertig werden.

Leslie Stephens Lebensgefühl angesichts der tatsächlichen Welt mit ihrer Fülle von Ungerechtigkeiten und Schwächen blieb durchweg düster und melancholisch: »Es gibt eine tiefe Traurigkeit in der Welt... Optimismus wäre tröstlich, wenn er möglich wäre; in der Tat ist er unmöglich, und daher eine beständige Ironie.«[19]

Diese Traurigkeit von Leslies Lebenssicht wurde am dramatischsten verdeutlicht in Virginia Woolfs Roman ›Die Fahrt zum Leuchtturm‹; sie klang aber auch schon an in seinem eigenen Mausoleumsbuch. Man kann die Bedeutung dieser Düsternis nicht zu hoch ansetzen in ihrer Wirkung auf die Kinder, und es ist nötig, auf diesem viktorianischen Hintergrund Virginia Woolfs Verlangen nach Helligkeit, Freude, Sonne zu erkennen, auch wenn sie immer wieder — ihrem Vater nicht unähnlich — die Wahrheit der Welt und ihres Zusammenhanges zu ergründen suchte. Leslie Stephen hat Virginias literarische Bestrebungen stets gefördert. Schon im Jahre 1900 berichtete er stolz an seinen Freund Norton: »Virginia wird so literarisch wie ihr Papa.«[20]

Leslie Stephen geriet mit den beiden Denkmöglichkeiten in Konflikt: Da war die völlige Unterwerfung unter eine normative Instanz oder aber die übermenschliche Selbstbehauptung. Zwar darf man Stephen einen Zug zum Heroismus nicht absprechen, doch bleiben auch für ihn die radikalen Forderungen an den »Übermenschen« unerfüllbar, wofür gerade die häusliche Lebenssituation in 22 Hyde Park Gate Belege genug bietet.

Als Leslie Stephens Kinder heranwuchsen, war die Zeit seines Heroismus bereits vorüber, und er ließ die Eigenschaften sichtbarer hervortreten, die vor allem für Virginia Woolf das Negative und zu Überwindende am Viktorianismus darstellten.

Die Kinder — und vor allem Virginia — empfanden die immensen Spannungen zwischen geistiger Leistung und Zurückschneiden des seelischen Ausdrucks als bewundernswert und melancholisch zugleich. Leslie Stephen versagte sich dem Gefühl — aus utilitaristischer Rationalität — und hatte doch genug davon, vielleicht mehr, als ihm lieb war.

Nicht zuletzt an diesem Punkt entfaltete die viktorianische Epoche ihre Düsternis, die Virginia Woolf in ihren Romanen ›The Voyage Out‹, ›Nacht und Tag‹, ›Die Fahrt zum Leuchtturm‹, ›Orlando‹ und ›Die Jahre‹ immer wieder beschwor.

In seinem Mausoleumsbuch über sein Leben mit Minny und Julia, die 1895 im Alter von 48 Jahren starb, gibt Leslie Stephen eine exemplarische Studie spätviktorianischer Trauer.[21] Virginias Jugend fiel zeitlich zusammen mit der Trauer ihres Vaters, ihr Erwachsenwerden mit seinem langsamen Sterben. Die »Befreiung« der Kinder erfolgte 1904/1905. Der tief eingegrabene Sinn menschlicher Vergänglichkeit in Leslie Stephens Weltsicht übertrug sich auf Virginia, so daß sie notwendigerweise zwischen den Polen des verinnerlichten Viktorianismus und den neuen seelischen, ethischen, intellektuellen Bestrebungen der Moderne stand und sich zwischen ihnen verzehrte.

Die Verehrung seiner Frau Julia über den Tod hinaus trug bei Leslie Stephen etwas Sakrales mit sich: seine Trauer schien ihn zu vereinnahmen. Er glaubte, die Toten könnten im späteren Leben präsent bleiben, indem ihr Wesen zum Teil der Hinterbliebenen wurde. Für seine Kinder wurde auf diese Weise aber auch eine vergangene Zeit konserviert, eine Vorstellungswelt, aus der sie auszubrechen trachteten, in der sie aber eingefügt blieben, solange ihr Vater lebte — und darüber hinaus, wiewohl dann ihre äußere Freiheit begann.

Leslie Stephens Aufstieg zu den Höhen der Alpen entspricht Virginia Woolfs Tauchen in die Tiefen des Meeres, um am Boden der »Seele« die Wahrheit der menschlichen Existenz zu gewahren. Vater und Tochter stehen demnach zueinander in einem Verhältnis zwischen Attraktion und Repulsion. Dies blieb für Virginia Woolf lebenslang der Fall, so daß ihre Selbstverwirklichung als Schriftstellerin und Frau auch stets ein Kampf mit dem Patriarchalismus des Viktorianischen Zeitalters blieb.

# 2
# Kindheit und Jugend einer Tochter
# aus gutem Hause

Virginia Woolf wurde in einer Epoche und in einer Umwelt geboren, die uns heute fremd und fern erscheint. Sie stammt aus einer Familie, die noch zum viktorianischen Bürgertum gehörte, aber schon hineinreichte in die Welt der Wissenschaft, der Kunst und Kultur. Virginia war die Tochter von Sir Leslie Stephen (1832–1904), der Ende des 19. Jahrhunderts als Autorität und »Priester« englischer Kultur galt. Leslie hatte einen berühmten Vater, Sir James Stephen (1789–1859), und einen berühmten Bruder, Sir James Fitzjames Stephen (1829–1894). Der Vater brachte es bis zum Unterstaatssekretär für die britischen Kolonien, übernahm aber nach Ablauf seiner Amtszeit eine Professur für moderne Geschichte in Cambridge, die er bis zu seinem Tode im Jahre 1859 innehatte. Wie seine Söhne und seine Enkelin Virginia huldigte James der Schriftstellerei; er veröffentlichte Aufsätze zur Kirchengeschichte (1849) sowie Vorlesungen über die Geschichte Frankreichs (1852). Leslies Bruder James Fitzjames war ein bulliger, hochbegabter Mann, der eine klassische englische Ausbildung absolvierte mit den Stationen Eton, King's College, London und Trinity College, Cambridge, um hernach als angesehener Anwalt in London zu wirken. Er bekleidete ein hohes Amt in der indischen Kolonialregierung, wurde für einige Jahre zum Richter am High Court berufen, arbeitete aber gleichzeitig als Essayist und juristischer Schriftsteller. Dabei entwickelte er soviel Selbstbewußtsein, daß er die Arbeiten des bedeutenden englischen Philosophen, John Stuart Mill, der ein Freund seines Vaters war und einem aufgeklärten, liberalen Nützlichkeitsdenken anhing sowie einer Ethik des »größten Glücks der größten Zahl«, in seinem Buch ›Freiheit, Gleichheit, Brüderlichkeit‹ scharf kritisierte.

Die Verhaltensmuster einer viktorianischen Familie mit geregelter Ausbildung, stilvollen Umgangsformen und ritualisierter Geselligkeit, puritanischer Würde und der beherrschenden Stellung des Mannes als Hausvater wurden von den Stephen-Brüdern übernommen. Leslie besuchte dieselben Bildungsinstitute wie Fitzjames, studierte allerdings Theologie, zunächst mit dem Vorsatz, in den Dienst der Anglikanischen Kirche zu treten. Doch er hatte von seinem Vater die Bücherleidenschaft in einem hohen Maße geerbt, so daß er sich ganz der Wissenschaft und Literatur widmete sowie der zeitgenössischen Philosophie. Seine intensiven Studien, die sich über mehrere Jahre hinzogen, brachten ihn mehr und mehr einer skeptisch-atheistischen Weltauffassung näher, die ihm den Entschluß erschwerte, die eingeschlagene Laufbahn fortzusetzen. Einige Jahre verbrachte Leslie Stephen im Zölibat als Fellow von Trinity Hall, Cambridge.

Für die Fellows in einem College in Oxford oder Cambridge galt im 19. Jahrhundert noch die Verpflichtung, in den geistlichen Stand überzuwechseln, mit der Auflage der Ehelosigkeit. Leslie wurde im Jahre 1859 ordiniert, vertiefte sich aber so sehr in moderne Philosophie, daß er notwendig seinen Glauben verlor. Das Jahr 1862 brachte ihm durch die Beschäftigung mit evolutionstheoretischen Schriften die Gewißheit, daß es niemals eine Sintflut gegeben habe, daß also auch der zugehörige theologische Überbau hinfällig sei. Im Jahre 1870 ließ er sich schließlich vom Ordinationsgelübde entbinden, um als freier Schriftsteller zu leben, eine Form der Existenz, der er sich seit Mitte der sechziger Jahre mit zunehmender Intensität gewidmet hatte.

Schon 1864 hatte er sich in London niedergelassen, dem kulturellen Umschlagplatz des englischen Empire. Wie sein Vater James schrieb Leslie Beiträge für renommierte Zeitschriften, etwa Frasers und Cornhill Magazine. Später übernahm Leslie Stephen gar die Herausgeberschaft für das Cornhill Magazine, nicht lange bevor er sich an die gewaltige Aufgabe machte, das berühmt gewordene Dictionary of National Biography zu edieren. Die Zeitschriftenaufsätze sammelte er, ordnete sie zu Bänden und ließ sie unter dem beziehungsreichen Titel ›Stunden in einer Bibliothek‹ nochmals drucken. Der Titel dieser Aufsatzbände beschreibt den Geist der Familie Stephen exakt. Der Geist der Lesewut, der intelligenten Schriftstellerei, der Kritik, des Kommentars — dieser Geist charakterisiert James Stephen ebenso wie Leslie Stephen und seine Tochter Virginia, der er zum einundzwanzigsten Geburtstag mit dem Geschenk eines Ringes und dem Ausspruch, sie sei »a very good daughter«, die literarische Nachfolge übertrug. So nimmt es nicht Wunder, wenn Leslie Stephen seinen ›Stunden in einer Bibliothek‹ keine Vorrede beigab, statt dessen aber ›Meinungen von Autoren‹ über Bücher: »Ein Mann sollte nach seiner Bibliothek beurteilt werden« (Bentham)[1]; »Ich wäre lieber ein armer Mensch, der in einem Dachstübchen mit vielen Büchern haust, als ein König, der keine Freude am Lesen hat« (Macaulay)[2]; »Eine Bibliothek ist als solche eine billige Universität« (Sidgwick)[3].

In dieser seiner Bibliothek verbrachte der große schlanke und schweigsame Leslie Stephen sein Leben. Die Sammlung von Texten großer Toter um ihn herum verlieh der Bibliothek die Stimmung eines Tempels, die ehrfurchterweckende Weihe eines Grabmals. Der ehrwürdige Gelehrte interessierte sich aber auch lebhaft für Politik in einem liberalen und utilitaristischen Sinne, er haßte die Sklaverei und glaubte an die Emanzipation des modernen Menschen. Zugleich war Leslie Stephen vernarrt in den englischen Spleen der Bergsteigerei und berüchtigt für seine Gewaltmärsche zwischen London und Cambridge, die er als junger Mann in Rekordzeiten bewältigte.

Das Haus der Stephens in Kensington wirkte gespenstisch und unheimlich. Es war sehr hoch und schmal, Licht drang kaum hinein, wurde verschluckt von der düsteren Inneneinrichtung, den schwärzlichen Holztäfelungen und den tiefroten Polstermöbeln.

Das Haus No. 22 Hyde Park Gate besaß sieben Stockwerke zu je drei Räumen. Es wurde bewohnt von Leslie Stephen und seiner Frau Julia, acht Kindern aus drei verschiedenen Ehen sowie von sechs Dienstboten. Im obersten Stockwerk des Hauses befand sich die riesige Bibliothek des Vaters, geschmückt mit Portraits, Erinnerungsstücken und aufbewahrten alpinen Wanderstöcken. Hier arbeitete der Hausherr in aller Zurückgezogenheit. Die zwei Stockwerke darunter gehörten seinen Kindern, für die der Vater immer präsent war. Leslie Stephen warf

Bücher, die er eingesehen hatte, mit vernehmlichem Geräusch auf den Fußboden und bewegte, wenn er schrieb, seinen Spezialschaukelstuhl. Die Geräusche dieses Patriarchen, dessen Reich für die Kinder nicht zugänglich war — zumindest nicht, als sie noch klein waren —, verstärkten die Unheimlichkeit des Hauses. Leslie Stephen mit seinem melancholischen, doch klaren Blick, der hohen Stirn und dem schütteren, spitz zulaufenden Vollbart repräsentierte in seiner dunklen Würde die Gottvater-Figur des Alten Testaments, die besonders auffiel angesichts seiner modernen und zum Teil unangepaßten Meinungen.

Die Kinder, vor allem Virginia, lebten in einer Mischung von Liebe, Furcht und Verehrung für den Vater. Die vier Stephen-Kinder aus Leslies Ehe mit Julia, der Witwe des Verlegers Duckworth, waren in den beiden Kinderstuben unterhalb der Vater-Etage untergebracht. Das älteste Kind Julias und Leslies war Vanessa, die spätere Malerin und Schlüsselfigur in Bloomsbury, geboren 1879, gefolgt von Thoby, der Ende 1880 geboren wurde. Virginia war das dritte Kind aus dieser Ehe, geboren 1882. Sie hatte noch einen jüngeren Bruder, der im darauffolgenden Jahre auf die Welt kam. In erster Ehe war Leslie Stephen mit der Tochter des Romanciers W. M. Thackeray verheiratet gewesen. Ihre gemeinsame Tochter Laura, die kränkelte, lebte auch in No. 22 Hyde Park Gate, ebenso wie die drei Kinder aus der ersten Ehe Julias, Gerald, George und Stella Duckworth. Die Duckworth-Kinder bewohnten das Stockwerk unter den Stephen-Kindern, und die Eltern hatten ihre Repräsentationsräume in den unteren Geschossen. Das Elternschlafzimmer befand sich im ersten Stock. Es war zugleich das Sterbezimmer von Julia und Leslie. Julia starb 1895 im Alter von achtundvierzig Jahren, wie es heißt, an einer Grippe, letztlich wohl aber an einer Art Erschöpfung auf Grund ihres so überaus anstrengenden Lebens. Der Tod der Mutter machte einen tiefen und entscheidenden Eindruck auf die Familie, denn der Mensch, von dem die Impulse ausgingen, das Leben in diesem großen Haus zu harmonisieren, hinterließ eine unschließbare Lücke. Die Kinder fühlten, daß mit dem Tod der Mutter das Ende des Hauses nicht mehr fern lag. Leslie verfiel in tiefe Trauer und Melancholie, so daß die Kinder gezwungen waren, das Hausregiment selbst in die Hand zu nehmen. Julia Stephen wird von den Kindern und Freunden des Hauses als außerordentliche Schönheit beschrieben. Der amerikanische Schriftsteller Henry James, ein enger Freund Leslie Stephens seit 1860, sagte von Julia, sie sei »beautifully beautiful«. Virginia sollte ihrer Mutter später in einem ihrer besten Romane ›Die Fahrt zum Leuchtturm‹ (1927) in der Figur der Mrs. Ramsay ein literarisches Denkmal setzen. Die Mutter verstand es, den Riesenhaushalt zu lenken, alles zu überblicken, was an Erfordernissen für den Ehemann, für die Kinder aus drei Ehen und das Personal zu berücksichtigen war. Sie glänzte als Gastgeberin, denn das Haus der Stephens war ein offenes Haus: die Elite aus Literatur und Kunst verkehrte hier. Namen wie Henry James, Lord Tennyson, Robert Browning, Edward Burne-Jones und Holman Hunt sind zu nennen ebenso wie William Morris.

Virginia, die am 25. Januar 1882 geboren wurde, kam in eine Umwelt, in der wichtige menschliche Beziehungen schon festgelegt waren. Ein vorgefundener Zusammenhang mit lebenslanger Bedeutsamkeit für Virginia war der zwischen den beiden älteren Geschwistern Vanessa und Thoby, die sich bereits im Kleinkindalter eng aneinander anschlossen. Virginia wurde nun die Dritte und versuchte, in diesen Zweierbund einzudringen, um Thoby für sich zu gewinnen. In ihren Memoiren schrieb Vanessa über ihre Schwester: »... sie besaß die Fähigkeit, in aller Plötzlichkeit eine Atmosphäre dichter donnernder Düsternis zu schaffen... Plötzlich war der Himmel bezogen, und ich befand mich im Dunklen. Dieser Zustand würde endlos andauern — so schien es mir als Kind — und dann verschwinden. Aber ich war es, die in der Finsternis gewesen war — nicht die andern beiden —, und ich nehme an, obwohl ich mich nicht erinnern kann, daß ich dies damals gefühlt habe, daß dies einfach die Wirkungen von zwei kleinen weiblichen und einem männlichen Wesen waren.«[4] Die Kinder verstanden sich miteinander sehr gut, auch wenn die Rangeleien um den Status des engen Verbündeten zuzeiten häusliche »Dramen« heraufbeschworen, Eifersuchtsszenen zwischen kindlichem Selbstbehauptungsdrang, Liebe und Haß.

Eine mehr äußerliche Bedingung des Lebens, die aber die Phantasie- und Vorstellungswelt der Kinder deutlich bereichern sollte, war der Ankauf von Talland House in St. Ives an der Küste von Cornwall im Herbst 1881. Das Haus lag auf einer Anhöhe mit Blick auf das Meer und eine kleine Insel mit einem Leuchtturm. Dieses Ferienhaus wurde von der Familie Stephen von 1882 bis 1894 in jedem Sommer benutzt, so daß Virginia das Bild ihrer Mutter Julia zeitlebens auch mit einem Sommer in St. Ives verbinden konnte. Der Roman ›Die Fahrt zum Leuchtturm‹ ist der Schlüsselroman für die Stephen-Familie, an deren Mitgliedern exemplarisch die Frage der Sinngebung des Lebens literarisch gestaltet wurde. Vor allem die Mutter rückt in das Blickfeld von Autor und Leser, die Mutter in ihrer Liebe zu den Kindern, aber mit dem Bewußtsein, daß diese erwachsen werden und das Glück der Kindheit verlieren.

*Dann sprang die Tür auf und sie stürzten herein, frisch wie Rosen, mit weitaufgerissenen Augen, hellwach, als ob das Eintreten in den Speiseraum zum Frühstück, was jeden Tag ihres Lebens der Fall sein würde, ein positives Ereignis für sie wäre; und so weiter, mit einem Ding nach dem andern, bis sie hinaufging, um ihnen gute Nacht zu sagen und sie vorfand in ihre Feldbetten eingesponnen wie Vögel unter Kirschen und Himbeeren noch Geschichten erzählend über irgendeine kleine Nebensächlichkeit — etwas, das sie gehört hatten, etwas das sie im Garten aufgesammelt hatten. Sie besaßen alle ihre kleinen Schätze... Und so ging sie hinunter und sagte zu ihrem Gatten: »Warum müssen sie erwachsen werden und dies alles verlieren? Nie wieder werden sie so glücklich sein.«[5]*

Das Buch vermittelt die Helligkeit eines Sommers an der Küste von Cornwall, gewährt einen Blick in den fast wilden Garten von Talland House, an Kinderspiele erinnernd und an erste Liebesprobleme. St. Ives galt den Stephen-Kindern als das jährliche Versprechen, in eine Gegenwelt zum viktorianischen London eintreten zu dürfen; sie spürten den Sommeraufenthalt als eine Befreiung von den Zwängen und gesellschaftlichen Konventionen. Sie konnten dem dunklen Haus am Hyde Park Gate entfliehen, um Licht, Wind und das Meer zu genießen.

Doch nicht nur in St. Ives wurde die Phantasie der Kinder angeregt. Auch in London strömten mannigfache Eindrücke auf sie ein. Sie lernten die Freunde des Vaters kennen, sie nahmen die kulturellen und literarischen Beziehungen wahr. Virginia übte sich schon sehr früh im Schreiben kleiner Geschichten. Sie setzte ihre ungewöhnliche Intelligenz um in Sprache; sie sprach mit einer geschwinden Treffsicherheit, frühreif und altklug.

Virginia, die spät das Sprechen lernte, genoß den Gebrauch der Wörter ungemein; schon als Kind erkannte sie die unendlichen Kombinations- und Anwendungsmöglichkeiten der Sprache: man konnte Böses reden, mit Wörtern Zwietracht säen, aber auch das Gegenteil tun. Nahezu alle Dinge und Erscheinungen ließen sich in Sprache bannen. Virginia benutzte die Wörter als ihre spitzesten und verletzendsten Waffen im Kinderzimmer, aber auch als Mittel für ihre literarischen Übungen.

Die Stephen-Kinder mit ihren klassisch-griechischen Köpfen und wohlgeformten Körpern sahen sehr gut aus. Vanessa war die reine Schönheit, Virginia stand ihr darin kaum nach, befand sich aber schon als Kind in einem inneren Zwiespalt hinsichtlich der Bedeutung von Schönheit und Klugheit. Was zählte mehr? Worin liegt die Bestimmung einer Tochter aus gutem Hause? Diese Fragen müssen schon in Virginias Kinderzeit in ihrem selbstbewußten, aber auch von Selbstzweifeln geplagten Hirn aufgeworfen worden sein. Die beiden Mädchen beschlossen aufgrund ihrer Gespräche über derlei Fragen, wie ihre Zukunft aussehen sollte: Vanessa war die Malerin, Virginia die Schriftstellerin. So übten sich die Stephen-Kinder in witzigen und zuzeiten gefährlichen Sprachspielen, in großangelegten Intrigen oder Konspirationen. Sie vereinbarten untereinander eine Geheimsprache, mit Hilfe derer sie sich Botschaften zukommen ließen, die nur sie verstehen konnten. Die Erwachsenen und andere Kinder hatten keinen Zugang zu ihren Geheimnissen. In diesen spielerischen Geistesübungen deutete sich bereits ein Hauch von Exklusivität an, die Distanz zu anderen, die Trennung zwischen »insidern« und »outsidern«.

Virginia übernahm in der Familie die Rolle der Geschichtenerzählerin. Sie verstand es, ihre Geschwister zu bezaubern mit Geschichten von Schätzen, die unter dem Fußboden liegen. Sie erzählte gern im Dunkeln, wenn das Licht im Kinderzimmer schon ausgemacht war und nur noch einige Kohlen im Kaminfeuer glühten. Beim Erzählen schlüpfte Virginia so sehr in die Person ihrer jeweiligen Hauptfigur, daß die Geschwister ihr gebannt lauschten und etwas Echtes und Lebendiges in ihren Sätzen zu erkennen glaubten. Sie hatten recht: es war die Echtheit literarischer Imagination, der sie begegneten. Als Virginia neun Jahre alt war, beschloß sie mit ihrer Schwester, eine Zeitung herauszugeben, die sie *Hyde Park Gate News* nannte. Die Zeitung enthielt Berichte aus der Familie, Kommentare zum Verhalten der Kinder sowie ihrer Vettern und Kusinen, Kurzgeschichten und Essays zu Fragen der Moral.

Virginia besaß die Ausdauer, ihre Zeitung vier Jahre lang erscheinen zu lassen. Als sie dreizehn war, im Todesjahr der Mutter 1895, endet auch die Tätigkeit Virginias an den Hyde Park Gate News.

Virginia identifizierte sich mehr mit dem Vater, Vanessa dagegen mit der Mutter, eine Tatsache, die sich auch in ihrem Verhältnis zur Literatur niederschlug. Schulisches Wissen erwarb Virginia nie außerhalb des Hauses, wie dies in der englischen Mittel- und Oberschicht häufig der Fall war. Die Kinder wurden zu Hause von den Eltern unterrichtet. Sie lernten Französisch, Latein, Geschichte und Mathematik. Die pädagogischen Fähigkeiten der Eltern hatten ihre Grenzen. Julia scheint im Unterrichten eher hektisch gewesen zu sein, Leslie vermochte es nicht, den Mädchen die Inhalte der Mathematik zu vermitteln. Allein Thoby konnte aus seinem Unterricht einen bleibenden Gewinn davontragen. Doch letztlich lernten die Kinder spielend, in der Atmosphäre dieses Hauses, wenn Leslie Stephen von seinen Wandertouren im Detail berichtete, wenn er für die Kinder zeichnete oder aber Gedichte rezitierte. Besonders beliebt waren die Leseabende: man las die historischen Romane Sir Walter Scotts mit ihren Romanzen in farbenprächtig-mittelalterlicher Szenerie.

Entsprechend viktorianischer Gepflogenheit sollten die Jungen die Ausbildung des Vaters erhalten. Dies bedeutete Public School und Cambridge. Die Mädchen dagegen sollten für das Haus erzogen werden; die Eltern erwarteten, daß sie standesgemäß heiraten würden. Virginia hat unter dieser Diskriminierung ihres Geschlechts außerordenlich gelitten und die Jungen, besonders Thoby, bewundert. Thoby lernte in seiner Public

School Griechisch. Er kam mit Geschichten über Troja und die griechischen Helden nach Haus; ihm öffnete sich eine Welt, die Virginia verschlossen war, eine Welt, von der Keats sagte, die verleihe ihm das Gefühl eines Astronomen oder Eroberers. Diese schon in die Mädchenzeit hineinreichende tiefe Auseinandersetzung mit dem Problem der Frauenbildung, dem Zugang zur Universität und zu akademischen Berufen für Frauen, hat sich in Virginias Denken konstant erhalten. In späteren Jahren kämpfte sie nicht zuletzt auf diesem Gebiet für die Gleichberechtigung der Frauen. Sie selbst hätte zu gern in Cambridge studiert. So verschaffte sie sich ihre enzyklopädische Bildung im Bücherlabyrinth der väterlichen Bibliothek. Das Griechisch-Lernen blieb für sie Kriterium männlicher Bildung, wie ihr Essay ›Über das Nicht-Griechisch Können‹ beweist.

Aber dieser Essay zeigt auch, daß Virginia sich über diese Spaltung zu erheben vermochte: mit bewußter Stimme trat sie in die abendländische Kulturtradition ein.

*Lesen wir Griechisch, wie es geschrieben wurde, wenn wir dies sagen? Wenn wir die wenigen Worte lesen, die in einen Grabstein eingemeißelt wurden, einen Vers in einem Chorgesang, das Ende oder den Anfang eines Platonischen Dialogs, eines Fragments der Sappho, ... lesen wir nicht falsch? verlieren wir nicht unsern Scharfsinn unter dem Schleier der Assoziationen? lesen wir in der griechischen Dichtung, nicht was den Griechen eigen war, sondern was uns fehlt?[6]*

Virginia bewunderte an den Griechen Kraft, Reinheit, ungebrochene Reife — Qualitäten, die mythisch und heroisch erscheinen mußten vor dem Hintergrund einer europäischen, auch englischen Spätkultur, der riesenhaften Maschinerie eines Empire, das sich trotz seines Selbstbewußtseins faktisch am Wendepunkt seiner Kraft befand angesichts der Konkurrenz aufstrebender Nationen und Kolonialreiche wie Frankreich, Deutschland und die Vereinigten Staaten von Amerika.

Mit der Geschichte und den Geschicken des britischen Empire war die Familie Stephen nicht nur von Leslies Seite, sondern auch von Julias Seite verwoben. Dieses Eingespanntsein in den historischen Zusammenhang läßt sich nicht übersehen, auch wenn die Kinder Leslie Stephens sich später vom viktorianischen Lebensstil und den Verhaltensmustern der Oberschicht Empire-Englands schärfstens absetzten; sie mußten sich darüber im klaren sein, daß auch sie einen Teil ihrer Prägung durch den Viktorianismus erhalten hatten.

Julia Stephens Familie stammte von einem französischen Adligen ab, Chevalier Antoine de l'Etang, der am Hofe der Königin Marie Antoinette gedient hatte. Eine seiner Töchter namens Adeline heiratete einen Anglo-Inder James Pattle. Die Pattles lebten in Indien. James war dort als Geschäftsmann tätig. Man sagt, er habe sich zu Tode getrunken, sei ein wüster Geselle und Aufschneider gewesen, der sich mit einem seiner Schiffe in die Luft gesprengt habe. Die Pattle-Geschichten lassen sich kaum mit Bestimmtheit belegen. Fest steht jedoch, daß Adeline im Jahre 1840 mit ihren Töchtern nach England zurückkehrte. Die Pattle-Töchter waren allesamt außerordentliche Schönheiten. Zwei von ihnen heirateten Angehörige des englischen Hochadels. Sarah Pattle heiratete Thoby Prinsep, der als hoher Verwaltungsbeamter für Indien tätig war, zugleich aber im Aufsichtsrat der Ostindienkompagnie saß. Prinsep unterhielt einen bedeutenden Salon, in welchem die Schriftsteller Tennyson und Thackeray, die Politiker und zeitweiligen Premierminister Gladstone und Disraeli ebenso verkehrten wie die bildenden Künstler Holman Hunt, Burne-Jones sowie der als Schriftsteller, Architekt, Kunsthistoriker und Aquarellist vielseitig begabte John Ruskin.

Schließlich gehörte Julia Margaret Cameron, eine der Pattle-Schwestern, zum Prinsep-Kreis; sie war eine bedeutende Künstlerin; von ihr stammen die ausdrucksvollsten photographischen Portraits des viktorianischen Zeitalters.

Julias Mutter, die den Arzt Dr. John Jackson heiratete, war weder besonders klug noch außerordentlich schön. Sie sorgte sich ehrlich, aber übertrieben aufwendig um das Wohlergehen ihrer Töchter, unter denen sie Julia (1846–1895), Virginias Mutter, besonders liebte. Julia war als junges Mädchen bereits eine solche Schönheit, daß Edward Burne-Jones sie bat, für ein großes Gemälde Modell zu stehen (Die Verkündigung, 1879, Lady Lever Art Gallery, Port Sunlight). Um Julia, die schöne, kluge und nachdenkliche Mutter Virginias, zentrierte sich das Leben der Stephen-Familie. Die harmonische Beziehung von

Julia und Leslie war die Quelle, aus der das Glück ihrer Kinder entsprang. Als Julia starb, zerbrach diese heile Welt. Diese Frau war von so vielen Aufgaben umgeben, daß ihre Kraft sich vor der Zeit verbraucht hatte: sie mußte sich um die Kinder kümmern wie um Leslie, der besonders schwierig war und immer neue Aufmunterung und Bestätigung brauchte, um seine Depressionen überwinden zu können. Nach ihrem Tode im Jahre 1895 verfiel Leslie in Düsternis und Melancholie und machte seinen Kindern so das Erwachsenwerden nicht gerade leichter. Virginia hat in ihrer kurzen Erzählung ›Ein Spukhaus‹ die Stimmung beschrieben, die im Todesjahr ihrer Mutter in 22 Hyde Park Gate herrschte:

*Einen Augenblick später war das Licht geschwunden. Dann heraus in den Garten? Doch die Bäume sponnen Dunkelheit für einen wandernden Sonnenstrahl. So fein, so selten, kühl sank der Strahl unter die Oberfläche, den ich immer gesucht hatte, verbrannt hinter dem Spiegel. Tod bedeutete der Spiegel; der Tod war zwischen uns; er kam zuerst zur Frau, vor Hunderten von Jahren, das Haus verlassend und alle Fenster versiegelnd; die Zimmer waren verdüstert. Er verließ es, verließ sie, ging nach Norden, nach Osten, sah die Sterne umgedreht am südlichen Himmel; suchte das Haus, fand es, heruntergefallen unter die Downs. »Sicher, sicher, sicher«, der Puls des Hauses schlug froh. »Der Schatz ist Dein«.*[7]

Nach dem Tod ihrer Mutter erlitt Virginia ihren ersten Zusammenbruch auf Grund einer Nervenschwäche. Sie war gerade dreizehn Jahre alt. Ein ähnlicher Anfall suchte sie zwei Jahre später heim, als ihre Halbschwester Stella gestorben war.

Die Todesfälle in der Familie gefährdeten Virginias psychisches Gleichgewicht. Ihr Seelenleben wurde aber auch beeinträchtigt durch das seltsame Verhältnis, das George Duckworth zu Vanessa und Virginia unterhielt. Er spielte sich als Beschützer seiner beiden Halbschwestern auf, beurteilte ihr Benehmen, ihre Kleidung, führte sie in die Gesellschaft ein, bedrängte die Mädchen aber auch erotisch, wenn er abends mit Virginia oder Vanessa von einem Ball nach Hause gekommen war. In ihrem späteren Leben machte Virginia widerwillige und negative Äußerungen über Georges Küsse und Nachstellungen, während Briefe aus den Jahren 1898 bis 1900 in den Anreden auch Formulierungen wie »My dearest Georgie« enthalten.

Virginias große Briefproduktion beginnt Ende der achtziger Jahre. Sie trägt den Stempel erstaunlicher Stilsicherheit angesichts der Tatsache, daß Virginia damals noch nicht zwanzig Jahre alt war. Virginias Weg, eine bedeutende Prosaschriftstellerin zu werden, war somit angezeigt, auch wenn ihre Briefe thematisch begrenzt blieben auf Familiäres, Häusliches, auf Bekanntschaften und Erlebnisse während des Sommerurlaubs, auf Berichte über Ausflüge und kulturelle Veranstaltungen. Die Neigung zum Gedanklichen machte sich aber auch in dieser Phase bemerkbar. Ein Brief soll *Gedanken* enthalten, schreibt sie am 11. September 1899 an Emma Vaughan: »I like thoughts in a letter — not facts only.«[8]

Die Umwelt Virginias in diesen Jahren darf als vielschichtig, interessant, aber auch als verwirrend bezeichnet werden. Nicht nur die Todesfälle in der Familie gehörten zu den dunkleren Seiten des Lebens, die zur inneren Belastung Virginias beitrugen. In diese Schattenregion gehört alles, was mit George Duckworth zusammenhängt sowie das nächtliche Herumschleichen eines Exhibitionisten um 22 Hyde Park Gate, der Wahnsinn Lauras, Virginias Halbschwester, Leslies Tochter aus erster Ehe, und der geistige Zusammenbruch ihres Vetters J. K. Stephen. An einem Abend vor dem Kamin etwa ergriff Laura spontan eine Schere, die sie seelenruhig ins Feuer warf. J. K. Stephen nahm eines Tages einen Säbel von der Wand, rannte damit die Treppen hinauf, stürmte ins Kinderzimmer und stieß die Waffe in ein Brot, das auf einem Tische lag.

Nach dem Tode Julias übernahm Virginias Halbschwester Stella die Haushaltsführung. Sie war friedlich, sanft, still und schön. Sie besaß nicht die Intellektualität der Stephen-Kinder und hatte auch kein besonders inniges Verhältnis zu Leslie. Stella stand im Schatten Julias, war gleichsam ihr Geschöpf und tat alles für sie. Leslie glaubte, Stella sei nunmehr seine Vertraute und Stütze im Alter — und Stella ergab sich in ihr Schicksal aus einem Pflichtgefühl heraus, mit stiller Ergebung in den Verzicht auf persönliche Entfaltung. Diese Verpflichtungen nahm Stella so ernst, daß sie dreimal einen Heiratsantrag von Jack Hills ablehnte, den sie durchaus mochte. Julia hatte von Jack sehr viel gehalten: sie hätte diese Verbindung sicherlich gewünscht. Als die Ehe von Stella und Jack doch noch geschlossen wurde, wandelte sich Stella zu einer glücklichen jungen Frau. Nun wollte sie ihren eigenen Hausstand gründen und nicht länger in 22 Hyde Park Gate leben. Ein Kompromiß wurde gefunden: Die Hills mieteten ein Haus in derselben Straße. Leslie fühlte sich dennoch verlassen: er war »verraten« worden. Über Stellas Glück schob sich jedoch ein Schatten, als sie an einer Bauchfellentzündung erkrankte. Sie starb im Juli 1897 und hinterließ einen verzweifelten Ehemann und eine trauernde Familie. Virginia hatte sich im Jahre 1897 nicht besonders wohlgefühlt. Die Aufregungen der Brautzeit Stellas, das Durcheinander im Haushalt, die Hochzeitsvorbereitungen und die Beobachtungen von ihr unbekannten Glücksempfindungen hatten Virginias Psyche in Mitleidenschaft gezogen. Dr. Seton, der Hausarzt der Stephens, verordnete Virginia wie schon 1895 frische Luft, gesunde Kost und Pausieren vom Unterricht.

Während der Trauer um Stella stürmten viele Verwandte in das Haus 22 Hyde Park Gate. Virginia registrierte diese Kondolenz- und Tröstungsbesuche mit Widerwillen. Sie haßte die Klageweiber, die Tanten aus den verschiedenen verwandten Familien, die Leslies Verfinsterung und Dramatik noch steigerten. Virginia konnte aber auch die meisten ihrer Vettern und Kusinen nicht leiden, weil sie ihr zu langweilig waren. Allein Emma Vaughan mochte sie gern; sie war die Tochter von Julia Stephens Schwester Adeline. Emmas Bruder William Vaughan war mit Madge Symonds verlobt, einer Schriftstellerin, die geistig außerordentlich rege war. Ihre Freundlichkeit gepaart mit Frische im Denken übte auf Virginia eine heilsame und faszinierende Wirkung aus. Madge vereinte in ihrem Wesen einen Zug von Unkonventionalität mit Abenteuerlust und Modernität. Sie war eine Ästhetin, die sich über die Grenzen des viktorianischen Dekorums gern hinwegsetzte — und Virginia sah mit Erstaunen in ihr das Beispiel für einen neuen Menschentypus, für ein anderes Zeitalter, in dem Frauen eine wichtigere gesellschaftliche und kulturelle Rolle für sich beanspruchen konnten. Sally Seton in Virginias Roman ›Mrs. Dalloway‹ gilt als literarische Gestaltung von Madge. Es ist ziemlich sicher, daß sich Virginia von Madge auch erotisch angezogen fühlte, vermied sie doch in dieser Lebensphase Beziehungen zu Männern.

*An diesem ganzen Abend vermochte sie (Clarissa; Anm. d. Verf.) nicht, ihren Blick von Sally abzuwenden. Sie war eine außerordentliche Schönheit von der Art, die sie am meisten bewunderte, dunkel, großäugig, mit einer Eigenschaft, die sie immer neidete, weil sie ihr selbst fehlte — eine wilde Unbeherrschtheit, als ob sie alles sagen, alles tun könnte; eine Eigenschaft, die bei Ausländerinnen häufiger anzutreffen ist als bei Engländerinnen. Sally sprach immer vom französischen Blut in ihren Adern, ein Vorfahre diente Marie Antoinette, wurde enthauptet, hinterließ einen Rubinring. Vielleicht blieb sie diesen Sommer in Bourton, trat ganz unerwartet und ohne einen Pfennig ins Haus, abends nach dem Essen, brachte dabei die arme Tante Helena dermaßen außer Fassung, daß sie ihr niemals vergab... Sie saßen bis spät in der Nacht auf und redeten miteinander. Sally war es, die sie zum ersten Mal fühlen ließ, wie geschützt das Leben in Bourton war. Sie wußte nichts über Sexualität — nichts von sozialen Problemen. Sie hatte einst gesehen, wie ein Mann in einem Feld tot hinfiel — sie hatte Kühe gesehen, gleich nach der Geburt ihrer Kälber. Aber Tante Helena konnte keinerlei Diskussionen leiden (als Sally ihr William Morris gab, mußte das Buch in braunes Papier eingeschlagen werden). Dort saßen sie, Stunde um Stunde und redeten in ihrem Schlafzimmer unter dem Dach des Hauses, sprachen über das Leben, wie sie die Welt verbessern würden. Sie wollten eine Gesellschaft ohne Privateigentum gründen und hatten schon einen Brief geschrieben, obwohl er nicht abgeschickt wurde. Die Ideen stammten natürlich von Sally — aber schon bald war sie ebenso erregt — las Platon vor dem Frühstück im Bett; las Morris; las Shelley — stundenlang.*[9]

Das alte Zeitalter des Viktorianismus neigte sich seinem Ende entgegen. Leslie Stephen, einer der großen Repräsentanten dieser Epoche, war ein alter und kranker Mann, dessen Gesundheit in den späten neunziger Jahren mehr und mehr nachließ. Viele Freunde starben. Seine zunehmende Taubheit schloß ihn von der Umwelt ab, so daß er unter der Vereinsamung litt. Die Kinder kümmerten sich zwar um ihren Vater, doch sie vermochten es oftmals nicht, seine Merkwürdigkeiten auszugleichen. Nach Stellas Tod rückte Vanessa (»Nessa«) an die Stelle des guten Geistes im Hause. Doch sie trug im Gegensatz zu Stella einen revolutionären Funken in sich. Nessa akzeptierte die patriarchalischen Allüren Leslies nicht, setzte sich über sein manchmal mürrisches Wesen hinweg und begegnete seinen Nörgeleien und Geizanfällen mit Ehrlichkeit, Mut und Hartnäckigkeit. Vor allem ihre kämpferische Aufrichtigkeit in Verbindung mit Anzeichen eines genialen Künstlertemperaments sorgten für Spannungen, die sich auf Seiten der Geschwister in Neckereien gegen die »Heilige« umsetzten. Vanessas selbständiges und selbstbewußtes Regiment wurde auch von den Haushaltsabrechnungen nicht beeinträchtigt. Leslie pflegte sich über die Häufung der Ausgaben und Anschaffungen die Haare zu raufen, sich als armen Mann zu bezeichnen, der just vor dem Ruin stehe, wenn nicht gespart würde. Nessa wartete diese Stürme nur ab, stand reglos da, bis Leslie schließlich in Resignation den wöchentlichen Scheck unterschrieb.

Auch in diesem Verhalten Leslie Stephens wird deutlich, daß er Frauen — bei allem Respekt, den er ihnen entgegenbrachte — für Menschen hielt, deren Bedeutung im Vergleich zu Männern gering war. Seine Jeremiaden äußerte er nur Frauen gegenüber, während er sich in der Männerwelt geistreich, charmant und überlegen zeigte. Weibliche Sympathie galt ihm als Medizin für die dunklen Seiten seines Wesens. Weibliche Anteilnahme gestattete ihm, in einer patriarchalischen Welt ausgeglichen zu sein.

In dieser Zeit befanden sich Vanessa und Virginia bereits auf dem Wege des Aufbegehrens gegen die nach Geschlechtern gespaltene Welt, in der sich die Männer alle Herrschaft anmaßten. Vanessa vertrat mit einer gewissen Sturheit das Recht ihrer individuellen künstlerischen Persönlichkeit. Virginia schrieb im Jahre 1900 über »Nessa« an George Duckworth: »Das Temperament des Künstlers ist so schwer zu beherrschen und es liegen Vulkane unter ihrem gemessenen Betragen.«[10] Virginia erkannte immer klarer die psychologischen und sozialen Mechanismen ihrer Gesellschaft, äußerte sich daher in ihren Briefen kritisch, analysierte Familienverhältnisse der Verwandten und Bekannten, durchleuchtete Motive und Verhalten, enthüllte pomphaftes Auftreten und hohle Eitelkeit. Im Jahre 1897 begann sie, ein Tagebuch zu schreiben.

Beide Töchter Leslie Stephens forderten zunächst verhalten, dann eindringlicher, die Anerkennung weiblichen Selbstwerts ohne Unterwerfung gegenüber männlichen Normvorstellungen. Sie wollten nicht für eine männliche Welt, sondern für sich selbst leben als Künstlerinnen und Frauen. Virginia »widersprach nachdrücklich der Erniedrigung der Frauen in einer Männergesellschaft und warf ihrem Vater vor, er habe ihr keine richtige Ausbildung zukommen lassen, während ihre Brüder automatisch zur Schule und nach Cambridge geschickt wurden.«[11] Doch Virginia hegte auch eine tiefe Liebe für ihren Vater. Beide Eltern wurden von ihr später in ›Die Fahrt zum Leuchtturm‹ geschildert. Da war Mr. Ramsay, dessen wissenschaftlicher Optimismus dem Lebensstrom seiner Frau gegenübergestellt wird. Mrs. Ramsay setzt Existenz und Sinn in eins. Keine übersubjektive Wahrheit vermag ihr die Gedanken an die Sinnlosigkeit des Endens auszureden, das Zulaufen auf die Unwiderruflichkeit des Todes.

Aus diesem Gegensatz zwischen den Eltern ergibt sich die unauflösliche Spannung von ewiger Wahrheit und Schönheit des Lebens. Virginia hatte also ein kritisches, aber auch ein positives Verhältnis zu Leslie. Als Kind dachte sie, die dicken Bände des ›Dictionary of National Biography‹ hätten sie im Mutterleib gedrückt, doch dann wieder gibt es genügend Belege über die Freuden des Lesens, Leslies Geburtstagsgeschenke, eine Lederausgabe von Lockharts Scott-Biographie sowie Aufzeichnungen über die Bücher, die sie las. Virginia studierte mehrbändige Werke, historische Biographien, Tagebücher, Arbeiten zur englischen und europäischen Geschichte, Bacons und Cowpers Briefe, Carlyle, Macaulay, die Romane von Dickens oder George Eliot. Diese Liste ließe sich um vieles erweitern. »Gutes Kind, wie Du die Bücher verschlingst!« sagte Leslie[12], wenn er ihr neue Bücher aus der Bibliothek aushändigte. Im Jahre 1897 gab Leslie dieses Ausleihverfahren auf. Virginia erhielt freien Zugang zu allen Büchern seiner Bibliothek. Leslie Stephen hatte seiner Tochter die intellektuelle und literarische Volljährigkeit gegeben!

In einem Aufsatz für das ›Times Literary Supplement‹ aus

dem Jahre 1916, dem Virginia anspielungsreich den Titel der
Essay-Sammlung Leslies ›Hours in a Library‹ voranstellte, findet sich eine eindrucksvolle Schilderung dieses Mündigwer-
dens.

*Die alten Leselisten sind da, um uns lächeln und vielleicht einen
Seufzer ausstoßen zu lassen, doch wir würden viel darum
geben, könnten wir die Stimmung wieder hervorrufen, in der
sich diese Orgie des Lesens abspielte. Zum Glück war dieser
Leser kein Weltwunder, so daß die meisten von uns ohne
großes Nachdenken die Stationen ihrer eigenen Initiation vor
ihrem geistigen Auge wieder hervorrufen können. Die Bücher,
die wir als Kinder lasen, indem wir sie von den Regalen stahlen,
welche für unerreichbar gehalten wurden, haben etwas Unwirkliches und Schreckliches an sich, den gestohlenen Anblick
einer Dämmerung, die über stille Felder heraufkommt, wenn
alles im Hause schläft. Durch die Vorhänge blinzelnd, sehen
wir seltsame Gestalten von Nebelbäumen, die wir kaum erkennen können, obwohl wir sie unser Leben lang erinnern mögen;
denn Kinder besitzen eine merkwürdige innere Warnung vor
dem, was kommen wird. Doch das spätere Lesen, von dem die
obige Liste ein Beispiel gibt, ist eine ganz andere Sache. Zum ersten Mal vielleicht wurden alle Begrenzungen ausgeräumt, wir
können lesen, was wir wollen; Bibliotheken stehen uns zum
Gebrauch offen, und das Beste von allem, wir haben Freunde,
die sich in derselben Situation befinden. Tagelang lesen wir
ohne Ende. Es ist eine Zeit außerordentlicher Erregung und Er-
hebung. Wir scheinen umherzueilen, um Helden zu erkennen.
Da gibt es eine Art Verwunderung in unserem Geiste, daß wir
selbst dies wirklich tun, vermischt mit absurder Arroganz und
der Sehnsucht, unsere Vertrautheit mit den bedeutendsten
Menschen zu zeigen, die jemals lebten. Die Leidenschaft des
Wissens ist dann am eifrigsten oder zumindest am vertrauens-
vollsten, und wir haben auch eine intensive Einzigartigkeit des
Geistes, welche die großen Schriftsteller belohnen, indem sie
den Anschein erwecken, daß sie mit uns einig sind in der Einschätzung dessen, was im Leben gut ist.*[13]

Virginia hat ihren Vater zeitlebens verehrt, auch wenn sie seine
tyrannischen Züge nicht akzeptierte. Vor allem die Frauen im

Hause wurden von Leslie mit einem gewissen Despotismus behandelt; er zwang sie zur Anteilnahme an seinen Leiden und Stimmungen. Diese negative Seite, welche Virginia durchaus sah, wurde in ihrer Einstellung zu Leslie jedoch überdeckt durch ihre Bewunderung seiner immensen menschlichen und intellektuellen Fähigkeiten.

Die Stephens setzten nach Julias Tod die sommerlichen Urlaube fort, wiewohl Talland House aufgegeben worden war. Im Sommer 1898 ging man nach Ringwood im New Forest. Im selben Jahre machte sich George Duckworth selbständig durch die Gründung eines Verlagshauses, das heute noch besteht. Der folgende Sommer sah die Stephens in der Rectory von Warboys bei Godmanchester in der Grafschaft Huntingdonshire. Bekanntlich stammt eine der merkwürdigsten Persönlichkeiten der englischen Geschichte aus dieser Grafschaft, nämlich Oliver Cromwell, dessen Leben und Werk Virginia vertraut war durch die Dokumentensammlung Thomas Carlyles.

Vanessa wurde in diesem Jahr 1899 von George Duckworth in die Gesellschaft eingeführt: sie war »out«, wie man zu sagen pflegte. Virginia lernte Griechisch und Latein bei Clara Pater, der Schwester des Ästhetizisten Walter Pater (1839—1894), der zu den bedeutenden englischen Autoren des späten 19. Jahrhunderts gehörte. Pater führte das stille Leben eines Fellow in Oxford, schrieb philosophische Romane, Essays über griechische und italienische Kultur, in denen er eine Theorie des künstlerischen Impressionismus entwickelte. Neben der Lektüre von Aischylos und Euripides für den Unterricht besuchte Virginia Lehrveranstaltungen im King's College, London. Sie belegte vor allem die Fächer Klassische Philologie und Geschichte, studierte bei George Warr (1845—1902). Warr, Professor der Klassischen Literatur, hatte 1877 in Kensington — also nicht sonderlich weit entfernt von Virginias Elternhaus — eine Abteilung des King's College für Damen gegründet. So erhielt Virginia zwar nicht die Gelegenheit eines direkten Universitätsstudiums, konnte sich aber immerhin das Angebot eines solchen Instituts zunutze machen.

Ein weiteres wichtiges Ereignis fiel in das Jahr 1899. Thoby Stephen begann sein Studium an der Universität Cambridge. Virginia nahm regen Anteil an seiner Ausbildung. Sie führte mit Thoby einen Briefwechsel, der sich außerordentlich rege auf intellektuelle Themen konzentrierte, zum Beispiel auf Fragen der Philosophie und Literatur. Sie lernte Thobys Freunde in Cambridge kennen, die teilweise zu den *Apostles* gehörten, etwa Lytton Strachey, Saxon Sidney-Turner, Leonard Woolf und John Maynard Keynes. Thoby selbst, den seine Freunde »The Goth« nannten wegen seines kräftigen Aussehens, gehörte ebensowenig zu den Aposteln wie Clive Bell, der spätere Ehemann Vanessas.

*Der offizielle Name für die Apostel war »The Cambridge Conversazione Society«. Diese Vereinigung war 1820 als Geheimbund gegründet worden; ... zu den prominentesten Größen der Vergangenheit [zählten] auch Alfred Tennyson, Arthur Hallam, James Clerk Maxwell, Henry Sidgwick und Richard Monckton Milnes (der spätere Lord Houghton)...*

*Die Mitglieder wurden sehr sorgfältig ausgewählt. Obwohl im Durchschnitt weniger als drei im Jahr zugelassen wurden, meinte Bertrand Russell, daß es der Gesellschaft gelungen sei, »die meisten der intellektuell herausragenden Leute zu gewinnen, die in Cambridge waren«, eine Feststellung, die möglicherweise mehr von Russells Eitelkeit als von statistischer Genauigkeit zeugt, jedoch ein Körnchen Wahrheit enthält.[14]*

Diese jungen Männer wurden sehr nachhaltig beeinflußt von G. E. Moore, der letztlich ihr geistiger Ziehvater war. Moore, ein schweigsamer Philosoph, beschäftigte sich mit der Neubestimmung des Wirklichkeitsprinzips und schrieb Arbeiten zur Widerlegung des Idealismus auf wahrnehmungstheoretischer Grundlage. Er war mit Bertrand Russell und später mit Ludwig Wittgenstein befreundet. Diese Konstellation von Menschen zwischen Freundschaft, Intelligenz und Liebe bildete den Keim einer Gruppe, die sich einige Jahre später entfalten sollte, den Keim der Bloomsbury Group.

Es versteht sich von selbst, daß die hochbegabte und intellektuelle Virginia möglichst viel von Thoby und seinen Freunden wissen wollte. Ihr Cambridge-Problem blieb ihr daher zeitlebens erhalten, auch wenn es sich mit wachsendem Selbstbewußtsein abschwächen sollte. Cambridge war ausschließlich eine Stätte geistiger Bildung für Männer. Es gab keine weiblichen Apostel. So litt Virginia darunter, daß die großen intellektuellen Abenteuer dem männlichen Geschlecht vorbehalten blieben. Dennoch entwickelte sich in ihr, aber auch in Vanessa, Widerstand gegen diese »Verhältnisse«.

Obwohl Virginia den geistigen Reiz dieser »monastischen« Welt Cambridges verspürte, bezogen sich ihre engeren freundschaftlichen Beziehungen auf Frauen, vor allem auf Emma Vaughan und Violet Dickinson. An Emma schrieb sie am 3. April 1901: »Ich will eine Kolonie gründen, in der es keine Heiraten gibt — es sei denn, man verliebt sich in eine Beethoven-Symphonie — überhaupt kein menschliches Element, außer wenn es aus der Kunst kommt — nichts als idealer Frieden und endlose Meditation.«[15] Virginias Verhältnis zu Frauen blieb jedoch nicht nur platonisch, wie die Briefe an Violet Dickinson belegen oder aber die Gestaltung der Freundschaft zwischen Sally und Clarissa in ihrem Roman ›Mrs. Dalloway‹.

Vanessa verhielt sich Männern gegenüber ganz anders als Virginia. Sie war offener, selbstbewußter — sie besaß eine natürliche Begabung, mit ihnen umzugehen. Ihr sprichwörtlicher Mut ließ sie denn auch Jack Hills nachgeben, der nach Stellas Tod um ihre Gunst warb. Vanessa ging ein Verhältnis mit Jack ein und scheute dabei keineswegs die Auseinandersetzung mit ihrer Familie. Vor allem George Duckworth mit seiner doppelten Moral unter dem Deckmantel äußerer Wohlanständigkeit war aufgebracht. In England bestand bis 1907 ein Gesetz, das einem Witwer die Heirat mit der Schwester seiner verstorbenen Frau verbot. Es bestand also gar keine Chance für Vanessa und Jack, ihre Beziehung zu legalisieren. Vanessa zweifelte daher zutiefst an der ethischen Berechtigung solcher gesetzlich verankerten Repressionen und setzte sich über Schuldsuggestionen hinweg. Für sie unterlag die Tugend keinem Gesetz, sondern konnte allenfalls durch den Charakter begründet werden. In dem Konflikt über Vanessas Affaire teilen sich die Fronten in der Familie. George und Thoby nahmen die patriarchalische Haltung ein, während Leslie in einer liberalen Geste Vanessa selbst die alleinige Verantwortung für ihr Handeln zusprach.

Beide Stephen-Töchter gingen um 1901 bereits ihren Berufungen nach. Vanessa nahm im Jahre 1902 ihr Malerei-Studium an der Royal Academy auf. Virginia bereitete sich auf ihre schriftstellerische Laufbahn vor: sie las ungeheuer viel, schrieb Essays und Rezensionen für Zeitschriften. Beide gingen ganz in ihrer Arbeit auf. Virginia legte zum Leidwesen Georges wenig Wert auf elegante Garderobe, ja sie schockte ihn eines Nachmittags mit einem grünen Kleid, das sie sich aus Gardinenstoff genäht hatte. Ungeachtet der persönlichen Eigenständigkeit hatten Virginia und Vanessa vor allem von ihrer Mutter das gelernt, was man die Kunst der Geselligkeit oder »the art of pleasing« nennt. In ihrem Zimmer vermochte Virginia zu studieren, Texte zu schreiben, dort konnte sie Schriftstellerin sein, doch gegen halb fünf mußte sie sich in eine wohlerzogene junge Dame der guten Gesellschaft verwandeln, die den Ritualen entsprechend Konversation beim Tee zu machen hatte.

Vanessa war nicht bereit, die Kunst der Geselligkeit und des Wohlverhaltens auf ihren Vater anzuwenden. Sie entzweite sich mit ihm, weil sie sein forderndes Wesen nicht ertragen konnte. Schon in dieser Zeit trug Virginia die psychische Hauptlast im Umgang mit Leslie. »Nessa« vermochte es nicht, sich so mit ihrem Vater zu identifizieren, wie Virginia dies tat, die ihn — bei aller Kritik — in Ehren hielt.

Virginia und Vanessa gerieten in einen inneren Konflikt zwischen intellektueller Brillanz, künstlerischer Begabung und gesellschaftlichem Erfolg. Virginia erkannte, daß sie nicht mithalten konnte mit den jungen Damen der Gesellschaft, die sich in aller Naivität graziös im Tanze bewegten — worin sich ihre Fähigkeiten aber auch oft schon erschöpften. So schreibt sie am 8. August 1901 an Emma Vaughan:

*In der Tat, wir können nicht in der Gesellschaft glänzen. Ich weiß nicht, wie man's macht. Wir sind nicht beliebt — wir sitzen in der Ecke und sehen wie Stumme aus, die sich nach einem Begräbnis sehnen. Allerdings gibt es wichtigere Dinge in diesem Leben...*[16]

Die Aufgabe, ihre eigene Subjektivität anzuerkennen und gegen solch einen Hintergrund zu behaupten, erwies sich als überaus schwieriges Problem. Virginia vermochte es zu lösen, als sie bemerkte, daß ihr angestammter Platz sich eher in der Avantgarde der Kunst und Intelligenz befand; und es sollte nicht mehr allzu lange dauern, bis sie ihn einnahm.

Die Jahre 1900 bis 1902 blieben für die Familie Stephen im Ganzen ereignislos. Leslie war inzwischen ein alter und kranker Mann, den die Gesellschaft mit hohen Ehren bedachte. Vanessa hatte ihre Affaire mit Jack Hills schon im Jahre 1900 beendet. George begann sich für Lady Flora Russell zu interessieren, der er schließlich einen Heiratsantrag machte. Im Jahre 1901 erhielt Leslie den Ehrendoktor der literarischen Wissenschaften (Hon.D.Litt.) von der Universität Oxford. Als im darauffolgenden Jahr am 26. Juni 1902 Edward VII. den englischen Thron bestieg, war in seiner Liste der Ehrungen auch an Leslie Stephen gedacht worden.

Leslie sollte als Großmeister in den Bath-Orden aufgenommen werden. Diese Ehrung des K.C.B. oder »Knight Commander of the Bath« war mit dem persönlichen Adelstitel verbunden. Leslie Stephen zögerte zunächst, die Ehrung anzunehmen, doch die Kinder bedrängten ihn. Sie hielten es für richtig, daß er nach Jahrzehnten harter Gelehrtenarbeit diese Würde entgegennahm. Leslie vermochte nicht, dem Drängen der Kinder zu widerstehen — er nahm an und wurde Sir Leslie Stephen.

Mit der Gesundheit Leslies war es nicht gut bestellt. Schon im April des Jahres 1902 schreibt Virginia an Violet Dickinson, man befürchte eine Operation. Die Hofärzte des Königs Allingham und Sir Frederick Treves betreuen Sir Leslie. Es ist nicht sicher, ob der Patient sich über seine Lage im klaren war, doch wird vermutet, daß er von seiner Krebserkrankung wußte. Im Sommer des Jahres 1902 geht es Leslie immerhin so gut, daß er mit den Kindern in den Sommerurlaub nach Fritham fahren kann. Die wichtigsten Besucher des Ferienhauses der Stephen-Familie waren Clive Bell, Vanessas zukünftiger Mann, und Virginias Freundin Violet Dickinson. Virginia hegte für Violet liebevolle Gefühle, was auf Gegenseitigkeit beruhte. Violet war im Wesen den Stephens ganz entgegengesetzt; sie konnte sehr lustig sein, war freimütig, geistreich, gutmütig und vermittelte viel menschliche Wärme. Alle Stephen-Kinder mochten Violet gern. In ihr sahen sie einen nicht-viktorianischen Menschen, eine Frau, die der Moderne offen gegenüberstand.

Ende 1902 verschlechterte sich der Zustand Sir Leslies. Er wurde am 12. Dezember 1902 von Sir Frederick Treves operiert, erholte sich den Umständen entsprechend, obwohl an eine Heilung nicht zu denken war. Im Januar 1903 kam Leslie wieder nach Hause. Die Krankheit war zu weit fortgeschritten, so daß die Ärzte wußten, er würde nicht mehr lange zu leben haben.

Virginia litt unsäglich unter dem Dahinsterben ihres Vaters. Sie pflegte ihn aufopfernd, während sich Vanessa zurückzog. Virginia liebte Leslie so sehr, daß der Verlust ihres Vaters einen tiefgreifenden Wandel in ihrem Leben nach sich zog. Leslie wollte nicht sterben, weil er sich Sorgen um seine Kinder machte.

In dieser Zeit der Krankheit hat Leslie Stephen weiterhin regelmäßig gearbeitet. Arbeit und Leben fielen für ihn zusammen. Im Sommer 1903 mieteten die Stephens Netherhampton House in der Nähe von Salisbury. Leslie konnte noch gehen, und Virginia führte ihn nach Wilton House und Stonehenge. Nach der Rückkehr in die Hauptstadt setzte in 22 Hyde Park Gate ein Besucherstrom ein. Alle kamen, die Abschied von Sir Leslie Stephen nehmen wollten, unter ihnen der amerikanische Romancier Henry James. Als Sir Leslie Stephen am 22. Februar 1904 starb, war nicht nur eine geistige Epoche Englands zu Ende gegangen, sondern die Stephen-Kinder waren nun auf sich gestellt. Sie standen an einem Ende und vor einem neuen Anfang — vor allem Virginia und Vanessa. Virginia hatte einen erneuten Zusammenbruch nach Leslies Tod. Ihre Geschwister kümmerten sich um sie, aber auch Violet, die sie hingebungsvoll pflegte. Das große Haus 22 Hyde Park Gate wollten die Kinder nicht mehr bewohnen. Indem sie daran dachten, es zu verlassen, stellten sie die ersten Weichen für eine neue Denk- und Lebensart: Bloomsbury.

# 3
# Bloomsbury

Schon vor 1904 war es still geworden um Leslie Stephen: die bedeutenden Freunde waren tot. In seinem Hause gab es außer den Routinebesuchen von Verwandten, Ärzten und wenigen Weggenossen aus alten Tagen für die Kinder weder Neues noch Anregendes. Die Kinder hatten schon längst damit begonnen, sich selbständig zu orientieren. Vanessa hatte 1901 ihr Studium der Malerei an der Royal Academy aufgenommen, ein Jahr nachdem Thoby ins Trinity College aufgenommen worden war. Virginia beschäftigte sich in den Jahren 1900 bis 1904 intensiv mit der Lektüre von Literatur und eigenen schriftstellerischen Arbeiten. 1902 begann sie, Griechisch zu lernen; im selben Jahr ging Adrian nach Cambridge.

Die Ausbildungsphase der Stephen-Kinder mit Blick auf ihre eigentliche Berufung hatte also bereits vor dem Tode ihres Vaters begonnen. In einem Brief vom September 1903 an Violet Dickinson erwähnte Virginia den Gedanken des Umzugs nach Bloomsbury, eine Idee, welche sie und ihre Geschwister von Gerald Duckworth übernommen hatten. Nach dem Tode Sir Leslie Stephens im Jahre 1904 verfielen die Kinder in eine depressive Phase, aus der sie sich befreiten, indem sie die mehrfach durchgespielten Umzugspläne in die Praxis umsetzten. Ihre neue und freiere Lebensform wird seither unauflöslich mit dem Namen »Bloomsbury« verbunden bleiben.

Da vor allem Virginia durch den Tod des Vaters psychisch belastet wurde, beschlossen die Kinder, nach der Aufgabe des großen Hauses in Hyde Park Gate dieses Kapitel ihres Lebens durch eine Italienreise abzuschließen. Sie fuhren nach Venedig und Florenz, trafen dort Violet Dickinson, mit der sie nach England zurückreisten. Sie unterbrachen allerdings diese Rückreise für eine Woche in Paris, um die Lebendigkeit und das kulturelle Klima dieser Stadt zu genießen. Schließlich kam die Reisegesellschaft im Mai 1904 wieder in London an. Virginia erlitt einen seelischen Zusammenbruch, der von Alpträumen und Wahnvorstellungen begleitet wurde. Zeitweilig mißtraute sie sogar Vanessa. Diese Krise dauerte bis zum Jahre 1905 an, auch wenn sie durch eine fortschreitende Besserung gekennzeichnet wurde. Erste Anzeichen der Besserung zeigten sich am Ende des Sommers 1904.

Virginia wurde von Krankenschwestern gepflegt, aber auch von Vanessa und Violet. Zeitweilig pflegte Violet Virginia in ihrem Haus in Hertfordshire. »Dort vernahm sie Stimmen und glaubte Vögel auf Griechisch singen und Edward VII. im Garten Obszönitäten von sich geben zu hören. Sie unternahm einen Selbstmordversuch, indem sie aus einem Fenster sprang, das jedoch dem Erdboden zu nahe war, als daß sie sich hätte etwas antun können.«[1]

Um Virginias Genesung voranzubringen, nahm ihre Tante Caroline Emilia sie für eine Zeit in Cambridge auf. Die anderen Stephen-Kinder bewerkstelligten inzwischen den Umzug aus 22 Hyde Park Gate nach Bloomsbury. Als neues Quartier war das Haus 46 Gordon Square angemietet worden. Vanessa trug die Hauptlast der Organisation dieses Umzugs. Virginia hat Jahre später den Wechsel des Wohngebiets aus ihrer Sicht lebendig beschrieben. »Als ich mich von meiner Krankheit erholte, die natürlicherweise die Folge all dieser Gefühle und Schwierigkeiten war, existierte 22 Hyde Park Gate nicht mehr. Während ich im Haus der Dickinsons in Welwyn zu Bett lag und glaubte, die Vögel sängen griechische Chöre und daß König Edward die schlimmsten Ausdrücke inmitten von Ozzie Dickinsons Azaleen gebrauchte, hatte Vanessa Hyde Park Gate ein für allemal liquidiert. Sie hatte verkauft; sie hatte verbrannt; sie hatte sortiert; sie hatte zerrissen. Manchmal glaube ich, daß sie wirklich Männer mit Hämmern anstellen mußte, um alles abzureißen — so ineinander verkeilt waren mittlerweile die Wände und Zimmer. Aber nun standen alle Räume leer. Möbelwagen hatten die verschiedensten Habseligkeiten weggefahren. Denn nicht nur die Möbel wurden zerstreut. Die Familie, die gleichmäßig zusammengekeilt schien, war ebenfalls auseinandergebrochen. George hatte Lady Margaret geheiratet. Gerald hatte sich eine Junggesellenwohnung in der Berkeley Street genommen. Laura war zuletzt in das Asyl eines Arztes eingesperrt worden; Jack Hills wurde Politiker. Wir vier blieben also allein. Und Vanessa — nach einem Blick auf den Stadtplan von London ihre Entfernung voneinander bemerkend — beschloß, daß wir Kensington verlassen sollten, um ein neues Leben in Bloomsbury zu beginnen.

So wurde 46 Gordon Square zum Leben erweckt... Das Licht und die Luftigkeit nach dem pompösen roten Dunkel von Hyde Park Gate war eine Offenbarung.«[2]

Die Bedeutung der Stadtteile in London ist einem beständigen Wandel unterworfen. Das gilt auch für Bloomsbury, wiewohl einige Fixpunkte dieses Stadtgebiet kennzeichnen, die noch heute bedeutend sind: In Bloomsbury befinden sich das British Museum mit seiner Riesenbibliothek, der British Library, wie die Hauptgebäude der University of London. Bloomsbury ist seit Jahrzehnten Zentrum der großen Verlagshäuser, Buchhändler und Graphikantiquare. Mit seinen klassizistischen Fassaden, seinen Cafés und Restaurants ist Bloomsbury auch heute noch unter Intellektuellen ein beliebter Stadtteil, gleichsam das Gegenstück zum künstlerischen Chelsea.

Um die Jahrhundertwende galt Bloomsbury nicht als besonders vornehm, schon gar nicht als »gute Adresse«. Folglich war das Haus, das die Stephen-Kinder bezogen, gegen relativ geringe Miete zu bekommen. Hier in Bloomsbury, in sicherer Entfernung von den Verwandten und alten Stephen-Freunden, bezogen Virginia, Vanessa, Thoby und Adrian, die alle Anfang zwanzig waren, ihr neues Domizil. George Duckworth teilte den neuen Wohnsitz nur kurz mit ihnen, da er noch im Umzugsjahr heiratete. Bloomsbury besitzt einen ganz anderen Charakter als Kensington; im Gegensatz zum viktorianischen Kensington finden sich in Bloomsbury noch ansehnliche Bauten aus dem 18. und frühen 19. Jahrhundert. Die großen georgianischen Squares mit ihren alten Bäumen in den Gärten verleihen Bloomsbury die Atmosphäre der Offenheit und Natürlichkeit. Die Häuser sind geräumig, wurden sie doch einst als Stadtwohnungen der Aristokratie erbaut, wie der schöne Bedford Square heute noch anschaulich macht.

Für Virginia und Vanessa bedeutete die Anmietung von 46 Gordon Square zum ersten Mal eine Lebensweise im eigenen Stil: niemand aus der viktorianisch geprägten Verwandtschaft konnte hier seinen Einfluß geltend machen. Schon an äußeren Dingen wird der gewonnene Freiraum deutlich. Während Virginia und Vanessa in Kensington nur über ein Zimmer verfügten, besaßen beide im neuen Haus je ein eigenes Wohn- und ein eigenes Schlafzimmer. Gemeinsam benutzten sie einen Salon und eine Bibliothek. Das neue Haus hatte helle Räume und weiße Wände zum Bilderaufhängen. Man benutzte grünen Chintz als Bezugsstoff für die Polstermöbel. Im ganzen Haus gab es kein Rot, kein Schwarz, keinen Plüsch. Die großen Fenster eröffneten einen Blick auf die Bäume im Square Garden. Die Stephens bevorzugten die freie Aufstellung der Möbel. Die alten wertvollen Stücke, etwa die chinesischen Vasen, kamen zum erstenmal zur Wirkung. Persönliche Freiheit und Freiheit der Wohngestaltung konnten einander entsprechen.

So kehrten sich die jungen Stephens mitsamt ihren Freunden von den Sitten und Verhaltensweisen der viktorianischen Gesellschaft ab. Thobys Studienfreunde aus Cambridge kamen und gingen in 46 Gordon Square. Sie bereicherten Bloomsbury und stellten den Kern der späteren Gruppe dar, deren Zentrum Virginia und Vanessa bilden sollten. »Um 1900 schien die Zeit gekommen zu sein für die Neubestimmung der menschlichen Gefühle... Man brauchte eine neue Ehrlichkeit und eine neue Nächstenliebe in den persönlichen Beziehungen, und ich denke, daß jeder, der zum späteren Bloomsbury gehörte, dies fühlte, aber es gab zweifellos einige, die dies in politischen Kategorien betrachteten. Die patriarchalische Familie ist schlicht die kleinste Einheit des patriarchalischen Staates; das militärische und kirchliche Establishment, die Herrschaft des ererbten Status und der Gedanke des Empire, alles beruhte auf dem Begriff der natürlichen Rechte und Pflichten, welche letztlich wiederum abhingen von der Gewalt und von den Traditionen des Gehorsams. Insofern die jungen Männer aus Cambridge die Außenwelt betrachteten, suchten und fanden sie das hoffnungsvolle Wiederemporkommen freiheitlicher Werte. In Frankreich und sogar in Deutschland wurden die klerikalen und militaristischen Kräfte, Gewalt und Unvernunft, so sehr herausgefordert wie niemals zuvor. Englands imperialistische Abenteuer wurden in zunehmendem Maße scharf kritisiert. In einer Gesellschaft, die von sozialen Stürmen so geschützt war, wie die englische Gesellschaft, war es leicht, Hoffnungen in die Zukunft zu setzen.«[3] Die spätere Entwicklung hat erwiesen, daß der Kern der Bloomsbury Group nicht aus puren Optimisten bestand. Es ist jedoch richtig, daß die neue Freiheit Gedanken an eine andere Welt nahelegte, eine Welt, die weder autoritär noch patriarchalisch sein sollte, die zudem die Werte nicht in einem abgezirkelten System vorab festsetzte.

Bloomsbury und Cambridge standen in engem Zusammenhang. Die *Cambridge Apostles* sowie die Mitglieder der Mitternachtsgesellschaft kamen nach London zum Gordon Square. Leonard Woolf, Lytton Strachey und später Maynard Keynes gehörten zu den *Aposteln*, Clive Bell und Thoby Stephen zur 1900 gegründeten Mitternachtsgesellschaft. Die jungen Männer, die sich in Cambridge und London trafen, waren besonders begabte Außenseiter. Sie besaßen bereits in jungen Jahren ausgesprochen geistige Prägungen und Interessen. Man traf sich in den College-Räumen, diskutierte über Bücher, entwickelte Ideen.

Zwischen den *Aposteln* und den Mitgliedern der Mitternachtsgesellschaft bestanden schon in Cambridge enge Beziehungen, die sich positiv auf die Bildung von Bloomsbury auswirkten, zumal auch Lytton Strachey, Leonard Woolf und Saxon Sydney-Turner der »Midnight Society« angehörten. Am 2. März 1905, an einem Donnerstagabend, trafen sich Thobys Freunde aus Cambridge, Lytton Strachey und Saxon Sydney-Turner, zum ersten Mal mit Virginia und Vanessa am Gordon Square. Der Anlaß war eher belanglos: eine Einladung zum Dinner, die Folgen für alle Beteiligten hatte. Wenige Tage später kam Clive Bell zu dieser Gruppe hinzu, und man diskutierte nach dem Essen bis nachts um ein Uhr über das Gute.

Aus diesen Donnerstagabend-Dinners entwickelte sich langsam die Bloomsbury Group, deren Personenkreis sich rasch erweiterte, zunächst fast nur aus Cambridge-Studenten, die *Apostel* oder Anhänger des Philosophen George Edward Moore waren. Zusammen mit den beiden jungen Frauen Virginia und Vanessa läßt sich Bloomsbury beschreiben als eine

»nicht formelle Gruppe enger Freunde«.[4] Für die an eine reine Männergesellschaft gewöhnten Studenten war die Anwesenheit und aktive Beteiligung Virginias und Vanessas an den Diskussionsabenden rasch eine faszinierende Bereicherung geworden. Virginia hat im Memoir Club später darüber berichtet: »Diese Parties am Donnerstagabend waren, was mich betrifft, die Keimzelle, aus der all das entsprang, was man seither — in Zeitungen, Romanen, in Deutschland, in Frankreich — sogar, wage ich zu sagen, in der Türkei und in Timbuktu — mit dem Namen Bloomsbury belegt hat. Sie verdienen aufgezeichnet und beschrieben zu werden. Doch wie schwierig ist dies — wie unmöglich. Gespräche — sogar Gespräche, die solch kolossale Wirkungen auf das Leben und die Charaktere der beiden Fräulein Stephen ausübten — sogar Gespräche von diesem Interesse und dieser Wichtigkeit entweichen wie Rauch. Er fliegt den Schornstein hinauf — und ist verschwunden.«[5]

Die abendlichen Treffen in den Jahren 1905 und 1906 konzentrierten sich auf freien und lockeren Gedankenaustausch, der von keiner Autoritätsgläubigkeit geprägt war — es sei denn, von der Autorität G. E. Moores, dem es aber stets darauf ankam, daß die Wahrheitssuche vor allem anderen den Vorrang habe.

Die Mitglieder von Bloomsbury waren durchweg Ästheten, aber zugleich ernsthafte und nachdenkliche Persönlichkeiten. Die Gespräche wurden zwar von der Form her ungezwungen geführt, fanden aber auf einem hohen geistigen Niveau statt. Man maß die Argumente, es ging um Gründe, wenn man Behauptungen aufstellte — und im Diskurs jeweils um die besseren Gründe. Folglich ließen die Mitglieder der Gruppe Stilformen der Viktorianer oder Edwardianer außer acht: man zog sich nicht zum Dinner um. Kleidung sollte bequem, nicht repräsentativ sein. Ungeachtet dessen legte man in Bloomsbury Wert auf gutes Benehmen. »Welche Vereinfachung des Lebens war es, wenn man sich nicht darum sorgen mußte, wie man erschien, sondern nur darum, wie man seinen Standpunkt vertrat. Alles war erfrischend abstrakt, intellektuell, und die drohenden Wolken von Liebe und Heirat, die so schwer über dem Haus ihres Vaters gehangen hatten, waren verschwunden.«[6] So wurden die Unterschiede zwischen dem eigenen Kreis, der »bad society«, gegenüber der traditionellen guten Gesellschaft genossen. Die gute Gesellschaft, der man in Bloomsbury entronnen war, setzte sich zusammen aus dem alten Kreis um die Stephens: die Brüder Duckworth, Kitty Maxse, Henry James und Violet Dickinson. Violet allerdings blickte wie ein Janus in zwei Richtungen, in die traditionelle wie in die moderne.

Im Rahmen der mannigfachen Geselligkeiten und Parties des frühen Bloomsbury traf Virginia bei einem Dinner in 46 Gordon Square am 17. November 1904 zum ersten Mal mit Leonard Woolf zusammen, der zu Thobys Freunden gehörte. Leonard ging kurze Zeit später als Verwaltungsbeamter in den ceylonesischen Kolonialdienst und kehrte erst 1911 nach London zurück.

Die Befreiung durch Bloomsbury setzte für die beiden Stephen-Schwestern natürlich nicht schlagartig ein. Als die gemischten Abende zur Einrichtung wurden, verhielt sich vor allem Virginia zurückhaltend und schweigsam. Doch diese Passivität, vielleicht auch bedingt durch ein wenig Furcht vor den selbstbewußten Cambridge-Studenten, verflog rasch. Es brauchte nicht lange, und Vanessa wie Virginia führten mit ihren männlichen Altersgenossen Gespräche auf einer Ebene.

In Bloomsbury entwickelte sich ein Feminismus in dem Sinne, daß beide Geschlechter einschränkungslos als gleichberechtigt angesehen wurden. Und doch zeichneten sich aus Virginias Perspektive Spannungen gegenüber den jungen Männern ab, als sie sich zunehmend des Eigenwerts ihrer Persönlichkeit und ihres Geschlechts bewußt wurde.

Gegenüber der Männerwelt war Virginia bestrebt, sich eine Eigenständigkeit zu schaffen, wie sich dies in ihren Auseinandersetzungen mit Clive Bell über die Konzeption ihres ersten Romans ›The Voyage Out‹ offenbaren sollte, dessen erster Entwurf auf das Jahr 1909 zurückgeht. »Die Wertschätzung von Frauen, sogar um den Preis der Unterschätzung von Männern, ist — wenn man eine Frau in einer Gesellschaft ist, die alle Macht und alles Ansehen den Männern gibt — der erste Schritt zur Schätzung des eigenen Werts«[7]. Diese Bemerkung der amerikanischen Literaturwissenschaftlerin Phyllis Rose trifft die Situation Virginias. Es gibt zudem Anzeichen für das nicht zu übersehende Selbstbewußtsein der Miss Stephens. Die jungen Männer aus Cambridge ihrerseits fürchteten die eindrucksvollen Schwestern, wie Duncan Grant berichtete: »Diese apostolischen jungen Männer... fanden zu ihrer Verwunderung, daß sie geschockt werden konnten durch die Kühnheit und die Skepsis zweier junger Frauen.«[8]

Der Feminismus von Bloomsbury hatte nicht die viktorianische Tendenz, Mütter und Familien vor der machtbesessenen Männerwelt zu schützen, d. h. die etablierte Ordnung in ihre eigenen Grenzen zu verweisen, sondern er war radikaler. In seinem Freiheitsdrang stellte er das Moralsystem völlig in Frage. Sexueller Aberglaube, traditionelle Autoritätsverhältnisse zwischen Männern und Frauen wurden abgelehnt. Liebesverhältnisse wurden nicht durch fixierte Normen bestimmt, sondern allein durch die Leidenschaft legitimiert, aus der heraus sie entstanden. Gefühle sollten nicht der Konvention zuliebe unterdrückt werden, während Abweichungen vom durchschnittlichen Verhalten den Viktorianern als verdammungswürdige Rebellion galten. Die weiblichen Mitglieder von Bloomsbury huldigten wie die Männer dem theoretischen Extremismus ebenso wie einer frohgemuten Schamlosigkeit. Die einzelnen Liebesbeziehungen — ob homosexueller oder heterosexueller Art — tolerierte die Gruppe, wohingegen die »Außenwelt« an dieser »Libertinage« schockiert Anstoß nahm. Die »Bloomsberries« gefielen sich darin, die muffige, wohlanständige Umwelt zu frappieren. Man provozierte Skandale, die damals Aufsehen erregten, auch wenn sie uns heute eher skurrill und zahm anmuten. Als 1912 bei einem Ball zur Nachfeier der Postimpressionismus-Ausstellung die »Ladies of Bloomsbury« sowie einige Kunststudentinnen der Slade School in durchsichtigen Tahiti-Sarongs erschienen, verließen eine Reihe viktorianischer »Fregatten« im Geleitzug entrüstet den Saal.

In Bloomsbury wurde über alles gsprochen: ernsthafte Gespräche und Klatsch wechselten einander ab. Man hinterfragte die viktorianischen Tabus und entdeckte die Sexualität. Virginia hat von dieser Entdeckung eindrucksvoll in ihren Memoiren berichtet: »Plötzlich öffnete sich die Tür und die lange und finstere Gestalt von Mr. Lytton Strachey stand auf der Schwelle. Er zeigte mit seinem Finger auf einen Fleck auf Vanessas weißem Kleid. ›Samen?‹ sagte er.

Kann man so etwas wirklich sagen? dachte ich, und wir brachen aus in Gelächter. Mit diesem einen Wort fielen alle Barrieren der Verschwiegenheit und Reserve. Eine Flut der heiligen Flüssigkeit schien uns zu überwältigen. Sexualität durchzog unsere Gespräche. Das Wort ›Schwuler‹ war niemals weit von unseren Lippen entfernt. Wir diskutierten die Kopulation mit derselben Aufregung und Offenheit, mit der wir die Natur des Guten diskutiert hatten. Es ist merkwürdig, daran zu denken, wie verschwiegen, wie reserviert wir gewesen waren und für wie lange Zeit. Heute scheint es ein Wunder zu sein, daß noch im Jahre 1908 oder 9 Clive errötete und ich auch, als ich ihn bat, mich vorbeigehen zu lassen, um zur Toilette im Französischen Expreßzug zu gehen. Nicht im Traum hätte ich daran gedacht, Vanessa zu fragen, was in ihrer Hochzeitsnacht passierte. Thoby und Adrian wären lieber gestorben, als daß sie die Liebesaffären der Studenten besprochen hätten. Als man alle intellektuellen Fragen so frei besprach, ignorierte man die Sexualität. Jetzt strömte eine Lichtflut auch in diese Kammer. Wir hatten alles gewußt, aber niemals darüber gesprochen. Jetzt redeten wir von nichts anderem.«[9]

Ebenso lebendig wie die Entdeckung der Sexualität hat Virginia den Geist der intellektuellen Debatten in Bloomsbury festgehalten: »Vanessa und mir machten solche Diskussionen wahrscheinlich ebensoviel Spaß wie den jungen Studenten, wenn sie sich zum erstenmal mit ihren Freunden treffen. Endlich konnten wir unseren Verstand benutzen. Und ein Teil des Charmes dieser Donnerstagabende lag darin, daß sie erstaunlich abstrakt waren. Nicht nur, daß Moores Buch uns alle dazu gebracht hatte, über Philosophie, Kunst und Religion zu diskutieren; die Atmosphäre war im ganzen... extrem abstrakt. Die jungen Männer... kritisierten unsere Argumente genauso streng wie ihre eigenen... In jener Welt lautete der einzige Kommentar, den wir uns erlaubten, nachdem unsere Gäste gegangen waren: ›Wirklich, du hast deinen Standpunkt ziemlich gut dargelegt‹ oder ›Meiner Meinung nach hast zu ziemlich übertrieben‹.«[10]

Das Buch G. E. Moores, über das Virginia redet, ist seine berühmte Untersuchung aus dem Jahre 1903 ›Principia Ethica‹. Virginia beschreibt später in ihrem Roman ›The Voyage Out‹

(1915) dieses Buch als Lektüre der Mrs. Helen Ambrose, der Figur, welche der jugendlichen Heldin Rachel Vinrace den Weg zur Freiheit der Persönlichkeit eröffnet. Moore lehrte neben A. N. Whitehead und Bertrand Russell am Trinity College in Cambridge. Er war berühmt für seinen scharfen Verstand, der etwas Sokratisches an sich trug. Leonard Woolf berichtete noch 1967 in einem BBC-Fernsehinterview über Moores Einfluß in Cambridge und Bloomsbury: »Nun, er ist fast die einzige Person, die ich kannte, von der man sagen könnte, sie war ein Genie. Er besaß den außerordentlichsten Verstand, kolossal analytisch vermochte er fast alles zu durchschauen. Er war sehr originell auf dem Gebiet des reinen Denkens. Bertrand Russell war mit dem schnellsten Verstand ausgestattet, den man sich denken kann, und er kam gewöhnlich sehr oft in Moores Zimmer, wenn er auf philosophische Probleme gestoßen war, die er mit Moore diskutieren wollte. Es schien immer, daß sie beide zusammen wie Hase und Schildkröte waren: Bertie war ein Hase und Moore war eine sehr langsam denkende Schildkröte, doch die Schildkröte gewann am Ende fast immer ... Moore besaß diesen schrecklich guten und phantasievollen Verstand, aber er hatte auch einen außerordentlichen Charakter, der — so denke ich — es war, was einen enormen Eindruck auf Menschen machte, und man fühlte, daß er von einer ungeheuren Leidenschaft ergriffen war. Seine Leidenschaft für die Wahrheit habe ich niemals in einem anderen Menschen angetroffen. Er spielte leidenschaftlich Klavier und ›fives‹ (ein engl. Wandballspiel; Anm. d. Verf.) — und dies zog sich durch sein ganzes Leben, machte ihn verschieden von jedem anderen, dem ich je begegnet bin. Er wirkte enorm auf uns alle.«[11] Moores Wahrheitsdrang und Ehrlichkeit wird auch durch eine Geschichte beleuchtet, die wir von Bertrand Russell kennen: »Russell stellte ihm einmal die an die berühmte Paradoxie des Kreters Epimenides ›Alle Kreter lügen‹ erinnernde Fangfrage: ›Moore, sagst du immer die Wahrheit?‹ Moore antwortete: ›Nein‹, und das sei wohl seine einzige Lüge gewesen.«[12]

Moore revolutionierte die Ethik mit der These, man könne »gut« nicht positiv definieren, indem man es durch ein natürliches Objekt ersetze. Jeder Mensch kenne das Gute schon intuitiv, und es erhalte seine Wertbestimmung über Handlungen in verschiedenen Systemen, etwa in unterschiedlichen Gesellschaften. Am ehesten läßt sich das Gute nach Moore festmachen in der Freundschaft und im ästhetischen Wohlgefallen, eine Auffassung, die begierig von den jungen Intellektuellen in Cambridge und Bloomsbury aufgenommen wurde. Mit Hilfe dieser neuen Sichtweise wurden die positivistischen Auffassungen von Natur, Mensch, Gesellschaft und Moral in Zweifel gezogen. Moore brachte dem Gesetzescharakter der Naturwissenschaften größte Skepsis entgegen und warnte vor einer Übertragung solchen Denkens auf die Ethik. Für ihn war Realität in erster Linie eine Leistung des gesunden Menschenverstandes, der zwischen den Sinneswahrnehmungen und der objektiven Außenwelt eine Entsprechung annimmt — und auf diese Weise Welt aufbaut. Die ethische Frage nach dem Guten wurde ergänzt durch »eine vernünftige Prüfung gegebener Vorschriften«.[13]

Die von Leonard Woolf an G. E. Moore gerühmte Genauigkeit des Fragens wurde noch überboten von seinem notorischen Schweigen: Man sagt, Moore habe seine Schweigsamkeit einer ganzen Generation von Schülern und Anhängern vererbt: »(Die Apostel) brachten Moores Klarheit, seine Schweigsamkeit und seine Ethik mit. Während Virginia diesen jungen Männern zuhörte und ihre geistigen Fähigkeiten mit den ihren maß, eignete sie sich viel von dem Basiswissen einer ihr fehlenden Universitätsbildung an, und sie las viele der Bücher, die die Apostel gelesen hatten, damit sie einen eigenen Standpunkt vertreten konnte.«[14]

Thoby Stephen war der Begründer der Bloomsbury Gruppe in dem Sinne, daß er seine Studienfreunde zunächst in 22 Hyde Park Gate einführte und später nach 46 Gordon Square mitbrachte. Thoby galt als begabter junger Mann mit einem klassischen englischen Geschmack und Denkstil. Man hielt ihn für besonders fähig in praktischer und politischer Hinsicht. Seine Freunde idolisierten ihn als Athleten: sie nannten ihn »den Goten«. Die Freunde prophezeiten Thoby eine bedeutende Laufbahn im öffentlichen Leben seines Landes, sei es als königlicher Richter oder in politischen Ämtern. All diese Erwartungen sollten sich tragischerweise nicht erfüllen. Seine Zeit in

Bloomsbury war nur kurz bemessen, denn Thoby starb in den ersten Jahren des Bestehens der Gruppe an den Folgen einer Typhusinfektion, die er sich im Jahre 1906 auf einer Griechenlandreise zugezogen hatte, welche er gemeinsam mit seinen Geschwistern unternahm. Virginia hat zeitlebens an Thobys Wesen herumgerätselt und es immer wieder zu erfassen gesucht. Sie bewunderte ihren Bruder, doch er blieb ihr auch geheimnisvoll in seiner Eigenart, seiner Majestät und Verschlossenheit. In ihren Romanen ›Jacob's Room‹ und ›The Waves‹ beschrieb sie Thoby und erhob ihn ins Unvergeßliche. Sowohl die Gestalt des nicht direkt anwesenden Percival in ›The Waves‹ als auch der nach Griechenland reisende Jacob Flanders sind Versuche, Thoby literarisch zu verewigen.

Adrian Stephen besetzte in Bloomsbury eher eine Randposition, denn er verstand sich nicht besonders gut mit seinen Schwestern Virginia und Vanessa — ganz im Gegensatz zu Thoby. Als er 1907 mit Virginia in das Haus 29 Fitzroy Square zog, nachdem Clive Bell und Vanessa 46 Gordon Square übernommen hatten, stritten sie oft miteinander. Nach seiner Heirat mit Karin Costelloe (1915) distanzierte sich Adrian ganz von Bloomsbury, zumal seine beiden Schwestern seine Frau nicht mochten.

Vanessa Stephen kam unbestritten neben Virginia eine Schlüsselrolle in Bloomsbury zu. Sie war ein »Wunder« für intellektuelle und künstlerisch geprägte Männer und Frauen in gleicher Weise. Virginia hat in einem Dokument über das Leben in Kensington die damals achtzehnjährige Vanessa eindrucksvoll beschrieben: »... Vanessa in ihrem weißen Satinkleid, ... mit einem einzelnen makellosen Amethyst um ihren Hals und einem blauen Email-Schmetterling im Haar... schön, mutterlos, erst achtzehn Jahre alt, war ein rührender Anblick, eine Zierde für jede Dinner-Gesellschaft, die potentielle Gemahlin eines Lord, alles konnte aus solch wertvoller Substanz wie ihr gemacht werden — zumindest äußerlich... Unter den Halsbändern und den Email-Schmetterlingen brannte eine leidenschaftliche Sehnsucht — nach Farbe und Terpentin, nach Terpentin und Farbe.«[15]

Vanessa wirkte im Vergleich zu Virginia weiblicher und attraktiver, ja abenteuerlicher. Sie war eine eindrucksvolle Erscheinung mit ihren grau-blauen Augen und oft gesenkten Augenlidern. Sie strahlte Ruhe und eine innere Balance aus. Auch wenn Vanessa ihren freundlich-liebenswerten Grundton im Wesen stets beibehielt, urteilte sie oft blitzartig, gescheit, aber streng. Sie neigte sehr zum Schweigen. Oft gab sie auf Fragen kurze, sachbezogene Antworten. Vanessa sprach die Wahrheit, hatte kein Verständnis für Umschweife. Schon als Kind liebte sie die plastischen Formen: die Schönheit der Dinge. Früh kam sie zur Slade School of Arts und wurde im September 1901 zur Royal Academy zugelassen. Dort studierte sie unter Sir Arthur Cope und John Singer Sargent.

Vanessa hing mit Leidenschaft an der Malerei; sie stand inmitten der modernen englischen Kunstbewegung des Postimpressionismus, die besonders von Roger Fry propagiert wurde. Um Politik kümmerte sie sich nicht. Ihre großen Themen waren die Menschen und die Kunst. Bei einem großen Abendessen fragte Vanessa in völlig unbeabsichtigter Naivität Herbert Henry Asquith, der ihr Tischnachbar war, ob er sich für Politik interessiere — eine merkwürdige Frage an den britischen Premierminister.

Zwischen Vanessa und Virginia gab es nicht nur Unterschiede, sondern auch bedeutende Gemeinsamkeiten. Da ist vor allem das Stephensche Erbe zu nennen: Schönheit, Klugheit, Witz und ein erstaunlich ausgeprägter Individualismus. Die geistreiche Neugier und Abenteuerlust führte Vanessa dazu, den Normen der Gesellschaft zu mißtrauen, lieber selbst nachzudenken, als sich Urteile von anderen vorgeben zu lassen. Sie sagte: »Man sollte seinen eigenen Weg gehen ohne lange Argumente oder Getue und ohne den Versuch, den Einfältigen den eigenen Standpunkt zu erklären.«[16] Vanessa hat diese Einstellung in ihrem ganzen Leben verfolgt; sie war selbständig als Künstlerin ebenso wie in der Liebe, der sie ohne gesellschaftliche Muster nachging. Mit all ihren Eigenschaften und Begabungen vermochte Vanessa einen Brennpunkt in Bloomsbury zu bilden. Die Freunde trafen sich gern im Glanz ihrer Schirmherrschaft, der keinesfalls gekünstelt oder affektiert war, sondern als selbstverständliche Wirkung ihrer majestätischen Natürlichkeit strahlte.

Virginia Stephen wirkte immer schon eher physisch schwach im Vergleich zu Vanessa. Sie war wie Vanessa groß, aber eher blaß und eckig. Ihr Gesicht hatte eindrucksvolle Züge, eine hohe Stirn, große grüne Augen und eine kühne Nase, die sie von Leslie Stephen geerbt hatte, wie die bemerkenswerten Doppelportraits des Fotografen G. C. Beresford zeigen. Im Vergleich zu Vanessa war Virginia die herbere Schönheit. Sie wirkte auf das frühe Bloomsbury anziehend und distanzierend zugleich, denn sie konnte sowohl unverständlich, träumerisch oder geistesabwesend sein, was auch zuzeiten für Vanessa zutraf. Dann aber vermochte Virginia ihre Passivität aufzugeben zugunsten witziger Bemerkungen, scharfsinnig-boshafter Äußerungen und kritischer Urteile. Virginias Melancholie, die sie in »Orlando« porträtierte, ihre psychische und physische Labilität ging einerseits auf ihre Konstitution, andererseits auf traumatische Erlebnisse in ihrer Kindheit zurück. Da waren die vielen Todesfälle in der Familie, die düsteren sexuellen Erfahrungen und Repressionen in einer Mischung von Aggressivität und Tabuverletzung, aber auch ihre eigene Identitätssteigerung durch Schreiben und Selbsterforschung, ja Selbstbeobachtung, die für Virginias Leben und Werk charakteristisch blieben. Virginia suchte sich selbst, denn die Gesellschaft, in die hinein sie geboren wurde, hatte für Schriftstellerinnen hohen Grades keinen Platz. Das Frauenbild der Mittel- und Oberschicht war auf die Rollen der Ehefrau, Mutter und der gesellschaftlichen Dekorations- und Repräsentationspflichten festgelegt.

Virginias Sensibilität schwankte zwischen Schwäche und geistiger Vitalität; sie besaß somit eine fein organisierte Aufnahmefähigkeit für die kleinsten Unterschiede menschlicher Äußerungen der Rede, der Gestik, des Verhaltens und des Ausdrucks — ein Gespür, das in den Romanen auf Schritt und Tritt wiederkehrt. In Virginia vollzog sich schon in der Kindheit gleichsam eine Verdoppelung ihres Ich, die immer dann ihren Zugriff zur geistigen und materiellen Welt zutiefst gefährdete, wenn sie großen körperlichen und seelischen Anstrengungen ausgesetzt wurde, sei es, daß tragische Familienereignisse dafür verantwortlich waren, sei es, daß — vor allem in den späteren Jahren — die Anspannung beim Abfassen ihrer literarischen Werke sie aus der psychischen Balance brachte. Virginias Zurückschrecken vor sexueller Intimität mit einem Mann führte offensichtlich zusätzlich zur Komplizierung ihres seelischen Haushalts. Die meiste Zeit ihres Lebens war Virginia aber — ihrer zeitweiligen Wahnsinnsphasen ungeachtet — gesundheitlich und geistig auf der Höhe, auch wenn sie nie physisch stark war.

In Virginias frühe Erwachsenenzeit fällt eine nachhaltige Zuneigung zu Frauen, in deren Umgang sie sich wohl und geborgen fühlte. Ihre Liebesverhältnisse zu Madge Vaughan und Violet Dickinson belegen dies — vor allem Violet wurde von Virginia als mütterliche Beschützerin und Geliebte betrachtet. Später sollte Vita Sackville-West für eine Zeit eine bedeutende Rolle in Virginias Leben einnehmen.

Wichtig für Virginias Persönlichkeit in den Jahren 1905 bis 1914 ist ihre Suche nach der eigenen Identität, was zu einem beträchtlichen Teil darauf zurückzuführen war, daß sie ihren Arbeitsbereich noch nicht gefunden hatte und sie daher ihre eigentliche Bestimmung noch erprobte. Ähnlich ging es in derselben Zeit Lytton Strachey, eine Parallele, die für eine Zeit Virginia und Lytton eng zusammenführte.

Lytton Strachey entstammte derselben Gesellschaftsschicht wie die Stephen-Kinder, so daß sich schon von daher eine Parallelität in den biographischen Ausgangsbedingungen ergab. Lytton war das elfte Kind des Generalleutnants Sir Richard Strachey und seiner Frau Jane. Lyttons Vater hatte als junger Offizier militärische Erfolge errungen, war aber später in der Verwaltung tätig. Im Alter verzichtete er auf jedes martialische Auftreten, beschäftigte sich lieber mit Botanik und Zoologie. Die wissenschaftlichen Theorien Darwins und Huxleys interessierten Lyttons Vater ebenso wie meteorologische, geologische und ingenieurwissenschaftliche Studien. Es nimmt nicht Wunder, wenn in diesem Hause Religion ebensowenig an erster Stelle stand wie bei den Stephens.

Die Familie Strachey stammte aus Somerset und besaß den Landsitz Sutton Court. Sir Richard Strachey und die schottischen Vorfahren von Lady Strachey hatten in Indien gedient. In London lebten die Stracheys in einem großen neugotischen Haus in Lancaster Gate, das Leon Edel »einen makabren architektonischen Steinhaufen« nannte. Hier verbrachte Lytton seine Jugend inmitten der Schar seiner Geschwister. Als Lytton geboren wurde, war sein Vater bereits dreiundsechzig Jahre alt. Seine Mutter, die zweite Frau des Generals, war neununddreißig.

Alle Stracheys waren begabt. Doch Lyttons Intelligenz stach hervor — gepaart mit einem Hang zu exzentrischem Verhalten. Spleens gehörten zu dieser Familie: ein Onkel Lyttons, William Strachey, auch ein Anglo-Inder, verzichtete nach seiner Pensionierung in London nicht darauf, nach der Kalkutta-Zeit zu leben: so machte er die Nacht zum Tage und den Tag zur Nacht.

Geistig und gesellschaftlich bestanden zwischen den Stephens und den Stracheys deutliche Verwandtschaften: Sie waren nicht religiös, liebten die Literatur und die Kunst. Lady Strachey, die ihre Kinder sehr liebte und umsorgte, fehlte aber ein klares Urteil in intellektuellen Dingen ebenso wie in Erziehungsfragen. Bei einer Gelegenheit brachte sie Maynard Keynes zu dem Ausspruch: »Wie schrecklich, so sehr zu lieben und so wenig zu wissen.«[17]

Diese viktorianische Naivität paßte schlecht zu dem hochkarätigen Konzept persönlicher Zuneigung, die nach G. E. Moore ihre Fundierung in der Intelligenz haben sollte. Lytton erhielt durch die mangelnde Einsicht seiner Mutter eine völlig ungeeignete Erziehung. Zunächst wurde er in die Privatschule Abbotsholme in Derbyshire gesteckt, die ähnlich Gordonstoun nach dem Prinzip spartanisch strenger physischer Zucht vorging. Die Lerninhalte wurden dagegen nicht sonderlich intensiv verfolgt. Ein Schulwechsel nach Leamington College brachte für Lytton eine etwas bessere Situation, doch auch hier fühlte er sich nicht wohl. Mit siebzehn Jahren schickte ihn die Mutter auf die Universität Liverpool; dort sollte er sich für Balliol College (Oxford) qualifizieren. Lytton Strachey studierte unter Walter Raleigh, der seine Begabung hoch einschätzte. In seiner Freizeit machte er lange Radtouren, schmökerte in Buchläden herum und bereitete sich für die Aufnahmeprüfung in Balliol vor. Freunde fand Lytton in Liverpool nicht. Seine Aufnahme in Balliol scheiterte, doch es gelang ihm, im Trinity College in Cambridge angenommen zu werden. Dort erst blühte er auf; er wurde intellektuell angeregt, fand Freunde, wurde zum *Apostel* gewählt und erwarb sich eine erstklassige Bildung, wiewohl er sein Examen später nur mit einem *Second* absolvierte.

Lytton wußte bereits in Liverpool, daß er homosexuell war; er bekannte sich zu dieser Veranlagung und hat nie ein Geheimnis daraus gemacht. Er verspürte in sich zwei Seiten: eine Identifikation als Mann und eine als Mutter. Die zweite Identifikation läßt sich als Übernahme des beherrschenden Wesens seiner eigenen Mutter deuten. In dieser Doppelrolle ging Lytton Beziehungen zu Männern ein; er war männlicher Liebhaber und fürsorgliche Mutter zugleich.

In Cambridge lernte Lytton rasch seine Freunde kennen, die mit ihm Bloomsbury schaffen sollten: Leonard Woolf, Clive Bell, Maynard Keynes sowie G. E. Moore, Russell, Thoby und Saxon Sydney-Turner. Später, als die Bloomsbury Gruppe florierte, fühlte sich Lytton stark zu Vanessa hingezogen. Mit Virginia verband ihn eine tiefe Freundschaft, denn sie beide sollten sich einen bedeutenden Rang in der englischen Literatur des 20. Jahrhunderts erwerben. Zwar gab es Spannungen zwischen Lytton und Virginia hinsichtlich ihrer Auffassungen über die Literatur, doch vermochte dies die grundsätzlich positive Beziehung nicht zu beeinträchtigen. Lytton blieb immer in Virginias Leben der vertrauteste Freund: »Obwohl sie seine überlegene Bildung als beleidigend empfand, seiner zynischen Tendenz zum Klatsch mißtraute, und später, zeitweilig seinen kometenhaften Aufstieg zum Ruhm beneidete, fühlte Virginia immer eine besonders warme Zuneigung für den kränklichen, hypochondrischen Lytton.«[18] Lytton kannte sich bestens in der französischen Literatur aus. Die französischen Klassiker begleiteten seine geistige Entwicklung von früh auf, so daß es kaum verwundert, wenn sein erstes Buch den Titel ›Landmarks in French Literature‹ (1912) trug.

Lyttons Äußeres grenzte an Häßlichkeit: extrem dünn und schlaksig mit großen dunklen Augen sowie einer großen Nase, hatte er nicht die Fähigkeit, seine Bewegungen in ein harmonisches Verhältnis zu bringen. Seine hohe, komisch wirkende Stimme war sein Kennzeichen. Die Freunde sprachen vom »Strachey squeak«. Später hat Lytton sich durch extreme Kleidung und einen Vollbart zu seinem Vorteil verändert. Er trug etwa einen strahlend gelben Mantel über Kordhosen, dazu eine orangefarbene Weste und eine spitze Kappe. Er fühlte sich in diesem Aufzug wohl. Auch sein langsam sich abzeichnender Ruhm verlieh Lytton größere Selbstsicherheit. Als später, im Jahre 1918, sein Buch ›Eminent Victorians‹ erschien, wurde Lytton schlagartig berühmt und zum ersten Löwen von Bloomsbury.

John Maynard Keynes (Lord Keynes) darf als das Gegenteil zu Lytton Strachey gelten, obwohl es auch Ähnlichkeiten zwischen beiden gab. Keynes war eine kräftige, eher sportlich-elegante Erscheinung mit einem markanten Gesicht. Er hatte scharfblickende Augen, buschige Augenbrauen und trug einen präzis geschnittenen Oberlippenbart. Keynes legte mehr Wert auf gute Kleidung als andere Mitglieder der Gruppe. Sein Selbstbewußtsein steht außer Frage; bisweilen konnte er sich anderen Menschen gegenüber rüde und herrscherlich benehmen — was eigentlich nicht zum Bloomsbury-Stil paßte. Erst 1902 kam Maynard zum Ur-Bloomsbury in Cambridge, bestehend aus Leonard, Lytton und Thoby.

Maynard Keynes war eine Laufbahn beschieden, wie sie selten ist. Er begann als Mathematiker und Logiker in Cambridge, wandte sich aber dann der Ökonomie und Wirtschaftstheorie zu. Schon mit fünfundzwanzig Jahren wurde Keynes Fellow am King's College in Cambridge. Als Wirtschaftstheoretiker wurde er rasch weltberühmt. Man übertrug ihm glänzende Aufgaben in der Wissenschaft und in der Regierungsberatung. König Georg VI. erhob ihn später zum persönlichen Lord.

Keynes stammte wie Lytton, Virginia und Vanessa aus der »Intellectual Aristocracy«. Seine Familie kam aus Cambridge. Maynards Vater war Fellow von Pembroke College. Er vertrat die Fachgebiete Ökonomie und Logik. Seine Mutter beschäftigte sich mit Lokalpolitik, wurde Friedensrichterin, Stadtverordnete und später Bürgermeisterin von Cambridge. Seine Schulzeit verbrachte Maynard in Eton, bevor er die Universität Cambridge besuchte. Schon 1903 wurde er von den Aposteln als Mitglied aufgenommen.

Beim Vergleich Maynards und Lyttons fällt auf, daß beide freundlich und humorvoll waren. Keynes offenbarte allerdings nicht immer eine tolerante Haltung gegenüber anderen. Wie

Lytton war Keynes homosexuell, doch ging er — anders als Lytton — auch Beziehungen mit Frauen ein. Er heiratete später die russische Primaballerina Lydia Lopokova. Lytton und Maynard Keynes interessierten sich sehr für die Art und Weise, wie Menschen miteinander umgehen. Sie liebten es, Menschen zu beobachten und dann Charakteranalysen zu fabrizieren. Maynard entwickelte ein Verfahren der Charakteranalyse nach den Handbewegungen der »Untersuchten«, das er auch auf internationalen Konferenzen — offenbar mit Erfolg — ausübte. Wollte Keynes sich selbst bei solchen Gelegenheiten nicht in die »Karten« schauen lassen, so versteckte er seine Hände in den Ärmeln seines Jacketts.

Lytton wie Maynard vertraten die Überzeugung, daß die alte viktorianische Wertordnung überwunden werden müsse. Sie kritisierten Autoritätspersonen und machten sie gern lächerlich. Dennoch kann man nicht behaupten, daß Keynes und Strachey umstürzlerisch gesinnt waren. Sie wollten vielmehr aufgrund ihrer Einsicht in viktorianische Strukturen ihre gegenwärtige Welt zum Besseren verändern: »Keynes und Strachey wollten das viktorianische Haus nicht niederbrennen; aber sie wollten einigen Müll herauskehren, einige neue Möbel hereintragen und die Räume neu verteilen.«[19]

John Maynard Keynes, der als bedeutendste geistige Kapazität seiner Generation in Cambridge galt, wurde durch sein Hauptwerk ›Die allgemeine Theorie der Beschäftigung, des Zinses und des Geldes‹ (1936) zum führenden Theoretiker der modernen Nationalökonomie. Anlaß des Buches und der darin enthaltenen Keynes'schen Theorie war die weltweite Unterbeschäftigung während der Weltwirtschaftskrise, die mit dem Zusammenbruch der amerikanischen Börse im Jahre 1929 begann.

Während die traditionelle Volkswirtschaftslehre glaubte, daß jede volkswirtschaftliche Produktion sich über zusätzlich entstehende Einkommen seine eigene Nachfrage schafft, so daß man Arbeitslosigkeit bloß durch Wiedereingliederung der Unbeschäftigten in die Produktion beseitigen könne, bewies Keynes, daß eine allgemeine Unterbeschäftigung auch bei einem gesamtwirtschaftlichen Gleichgewicht möglich ist. Durch die erneute Eingliederung der Arbeitslosen in die Produktion werden, nach Keynes, nicht zusätzliche Einkommen mit Blick auf neue Nachfrage geschaffen, sondern in Wirtschaftskrisen würde zusätzliches Einkommen zum Teil gespart und so der Nachfrageförderung entzogen. Nach Keynes ist die durch verminderte volkswirtschaftliche Produktion entstehende Arbeitslosigkeit wiederum eine Folge sinkender Nachfrage. Keynes entwickelte für solche Krisen eine Nachfragetheorie, derzufolge über öffentliche Beschäftigungsprogramme die Kaufkraft der Löhne gesteigert werden soll.

Keynes besaß gleichsam eine öffentliche und internationale sowie eine private und subjektive Natur. Der ersten gehörte sein wissenschaftliches Werk und seine politische Wirkung an, der zweiten sein deutliches Interesse an Kunst und Kultur sowie sein Bedürfnis nach Freundschaft. Letzteres konnte er im Kreise der »Bloomsberries« ausleben. Trotz seines schwierigen Charakters, seiner Tendenzen zur Selbstsucht, Grausamkeit und zur Manipulation anderer, ist Maynard Keynes aus dem Bloomsbury-Kreis nicht wegzudenken. Immer gehörte er zu dessen innerem Kern.

Thoby Stephens bester Freund war Clive Bell, den er mit seiner Familie bekannt machte. Clive neigte zur Korpulenz, wurde immer wieder als Typ des englischen Landedelmannes geschildert, der das Jagen und Fischen liebt. Vom Äußeren her wirkte er eher gemütlich mit seinem runden Gesicht, den rötlichen Haaren und den klaren blauen Augen. Vom Temperament gesehen, war Clive freundlich, gutmütig, aber auch vital und ein Genußmensch. Viele fanden ihn sympathisch. Thoby berichtete aus der Zeit, als er ihn kennenlernte, nach London: »Da ist ein erstaunlicher Kerl namens Bell... Er ist eine Art Mixtur zwischen Shelley und einem jagdbesessenen Landedelmann«.[20]

Clive Bell war der Sohn eines wohlhabenden Kohlengrubenbesitzers in Wiltshire, der sich den pompösen Landsitz Cleeve House bauen ließ. Virginia hat das dortige Leben in seiner materiellen Sicherheit, aber geistigen Begrenztheit ironisiert. Thobys Bemerkung gibt schon im Keim den ganzen Clive wieder: Sport und Shelley. Seine Sportbegeisterung wurde ergänzt durch eine ebenso große Leidenschaft für Literatur und Kunst. Clive fraß sich durch Bücher hindurch — er konnte nie genug von ihnen haben. Er war kein großer Denker, besaß aber eine hohe Sensibilität für Kunstwerke sowie einen ausgezeichneten Geschmack, der ihn auch immer wieder dazu brachte, Feste zu arrangieren, Tafeln zu schmücken und zu drapieren, Menüs zu ersinnen, Weine auszuwählen.

Im Bereich des Geistes galt sein Traum dem Verfassen eines Buches, das den neuen post-viktorianischen Kulturstil letztgültig formulieren sollte. Dieses Buch hätte den Titel ›Die neue Renaissance‹ erhalten, doch wurde es nie geschrieben. Es liegt nahe, daß Clive den Titel von Walter Paters Buch ›The Renaissance‹ übernommen hatte, wurde doch Pater im Edwardianischen Zeitalter viel gelesen. Clive Bells ungeschriebenes Buch über die »neue Renaissance« sollte sich mit allen wichtigen Aspekten und Problemen seines eigenen Zeitalters befassen — ein gigantisches Unternehmen.

Für Clive bedeutete die Entdeckung des Reichs der Literatur und Kunst einen Einschnitt in seinem Leben. Sein Wissens- und Erlebnisdrang verstärkte sich. Er hatte das Gefühl, eine Menge von all dem nachholen zu müssen, was seinen Freunden durch ihre Herkunft aus der englischen »Geistes-Aristokratie« schon von Kindheit an geläufig war. Deshalb hat Clive mit dem Problem der Zivilisation hartnäckig gerungen; seine eigene Veränderung vom saturierten Bürgerkind zum feinsinnigen Kunstkenner und Kritiker bildete das Grundmuster seiner Vorstellung von Zivilisierung. Daher hat er der Zivilisation — wie er sie verstand — mehr Aufmerksamkeit gewidmet als die anderen Bloomsberries. Seine Bücher zur Kunst- und Kulturkritik sind eine Konzentration auf die Strukturen des Lebendigen. Clive war ein Augenmensch: ihn interessierte die momentane schöne Gestaltung — der Augenblick. Somit erfaßte er die Bildwerke, über die er schrieb, spontan und visionär zugleich. Er verwandelte seine Jagdleidenschaft bei seiner Reise durch die großen europäischen Gemäldesammlungen in ein kulturelles Fest. Leonard Woolf, der Sozialist und energische Kämpfer für die Menschenrechte, hat sich mit Clives Denken nie abfinden können, stand doch bei diesem zu sehr die elitäre Geschmacksbildung im Mittelpunkt. Man muß daher die Qualität, aber auch die Begrenzung des Bellschen Zivilisationsbegriffs erkennen. Clive Bell gründete die Zivilisation auf eine Elite, die über alle materiellen Möglichkeiten verfügt, welche ihre Heloten erarbeiten müssen. Sein Gedanke einer raffiniert-erlesenen Luxus-Zivilisation paßt denn auch zu den Denkformen der Renaissance, gegen die Leonard Woolf die soziale Verantwortung des Humanisten geltend machte: »Zivilisation... gehört tatsächlich zu dem, was er den ›Keim der Zivilisation‹ nennt oder ausdrücklicher ›Die gute Gesellschaft‹. Dies ist eine Sache der guten Manieren und der verfeinerten Genüsse, die Ausschmückung einer ›leisure class‹, und wir müssen, wenn sie überleben soll, die Existenz einer dienstbaren Bevölkerung akzeptieren, von der er optimistischerweise glaubt, sie könnte aus gutwilligen Sklaven zusammengesetzt sein, gutwillig, d. h. die ihr Leben hingeben, um die Bedürfnisse einer Elite zu befriedigen.«[21]

Clive besaß einen guten, gesunden Menschenverstand. Ihm war es gegeben, Gesellschaften zu beleben, Wohlgefallen im Beisammensein zu verbreiten. Nicht zuletzt deshalb war er eine Gestalt im Zentrum von Bloomsbury.

Leonard Woolf war der Sohn eines jüdischen Kronanwalts, der in guten Verhältnissen aufwuchs. Seine Welt war geordnet, wenn auch eher puritanisch ausgerichtet. Sein Vater, Sidney Woolf, der sich als Emblem einen Wolf wählte, dem er das Motto »Thoroughly« hinzugefügt hatte, war sehr arbeitsam, genau in dem, was er tat, verantwortungsbewußt und pflichttreu. All diese Eigenschaften übertrugen sich auf Leonard, als er in dem großen Haus der Familie am Tavistock Square aufwuchs. In religiöser Hinsicht muß man Sidney Woolf als liberal bezeichnen — eine Liberalität, die sich bei Leonard zum Agnostizismus verstärkte.

Als der Vater plötzlich mit achtundvierzig Jahren starb, kamen harte Zeiten über die Familie. Das große Haus mußte verkauft werden, weil Sidney Woolf Schulden hinterlassen hatte. Die Familie zog in ein middle class-Haus in Lexham Gardens. Leonard litt unter dem Gefühl der sozialen Unsicherheit, zumals seine Mutter für eine große Familie aufzukommen hatte. Seine Situation als junger Mann wird anschaulich gemacht in Virginias zweitem Roman ›Night and Day‹; das Elternhaus des Ralph Denham ist sicherlich nach dem Vorbild von Lexham Gardens gestaltet worden.

Leonard besuchte verschiedene Schulen, bis er schließlich einen Freiplatz auf der berühmten Public School St. Paul's erringen konnte. Hier wurde er auf traditionelle Weise für die Universität vorbereitet. Dabei spielten die klassischen Sprachen eine bestimmte Rolle. Nach dem Schulabschluß gelang es Leonard, ein Stipendium für Trinity College in Cambridge zu erhalten. Dort traf er den reichen Clive Bell, mit dem er sich anfreundete. Leonard selbst besaß gerade so viel Geld, daß er in Cambridge zurechtkommen konnte. Der Hintergrund beider jungen Männer konnte kaum unterschiedlicher sein. Leonard verfügte aber über die besseren geistigen und kulturellen Voraussetzungen, denn sein Vater hatte auf Bildung einen wichtigen Akzent gelegt. Clives Eltern dagegen waren Neureiche, die gerade im kulturellen Bereich nicht viel vorzuweisen hatten.

Leonard war intellektuell geformt, er ging streng mit sich, aber auch mit den anderen um. Sein Kennzeichen blieb zeitlebens das so deutliche Maß an Selbstkontrolle. Leonard unterwarf seine Gefühlsregungen einem klaren Verstand und der Disziplin eines eisernen Willens. Clive schwebte dagegen mehr an der Oberfläche, obwohl auch er nach einer Vision des Lebens suchte. Als sprichwörtlich galt Leonards Energie. Wie alle Woolfs in der männlichen Linie besaß er eine merkwürdige Krankheit oder Bewegungsstörung: Wenn er sehr angespannt war, zitterten seine Hände. Die Freunde in Cambridge meinten, daß seine ethische und soziale Integrität dieses Zittern hervorrufe, ja sie dachten, daß sein wilder Zorn über die Ungerechtigkeiten der englischen Gesellschaft mit zu diesem gleichsam protestierenden Zittern beitrug. In seiner Laufbahn wurde Leonard denn auch ein Mann der Reform, ein engagierter Sozialist, der sich um die Labour Party ebenso verdient gemacht hat wie um sozialwissenschaftliche Forschungen für den Frieden. Auf seine Ideen geht das englische Konzept des Völkerbundes zurück, welches englische Diplomaten in Genf in die Verhandlungen einbrachten. Leon Edel hat zu Recht von Leonard Woolf behauptet, daß sich in ihm die alttestamentarischen Tugenden verbanden mit dem englischen Sinn für »fair play«.

Ungeachtet dessen oder aber gerade aus der skizzierten Persönlichkeitsstruktur heraus war Leonard tiefer Gefühle fähig. Er besaß die Gabe, sich in die Probleme anderer Menschen einzufühlen. Er verstand die Kreatürlichkeit des Menschen, hatte aber auch ein sehr gutes Verhältnis zu Tieren: »Irgendwo unter den zähen Schichten des Puritanismus und im Allgemeinen verborgen unter der Miene eines kühlen, unpersönlichen Humanismus war er ein Künstler und ein Mann von tiefem Gefühl, empfänglich für die Nöte und Gefühle seiner Freunde, fähig, für sie zu leiden und völlig verflochten in ihre Probleme und Bestrebungen.«[22]

Leonhard hatte die Fähigkeit entwickelt, sich selbst in seinen Bewußtseinsakten und praktischen Handlungen zu beobachten. In seinen Lebenserinnerungen schreibt er darüber: »Ich war ein geborener verinnerlichter Intellektueller, und ein Mann oder eine Frau, die der Reflexion ihres Selbst zugetan sind, entwickeln nach dem fünfzehnten oder sechzehnten Lebensjahr die Gewohnheit, sich oft sehr intensiv als ›Ich‹ zu fühlen und dennoch sich zugleich aus einem Augenwinkel heraus als ›Nicht-Ich‹ zu betrachten, als Fremder, der eine Rolle auf einer Bühne spielt. Ich fühle stets, von Augenblick zu Augenblick, daß mein Leben und das Leben um mich herum unmittelbar und außerordentlich wirklich ist, konkret, und doch ist zugleich etwas absurd Unwirkliches darin, weil — obwohl ich zu genau weiß, was ich im Innersten wirklich bin — ich es nicht lassen kann, mich selbst ständig zu beobachten, wie ich eine Rolle auf der Bühne spiele. Dies ist das Ergebnis der objektiven Selbstbeobachtung.«[23] Aus dieser Haltung heraus machte Leonard auf andere sehr oft den Eindruck eines äußerst angespannten Menschen. Er war ganz Konzentration, hager und energisch.

Schon früh tauchte Leonard in der Urgruppe von Bloomsbury in Cambridge auf; zusammen mit Lytton Strachey machte er Maynard Keynes zum *Apostel.* Die Bloomsberries nahmen Leonard in den engeren Freundeskreis auf, aus dem er aber für mehrere Jahre verschwand, als er im November 1904 seinen siebenjährigen »Ceylon-Urlaub« antrat; Leonard arbeitete in Ceylon im englischen Verwaltungsdienst.

Er kannte Virginia schon vor seinem Weggang, und es gibt Äußerungen, aus denen hervorgeht, wie beeindruckt er von ihr und von Vanessa war. »Ihre Schönheit nahm einem buchstäblich den Atem.«[24] Erst nach seiner Rückkehr aus Ceylon sollte Leonards Beziehung zu Virginia enger werden.

Eine der merkwürdigsten Erscheinungen der Bloomsbury Gruppe war Saxon Sydney-Turner. Er war, was man im Englischen einen »odd character« oder einen komischen Kauz nennt. Saxons Gelehrtheit steht außer Zweifel; er besaß unermeßliche Lektürekenntnisse und war überaus intelligent. Zugleich hielt sich Saxon stets im Hintergrund. Seine Schweigsamkeit konnte von Moore kaum übertroffen werden. Während die anderen viel und flüssig sprachen, geizte Saxon mit seinen Äußerungen. Brachte Saxon es aber einmal fertig, etwas zu sagen, so besaßen seine Worte oft aphoristischen Glanz. Sie konnten ein langes Argument verdichten und in prägnanten Formeln zusammenfassen, einem Gedankengang die nicht mehr abänderbare Schlußfolgerung zusprechen. Virginia hat in ihren autobiographischen Aufzeichnungen Saxon mit der Motte verglichen, die zu ihren Lieblingstieren gehörte, weil sie die Gewohnheit besitzt, immer zum Licht zu fliegen: »Thoby zufolge war Sydney-Turner ein absolutes Wunder an Gelehrtheit. Er kannte die gesamte griechische Literatur in- und auswendig. Es gab praktisch nichts in irgendeiner Sprache, das in irgendeiner Weise gut war, das er nicht gelesen hatte. Er war sehr schweigsam und dünn und merkwürdig. Er ging nie tagsüber nach draußen. Aber spät abends, wenn er bei einem die Lampe brennen sah, kam er und schlug an die Fensterscheibe wie eine Motte. Etwa um drei Uhr morgens begann er zu reden. Seine Konversation war dann außergewöhnlich brilliant. Als ich mich später bei Thoby beklagte, ich hätte Turner getroffen und ihn nicht brilliant gefunden, so nahm Thoby ernstlich an, ich würde mit Brillianz Witz meinen, er aber meine dagegen Wahrheit. Sydney-Turner war der glänzendste Gesprächspartner, den er kannte, weil er immer die Wahrheit sprach.«[25]

Ebenfalls ein großer Geist, aber auch ein Mann der Geselligkeit war Desmond MacCarthy, der Sohn eines Agenten der Bank von England und einer elsässischen Mutter, Johanna Wilhelmina Louise von Chevallerie. Wie Maynard Keynes wurde Desmond in Eton erzogen und studierte dann in Cambridge. Im Jahre 1899 schloß Desmond seine Studien in Cambridge ab, fuhr aber auch nach dem Examen häufig in die Universitätsstadt, um alte Freunde wiederzutreffen, etwa Bertrand Russell, vor allem aber G. E. Moore, mit dem er besonders gut befreundet war. Später schloß Desmond sich eng an Lytton Strachey an. Desmonds Frau Mary, genannt Molly, war eine sehr lebendige und frische Erscheinung in Bloomsbury. Sie gehörte rasch mit zum »festen Bestand« der Gesellschaften am Gordon Square, obwohl die MacCarthys nie in Bloomsbury wohnten, sondern in Chelsea ihr Quartier aufschlugen.

Desmond verfügte über mannigfaltige Talente; er war charmant und vor allem ein erstklassiger Plauderer, der seine Zuhörer in seinen Bann ziehen konnte. Dabei war er durchaus nicht oberflächlich, sondern von einem denkerischen Tiefgang, der von seinen Freunden stets bewundert wurde. Es wird von Desmond MacCarthy berichtet, er habe bei einem bloßen Gang in einen Tabakladen die anwesenden Kunden durch sein Geplauder so bezaubert, daß sie ihn schließlich beim Verlassen des Ladens alle zur Tür begleiteten. Schon aufgrund dieser Qualitäten versprach man sich viel von Desmond: »Von allen Aposteln des Trinity College in seinem Jahrgang erwartete man von ihm am meisten.«[26] Desmond schrieb aber nie den wichtigen Roman, auf den alle hofften. Er war ein ausgezeichneter Journalist in London, dem das Gebiet der Literaturkritik eigenstes Anliegen bleiben sollte. Als unübertroffener Meister der Konversation hat er einen festen Platz in der Geschichte von Bloomsbury: »(Desmond) war ein Produkt der Atmosphäre von Privatbibliotheken und der privaten Lektüre... (Er) saß am Ende eines Raumes, im Halblicht; er war ein guter Zuhörer, ganz aufmerksam, sprach nur, wenn es angemessen war, ein vollkommener Gentleman, doch unerachtet seiner Freundlichkeit wußte er genau, was er sagen sollte.«[27]

In den Bloomsbury-Kreis gehörten nicht nur Schriftsteller und Philosophen, Wirtschaftswissenschaftler wie Maynard Keynes, sondern auch Künstler, die Vanessas Partei stärken sollten. Unter ihnen ragte Duncan Grant hervor, der durch seinen Vetter Lytton Strachey in die Avantgarde am Gordon Square eingeführt wurde. Duncans Vater hatte als Major in Indien gedient. Er interessierte sich sehr für Musik, Botanik — und gutes Essen. Duncans Mutter stammte wie Lyttons Mutter aus Schottland. Sie kam aus armen Verhältnissen, war aber begabt, spielte Klavier und malte. Duncan wuchs in einem ausgesprochen künstlerischen Elternhaus auf. Auch hat der Farbenreichtum und die Bildwelt Indiens seine Vorstellung geprägt. Duncans Tante, Lady Strachey, erkannte sein künstlerisches Talent und ermutigte ihn zum Studium der Malerei. Duncan war ein Augenmensch; er sah die Welt mit den Augen des Malers, er nahm alle Differenzen von Farbe, Form und Licht umgehend auf und setzte sie dann bildlich um. In dieser Hinsicht ähnelte er Vanessa.

Auf Grund seines ausdrucksvollen Gesichts und seines dunklen Teint nannten die Freunde Duncan den »dunklen Hamlet«. Duncan hatte merkwürdig verschleierte graublaue Augen, die ihn unfaßbar machten. In seiner Anfangszeit in London ging es ihm sehr schlecht. Er lief in zusammengeklaubten Kleidungsstücken herum, die ihm Freunde geschenkt hatten; oft sah man darauf die Farben, mit denen er gemalt hatte. Duncan war durchdrungen von dem Wunsch, Menschen und Gegenstände zu erfassen, und zwar von innen heraus. Ein Gesicht konnte ihn fesseln, aber auch ein Gegenstand des täglichen Gebrauchs, eine Schüssel, ein Stuhl. Die Struktur der Dinge und die Farbe — darum ging es Duncan in erster Linie bei seiner Seh- und Malweise. Vanessa teilte seine Auffassungen. Sie lebte später mit ihm zusammen, nachdem ihre Ehe mit Clive Bell sich zu einer Freundschaft gewandelt hatte. Duncan Grant studierte zunächst an der Westminster School of Arts, ging dann nach Italien und schloß seine Ausbildung in Paris ab. Dort arbeitete er im Atelier des Malers Emile Blanche, studierte aber gleichzeitig an der Ecole des Beaux Arts, bevor er sich in Bloomsbury niederließ.

Auch Roger Fry, der spät zur Bloomsbury Gruppe stieß, ging ständig mit Bildender Kunst um. Er wurde auf diesem Gebiet in Bloomsbury der Experte, eine Kompetenz, die er sich zuvor schon längst erworben hatte. Roger war viel älter als die anderen Bloomsberries. Er hatte bereits eine distinguierte Laufbahn hinter sich, als er zum Kreis am Gordon und später am Fitzroy Square kam. Seine Vielseitigkeit erstaunte seine neuen Freunde. Roger war Maler, Kunsthistoriker und Kunstkritiker in einer Person. Seine post-impressionistischen Ausstellungen von 1910 und 1912 erregten Aufsehen in London und brachten die Bloomsbury Gruppe noch mehr in das Licht der Öffentlichkeit. Die Bilder von Cézanne, Picasso und Van Gogh schockierten die etablierten gesellschaftlichen Kreise; hier war ein Tabu gebrochen worden — das des Durchschnitts-Kunstgeschmacks einer Mittelklasse, die sich in den verinnerlichten Kunstformen nur bestätigt sehen wollte. Diese Menschen in ihrer Illusion des Substantiellen fühlten sich vor den Kopf gestoßen durch die originelle Kraft dieser Maler, die ihre Vorurteile als illusionär enthüllten, was natürlich keiner zugeben wollte.

Roger Fry besaß dieselbe Ausbildung wie seine männlichen Freunde in Bloomsbury: Public School, Cambridge (King's College), hatte dort Naturwissenschaften studiert, war *Apostel* geworden und legte sein Examen 1888 mit einem *First* ab. Sein Vater glaubte, ihm stünde eine steile Karriere als Naturwissenschaftler bevor, doch Roger entschied sich für die Kunst.

Er studierte in Italien und Frankreich, heiratete 1896 die Kunststudentin Helen Coombe, mit der er zwei Kinder hatte. Auf die Familie fiel aber ein dunkler Schatten, als Helen Fry im Jahre 1898 geisteskrank wurde und sich nie mehr erholte. Im Jahre 1910 war ihr Zustand so bedrohlich ernst, daß sie in eine geschlossene Anstalt eingewiesen werden mußte.

Roger war zu dieser Zeit nicht wohlhabend: er schrieb unentwegt Aufsätze und Kritiken, um die Arztkosten bezahlen zu können. Dabei fanden seine Arbeiten Eingang in die renommierten Fachzeitschriften *Athenäum* und *Burlington Magazine.* Seine Bedeutung als Kunsthistoriker wurde in kurzer Zeit sowohl in Europa als auch in den Vereinigten Staaten von Amerika anerkannt. Roger hielt sich nicht nur ans Schreiben; er liebte auch den mündlichen Vortrag und hielt Vorlesungen über Kunst in London. Er war auf seinem Gebiet außergewöhnlich beschlagen; er kannte alle Kunststile, sprach über Cézanne, aber ebenso sachverständig über chinesische Malerei oder über die italienische Renaissance. Diese Fähigkeiten machen es verständlich, wenn Roger Fry im Jahre 1905 den bedeutenden Posten eines Direktors der Gemäldeabteilung im New Yorker Metropolitan Museum übernahm. Doch die offiziellen Ämter waren nicht das, was er erstrebte. Es kam in New York zum Zerwürfnis mit der Museumsleitung, so daß Roger nach fünf Jahren Tätigkeit in New York kündigte und nach London zurückkehrte. Später wurden ihm die ehrenvollen Ämter der Direktion der National Gallery und die Direktion der Tate Gallery angeboten. Beide lehnte er ab — mit dem Bewußtsein, seinen Ideen am besten als freier Kritiker, Historiker und praktizierender Künstler nachgehen zu können.

Vanessa lud Roger Fry im Jahre 1910 ein, im Friday Club einen Vortrag zu halten. Er verstand es, so lebendig, sachlich und leidenschaftlich zugleich vorzutragen, daß er von Bloomsbury begeistert als Mitglied aufgenommen wurde, zumal er die modernistischen Kunstauffassungen der Gruppe teilte, aber auch ihre Freiheit und Unbekümmertheit so sympathisch wie kongenial fand.

Eines der bedeutendsten Bücher Rogers, ›Sehen und Gestaltung‹ (1920), hinterließ einen tiefen Eindruck auf Henry Moore, der 1921 bis 1924 am Royal College of Art in London studierte. »Der bedeutendste Essay in Frys Buch, den Moore erstmals in der öffentlichen Bibliothek von Leeds gelesen hatte, war verhältnismäßig kurz und handelte von Negerplastik. Diese Art der Skulptur hatte ihn schon im Britischen Museum angezogen, doch hier war nun ein gelehrter Kritiker, eine Autorität auf den herkömmlichen Gebieten der Kunst, die Bildhauern, deren Werke bisher nur vom archäologischen Standpunkt aus als interessant galten, ›logisches Verständnis der Form‹ und ›einen vorzüglichen Geschmack in der Behandlung des Materials‹ zuzuerkennen vermochte. Ja Fry erklärte sogar noch kühner: ›Einige dieser Objekte sind große Skulptur — größer, so meine ich, als alles, was wir hervorgebracht haben, selbst im Mittelalter. Sie besitzen vollkommene plastische Freiheit; das heißt: diese afrikanischen Künstler fassen die Form tatsächlich dreidimensional auf‹«.[28] Es braucht nicht viel Phantasie, um sich vorzustellen, daß solche Meinungen bei einem so sensiblen Geist wie Henry Moore auf fruchtbaren Boden fielen, wohingegen sie bei den Etablierten auf Unverständnis stießen.

Die Bloomsbury Gruppe stellte keinen festen Verband dar. Menschen kamen und gingen. Es gab bedeutende Persönlichkeiten, die eine lockere Zugehörigkeit zu dem vorgestellten Kern unterhielten. Das gilt etwa für E. M. Forster und Bertrand

Russell. E. M. Forster hatte Klassische Philologie studiert und wurde Fellow am dortigen King's College. Forster schrieb eine Anzahl Romane, von denen ›Howard's End‹ (1910) und ›A Passage to India‹ (1924) die berühmtesten sind. Nach 1928 beschäftigte sich Forster vor allem mit Kritik und Romantheorie. Mit seinem Buch ›Ansichten des Romans‹ (1927) hatte er einen Klassiker geschrieben, der nach wie vor Debatten provoziert, ohne daß er auf dem theoretischen Niveau unserer Zeit mithalten könnte. Virginia Woolf und Morgan Forster pflegten einen humorvoll-distanzierten Umgang miteinander. Eine heiße Debatte über Romanfragen ist in den Briefen erhalten sowie in Virginias Essays.

Bertrand Russell gehört zu den großen Logikern und erkenntnistheoretischen Grundlagenforschern des 20. Jahrhunderts. Er hat sich zudem mit der Theorie der Mathematik und Physik befaßt, beschäftigte sich mit der Soziologie, der Politikwissenschaft und mit der Friedensforschung im weitesten Sinne. Zeitlebens war Russell Pazifist; er trat für seinen Pazifismus öffentlich ein und scheute die persönlichen Konsequenzen nicht. Zeitweilig verlor er sein Fellowship in Cambridge, auch wurde er ins Gefängnis gesperrt. Für sein literarisches Werk erhielt Bertrand Russell im Jahre 1950 den Nobelpreis. Russell stammte aus der englischen Aristokratie. Er hatte nie eine Schule besucht, ging nach Cambridge und wurde dort Fellow am Trinity College. Er war mit A. N. Whitehead, G. E. Moore und später mit Ludwig Wittgenstein befreundet. Seine Beziehungen zu Bloomsbury liefen über Lady Ottoline Morrell, die eine Schwester des Herzogs von Portland war. In Ottolines Salon in Bedford Square verkehrten die Mitglieder der Bloomsbury Gruppe ebenso wie die anderen bedeutenden Künstler und Intellektuellen Londons. Russell hatte über längere Zeit ein Verhältnis mit Ottoline, so daß er häufig in London anzutreffen war. So sah er die Mitglieder der Bloomsbury Gruppe oft, die er teilweise noch aus Cambridge kannte, da Russell auch ein *Apostel* war. In seiner ›Autobiographie‹ hat er sich kritisch von Bloomsbury abgesetzt — in seinem Urteil offenbar nicht gerecht: »In der Generation, die zehn Jahre jünger war als meine, gaben den Ton vornehmlich Lytton Strachey und Keynes an. Es ist erstaunlich, welch eine Wandlung des geistigen Klimas diese zehn Jahre hervorgebracht haben. Wir waren Viktorianer; sie waren Edwardianer. Wir glaubten an geordneten Fortschritt mittels Politik und freier Diskussion. Diejenigen von uns, die über die meiste Selbstsicherheit verfügten, hatten sich wohl der Hoffnung hingegeben, Führer der Massen zu werden, doch keiner unter uns hatte den Wunsch, von ihnen geschieden zu sein. Die Generation der Keynes und Lytton war nicht bestrebt, irgendwelche Verwandtschaft mit dem Spießbürgertum zu bewahren. Sie zielte vielmehr ab auf ein Leben der Zurückgezogenheit zwischen feinen Tönungen und schönen Gefühlen und stellte sich das Gute vor als die leidenschaftliche gegenseitige Bewunderung eines Eliteklüngels.«[29]

Als Bloomsbury sich 1905 am 46 Gordon Square eine feste Basis gebildet hatte, begann Virginia damit, Literaturkritiken für große Zeitschriften zu schreiben. Am 10. November 1904 war durch die Vermittlung von Violet Dickinson ein Aufsatz von Virginia im *Manchester Guardian* erschienen.

Am 10. März 1905 veröffentlichte sie ihren ersten Artikel im *Times Literary Supplement.* Die Verbindung zu dieser Rezensionszeitschrift mit Weltgeltung hielt Virginia zeitlebens aufrecht. Nicht zuletzt auf die Mitarbeit am T.L.S. ist es zurückzuführen, daß Virginia Woolf im Laufe ihres Lebens sechs Bände Essays verfaßte.

Im selben Jahr 1905 fuhren Virginia und Adrian für kurze Zeit nach Spanien und Portugal; Virginia hatte sich inzwischen von ihrer gesundheitlichen Krise erholt. Die Donnerstagabende in Bloomsbury waren spätestens im Sommer 1905 zur festen Einrichtung geworden. Als Gegenstück zu den literarisch und philosophisch ausgerichteten Donnerstagabenden gründete Vanessa Ende 1905 den *Friday Club*, der sich vor allem mit der bildenden Kunst befaßte.

Im Sommer reisten die Stephen-Kinder nach Cornwall, um auf den Spuren ihrer glücklichen Kindheit zu wandeln, die sie so viele Sommer nach St. Ives gebracht hatte. Virginia fürchtete zu diesem Zeitpunkt schon, daß ihre Geschwister heiraten würden und daß dadurch die so faszinierende Gemeinsamkeit in Gefahr geriete. Diese Furcht war nicht unberechtigt, denn Clive Bells künstlerische Ader zog ihn sehr zur ebenso gepolten

Vanessa hin, der er in eben diesem Sommer einen Heiratsantrag machte. Vanessa lehnte ab. Sie mochte Clive gern, liebte ihn aber nicht. Clive trug die Ablehnung realistisch, verfiel nicht in die Rolle des unglücklichen Liebhabers, sondern zog sich zurück, um Vanessa Zeit zum Nachdenken zu geben.

Virginia beschränkte sich nicht auf ihre schriftstellerischen Tätigkeiten und gesellschaftlichen Verpflichtungen; von 1905 bis 1907 lehrte sie am Morley College, einer Abendschule für Arbeiter, Geschichte und englische Literatur. Diese Aufgabe hat Virginia mit den Problemen der Arbeiterklasse vertraut gemacht und bildete einen Keim für die sozialkritischen Aspekte ihres literarischen und essayistischen Werkes, die sich unter dem Einfluß von Leonard Woolf noch verstärkten.

Das Jahr 1906 wurde ein tragisches Jahr für die Familie Stephen. Im September fuhren die Geschwister nach Griechenland und in die Türkei. Auch Violet Dickinson gehörte zur Reisegesellschaft. Die Reise war gut vorbereitet worden: man besichtigte die alten griechischen Kulturstätten und genoß die mediterrane Landschaft. Virginia hat später in ihrem Roman ›Jacob's Room‹ diese Griechenlandreise beschrieben: »Doch am nächsten Tag, als der Zug langsam einen Hügel umrundete auf dem Weg nach Olympia, arbeiteten die griechischen Bauersfrauen draußen in den Weinbergen; die alten griechischen Männer saßen an den Bahnhöfen und tranken süßen Wein. Und obwohl Jacob verdrießlich blieb, so hatte er niemals vermutet, wie ungeheuer wohltuend es ist, allein zu sein; fort von England; auf sich selbst gestellt; abgeschnitten von der ganzen Angelegenheit. Es gibt sehr steile Hügel auf dem Weg nach Olympia; und zwischen ihnen das blaue Meer in dreieckigen Zwischenräumen. Ein bißchen wie die Küste von Cornwall. Wie gut, den ganzen Tag allein zu wandern — auf den Pfad zu gelangen und ihm aufwärts durch die Büsche zu folgen — oder sind es kleine Bäume? — bis zum Gipfel dieses Berges, von dem aus man die Hälfte aller Länder des Altertums sehen kann — «[30]

Während der Griechenlandreise erkrankte Vanessa. Sie fühlte sich schon bei der Ankunft mit dem Schiff in Patras nicht wohl. Sie vertrug die Fahrt über Olympia nach Korinth und von dort nach Athen schlecht. In Athen wurde sie so krank, daß Violet die Aufgabe der Krankenpflege übernahm. Vanessas Erkrankung wurde nie richtig diagnostiziert. Auf der Weiterreise in die Türkei erkrankte Vanessa erneut. Anfang November 1906 kehrten die Geschwister und Violet nach London zurück.

Inzwischen waren Thoby und Violet ebenfalls krank geworden. Bei Thoby unterlief den Ärzten ein tragischer Diagnosefehler: sie behandelten ihn auf Malaria, doch die Krankheit, die er und die anderen sich zugezogen hatten, war Typhus. Typhus, eine fiebrige Infektionskrankheit, schreitet schnell voran, kann zu Magendurchbrüchen, Darmperforationen und zu schweren Bewußtseinsstörungen führen. Das Fieber ist bei Typhus immer sehr hoch. Als die Ärzte schließlich durch die Beharrlichkeit einer skeptischen Krankenschwester auf die wahre Krankheitsursache stießen, war es für Thoby bereits zu spät; er konnte auch nicht mehr operiert werden. Thoby starb am 20. November 1906. Der Schock war für Virginia und Vanessa unaussprechlich groß.

Vanessa befand sich inzwischen auf dem Wege der Besserung. Violet erholte sich ebenfalls langsam. Am meisten hat Virginia unter dem Verlust Thobys gelitten, denn sie hing sehr an ihm. Da sie selbst nicht erkrankt war, hatte sie in der Krankenpflege Thobys und Vanessas mitgeholfen. Seit dieser Zeit verfestigte sich in Virginia die schon beim Tode der Mutter deutliche Unfähigkeit zu trauern. Als 1908 ihre Cousine Helen Stephen starb, brachte Virginia es nicht fertig — obwohl sie sich im Urlaub in Wells befand — bei ihrer Tante vorzusprechen.

Durch den tragischen Tod Thobys rückte Vanessa Clive Bell näher. Es stellte sich zwischen ihnen beiden ein hohes Maß an Übereinstimmung und gegenseitigem Verstehen ein, so daß Vanessa Clive ihr Jawort zur Heirat gab. Der Tod Thobys führte die Freunde von Bloomsbury noch enger zusammen. Lyttons Reaktion auf die Todesnachricht gegenüber Maynard Keynes spricht für sich: »Ich bin wie betäubt. Der Verlust ist zu groß, und scheint das Beste im Leben weggenommen zu haben.«[31] Die Totenhausstimmung von Hyde Park Gate hatte sich auf Bloomsbury übertragen. Niemand konnte es fassen, daß der so gesunde, prächtige Thoby tot war — ihm, dem alle ein hohes Alter und eine staatsmännische Laufbahn prophezeit hatten.

Thoby blieb aber im Andenken seiner Geschwister und Freunde immer gegenwärtig. Er wurde zu einer mythischen Gestalt der Gruppe, die in den folgenden Jahren immer wieder beschworen wurde, besonders nachhaltig in Virginias Roman ›Die Wellen‹. Den Silvestertag des Jahres 1906 begingen die Stephen-Kinder im Haus der Bells bei Devizes. Die Stimmung in *Cleeve House* konnte bei dem Gedanken an Thoby nur trübe sein. Das maniriert-kitschige Herrenhaus bedrückte vor allem Virginia, die sich von ihrer schwierigen Seite zeigte. Sie machte ironische Bemerkungen, war gereizt und unzugänglich. Sie konnte die Familie Bell nicht leiden, weder die reichen, aber unkultivierten Eltern Clives, noch die sorgfältig-bieder gekleideten, doch blassen Schwestern ihres zukünftigen Schwagers.

Die Verbindung sollte schon bald geschlossen werden. Clive und Vanessa waren die einzigen, die glückliche Tage in Cleeve House erlebten. Virginia beobachtete sie gut; sie hatte nun nicht nur ihren Bruder Thoby verloren, sondern auch ihre Schwester Vanessa. Sie entwickelte daher eine Abneigung gegen Clive Bell, war er es doch, der die bisherige Lebensform der Geschwister zerstört hatte.

So zeichnete sich immer klarer eine Veränderung des Lebens der Stephen-Geschwister ab. Am 7. Februar 1907 heirateten Vanessa Stephen und Clive Bell im St. Pancras Register Office. Das junge Paar trat anschließend seine Hochzeitsreise nach Manorbier in Wales (Pembrokeshire) an. Die Bells beschlossen, in 46 Gordon Square wohnen zu bleiben. Folglich war Virginia gehalten, auf Wohnungssuche zu gehen. Sie beabsichtigte, ein neues Zuhause zu finden, für sich selbst und für Adrian. Virginia konnte sich schnell eines schönes Hauses versichern. 29 Fitzroy Square lag westlich von Tottenham Court Road, südlich von deren Kreuzung mit der Euston Road. Schon rein stadtgeographisch besaß Bloomsbury nunmehr zwei Mittelpunkte, in denen je eine der Stephen-Schwestern Haus oder Hof hielt. Der Umzug wurde Ende März abgewickelt. Virginia, Adrian und die Familienköchin Sophia Farrell bezogen das neue, helle und freundliche Domizil, in dem in früheren Jahren für eine Zeit George Bernard Shaw gelebt hatte. Die Donnerstagabende wurden nun abwechselnd in 29 Fitzroy Square und in 46 Gordon Square abgehalten, um Konflikte zwischen den Schwestern gar nicht erst aufkommen zu lassen.

Virginia konnte den Tod Thobys nicht verarbeiten. Sie änderte ihr Verhalten gegenüber Clive, indem sie ihn unbewußt in die Position Thobys drängte. Sie begann mit Clive zu flirten — ein Vorgang, der sich nur aus der verinnerlichten Dreierbeziehung zwischen ihr, Thoby und Vanessa erklären läßt. Mit Adrian kam Virginia kaum zurecht. Sie hat selbst in einem ihrer hinterlassenen autobiographischen Fragmente geäußert: »Wir paßten überhaupt nicht zusammen... wir trieben einander ständig zur schlimmsten Raserei und in tiefste Schwermut.«[32] Bei einer Streiterei wurden Virginia und Adrian so böse aufeinander, daß sie sich gegenseitig mit Butter bewarfen.

Das Haus war durchaus nicht klein; Virginia und Adrian hätten einander aus dem Wege gehen können, doch offenbar gefiel ihnen das Zanken auch. Die Aufteilung von 29 Fitzroy Square war im Grunde sehr günstig für Virginias und Adrians Lebensbedürfnisse. Im Erdgeschoß befand sich Adrians Arbeitszimmer. Dahinter lag das Eßzimmer. Im ersten Stock richteten sich die Geschwister ein großes wohlproportioniertes Zimmer als Salon ein, dessen hohe Fenster zum Square blickten. Diesen Raum dekorierte Virginia mit guten Möbeln und antiken Familienstücken sowie mit einem Portrait ihres Vaters von Watts. Virginias Räume befanden sich über dem Wohnzimmer, angefüllt mit Büchern, Manuskripten und Krimskrams. Sie pflegte an einem Stehpult zu arbeiten, um auch in diesem Punkt Vanessa ähnlich zu sein, die als Malerin naturgemäß eine Staffelei benutzte.

Virginias Gastlichkeit nahm sich geradezu exotisch aus. Im Wust ihrer angefüllten, unaufgeräumten Zimmer konnte sie niemanden empfangen. Daher wurden Whisky, buns (süße Brötchen) und Kakao in Adrians aufgeräumtem Arbeitszimmer gereicht.

In der ersten Zeit ihres gemeinsamen Zusammenlebens mit Adrian versuchte Virginia, sich um ihn zu kümmern, denn er war unter den Stephen-Kindern lange Jahre das schwächste, hatte sich von allen am langsamsten entwickelt und stotterte zeitweilig. Als Kind blieb Adrian sehr klein, wuchs dann aber zu einem hageren Jüngling heran. Er studierte nach dem Besuch von Trinity College, Cambridge (1902—1905) die Rechte, übte aber bis 1914, als er Karin Costelloe heiratete, keinen Beruf aus. Adrian fühlte sich im künstlerisch-literarischen Bloomsbury immer als Außenseiter. Adrian und Karin wurden später Mediziner. Sie spezialisierten sich beide auf Psychiatrie, und so gelang es Adrian, dem Kultur- und Literaturbetrieb Bloomsburys zu entkommen und sich einen eigenen Lebensbereich zu erschließen.

Für die alten Freunde der Familie Stephen konnte Virginias Aufgabe mit Blick auf Adrian überhaupt nicht deutlich werden. Vielmehr beklagten diese Freunde, niemand sei da, der über Virginia wache — ganz im Sinne viktorianischer Moral. Virginia müsse daher unbedingt heiraten, ein Ansinnen, auf das Virginia selbst gereizt und unwillig reagierte. Sie hatte bislang keine Beziehungen zu Männern gehabt, die freiwillig von ihr ausgegangen waren. Dagegen hegte sie freundschaftliche Gefühle für Frauen, die durchaus auch leidenschaftliche Formen annahmen. Vanessas Eheglück bewirkte in Virginia allerdings einen inneren Wandel — zumindest im Bereich der Vorstellung; sie hielt es durchaus nicht mehr für ausgeschlossen, daß sie selbst heiraten würde.

Thobys Tod und die Heirat Vanessas desorganisierten Bloomsbury für eine Weile, doch im Herbst 1907 wurden die Gesprächsabende wieder aufgenommen. Sie fanden jetzt häufig in 29 Fitzroy Square statt. Während des Jahres 1908 richtete man im Bellschen Hause am Freitagabend Lesungen ein; das Spektrum der vorgelesenen Autoren reichte von Shakespeare und Milton bis zu Swinburne und Ibsen.

Virginia begann um 1908 mit der Abfassung eines Romans, der den Titel ›Melymbrosia‹ tragen sollte. Sie wollte ein Kunstwerk der Phantasie schreiben und sich von der bekannten Romanliteratur absetzen. Virginia hat fünf Jahre an diesem Manuskript gearbeitet und dabei sieben verschiedene Fassungen produziert. Aus dem Melymbrosia-Manuskript entstand dann ihr erster Roman ›The Voyage Out‹. Die so lange Abfassungszeit, die für Virginia große innere Belastungen mit sich brachte, wurde von ihren Freunden nicht als außergewöhnlich betrachtet in dem Sinne, daß man den Zeitaufwand für übertrieben hielt. Wie Virginia waren die Freunde davon überzeugt, daß der unmittelbare Erfolg nicht das Ziel des Schreibens sein dürfe. Es ging ihnen allen vielmehr darum, etwas Wichtiges und Neuartiges über ihr inneres Selbst zu sagen.

Neben der Arbeit an ihrem ersten Roman setzte Virginia ihre Tätigkeit als Literaturkritikerin fort. Sie schrieb für den Guardian, das T.L.S., aber auch für das Cornhill Magazine, eine Zeitschrift, die einst ihr Vater Leslie Stephen als Herausgeber betreut hatte. Virginia nahm ihre Arbeit sehr ernst. Sie scheute sich lange Zeit, mit erzählender Prosa an die Öffentlichkeit zu treten. Die mannigfachen Überarbeitungen der ›Melymbrosia‹ deuten darauf hin, daß sie ihr Bestes geben wollte. Ihr Selbstzweifel und ihre künstlerischen Skrupel führten letztlich zu einer langen Zurückhaltung.

Am 4. Februar 1908 wurde Vanessas und Clives erster Sohn geboren, den sie Julian nannten. Vanessa ging ganz in ihrer mütterlichen Fürsorge und Liebe für das Baby auf, wiewohl sie auch in dieser Zeit nicht auf das Malen verzichtete. Virginia fühlte sich durch den kleinen Julian bei Vanessa verdrängt, und auch Clive kümmerte sich nicht um die Versorgung des Kindes. In einem Brief an Madge Vaughan vom Februar 1908 schrieb Virginia bezeichnenderweise: »Ich finde es schwierig, Julian zu beschreiben, außer daß er gesund ist und blond, mit großen blauen Augen. Vanessa hat große Freude an ihm, obwohl sie auch sehr kritisch ist.«[33] Virginia und Clive gingen zu dieser Zeit eine enge freundschaftliche Beziehung ein. Sie flohen das Kindergeschrei Julians und bevorzugten lange gemeinsame Spaziergänge und endlose Gespräche in St. Ives, »im Sinne eines kameradschaftlichen Komplotts gegen die Tyrannei des Familienlebens.«[34] Virginia berichtete am 13. Mai 1908 an Violet Dickinson: »Ich war für vierzehn Tage in St. Ives; Adrian, Nessa und Clive kamen die letzte Woche. Ich zweifle, daß ich jemals ein Baby haben werde. Seine Stimme ist zu schrecklich, ein sinnloses Kreischen wie bei einer unheilversprechenden Katze. Niemand könnte sich wünschen, es zu trösten, oder vorgeben, daß es ein menschliches Wesen sei. Nun, Gottseidank schläft es mit seiner Kinderschwester zusammen. Manchmal lächelte es Nessa an, und es hat ein niedliches Hinterteil; doch der Aufwand an Arbeit, den man bewältigen muß, bevor man es genießen kann, ist erschreckend. Clive und ich machten einige lange Spaziergänge; doch ich fühlte, daß wir Deserteure waren, aber andererseits war ich ganz unnütz als Kinderschwester, und Clive will es noch nicht einmal halten.«[35]

Man kann sagen, daß Clive und Virginia sich gegenseitig entdeckten; vor allem reizte Clive Virginias zurückhaltendes Wesen. Clive verliebte sich in Virginia, obwohl er erst vor einem guten Jahr Vanessa geheiratet hatte. Virginia widerstand jedoch seinen stürmischen Annäherungen. Ihr ging es mehr um Vanessa, die sie für sich wiedergewinnen wollte — und so machte sie sich daran, Clive von Vanessa zu trennen. Schon im Oktober 1907 schrieb sie die deutlichen Zeilen an Violet Dickinson: »Es wird noch etwas dauern, bis ich ihn und sie auseinanderbringen kann.«[36] Einerseits beneidete Virginia Vanessa um ihre glückliche Ehe, zum andern entdeckte sie ihre eigene Weiblichkeit. Sie begann in dieser Zeit, sich selbst für Männer zu interessieren und etwas für sie zu empfinden. Dies wird aus einem Brief deutlich, den Virginia am 6. Mai 1908 vom Fitzroy Square aus an Clive schrieb.

»Warum peinigst Du mich mit halb geäußerten und doppeldeutigen Sätzen? Meine Gegenwart ist ›lebendig und fremdartig und verwirrend‹. Ich lese Deinen Brief wieder und wieder und möchte wissen, ob Du mich ertappt hast, oder, was wahrscheinlicher ist, daß Du bestimmt hast, daß es nichts gibt außer einer unbegreiflichen und ganz vernachlässigbaren Weiblichkeit. Ich war sicherlich der Meinung, obwohl wir uns nicht küßten — (ich wollte es einmal — aber lassen wir das) — ich denke, wir ›erreichten den Höhepunkt‹, wie Du es formuliert hast. Aber hast Du wahrgenommen, wie tief bewegt ich war und zugleich gehemmt beim Anblick Deines Alltagslebens.«[37]

Doch es ist noch ein anderer Gesichtspunkt, der Clive für Virginia in dieser Phase zu einer entscheidenden Person werden ließ: Er glaubte fest an Virginias literarisches Genie, ja, er erklärte sich bereit, ihre Arbeiten behutsam und kritisch zu lesen und zu kommentieren. Virginia bedurfte dieses Rates sehr, zumal sie unter den erwähnten Selbstzweifeln litt, die immer noch aus dem Eindruck der literarischen Größe Leslie Stephens stammten. Wie konnte sie gegen diesen übermächtigen toten

Vater ankommen? Diese innere Auseinandersetzung mit Leslie ging so weit, daß Virginia davon träumte, er habe ihren gerade entstehenden Roman gelesen und im genauen Wortsinn »verworfen«. So schrieb sie an Clive Bell aus Cornwall am 15. April 1908: »Ich träumte letzte Nacht, daß ich Vater gerade das Manuskript meines Romans zeigte; er schnaubte und ließ es auf den Tisch fallen, und ich war sehr melancholisch und las es diesen Morgen und hielt es für schlecht. Du kannst Dir nicht vorstellen, in welche Tiefen der Bescheidenheit ich falle.«[38]

Clive diente Virginia als Quelle des Zuspruchs, als Spender von Hoffnung. Im selben Brief kündigte sie ihm weitere zwei Kapitel an, die sie in St. Ives neu geschrieben hatte. Wenig später schrieb Virginia an Clive: »Aber wie Du weißt, zähle ich immens auf Deine Ermutigung.«[39] Virginia hatte sich im Jahre 1908 nicht nur mit ihrem Roman befaßt. In ihrer unstillbaren Wißbegierde war sie daran gegangen, die deutsche Sprache zu erlernen. Sie lernte Deutsch so gründlich, daß sie in der Lage war, ein deutsches Buch im T.L.S. zu rezensieren. Daneben arbeitete sie fleißig an ihren anderen Literaturkritiken und führte schon eine beträchtliche Korrespondenz.

Außer beim Entstehen ihres ersten Romans, der später als ›The Voyage Out‹ erschien, hat Virginia sich dem Urteil anderer Menschen über ihre literarischen Arbeiten verschlossen. Später gab sie Leonard nur die fertigen Manuskripte zur Lektüre, wenn diese schon druckreif waren. Clive Bell aber las die erste Fassung von ›The Voyage Out‹ ganz und hat sie auch durchgängig kommentiert. In den Jahren 1907–1908 schrieb Virginia viel, sie las aber auch — wie schon seit ihrer Kindheit — beständig. Dabei suchte sie ihre Kenntnisse in grundlegenden Bereichen der traditionellen Bildung zu erweitern. Sie studierte — vor allem in ihren einsamen Sommerurlauben in Wells und Manorbier — die griechischen und lateinischen Klassiker im Original und arbeitete sehr sorgfältig Moores ›Principia Ethica‹ durch.

Doch nicht nur Clive stand Virginia nahe als Freund und literarischer Berater. Es entwickelte sich zwischen ihr und Lytton Strachey eine warmherzige Freundschaft. Virginia hat Lytton die folgenden Jahre immer sehr gern gemocht, auch wenn ihre literarischen Wege beträchtlich auseinandergingen.

Virginia äußerte sich gegenüber Vanessa bedrückt angesichts der Tatsache, daß sie noch keinen Heiratsantrag bekommen hatte. In einem Brief vom 10. 8. 1908 schrieb sie an Vanessa: »Soll ich denn keinen Heiratsantrag bekommen? Wenn ich die Chance (zu heiraten) bekäme und mich dagegen entschiede, könnte ich mich mit größerer Gemütsruhe mit meiner Jungfräulichkeit einrichten als ich es jetzt kann, da meine Weiblichkeit in Frage gestellt ist.«[40] Virginias freundschaftliches Verhältnis zu Lytton hielt sich in den Grenzen gemeinsamer Interessen. Sie fühlten sich verbunden vor allem durch ihre Freude an Kritik, Witz, Intellekt: »Ich fühle irgendwie, daß Lytton ein bißchen blasiert ist und unsere Freundschaft ist streng und sogar zynischerweise platonisch.«[41]

Virginia reiste im September 1908 mit den Bells in die Toskana. Nach ihrer Rückkehr sah sie Lytton Strachey häufiger. So schrieb sie am 20. 11. 1908 an Lytton, wie sie ihn sich als venezianischen Prinzen vorstelle: »So denke ich, daß Du eine Art venezianischer Prinz bist in einem himmelblauen Trikot, in einem Obstgarten auf dem Rücken liegend, oder ein erlesenes Bein in der Luft balancierend...[42] In der Zeit vom November 1908 bis zum Februar 1909 vermochte Virginia ihre Gefühle Lytton gegenüber nicht genau zu bestimmen. Einerseits glaubte sie, ihn nicht zu lieben, andererseits fühlte sie sich immer mehr zu ihm hingezogen. Für die erste Haltung bietet ein Brief an Clive vom Weihnachtstag 1908 einen deutlichen Beleg: »Wir hatten Lytton gestern abend bei uns; Du wirst erfreut sein zu hören, daß ich nicht in ihn verliebt bin, noch gibt es irgendein Anzeichen dafür, daß er in mich verliebt ist.«[43] Doch schon am 4. Januar 1909 betonte Virginia in einem Brief an Violet, daß sie durch das Glück der Bells auf den Gedanken gekommen sei, ebenfalls zu heiraten. Merkwürdigerweise kam es schließlich am 17. Februar 1909 dazu, daß Lytton Virginia einen Heiratsantrag machte, den sie auch spontan annahm. Doch diese Situation besaß etwas Groteskes; es war eine Verwirrung der Gefühle, die sich nur über die Vernunft lösen ließ. Lyttons Biograph Michael Holroyd hat dieser Episode die Überschrift ›Die falsche Wendung‹[44] gegeben.

Zweifellos gab es zwischen Virginia und Lytton eine Reihe wichtiger Ähnlichkeiten und Anknüpfungspunkte: das Interesse für Schriftsteller, die ein unabhängiges Leben im großen Stil führten wie etwa Horace Walpole, Edward Gibbon oder Henry James, eine Begabung für verfeinerte Boshaftigkeit, Scharfsichtigkeit für vertrackte Tatsachen und eine immense Neugier für alles Menschliche. Die wichtigste Gemeinsamkeit beider lag darin, daß sie abseits vom allgemeinen Lebensstrom existierten. Lytton zog sich gern in die Kälte klassizistischer Formkultur zurück, Virginia suchte das Feuer oder Licht wie eine Motte, um sich am Leben zu erwärmen. Während eines verregneten Aufenthalts auf dem Lande fragte Lytton einmal Clive Bell: »Von Liebe einmal abgesehen, wen würdest Du am liebsten die Zufahrt heraufkommen sehen?« Lytton wartete Clives Antwort nicht erst ab, sondern gab seine eigene: »Virginia natürlich!«[45]

Was faszinierte Lytton an Virginia? Es war ihre Sensibilität, ihr Verständnis für das Merkwürdige ebenso wie ihre Leidenschaft für die Literatur.

Doch nachdem Lytton ihr seinen Antrag gemacht hatte und Virginia zustimmte, kamen beide schnell durch intensive Gespräche überein, daß sie nicht füreinander geschaffen seien — die jungfräuliche Virginia und der homosexuelle Lytton. Schon am 19. Februar schrieb Lytton an Leonard Woolf: »Das Schlimmste daran war, als die Unterredung weiterlief, daß es für mich zusehends offensichtlicher wurde, daß die ganze Sache unmöglich war. Das Mißverständnis war fürchterlich. Und wie kann man von einer Jungfrau erwarten, daß sie versteht? Du siehst, sie *ist* ihr Name. Wenn ich bedeutender oder geringer wäre, hätte ich es tun können, hätte beherrschen und mich aufschwingen können und sie mir schließlich völlig zugehörig machen können, oder ich hätte damit zufrieden sein können, zu leben ohne all das, was das Leben lebenswert macht... Ihr Verstand war absolut, und zuzeiten war ihre Überlegenheit so groß, daß ich zitterte... Ich verfiel in Entsetzen, daß sie mich nicht küssen würde.«[46]

Dieses Eintagesverlöbnis Lyttons mit Virginia muß aber auch aus anderer Perspektive gesehen werden. Lytton wollte aus dem elterlichen Haus in Belsize Park Gardens entfliehen, zumal er dort in das Familiengeschehen eingebunden war und nur über sein bescheidenes Wohn-Schlafzimmer verfügte. Dem

Heiratsantrag Lyttons zeitlich vorausgegangen war ein Briefwechsel mit Leonard Woolf, in welchem Lytton seinem Freund
in Ceylon vorschlug, Virginia zu heiraten. Leonard schrieb
noch am 1. 2. 1909 zurück: »Glaubst Du, Virginia würde mich
haben wollen? Wenn sie ja sagt, telegraphier mir; ich nehme
dann das nächste Schiff nach Hause.«[47] Virginias Befürchtung,
sie fände niemanden, der sie heiraten wolle, waren gänzlich un-
begründet, denn Lytton und Leonard waren nicht die einzigen,
die sich um sie bemühten.

Im April 1909 unternahm Virginia eine vierzehntägige Reise
mit Vanessa und Clive nach Florenz. Nach ihrer Rückkehr kam
ein weiterer Heiratsantrag auf Virginia zu, diesmal von Hilton
Young bei einer Kahnfahrt in Cambridge im Mai. Doch Virginia lehnte diesen Antrag ab mit dem abenteuerlichen Argument, sie könne einzig Lytton heiraten und den liebe sie noch
nicht einmal.

Zur gleichen Zeit lernte Virginia Lady Ottoline Morrell, die
Schwester des Herzogs von Portland, kennen. Ottoline war im
Ganzen eine Bereicherung für das größere Bloomsbury — sie
war auf ihre Weise durchaus eine »Errungenschaft«: »Tatsächlich trug Lady Ottoline etwas Neues zum Leben Bloomsburys
bei: mondänen Glanz nämlich und ein Virginia willkommenes,
betont heterosexuelles Moment. Sie brachte Unterröcke und
Frivolität in das durch ›buggery‹ und hohen Gedankenflug geprägte Milieu des Fitzroy Square.«[48]

Die Bloomsberries ließen sich ab 1907 außerordentlich intensiv von Richard Wagner beeinflussen. Überhaupt wurde der
Opernbesuch eine Sucht, der auch Virginia nicht widerstehen
konnte. Besonders leidenschaftliche Wagnerianer wurden
Adrian und Saxon. Ihre Begeisterung ging so weit, daß sie mitsamt Virginia im August 1909 für vierzehn Tage zu den Bayreuther Festspielen fuhren.

In ›The Voyage Out‹ findet sich später mehrfach der Hinweis
auf Richard Wagner, vor allem aber auf das Tristan und Isolde-
Thema.

Virginia schrieb weiterhin Artikel für das T.L.S. und das
Cornhill Magazine, stritt sich aber mit Reginald Smith, dem
Herausgeber des Cornhill, wegen einer längeren Besprechung.
Am Ende des Jahres verfielen Clive und Vanessa auf die Idee,

England zu verlassen, um in Paris zu leben, weil ihnen die dortige Kunstszene besonders gut gefiel, an der sie deshalb auch praktisch teilhaben wollten. Sie überredeten Lytton und Virginia zum Mitkommen, doch der Plan zerschlug sich. Alle blieben in Bloomsbury.

Virginia machte aus ihren Überzeugungen für die Frauenbewegung kein Hehl. Sie trat im Jahre 1910 der englischen Bewegung für das Frauenwahlrecht bei. Diese bedeutsame Entscheidung hatte zur Folge, daß sie sich seither immer für die Emanzipation der Frauen einsetzte, wie sie überhaupt die falsche Heroisierung der Männer ablehnte. In dieser Ablehnung stand sie nicht allein: sie wurde von der Bloomsbury Gruppe im ganzen geteilt.

Genau an diesem Punkt lag der Ansatz für die *Dreadnought hoax* vom 10. Februar 1910. Virginia sowie fünf weitere Bloomsberries — Duncan Grant, Anthony Buxton, Guy Ridley, Adrian und Horace Cole — hatten es auf den Männlichkeits- und Heroenkult der Royal Navy abgesehen. Sie wollten die Navy lächerlich machen und die Geheimhaltungsbestimmungen in ihrer Wirkungslosigkeit verulken. Um dies ins Werk zu setzen, täuschten sie den Staatsbesuch des Kaisers von Abessinien vor — und kleideten sich für diesen Anlaß in prächtige Gewänder mit Turbanen und Edelsteinen. Sie traten als komplette Abteilung des kaiserlichen Hofstaats auf und brachten gar ihren eigenen Dolmetscher mit. Dieser Dolmetscher, nämlich Adrian, verstand sein Handwerk. Nachdem die Gruppe von Paddington Station aus nach Weymouth gefahren war, um dort das Flaggschiff der Britischen Kriegsmarine zu besuchen, war die Navy durch Vorinformationen bereits Feuer und Flamme. Die hohen Gäste wurden denn auch sogleich mit dem Kanonendonner eines Staatsbesuchs empfangen. Adrian übersetzte an Bord fleißig, was die britischen Marineoffiziere sagten, wobei er eine Art Suaheli mit griechischen und lateinischen Fragmenten aus Homer und Vergil vermischte, die er mit Zwischenbemerkungen wie »Bunga-bunga« exotisch abrundete. Dieser Unfug wurde zum vollen Erfolg. Kein Wunder, daß die Übeltäter ihren Sieg an die Presse weitergaben. Die englische Öffentlichkeit reagierte teils belustigt, teils entsetzt auf die Herabwürdigung der nationalen Ehre. Sogar das Unterhaus nahm den Skandal auf und behandelte ihn auf zwei Sitzungen. »(Am 24. 2.) ... mußte der Erste Lord der Admiralität auf die Frage antworten, ob es zutreffe, daß dem Admiral bei dieser Gelegenheit ein abessinischer Orden verliehen worden sei und daß er beim König angefragt habe, ob er ihn tragen dürfe...«[49] Merkwürdigerweise wurden die afrikanischen Potentaten auf dem englischen Kriegsschiff von William Fisher herumgeführt, einem Vetter der Stephens, der damals Flaggenkommandant war und sich hernach als britischer Admiral einen Namen machte. Zu guter Letzt gingen Adrian und Duncan Grant zur Admiralität, um sich zu entschuldigen. Der Erste Lord der Admiralität zeigte sich offensichtlich leicht amüsiert angesichts dieses Vorfalls, mahnte die beiden aber, dergleichen nicht zu wiederholen.

Das Jahr 1910 sollte aber auch ganz andere, ernsthaftere politische Probleme mit sich bringen. Am 6. Mai 1910 starb König Edward VII., der sich um Ausgleich und Verhandlungen auf internationaler Basis bemühte. Deutschland war zu diesem Zeitpunkt längst dabei, aufzurüsten, um die Vorherrschaft in Europa zu übernehmen. Doch auch innenpolitische Krisen kennzeichneten die Situation in England. Die Frauenrechtlerinnen kämpften verstärkt um ein allgemeines und gleiches Stimmrecht. Irland blieb unruhig und organisierte zunehmend den Widerstand gegen England. Auch in den überseeischen Gebieten gab es Probleme (Südafrika, Marokko).

Für Virginia wurde das Jahr 1910 zum Beginn einer langen Krankheitsphase, in der ihre psychische Labilität wieder ihr Dasein überschattete. Die Formen der Erkrankung wiesen dieselben Merkmale auf wie zuvor. Zunächst — im März 1910 — klagte Virginia über Kopfschmerzen und Nervosität, dann kamen die Symptome der Schlaflosigkeit, Appetitlosigkeit und Apathie hinzu. Die damalige ärztliche Therapie bestand darin, Ruhe zu verordnen, gesunde Nahrung und gesunde Luft auf dem Lande. Das Verlassen der Weltstadt London hielten die Ärzte Virginias immer für eine wichtige Voraussetzung ihrer Genesung. Die Bells mieten im Frühjahr 1910 zusammen mit Virginia ein Landhaus in der Nähe von Canterbury (Moat House). Virginia fühlte sich dort zunächst wohl und wurde auch durch Clives freundliche Art aufgemuntert. Doch ihre

Krankheit verschlimmerte sich. So machte sie zwischen Juni und Mitte August desselben Jahres eine »Kur« in einer Nervenklinik in Twickenham bei London. Ihr Arzt, Dr. Savage, hatte diesen Krankenhausaufenthalt dringend angeraten. Im Anschluß an diese Kur fuhr Virginia für vierzehn Tage nach Cornwall, um sich zu erholen, und ging danach mit den Bells nach Studland.

Am 19. August 1910 wurde das zweite Kind von Vanessa und Clive geboren, das sie zunächst Claudian, später aber Quentin nannten. Erst Mitte Oktober kehrte Virginia zum Fitzroy Square zurück, obwohl die Ärzte London als nicht geeigneten Aufenthalt ansahen, zumal Virginia dort ständig viele Leute traf, spät ins Bett ging, so daß von Schonung nicht die Rede sein konnte. Bereits im Dezember 1910 hatte Virginia ein Landhaus im Dorfe Firle bei Lewes in Sussex entdeckt. Sie mietete es und zog Anfang 1911 in dieses Haus, das sie in Erinnerung an das Stephensche Feriendomizil in St. Ives ›Little Talland House‹ nannte. Die landschaftliche Schönheit dieser Gegend beeindruckte Virginia zutiefst und bestimmte ihr ganzes weiteres Leben. Die Landhäuser, die sie später mietete, und schließlich Monks House, das Leonard und Virginia kauften, liegen alle in der näheren Umgebung des Ouse Tales. Die Freunde versprachen sich viel von Virginias ländlichem Refugium; sie hofften, daß das Landleben ihren Gesundheitszustand bessern würde.

Im April des Jahres 1911 begaben sich die Bells mit den Freunden Roger Fry und H. T. J. Norton auf eine Reise nach Konstantinopel. Die Reise kam auf Anregung von Roger zustande, der die anderen für das Studium der byzantinischen Kunst zu begeistern verstand. Roger Fry, der vielseitige Maler, Kunsthistoriker, Ästhetiker und Naturwissenschaftler, war Mitglied des »New English Art Club«. Bereits 1910 hatte er, wie erwähnt, die erste ›Nachimpressionistische Ausstellung‹ in London veranstaltet. Ihm ging es darum, die Kunst des direkten Gefühls oder des emotiven Ausdrucks an die Stelle der Illusionskunst des 19. Jahrhunderts zu setzen. Die Maler, die er vorstellte, etwa Vincent van Gogh und Paul Cézanne, versuchten »durch bildliche und plastische Form bestimmte geistige Erfahrungen auszudrücken.«[50] Diese Ausstellung führte zu heftigen Kontroversen in der kulturinteressierten Öffentlichkeit, die sich in ihren eingeschliffenen Werturteilen bedroht sah: »Seit Urzeiten galt für alles menschliche Empfinden das Alte als das Wahre, das Neue immer als bedenklich.«[51] Dieser Satz gilt auch ganz allgemein für die Aufnahme der Bloomsbury Gruppe in England. »Die durch seine (Roger Frys) Ausstellung geschaffene Atmosphäre gab Bloomsbury den Anstrich des Revolutionären und Berüchtigten, kurz, ein neues Gewicht. Bloomsbury wurde zum Gegenstand öffentlicher Mißbilligung; und auch geistig begann sich der Charakter Bloomsburys zu verändern: seit Cézanne das Hauptgesprächsthema war, schienen die Lehren G. E. Moores weniger wichtig, und verglichen mit Roger Fry, schien Lytton Strachey weniger bedeutend.«[52] Die von Quentin Bell nahegelegte Abfolge von »Führern« widerspricht aber dem Geist von Bloomsbury. Niemals hätte Leonard Woolf eine solche Auffassung akzeptiert. Moore und Cézanne schließen einander ebensowenig aus wie Roger Fry und Lytton Strachey. Die Mannigfaltigkeit der Blickpunkte und die Ergänzung dieser Verschiedenartigkeiten zu einem interessanten Ganzen kennzeichnet Bloomsbury im Kern. Was Moore und Cézanne betrifft, so wird man beiden sicher gerecht, wenn man ihr Ziel als die Suche nach der einen, unverfälschten Wahrheit beschreibt, auch wenn diese Suche mit den Mitteln der Philosophie beim einen und denen der Malerei beim anderen unternommen wurde.

Die Reise nach Konstantinopel wurde für Vanessa eine Strapaze. Sie erlitt einen Zusammenbruch, offenbar auf Grund einer Fehlgeburt. Roger setzte bei ihrer Pflege seine naturwissenschaftlichen Kenntnisse ein, da die ärztliche Versorgung in den südosteuropäischen Ländern damals nicht den Erfordernissen der Situation entsprach. Durch Briefe Clives alarmiert, machte sich Virginia — die selbst lange an ihrer Krankheit laboriert hatte — umgehend auf die weite Reise nach Konstantinopel, um Vanessa in dieser gesundheitlichen Krise beizustehen. Vanessas Zustand war zeitweilig ernst und besserte sich nur allmählich.

Virginia und Vanessa waren von Rogers Wesen fasziniert. Sie schätzten seine Begabungen, seine selbstlose Hilfsbereitschaft. Vanessa entdeckte eine tiefe Zuneigung zu Roger, aus der eine langjährige Liebesbeziehung erwuchs. Roger war älter als die anderen Bloomsberries, erwies sich aber in ihrem Zusammensein als Bereicherung. Er hatte Bücher über Cézanne und die postimpressionistische Malerei geschrieben. Die erwähnte erste postimpressionistische Ausstellung in England wurde 1910 in der Londoner Grafton Gallery durchgeführt, deren Leitung Roger Fry übernommen hatte. Aus Leonard Woolfs Feder stammt ein anschaulicher Bericht über die zweite postimpressionistische Ausstellung von 1912, bei welcher Leonard als Sekretär fungierte: »Der erste Raum war angefüllt mit Aquarellen von Cézanne. Die Höhepunkte im zweiten Raum waren zwei riesige Bilder mit überlebensgroßen Figuren von Matisse sowie drei oder vier Picassos. Es gab auch einen Bonnard und ein gutes Bild von Marchand. Eine große Anzahl von Menschen besuchte die Ausstellung, und neun von zehn Besuchern schüttelten sich entweder vor Lachen beim Anblick der Bilder oder wurden durch sie erzürnt... Die ganze Angelegenheit vermittelte mir einen bedauerlichen Anblick der menschlichen Natur, ihrer Klassen-Dummheit und ihrer Lieblosigkeit... Kaum einer von ihnen unternahm den geringsten Versuch, die Bilder anzusehen, geschweige sie zu verstehen und dieselben unsinnigen Fragen oder Bemerkungen wurden mir gegenüber den ganzen Tag wiederholt. Und dann und wann kam irgendein eleganter Gentleman mit rotem Gesicht, welches das beste Rindfleisch und die saftigsten Koteletts durchschimmern ließ, der einen Zylinder und graue schwedische Handschuhe trug, auf meinen Tisch zu, um die Bilder und mich mit den rüdesten Ausdrücken zu beschimpfen.«[53]

Roger Fry bemühte sich in der Folgezeit darum, seine Gedanken zur modernen Kunst weiter zu verbreiten, indem er dafür eintrat, sie in angewandter Form auszuprobieren, etwa in der Hausdekoration, der Möbel- oder Spielzeugproduktion. Er gründete die damals revolutionären *Omega Workshops*, in denen auftragslose Künstler in einer Genossenschaft zusammen arbeiteten und ihre Produkte gemeinsam verkauften. Die Maler von Bloomsbury haben zu diesem Unternehmen als Designer ihren deutlichen Beitrag geleistet.

Die vor allem durch Roger Fry verursachte Umgestaltung des Privatlebens der Bells wirkte sich auch günstig auf das Verhältnis der beiden Stephen-Schwestern zueinander aus. Sie gingen von nun an gelöster und entspannter miteinander um. Auch zwischen Clive und Virginia vereinfachte sich die Beziehung, da Virginia keine Neidgefühle in Bezug auf die gescheiterte Ehe der Bells mehr zu entwickeln brauchte.

Immerhin waren die Freunde so tolerant, daß die Veränderung der privaten Beziehungen zwar zeitweilige Anspannung, aber keinen Abbruch des Miteinander bedeuteten. So arbeiteten Clive Bell und Roger Fry — jeder auf seine Weise — bei der Propagierung der modernen Kunst zusammen. Clive und Roger entwickelten eine Ästhetik mit dem Kernbegriff der *bedeutsamen Form* (»significant form«). Ein Kunstwerk bildet eine Wirklichkeit oder einen Ausschnitt derselben nicht bloß ab, sondern es besitzt eine eigene Seinsweise, die im Betrachter bestimmte Formen der gefühlsmäßigen Reaktion bewirkt. Für Clive wie für Roger galten Cézanne, Manet, Matisse, Braque und Picasso als künstlerische *Schöpfer*, nicht als Nachahmer, eine Definition, die im Literarischen auch für Virginia Woolf und James Joyce zutrifft. Die Kunstwerke der »significant form« waren nach einem Strukturprinzip geschafffen, das wir von den Kubisten kennen — die auch auf Cézanne zurückgehen. Zunächst waren Ganzheiten in Teile zerlegt worden, um sodann in einem zweiten Schritt in einer neuartigen Kombination wieder zusammengefügt zu werden. Solche Rearrangements entdeckte Roger Fry auch in der Dichtung Mallarmes, die sich nach dem Prinzip *reiner* poetischer Notwendigkeit ausrichtete.

Bloomsbury war um 1911 sowohl geistig wie auch gesellschaftlich frei geworden von den Zwängen und Düsternissen des viktorianischen Zeitalters. Zweifellos war die Gruppe eine Avantgarde; Leonard hat nach seiner Rückkehr aus Ceylon die Ungezwungenheit und Intimität des Lebens um den Gordon Square mit innerer Freude beschrieben. Doch schon seit 1908 hatten sich die Befreiungstendenzen in der Sprache und in den Sitten Bloomsburys niedergeschlagen. Vanessa regte sogar den Aufbau einer Gesellschaft mit sexueller Freiheit für alle an: »Sex — darin war man sich einig — bedurfte nicht länger mehr der Sanktion durch die Ehe, wohl dagegen der Sanktion durch die Liebe.«[54]

Im Spätsommer 1911 lernten Virginia und Vanessa bei einem Aufenthalt in Millmead einen anderen Avantgarde-Zirkel kennen, der den Namen »Neo-Paganen« trug. Durch Kontakte zu dieser Gruppe lernte Virginia John Maynard Keynes besser kennen, der mit den Neo-Paganen in Verbindung stand. Räumlich war Keynes mittlerweile auch in Bloomsbury beheimatet, wiewohl er die meiste Zeit in Cambridge lebte, wo er als Dozent wirkte. Maynard hatte zusammen mit Duncan Grant, mit dem er zusammenlebte, im Jahre 1909 eine Wohnung am Fitzroy Square bezogen.

Virginia und Adrian beschlossen im Jahre 1911, ein größeres Haus zu suchen. Sie wollten es mit einigen Freunden gemeinsam mieten und bewohnen, also eine Wohngemeinschaft gründen. Zu dieser Gruppe gehörten Maynard Keynes, Duncan Grant, Virginia, Adrian und später Leonard Woolf. Im Oktober 1911 bezogen sie das Haus No. 38 Brunswick Square. Um das gemeinsame Leben zu organisieren, wurde eine Hausordnung geschrieben, an die sich alle Mieter zu halten hatten. Im Hause gab es aber auch Personal, eine Köchin und ein Mädchen. Um 9.00 Uhr morgens wurde das Frühstück bereitgehalten, Lunch gab es um 13.00 Uhr, Tee um 16.30 Uhr und Dinner um 20.00 Uhr. Schon zur Frühstückszeit mußten sich die Hausbewohner in eine Liste eintragen, aus der ersichtlich war, ob sie zum Lunch oder zum Dinner oder zu beiden Mahlzeiten kommen würden.

Die Mahlzeiten standen auf Tabletts in der Halle bereit. Man konnte sie mit den anderen Hausgenossen gemeinsam in den allgemeinen Wohnräumen einnehmen oder aber in der eigenen Behausung essen. Die benutzten Bestecke sowie das Geschirr hatte jeder Hausbewohner sofort nach dem Essen wieder zur Halle zurückzubringen. Diese Einrichtung erwies sich als außerordentlich praktisch und sparsam. Die Gesamtkosten für die Haushaltsführung wurden durch fünf geteilt. Leonard berichtete, daß er monatlich etwa zwölf Pfund Sterling für seine gute Wohnung und erstklassige Kost ausgeben mußte.

Sowohl Gordon Square als auch Brunswick Square waren immer so reichlich mit Nahrungsmitteln ausgestattet, daß eine Vielzahl von Zusammenkünften und Geselligkeiten einmal in diesem, das andere Mal im andern der beiden Häuser stattfanden.

Ebenfalls im Herbst 1911 wurde Little Talland House aufgegeben. Virginia und Vanessa mieteten ab dem 1. Januar 1912 das Haus *Asheham*, das westlich von Firle einsam und romantisch im Ouse-Tal lag. Asheham war gegen 1820 errichtet worden, besaß zwei große Wohnzimmer im Erdgeschoß mit großen französischen Fenstern zur Terrasse hin. Es waren vier Schlafzimmer im zweiten Stockwerk vorhanden. Der Bodenraum konnte zudem noch für die Unterbringung von Besuchern benutzt werden. Asheham besaß einen großen Garten, der von einer hohen Mauer umgeben war. Das Haus lag inmitten eines »Meeres von grünen Bäumen, grünen Grases und grüner Luft.«[55] Allerdings mußten seine Bewohner auf moderne sanitäre Anlagen ebenso verzichten wie auf elektrisches Licht. Selbst die Wasserpumpe befand sich vor dem Haus.

Virginia arbeitete ständig an ihrem Erstlingsroman; die Arbeit schritt aber nur langsam voran. Im April 1911 ging sie daran, die sechste Fassung zu schreiben. Noch im Juni 1911 berichtete Virginia über gesundheitliche Probleme, ja über gelegentliche Rückfälle, mit den alten Symptomen: »Ich konnte nicht schreiben, und die ganzen Teufel — haarige schwarze — krochen hervor. Neunundzwanzig sein und unverheiratet — ein Versager — kinderlos — dazu geisteskrank und kein Schriftsteller.«[56]

Doch schon einen Monat nach Abfassung dieses depressiven Briefes kam ein weiterer Heiratsantrag auf Virginia zu, und zwar von Walter Lamb. Virginia lehnte auch diesen Antrag ab und ebenso den nächsten von Sydney Waterlow im November 1911. Zu dieser Zeit war in ihre nähere Umgebung schon ein anderer Mann eingetreten, den sie schließlich heiraten würde: Leonard Woolf. Leonard Woolf hatte im Juni 1911 seinen siebenjährigen »Ceylon-Urlaub« beendet und kehrte im Juli 1911 nach London zurück. Er wollte in England sein dienstfreies Jahr verbringen. Sofort nach seinem Eintreffen in der Heimat nahm er seine alten freundschaftlichen Kontakte zu Cambridge wieder auf. Er hatte gute Beziehungen zu Lytton, aber auch zu Maynard und Saxon, und er gehörte zum engeren Kreis um G. E. Moore. Doch auch seine Beziehungen zu Bloomsbury wurden sogleich wieder belebt. Bei einem Dinner in 46 Gordon Square sah Leonard Virginia wieder. Über seine Aufnahme bei den Freunden schreibt er: »Am Gordon Square kam ich in eine Gesellschaft zurück, die sich — seit ich sie vor sieben Jahren verließ — völlig gewandelt hatte, aber in der ich mich sofort und vollständig zu Hause fühlte.«[57]

Leonard lebte nach den langen und entsagungsvollen Jahren des Kolonialdienstes wieder auf in einer erfrischenden Atmosphäre geistiger Freiheit und freundschaftlicher Intimität. In Ceylon hatte Leonard als »Sahib« unter Eingeborenen gelebt. Er fungierte als Polizeioffizier und Richter ebenso wie als Verwaltungsbeamter. In allen seinen amtlichen Tätigkeiten war er außerordentlich tüchtig. Er galt bei seinen Vorgesetzten als fähiger Beamter und bei den Eingeborenen als Mann der Fairneß und Gerechtigkeit. Seine Arbeit wurde so geschätzt, daß Leonard schließlich die Verwaltung eines Königreichs übertragen wurde; er »regierte« den Distrikt Hambantota (Südprovinz Ceylons).

Im Spätsommer und Frühherbst 1911 lud Virginia Leonard zu einem Wochenende mit ihr und zwei anderen Freunden nach Little Talland House ein. Die Tage vom 16. bis zum 19. September 1911 sollten der Beginn einer langen Beziehung sein. Der Herbst 1911 war der Ausklang eines herrlichen englischen Sommers mit ständigem Sonnenschein und klarem blauen Himmel. Leonard genoß das Klima und die Schönheit der südlichen Downs ebenso wie das Zusammensein mit Virginia. Sie saßen im großen Garten, um zu lesen, oder sie machten lange Spaziergänge. Seit dieser Zeit ging Leonard in 29 Fitzroy Square ein und aus; er gehörte zum Kern von Bloomsbury.

Man nahm regen Anteil an den großen kulturellen Ereignissen des Jahres, vor allem bewunderten die Bloomsberries das Russische Ballett mit Diaghilev und Nijinsky. Leonard hat in seinen Memoiren auch die zeitweilige Wagnerbegeisterung seiner Freunde beschrieben. Er selbst sah 1911 in Covent Garden den Ring, Rheingold, Siegfried, Götterdämmerung und die Walküre.

Im Dezember 1911 zog Virginia mit den Freunden in das Haus 38 Brunswick Square ein; das Haus hatte vier Stockwerke, so daß es allen Bewohnern genügend Platz gewährte.

Maynard Keynes und Duncan Grant bewohnten das Erdgeschoß, Adrian den zweiten und Virginia den dritten Stock.
Leonard schießlich bezog zwei Zimmer im vierten Stock. Virginia und Leonard sahen sich nun naturgemäß häufig, da sie
unter einem Dach wohnten.

Leonards Gefühle für Virginia intensivierten sich. Er war sich
darüber im klaren, daß er Virginia liebte, hegte aber Zweifel,
ob sie seine Gefühle erwiedern würde. Virginia ihrerseits besaß
eine deutliche Einsicht in ihre Egozentrik und Selbstsüchtigkeit,
so daß sie wußte, wie schwierig eine Beziehung zu Leonard
werden würde. Diese Egozentrik bedeutete allerdings nicht,
daß Virginia sich abkapselte. Sie entwickelte durchaus soziales
Engagement und wurde von vielen Menschen geschätzt. Ihre
Ichbezogenheit angesichts einer Liebesbeziehung muß in erster
Linie aus ihrer psychischen Prägung heraus verstanden werden.
Leonard hat seine innere Situation in seiner Lebensbeschrei-
bung verständlich gemacht: »Ende 1911 wußte ich, daß ich
Virginia liebte und daß ich mich schnell entschließen mußte,
was ich diesbezüglich tun sollte. Sollte ich sie fragen, mich zu
heiraten? Was sollte ich in bezug auf Ceylon tun? In wenigen
Monaten würde mein Urlaub enden, und ich würde nach Co-
lombo zurückkehren müssen. Wenn sie mich heiratete, sollte
ich natürlich aus dem Kolonialdienst ausscheiden, aber was
sollte ich tun, wenn sie mich ablehnte?... wenn sie mich nicht
heiratete, wollte ich nicht nach Ceylon zurückgehen und im
Civil Service aufsteigen, um schließlich als Gouverneur zu
enden.«[58]

Als Leonard Virginia schließlich am 11. Januar 1912 einen
Heiratsantrag machte, erbat sie sich Bedenkzeit: »Ich brauchte
achtundvierzig Stunden, um mich zu einer Entscheidung durch-
zuringen, und am Mittwoch telegraphierte ich Virginia und
fragte sie, ob ich sie am nächsten Tag sehen könnte. Am nächsten Tag fuhr ich nach London und frage sie, ob sie mich heiraten wolle. Sie sagte, daß sie es nicht wüßte und daß sie Zeit —
unbestimmte Zeit — brauche, um mich häufiger zu sehen,
damit sie sich entschließen könne. Dies brachte mich in eine
verdrießliche Lage hinsichtlich meines Urlaubs, und ich dachte
hinsichtlich meiner Entscheidung, daß ich besser einen unwiderruflichen Schritt aufschieben sollte, bis er mir aufgezwun-

gen würde. So schrieb ich dem Kolonialminister und.... beantragte eine Verlängerung des Urlaubs. Als er dies ablehnte, trat ich aus dem Ceylon Civil Service aus.«[59]

Im Februar 1912 verschlechterte sich Virginias Gesundheitszustand erneut, so daß sie wieder die Klinik in Twickenham aufsuchte. Sie litt unter nervlicher Überanstrengung und innerer Unruhe in Verbindung mit den Gedanken, die sie sich hinsichtlich einer Ehe mit Leonard Woolf machte.

Vanessa unterstützte die Beziehung der beiden nachhaltig, betätigte sich also eindeutig als »match maker«, indem sie Briefe an Leonard und an Virginia schrieb, die zwischen beiden vermitteln sollten. So heißt es etwa in einem Brief an Leonard: »wie froh ich wäre, wenn Du bekämst, was Du Dir wünscht. Du bist der einzige Mensch, den ich mir als ihren Mann vorstellen kann.«[60]

Virginia blieb längere Zeit unentschlossen, ob sie Leonard heiraten sollte. Ihre Gefühle schwankten zwischen Liebe und Reserviertheit. Dennoch festigte sich die Beziehung zwischen beiden ständig, vor allem durch die mannigfachen Treffen und eine ausgiebige Korrespondenz. Anfang Mai 1912 schrieb Virginia an Leonard: »Aber weil Du mich so gern hast, muß auch ich Dich gern haben, bevor ich Dich heirate. Ich fühle, daß ich Dir alles geben muß; und wenn ich das nicht kann, nun, dann wäre eine Ehe nur das Zweitbeste, sowohl für Dich wie für mich...«[61] Trotz ihres Selbstzweifels an ihrer Ehetauglichkeit konnte Virginia im Mai 1912 kaum ahnen, wie sich ihre Ehe mit Leonard in Wirklichkeit gestalten würde. Sie war sich über ihre Reserviertheiten im Umgang mit Männern halbbewußt, hatte aber keine Vorstellung von ihrer Frigidität, weil sie ohne Erfahrungen war. Virginias Wille, eine auch in sexueller Hinsicht normale Ehe zu führen, hat ihre Verbindung mit Leonard positiv beeinflußt. Sie sehnte sich danach, gemeinsam mit Leonard am Leben teilzuhaben, als Intellektuelle und als Frau. So gab Virginia schließlich am 29. Mai 1912 Leonard die Einwilligung zur Heirat. Quentin Bell hat dieses »Ergebnis« mit dem kurzen Satz kommentiert: »Es war der klügste Entschluß ihres Lebens.«[62]

# 4
# Erste Ehejahre — erste literarische Erfolge
## 1912—1919

Die Verlobten Virginia Stephen und Leonard Woolf lernten
nun jeweils Familie und Bekanntenkreis des Partners kennen.
Leonard gehörte ja zum Freundeskreis der Brüder Virginias.
Doch die weitläufige Stephen-, Jackson- und Duckworth-Ver-
wandtschaft Virginias führte Leonard in eine unbekannte Welt
der viktorianischen »Tanten« ein, deren Bürgerlichkeit und
Hochmut ihm widerstrebte.

Virginia ging es nicht viel besser mit der Familie Woolf. Die
Woolfs waren ihr fremd, ja etwas unheimlich in ihrem bröcke-
ligen, düsteren Haus in Putney. Die Alltagswelt einer jüdischen
Familie der Mittelklasse war Virginia etwas Neues; sie schien
ihr exotisch und seltsam in der charakteristischen Mischung
von praktischem Sinn und Intelligenz.

Zunächst verspürte Virginia gegenüber Leonards Mutter eine
deutliche Abneigung, weil sie das Nebeneinander von Einfalt
und Überaktivität nicht verstehen konnte. Später hegte sie für
Mrs. Woolf eine milde Toleranz, vor allem, als sie erkannte,
wie ausgeprägt Familiensinn und Klugheit — trotz Naivität —
bei ihrer Schwiegermutter ausgebildet waren.

Das Verlöbnis Virginias dauerte nur wenige Monate. Es war
ein kompliziertes Verhältnis, denn Virginia hatte Leonard offen
gestanden, daß sie ihn liebe, aber sich nicht körperlich zu ihm
hingezogen fühle. So schloß ihre ungewöhnliche Verlobungs-
anzeige an Lytton Strachey —

Ha! Ha!
Virginia Stephen
Leonard Woolf

– einen tragischen Hintersinn ein. Leonard erweckte in Virginia Gefühle der Anziehung und der Abstoßung zugleich: »Dann, natürlich bin ich manchmal wütend über die Stärke Deines Begehrens. Möglicherweise kommt an diesem Punkt hinzu, daß Du ein Jude bist. Du scheinst mir so fremdartig zu sein. Und dann bin ich furchtbar unsicher. Ich gehe in einem Augenblick vom Heißen zum Kalten über ohne irgendeinen Grund; außer, daß ich glaube, daß mich die pure körperliche Anstrengung und die Erschöpfung beeinflussen. Alles, was ich sagen kann, abgesehen von den Gefühlen, die einander den ganzen Tag jagen, wenn ich mit Dir allein bin, ist, daß es ein dauerhaftes Gefühl gibt, das (in mir) wächst. Du möchtest natürlich wissen, ob es mich jemals veranlassen wird, Dich zu heiraten. Wie kann ich das sagen? Ich denke, es wird, weil es keinen Grund zu geben scheint, warum es das nicht sollte – aber ich weiß nicht, was die Zukunft bringen wird. Ich fürchte mich halb vor mir selbst. Ich fühle manchmal, daß niemand jemals etwas mit einem anderen teilte oder teilt – Das ist es, was Dich veranlaßt, mich einen Hügel oder einen Felsen zu nennen. Aber wiederum möchte ich alles – Liebe, Kinder, Abenteuer, Intimität, Arbeit (...) So gehe ich halb voller Liebe zu Dir mit dem Wunsch, immer bei Dir zu sein und alles über mich zu wissen zu dem Extrem der Wildheit und Distanz. Ich denke manchmal, daß, wenn ich Dich heirate, ich alles haben könnte – und dann – ist es das Sexuelle, das zwischen uns steht? Wie ich Dir neulich brutal sagte, fühle ich keine körperliche Anziehung zu Dir. Es gibt Augenblicke – als Du mich neulich küßtest, war dies ein solcher –, in denen ich nicht mehr fühle als ein Fels.«[1]

Virginia entschied sich dennoch für Leonard. Ihre Eheschließung fand während eines Gewitters am 10. August 1912 auf dem Standesamt von St. Pancras statt, das nicht weit von Bloomsbury entfernt liegt. Der schwerhörige Standesbeamte brachte die Namen Virginias und der ebenfalls anwesenden Vanessa durcheinander und wurde schließlich völlig aus dem Konzept gebracht, als Vanessa den Namen ihres Jungen Quentin in Christopher umschreiben lassen wollte. Im Anschluß an die standesamtliche Trauung lud das Ehepaar Woolf die anwesenden Trauzeugen und Gäste Vanessa, Clive, die Duckworth-Brüder und Duncan Grant zu einer Lunch Party ein.

Bei der Eheschließung war Leonard einunddreißig Jahre alt, Virginia war dreißig. Ihre zweimonatige Hochzeitsreise führte Leonard und Virginia zunächst nach Somerset und Sussex, dann auf den Kontinent. Sie bereisten Frankreich, Spanien und Italien. Für Virginia wurde dies die längste Reise, die sie bisher unternommen hatte.

Sie besuchten die Städte Tarragona, Madrid, Saragossa, Pisa und Venedig, blieben für gewöhnlich zwei Tage lang an einem Ort, um dann mit der Eisenbahn weiterzureisen.

Am 3. Oktober 1912 kehrte das Ehepaar Woolf nach London zum 38 Brunswick Square zurück. Schon auf der Hochzeitsreise hatte Virginia mit zunehmender Klarheit erkannt, daß ihre innere Einstellung zum Sexuellen mit einem harmonischen Eheleben nicht in Einklang zu bringen war. Leonards Probleme mit diesem Aspekt seiner Individualität waren offenbar nicht so gravierend, so daß von seiner Seite aus die Voraussetzung für eine glückliche Ehe gegeben war. Doch Virginia vermochte die tief in ihr liegenden Blockaden nicht zu überwinden. Nun wäre es absurd, in Leonard den Typus des Mannes zu sehen, der die Bezeichnung »over-sexed« verdiente. Mit seiner sprichwörtlichen Willenskraft war Leonard in der Lage, seine sexuellen Bedürfnisse zu transformieren und zu sublimieren sowohl durch die Fürsorge für Virginia als auch durch geistige Arbeit. Leonards Sublimierung des Sexuellen hatte allerdings auch Wurzeln, die bis in seine Schulzeit reichten. Da gab es traumatische Erlebnisse sexueller Aufklärung »im Schulhof« sowie eine rigorose, repressive Erziehung, die dem Jugendlichen jede Möglichkeit verschloß, Sexualität als Bestandteil des menschlichen Selbst positiv zu bewerten. Diese viktorianischen Unterdrückungen und Selbstkasteiungen lieferten für Leonard als erwachsenen Mann nicht die besten Voraussetzungen, um Virginias Schwierigkeiten lösen zu helfen.

Virginias sexuelle Reaktionsschwäche hatte mannigfache und komplizierte Ursachen in ihrer Kindheits- und Adoleszenzgeschichte, in einem Gemisch von Todeserfahrung und verbotener sexueller Erregung durch die ihr nachstellenden Halbbrüder Gerald und George.

Nach der Hochzeitsreise erlebte Virginia einen nervlichen Zusammenbruch, im Verlaufe dessen Euphorie und Depression eng beieinander lagen. Leonard sorgte sich sehr um Virginias Gesundheit und versuchte, jedes kleinste Anzeichen der Krankheit zu erkennen, um etwas gegen die Krankheit zu tun.

Virginias Befinden verschlechterte sich; sie litt unter Kopfschmerzen und Schlaflosigkeit, aber auch Halluzinationen stellten sich ein. Sie mochte nicht essen und versank zeitweilig in Teilnahmslosigkeit und Melancholie. Diese Symptome ihrer Krankheit lassen sich sehr schwer in ein genaues Krankheitsbild einfügen. Virginia reagierte gefühlsmäßig und somit seelisch-körperlich darauf, daß die Ehe für sie nicht nur eine positive, sondern auch eine belastende und quälende Seite hatte. Sie wünschte sich so sehr, eine Ehe wie andere Menschen zu führen, doch war sie dafür weder erzogen noch geprägt worden.

Die psychosexuellen Bedrängungen ihrer Kindheit und Jugend durch ihre Halbbrüder Gerald und George Duckworth sowie der strenge Moralkodex ihres viktorianischen Elternhauses, die Ferne der Mutter und die trauernde Misantrophie Leslie Stephens nach dem Tod Julias — all dies hatte in Virginia eine sexuelle Indifferenz hervorgerufen, die mit einem Schuldkomplex behaftet blieb. Die traumatische Erfahrung sexuellen Mißbrauchs[2] hatte Virginia verinnerlicht, zumal diese Nachstellungen insgesamt von 1895 bis 1904 dauerten.

Körperlichkeit und Sexualität verurteilte Virginia gleichermaßen als etwas Böses und Verbotenes, das sie verdrängte. Jede Hingabe an sexuelle Lust mußte ihre alten Schuldgefühle neu erwecken. Zugleich waren die negative Besetzung von Körperlichkeit und Sexualität austauschbar: das eine konnte für das andere stehen, was z. B. deutlich wurde an Virginias Einstellung gegenüber dem Essen. »Die Wirkung von George Duckworths ›Aufmerksamkeiten‹ war, ..., Virginia zu traumatisieren und in ihr eine sexuelle Anästhesie hervorzurufen. Sie konnte keine normalen sexuellen Gefühle empfinden, und Sexuelles wurde in ihrer Vorstellung begleitet von Furcht- und Horrorphantasien.«[3] In einem späteren Brief an Lytton Strachey ging Virginia sogar soweit, geistige Durchschnittlichkeit am Beispiel eines Bekannten mit sexueller Überaktivität gleichzusetzen, die sie als tierisch und eklig zurückwies: »Was für ein Langweiler dieser Mann ist? Ich weiß nicht genau warum, aber ich habe nie jemanden getroffen, der handgreiflicher zweitklassig ist, und jetzt ergibt sich die arme Kreatur (dem Fleische) und schlägt vor, neben uns in Richmond zu wohnen und dort Tag und Nacht zu kopulieren und sechs kleine Waterlows zu zeugen. Dieses Haus stank lange Zeit nach getrocknetem Samen (der Bekannte hatte mitsamt seiner Frau Asheham im Winter 1914/15 gemietet) und das ist in seinem Fall bloß eine Art Schafsfett. Du siehst, auf welche Beschränktheiten wir begrenzt sind.«[4] Wie ihre Romanheldin Rachel Vinrace in ›The Voyage Out‹ war Virginia auf Grund dieses Horrors und infolge ihrer Entwicklung frigide. Sie empfand kaum etwas oder nichts im sexuellen Zusammensein mit Leonard und schrieb von ihrer Hochzeitsreise an Katherine Cox: »Ich habe ›Schuld und Sühne‹ auf die Seite geworfen, um Dir zu schreiben, nachdem ich schon den ›Antiquar‹ (Scott), ›Trespassers‹, ›Yonder‹ und ›Heir of Redcliffe‹ gelesen habe, nicht alle an diesem Nachmittag, aber seit ich meine Jungfräulichkeit verlor.

Warum glaubst Du, machen die Leute solch ein Getue um die Ehe und den Geschlechtsverkehr? Warum verändern sich einige unserer Freundinnen beim Verlust der Keuschheit? Möglicherweise macht mein hohes Alter dies weniger zur Katastrophe; aber mit Sicherheit finde ich den Höhepunkt immens übertrieben. Ausgenommen für eine gleichmäßige gute Stimmung (Leonard soll dies nicht sehen), herrührend von der Tatsache, daß jeder Stich des Zornes an meinem Ehemann heimgesucht wird, könnte ich noch Miss Stephen sein.«[5] Leonard schrieb etwa zur gleichen Zeit an Molly MacCarthy: »Ich fühle mich nicht wie ein verheirateter Mann.«[6] Die sexuellen Beziehungen zwischen Virginia und Leonard wurden offenbar bald nach der Heirat abgebrochen. »Mit ihrem Mann hatte sie (...) keine physische Beziehung und nur eine angespannte geistige, die Ehe wurde verwandelt in eine zivilisierte Übereinkunft, die zweifellos auf Zuneigung und Respekt gründete. Er verstand ihre Furcht vor dem Essen nicht, ihre sexuelle Traumatisation durch George und die daraus sich ergebende Frigidität, noch ihr Gefühl, daß ihr Körper lächerlich sei.«[7]

Leonard und Virginia verstanden sich aber ungeachtet dieser intimen und seelischen Probleme, auch wenn dieses Verstehen oft mit Nichtverstehen gemischt war. Die Frage, ob die Zuneigung zueinander nicht doch Liebe war, bejahen die Dokumente. Die Formen der Liebe können so verschieden sein — und es ist offensichtlich, daß die Form der Liebe zwischen Leonard und Virginia eine besondere war. In einem späteren Brief schrieb Virginia an Leonard. »... ich liege und denke an mein wertvolles Tier, das mich jeden Tag glücklicher macht und unmittelbarer zum Leben, als ich es für möglich hielt. Es gibt keinen Zweifel, daß ich schrecklich verliebt in Dich bin.«[8]

Zudem hatte das Geistige und Gesellschaftliche für das gemeinsame Leben von Leonard und Virginia eine große Bedeutung: »Beide waren intellektuell, beredt, diszipliniert, fleißig und reserviert. Sie entwickelten eine gewisse Reinheit des intellektuellen persönlichen Stils, der von Vanessa und ihren freizügigen Freunden nicht geteilt wurde.«[9] Leonards Verstand arbeitete zumeist rational, während Virginia mehr in fließenden Bildern dachte. Impressionismus und Rationalismus standen so in der Beziehung der beiden oft einander gegenüber, eine Tatsache, die Leonard häufig zu falschen Schlüssen über Virginias Innenprozesse verleitete.

Dem Lebensstil freier Schriftsteller gingen die Woolfs schon seit Oktober 1912 nach, als sie in Cliffords Inn einzogen. Cliffords Inn ist ein alter Gebäudekomplex hinter dem Strand, der ja in die Fleet Street übergeht. Die Wohnung der Woolfs war beinahe eine Antiquität und so düster und schmutzig, daß es auffiel. Doch man hörte dort kaum einen Laut von der belebtesten Zeitungsstraße der Welt. Virginia und Leonard arbeiteten hier an ihren Romanen ›The Voyage Out‹ und ›Das Dorf im Dschungel‹. Leonards Roman, der von Edward Arnold verlegt wurde, war nach dem Erscheinen im Jahre 1913 so erfolgreich, daß Arnold ihn zweimal nachdrucken ließ.

Außer einer Zugehfrau hatten Virginia und Leonard kein Hauspersonal. Die Aufwartung ließ es dabei bewenden, den Schmutz gleichmäßig in der Wohnung zu verteilen, die Betten zu machen und das Geschirr zu spülen. Abends aßen Virginia und Leonard in der schon zu Dickens Zeiten bekannten Cock Tavern in 22 Fleet Street, die heute noch besteht. Es dauerte nicht lange, bis sie in den verräucherten alten Räumen zu Stammgästen »aufstiegen«. In der City von London lebten sie nun ziemlich weit von Bloomsbury entfernt, gewannen aber den Vorteil, mehr Zeit für ihre Arbeit zu haben.

Leonard verfolgte eine ganze Reihe verschiedener Aktivitäten. Anfang 1912 hatte er den Sekretärsposten für Roger Frys zweite Postimpressionismus-Ausstellung übernommen. Zudem beschäftigte er sich zunehmend mit sozialistischer Politik. Unter anderem arbeitete Leonard für die Wohltätigkeitsorganisation und die Frauen-Kooperative — beides waren sozialistische Einrichtungen.

Die Woolfs wechselten im ersten Halbjahr 1913 häufig zwischen Cliffords Inn und Asheham House. Leonard reiste wegen seiner Arbeit über die Kooperative mehrmals in die Midlands und nach Nordengland. Auf diesen Reisen begleitete ihn Virginia einige Male. Leonard stellte aus dem Material, das er während dieser Fahrten sammelte, sein später (1919) erschienenes Buch ›Kooperation und die Zukunft der Industrie‹ zusammen. Abgesehen von einem kurzen Besuch in Cambridge, über den Virginia berichtete, ging sie offenbar gern nach Asheham: »London ist der Hölle außerordentlich ähnlich und war auch so in den letzten Wochen. Wir verschwinden so oft wir können nach Asheham — jedoch London besitzt auch großen Charme, besonders der Strand.«[10]

Im selben Jahr 1913 trat Leonard Woolf durch die Vermittlung der führenden Sozialisten Beatrice und Sidney Webb der politischen Vereinigung der Fabian Society bei. Die Fabians verfochten sozialistische Auffassungen in einem reformerischen Sinne. Die Webbs erwarben sich unter anderem das bedeutende Verdienst, die ›London School of Economics‹ (L.S.E.) gegründet zu haben. Die L.S.E. stand zunächst unter der Aufsicht der Fabian Society, wurde aber im Jahre 1900 zum Bestandteil der University of London. Im Rahmen seiner Arbeit für die Kooperativ-Bewegung recherchierte Leonard nicht nur, sondern er hielt auch in vielen Städten Englands Vorträge. Überdies schrieb er Artikel für die Zeitschrift ›New Statesman‹.

Virginia konnte im Februar 1913 endlich ihre Arbeit an ›The Voyage Out‹ abschließen. Zuletzt hatte sie an der Fertigstellung des Buches mit einer Energie gearbeitet, die einer Selbstfolter gleichkam. Doch auf Grund der Krankheit Virginias, vor allem in den Jahren 1913 und 1914, erschien das Buch erst 1915, obwohl Virginia bereits im Mai 1913 die Druckfahnen korrigierte. Virginias Halbbruder Gerald Duckworth hatte ›The Voyage Out‹ zu günstigen Konditionen angenommen.

Die Anzeichen von Virginias Krankheit, die sich schon 1912 bemerkbar gemacht hatten, verdeutlichten sich in den ersten sieben Monaten des Jahres 1913 in ihren Symptomen. Bei Virginia stellte sich eine Erkrankungsneigung immer besonders heftig ein nach den geistigen und nervlichen Strapazen, die sie während des Schreibens an einem Roman durchzustehen hatte. Diese Verausgabung ihrer Kräfte führte dann zumeist bedrohlich in die Nähe eines nervlichen Zusammenbruchs. Aus dem primären Quellenmaterial ergibt sich nicht zwingend, daß Virginias Krankheit eine Geisteskrankheit im psychiatrischen Sinne war, auch wenn das bisherige, durch Quentin Bell bestimmte Woolf-Bild dies nahelegt. Bell fragt aber nicht intensiv genug danach, warum Virginia während ihrer Krankheit bestimmte Dinge tat oder unterließ. Das beste Beispiel ist die »mysteriöse« Nahrungsverweigerung.

Ebenso enttäuschend in bezug auf Hintergrundinformationen über Virginias Krankheit ist Leonard Woolfs Autobiographie. Wie Quentin Bell hat Leonard immer die Auffassung vertreten, Virginia sei »geisteskrank« (mad) gewesen. »Der Glaube, daß Virginia Unsinn redete, führte (Leonard) dazu, einen Spezialisten nach dem anderen zu konsultieren. Denn was Virginia gelegentlich behauptete, konnte nicht rational gerechtfertigt werden.«[11]

Virginias Denken stimmte mit Leonards Rationalismus selten überein — wenn es um die Prinzipien des Denkens ging. Natürlich verständigten sie sich normal über die Angelegenheiten der Alltagswelt, wenn Virginia gesund war. Doch Leonards prinzipieller, an Sir Leslie Stephen erinnernder Rationalismus hatte wenig gemein mit der kontrastiven Vorstellung von Vernunft, die Virginia in den fluktuierenden und symbolkräftigen Texten ihrer Romane schuf.

Virginias Angst vor der Publikation von ›The Voyage Out‹ gehörte wahrscheinlich mit zu den Ursachen ihres Zusammenbruchs, denn ein gedrucktes Buch ist der Hand des Autors entrissen. Virginia haßte es, ihre Bücher, die sie als Teile ihres Selbst empfand, von anderen beurteilen zu lassen, und fürchtete, man würde das, woran sie mit ihrer ganzen Existenz hing, mit einigen barbarischen Federstrichen oder Kolumnen zunichte machen. In ihrem Unbewußten hat sicher auch eine Rolle gespielt, daß ›The Voyage Out‹ der Roman vom tragischen Ausgang einer Verlobung ist, in dem die Repressionen der Liebenden eine glückliche Beziehung unmöglich machen. Leonard sah in Virginias Haltung zur Literaturkritik, die ihre eigenen Arbeiten betraf, schlicht den Ausdruck einer pathologischen Übersensibilität, doch es ist fraglich, ob er so Virginia überhaupt verstehen konnte.

Nach dem Abschicken des Buches an den Verleger machte Virginia sich ständig Sorgen, litt unter Schlaflosigkeit und Kopfschmerzen. Zusätzlich mag sie nun doch der Wohnungswechsel zwischen Asheham und London belastet haben in seiner Polarität von Hektik und Ruhe.

Ihre Symptome wurden begleitet von einem mysteriösen Schuldgefühl. Wenn Virginia aber durch ihr sexuelles Trauma jede Körperlichkeit als etwas Verbotenes, Böses betrachtete, warum sollte sie dann nicht auch ihre Krankheit als Schuldhaftes Verstricken in die Körperlichkeit begreifen? Die Woolfs konsultierten den langjährigen Arzt der Familie Stephen, Sir Richard Savage, der ein bekannter Neurologe war. Dr. Savage entschied im Frühjahr 1913 angesichts von Virginias Gesundheitszustand, daß es unverantwortlich wäre, wenn Virginia ein Kind bekommen würde, weil eine Schwangerschaft die Krankheit verschlimmern könnte. Diese medizinische Auffassung machten sich Leonard und Virginia zueigen, doch hat Virginia immer wieder darunter gelitten, daß sie keine Kinder hatte. Sie beneidete Vanessa oft um Quentin, Julian und Angelica. Noch im April 1913 hatte Virginia an Violet Dickinson geschrieben: »Wir bekommen kein Baby, aber wir möchten eins haben, und sechs Monate auf dem Lande oder so, sagt man, sind zuerst einmal notwendig.«[12]

Nach der Untersuchung Virginias riet Dr. Savage zu einer sechswöchigen Kur in der Nervenklinik von Twickenham, in der Virginia schon einmal gewesen war. Virginia blieb vom 25. Juli bis zum 11. August 1913 in Twickenham, verkraftete aber ihre Trennung von Leonard nicht. So schlug die Kur bei ihr gar nicht an. Wie sehr ihr Leonard fehlte, zeigt der Brief, den sie ihm am 3. 8. 1913 schrieb:

*Liebster Mongoose,*

*ich hoffe, Du hast diesen Morgen mein Telegramm bekommen. Geht es Dir gut, ruhst Du Dich aus, gehst Du nach draußen? Machst Du Deine kleinen Kunststücke? Hier ist es immer dasselbe... Ich fürchte, ich war nicht sehr gut, aber ich denke, daß es besser werden wird, wenn wir zusammen sind. Hier ist alles so unwirklich.*

*Hast Du Deine Besprechung geschrieben? Wie fühlst Du Dich? Ist Asheham schön? Ich brauche Dich, Mongoose, und ich liebe Dich, kleines Tier, wenn ich nicht bloß ein so dummer Mandrill wäre. Kannst Du mich wirklich lieben — ja, ich glaube es, und wir werden glücklich zusammen leben. Du bist so liebenswert. Erzähl mir genau, wie es Dir geht.*

M.[13]

Leonard sah ein, daß es keinen Sinn hatte, Virginia in Twickenham zu lassen. So holte er sie am 11. August dort ab und fuhr mit ihr nach Asheham, wo sie bis zum 23. August bleiben wollten. Dies aber war der Anfang einer Beinahe-Katastrophe.

Virginias Zustand verschlechterte sich in dramatischer Weise: »Sie war schrecklich besorgt, voller Täuschungen über ihren eigenen Verstand, schlaflos, kaum etwas zu sich nehmend — ich war davon überzeugt, daß sie jeden Moment in völlige Verzweiflung fallen und versuchen könnte, sich umzubringen; wie würde die Situation aussehen, wenn wir allein in einem kleinen Gasthof in einem Dorf in Somersetshire waren? [Es war geplant, in die Plough Inn nach Holford zu reisen; d. Verf.] In ihrem jetzigen Zustand mit ihr wegzufahren, schien mir eine Katastrophe unausweichlich zu machen.«[14] Die Woolfs hatten bereits auf ihrer Hochzeitsreise eine kurze Zeit in der Plough Inn, Holford, verbracht, die sie beide sehr schätzten. Leonard fuhr am 22. August mit Virginia nach London zurück, ließ Virginia unter der Aufsicht Vanessas in 46 Gordon Square und suchte Dr. Savage auf.

Savage bagatellisierte die Gefahr für Virginia und befürwortete weiterhin einen Urlaub. Leonard verlor angesichts des Ernstes der Lage das Vertrauen zu Savage und zog nach Gesprächen mit Vanessa und Roger Fry Dr. Henry Head zu Rate. Head war ein berühmter klinischer Neurologe und Fellow der

Royal Society. Die Empfehlung von Savage an Leonard, mit Virginia ohne Vorsorge in den Urlaub zu fahren, wies Dr. Head wegen des zu großen Risikos zurück und schlug statt dessen einen »Stufenplan« vor: Leonard sollte wegen der Selbstmordgefahr den Schein wahren und dennoch wie geplant mit Virginia nach Holford fahren, jedoch schon festlegen, daß bei einer Verschlechterung ihres Zustandes ihm eine »abrufbare« befreundete Person »als Besuch« zu Hilfe kommen sollte. Würde die Situation sich noch mehr zuspitzen, müßte Virginia von Dr. Head in London untersucht werden.

So fuhr Leonard mit Virginia am 23. August nach Holford, wo sie in der alten, gemütlichen und wohlbekannten Plough Inn abstiegen. Virginias Zustand besserte sich jedoch nicht, so daß schon am 2. September die Freundin der Woolfs, Ka Cox, nach Holford fuhr, um Leonard beizustehen. Zu dieser Zeit waren Ka und Virginia besonders vertraut miteinander. Virginias Befinden verschlimmerte sich aber. Daher beschloß Leonard, am 8. September mit ihr und Ka nach London zurückzukehren, immer in der Angst, Virginia könne versuchen, aus dem Fenster des fahrenden Zuges zu springen.

In 38 Brunswick Square angelangt, konsultierte Leonard Dr. Head und Dr. Wright, vergaß aber vor dem Verlassen des Hauses, den Medizinschrank abzuschließen. Virginia unternahm an diesem Tage, dem 9. September, einen Selbstmordversuch mit einer Überdosis Veronal, verlor das Bewußtsein und mußte sofort ins Krankenhaus gebracht werden, wo man ihr den Magen auspumpte. Ihre Bewußtlosigkeit dauerte länger als einen Tag an.

Dieses Desaster führte zu großen Sorgen für Leonard, zumal Nervenkranke in England damals registriert werden mußten, um in ein lizenziertes Heim überwiesen zu werden. Leonard wollte unbedingt vermeiden, daß Virginia registriert wurde, und erreichte dies auch in den Gesprächen mit ihren Ärzten. Leonard brachte Virginia in Begleitung von vier ausgebildeten Krankenschwestern aufs Land. George Duckworth, Virginias Halbbruder, hatte Leonard angeboten, während der Zeit von Virginias Genesung seinen Landsitz Dalingridge zu bewohnen. Leonard nahm Georges Angebot an, und die Woolfs blieben bis zum November in Dalingridge. Mitte November konnte Leonard mit Virginia nach Asheham gehen, wo sie bis zum August 1914 blieben, unterstützt durch zwei Krankenschwestern. Im Dezember 1913 bereitete Leonard den Auszug aus der Wohnung in Cliffords Inn vor.

Leonard wurde durch Virginias Krankheit in diesen Monaten menschlich und körperlich bis an die Grenze seiner Leistungsfähigkeit gefordert. Er klagte über heftige Kopfschmerzen und Depressionen. Seine Freunde Roger Fry und Lytton Strachey gaben ihm in dieser schweren Zeit mit ihrer Anteilnahme Rückhalt und Ermunterung.

Das Jahr 1913 war ein ereignisreiches Jahr: auf der einen Seite warf es den Schatten der Krankheit auf Virginia, aber es brachte auch den Abschluß von ›The Voyage Out‹. Lytton begann mit der Abfassung seines Buches ›Eminent Victorians‹, und die Bloomsberries insgesamt hatten die Lust an wilden Festen entdeckt. Vor allem Verkleidungs- und Entkleidungsfeste erfreuten sich großer Beliebtheit. An einem der Verkleidungsfeste trat Duncan Grant als schwangere Kurtisane und Saxon Sydney-Turner als Eunuch auf. Adrian Stephen feierte eine Party, auf der es zu Entkleidungsszenen kam, an denen auch die temperamentvolle Vanessa teilnahm.

Bei Gelegenheit einer anderen Feier, die Adrian Stephens spätere Frau, die hochbegabte Philosophin Karin Costelloe ausrichtete, verkleideten sich die Männer als Frauen und die Frauen als Männer. Bloomsbury begeisterte sich zudem 1913 an einem kulturellen Ereignis seltener Größenordnung: Das Russische Ballett, zu dem auch J. M. Keynes' spätere Frau Lydia Lopokova gehörte — gastierte in London mit dem Star-Tänzer Nijinsky. Das Ballett tanzte unter anderem das damals revolutionär wirkende Stück von Igor Strawinsky ›Le Sacre du Printemps‹ (›Frühlingsopfer‹). Dieses Ballett hatte bei der Pariser Uraufführung mit seiner markierten, rhythmischen Eingeborenen-Musik Entrüstung, aber auch Aufsehen erregt.

Anfang des Jahres 1914 konnte Virginia in Asheham schon wieder ein wenig arbeiten. Sie las und schrieb für Lytton Manuskripte mit der Schreibmaschine ab. Im April war Virginia zwar immer noch krank, aber doch schon soweit wiederhergestellt, daß Leonard mit ihr nach Cornwall reisen konnte, während Maynard Keynes mit Freunden nach Asheham ging. Die

Woolfs besuchten in Cornwall vor allem St. Ives und die Carbis Bay, Virginia ging nach Talland House in Erinnerung an die glücklichen Sommer ihrer Kindheit von 1882 bis 1895. Im Mai 1914 kehrten Virginia und Leonard nach Asheham zurück, wo sie in aller Ruhe und Einsamkeit bis zum August 1914 lebten.

Das Frühjahr 1914 war für Leonard trotz Virginias Krankheit vielversprechend: Zum einen nahm der Verleger Edward Arnold seinen neuen Roman ›Die weisen Jungfrauen‹ zur Publikation an, zum andern ergab sich die Möglichkeit für Leonard, ein paar Tage in Lyttons Landhaus *The Lacket* bei Marlborough auszuspannen, währenddessen Virginia von ihrer Freundin und ehemaligen Griechischlehrerin Janet Case betreut wurde. Virginia kam gut mit Janet aus und schrieb an Leonard: »Komm als ein frischer und gesunder Mongoose mit einer Feder an Deiner Mütze zurück.«[15]

Im Sommer des Jahres stieß Leonard auf die Schriften Sigmund Freuds und war so fasziniert von der Lektüre der ›Traumdeutung‹, daß er anschließend die ›Psychopathologie des Alltagslebens‹ las, die er hernach rezensierte.

Es war in diesem Sommer, genau im August 1914, als über Europa »die Lichter ausgingen«. Nach der Ermordung des Erzherzogs Franz Ferdinand und seiner Frau, Herzogin Sophie, in Sarajewo geriet Europa in die Kettenreaktion der Sicherheitsbündnisse herein, die den Ersten Weltkrieg einleiteten. Auf Grund der Verletzung der belgischen Neutralität beim deutschen Angriff auf Frankreich stellte Großbritannien am 4. August Deutschland ein Ultimatum, das die Respektierung der schon verletzten Neutralität Belgiens forderte. Praktisch kam dieser Akt einer Kriegserklärung gleich, wie ja ohnehin schon die wichtigsten Mächte des europäischen Kontinents einander den Krieg erklärt hatten. Wie auf dem Kontinent schlug auch in England die Kriegsbegeisterung hohe Wellen. Leonard Woolf betrachtete diesen Krieg als das Ende der Zivilisation des 19. Jahrhunderts, als eine alptraumhafte Katastrophe, in welche die europäischen Völker hineingeraten waren.

Leonard und Virginia fuhren vom 6. August bis zum 4. September in den Norden Englands. Sie machten Urlaub in den Cheviot Bergen Northumberlands. Die Aufregung über den Krieg verschonte auch Virginia nicht. Von ihrem Hotel in

Wooler (Northumberland) aus schrieb sie an Ka Cox, daß sie vor ihrer Abreise in der Nähe Ashehams gesehen hatte, wie Gräben von Soldaten ausgehoben wurden, weil man eine deutsche Invasion befürchtete. Sie berichtete weiter, daß die Londoner Gesellschaft von nichts anderem rede als von diesem Krieg. Doch die nordenglische Landschaft vermochte Virginia abzulenken; sie genoß das Wandern in dem Gebiet der Moore, Weiden und Flüsse. Im Herbst 1914 zeichnete sich eine Besserung in Virginias Gesundheitszustand ab, doch Leonard beschloß, um die Gesundung zu stützen, die Londoner Stadtwohnung 38 Brunswick Square aufzugeben, um in das ruhigere Richmond im Westen Londons zu ziehen.

Richmond mit seinem riesigen wilden Park ist ein schöner und ruhiger Ort im Themsetal. Die Woolfs konnten dort ein zurückgezogenes Leben ohne Aufregungen führen. Sie beabsichtigten, ein Haus zu mieten, fanden aber nicht sogleich etwas Passendes, so daß sie sich vorerst im Haus 17 The Green eine Mietwohnung nahmen. Dieses Haus bescherte ihnen einige Abenteuer, denn Lizzy, das einzige Dienstmädchen ihrer belgischen Hauswirtin Mrs. Le Grys, hatte eine seltene Begabung, Aufregungen zu produzieren. So schrieb Virginia Anfang Januar 1915 in ihr Tagebuch: »Wir wurden diesen Morgen geweckt ... durch ein stampfendes, schlagendes Geräusch, das so klang, als ob ein Autobus auf dem Dach säße und sich bemühte, von dort loszufahren. Die Erfahrung zeigte jetzt jedoch, daß Lizzy bloß ein großes Küchenfeuer gemacht hatte, als kein Wasser in den Heizungsröhren war. Als Leonard den Hahn aufdrehte, kam Dampf heraus, als ob er Siegfrieds Drachen in Convent Garden wäre, und dann kamen zerflossene Stückchen des Rohres heraus, und das Wasser war rostrot ...«[16]

Doch abgesehen von solchen Zwischenfällen blieb für die Woolfs Zeit zum Schreiben und Lesen. Virginia begann zu diesem Zeitpunkt, sich näher für Leonards politische Arbeit zu interessieren, so daß sie selbst der Fabian Society beitrat. Ende des Jahres besuchte sie, um ihre Künste als Hausfrau zu vervollständigen, einen Kochkurs in der Victoria Street. Leonard arbeitete in erster Linie an einer Studie über internationale Politik unter dem Thema ›Internationale Regierung‹. Es handelte sich um eine Auftragsarbeit der Fabian Society, für die er ein Honorar von 100 Pfund Sterling erhalten sollte. Diese Studie erschien im Jahre 1916 als Buch und war ein erster Schritt in Richtung »Völkerbund«. Die englische Delegation bei den späteren Völkerbund-Verhandlungen in Genf berief sich weitgehend auf Leonards Arbeit. Neben dieser Arbeit an seinem Buch war Leonard für die Frauenkooperative im Hampstead tätig, für die er mehrere Vorträge hielt.

Mitte Februar 1915 wandelte Virginias Zustand sich wieder zum Schlechteren. Die Woolfs hatten inzwischen ein geeignetes Haus gefunden, so daß Leonard den Umzug planen konnte. Virginia gab er für diese Zeit in ein Sanatorium. Nachdem das neue Haus bezogen worden war, kam Leonard nicht umhin, wiederum vier Krankenschwestern zur Pflege Virginias einzustellen. So hatte Virginia zunächst wenig von dem Haus. *Hogarth House* war ein herrschaftliches Gebäude aus dem Jahre 1720, das in der Paradise Road lag. Das Haus besaß genügend Raum, die Zimmer waren wohl proportioniert und sogar getäfelt. Die Woolfs blieben insgesamt neun Jahre lang in Hogarth House, von 1915 bis 1924. Im Jahre 1920 kauften sie das Haus für 2000 Pfund Sterling, doch vier Jahre später verkauften sie es, weil die Entfernung von London sich als hinderlich erwies.

Im Frühjahr 1915 hatte Virginias Krankheit veränderte Symptome: sie sprach mehrere Tage ununterbrochen, bis sie vor Erschöpfung in ein Koma verfiel. Auch hatte sie im Verlauf der Erkrankung die Schwestern angegriffen. Als Virginia aus dem Koma erwachte, setzte der Besserungsprozeß ein.

Sowohl die Ärzte Virginias als auch ihre Freunde dachten im Sommer 1915, sie wäre an Geist und Seele so stark geschädigt, daß sie ihre intellektuelle Brillianz nie wieder erreichen würde, die sich vor allem in ihren Briefen niedergeschlagen hatte. Alle fürchteten, daß bei Wiederholungen der Krankheit sich Virginias Zustand immer nur noch mehr verschlimmern würde. Doch diese Prognose war falsch.

Während Virginias Krankheit erschien ihr erster Roman ›The Voyage Out‹ am 26. März 1915. Der Roman bekam neben einigen törichten sehr gute Besprechungen, was beruhigend auf Virginia wirkte und ihrer Genesung zuträglich war. Das *Times Literary Supplement* lobte an Virginias Erstlingsroman die Modernität, die Feinfühligkeit und die weibliche Perspektive, welche dazu führe, im Schicksal der Rachel Vinrace die Vergeblichkeit des Lebens überhaupt zum Thema zu erheben. Der *Observer* betonte das *Genie* der Autorin, ein Wort, das der Rezensent nicht als leichtfertig benutzt verstanden wissen wollte, »aber dort ist etwas größeres als Talent [vorhanden], welches der Klugheit dieses Buches Farbe gibt.« Auch bescheinigte der *Observer* Virginia Woolf tiefsinnige Originalität: »unter gewöhnlichen Romanen ist dieses Buch wie ein wilder Schwan unter guten grauen Gänsen für den Rezensenten.«[17] Noch im November 1918 hat sich Virginia mit den Reaktionen auf ihren Erstling beschäftigt: »Es ist der Fluch eines Schriftstellerlebens, so sehr Lob zu wünschen und durch Tadel oder Indifferenz so niedergeschlagen zu sein. Der einzige vernünftige Kurs ist, sich zu erinnern, daß Schreiben trotzdem das ist, was man am Besten macht; daß jede andere Arbeit mir als Verschwendung des Lebens erscheinen würde; daß aufs Ganze gesehen ich einen unendlichen Genuß beim Schreiben habe; daß ich 100 Pfund Sterling im Jahr verdiene; und daß einige Leute mögen, was ich schreibe.«[18]

*The Voyage Out (1915).* Virginia schrieb an ihrem ersten Roman sieben Jahre lang, und zwar von ihrem 25. bis zum 32. Lebensjahr. Der Roman trägt deutlich autobiographische Züge, ohne direkt ein autobiographischer Roman zu sein. In manchen Passagen verschmilzt das Autobiographische so sehr mit dem Fiktionalen, daß schon hier die spätere Qualität der Woolfschen Romankunst auftaucht, eine neue Art der Innenwelt — Realität zu vermitteln. Die Arbeitsintensität, die Virginia für diesen Roman aufbrachte, war immens; sie schrieb zehn Entwürfe, bevor sie ›The Voyage Out‹ die letztgültige Form gab. Schon im Jahre 1908 schrieb Virginia an Violet Dickinson, daß sie mit ihrem Werk »der Phantasie und der Gefühle«[19] kämpfe. Im November desselben Jahres schrieb Virginia an Lytton Strachey: »Oh, wenn Du mich sehen könntest, wie ich mit meinem Roman kämpfe — es ist eine höchst erregende Arbeit — und wahrscheinlich ein Irrlicht. Meine Buchbesprechungen zählen überhaupt nicht.«[20] Über die Ziele bei der Abfassung des Romans ließ sich Virginia in einem Brief an Lytton vom 28. 2. 1916 aus: »Was ich geben wollte, war das Gefühl eines riesigen Lebenstumults, so vielgestaltig und ungeordnet wie möglich, der für einen Augenblick durch den Tod unterbrochen wird, und weitergeht — und das Ganze sollte eine Art von Muster haben und irgendwie kontrolliert sein. Die Schwierigkeit war, eine Art von Einheit durchzuhalten — und auch genug Details zu geben, um die Figuren interessant zu machen.«[21]

Das Thema des Romans allein ist bereits vieldeutig: Es handelt sich um eine Reise nach »draußen«, um eine Seereise nach Südamerika. Auf einer anderen Ebene bedeutet diese Reise die in den Roman umgesetzte Befreiung Virginia Stephens aus dem Elternhaus in Kensington sowie ihre Begegnung mit den jungen Cambridge-Intellektuellen Bloomsburys. Dann natürlich bezieht sich die »Ausfahrt« auf die junge Schriftstellerin: es handelt sich um die Jungfernfahrt in das Reich der Literatur, um den Versuch erster künstlerischer Selbstbehauptung einer Tochter aus gutem Haus, deren Intelligenz und ästhetischer Feinsinn nie eine offizielle Ausbildung erhielt. Aber der Roman thematisiert auch das Problem der Beziehungen zwischen den Geschlechtern und gestaltet die Tragik eines Verlöbnisses zweier junger Menschen.

Das Reisethema wird im Roman abrupt eingeführt: die Reisenden kommen auf dem Schiff im Hafen von London zusammen — damit wird die Abtrennung vom Lande, also auch von England, erst einmal umrissen. Die Reisenden auf dem Schiff ›Euphrosyne‹ gehören zur englischen »upper middle class«: Willoughby Vinrace, ein wohlhabender Schiffseigner, macht eine Geschäftsreise nach Südamerika und nimmt in seiner Begleitung die Schwester seiner verstorbenen Frau, Helen Ambrose, und ihren Ehemann, den Altphilologen Ridley, sowie die eigentliche Heldin des Romans, seine vierundzwanzigjährige Tocher Rachel mit.

Der Hintergrund der Figuren ergibt sich im Roman nicht durch direkte Darstellung, sondern durch Gespräche und Berichte, so daß sich nachträglich ein Bild der Personen mosaikartig zusammensetzt. Von besonderer Wichtigkeit ist die Schilderung von Rachels Welt: sie wuchs nach dem Tode ihrer Mutter bei Tanten in Richmond auf und lebte zurückgezogen als höhere Tochter, ohne eine gründliche Ausbildung zu erhalten. Ihren Tag füllte sie aus mit Klavierspielen, mit Literatur und mit einem halb träumerischen Nachsinnen über sich selbst. In ihrer Persönlichkeit erscheint Rachel begrenzt durch die viktorianischen Lebensverhältnisse der Tanten. Ihr Ich scheint geformt durch bloße äußere Normen, Zwänge und Konventionen, ihr Gefühlsleben ist unterentwickelt. Über die Beziehungen der Geschlechter zueinander fehlen ihr Wissen und Erfahrung, ja sie wird unwissend gehalten, um sie vor der Sexualität zu schützen. Das Ergebnis solcher Erziehung gipfelt in dem Paradox, daß die Sexualität zu einer umso überwältigenderen Bedrohung gerät, als Rachel deren Bedeutung erfährt. Willoughby Vinrace, der bullige, erfolgreiche und in privaten Dingen sentimentale Mann, scheint die individuellen Nöte und Verdrängungen seiner Tochter überhaupt nicht zu kennen; allein die äußere Wohlanständigkeit ihrer Erziehung genügt, daß Rachel in seine wirtschaftlichen und politischen Interessen »eingebracht« werden kann.

Die Reise nach Südamerika soll für Rachel ein Geschenk sein, ein Versuch Willoughbys, ihr die weite Welt zu öffnen. Doch diese Reise nach draußen wird für Rachel eine Reise nach innen: sie erfährt sich selbst und sucht ihre eigene Identität. Rachel erkennt zum ersten Mal ihre Bestimmung und Fixierung durch ihre bisherige Lebenswelt, sie beginnt, Wertungen, die ihr als selbstverständlich galten, zu hinterfragen und sie sucht nach einer Selbstbehauptung sowie nach dem Sinn des Lebens. Wenn ›The Voyage Out‹ auch kein Entwicklungsroman im herkömmlichen Sinne ist, so geht es hier um die Differenzierung einer Persönlichkeit innerhalb eines ziemlich kurzen Zeitraums, nicht um einen langsamen Reifungsprozeß. Rachel erblüht, sie wird sich aber auch ihrer selbst bewußt. Sie stirbt in Südamerika an einem Tropenfieber, das sie sich bei einer Exkursion zu einem Eingeborenendorf im Dschungel zugezogen hat.

Der Tod macht den Begriff eines Entwicklungsromans hier völlig widersinnig. Die Reise nach draußen wird zur Fahrt ins eigene Ich und in den Tod. Das Muster des Abenteuerromans als Reiseroman wird hier von Virginia Woolf in einer deutlichen Vertiefung benutzt. Das westliche und im engeren Sinne englische Erkenntnis-, Macht- und Besitzstreben, auf Grund dessen die Elisabethaner Kolonien eroberten, England ein Empire gewann und 1914 noch beherrschte, wird ad absurdum geführt angesichts der philosophischen Fragen nach dem Wesen des Ich, der Gefühle, des Verstehens anderer Menschen, der Verständigung unter Menschen überhaupt. Die Reise nach draußen hat daher zwei Ebenen: einmal die Ebene der Oberfläche und zum andern die Ebene der Tiefe. Die Schilderung der Reise auf der zeitlichen oder kausalen Ebene würde die Oberflächenstruktur abgeben, die Reise in die Reflexion und ins Innere die Tiefenstruktur.

Auch die Darstellung der Gesellschaft von Engländern auf dem Schiff und in Santa Marina läßt sich nicht mit der des satirischen Gesellschaftsromans gleichsetzen, auch wenn es Überschneidungen gibt. Es ist immer dasjenige, was »hinter den Dingen« steckt oder was im Bewußtsein und Gefühl der einzelnen Menschen vorgeht, was Virginia Woolf besonders deutlich hervortreten läßt. Virginia Woolfs Wirklichkeitsbegriff prägt schon bei einer einigermaßen konservativen Erzählweise thematisch den Bewußtseinsstrom-Roman vor. Einen großen Raum nehmen deshalb die Gedanken und Gefühle der Romanfiguren ein, von denen ein allwissender Erzähler berichten muß, weil auf der oberflächlichen Ebene des äußeren, kausalen Geschehens niemand in der Lage ist zu wissen und zu sagen, was ein anderer denkt oder fühlt. In der Innenschau und in der Vereinzelung eines jeden leuchtet aber auch die Suche auf nach dem Prinzip der Verbindung von Menschen und nach einem übergeordneten Sinn.

In der Differenzierung von Rachels Ich sowie im Verhalten der anderen zu ihr liegt der Handlungskern des Romans. Auf der Schiffsreise verhält sich Rachels Tante Helen Ambrose ihr gegenüber zunächst distanziert, da sie ihr an Lebenserfahrung weit überlegen ist und in einer Ichwelt jenseits mädchenhafter Tagträume und Vorstellungsfluktuationen lebt.

Das Verhältnis der beiden Frauen zueinander ändert sich am Ende der Schiffspassage und in Santa Marina, da Helen Rachel zeigt, daß man ihren Vater durchaus kritisch betrachten kann. Sie öffnet ihr aber auch die Augen für die Möglichkeiten der äußeren Welt ebenso wie für die vielseitige Ausgestaltung ihrer persönlichen Bewußtseins- und Erlebniswelt. Helen will Rachel einen deutlicheren Realitätsbezug vermitteln und sie zur Freiheit des Denkens, Fühlens und Handelns bringen. Doch auch

Helen bleibt in ihrer etwas großzügig ausgelegten viktorianischen Vorstellung befangen, etwa als sie Rachel »aufklärt« und ihr die Sexualität darstellt als eine Irritation kleineren Ausmaßes, die »in einer damenhaften Manier« ertragen werden müßte, um den unersättlichen Männern zu willfahren.[22] Das Verhältnis der Geschlechter zueinander wird von Helen immerhin als etwas Normales hingestellt, wenn auch — und dies ist außerordentlich bedeutsam — die traditionelle Rollenverteilung überhaupt nicht zur Debatte steht. Rachel nimmt daher diese Erklärungen mit Widerwillen auf: sie sieht keine Lebensmöglichkeit für sich selbst in dieser Dimension des menschlichen Daseins.

Die Kapitel III bis VI bringen mit dem Ehepaar Dalloway zwei andere Repräsentanten der oberen Mittelklasse in die Gesellschaft der Reisenden, deren nationalistische Allüren, Oberflächlichkeit und Klatschsucht offenkundig ist. Clarissa Dalloway, die in dem späteren gleichnamigen Roman viel differenzierter gestaltet wird, ist eine Dame der Gesellschaft. Ihr Ehemann Richard sonnt sich in seiner robusten, durchchnittlichen Virilität; er ist Mitglied des Unterhauses und Angehöriger der konservativen Partei, »ein viktorianischer Wolf in Kleidern aus der Savile Row«.[23]

Dalloway beeindruckt Rachel in seiner weltläufigen Attitüde des »Machers«, der vorgibt, Wirklichkeit verändern zu können, indem er anderen seine Ordnung aufzwingt. Die Faszination durch diesen Mann wird dramatisch, als er Rachel küßt und sie damit in Empfindungen stürzt, die sie noch nicht kannte — deren Verarbeitung sie erst recht ihre Abgeschlossenheit und Einsamkeit fühlen läßt. Der »small talk« der Dalloways verhüllt und enthüllt zugleich ihre Orientierung am gängigen Kulturgerede über Kunst, Literatur (Jane Austen) und Musik (Richard Wagner). Die Dalloways sind aber eines präzisen Arguments ebenso unfähig wie echter Menschlichkeit, die aus persönlicher Formung des Ich erwächst. Für Richard Dalloway ist die Gesellschaft eine Maschine, so daß sich der Wert des Einzelmenschen nach seiner Funktion in diesem Mechanismus bemißt. Dalloway bemerkt gar nicht, was er mit seinem Kuß in Rachels Seele angerichtet hat; er verdrängt seine Handlung und meidet ihren Blick.

Im Traum wird die Tiefe von Rachels Erlebnis erst deutlich; er erinnert an Virginias sexuelles Trauma, an die Verfolgung durch Gerald und George Duckworth, aber auch an die angstvolle Begegnung Rose Pargiters mit einem Exhibitionisten im Roman ›Die Jahre‹: »Sie träumte, daß sie durch einen langen Tunnel hinunterging, der immer enger wurde, so daß sie die klammen Ziegel auf beiden Seiten fühlen konnte. Schließlich öffnete sich der Tunnel und wurde zu einem Gewölbe; sie fand sich darin gefangen, sie stieß auf Ziegel, wohin sie sich auch wandte, und sie war allein mit einem kleinen mißgestalteten Mann, der auf dem Boden hockte, mit langen Nägeln und schnatterte. Sein Gesicht war pockennarbig und wie das Gesicht eines Tieres. Die Mauer hinter ihm war von Feuchtigkeit durchsickert, das sich in Tropfen sammelte und hinunterglitt. Still und kalt wie der Tod lag sie da, wagte nicht, sich zu bewegen, bis sie ihre Qual durchbrach, indem sie sich quer über das Bett wälzte und im Aufwachen schrie ›Oh!‹

Das Licht machte ihre bekannten Sachen sichtbar: ihre Kleider, die vom Stuhl gefallen waren; der Wasserkrug, der weiß schimmerte; aber der Schrecken verschwand nicht sofort. Sie fühlte sich verfolgt, so daß sie aufstand und tatsächlich ihre Tür abschloß. Eine Stimme stöhnte nach ihr, Augen begehrten sie. Die ganze Nacht machten barbarische Männer das Schiff unsicher; sie schlurften durch die Gänge und blieben stehen, um an ihrer Tür zu schnüffeln. Sie konnte nicht wieder einschlafen.«[24] Diese Stelle erinnert nicht nur an die Klassiker des englischen Schauerromans, sondern sie macht auch deutlich, daß ›The Voyage Out‹ die Folgen der begrenzten Erfahrung Virginia Woolfs erforscht.

»Rachel ist das Produkt einer Erziehung, die Frauen im 19. Jahrhundert gegeben wurde — nachsichtig, gönnerhaft, ohne Forderung ernsthafter Arbeit, bestimmt, sie frei zu halten von Verunreinigung. Das Ergebnis ist ein tiefgründiges und sogar gefährliches Unwissen, gefährlich, weil ein Kuß Alpträume hervorrufen kann, gefährlich, weil der Gedanke an Sexualität verbunden wird mit dem Gedanken an den Tod, gefährlich, weil Krankheit eine Art von Integrität zu sein scheint. Die zwei großen Wirklichkeiten in Rachels Leben, ..., sind ihre Furcht vor Männern und der Tod ihrer Mutter.«[25]

Im VI. Kapitel erörtern Willoughby und Helen Rachels Lebensgeschichte kontrovers. Als Helen die »Patronage« über Rachel erhält, ist die Reise zu Ende. Der Aufenthalt in Südamerika spielt sich vor allem in den Querbeziehungen zwischen der Villa der Ambroses und einem großen Hotel — einem ehemaligen Kloster — ab, in dem eine Gruppe Engländer wohnt.

Ähnlich wie das Schiff, aber in gesteigerter Komplexität, steht das Hotel für eine englische Welt im Kleinen. Die englischen Gäste, die hier ihren »exotischen« Urlaub verbringen, machen in ihrer Abgeschlossenheit an einem Ort auf einem verhältnismäßig engen Raum und von England entfernt, exemplarisch die mentale und ideologische Verhaltensweise einer Klasse deutlich. Sie bringen England mit — so daß das fremde Land ausschließlich aus ihrer Perspektive gesehen wird. Rachels Hoffnung auf Leben erfüllt sich daher nur teilweise in der Beziehung zu den Hotelgästen. Zwar erkennt sie die Vorurteile und Masken der englischen Gesellschaft, die Hohlheit der anglikanischen Kirche und ihrer Mitglieder, der Institutionen des Staates, die Konventionalität der gesellschaftlichen Ausrichtung der Mittelklasse, doch ihre Ansätze zur Eigenständigkeit und geistig-seelischen Freiheit werden auf diesem Hintergrund nicht gestärkt.

Rachel sucht das *Absolute* im Denken und Fühlen. Ihr ist Durchschnittssexualität ebenso fremd wie hausfrauliche Betulichkeit oder eine bloß ausschnitthafte Sichtweise. Rachel will zum Allgemeinen vorstoßen: »Als sie sah, daß dort unten im Garten Leute waren, stellte sie sich diese vor als ziellose Materiemasse, die hierin und dorthin fließt, ohne Ziel außer dem, sie zu behindern. Was taten diese anderen Menschen in der Welt? ›Keiner weiß das‹, sagte sie.«[26] An vielen Stellen des Romans fällt Rachels Sinnsuche mit Fatalismus und Passivität zusammen.

Die Begegnung Rachels mit den beiden jungen Männern, die soeben ihre Studien in Cambridge abgeschlossen haben, reflektiert in der Exotik Südamerikas Virginia Woolfs Reise von Hyde Park Gate nach Bloomsbury, die ihr ein neues Leben bescherte: in Ungebundenheit, intellektueller Freiheit sowie mit einem nicht zu unterschätzenden Quantum von Koketterie pflegten die Töchter Sir Leslie Stephens gesellschaftlichen Umgang mit den intellektuellen Freunden ihres Bruders Thoby aus Cambridge.

Terence Hewet trägt in seiner Sensibilität, die mit gesundem Menschenverstand gemischt ist, weibliche Züge.[27] Er gehört zu den frühen Beispielen der »androgynen Vision« Virginia Woolfs, die sie später in ihrem Buch ›Ein Zimmer für sich allein‹ näher auseinandergesetzt hat: »Und ich fuhr amateurhaft fort, einen Plan der Seele zu skizzieren, so daß in jedem von uns zwei Kräfte präsidieren, eine männliche, eine weibliche; und im Gehirn des Mannes hat der Mann die Oberhand über die Frau und im Gehirn der Frau herrscht die Frau gegenüber dem Mann vor. Die normale und bequeme Lage der Dinge ist es, wenn die beiden in Harmonie zusammenleben und geistig miteinander zusammenarbeiten. Wenn jemand ein Mann ist, muß doch der weibliche Teil des Gehirns Wirkung haben; und eine Frau muß auch Umgang mit dem Mann in ihr haben. Coleridge meinte dies vielleicht, als er sagte, daß ein großer Geist androgyn ist. Das ist: wenn diese Verschmelzung stattfindet, ist der Geist völlig befruchtet und gebraucht all seine Vermögen. Ich dachte, daß vielleicht ein Geist, der rein männlich ist, nicht schöpferisch sein kann, nicht mehr als ein Geist, der rein weiblich ist.«[28]

So nimmt es nicht wunder, daß Rachel auf ihrer Sinnsuche Hewet trifft, in den sie sich verliebt. Ihre Beziehung, die zur Verlobung führt, wird dargestellt als langsames Aneinanderherantasten der beiden Ich, als Versuch, transparent zu machen, was in der Abgeschlossenheit ihrer Seelen vor sich geht, wie die Entsprechungen des Gefühls zu verstehen sind und wie die Unterschiede. Der Höhepunkt des Romans wird eingeleitet durch die Fahrt in den Dschungel (Kap. XXI), auf der es zum Verlöbnis zwischen Rachel und Terence kommt; doch zugleich ist die Fahrt für Rachel die Ankündigung ihres Todes. Sie erkrankt an einem Tropenfieber.

Die Vereinigung der Liebenden wird erst im Tode vollzogen. Es ist eine seelische Verbindung, die so auf ihren Höhepunkt gelangt. Terence und Rachel hatten es nicht vermocht, ihre Vorstellungen von Glück mit der Wirklichkeit in Übereinstimmung zu bringen. Die Idee des Glücks und Glücklichsein auf einer irdischen Ebene — dies kommt im Roman nicht zusammen, so daß man die Vereinigung der Seelen im Tode Rachels mit dem Liebestod in Wagners ›Tristan‹ vergleichen kann. ›The Voyage Out‹ bleibt durchweg ein Roman der Versagung erfüllter Liebe, weil die Furcht vor der Sexualität Rachel Vinrace zutiefst erfüllt. Immer wenn es zu einer Annäherung durch Terence in seinem Begehren kommt, weicht Rachel ins Diffuse oder Allgemeine zurück. Sie will etwas anderes als die körperliche Liebe, nämlich das *Meer* oder den *Himmel*.[29] Die Liebenden verfehlen sich, weil Rachel ihre Prägung so verinnerlicht hat, daß ihr für deren Überwindung keine Kraft bleibt.

Der Roman endet mit dem Schrecken, der unter den Hotelgästen über Rachels Tod aufkommt, doch dieser Schrecken wird in Analogie gesetzt zu einem Gewitter: die Angst der Menschen legt sich, wenn die dunklen Wolken abziehen. Das turbulente Leben wird durch den Tod unterbrochen. Die Pause scheint Bewußtsein zu schaffen. Doch das Leben geht weiter, das Leben, welches Rachel als unaufhaltsamen Lebensprozeß gesehen hatte. Die Menschen kennen ihren Weg nicht, es sei denn in visionären Augenblicken: »Das war die merkwürdige Angelegenheit, daß man nicht wußte, wohin man ging oder was man wollte, und blindlings folgte, im Geheimen so viel leidend, immer unvorbereitet und erstaunt und unwissend; aber eines führte zum anderen, und gradweise hatte sich etwas aus nichts geformt, und so erreichte man schließlich diese Stille, diese Ruhe, diese Gewißheit, und es war dieser Prozeß, den die Leute Leben nennen. Dann vielleicht wußte jeder, wie sie es jetzt wußte, wohin sie gingen; und die Dinge formten sich in ein Muster nicht nur für sie, sondern auch für die anderen, und in diesem Muster lag Befriedigung und Bedeutung. Als sie zurückblickte konnte sie sehen, daß eine Bedeutung irgendeiner Art aufschien im Leben ihrer Tanten und in den kurzen Besuchen der Dalloways, die sie niemals wieder sehen würde, und im Leben ihres Vaters.

Das Geräusch von Terence' Atmen in seinem tiefen Schlummer befestigte sie in ihrer Ruhe. Sie war nicht schläfrig, obwohl sie nicht alles sehr genau sah, doch obwohl die Figuren, die durch die Halle gingen, immer undeutlicher wurden, glaubte sie, daß sie alle genau wüßten, wohin sie gingen, und der Sinn ihrer Gewißheit erfüllte sie mit Trost. Für den Augenblick war sie so abgekehrt und desinteressiert, als ob sie keinen Anteil mehr am Leben hätte, und sie dachte, daß sie jetzt alles annehmen könnte, was zu ihr käme, ohne daß sie vewirrt wäre durch die Form, in der es erschien. Was gab es im Anblick des Lebens, das Angst macht oder verwirrt? Warum sollte diese Einsicht sie jemals wieder verlassen? Die Welt war in Wahrheit so groß, so gastlich, und überhaupt war alles so einfach. Ja, aber es war nicht die Liebe eines Mannes zu einer Frau, von Terence zu Rachel. Obwohl sie so dicht beisammen saßen, hatten sie aufgehört, kleine getrennte Körper zu sein; sie hatten aufgehört zu kämpfen und einander zu begehren. Es schien Frieden zwischen ihnen zu sein. Es mochte Liebe sein, aber es war nicht die Liebe des Mannes zu einer Frau.«[30]

Rachel erfährt in dieser Situation einen »Augenblick des Seins« oder in der Sprache von James Joyce eine »Epiphanie« (momentane Vision der Wahrheit). Hier ist es die Frau, die während des Schlafes des Mannes die Bedeutung des Lebens im Stillstand der Zeit erfaßt. Die platonische Form des Glückes ist hier nichts anderes als die Ruhe, das Heraustreten aus dem Drang der Natur, der Bewegung des Lebens und des Schritts in die Kontemplation idealer Übereinstimmung. Dieser von Rachel erlebte Moment wiederholt sich bei Terence an ihrem Sterbelager.

›The Voyage Out‹ hält sich äußerlich noch an die Erzählweise der viktorianischen Romane: die chronologische Zeitfolge bleibt ebenso gewahrt wie die Einteilung in Kapitel. Auch das Schema der Ereignisverknüpfung nach dem Prinzip von Ursache und Wirkung bleibt erhalten. Inhaltlich wird die Romanform allerdings unterlaufen, denn der Romanaufbau wird weniger von der äußeren Kausalität bestimmt als von dem Verhältnis zwischen Allgemeinem und Besonderem, äußerer Wirklichkeit und übertragener Bedeutung äußerer Gegenstände, Vorgänge und Handlungen. Die Anstrengung dieses Romans im Gegensatz zum viktorianischen liegt vor allem im ständigen Wechsel der Bezugsebenen: positive Festsetzungen von Gegenständen und Haltungen können umschlagen in seelisch-geistige Abschweifungen. Formen der Außenwelt werden umgewandelt in den Fluß der Gefühle und Vorstellungen.

Das Handlungsnetz, die Geschichte des Romans, wird aufgebaut durch markante Stellen, in denen Rachels kritischer Geist erwacht. Dieser kritische Geist kann sich aus Rachels Verhalten zur Wirklichkeit ergeben, weil äußere Realität immer als Grenze der Vorstellungen des eigenen Ich aufgefaßt wird. Die traumartigen, phantasiegeladenen Stimmungen Rachels relativieren das feste Gefüge der Außenwelt. Helen erfährt die Vision eines Flusses, der auf einen Wasserfall zutreibt. Diese Bemerkung bezieht sich auf Rachels inneren Zustand ebenso wie auf die Lebenssteigerung durch die Begegnung mit Terence Hewet. Sie bezieht sich aber auch auf Rachels Tod, auf *die Reise in der Reise*, nämlich die Flußfahrt zu einem Eingeborenendorf im südamerikanischen Urwald. In dieser Exkursion besiegelt sich das Schicksal Rachels: Terence und Rachel erklären einander ihre Liebe wie in einem imaginären tropischen Rausch. Rachel empfängt aber auch die Keime des Tropenfiebers auf diesem Höhepunkt ihres Lebens, der sie dem Wasserfall, dem eigenen Tode, zutreibt. Die Liebesszene erscheint dabei sehr knapp im Verhältnis zu den romantischen und sensiblen Beschreibungen der tropischen Natur.

In ihrem Vorstellungs-Fluß befangen, erfährt Rachel ihr Problem der »Härte des Lebens«: sie kann sich nicht organisieren, auch wenn ihre personale Weltsicht der Oberflächlichkeit der Menschen überlegen ist, denen sie in Santa Marina begegnet. »In ihrem merkwürdigen Zustand unanalysierter Empfindungen war sie unfähig, einen Plan zu entwerfen, der irgendeine Wirkung haben würde auf den Zustand ihres Geistes.«[31] Rachels Begegnung mit Terence führt sie aber schließlich einer Klärung ihres Inneren näher. Sie erforscht ihre neuen Gefühle und denkt über das Problem menschlichen Verstehens nach. Wie kann man seine eigenen Gefühle kennen, beschreiben, anderen mitteilen, wie kann man die Gefühle und Gedanken eines anderen erfassen? Durch diese fragende Nachdenklichkeit gewinnt Rachel Mut und Selbstbewußtsein. Sie lernt es, sich zu sich selbst und zu ihren Gefühlen zu bekennen. Sie nimmt ihre Umwelt nunmehr schärfer wahr, etwa als sie beim Gottesdienst der Hotelgäste erkennt, daß jeder seine eigene Perspektive hat, die immer nur seine Vorurteile spiegelt, was mit dem eigentlichen Inhalt der Religion nichts zu tun hat. Sie erkennt, daß die Konvention des Religiösen nur den Unglauben der Menschen verbirgt. In ihrem Zorn bekennt sie sich bewußt zum Atheismus — sie läßt die verinnerlichten Programme ihrer viktorianischen Kindheit zumindest hier hinter sich.

Rachels Jugendlichkeit, Unerfahrenheit bei gleichzeitiger intellektueller Neugier, eine Verfassung ihrer Persönlichkeit, die Terence zu ihr hingezogen hatte, erfährt nunmehr eine Selbstpräzisierung durch Analyse: »Überall um sie herum gaben die Leute vor zu empfinden, was sie nicht fühlten, während irgendwo über ihren Köpfen die Idee schwebte, die keiner von ihnen erfassen konnte, die sie aber zu erfassen vorgaben... Mit einer Heftigkeit, die jetzt ihre Gefühle markierte, wies sie all das zurück, was sie stillschweigend geglaubt hatte.«[32]

Rachel emanzipiert sich langsam vom Frauenbild ihrer Gesellschaftsschicht, indem sie die Gesellschaft durchschaut: ihr Widerwillen dem Gottesdienst gegenüber rührt aus der Erkenntnis seiner Oberflächlichkeit. Sie macht an dem Verhalten der Gottesdienstbesucher die Schein-Sein-Unterscheidung fest, enthüllt die bloße Verinnerlichung von Konventionen, die Verschüttung des Ich unter einer Maske.

Rachels Impressionismus wird demnach im Verlauf der Erzählung vertieft durch die Frage nach dem Wesen der Dinge, Begriffe, Beziehungen. Daraus ergibt sich eine noch entschiedenere Komplizierung von Rachels Verhältnis zu der sie umgebenden Welt. Die Reise nach draußen, als Reise in die Freiheit unter dem Einfluß von Helen Ambrose und Terence Hewet, macht Rachel paradoxerweise klar, wie stark die geistigen, verhaltenstypischen Strukturen sind, welche die obere Mittelklasse in England prägen. Indem Rachel sich auf ihrer Reise von England distanziert und zu sich selbst findet, bewegt sie sich unter Menschen, die keine solche Distanz für sich erarbeitet haben, die sich vielmehr unreflektiert über traditionelle Symbole mit diesem entfremdeten kulturellen und klassenspezifischen Überbau identifizieren. So nimmt es nicht Wunder, wenn Rachel mit zunehmendem Bewußtsein auf dem Weg zur Freiheit im Umfeld Santa Marinas verstärkt dem Leiden ausgesetzt wird, das sich in ihrem Tod schließlich auflöst.

Im Juni 1915 hatte sich Virginia wieder etwas erholt, doch in verminderter Form dauerte die Krankheit noch bis zum Herbst des Jahres an. Aus dieser Zeit sind sehr wenige Briefe Virginias überliefert, zumal sie auf Empfehlung von Leonard dazu übergegangen war, die weniger anstrengende Mitteilungsform der Postkarte zu wählen. Noch Ende September bestand Virginias Leben zum größtenteil aus der Reihenfolge: »Bett — Spazierengehen — Bett — Spazierengehen — Bett — Schlafen«.[33] Eine durchschlagende Besserung brachte der Oktober 1915, so daß Virginia sich vom Nachdenken über das eigene Ich abwandte und mehr Aufgeschlossenheit gegenüber der Natur zeigte: »Wir haben gerade pfundweise Brombeermarmelade gemacht; jetzt wollen wir Pilze suchen, und wir haben einen Baum, der Walnüsse über den ganzen Garten ausspuckt. Ich habe niemals vorher soviel von der Natur gehabt.«[34] Virginia äußerte jetzt auch den Wunsch, wieder oft mit ihren Freunden zusammen zu sein, die sie während ihrer Krankheit notgedrungen missen mußte.

Der Aufenthalt der Woolfs in Asheham dauerte vom September 1915 bis Anfang November. Im November verließ dann schließlich die letzte Krankenschwester Hogarth House. Virginia begann sich Sorgen zu machen, daß Leonard und viele ihrer Freunde zum Militärdienst eingezogen würden, um im Krieg in Frankreich eingesetzt zu werden. Immerhin durfte Virginia nun wieder schreiben und konnte in die Welt zurückkehren. Die Weihnachtstage verbrachten Leonard und Virginia wie in den vorhergehenden Jahren in Asheham.

Virginia lebte 1915 und 1916 ziemlich abgeschnitten und zurückgezogen in Richmond, was sich erst 1917 änderte. Bevor aber dieses vielseitige Leben des ständigen Pendelns zwischen London und Richmond einsetzte mit den Einkäufen, Bibliotheksbesuchen, Treffen mit Freunden und Teilnahme an Konzerten und Ausstellungen, nahm die Sorge um die Kriegsereignisse Virginias Aufmerksamkeit in Anspruch. Schon 1916 rückte der Bloomsbury-Kreis geistig immer enger zusammen, obwohl er aufgrund des Krieges räumlich auseinandergetrieben wurde. Obgleich die meisten Mitglieder Bloomsbury verließen, unterhielten sie durch Briefe und gegenseitige Besuche den Kontakt aufrecht. Dies war die Voraussetzung dafür, daß Bloomsbury nach dem Krieg zu neuem Leben erwachte.

Am 25. 6. 1916 schrieb Virginia an Ka Cox: »Es ist sehr schwierig, die Wrackteile des Lebens zu sammeln und sie Dir zu beschreiben. Bloomsbury ist ganz schön explodiert, nur Clive und Mary Hutchinson sind übriggeblieben.«[35] Das Einberufungsgesetz vom Januar 1916 betraf viele Freunde und Bekannte Virginia Woolfs. Bis auf Leonard waren die meisten Bloomsberries Pazifisten und Kriegsdienstverweigerer. Adrian Stephen verteidigte sogar das Kriegsdienstverweigerungsrecht aus Gewissensgründen vor Gericht. Später wurde Leonard vom Krieg sehr persönlich berührt: In der Schlacht von Cambrai im November 1917 traf dieselbe Granate seine beiden Brüder Cecil und Philip. Cecil fiel und Philip, der schwer verwundet wurde, hat dieses traumatische Erlebnis des Frontkrieges zeitlebens nicht verarbeiten können.

Die Kriegsjahre waren für die Woolfs harte Jahre. Seit ihrer Eheschließung im Jahre 1912 hatten Virginia und Leonard mit der Aufrechterhaltung ihres Haushalts beträchtliche Schwierigkeiten, denn sie verdienten beide sehr wenig. Virginia bemerkte am 18. 1. 1915 in ihrem Tagebuch: »Diesen Nachmittag betrachteten wir Häuser im Mecklenburgh Square, was zu einer längeren Diskussion über unsere Zukunft geführt hat und zu einer neuen Berechnung unseres Einkommens. Die Zukunft ist dunkel, ...«[36] In der Tat sah die Zukunft nicht sonderlich vielversprechend aus.

Virginia erhielt für ›The Voyage Out‹ einen günstigen Vertrag: für die ersten 5000 Exemplare sollte sie 15% Autorenhonorar erhalten, für jedes verkaufte Exemplar über die 5000 hinaus 20%. Doch sie konnte mit ihrem ersten Roman keine Reichtümer erwerben, auch wenn bis zum März 1916 2000 Exemplare verkauft wurden. Der Verdienst an ›The Voyage Out‹ von 1919 bis 1929 belief sich auf 26 Pfund Sterling. Leonards 1913 erschienener Roman ›Das Dorf im Dschungel‹ brachte ihm bis 1929 ganze 63 Pfund Sterling ein. Virginia hatte von ihrem Vater etwa 9000 Pfund Sterling geerbt, die in fest verzinslichen Papieren angelegt waren. Aus diesem kleinen Vermögen zog sie pro Jahr etwa 400 Pfund Sterling an Rendite, doch die Ausgaben der Woolfs lagen immer über dem, was ihnen zur Verfügung stand. Während sie im Jahr 1915 443 Pfund Sterling ausgaben, waren es 1917 697 Pfund Sterling, 1918 717 Pfund Sterling und 1919 845 Pfund Sterling. Leonard hätte 1915 durch seine journalistischen Arbeiten das Woolfsche

»Haushaltsdefizit« ausgleichen können, wenn nicht Virginias Krankheit solch hohe Kosten verursacht hätte: allein an Arzthonoraren mußten die Woolfs 500 Pfund Sterling aufbringen. Leonard verdiente mit seiner journalistischen Arbeit zwischen August 1914 und Juni 1915 ganze 17 Pfund Sterling, so daß Virginia gezwungen war, Teile der Wertpapiere und Schmuck zu verkaufen. Erst mit Leonards Tätigkeit für den *New Statesman* verbesserte sich die Einkommenssituation etwas.

Ab 1916 verdiente Virginia mit ihren Artikeln für das Times Literary Supplement etwa 35 Pfund Sterling pro Jahr, Leonard verdiente 1916 insgesamt 176 Pfund Sterling an seinem Buch über Internationale Regierung und seinen journalistischen Arbeiten. Im Jahr darauf schrieb Leonard an einem zweiten Buch ›Empire und Handel in Afrika‹ für die Fabian Society. Virginia verfaßte dreiunddreißig Rezensionen für das T.L.S. Die *Hogarth Press*, der von den Woolfs gegründete Mini-Verlag, fügte später diesem Einkommen nur wenig hinzu. Leonard vermochte seinen Jahresverdienst zwar auf 241 Pfund Sterling zu steigern, Virginia verdiente für ihre Artikel im T.L.S. 1917 95 und 1918 104 Pfund Sterling, doch das Geld reichte immer noch nicht. Virginia mußte Bücher und Manuskripte ihres Vaters verkaufen, damit die Lücke geschlossen werden konnte. Diese bedrückende Finanzlage besserte sich erst grundsätzlich, als die Auflagen von Virginias Büchern in den Zwanziger Jahren bedeutender wurden und Leonard lukrative Posten als Zeitschriftenherausgeber erhielt.

Virginia war 1916 aber wieder ganz gesund, wie dies vor allem ihre witzigen und klugen Briefe verdeutlichen, die sie an ihre Freunde schrieb. Neben ihrer Arbeit als Literaturkritikerin begann sie, Italienisch zu lernen. Sie hatte bis dahin Latein, Griechisch, Französisch und Deutsch gelernt. Der Krieg bestärkte Virginia zunehmend in der Auffassung, daß die Entscheidungen in den Gesellschaften und zwischen den Völkern zu sehr von der männlichen Aggressivität und Zerstörungslust bestimmt würden, so daß ihre Wendung zum Feminismus immer deutlicher hervortrat: »Ich werde von Tag zu Tag feministischer auf Grund der *Times*, die ich beim Frühstück lese. Ich möchte gern wissen, wie diese groteske männliche Fiktion noch einen Tag länger dauern kann, ohne daß eine energische junge

Frau uns zusammenzieht und durch das Ganze hindurchmarschiert — Siehst Du irgendeinen Sinn darin [im Krieg]?«[37]

Übereinstimmend mit Virginias Feminismus und Pazifismus fiel ein kulturelles wie politisches Ereignis besonderer Bedeutung. Bertrand Russell hielt im Rahmen der Kriegsdienstverweigerungs-Kampagne in London Vorlesungen über die Konzeption einer neuen Gesellschaft. Russells Vorlesungen wirkten sensationell, denn er griff die Institutionen von Staat und Gesellschaft scharf an mit der Forderung, das Prinzip des Privateigentums aufzugeben zugunsten einer Lebensform, die sich auf die Steigerung menschlicher Kreativität konzentrieren sollte. In London empfand man diese Vorlesungen als »Apotheose der Revolution«[38]. Lytton Strachey hörte Russell und pries seine Ausführungen.

Der Februar 1916 brachte eine Reihe von Unwettern über England. Die Woolfs fuhren nach Ashehsam und erlebten solch heftige Stürme, daß Bäume umstürzten, von denen auch einer am 15. Februar auf Asheham House fiel. Über Ostern fuhren Leonard und Virginia wieder in ihr Landhaus, luden diesmal aber Gäste ein, so Lytton Strachey, mit dem Virginia lange Gespräche über Literatur führte. Lytton las zudem seine Biographie der Florence Nightingale vor, die er später in sein Buch ›Eminent Victorians‹ aufnahm.

Clive Bell und Vanessa hatten schon seit längerem ihre eheliche Gemeinschaft aufgegeben, ohne sich formal scheiden zu lassen. Clive hielt immer noch den alten Wohnsitz in 46 Gordon Square aufrecht, wiewohl mittlerweile John Maynard Keynes das Haus übernommen hatte.

Vanessa lebte 1916 schon seit längerem mit Duncan Grant zusammen. Sie hatten sich ein Bauernhaus mit Obstplantage in Wissett (Suffolk) gemietet. Duncan arbeitete dort als Obstbauer und hoffte, durch diese praktische Tätigkeit der Einberufung zum Militär entgehen zu können.

Leonard und Virginia verbrachten im Juni 1916 einen Aufenthalt im Landhaus von Beatrice und Sidney Webb, Turners Hill in Sussex und trafen dort George Bernard Shaw und seine Frau, die ebenfalls Gäste der Webbs waren. Im Juli zog es die Woolfs wieder nach Ashehsam. Sie blieben bis zum 21. des Monats, besuchten Vanessa und Duncan in Suffolk und wurden selbst vom 15. bis zum 21. Juli von G. E. Moore besucht. Virginia und Leonard mochten Moore gern, und sie verlebten eine schöne und harmonische Zeit auf dem Lande: »Wir hatten Moore bei uns in Asheham. Er... kam mit einer Tasche so schwer wie Blei, und sie war voller Musikbücher, aus denen er uns etwas singen wollte, doch wir hatten kein Klavier, so sang er ohne eines — einige sehr schöne alte deutsche und englische Lieder... Er ist ein bedeutender Mann, denke ich, so solide und direkt: es ist nicht im mindesten schwierig, mit ihm zu reden. Er kennt alle wilden Blumen und Schmetterlinge. Er nutzte seine Zeit, um eine Buchbesprechung zu schreiben, und als er ging, strich er alles aus und fing eine neue an.«[39]

Für Duncan und Vanessa begannen im Sommer 1916 aufregende Wochen, denn Duncan mußte um seine weitere Freistellung vom Militärdienst und seine Anerkennung als Kriegsdienstverweigerer kämpfen. Sein »Ersatzdienst« in Wissett wurde von der Militärbehörde nicht akzeptiert, weil er selbständig war. Die Verordnungen sahen vor, daß man in einem abhängigen Arbeitsverhältnis stehen mußte. Auch Adrian Stephen arbeitete als Kriegsdienstverweigerer in der Landwirtschaft in Cheltenham. Lytton war freigestellt worden, weil die Militärärzte bei seiner Musterung fälschlicherweise eine Erkrankung des rechten Lungenflügels diagnostiziert hatten.

Duncan Grant und sein Malerfreund David Garnett hatten sich schon im April 1916 vor der lokalen Militärbehörde in Suffolk verantworten müssen. Davids Mutter war zeitlebens Pazifistin gewesen und hatte ihren Sohn entsprechend erzogen. Sie hatte sogar eine Reise nach Rußland unternommen, zu Graf Leo N. Tolstoi — Ende des 19. Jahrhunderts eine der mächtigsten Stimmen des Pazifismus.

Die Zeitung ›Daily News‹ brachte einen Artikel über David Garnett mit der Überschrift ›Ein Jünger Tolstois‹, doch der Vorsitzende des Militärgerichts verstand nichts. Er lehnte den Freistellungsantrag der beiden Applikanten ab, auch weil er dachte, Tolstoi sei eine Stadt. Virginia hatte über die Webbs aus Regierungskreisen erfahren, daß das englische Kriegsministerium nicht mehr so viele neue Rekruten einziehen wollte und daß entsprechende Fürsprache durch berühmte Londoner Ärzte der Harley Street oder der Mitglieder des House of Lords

Freistellungen erwirken könnte. Duncan und David waren inzwischen vor den Zentralen Musterungsausschuß geladen worden, dem James Cecil, der vierte Marquis von Salisbury, vorsaß. Er war der Schwager von Virginias Freundin Nelly (Lady Robert Cecil). Virginia erkannte sofort die Situation und schrieb umgehend einen Brief an Nelly mit der Bitte, etwas für Duncan Grant und David Garnett bei Lord Salisbury auszurichten. Sie selbst hatte Sorge wegen der Einberufung Leonards getragen, der aufgrund seines nervösen Zitterns am 30. Mai 1916 seinen Freistellungsbescheid bekam, und wußte, wie es Vanessa zumute war.

Der Briefwechsel zwischen Virginia, Lady Robert Cecil und Vanessa beweist, wie hilfsbereit Nelly war, doch der Marquis von Salisbury fürchtete um seinen Ruf der Unbestechlichkeit und Unparteilichkeit, wenn er hier begünstigend einschritt. Diesen Standpunkt respektierte Virginia. Doch zu guter Letzt erhielten Duncan und David Mitte Juli 1916 ihre Freistellung.

Die Tage, die Virginia im Juli 1916 bei ihrer Schwester verbrachte, waren für ihren zweiten Roman ›Nacht und Tag‹ von großer Bedeutung, wie aus einem Brief Virginias ersichtlich ist: »Ich habe mich selten wohler gefühlt als bei Dir, und ich kann nicht genau ausmachen, wie Du das fertigbringst. Man scheint in so einen zufriedenen Seelenzustand zu kommen. Ich hörte von Lytton, daß er dasselbe fühlt, und er sagt, er würde gern für immer bei Dir leben... Dein Leben interessiert mich sehr; ich spiele mit dem Gedanken, einen Roman darüber zu schreiben. Dich besuchen ist fatal. Du bringst so viele neue Ideen in Bewegung.«[40] In der Tat entspricht Virginias Romanheldin Katherine Hilbery ihrer Schwester Vanessa.

›Nacht und Tag‹ sollte als Roman konventioneller sein als ›The Voyage Out‹. Virginia hatte die Eigenart, einem phantasiebetonten Roman einen eher realitäts- und faktenorientierten folgen zu lassen. Auf eine Arbeit, die sie emotional stark forderte, sollte ein »leichterer« Roman Entlastung bringen.

Doch das Jahr 1916 brachte noch eine ganze Reihe weiterer wichtiger Ereignisse und Neuerungen. Vanessa fühlte sich nicht mehr so sonderlich wohl in ihrem Bauernhaus in Wissett (Suffolk), so daß Virginia, die mit einem außerordentlichen Spürsinn für die Entdeckung interessanter Häuser begabt war, nach einer Alternative suchte. Sie war es, die Charleston in Sussex fand, ein Haus in der Nähe von Firle Beacon, nicht weit von Asheham. Schon Mitte Mai schrieb Virginia an Vanessa: »Ich wünschte, Du würdest Wissett verlassen und Charleston nehmen.«[41] Leonard besichtigte Charleston eingehend und sagte, es sei ein entzückendes Haus: »... er rät Dir dringend, es zu nehmen. Es liegt etwa eine Meile von Firle entfernt an dem kleinen Pfad, der durch die Downs führt. Es hat einen bezaubernden Garten mit einem Teich und Obstbäumen und Gemüse, die jetzt ziemlich wild wachsen, aber Du könntest ihn herrlich gestalten. Das Haus ist sehr schön mit großen Räumen, und ein Zimmer mit großen Fenstern eignet sich als Atelier.« Virginia machte Vanessa später weiterhin auf die Qualität des Hauses aufmerksam.[42]

Schließlich nahm Vanessa Charleston als Ersatz für Wissett Lodge. Das neue Haus besaß die Merkmale eines Landsitzes aus dem 18. Jahrhundert und war großzügig gebaut. Noch heute befinden sich in Charleston Malereien von Duncan Grant und Vanessa Bell.

Die Nähe von Charleston und Asheham konnte für das schwesterliche Verhältnis einerseits positiv, aber auch beeinträchtigend sein. In Charleston nahmen die Besucher Vanessas und Duncans deutlich zu. Duncan brachte seine vielen Freunde und Bekannten mit, so daß ein reges Leben im Hause herrschte. Das Übergreifen dieses prall gefüllten Lebens auf Asheham hielt Leonard nicht immer für gut, weil er glaubte, Virginia könne — gerade wenn sie auf dem Lande weilte — nicht so viele Turbulenzen und Aufregungen ertragen. Auf der anderen Seite war die Besucherschar in Asheham auch nicht unbeträchtlich. Die Ursache dieser Spannungen mag eher darin liegen, daß die beiden Landhäuser Asheham und Charleston eine Spiegelung der beiden Bloomsbury-Zentren 29 Fitzroy Square und 46 Gordon Square darstellten. Aber auch zu komischen Szenen führte die Nachbarschaft der beiden Schwestern. Die räumliche Nähe der Landhäuser Virginias und Vanessas sowie die Ähnlichkeit der Schwestern gab Anlaß zu einer grotesk-komischen Verwechslung, die Virginia in einem Brief an Vanessa vom 20. August 1916 schilderte: »Ich ging neulich in einen Laden in Firle und der Mann hielt mich für Dich und sagte, Du schuldetest ihm

17 sh 6 pence für Butter, die er Dir vor zwei Jahren zum Gordon Square schickte. Er war ziemlich böse, und ich sagte, ich würde Dir die Rechnung schicken und Du würdest gewiß sofort bezahlen, wenn es stimmt.«[43]

Virginia und Leonard blieben bis Mitte September in Asheham und fuhren dann für vierzehn Tage nach Gwel Marten und Carbis Bay in Cornwall. Sie reisten am 18. September ab; Virginia schrieb aus dem Urlaub an Vanessa: »Die Romantik Cornwalls ist wieder einmal über mich gekommen. Ich finde, daß man in eine besondere Stimmung absoluter Freude fällt — die mich in meine Kindheit zurückführt.«[44]

Im Oktober 1916 lernte Virginia Dora Carrington kennen, die bereits mit Lytton Strachey seit längerer Zeit befreundet war. Sie wurde in Bloomsbury später nur mit ihrem Nachnamen angeredet. Einer Einladung nach Hogarth House für Carrington vom 15. 10. 1916 ging eine etwas abenteuerliche Geschichte voraus. Anfang Oktober befanden sich Barbara Hiles (später Bagenal) und Carrington, beide Studenten der Slade School, mit David Garnett auf dem Weg nach Charleston, hatten aber kein Quartier für die Nacht. Sie kamen an Asheham vorbei und brachen dort ein, um zu übernachten. Zunächst waren Virginia und Leonard verärgert. Sie wollten die Angelegenheit mit Carrington besprechen. Aus diesem Kontakt entstand eine Freundschaft, die bis zu Carringtons Tod dauerte. Virginia schrieb am 21. Oktober 1916 an David Garnett aus Asheham, nachdem sich die Wogen geglättet hatten:

*Lieber Herr Garnett,*
*in der Tat sind wir gar nicht verdrießlich. — Dies zu tun,*
*scheint recht vernünftig. — Die Hauswärterin (die Sie verschwinden sah) war ziemlich aufgebracht, weil sie dachte, wir würden ihr die Schuld geben, und gab solch einen Bericht von umgestürzten Tischen, abgezogenen Betten etc., daß wir dachten, merkwürdige Dorfbewohner hätten uns einen Streich gespielt. So ist es eine Erleichterung, herauszufinden, daß Sie es waren — ...*[45]

Virginia und Leonard hatten mittlerweile für sich einen festen Lebensstil entwickelt. Der Vormittag blieb dem Schreiben vorbehalten. Am Nachmittag machten sie oft lange gemeinsame

Spaziergänge und abends lasen sie. In späteren Jahren, als sie einen Plattenspieler besaßen, hörten sie gern Musik. Wöchentlich zweimal fuhren die Woolfs nach London, um Besuche zu machen und Arbeiten verschiedener Art zu erledigen. Die politischen Aktivitäten erforderten Leonards häufige Anwesenheit in London ebenso wie die Benutzung der dortigen Bibliotheken.

Virginia lebte nach dem Urlaub in Cornwall zurückgezogen in Richmond, trat aber im Herbst 1916 der Frauenkooperative bei (Women's Cooperative Guild), für die Leonard schon länger tätig war. Zur selben Zeit lernte Virginia Middleton Murry und Katherine Mansfield kennen. Sie achtete Katherine als Schriftstellerin und gab zu, diese sei die einzige Autorin, auf die sie neidisch sein könne. Das Verhältnis der beiden Frauen war eng, wenn auch spannungsreich. Katherine besuchte die Woolfs in Asheham wie in Richmond. Virginia behauptete, der erste Eindruck von Katherine sei der, daß sie stinke wie eine Tibetkatze. Zugleich war sie aber von der Intelligenz sowie von der literarischen Begabung Katherine Mansfields fasziniert. Den Kontakt zu ihren Bloomsbury-Freunden hielten die Woolfs, abgesehen von Besuchen und Briefen, durch Roger Frys Omega-Werkstätte aufrecht, der eine Teestube angeschlossen war. Dort traf man sich, um die neuesten Nachrichten und Gedanken auszutauschen.

Wie erwähnt, lebten die Woolfs vor Ende des Ersten Weltkriegs nicht gerade im Wohlstand. Sie mußten Asheham House und Hogarth House unterhalten und hatten Hauspersonal angestellt. Im Vergleich zum sonstigen Lebensstandard ihrer Klasse lagen sie eindeutig niedriger. In den letzten beiden Jahren des Krieges konnte Virginia ihr altes Arbeitspensum wieder erfüllen. Sie schrieb an ihrem zweiten Roman ›Nacht und Tag‹ und wurde immer mehr zu einer bedeutenden Figur in der Londoner literarischen Welt. Als Literaturkritikerin hatte sie sich ebenso etabliert wie als Romanautorin.

Die Arbeit an ›Nacht und Tag‹ bedeutete eine große Anstrengung für Virginia. Sie schrieb — entsprechend dem Woolfschen Tagesplan — jeden Morgen von zehn Uhr bis ein Uhr, tippte dann nachmittags ihr Handmanuskript mit der Maschine ab. Der neue Roman wurde völlig zum Bestandteil ihres Selbst, so daß er auch in ihrem Unbewußten ständig lebendig war.

Diese Höchstkonzentration machte das Romanschreiben für Virginia zur erschöpfenden, ja auslaugenden Tätigkeit, die ihre nervliche Stabilität beeinträchtigte. Hinzu kam, daß Virginia über neue Entwicklungen des Romans nachsann, die sie in einem Brief an David Garnett skizzierte: »Romane sind schrecklich unbeweglich und natürlich überwältigend; doch, wenn man sie in den Griff bekäme, wäre das superb. Ich glaube wohl, man sollte eine völlig neue Form erfinden.«[46]

Schon seit längerer Zeit dachte Leonard Woolf darüber nach, wie er für Virginia einen Ausgleich schaffen könne. Er kam dabei auf die Idee, daß sie beide selber drucken könnten. Diese Gedanken bewegten die Woolfs mindestens seit 1915. Virginia schrieb am 25. 1. 1915, an ihrem dreiunddreißigsten Geburtstag, in ihr Tagebuch: »Als wir beim Tee saßen, entschieden wir drei Dinge: erstens Hogarth (House) zu nehmen, wenn wir es bekommen können; zweitens, eine Druckerpresse zu kaufen; und drittens, einen Boxer zu kaufen, der wahrscheinlich John genannt wird.«[47] Virginia vergaß nicht, diesem Eintrag hinzuzufügen: »Ich bin sehr aufgeregt über die drei Ideen, besonders über die Presse.« Die Vorgeschichte des Erwerbs der Druckerpresse macht schlaglichtartig deutlich, welchen Wert Virginia und Leonard diesem Projekt beimaßen. Im Oktober 1916 schrieb Virginia an Lady Robert Cecil: »Wir denken daran, eine Druckerpresse einzurichten für die Geschichten all unserer Freunde. Glaubst Du nicht, daß dies eine gute Idee ist?«[48] Leonard und Virginia hofften, im Oktober 1916 soviel Geld von der Einkommenssteuer zurückzubekommen, daß sie davon die Druckerpresse kaufen könnten. Doch die erwarteten 35 Pfund Sterling entpuppten sich als karge 15 Pfund, so daß Virginia im Dezember 1916 an Vanessa schrieb: »Da die Presse 20 Pfund Sterling kostet und uns gerade hart zugesetzt wird, fürchte ich, daß wir bis zum März warten müssen, es sei denn, wir können einiges Geld bekommen für die Vanity Fair Seite... Meine Furcht ist, daß die 15 Pfund Sterling für Haushaltsausgaben benutzt werden müssen, und die Hoffnung auf die Presse schwindet.«[49]

Das Jahr 1916 schloß mit dem obligatorischen 14tägigen Weihnachtsaufenthalt in Asheham. Die Besucher über diese Zeit waren Ka Cox und Desmond MacCarthy. An Weihnachten sahen Duncan Grant und John Maynard Keynes bei Virginia und Leonard kurz vorbei. Keynes besaß erstklassige Beziehungen zur hohen Politik und berichtete von der internationalen Lage und von den Hoffnungen auf ein Kriegsende. Virginia schrieb am 29. 12. 1916 über die Gespräche mit Maynard an Margaret Daves: »Maynard denkt, daß wir möglicherweise am Rande des Ruins sind und daher am Rand des Friedens und möglicherweise beabsichtigt (Präsident Woodrow) Wilson uns vom Nachschub abzuschneiden und insgesamt war er ganz hoffnungsvoll. Er dinierte mit den Asquiths zwei Tage nach dem Sturz.«[50] [Asquith war am 5. 12. 1916 zurückgetreten. Sein Nachfolger wurde Lloyd George; Anm. d. Verf.]

Die Einrichtung einer Druckerpresse aber rückte näher. Drucken als manuelle und zugleich geistige Tätigkeit hielt Leonard für am ehesten geeignet, Virginia von der Fixierung auf ihr Romanprojekt abzulenken. Doch es war nicht ganz einfach, das Drucken professionell zu lernen, denn der Besuch der Druckerfachschule in London war den Lehrlingen der Branche vorbehalten. Also konnten die Woolfs nur dazu übergehen, sich das nötige Wissen im Selbststudium anzueignen.

Am 23. März 1917 kauften Leonard und Virginia in der Farrington Road, mitten in der City von London, eine kleine mechanische Druckerpresse, die heute noch in Vita Sackville-Wests Turm in Sissinghurst Castle, Kent, steht. Mit der Maschine erhielten sie eine sechzehnseitige Gebrauchsanweisung, die sie sogleich eifrig studierten. Die Maschine und das Material erstand Leonard zusammen für weniger als 20 Pfund Sterling. Die Druckversuche im Eßzimmer von Hogarth House wurden sogleich aufgenommen, doch diese Arbeit erwies sich als recht mühselig. Die Woolfs konnten nämlich nur immer eine halbe Oktavseite auf einmal drucken und mußten zunächst mit den technischen Problemen des Setzens zu Rande kommen. Die Buchstaben müssen völlig gleichmäßig in den Setzrahmen eingefügt werden, damit der Druck einheitlich wird. Bei Schwierigkeiten half der Richmonder Drucker McDermott.

Nach dem Kauf der Presse beschäftigten sich Leonard und Virginia fast ausschließlich mit den Druckversuchen. Sie teilten voller Freude ihren Freunden ihre neue Errungenschaft mit. Im

April gingen sie für eine gute Woche nach Asheham, wo sie den Besuch von Marjorie Strachey und C. P. Sanger erwarteten. Am 9. April hatten Vanessa und Duncan die Woolfs besucht. Virginia urteilte über die beiden in einem etwas mokanten Ton: »Nessa und Duncan kamen gestern herüber, nachdem sie sich zuvor gewaschen hatten, und sie gingen spät in der Nacht in einem Sturm zurück, um Entenkindern aus den Schalen zu helfen, denn man hörte sie innen quaken und sie konnten die Schale nicht durchbrechen. Nessa scheint der Zivilisation entschlüpft zu sein und planscht völlig nackt herum, ohne Scham und mit enormem Geist. In der Tat, Clive behauptet nun, daß sie keine präsentable Dame mehr sei.«[51]

Die Schwierigkeiten mit der Druckerpresse konnten nicht so schnell abgestellt werden, wie die Woolfs es sich erhofft hatten. Schon bei der Lieferung gab es Probleme: »Unsere Presse kam am Dienstag. Wir packten sie mit ungeheurer Aufregung aus, zuletzt mit Nellies Hilfe, trugen sie ins Wohnzimmer, setzten sie auf ihr Gerüst — und entdeckten, daß sie in der Hälfte gebrochen war! Sie hat ein großes Gewicht, und sie haben sie nie festgeschraubt, aber das Geschäft hat wahrscheinlich Ersatzteile.«[52] Auch fiel es den neuen Jüngern der Schwarzen Kunst schwer, die Drucktypen aus den Blöcken zu lösen, und es dauerte lange, die Buchstaben sorgfältig zu sortieren. An das Setzen konnten die Woolfs daher nicht sofort denken.

Am 2. Mai schrieb Virginia an Margaret Llewelyn Davies: »Nach zwei Stunden Arbeit an der Druckerpresse seufzte Leonard schrecklich und sagte: ›Wollte Gott, wir hätten das verfluchte Ding nie gekauft‹. Zu meiner Erleichterung, wiewohl nicht zur Überraschung fügte er hinzu ›weil ich niemals etwas anderes tun werde‹.[53] Die Woolfs druckten Anfang Mai einen Handzettel mit Bestellcoupon für die Veröffentlichung No. 1 der Hogarth Press. Diese Idee war sehr erfolgreich, denn aus ihrem großen Freundes- und Bekanntenkreis kamen die Bestellungen rasch herein, obwohl Virginia selbstironisch an Lady Ottoline Morrell schrieb: »Ich habe Dir gerade einen halfpenny Umschlag geschickt, der die Notiz über unsere erste Publikation enthält. Wir finden, daß wir nur 50 Freunde in der Welt haben — und die meisten von ihnen sind geizig.«[54] Die Faszination des eigenen Druckens und Verlegens überkam Virginia und Leonard wie ein Rausch, wie dies Virginias Briefe aus dem Frühjahr 1917 beweisen.

Mit der Einrichtung der Druckerpresse und der nahezu gleichzeitigen Gründung der Hogarth Press verwirklichten Virginia und Leonard Woolf einen lange gehegten Wunschtraum. Es dauerte nicht lange, und das Setzen wie das Drucken gehörten zu ihrem Alltagsleben.

Im Juli 1917 erschien als erste Veröffentlichung ein Heft in einer Auflage von 150 Exemplaren unter dem Titel ›Zwei Geschichten‹. Die eine Geschichte stammte aus der Feder Leonards und hieß ›Drei Juden‹, die zweite hatte Virginia geschrieben und ›Der Fleck an der Wand‹ genannt. Carrington fertigte für dieses erste Büchlein vier Holzschnitte an, die es zusätzlich attraktiv machten. Virginia und Leonard gefielen die Holzschnitte sehr gut. Carrington hatte als Motive eine Schnecke, einen Teller und ein Dienstmädchen gewählt. Später experimentierte sie mit Linolschnitten, die sie für die Hogarth Press benutzen wollte. Virginia dachte daran, Holzschnitte verschiedener befreundeter Künstler in Mappen zu verlegen.

Ebenfalls im Juli 1917 führte Virginia einen regen Briefwechsel mit Vanessa, die Gemüse und Kartoffeln nach Richmond schickte, um den Woolfschen Tisch etwas abwechslungsreicher und nahrhafter zu machen. Virginia hortete als Gegenleistung Zucker für Vanessa, vermutlich zum Einwecken der Früchte und zum Marmeladekochen.

Als nächstes Projekt der Hogarth Press stand Katherine Mansfiels ›Prelude‹ auf dem Arbeitsplan. Der Text ging am 3. Oktober 1917 in den Satz und wurde nach mühseliger Arbeit erst 1918 fertig. Die Arbeitsteilung der Woolfs ergab sich von selbst: Virginia setzte und Leonard übernahm den kraftaufwendigen mechanischen Teil des Druckens. Beide mußten jedoch bald erkennen, daß die zunehmende Satz- und Druckarbeit neben ihren anderen Tätigkeiten nicht ohne Hilfe zu bewältigen war. Alix Sargent-Florence konnte im Oktober als Hilfe gewonnen werden, doch sie gab schon nach einem Tag auf, weil die Arbeit ihr zu langweilig schien. Am 21. November 1917 stellten die Woolfs als Nachfolgerin von Alix Barbara Hiles (später Bagenal) ein. Die sehr hübsche Barbara hatte wie Carrington an der Slade School Kunst studiert. Sie wurde zugleich von Nick Bagenal und von Saxon Sydney-Turner verehrt. Virginia hatte sich im Anfang des Jahres sogar als Ehestifterin zugunsten Saxons eingesetzt. Der sonst so verhaltene Saxon »verfolgte« Barbara so eifrig, daß Virginia wirklich glaubte, er würde sie heiraten. Schon am 24. November 1916 hatte Virginia an Saxon geschrieben: »Natürlich hoffe ich, daß Du sie heiraten wirst, wenn sie das ist, von dem ich denke, daß sie es sein muß — weil ich mir jemanden wünsche, der alle Feinheiten Deiner Natur erforscht, und dann ist es überhaupt das Beste aller Dinge zu lieben.«[55]

Was Barbaras Arbeitsverhältnis bei den Woolfs betrifft, so darf man dessen Schattenseiten nicht übersehen: zwar verstanden sich Leonard und Virginia mit Barbara auf privater Ebene gut, ja es bestand zwischen ihnen durchaus ein freundschaftliches Verhältnis, doch ihre Satzarbeit ließ erheblich zu wünschen übrig. Oftmals arbeitete Barbara so nachlässig, daß Virginia nach ihrem Dienstschluß die Setzrahmen öffnen mußte, um die ganze Arbeit zu korrigieren. Allerdings konnten die Woolfs Barbara auch kaum Lohn zahlen. Sie erhielt an ihren drei Arbeitstagen pro Woche jeweils Mittagessen und Tee, das Fahrgeld sowie einen Anteil an den ohnehin geringen Profiten.

Die Hogarth Press, so bescheiden die Anfänge sich auch ausnahmen, konnte dennoch einen steten Aufschwung verbuchen. Da die Woolfs in ihrer skeptisch-kritischen Denkweise erstklassige, wenn auch noch unbekannte Autoren zu gewinnen vermochten, lag die Verlagsproduktion auf einem sehr hohen Niveau. Nie hat die Hogarth Press rote Zahlen geschrieben. Zum Erstaunen der Woolfs wuchs der Verlag in den Folgejahren zu einem gesunden und einträglichen Unternehmen heran, das in der Londoner Verlagswelt einen geachteten Platz einnehmen sollte. Das gilt bis zum heutigen Tag. Hogarth Press gehört heute zum Hause Chatto & Windus.

Sommer und Herbst des Jahres 1917 verbrachten Leonard und Virginia in Asheham. Sie waren Mitte Juli bereits einmal für kurze Zeit dorthin gefahren, kehrten am dritten August zurück und blieben bis Oktober. Ihre Zeit auf dem Lande, die sie mit Arbeit und Erholung ausfüllten, teilten sie wie zumeist mit ihren vielen Gästen und Besuchern, zu denen Vanessa, Lytton, Leonards Mutter und Geschwister, G. Lowes Dickinson

(»Goldie«), Roger Fry und Clive Bell gehörten. Virginias morgendliche Zeit fürs Schreiben war jedoch für die Freunde tabu: der Tag bot noch genügend Möglichkeiten des gesellschaftlichen Zusammentreffens.

Die Besucher wirkten auf Virginia recht unterschiedlich, meist beflügelnd, wenn es Freunde — Intellektuelle und Künstler — waren, anstrengend, wenn es sich um Verwandtschaft handelte, vor allem von Leonards Seite. Der September in Asheham war ziemlich verregnet, obwohl es immer wieder herrliche Wochen gab, die Virginia und Leonard in ihrem Landhaus verbrachten. Beide zogen ihre Erholung aus der Landschaft und ihrer Natur. Virginia beschrieb in ihren Tagebüchern lebhaft die Stimmungen, Tageszeiten, Wetterveränderungen der südenglischen Downs. Ihre Liebe zu den Pflanzen, vor allem zu Blumen, aber auch zu den Tieren machte einen bedeutsamen Teil ihrer Persönlichkeit aus. Im Frühjahr des Jahres hatte Virginia über die Natur in Asheham berichtet: »Wir hatten die schönste Blumenpracht, die wir bislang sahen — Mauerblumen in Hülle und Fülle, Akelei, Phlox, und als wir fuhren, riesigen scharlachroten Mohn mit purpurnen Flecken in den Blüten. Die Pfingstrosen waren kurz vor dem Aufbrechen. An der Mauer hing ein Amselnest. Letzte Nacht in Charleston lag ich bei offenem Fenster im Bett und hörte eine Nachtigall, die in der Entfernung zu singen anfing und dann sehr nahe zum Garten kam. Die Fische plätscherten im Teich. Der Mai ist in England — wie man sagt — so wimmelnd, liebeskräftig und schöpferisch.«[56]

Auch Leonard liebte die Natur. Er arbeitete stundenlang im Garten, pflanzte, säte, grub, legte Beete an, beschäftigte sich mit den Obstbäumen. War das Frühjahr so bezaubernd schön, so brachten Sommer und Herbst 1917 eine Fülle von Obst, vor allem Äpfel, aber auch Pilze und Blaubeeren, die Virginia und Leonard auf ihren langen Spaziergängen ernteten.

Reger Austausch herrschte im Herbst 1917 zwischen Asheham und Charleston. Virginia half Vanessa im Oktober, eine geeignete Erzieherin für deren Söhne Quentin und Julian zu finden. Virginias Verhältnis zu ihren beiden Neffen war sehr gut, und sie half Vanessa immer, für sie zu sorgen. Virginia schickte für Quentin und Julian Bücher, Taschenlampen, sogar Schuhe.

Anfang November fuhr Leonard zu Vorträgen nach Bolton,

Manchester und Liverpool. Virginia begleitete ihn entgegen ursprünglicher Pläne nicht und lud Saxon über die Zeit nach Asheham ein. Sie berichtete brieflich Leonard von der Absonderlichkeit, Verschrobenheit und Entschlußlosigkeit dieses gemeinsamen, sehr geschätzten Freundes. Ende November fuhren Virginia und Leonard ein paar Tage ins Landhaus Lady Ottoline Morrells in Garsington und verbrachten Weihnachten in Asheham. Über Weihnachten machten Roger Fry, Julian und Quentin kurze Besuche. Zwischen den Jahren waren Maynard und Clive für einen Tag gekommen, während David Garnett und Ka Cox länger blieben. Eigentliche »Langzeitbesucher« kamen in diesem Jahre nicht, worüber Leonard und Virginia erleichtert waren.

1917 war aber auch das Jahr der Russischen Revolution, welche von den sozialistischen Intellektuellen in allen Ländern als Gesellschaftsveränderung nahezu welthistorischen Ausmaßes begriffen wurde. Man nahm in den avantgardistischen Kreisen Englands an der Entwicklung der russischen Verhältnisse regen Anteil. Da sich diese gebildeten Kreise einschlägige Informationen zu verschaffen verstanden, gehörte die Russische Revolution in ihren Formen und Möglichkeiten zu den heiß diskutierten Themen. Die Grausamkeiten gegen das Volk und die Nonkonformisten im zaristischen Rußland sowie das dort herrschende Polizeispitzelsystem, ganz zu schweigen von der Sklaverei auf dem Lande, waren als düstere Fakten bekannt. Die europäischen Intellektuellen hofften, daß die Russische Revolution auf der ganzen Linie dem russischen Volk zugute kommen würde. »Die Russische Revolution ... bewirkte für Osteuropa das, was die Französische Revolution in einem früheren Zeitalter für die westliche Hälfte des Kontinents getan hatte. Sie schuf ein neues politisches Modell, das sich radikal von allem bisher Dagewesenen unterschied. Zugleich involvierte sie die russische KP in die Lösung der Probleme, die bereits das zaristische Rußland beschäftigt hatte: unter diesen nicht zuletzt die Notwendigkeit, die Bauernmassen auf dem Lande in das Industriezeitalter zu ziehen.«[57]

Schon im Frühling des Revolutionsjahres 1917 entwickelten Leonard Woolf und Oliver Strachey die Idee, einen politisch-literarischen Club zu gründen, der sich mit den geistigen und materiellen Entwicklungen des Modernismus befassen sollte. Im Oktober rief Leonard dann den ›1917 Club‹ ins Leben, der nach der russischen Februarrevolution benannt wurde. So schufen sich Leonard und seine Freunde einen Treffpunkt, zu dessen Besuchern auch Persönlichkeiten wie Ramsay MacDonald, J. A. Hobson und H. N. Brailsford gehörten.

Man besprach im Club sowohl politische und soziale Themen als auch aktuelle Kunst- und Literaturentwicklungen. Die 1917er lasen Werke von Ezra Pound, James Joyce, T. S. Eliot, Marcel Proust und Virginia Woolf, um über diese zu diskutieren. Virginia selbst hatte sich als Mitglied aufnehmen lassen und nahm regen Anteil am Geschehen in dem neuen-alten Zirkel, zu dem auch die alten Freunde Lytton Strachey, Roger Fry und Clive Bell gehörten.

Der Club-Vorstand beschloß zudem, eine feste Adresse für die Mitglieder durch die Anmietung eines Hauses zu schaffen. Dieses Haus fand man schließlich in Soho, in der Gerrard Street, heute den Liebhabern chinesischer Küche bekannt. Im Jahre 1917 waren die Londoner Prostituierten Nachbarn des 1917 Clubs, da sie ab 14.30 in »ihrem« Stadtviertel paradierten.

Der Erste Weltkrieg ging seinem Ende entgegen, das aber für London nicht ohne Schrecken blieb. Die englische Hauptstadt war 1917 besonders häufig das Ziel deutscher Luftangriffe, so daß die Woolfs oft im Untergeschoß von Hogarth House Schutz suchen mußten. Die Deutschen benutzten für ihre Angriffe bereits im November 1915 Zeppeline, die aber sehr hoch anflogen, weil sie leicht abgeschossen werden konnten. Sogar über Asheham House hörten die Hausmädchen im Sommer 1916 einen deutschen Zeppelin »bei hellem Tageslicht... Doch er flog so hoch, daß ihn niemand sah.«[58] Später wurden deutsche Bombergeschwader zum Einsatz gebracht. Virginia hielt diese Angriffe in ihren Briefen und Tagebüchern fest. Am 6. 10. 1917 schrieb sie an Vanessa: »16 deutsche Flugzeuge haben gerade Richmond überflogen — Sie haben uns nichts angetan —, wir saßen im Keller und hörten sie, Nelly wurde beinahe hysterisch... Carrington hat gerade angerufen und sagte, es waren 35 über dem Gordon Square, warfen aber keine Bomben ab.«[59] Und am 29. 1. 1918 schrieb Virginia in ihr Tagebuch: »Diesmal

begann es um 10 nach 9: zumindest der Alarm. Es war viel lau-
ter als sonst. Ein Flugzeug flog um halb zwölf über das Haus.
Kurz danach waren die Kanonen so nahe, daß ich mir nicht das
Paar Schuhe holen mochte, das ich im Schlafzimmer zurück-
ließ. Wir hatten Matratzen in der Küche ausgelegt, und nachdem der erste Lärm sich abgeschwächt hatte, legten wir uns alle
zusammen hin, Leonard auf den Küchentisch, wie ein Bild des
Lebens im Slum. Ein Schlag kam sehr nahe; doch in einer
Stunde hörten wir die Entwarnung und gingen hinauf und zu
Bett. Der Schlag, den Leonard von allen anderen unterschied,
kam von einer Bombenexplosion in Kew. Neun Menschen —
glaube ich — wurden dabei getötet.«[60]

Im Oktober 1917 erhielt Leonard auf Grund des zweiten
»Durchkämmens« der männlichen Bevölkerung Großbritanniens die Einberufung zum Militärdienst. Da er schon einmal
zurückgestellt worden war wegen seines Händezitterns, ließ er
sich wegen dieses Leidens nochmals ärztliche Atteste geben, die
seine Untauglichkeit bescheinigten. Als er aber zur Musterung
ging, vergaß er aus Aufregung nach dem Auskleiden seine Dokumente im Jackett. Die Militärärzte bestätigten aber auch
ohne diese Papiere die schon gestellte Diagnose. Leonard fühlte
sich allerdings verletzt, als einer der Ärzte zu seinem Kollegen
von »dem Kerl mit dem senilen Zittern« sprach.

Leonard und Virginia hatten in den fünf gemeinsamen Jahren
eine eigentümliche Gemeinschaft ausgebildet, in der der eine
nicht ohne den anderen sein konnte. Nach ihrer Rückkehr aus
Charleston, wo Virginia Ende Oktober gewesen war, schrieb
sie in ihr Tagebuch: »Aber ich war froh, hierher zu kommen
und fühle mein wirkliches Leben zurückkehren — ich meine
das Leben hier mit Leonard. Einsam ist nicht ganz das richtige
Wort; die eigene Persönlichkeit scheint ein Echo durch den
Raum zu werfen, wenn er nicht da ist, um alle Vibrationen, die
man hat, zu umfassen. Dies ist nicht sehr intelligent geschrieben; aber das Gefühl selbst ist merkwürdig — als ob die Ehe die
Vollendung eines Instruments wäre und der Ton eines Teils
dringt durch, als ob es eine Violine wäre, die des Orchesters
oder Klaviers beraubt ist.«[61]

Virginia arbeitete 1917 an ihrem Roman ›Nacht und Tag‹,
obwohl sie wenig über ihn in ihren Briefen und Tagebüchern

sprach. Ausführlicher berichtete sie dagegen über ihre Wahl zur Vorsitzenden der Frauen-Kooperative in Richmond. Ihre Aufgabe, der sie sich vier Jahre lang widmete, bestand darin, Vorträge für die Frauengilde zu organisieren und Redner einzuladen. Für gewöhnlich konnte Virginia Freunde für diese Vorträge in Hogarth House gewinnen, manchmal aber ließ sie sich vom Hauptquartier der Kooperative aushelfen.

Der Krieg machte sich im Alltagsleben der Woolfs vor allem in praktischen Dingen bemerkbar. Ende 1917 konnte Virginia kaum noch Margarine auftreiben und die Kohlen wurden wieder einmal knapp.

Am 5. Januar 1918 schrieb sie in ihr Tagebuch: »Alles wird jetzt knapp gehalten. Die meisten Schlachtereien sind geschlossen; das einzige geöffnete Geschäft wurde belagert. Man kann weder Schokolade noch Toffee kaufen; Blumen kosten so viel, daß ich statt dessen Blätter pflücke. Wir haben für die meisten Nahrungsmittel Karten... Plötzlich bemerkt man den Krieg überall. Ich nehme an, es muß noch einige unberührte Taschen voller Luxus irgendwo geben...; doch der durchschnittliche Tisch ist ziemlich leer.«[62] Schon seit Kriegsbeginn wurde in England Zucker rationiert, weil die entsprechenden Importe aus Deutschland und Österreich-Ungarn entfielen.

Trotz der Kriegszeiten brachte der Anfang des Jahres 1918 für das politische System Großbritanniens eine bedeutende Veränderung: das House of Lords verabschiedete das seit langem von der Frauenbewegung geforderte Wahlrechtsänderungsgesetz. Von nun an besaßen alle englischen Frauen, die das 30. Lebensjahr vollendet hatten, das aktive Wahlrecht, das bald um das passive Wahlrecht erweitert wurde.

In der Familie Stephen blieb das Jahr 1918 nicht ohne Spannungen. Vanessa brauchte dringend Hilfe im Hause. Über dieses Problem kam es zwischen Charleston und Richmond/Asheham zu Reibereien. Virginia wollte ihre Mädchen nach Charleston schicken, doch diese zogen es vor, in Richmond bei den Woolfs zu bleiben; schließlich ging eines für kurze Zeit nach Charleston. Virginia und Vanessa versuchten, ihren wechselseitigen Unwillen über diese Sache wieder zu beseitigen. Auch gab es zeitweilig Unstimmigkeiten mit Clive wegen Mary Hutchinson, seine »verräucherte Flamme«. Virginia stellte Mary gern als goldenes Nichts hin und verursachte mit ihrer spitzen Zunge Ärger.

Virginia half Vanessa, von diesen Querelen abgesehen, bei der Organisation ihres großen Haushalts in Charleston. Zugleich arbeitete sie stetig weiter an ihrem Roman ›Nacht und Tag‹, der im März 1918 schon einen Umfang von 100 000 Wörtern angenommen hatte. Da in London die Luftangriffe zunahmen, entschlossen sich die Woolfs, mit der Hogarth Press nach Asheham zu gehen, und blieben von Februar bis Juni auf dem Lande in Sussex.

Vanessa plante, eine Schule für Knaben in Charleston einzurichten, wobei ihr Virginia half, doch das Projekt wurde nicht realisiert. Gesellschaftlich florierte Anfang 1918 der 1917 Club, aber auch die Omega Werkstätte Roger Frys, in der sich die mittlerweile zwei Generationen von Bloomsbury trafen. Die jüngere Generation, zu der Carrington, Alix Sargent-Florence, Barbara Hiles, David Garnett gehörten, wurden die »Bloomsbury Bunnies« genannt. Barbaras Spiel mit zwei Männern zugleich, nämlich Saxon und Nick Bagenal, war Anfang 1918 spannender Gesprächsstoff für die Mitglieder von Alt-Bloomsbury. Doch die Affaire endete damit, daß Barbara und Nick heirateten. Die Melancholie Saxons war hernach so stark, daß er nicht einmal die Woolfs besuchte, weil er keine Ehepaare ertragen konnte. Im März 1918 ereilte das jungvermählte Paar Barbara und Nick ein schwerer Schicksalsschlag, denn Nick wurde an der Front in Belgien schwer verwundet.

Virginia war inzwischen als Autorin von ›The Voyage Out‹ und als Literaturkritikerin eine so bekannte Erscheinung in der literarischen Welt geworden, daß Basil Williams sie im März 1918 aufforderte, eine Biographie für die Buchreihe ›Gestalter des Neunzehnten Jahrhunderts‹ zu schreiben, die bei Constable erschien. Virginia wußte diese Ehre zwar zu schätzen, lehnte jedoch ab, weil sie genügend eigene Arbeiten zu erledigen hatte und auch davor zurückschreckte, eine Auftragsarbeit zu erledigen.

Das Jahr 1918 war für Bloomsbury ein Schlüsseljahr. Virginia vollendete ihren zweiten Roman ›Nacht und Tag‹, Lytton Strachey veröffentlichte sein bedeutendes Buch ›Eminent Victorians‹, das ihn schlagartig berühmt machte, so daß Virginia ihm schrieb: »Gerüchte über Deinen Erfolg haben meinen Frieden sogar hier vergiftet.«[63] Lyttons Werk setzte sich engagiert und skeptisch mit der viktorianischen Epoche auseinander. Dabei ließ es Lytton nicht an zynischen Bemerkungen fehlen, eine Eigenart, die schon im Jahre 1915 der Schriftsteller D. H. Lawrence gegen die Bloomsberries geltend gemacht hatte. Leonard Woolf hatte diese Vorwürfe gegen Lytton zurückgewiesen. Die von Lawrence schon kritisierte »fehlende Ehrfurcht« hatte Lytton Strachey dadurch legitimiert, daß er die viktorianischen Heroisierungen durchleuchtete, um den Vertretern der Vätergeneration ein menschliches Maß mit ihren Stärken *und* Schwächen zurückzugeben.

»Das viktorianische Zeitalter war ein Zeitalter der Selbstgefälligkeit und des Selbstwiderspruchs. Sogar seine Atheisten (...) waren religiös... Wir fangen an, uns nach ein wenig Zynismus und Skeptizismus des Zeitalters von Diderot, Rousseau und Voltaire... zu sehnen.«[64] Das weltliche Gebäude der Religion blieb von Lyttons Angriffen ebensowenig verschont wie der magische Gedanke des Empire oder der poetische Ruhm des Krieges — ganz zu schweigen vom edelmütig-sentimentalen Spießertum. Die Heroisierung historischer und kultureller Größen des 19. Jahrhunderts hatte für Lytton Strachey ihre Wirkung eingebüßt, weil sie zur Massenware verkommen war.

Lytton bat Virginia mehrmals, sein Buch im T.L.S. zu besprechen, doch sie lehnte schließlich ab, weil sie vor der heiklen Aufgabe zurückschreckte, das Buch eines Freundes zu rezensieren, aber auch, weil sie das Buch nicht durchweg positiv beurteilte. Zudem hatte der Herausgeber des T.L.S., Bruce Richmond, angedeutet, daß es nicht zum Stil des Blattes gehöre, wenn jemand die Werke seiner Freunde rezensiere.

Auch für die Hogarth Press zeichneten sich im Jahre 1918 Neuerungen ab: Virginia und Leonard bekamen die Gelegenheit, zwei Autoren zu verlegen, die später zu Weltruhm gelangen sollten. Es handelte sich um den Amerikaner T. S. Eliot und den Iren James Joyce. Beide hatten ihre Heimatländer verlassen: Eliot lebte in England, und Joyce hatte sich Paris als »Exil« ausgewählt. In der Tat verlegten Virginia und Leonard T. S. Eliots Gedichte im Jahre 1919 und vier Jahre später das berühmteste lange Gedicht, das er je schrieb ›The Waste Land‹, das zu den bedeutendsten Gedichten dieses Jahrhunderts gehört. Das andere epochemachende Manuskript, das den Woolfs angeboten wurde, war der erste Teil von Joyce' ›Ulysses‹, dessen Publikation aber letztendlich nicht von der Hogarth Press übernommen wurde.

Durch Vermittlung von T. S. Eliot und Miss Harriet Weaver erhielten die Woolfs am 14. April 1918 den ersten Teil des Ulysses-Manuskripts. Miss Weaver gab die Zeitschrift ›The Egoist‹ heraus und hatte sich bereits als Mäzen und treue Anhängerin von James Joyce erwiesen, der in Paris anfangs unter den kläglichsten Bedingungen lebte. Sie hatte im ›Egoist‹ Joyce' ›Portrait des Künstlers als junger Mann‹ in Fortsetzungen veröffentlicht und wollte nun dafür sorgen, daß sein großes Werk ›Ulysses‹ gedruckt wurde.

Viele Drucker hatten sich geweigert, Joyce' Manuskript zu drucken, weil sie die englischen Gesetze fürchteten, die verboten, Obszönitäten zu veröffentlichen. Die literarischen Konventionen machten vor einer ungehinderten Thematisierung des Sexuellen im damaligen England halt. Virginia sah Joyce als Revolutionär des literarischen Prosastils, hatte aber ihre Vorbehalte gegenüber Joyce' genauer Darstellung der dunklen Seiten des Menschen, des Lasters, der Armut und der Not. Miss Weaver erschien Virginia als ungeeignete Vertreterin der Sache Joyce' bei der Hogarth Press, und sie mußte sich einfach über sie mokieren: »Ihre Tischsitten waren die eines wohlerzogenen Huhns«[65] spottete sie.

Virginia schätzte Joyce' Technik der Darstellung von Innenperspektiven seiner Figuren, doch sie mochte seinen Naturalismus nicht. Allerdings gibt es neben ablehnenden auch positive Stellungnahmen, und zwar in bedeutenden Essays von Virginia Woolf. Während Virginia etwa in einem Brief an Lytton Strachey vom 24. 8. 1922 ›Ulysses‹ abqualifizierte als »bloß das Aufkratzen von Pickeln eines Schuhputzjungen von Claridge«[66], heißt es voller Lob über Joyce' ›Portrait des Künstlers‹ im berühmten Essay ›Modern Fiction‹ (1919): »... es kann keine Frage sein, daß (Joyce' Buch) von der äußersten Aufrichtigkeit ist und daß das Ergebnis, so schwierig oder unangenehm wir es beurteilen mögen, zweifellos bedeutend ist. Im Unterschied zu den Autoren, die wir Materialisten nannten (Bennett,

Galsworthy), ist Herr Joyce spirituell; er befaßt sich um jeden Preis damit, das Flackern der innersten Flamme zu enthüllen, die ihre Botschaft durch das Hirn blitzt, und um sie zu bewahren, mißachtet er mit Mut all das, was ihm zufällig zu sein scheint, ob es nun Wahrscheinlichkeit oder Zusammenhalt ist oder irgendein anderer dieser Wegweiser, die für Generationen dazu gedient haben, die Phantasie eines Lesers zu stützen, wenn dieser aufgerufen wurde, sich vorzustellen, was er weder fühlen noch sehen konnte.«[67]

Quentin Bell dagegen hat Virginia Woolfs Bezug zum ›Ulysses‹ in rabiater Weise dargestellt: »Er (Ulysses) schien ihr eine Art von Schönheit zu besitzen, aber auch eine Art von billiger, smarter Rauchzimmer-Grobheit. Joyce benutzte Mittel, die den ihren nicht unähnlich waren, und dies war schmerzlich, denn es war so, als ob die Feder, ihre eigene Feder — ihr aus der Hand genommen worden war, so daß jemand das Wort ›Fick‹ auf die Toilette kritzeln konnte.«[68] Milder als ihr Neffe Quentin Bell hatte Virginia Woolf am 17. 5. 1918 an Nick Bagenal geschrieben: »Dann möchte ein Landsmann von Dir, James Joyce, daß wir seinen neuen Roman drucken. Ich würde zögern, ihn Barbara zu geben, obwohl sie eine verheiratete Frau ist. Die Direktheit der Sprache und die Auswahl der Ereignisse, wenn es da überhaupt eine Auswahl gibt, doch soweit ich sehen kann, ist eine gewisse Gleichartigkeit darin — haben sogar meine Wangen erröten lassen. Ist das eine irische Eigenschaft?«[69]

Ostern 1918 verbrachten Virginia und Leonard in Asheham. Lytton und James Strachey wurden als Gäste erwartet, doch Virginia hatte wegen der Kriegsrationierung große Schwierigkeiten, genügend Lebensmittel herbeizuschaffen. Sie bat Lytton deshalb, seine Lebensmittelkarten mitzubringen und James sollte seine Wochenration an Butter, Zucker und Fleisch schon in London eintauschen und für Asheham einpacken.

Die Kriegszeiten trugen oft den Charakter des Grotesken. Auf der einen Seite fehlten Lebensmittel, auf der anderen Seite kaufte der Staat Bilder in Paris für die Londoner National Gallery. Nun wäre es ein kulturphilosophischer und humaner Fehler ersten Ranges, wollte man meinen, daß Krisenzeiten am besten dadurch überstanden werden, wenn man sich daran macht, die Kultur abzuschaffen. Ein solcher Gedanke wäre kei-

Virginia mit Leslie Stephen,
ca. 1903

Vanessa Stephen,
Virginias Schwester

Monks Haus um 1919

Virginia im Alter von 45 Jahren
(Foto von Man Ray)

nem der Bloomsberries gekommen, auch nicht Maynard Keynes. Keynes war kein bloßer »Macher«, sondern ein durch und durch kultivierter Mensch. Duncan Grant hatte Maynard klargemacht, daß er auf der Versteigerung des Degas-Nachlasses in Paris unbedingt für England wertvolle Werke erstehen müsse. Keynes konnte sich bei den entscheidenden Regierungsstellen durchsetzen und tätigte einen erfolgreichen Kauf. Nach seiner Mission in Paris kam er eines Nachmittags mit einem braunen Paket unterm Arm zum Gordon Square. Zum Entzücken seiner Freunde packte er ein Stilleben Cézannes mit sechs Äpfeln aus. Roger Fry war begeistert, und Virginia schrieb über den Anblick der gemalten Äpfel: »Je länger man sie betrachtet, desto größer und schwerer und grüner und roter werden sie.«[70]

Ende Juni nahm Leonard am Kongreß der Labour Party in London teil. Zur Überraschung der Delegierten traf der russische Premierminister Alexander Kerensky ein, der mit Begeisterung empfangen wurde. Er leitete die russische Revolutionsregierung von Juli bis November 1917.

Am 17. Mai hatten die Woolfs in einem Brief an Harriet Weaver den Druck des ›Ulysses‹ endgültig abgelehnt mit der Begründung, die Hogarth Press verfüge nicht über ausreichende drucktechnische Voraussetzungen, um ein Werk dieses Umfangs zu produzieren. Im selben Monat erfuhren Leonard und Virginia, daß Vanessa schwanger war. Leonard wollte wissen, wer der Vater sei, und es blieb kein Geheimnis, daß dies Duncan Grant war.

Aus dem Nachlaß Leslie Stephens verkaufte Virginia am 10. Juni 1918 Manuskripte von Thackeray und Leslie Stephen an Sotheby's für die bescheidene Summe von 68 Pfund Sterling. Die finanzielle Situation der Woolfs führte zu Überlegungen, eines ihrer Hausmädchen einzusparen. Hinzu kam, daß Virginia sich um Vanessa sorgte, weil diese ohne Hilfe nicht mehr in Charleston zurechtkommen konnte, obwohl sie eine Köchin hatte. Nellie und Lottie sollten nach Charleston gehen, um Vanessa beizustehen, eine Idee, über die es zum Streit zwischen Leonard und Virginia kam. Leonard gab schließlich nach.

Leonard arbeitete wie immer sehr hart und widmete seine ganze Freizeit dem Drucken. Die Woolfs überlegten sogar, ob sie nicht eine größere Druckerpresse anschaffen sollten, um eine bessere Kapazität für umfangreichere Bücher nutzen zu können.

Am 10. Juli 1918 konnten die ersten Exemplare von Katherine Mansfields ›Prelude‹ ausgeliefert werden, nachdem Virginia und Leonard die Bücher selbst eingebunden und geheftet hatten. Virginia war immer sehr darauf bedacht, schönes Einbandpapier zu besorgen, um den Bänden der Hogarth Press eine individuelle Note zu verleihen.

Virginia freute sich sehr auf Vanessas Baby und erkundigte sich häufig nach ihrem Befinden. Am 15. 7. 1918 schrieb sie ihr: »Ich hoffe, Du bringst das ungeborene Baby dazu, mich zu mögen. Ich bin schon halb verliebt in ihn/sie. Es wird schöne große Augen haben, weiches Haar; einen göttlichen Mund; ... was für eine begabte, liebenswerte Elfe es sein wird, so verständig von seinen frühesten Jahren an, und so weise wie ein Idol und so witzig wie ein summender Vogel.«[71]

Am 23. Juli besuchten Virginia und Leonard Lytton Strachey in seinem Haus in Tidmarsh, wo er mit Carrington zusammenlebte. Carrington war eine begabte Malerin und Graphikerin. Sie gehörte zur zweiten Generation der Bloomsberries und war wegen ihrer Lebendigkeit und Aktivität allgemein beliebt. Ihr Liebesverlangen suchte sich immer neue Wege und Formen. Sie lebte teilweise in Liebesverhältnissen mit mehreren Männern, wenn dies auch die größten Schwierigkeiten und taktischen Manöver ihrerseits erforderte, denn der eine Liebhaber durfte nichts von der Existenz des anderen wissen.

Mit Lytton lebte Carrington in einem platonischen, doch innigen Verhältnis; sie führte dem in Alltagsdingen so unpraktischen Lytton das Haus und gestaltete Tidmarsh zu einem gemütlichen und kultivierten Refugium für Lytton.

Für Leonard und Virginia fertigte Carrington Illustrationen, die die Woolfs für die Hogarth Press benutzten. Vanessa ging in dieser Zeit daran, Charleston als Dauerwohnsitz neu zu organisieren. Sie besaß noch Möbel in 46 Gordon Square, die sie nun von dort abholen ließ, um mit ihnen Charleston bequemer zu machen. Zwischen Clive und Virginia hatte sich das Verhältnis abgekühlt, zumal er ihr vorwarf, sie habe die alte Freundschaft aufgegeben. Clive fürchtete offenbar, daß die Frauen Virginia,

Vanessa und Mary Hutchinson sich gegen ihn verbünden würden.

Ende Juli erhielt Leonard die Aufforderung, sich als Wahlkandidat für ein Unterhausmandat der Labour Party zur Verfügung zu stellen. Er kam dieser Aufforderung nach, wurde aber nicht gewählt. Virginia und Leonard verbrachten die Zeit vom 27.—29. Juli im Landhaus der Morrells in Garsington bei Oxford und fuhren am letzten Julitag nach Asheham zurück. Besuch von Adrian und Karin Stephen stand ins Haus, aber auch Carrington hatte sich angesagt, von der Virginia berichtet, sie sei ein angenehmer Gast, weil sie sich umsichtig im Hause bewege und unauffällig überall da helfe, wo es nötig sei.

Carrington hatte kurz vorher an Virginia geschrieben: »Liebe Virginia, dies ist wirklich eine Antwort auf Leonards Brief, nur an Dich adressiert, weil ich Dich fragen möchte, ob ich ein bis zwei Tage bei Euch wohnen kann kurz vor dem 23. (Aug.) oder in dem Cottage mit Willie oder im Heuschuppen, wenn Euer Haus übervölkert ist, da ich am 23. zu den Charleston Leuten gehe.«[72]

Der August war ein ausgesprochen heißer Monat, so heiß, daß das Korn auf den Feldern in allen Gelb-Schattierungen leuchtete. Leonard befand sich am 13. August in York, um mit dem Finanzier Rowntree über die Herausgeberschaft einer internationalen sozialistischen Zeitschrift zu verhandeln. Die Woolfs wußten, daß, falls Leonard diese Stelle erhielt, ihre finanziellen Sorgen erheblich geringer würden. Wenig später, Anfang September, erhielt Leonard die erfreuliche Nachricht, daß er zum Herausgeber der *International Review* bestellt worden war. Die dem Rowntree Trust zugehörende Zeitschrift hatte die Aufgabe, internationale Entwicklungen der sozialen Bewegung vorzustellen und zu kommentieren.

Diese Anstellung brachte den Woolfs zum ersten Mal ein festes Einkommen, das sich mit dem Verdienst für literarische Gelegenheitsarbeiten, auch wenn diese häufig für renommierte Blätter geleistet wurden, nicht vergleichen ließ. Leonard erhielt ein Büro im Red Lion Court, Fleet Street sowie eine Sekretärin. So kehrte er nach mehreren Jahren in die Nähe von Cliffords Inn zurück.

Im Freundeskreis der Woolfs brachte der September 1918

wichtige Neuigkeiten: Ka Cox heiratete am 9. September, Barbara Bagenal erwartete ihr erstes Kind. Virginia schrieb an Barbara unter dem 20. 9. 1918: »Ich bin so häuslich, um zu denken, daß nichts so wichtig sein kann, wie ein Kind auszutragen, und ich bin so neidisch, daß ich denke, ich werde nicht mit Dir reden; und doch sagt man mir, Du gingest mit einem Achselzucken darüber hinweg, und das Baby würde von einem Matronen-Komitee beaufsichtigt.«[73] Aber auch um Vanessa sorgte Virginia sich, fragte nach, wie es ihr ginge und mahnte sie, sich zu schonen.

Ende September besuchten die Webbs Virginia und Leonard in Asheham. Obwohl sie bedeutende Persönlichkeiten in der sozialistischen Bewegung waren, vermochte Virginia nichts mit ihrer grauen, freudlosen Apparatschik-Mentalität anzufangen, zumal die Webbs keinerlei Sensorium für die Schönheiten der Natur besaßen.

Nach einem kurzen Zwischenaufenthalt in London gingen Leonard und Virginia Anfang Oktober nach Asheham zurück. Inzwischen hatte Deutschland den amerikanischen Präsidenten Wilson um die Eröffnung von Friedensverhandlungen sowie um den Abschluß eines Waffenstillstands gebeten. Der britische Kriegsminister Milner sagte für Weihnachten 1918 den Friedensschluß voraus.

Virginia erfuhr dies direkt über ihren Vetter H. A. L. Fisher, der mit Milner persönlich gesprochen hatte. Mitte Oktober begannen die Deutschen mit dem Rückzug ihrer Truppen, und am 20. Oktober 1918 akzeptierte Deutschland die Forderung des amerikanischen Präsidenten Wilson nach bedingungsloser Kapitulation.

Während dieser bedeutsamen politischen Entwicklungen stand Lytton Strachey auf dem Höhepunkt seines Ruhms. Die Menschen hörten gar nicht auf, ›Eminent Victorians‹ zu kaufen, und eine Auflage jagte die andere. Lytton hatte *das* Buch des Jahres geschrieben. Es wurde aufgenommen als Abrechnung mit einer Vergangenheit, die mittelbar auch im Ersten Weltkrieg eine Niederlage erlebt hatte, auch wenn Großbritannien nicht zu den Verlierern gehörte. So tröstete Virginia ihren Freund Lytton, als er von verschiedenen Haut- und Magenleiden geplagt wurde, mit Ironie und Witz: »Jedoch mußt Du bedenken, daß Furunkel, Blasen, Skrofulose, grünes und blaues Erbrechen alle von Gott selbst bestimmt sind für diejenigen, deren Bücher in die vierte Auflage binnen sechs Monaten gehen.«[74]

Mitte Oktober baten die Woolfs T. S. Eliot endgültig, er möchte doch der Hogarth Press seine neuen Gedichte zur Veröffentlichung geben. Virginia hatte ihre Erzählung »Kew Gardens« abgeschlossen. Am Ende des Monats flackerte erneut ein »Familienstreit« in Bezug auf Clive Bells Lebensgefährtin Mary Hutchinson auf, da behauptet wurde, Virginia habe sie überall als Langweilerin schlecht gemacht und auch noch behauptet, daß Vanessa ihre Ansicht teile. Virginia war über diese Gerüchte — so sagte sie — so ernstlich erbost, daß sie Vanessa kühl mitteilte, es sei wohl besser, wenn jeder sich auf seinen eigenen Freundeskreis beschränken würde.

Am 11. November 1918 ging der Erste Weltkrieg zu Ende. Der Waffenstillstand war geschlossen: »Die Kanonen schießen seit einer halben Stunde und die Sirenen heulen, so nehme ich an, daß wir Frieden haben, und ich bin nur froh«, schrieb Virginia an Vanessa, »daß dein kostbarer Elf in eine gemäßigt-vernünftige Welt hineingeboren wird.«[75]

Der Erste Weltkrieg forderte insgesamt 10 Millionen Tote. 20 Millionen Menschen wurden verwundet und 6 Millionen gerieten in Gefangenschaft. Es war der schrecklichste Krieg der bisherigen Weltgeschichte.

Nach Kriegsende im November 1918 beteiligte sich Bloomsbury ernsthaft und eifrig an Diskussionen über die bevorstehenden Friedensvereinbarungen, aber auch an der Entwicklung von Konzepten für neue demokratische Gesellschaftsformen. Leonard und Virginia engagierten sich für diese Ziele ebenfalls; für Leonard war ohnehin die Politik inzwischen zu einem wesentlichen Bestandteil seiner Lebensarbeit geworden.

Das Alltagsleben in England verlor nach dem Krieg rasch den Charakter nationaler Anspannung. Die Engländer ließen sich wieder auf ihre »Friedensgewohnheiten« ein: die Freuden des Lebens erwachten, das Interesse am Fußball, an den beliebten Wettrennen und an gemütlichen Abenden in den Pubs. Etwa parallel mit dem Ende des Ersten Weltkriegs vollendete Virginia ihren zweiten Roman ›Nacht und Tag‹. Wenig später, am 15. 11., besuchte T. S. Eliot die Woolfs in Richmond. Virginia nahm seine glatte, gekünstelte und hyperkultivierte Art zu reden zur Kenntnis, die von entschiedenen Meinungen zur modernen Literatur begleitet wurde. So pries Eliot Ezra Pound ebenso wie Wyndham Lewis und James Joyce. Dennoch kamen sich Eliot und die Woolfs näher: es entstand eine literarische Zusammenarbeit über die Hogarth Press und eine gute Freundschaft.

Virginia berichtete Roger Fry über diesen Besuch: »Wir hatten diesen merkwürdigen jungen Mann Eliot zum Abendessen hier. Seine Sätze brauchen enorm viel Zeit, sich auszubreiten, daß wir nicht sehr weit kamen; aber wir erreichten Ezra Pound und Wyndham Lewis, und daß sie große Genies seien, und das ist auch Mr. James Joyce — dem ich eher geneigt bin zuzustimmen, aber warum ist Eliot in diesem Schmutz steckengeblieben?«[76] In ihr Tagebuch trug Virginia am 22. 1. 1919 ein: »Eliot mochte ich auf Grund seines Besuches, und wir werden ihn wahrscheinlich öfter sehen.«[77]

Die Schwangerschaft Vanessas ging ihrem Ende entgegen, und am 19. 11. bot Virginia ihr an, Julian und Quentin zu sich zu nehmen, wenn das Kind geboren würde sowie während der Zeit des Wochenbettes. Am 20. 11. wurde Karin und Adrian Stephens Tochter Judith geboren, knapp vierzehn Tage nach Barbara Bagenals Tochter, die denselben Vornamen erhielt.

Vanessa ging es Anfang Dezember gesundheitlich nicht sonderlich gut. Virginia war besorgt und bat sie, vorsichtig zu sein. Am 19. 12. fuhren Leonard und Virginia nach Asheham, um dort das Jahresende zu verbringen. Vanessa bat Virginia selbst noch einmal, Quentin und Julian zu versorgen, wenn das »neue« Baby geboren würde, was Virginia ihr noch einmal am 12. 12. schriftlich ausdrücklich versprach. Die Woolfs wollten bis zum 3. Januar in Asheham bleiben. Duncan Grant oder »Bunny« Garnett sollten die Kinder nach Asheham bringen, doch schließlich war es Leonard, der sie einen Tag vor Heiligabend aus Charleston abholte.

Virginia schrieb an Vanessa: »Ich werde (die Jungen) für vierzehn Tage erwarten und für länger, wenn das besser für Dich ist, sie nicht zurückzunehmen. Es ist von höchster Wichtigkeit, daß Du nicht zu schnell zum gewohnten Leben zurückkehrst... Was die Bezahlung angeht, so habe ich noch nie einen solchen Unsinn gehört.«[78]

Für Quentin und Julian entwarf Virginia ein regelrechtes Besuchsprogramm, um ihnen den Aufenthalt so kindgemäß und interessant wie möglich zu machen. Quentin und Julian waren beide sehr aufgeweckt, lasen gern und viel, so daß noch Bücher aus Charleston nachgeholt werden mußten. Leonard und Virginia unterhielten sich gern mit ihren Neffen. Leonard sprach viel über naturwissenschaftliche Erscheinungen mit ihnen, Virginia mehr über Literatur und Geschichte. Auf beiden Seiten verlief dieses Erwachsenen-Kinder-Programm erfüllt und harmonisch.

Am 25. Dezember 1918, am Weihnachtstag, wurde Vanessas drittes Kind geboren. Die Namensgebung wurde zu einer echt Stephenschen Schwierigkeit, denn beide Schwestern hatten ihre besonderen Einfälle. So blieb das Baby erst einmal »das Baby« — sehr spät legte sich Vanessa auf den Namen Angelica fest. Am Tage von Angelicas Geburt kam der Vater, Duncan, mit Maynard Keynes zum Tee nach Asheham. Virginia konnte das Baby gar nicht sehen, weil sie ihre Aufgaben in Asheham hatte, korrespondierte aber sogleich mit Nessa. Die Woolfs entschlossen sich nach Weihnachten im Einverständnis mit Vanessa, Quentin und Julian mit nach Richmond zu nehmen, um die Eltern mit ihrem Baby von der Fürsorge für die »großen« Jungen für eine Weile zu entlasten.

So kehrten die Woolfs mit ihren beiden Neffen am 1. Januar 1919 nach Hogarth House zurück. Unglücklicherweise bekam Virginia starke Zahnschmerzen. Ihr mußte ein Zahn gezogen werden, der offensichtlich entzündet war. Die Kopfschmerzen nach der Extraktion waren so stark, daß Virginia 14 Tage lang das Bett hüten mußte. So gaben Leonard und Virginia ihre Neffen am 9. Januar 1919 zu ihrem Vater Clive Bell nach 46 Gordon Square.

Im Januar 1919 begann Virginia mit dem Setzen von Eliots neuen Gedichten. Virginia war sich zu dieser Zeit durchaus bewußt, daß sie zur Avantgarde der modernen Literatur des 20. Jahrhunderts gehörte, zu den Neuerern, eine Qualität, die sie Lytton Strachey absprach. Virginia ahnte, daß sie am Rande einer bedeutenden Laufbahn als Schriftstellerin stand, daß sie ausholte zu einer Ausfahrt, die der englischen Literatur

Romane von atemberaubender Schönheit schenken sollte. Um den Preis einer persönlichen dunklen Tragik — dies war ihr vermutlich verborgen — sollte sie mit ihrem Werk zu den Höhen der Weltliteratur aufsteigen.

Die Auseinandersetzung mit Lytton spielte sich zum größten Teil in Virginias Innerem ab: sie führte sie zur Selbstbehauptung und zur Selbsteinschätzung. Die Markierungszeichen für eine neue Art von Literatur begannen sich in ihr zu formen und hatten sich in ihrem bisherigen Werk schon angemeldet. »Bin ich eifersüchtig? Vergleiche ich sechs Auflagen von ›Eminent Victorians‹ mit einer von ›The Voyage Out‹?«[79] Virginia wußte letztendlich, daß beide Bücher miteinander nicht vergleichbar waren und daß sie sich auf einem ganz eigenen Wege befand.

Inzwischen hatte sich die schmerzliche Gewißheit herausgeschält, daß die Woolfs Asheham verlieren würden. Schon am 1. 9. 1918 hatte der Besitzer eine Warnung gegeben, daß das Haus nicht länger vermietet werden solle. Das Londoner Leben war im Frühjahr 1919 aufregend. Virginia war ausgesprochen aktiv im Kulturleben, besuchte Kunstausstellungen und Konzerte, so auch eine große Vernissage des Malers Walter Sickert, bei der sie Clive, Mary und Duncan traf. Clive lobte Virginias Prosa, die Freunde gingen zusammen in ein Restaurant und machten danach einen Spaziergang durch die Straßen Londons, den Virginia beschrieben hat: »Mary kam herein und unterbrach uns oder besser gesagt: beeinflußte den Fluß unseres Gesprächs, denn sie sprach kaum, und dann schwenkten wir in die Regent Street, wo die Lampen angezündet waren, und der Laden gegenüber hatte all seine Schaufenster voller heller Kleider vor einer grünen Bühnenlandschaft ausgestellt, und so bummelten wir im Frühlingszwielicht und schlenderten immer noch lachend durch Soho, und ich verließ sie in einer Straße voller Juwelierschaufenster.«[80] Diese Prosa, die die Schönheit der Weltstadt am Abend einfängt, weist auf ›Mrs. Dalloway‹ voraus.

Leonard widmete sich der eher prosaischen Politik. Am 22. Februar nahm er an einer Konferenz über den Entwurf einer Satzung für den Völkerbund teil. Ende Februar fuhren die Woolfs wieder nach Asheham und erhielten die Bestätigung, daß sie das Haus aufgeben müssen.

Im März wurden schließlich Eliots Gedichte gedruckt, und am 19. dieses Monats war die Ausgabe fertiggestellt. Über dieser bedeutenden literaturhistorischen Angelegenheit mag man Asheham vergessen, doch Virginia wurde es sehr schwer, ihren liebgewordenen Landsitz zu verlassen. Leonard empfand dasselbe. Andererseits erwachte in Virginia die Lust am Häuser »jagen«.

Virginia befaßte sich neben ihrer Rezensionslektüre und ihren kontinuierlichen Ausflügen in die große Literatur Englands, Frankreichs, Rußlands und der Antike verstärkt mit der zeitgenössischen modernen Prosa. Sie selbst schrieb Ende Februar/Anfang März das Stück ›Freshwater‹, das die Einschiffung ihrer Tante Julia Cameron — der berühmten Fotografin — nach Indien behandelt, wohin sie mit ihrem Mann Charles reiste, der den Auftrag hatte, in der Indischen Rechtskommission mitzuwirken. Im März mußte sich Virginia einer neuen Zahnextraktion unterziehen, die wie die vorherige mit Komplikationen verbunden war. Leonard war sehr beschäftigt mit seinen editorischen und politischen Aktivitäten. Die Webbs waren sehr überzeugt von seinem Buch ›Empire und Handel in Afrika‹. Virginias Roman ›Nacht und Tag‹ war inzwischen im Manuskript abgeschlossen und korrigiert und konnte am 1. April 1919 dem Verleger Gerald Duckworth übergeben werden.

Die Woolfs waren mittlerweile noch fester in das kulturelle Netz Londons verwoben. Virginia schrieb weiter für das T.L.S., mit dessen Herausgeber Bruce Richmond sie freundschaftliche Beziehungen pflegte. Leonard arbeitete nach wie vor als Herausgeber der ›International Review‹ aber auch für das ›Athenaeum‹, das von Middleton Murry, dem Ehemann Katherine Mansfields, herausgegeben wurde. Auch Virginia schrieb gelegentlich für das ›Athenaeum‹, fürchtete aber, wie sich später herausstellen sollte, nicht zu Unrecht, daß K. M. ihre Romane besprechen würde.

Virginias politisches Bewußtsein und ihr sozialkritisches Denken hatten sich mittlerweile so geschärft, daß sie die elegante Oberflächlichkeit von South Kensington ebenso ablehnte wie die dumpfe Marschrichtung religiöser Fanatiker oder Philanthropen.

Ende April machten sich Leonard und Virginia erneut auf die Haussuche, die aber nicht sonderlich erfolgreich war. Sie bekamen Anfang Mai drei Cottages in Cornwall angeboten, die D. H. Lawrence gemietet hatte, doch auch diese Möglichkeit zerschlug sich. Inzwischen hatte Gerald Duckworth Virginias Roman ›Nacht und Tag‹ von seinem Lektor durchsehen lassen und nahm das Buch zur Veröffentlichung an. Am 12. Mai erschienen auch endlich die lang erwarteten neuen Gedichte von T. S. Eliot.

Andere Publikationen der Hogarth Press folgten, so Middleton Murrys ›The Critic in Judgment‹ und Virginias ›Kew Gardens‹, das Vanessa mit Holzschnitten ausgestattet hatte. Virginia besaß geradezu eine Schwäche für Kew Garden, welchem sie in der Zeit, als sie in Richmond wohnte, durch unzählige Besuche frönte. Der teilweise von William Kent im 18. Jahrhundert gestaltete Königliche Botanische Garten hielt und hält zu jeder Jahreszeit die schönsten »views« auf Bäume, Sträucher und Blumen bereit. Bei schlechtem Wetter verlocken die riesigen Gewächs- und Tropenhäuser zum Gang in eine exotische Naturwelt. Virginias Büchlein über Kew wurde allerdings zu ihrem Leidwesen nicht so gut abgesetzt, wie sie erwartet hatte.

Die Monate Mai und Juni waren gekennzeichnet durch das Hausproblem. Leonard erwarb am 2. Juni Round House bei Lewes, doch dieser Kauf hatte nicht das gebracht, was die Woolfs letztlich wünschten. Ende Juni fuhren Leonard und Virginia für ein paar Tage zu Ottoline nach Garsington und betrachteten anschließend ein anderes Haus in Rodmell: Monks House. Sie besichtigten Monks House ausgiebig und nahmen an der Versteigerung des Inventars teil. Leonard und Virginia waren von Monks House sehr angetan, und sie kauften am 1. Juli 1919 ihr so lange ersehntes eigenes Landhaus, das sie nicht mehr aufgeben würden. Virginia hat bis zu ihrem Tode hier gewohnt, wenn sie nicht in London war, und Leonard lebte hier bis 1969. Die Woolfs ersteigerten das Haus und den Grund für 700 Pfund Sterling. Nun erst mußten die verschiedensten Renovierungsarbeiten unternommen werden, um das Haus wohnlich zu machen. Am 19. Juli 1919 schlossen die kriegführenden Parteien den Friedensvertrag.

Leonard und Virginia verbrachten den August noch in Asheham und hatten E. M. Forster zu Gast. Am 1. September waren alle Vorbereitungen für den Umzug nach Monks House abgeschlossen. Leonard und Virginia konnten ihr neues Domizil übernehmen. Am 20. 10. 1919 erschien Virginias zweiter Roman ›Nacht und Tag‹, der im Urteil des Lesepublikums und der Kritiker dem Erfolg von ›The Voyage Out‹ nicht gleichkam. Virginias Befürchtung wurde Wirklichkeit, denn Katherine Mansfield besprach den Roman im T. L. S. negativ.

*Nacht und Tag.* In ihrem zweiten Roman knüpfte Virginia Woolf an die Tradition der kausalen Erzählweise der Viktorianer an, benutzte eine Kapiteleinteilung und eine sich ausfaltende Handlung im Verlauf der Erzählzeit. Was sie aber als Neuerung einführte, waren eine ganze Reihe von Bedeutungen, die die Wende zum 20. Jahrhundert markierten. Virginia kehrte die Funktion der althergebrachten Romanstruktur um: sie benutzte sie nicht, um die herrschende Gesellschaft zu bejahen und zu bestätigen, sondern sie fragte nach deren Substanz, beleuchtete sie kritisch und voller Skepsis. Die alte Welt wird einer neuen gegenübergestellt mit der Maßgabe, daß die letztere die Oberhand gewinnen wird und gewinnen soll.

Bereits der Gegensatz der Familien Hilbery und Denham, oft als die Familien Stephen und Woolf identifiziert, kennzeichnet soziale und kulturelle Unterschiede. Lytton Strachey sagte über ›Nacht und Tag‹: »... dort schien so viel enthalten zu sein, daß man nur gerade aufblühen konnte im Vorbeigehen und danach verlangte, zurückzukehren.«[81]

Die zur oberen Mittelklasse gehörige Familie Hilbery bezieht ihre geistigen und materiellen Kredite noch aus dem 19. Jahrhundert, einer Epoche, in der die Angehörigen der Familie ebenso wie die Stephens Spitzenpositionen in der Kultur, in der Politik, der Administration besetzten, wiewohl der Gipfel familiärer Entwicklung — umgeben von einer Aura der Heiligkeit und der Heldenverehrung — vom Dichter Richard Alardyce eingenommen wird, dessen Tochter Mrs. Hilbery ist.

Sie versucht mit Hilfe ihrer Tochter Katherine eine repräsentative Biographie ihres Vaters zu schreiben, was ihr aber auf Grund mangelnder Ausdauer ungeachtet der Fülle des erstklassigen Materials mißlingt. Katherine hat in Sachen der Biographie keine Entscheidungskompetenz, und ihre Mutter zeigt sich in allem unschlüssig. So koordiniert und ordnet Katherine so gut es eben geht, doch aus dem Projekt wird nichts. Katherine wendet sich insgeheim von ihren Eltern ab, treibt Mathematik und handelt völlig entgegen den viktorianischen Erwartungen an ein Mädchen aus gutem Hause. Mathematik galt als unweiblich. Während Mrs. Hilbery sich als Dichtertochter für genial hält, obwohl sie nur feinsinnige, sensible und konfuse Fragmente aufs Papier bringt sowie träumerisch ihren Idealen nachhängt, wird Katharine als klarer Charakter mit der Haushaltsführung betraut, die aber auch Bewirtung der Gäste und Wahrung des gesellschaftlichen Dekorums einschließt.

Der äußere Rahmen des Lebens der Hilberys ist außergewöhnlich: in einem geräumigen und elegant eingerichteten Haus am Cheyne Walk — Carlyle wohnte »off Cheyne Walk« in No. 24 Cheyne Row — führen die Hilberys ein großzügiges und langweilig-erhabenes Leben zu dritt: Vater, Mutter und Tochter. Über diesem Leben schwebt aller gesellschaftlichen Pflichtübungen zum Trotz das Odium permanenter Selbstbestätigung und des Epigonentums, obwohl die Hilberys durchaus gesellschaftlichen Einfluß besitzen. Mr. Hilbery ist der angesehene Herausgeber der ›Critical Review‹, einer der bedeutendsten — fiktiven — kritischen Zeitschriften Englands, eine Tätigkeit, die auf Leslie Stephen zurückweist.

Ganz anders leben die Denhams in ihrem zwar großen, doch langsam verfallenden Haus, das von besseren Zeiten zeugt. Frau Denham ist Witwe und hat für eine große Familie zu sorgen. Ralph Denham, begabt und energisch, arbeitet als Rechtsanwalt. Er leidet unter der desolaten familiären Situation, die ihm die Selbstbestimmung versagt, vor allem durch die tränenreiche Hysterie der Mutter, die unfähig ist, das Los der Familie zu bessern — auch fehlen ihr die Mittel dazu. Sie überläßt sich der Illusion, noch in besseren Verhältnissen zu leben, und verschlimmert durch diesen Selbstbetrug die Situation. Die Tatsache, daß Virginia Woolf diese beiden Lebenswelten gegenüberstellt — und eine Bekanntschaft zwischen Ralph Denham und Katherine Hilbery an den Anfang ihres Romans setzt, darf als eine gute Eröffnung für die Handlung gelten, in der eine echte Auseinandersetzung stattfindet um die wahre und dem modernen Menschen angemessene Gesellschaftsform, die den Menschen nach ihren Fähigkeiten gerecht würde.

Die weiterreichende Frage des Romans führt das Thema von ›The Voyage Out‹ fort. Es handelt sich auch hier um einen Verlobungsroman: gefragt wird nach dem Wesen der Liebe. Alle Versuche, diese Frage zu beantworten, zeigen, daß sie von den gesellschaftlichen Bedingungen nicht abzulösen ist. Die Liebe wird in ›Nacht und Tag‹ als Grenzwert zwischen dem Absoluten und dem Perspektivischen gesehen; ihr Feld liegt zwischen dem Ideal und der Wirklichkeit. So decken sich die Gesichtspunkte verschiedener Menschen durchaus nicht, sondern überschneiden sich allenfalls.

Die Isolation von Katherine Hilbery gegenüber der Gesellschaft oder einzelnen Menschen wird begründet durch ihren Fatalismus, der aber auch als Objektivismus gesehen werden kann. Katherine reagiert auf die pompöse und falsche Gefühlswelt der Viktorianer durch eine neue Sachlichkeit: »Oh, Dinge geschehen, das ist alles.«[82] Die Illusion der Hinterwelten, wie sie Ideale implizieren, ist von Katherine aufgegeben worden. Ihre »Liebe zu den Fakten« sowie die Ereignisse der Alltagswelt gewinnen eine objektive Eigendynamik, die von den Wünschen der Menschen unabhängig und unbeeinflußbar zu sein scheinen. Katherine verabscheut nebulöse viktorianische Interpretationen, Mystifikationen oder Ideologien: sie ist modern in dem Sinne, daß es ihr allein um die Erkenntnis formaler Strukturen geht oder um das, »was der Fall ist« (Wittgenstein). Ihr Haß auf den viktorianischen Gefühlsüberhang führt sie zu einer modernistischen Gefühlskälte. Sie geht so weit in die Gegenrichtung, daß sie zuletzt in Probleme mit ihrer Menschlichkeit und Weiblichkeit gerät.

Diese ausdrücklich moderne Haltung Katherines steht im Gegensatz zu allen anderen Figuren des Romans und macht sie zur Vertreterin eines neuen Weltbilds, wie es sich vor allem in der Physik des 20. Jahrhunderts konturierte. Dieser Revolution des Strukturellen gegen das Diffuse des Viktorianismus stellt auf der Seite der Ethik die neue Moral der Selbstverantwortlichkeit des Individuums gegenüber, die sich wehrt gegen Romantisierungen der Weiblichkeit und der Ehe, wie dies unter Queen Victoria üblich war. Katherine — und an diesem Punkt wird sie zu Vanessa — behauptet die Gleichheit und Gleichberechtigung von Mann und Frau. Sie verwirft die Unterordnung der Ehefrau unter den Mann, die Lady Otway ebenso vertritt wie William Rodney.

Virginia Woolf versenkt sich in diesem Roman sehr tief in die Frage nach der Möglichkeit der Liebe zwischen Mann und Frau. Sie sieht die Liebe als Einander-Verstehen, das sich nur punktuell ereignet in gemeinsamen Visionen, oder »Augenblicken des Seins«. Liebe wird in ›Nacht und Tag‹ dargestellt als Feuermals Strahlenkranz oder aber als Aufhebung der Zeit im Augenblick seelischen Einklangs, der zugleich eine Grenze der Sprachlichkeit ist. Die Frage der Sexualität taucht im Roman nur an untergeordneter Stelle auf.

Wenn man sich vorstellt, daß ›Nacht und Tag‹ im Jahre 1919 publiziert wurde und daß ein Jahr zuvor Ludwig Wittgenstein sein Manuskript mit der merkwürdigen Überschrift ›Tractatus logico-philosophicus‹ abgeschlossen hatte, so ist dies zumindest bedenkenswert. »Nicht *wie* die Welt ist ist das Mystische, sondern *daß* sie ist.«[83] Die Mittel der normalsprachlichen Verständigung versagen angesichts eines so hoch angesetzten Elementarereignisses wie der Liebe, deren Einzigartigkeit immer zugleich am Abgrund der Zeitlichkeit steht. »Die Lösung des Problems des Lebens merkt man am Verschwinden dieses Problems. (Ist nicht dies der Grund, warum Menschen, denen der Sinn des Lebens nach langen Zweifeln klar wurde, warum diese dann nicht sagen konnten, worin dieser Sinn bestand.) ... Es gibt allerdings Unaussprechliches. Dies *zeigt* sich, es ist das Mystische.«[84]

Virginia Woolf bemüht daher für die Union der Liebenden das Bild des Feuers oder des Lichts, für die Vergänglichkeit das des Flusses des Lebensstroms oder auch das der Wellen, deren unaufhörliche Bewegung die Kontinuität der Naturprozesse andeutet, denen gegenüber das Einzelleben, das Schicksal von Liebenden untergeordnet bleibt.

Katherine Mansfield hatte über ›Nacht und Tag‹ gespottet: »Er ist so lang und ermüdend.«[85] Sie machte allerdings den Fehler, den Roman auch inhaltlich abzulehnen. Virginia Woolf hat das Romanmuster von Jane Austen benutzt, indem sie die Entwicklung einer Heldin zwischen zwei Welten vorführt, wie sie sich in innerer Beschäftigung mit Gedanken, Gefühlen und Lebensmöglichkeiten äußert, die aber zugleich an den Formen der Außenwelt abgearbeitet werden.

Wichtig ist für den Aufbau von ›Nacht und Tag‹ die minutiöse kausale Verknüpfung, auf die Virginia Woolf sehr großen Wert gelegt hat. Diese Vernetzung gewinnt Interesse durch das Überschneiden von Wissen und Nichtwissen bei den verschiedenen Figuren und ihren Blickpunkten. Das Gebäude des Romans wird errichtet durch Gegensätze, die sich nicht auf einer Ebene bewegen, sondern in Abhängigkeitsverhältnissen stehen. Der Gegensatz von *Nacht* und *Tag* durchdringt den ganzen Roman. Die Nacht wird in den ersten zwei Dritteln des Textes dem Tag vorgezogen. Sie bedeutet Traum, Phantasie, Losgelöstsein von den Begrenzungen des sozialen und geistigen Lebens. Sie ist das Feld für Gefühle, in denen die Möglichkeit von Liebe ausgelotet wird. Die Nacht trägt auch romantische Züge, denn die nächtlichen Phantasien der Figuren richten sich auf die nichtanwesenden, anderen Menschen, die für den Träumer/die Träumerin wichtig sind. Dagegen bezeichnet der Tag die harten Konturen der Wirklichkeit: die Schranken von Arbeit und Müßiggang, von Arm und Reich, von herrschender Klasse und Beherrschten. Im Tag tummeln sich auch die fixen Weltbilder des englischen Systems: Konservatismus und Liberalismus als Viktorianismus, denen Formen des radikalen Sozialismus gegenüberstehen.

In den Schicksalen der vier Hauptfiguren wird die Frage nach der Möglichkeit des Verstehens zwischen Klassenschranken und Denkformen erörtert. Wie kann es einen Übergang vom einen Selbst zum anderen geben: damit ist das Thema der Liebe berührt ebenso wie das der individuellen Selbstverwirklichung.

Die Suche der vier Hauptpersonen Katherine Hilbery, Ralph Denham, William Rodney und Mary Datchet nach ihrer Selbstbestimmung in der sich verändernden englischen Welt macht die Geschichte des Romans aus. Rodney ist am wenigsten ein Suchender. Seine kultivierte, konservative Lebenshaltung läuft nur auf eine Bestätigung des geltenden Systems hinaus, während die drei anderen alternative Vorstellungen entwickeln, die sich mit dem Status quo nicht vertragen. Die Liebe sorgt im Roman dafür, daß die Suche nach einer anderen Welt sich per-

sonalisiert. Dabei ist die Perspektive derjenigen Figuren entscheidend, die nicht wiedergeliebt werden, so daß die Gewichte
und Beziehungen umverteilt werden müssen, wenn am Romanschluß eine Balance möglich sein soll.

Mary liebt Ralph, aber nicht umgekehrt.
Ralph liebt Katherine, aber nicht umgekehrt.
Rodney liebt Katherine, aber nicht umgekehrt.
Katherine liebt niemanden.

Aus dieser Ausgangsposition versteht es Virginia Woolf, eine
elegante Lösung herbeizuführen. Die Geschichte läuft auf ein
Überkreuzverhältnis hinaus, insofern Katherine sich mit Ralph
Denham, Rodney mit Katherines Cousine Cassandra verbindet, nachdem die Verlobung von Katherine und Rodney aufgelöst wurde. Mary bleibt allein.

Über die Umsetzung der Blickrichtungen erzeugt der Roman
ein fast unentwirrbar scheinendes Netz von Verwicklungen,
von Wissen und Nichtwissen. Menschen verstehen sich mit
Schwierigkeiten, weil jedem die innersten Gedanken des anderen verborgen bleiben. Das Gesagte hat zumeist den Charakter
der Ersatzaussage oder der Norm, der Konvention. Mit solchen
Formen ist ein Austausch möglich, ohne daß damit ein Lebenssinn begründet würde.

Die Entwicklung der Geschichte wird bestimmt durch die
langsame und komplizierte Emanzipation Katherine Hilberys,
die sich aus dem sinnlosen Einerlei des steifen viktorianischen
Oberklassenlebens ihrer Eltern zunehmend befreit. Sie schätzt
die Geborgenheit dieses kultivierten und wohlhabenden Elternhauses, ohne die Wertungen zu teilen. Sie liebt weder die Literatur noch die Kunst des 19. Jahrhunderts, ebenso wie sie heimlich die perfekte Beherrschung des gesellschaftlichen Umgangs
verabscheut.

Nachts frönt Katherine ihrer Liebe zur Astronomie und Mathematik, nachts rebelliert sie auf ihre Weise — indem sie das
Gesellschaftszeremoniell gegen die wissenschaftliche Genauigkeit eintauscht. Der Roman entwickelt ihr langsames Bewußt-
werden ihrer Situation, dann aber auch die Strategien zu ihrer
Befreiung, die ihr die Gesellschaft eröffnet — das Heiraten. Für
Katherine wird deutlich, wie schwer zu sagen ist, was Liebe ist,

denn die Verbindung von Menschen hängt zumeist davon ab, welche »Interpretation des Wortes Liebe« jemand bevorzugt.

Leben wird in ›Nacht und Tag‹ als Überschneidung von Lebenswegen verschiedener Menschen gesehen, die ein Netz spannen, in dem sich der einzelne verstrickt, wenn er nicht seinen eigenen Lebenssinn erfassen kann, um ihn mit dem Lebenssinn eines anderen in verständnisvolle und intensive Harmonie zu bringen.

Für diese Union der Liebe steht der Prozeß der Selbsterfahrung und Selbstkorrektur Katherines, der zugleich ein Emanzipationsvorgang ist. Er gipfelt darin, die erlernten Konventionen als Leitlinien des Lebens, Denkens, Empfindens zurückzuweisen, um über das Durchbrechen der etablierten Formen zu neuem Sinn vorzustoßen. Katherines Verlobung mit Rodney basiert auf einem Mißverständnis subtiler Art, insofern Rodneys Begriff der Liebe — wenn auch ehrlich gemeint — seine Vorstellung von der Frau aus seinen Kreisen mit umfaßt, die in den Künsten dilletiert, ansonsten aber neben ihren Repräsentationsaufgaben als Frau und Mutter gegenüber dem Manne eine untergeordnete Rolle einzunehmen hat. Bildung mag sich daher für eine Frau in Grenzen halten, wenn sie schön ist und die Tugenden der »gentlewoman« besitzt. Katherine kann auf der Ebene der kultivierten Tradition Anschluß an Rodneys Denken finden, doch in ihrem tieferen Bewußtsein kämpft sie für eine Selbstbestimmung als moralische und intellektuelle Persönlichkeit: sie liebt die Freiheit — sie begehrt innerlich gegen die Grenzen auf, die Frauen im England der Jahrhundertwende immer noch gezogen wurden.

Rodney und die bevorstehende Verbindung mit ihm soll ihr die Möglichkeit bieten, aus dem Joch des Biographien-Verfassens zu entfliehen, um ungehindert dem nachzugehen, was sie als für sich wesentlich auffaßt: Mathematik und Astronomie.

Ralph Denham hingegen idolisiert Katherine Hilbery, so daß in ihrer verschiedenen Sozialisation zunächst genug Material des Mißverstehens angehäuft werden kann: Katherine glaubt anfänglich, daß Ralph sie haßt, weil er ihre gesellschaftliche Position als unvereinbar ansieht mit dem, was sie für die Gesellschaft leistet, ja was ihre Familie unverdienterweise an Privilegien genießt. Ralph verkennt Katherine als Snob. Seine Intelligenz und die Erfahrungen aus seinem familiären Kontext richten sich auf eine Gesellschaftsveränderung, in der neue Ideale der *Klarheit* und *Aufrichtigkeit* im menschlichen Zusammenleben entscheiden sollen, nicht aber die in marmornen Tafeln aufgeschriebenen Verhaltensmaßregeln der viktorianischen »guten Gesellschaft«. Die verschiedenen Ichwelten der Figuren blenden einander teilweise aus, denn jede Bestimmung ist auch immer eine Verneinung.

Jede Position im Leben des einzelnen schließt Verzicht ein. In ›Nacht und Tag‹ spielt Mary Datchet eine ganz besondere Rolle, denn sie lenkt den Romanaufbau und die Bewegung der Geschichte. Zu ihr fühlt sich Ralph hingezogen wegen der Konsequenz ihres Lebens und Denkens, ihres Einsatzes für die Demokratie und ihres Engagements für den Sozialismus und für die Frauenbewegung. Mary fasziniert Ralph aber nicht als Frau, dennoch »mißbraucht« er sie als Vertraute und Ersatz für sein Idol Katherine Hilbery, ein Mißbrauch, der sogar bis zu einem Heiratsantrag führt, zugleich mit dem Plan, die Gesellschaft, die jungen und begabten Menschen wie ihnen kaum Chancen eröffnet, zu verlassen.

Doch die sensible Mary bemerkt Ralphs Gefühle für Katherine. Parallel erkennt Katherine, daß ihr Rodney noch nicht einmal im Vergleich zur Astronomie etwas bedeutet, wenn sie auch zunächst noch glaubt, diese Heirat brächte ihr die Befreiung aus dem Gefängnis ihres Elternhauses und eine ungehinderte Beschäftigung mit ihren Studien. Katherines Sachlichkeit, ihr Widerspruchsgeist — dies kann nicht harmonisieren mit dem gepflegten und dekadent-schwächlichen Ästhetizismus Rodneys.

Bei einem zufälligen Treffen der beiden Gruppen Katherine, Rodney und Mrs. Hilbery auf der einen, Ralph und Mary auf der anderen Seite in Lincoln beginnt die Konfusion der Gefühle sich zu lösen.

Mary lehnt Ralphs Heiratsantrag ab und wird sich klar darüber, daß sie nicht glücklich werden kann, daß ihre Liebe zu Ralph unerfüllt bleiben muß. Sie erkennen wechselseitig ihren seelischen Zustand, ohne offen miteinander zu reden: auch hier wirken die traditionellen Verhaltensmuster in zwei fortschrittlichen und radikalen Figuren noch nach. Sie haben zwar klare

Ideen von einer besseren Welt, können diese Ideen aber nicht in Lebenspraxis umsetzen.

In einem Streit Rodneys mit Katharine erfährt Rodney, daß Katherine ihn nicht liebt. Ralphs Enttäuschung über Marys Ablehnung stürzt ihn in eine tiefe Depression; er nimmt an, daß ihm Glück versagt sei, weil er Katherine nicht gewinnen konnte — zu der er nur lose Verbindungen hatte — und weil Mary ihn auch nicht annimmt: »Er war gefangen in der Unlogik des menschlichen Lebens. Die Hindernisse auf dem Weg seiner Sehnsüchte schienen ihm rein künstlich, und doch konnte er keinen Weg sehen, um sie zu entfernen. Marys Worte, der Ton ihrer Stimme sogar, ärgerte ihn, denn sie würde ihm nicht helfen. Sie war ein Teil des wahnsinnigen durcheinandergeworfenen Gewurstels einer Welt, die das sinnvolle Leben verhindert.«[86]

Mary aber leistet vollkommenen Verzicht; sie entscheidet sich für ihre Sozialarbeit, die allen Menschen zugute kommen soll, die hilflos sind.

Im zweiten Teil des Romans wird der innere und äußere Kampf Ralphs und Katherines dichter: sie ringen um ein tragfähiges Lebenskonzept, das ihre Ideen von verantwortungsvollem, freiem Menschsein verbindet mit tiefer Zuneigung. Beide setzen ihre Vorstellung verantwortlicher Lebensarbeit ebenso durch wie die der Liebesheirat. Die Konventionen der viktorianischen Gesellschaft im Verhalten der Eltern zu den Kindern, von Mann und Frau, erscheinen zunehmend fragwürdig. Am Beispiel der zerbrechenden Vernunftbeziehung von Katherine und Rodney wird deutlich, daß solche Organisationsformen des Privatlebens zur Hohlheit, zur bloßen Hülse verkommen müssen.

Die traditionellen Normen werden philosophisch hinterfragt. Katherine und Ralph, aber auch Mary sind sich der Schwierigkeit bewußt, die darin besteht zu sagen, *was* die Dinge sind, welche verschiedenen Bewußtseinsströme in den einzelnen Hirnen ablaufen, wie ungeheuer kompliziert es ist, Brücken von einem Menschen zum anderen zu finden.

Die Beziehung zwischen Ralph und Katherine wird möglich durch Marys Verzicht und durch das Auftauchen von Katherines Cousine Cassandra Otway in London. Cassandra ist vielseitig begabt, ein »verrücktes Huhn«, das viele Sachen mit Geschick anfängt, aber nichts zu Ende bringt. Sie ist aufnahme- und begeisterungsfähig, dabei doch konventionell und eine Frau, die zu Rodney paßt und die Katherine ihm auch zuleitet.

Die Träume Ralphs und Katherines, seien es Tag- oder Nachtträume, kommen schließlich zur Übereinstimmung, so daß sich langsam in Katherine ein Reichtum der Phantasie entwickelt, der nicht mehr abhängt von ihrem Elternhaus und von ihren dort üblichen Pflichten, sondern ganz von ihren Träumen und Vorstellungen. Ihre Liebe zur Mathematik geht eine Verbindung ein mit Träumen von Sternen, in denen Ralph Denham eine Rolle zu spielen beginnt.

Mit dem beginnenden Frühjahr und einem Treffen in Kew werden die Beziehungen zwischen Ralph und Katherine enger. Sie widersetzen sich allen Forderungen der älteren Generation. Ihre Rebellion trägt Früchte. Ihre Verlobung wirft die Frage auf, wie das neue Leben aussehen wird, für das sie beide stehen.

Mit dem Erscheinen des Romans ›Nacht und Tag‹ war der Höhepunkt des Jahres 1919 für Virginia und Leonard Woolf erreicht. Es war ein reiches Jahr und ein anstrengendes Jahr für beide gewesen. Als sie zum Jahresende in ihr neues Landhaus fuhren, wurden sie beide krank. Leonard hatte Malaria, und Virginia erkrankte an der Grippe.

Das Jahr ging für beide in aller Ruhe zu Ende. Virginia notierte am 28. 12. 1919 in ihr Tagebuch: »Wir denken, daß wir jetzt ein wenig Glück verdient haben. Doch ich darf sagen, wir sind das glücklichste Ehepaar in England.«[87] Mit dem Jahr 1919 hub eine neue Zeit für Virginia Woolf an: sie hatte die Ausfahrt in ein neues Leben und in die große Literatur angetreten. Doch auf dem Meer ihrer Kunst zeichneten sich am Horizont Formen ab, die Dimensionen des Romans eröffneten, an die man bislang noch nicht zu denken gewagt hatte.

# 5
# Die Zeit der großen Romane 1920—1931

Virginia Woolfs Laufbahn als Schriftstellerin und als bedeutende Persönlichkeit in der englischen Kulturwelt erreichte in
den Zwanziger Jahren ein Niveau, das bis zum heutigen Tage
ihren Ruhm begründet. Das heißt nun keinesfalls, daß Virginia
im letzten Jahrzehnt ihres Lebens weniger bedeutende Werke
geschaffen hätte. Im Sinne einer breiteren Wirkung sowie auf
Grund ihrer ganz persönlichen Geistigkeit und Kreativität
wurde Virginia Woolf in den Zwanziger Jahren berühmt.

Virginia Woolf führte in dieser kulturgeschichtlich brisanten
Phase die von ihr immer wieder durchdachte Möglichkeit einer
neuen Romanschreibweise in der Praxis durch. Mit den Romanen ›Jacob's Room‹ (1922), ›Mrs. Dalloway‹ (1924), ›To the
Lighthouse‹ (1927), ›Orlando‹ (1928) und ›The Waves‹ ver-
wirklichte sie ihr ästhetisches Programm und begründete so
ihren Rang in der Weltliteratur.

Zu Beginn des bitterkalten, stürmischen und regnerischen Januar 1920 laborierten Virginia und Leonard noch an ihren
Krankheiten. Sie blieben noch einige Tage in Monks House und
kehrten am 8. des Monats nach Richmond zurück.

Am 14. Januar erschien Leonards Buch ›Empire und Handel
in Afrika‹ bei Allen & Unwin. Virginia studierte das Buch sogleich und bewunderte Leonards Fähigkeit, politische und wirtschaftliche Zusammenhänge objektiv darzulegen. Zur selben
Zeit ergab sich eine wichtige Veränderung in Bezug auf die
Richmonder Behausung der Woolfs: sie kauften Hogarth
House für einen Betrag von knapp 2000 Pfund Sterling. Virginia erhielt in diesen Wochen immer wieder Lob für ihren
Roman ›Nacht und Tag‹, sei es von einem New Yorker Verlags-

haus, sei es von »Gumbo« Strachey oder durch Fellows der Universität Cambridge auf einer Party. Das Lob aus dem Bekannten- und Freundeskreis für ›Nacht und Tag‹ war allgemein, wie die Briefe Virginias vor allem vom November und Dezember 1919 zeigen. Vanessa, Lytton, Clive, aber auch Violet Dickinson und Ka Arnold-Forster waren von Virginias Roman angetan. Diese freute sich sehr über ihren Erfolg; sie fragte fast alle Korrespondenten, ob ihnen der Roman gefallen habe, und bat sie, Kritik zu üben, die sie für eine Korrektur bei der zweiten Auflage des Buches berücksichtigen konnte.

Ende des Monats besuchte Virginia Roger Fry in seinem Haus in Guildford für zwei Tage, machte aber danach noch einmal einen Ausflug zu Roger in Begleitung von Desmond MacCarthy. Desmond hatte gerade eine Afrikareise beendet und war beim *New Statesman* zum literarischen Herausgeber aufgestiegen. Roger Fry war inzwischen vierundfünfzig Jahe alt. Er begann argwöhnisch die Einschätzung seiner Bedeutung durch andere zu beobachten und wurde deshalb im Umgang schwierig. Die große Ausstellung seiner Bilder im Frühjahr 1920 enttäuschte ihn vollends, da nur wenige Gemälde und Zeichnungen verkauft wurden.

Virginia vollendete am 25. Januar ihr achtunddreißigstes Lebensjahr. Sie fühlte sich glücklicher als mit achtundzwanzig, gefestigter in der kulturellen Szene Londons. Ihre Gedanken über eine neue Art des Romans nahmen klarere Formen an: Dieser Roman sollte lose und leicht, dabei aber geformt und schnell sein, so daß keine Struktur sichtbar zum Vorschein käme.

Der praktische Ausgangspunkt für Virginias neuen Roman waren ihre Kurzgeschichten, die man auch als Experimente in der neuen Schreibart auffassen kann (›Ein ungeschriebener Roman‹, ›Kew Gardens‹, ›Der Fleck an der Wand‹). Virginia überlegte, ob sie nicht aus mehreren Kurzgeschichten einen Roman schaffen könne. Das Problem dabei war aber, wie die Einheit des Romantextes herzustellen sei. Bei ihren Überlegungen zu diesem Neuanfang fürchtete Virginia vor allem das egozentrische Selbst des Autors, das sie bei James Joyce zu entdecken glaubte. Sie wollte *das Leben* selbst sprechen lassen, als

Autorin stärker hinter dem Roman zurücktreten: »Ich muß noch herumsuchen und experimentieren, doch diesen Nachmittag erfuhr ich einen Schimmer des Lichts«.[1]

In London lief Anfang 1920 das gesellschaftliche und kulturelle Leben auf Hochtouren. Virginia liebte Parties mit interessanten und brillanten Menschen. Sie genoß ihre eigene Distinguiertheit und ihre geistige Ausstrahlung. Leonard hat über diese Neigung berichtet: »Virginia liebte die Gesellschaft, ihre Funktionen und Parties, je größer, desto besser; aber sie mochte — zumindest im vorhinein — jede Party. Ihre Einstellung dazu war wie zu den meisten Dingen keineswegs simpel. Der Gedanke an eine Party regte sie immer auf, und in der Tat war sie sehr sensibel angesichts der wirklichen geistigen und physischen Erregung der Party selbst, des Termperaturanstiegs von Geist und Körper, des Ferments und der Quelle des Lärms. Manchmal genoß sie eine Party als Ereignis ebenso wie in der Vorstellung und manchmal natürlich, entsprechend ihrer besonderen Verletzlichkeit gegenüber den mildesten Schlingen und Pfeilen der (nicht sehr) aufgebrachten Fortuna, verließ sie eine langweilige Party in Verzweiflung, als ob es die letzte Szene von Wagners Götterdämmerung wäre, in der Hogarth House und das Universum in Flammen und Ruin ihr um die Ohren stürzen würden.«[2]

Später hat Virginia zugegeben, ein Snob zu sein, doch war dieser Snobismus nie so stark, daß er Virginias grundsätzliches Menschenbild beeinträchtigt hätte. Was macht es schon, wenn sie auf ihrem Posteingangstablett die Briefe mit den siebenzakkigen Kronen zuoberst legte, solange sie sich bewußt blieb, daß sie es tat.

Die gesellschaftlichen Ereignisse versetzten Virginia oft in eine Hochstimmung; sie liebte es, mit ihrem Witz, auch mit sarkastischen Bemerkungen zu spielen. So berichtete sie über eine große Duncan-Grant-Ausstellung mit anschließendem Lunch im Café Royal am 13. Februar: »Es ist absurd — meine Fähigkeit, Szenen mit irrationaler Aufregung zu überfluten; in solcher Stimmung sage ich dann gern mehr als ich meine.«[3] Das Leben Virginias war so prall gefüllt mit Ereignissen, daß sie an dem erwähnten Tag mit Roger Fry in den vornehmen Geschäftsräumen des *Burlington Magazine* Tee trank, dann Maynard Keynes traf, dessen Buch über die ökonomischen Folgen des Versailler Friedens gerade im 15. Tausend verkauft war. Maynard wurde durch diesen Erfolg zum Stolz seiner Universität Cambridge nicht dazu verführt, sich selbst zu feiern.

Doch es gab natürlich auch immer wieder »ups« und »downs« für Virginia, etwa ein Lunch bei den Webbs, die sie nicht leiden konnte, weil sie ihnen Phantasielosigkeit zuschrieb. Beatrice Webb, die große Sozialistin und Organisatorin, hatte womöglich die trockene Geschäftstüchtigkeit ihrer Familie geerbt. Sie war eine geborene Potter. Ihr Vater gehörte zu den Eisenbahn- und Industriemagnaten Englands. Der Geist der Potters konnte sich mit dem der Stephens offenbar nicht glücklich verbinden, wie ein Brief Virginias an Lady Robert Cecil vom 19. Februar beweist: »Ich bedauerte jede Minute meines Essens mit den Webbs, das von der drastischsten Beschreibung war und einen in einem Zustand ließ, in dem das Leben kaum noch lebenswert ist. Nie, nie, nie gehe ich wieder dorthin. Ich kann mir nicht vorstellen, wie zwei kleine alte Leute wie diese es fertigbringen, alles zu zerstören, was man schätzt und woran man glaubt.«[4]

Virginia vermochte also nicht mit jedem auszukommen, was aber an Leonards Urteil über ihren Bezug zu den Menschen im Grundsatz nichts ändert: »Sie war intensiv interessiert an Dingen, Menschen und Ereignissen... und... hochempfindlich in Bezug auf die Atmosphäre, die sie umgab, mochte diese nun persönlich, sozial oder historisch betont sein. Sie war deshalb die letzte Person, welche die politischen Bedrohungen ignoriert hätte, unter der wir alle standen.«[5]

Ende Februar fuhren die Woolfs für ein paar Tage ins Monks House nach Rodmell und bewunderten den Garten, der schon ganz frühlingshaft ausah: »Nie schlief ein Winter mehr wie ein Kind, das an seinem Daumen saugt. Die Narzissen sind alle draußen; der Garten ist mit dicken goldenen Krokussen besetzt; Schneeglöckchen sind fast verblüht; die Birnbäume knospen; Vögel singen; die Tage sind wie im Juni mit einem Quentchen Sonne — nicht bloß ein gemalter, sondern ein warmer Himmel. Jetzt waren wir in Kew. Ich versichere, dies ist das frühste und schönste und ununterbrochenste Frühjahr, das ich erinnere. Die Mandelbäume blühen.«[6]

In diesem schönen März gab es zwei Neuheiten: Virginias guter Bekannter, Herbert Asquith, vormaliger Premierminister, kehrte unter dem Jubel von Tausenden, die seinen Weg von seiner Wohnung am Cavendish Square bis nach Westminster säumten, ins Parlament zurück. Sodann traf sich in diesem Monat zum ersten Mal der Memoir Club. Er war eine Gründung Molly MacCarthys. Der Memoir Club sollte eine Fortsetzung des alten Bloomsbury sein; man wollte sich einmal im Monat zu einem Dinner treffen, um einander hernach Kapitel aus der eigenen Autobiographie vorzutragen. Molly beabsichtigte auf diese Weise sicherzustellen, daß über die Einzelbiographien die Geschichte Bloomsburys geschrieben würde — eine durchaus lobenswerte und kluge Idee. Der erste dieser Abende fand am 4. März statt. Sieben Mitglieder lasen vor, so Sydney Waterlow, Clive Bell, Vanessa, Duncan Grant, Molly und Roger Fry. Beim zweiten Treffen lasen auch Virginia und Leonard.

Die geselligen Abwechslungen zwischen Intelligenz, Kunst und Literatur, die Abende in den Häusern der Aristokratie, des Großbürgertums oder aber der »intellektuellen Aristokratie«, zu der Virginia selbst gehörte, galten ihr als eine Selbstverständlichkeit. Sie liebte die Privatkonzerte bei ihrer Jugendfreundin, der Countess of Cromer, oder bei der Reeder-Familie Booth, mit welcher Julia und Leslie Stephen befreundet gewesen waren.

Ostern 1920 verbrachten Leonard und Virginia in Rodmell. Sie hatten sich an ihr »neues« Landhaus schnell gewöhnt, denn es war uralt und steckte voller Geheimnisse und Geschichten. Leonard berichtete, daß er zusammen mit einem Handwerker beim Anheben einer Fußbodenbohle einen Kinderschuh aus dem 18. Jahrhundert fand. Ein andermal hob er eine Fourpenny-Münze aus der Zeit König Georgs III. im Keller auf.

So besaß Monks House für Virginia und Leonard eine Faszination, die aus der Mischung von Alter und Gemütlichkeit des neuen Domizils entstand. Die Woolfs fühlten sich unbewußt in die Geschichte des Hauses einbezogen und empfanden seinen Lebensrhythmus.

In den Ostertagen 1920 plante Virginia einen neuen Roman, dem sie jetzt schon seinen endgültigen Namen gab: ›Jacob's

Room‹. Dieses Unterfangen wurde von innerem Bangen und Zagen begleitet, denn Virginia fürchtete trotz bisheriger Erfolge, daß man ihre experimentelle Geschichte ›Ein ungeschriebener Roman‹ nicht gut aufnehmen würde, und dasselbe prophezeite sie für ihren neuen Roman. Sie hatte bemerkt, daß Leser ihre Art »gut zu schreiben« als Ziererei oder Wichtigtuerei auslegten, doch dennoch schwor Virginia »zu sagen, was ich denke, und es in meiner Art und Weise zu sagen.«[7] Virginia Woolf begann dann auch im April mit der Arbeit an ›Jacob's Room‹ — und fand sich in das Auf und Ab der Stimmungen eines Autors versetzt, der am einen Morgen glücklich voran kommt und am nächsten an seiner Feder kaut: »Ist es das Wetter? Beim Aufwachen machte ich solch einen schönen Tag aus; und eine Begebenheit nach der anderen blieb ohne den zündenden Funken. Ich hatte so ein gutes Schreiben für den Morgen geplant und verschwendete meinen besten Geist am Telefon. Dann das Wetter; große plötzliche Güsse setzten überall ein mit einem Regen, der einen durchnäßte; Busse überfüllt; ließ Schreibmaschinenpapier im Bus liegen.«[8]

Atmosphärisches beeinflußte Virginia sehr, auch grübelte sie immer wieder über die Form nach, die sie an »Jacob's Room« erstmals im größeren Rahmen erprobte. Würde sie durchhalten können? — Virginia schrieb in ihrem »genialisch« unaufgeräumten Zimmer inmitten eines Wusts von Papieren, alten Bindfäden, zerbrochenen Zigarettenspitzen. Auf ihrem großen Arbeitstisch lagen Manuskripthaufen, Papier und Briefe. Auch standen große Tintenflaschen auf diesem Tisch. Folglich schrieb Virginia Woolf nicht am Tisch, sondern in einem Sessel. Auf ihre Knie legte sie ein Holzbrett, in dessen einer Ecke ein Tintenfaß aufgeklebt war. Auf dem Brett lag ein Block von Papier im Quartformat. Auf diesem Block schrieb Virginia ihre Manuskripte. Während sie schrieb, war sie so tief in ihre Welt versunken, daß kaum jemand sie dort herausholen konnte. Der Schreibfluß stellte sich am besten ein, wenn Virginia einen Federhalter und ein Tintenfaß benutzte. Sobald sie zum Füllfederhalter griff, wurde das Schreiben zum Problem: »Augenblicklich benutze ich Blackie (Füllfederhalter) gegen seine Natur, das heißt, ich tunke ihn ins Tintenfaß.«[9]

Doch das Schreiben bedeutete für Virginia auch einen Zustand allergrößter Anspannung und innerer Erregung, der sie sehr viel Kraft kostete.

Vom 30. April bis zum 4. Mai blieben die Woolfs in Rodmell. Leonard arbeitete mit Samuel Koteliansky (»Kot«) an einer englischen Ausgabe von Gorkis ›Erinnerungen an Tolstoi‹, die von der Hogarth Press verlegt werden sollten. Leonard erkannte, daß dieses Buch ein Meisterwerk war; er riskierte daher eine Erstauflage von 1000 Exemplaren — und er hatte Glück. Binnen desselben Jahres mußte ein zweites Tausend von diesem Werk gedruckt werden. Leonard sah den Erfolg des Gorki-Bandes als Wendepunkt für die Zukunft der Hogarth Press an, zumal außerdem E. M. Forsters neuverlegte Geschichte geschäftlich außerordentlich einträglich war. Koteliansky war ein immens begabter russisch-jüdischer Emigrant, der zum engeren Kreis um Katherine Mansfield und Middleton Murry gehörte.

Ebenfalls Anfang Mai 1920 erhielt Leonard Woolf das Angebot, regelmäßig den außenpolitischen Leitartikel für die Zeitschrift *Nation* zu übernehmen, was ihm jährlich 400 Pfund Sterling eingebracht hätte, doch zog sich die Entscheidung in die Länge. Aber noch andere Neuigkeiten standen Leonard bevor: am 11. Mai wurde er als Unterhaus-Kandidat für die Liga der sieben englischen Universitäten — außer Oxford und Cambridge — aufgestellt, eine Auszeichnung, die er ohne große Begeisterung über sich ergehen ließ. Leonard wußte, wie aufreibend das Leben eines Abgeordneten war, so daß ihm am Erfolg dieser Kandidatur, der ohnehin zweifelhaft war, nicht viel lag. Dennoch setzte er sich später im Wahlkampf voll für die Sache der Labour Party ein und hielt eine auch heute in ihrer Weitsichtigkeit beeindruckende Wahlrede.[10]

Es ist unglaublich, wenn Leonard neben diesen zeitaufwendigen Engagements im Verlag und in der Politik sowie im Journalismus noch die Zeit fand, Bücher zu schreiben. Doch in der Tat schrieb er an einem neuen Werk mit dem Thema ›Sozialismus und Kooperation‹.

Die Geschäfte und Arbeiten der Hogarth Press liefen neben der Fülle sonstiger Verpflichtungen weiter, welche die Woolfs eingingen. Im Mai 1920 wurde außer der Gorki-Ausgabe E. M. Forsters erwähnte Geschichte ›The Story of the Siren‹ für den

Druck fertig gemacht. Virginia hatte den Satz der Forster-Arbeit übernommen.

Die Beziehungen Virginias zu ihren Bloomsbury-Freunden blieben lebendig. Leonard und Virginia trafen sich häufig mit Mitgliedern des älteren und jüngeren Bloomsbury, doch Virginia freute sich danach meistens, in ihre eigene Behausung in Richmond zurückkehren zu können, um dort so zu leben und zu arbeiten, wie es ihr gefiel: »Ich liebe es, unser Privatleben fortzusetzen, von keinem beobachtet.«[11]

46 Gordon Square sowie einige andere Häuser an diesem heute noch ruhigen und schönen Platz mit seinen alten Bäumen war nach all den Jahren seit den Anfängen Bloomsburys immer noch ein Treffpunkt. In dem von Maynard Keynes übernommenen Haus trafen sich mittlerweile drei Generationen, denn die Kinder Vanessas wuchsen in den Freundeskreis auf natürliche Weise hinein.

Vanessa und Duncan hielten sich im Frühjahr 1920 in Italien auf. Als sie am 14. Mai wieder nach London kamen, mußten sie feststellen, daß sie beinahe in den finanziellen Ruin hineingeraten waren. Maynard Keynes hatte nach dem Abschied von seinen Regierungsämtern mit dem Kapital von Vanessa und Duncan sowie mit seinem eigenen Geld auf dem internationalen Währungsmarkt spekuliert. Vanessa und Duncan hatten in Italien gut gelebt, überdies reichlich die verschiedensten Dinge eingekauft, die sie mit nach England brachten und dabei viel Geld ausgegeben. Als sie von dem unerwarteten Einbruch auf dem Währungsmarkt hörten, durchfuhr sie ein Schrecken, doch Maynard gelang es schließlich, die Kapitalien zu retten.

Der April in London war nach Virginias Beschreibung »naß, schwarz, durchtränkt, sündig«[12], so daß die Woolfs es vorzogen, im Mai nach Rodmell zu fahren. Virginia schrieb Ende Mai an Katherine Mansfield, die ihren siebenmonatigen Aufenthalt an der italienischen Riviera beendet hatte und wieder in ihrer Londoner Wohnung lebte. Doch Virginia erhielt keine Antwort, offenbar, weil Katherines Gesundheitszustand bedenklich war. Schließlich aber antwortete Katherine doch: Sie freue sich über Virginias Besuch, obwohl sie — Katherine — ziemlich »langweilig« geworden sei. Virginias Besuch am 28. Mai scheint nicht positiv begonnen zu haben. Katherine nahm Virginia in ihrem katzenhaften Wesen anfangs kühl auf. Doch die alte Vertrautheit stellte sich bald ein. Sie führten ein endloses literarisches Gespräch, in dem sie sich gemeinsam über Aldous Huxley hermachten. Katherine versuchte, Virginia zur weiteren Mitarbeit am *Athenaeum* zu überreden: sie sollte Geschichten schreiben. Katherine lobte ›Kew Gardens‹ und fand ihrer negativen Besprechung von ›Nacht und Tag‹ zum Trotz bewundernde Worte für Virginias Roman.

Virginia hatte die Angewohnheit, in Abständen »Feldtage« abzuhalten. Darunter verstand sie ein Herumkreuzen in London an »strategischen Punkten« mit der Gewißheit, Freunde und Bekannte zu treffen. Sie liebte es, Neuigkeiten zu erfahren, und sie schwelgte gern im Intellektuellen- und Künstler-Klatsch. Am 7. Juni 1920 fuhr Virginia also in ihrer besonderen Absicht nach London. Sie traf »rein zufällig« Clive Bell in der National Gallery. Clive ging mit Virginia in das damals beliebte Gunter's Restaurant, wo Virginia sich stets daran erfreute, Menschen zu beobachten. Sie war eine exzellente Beobachterin; sie nahm den Ausdruck und die Bewegungen der Menschen so genau auf, daß sie auf diese Weise Material für ihre Romane gewann. Ebenso verstand sie es, Menschen penetrant nach ihren Empfindungen bei zumeist alltäglichen Beschäftigungen auszufragen. Virginia wollte immer wissen, wie die Menschen zu ihrem Schicksal gekommen sind, warum eine bestimmte innere und äußere Haltung von ihnen erworben wurde. Ihre Neugierde machte nie vor den Köpfen der Menschen halt, immer beschäftigte es Virginia, was denn wohl in den anderen vorgehe, welche Gedanken sie hegten.

Am besagten 7. Juni erzählte Vanessa ihrer Schwester beim Dinner die Geschichte der »Mad Mary«. Vanessas Hausmädchen Mary erlitt einen Nervenzusammenbruch, als drei Menschen, die ihr am nächsten standen, binnen vierzehn Tagen starben: ihre Mutter, ihr Vater und ihr Geliebter. Mary bekam einen Schock und mußte ins St. Pancras Krankenhaus eingeliefert werden, sie beruhigte sich aber nach einigen Tagen und kehrte zu Vanessa zurück. Womöglich erinnerte dies Virginia an ihre eigene Kindheit — als ihre Mutter starb, war sie erst zwölf Jahre alt; zudem riß die Kette der Tode in der Familie Stephen bis 1906 nicht ab, dem Todesjahr Thobys.

In der Mitte des Monats besuchten die Woolfs die Rennen von Ascot. Virginia vermochte ihrer Leidenschaft des Beobachtens nachzugehen: die Selbstdarstellung der vornehmen Welt war wohl in England nirgends so konzentriert wie in Ascot.

Wenig später erhielten Virginia und Leonard Besuch von G. E. Moore, der sich lange über die Philosophie George Berkeleys (1685—1753) ausließ, der die These vertrat, es könnten keine materiellen Dinge unabhängig vom Bewußtsein bestehen. Virginia fiel auf, daß Moore alt geworden war; seine Augen schienen ihr weniger durchdringend als früher. Sie glaubte, daß das Höhlenleben von Cambridge auf die Dauer zerstörerisch für einen Menschen wirke und sie vermochte sich kaum noch vorzustellen, wie sehr Moore auf das junge Bloomsbury ausgestrahlt hatte. Ende Juni fuhren die Woolfs ins Monks House, nicht zuletzt, um die kürzlich eingebaute neue Küche in Augenschein zu nehmen, die sie funktional gestalten ließen, obwohl Virginia selbst kein Küchentalent war. Immerhin kochte sie von Zeit zu Zeit, backte Brot und Kuchen.

Anfang Juli arbeitete Virginia für die Hogarth Press. Sie war damit beschäftigt, E. M. Forsters ›The Story of the Siren‹ einzubinden. Im selben Monat erschien Virginias eigene Geschichte ›Ein ungeschriebener Roman‹; diese befaßt sich mit dem Innenleben und den Lebensbedingungen einer armen, älteren Frau und war eine Studie in Virginias neuer Schreibweise.[13] Der Juli ging zu Ende unter fortgesetzten Schwierigkeiten mit Virginias Dienstmädchen Nelly, das krank zu sein glaubte und in Hysterie verfiel, was Virginia an den Rand der Verzweiflung brachte. Sie konnte sich diese Verhaltensabsonderlichkeiten überhaupt nicht erklären: »Ich wundere mich... wie sie es fertig bringen, eine Woche lang zu leben — und nicht durch den Donner getötet zu werden wie die Fliegen.«[14]

Der nächste Aufenthalt in Rodmell sollte länger dauern, nämlich zwei Monate. Die Woolfs trafen am 22. Juli in ihrem Landhaus ein. Leonard fühlte sich sehr müde, da die letzten Wochen und Monate für ihn aufreibend gewesen waren. Virginia erkannte, daß Leonard zuviel arbeitete, zumal die Hogarth Press nicht mehr nebenbei betrieben werden konnte. Die Woolfs mußten sich über die Weiterführung des Verlags ernsthafte Gedanken machen.

Am 2. August finden wir Virginia erneut in London. Sie besuchte nochmals Katherine Mansfield, die wieder im Begriff war, zum Mittelmeer zu reisen. Virginia übernachtete am Gordon Square in Maynards Bett, was ihr zum Nachgrübeln darüber Anlaß bot, wer denn wohl im Jahre 1907 dieses Zimmer bewohnt hatte. In Monks House setzte Virginia die Arbeit an ›Jacob's Room‹ fort: »Ich schreibe jetzt jeden Morgen am *Jacob* und empfinde jede Tagesarbeit wie einen Zaun, gegen den ich reiten muß, mein Herz im Munde, bis es vorbei ist, und ich drüber hinweg bin oder die Stange geworfen habe.«[15]

Inzwischen hatten sich die Gedanken der Woolfs über den Fortbestand der Hogarth Press konkretisiert. Leonard wollte eine Hilfe einstellen, die zugleich als Partner am Verlag beteiligt war. Als geeigneten Kandidaten fand sich ein junger Mann namens Ralph Partridge. Partridge hatte in Oxford seine Studien in Klassischer Philologie abgeschlossen, errang aber auch einen Preis im Examen zur englischen Literatur. Er war von Lytton Strachey empfohlen worden, der ihn aus seiner »ménage à trois« mit Carrington in Tidmarsh selbstverständlich gut kannte.

Als Virginia am 22. August wiederum nach London fuhr, sah sie erneut bei Katherine Mansfield herein. Virginia ahnte, daß dies die letzte Begegnung mit K. M. sein würde: »... es ist nutzlos, diese Abschiedsbesuche auszudehnen. Sie haben etwas Gedrängtes und auch unnatürlich Ruhiges an sich, und überhaupt, Besuche können die Tatsache nicht verleugnen, daß sie für zwei Jahre fortgeht, krank ist, und der Himmel weiß, wann wir einander wiedersehen werden.«[16] Am 28. August kamen Carrington und Ralph Partridge zum Wochenende nach Rodmell. Bei dieser Gelegenheit baten die Woolfs Ralph offiziell, an der Hogarth Press mitzuarbeiten. Für die Schreibarbeiten stellte Leonard Woolf außerdem eine Sekretärin ein. Es lag auf der Hand, daß diese Zusatzausgaben das Risiko für die Hogarth Press erhöhten.

Der Sommer 1920 bedeutete für Virginia angestrengte Arbeit an ›Jacob's Room‹, zumal sie sich nicht besonders wohl fühlte. Zum großen Teil entpuppte sich der Sommer als kalt und unfreundlich, was Virginia das sonst so geliebte Landleben als trübe und deprimierend empfinden ließ. Sie mußte bei einer Gelegenheit Vanessa durch Versprechungen nach Rodmell lokken: »Wir hatten Erdbeeren zum Tee und es wird Himbeeren zum Abendessen geben — bringt Dich das nicht in Versuchung herzukommen?«[17]

Die Abfassung des neuen Romans brachte Virginias Zeitplanung so durcheinander, daß sie sich von den anderen, meist regelmäßigen schriftstellerischen Arbeiten zumindest für längere Zeit befreien mußte. So schrieb Virginia Anfang September an den Herausgeber des T.L.S., Richmond, und bat ihn, keine Auftragsrezensionen mehr zu schicken. Von jetzt ab wollte sie nur noch Bücher ihrer eigenen Wahl besprechen oder aber die Leitartikel des T.L.S. schreiben. Auch aus den anderen Zeitschriften, für die sie bislang gearbeitet hatte, zog sich Virginia Woolf zurück.

Im September kam Lytton Strachey für ein paar Tage nach Rodmell. Leonard, Virginia und Lytton diskutierten die Frage der Bedeutung Bloomsburys in der englischen Literaturgeschichte. Lytton meinte, sie — also Bloomsbury — wären mindestens so berühmt wie der Literaturkreis um Dr. Samuel Johnson im England des 18. Jahrhunderts.

Privat gab es für Lytton Strachey Probleme mit Carrington, die ihr Liebesverhältnis mit Ralph Partridge bis Weihnachten 1920 fortsetzen wollte, um sich dann zu entscheiden, wie sie ihr Leben weiterführen sollte. Ralph »liebte Carrington sehr. Sie war die klassische Frau, wenn es sie je gegeben hat — wenn der Mann sie verfolgte, rannte sie fort; wenn der Mann fortrannte, verfolgte sie ihn. Diese Taktik, auf Ralph angewandt, trieb ihn fast in eine hysterische Verrücktheit hinein.«[18] Die Woolfs legten Ralph und Carrington nahe zu heiraten, um diesem »Dauerdrama« ein Ende zu bereiten. Virginia schrieb an Vanessa: »Wir haben Carrington und Partridge zu Besuch am Wochenende. Denkst Du nicht, es würde eine gute Sache sein, eine legitime Verbindung zustande zu bringen?«[19] Diese Situation bedrängte Lytton, denn er hatte sich an Carrington gewöhnt; er liebte sie auf seine Weise und genoß sein gemütliches Haus in Tidmarsh, dessen guter Geist Carrington war. Überhaupt war Carrington bei den Bloomsberries sehr beliebt. Auch Leonard und Virginia mochten sie gern.

Als Lytton nach Rodmell kam, hatte er einige Kapitel seines neuen Buches über die Königin Viktoria mitgebracht, die er am

Abend in Monks House vorlas. Virginia fand diese Texte lebendig und abwechslungsreich, doch sie war nicht durchgängig begeistert, auch wenn sie zugab, daß die Kapitel gut komponiert waren.

Auch im September besserte sich das Wetter nicht. Regen überzog das Land, schlug gegen die Fenster und drückte sogar die Astern des Gartens auf den Boden. Die Abwechslung des Landlebens brachten neben der eigenen Arbeit der Woolfs in erster Linie ihre Besucher. Am 18. September kam T. S. Eliot an, den Virginia schon mehrmals nach Rodmell eingeladen hatte. Virginia schätzte Eliots außerordentliche Intelligenz und Kultiviertheit, erkannte aber auch »Toms« Egozentrik. Leonard Woolf beschrieb den Tom Eliot des September 1920 als verklemmt und von Konventionen eingeengt, was sich in späteren Jahren aber änderte. Eliot sprach nie über Virginias Arbeiten, nur über sich selbst, wiewohl er Virginia als Literaturkritikerin sehr hoch einschätzte. Diese Haltung Eliots mochte Virginia nicht sonderlich gut leiden, da sie stets auf der Jagd nach Lob und Bestätigung war. Auch Eliots enge Beziehung zu Joyce, Pound und Lewis, von der sie längst wußte, störte sie immer wieder. Eliot hatte sich in den Kopf gesetzt, eine bis dahin unbekannte Form von Literatur zu verfolgen; ihm ging es darum, unter Benutzung eines äußerst präzisen Englisch die Außenwelt zu beschreiben. An diesem Punkt unterscheidet er sich von Joyce. Immerhin kam Virginia durch Eliots Berichte über den ›Ulysses‹ mit ihrem eigenen Roman ins Stocken. Sie spekulierte darüber, ob das, was sie literarisch mit ›Jacob's Room‹ versuchte, nicht von Joyce besser getan würde.

Virginia fand einen Ausweg aus diesen Grübeleien durch eine Arbeitsunterbrechung besonderer Art: sie spielte mit dem Gedanken, eine Entgegnung auf Arnold Bennetts ›Our Women‹ zu schreiben, ein Buch, das gerade erschienen war. Es kam zwar nicht direkt zu dieser Entgegnung, doch ärgerte sich Virginia sehr darüber, daß Desmond MacCarthy, der unter dem Pseudonym »Affable Hawk« schrieb, Bennett beigesprungen war mit dem törichten Argument, Frauen könnten nicht dasselbe intellektuelle Niveau erlangen wie Männer. In zwei scharfen und klaren Leserbriefen an den New Statesman umriß Virginia Woolf daraufhin den intellektuellen Status der Frauen:

»Es ist so, daß die Frauen die Freiheit der Erfahrung haben sollten; daß sie sich ohne Furcht von den Männern unterscheiden sollten und ihre Andersartigkeit offen ausdrücken sollten (denn ich stimme nicht mit Affable Hawk überein, daß Männer und Frauen gleich sind); daß alle geistige Aktivität ermutigt werden sollte, daß es immer einen Kern von Frauen geben wird, die denken, erfinden, sich etwas vorstellen, und so frei schaffen wie Männer und mit ebensowenig Furcht vor Lächerlichkeit und Herablassung.«[20]

Inzwischen hatte T. S. Eliot Virginia seine Gedichte geschickt; er empfahl sich für den Winter, in welchem er die Woolfs wiedersehen wollte.

Beruflich und finanziell zeichnete sich für die Woolfs Ende September eine ungute Veränderung ab, weil Leonards 16seitige Abteilung ›The World of Nations‹ in der Zeitschrift ›Contemporary Review‹ aufgegeben werden sollte. Dies hätte einen Einkommensverlust von 250 Pfund Sterling pro Jahr bedeutet, doch schließlich glätteten sich die Wogen; Leonard konnte seine Arbeit bis zum Dezember 1922 fortsetzen, mußte allerdings einen jährlichen Gehaltsabzug von 50 Pfund Sterling tolerieren.

Am 1. Oktober fuhren die Woolfs nach Richmond zurück, und am 6. begann Ralph Partridge mit seiner Arbeit in der Hogarth Press. Zunächst brachte Leonard ihm Drucken und Setzen bei, doch machte sich Ralphs Arbeitskraft bald in der verlegerischen Kapazität bemerkbar. Verlegten die Woolfs im Jahre 1922 sechs Bücher, so waren es im darauffolgenden Jahr schon dreizehn.

Virginias Stimmung beim Schreiben von ›Jacob's Room‹ wechselte zwischen schöpferischer Heiterkeit und brütender Melancholie. In ihren düsteren Stunden zweifelte sie immer wieder daran, daß es ihr gelingen würde, ihr Programm durchzuführen und ihren neuartigen Roman zu beenden: »Ich möchte sogar vor mir selbst als ein Erfolg erscheinen.«[21] Virginias Ehrgeiz steht außer Frage; sie machte immer wieder enorme Anstrengungen, um ein Versinken in Tatenlosigkeit oder Apathie zu überwinden. Dies gelang ihr am Besten beim Schreiben: »Die Melancholie verringert sich, während ich schreibe.«[22]

Im November arbeiteten Leonard und Samuel Koteliansky an der Übersetzung der Notizbücher Anton Tschechovs für eine Hogarth-Ausgabe. Kot pflegte die Texte aus dem Russischen ins Englische zu übersetzen. Diese Rohfassung verfeinerten Leonard und er dann gemeinsam. Ralph Partridge arbeitete inzwischen regelmäßig zwei Tage pro Woche für den Verlag. Virginia war von seiner Jugendlichkeit und Schönheit wie von seiner männlichen Kraft fasziniert, die zudem mit Klugheit verbunden war. Die Verlags- und Druckarbeiten liefen am Jahresende 1920 so gut, daß auf Virginias Mithilfe nicht verzichtet werden konnte.

Eine Unterbrechung in dieser Phase bot am 17. November ein weiteres Treffen des Memoir Club. Virginia hatte sehr großen Erfolg mit ihrer autobiographischen Skizze ›22 Hyde Park Gate‹, aber auch Leonards Beitrag kam bei den Freunden gut an.

Das anvisierte Wiedersehen mit Eliot sollte nicht lange auf sich warten lassen. »Tom« hatte im November eine Essaysammlung unter dem Titel ›Der heilige Wald‹ (The Sacred Wood) veröffentlicht, die Leonard Woolf gut gefiel. Die Woolfs luden Eliot und »Goldie« Dickinson am 1. Dezember zum Dinner ein. Es wurde ein besonders gelungener Abend, wiewohl Virginia leicht erkältet war. Eliot wirkte diesmal positiv auf Virginia, auch wenn sie Schwierigkeiten hatte, mit dem Statuenhaften seines Wesens zurechtzukommen. Eliot lachte selten, war ganz Konzentration und Formalität, gewann aber als Mensch durch jedes Lächeln.

Immer wieder kreisten Virginias Gedanken um die Hogarth Press. Sie fragte sich besorgt, ob sie trotz der vielen Arbeit in der Lage sein würden, den Verlag aufrecht zu erhalten, und ob sie beide um die vierzig Jahre alt, endlich den Durchbruch zur sorgenfreien Selbständigkeit schaffen würden. Ende November häufte sich die Arbeit im Verlag so sehr, daß Virginia an Ka Arnold-Forster schrieb: »Zur Zeit sind wir so übermächtigt von der Hogarth Press, daß wir uns nicht bewegen können.«[23]

Der Winter hatte sich inzwischen mit klirrendem Frost und Schnee durchgesetzt. Virginia neigte immer noch zur Melancholie, zumal ihre Freunde T. S. Eliot, Roger Fry, Katherine Mansfield, Middleton Murry gerade neue Bücher herausgebracht hatten — und sie selbst nicht. Aber ungeachtet dessen überkamen Virginia Augenblicke der Zuversicht: »Ich kann nicht umhin anzunehmen, daß Mr. und Mrs. Woolf langsam an Berühmtheit zunehmen.«[24] Außerdem hielt Virginia an ›Jacob's Room‹ fest, da sie glaubte, ein ziemlich gutes Buch zu schreiben.

Am 22. Dezember fuhren Leonard und Virginia ins Monks House nach Rodmell: »... wir wollen nach Rodmell fahren, um zu sehen, was mit dem Garten geschehen ist. Ich werde einen sanften, grauen Spaziergang genießen. Dann die Post. Dann lesen. Dann in der Kaminecke sitzen.«[25] Vor Weihnachten begab sich Virginia noch einmal nach London, um Saxon Sydney-Turner in seiner Junggesellen»höhle« zu besuchen, die er aber meisterlich organisierte. Natürlich versäumte Virginia nicht, am Gordon Square Station zu machen, über den sie die schöne und denkwürdige Aussage machte: »Gordon Square... ähnelt nichts so sehr wie dem Löwenhaus im Zoo. Man geht von Käfig zu Käfig. Alle Tiere sind gefährlich, ziemlich mißtrauisch gegeneinander und voller Faszination und Geheimnis. Ich bin manchmal zu furchtsam hineinzugehen und krieche das Straßenpflaster entlang, und schaue in die Fenster.« Wie öfter in ihrem Leben, unterschätzte sich Virginia, denn sie war eines dieser Tiere — gefährlich wie niemand sonst.

Seit Januar 1921 suchte Virginia ein Haus in Bloomsbury. Sie war Richmonds müde geworden und wollte unbedingt wieder ins Zentrum Londons ziehen. Die abenteuerlichen Geschichten, die Ralph Partridge von seinen Londonerlebnissen erzählte, mögen sie in ihrer Londonsehnsucht angestachelt haben. Ralphs jugendliches Verhalten reizte Virginia. Es erinnerte sie an ihre eigene Zeit des Aufbruchs, von der sie glaubte, diese läge schon weit hinter ihr. Sie konnte die Geschichten Ralphs kaum für sich behalten, sondern gab sie an Vanessa weiter. Virginia gestand sich selbst scherzhaft ein, daß sie für Ralph die Leidenschaft einer ältlichen Dame empfinde. »Ralph erzählte mir gerade von einer wundervollen Party bei Clive — alle waren Spanier, alle Prostituierte, alle Musiker, alle redeten Französisch.«[26] Clive hatte sich Anfang 1921 in die spanische Schönheit Juana Ganderillas verliebt, und man munkelte, er würde mit ihr in einem Automobil durchbrennen: »Die Dunkle lebt in Chelsea, hat ein Auto, keinen Mann, keine Kinder und ist schön wie die Nacht des Südens.«[27]

Ebenfalls im Januar beabsichtigte Lytton Strachey, sein neues Buch ›Königin Victoria‹ Virginia zu widmen. Virginia war über dieses Ansinnen außerordentlich erfreut, wiewohl sie fälschlicherweise annahm, Lytton wollte nur ihre Initialen V. W. in seiner Widmung benutzen: »Ah — dies ist etwas, wovon ich geträumt habe, aber was ich nie erhoffte. Was könnte ich lieber mögen? Nur flüstert mir meine Eitelkeit zu, ob es nicht Virginia Woolf ausgeschrieben sein könnte. Einige Victoria Wurms oder Vincent Waldlaus werden mit Sicherheit sagen, daß sie es sind, und ich möchte, daß aller Ruhm ewig mein ist.«[28] In ihrem Tagebuch vermerkte sie, daß sie mit ›Jacob's Room‹ in einer Krise stecke und am liebsten 20000 Wörter in einem Stück schreiben möchte, um das Buch zu vollenden. Virginia ergriff gleichsam die Flucht vor ihrem Roman und lenkte sich mit Buchbesprechungen ab.

Im Februar trafen sich die Woolfs mit T. S. Eliot in dem alten Gasthaus ›The Cock‹ in Fleet Street. Eliot machte einen betrübten Eindruck und war besorgt darüber, daß ihn die Leute in erster Linie als gelehrt und kalt empfanden. »Die Wahrheit ist, daß ich weder das eine noch das andere bin«, bemerkte er bitter.[29]

Leonard Woolf arbeitete weiterhin mit Samuel Koteliansky zusammen, der sich als besonders wertvoller Mitarbeiter bei der Übersetzung und Herausgabe russischer Werke erwiesen hatte. Leonard und Virginia gingen im Februar 1921 daran, bei »Kot« Russisch zu lernen, um bei den editorischen Aufgaben der Hogarth Press zumindest lesen zu können. Diese Mühen waren sehr ernst gemeint. Kot und Leonard gingen zügig mit den Lektionen voran und zogen Virginia mit, so daß sie glaubte, selbst ihr Tagebuch müßte darunter leiden.

Virginia beschäftigte sich seit gut zwei Jahren mit dem Schreiben von Kurzgeschichten, die sie nunmehr in einen Band zusammenfassen wollte. Dies gelang ihr auch, und im März 1921 war es soweit: ihr erster Erzählungsband ›Monday or Tuesday‹ erschien in der Hogarth Press. Vanessa hatte für diesen Band Holzschnitte angefertigt, die der Aufmachung des Buches sehr zugute kamen. Doch Virginia zweifelte — wie so oft — an ihrem Buch. Es legte sich auch noch ein anderer Schatten auf ihr Gemüt. E. M. Forster, den Virginia sehr gern mochte, ging im März nach Indien, was Virginia zu dem Glauben veranlaßte, sie würde ihn nie mehr wiedersehen.

Lytton Strachey verstärkte im Frühjahr 1921 indirekt Virginas Grübeleien über ihre Position in der literarischen Welt. Lytton, der bereits mit seinem biographischen Werk ›Eminent Victorians‹ ungeheuer erfolgreich gewesen war, übertraf diesen Erfolg noch mit seiner Biographie über Königin Viktoria. Virginia vermochte ihren Neid gegenüber Lytton, den sie ansonsten außerordentlich schätzte, nicht zu überwinden, zumal das Buch Lyttons, das er ihr gewidmet hatte, in einer einzigen Woche 5000 Mal verkauft wurde, während Virginia nachts Angstträume wegen ›Jacob's Room‹ ausstehen mußte. Lyttons literarischer Ruhm stand aber in keinem ausgewogenen Verhältnis zu seiner häuslichen Lage, die sich Anfang 1921 zusehends komplizierte. Lytton lebte mit Carrington und ihrem Geliebten Partridge unter einem Dach in Tidmarsh. Es war eine Dreiecks-Beziehung: auf der einen Seite Lytton und Ralph, dann Ralph und Carrington und schließlich Lytton und Carrington. Diese menschliche Konstellation brachte mehr als genug Anlaß zu Turbulenz und Aufregung.

Die wirtschaftlichen Verhältnisse hatten sich 1921 in England wieder beruhigt und normalisiert. Die Preise fielen, und man konnte günstig Dinge des täglichen Gebrauchs erwerben. Besonders beliebt war schon damals der Ausverkauf, doch auch 1921 wurde bereits Massenware für den Ausverkauf eigens hergestellt. Die Menschen waren besonders erleichtert durch das Fallen der Lebensmittelpreise. Dem entsprach ein Ansteigen der Löhne besonders bei den Arbeitern.

Virginia Woolf freute sich Anfang März darüber, daß der amerikanische Verlag George H. Doran Co. ›The Voyage Out‹ sowie ›Nacht und Tag‹ herausgebracht hatte. Für ›The Voyage Out‹ schickte Doran eine Abschlagszahlung von 45 Pfund Sterling, die den Woolfs äußerst willkommen war. Doch die allgemeine Finanzsituation von Leonard und Virginia blieb angespannt. So verkauften sie die eine Hälfte von Hogarth House — Suffield House — über einen Häusermakler für einen Betrag von 1400 Pfund Sterling.

Für die Woolfs ereigneten sich immer wieder neue Dinge, die das bisherige Lebenskonzept zwar nicht in Frage stellten, jedoch Überlegungen herausforderten, wie sich wohl die Zukunft gestalten würde. Virginia nahm die politischen Veränderungen in Europa sehr genau wahr. Die deutsche Delegation war am 8. 3. 1921 von der Reparationen-Konferenz in London nach Berlin zurückgekehrt, doch standen noch genügend andere Probleme an. Vor allem in Irland herrschten Unruhen; Überfälle und Morde waren an der Tagesordnung. Virginia notierte in ihrem Tagebuch: »Immer noch werden Menschen in Irland erschossen oder gehängt.«[30]

Im März arbeitete Leonard voll und ganz in seiner Eigenschaft als Labour Party-Kandidat. Er sollte ja als Abgeordneter der sieben Universitäten — außer Oxbridge — in das Parlament einziehen. Zu diesem Zwecke führte er eine Wahlreise durch. In Liverpool, Durham und Newcastle hatte er schon geredet. Auf der letzten Wahlreise nach Manchester nahm er Virginia mit.

Die Woolfs empfanden das regnerische Manchester als düster mit seinen schwarzen angeräucherten Häusern. Leonards Reden wurden freundlich, aber doch wenig kämpferisch aufgenommen, von einem kleinen Zirkel von Labour nahestehenden Professoren und ihren Frauen. Virginia beobachtete die Welt der Professoren an einer Provinzuniversität mit Argusaugen und stellte enttäuscht fest, daß an ihnen die wichtigsten Informationen ihrer Zeit schlicht vorbeigingen. Furchtsamkeit und Konventionalität waren die Hauptmerkmale, die sie in solchen Kreisen erkannte.

Der einzige Lichtblick ihres Aufenthalts in Manchester war der Besuch der Kunstgalerie, in der Virginia vor allem Gemälde der Präraffaeliten betrachtete, etwa Gemälde von Holman Hunt oder Ford Madox Brown. In den großen Industriestädten Mittelenglands hatte man in der Mitte des 19. Jahrhunderts Kunstgalerien, zumeist im klassizistischen Stil errichtet. Es verwundert nicht, daß die meisten der dort befindlichen Gemälde auch aus der Zeit stammten, in der die Galerien erbaut wurden. Die Gemälde der Präraffaeliten besaßen für Virginia Woolf einen besonderen Reiz, weil sie als Kind mit den präraffaelitischen Malern in Berührung gekommen war. Edward Burne-

Jones hatte Virginias Mutter gemalt. Überdies waren die Stephens mit der Familie des Malers Holman Hunt befreundet. Virginia erinnerte sich an Nachmittagsbesuche bei den Hunts.

Was Virginia Woolf auf dieser Reise nach Manchester überdies beeindruckte, war der Kontrast zwischen der felsig-kargen Moorlandschaft zu den Industriesiedlungen, die schon seit dem 18. Jahrhundert aus eben dieser Landshaft auftauchten.

Ende März fuhren Leonard und Virginia für einige Tage nach St. Ives in Cornwall. Wie immer, wenn Virginia Cornwall besuchte, machte sie lange Spaziergänge auf den Klippenwegen mit seinen Ginsterbüschen: »Wir sind auf den Klippen ganz allein. Nichts außer Ginster zwischen uns. Wenn ich diesen Brief geschrieben habe, nehmen wir unsere Bücher heraus und rollen uns in eine Höhle über dem Meer und beobachten die Gischt und die Schiffe und die Bienen...«[31] Virginia reflektierte anläßlich dieser Reise: »Warum bin ich so unglaublich und unheilbar romantisch in bezug auf Cornwall? Die eigene Vergangenheit, nehme ich an: ich sehe Kinder im Garten laufen. Ein Frühlingstag. Das Leben so neu. Die Leute so bezaubernd. Das Geräusch des Meeres in der Nacht.«[32]

Man wird vermuten können, daß dieser Cornwall-Urlaub auch durch Leonards Erschöpfung notwendig geworden war. Es ist leicht vorzustellen, daß seine Wahlreise ihn viel Kraft gekostet hatte, so daß er in der Natur ausspannen mußte.

Im April schließlich erschien Lytton Stracheys Buch ›Königin Victoria‹, das sofort in aller Munde war. Virginia konnte sich in ihrer Eifersucht auf Lytton nicht zurückhalten. Sie machte eine leicht depressive Phase durch und dachte, sie habe als Schriftstellerin versagt, sei alt und aus der Mode gekommen. Virginia glaubte, sie habe die Beachtung und das Interesse des Publikums verloren. Auch beeinflußten politische Ereignisse die so sensible Virginia Woolf: die Arbeiter in den Kohlengruben streikten, und man fürchtete eine Ausweitung der Arbeitsniederlegungen bis hin zum Generalstreik. Doch schließlich kam es nicht soweit. Ebenso beäugte Virginia den Erfolg Katherine Mansfields, hatte sie doch schon Ende Januar in ihrem Tagebuch vermerkt: »K. M. (wie die Zeitungen sie nennen) schwimmt von Triumph zu Triumph in den Besprechungen.«[33]

Immerhin gab Virginia in einem Brief an Lytton offen zu, daß sein Buch ihr sehr gut gefallen habe: »Ich habe selten etwas mehr genossen.«[34]

Während Lytton in der literarischen Welt das Gesprächsthema Nr. 1 war, blieben die Woolfs nicht untätig: sie arbeiteten fleißig an den Büchern der Hogarth Press. Desmond MacCarthy hatte Virginias ›Montag oder Dienstag‹ sehr positiv im *New Statesman* besprochen, woraufhin vermehrt Bestellungen bei der Hogarth Press eingingen. Virginia nahm diese erfreuliche Entwicklung zur Kenntnis und fühlte sich in ihrem Selbstbewußtsein bestärkt. Als Virginia zudem erfuhr, daß Lytton ihre Geschichte ›Das Streichquartett‹ »wunderbar« fand, war sie hochbeglückt. Zu guter Letzt gerieten Lytton und Virginia über den Erfolg von ›Königin Victoria‹ nicht in einen persönlichen Streit. Virginia verkraftete dieses Ereignis. Sicherlich beeinflußten sich beide Freunde gegenseitig. Am 23. April druckte die *British Weekly* ein Urteil über Virginia, das sie sehr zufriedenstellte: »Virginia Woolf ist nach der Auffassung einiger guter Kritiker die fähigste der lebenden weiblichen Romanciers.«[35]

Ruhm und Lob für einen anderen Schriftsteller führten Virginia Woolf zeitlebens in Depressionen und verleiteten sie, sich selbst als Versager anzusehen. Vor diesem psychologischen »Mechanismus« in ihr blieb auch Leonard nicht verschont. Auf der anderen Seite gab es dann wieder ihre Euphorien und Höhenflüge des Selbstbewußtseins.

Ende April überschlugen sich Virginias literarische, kulturelle und gesellschaftliche Aktivitäten wieder einmal. Dinners und Konzertbesuche während der Beethoven Festival-Woche gehörten ebenso zu ihrem Programm wie Arbeiten für die Hogarth Press, Lektüre der Klassiker und das eigene Schreiben. Immer wieder verwundert die Fülle der Bücher, die Virginia Woolf las; dabei nahm sie neue Werke auf, wiederholte aber auch die Lektüre der Klassiker der europäischen Literatur. Doch mit ›Jacob's Room‹ kam Virginia nicht voran: »Ein Punkt in *Jacob*, zum Teil wegen Depressionen. Aber ich muß mich zusammenreißen und Schluß machen. Ich kann's nicht lesen, wie es ist.«[36]

Im April erschienen in der Hogarth Press Leonards Geschichten des Ostens und Tschechovs Notizbücher. Die Woolfs hatten seit geraumer Zeit mit Besorgnis die Verhältnisse in Lyttons Haus in Tidmarsh beobachtet und sich Gedanken darüber gemacht, wie die Dreierbeziehung aufgelockert oder entspannt werden könnte. Virginia legte Carrington eine Heirat mit Ralph Partridge nahe. Diese Heirat kam denn auch wirklich zustande, am 21. Mai 1921. Carringtons Mutter gab der Heirat noch eine besondere Note durch einen völlig unnötigen »Aufklärungsversuch« in letzter Minute: »Sie (Carrington) mußte die Neuigkeit ihrer Mutter eröffnen, die zu erklären versuchte, daß es da eine gewisse Sache gibt, die der Mann in der ersten Nacht tut, indem sie auf eine Biene zeigte, die auf einer Blume kopulierte — aber sie brach ab —, und Carrington konnte sie nicht dazu bringen, weiterzureden. ›Ich denke, der Klumpen auf dem Rücken ist die männliche Biene‹, war das, was sie herausbrachte.«[37]

Die erotischen Themen und Vorstellungen spielten in Bloomsbury immer noch eine große Rolle. So gab z.B. Clive Bell eine Party, »zu der alle seine Damen in verschiedenen Farben des Regenbogens gingen, und sie wurden völlig überstrahlt von Vanessa, die in alte Spitze gekleidet war.«[38] Doch Virginia, die sehr gern Neuigkeiten von ihren Freunden oder von »Vanessa's set« erfuhr, besaß unter den Frauen ihres großen Bekanntenkreises nicht nur Freundinnen. So schrieb sie am 13. 5. in doppeldeutiger Weise an ihre Schwester: »... ich werde von den Frauen allgemein gehaßt, weil ich einen so dominierenden Charakter habe, so listig, unehrlich, einflüsternd bin. Doch ich bete sie alle an — alle außer Ines, Mary. Mary und ich sind respektable Feinde.«[39]

Virginia ging es im späten Frühjahr 1921 gesundheitlich nicht sonderlich gut. Sie litt unter Kopfschmerzen und Schlaflosigkeit, so daß sie sich bis zum September mit Schlafmitteln helfen mußte. Folglich vermochte sie mit ihrem Roman ›Jacob's Room‹ nicht voranzukommen. Erstmals tauchten in dieser Situation Gedanken in ihr auf, daß es wohl sinnvoll wäre, ein Testament zu machen. Virginia suchte einen Ausweg darin, daß sie viel las, so die Waverley-Romane von Sir Walter Scott, aber auch D. H. Lawrence' Buch ›Women in Love‹. Besonders fiel ihr in Lawrence' Buch die Gestalt der Hermione Roddice auf, die genauestens Lady Ottoline Morrell nachgebildet war. Lawrence hatte Ottoline sehr scharf, ja fast grotesk gezeichnet: »Sie hatte einen verzückten, triumphierenden Blick, wie die wieder eingesetzten gefallenen Engel, doch noch leicht dämonisch, ...«[40] Doch Virginias Leben war nicht nur mit Lektüre ausgefüllt; während sie ihren Roman liegen ließ, schrieb sie viele Briefe. Kurz bevor die Woolfs nach Rodmell fuhren, besuchte T. S. Eliot sie in Hogarth House. In ihren Gesprächen zeichnete sich zum ersten Mal ein deutliches Lob Toms für Virginias Geschichtensammlung ›Montag oder Dienstag‹ ab.

In Rodmell beschäftigte sich Leonard damit, Monks House und das Grundstück zu verändern. Er baute einen Außenschuppen zu einem Arbeitsraum für Virginia um. Über den Juli 1921 finden sich keine Aufzeichnungen Virginias. Erst in der Mitte des August betonte sie, daß es ihr besser gehe und sie ihre Arbeit an ihrem Roman habe wieder aufnehmen können. Das Leben in Monks House lief sehr ruhig ab wegen Virginias Krankheit, wohingegen in Vanessas Charleston ein reger Betrieb herrschte, denn außer Vanessa und den Kindern fanden sich dort Clive, Mary Hutchinson und Maynard Keynes ein. Virginia bemerkte dazu lakonisch: »Ich bin darauf nicht neidisch: ich will das nicht; es scheint weit, weit entfernt zu sein; ich will nichts als Ruhe und einen aktiven Geist.«[41]

Virginia war betrübt darüber, daß sie nicht kräftig genug war, ihre Krankheit abzuschütteln und wieder regelmäßig an ihre eigentliche Arbeit zu gehen. Das ständige Lesen befriedigte Virginia nicht — sie wollte auch schreiben, so daß sie sich von Zeit zu Zeit als Prometheus betrachtete, der an einen Felsen festgekettet ist.

Virginia lud Lytton ein, nach Monks House zu kommen, denn er wirkte immer sehr beruhigend und in verträglicher Weise anregend auf sie. Doch es zeichneten sich mit Monks House Schwierigkeiten ab: ein Londoner Rechtsanwalt namens Ted Hunter wollte die ans Woolfsche Grundstück angrenzende Wiese kaufen, um dort Wohnungen zu errichten. Die Woolfs fürchteten, daß ihnen die Aussicht auf die natürliche Umgebung genommen würde, und überlegten, ob sie sich ein anderes Haus kaufen sollten. Doch schließlich wurde aus dem Bauprojekt nichts. Später hat Leonard dann zur Sicherheit die »problematische« Wiese gekauft.

Im September besserte sich Virginias Gesundheitszustand, so daß sie wieder das Haus verlassen konnte. »Wichtiger als alles andere war die Erholung meiner Schreibfeder; und so wurde dem verborgenen Strom ein Ausgang gewährt, und ich fühlte mich wie neugeboren.«[42] Der Herbst kam mit schweren Stürmen. Im Garten von Monks House stürzte ein Pflaumenbaum um. Es regnete in Strömen, mehr als in den drei vorangehenden Monaten, doch der Blumengarten stand in vollster Pracht. Schließlich klarte das Wetter wieder auf; Virginia beschrieb die schönen Herbsthimmel im Tagebuch: »Es ist der schönste Abend — ruhig; der Rauch steigt schnurgerade im Steinbruch auf; das weiße und das erdbeerfarbene Pferd grasen dicht beieinander; die Frauen kommen aus ihren Bauernhäusern heraus — grundlos — und stehen und schauen; oder stricken; der Hahn pickt inmitten seiner Hennen auf der Wiese; Stare in den zwei Bäumen; die Felder von Asheham sind geschoren in der Farbe von weißem Cordstoff, Leonard lagert Äpfel über meinem Kopf und die Sonne kommt durch einen perligen Glasschatten, so daß die Äpfel, die noch hängen, blaßrot und grün sind; der Kirchturm ein silberner Zigarettentöter, der durch die Bäume aufsteigt.«[43] In der Tat hatte Leonard über Virginias Arbeitsraum in dem Außenschuppen einen kleinen Boden eingebaut, auf dem er die Herbstäpfel lagerte.

Im Oktober fuhren Freunde Virginias sowie Vanessa und die Kinder ans Mittelmeer; außer den Bells reisten noch Duncan und Roger Fry mit. Das Ziel ihrer Fahrt war St. Tropez. Virginia beneidete Vanessa um das milde, schöne Klima und den angenehmen mediterranen Herbst, während in Monks House die Grippe umging. Im Oktober kauften die Woolfs eine neue Druckmaschine für 70 Pfund Sterling; die Arbeit im Verlag und in der Druckerei nahm ständig zu. Ralph Partridge mußte inzwischen täglich zum Hogarth House fahren. In dieser Zeit focht Virginia überdies auch noch einen Familienstreit aus, weil ihre frömmlerische Cousine Dorothea Stephen Vanessas Lebensstil als unmoralisch bezeichnet hatte. Vanessa konnte in Dorotheas Augen nicht mehr als gesellschaftsfähig gelten. Virginia war über diese Unverschämtheit so aufgebracht, daß sie Dorothea ernsthaft in ihre Schranken verwies und Vanessa voll und ganz verteidigte.

Das Jahr 1921 ging zu Ende mit düsteren Tagen und einem Dauerregen im November, der so stark war, daß die Themse über die Ufer trat. Am 2. November kündigte Virginia den Abschluß von ›Jacob's Room‹ an, und in der Tat: am 4. November schrieb sie die letzten Sätze ihres Romans nieder. Virginia ließ das Manuskript eines Romans nach seinem Abschluß erst einmal liegen. Sie wollte dann Abstand von ihrem Text gewinnen und beschäftigte sich deshalb mit anderen Dingen. So wandte sie sich nach Fertigstellung von ›Jacob's Room‹ wieder ihren Rezensionen zu: sie schrieb eine Besprechung über Henry James' Geistergeschichten für das T. L. S., las Thomas Hardy, denn sie hatte den Auftrag bekommen, sein gesamtes Romanwerk zu würdigen.

Der Aufenthalt in Rodmell ging seinem Ende entgegen, denn Virginia wollte wieder Londoner Luft schnuppern. In Richmond angekommen, kümmerten sich die Woolfs intensiv um den Verlag, überwachten die Geschäfte und die Produktion. Das Verhältnis zwischen Leonard und Ralph Partridge hatte sich verschlechtert, weil Ralph nachlässig war, so z. B. nach dem Drucken das Reinigen der Typen vergaß oder faktisch Leonard überließ und aus dem Haus eilte. Die beiden stritten und argumentierten ständig miteinander. Oftmals war der Streit so intensiv, daß Virginia herbeigerufen wurde, um den Schiedsrichter zu spielen. Erfreulich für Virginia war in all diesem Hader, daß am 23. November ihre Geschichtensammlung ›Montag oder Dienstag‹ beim New Yorker Verlag Harcourt, Brace & Co. in der amerikanischen Ausgabe erschien.

Immer wieder dachte Virignia Woolf über das Romanschreiben nach. So nahm sie das neu erschienene Buch von Percy Lubbock ›The Craft of Fiction‹ zum Anlaß, um ihre theoretischen Überlegungen anzustellen. Lubbock beschäftigte sich in seinem Buch vor allem mit den Romanen Henry James', den Virginia als Freund ihres Vaters Sir Leslie Stephen recht gut kannte. Später veröffentlichte Virginia eine Kritik von Lubbocks Buch im T.L.S. Doch nicht nur mit romantheoretischen Gedanken ging Virginia um. Sie schrieb immer wieder verbessernd an ›Jacob's Room‹.

Leonard Woolf hielt sich in diesen Wochen in Nordengland auf. Er hielt dort Vorträge über internationale Politik und die kooperative Bewegung. Für ihn hatte sich Ende November eine Umstellung in seiner Tätigkeit als politischer Journalist ergeben: anstatt des internationalen Berichtteils der *Contemporary Review* sollte Leonard monatlich den namentlich gekennzeichneten außenpolitischen Leitartikel für die *Foreign Affairs* schreiben. Aber auch Virginia widmete sich eifrig ihrer Rezensententätigkeit und besprach Bücher von Turgenjev, Henry James sowie eine Studie über Dostojewski im T.L.S. Anfang Dezember traf Virginia auf einer Party Bertrand Russell, mit dem sie sich angeregt unterhielt. Sie hat Passagen dieses denkwürdigen Gesprächs aufgezeichnet, das einen Einblick in beide Persönlichkeiten gestattet: »›Wenn Du meinen Geist besäßest, würdest Du die Welt einen sehr dünnen und farblosen Ort finden‹, sagte er. ›Aber meine Farben sind so närrisch‹, antwortete ich. ›Du brauchst sie für Dein Schreiben‹, sagte er. ›Siehst Du nie unpersönliche Dinge?‹ ›Ja. Ich sehe Literatur so; Milton etwa. Die Chöre im Samson sind reine Kunst‹, sagte er. ›Aber ich habe so ein Gefühl, daß menschliche Angelegenheiten unrein sind. Gott treibt Mathematik. Das ist mein Gefühl. Es ist die höchste Form der Kunst.‹ ›Kunst?‹ sagte ich. ›Nun es gibt Stile in der Mathematik wie in der Literatur. Ich ziehe das eifrigste ästhetische Wohlgefallen aus der Lektüre gut geschriebener Mathematik.‹«[44] Erstaunlich an diesem Gespräch ist die Übereinstimmung zwischen Bertrand Russell und Virginia Woolf im Glauben an die reine Schönheit, die jeder in seinem Gebiet sieht, die Russell aber zumindest auch der Dichtung zugesteht.

Das Jahr 1921 klang recht turbulent aus mit vielen Einladungen und Besuchen in und außerhalb von Hogarth House. Die Geschäfte gingen am Jahresende gut, so daß Virginia hoffte, sie könnten sich im nächsten Jahr vielleicht ein Auto kaufen sowie die Wiese vor ihrem Grundstück, die ihnen schon als mögliches Bauland »bedrohlich« geworden war.

Der Weihnachtsaufenthalt in Monks House im Jahre 1921 war diesmal außerordentlich kurz, weil Arbeiten in der Hogarth Press die Anwesenheit der Woolfs in Richmond erforderten. So fuhren Leonard und Virginia nach einigen letzten stürmischen und regnerischen Tagen in Rodmell am 2. Januar 1922 nach Richmond zurück. Die Hogarth Press war Ende 1921/Anfang 1922 sehr erfolgreich mit einem Holzschnittband, der Arbeiten Roger Frys enthielt. Binnen kürzester Zeit folgten drei Auflagen hintereinander.

Das Jahr 1922 wurde für Virginia Woolf ein sehr schwieriges Jahr, denn sie blieb viele Monate krank. In den ersten drei Monaten erlitt sie eine so deutliche Schwächung, daß sie das Bett hüten mußte. Seit Ende Januar hatte Virginia eine sehr schwere Grippe. Sie fieberte und hatte einen unregelmäßigen Pulsschlag. Die Grippe führte zu Herzschmerzen und zu einer langwierigen Affektion der Atemwege. In den ersten sieben Monaten des Jahres blieb der Gesundheitszustand Virginias schlecht. Die Krankheit sowie der Wechsel von Begegnung und Trennung mit ihren Freunden stimmten Virginia melancholisch; sie bemerkte das Vergehen der Zeit an der Umwelt und an sich selbst: »Ein dicker Nebel, dampffarben, macht sogar die Zweige undeutlich, ganz abgesehen von Towers Place. Warum mühe ich mich, mit Fakten so genau zu sein? Ich denke, es ist mein Sinn für das Dahinfliehen der Zeit; so bald wird Towers Place nicht mehr sein; und die Zweige, und ich, die ich schreibe. Ich fühle die Zeit rasen wie ein Film im Kino. Ich versuche sie anzuhalten. Ich spieße sie mit meiner Feder auf. Ich versuche sie festzuspießen.«[45]

Virginia war jetzt vierzig Jahre alt, und sie berichtete, daß sie sich mit Marcel Proust beschäftige, da alle Welt ihn lese. Zugleich fürchtete sie sich aber auch vor Proust, denn die Schwelle zu seinem Werk überschreiten hieß doch, sich diesem Roman ›Auf der Suche nach der verlorenen Zeit‹ völlig untertan zu machen. Im Februar ging es Virginia etwas besser, doch sie war immer noch schwach. Die Grippe hatte eine Angegriffenheit des Herzens nach sich gezogen, so daß sich Virginia weiterhin schonen mußte. Zwar hatten die Woolfs eine Reise nach Italien für das Frühjahr 1922 erwogen, doch der Gesundheitszustand Virginias sollte die Verwirklichung dieses Wunsches nicht zulassen, vor allem da der Arzt wegen der Herzrhythmusstörungen von der Reise abriet.

Virginias Wunsch nach einer Reise in den Süden hing sehr wahrscheinlich auch damit zusammen, daß sie Vanessa heimlich beneidete, die frei zwischen England und Europa pendelte.

In einem Gespräch vom Anfang Februar wurden sich die Schwestern ihrer wechselseitigen Unabhängigkeit bewußt. Vanessa betonte, daß ihre Freiheit mit dem Preis von Ungebundenheit und Risiko bezahlt werden müsse, während Virginia verheiratet und etabliert sei, ihren Kamin und ihre Bücher letztlich jedem Abenteuer vorzöge. Mit dieser Einschätzung der inneren Haltung Virginias traf Vanessa sicher den Kern, wenn auch für das Frühjahr 1922 außer Frage steht, daß Virginia gerne wieder einmal gereist wäre. So schrieb sie über ihren Zustand an Lady Cecil: »Ich lese 2 Zeilen und gehe über in einen Trancezustand, ganz angenehm, wie ein Tier im Tropenhaus.«[46]

Wenig später verglich sich Virginia mit lethargischen Alligatoren im Zoo. Dieses Bild ist von entwaffnender Wahrhaftigkeit und beweist, daß Virginia sich durchaus im Grunde ihrer Seele für ein gefährliches Tier hielt, das den Löwen von Gordon Square keinesfalls nachstehen mußte. Virginia liebte gefährliche Spiele: das paßte zum Krokodil ebenso wie zu den Löwen. In einer Selbstbetrachtung aus derselben Zeit schrieb sie, sie hätte als junge Fau in der Literatur das Geheimnis, die Romantik sowie die Psychologie bevorzugt, sei ganz fasziniert gewesen von schöner Prosa, wohingegen sie jetzt Skepsis, Satire und Intellektualität besonders schätze. Diese Skepsis bezog sich auch auf Virginias eigenes Leben. Durch die Krankheit fühlte sie sich so ausgelaugt, daß sie in ihr Tagebuch schrieb: »Ich habe es mir in den Kopf gesetzt, daß ich keine siebzig Jahre alt werde.«[47] Doch diese Gedanken verflogen wieder: Virginias Leben enthielt so viele Anregungen und interessante Begegnungen, daß sie sich abzulenken vermochte, etwa durch ein Mißgeschick, das Clive Bell widerfuhr.

Clive hatte eine Arbeit von George Bernard Shaw offenbar ungerecht in einer Zeitschrift kritisiert, worüber sich Carrington ärgerte. Sie schrieb daher, als George Bernard Shaw, einen gefälschten Brief an Clive, der ihn prompt beantwortete, indem er seinerseits dem wirklichen G. B. Shaw einen Brief zukommen ließ, der natürlich von nichts wußte. Virginia nahm auf diese amüsante Geschichte Bezug in einem Brief an Lytton Strachey und bemerkte, daß Clive sich in der literarischen Welt Londons vollkommen lächerlich gemacht habe.

Doch von solchen humorvollen Abwechslungen abgesehen, machte sich Virginia Sorgen um ihre Gesundheit: sie konnte es schwer ertragen, nicht an ihrem Roman ›Jacob's Room‹ weiter korrigieren zu können, denn er sollte endlich für die Publikation fertig werden. Auch unter den erschwerten Bedingungen der Krankheit wuchs Virginias Selbstbewußtsein als Schriftstellerin langsam, doch stetig. Sie besaß den festen Willen, nur das zu schreiben, was sie sich in den Kopf gesetzt hatte. »Mein einziges Interesse als Autor liegt, das sehe ich nun, in einer sonderbaren Individualität: nicht in der Stärke oder Leidenschaft oder irgend etwas Erstaunlichem . . .«[48]

Anfang März bekam Virginia hohes Fieber, das Leonard beunruhigte. Er konsultierte die verschiedensten Spezialisten aus Londons Harley Street, deren Diagnosen sich teilweise wechselseitig ausschlossen, so daß am Ende Ruhe und Entspannung für Virginia die bewährte und beste Medizin blieb. Trotz der Krankheit besuchten viele Freunde Virginia, so auch T. S. Eliot, der inzwischen zutraulicher und freier geworden war. Mitte März erhielt Virginia die Aufforderung, für das Puppenhaus der Königin Mary — das heute in Schloß Windsor zu besichtigen ist — ein Buch zu schreiben. »Ich werde gefragt, Passagen aus meinen Romanen für das Puppenhaus der Königin zu kopieren; es hat ein richtiges Bad; und eine Bibliothek aus Marokkoleder; die Bücher sind drei inches hoch; doch Leonard wollte es nicht zulassen.«[49] Die Puppenhausbibliothek enthält viele kleine Bände, die von den berühmten Autoren der Zeit handgeschrieben wurden, so etwa von Thomas Hardy, Rudyard Kipling, Joseph Conrad, John Galsworthy. Es finden sich in dem Puppenhaus der Königin Mary aber auch winzige Gemälde, die von Mitgliedern der Royal Academy eigens für dieses Haus gemalt wurden. Man kann sich vorstellen, daß Virginia Woolf gern einen Band für die Puppenhausbibliothek beigesteuert hätte — doch vermutlich fürchtete Leonard, diese Aufgabe würde Virginias Phantasie zu sehr anregen, was für sie in ihrem Zustand nicht gut gewesen wäre.

Noch immer hatte Virginia leichtes Fieber. Sie war das Kranksein in Richmond leid und fühlte sich erleichtert, als sie Anfang April mit Leonard nach Rodmell fahren konnte, wo sie an ihrer Geschichte ›Mrs. Dalloway in Bond Street‹ arbeitete, die 1923 in der amerikanischen Zeitschrift DIAL erschien. In Monks House lebte Virginia auf. Sie konnte nun wieder ihrer Natur gemäß zwischen Lesen, Schreiben und dem Genießen der Landschaft abwechseln. Sie las unter anderem den ›Ulysses‹ von James Joyce, beklagte sich aber bei T. S. Eliot, sie habe für das unaufgeschnittene Exemplar ganze vier Pfund Sterling bezahlen müssen. Eliot beendete in dieser Zeit sein großes Gedicht ›The Waste Land‹, mit dem er weltberühmt wurde. Später haben die Woolfs ›The Waste Land‹ in der Hogarth Press verlegt.

Der April auf dem Lande in Rodmell war sehr warm. Es gab strahlend blaue Himmel, die Blumenpracht im Garten beschrieb Virginia als »göttlich schön«. Doch das Wetter hielt sich nicht; als die Woolfs nach Richmond zurückfuhren, hatte es sich ins Gegenteil gewendet. Der Gesundheitszustand Virginias besserte sich ein wenig, wohl auch durch die Extraktion von drei Zähnen. Doch sie blieb weiterhin schwach. Zwar mußte sie auf Veranstaltungen des Londoner Kulturlebens verzichten, doch dafür kamen die Freunde ins Haus, und sie schaffte es, mit der Durchsicht ihres Manuskripts von ›Jacob's Room‹ zu beginnen. Parallel las sie den zweiten Band von Marcel Prousts ›Auf der Suche nach der verlorenen Zeit‹: »Proust kitzelt mein eigenes Ausdrucksbegehren so sehr, daß ich kaum einen Satz anfangen kann. Oh, wenn ich so schreiben könnte. Ich heule, und im Augenblick erzeugt er solch eine erstaunliche Vibration und Sättigung und Intensivierung – es ist etwas Sexuelles darin –, daß ich fühle, ich kann so schreiben, ergreife meine Feder, und dann kann ich nicht so schreiben. Kaum jemand reizt die Sprachnerven so in mir an: es wird zur Obsession, aber ich muß zurückkehren zu Swann.«[50] In einem späteren Brief an Roger Fry aus dem Jahre 1922 verglich Virginia Woolf ihre Lektüre Prousts mit der von Joyce: »Man muß das Buch hinlegen und nach Luft schnappen. Das Wohlgefallen wird körperlich – wie Sonne und Wein und Trauben und vollkommene Heiterkeit und intensive Vitalität kombiniert. Ganz anders ist es mit dem ›Ulysses‹; an diesem binde ich mich wie ein Märtyrer an den Scheiterhaufen, und habe ihn, Gottseidank, jetzt zu Ende – mein Märtyrertum ist vorbei.«[51]

Im Mai wurde die Hogarth Press fünf Jahre alt und konnte

mittlerweile auf eine Produktion von neunzehn Büchern zurückblicken. Virginia ging es in diesem Jubiläumsmonat schlechter: sie mußte wiederum für einige Zeit das Bett hüten. Vom 31. Mai bis zum 10. Juni gingen die Woolfs wieder nach Rodmell. Virginia las viel trotz leichten Fiebers, schrieb aber auch.

Leonard brauchte in Rodmell die Abwechslung in Haus und Garten: er baute anstelle eines Schuppens eine Außentoilette im Garten, legte ein neues Blumenbeet an und plattierte Wege. Nach ihrer Rückkehr trafen die Woolfs T. S. Eliot, der zu ihnen nach Hogarth House kam, um seine Gedichte vorzutragen, darunter auch ›The Waste Land‹: »Er sang und psalmodierte es, rhythmisierte [das Gedicht]. Es besitzt große Schönheit und Kraft des Ausdrucks: Symmetrie; und Dichte.«[52] Da T. S. Eliot nur über geringe Einkünfte verfügte aufgrund seines mäßigen Gehalts als Angestellter in Lloyds Bank, versuchten Freunde wie Lady Ottoline Morrell, Virginia Woolf und E. G. Aldington einen »Eliot Fellowship Fond« zu gründen.

Virginia arbeitete trotz schlechten Gesundheitszustands an der mühevollen Manuskriptbearbeitung von ›Jacob's Room‹ und kam ihrem Ziel näher. Am 23. Juni berichtete sie, daß *Jacob* von einer Sekretärin abgeschrieben werde und daß er »den Atlantik am 14. Juli überquert«. Zum ersten Mal seit geraumer Zeit entschloß sich Virginia im Juni, eine größere Fahrt zu unternehmen. Sie fuhr nach Brighton, um am Treffen der Frauenkooperative teilzunehmen. Leonard begleitete Virginia, und beide waren außerordentlich beeindruckt von der Ansprache Margaret Llewelyn Davies, die sich von der Leitung der Kooperative zurückzog. Leonard erhielt in diesen Wochen die Erlaubnis von Virginia, ihren Roman ›Jacob's Room‹ zu lesen. Sein Urteil war eindeutig: dieser Roman sei ihre bisher beste Arbeit. »Er hält ihn für mein bestes Werk. Doch seine erste Bemerkung war, daß er außerordentlich gut geschrieben ist. Er nennt ihn ein geniales Werk; er denkt, daß er sich von jedem anderen Roman unterscheidet...«[53] Dennoch empfand Virginia Angstgefühle in Erwartung der Reaktionen auf ihr neues Buch, eine seelische Erscheinung, die sich bei jedem Abschluß eines Romans in verschiedener Deutlichkeit einstellte.

Im Juli besuchten Leonard und Virginia die Morrells in Garsington. Eines der brennendsten Gesprächsthemen dort war Aldous Huxley. Huxley hatte in seinem 1921 erschienenen Roman ›Crome Yellow‹ Ottoline und Garsington in ironischer Weise dargestellt. Ottoline fühlte sich verletzt und brach daraufhin die Beziehungen zu Aldous Huxley ab. Zur selben Zeit notierte Virginia mit gewisser Erleichterung: »Ich bin dabei, ›Jacob's Room‹ zu vollenden.« Aber auch in Bloomsbury gab es Streit und Eifersüchteleien wie schon öfter: Vanessa zog aus No. 50 Gordon Square, dem Haus Adrian Stephens und seiner Frau Karin, fort, um wieder in No. 46 zu wohnen, dem Haus von John Maynard Keynes. Mary Hutchinson nahm Clive gegen Maynards Freundin Lydia Lopokova ein, was zu Unstimmigkeiten führte, ja zu einer Entfremdung zwischen den beiden alten Freunden.

Virginia setzte ihre Bemühungen fort, das Eliot-Stipendium zu verwirklichen, doch die Sache zerschlug sich, weil Eliot 500 Pfund Sterling als Jahresrente für erforderlich hielt und glaubte, mit dem Angebot von 300 Pfund nicht zurechtkommen zu können. Die Sicherheit schien ihm nicht fundiert genug, um seine feste Stelle bei der Bank dafür aufs Spiel zu setzen.

Die Woolfs lebten von Anfang August bis zum Anfang Oktober 1922 in Monks House. Virginia hatte sich für diesen Aufenthalt vorgenommen, methodisch zu arbeiten; sie erfuhr Zuspruch von Vita Sackville-West, die Virginias Arbeiten lobte. Am 10. August konnte Virginia an Lady Ottoline Morrell schreiben, daß sie bereits zwei Kapitel ihrer Geschichte ›Mrs. Dalloway in Bond Street‹ abgeschlossen habe. Auch jetzt hatten die Ärzte noch nicht genau herausgefunden, welcher Art Virginias Krankheit war. Einer von ihnen stellte sogar Tuberkulose im rechten Lungenflügel fest. Diese Diagnose erwies sich aber als irrig, als ein bedeutender Londoner Bakteriologe nachweisen konnte, daß Virginias Atemwege Keime einer Lungenentzündung aufwiesen.

Der August blieb in den ersten drei Wochen regnerisch, wurde aber dann doch noch schön: warme, strahlende Tage folgten auf die düstere Nässe. Ende August kam Katherine Mansfield für sechs Wochen nach London, fuhr aber dann nach Frankreich zurück, wo sie Anfang 1923 starb. Nachdem Virginia ihre Erzählung ›Mrs. Dalloway in Bond Street‹ fertiggestellt hatte, verfolgte sie ihren Plan des ›Common Reader‹ weiter und beschäftigte sich mit dem Griechischen, las Homer, Euripides, Sophokles, Aischylos und Platon, um sich für das Verfassen ihres Essays ›Über das Nicht-Griechisch Können‹ vorzubereiten. Doch sie dachte auch an eine Arbeit über den großen Dichter des englischen Mittelalters, Geoffrey Chaucer, der ein farbiges Bild seiner Zeit in den Canterbury-Erzählungen hinterlassen hat.

Für die Hogarth Press stellte Virginia nebenbei farbiges, marmoriertes Papier her, was ihr viel Freude bereitete. Das Papier sollte für die eigenwilligen Einbände des Woolfschen Verlags benutzt werden. Außerdem begann Virginia in dieser Zeit, sich für das Werk Vita Sackville-Wests zu interessieren, die sie allerdings noch nicht persönlich kennengelernt hatte.

Virginia bat Vanessa, ihr Vitas Roman ›Der Erbe‹ zuzuschicken, der im Jahre 1922 erschienen war.

Die Hogarth Press machte weitere Fortschritte, was vor allem auch am Subskriptionsprinzip lag: viele Freunde des Verlags hatten die gesamte Produktion abonniert. Leonard war mittlerweile immer weniger mit Ralph Partridge einverstanden, so daß sich der Gedanke in ihm verstärkte, sich von diesem Partner zu trennen.

Im September erwartete Virginia Woolf die Druckfahnen von ›Jacob's Room‹. Auch las sie Joyce' ›Ulysses‹ zu Ende. Sie mochte das Buch nicht, erkannte aber das Genie seines Verfassers an. Im selben Monat kamen verschiedene Besucher zu den Woolfs nach Monks House: für eine kurze Zeit Carrington und Ralph, während Lytton Strachey länger blieb. Ralph und Carrington hatten stürmische Monate hinter sich, da sie beide sich heimlich mit anderen Partnern getroffen hatten. Lytton stand in der Mitte zwischen beiden, und die Woolfs bekamen dieses Drama ziemlich genau mit. Lytton blieb bis zum 21. September bei Leonard und Virginia, die nach seiner Abreise E. M. Forster erwarteten, der noch nicht sehr lange aus Indien zurück war.

Mittlerweile hatten die etablierten Bewohner Rodmells Leonard Woolf als einen der ihren aufgenommen. Er spielte in der Rectory Tennis, wobei er zur Verwunderung der dortigen Gesellschaft alle seine Partner schlug. Dies führte Virginia zu der knappen Bemerkung: »Wir sind in das Dorfleben eingetreten.«[54] Am 4. Oktober berichtete Virginia, daß der New Yorker Verleger Brace von Harcourt, Brace & Co. sich begeistert über ›Jacob's Room‹ geäußert hatte mit der Absicht, den Roman in den Vereinigten Staaten zu veröffentlichen. Virginia hatte in den letzten Wochen viel gearbeitet, ›Mrs. Dalloway in Bond Street‹ abgeschlossen, ihr Chaucer-Kapitel für den *Common Reader* beendet, daneben fünf Bücher der ›Odyssee‹ des Homer gelesen, den ganzen ›Ulysses‹, Chaucer und Paston.

Am 5. Oktober fuhren die Woolfs wieder nach Richmond, um sich um die Arbeit in der Hogarth Press zu kümmern. Virginia schickte kurz vor dem offiziellen Erscheinen von ›Jacob's Room‹ ein Vorausexemplar an Lytton Strachey. Sie war erleichtert, als Lytton mit einem begeisterten Brief über ihren neuen Roman antwortete.

Lytton hatte betont, daß ›Jacob's Room‹ romantische Züge trage, was Virginia offen zugab; ihren Romantizismus leitete sie ab »von der Anstrengung, mit der vollständigen Repräsentation [der Gegenstände im Roman, JK] zu brechen. Man fliegt in den Himmel. Das nächste Mal möchte ich mich enger an die Fakten halten.«[55] In der Tat arbeitete Virginia Woolf bereits an ihrem nächsten Roman, den sie manchmal ›Der Premierminister‹ nannte, der sich aber um Mrs. Dalloway rankte.

Ende Oktober luden die Woolfs E. M. Forster zum Dinner ein, zusammen mit dem Kunsthistoriker Herbert Read, der später stellvertretender Direktor des Victoria und Albert Museums wurde und eine Reihe kunsthistorischer Werke verfaßte, so einen Band über den Bildhauer Henry Moore. Forster war inzwischen mit seinem bedeutenden Roman ›A Passage to India‹ fertig geworden, der im Jahre 1924 erschien.

Virginia war durch die Publiktion von ›Jacob's Room‹ sehr aufgeregt; sie wünschte dieses Ereignis herbei, schreckte aber zugleich davor zurück. Am 27. Oktober 1922 brachte die Hogarth Press das erste größere Buch heraus, nämlich Virginias Roman ›Jacob's Room‹. Lytton Strachey hatte für diesen Roman Unsterblichkeit seiner Poesie prophezeit. Die Schöheit des Stils faszinierte ihn, so daß er wenig später von einem »Werk des Genies«[56] sprach. Virginia wünschte sich nichts, als *unbeobachtet* weiter schreiben zu können und kündigte an, daß Mrs. Dalloway sich zu einem Buch ausdehne: »Ich umreiße hier eine Studie von Krankheit und Selbstmord: die Welt gesehen vom Normalen und vom Kranken nebeneinander — etwas in der Art Septimus Smith? — ist das ein guter Name? — und näher an den Tatsachen zu sein als Jacob; doch ich denke, Jacob war ein notwendiger Schritt für mich, um mich frei zu arbeiten.«[57]

Es besteht kein Zweifel daran, daß Virginia Woolf ganz erfüllt war vom Erscheinen ihres ersten *neuartigen* Romans. Die einzige Literaturkritik, vor der sie sich fürchtete, war die des Times Literary Supplement, doch die dortige Besprechung (26. 10. 1922, S. 683) trug durchaus positive Züge. Der neue Stil wurde weitgehend verstanden, aber noch nicht einem neuen Romankonzept zugeordnet. Die Methode des Bildaufbaus durch Fragmente machte Jacob zum stillsten Romanhelden der neuen englischen Literatur, denn seine Gedanken und sein Einbau in die Zusammenhänge verwirklichen seine Persönlichkeit. Der Rezensent erkannte, daß es Virginia Woolf weniger um Jacob ging als um die Darstellung der merkwürdigen Simultaneität des Lebens. Diese Besprechung lobte das literarische Abenteuer der Autorin, ihre Suche nach einer originellen Sicht des Romans. Virginia hatte daher objektiv keinen Anlaß, an ihrem Erfolg zu zweifeln, zumal sie selbst einen guten Verkauf des Buches erhoffte. Sie nahm sich aber die Besprechungen der weniger bedeutenden Zeitschriften zu Herzen und verfiel in eine gemischte Stimmung, die zwischen Selbstbewußtsein und Zweifel schwankte.

›Jacob's Room‹ war bei R. & R. Clark Ltd. in Edinburgh in einer Auflage von 1200 Exemplaren gedruckt worden. Leonard Woolf hat die Firma Clark als die größte und beste Druckerei gelobt, mit der er je zusammengearbeitet habe. Der Direktor des Unternehmens, Maxwell, kümmerte sich stets besonders liebevoll um alle Anliegen der Hogarth Press. Quentin Bell hat das Erscheinen dieses Romans zu Recht besonders hervorgehoben: »›Jacob's Room‹ bezeichnet den Beginn ihrer Reifejahre und ihres Ruhms.«[58] Die Freunde reagierten im Ganzen positiv, wenn auch Kritik an dem neuartigen Romankonzept nicht verborgen blieb. Das Buch wurde gut verkauft, so daß Leonard Woolf bald das 2. Tausend bei Clark in Auftrag geben konnte.

Virginia selbst schrieb an Roger Fry: »Ich sende Dir morgen meinen Roman — ein bißchen widerstrebend. Er hat *einigen* Wert, aber er ist zu experimentell.«[59]

*Jacob's Room* (1922) In diesem Roman versucht Virginia Woolf die Wirklichkeit völlig neu zu sehen. Jacob, der Held des Romans, muß vom Leser selbst aufgebaut werden, denn die Autorin liefert keine einheitliche Erzählung eines Lebens, sondern stellt diesen jungen Mann dar in einem verzwickten Netz von Blickpunkten verschiedener Personen, die sich ergänzen und überschneiden: »... die Schöpfung des Erzählers ... ist die Art und Weise, in der wir die Welt erschaffen — und die Menschen — um uns herum. Unfähig, sie direkt zu erfassen, sammeln wir die verschiedenen Fetzen von Zeugnissen und versuchen von dort aus eine Verallgemeinerung.«[60] Jacobs eigene Weltsicht wird nur mittelbar deutlich. Virginia Woolf stellt sie in den Kontrast zur Weltsicht der anderen Figuren. So bleibt die Kernfrage des Romans »Wer ist Jacob?« letztlich unbeantwortet, denn Virginia Woolf lehnt es ab, »Leute zusammenzufassen. Man muß Hinweisen folgen.«[61] Schon auf Grund der Lebensbewegung sind solche Zusammenfassungen nicht möglich, denn das Leben ist nur »eine Folge von Schatten«[62]. Wir wissen nicht wie die Dinge selber sind: wir sehen nur ihre Schatten an den Wänden. Die Welt zerfällt in Virginia Woolfs neuem Roman in ein Kaleidoskop von Ansichten des Inneren und Äußeren: ›Jacob's Room‹ nimmt sich daher als »Serie unterschiedlicher Augenblicke«[63] aus. Der Lebensfluß entspricht der Vielfalt der Eindrücke, die den Figuren zugeschrieben werden. Kann man also die Frage »Wer ist Jacob?« nicht beantworten, so tut sich als nächste Schwierigkeit die Frage auf: »Wie kann man dann etwas über Jacob aussagen?« Insofern macht der neue Roman Virginia Woolfs zugleich das Romanschreiben zum Gegenstand.

Um Leben einfangen zu können, benutzt Virginia Woolf die Reihung verschiedener Momente oder Situationen sowie den Wechsel der Zeiten und Personen. Das Verschieben der Zeit zeigt an, daß ein Ich, in einem Kontinuum von Vergangenheit, Gegenwart und Zukunft lebt, so daß eine Abgrenzung dieser Zeitebenen dem Lebensprozeß nicht entspricht. Anknüpfungen an verschiedene Sichtweisen verschiedener Personen können nun über Vorstellungswechsel erfolgen, die aus dem Wechseln der Zeitebene hervorgehen.

Zudem setzt Virginia Woolf das Verhältnis von Persönlichkeit und Natur auf eine Ebene. Es gibt für sie fließende Übergänge zwischen der Individualität des Menschen und dem Natürlichen. Das Leben, das die Ausgrenzung des einzelnen bedingt, vergeht, und im Vergehen nimmt der Mensch wieder die Form der unmittelbaren Natur an: »(die) Idee der Persönlichkeit ist umgeformt in Eindrücke ungenauer Farben und sich auflösender Umrisse«, so daß man von »merklichen Übergängen zwischen dem Menschlichen und dem Nichtmenschlichen«[64] reden muß. An diesem Punkt wird romantisches Denken bei Virginia Woolf sichtbar: das Dilemma von Endlichkeit und Ewigkeit bleibt für die moderne Literatur bedeutend. Die Natur ist der Endpunkt alles Geistigen und Individuellen. In ihrer Unpersönlichkeit wird durch den Tod das Zurückbleibende zum Zeichen des Menschlichen — wie am Schluß von ›Jacob's Room‹ Jacobs Mutter, als sie seine Schuhe findet, die unbeantwortbare Frage stellt: »Was soll ich mit diesen (Schuhen) anfangen, Mr. Bonamy?«[65].

Die Wirklichkeit liegt für Virginia letztlich in den »Bildern«, nicht in den Tatsachen, in den »Augenblicken des Seins« als Lebensvollzügen, nicht in den Begriffen, die bloße Vergegenständlichungen oder Kristallisierungen derselben sind. Die Nebel am Meer an einem Sommertag, die hereinbrechende Dunkelheit, die Undeutlichkeit oder Verundeutlichung des ansatzweise Deutlichen. Dies symbolisiert das universale Geschick des Menschen im Woolfschen Roman.

In ›Jacob's Room‹ läßt sich daher ein Konflikt feststellen zwischen dem Detailreichtum und der Einsicht, daß das Leben durch Einzelheiten nicht festgemacht werden kann. Es bleibt so eine Spannung zwischen Genauigkeit und Fremdheit, zwischen Komödie und Pathos. Jede geduldige Lektüre des Romans wird gewahr, daß über all den Fragmenten von Einstellungen, Gefühlen, Gedanken und Dingen ein Schleier der Trauer hängt. Die Metaphern des Todes und des Vergessens durchziehen das Buch. Jacob reist nach Griechenland, nimmt den fernen und entrückten Charakter der Gestalten an, die aus der mythischen

Welt heraufkommen. So schreibt Virginia Woolf »eine Art Meditation über die Natur der Zeit, das Faktum des Todes, das Prekäre — und die endgültige Vergeblichkeit — menschlichen Verstehens«.[66]

Jacob verflüchtigt sich; dies wird deutlich in den Wanderungen des Erzählers. Man kann nichts wissen, nichts festhalten. Doch hinter allem Fragmentarischen scheint die Vision einer Ganzheit auf, die sich in der konkreten Situation immer wieder auflöst. Jacobs Zimmer wechseln im Verlauf des Romans: London, Cambridge und Griechenland sind seine räumlichen Positionen. Über diese Zimmer in bestimmten Räumen erfahren wir von Jacobs Lebensreise, von seinem Eingeschachteltsein in mannigfache umfassendere Bezüge.

Die Kapitel des Romans bezeichnen die größeren Abschnitte in Jacobs Leben. Die einzelnen Kapitel in ihrer inneren Form sind auch abschnittsweise gegliedert: es handelt sich um aneinandergesetzte Aspekte, die man mit einem Glasfenster vergleichen könnte, dessen Teile durch Blei verbunden und getrennt sind. Die Grundeinheit des Romanaufbaus aber bleibt der Augenblick, der isolierte Moment. Jacob wird also von verschiedenen Seiten beobachtet, besprochen, kommentiert. Immer wird er von außen betrachtet, sehr intensiv im Bewußtsein der Erzählinstanz. Virginia Woolf wollte auf diese Weise die menschliche Unfähigkeit zeigen, die darin besteht, daß wir andere nicht kennen können.

Es verwundert daher nicht, wenn Jacobs Leben kaum dramatische Züge trägt. Allein sein im Undeutlichen gehaltener Tod hat etwas Tragisches an sich. Die Geschichte Jacobs ist eben keine geschlossene Biographie; Jacob wird am Romananfang als kleiner Junge gezeigt, der den Sommer mit seiner Mutter und den beiden Brüdern John und Archer in Cornwall verbringt.

In Scarborough wächst der Junge auf, lernt Latein beim Pfarrer, geht mit neunzehn Jahren nach Cambridge und lernt dort seine späteren Freunde Richard Bonamy und Timothy Durrant kennen. Bei einer Segelfahrt nach Cornwall trifft Jacob Timothys Schwester Clara. Nach dem Studium in Cambridge zieht Jacob in ein schönes Haus aus dem 18. Jahrhundert in London. Er geht einer Büroarbeit nach, die nie näher bezeichnet wird. In seiner Freizeit nimmt er das Londoner Leben auf: besucht Gesellschaften, Freunde der Mutter, hat eine Affäre mit der Prostituierten Florinda. Jacob liest viel, besucht Theater und verfaßt Essays. Als 25jähriger verläßt er England, um nach Frankreich, Italien und Griechenland zu reisen. Dort verliebt er sich in eine ältere, attraktive verheiratete Frau namens Sandra Williams. Nach seiner Rückkehr nach London zieht Jacob in den Ersten Weltkrieg und fällt.

Wie wenig von der Atmosphäre des Romans eine bloße Zusammenfassung geben kann, liegt bei dieser besonderen Erzählweise Virginia Woolfs auf der Hand. Interessant an diesem Roman ist, daß die Erzählung im Verlauf des Romans immer reicher und dynamischer wird, aber auch euphorischer und romantischer.

Die beiden ersten Kapitel des Romans schildern die Situation von Jacobs Mutter, Betty Flanders, die als Witwe eines Kaufmanns in einem kleinen Ort an der Südküste Englands wohnt. Ihre ganze Liebe gehört ihren drei Söhnen Jacob, John und Archer. Sie nimmt die Einsamkeit ihres Lebens in Kauf, um nur für ihre Kinder da zu sein, sie zu erziehen und ihnen eine gute Ausbildung zukommen zu lassen.

Das dritte Kapitel versetzt Jacob in die Stadt, die für Bloomsbury, ja für eine ganze Schicht in England Ausgangspunkt ihres Lebens gewesen ist: nach Cambridge. Virginia Woolf beschreibt sehr eindrucksvoll die Männerwelt von Cambridge. Frauen sind in der King's College Chapel unerwünscht. Die studierenden Jünglinge, die in der Villa Waverley zum Lunch eingeladen werden, erröten noch. Die Villa liegt bezeichnenderweise am Wege zum Mädchen-College Girton. Sie wird bewohnt von Professor Plumer und seiner Familie: Mrs. Plumer stammt aus einer Vorstadt von Manchester. Die Plumers haben zwei blasse und leidlich herausgeputzte Töchter. Das Aufsteigermilieu des Physikers Plumer steht für das Weltbild des Materialismus und Positivismus. Man liest Shaw und Wells, hält eine »fortschrittliche« Zeitschrift, aber das Leben verläuft doch in den alten viktorianischen Bahnen der Trennung von Jugend und Alter.

Jacob bemerkt diesen Gegensatz und fragt nach sich selbst: »Ich bin, was ich bin, und ich will es sein, wofür es keine Form in der Welt geben wird, es sei denn Jacob schafft eine für sich selbst.«[67] Alle Welt will an einem jungen Menschen herumerziehen, ihn prägen, ihm Vorschriften machen, ihn an unhinterfragte Standards angleichen. Es kommt aber darauf an, daß er trotz seiner Entwicklung er selbst bleibt.

Virginia Woolf schildert Jacobs Zimmer in Trinity College, seine Klause, in der Persönliches optisch und symbolisch zum Ausdruck kommt. Seine Welt ist nicht die der Plumers. Hier finden sich Bücher über »Helden« (Wellington) ebenso wie über das Wesen der Substanz (Spinoza). Jacob liebt die Elisabethaner, man findet Bücher von Spenser, doch das 19. Jahrhundert ist durch Dickens, Carlyle und Jane Austen vertreten. Jacobs Geschmack ist der eines »Gentleman«: Ein Bild von Sir Joshua Reynolds hängt an der Wand seines Zimmers. Aber Cambridge beschränkt sich nicht auf Jacobs Raum; das College, die Universität, besitzen noch ganz andere Dimensionen. Virginia schildert Cambridge als *Labyrinth der Gelehrsamkeit und des Wissens*. Die gefüllten Colleges muten wie Bienenwaben an, in denen die Studenten den Honig des Wissens sammeln. Cambridge am Abend ist sowohl sichtbar wie hörbar: aus einem Fenster klingt Musik, vielleicht ein Walzer oder eine Beethovensonate. Der genius loci wird heraufbeschworen. Er ist gekennzeichnet durch geistige Konzentration, durch Lesen und Reden; dies alles wird abgesetzt von der Brutalität des Lebens und mit dem Problem der Ewigkeit verknüpft. Es gibt Diskussionsabende in Jacobs Zimmer. Die Freunde bilden eine Ganzheit, ihr Aufbruch wird als Zersplittern geschildert. Die Runde dieser Freunde um Jacob vermag das Leben in Cambridge mit Sinn zu versehen; sie ist gleichsam eine geistig-seelische Lebensgemeinschaft, die alle Einsamkeit zumindest zeitweilig überschreitet.

Das vierte Kapitel beginnt mit einer vollkommen anderen Perspektive, wie nach einem Schnitt im Film. Es wird Jacobs Fahrt mit Timothy Durrant geschildert, die vor den Scilly Islands mit einem Segelboot kreuzen. Die Aufteilung dieses Kapitels ist besonders experimentell: sie gestaltet sich nach den Sequenzen, die immer wieder bruchartig andere Szenen nach sich ziehen. Nach der Meeresszene wird an Land das Cottage der Mrs. Pascoe geschildert, bei der Touristen einkehren, so aber auch Timmys Mutter, Mrs. Durrant. Mrs. Durrant ist mit den von Virginia Woolf immer wieder benutzten Oberklassenkennzeichen versehen: Sie geht aufrecht, spricht entschieden, lenkt den Pferdewagen. In diesem Abschnitt taucht auch das Bild vom Auf- und Absteigen der Krähen auf. Sie vollziehen eine Wellenbewegung, die in den Romanen Virginia Woolfs zur Wesensform des menschlichen Lebens überhaupt konzentriert wird: »Die Krähen ließen sich nieder; die Krähen stiegen auf. Die Bäume, die sie so kapriziös berührten, schienen unzureichend, um ihre Mengen aufzunehmen. Die Baumspitzen sangen mit der Brise in ihnen; die Äste knarrten hörbar und warfen dann und wann, obwohl es Hochsommer war, Zweige und Schoten nach unten. Auf stiegen die Krähen und wieder herunter, flogen jedesmal in geringerer Anzahl nach oben, da die weiseren Vögel sich zum Niederlassen vorbereiteten, denn der Abend hatte sich fast so genugsam verausgabt, daß die Luft im Walde fast schwarz war. Das Moos war weich; die Baumstämme gespenstisch. Hinter ihnen lag eine silbrige Wiese. Das Pampas Gras erhob seine fedrigen Speere von grünen Hünengräbern am Ende der Weide. Eine Wasser-Bahn schimmerte. Schon drehte sich die windende Motte über die Blumen. Orange und Purpur, Brunnenkresse und Kirschpastete, wurden im Zwielicht verwaschen, aber die Tabakpflanze und die Passionsblume, über welche die große Motte sich drehte, waren weiß wie Porzellan. Die Krähen knarrten ihre Flügel zusammen in den Baumspitzen und setzten sich zum Schlafen, als weit entfernt ein bekannter Ton schüttelte und zitterte — sich verstärkte — die Ohren ziemlich betäubte — schläfrige Flügel wieder in die Luft scheuchte — die Dinner-Glocke im Haus.«[68] Das Dinner bei den Durrants wird als Folge von Gesprächsfetzen dargestellt. Namen tauchen auf und verschwinden wieder. Das Auf- und Abgehen der Gäste auf der Terrasse macht dieses Aneinandervorbeireden deutlich. Mrs. Durrant unterhält sich mit Jacob, findet ihn schwierig und schweigsam. Die Beziehung zu Jacob wird von Clara in ihrer Vorstellungswelt intensiviert: sie erntet am nächsten Tag Weintrauben, Jacob unterhält sich mit ihr — doch Clara hat sich schon in ihn verliebt. Jacobs Besuch endet; er soll im nächsten August wiederkommen.

Das nächste Zimmer bezieht Jacob in London (Kap. V). Hier

wird eine völlig andere Welt eröffnet: es ist die Welt der Groß-stadt mit ihrem Verkehr, in dem der einzelne ein Atom ist, ein Ich zwar, aber einsam. Virginia Woolf setzt die Einsamkeit der Menschen in Beziehung mit der Frage nach dem Sinn des Lebens. So besuchen verschiedene Menschen St. Paul's Cathedral — und jeder erlebt diese Kirche anders. Die Einsamkeit und Perspektivität jedes Menschen spiegelt sich in den Filtern, die jeder der Wirklichkeit vorschiebt.

London gerät zu einem Behältnis für Menschenmassen. Da sind die namenlosen Armen, die keine Geschichte haben — nur ihre persönliche Geschichte, die außer ihnen selbst niemand kennt und für die sich auch keiner interessiert. Zugleich wird London als Geschäfts- und Arbeitswelt beschrieben: die Verteilung der Menschen nach der Arbeit geschieht durch die »Tube«, die Untergrundbahn, von der Virginia Woolf sagt, sie sei mit den Arterien des menschlichen Körpers zu vergleichen: London ist das Herz dieses Körpers. Die Einzelmenschen als Blutkörperchen werden von diesem Herz in einen riesigen Kreislauf gepumpt, damit sie — wie Wordsworth sich das vorstellte — zum Schlaf kommen können.

Während eine alte blinde Frau sich in der Abendsonne wärmt, strömen die wohlhabenderen Klassen unberührt von sozialer Not in die Oper. Die Herbstsaison hat gerade begonnen: *Tristan* ist envogue ebenso wie *Isolde*. Die Schönheit triumphiert, die glitzernden Abendroben und die rosa geschminkten Gesichter bestimmen das Bild eines anderen London. Doch auch die Klassenabstufungen dienen allenfalls noch dazu, daß die Menschen nicht ins Chaos stürzen; sie haben sich ihre Ordnungen selbst geschaffen.

Bonamy besucht seinen Freund Jacob, der über einem Essay brütet. Jacob erregt sich über eine zensierte Wycherley-Ausgabe und bedenkt schließlich, ob er nicht selbst Schriftsteller werden könne. Welche Beschäftigung soll er sich auswählen? Soll er Maler werden? Was steckt in ihm?

Gleichzeitig schreibt Clara Durrant in ihr Tagebuch, daß sie Jacob liebt. Alle machen sich ein Bild von Jacob, doch er bleibt ein Unbekannter. Alle Versuche, ihn zu bestimmen, sind zum

Scheitern verurteilt. Wenn das Leben nur eine Aufeinander-folge von Schatten ist, so bleibt das Eigentliche — die Wahrheit — verborgen, ist sie doch im Griechischen die »Unverborgen-heit«. »Dann scheint es, daß Männer und Frauen gleicherma-ßen auf falscher Fährte sind. Es scheint, daß ein profundes, un-parteiisches und absolut gerechtes Urteil über unsere Mitmen-schen völlig unbekannt ist. Entweder sind wir Männer oder wir sind Frauen. Entweder sind wir kalt oder wir sind sentimental. Entweder sind wir jung oder wir werden alt. In jedem Fall ist das Leben bloß eine Prozession von Schatten, und Gott weiß, warum wir sie so eifrig umarmen und sie scheiden sehen mit solchem Schmerz, die wir Schatten sind. Und warum, wenn dies und viel mehr als dies wahr ist, warum sind wir noch er-staunt in der Fensterecke durch eine plötzliche Vision, daß der junge Mann auf dem Stuhl von allen Dingen in der Welt das al-lerwirklichste ist, das festeste, das uns am besten bekannte — warum überhaupt? Denn im Augenblick danach wissen wir nichts von ihm.

So ist die Manier unseres Sehens. So sind die Bedingungen unserer Liebe.«[69]

Wir kennen unsere Mitmenschen nicht. Unsere Kategorien und Oppositionen sind zu klar und damit zu grob, um einen Einzelmenschen mit ihnen zu erfassen. Menschen mögen viel-leicht das eine *und* das andere zugleich sein. Die Begriffe helfen uns nur, die Welt schematisch zu ordnen, doch sie bringen uns der Wahrheit nicht näher, was denn die Menschen wirklich sind. Es gibt Visionen der wirklichen Existenz — Visionen von Jacob. Der junge Mann im Stuhl am Fenster — das ist Jacob. Seine Wirklichkeit nimmt gefangen, ruft womöglich ein positi-ves Gefühl hervor. Im nächsten Augenblick sinkt diese »Vision des Seins«. Das Fragen hebt neu an: Wer ist Jacob? Sein Freund Bonamy (Lytton) kennt die Literatur, auch die französische. Er ist von Jacobs Männlichkeit fasziniert, die ganz heterosexuell ausgerichtet scheint. Jacob ist ein Mysterium; er ist klug und langweilig zugleich.

In London feiert man den Guy Fawkes Day; Jacobs Freundin Florinda ist unglücklich. Nach dem Fest geht Jacob mit Timmy Durrant nach Hause; sie reden über die Griechen. Beide zelebrieren das Griechentum, ohne genau auf das zu hören, was sie aus den alten Autoren zitieren. Der Griechen-Kult wird somit kritisiert als Illusionismus. Weder achten die beiden jungen Männer auf die genauen Bedeutungen dessen, was Aischylos und Sophokles zu sagen haben, noch durchschauen sie, daß sie sich bloß mit den ästhetisierten Blumen der Zivilisation schmücken: »Zeitalter plätscherten zu ihren Füßen wie Wellen, die zum Segeln geeignet sind.«[70] All das ist Makulatur, denn Jacob beherrscht nur so viel Griechisch, daß er mit Mühe und Not ein antikes Theaterstück zu lesen vermag.

Florinda, die von der Prostitution lebt und mit der Jacob eine Beziehung aufrecht erhält, ist erkrankt. Mrs. Durrant ist schlaflos. Clara schläft. Florinda gehört zur Halbwelt; ihre Herkunft ist nicht klassifizierbar. Sie bummelt die Straßen in Chelsea entlang und besucht Jacob, der einen Essay über die »Ethik der Unanständigkeit« schreibt. Jacob durchschaut ihre vorgebliche Unschuld als Vortäuschung falscher Tatsachen. Er borgt Florinda einen Band Shelley, den sie zu Hause mit großem Unverständnis durchblättert. Sie wird charakterisiert als »dumm wie eine Eule«.[71] Wie die Eule ein weises Tier zu sein scheint, so scheint Florinda ein Unschuldsengel.

Der Schein trügt — und doch hinterläßt Florinda eine aufregende Wirkung in Jacob: »Ob sie nun eine Jungfrau war oder nicht, scheint überhaupt keine Sache von Bedeutung. Es sei denn, in der Tat, es ist das einzige von Bedeutung überhaupt.

Jacob war rastlos, als sie ihn verließ.

Jede Nacht erregten sich Männer und Frauen auf und nieder im bekannten Taktschlag. Nachtschwärmer konnten Schatten hinter den Jalousien sogar in den respektabelsten Vorstädten sehen. Kein Square im Schnee oder Nebel entbehrte sein Liebespaar.«[72]

Die Faszination Florindas auf Jacob hält an; sie treffen sich in einem kleinen Restaurant. Florinda vergleicht Jacob mit den griechischen Statuen im British Museum. Sie erleben einen Streit: eine Frau verläßt das Restaurant, nachdem sie sich mit einem Mann auseinandergesetzt hat. In dieser Novembernacht nimmt Jacob Florinda mit in sein Zimmer. Über ihre Beziehung wird nichts gesagt, nur indirekte Bemerkungen fallen, wenn etwa die Bordelle in Soho beschrieben werden. Jacob erfährt die tiefe Melancholie des Sinnmangels im menschlichen Leben, leidet an der Traurigkeit des Endlichen: »Es sind nicht die Katastrophen, die Morde, die Tode, die Krankheiten, die uns alt machen und uns töten; es ist die Art und Weise, wie die Menschen blicken und lachen und die Stufen der Omnibusse hinaufrennen.«[73]

Das Thema der Party, das Virginia Woolf immer wieder beschäftigt hat, wird im 7. Kapitel des Romans aufgenommen. Auch hier wird der neue Erzählstil deutlich: Clara Durrant hat einen Heiratsantrag von Edwin Mallett bekommen. Die Party plätschert dahin mit vielen Gesprächssplittern, unter anderem bringt sie den Ausruf von Rose Shaw hervor, abrupt und bizarr: »Das Leben ist böse — das Leben ist verächtlich!«[74] Jacob und Timmy sehen in der Party nur eine irrige Menschenansammlung: »›Man kann für so eine Sache nicht viel Gutes sagen, oder?‹ sagte Timothy Durrant zu Jacob. ›Die Frauen mögen das.‹«[75]

Erst das nächste Kapitel deutet etwas an über Jacobs Arbeitsleben: er arbeitet in Gray's Inn. Seine Mutter schickt ihm einen Brief, in dem sie über das Alltagsleben in Scarborough berichtet. Sie erzählt von den Bekannten aus ihrer kleinen Welt, doch der Brief bleibt ungeöffnet auf Jacobs Flurtisch liegen. Florinda taucht erneut bei Jacob auf, um mit ihm zu schlafen, doch Virginia Woolf reduziert das Geschehen auf den knappen Satz: »Sie schlossen die Schlafzimmertür hinter sich.«[76] Noch in diesem modernen und experimentellen Roman wird Sexualität als obszön vorgeführt. Der Brief der Mutter wird gleichsam personalisiert: ihr Herz würde zerreißen durch das Knarren im Schlafzimmer.

»Hinter der Tür war das obszöne Ding, die alarmierende Gegenwärtigkeit, und Terror würde sie überkommen wie beim Tode oder bei der Geburt eines Kindes.«[77] Virginia Woolf beschreibt nur durch Verweise, was hinter der Tür geschieht.

Immer wieder versucht die Autorin durch Wechsel von Perspektive und Einstellung die Frage nach dem Leben und nach seiner Einheit aufzunehmen. Sie ähnelt in diesem Bemühen Sisyphos, der seinen Stein den Berg heraufwälzt, um erkennen zu müssen, daß er immer wieder herunterrollt. So weisen in der nächsten Szene Briefe auf die Einheit des Lebens: »Das Leben würde ohne sie auseinander splittern.«[78] Die Wörter, ob geschrieben oder gesprochen, objektivieren menschliche Beziehungen, bauen ein Netz dessen auf, das doch vergänglich ist. Insofern besitzen Briefe den Doppelcharakter der direkten Ansprache und des Dokuments. Zugleich läßt sich bei menschlichen Äußerungen immer neu nach dem Sinn des Lebens fragen. Was ist das, was gesagt wird? Was bedeutet es? Was ist die Wahrheit? »Und das Telefon läutet. Und überall wo wir gehen, umgeben uns Röhren und Drähte, um die Stimmen zu transportieren, die durchzudringen versuchen, bevor die letzte Karte ausgeteilt ist und die Tage vorüber sind. Versuche zu durchdringen, denn sobald wir die Tasse hochheben, die Hand schütteln, eine Hoffnung ausdrücken, so wispert etwas, *Ist das alles?* Kann ich niemals Anteil nehmen, wissen, sicher sein? Bin ich alle meine Tage verurteilt, Briefe zu schreiben, Stimmen auszuschicken, die auf den Weg fallen, Verabredungen zu treffen, während das Leben verrinnt, zum Abendessen zu kommen? Doch Briefe sind verehrungswürdig, und als ob wir zusammengebunden wären durch Nachrichten und Telefone gingen wir vielleicht in Gesellschaft — wer weiß? — wir könnten übrigens miteinander reden.«[79] Versuche zu verstehen werden durch Briefe und Telefonate unternommen. Es sind dies immer neue Anläufe zur sinnvollen Verständigung, doch die Absicht ist nicht gleichzusetzen mit dem erreichten Ziel: »Ob wir wissen, was in (Jacobs) Geist vorgeht, ist eine andere Frage.«[80]

Immer wieder taucht in den Romanen Virginia Woolfs das Thema des Ziels auf: ein Reiseziel soll erreicht werden, ein Sinn ist zu finden, man beabsichtigt, einen Menschen zu durchschauen, zu erkennen, zu verstehen. Doch für all diese Ziele gibt es nur Ansätze, Versuche, die vor dem Ziel enden, allenfalls mit einer Vorwegnahme desselben in einer Ahnung oder Vision. So wird Jacob von Licht durchflutet, als ob er auf einmal deutlich wäre: »Das Merkwürdige am Leben ist, daß, obwohl seine Natur für jedermann seit Jahrhunderten offenbar gewesen sein muß, niemand einen hinreichenden Bericht davon zurückgelassen hat. Die Straßen von London besitzen ihre Verkartung; aber unsere Leidenschaften sind nicht verkartet.«[81] Das abgeschaltete Licht bedeutet, daß wir das Leben hinter den

Jalousien nicht kennen. Eine skizzierte Straßenszene in Soho bricht ab, die Sequenz wird in Jacobs Zimmer neu begonnen. Jacob liest die Zeitschrift ›Globe‹: »Aber nichts konnte ihn retten.«[82] Diese unvermittelte Aussage über Jacobs Schicksal wirkt wie ein erratischer Block, über den der Leser stolpern muß. Die Zeitschrift mit ihrem Kaleidoskop der Pressemeldungen ermüdet Jacob. Draußen fällt Schnee. Es wird dunkler. Jacob geht zu Bett.

Auch die Menschen, mit denen Jacob zu tun hat, wechseln. Es werden alle Schichten angesprochen. Im Kapitel 9 wird er von der Countess of Rocksbier zum Essen eingeladen. Ihr vornehmes Haus steht am Grosvenor Square. Andere Menschen werden zu diesem Haus perspektivisch in Beziehung gesetzt: die Blumenfrau Moll Pratt, die auf der Straße ihre Blumen anbietet, Mrs. Hilda Thomas, die die Straße in ihrem Pelzmantel überquert, oder Lady Fittlemere, die in ihrer Kutsche vor dem Haus vorbeifährt. Jacob genießt das Mahl; er wird verwöhnt.

In einer anderen Passage sieht man Jacob, wie er in der Grafschaft Essex mit einer Jagdgesellschaft durch die Felder reitet.

Schließlich wird Jacob gespiegelt im Bewußtsein von Mrs. Papworth, der Aufwartefrau seines Freundes Bonamy. Mrs. Papworth hört Fetzen einer Unterhaltung zwischen Jacob und Bonamy in dessen Wohnung in Lincoln's Inn. Offenbar versteht sie die Zusammenhänge nicht, zumindet erscheint ihr aber das, was die beiden besprechen, wichtig und bedeutsam zu sein, denn sie faßt ihre Hochachtung in einem Gedanken zusammen: »Buchwissen macht's, dachte sie bei sich...«[83]

Der Roman ›Jacob's Room‹ lebt von seinen Entgegensetzungen. Es wird nicht nur die Welt der Männer thematisiert, sondern auch die der Frauen: Jacob besucht Miss Perry, eine Freundin seiner Mutter, trifft das Mädchen Laurette und erscheint im Lesesaal des Britischen Museums. Miss Marchmont sitzt am Nachbartisch mit einem großen Bücherstapel, der umkippt und auf Jacobs Tisch fällt. Aber auch die Frage der Frauenemanzipation stellt sich in diesem Riesenlesesaal: Miss Julia

Hedge, eine Feministin, versucht gegen den männlichen Heldenkult anzugehen, während Jacob recht konventionell Auszüge aus Christopher Marlowe macht: »Miss Julia Hedge, die Feministin, wartete auf ihre Bücher. Sie kamen nicht. Sie tauchte ihre Feder ein. Sie sah sich um. Ihr Auge wurde gefangen von den letzten Buchstaben in Lord Macaulays Namen. Und sie las sie alle rund um die Kuppel — die Namen der großen Männer, die uns erinnern — ›O verdammt‹, sagte Julia Hedge, ›warum haben sie keinen Platz gelassen für eine Eliot oder eine Brontë?‹«[84]

Die Idee einer neuen Welt wird thematisiert als Kritik an den Viktorianern. Jacob muß einen Vortrag halten. Der Roman zeigt eine Gruppe von sechs jungen Männern — eine Gruppe, die an den Freundeskreis von Cambridge erinnert, aus dem Bloomsbury entstand. Die Atmosphäre des Lesesaals im Britischen Museum ist dicht, intensiv, gelehrt. Man kann dort alles lesen, jeden Gedanken verfolgen. Die Konzentration der Geistesarbeit scheint in diesem Kuppelbau eingefangen zu sein. Jacob verläßt das Britische Museum und geht nach Hause, um am Abend Platons Dialog ›Phädrus‹ zu lesen.

Ein Gesellschaftsabend wird bei Jacob abgehalten. Viele verschiedene junge Menschen versammeln sich in seinem Zimmer. Man spielt Gitarre und tanzt, es wird getrunken.

Am Schluß des Kapitels schwenkt die Autorin zur Themse hinaus. Der Verkehr auf dem Fluß bei der Waterloo Bridge wird ebenso beschrieben wie die Menschenmassen, die die Brücke überqueren. Auf dem Fluß fahren Schiffe, Kähne transportieren Kohlen für London.

Auch die beiden folgenden Kapitel des Romans ›Jacob's Room‹ (Kap. 10 und 11) halten den experimentellen, splitterartigen Stil aufrecht. Im 10. Kapitel erlebt Fanny Elmer den Strom des Lebens, als sie über den Friedhof von St. Pancras geht, kurz darauf im Schaufenster blaues Porzellan betrachtet, in einem Bäckerladen einkauft und an Jacobs Fenster vorbeikommt. Die Perspektive wechselt: Jacob spielt Schach.

Fanny Elmer sitzt dem Maler Nick Braham für ein Bild Modell. Die Vergänglichkeit der weiblichen Schönheit klingt an fast wie bei den Metaphysical Poets oder in den Sonnetten Shakespeares: »... die glühende Schönheit, plötzlich ausdrucksvoll, wird einen Augenblick danach zurückgezogen. Keiner kann auf sie zählen oder sie ergreifen oder sich in Papier einwickeln lassen.«[85]

Die Schönheit ist so instabil wie das Leben selbst, sie ist wandelbar und vergänglich, sie ist der Schein der Vollkommenheit, der sich in der Zeit überlebt.

Jacob sieht aus dem Fenster und beobachtet, was auf der Straße vorgeht. Kurze Zeit später verläßt er seine Wohnung in Richtung Holborn. Parallel gehen Fanny Elmer und Nick Bramham in Richtung Leicester Square; sie treffen dort fünf Minuten früher ein als Jacob. Die drei jungen Menschen treffen sich, was romantechnisch sehr deutlich als Überschneidung der Perspektiven eingeführt wird. Fanny ist von Jacobs Stimme fasziniert, sie bewundert seine athletische Statur — wie dies vor ihr schon Florinda tat. Jacob gewinnt in der Perspektive Fannys, sie verliebt sich in ihn. Sie ist von ihm so gefesselt, daß sie in einem Café ihren Schirm vergißt. Sie verspätet sich bei Nick, weil sie Jacob nachgespürt hat, und ruft verzweifelt: »Ich werde niemals wiederkommen!«[86] Sie sieht sich Kleider in einer Nebenstraße zur Shaftesbury Avenue an und geht von dort nach Soho in die Gerrard Street. Fanny denkt über den Maler Nick nach: er liest nicht, sie aber will Latein lernen, Virgil lesen, zumal sie bislang nur Scott und Dumas kannte. An der Slade School of Art, zu deren Schülern Fanny gehört, liest niemand, während Jacob seinem klassischen Geschmack huldigt. Er mag Shakespeare, Marlowe und Fielding. Daraufhin kauft sich Fanny ›Tom Jones‹: »›Ich mag *Tom Jones*‹, sagte Fanny um halb sechs am selben Tag Anfang April, als Jacob im Sessel gegenüber seine Pfeife aus dem Mund nahm. Nun, Frauen lügen!«[87]

Jacob schätzt Clara Durrant besonders hoch als untadeliges Mädchen, »eine Jungfrau an einen Felsen gekettet... ewig Tee einschenkend für alte Männer in weißen Westen...«[88] Clara ist eine »Schwester« von Katherine Hilbery, nur domestizierter.

Fanny schneidert sich ein Gewand für ein Maskenfest in der Slade School. Jacob reist zum Kontinent und fährt zunächst

einmal nach Paris. Von dort aus will er nach Griechenland auf-
brechen. »Er würde sie vergessen.«[89] Das Leben geht weiter:
»Ein Spatz flog am Fenster vorbei und trug einen Strohhalm im
Schnabel.«[90] Jacob beschäftigt sich mit der Käferjagd, wie er
überhaupt aufs Jagen versessen ist: »Das alles kam von *Tom
Jones*«.

All diese Spiegelscherben verweisen aufeinander, auch wenn
Virginia Woolf es dem Leser im größeren ersten Teil des Romans schwer macht, ihrem Ingenium zu folgen. Es wird im
Text auch deutlich, daß Jacob, wenn auch zumeist indirekt beschrieben, Züge von Virginias Bruder Thoby trägt.

Wie Thoby ist Jacob athletisch, er liebt Männerfreundschaf-
ten und gesellige Abende. Überdies weist sein Geschmack deutliche Parallelen zu dem Thobys auf: er bevorzugt Shakespeare,
die Elisabethaner und die großen englischen Romanschriftsteller des 18. Jahrhunderts wie Fielding. Die Romanfigur des *Tom
Jones* ist auch gewählt, um Jacob/Thoby zu charakterisieren.
Ihm gefällt das freie Leben, das Jagen auf dem Lande, die körperliche Anspannung. Doch zugleich bleibt die Figur des Jacob
unbekannt, wie für Virginia Thoby unbekannt blieb. Sein harmonisches Weltbild war das eines begabten englischen Gentleman, der nach Public School und Cambridge eine große Karriere im Staatsdienst anstrebt. So sind es vor allem auch die
Frauen, aus deren Blickwinkel Jacob gesehen wird, doch ihre
Erklärungen seines Wesens bleiben unzureichend, wohl nicht
zuletzt deshalb, weil ihnen die Männerwelt immer vorenthalten
wurde.

Im 11. Kapitel verändert sich die Romanlandschaft deutlich:
nicht mehr England ist das Areal, in dem sich Jacob bewegt,
sondern es ist Europa. Mrs. Flanders erzählt, daß Archer als
Soldat nach Gibraltar geht. Die Post bleibt nun diejenige Instanz, die den Kontakt der Menschen untereinander aufrechter-
hält: »Die Post war im Begriff, eine Myriade von Botschaften
über die Welt zu zerstreuen.«[91] Jacob ist inzwischen unterwegs
nach Paris, wo er seine Fahrt unterbricht und an seine Mutter
schreibt. In Paris sitzt er mit Malern im Café; sie plänkeln über
Malerei und Dichtung, über Shakespeare und Velasquez.

Es folgt eine ziemlich direkte »Regieanweisung« im Roman,
welche die Figuren in Positur rückt: »Dann ist hier ein anderer

Gesprächsfetzen; es ist etwa elf Uhr morgens; die Szene ist ein Atelier; und der Tag ist Sonntag.«[92] Jacob befindet sich im Atelier seines Freundes Cruttendon und trifft auf dessen Geliebte Jinny: »Miss Jinny Carslake, blaß, sommersprossig, morbide, trat in das Zimmer.«[93] Die Freunde unternehmen einen Ausflug nach Versailles, Jacob, Cruttendon und Jinny. Sie bewundern die Fontäne im Park von Versailles, die als doppelte Metapher dient: sie gibt viele Wassertropfen ab, aber sie fungiert auch als Blickfang für viele Menschen, so daß man von der Perspektive des einen zu der des anderen übergehen könnte. Schließlich passieren die drei Freunde das Sommerhaus, in dem Marie Antoinette ihre Schokolade zu trinken pflegte. Sie kehren in ein kleines Straßencafé ein; wieder erfährt der Leser nur Gesprächsfetzen, zu denen auch Jinnys Aussage gehört: »Manchmal könnte ich mich umbringen.«[94]

Sie beobachten die Menschen. Cruttendon bemerkt, er könne nicht wie Jacob leben und in einem Büro arbeiten. Der Abschied wird knapp gezeigt: »... unter den Bogenlampen im gare des Invalides, ... umarmten sich Jinny und Cruttendon. Jacob stand abseits. Sie mußten sich trennen.«[95]

Der Schluß des Kapitels ist markant rätselhaft und wirft Schatten auf das Kommende. Jacob denkt über seine Freunde Jinny und Cruttendon nach. Es scheint ihm — wohl aus dem Eindruck der gemeinsam verbrachten Zeit in Paris —, daß sie glücklich sind: »er hielt sie für die bemerkenswertesten Leute, die er je getroffen hatte«.[96] Dieses fragwürdige Urteil wird noch in ein besonderes Licht getaucht, als Jacob nicht weiß, wie er seiner Mutter aus Paris berichten soll. Er ist aufgeregt; das Reisen macht ihn erwartungsvoll und diffus zugleich: »Es war nur, daß er sich keinen Sinn erschließen konnte aus seiner außerordentlichen Aufregung, um sie niederzuschreiben«[97].

Mrs. Flanders kann aus dem Brief ihres Sohnes nur erschließen, daß Jacob eine gute Zeit in Paris hatte. Ihre Nachbarin, Mrs. Jarvis, meditiert über den Tod: »›Sie haben ihre Ruhe‹, sagte Mrs. Jarvis. ›Und wir verbringen unsere Tage damit, törichte und unnötige Dinge zu tun, ohne zu wissen, warum.‹«[98]

Jacob verläßt Paris an einem Mittwoch. So steht es im Brief an seine Mutter. In der südenglischen Landschaft breitet sich eine unheimliche Ruhe aus. Die Reinheit der Natur wird beschworen, die von den Zeiteinteilungen der Glockenschläge unberührt bleibt. »Bewegungslos und breitrückig nahmen die Moore die Aussage ›Es ist fünfzehn Minuten nach der vollen Stunde‹ entgegen, aber antworteten nicht, es sei denn, eine Brombeere bewegte sich.«[99]

Erst die letzten drei Kapitel (12—14) bringen den Höhepunkt des Romans. Sie hängen viel dichter zusammen als die abgerissene, bruchstückhafte Erzählweise der Kapitel 1—11 vermuten läßt: Jacob reist nach Griechenland (Kap. 12). Schon in Italien nimmt er die südliche Landschaft in sich auf und verbindet seine Eindrücke mit den Ablagerungen seiner klassischen Bildung. Virgil wird lebendig, die pittoreske, aber auch trockene Landschaft markiert ihre Fremdartigkeit auf dem Hintergrund Englands, einer Lebenswelt, in der Menschen nach dem Tee Lust haben zum Spazierengehen. Jacobs Eisenbahnfahrt durch den Süden wird zu einer Kette von Perspektiven.

In der Absetzung Englands vom Süden tritt Jacob in die Situation der Selbstsuche ein. Er will seine eigene Identität finden, indem er unabhängig, allein auf sich gestellt, zu den Ursprüngen der westlichen Kultur »zurückkehrt«. Das einfache griechische Landleben bringt die Seele Jacobs zum Klingen, die karge Schönheit kündet für ihn vom Streben, von allen Bereicherungen der Zivilisation und des Fortschritts abzusehen, um das Wesen der Zivilisation zu erfassen. Er möchte die ersten Schritte der Griechen nachvollziehen, die aus der Barbarei herausführten. Doch dieser Roman, und darin liegt sein Paradoxes, läßt Jacob — wenn überhaupt — zum Wesen der Humanität vordringen, kurz bevor die Katastrophe des Ersten Weltkriegs über Europa hereinbricht, der auch Jacob zum Opfer fallen wird. Jacobs Erlebnis des Südens regt in ihm den Gedanken an, einen Essay über die Zivilisation zu schreiben, in dem er die Alten mit den Modernen vergleichen will — ein nicht gerade origineller Ansatz, der seit der Renaissance immer wieder verfolgt wurde. Jacobs stilistische Vorbilder liegen denn auch im England des 18. Jahrhunderts. Wieder begegnet dem Leser der große Skeptiker und Aufklärer Edward Gibbon, der bereits in ›The Voyage Out‹ als St. John Hirsts Lieblingsautor eingeführt wurde, ebenso wie er zum Gedankenkreis von Sir Leslie und Thoby Stephen gehörte.

Die Dialektik von Heimat und Fremde fällt Jacob an in positiv und negativ bestimmten Gefühlsströmen. Seine Selbstfindung umschreibt sein Problem, für das sich keine Lösungen abzeichnen. Ist er lieber hier in Südeuropa oder wäre er besser nach Cornwall gesegelt? Kann man in zwei Tagesreisen mit einer modernen Eisenbahn wirklich in das Herz einer alten Kultur gelangen? Läßt sich der Sprung ins Innere Italiens verkraften? Fragen über Fragen stürmen in Jacobs Bewußtsein. Die Fahrt in den Süden nimmt die Form der Herausforderung für seine ganze Existenz an.

Erst recht Griechenland gibt ihm Rätsel auf: Wie kann Jacob die Maggi-Reklame in den Straßen von Patras in Einklang bringen mit den Lasteseln, dem Gestank von schlechtem Käse oder mit dem heruntergekommenen Hotel? Die Gleichzeitigkeit des Ungleichzeitigen charakterisiert den modernen Menschen. Wie kann sich dieser inmitten des archäologischen Lagerhauses und der Errungenschaften seiner Gegenwart eine neue Ordnung schaffen? Wie vermag er in dieser Fülle noch selbst gestalterisch tätig zu werden? Wo ist die Macht, die das Chaos zum Kosmos ordnet? Diese Fragen sind die Fragen des Modernismus. Sie liegen am Brennpunkt von Virginia Woolfs neuer Romankunst, die eben keine wohlgeformten runden Geschichten mehr vorführt, sondern das Kaleidoskop von Perspektiven des Einzelmenschen in der Zeitfolge, die Perspektiven aber auch der verschiedenen Menschen in einer Alltagswelt.

Die Reise ins Ausland wird für Jacob Flanders wie für Rachel Vinrace zur Reise in den Tod, obwohl Jacob noch nach London zurückkehren kann. Er hat *seine Vision* in Griechenland: »... es sind die Erzieherinnen, die mit dem Griechenmythos anfangen. Sieh Dir diesen Kopf an (sagen sie) — die Nase, siehst Du, gerade wie ein Pfeil, Locken, Augenbrauen — alles entspricht männlicher Schönheit; während seine Beine und Arme Linien aufweisen, die einen vollkommenen Grad der Entwicklung anzeigen — die Griechen kümmerten sich um den Körper so sehr wie um das Gesicht. Und die Griechen konnten Früchte in einer Weise malen, daß die Vögel nach ihnen pickten. Zuerst liest man Xenophon; dann Euripides. Eines Tages — das war ein Ereignis, bei Gott — scheint das, was die Leute gesagt haben, einen Sinn zu enthalten; ›der griechische Geist‹; die Griechen dies, das und jenes; obwohl es übrigens absurd ist zu sagen, daß irgendein Grieche an Shakespeare herankommt. Der Punkt jedoch ist, daß wir in einer Illusion erzogen wurden.«[100]

Die Vergangenheit ist für den modernen Menschen vergangen. Alles, was er tun kann, ist, sich ein Bildnis von der Vergangenheit zu konstruieren, sie nach der Prägung durch Erziehung und Ausbildung zu einem schönen Schein auszugestalten. Die griechische Kultur erscheint als Illusion des Gebildeten im frühen 20. Jahrhundert: Sie entspricht den griechischen gemalten Weintrauben, nach denen die Vögel picken. Die Rettung des Abendlandes durch Anerkenntnis der griechischen Helden wird von Virginia Woolf von Grund auf in Zweifel gezogen: Nicht die Konstruktion eines idealen Griechentums führt in die Wirklichkeit, sie führt vielmehr in den Traum von einer anderen Welt, ein Traum, der für viele — wie für Jacob — zur Lebensleitlinie wurde; doch die Ereignisse der Gegenwart machen ihn zur Absurdität. Die Vorwegnahme des eigenen Untergangs befällt Jacob: »»Aber es ist die Art und Weise, wie wir erzogen wurden‹, fuhr er fort. Und das alles erschien ihm widerwärtig. Man sollte etwas dagegen tun. Und aus seinem mäßigen Deprimiert-Sein wurde er wie ein Mann, der seiner Hinrichtung entgegensieht... Die ganze Zivilisation stand vor ihrer Verdammnis.«[101]

Jacob geht nach Olympia und sieht sich in einer aufsteigenden Stimmungswelle als Politiker, der im Parlament glänzende Reden hält:

»... aber was nützen schöne Reden und das Parlament, sobald Du Dich einen Zentimeter den schwarzen Wassern ergibst? In der Tat, niemals hat es irgend eine Erklärung von Ebbe und Flut in unseren Adern gegeben — von Glück und Unglück. Diese Achtbarkeit und die Abendgesellschaften, für die man sich in Festgarderobe hüllen muß und die elenden Slums hinter Gray's Inn — etwas Festes, unbeweglich und grotesk — ist auf der Rückseite davon, dachte Jacob wahrscheinlich.«[102]

Jacob weiß im Innersten um die Unterströmungen in den Menschen, die auch nicht durch die Zivilisation, die großen westlichen Institutionen von Staat und Kirche zu bändigen sind. Das Chaos bleibt bestehen unter der Wohlgeordnetheit des öffentlichen Lebens, auch wenn es über lange Zeitstrecken seine Gefährlichkeit verbirgt. So sieht Jacob den Bestand des Britischen Empire als ebenso gefährdet an wie die Herrschaft der Briten über Irland.

Seine Skepsis gegenüber dem Wahrheitsgehalt einer alten Ausgabe der ›Daily Mail‹, die er in seinem Hotel in Patras findet, läßt seine Phantasie wandern zu seinem Freund Bonamy, der zurückgezogen in Lincoln's Inn in London haust. Die sich aufs Klassische besinnende harte Moderne steht gegen die Impressionen der Natur, die Bewegungen der Pflanzen, des Wassers, gegen das für Menschen nicht Bewältigbare. Die konstruktivistische Denkweise des Modernismus glaubt, die Welt in den Griff bekommen zu können. Jacobs innere Sicht Bonamys geht wie in einem Gestaltwandel in die Vorstellungen über, die Bonamy von Jacob hat: »Die Plage mit ihm war seine romantische Ader.«[103] Die Auseinandersetzung zwischen dem Klassischen und dem Romantischen wird von Virginia Woolf in ihrem neuen Romanstil behandelt. Klassik und Romantik geben die Horizonte ab für das Leben, das in Wellenbewegungen zwischen ihnen abläuft.

Jacob empfindet seine eigene Einsamkeit als das Geschick aller Menschen: »alle Menschen sind (einsam)«.[104] So richtet sich auch hier die Schwierigkeit für Virginia Woolfs Romankunst immer wieder auf das Gespinst von Gefühlen, Gedanken, Assoziationen, Erlebnissen, Wissensablagerungen, Augenblicken, die recht eigentlich das Leben abgeben. All diese Fäden des Spinnennetzes werden in der Zeit gebaut und auch wieder zerstört: das Leben gestaltet sich als eine Kontinuität im Erlebnisprozeß, als ununterbrochene Folge von inneren und äußeren Augenblicken:

»Doch am nächsten Tag, als der Zug langsam einen Hügel auf dem Wege nach Olympia umrundete, waren die griechischen Bauersfrauen draußen in den Weinbergen; die alten griechischen Männer saßen auf den Bahnhöfen und nippten süßen Wein. Und obwohl Jacob finster blieb, hatte er nie gedacht, wie ungeheuer wohltuend es ist, allein zu sein; heraus aus England; auf eigenen Füßen; abgeschnitten von der ganzen Sache. Es gibt sehr scharfe, kahle Hügel auf dem Weg nach Olympia; und zwischen ihnen das blaue Meer in dreieckigen Räumen. Ein wenig wie die Küste von Cornwall.«[104] Jacob begegnet in Olympia dem Ehepaar Sandra und Evan Williams. Sandra entspricht in ihrer Art dem romantischen Zug Jacobs: »... alles ist sanft und vage und sehr traurig. Es ist traurig, es ist traurig. Aber alles hat Bedeutung, dachte Sandra.«[105]

Die Begegnung der Romanfiguren Virginia Woolfs mit Landsleuten im Ausland scheint die Prägung durch das Heimatland auszudrücken. England läßt sich auch durch räumliche Distanz nicht »abbauen« oder »abschneiden«: es gehört unwiederbringlich zum Persönlichkeitsbild Jacobs. Der Blick auf die fremde Landschaft, auf fremde Kulturgegenstände orientiert sich an den Sehgewohnheiten, an den Blickstrukturen, die der Reisende aus seiner Welt mitbringt.

Sandra Williams beeindruckt Jacob durch ihre Schönheit und Reife, während Evan als Durchschnittsengländer der wohlhabenden oberen Mittelklasse geschildert wird. Sandras »griechische« Schönheit widerspricht dem bullig-melancholischen Wesen ihres Mannes, der Züge von Richard Dalloway trägt — und stimmt völlig überein mit dem »Griechen« Jacob. Evan will eine politische Geschichte Englands schreiben. Er verehrt die Politiker-»Größen« Pitt, Burke und Fox, doch es gelingt ihm nicht, seine Wünsche in einem Werk zu vollenden. Der Langeweile dieses Mannes versucht Sandra durch Tagträumereien und Affairen zu entfliehen: »›Ah, ein englischer Junge auf Tour‹, dachte sie bei sich. Und Evan wußte auch das alles. Ja, er wußte das alles; und er bewunderte sie. Sehr angenehm, dachte er, Affairen zu haben.«[106]

Doch Jacobs Bewunderung für Sandra bleibt im Rahmen romantischer Gefühle. Er fährt mit den Williams nach Korinth. Seine erste Gelegenheit mit Sandra wird ihm gegeben, als sie gemeinsam die Akro-Korinth heraufklettern: »Er war erstaunt, gemessen an seinem eigenen Wissen um die Regeln des guten Benehmens; wieviel mehr konnte gesagt werden als man dachte; wie offen man mit einer Frau sein kann; und wie wenig er sich selbst zuvor kannte.«[107]

Jacobs Reise nach Athen steht für eine weitere symbolische Begegnung mit der Antike, die sich im Parthenon materialisiert. Er versucht — selber Tourist — den verhaßten Massentouristen zu entkommen, um ganz für sich die Dauerhaftigkeit der Karyatiden des Erechtheion und die Säulen in sich aufzunehmen. Das Wesentliche, das Jacob auf dem Parthenon erfährt, läßt sich als die *architektonische Harmonie* des Tempels bezeichnen. Er verbleibt in den philosophischen, stilistischen und ästhetischen Kategorien des englischen 18. Jahrhunderts: Er findet in Griechenland das wieder, was er bereits mitbringt. Sokrates und Platon verlebendigen sich in seiner Imagination nicht. Jacobs Gedanken über die Zivilisation werden unterbrochen durch die plötzliche Empfindung, die ihm anzeigt, daß er Sandra Williams liebt. Die Perspektive Jacobs auf die griechische Kultur schränkt sich auf den Demokratiegedanken ein: Er will über Staat, Geschichte, Parlamentarismus schreiben — wie so viele andere Engländer vor ihm —, eine Tendenz, die in ihm angelegt ist, die auch Evan Williams erkennt: »›Hier ist ein Kerl‹, dachte Evan Williams, ›der sich in der Politik glänzend bewähren könnte.‹«[108]

Während Bonamy im fernen London beim Tee mit Clara Durrant bemerkt, daß sie Jacob liebt, trifft Jacob in Athen erneut mit den Williams zusammen. Die Zeit wird hier als Element benutzt, das die Menschen trennt, sie aber auch wieder zusammenführen kann: »Die fliehende Zeit jagt uns so tragisch voran; das ewige Schuften und Schmarotzen, jetzt bricht es aus in feurige Flammen wie diese kurzlebigen gelben Kugeln zwischen den grünen Blättern (sie sah auf die Orangenbäume); Küsse auf Lippen, die sterben müssen; die Welt dreht sich, dreht sich in Irrgärten von Hitze und Ton — obwohl man sicher ist, daß dies der ruhige Abend ist mit seiner lieblichen Blässe. ›Denn ich bin empfindsam gegenüber jeder Seite des Lebens‹, dachte Sandra, ›und Mrs. Duggan wird mir für immer schreiben und ich werde ihre Briefe beantworten.‹ Jetzt rührte die königliche Militärkapelle, die mit der Nationalflagge vorbeimarschierte, weitere Kreise des Gefühls auf, und das Leben wurde etwas, das die Mutigen besteigen und auf dem sie zum Meer reiten — mit zurückfliegenden Haaren (so stellte sie sich das vor, und die Brise ging leicht über die Orangenbäume hinweg) und sie selbst tauchte auf aus silberner Gischt — als sie Jacob sah. Er stand auf dem Platz mit einem Buch unter dem Arm und sah leer um sich. Daß er einen schweren Körperbau hatte und einmal dick werden würde in der Zukunft war eine Tatsache.«[109]

Am Schluß des Romans taucht die Frage nach Jacob in mehrfacher Brechung wieder auf: Wer ist er? Ist er bloß ein Kürbis? Ist er etwas stupide? »Es hat keinen Zweck, Leute zusammenzufassen. Man muß Hinweisen folgen, nicht genau dem, was gesagt wird, noch völlig dem, was getan wird.«[110] Jacob gilt in der Sicht der Durrants als merkwürdiger junger Mann, der es liebt, zur Jagd zu gehen. Die Gelegenheit zur »großen Jagd« liegt vor Jacob, denn die militärischen Kräfte in Europa formieren sich zum Ersten Weltkrieg. In einem kurzen Abschnitt hat Virginia die unheimliche Bedrohung der Situation konzentriert: »Die Kriegsschiffe strahlen aus über die Nordsee, halten ihre Positionen exakt auseinander. Bei einem festgelegten Signal werden alle Kanonen auf ein Ziel ausgerichtet (der Batteriechef zählt die Sekunden mit der Uhr in der Hand – in der sechsten Sekunde blickt er auf), das in Splittern aufflammt. Mit gleicher Nonchalance steigen ein dutzend junger Männer in der Blüte ihres Lebens mit ruhigen Gesichtern in die Tiefen des Meeres; und dort ersticken sie unbewegt und klaglos trotz vollkommener Beherrschung der Maschinerie. Wie Blöcke von Zinnsoldaten bedeckt die Armee ein Kornfeld, marschiert bergan, hält, zittert leicht hierhin und dorthin und fällt flach auf den Boden, es sei denn, daß man durch Feldgläser sehen kann, wie ein oder zwei Stücke noch auf und nieder rütteln wie Fragmente eines zerbrochenen Streichholzes.«[111] Die Kriegsmaschinerie wird kritisch in den größeren Zusammenhang der Fortschrittsgesellschaft eingeordnet, zu deren Kennzeichen die Handelsbanken ebenso gehören wie die Laboratorien, Kanzleien, Geschäftshäuser, »welche die Welt vorwärts rudern, wie sie sagen.«[112] Der Polizist am Ludgate Circus gerät zum Symbol dieser räuberischen, materialverbrauchenden, menschenfressenden Fortschrittsdynamik, von der »sie« sagen, sie sei nichts anderes als die ungreifbare Lebenskraft selbst.

Bevor Jacob nach England zurückkehrt, trifft er in Athen nochmals mit den Williams zusammen. Sein einsamer Gang auf die Akropolis mit Sandra wiederholt ihren gemeinsamen Aufstieg auf die Akro-Korinth. Sie verabreden sich zu einem Treffen in London, bevor sie sich auf den Weg machen: »Dort lag die Akropolis; aber hatten sie sie erreicht? Die Säulen und der Tempel bleiben übrig; das Gefühl der Lebenden bricht frisch über sie Jahr für Jahr; und was bleibt davon?«[113] Während Sandra sich der Zeit und der raschen Vergänglichkeit des Lebens bewußt ist, stellt Jacob in seiner Jugendlichkeit keine Fragen nach dem »Wofür?«. Die lebensbetonenden Stellen in John Donnes Gedichten, die ihm Sandra schenkte, sind es, die sich Jacob markiert hat.

Doch die Schiffe im Hafen verweisen auf das Meer als Element des Ungewissen, des Todes. Sie erinnern daran, daß zwischen Leben und Vergehen nur ein Augenblick liegt: »Die Dampfer, wiederhallend wie gigantische Stimmgabeln, bestätigen die alte Tatsache — daß es ein Meer gibt, kalt, grünlich, nach außen schwingend. Aber heutzutage ist es die dünne Stimme der Pflicht, die in einem weißen Faden aus der Spitze eines Schornsteins pfeift, welche die größten Massen versammelt, und die Nacht ist nichts als ein langgezogener Seufzer zwischen Hammerschlägen, ein tiefes Atmen — man kann es durch ein offenes Fenster hören sogar im Herzen von London.

Aber diejenigen, außer den Nervenzermürbten und Schlaflosen, oder Denker, die mit der Hand über den Augen auf einen Felsen über der Masse stehen, sehen so die Dinge in den Linien eines Skeletts, bar jeden Fleisches? In Surbiton ist das Skelett in Fleisch eingehüllt.«[114]

Der Roman endet dort, wo er begonnen hat: in London. Auch hier wird die Bewegung der Stadt betont, die Sommerabende: Platanen sind mit Glühbirnen besteckt, doch niemand nimmt die Skelette unter dem Fleisch wahr. Jacob erlebt diesen Sommer in London als den letzten seines Lebens — doch er weiß nicht, daß er in der Blüte seines Lebens seinem Ende so nahe ist.

Als Jacob Bonamy trifft, bemerkt dieser, daß sein Freund verliebt ist, doch die Perspektiven der Frauen, die sich ihrerseits Jacob als Geliebten wünschen, werden an dem Geheimnis seiner Liebe gebrochen. Sie gehört nach Griechenland und bleibt ebenso unerfüllt wie Jacobs Versuch, das Wesen der Griechen zu erfassen. Clara, Fanny, Florinda — alle täuschen sich über Jacob. Allein Julia Eliot sieht die Zerstörung der Menschen voraus: »... dort stieg in ihrem Geist eine merkwürdige Traurigkeit auf, als ob Zeit und Ewigkeit durch Röcke und Westen schimmern würden, und sie sah die Menschen tragisch ihrer Zerstörung zutreiben.«[115] Jede der Romanfiguren hat mit dem eigenen Leben zu tun, in dem je und je die Zeit Veränderungen vornimmt. Griechenland und England verschmelzen ineinander, als Jacob im Hyde Park den Grundriß des Parthenon in den Staub zeichnet, dann aber einen langen Brief Sandras liest. Whitehall erlebt Paraden, das Empire ist gerüstet, »die Flotte stand bei Gibraltar.«[116]

Die Weichen zum Krieg sind vom britischen Kabinett gestellt worden: »Sechzehn Gentlemen... beschlossen, daß der Lauf der Geschichte sich in dieser oder jener Richtung formen sollte...«[117] Die Londoner gehen ihren verschiedensten Beschäftigungen nach. Der Pfarrer Andrew Floyd sieht Jacob zufällig in der Nähe Picadillys und erinnert sich, daß er dem Jungen die Werke Byrons schenkte. Wieder — wie am Anfang — steht Mrs. Pascoe in ihrem Gemüsegarten und blickt aufs Meer hinaus: »Zwei Dampfer und ein Segelschiff kreuzten ihren Fahrtweg; glitten aneinander vorbei; und in der Bucht flogen die Möwen von einem Holzstück auf, kehrten wieder zurück, während einige auf den Wellen hereinkamen und am Rande des Wassers standen, bis der Mond alles zu Weiß bleichte.«[118] Die Aufwärts- und Abwärtsbewegungen des Lebens werden so anschaulich, ebenso wie das Kreuzen der Perspektiven. Wie Schiffe einander auf ihrem Kurs kreuzen, so begegnen und trennen sich Menschen. Über allem, über dem Meer, bleicht der Mond das Leben zum Tode.

Der Krieg hat auch Griechenland erreicht: »Dunkelheit tropft wie ein Messer über Griechenland.«[119] Jacobs Mutter glaubt, das Geräusch von Kanonen auf dem Meer zu hören, doch es sind bloß die Wellen, die in Virginia Woolfs Romanen immer zugleich für die Zerstörung stehen. Die Söhne von Mrs. Flanders kämpfen für ihr Land im Krieg.

Zurück bleibt *Jacobs Zimmer*, zurück bleiben seine persönlichen Dinge, die nur noch auf ihn verweisen. Das Leben geht weiter. Wer Jacob Flanders gewesen ist — das läßt sich nicht sagen.


Der Roman ›Jacobs Zimmer‹ war in Virginia Woolfs schriftstellerischer Laufbahn ein Meilenstein, auch wenn Virginia sich in vielen Äußerungen an Freunde ängstlich über ihr Experiment zeigte. War es schon in jeder Weise gelungen? So schrieb sie am 7. November 1922 an Clive Bell: »Jacob ist nichts als ein Experiment, wie ich immer gesagt habe; ein interessantes Experiment; und nicht mehr: es sei denn, wenn ich durch etwas Diskussion und Kritik aufgestört werde, was eigentlich das Lebensblut ist, daß ich beim nächsten Mal weiter vorstoße.«[120] Die Auffassung, ›Jacob's Room‹ sei »bloß ein Experiment« gewesen, kann man Virginia allerdings nicht abnehmen: der Roman beinhaltet ihr künstlerisches Programm ebenso wie ihre existenzielle Denkweise. In diesem Roman schließt Virginia Woolf auf breiterer Ebene und diesmal aus männlicher Perspektive — zumindest von der Hauptfigur aus gesehen — an ihre Kunst an, wie sie sie in ›The Voyage Out‹ zum erstenmal praktizierte. Diese beiden Romane gehören sicher enger zusammen als bislang angenommen.

Nach Erscheinen von ›Jacob's Room‹ wurde Virginia Ende Oktober zu einer Abendgesellschaft bei Lady Sybil Colefax eingeladen, die sie schon länger kannte. Lady Colefax gehörte zu den Damen der Londoner Gesellschaft, die es sich zur Aufgabe gemacht hatten, bildende Künstler, Schriftsteller, Musiker und Wissenschaftler in ihren Salons zu »sammeln«. An diesem Abend im Oktober 1922 weilte der französische Dichter Paul Valéry unter den Gästen. Valéry hatte kurz zuvor seine Gedichtsammlung ›Charmes‹ (1922) veröffentlicht, welche das weltberühmte Gedicht ›Der Friedhof am Meer‹ enthält, das später von Rainer Maria Rilke übersetzt wurde:

*Dies stille Dach, auf dem sich Tauben finden,*
*scheint Grab und Pinie schwingend zu verbinden.*
*Gerechter Mittag überflammt es nun.*
*Das Meer, das Meer, ein immer neues Schenken!*
*O, die Belohnung, nach dem langen Denken*
*ein langes Hinschaun auf der Götter Ruhn!*[121]

Im November 1922 nahmen die Woolfs Verhandlungen mit dem Verleger Heinemann und mit dem Amerikaner Whitall auf über eine geschäftliche Zusammenarbeit mit der Hogarth Press. Es ging darum, Vertrieb, Versand und Rechnungswesen an den größeren Partner zu überantworten, während die Woolfs für den Verlag (Lektorat) und für die Gestaltung der Bücher zeichnen sollten. Schließlich scheiterten die Verhandlungen, weil Leonard und Virginia Woolf sich nicht einem fremden Willen unterordnen wollten. Immer wieder wurde die Zusammenarbeit mit Ralph Partridge schwierig, der sich nicht entschließen konnte, vollkommen im Beruf des Verlegers aufzugehen. Auf der anderen Seite hing Ralph sehr an der Hogarth Press und trat für deren geistige und künstlerische Unabhängigkeit ein. Doch die Anzeichen mehrten sich, welche zu erkennen gaben, daß die Zusammenarbeit zwischen Ralph Partridge und den Woolfs nicht mehr sehr lange dauern würde, zumal sich besonders Leonard über die Unzuverlässigkeit seines Partners ärgerte. Bei einem Gespräch in Tidmarsh wurde es klar, daß sich beide Parteien trennen würden. Kurz vor Mitte November hatte auch der Verleger Constable in London sein Interesse angemeldet, mit der Hogarth Press zusammenzuarbeiten.

Überdies hatten Leonard und Virginia im ›1917 Club‹ Marjorie Thomson kennengelernt, die sie in der Hogarth Press einstellen wollten. Marjorie hatte an der London School of Economics ein Studium absolviert. Sie lebte mit dem philosophischen Schriftsteller C. E. M. Joad zusammen, für dessen Ehefrau sie sich gern ausgab, worüber sich Virginia amüsierte. Das Angebot zur Anstellung von Seiten der Woolfs für Marjorie kam nun aber keineswegs automatisch. Vielmehr wurde die Kandidatin beim Tee erst einmal »auf Herz und Nieren« geprüft — und sie bestand diese Probe.

Virginia war im ganzen zufrieden mit der Aufnahme von ›Jacob's Room‹. Wie immer Einzelheiten bewertet würden, für sie galt, daß ihr Experiment positiv ausgegangen war. »Und jetzt habe ich eine Menge angenehmer Arbeiten an der Hand und ich bin wirklich sehr fleißig, und sehr glücklich, und möchte nur sagen Zeit steh' still hier; was — so denke ich — nicht viele Frauen in Richmond sagen könnten.«[122] Von ihrem Roman verkaufte die Hogarth Press bis Ende November 1922 850 Exemplare: »Die Leute — meine Freunde, meine ich — schienen übereinzustimmen, daß es mein Meisterwerk ist, und der Ausgangspunkt für neue Abenteuer.«[123]

Leonards Wahlkampagne ging mit großen Anstrengungen für ihn zu Ende. Auch er durfte sich mittlerweile zu den Berühmtheiten zählen, forderte ihn doch die angesehene ›New

York Times‹ auf, monatlich einen Artikel für sie zu schreiben. Inzwischen wurde Leonard Woolf selbst Gegenstand von Aufsätzen, die sich mit seiner Bedeutung für die soziale Bewegung und für die Internationale Politik beschäftigten. Mitte November fielen die Würfel: Die beiden vormaligen Unterhausabgeordneten wurden wiedergewählt. Virginia konnte aufatmen, hatte sie doch an Lady Cecil geschrieben: »Wenn er (ich spreche von Leonard) hereinkommt, lasse ich mich von ihm scheiden.«[124]

Im Dezember entwickelte Virginia in einem Brief an den befreundeten Maler Jacques Raverat den Plan einer Spanien- und Frankreichreise, auf der sie Raverat besuchen wollten, aber auch Gerald Brenan. Brenan lebte auf einem Berg in der Nähe Granadas als Schriftsteller. Diese Reise war für März/April 1923 vorgesehen.

Über den ganzen November und auch im Dezember erstreckten sich die Versuche, den Hilfsfond für T. S. Eliot so zu organisieren, daß Eliot auch praktische Vorteile genießen konnte. Virginia machte sich sehr viel Mühe mit diesem Projekt, was ersichtlich wird aus ihren mannigfachen Briefen, die sie in dieser Angelegenheit schrieb. Rückblickend faßte Virginia Woolf den Herbst 1922 in den Worten zusammen: »Dieser Herbst war vielleicht der betriebsamste meines saumseligen Lebens.«[125]

Der Wechsel von Richmond nach Rodmell gehörte mittlerweile zu den Lebensrhythmen der Woolfs fast so wie das Ein- und Ausatmen. Am 15. 12. 1922 hatte sich nun auch endgültig entschieden, daß Ralph Partridge die Hogarth Press verlassen sollte. Um den 20. Dezember fuhren Leonard und Virginia in ihr Landhaus, wollten aber nur bis zum 1. Januar dort bleiben.

Inzwischen hatte sich neuer Klatsch in Bloomsbury verbreitet: Maynard Keynes liebte die russische Tänzerin Lydia Lopokova. Er hatte sie dazu gebracht, sich am Gordon Square einzumieten. Virginia beschwor Vanessa, Maynard aus dieser Beziehung zu »retten«. In ihrer Vision sah sie schon 46 Gordon Square als Wohnsitz eines Kabinettsministers J. M. Keynes, in dem sich Herzöge und Premierminister die Klinke in die Hand gaben, ein unerträgliches Bild für Virginias Bloomsbury-Ideal.

Ende des Jahres verbesserte sich das Verhältnis zwischen den Woolfs und Ralph Partridge und mündete in eine Art Weihnachtsfrieden. Für Virginia ergab sich eine wichtige persönliche Begegnung im Dezember. Sie traf bei einem Dinner mit Clive Bell erstmals Vita Sackville-West. Wenig später wurde Virginia von Vita in ihr Londoner Stadthaus in der Ebury Street zu einem Dinner eingeladen, an dem auch Clive Bell und Desmond MacCarthy teilnahmen. Vitas Buch ›Knole and the Sackvilles‹ war gerade erschienen, und in ihrem ersten Brief an Vita erbat Virginia Woolf die Zusendung eines Exemplars. Sie ahnte nicht, daß sie in eine ihrer wichtigsten menschlichen Beziehungen eingetreten war.

Am 1. Januar 1923 kehrten die Woolfs nach London zurück. Virginia besuchte sogleich Vanessa und ihre Familie am Gordon Square. Vanessa, Quentin und Julian hatten Weihnachten in Cleeve House, dem Landsitz von Clive Bells Eltern in Wiltshire verbracht. Virginia war erstaunt, als sie die großen und so klugen Kinder Vanessas sah. Das Mutterglück ihrer Schwester deprimierte sie, denn Virginia wünschte sich selber Kinder und beneidete Vanessa um ihren Lebensstil.

In aller Aufrichtigkeit sich selbst gegenüber hatte sich Virginia zu dem Grundsatz durchgerungen: »Tu niemals so, als ob Kinder durch irgend etwas anderes ersetzt werden könnten.«[126] Virginia empfand mit Blick auf Vanessas drei Kinder, daß ihr eigenes Leben zuzeiten leer für sie erschien. Doch sie ließ die »Flügel« immer nur für eine Weile hängen, konzentrierte sich dann wieder auf ihren Weg, auf dem sie tapfer fortschritt, wohl wissend, daß ihre Melancholie sie nie loslassen würde.

Virginia pflegte ihre Beziehungen zu Vita Sackville-West, indem sie Vita zu sich einlud. In Rodmell waren beide Dienstmädchen an Masern erkrankt, so daß das Woolfsche Besuchsprogramm in Mitleidenschaft gezogen wurde. Immerhin verließ Roger Fry und Molly MacCarthy nicht der Mut, zu den Woolfs herauszufahren.

In der kalten Winternacht des 6. Januar 1923 besuchten Leonard und Virginia eine Verkleidungsparty in 46 Gordon Square, die unter dem Motto von Shakespeares ›Twelfth Night‹ stand. Die Freunde kleideten sich in Vanessas Haus No. 50 Gordon Square um, und dann ging es hinüber zum Haus No. 46. Clive Bell führte stolz Virginia und Mary Hutchinson in den Salon. Die meisten Gäste hatten sich ein orientalisches Aussehen gegeben, was dazu beitrug, daß sich Virginias Partygefühl unmittelbar entfalten konnte: »Angenommen, der normale Puls ist 70: in fünf Minuten war er 120: und das Blut, nicht die klebrige, weißliche Flüssigkeit des Tages, sondern brillant und prickelnd wie Champagner. Das war mein und der meisten Leute Zustand. Wir stießen zusammen, wenn wir uns trafen, gebrauchten Vornamen, schmeichelten, lobten und dachten (oder ich dachte) an Shakespeare. Auf jeden Fall dachte ich an ihn, als gesungen wurde. Shakespeare, dachte ich, würde uns an diesem Abend alle gemocht haben.«[127] Lydia Lopokova tanzte, man veränderte in spielerischer und mutwilliger Weise Kinderverse oder agierte Shakespeare-Rollen. Virginia zweifelte daran, daß sich ihre Eltern so köstlich hätten amüsieren können.

Die Hogarth Press wirkte 1923 im Inhalt und in der modernen Aufmachung ihrer Bücher noch revolutionärer als zuvor, so daß die Woolfs es mit den meisten traditionsbewußten Buchhändlern schwer hatten, akzeptiert zu werden. Wenn heute Autoren wie T. S. Eliot als »moderne Klassiker« gelten, so war das in den Zwanziger Jahren noch längst nicht so. Die wohlanständigen Vertreter des damaligen Kulturbetriebs hielten die Hogarth-Autoren für Bohéme, womit sie eine negative Interpretation verbanden.

Dennoch unterdrückten diese Leute nicht ihre Neugierde an den Künstlern im »grünen Wagen«.[128] Der Verlag war immer noch ein merkwürdiges Unternehmen: die Bücher wurden in der Speisekammer von Hogarth House gedruckt und im Eßzimmer gebunden. Die kaufmännischen Arbeiten erledigte Leonard Woolf in seiner kargen »Freizeit«, so daß alle Seiten des Unternehmens einen kuriosen Anstrich besaßen. Virginia arbeitete intensiv an ihrem neuen Roman, der später ›Mrs. Dalloway‹ heißen sollte, sowie an ihrem Griechenlandkapitel für den ›Common Reader‹; ihre Vorbereitungen waren umfangreich; denn sie las Aeschylus, Platon sowie Sekundärliteratur über antike Literatur und Philosophie. Daneben schrieb sie wie sonst Buchbesprechungen, las Proust, korrespondierte mit der »neuen Erscheinung Vita«.

Am 9. Januar war K. M. (Katherine Mansfield) in einem Krankenhaus in Fontainebleau gestorben, wo sie seit Oktober

1922 lebte. Virginia vergaß Katherine nicht. Sie las ihre alten Briefe, reflektierte über Freundschaft und Schriftstellerkonkurrenz. Wieder einmal empfand sie ihre Unfähigkeit zu trauern, doch wird ihr Katherine in der Phantasie lebendig. Für Virginia bestand immer wieder das Problem, mit der Vergänglichkeit der Menschen fertig zu werden, auch und gerade mit ihrer eigenen. Warum hört alles mit dem Tode auf? Warum geht das Leben gnadenlos weiter, als ob nichts geschehen wäre? An Katherine Mansfield erfuhr Virginia das Geheimnisvolle des anderen Menschen, mit dem man Gemeinsamkeiten vermuten kann, von denen man aber nie sicher weiß. Virginia fühlte sich zwei Tage lang — nachdem die Todesnachricht eingetroffen war — alt, »middle-aged«. Sie konnte nicht schreiben, fand sich aber im Gedanken an das, was ihr selbst zu tun blieb. Doch im ganzen schwebte Melancholie über ihr. Hinzu kam, daß Leonard und sie erkältet waren. Virginia hatte Fieber, der Arzt dachte daran, sie einer Mandeloperation zu unterziehen. Ungeachtet ihrer Krankheit versuchte Virginia Woolf auch im Januar 1923, das T. S. Eliot-Stipendium zustandezubringen. Eliot selbst verhielt sich zögernd und skrupulös gegenüber diesem Hilfeversuch seiner Freunde.

Ende Januar nahm Marjorie Thomson ihre Ganztagsarbeit als Manager der Hogarth Press auf. Die Woolfs überlegten, ob sie wieder nach London ziehen sollten, um die Vorteile der Stadt unmittelbar nutzen zu können — und um Virginias Wunsch nach Rückkehr zu willfahren.

Doch Leonard zögerte. Er sprach sich für ein Verbleiben in Richmond aus, weil er die dortige Ruhe für besser hielt, um Virginias Gesundheit zu stabilisieren.

Die Woolfs fuhren Anfang Februar für ein paar Tage nach Cambridge. Sie besuchten eine Aufführung des Sophokleischen ›König Ödipus‹, trafen Lytton Strachey sowie den Professor für englische Literatur Sir Arthur Quiller-Couch. Natürlich besuchten Leonard und Virginia auch die Moores. Sie trafen den genialen Mathematiker Frank P. Ramsay, der von Russell und Keynes hoch geschätzt wurde, aber sehr früh starb. Ramsay wurde Fellow von King's College; sein jüngerer Bruder errang später die hohe Stellung des Erzbischofs von Canterbury. Während eines Dinners in Maynard Keynes Räumen im King's College bewunderte Virginia die dort von Vanessa und Duncan bemalten Paneele.

Virginia fühlte sich immer noch nicht ganz genesen von ihrer Grippe, doch sie schrieb emsig mit Waterman's violetter Tinte Briefe an ihre Freunde: an Clive, Maynard oder an Violet Dikkinson. Auch blieb Virginia sehr aktiv in der Eliot-Angelegenheit. Ihre Beziehungen zu Vita Sackville-West und zu Marjorie wurden enger: »Ich mag Mrs. Nicolson: kein Unsinn um sie herum.«[129] Über Marjorie schrieb Virginia an Clive Bell: »Ja, ich habe mich in (Marjorie)... verliebt und ihr meinen Füllfederhalter zum Reparieren gegeben.«[130] Am 18. Februar, nach einem Besuch der Woolfs bei Lady Ottoline Morrell, kamen spontan die Nicolsons bei ihnen vorbei. Virginia notierte über Vita in ihr Tagebuch: »Sie ist eine ausgesprochene Lesbierin und mag... ein Auge auf mich geworfen haben. Snob, der ich bin, führe ich ihre Leidenschaft 500 Jahre zurück, und sie wird romantisch für mich wie alter goldener Wein.«[131]

Maynard Keynes kaufte mit einigen liberalen Geldgebern zusammen die Zeitschrift ›Nation‹, die bislang den Rowntrees gehörte. Er wurde Aufsichtsratsvorsitzender des Unternehmens. Nach einem langen Hin und Her, in das auch T. S. Eliot verwickelt war, nahm Leonard das Angebot Keynes an, als literarischer Herausgeber des Blattes zu arbeiten. Doch diese Entwicklung dauerte ihre Zeit, so daß Leonard depressiv wurde und sich vorwarf, in seinem Beruf ein Versager zu sein. In der Folge lief ein vielseitiges Spiel hinter den Kulisssen ab, an dem sich auch Virginia in positiver Weise beteiligte.

Zunächst setzte sich Virginia dafür ein, daß T. S. Eliot den vakanten Posten bei der Zeitschrift ›Nation‹ erhalten sollte. Leonard Woolf machte sich bis zur Entscheidung der ›Nation‹-Frage ständig Sorgen darüber, ob Virginia und er jemals »respektable Persönlichkeiten« werden würden. Schließlich löste sich die Angelegenheit dadurch, daß Eliot nicht den Mut hatte, dieses Amt zu übernehmen, so daß Leonard Woolf die Stelle erhielt.

Immer, wenn Virginias Verfassung es erlaubte, konnte sie sich weitgehend von den Menschen zurückziehen. Dies kam öfter bei zu großer Beanspruchung durch Gäste und gesellschaftliche Verpflichtungen vor. Mit ihrem wirksamsten Mittel führte Virginia ihre Unsichtbarkeit herbei: »Sobald ich meine Klauen zum Schreiben bekomme, bin ich sicher.«[132]

Die immer noch unsichere Finanzlage der Woolfs bedeutete für Virginia, daß sie nicht stetig an ›Mrs. Dalloway‹ und am ›Common Reader‹ arbeiten konnte. Virginia mußte Besprechungen übernehmen, um Geld zu verdienen. So konnte sie unmöglich ein festes Arbeitsprogramm einhalten, obwohl sie dies immer wieder zu planen versuchte.

Im April des Jahres 1923 fuhren Leonard und Virginia nach Spanien. Diese Reise hatten sie sich schon lange gewünscht, denn ihre letzte Auslandsreise hatten sie im Jahre 1912 gemacht. Am 27. März fuhren die Woolfs mit der Kanalfähre von Newhaven nach Dieppe, von dort mit der Eisenbahn nach Paris und über Madrid nach Granada, um Freunde zu besuchen. Von Madrid aus schrieb Virginia einen Dankesbrief an Vita Sackville-West, weil diese erfolgreich angeregt hatte, daß Virginia Woolf in den P.E.N.-Club aufgenommen werden sollte. Doch Virginia lehnte den Beitritt zum P.E.N.-Club ab mit der Begründung, es handle sich dabei in erster Linie um einen »dining club«, dem sie von Richmond aus nicht angehören könne wegen der schlechten Verkehrsverbindungen. Selbst im Urlaub nahm Virginia die englischen Verhältnisse über ihre Korrespondenz mit. Von Granada aus fuhren Leonard und Virginia weiter mit dem Bus, benutzten sodann Maulesel, um zu dem einsamen Ort Yegen zu gelangen. Dort in der Sierra Nevada bewohnte ihr Bekannter Gerald Brenan, ein Schriftsteller, ein altes Bauernhaus. Brenan war ein Freund von Ralph Partridge, der die Hogarth Press im März 1923 verlassen hatte. Die Woolfs blieben vom 5. bis zum 13. April in Yegen und traten dann in Begleitung von Gerald Brenan die Rückreise an.

Viele Jahre später erinnerte sich Gerald Brenan an den Besuch der Woolfs: »Virginia schien, obwohl still, aufgeregt zu sein wie ein Schulmädchen im Urlaub.«[133] Sie wandelte sich zu einer fröhlichen, unbeschwerten und freien Persönlichkeit unter dem Einfluß der südlichen Sonne. In Granada besuchten die Woolfs den Generalife-Garten. Leonard und Gerald gingen sogar zum Stierkampf. Doch selbst von Spanien aus blieb Virginia inmitten des Bloomsbury-Netzes. Botschaften und Briefe gingen hin und her, so daß Virginia über die Neuigkeiten informiert war. Mit Gerald Brenan führte sie überdies »zwölfstündige« Gespräche über Literatur.

Die Route der Woolfschen Rückreise aus Spanien verlief über Almeria, Murcia, Alicante, Valencia bis nach Perpignan. Von Perpignan ging es weiter über Montanban nach Paris. Virginia und Leonard fuhren nicht gleichzeitig nach England zurück. Leonard trat seine Rückreise schon am 24. April an, weil er in London seinen Posten als literarischer Herausgeber der Zeitschrift *Nation* übernehmen mußte. Virginia kehrte erst am 27. April nach London zurück. Wegen Leonards Verpflichtungen in London mußte ein Besuch bei dem Maler Jacques Raverat in Vence ausfallen. In Paris besuchte Virginia verschiedene Galerien, auch den Louvre, betrachtete vor allem die Gemälde von Poussin. Sie liebte es zudem, in den Straßencafés zu sitzen und die Menschen zu beobachten. Da Virginia ohne das Schreiben nicht leben konnte, arbeitete sie in den paar Tagen in Paris an einem Aufsatz über George Gissing. Doch Leonard fehlte ihr so, daß sie froh war, nach England zurückzukehren.

Virginia schrieb an ihrem Roman ›Die Stunden‹, an dem sie bereits 1922 gearbeitet hatte. Für ihren Essay-Band ›Reading‹, später ›The Common Reader‹, setzte sie die Lektüre griechischer Autoren fort. Dieser Essayband reichte thematisch von der Antike bis ins 20. Jahrhundert. Es ist erstaunlich, welch immense Lektüre die Essays voraussetzten und wie phantasievoll und inhaltsreich Virginias Beiträge waren. Sie schrieb über Chaucer, Shakespeare, über Autoren vom 17. bis zum 20. Jahrhundert, über russische Schriftsteller, aber auch über das Lesen, die Theorie des Romans, über Themen der Emanzipation, der Weiblichkeit, des viktorianischen Zeitalters.

Virginia half Leonard bei seiner neuen Aufgabe als literarischer Herausgeber der *Nation*, indem sie den Besprechungsteil der Zeitschrift organisierte. Leonards Arbeitspensum wurde aber nicht nur von der Zeitschrift bestimmt; er mußte die Hogarth Press leiten und schrieb auch noch an seinem neuen Buch ›Nach der Sintflut‹.

Doch Virginia verrichtete auch ganz praktische Arbeiten. Jeden Nachmittag half sie Marjorie Thomson, packte Pakete, lektorierte Manuskripte und setzte. Sie schrieb Besprechungen für *Nation* — war also, wenn man noch an ihre eigenen literarischen Arbeiten denkt, voll ausgelastet. »Die Apfelblüten kommen heraus und die Bienen sind fleißig, aber um große Geldsummen zu verdienen, muß ich hier über meinen Büchern sitzen.«[134]

In diesen Wochen geriet Adrian Stephen in eine Krise. Er machte eine Psychoanalyse durch, da er selbst Psychoanalytiker werden wollte. Viginia nahm großen Anteil an seinem Leiden, denn seine »zerstückelte Seele« machte Schwierigkeiten bei der Zusammenfügung. Das fehlende Element war Adrians Unfähigkeit, sein Leben zu genießen. Virginia erkannte hierin hellsichtig die »Stephen-Neurose«. Sie glaubte, Adrian sei als Kind verkümmert, weil sich die älteren Geschwister ihren eigenen Freunden zugewandt hatten. Karin Stephen vermochte die abgesunkenen Gefühlsbereiche in Adrian nicht lebendig werden zu lassen. Und Virginia sagte über sich: »Ich konnte es auch nicht. Hätte Mutter gelebt oder wäre Vater abgeschirmt worden — nun, es ist zu hoch veranschlagt, dies Tragödie zu nennen... Was mich betrifft, ich zweifle daran, daß das Familienleben alle Kraft des Bösen besitzt, die ihm zugesprochen wird, oder daß die Psychoanalyse alle Kraft des Guten besitzt.«[135] Virginia drückte sich doppeldeutig aus. Zumindest verdrängte sie den wahren Sachverhalt: die Tragödie der Stephen-Kinder. Doch in ihrem Brief an Vanessa vom 24. 5. 1923 gab sie zu: »... es ist alles unser Tun. Er war schon als Kind unterdrückt.«

Die Hogarth Press barst im Mai vor Arbeit, so wurden Herbert Reads ›Wandlungen des Phönix‹ und E. M. Forsters ›Pharos und Pharillon‹ veröffentlicht. Virginia blieb immer noch bei ihrem Arbeitstitel für ihren Roman, den sie ›Die Stunden‹ nannte.

Am 2. Juni fuhren Leonard und Virginia zu Lady Ottoline Morrell in ihr Landhaus Garsington bei Oxford. Dort waren siebenunddreißig Personen zum Tee geladen. Als Virginia einige Tage nach ihrem Besuch in Garsington Ottoline traf, bemerkte sie, daß sie mitgenommen aussah — und bezog dies auf die siebendreißig Jünglinge aus Oxbridge. — Ottoline legte ihr bekanntes egozentrisches Verhalten in Garsington an den Tag. Die Woolfs fuhren zusammen mit Lytton Strachey per Eisenbahn nach Oxfordshire.

Virginia und Lytton redeten ununterbrochen über griechische Baukunst, die sie mit der Kraft und Architektonik des Sophokles verglichen. Lytton hatte im Frühjahr mit Carrington und Ralph Partridge zusammen eine zweimonatige Mittelmeerreise gemacht, so daß er von seinen persönlichen Eindrücken der antiken Kultur berichten konnte. Edward Sackville-West, ein Vetter Vitas und T. S. Eliot-Verehrer war ebenfalls in Garsington anwesend. Virginias erster Eindruck seiner Person war nicht sehr schmeichelhaft. »Eddy« kam ihr wie ein sich zierendes Ladenmädchen vor.

Virginia interessierte sich brennend für ihren neuen Roman, und Garsington erregte in ihr den Wunsch, Kritik am Habitus der Aristokratie zu üben: »Ich möchte die Verächtlichkeit solcher Leute wie Ottoline (in den Roman) hineinbringen: ich will die Schlüpfrigkeit der Seele wiedergeben. Ich bin zu oft zu tolerant gewesen. Die Wahrheit ist, daß die Leute sich kaum umeinander kümmern. Sie besitzen diesen krankhaften Lebensinstinkt. Aber sie wenden sich niemals etwas zu, das außerhalb ihrer liegt.«[136] Am 18. Mai hatte sie in demselben Geist an Roger Fry geschrieben: »Wenn ich zu diesen Tee-Parties gehe, scheinen alle wie verzauberte Leute zu sein, festgekettet an einen bestimmten Fleck des Teppichs, den sie aus Todesangst nicht überqueren können.«[137]

Die Londoner Saison befand sich Mitte Juni in vollem Schwange. Virginia nahm an vielen Veranstaltungen teil, besuchte Konzerte, hörte Edith Sitwells modernistische Lyrik-Lesung mit Megaphon in der Aeolian Hall: »Ich verstand zu wenig, so daß ich nicht urteilen kann.«[138] Letztlich war die Fülle der Eindrücke und die Menge an Arbeit zu groß für Virginia in diesem Frühsommer: »London ist krampfhaft fröhlich, das heißt: ich esse in bescheidenen Restaurants, ging neulich in die Oper und einen Abend ins italienische Puppenspiel, einen Abend zu Nessa, einen Abend zum Dinner mit Maynard, und Leonard ist erschreckend fleißig. Wir treffen uns öfter im Treppenhaus als sonstwo, und ich bin nicht sicher, daß die Glorien der *Nation* soviel Energie wert sind.«[139]

Virginia beschrieb ihre Stimmungen, die sich auch in ihrem späteren Roman ›Mrs. Dalloway‹ spiegelten. Sie wurde von außergewöhnlichen Gefühlen durchdrungen, von einer sehr starken Erregung, die die Poesie der Existenz zum Ausdruck bringen.

Diese Gefühle verbanden sich für Virginia mit Bildern des Meeres und von St. Ives: »Ich habe ein Empfinden für das Dahinfliehen der Zeit.«[140] Virginia erkannte, daß sie ›Die Stunden‹ aus Liebe zu den Wörtern schrieb, daß sie Leben und Tod, Gesundheit und Krankheit vermitteln wollte, aber es ging ihr auch um eine Kritik am englischen Gesellschaftssystem. Sie empfand, daß sie als Erzählerin aus dem Erzählten zurücktreten müsse. Vor allem die Teile des Romans, die sich mit der Geisteskrankheit des Septimus Warren Smith befaßten, faszinierten Virginia, nahmen sie aber auch über Gebühr gefangen, forderten ihrer Kreativität übermäßige Anstrengungen ab. Virginia befaßte sich mit der Frage, was Wirklichkeit im Roman sei, und bekannte, ihre Wirklichkeitsvorstellung konzentriere sich auf das menschliche Innere, nicht auf die Darstellung außenweltlicher Ereignisse. Sie fragte sich: »... habe ich die Kraft, die wahre Wirklichkeit zu vermitteln? Oder schreibe ich Essays über mich selbst?«[141] In einem Brief an Jacques Raverat schrieb Virginia von ihrem »Sinn für die Vergänglichkeit der Existenz und die Unwirklichkeit der Materie.«[142] Sie mußte mit ihrem neuen Roman ringen; wenn auch der freie Gebrauch der schöpferischen Vermögen sie beflügelte, so brachten die Frage des Romanaufbaus viele Schwierigkeiten mit sich.

Virginia hatte sich gewünscht, den Roman in einem Zug zu Ende zu schreiben, doch für ein solches Vorgehen blieb der gesteckte Rahmen zu anspruchsvoll.

Der Plan, von Richmond wieder nach London zu ziehen, intensivierte sich in Virginias Innerem. Über sie brach aller Jammer des Vorstädters herein: Sie sehnte sich danach, im Zentrum Londons zu leben, an allem teilzunehmen, keine Zeit mit Bus- und Zugfahrten zu verlieren, sich alle Abwechslungs- und Informationsmöglichkeiten zu verschaffen, die sie brauchte: Theater, Konzertsäle, Oper, Kunstgalerien, Museen, Buchhandlungen, Antiquariate, die Universität, Bibliotheken, vor allem die British Library.

Im Sommer 1923 fühlte sich Virginia im Grunde wohl, sie legte Energie und Kraft an den Tag, arbeitete zügig und freute sich über ihr Einbezogensein in die quirlige Welt Londons.

Mittlerweile hatten sich ihre Beziehungen zu amerikanischen Zeitschriften und Verlagen verstärkt, so daß sie sowohl für englische als auch für amerikanische Häuser schrieb.

Das vergangene halbe Jahr 1923 betrachtete Virginia als erfolgreich, wenn es auch Anstrengungen mit sich brachte. Sie wußte, daß sie wichtige Hürden genommen hatte. Schließlich war sie mit ihrem Roman vorangekommen und auch das ›Common Reader‹-Projekt hatte Fortschritte gemacht. Virginia nahm sich für ihr weiteres schriftstellerisches Leben vor, sich nicht auf ein Gebiet zu beschränken, sondern ihre Aktivitäten immer noch mehr zu steigern: »Ich arbeite auf verschiedenen Gebieten und mit Zielstrebigkeit.«[143]

Das Intervall-Arbeiten gehörte zu den Selbstverständlichkeiten ihres Alltags: Beschäftigung mit dem Common Reader, dem Roman, verschiedenartige Lektüren und Exzerpieren sowie Tätigkeit im Verlag wechselten einander ab. Für den Sommeraufenthalt in Rodmell nahm sich Virginia viel vor: »... und ich werde hart, hart, hart arbeiten in jedem Sinne in Rodmell.«[144]

Die Hogarth Press hatte inzwischen T. S. Eliots von Virginia eigenhändig gesetztes ›The Waste Land‹ für den Druck abschließend vorbereitet, so daß dies zu den wichtigsten Gedichten des 20. Jahrhunderts gehörige Werk im August erscheinen konnte. Auch waren über Virginia Woolf inzwischen verschiedene Arbeiten erschienen. Clive Bell verfaßte einen Aufsatz über seine Schwägerin für die amerikanische Zeitschrift DIAL. David Garnett besprach in derselben Zeitschrift im Juli 1923 ›Jacob's Room‹.

Der Sommer entfaltete sich prächtig in Rodmell. Es gab Besuche in Charleston, wo die Woolfs die Maler Roger, Vanessa und Duncan, aber auch Vanessas Kinder trafen: »Ich sollte sagen, daß das Wetter vollkommen ist. Sanft wie ein Kissen, blau bis ins Herz.«[145]

Im August, den die Woolfs im Monks House verbrachten, wurde sich Virginia klarer über den Aufbau ihrer Essaysammlung. Sie dachte an eine chronologische Ordnung ihrer Aufsätze, wollte die Entwicklung der englischen Literatur auf diese Weise beleuchten, zudem aber Seitenblicke auf andere europäische Nationalliteraturen werfen sowie zu romantheoretischen

Problemen Stellung nehmen. Der erste Band des ›Common Reader‹ erschien im Jahre 1925 und war Lytton Strachey gewidmet. Virginias Überlegungen zum ›Common Reader‹ wurden allerdings immer wieder gestört durch die schwierige Aufgabe, ihren Roman zu beenden. Dieser Roman sei das quälendste und brechungsreichste Buch, das sie bislang geschrieben habe: »Einige Teile sind so schlecht, andere so gut; ich bin sehr interessiert; ich kann noch nicht aufhören, ihn zu verbessern. Was ist los damit? Doch ich will mich erfrischen, nicht abtöten, so sage ich nichts mehr. Nun muß ich dieses merkwürdige Symptom festhalten; eine Überzeugung, daß ich weitermachen werde, es durchschauen werde, weil es mich interessiert, das Buch zu schreiben.«[146] Überhaupt neigte Virginia im August 1923 für eine Weile zum Trübsinn, so daß sie sich gegen einen Anflug von Menschenfeindlichkeit wappnen mußte. Sie erwartete von diesem sehr heißen Sommer — dessen Temperaturen sie mit denen von Alicante verglich — alles und einander Widersprechendes auf einmal: »... ein sehr glückliches Leben, aufs Ganze gesehen, obwohl ich ziemlich unruhig werde mit meiner Sehnsucht zu schreiben, meiner Sehnsucht zu lesen, meiner Sehnsucht zu reden und allein zu sein und Sussex zu erforschen und ein vollkommenes Haus zu finden und bei einem Konzept der Bedeutung aller Dinge anzugelangen.«[147] Zur Erholung hatte Virginia die Komödie ›Freshwater‹ geschrieben, die von ihrer Großtante Julia Margaret Cameron und Lord Tennyson handelte.

Vom 7. bis zum 10. September besuchten die Woolfs Maynard Keynes und Lydia Lopokova in ihrem herrschaftlichen Haus in Studland (Dorsetshire). Sie trafen dort jüngere Freunde Maynards, so Raymond Mortimer und George Rylands. Virginia versuchte, sich ihre Romanfigur Rezia Smith vorzustellen und verfiel dabei auf Lydia Lopokova als Muster. Doch sie mochte Lydia überhaupt nicht. Virginia hielt sie für unkultiviert und für ein »goldenes Nichts«. In einem Brief an Jacques Raverat spottete sie scharf über Maynards Freundin und warf ihr vor, noch nicht einmal die Grundsätze weiblicher Dezenz zu beherrschen. Virginia stellte sich Lydia als Eichhörnchen vor, das in der Ecke sitzt, seine Pfoten erhoben, und Shakespeare auswendig lernt, ohne etwas zu begreifen. In Wutausbrüchen reklamierte Lydia eine solche Persönlichkeit zu sein wie Virginia, Vanessa oder Molly, doch dies blieb eine Geste in der Luft wie beim Tanz, den Virginia verachtete. Die Woolfs machten zusammen mit ihren Gastgebern und den anderen Gästen einen Ausflug nach Lulworth im Hardy-Land. Thomas Hardys Romanfigur Tess (›Tess of the Durbervilles‹) hatte sich in dieser Gegend aufgehalten — in der Nähe von Windon Abbey. Virginia und Leonard fuhren über London nach Rodmell zurück.

Die Stadt, aufgeheizt von der Sonne, gab eine ausdörrende Hitze ab und erschien Virginia, die ganz im Sommer und seiner Landschaftsstimmung befangen war, als langweilig. Am 18. September fuhren die Woolfs noch einmal nach London, weil Leonard geschäftlich in der Stadt zu tun hatte. Lytton und die Partridges kamen unerwartet zum Hogarth House, dann Vanessa und Duncan Grant, schließlich traf noch E. M. Forster ein.

Anfang Oktober vollendete Virginia ihre Komödie ›Freshwater‹ und schickte Abschriften an Vanessa, Lydia und Desmond, weil sie daran dachte, das Stück von ihren Freunden aufführen zu lassen. Mitte Oktober 1923 berichtete Virginia von einem merkwürdigen Erlebnis: Sie wollte Leonard per Fahrrad in Rodmell vom Bahnhof abholen, während es stürmte. Sie wartete unter großen Bäumen in Ilford auf Leonards Bus, doch der fuhr vorbei, so daß sie von einem Gefühl unendlicher Einsamkeit überkommen wurde. Virginia traf Leonard auch nicht am letzten Zug in Lewes, so daß sie sich entschloß, mit dem Zug nach London zu fahren. Doch im letzten Augenblick sah sie Leonard und gab ihre Fahrkarte zurück.

Virginia verfolgte ihren Plan, wieder in London zu wohnen, mit großer Energie. Sie sah sich deshalb Häuser an, die für ihre Bedürfnisse in Frage gekommen wären. Die Hogarth Press verhandelte parallel mit dem jungen Dadie Rylands wegen einer neuen Partnerschaft. Mitte des Monats schrieb Virginia die 100. Seite ihres späteren Romans ›Mrs. Dalloway‹ fertig und glaubte, sich gerade in den Roman hineingeschrieben zu haben. Sie sprach davon, ihren »tunnelling process« gewonnen zu haben.

Am 3. November hoffte Virginia, ein passendes Haus gefunden zu haben, nämlich 35 Woburn Square — dem Gordon

Square in Richtung Russell Square direkt gegenüber. Sie schätzte das Haus so sehr, daß sie selbst 500 Pfund Sterling im Jahr dafür ausgeben wollte. Doch die Woolfs nahmen dieses Haus schießlich nicht. Mitte des Monats November erklärte Virginia ihre Vorarbeiten zum Griechenkapitel ihrer Essay-Sammlung für beendet und schrieb es endlich auf.

Die Woolfs fuhren nochmals kurz nach Rodmell und kamen am 3. Dezember nach Richmond zurück. Virginia versuchte sich darüber klar zu werden, welchen Weg sie im letzten Jahr zurückgelegt hatten und ob sie mittlerweile wirklich im Bewußtsein der Öffentlichkeit einen beachteteren Platz gefunden hatten. Doch diese Probleme wurden überschattet vom Unglück Adrian Stephens, von dem es hieß, er würde sich von seiner Frau Karin trennen. Virginia traf den völlig verzweifelten Adrian in 46 Gordon Square und wurde von seiner Verzweiflung mitgerissen, weil sie ihm nicht helfen konnte. Die alten Traumata der Kindheit kamen in Virginia wieder hoch, und sie erinnerte sich an das Wort eines Freundes der Familie: »Das Dictionary of National Biography zerstörte sein Leben, bevor er geboren wurde.«[148]

Virginia fühlte sich vor ihrer Weihnachtsfahrt mit Leonard nach Rodmell erstarrt und überfordert von Besuchern, Gesprächen, Arbeit — sie hatte vier Buchmanuskripte für die Hogarth Press zu lesen — und Plänen, so daß sie nicht zu kreativer Tätigkeit aufgelegt war. Am 21. Dezember 1923 brachen Leonard und Virginia zum Monks House auf und fuhren am 28. des Monats zum Dinner nach Charleston.

Bereits Neujahr 1924 kamen die Woolfs ins Hogarth House zurück. Virginia beabsichtigte sofort, ihre Haussuche in London wieder aufzunehmen. Sie plante, Hogarth House zu Ostern des Jahres zu verlassen. Dadie Rylands sollte ab Juni bei den Woolfs oder zumindest in ihrer Nähe wohnen, damit er sich ständig um die Hogarth Press kümmern konnte. Natürlich war für ihn eine eigene Wohnung vorgesehen im Parterre des neuen Hauses.

Die anstehende Ortsveränderung bedeutete Aktivität, Überwindung des Gewohnten, Abenteuer. Auch mußte das Leben weitergehen: Majorie Thomson und Dadie Rylands, beides junge Leute, hingen vom Unternehmen der Hogarth Press ab.

Also trugen die Woolfs nicht nur Verantwortung für sich selbst, sondern auch für andere. Am 9. Januar zeichneten sich endgültige Entscheidungen ab: Virginia unterschrieb einen 10-Jahres-Mietvertrag für das Haus No. 52 Tavistock Square. Tavistock Square ist nördlich vom Gordon Square gelegen. Besonders freute sich Virginia darauf, daß sie nahezu das ganze Haus nutzen konnten. Ihre Vorstellungen des Neubeginns endeten mit einer Lobpreisung Londons: »London — Du bist ein Juwel unter den Juwelen, und ein Jaspis der Fröhlichkeit — Musik, Gespräche, Freundschaft, Stadtblicke, Bücher, Verlagswesen, etwas Zentrales und Unerklärliches, all dies ist jetzt in meiner Reichweite, wie es seit August 1913 nicht der Fall gewesen ist, als wir Clifford's Inn verließen.«[149]

Es stellte sich allerdings heraus, daß der Besitzer der Häuser am Tavistock Square, der Herzog von Bedford, den Woolfs hätte verbieten können unterzuvermieten, was große finanzielle Probleme aufgeworfen hätte. Doch der Bedford Estate unternahm nichts. Am 20. Januar kamen als Gäste Lord Berners und Siegfried Sasson noch nach Richmond zum Hogarth House. Berners gehörte zu den Bekannten Vita Sackville-Wests. Vita hatte Berners im Jahre 1911 in Konstantinopel getroffen, als Harold Nicolson bei der dortigen Britischen Botschaft arbeitete. Sasson, dessen Sensibilität Virginia schätzte, diente als Offizier im Ersten Weltkrieg in der Britischen Armee. Er wurde ein bedeutender Antikriegsdichter, der die politischen und militärischen Fehlentscheidungen der Regierung ebenso angriff wie das sinnlose Sterben der Soldaten in den Schützengräben Frankreichs.

Die ersten praktischen Voraussetzungen für den Umzug der Woolfs nach London erfüllten sich bald. Saxon Sidney-Turner wollte das Hogarth House im März 1924 übernehmen. In England gab es im Januar 1924 beträchtliche politische und soziale Spannungen. Ende des Monats streikten die Eisenbahn-Ingenieure und die Feuerbrigaden. Die Woolfs fürchteten, daß die Eisenbahnverbindungen unterbrochen würden, doch die Eisenbahnergewerkschaft schloß sich dem Streik nicht an. Ende Januar schickte Virginia ihren Montaigne-Aufsatz an das T.L.S., so daß sie sich wieder ihrem Roman ›Die Stunden‹ zuwenden konnte. E. M. Forster berichtete Virginia und Leonard, daß er seinen Roman ›Eine Überfahrt nach Indien‹ gerade abgeschlossen habe.

Ende Januar erkälteten sich Leonard und Virginia. Diesmal war Virginia die Widerstandsfähigere; sie mußte Leonard noch Anfang Februar ein paar Tage pflegen. Im ganzen begann das Jahr ruhig für die Woolfs, denn es kündigten sich wenige Besucher an. Virginia dachte ständig über ihren Umzug nach Bloomsbury nach. Sie freute sich auf den Ortswechsel und schrieb an Lady Ottoline Morell: »Ich gebe zu, daß ich nicht erinnern kann, wie das Leben in London wirklich ist — Die Bloomsbury Squares berauschen mich immer in ihrer Schönheit...«[150] Doch das gesellschaftliche Leben erlosch nicht völlig; Virginia traf auf einer Dinner Party bei Ethel Sands Arnold Bennett, berichtete über seine merkwürdig provinzielle Art, sich zu geben, über seine Frauenfeindlichkeit und seine Egozentrik, die in der Bemerkung gipfelte, niemand könne so sensibel sein wie er. In einem Brief an Ethel Sands meinte Virginia allerdings, Bennett sei sehr charmant gewesen, so daß sie nie wieder seine Bücher angreifen würde.

Die Hogarth Press besaß ein sehr liberales und weltoffenes Verlagsprogramm. Sie beschränkte sich nicht auf Literatur, sondern förderte auch die bildenden Künste. Die interessanteste Neuerscheinung im Februar 1924 war ein Buch von Roger Fry über Duncan Grant. Virginia selbst trieb die Arbeit an ihrem Essayband voran. Sie las chronologisch und war mittlerweile bei den Elisabethanern angekommen: »Das Lesen für dieses gesegnete Buch ist eine große Quelle des Entzückens für mich.«[151] Der Londoner Verleger Heinemann interessierte sich für die Publikation von Virginias Essays, was ihrem Selbstgefühl schmeichelte. Doch auch ihr Romanprojekt geriet nicht in Vergessenheit. »Ich arbeite an den ›Stunden‹ und denke, es ist ein sehr interessanter Versuch; ich habe wohl diesmal meine Mine gefunden. Ich mag all mein Gold zutage fördern. Das Großartige besteht darin, sich mit seinem eigenen Schreiben nie zu langweilen. Das ist das Signal für einen Wandel — gleichgültig für welchen, solange er Interesse erzeugt. Und meine Goldader liegt so tief, in so gekrümmten Kanälen. Um das Gold zu bekommen, muß ich vorangehen, mich bücken und graben. Doch es ist Gold von einer Sorte, denke ich.«[152]

Inzwischen mußte Virginia ernstlich daran denken, den Umzug nach 52 Tavistock Square zu organisieren; das Haus mußte gesäubert, geschrubbt und neu gemalt werden, bevor an Umzug zu denken war. Virginia beabsichtigte, alle damals erreichbaren technischen Erleichterungen für den Haushalt zu erwerben: Telefon, Gas, elektrisches Licht. Vanessa und Duncan Grant sollten in einigen Räumen des Hauses die Panele mit Gemälden ausschmücken, was auch geschah. Die Dekorationen sowie Virginias gesamte Bibilothek wurden bei einem Bombenangriff im Jahre 1940 vernichtet.

Der ehemalige Billardraum des »neuen« Hauses erhielt eine andere Funktion. Dort entstand Virginias Studio, das sehr groß war. Der Raum war so riesig, daß die Woolfs dort auch die Bücher der Hogarth Press lagern konnten. Diese Atmosphäre gefiel Virginia außerordentlich gut: sie brauchte stets eine etwas unordentliche, genialische Umgebung, angefüllt mit Büchern und Papieren, um kreativ sein zu können. Am 13. und 14. März zogen die Woolfs aus dem Hogarth House in Richmond aus, das von Saxon Sydney-Turner übernommen wurde, in ihre neue Wohnung in Bloomsbury.

So hatte Virginia ihren sehnlichen Wunsch durchgesetzt, nach London zurückzukommen. Der Tavistock Square liegt im Herzen von Bloomsbury, hinter dem Gordon Square. Man kann sagen, daß die Woolfs zu den Ursprüngen von Bloomsbury zurückfanden.

Leonard und Virginia schliefen zum ersten Mal am 15. März 1924 in ihrem neuen Haus. Sie bewohnten das Obergeschoß des vierstöckigen Hauses. Die Räume ihrer Mieter, der Rechtsanwaltsfirma Dollman & Pritchard, lagen im ersten und zweiten Stock, und im Erdgeschoß befanden sich die Produktions- und Geschäftsräume der Hogarth Press sowie Virginas Studio und Dadie Rylands Wohnung. Die Hogarth Press hatte bis zu diesem Zeitpunkt bereits 32 Bücher verlegt.

Am 18. März lud Virginia ihre Freundin Vita Sackville-West in das neue Haus ein: »Wir hoffen, Dich morgen um 1 zu sehen — doch sei völlig auf ein Picknick gefaßt zwischen den Ruinen von Büchern und Tischbeinen, Dreck und Staub und nur Fragmenten von Speisen.«[153] An Lytton Strachey schrieb Virginia: »Wir leben größtenteils im Erdgeschoß — Die Konfusion ist noch verwünscht — Portraitbüsten meiner Mutter stehen auf Teppichrollen, Nachttöpfe sind vollgestopft mit Buchbinder-Handwerkszeug und meinen unglücklichen Büchern — O laß niemals die Umzugsleute Deine Bücher verpacken, wenn Du umziehst — ich haben keinen einzigen Band, der ganz gelassen wurde.«[154]

Virginia befand sich in einem Wirbel der Gefühle nach dem Umzug. Die vielen neuartigen Eindrücke konnte sie gar nicht so schnell verkraften: die Autos, Busse, die großen steinernen Stadthäuser. Sogar der Londoner Mond erschien ihr erschreckend und neu. Aber sie freute sich über die zentrale Lage ihres Hauses, die leichte Erreichbarkeit von Theater- und Konzertsälen: »Wir gehen von den Theatern zu Fuß nach Hause durch die Eingeweide Londons. Warum liebe ich London so sehr?... Denn es ist mit einem steinernen Herzen versehen und dickfellig.«[155] Wenige Tage später schrieb sie an Ka Arnold-Forster: »Ich finde Bloomsbury finster und steinherzig, aber wie ich sage, so anbetungswürdig schön, daß ich den ganzen Tag aus meinem Fenster sehe.«[156]

Virginia gefiel auch die nahegelegene Marchmont Street mit ihren vielen Lebensmittelgeschäften und Läden für Artikel des alltäglichen Gebrauchs. Sie empfand diese gemütliche Einkaufsstraße wie ähnliche Straßen, die sie in Paris gesehen hatte. Nur ein paar Minuten brauchte Virginia die Tavistock Street hinaufzugehen und schon stieß sie auf die quer dazu verlaufende Marchmont Street.

Während und nach dem Umzug litt Leonard Woolf an trüben Stimmungen. Durch all die Aufregungen und Veränderungen konnte er nicht zu seinen eigentlichen Arbeiten zurückkehren, was ihn bedrückte. Doch die Freunde der Woolfs hatten sich schon auf das Kulturzentrum No. 52 Tavistock Square eingestellt.

Im April 1924 traf die Stephens, besonders Vanessa, ein Schicksalsschlag: Angelica war mit ihrem Kindermädchen von einem Auto überfahren worden. Beide lieferte man ins Middlesex-Krankenhaus ein. Vanessa, Duncan und Virginia erschraken, als sie im Krankenhaus zwar das Kindermädchen, aber keine Angelica antrafen. Außerdem sagte ihnen ein junger Arzt, Angelica sei schwer verletzt und es bestünde kaum Hoffnung. Als sich dies — glücklicherweise — als Fehlinformation herausstellte, war Virginia so zornig, daß sie sagte, solche Ärzte müsse man fristlos entlassen.

Im Frühjahr 1924 vollendete Virginia gerade das Kapitel über die Ärzte in ›Mrs. Dalloway‹. Sie war zufrieden mit ihrer Situation und empfand es als angenehm, wenn sie vor allem abends aus ihren Arbeitszimmerfenstern auf den Russell Square sehen konnte. Sie erblickte die beiden riesigen viktorianischen Hotels, das Hotel Russell und das »ganz rosa und blaue« Imperial Hotel. Kurze Zeit nach dem Umzug pendelte sich das Leben der Woolfs ein und nahm seinen gewohnten Gang: »Uns beiden geht es sehr gut und wie alle älteren Leute stecken wir bis zu den Augen in der Arbeit. Wenn es nicht das Schreiben ist, ist es das Manuskripte-Lesen oder Drucken.«[157] Manchmal versteckten sich die Woolfs, wenn bei ihrer Arbeitsamkeit die Besucher lästig wurden.

Ostern verlebten Leonard und Virginia wie gewöhnlich in Monks House. Sie blieben dort zehn Tage und kamen am 28. April nach London zurück. Virginia war erfrischt durch die Natur des Frühjahrs und nutzte ihre Zeit in Rodmell zum Schreiben an ihrem Roman. Sie fürchtete etwas den Lärm, die Hektik und die Ablenkungen Londons. Kurz vor ihrer Rückkehr nach London vereinten Leonard und Virginia die komplette »Einwohnerschaft« von Charleston zu einer fröhlichen Teerunde am Nachmittag. Es kamen Clive, Duncan, Julian und Quentin. Während Virginia Julian mit einem Byronschen Helden verglich, wirkte Quentin als das Gegenstück: »(er) stopfte sich mit Massen von Zuckerkuchen voll..., den ich in einem Fischkorb anbrachte, eingeschnürt in Notizpapier.«[158]

Vom 17. bis zum 19. Mai fuhren die Woolfs nach Cambridge. Virginia hielt dort einen Vortrag vor der Gesellschaft der ›Heretics‹ zum Thema ›Charaktere im modernen Roman‹. Dieser Vortrag taucht in ihren Veröffentlichungen dreimal auf: der Cambridge-Vortrag war die erweiterte Fassung eines Aufsatzes, der 1923 in der Zeitschrift ›Nation & Athenaeum‹ veröffentlicht worden war. Im Oktober 1924 erschien der Aufsatz in T. S. Eliots Zeitschrift ›Criterion‹ und wurde später von Virginia unter der Überschrift ›Mr. Bennett und Mrs. Brown‹ in ihre Essay-Sammlung aufgenommen. Unter dem letzten Titel ist er berühmt geworden, weil er neben anderen Aufsätzen ihr romantheoretisches Konzept veranschaulicht. Die drei Tage in Cambridge empfand Virginia als eine schöne Zeit: »Es war, wie Lytton sagen würde, ziemlich ›hektisch‹, junge Männer gingen zum Examen; blühende Bäume hinter den Gebäuden; Boote; Gärten der Fellows; Waten in leicht unwirklicher Schönheit; Dinners, Tees, Abendmahlzeiten; ...«[159]

Im Sinne der Leitidee »Das Ziel der Literatur und die Aufgabe des Romanciers ist die Entdeckung der Wirklichkeit« beschäftigte sich Virginia Woolf intensiv mit ihrem neuen Roman, den sie immer noch ›Die Stunden‹ nannte. Sie glaubte, im September damit fertig zu werden, und beabsichtigte, ihn vom Januar bis zum April 1925 zu überarbeiten. Im April 1925 sollten ihre Essays und im Mai desselben Jahres sollte ihr Roman erscheinen. Beide Planungen erfüllten sich.

Ende Mai 1924 verhandelten die Woolfs mit dem berühmten englischen Psychoanalytiker Dr. James Glover, der im Auftrag der Britischen Psychoanalytischen Gesellschaft zu ihnen kam. Die Woolfs übernahmen in der Hogarth Press das Verlegen der internationalen Psychoanalytischen Bibliothek. Daraus erwuchs später die Idee, die Werke Sigmund Freuds in englischer Übersetzung herauszugeben. Virginia wußte, daß die Verhandlungen mit Glover für den Verlag außerordentlich wichtig waren. Deshalb achtete sie besonders sorgfältig darauf, gut angezogen zu sein: »... dann zog ich mein neues rotes Kleid an. Leonard denkt weniger gut von mir, wenn ich meine Nase pudere und Geld für Kleider ausgebe. Macht nichts. Ich bete Leonard an.«[160]

Anfang Juni berichtete Roger Fry bei Gelegenheit eines Essens mit Leonard und Virginia in einem Restaurant in Charlotte Street von einer Frau, die sich seinetwegen auf der Klippe von Le Havre mit Blick auf England erschossen habe. Roger hatte Josette Coatmellec im November 1922 in der Klinik Dr. Coue's in Nancy kennengelernt und sich in sie verliebt. Doch Josette neigte zu absonderlichen Verdächtigungen und Phantasien. Sie mißverstand Rogers Zusendung des Fotos einer afrikanischen Maske als grausamen Scherz, der auf sie bezogen war — und nahm sich das Leben. Roger glaubte nunmehr, ohne Frauen leben zu müssen, was ihm völlig unmöglich zu sein schien. Va-

nessa und Virginia erkannten zwar die Tragik dieser Geschichte, doch konnten sie ein gewisses makabres Vergnügen
an diesem Fall nicht unterdrücken. Vanessa prophezeite, daß
Roger seinen Anfang bei den Frauen schon wieder finden
werde.

In der dritten Juniwoche mußte Leonard Woolf nach Cambridge fahren, weil er dort am traditionellen Dinner der
*Apostel* teilnahm. Ihm gefielen diese Apostel-Dinner eigentlich
überhaupt nicht. Das Dinner des Jahres 1924 war offensichtlich
scheußlich: Leonard kam so deprimiert und enttäuscht von dieser Pflichtveranstaltung zurück, daß er über eine möglichst exakte, naturwissenschaftlich durchdachte Form des Selbstmords
spekulierte.

Die nächste größere Gesellschaft, an welcher Virginia und
Leonard teilnahmen, sollte sich ihnen nicht minder einprägen.
Am 20. Juni gaben Marjorie und Alix Strachey eine Party in
No. 50 Gordon Square, die berüchtigt wurde, weil Marjorie
ihre Version von Arthur Schnitzlers ›Reigen‹ aufführte. Sie
schockierte ihre Gäste durch die, wenn auch im Dunklen vor-
geführte Kopulationsszene. Vanessa, der man nun keineswegs
Prüderie vorwerfen könnte, schrieb recht mokant an Roger
Fry: »Es war eine große Erleichterung, als Marjorie Hymnen
sang.«[161]

Virginia sah der Einstellung von Dadie Rylands in der Hogarth Press erwartungsvoll entgegen, denn diese Entlastung
wurde für das immer größer werdende Unternehmen unum-
gänglich. Virginia selbst arbeitete abwechselnd an ihren beiden
neuen Werken: »Ich schreibe, schreibe und sehe meinen Weg
klar bis zum Ende, und so werde ich auf ihm galoppieren, so
oder anders.«[162] Dadie Rylands fing am 1. Juli 1924 bei der Hogarth Presss an und zog am folgenden Tag in das Erdgeschoß
von 52 Tavistock Square ein.

Am 5. Juli hielt sich Virginia in Knole auf. Sie war von Lord
Sackville, Vita Sackville-Wests Vater, zum Lunch eingeladen
worden und hatte das Riesenschloß mit seinen Galerien und
unzähligen Treppenhäusern besichtigt. Sie war zutiefst beeindruckt: »Knole ist ein Konglomerat von Gebäuden, halb so
groß wie Cambridge, möchte ich sagen; wenn man Trinity
College, Clare und King's zusammenkleben würde, käme man

an Knole heran.«[163] Dieses Haus voller Schätze und Geheimnisse sollte Virginia Woolf in Zukunft noch öfter und nachhaltiger beschäftigen. Im Anschluß an ihren Besuch in Knole wurde Virginia in das nahegelegene Long Barn gefahren, ein Gut, das Vita und Harold Nicolson mit ihren Kindern bewohnten. Virginias Bewunderung für Vita Sackville-West verdeutlichte sie schon in ihrem Bericht über diesen Besuch, doch sie zweifelte zugleich an der geistigen Originalität ihrer Freundin.

Kurz vor ihrem Sommeraufenthalt in Sussex besuchten die Woolfs Lady Ottoline Morrell auf ihrem Landsitz in Oxfordshire. Es war höchste Zeit, daß Leonard und Virginia London verließen, denn in der Hogarth Press ging nahezu alles drunter und drüber: Marjorie Joad war schon seit Wochen an einer Lungenentzündung erkrankt. Sie organisierte den Verlag, und es lief nur glatt, wenn sie da war. Die Woolfs beschäftigten eine so redselige und inkompetente Aushilfskraft, daß selbst Dadie voller Horror das Haus verließ, um sich bei einem Spaziergang um den Square etwas Ruhe zu verschaffen.

Merkwürdigkeiten gehörten zu Virginias Leben; sie traf immer wieder Menschen, die einen Spleen hatten oder in irgendeiner Weise auffällig waren. Bei einer Party, die Maynard Keynes gab, traf Virginia die populäre Schriftstellerin Berta Ruck, mit der sie schon ein »Abenteuer« erlebt hatte. Als Virginia in ›Jacob's Room‹ den Friedhof von Scarborough beschrieb, ließ sie es sich einfallen, einen Grabstein — als Sinnbild der Vergänglichkeit — mit dem Namen Berta Ruck zu beschriften. Die quicklebendige Berta Ruck beschwerte sich bitter bei Virginia Woolf, doch die beiden Autorinnen fanden Gefallen aneinander und begruben den Streit. Eben auf Maynards Party traf Virginia Berta Ruck wieder und amüsierte sich köstlich mit ihr. Die Party schien überhaupt ein großer Erfolg gewesen zu sein: sie war poetisch, ja ästhetisch in vielfachem Sinn. Duncan Grant entwarf ein Ballett, Lydia Keynes tanzte. Man trank Champagner und führte angeregte Gespräche. Doch damit endete die Saison in London.

Am 30. Juli verließen die Woolfs ihre Behausung in Bloomsbury, um nach Rodmell in die »Sommerfrische« zu fahren. Das Haus hatte allerdings noch seine Mängel. Auf dem Grundstück hausten Ratten, und es gab weder ein Bad noch ein WC. Doch ungeachtet dessen kamen eine Reihe von Besuchern ins Monks House.

Virginias Roman ›Die Stunden‹ war inzwischen bis zu einem entscheidenden Punkt der Geschichte gediehen: der Doppelgänger der Mrs. Dalloway, Septimus Warren Smith, begeht Selbstmord durch einen Sprung aus dem Fenster, als ihn ein Arzt und ein Pfleger in eine psychiatrische Anstalt einliefern wollen. Das Schreiben dieses Teils ihres Romans nahm Virginia sehr mit, so daß sie froh war, auch weniger innerlich belastende Arbeit für den Verlag verrichten zu können. Auch fürchtete sich Virginia davor, ihr Manuskript beim Wiederlesen schal und aussagearm zu finden. Dennoch hielt sie an ihrem neuen Romanstil fest, den sie nur noch intensiver erforschen wollte.

In Rodmell gab es allerdings auch angenehme und entspannende sommerliche Abwechslungen wie Himbeerenpflücken oder Heckenschneiden. Virginias Neffe, Julian Bell, kam öfter zu Besuch. Julian ging auf eine Schule, deren Vorgängerinstitution Thoby Stephen besucht hatte. Überhaupt neigte Virginia dazu, ihren Lieblingsneffen Julian mit Thoby zu vergleichen. Sie unterhielt sich zu gern mit ihm. Diese Gespräche belebten Virginia: sie hörte interessiert und aufmerksam seinen Schülergeschichten und seinen Bemerkungen über allgemeine Themen zu.

Das Projekt ihres großen Essay-Bandes verlor Virginia nicht aus den Augen, sondern setzte ihre beharrliche Arbeit an den verschiedenen Lektüren fort, die für die Essays notwendig waren, ob es sich nun um Bunyans ›Pilgrim's Progess‹, um Richardsons ›Clarissa‹ oder um Platon handelte. Doch Virginias Ruhe in Monks House wurde gestört durch ein Telegramm des T.L.S., in dem sie gebeten wurde, den Leitartikel über Joseph Conrad zu schreiben, der im Alter von 67 Jahren am 3. August gestorben war. Virginia mochte nicht absagen und änderte ihren Arbeitsrhythmus. Ihr Artikel über Conrad erschien am 14. August im T.L.S. Im selben Monat nannte Virginia ihren Roman zum ersten Mal mit dem endgültigen Titel: ›Mrs. Dalloway‹. Sie schrieb normalerweise vor dem Mittagessen an ihrem Roman und beschäftigte sich nachmittags mit ihren Essays. Vor wenigen Jahren hat die zeitgenössische englische Romanschriftstellerin Margaret Drabble darauf hingewiesen, man müsse ein neues Bild von Virginia Woolf erarbeiten und endlich einmal ihre positiven, freudigen, optimistischen Züge beleuchten. Diese im Kern richtige Aussage bestätigt sich immer wieder durch Virginia Woolfs leidenschaftliches Bemühen, die Schönheit des Lebens in Sprache zu fassen, Augenblicke der Erfüllung, der leuchtenden Farben festzuhalten, die Fülle des Seins im Kunstwerk zusammenzuziehen: »Ich mühe mich jetzt nicht oft, Kornfelder zu beschreiben und Gruppen von Frauen bei der Ernte in losen Blaus und Rots und kleine starrende Mädchen in gelben Röcken. Aber das ist nicht der Fehler meiner Augen: als ich neulich abends von Charleston zurückkam, standen alle meine Nerven wieder aufrecht, waren elektrifiziert von der reinen Schönheit — Schönheit im Überfluß, so daß man es fast bedauert, nicht fähig zu sein, das alles zu erfassen, und alles in einem Augenblick festzuhalten.«[164]

Anfang September kam Virginia dem Schluß ihres Romans näher. Sie begann, den großen Teil über Clarissas Party zu schreiben, ein Teil, in dem alle Fäden des Romans zusammenlaufen. Der Sommer in Rodmell bot sich nicht nur von der besten Seite. Das Wetter blieb veränderlich. Häufig regnete es. Gäste kamen vorbei. Dadie Rylands, Clive Bell, Mary Hutchinson besuchten die Woolfs. Die Feuchtigkeit kam allerdings dem Garten zugute, der über und über blühte.

Virginia führte seit längerer Zeit einen Briefwechsel mit Jacques Raverat, dem französischen Maler, dem sie im frühen Bloomsbury begegnet war. Er war verheiratet mit Gwen Darwin, deren Familie wie die Stephens und Stracheys zur »intellektuellen Aristokratie« gehörte. Jacques war an multipler Sklerose erkrankt, was Virginia wußte. In ihren ausführlichen, sehr natürlichen Briefen berichtete sie ihm über das persönliche und kulturelle Leben Bloomsburys.

Am 13. September kam Vita Sackville-West zum ersten Mal ins Monks House und übernachtete dort. Sie brachte ihr Buchmanuskript ›Verführer in Ecuador‹ mit, das Virginia nach Vitas Abreise mit Begeisterung las und das die Woolfs im November desselben Jahres in der Hogarth Press herausbrachten. Leonard Woolf fuhr am 15. September nach London, um im Verlag nach dem Rechten zu sehen und mit Autoren zu verhandeln.

Die Leute im Dorf Rodmell hatten über Vitas »Einzug« noch lange zu reden. Zwei Tage vor Leonards Abreise fuhr sie rasant mit einem neuen blauen Austin bei den Woolfs vor und erregte beträchtliches Aufsehen. Nelly, das Hausmädchen von Virginia und Leonard, fürchtete sich regelrecht vor Vita: »Wenn sie bloß keine Ehrenwerte wäre!«[165] Auch auf Virginia übertrug sich der Glanz Vitas so intensiv, daß in ihrer Phantasie Monks House und Charleston zu schäbigen Bruchbuden zerfielen. Ende September sehnte sich Virginia nach nichts so sehr wie danach, ihren Roman abzuschließen.

Da aber Karin Stephen und ihre Tochter Ann zu Besuch kamen, verringerte sich Virginias Schreibpensum von selbst, ja mehr noch: sie wurde durch diesen Besuch so nervös, daß sie Kopfschmerzen bekam und sich ins Bett zurückzog. Leonard, der nach seiner Stippvisite in London längst wieder in Rodmell war, machte sich am 27. September endgültig nach London auf, um seine dortigen Aufgaben wahrzunehmen. Virginia blieb bis zum 3. Oktober im Monks House. Als sie nach London zurückfuhr, hatte sie ihren Roman noch nicht abgeschlossen. Doch kaum in London, begab sie sich wieder an die Arbeit. ›Mrs. Dalloway‹ wurde am 9. Oktober 1924 fertig. Die letzten Worte dieses Romans lauten »for there she was«: ». . . und ich fühlte, daß ich froh war, davon befreit zu sein, denn es war eine Anstrengung in den letzten Wochen, doch frischer im Kopf; . . . ich fühle mich in der Tat vollständiger erleichtert von der Bedeutung des Textes als für gewöhnlich — «[166] Schon im Sommer des Vorjahres hatte Virginia über dieses Buch geschrieben: ». . . ich könnte eine ganze Menge über ›Die Stunden‹ sagen und meine Entdeckung; wie ich wunderbare Höhlen hinter meinen Charakteren ausgrabe; ich denke, das gibt exakt wieder, was ich will; Menschlichkeit; Humor, Tiefe. Die Idee ist, daß die Höhlen sich verbinden sollen, und jede kommt ans Tageslicht im gegenwärtigen Moment — Dinner!«[167]

Virginia ging nun daran, das Manuskript bis Jahresende druckfertig zu machen. Im November überlegte sie sich, wie sie ihre beiden Bücher soweit vorantreiben konnte, daß sie für die Drucklegung reif waren. Sie mußte erproben, welche Revisionsarbeit noch nötig sei und wieviel Zeit sie dafür brauchen würde.

Die Woolfs besuchten im November Lytton, Carrington und Ralph in Lyttons neuem Haus Ham Spray in Hungerford. Lytton war im Sommer von Tidmarsh dorthin gezogen. Im selben Monat November machte sich Virginia an die Überarbeitung von ›Mrs. Dalloway‹. Der November barst vor literarischen und verlegerischen Aktivitäten. Vitas Buch ›Verführer in Ecuador‹ erschien. Virginia verhandelte mit Harcourt Brace in New York über eine parallele Ausgabe von ›Mrs. Dalloway‹ und ›The Common Reader‹, für die Brace schon 30 Pfund Sterling und 20 Pfund Sterling Vorschuß zugestanden hatte. Auch in Frankreich wurde Virginia Woolf mittlerweile bekannt. Die ›Revue Française‹ fragte bei ihr an, ob sie eine französische Ausgabe von ›Jacob's Room‹ herausbringen dürfe; ein Übersetzer stand schon bereit.

Doch auch in bezug auf Sigmund Freud und die Psychoanalyse tat sich einiges in der Hogarth Press: Roger Fry hatte ein Pamphlet ›Der Künstler und die Psychoanalyse‹ veröffentlicht, das Virginia ausnehmend gut gefiel. Zudem wurde vom Verlag die englische Sigmund Freud-Ausgabe vorbereitet, für die bereits 800 Pfund Sterling an Produktionskosten angefallen waren. Virginia hielt nicht sonderlich viel von Freuds Theorien und mokierte sich nach Lektüre einiger Korrekturfahnen: »Herr A. B. schüttete eine Flasche roter Tinte auf die Laken seines Hochzeitsbettes, um seine Impotenz gegenüber dem Hausmädchen zu entschuldigen, aber er schüttete die Tinte an der falschen Stelle aus, was seine Frau zum Wahnsinn trieb — und bis heute schüttet sie Apfelwein auf den Eßtisch. Wir könnten stundenlang immer so weiter argumentieren; und doch denken diese Deutschen, daß es etwas beweist — außer ihrer eigenen tölpelhaften Geistesschwäche.«[168] Virginia hielt Sexualität für etwas, was die Menschen zur Durchschnittlichkeit führe, ja sie sprach sogar von ihr als einer Krankheit.

Der November 1924 brachte Kälte und Frost mit sich. Gwen Raverat besuchte Virginia Woolf kurz und berichtete über Jacques Gesundheitszustand; seine Krankheit war inzwischen weit fortgeschritten, so daß er dem Tode nahe war. Virginia setzte im vollen Wissen um die wahre Situation ihre Korrespondenz mit Jacques Raverat fort. Im Dezember tauchten neue Probleme im Zusammenhang mit der Hogarth Press auf. Dadie

Rylands hatte zunächst angenommen, er könne seine Fellow-ship-Dissertation parallel zur Arbeit im Woolfschen Verlag fertigschreiben. Nun erkannte er, daß dies eine Illusion war. Zur Enttäuschung von Leonard und Virginia mußte er die Arbeit in der Hogarth Press aufgeben. Auch bei Marjorie Joad (geb. Thomson) war es nicht sicher — zumal sie lange krank gewesen war —, ob sie bleiben würde. So stand für die Woolfs die schwierige Aufgabe an, nach neuen Mitarbeitern zu suchen. Schließlich stießen sie auf einen Freund Dadie Rylands, den jungen Angus Davidson, der beiden sogleich gefiel. Schon am 10. Dezember nahm Angus seine Tätigkeit im Verlag auf.

Am 13. Dezember 1924 berichtete Virginia, sie sei daran gegangen, ›Mrs. Dalloway‹ mit der Schreibmaschine von Anfang an abzutippen. Am Weihnachtsabend schließlich fuhren Leonard und Virginia ins Monks House. Sie nahmen Angus Davidson mit, der dort still in der Ecke saß und nach einer Vorlage von Duncan Grant eine Stuhlbespannung im Kreuzstichmuster stickte.

Im Dezember blieb das Wetter sehr schlecht. Ein Besuch in Charleston mußte ausfallen, weil der River Ouse über die Ufer getreten war. Vanessa hatte den Woolfs eines ihrer Gemälde zu Weihnachten geschenkt, das beide Woolfs so gern mochten, daß sie sich darum zankten. Sie schrieben an Vanessa, sie hätte sie mit ihrem großzügigen Geschenk verlegen gemacht. Aber Leonard und Virginia freuten sich zugleich über dieses Zeichen der Zuneigung.

Virginia beabsichtigte am Ende des Jahres 1924, einen Brief an Lytton zu schreiben. Sie wollte ihn fragen, ob sie ihm ihr neues Buch ›The Common Reader‹ widmen dürfe.

Mit dem Jahr 1925 begann für Virginia Woolf die Phase ihres Lebens, die sie zum Durchbruch in der literarischen Welt führen sollte. Sie gelangte nunmehr mit ihren Arbeiten zur vollen Reife und erwarb sich den sicheren Rang einer bewunderten und respektierten Künstlerin. Gleichzeitig verringerten sich ihre finanziellen Sorgen: sie verdiente mit ihren Büchern zusehends mehr, so daß sie und Leonard endlich bequemer und großzügiger als bisher leben konnten, wiewohl beide sich nie dem Luxus verschrieben.

Die Januartage des Jahres 1925 waren düster und ungemütlich. Virginia und Leonard Woolf hatten ihr Londoner Haus
No. 52 Tavistock Square mittlerweile zu einem vielseitigen Le-
bens- und Arbeitsplatz gestaltet, der ihrem Tagesablauf sowie
ihren Bedürfnissen voll entsprach. Sie wechselten zwischen
ihren verschiedenen Tätigkeiten, gingen mit ihrem Hund spazieren — waren froh, in der festgefügten Stadt den Stürmen
und Überschwemmungen Rodmells entgangen zu sein. Virginia
klagte von Mitte Januar bis Mitte Februar über einen grippalen
Infekt. Dennoch schrieb sie in dieser Zeit eine ganze Reihe von
Briefen. Vita Sackville-Wests Buch ›Verführer in Ecuador‹
stellte sich für die Hogarth Press als großer Erfolg heraus, so
daß Virginia Vita zu überreden versuchte, dem Verlag ihr Gedicht ›Das Land‹ zur Veröffentlichung zu überlassen. Virginia
stritt sich mit Logan Pearsall Smith über die Frage, ob seriöse
Schriftsteller nur im T.L.S. und bei der Hogarth Press publizieren dürften oder auch in einer Zeitschrift wie etwa *Vogue*. Virginia hatte im November 1924 zum Unwillen von L. P. Smith
einen Artikel in *Vogue* mit dem Titel ›Indiskretionen‹ veröffentlicht.

Gegen diesen Angriff setzte sich Virginia Woolf tapfer zur
Wehr. Sie vertrat den guten Standpunkt, daß man überall veröffentlichen dürfe, solange man das ausspreche, was man auch
wirklich meine.

Virginia schloß ihre Überarbeitung von ›Mrs. Dalloway‹ ab
und sandte das Manuskript an Clark in Edinburgh zum Satz
und Druck.

Am 6. Februar schickte Virginia die Druckfahnen ihres Romans an ihren Freund Jacques Raverat, der das Buch teilweise
las oder sich vorlesen ließ und kurz vor seinem Tod Virginia
eine ausführliche Stellungnahme zu ›Mrs. Dalloway‹ zukommen ließ. Am 6. Februar fuhren die beiden Woolfs überdies
nach Rodmell, wo sie vier Tage blieben, um sich zu entspannen. Im Februar und März nahmen die Betreuung ihrer beiden
Druckprojekte soviel Zeit in Anspruch, daß Virginia nicht einmal die Zeit fand, ihre Tagebucheintragungen fortzusetzen:
»Diese Schande«, so schrieb sie am 18. März, »denke ich, ist
schon erklärt worden: die Produktion von 2 Büchern überwa-
chen, hauptsächlich zwischen Tee und Dinner, Grippe, und ein

Widerwillen gegen den Federhalter.«[169] Die Woolfs waren betrübt darüber, daß Marjorie Joad die Hogarth Press auf Anraten ihres Arztes im Februar verließ. Für sie stellten Leonard und Virginia Bernadette Murphy ein. Wie turbulent es nun wirklich in No. 52 Tavistock Square zugehen konnte, beschrieb Virginia Woolf in einem Brief an Marjorie: »Gerüchte aus der Welt erreichen mich, ziemlich dunkel — Vita kam mit einem riesigen Hund an einer Kette: ein reinrassiger Spaniel, der einen Welpen haben wird für uns; aber kann ich dem Standard eines Sackville-Hundes nachkommen? Dann kam die Polizei und sagte, ihr Auto hätte keine Scheinwerfer; dann erschien der alte Herr Pritchard und bot sich an, sie freizubürgen. Dann entwich um 10 Uhr morgens ein starker Brandgeruch aus dem WC; Nelly geriet in Panik; Leonard informierte die Feuerwehr. Ich saß im Bett auf und riet Nelly, den Rauch zu beobachten mit einem Eimer Wasser parat, falls Flammen schlagen würden — was auch geschah. Die Feuerwehrleute kamen an und sagten, sie müßten die Leitern aufnehmen. Es rauchte immer noch. Zuletzt gab der Mann vom Nachbarhaus zu, ein Feuer in seinem Rauchfang angezündet zu haben. Leonard wurde wütend. Nelly schlug die Türen. Der Türgriff flog heraus. Jeder ging hinaus. Ich fand mich eingesperrt; und jetzt, um halb fünf, bin ich gerade herausgelassen worden.«[170]

Virginias Freund, Jacques Raverat, starb am 7. März 1925. Virginia schrieb am 11. März an Gwen Raverat und betonte, daß sie oft an Jacques gedacht habe. Ihre sehr persönlichen Briefe an Jacques sollten einen echt menschlichen Kontakt, eine Ansprache in seiner schweren Krankheit darstellen. Für Virginia besaß der Tod das Kennzeichen des Unfaßbaren, über das man nicht reden kann, weil ein Geheimnis damit verbunden ist.

In Virginias Vorstellung sollte das Leben — in verwandelter Form — auch nach dem Tode weitergehen: »... es sollte keinen Bruch geben, keine Unterwerfung unter den Tod, sondern bloß eine Unterbrechung im Gespräch.«[171] Wenig später brachte Virginia Jacques Tod mit dem ihres Bruders Thoby in einen engen Zusammenhang: solche Tode lassen das Leben langweiliger zurück. Nicht der Schrecken des Todes selbst beunruhigte Virginia, sondern die sich daran anschließende Flachheit.

Mitte März besuchten Vanessa und Virginia Quentin und Julian in ihrer Schule in Reading, und Ende des Monats fuhren die Woolfs nach Frankreich. Virginia versuchte, Gwen Raverat auf dieser Reise in ihrem Ferienort Cassis zu treffen, doch dies zerschlug sich aus terminlichen Schwierigkeiten. Leonard und Virginia benutzten ihren gewohnten Reiseweg über Victoria Street Station nach Newhaven und von dort nach Dieppe. Am 26. März kamen sie in Paris an und fuhren von dort weiter nach Marseille und Cassis. Immer wieder gefiel Virginia die südliche Landschaft: Sonne, Weinberge, Olivenbäume galten ihr als Gegenwelt zu England. Nach Abstechern in die Städte Toulon und Marseille blieben Leonard und Virginia bis zum 5. April im Hotel Cendrilon in Cassis und fuhren am 6. April nach London zurück.

Nach ihrer Rückkehr sah Virginia in London, wie eine Frau von einem Auto überfahren wurde. Sie erschrak über dieses Geschehen und erkannte darin eine Metapher der modernen Zeit mit all ihrer Unsicherheit für den einzelnen Menschen: »Ein deutliches Empfinden der Brutalität und Wildheit der Welt bleibt in mir zurück — da ging diese Frau in Braun das Straßenpflaster entlang — plötzlich überschlägt sich ein rotes Filmauto, fällt auf sie und man hört dieses Oh, oh, oh.«[172]

Virginia Woolf brauchte immer lange dazu, ihre gespeicherten Empfindungen und Bilder aufzuarbeiten. Der kurze Frankreichaufenthalt bedeutete viel für sie; in Cassis wurde ihr Vorstellungsvermögen durch die klaren Farben des Südens, das Blau von Himmel und Wasser, die strahlenden Pastelltöne der Schiffe, aber auch die roten Trauben in den Weinbergen stimuliert; das waren für sie Sinnbilder des Lebens. Jacques Raverats Brief über ›Mrs. Dalloway‹ erfüllte Virginia zudem mit einer großen Beruhigung und Zuversicht. Insgesamt betrachteten die Woolfs ihre Reise als eine glückliche Zeit, was Virginia mit einem Zitat aus Shakespeares ›Othello‹ noch unterstrich:

... Gält es jetzt zu sterben,
Jetzt wär' mir's höchste Wonne; denn ich fürchte
So volles Maß der Freude füllt mein Herz,
Daß nie ein andres Glück mir, diesem gleich,
Im Schoß der Zukunft harrt.

256

Virginia vertiefte sich noch mehr in die Lektüre Prousts und war beeindruckt von seiner Leichtigkeit auf der einen und seiner analytischen Zähigkeit auf der anderen Seite. Aber sie nahm sich auch vor, mit ihrer Schriftstellerei »viel Geld« zu verdienen, mindestens 3000 Pfund Sterling, weil sie in Monks House ein Bad mit Warmwasserversorgung einbauen lassen wollte. Virginia rechnete mit einem guten Verkauf von ›Mrs. Dalloway‹; sie spekulierte auf ein »langsames, stilles Anwachsen des Ruhms«.[173]

Vom 9. bis zum 13. April blieben die Woolfs in Rodmell. Sie besuchten am 18. des Monats eine Ausstellung neuer Karikaturen von Max Beerbohm in der Leicester Gallery. Als am 23. April 1925 ›The Common Reader‹ erschien, erwartete Virginia unrealistischerweise eine sofortige Reaktion des Publikums. Virginia lag auf der Lauer wie ein lethargischer Alligator, wartete ab, was mit ihren Büchern geschehen würde. Im Vorfeld des Erscheines von ›Mrs. Dalloway‹ machte sie sich wieder Gedanken über die verschiedenen Formen des Bewußtseins: »Aber mein gegenwärtiges Denken besteht darin, daß die Menschen eine große Anzahl von Bewußtseinszuständen aufweisen: und ich würde gern das Party-Bewußtsein erforschen, das Rock-Bewußtsein usw.«[174]

Diese Stelle ist für Virginia Woolf sehr aufschlußreich, weil sie auf die unzähligen Vorstellungs- und Gefühlswelten der einzelnen Menschen hindeutet, aber auch auf Virginias Versuche, weibliches Bewußtsein und Empfinden, ja Körpergefühle literarisch darstellbar zu machen, wie sie dies 1928 eindrucksvoll in ihrem Roman ›Orlando‹ unternahm. Ende April 1925 traf Virginia Robert Ranke-Graves, der durch seine Claudius-Romane bekannt wurde. Graves stammte aus der Familie des deutschen Historikers Leopold von Ranke und veröffentlichte mehrere Bücher in der Hogarth Press. Virginia mochte seine Starallüren nicht, hielt ihn aber für einen begabten Autor.

Nach den langwierigen Bemühungen von Virginia Woolf und einer Reihe von Freunden gelang es endlich, T. S. Eliot von seiner Arbeit in Lloyds Bank zu befreien. Eliot wurde auf seine Weise selbständig durch den Eintritt in das Verlagshaus Faber & Faber. Den Herausgeberposten bei Faber hatte T. S. Eliot bis zu seinem Tode im Jahre 1965 inne. Durch diese lang ersehnte

Betätigung lebte Eliot auf; nun konnte er voller Zuversicht in das vor ihm liegende Leben gehen.

Zu Beginn des Mai beklagte sich Virgina immer noch darüber, daß keine Reaktionen auf das Erscheinen von ›The Common Reader‹ kamen. Doch war seit der Publikation erst eine Woche ins Land gegangen. Dennoch dachte sie — wie so oft schon —, daß das Buch ein Fehlschlag sei.

Am 2. Mai fuhren die Woolfs nach Cambridge und blieben dort bis zum 4. Leonard nahm an einem Treffen der *Apostel* teil, während Virginia Lyttons älteste Schwester, Pernel Strachey, besuchte. Sie wurde an einem der Abende gar von Pernel zum Dinner eingeladen. Pernel Strachey war Principal of Newnham College. Dieses Amt hatte zuvor Virginias Tante Katherine Stephen inne. Virginia kam gerade zu der Zeit nach Newnham, als ein Portrait ihrer Tante an repräsentativer Stelle plaziert wurde.

Am 9. Mai kam endlich das von Virginia Woolf so sehr erwartete hohe Lob für den ›Common Reader‹ und zwar aus der Feder eines Kritikers des T.L.S. Zudem schrieb Goldie Dickinson in einem Brief an Virginia: »dies ist die beste Literaturkritik in englischer Sprache — humorvoll, witzig und profund.«[175] Für diesen Brief dankte Virginia dem Schreiber am selben Tage mit großer Herzlichkeit. Virginia befand sich in einer aufgeregten, gleichsam elektrisierten Stimmung, weil kurz nach dem ›Common Reader‹ das mit noch größerer Spannung von ihr erwartete Erscheinen von ›Mrs. Dalloway‹ bevorstand. Am 14. Mai 1925 war es soweit: ›Mrs. Dalloway‹ war erschienen. Virginia war erfüllt von Glück und Begeisterung. Sie sah ihr neues Buch als Produkt des Sommers: »Der erste Sommertag, die Blütenblätter ziehen sich sichtbar aus der Knospe, und der Square ist nahezu grün. Oh, was für ein Tag auf dem Lande — einige meiner Freunde lesen jetzt ›Mrs. Dalloway‹.«[176]

Virginia wurde nicht nur für den ›Common Reader‹ gelobt, dessen Brillianz und qualitativ gute Arbeit der ›Manchester Guardian‹ hervorhob, sondern sie konnte auch positive Reaktionen auf ›Mrs. Dalloway‹ verzeichnen.

*Mrs. Dalloway.* Gegenstand der Erzählung oder des Erzählens in ›Mrs. Dalloway‹ ist der Strom der Gedanken und Gefühle eines Menschen, wobei der Erinnerungsfluß eine bedeutsame Rolle spielt. Clarissa Dalloway ist ein weibliches Gegenstück zum ›Ulysses‹ von James Joyce. Alles Lebendige wird mit ihr in Zusammenhang gebracht. Clarissa strahlt Positives aus, freut sich an dem, was sie in den Straßen Londons sieht. Ihr sind auch jugendliche Züge eigen: Freude an Formen, Farben, Blumen, unvorhergesehenen Ereignissen. Doch ihre fließende, frohe Stimmung besitzt auch eine Kehrseite, die sich mit dem Unverständlichen des Lebens, mit der Tragik jeder Existenz beschäftigt.

Gegenwart, Vergangenheit und Zukunft werden in den Gedanken und Eindrücken Clarissa Dalloways lebendig. Sie ist eine 52jährige Londonerin der Oberklasse: »ein Zug eines Vogels war um sie, eines Eichelhähers, blau-grün, leicht, lebhaft, obwohl sie über fünfzig war, ...«[177] Clarissa stammt aus dem englischen Landadel. Ihr Mann Richard gehört dem britischen Unterhaus als Abgeordneter an.

Das Erzählte bezieht sich auf einen einzigen Tag in London im Juni 1923. Der Tag beginnt mit Clarissas morgendlichem Einkaufsbummel bis zu ihrer abendlichen Party, die bis in die Nacht andauert. So umfaßt der Roman fünfzehn Stunden eines Tages von 10.00 Uhr morgens bis 3.00 Uhr nachts.

Die Form des Romans wird durch Clarissas Erinnerungswellen geprägt: die vergangenen Jahrzehnte ihres Lebens werden somit sichtbar, ausgelöst durch Assoziationen. Aber in Clarissa wird auch innere Unruhe bemerkbar, die dazu führt, daß ihre Vorstellung durch die Zeit dahingleitet, sich an diesem und jenem festhakt, um ganze Ketten von Erinnerungen aus dem Dunkel hervorzuheben. Mrs. Dalloway benutzt also all die Möglichkeiten, ihren eigenen »Bewußtseinsstrom« zu belauschen, so daß sie in den fünfzehn Stunden dieses Junitages im Jahre 1923 vieles aus ihrer Vergangenheit verarbeiten kann. Clarissa nimmt aber auch am Lebensfluß teil. Sie liebt ihre Unabhängigkeit, die ihr Ehemann Richard toleriert. Sie versucht nicht, andere Menschen zu bestimmen, ja sie definiert sich nicht einmal selbst: »sie würde nicht von sich sagen: ich bin dies, ich bin das.«[178] Diese Äußerung entspricht Virginia Woolfs Überzeugung, daß die Menschen wenig voneinander wissen. In ihren Erinnerungen denkt Clarissa Dalloway an

Peter Walsh, den sie in ihrer Jugend liebte, dessen Absolutheits-
anforderungen sie aber nicht standhalten konnte. Clarissa trauert dieser verlorenen Liebe nach: obwohl sie in ihrem Leben
keine Erfüllung fand, ist sie davon überzeugt, daß ihre Entscheidung richtig war, die persönliche Freiheit zu wählen. Sie
begeistert sich für die Impressionen der Welt, für das, was sie in
London sieht: für die Menschen in ihren mannigfachen Beschäftigungen, für Farben, Gerüche — für das Leben: »was sie
liebte, war dies, hier, jetzt, direkt vor ihr....«[179]

Gegenwart und Erinnerung nimmt Mrs. Dalloway nicht absichtlich auf. Vor allem die Erinnerungen tauchen unwillkürlich auf dem Hintergrund ihres Bewußtseins auf. Der Roman
kreist um das Thema der Zeit, denn jede Gegenwart geht aus
der Vergangenheit hervor. Der Leser wird in einen Bewußt-
seinsraum des Erlebens geführt, der — wie die Türen des Sommerhauses in St. Ives als Metapher für Mrs. Ramsays Offenheit
und Verletzlichkeit — nach allen Seiten offen ist. Durch die
Türen des Bewußtseins gelangt vieles an Abgesunkenem, Ver-
gessenem, das von Clarissa noch einmal aufgenommen wird in
ihrer Übersicht des eigenen Lebens.

Alle inneren Prozesse laufen über eine Zeitform ab, die den
Roman strukturiert: es handelt sich um das Gegeneinander und
die Durchdringung von innerer psychologischer Zeit und äußerer physikalischer Zeit. Auch von daher wird verständlich,
warum Virginia Woolf ihren Roman zunächst ›Die Stunden‹
nennen wollte.

Das Thema des Buches im engeren Sinne bezieht sich über
die Beschreibung des durchschnittlichen Tages hin auf das Altern, auf die Abrechnung mit Jetzt und Vorbei, mit dem Leben
als einer Endlichkeit. Clarissa steht in der Mitte ihres Lebens.
Sie will Bilanz ziehen, überlegen, was sie bisher erlebt, ver-
säumt, verstanden, verworfen, geleistet hat. So wird ihr Jetzt
zum Scheitelpunkt. Das Leben besitzt einen Weg zum Anfang,
aber auch eine Straße zum Ende.

In diese Lebenssituation hinein klingen die unerbittlichen
Stundenschläge von Big Ben: »... Big Ben schlägt. Da! Es
dröhnt heraus. Zuerst eine Warnung, musikalisch; dann der
Stundenschlag, unwiderruflich. Die bleiernen Kreise aufgelöst
in der Luft.«[180]

Diese mathematisch-physikalische Zeit teilt die Lebensprozesse der Menschen ebenso unerbittlich ein, wie sich die Veränderungen im Lauf der Planeten vollziehen. Sie zeigt immer wieder an, daß das Leben nur einmal gelebt werden kann. Jetzt — und vorbei! Das Leben ist ungeteilt, aber wesentlich vergänglich. Der äußere Glockenschlag mahnt Mrs. Dalloway daran, daß die Zeit nicht stillsteht. Die Stundenschläge zerstören die menschliche Illusion von Dauer, Ewigkeit, Festhalten des Erlebens. Jedes Erleben aber trägt den Keim seiner Überwindung in sich. Clarissa weiß, daß für sie die verfügbare Zeit abnimmt, und sie fürchtet sich daher vor unnütz vertaner Zeit. War dies ein Überbleibsel puritanischer Denkweisen, die noch in der »intellektuellen Aristokratie« als unumstößlich galten — nicht zuletzt bei Sir Leslie Stephen und seiner Tochter Virginia? Schließlich ist ›Mrs. Dalloway‹ auch ein sprechender Name: »to dally away« heißt »die Zeit vertrödeln«.

Clarissa bemerkt, daß ihr künftiges Leben sich mehr und mehr begrenzt auf so etwas wie einen Speicher der Erinnerungen. Sie wird von der Vergangenheit zehren müssen, hineingebannt in die Unerbittlichkeit der Dinge. So hört sie damit auf, Romane zu lesen, und verschlingt Memoiren. Sie will wissen, wie Menschen mit ihren Lebenskrisen zurechtkamen, weil sie hofft, auf diese Weise Lösungen für ihre eigene Existenz zu finden.

Von dieser Warte aus gesehen, bekommt ihre große Party, auf welche der Junitag des Jahres 1923 hinsteuert, eine bedeutsame Funktion. Auf der Party wird Clarissa all den Biographien begegnen, die sie kennt, Menschen, die ihr etwas bedeutet haben. Die Geselligkeit wächst ins Wesentliche als Neuinszenierung der Lebenserfahrung. Virginia Woolf läßt Clarissa Dalloway diese Party geben als einen Test für ihre Persönlichkeit. Mrs. Dalloway testet sich in ihrer Welt, in der sie ihre Position erreicht hat. So nimmt es nicht Wunder, wenn diese Party kein reines Vergnügen ist, sondern Schmerzliches mit sich bringt. Clarissa durchlebt somit ihre verschiedenen Lebensstadien noch einmal. Die eingeladenen Gäste geben durch ihr Erscheinen den Phasen ihres Lebens noch einmal Verwirklichung. Als Clarissa erlebt, wie lebendig sie ihren Kreis bestimmt, gewinnt sie das Zeichen dafür, daß sie ihr Leben in der

Hand gehabt hat, daß sie eine Schöpferin gewesen ist — und noch ist.

So wird die Spannung von Leben und Tod aufgelöst in der selbstgeschaffenen Struktur ihrer Existenz. Clarissas gewöhnlicher »mind« erkennt die Abschnitte der eigenen Entwicklung, nimmt diese an und akzeptiert Lebendigkeit und Endlichkeit.

Die Spannung zwischen Tod und Leben, unter der Mrs. Dalloway existiert, durchzieht Virginia Woolfs Werk von Anfang an. Clarissa schwankt stets zwischen ihrem Glauben an die gesicherte, positive Existenz und dem Verdammtsein zu einem endlichen Leben. Doch trotz dieser Dialektik sind Virginia Woolfs Romane nicht destruktiv, wie viele Kritiker geglaubt haben. In ihnen bricht immer wieder die Liebe zum Positiven, zum Gelingen des Lebens durch, wie dies Margaret Drabble glänzend formuliert hat: »Ihre Liebe von Parties, Dinners und gesellschaftlichen Ereignissen und ihre beständigen Anstrengungen, dies im Roman zu beschreiben, könnte überraschend erscheinen angesichts ihres depressiven Temperaments, doch eine ihrer Qualitäten, die man schließlich am meisten bewundert, ist ihre Entschlossenheit, ihren Krankheiten nicht zu gestatten, ihre Sicht der anderen Menschen zu färben, ihr heroischer Erfolg bis zum Ende liebend und heiter und hoffnungsvoll zu bleiben. Empfindlich war sie, krank war sie, aber sie verstreute niemals um sich Wellen der Verzweiflung, wie es manche Kranke und Verrückte tun. Sie hielt an sich und fuhr fort Hoffnung anzubieten. Ihre Bücher sind die am wenigsten depressiven Romane, obwohl sie getreulich die Tragödien aufzeichnen, die ihr Leben kreuzten — der frühe Tod ihrer Mutter, ihres Bruders, ihrer Halbschwester; die wilde Melancholie ihres Vaters. Aber immer geben die Romane mehr als Tragödie.«[181]

Die Frage nach dem Verhältnis von Tod und Leben durchzieht das ganze Buch. Die mottoartigen Zeilen aus Shakespeares ›Cymbeline‹

*Fürchte nicht mehr Sonnenglut,*
*Noch des Winters grimmen Hohn!*

stellen den Anfang einer Totenklage dar, die zum Ausdruck bringt, daß im Tode alle Menschen gleich sind. Mit der Frage nach Alter, Zeit und Tod hängt die andere Frage nach dem Sinn des Lebens eng zusammen. »Kreativität und Wahnsinn sind die zentralen Gegenstände dieses Buches: der Impuls zum Leben und der Impuls zum Tode, das Gesunde und das Wahnsinnige repräsentieren zwei Impulse oder Strömungen in Virginia Woolf.«[182] Diese Fragen werden in erster Linie veranschaulicht im Raster der Figuren, die das meiste für Clarissa Dalloway bedeuten: Peter Walsh, Sally Seton, Richard Dalloway und Septimus Warren Smith.

Wichtiger als die Schläge von Big Ben, welche die »Scheibe des Lebens« einteilen, ist die innere Zeit der Romanfiguren, die für Leben und Tod zugleich steht. Die Assoziationen und Gedankenströme, welche das Jetzt oder die individuelle Zeit auf Vergangenheit und Zukunft hin überschreitet, verräumlicht diese auch. Das Nacheinander der physikalischen Zeit macht Gegenwärtiges vergangen, prägt »Augenblicke des Seins« zur Kuriosität und Reminiszenz. Doch Augenblicke bleiben einmalig — überdauern aber nur im Geflecht der Persönlichkeit. Die Trennung der Menschen durch physikalische Zeit und physikalischen Raum erfährt so ihre Aufhebung. Leben und Tod betreffen jeden einzelnen im Sinne eines Geflechts von Beziehungen, Erfahrungen, Leiden. Die »verräumlichte« innere Zeit ist die Form des Lebens selbst oder die Summe der Existenz. Die Wiederholbarkeit von Erfahrungen hat Grenzen an der Kapazität des Lebens. Doch im Seelischen, in dem Speicherhaus der Erinnerungen, läßt sich Ganzheit am ehesten orten, zumindest mag sie in den Erinnerungskonglomeraten aufscheinen.

Der Roman beginnt an einem schönen Junitag des Jahres 1923. Clarissa Dalloway schlendert durch London, um Blumen für ihre Party zu kaufen, die sie am Abend geben will. Schon gleich auf der ersten Seite des Romans wird das Geschehen in der Perspektive Clarissas ausgeweitet durch Erinnerungen an ihre Jugend im Herrenhaus ihres Vaters in Bourton, an den Jugendgeliebten Peter Walsh. Die physikalische Zeiteinteilung liefern die Stunden- und Halbstundensschläge von Big Ben durch den gesamten Roman.

Virginia Woolf benutzt die Wahrnehmungs-, Erlebnis- und Denkweise Clarissas, um die Außenwelt dieses Sommertages zu vermitteln in der lebendigen Metropole London, aber auch, um die Menschen vorzustellen, die Clarissas soziale Position bestimmen: ihre Bekannten, etwa Hugh Whitbread, den snobistischen Höfling im Buckingham Palace. Doch zugleich wird das Innere dieser Menschen offengelegt: ihre Handlungsmotive und Intentionen zeichnen sich ab, die hohle Formalität der oberen Mittelklasse und der Oberklasse, die Welt der Statussymbole.

Der Tag beginnt also hell, freudig, frisch, rasant: es gibt öffentliches Aufsehen! Ein vornehmes graues Auto fährt durch London, parkt. Man rätselt, wer in ihm gefahren wird. Ein Flugzeug schreibt Reklame am Himmel; man versucht, die Schrift zu entziffern.

Virginia Woolf setzt Auto und Flugzeug geschickt ein, um Perspektivenwechsel vornehmen zu können, um von einem Ich in das andere umzuwechseln und die Welt oder das betreffende Stück der Welt jeweils aus dessen Blick zu zeigen.

Alles am Anfang des Romans erscheint auf den Lebensstrom abgestellt, in dessen Zentrum Clarissa steht: die Wellen, die Schwünge, das Dynamische herrschen vor.

Clarissas Wahrnehmung der Welt — ihr Durchstreifen von Bond Street — zeigt ihre Muster des Auswählens: für sie gilt »Weniger ist mehr«, nur muß es erstklassig sein. Doch in dem ersten Abschnitt des Romans zwischen 10.00 Uhr und 11.00 Uhr taucht auch schon Septimus Warren Smith auf, der durch eine schwere psychische Erkrankung zu Schreckensvisionen getrieben wird.

Sinnfällig gemacht wird in ›Mrs. Dalloway‹ zunächst das Leben: die hektische Großstadt, Weltstadt mitsamt dem Gefühls-, Geschmacks-, Wert- und Normprogramm der Oberklasse in ihrem Exempel Clarissa Dalloway.

Die Auseinandersetzung des Romans mit dem Thema des Todes und des Alterns läuft auf der empirischen Ebene der sichtbaren Phänomene ab (Clarissa ist 52 Jahre alt, grauhaarig, über den Höhepunkt ihres Lebens hinaus wie Hugh Whitbread, Peter Walsh, Sir William Bradshaw, Richard Dalloway). Aber Virginia Woolf zeigt auf der symbolischen und tiefenpsychologischen Ebene diese Thematik. Hier ist die Frage nach der Identität Clarissas und Septimus angesiedelt.

Die »Scheibe des Lebens« im Falle von Clarissa besitzt tiefe Kanäle zum Grund ihrer Existenz, aber auch zur Existenz ihres

Doppelgängers Septimus, wobei der Tod verschränkt wird mit dem Problem des Weiterlebens über den Tod hinaus, das verbunden bleibt mit der Verewigungsmöglichkeit des Menschen. Die Parallelität von Clarissa und Septimus liegt in einem Bereich, der die Kehrseite zu den Werten der Gesellschaft abgibt: im Areal der Seele. Während im bejahenden und funktionalen Sinne Clarissa und Septimus Erfolgsmenschen sind, versagen sie in ihrem seelischen Haushalt.

Clarissa ist eine glänzende Dame der Gesellschaft in Westminster, Septimus ist hochdekorierter Offizier aus dem Ersten Weltkrieg mit Aussichten auf eine steile geschäftliche Karriere. Die Frage nach dem Verhältnis von Leben und Tod liegt aber tiefer.

Sowohl Septimus wie Clarissa vermögen weder zu lieben noch zu trauern. Clarissa hat die Sicherheit gewählt durch die Heirat mit dem bieder-tüchtigen Dalloway, mit dem sie aber keine glückliche Ehe führt. Es ist ihr versagt, harmonisch mit ihm zu leben, weil ihre Virginität psychisch erhalten geblieben ist: »Sie konnte eine Virginität nicht vertreiben, die durch die Geburt eines Kindes bewahrt, wie ein Tuch um sie hing. Hübsch in ihren Mädchenjahren, kam plötzlich ein Augenblick — zum Beispiel am Fluß unter den Wäldern bei Cliveden —, als sie durch eine Zusammenziehung dieses kalten Geistes ihn verfehlt hatte. Und dann in Konstantinopel und wieder und wieder. Sie konnte sehen, was ihr fehlte. Es war nicht Schönheit; es war nicht Geist. Es war etwas Zentrales, das durchdrang; etwas Warmes, das die Oberflächen aufbrach und die kalte Beziehung zwischen Mann und Frau kräuselte, oder die Gemeinschaft von Frauen. Denn das konnte sie verschwommen erkennen.«[183]

Clarissas androgynes Wesen neigt eher Frauen zu. So wird von ihrem jugendlichen schwärmerischen Liebesverhältnis zu Sally Seton berichtet, mit der sie die Welt der Leidenschaften und die des Geistes zugleich entdeckte. Clarissa fühlte sich in dieser Beziehung eher als »Mann«: »... sie fühlte damals zweifellos das, was Männer empfinden...«[184] In ihrer Natürlichkeit und Unkonventionalität weckte Sally in Clarissa das Begehren auf seelische und geistige Abenteuer, doch sie konnte in diese Welt nur als Zaungast eintreten. Vorherrschend bleibt Clarissas Bedürfnis nach Sicherheit — deshalb lehnt sie den Heiratsantrag des intellektuellen, untypischen und skurrilen Peter Walsh ab.

In sich selbst findet Clarissa trotz ihres Unterscheidungsvermögens für die Differenz Wirklichkeit — Vorstellung, keine Bestimmung ihres Ich. Sie ruht nicht in sich selbst, was noch durch ihre Äußerlichkeit, das Eichelhäherhafte, das Luxuriöse betont wird. Sie erfährt verschiedenartige Perspektiven und Blickpunkte, die sie in der Gleichzeitigkeit aufnimmt und nach ihrem äußerlichen Wertmuster ordnet. Zurück bleibt die Frage nach der Bestimmung ihres Selbst und nach dem Sinn ihres eigenen Lebens — angesichts der Tatsache des Alterns und des bevorstehenden Todes, nachdem die Jugend mit ihren Möglichkeiten vorbei ist, Lebensentscheidungen nicht mehr korrigiert werden können.

Der Gedanke des Selbstmords gelangt in den Roman durch die Figur des Septimus Warren Smith. Septimus wird als Entsprechung zu Clarissa konstruiert. Septimus ist als Gegensatz zu Clarissa und als ihre Ergänzung zu denken. Immer noch unter dem Eindruck des Ersten Weltkriegs, vermag er seine Erlebnisse nicht mehr zu verbinden. Seine Persönlichkeit zerfällt in die Welten seiner Ängste und Vorstellungen und in die einer nur noch vage wahrgenommenen »Wirklichkeit«. Septimus hört Stimmen aus dem Jenseits. Am Beispiel seines sinnlosen Todes durch Selbstmord wird Clarissa deutlich, daß der Tod etwas Absolutes ist. Er zieht alle Hüllen hinweg und legt die Begrenztheit des Menschen offen. Stärker als Clarissa ist Septimus der Vereinsamung ausgesetzt. Seine Ehe zerbricht im Schweigen: es bleiben nur noch symbolische Gesten. In seinem zerstörten Bewußtsein nimmt alles den Charakter des Grausamen, Zynischen an. Er kann keine Balance zwischen Lebensschrecken und Lebensmut mehr finden.

Clarissas größtes Gut, das sie verteidigen möchte, ist ihre persönliche Unverletzlichkeit, ihre nicht tangierbare Sphäre der Privatheit. Von dieser Ebene her ergeben sich Überschneidungen mit Septimus, der die Ärzte als Machtmenschen haßt, denen es an Feinfühligkeit mangelt, wenn sie ihre Patienten gleichsam mechanisch manipulieren.

Der Unterschied zwischen Clarissa und Septimus besteht

darin, daß die »normale« Clarissa durchaus den Unterschied zwischen Außenwelt und Innenwelt kennt und sich desselben bewußt ist. Sie ist sich der Realität bewußt und reagiert »normal« auf sie, während Septimus nicht immer unterscheiden kann zwischen seinen subjektiven Reaktionen auf Äußeres und den objektiven, natürlichen Gegebenheiten der Außenwelt. In seinem Wahn singen *ihn* die Vögel an, schreibt das Flugzeug am Himmel Botschaften für *ihn*. Der Unterschied zwischen Ich und Außenwelt ist zerstört. Damit wird Wesentliches über Septimus' Wahnsinn gesagt: die Vernetzung mit den Menschen in einer Lebenssituation durch sprachliches und nichtsprachliches Verstehen ist durchschnitten. Septimus steht in unmittelbarer, wahnhafter Beziehung mit dem Universum. Er kann nicht mehr reden. Alle Ideen wuchern in die riesenhaftesten Dimensionen, werden blaß, abstrakt, unfaßbar. Seine Reaktionen sind dann auch nicht mehr für andere verstehbar — dies spiegelt sich im unsäglichen Leiden seiner jungen Frau Rezia.

Septimus, der hochdekorierte »Held«, hatte in den Grabenkämpfen einen Bombenschock erlitten, als sein bester Freund Evans vor seinen Augen starb. Evans erscheint ihm nun in seinen Visionen. Septimus' wahnhafte Sensibilität läßt ihn die Welt nunmehr als von Grund auf böse erfahren, eine Bosheit, die er in seinem Arzt Sir William Bradshaw wiederzufinden glaubt, wohingegen er sich selbst orientiert an einem metaphysischen Privat-Gott. Als er in ein Heim für Geisteskranke gebracht werden soll, empfindet er, daß er diesen Kräften des Bösen ausgeliefert wird. Er stößt zum Tode vor, indem er sich aus dem Fenster stürzt.

Von Septimus' Selbstmord wird Clarissa durch Sir William Bradshaw auf ihrer Party erfahren. Sie erkennt in diesem Tod eine Befreiung ihrer eigenen Bedrängnis und sieht die Möglichkeit zum Weiterleben. Septimus Tod ist der Tod von Clarissas Schuldprojektion, die Erleichterung verschafft. Die Party geht weiter. Clarissa sieht darin den Sieg des Lebens, des Kreativen über die Kräfte des Todes und der Zerstörung.

Auch in Mrs. Dalloway wird die Einsamkeit jedes einzelnen Menschen betont, der einerseits in einem kommunikativen, äußeren, konventionsgesteuerten Zusammenhang lebt, der durch die Klassenzugehörigkeit variiert, andererseits seine Welt in seiner Identität mitschleppt: seine Welt *ist*. Das, was ein Mensch zutiefst empfindet und denkt, was seine geheimsten Wünsche betrifft — dies führt zur Frage nach der Einsamkeit und nach dem Sinn des Lebens. Für Clarissa Dalloway, die nie den Mut zur Existenz hatte, besteht ihr Pendant, die ausgeschlagene Möglichkeit ihres Glückes, in Peter Walsh, der androgynen Männerfigur, die nicht so recht zu dem englischen etablierten Männerbild der Oberklasse passen will.

Peter Walsh, der Clarissa seit ihrer Jugend liebt, ist ein Alter ego für sie wie für Septimus. Als er Clarissa ins Bewußtsein kommt, ja als er leibhaftig ihren Salon betritt nach so vielen Jahren, bemerkt sie, wieviel Peter ihr bedeutet und daß sie immer von seiner geistigen Überlegenheit beeindruckt war. Doch auch hier empfindet sie ihr inneres Schwanken. Sie sieht die zwei Seiten des Peter Walsh: die einnehmende und die abstoßende. — Peters eigenständige und weite Persönlichkeit zeigt sich darin, daß er die Hohlheit der Gesellschaft durchschaut. Er besitzt den Mut zum Außenseitertum, wiewohl er dadurch schon äußerlich vereinsamt. Während Clarissa in einem Schwebezustand des Gemüts lebt, sich in einem halbbewußten Zustand durch den größten Teil ihres Lebens bewegt, ist Peter der Analytiker, der Rationalist, der die Welt gern verändern möchte, aber an seinen Ideen scheiterte. Peters Marotte, ein großes Taschenmesser herauszunehmen und dessen Schneide auf- und zuzuklappen, fungiert als vieldeutiges Symbol. Darin äußert sich wohl analytisches Interesse als auch sexuelle Aggressivität — doch ebenso Versagen. Die Sensibilität seines Wesens hat zu seinem Scheitern beigetragen, vereint mit der hölzernen Qualität der britischen Oberschicht, die das Heft in der Hand hält, sei es, daß man an den Premierminister auf Clarissas Party, an Lady Bruton, an Richard Dalloway oder an Sir William Bradshaw denkt.

Allerdings gibt es einen Charakterzug des Peter Walsh, der mit seiner Marotte zusammenhängt: Peter will die Privatheit der Seele nicht akzeptieren, sondern sich in alles einmischen; er entwirft Ordnungen und Strukturen, nach denen sich andere Menschen richten sollen. Die Furcht vor dieser Seite seines Wesens, die Furcht vor Beherrschung, ließ Clarissa seinen Heiratsantrag ablehnen.

Die Frage nach dem Sinn des Lebens stellt sich Clarissa selbst im Zusammenhang mit ihrer Party. Hat sie überhaupt in ihrem Leben etwas geschaffen? Hatte ihr Leben irgendeine Bedeutung? Es ist wahr, sie hat sich nicht genügend ausgebildet, sondern mit einer Handvoll Werturteilen und Klassenvorurteilen ihr Leben bestritten, dem Augenblick gelebt. Ihren Lebenssinn gibt ihr die Party als Beweis ihrer Fähigkeit, Menschen zusammenzubringen, einen gesellschaftlichen Mittelpunkt zu kreieren. Doch wie subjektiv erfüllt von ihrer Existenz sie sein mag, die Abläufe auf der Party widersprechen oft jedem echten Verstehen. Es ist aber nicht so, daß menschliche Begegnung und wahre Gespräche ausblieben. Die herzliche Begegnung zwischen Richard Dalloway und Peter Walsh, Peter Walsh und Sally Seton zeigen, daß Clarissa doch auf ihrer Ebene Positives gestiftet hat. Sie schuf Lebenssinn, auch wenn eine Tragödie unter ihrer eleganten Erscheinung verborgen bleibt: »»Richard hat sich gebessert‹, sagte Sally. ›Ich werde gehen und mit ihm reden. Ich werde gute Nacht sagen. Was macht schon der Verstand‹, sagte Lady Rosseter, indem sie sich erhob, ›verglichen mit dem Herzen?‹ ›Ich komme mit‹, sagte Peter. Und er blieb für einen Augenblick sitzen. Was ist dieser Schrecken? Was ist diese Ekstase? dachte er bei sich. Was ist es, das mich mit außerordentlicher Erregung erfüllt? Es ist Clarissa, sagte er. Denn dort war sie.«

Am selben Tag, an dem ›Mrs. Dalloway‹ erschien, plante Virginia Woolf schon ihren nächsten Roman ›Die Fahrt zum Leuchtturm‹: »Dieser Roman wird ziemlich kurz sein: Vaters Charakter soll vollständig in ihm eingearbeitet werden und Mutters; und St. Ives; und die Kindheit; und all die gewöhnlichen Dinge, die ich hineinzunehmen versuche — Leben, Tod usw. Aber im Zentrum steht Vaters Charakter, wie er im Boot sitzt und ›wir vergingen, jeder für sich allein‹ rezitiert, während er eine Makrele zerquetscht — jedoch, ich muß mich zurückhalten — ich muß zuerst ein paar kleine Geschichten schreiben, und den Leuchtturm gären lassen, indem ich ihm etwas hinzufüge zwischen Tee und Dinner, bis er komplett ist für das Ausschreiben.«[185]

Inzwischen gab es Stimmen zu ›Mrs. Dalloway‹, die nicht

einhellig waren. Manche Kritiker warfen dem Roman vor, keine fortlaufende Story zu bieten. Sie behaupteten, daß nur geistig gesunde Menschen den Roman lesen sollten. Andererseits enthielt die Besprechung im ›Observer‹ vom 17. Mai 1925 ein besonderes Lob für den ›Common Reader‹: »Wenige Bücher... sind in der Lage, ein tieferes Vergnügen, eine größere Reichweite oder eine feinsinnigere kritische Intelligenz an den Tag zu legen als der Band von Mrs. Woolf.« Virginia erfuhr im ganzen mit ihren beiden neuen Büchern einen positiven Widerhall. So schrieb sie in ihr Tagebuch: »... noch nie habe ich mich so bewundert gefühlt«.[186] Auch E. M. Forster, auf dessen Urteil Virginia so viel gab, stimmte in das Konzert lobender Stimmen zu ›Mrs. Dalloway‹ ein, was für sie eine große Genugtuung und Absicherung bedeutete.

Dagegen mochten Lytton Strachey und Vita Sackville-West den neuen Roman nicht sonderlich. Auch Virginias Bekannter C. P. Sanger fand den Roman zu analytisch und nicht sympathisch genug. Virginia antwortete Sanger noch am selben Tage mit Respekt vor seinen Ansichten. Die widersprüchliche Aufnahme von ›Mrs. Dalloway‹ und ihrer anderen Romane hatte für Virginia Woolf zur Folge, daß sie die Kritik als etwas Relatives ansah. Sie mußte den Leitfaden ihrer Kunst in sich selber suchen und glaubte, niemand außer E. M. Forster verstehe, was sie in ihrem Werk geben wolle.

»Wahrscheinlich sitzen alle Autoren jetzt im selben Boot. Es ist die Strafe, die wir dafür zahlen, mit der Tradition gebrochen zu haben, und die Einsamkeit macht das Schreiben aufregender, das Gelesenwerden weniger aufregend.«[187]

Ende Mai nahmen die Woolfs Kontakt mit den drei Sitwell-Geschwistern auf. Edith Sitwell, die exzentrische, experimentelle Lyrikerin, lebte mit ihrer Schwester und ihrem Bruder in einem gemeinsamen Haushalt. Leonard und Virginia wurden von den Sitwells eingeladen, am 19. Mai mit ihnen zu dinieren. Edith machte sich dadurch einen Namen, daß sie in ihren Gedichten die Musikalität der Sprache ausnutzte, manchmal zum Nachteil der Verständlichkeit der Texte. Ihr erster Band gesammelter Gedichte erschien erst im Jahre 1930. Virginia hielt Edith für eine alte Jungfer, bewunderte aber trotz ihrer Schusseligkeit die ästhetischen Umgangsformen.

Virginia beklagte sich nicht zum ersten Mal darüber, daß sie in der letzten Zeit zu viele Menschen gesehen hätte und daß sie nicht aufhören könne, Geschichten zu schreiben. Zum Sommeranfang 1925 begann Virginia sich mit dem Stoff zu ihrem neuen Roman zu beschäftigen. Auch entstanden in dieser Zeit erste Vorüberlegungen zu dem späteren Roman ›Die Wellen‹. Allerdings gab es in diesen Aktivitäten Hemmnisse, weil Virginias Gesamtbefinden nicht durchweg gut und stabil blieb.

Der Roman ›Mrs. Dalloway‹ entpuppte sich als der erste große literarische Erfolg Virginias. Schon am 1. Juni, gut vierzehn Tage nach Erscheinen, hatte die Hogarth Press 1000 Exemplare verkauft. Inzwischen fragte sogar der Leipziger Verleger für englische Texte, Bernhard Tauchnitz, bei Virginia Woolf an, ob er nicht eine englische Ausgabe von ›Mrs. Dalloway‹ für die deutschsprachigen Länder herausbringen dürfe. Aus dieser Beziehung entstand tatsächlich in späteren Jahren eine Zusammenarbeit, denn die Romane ›Orlando‹ und ›Mrs. Dalloway‹ wurden 1929 von Tauchnitz herausgebracht. ›Mrs. Dalloway‹ und der ›Common Reader‹ waren beide Erfolgsbücher, doch der Roman führte in den Verkaufszahlen.

Im Woolfschen Bekanntenkreis waren im Sommer 1925 neben den Sitwells immer häufiger Vita Sackville-West und Dadie Rylands zu sehen. Vor allem Vita wurde sehr bald zu einer engen Vertrauten und Freundin Virginias.

Virginia fühlte sich nach den Anstrengungen ausgelaugt, so daß sie sich verständlicherweise nicht sogleich auf ihr neues Buch zu konzentrieren vermochte. Doch sie spekulierte über weitere Möglichkeiten, indem sie ihrer Phantasie freien Lauf ließ. Der Plan für ›Die Fahrt zum Leuchtturm‹ interessierte sie außerordentlich stark. Trotz körperlich-nervlicher Erschöpfung fühlte sich Virginia insgesamt glücklich: »Der ungeheure Erfolg unseres Lebens ist — denke ich —, daß unser Schatz vor uns verborgen ist. Das heißt, wenn man eine Busfahrt nach Richmond genießt, im Grünen sitzt oder raucht, Briefe aus dem Kasten nimmt, Murmeltiere lüftet, Grizzle kämmt, ein Eis bereitet, einen Brief öffnet, nach dem Essen Seite an Seite zusammensitzt und sagt, Bist Du im Stall, Bruder — nun, was kann dieses Glück trüben?«[188]

In bezug auf ›Mrs. Dalloway‹ machte Virginia allein Lyttons Schweigen zu schaffen. Schließlich sprach er sich aus und sagte, daß er den Roman nicht gut fände, weil ihm die Disharmonie zwischen dem außerordentlich schönen Ornamentalen des Stils und dem gewöhnlichen, unwichtigen Geschehen zu stark hervortrete. Dennoch bestand für Lytton Strachey kein Zweifel daran, daß dieser Roman genial sei: »Genialer als irgend etwas, was ich bislang gelesen habe.«[189] Für Lytton drängte sich am Romanstil Virginias der Vergleich mit Laurence Sternes ›Tristram Shandy‹ auf. Virginia mochte die tiefergehende Kritik Lyttons, die sie natürlich auch schmerzte, wegen der Aufrichtigkeit mehr, als bloß enthusiastische Ausbrüche: »Ich komme zurück in meine arbeitsame Kampfstimmung, die für mich natürlich ist. Ich sehe mich selbst nicht als Erfolg an. Ich mag das Gefühl der Anstrengung mehr.«[190] Die positiven und negativen Urteile über ›Mrs. Dalloway‹ und den ›Common Reader‹ blieben teils im Gleichgewicht, teils fielen sie aus der Balance. Virginia glaubte, daß die Leser über 40 den ›Common Reader‹, diejenigen unter 40 ›Mrs. Dalloway‹ lieber mochten.

Ende Juni 1925 glitt Virginia in eine depressive Phase hinüber. Sie betonte, daß sie menschenscheu sei, und verlor zeitweilig ihre Freude an Parties. Hinzu kam, daß sie sich im gesellschaftlichen Dickicht etwas verausgabt hatte: »Jeder gibt Parties, und Leonard und ich müssen morgen bei Ottoline dinieren, was mich melancholisch verrückt macht. Ich fange an, mich auf die zwei Monate in Rodmell zu freuen...«[191]

Der ›Common Reader‹ war mittlerweile so bekannt, daß die amerikanische Zeitschrift ›Atlantic Monthly‹ Virginia um ihre Mitarbeit bat. Sie beschäftigte sich mit ihren literaturkritischen Arbeiten, schrieb einen Artikel über den Verfasser von ›Gullivers Reisen‹, Jonathan Swift, für das T.L.S., doch ihre Gedanken kehrten immer wieder zu ihrem Roman zurück, von dem sie magisch angezogen wurde: »Während ich versuche zu schreiben, denke ich mir die Fahrt zum Leuchtturm aus — das Meer ist im ganzen Roman hörbar. Ich habe eine Idee, daß ich einen neuen Namen für meine Bücher erfinden will, um ›Roman‹ zu ersetzen. Eine neue — von Virginia Woolf. Aber was? Elegie?«[192]

Der Juli begann für die Woolfs mit einer Reihe von Einladungen, die in ihrer Fülle schon nahezu atemberaubend gewesen ist. Leonard und Virginia trafen unter anderem Dadie Rylands, Lady Colefax, Clive Bell, T. S. Eliot, Ottolines Tochter Julian, Vitas Vetter Eduard Sackville-West, E. M. Forster und Adrian Stephen. Im Tagebuch faßte Virginia all diese Begegnungen mit der Bemerkung zusammen: »So ist ein ganzer Stamm von Leuten und Parties hinuntergegangen in die Abgründe des Vergessens.«[193] Anfang Juli heiratete Maynard Keynes Lydia Lopokova. Die Eheschließung fand in dem für Bloomsbury schon traditionellen Standesamt von St. Pancras statt. Virginia betonte, daß der Sommer 1925 ein glückliches Gepräge habe, daß sie nur verpflichtet sei, zu viele Leute zu sehen. Sie behauptete, nie jemanden einzuladen — was natürlich nicht stimmte, denn Scharen von Freunden und Bekannten kamen zum Tavistock Square.

Virginia Woolf nahm sich für ihren Aufenthalt im Monks House vor, mit dem Schreiben ihres neuen Romans ›Die Fahrt zum Leuchtturm‹ zu beginnen, den sie in einer Zeit von zwei Monaten beenden wollte. Sie hatte sich inzwischen die Thematik genauer überlegt, Szenen ausgedacht: Vater, Mutter und Kind im Garten, der Tod — die Segelfahrt zum Leuchtturm. Die tiefere Ebene sollte von der Darstellung der dahinfliehenden Zeit bestimmt werden, dem der Romanaufbau Rechnung trägt. Dieses Vorgehen wird deutlich in der Einheit des Plans für das Buch. Diese Einheit wird geschaffen durch das Ineinandergreifen der drei Teile: 1. Am Wohnzimmerfenster, 2. Sieben Jahre später, 3. die Ausfahrt. Vor allem die Frage, wie Virginia Woolf ihren Vater Sir Leslie Stephen in ihrem Roman gestalten sollte, bereitete ihr Kopfzerbrechen.

Für Virginia und Leonard begann am 5. August 1925 ihr Sommerurlaub in Rodmell. Wenig später — am 16. August — fuhren sie nach Iford, um das jung verheiratete Ehepaar Maynard und Lydia Keynes zu besuchen. Virginia konnte die gesellschaftlichen Strapazen der Sommersaison in London nicht so gut überwinden, wie sie geglaubt hatte, und erlitt im August in Rodmell einen Zusammenbruch. Am 19. 8. feierten Leonard und Virginia in Charleston den Geburtstag von Quentin Bell und die Heirat der Keynes. Plötzlich wurde Virginia ohnmächtig, so daß sie mit dem Auto zum Monks House gefahren werden mußte. Wie schon oft in solchen Situationen, zog Virginia es vor, das Bett zu hüten. Dennoch versuchte sie weiterzuarbeiten, las Manuskripte für den Verlag, Texte von Edith Sitwell, Gertrude Stein, eine Studie über Geburtenkontrolle sowie eine soziologische Untersuchung über die Religion in Leeds.

Diese Schwächephase wird verständlich, wenn man bedenkt, daß der Sommer 1925 zu den besonders geschäftigen Jahreszeiten für Virginia gehörte; sie hatte neben ihrer schriftstellerischen Tätigkeit viel im Verlag geholfen, gedruckt, Sendungen verpackt, Briefe adressiert. Maynard Keynes im Juli erschienenes Pamphlet ›Die wirtschaftlichen Folgen des Mr. Churchill‹ war die einträglichste und auflagenstärkste Veröffentlichung der Hogarth Press, die mit 10 000 verkauften Exemplaren einen Monat nach Erscheinen alles bisher Dagewesene in den Schatten stellte.

Im September — die Woolfs befanden sich immer noch in Rodmell — blieb Virginias Gesundheitszustand heikel. Sie klagte über heftige Kopfschmerzen, fühlte sich wie ein Amphibium, dumpf und oft inaktiv. So wurde Virginias Arbeitsplan für den Sommeraufenthalt in Rodmell empfindlich gestört, doch sie wollte sich von ihrem komplizierten Nervensystem nicht unterkriegen lassen. Immer wieder versuchte sie, an ihrem Roman ›Die Fahrt zum Leuchtturm‹ zu arbeiten. Schon im August hatte sie 22 Seiten an einem Stück geschrieben und geglaubt, dieses Tempo ließe sich so fortsetzen. Doch die Kopfschmerzen verließen Virginia Woolf für längere Zeit nicht. Sie blieb morgens öfter im Bett liegen und fühlte sich nach wie vor als Amphibie. Zeitweilig überlegten beide Woolfs, ob sie nicht Monks House aufgeben sollten zugunsten eines regulären Sommeraufenthalts in Südfrankreich. Diese Gedanken verflogen schnell, weil Leonard und Virginia beide an ihrem Landhaus, aber ebenso an der eindrucksvollen südenglischen Landschaft hingen.

Leonard Woolf blieb zeitlebens ein begeisterter Gärtner. Er freute sich über seine Ernten im Obst- und Gemüsegarten, ja er war stets darauf aus, Grundstück und Haus in Rodmell zu vervollkommnen. Virginia schrieb an Janet Case: »Unser Garten ist der Neid von Sussex. Wir haben ein Colchicum [eine Lilienart] entdeckt, das wie eine kleine purpurne Tulpe aussieht. Dies alles macht Leonard: er schuftet wie ein ungelernter Arbeiter und klettert auch wie ein Affe in die Spitzen der Birnbäume. Nun, habe ich es nicht richtig gemacht, einen solchen Mann zu heiraten? Ich gebe meiner Bewunderung Ausdruck, doch ich darf selten einen aktiven Part übernehmen.«[194]

Die Woolfs wurden von T. S. Eliot tief enttäuscht, der eine Neuauflage von ›The Waste Land‹ nicht mehr bei seinem alten Verlag, der Hogarth Press, herausbrachte, sondern beim Verlag Faber, zu dem er in engere Beziehung getreten war. Dennoch beabsichtigte Eliot keineswegs, sich mit den Woolfs zu überwerfen, ja er trug Virginia sogar an, doch in seiner Zeitschrift ›New Criterion‹ zu publizieren. Virginia charakterisierte Eliots Betragen etwas spöttisch als das eines wütenden Huhns oder als das einer alten Jungfer, die vom Butler geküßt wird.

Für eine Weile zog sich Virginia aus der Gesellschaft zurück. Sie genoß die Bequemlichkeit des Lebens in Rodmell — so auch ein gerade angeschafftes Grammophon. Nach dem Essen hörten die Woolfs gern klassische Musik. Virginia entdeckte das Stricken, bei dem sie sich entspannte.

Dennoch blieb sie immer neugierig auf das, was in der gesellschaftlichen Welt geschah. Zu gerne hätte Virginia immer alles auf einmal gehabt: Trubel und Einsamkeit. An Vita Sackville-West schrieb sie: »Sag mir, was Du gesehen hast; sogar wenn ich nie von diesen Menschen gehört habe — das wird umso besser sein.«[195] Im selben Geist lud sie Lytton Strachey ein, doch zum Besuch nach Monks House zu kommen.

Virginia ging es inzwischen wieder so gut, daß sie Ausflüge nach Greenwich und zum Kenwood House in Hampstead machen konnte. Kenwood House sollte im Frühjahr 1926 von König Georg V. der Öffentlichkeit übergeben werden. In seinem großzügig angelegten Landschaftsgarten ist der exquisite Bau des Architektengenies Robert Adam noch heute ein ästhetischer Genuß, denn Kenwood verfügt zudem noch über eine erlesene Sammlung alter Meister, in der man Reynolds, Gainsboroughs, Rembrandts und Vermeers findet.

Vita Sackville-West war inzwischen Virginias beste Freundin geworden, was aus einem Brief hervorgeht, den ihr Virginia am 15. September in wütend-zärtlicher Stimmung schrieb. Vita war nach Rodmell gefahren und hatte einem Dorfjungen Geschenke für Virginia gegeben: einen großen Rosenstrauß und einen chinesischen Miniaturgarten in einem irdenen Topf. Dazu gehörte ein Brief. All das transportierte der Junge zum Monks House. Virginia hätte sich über den Besuch Vitas ungeheuer gefreut, doch Vita glaubte, sie würde mit ihrer Anwesenheit nur Unruhe stiften. Am 20. September besserte sich Virginias Befinden so deutlich, daß sie wieder an ihrem Roman schreiben konnte.

Virginia bekam wie schon vor Jahren ein Angebot, ein Buch für eine Reihe zu schreiben, doch sie lehnte ab. Es handelte sich im Herbst 1925 um eine Anfrage ihres Vetters H. A. L. Fisher, des ehemaligen britischen Erziehungsministers und jetzigen Warden of New College, Oxford, ob Virginia nicht für die in England sehr bekannte ›Home University Library‹ einen Band über die nachviktorianische Literatur schreiben wollte. Doch Virginia konnte es nicht ausstehen, unter Zwang zu schreiben, sich etwa Universitätsgelehrten als Herausgebern zu unterwerfen.

Im September hatte John Maynard Keynes mit seiner Frau Lydia eine Reise in deren Heimat Rußland gemacht. Nach seiner Rückkehr berichtete Maynard über das Sowjetsystem, über Spione, über exzessive Sitten, zaristischen Prunk und über die neue Führung. Rußland war damals kulturell außerordentlich aufgeschlossen. Man konnte in Moskau in allen Künsten avantgardistische Bemühungen erleben. Kunstausstellungen mit Gemälden von Cézanne und Matisse gehörten selbstverständlich dazu.

Ende September kam Lytton Strachey zu Besuch. Die Mißstimmigkeiten mit Eliot verschärften sich, weil er versuchte, den Woolfs Autoren für den Verlag Faber abzujagen. T. S. Eliot bearbeitete Herbert Read, der schon zwei Bücher bei der Hogarth Press veröffentlicht hatte, sein drittes Buch ›Vernunft und Romantik. Essays zur Literaturkritik‹ Faber zu überlassen — und er war erfolgreich. Virginia empfand die mangelnde Vornehmheit des sonst so anspruchsvollen Eliot als Verletzung der Seriosität.

Virginia Woolfs Bruder Adrian und seine Frau Karin verfolgte ein Unglück nach dem anderen. Hatte schon Adrian Stephens Psychoanalyse Schaden oder zumindest temporäre schwere innere Störungen nach sich gezogen, so ging eine Ohrenoperation Karins negativ aus. Die Ärzte verletzten den Gesichtsnerv, so daß eine Gesichtshälfe gelähmt war und Karin überdies zeitweilig ihr Sprachvermögen verlor. Karin schreckte davor zurück, sich ihren Kindern zu zeigen, weil sie Angst davor hatte, die Kinder würden durch ihr entstelltes Gesicht einen Schock bekommen. Virginia, die sich nie besonders gut mit ihrer Schwägerin verstanden hatte, wurde von diesem Schicksalsschlag innerlich angerührt und empfand Mitleid mit Karin.

Am 2. Oktober 1925 endete der Aufenthalt der Woolfs in Rodmell und sie trafen wieder in London ein. Drei Tage später fühlte sich Virginia so schlecht, daß sie ihre Hausärztin Dr. Elinor Rendel benachrichtigte. Elinor war die Tochter von Lytton Stracheys ältester Schwester. Schon seit 1924 behandelte sie Virginia und Leonard als praktische Ärztin. Virginia blieb den ganzen Oktober über krank. Sie schrieb während ihrer Krankheit den glänzenden Essay ›Über das Kranksein‹ für T. S. Eliots ›New Criterion‹. Außerdem verfaßte sie einige Besprechungen für die Zeitschrift ›Nation & Athenaeum‹.

Virginias Aufsatz ›Über das Kranksein‹ versucht im Akt der Krankheit, der schon bei einer Grippe oder einer Zahnbehandlung vorliegt, Möglichkeiten der Phantasie zu entdecken, Seelenlandschaften, die ansonsten unbekannt bleiben, Grenzzustände als Bilder von Tod und Vernichtung. Sie wertet den Körper auf in seiner Bestimmung des menschlichen Lebens — darin James Joyce verwandt — und vergleicht ihn mit einer veränderlichen Fensterscheibe, die sich erhellt oder verdunkelt. Zugleich erschien für Virginia Woolf Krankheit als Land der Einsamkeit jedes Ich, dessen Unberührtheit schöpferische Kräfte freisetzt, die ursprünglich nur dem Kranken zukommen. Doch auch für die Natur macht Krankheit den Blick frei, für die Natur, welche der alltäglich Fleißige zu übersehen pflegt. Kranke neigen dazu, Gedichte zu lesen, um sich von der Unverständlichkeit der Wörter und Bilder begeistern zu lassen.

Langsam tastet sich Virginia wieder an die Außenwelt heran und machte Spaziergänge bis zur Oxford Street. Besucher empfing sie nur selten. Zu denen, die kommen durften, gehörten

Vita Sackville-West und selbstverständlich ihre Schwester Vanessa. Virginia war unglücklich, als sie hörte, daß Harold Nicolson an die Britische Botschaft nach Persien versetzt worden war. Sie glaubte, daß Vita mitgehen würde und schrieb daher den folgenden Brief:

*Meine liebe Vita,*
*Aber für wie lange?*
*Für immer?*
*Ich bin voller Neid und Verzweiflung. Denke daran, Persien zu sehen — denke daran, Dich niemals wieder zu sehen. Der Doktor hat mich zu Bett geschickt: jedes Schreiben verboten. So ist dies mein Schwanengesang. Aber komm und besuch mich.*
*Deine V.W.*[196]

Am 19. Oktober kam Vita für eine Stunde zum Tee mit Virginia zum 52 Tavistock Square. Immer noch nicht vermochte Virginia ihre Krankheit zu überwinden. Den November hindurch blieb sie bettlägerig und schwach. Diese eher verhaltene Gestimmtheit wurde noch verdüstert durch den Tod ihrer Jugendfreundin Madge Symonds am 7. November. Virginia hatte Madge als Vorbild für Sally Seton in ›Mrs. Dalloway‹ genommen.

Vanessa schlug den Woolfs vor, Weihnachten nach Charleston zu kommen, doch Virginia konnte sich nicht recht entscheiden. Mit ihrem Roman ›Die Fahrt zum Leuchtturm‹ kam sie kaum voran, obwohl sie — wie meistens — viel las und schrieb. E. M. Forster hatte sich an die Aufgabe gemacht, einen Artikel über Virginias Romane zu schreiben, der im darauffolgenden Jahre 1926 erschien.

Vita Sackville-West war um diese Zeit für Virginia bereits ein kostbarer Schatz. Sie empfand ein Gefühl seelischer Abhängigkeit von Vita, wollte immer wissen, was mit ihr geschah, was sie tat und plante, aber auch — was sie erlebte. Schon das Ausbleiben eines Briefes nahm Virginia Vita übel.

Die Überlegungen der Woolfs, wie sie Weihnachten verleben würden, konzentrierten sich auf Charleston, wenn auch Virginia glaubte, daß es Leonard dort nicht sehr gefallen würde. Inzwischen hatte Vita Sackville-West Virginia und Leonard für ein Wochenende nach Long Barn eingeladen. Die Woolfs blieben vom 17. bis zum 20. Dezember dort. Virginia stand im Bann von Vitas Anziehungskraft, zu der auch ihre erotische Faszination gehörte, vor der Virginia zurückschreckte, der sie sich aber auch ergab. Die Liebesbeziehung zwischen den beiden Frauen im engeren Sinne geht auf diesen Besuch zurück. Vita holte Virginia mit dem Auto in London ab und fuhr sie nach Long Barn, wo die beiden allein blieben. Leonard kam erst am Nachmittag des 18. Dezember von London nach Kent. Vitas Glanz und ihr rasantes Auftreten sowie ihre Weiblichkeit nahmen Virginia völlig gefangen.

Weihnachten feierten Leonard und Virginia wie geplant bei Vanessa und ihren Kindern in Charleston. Clive Bell und Roger Fry gehörten auch zu den Gästen. Vita kam am 26. 12. zum Lunch nach Charleston, nachdem sie einen humorvollen Einladungsbrief erhalten hatte, den Virginia schrieb, an deren Komposition sich aber die anderen Charlestonier eifrig beteiligten:

*Liebste Vita,*
*es ist ein allgemeiner Wunsch des Hauses, daß Du kommen sollst, und wir hoffen, Dich zu irgendeiner Zeit am Sonntagmorgen begrüßen zu können, um zum Lunch zu bleiben, Tee, Dinner — alles.*

*Ich muß leider sagen, daß mein lieber alter Freund, Mürrischer Roger [Fry], der gerade vom Golfstrom, Rembrandt, dem Instinkt, Sex unter den Hühnern seit Morgengrauen redet, nicht hier sein wird. Aber meine Schwester Muffige Vanessa, deren Schönheit durch ihre Lumpen brennt (diktiert von Vanessa) ist voller großer geistiger Energie: Eide und bildliche Ausdrücke rollen und rollen von ihren Lippen; sie ist vollkommen liebenswert, kuschelig und entzückend. Und was meinen lieben (diktiert von Virginia) Clive betrifft, dessen Herz sich zu Honig wandelt, in welchem die gelbe Biene erblüht, er hat einen gefüllten Truthahn beschafft, der mit Trüffeln gerautet ist: er ist so reif wie es geht; kräftig, männlich, tugendsam, und jetzt spazieren wir durch die Erdklumpen zusammen im Gespräch, zuerst der eine und dann der andere, über Vita, Vita, Vita wenn der Neumond aufsteigt und die Lämmer sich in den Downs zusammendrängen.*[197]

Schon einen Tag nach Vitas Besuch, am 27. Dezember, fuhr Leonard nach London zurück und Virginia kam am 28. Dezember nach.

Anfang Januar 1926 wurde Virginia erneut krank. Dennoch empfing sie Besucher wie Nancy Cunard, arbeitete an einem Artikel über ›Robinson Crusoe‹, schrieb Briefe. Sie lernte den Bildhauer Stephen Tomlin kennen, der in späteren Jahren eine Portraitbüste von Virginia Woolf anfertigte, die heute in der National Portrait Gallery in London steht. Virginia fühlte sich mit Tomlin wesensverwandt, was bei ihr in menschlichen Beziehungen viel bedeutete. Wie Virginia besaß Tomlin die Eigenheit, allen Geheimnissen anderer Menschen nachspüren zu müssen, um deren Wesen zu erfassen. — Am 8. Januar diagnostizierte Dr. Rendel bei Virginia »deutsche« Masern, eine Art der Grippe. Virginia war wütend auf diese Krankheit, weil sie mit dem Schreiben an ihrem Roman fortfahren und Vita vor ihrer Abreise sehen wollte. Immerhin konnte Virginia Woolf am 13. Januar wieder aus dem Haus gehen.

Clive Bell gab am 18. Januar eine große Party, zu der auch die Woolfs eingeladen wurden. Zwar gingen Virginia und Leonard zusammen mit Clive und Vita Sackville-West in das Restaurant ›Ivy‹ zum Dinner, doch verzichtete Virginia darauf, an der eigentlichen Party teilzunehmen, weil sie sich noch schonen mußte. Vita besuchte Virginia am 19. Januar und vermochte ihr Auftrieb zu geben mit ihrer Ehrlichkeit, ihrer Vitalität und Frische: »Sie zapft so viele Lebensquellen an: Erholung und Abwechslung, das war ihr eigener Ausdruck, als sie an diesem Abend im Gaslicht auf dem Fußboden saß.«[198]

Im Januar erschien Virginias Artikel ›Über das Kranksein‹ in Eliots ›New Criterion‹, doch sie hatte sich schon längst wieder anderen Aufgaben gewidmet. Am 30. Januar hielt Virginia Woolf in einem Mädchengymnasium in Hayes Common einen Vortrag über das Thema ›Wie man ein Buch lesen sollte‹. Dieser Vortrag erschien im Oktober des Jahres in der ›Yale Review‹ und wurde später von Leonard Woolf in Virginias ›Gesammelte Essays‹ aufgenommen. Virginia gab sich mit der Vorbereitung dieses Vortrags ausgesprochen viel Mühe; sie meinte, in derselben Zeit hätte sie sechs Leitartikel für die ›Times‹ schreiben können.

Schon am 15. Januar hatte Virginia an Vita Sackville-West geschrieben: »Was gibt es noch? Ich muß aufhören und versuchen, meinen Vortrag aufzupolieren; und morgen mit dem Roman anfangen, und mein Bett zurückschicken und meinen Kampf mit der Welt wieder aufnehmen — oh und Vita wird nächste Woche nicht da sein, um es zu ›schänden‹ — Du weißt, was ich meine — es ist ein Wort, das ich momentan nicht finden kann.«[199] Vita blieb vier Monate im Ausland: sie brauchte allein sechs Wochen, um ihr Reiseziel Persien zu erreichen. Sie fuhr durchs Mittelmeer, über Ägypten und den Persischen Golf. Auf ihrer Heimreise kehrte sie über Rußland und Polen zurück.

Anfang Februar hatte sich Virginia von ihrer Grippe erholt. Sie schrieb in einer schöpferischen Stimmung an ihrem Roman ›Die Fahrt zum Leuchtturm‹: »... niemals habe ich so leicht geschrieben, solch ein reiches Vorstellungsvermögen gehabt.«[200] »Ich bin zurückgekehrt in das Dickicht meines Romans, und die Dinge drängen sich in meinem Kopf zusammen: Millionen von Dingen möchte ich hereinbringen — alle Arten von Unvereinbarkeiten, die ich mir ausdenke, wenn ich die Straßen heraufgehe, ins Gasfeuer blicke. Dann kämpfe ich mit ihnen, von 10 bis 1: dann lege ich mich aufs Sofa und beobachte die Sonne hinter den Schornsteinen: und denke an mehr Dinge; dann setzte ich im Erdgeschoß eine Seite Lyrik, und dann herauf zum Tee mit Morgan Forster.«[201]

Doch der Februar zeigte auch graue Seiten. Zunächst einmal litt Virginia unter der Abwesenheit Vitas: »Ich vermisse Dich sehr. Ich werde Dich vermissen, und wenn Du es nicht glaubst, bist Du eine langohrige Eule und ein Esel.«[202] Zudem gab es wieder Zank mit dem Hausmädchen Nelly, das sich weigerte, Marmelade zu kochen. Hinzu kamen Virginias Unwohlsein, Lustlosigkeit, Einladungen zu folgen, Kummer über Vitas Schreibfaulheit. Doch das eigene schöpferische Schreiben blieb das bedeutsamste Positive. Nie schrieb Virginia so kraftvoll, ungequält und leidenschaftlich. Jede Unterbrechung erfüllte sie mit Ungeduld: »... ich lese es durch und denke, es ist ein Wunder: aber ich kann kaum etwas anderes tun.«[203] Und in ihr Tagebuch schrieb Virginia: »... ich schreibe jetzt so schnell und frei, wie ich es in meinem ganzen Leben noch nicht getan habe... Ich denke, das ist der Beweis dafür, daß ich auf dem richtigen Weg war und daß die Frucht, die in meiner Seele hängt, auf diesem Weg erreicht werden kann. Amüsanterweise erfinde ich Theorien, daß Fruchtbarkeit und Flüssigkeit die entscheidenden Dinge sind: ich pflegte für eine Art geschlossener, bündiger Anstrengung zu argumentieren. Jedenfalls dies geht so den ganzen Morgen; und ich habe eine Teufelsarbeit, daß ich nicht den ganzen Nachmittag meinen Geist aufpeitsche. Ich lebe ganz (in dem Roman) und komme ziemlich verschwommen an die Oberfläche und bin oft unfähig zu denken, was ich sagen soll, wenn wir um den Square spazieren, was schlecht ist, wie ich weiß. Vielleicht mag es dennoch ein gutes Zeichen für das Buch sein.«[204]

Virginia liebte ihre Arbeit und wußte das zu genau: »Bin ich ein fanatischer Arbeitsenthusiast wie mein Vater? Ich denke, ich habe einen Zug dieser Eigenschaft, aber ich finde keinen Geschmack daran.«[205] Ihre Selbsttäuschung liegt hier offen zutage. Auch wenn Virginias Stimmungen häufig wechselten: sie mochte ihren Lebensstil: »Ich genieße fast alles. Doch trage ich einen rastlos Suchenden in mir. Warum gibt es nicht eine Entdeckung im Leben?... Es ist nicht genau Schönheit, was ich meine. Es ist, daß das Ding in sich selbst genug ist: zufriedenstellend, erreicht. Ein Gefühl meiner eigenen Fremdheit ist auch da, wenn ich auf der Erde spaziere: der unendlichen Seltsamkeit der menschlichen Position; wenn ich den Russell Square entlang trotte, mit dem Mond dort oben, und den gebirgigen Wolken. Wer bin ich? Was bin ich? usw.: diese Fragen fließen immer in mir herum; und dann stoße ich gegen eine exakte Tatsache — ein Brief, eine Person, und ich nähere mich ihnen mit einem großen Gefühl der Frische. Und so geht es weiter.«[206]

Zu Virginias Besuchern im März 1926 gehörte der Schriftsteller und Literaturkritiker F. L. Lucas, der über Eliots Auftreten in Cambridge berichtete. T. S. Eliot hatte eine Einladung des Trinity College bekommen, die berühmten Clark-Vorlesungen zu halten. Er nahm die hohe Ehrung gern an und sprach zwischen Januar und März 1926 acht Mal in Cambridge über das Thema ›Die metaphysische Dichtung des 17. Jahrhunderts‹. Die englische Lyrik dieser Epoche wurde durch eine Mischung von Lebensfreude und idealistisch-platonischer Vergeistigung bestimmt, die beide — oft in Verschmelzung — als Ausdruck menschlicher Suche nach Verewigung im erfüllten Augenblick aufgefaßt wurden. Eliot schien in Cambridge allerdings keinen guten Eindruck hinterlassen zu haben, was sicher nicht der Qualität seiner Ausführungen zuzuschreiben war.

Virginias Stern stieg langsam, aber sicher auf. Herbert Read nahm in einem Leitartikel des T.L.S. vom 4. März 1926 eine Passsage aus Virginias Roman ›Mrs. Dalloway‹ und eine aus Joyces ›Ulysses‹, um Beispiele erstrangiger moderner Prosa vorzuführen.

Virginia Woolf verkehrte seit vielen Jahren in aristokratischen Kreisen, auch wenn sie dem äußeren Glanz mit kritischem Vorbehalt gegenüberstand. Auf einer Party bei Ethel Sands fuhr sie aus der Haut, weil sie es nicht ertragen konnte, wie alle Anwesenden behaupteten, es gäbe zwar Leidenschaften, aber sie alle hätten keine. Virginia bearbeitete den Literaturkritiker Percy Lubbock so sehr, daß er schließlich Angst vor Virginia Woolf bekam und ausrief: »Bitte, Mrs. Woolf, verschonen Sie *mich* damit.«[207]

Auf einer der riesigen Abendgesellschaften des Monats März traf Virginia den anglo-irischen Schriftsteller George Moore. Diese Gesellschaft fand bei Mary Hutchinson statt. Nach Moore, den Virginia in seinen Umgangsformen mochte, dessen Urteil in literarischen Dingen sie aber für überholt ansah, lernte Virginia Lord Ivor Churchill kennen, den jüngeren Sohn des 9. Herzogs von Marlborough, der sich besonders als Kunstsammler hervorgetan hatte. Diese Begegnung fand während eines Essens statt, das Clive Bell gab. Der Lord war im Verlauf einer literarischen Wendung des Gesprächs beschämt darüber, daß er weder die Werke von Henry James noch die Romane Virginia Woolfs gelesen hatte. So erschien er prompt am Tag nach dem Dinner in 52 Tavistock Square, um alle Bücher Virginias auf einmal zu kaufen.

Mitte März wurde es in England wieder kalt: ein scharfer Wind trieb alte Zeitungsblätter durch die Straßen Londons. Im Hause der Woolfs gab es keine Hochstimmung, denn Leonard fühlte sich überlastet durch seine journalistischen Verpflichtungen. Zu Virginias Freude und Maynard Keynes Kummer kündigte er am 24. März 1926 seine Stelle bei der Zeitschrift *Na-*

*tion.* Auch häufte sich im Monat März die Verlagsarbeit, unter der Verlagsinhaber und Angestellte gemeinschaftlich stöhnten. Die Manuskripte regneten auf die Woolfs herab, die Autoren gaben sich die Klinke der Verlagsbürotür in die Hand. Leonard und Virginia verdienten jetzt ungefähr 500 Pfund Sterling mit ihren literarischen Arbeiten. Virginia nahm Lebensveränderungen auf ökonomischem Gebiet nie schwer, obwohl sie durchaus Interesse am Geldverdienen hatte. Doch sie war nicht wählerisch und besaß ein gutes Selbstbewußtsein in diesen Dingen: »Ich werde meine Seele an Todd (Herausgeberin von *Vogue*) verkaufen«[208], schrieb sie unbekümmert an Vita Sackville-West.

Virginia war davon überzeugt, daß ihr Leben nicht nach einem Schema ablaufen dürfe. Abwechslungen sollten immer wieder jede Gefahr einer Erstarrung zerstreuen. Allerdings bewunderte Virginia auch von Zeit zu Zeit das natürliche Glück großer Familien, in denen Alt und Jung miteinander lebten.

Was die Welt ihrer Bekannten betraf, so wußte Virginia, daß in aristokratischen wie in großbürgerlichen Familien sich letztendlich niemand für all das ernsthaft interessierte, was sie und Leonard bereits in der Welt der Literatur geleistet hatten. Dennoch blieb Virgina ein Wanderer zwischen verschiedenen Welten. Sie vertrat ihre kritischen Vorbehalte, doch sie wußte zu genau, daß jedes Ding zumindest zwei Seiten besitzt. Daß sich ein Leben wie das der Woolfs notwendigerweise von bürgerlicher Wohlgeordnetheit unterschied, versteht sich von selbst.

Virginia prophezeite für das kommende Jahr 1927 einen Zuwachs an Wohlstand, so daß sie und Leonard freier würden reisen können. Auch würden sie mehr Geld für Bequemlichkeiten ausgeben können. — Ende März zeigte sich, daß Virginia mit ihrem Roman ›Die Fahrt zum Leuchtturm‹ ein gutes Stück vorangekommen war. Sie war bis zu der großen Szene des Abendessens gediehen: alle Familienmitglieder der Ramsays, ihre Gäste sitzen am Dinner-table des alten Sommerhauses, das direkt oberhalb der Küste am Meer gelegen ist.

Vom 13. bis zum 18. April fuhren die Woolfs mit der Eisenbahn nach Blandford am Fluß Stour in Dorsetshire, von wo aus sie mit dem Bus zur Talbot Inn in Iwerne Minster weiterreisten. Ihr ursprünglicher Plan, nach Frankreich zu fahren, hatte sich zerschlagen. Virginia mochte die nahezu wild wachsenden Wälder dieser Gegend, die mit Feldern, Tälern, aber auch mit Wasserwiesen, und Forellenflüssen wechselten. Malerisch in die Landschaft einbezogen, tauchten vor ihren Augen alte Steinbrücken, Herrenhäuser und Kirchen auf. Einmal ohne Bücher und Schreiben zu leben, empfanden beide Woolfs wie eine Befreiung aus eingeschliffenen Zwängen. So schrieb Virginia an Lady Ottoline Morrell: »Es ist so göttlich hier, daß ich mir nicht denken kann, warum wir idiotisch genug sind, in London zu leben.«[209]

Zwar regnete es in diesem schönen Teil Dorsetshires auch, so daß Leonard und Virginia in dem uralten Gasthaus vor dem Kamin saßen und in das Unwetter hinausblickten. Doch erholten sie sich so ebensogut, wie wenn sie in der Natur wanderten. Der Ort Iwerne Minster, so bemerkte Virginia, wurde völlig »beherrscht« von der Reederfamilie Ismay, welche die »White Star«-Schiffahrtslinie betrieb. Von ihrem Ferienort machten Leonard und Virginia zwei Ausflüge in das alte malerische Shaftesbury, dessen Abtei schon im 9. Jahrhundert von König Alfred d. Großen gegründet wurde.

Am 18. April fuhren die Woolfs von ihrem Ferienort mit dem Bus nach Poole bei Bournemouth, und von Bournemouth ging es weiter mit dem Zug bis nach London, Waterloo Station. Zu Hause tauchte das alte Dienstbotenproblem wieder einmal auf. Virginia fürchtete, Nelly würde sie nun endgültig verlassen, und kümmerte sich bereits bei Stellenagenturen um Ersatz, doch blieb sie ohne Erfolg. Die schon in Abständen immer wieder eingetretene Aussöhnung mit Nelly kam auch diesmal zustande, doch die Spannung wurde dadurch nicht grundsätzlich aus der Welt geschafft. Am 29. April beendete Virginia den ersten Teil ihres Romans und begann am Tag darauf mit dem zweiten Teil, der das verlassene Sommerhaus der Ramsays zur »Hauptperson« erhebt, indem die Zeit in ihrer Zerstörungskraft und ihrem Gleichmut gegenüber den Menschen dargestellt wird.

Das Leben ihrer Bloomsbury-Freunde interessierte Virginia immer sehr. Sie hielt daher die markantesten Neuigkeiten und Veränderungen fest. Clive Bell kam gerade nach längerem Aufenthalt aus Paris zurück, währenddessen Vanessa und Duncan zusammen mit Angus Davidson im Begriff waren, nach Venedig zu fahren. John Maynard Keynes spekulierte auf das Amt des Vorstehers von King's College in Cambridge, zog aber nach Lage der Dinge seine Kandidatur zurück. »So ist er für Bloomsbury nicht verloren«, kommentierte Virginia. Sie spottete überdies, es sei schließlich für sie, Leonard, Vanessa und Duncan unmöglich, in der »Residenz« des Provost of King's College an Gesellschaften teilzunehmen, da sie alle nicht über angemessene Garderobe verfügten.

Im alten Zentrum von Bloomsbury am Gordon Square hatte sich Ralph Partridge in No. 41 niedergelassen. Er lebte dort mit seiner Freundin Frances Marshall, fuhr aber am Wochenende zu seiner Frau Carrington nach Tidmarsh. Virginia nannte Ralphs Verhältnis zu Frances Marshall ein »linkshändiges Establishment«, doch es war sicher noch komplizierter, denn in Tidmarsh bestand ja ohnehin schon die »ménage à trois«.

Am 1. Mai 1926 brach der Streik der englischen Bergleute aus, weil die Arbeitgeber wegen des ausländischen Konkurrenzdrucks Lohnsenkungen für erforderlich hielten. Am 2. Mai wurde die Proklamation des Generalstreiks durch den Gewerkschaftskongreß veröffentlicht. Die Streikwilligkeit ging auf die Kohlenkrise des Jahres 1925 zurück, die nach dem Ende des Ruhrkampfs in Deutschland einsetzte. Virginia berichtete, daß die Menschen in London mit Fahrrädern und Privatautos fuhren, daß aber der Verkehr lahmgelegt war: es fuhren weder die U-Bahnen, noch Busse und Taxis. Auch das Druckgewerbe befand sich im Ausstand: in der Hogarth Press ruhten alle Tätigkeiten. Die Arbeiter wollten weder Lohnminderungen noch Arbeitszeitverlängerungen annehmen. John Maynard Keynes Zeitschrift *Nation* erschien erst wieder am 15. Mai. Die Tageszeitungen konnte man nur in Kurzausgaben kaufen. Die Furcht, daß Strom und Gas abgestellt werden würden, machte in London als Gerücht die Runde. Diese Aussichten wurden noch verdüstert durch das neblige, regnerische und kalte Wetter.

Virginias Zahnarzt tobte gegen die Streikenden mit dem Ausruf: »Es ist die rote Fahne gegen den Union Jack, Mrs. Woolf.«[210] Diese Ansicht war damals in konservativen Kreisen weit verbreitet. Man glaubte, daß die britische Streikbewegung von Moskau aus gesteuert würde. Die Regierung grub angesichts der angespannten Lage Notstandspläne aus den Zeiten Lloyd Georges aus, um jederzeit gewappnet zu sein. Winston Churchill als Finanzminister wollte in der Streikfrage aggressiv gegen die Arbeiter vorgehen, doch der Premierminister Baldwin weigerte sich, ihm zu folgen. Schließlich ergaben Verhandlungen die Rückkehr zum Acht-Stunden-Tag sowie die teilweise Lohnreduktion bei den Bergarbeitern.

Während des Streiks war eine übergroße Aktivität der Menschen spürbar. Die Geschäfte blieben geöffnet, doch sie waren zumeist leer. Auch die Postdienste arbeiteten nicht. Die Woolfs bekamen keine Briefe oder Pakete, keine Nachrichten aus dem Ausland. Die Stimmung in London blieb gedrückt, das Wetter kalt und ungemütlich. Virginia Woolf arbeitete in der Bibliothek des British Museum. »Ich liebe diese staubige Bücheratmosphäre. Die meisten der Leser scheinen sich ihre Nasen abradiert zu haben und ihre Augen ausgeschrieben. Doch sie haben ein Leben, das sie mögen — glauben an die Notwendigkeit, Bücher zu machen, wie ich annehme: verifizieren, vergleichen, stellen neue Bücher zusammen, für immer.«[211]

Der Streik lastete auf den Nerven der Woolfs, die zu den Arbeitern hielten. Leonard schwor, sein Leben völlig der Labour Party zu widmen, sollte die Regierung die Gewerkschaften zerstören. Der Premierminister Baldwin setzte in dieser Krisenzeit erstmals systematisch das Propagandamittel des Rundfunks ein, um die Massen zu beeinflussen. Virginia machte die rechte Tendenz Baldwins zu schaffen, die sie ablehnte; sie sah ihn in der Tradition von Pitt und Burke. Die Spannung im Lande kletterte im Mai 1926 auf einen Höhepunkt. Die Woolfs bekamen aus ihren verschiedensten freundschaftlichen Beziehungen Informationen, da Leonard mit der Labour Party eng zusammenarbeitete, aber auch, weil die Woolfs Freunde in Regierungskreisen besaßen.

Auch die Schriftsteller blieben nicht untätig. Sie berieten einen Appell an die Regierung, demzufolge die Vorschläge des Erzbischofs von Canterbury angenommen werden sollten, der angeregt hatte, die streitenden Parteien möchten unverzüglich die Verhandlungen wieder aufnehmen. Leonard und Virginia unterstützten diese Bemühungen mit Energie, ja Virginia schrieb die Vorschläge des Erzbischofs mit der Maschine ab, um sie an wichtige »Multiplikatoren« weiterzugeben. Den Appell unterzeichneten alle Londoner Schriftsteller mit Ausnahme von John Galsworthy, dem Verfasser der Forsythe Saga. Aus Südwales kamen die aufregendsten Nachrichten über die Heftigkeit des Streiks; man fürchtete sogar die Gefahr des Bürgerkriegs. Virginia schrieb: »Winston [Churchill] hat Tränengasbomben gelagert: Panzerwagen transportieren Fleisch durch Piccadilly; alle Gewerkschaftsführer in Birmingham sind verhaftet worden.«[212]

Am 12. Mai wurde der allgemeine Streik aufgegeben. London, ja ganz Großbritannien war erleichtert. Man setzte die Verhandlungen zwischen Regierung und Gewerkschaften fort. Die Woolfs wußten vom Ende des Streiks schon sehr früh durch Harold Laski, der 1926 Professor für Politikwissenschaft an der London School of Economics geworden war. Doch der Streik verebbte nur Schritt für Schritt. Die Eisenbahner gingen nicht sofort an ihre Arbeit zurück.

Virginia erwartete am 21. Mai Vita Sackville-West zum Lunch, die am 16. des Monats aus Persien zurückgekommen war. Virginia notierte über Vita in ihr Tagebuch: »... ich liebe ihre Gegenwart und ihre Schönheit, bin ich in sie verliebt? Aber was ist Liebe? Ihr In-mich-verliebt-Sein regt auf und schmeichelt; interessiert.«[213] Obwohl es in London regnete und düstere Wolken durch den nebligen Himmel zogen, dachten Leonard und Virginia daran, nach Sussex zu fahren.

So brachen sie am 26. Mai nach Rodmell auf, um die Umbauarbeiten anzusehen, die seit Ende März von einer Baufirma in Lewes ausgeführt wurden. Virginia vollendete inzwischen den zweiten und kürzesten Teil ihres neuen Romans. Anfang Juni erkrankte sie an der Grippe, so daß sie eine von Bruno Walter dirigierte Don Giovanni-Aufführung in Covent Garden am 7. Juni versäumte. Ebenso sagte Virginia Einladungen zu Dinners und Abendgesellschaften ab. Doch sie blieb nicht lange krank.

Über Bad und WC in Rodmell war Virginia begeistert: »[Monks House]... ist keineswegs fertig; aber der Luxus des in Strömen fließenden Wassers, kochend heiß, ist für jeden Zweck unvorstellbar.«[214] Das schlechte Wetter dämpfte die

Virginia in Monks Haus

Virginia,
etwa 50 Jahre alt

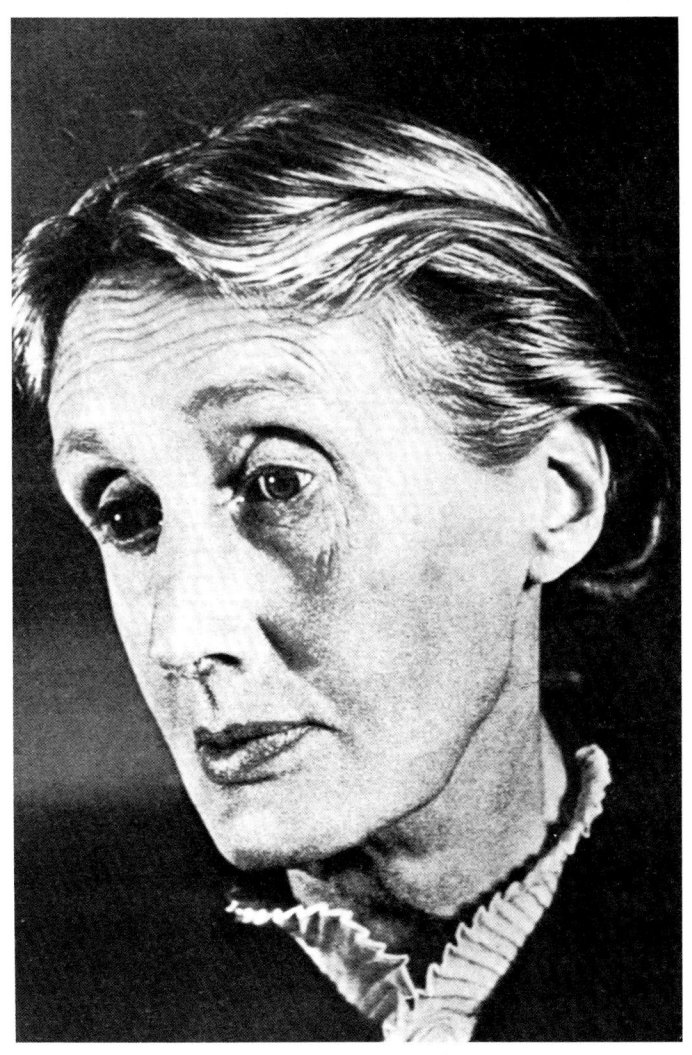

Virginia Woolf
im Alter von 50 Jahren

Virginia Woolf
im Jahre 1928 zu Besuch in
Knole Castle

Freude Virginas aber auch ein wenig. Der Besuch in Monks House war nur kurz, da Virginia einen Gripperückfall erlitt, der begleitet wurde von Kopfschmerzen, nervöser Erschöpfung und leichter Temperatur. Die Woolfs fuhren über Newhaven und Brighton nach London zurück.

Virginia bat nach der Inspektion in Rodmell ihre Schwester Vanessa um Hilfe bei der Ausgestaltung des Wohnzimmers im Landhaus: sie sollte mit ihr Gardinen und Bezugsstoffe aussuchen, aber auch Balken und Panele bemalen, wenn sie Lust dazu verspürte.

In London besuchten Leonard und Virginia eine Party bei Edith Sitwell. Dort trafen sie mit der amerikanischen experimentellen Schriftstellerin Gertrude Stein (1874–1946) zusammen, die seit 1903 in Paris lebte und mit James Joyce bekannt war. Virginia wußte schon 1924 von Gertrude Stein: »(sie) ist eine sehr reiche, dicke amerikanische Dame, die in Paris lebt, und moderne Gemälde kauft – eine Freundin Roger Frys.«[215] In einem Brief an Vanessa vom 2. Juni 1926 schrieb Virginia über dieselbe Person: »Sie widerspricht allem, was Du sagst; besteht darauf, daß sie nicht nur die klügste, sondern auch die populärste der lebenden Schriftstellerinnen ist; und verachtet besonders alle geborenen Engländer.«[216]

Die Hogarth Press veröffentlichte Gertrude Steins Vorträge, die sie in Oxford und Cambridge gehalten hatte, unter dem Titel ›Komposition als Erklärung‹ im November 1926. Im Verlag gab es Schwierigkeiten mit Angus Davidson, der zwar sehr gut und präzise, aber für Leonards Geschmack zu langsam arbeitete. Nach einer Ermahnung gelobte Angus Besserung.

Wenig später kehrten die Woolfs wieder nach Rodmell zurück. Am 12. Juni mußte Leonard nach London, während Virginia im Landhaus blieb, um den Besuch Vita Sackville-Wests zu erwarten, die bis zum 14. 6. bei ihr blieb. Virginia schrieb an Vanessa: »Vita kommt und verbringt zwei Nächte allein mit mir. – L. fährt zurück. Ich sage nichts mehr; da Du gelangweilt wirst von Vita, gelangweilt von der Liebe, gelangweilt von mir, und allem, was mit mir zusammenhängt, außer Quentin und Angelica; aber das war schon lange mein Schicksal, und es ist besser ihm offenen Auges gegenüberzutreten. Doch die Juninächte sind lang und warm, die Rosen blühen; und der

Garten ist voller Lust und Bienen, die sich in den Spargelbeeten mischen.«[217]

In Bloomsbury gab es neuen Klatsch um Ottoline Morrell. Zunächst verbot sie ihrer Tochter Julian die Verlobung mit einem jungen Mann, dessen Vater Professor war. Sodann mietete sie ein Haus in Gower Street auf zehn Jahre, richtete aber zugleich vierzehntägige Tee-Parties ein. Die Balance Bloomsburys schien durch Ottolines Neuerungssinn fürs erste gefährdet.

Am 22. Juni sagte Virginia einen Besuch bei Vita Sackville-West ab, weil sie bei einer Häufung gesellschaftlicher Unternehmungen mit ihrem Roman ins Stocken geraten war: »Liebling Mrs. Nicolson, ich denke, ich kann am Donnerstag nicht kommen aus diesem Grund; ich muß mit dem Schreiben vorankommen; Du würdest mich vollständig verführen.«[218] Doch am 29. Juni gab es eine Gelegenheit, bei der sich die Woolfs zusammen mit Vita amüsierten; sie kamen am Abend auf die Idee, bei Clive Bell hereinzuschauen, wo sie Vanessa und Duncan trafen.

Dort geschah dann etwas »Schreckliches«: alle fielen über Virginias neuen Hut her, fragten sie aus, wo sie ihn gekauft hätte, so daß Virginia völlig überreagierte, zu viel und zu laut sprach, während sich Leonard in Schweigen hüllte. Vita meinte, Todd, die Herausgeberin von *Vogue*, habe den Hut ausgesucht, woraufhin Duncan bemerkte, daß er sich nicht vorstellen könnte, irgend etwas zu tun mit diesem Hut auf dem Kopf. Virginias Kleiderkomplex zeitigte an diesem Abend verheerende Wirkungen. Sie ging tief unglücklich mit Leonard nach Hause, hatte Angstträume und konnte am folgenden Tag nicht arbeiten. Doch schon das Kaufen eines Hutes bedeutete eine Quälerei für Virginia, wie ein Brief an Vita vom Januar 1926 beweist: »Jetzt muß ich einen ganzen Nachmittag verschwenden und wieder die reinste Agonie in Geschäften erleiden, um einen Hut zu kaufen.«[219]

Im Juli sahen die Woolfs H. G. Wells und dessen Frau für längere Zeit. Wells hatte mit Leonard Woolf in der Bewegung zur Errichtung des Völkerbundes nach dem Ersten Weltkrieg zusammengearbeitet. Virginia mochte Wells' gedrängte Energie nicht, seine Abenteuer, unter der seine Frau zu leiden hatte, vor allem aber lehnte Virginia Wells Lehrsatz ab, daß nichts abscheulich sein könne, was mit Kraft und Mut getan werde. Ihre immense Feinfühligkeit sträubte sich gegen das Maschinen- und Gewaltgläubige an Wells, seine Verherrlichung des Organisatorischen, durch die er zu den dunklen Geistesentwicklungen im Europa der Zwanziger und Dreißiger Jahre wohl unbewußt eine Parallele schuf.

Ebensowenig schätzte Virginia Woolf Wells' literarische Arbeit. Er sei nicht von Proust beeinflußt, meinte sie; seine Arbeiten glichen dem »Britischen Museum«.

Ihre eigene Arbeit am Roman ›Die Fahrt zum Leuchtturm‹ hatte Virginia beiseite gelegt. Für den großen Sommerurlaub in Rodmell hatte sie sich vorgenommen, besonders fleißig zu sein und den dritten Teil des Buches zu vollenden. In London bekam sie im Juli wenig Ruhe, wurde zu sehr beansprucht durch Alltägliches, durch Freunde und Geselligkeiten. Eine besondere Begegnung mit einem berühmten Schriftsteller fand Ende Juli 1926 statt.

Die Woolfs fuhren am 23. Juli nach Dorchester, um Thomas Hardy zu besuchen. Hardy, einer der bedeutendsten Romanciers des 19. Jahrhunderts, war mit Sir Leslie Stephen befreundet gewesen und veröffentlichte sogar im *Cornhill Magazine* seinen vierten Roman ›Far from the Madding Crowd‹ in Fortsetzungen. Zur Zeit dieser Veröffentlichung war Leslie Stephen Herausgeber des *Cornhill*, einen Posten, den er viele Jahre besetzte. Thomas Hardy berichtete Virginia und Leonard von seinen Besuchen im Haus der Stephens in 22 Hyde Park Gate. Er hatte Virginia oder Vanessa — das erinnerte er nicht mehr ganz genau — in der Wiege gesehen. Virginia wurde unangenehm berührt von der Atmosphäre des Hardyschen Hauses. Hardy erschien ihr als abgeklärter alter Mann, dessen Werk hinter ihm lag — ein Gedanke, den Virginia für sich selbst überhaupt nicht denken konnte. Zugleich sah Hardy viele Leute, machte treffende, bissige Bemerkungen und war z.B. eng befreundet mit T. E. Lawrence (Lawrence von Arabien). Lawrence diente wieder als Oberst in der britischen Armee, war aber ein Draufgänger geblieben. Im März 1926 fuhr er mit einem gebrochenen Arm auf dem Motorrad nach Dorchester, um die Hardys zu besuchen.

Nach dem Besuch bei Hardy schrieb Virginia eine Studie über den »Opiumesser« Thomas de Quincey, dessen poetischer Prosaschreibweise sie sich verwandt fühlte.[220] Nach Abschluß dieses Manuskripts — am 26. Juli 1926 — fuhr Virginia nach Long Barn zum Besuch bei Vita Sackville-West. Sie übernachtete in Long Barn und wurde von Vita am nächsten Tag nach Rodmell gefahren. Leonard kam später ebenfalls an und brachte Clive und Julian Bell mit. Nun vermochte Virginia durch den Anbruch ihrer Sommerferien endlich London zu entrinnen, das sie »als eine Bratpfanne im Sommer« bezeichnete.

Auch entkam Virginia ihrem »Chaos von Büchern und Dingen« in 52 Tavistock Square, indem sie sich ganz auf das Landleben einstellte.

Im August 1926 nahm Virgina Woolf ihre Arbeit an ihrem Roman ›Die Fahrt zum Leuchtturm‹ wieder auf. Sie wunderte sich dabei über den Umformungsprozeß, der den Gedanken widerfährt, bis sie im Kunstwerk auftauchen. Auch Vita Sackville-West schrieb an einem Buch, nämlich an dem Reisebericht ›Passagier nach Teheran‹, der von der Hogarth Press veröffentlicht werden sollte, wiewohl Heinemann in London Vitas Hausverleger war. Virginia redete Vita Mut zu und meinte, schließlich müßten der Verlag und sie — Virginia — Geld verdienen, weil der Spanielwelpe, den ihr Vita schenkte »durch Löcherfressen meinen Rock zerstört hat, Leonards Korrekturfahnen fraß und soviel Schaden am Teppich angerichtet hat, wie er nur konnte.«[221] Diesen Spaniel nannten die Woolfs »Pinker«. Er wurde literarisch bedeutsam, weil Virginia ihn als Vorbild nahm für den Hund »Flush«, dessen Biographie sie später schrieb.

Im Sommer und Herbst 1926 durchlebte Virginia Woolf Zeiten innerer Anstrengung, die an ihre nervlichen Zusammenbrüche erinnerten, auch wenn sie längst nicht diese Intensität besaßen. In solchen Situationen wurde in Virginia das Bedürfnis nach Ruhe vorherrschend, ja sie distanzierte sich vom Schreiben, indem sie ihre Kreativität abgetrennt von sich in einem anderen Wesen existent dachte. Virginia brauchte aber auch von Zeit zu Zeit eine solche passive Entspannung, während der sie Natur und Klima auf sich wirken lassen konnte. Der Sommer in Rodmell vermittelte ihr dazu genügend Möglichkeiten.

Aus ihrer Apathie erwachte sie zumeist stufenweise, las zunächst Gedichte, dann Prosa, bis sie sich wieder auf die eigene Arbeit freute: »Der Weg, sich zurückzuschaukeln in das Schreiben, verläuft folgendermaßen: Zuerst sanfte Entspannung an der frischen Luft. Zweitens Lektüre guter Literatur. Es ist ein Fehler zu denken, daß Literatur aus dem Rohen heraus produziert werden kann. Man muß zum Leben herauskommen... Man muß sich veräußerlichen, sehr, sehr konzentriert sein auf einen Punkt, sich nicht beziehen müssen auf die zerstreuten Teile des eigenen Charakters, Eintauchen ins Gehirn. Sydney kommt und ich bin Virginia; wenn ich schreibe, bin ich bloß eine Sensibilität.«[222] Auch in Rodmell kam die literarische Kreativität nicht schlagartig wieder. Virginia machte sich erst einmal Notizen, dachte Pläne aus, bevor sie an fest Umrissenem weiterschrieb.

Der August 1926 zeigte sich von der besten Seite: in solch schönem Sonnenwetter konnten Virginia und Leonard Ausflüge mit dem Fahrrad unternehmen, Vanessa in Charleston und die Keynes in Tilton besuchen. Mehrmals kam Vita Sackville-West während der Woolfschen Sommerferien nach Rodmell.

Es verwundert nicht, wenn Virginia mit ihrem Roman dem Schluß immer näher kam. Im August schrieb sie sonnendurchflutete Seiten, beschrieb, wie Lily Briscoe ihr Bild malt, während Mr. Ramsay zu seiner Fahrt zum Leuchtturm aufbricht. Das Briefeschreiben fiel Virginia in diesem arkadischen Sommer schwer; so richtete sie die folgenden Zeilen an Edward Sackville-West: »Ich habe verschiedene Male den Federhalter ergriffen, um Dir zu schreiben, aber das Wetter hat dies immer unmöglich gemacht. Es ist zu schön (jetzt regnet es) irgend etwas zu tun, als auf den Downs zu sitzen, auch bin ich ent-humanisiert. Ich bin auf den Grund der Welt gesunken, und ich sehe die Fußsohlen der Leute, die oben vorbeigehen. Beeindruckt Dich das Land auch so?«[223]

Anfang September wußte Virginia, daß sie ihren Roman — für viele der schönste Roman, den sie je schrieb — in wenigen Wochen abschließen würde. Besonders der Romanschluß bereitete ihr Kopfzerbrechen: das In-Beziehung-Setzen der wichtigen Figuren Mr. Ramsay und Lily Briscoe. Virginia wollte die

Gleichzeitigkeit am Romanende zwischen den beiden Figuren herstellen: »Könnte ich es in einer Parenthese machen? So daß man das Gefühl hätte, man läse die zwei Dinge zur selben Zeit?«[224] Genau dies tat sie: mit einem ästhetisch unübertrefflichen Ergebnis.

Virginia entwickelte, während sie ›Die Fahrt zum Leuchtturm‹ zu Ende schrieb, Pläne für ein Buch über Literaturtheorie, für die Biographie eines Hundes sowie für eine Sammlung von Einführungsbüchern, deren Art sie nicht erklärte — mit denen sie Geld verdienen wollte. — Ihr Besuch bei Vanessa am 5. September frischte Virginias Minderwertigkeitskomplexe wieder auf: »Meine eigenen Begabungen und Anteile scheinen so mäßig im Vergleich dazu; mein eigenes Fehlverhalten auch — ein bißchen mehr Selbstkontrolle, und wir hätten einen Jungen von 12, ein Mädchen von 10 Jahren: dies macht mich immer elend in den frühen Stunden.«[225]

Ebenfalls Anfang September fuhren Virginia und Leonard nach Tilton, um Maynard und Lydia Keynes zu besuchen. Leonard arbeitete im September daran, Aufsätze, die er in den letzten Jahren geschrieben hatte, zu einem Buch zusammenzustellen. Es erschien im Mai 1927 parallel in der Hogarth Press und bei Harcourt Brace in New York unter dem Titel ›Essays über Literatur, Geschichte und Politik‹.

Der Abschluß von Virginias Roman verzögerte sich noch etwas durch die Probleme des Schlußkapitels, doch Virginia wußte, daß sie ihren bislang bedeutendsten Roman geschrieben hatte. Die Bootsszene des Romans war ein hartes Stück Arbeit für sie. Am 15. September 1926 schrieb sie erschöpft in ihr Tagebuch unter der Überschrift ›Ein Gemütszustand‹: »Wachte vielleicht um drei auf. Oh es fängt an, es kommt — der Schrecken — physisch wie eine Welle, die um das Herz anschwillt — die mich hochschleudert. Ich bin unglücklich, unglücklich! Erledigt — Gott, ich wünschte, ich wäre tot. Pause. Aber warum fühle ich das? Laßt mich die Welle ansteigen sehen. Ich beobachte. Vanessa, Kinder, Versager. Jawohl; ich entdecke das. Versager, Versager. (Die Welle steigt) Oh, wie sie über meine Vorliebe für grüne Farben gelacht haben... die Welle bricht. Ich wünschte, ich wäre tot. Ich hoffe, ich habe nur noch ein paar Jahre zu leben. Ich kann diesen Schrecken nicht länger aushalten. (Das ist die Welle, die über mir zusammenschlägt.) Das geht so weiter; mehrere Male, mit immer wechselndem Schrecken. Dann, auf dem Höhepunkt, ebbt der Schmerz ab. Ich nicke ein. Ich fahre erschrocken hoch. Die Welle wieder! Die sinnlose Qual; das Gefühl, ein Versager zu sein; im allgemeinen ein bestimmter Anlaß, z. B. meine Vorliebe für grüne Farben oder der Kauf eines neuen Kleides.«[226] Die Depression Virginias hielt nach dem 15. September an — unerachtet ihres besseren Vorankommens mit dem Roman — und kehrte mehrere Male wieder. Virginia glaubte, diese Depressionen hätten keinen bestimmten Anlaß, sondern kämen aus dem Nichts. »Ich bin oft unglücklich. Ich verfluchte mein Schicksal heute morgen um zwei, im Bett sitzend, und wünschte, auf der Stelle getötet zu werden.«[227]

Am 28. September 1926 berichtete Virginia, daß sie ihren Roman fertig geschrieben habe und daß sie nun fürs erste das Schreiben und Lesen geradezu fliehe.

Virginia Woolf glaubte, ihr Roman sei völlig leer — wie ein heißer Spätsommertag. Wenig später schrieb sie an Gerald Brenan, sie sitze nach dem Abschluß des Buches bloß träge vor dem Kaminfeuer, während die beiden Hunde schliefen. Sie sei dabei, den Roman teilnahmslos zu sehen, auch wenn er sieben Monate ihrer ganzen Lebenskraft aufgesogen hatte.

In den Zwanziger Jahren bezeugten viele Freunde und Bekannte Virginias Heiterkeit und gutes Aussehen. Ihre eigenen Tagebucheintragungen deuten aber auch häufig auf das Gegenteil hin. Virginias Gemütsschwankungen gaben aber auch zumeist die Impulse zu neuen Romanen. Zur konkreteren Formung ihrer Vorstellungen ihres nächsten Romans ›Die Wellen‹ benötigte Virgina Woolf fünf Jahre.

Im September 1926 schüttelte Virginia ihre Depressionen nach Beendigung von ›Die Fahrt zum Leuchtturm‹ verhältnismäßig schnell ab und stellte sich auf neue Aktivitäten ein. Sie wußte, daß die Verdüsterungen zu ihrer Persönlichkeit dazugehörten, weil sie mit dem Versenken der Seele in sich selbst zusammenhingen, mit der Frage nach der Wahrheit des Ich und der Dinge.

Virginia empfand das existenzielle Ausgesetztsein des einzelnen im Universum auf ihre Art ebenso ernsthaft und umgreifend wie Pascal im 17., Nietzsche und Kierkegaard im 19. oder Heidegger im 20. Jahrhundert. Sie prägte das Bild einer Flosse, die man fern auf dem Meer sieht — zu einem unbekannten Ganzen gehörig: zur Wahrheit.

Erst am 14. Oktober 1926 kehrten die Woolfs nach London zurück. Virginia beabsichtigte schon Anfang des Monats Oktober, ein Auto zu kaufen, um »über den Kontinent zu wandern, in Ruinenstädten herumzustochern, sich zu sonnen, zu trinken, zu schreiben, ... in Cafés mit Obristen und jungfräulichen Damen zu reden.«[228] Doch in London trat Virginia gleich wieder in den bekannten, aufreibenden Kulturbetrieb ein, so daß sie am Ende des Monats schrieb: »Ich bin das übliche Schlachtfeld von Gefühlen; alternierend denke ich daran, Sessel zu kaufen und Kleider, stapfe einher mit einer Methode, um ›Die Fahrt zum Leuchtturm‹ zu revidieren; ich streite mich mit Nelly (...) und so geht es weiter.«[229]

In Virginia begannen sich die ersten Gedanken an ihren späteren Roman ›Die Wellen‹ zu formen. Dies sollte ein Buch der Ideen sein über das Leben — als mystische und spirituelle Bestrebung.

Die Hogarth Press veröffentlichte in diesen Wochen ein besonders interessantes Buch, nämlich ein Album mit Fotografien der Großtante Virginias, Julia Margaret Cameron, der berühmtesten Portraitfotografin des 19. Jahrhunderts in England. Das Buch hieß ›Viktorianische Fotografien berühmter Männer und schöner Frauen‹. Virginia schrieb für diesen Band eine Einleitung.

Ebenfalls im Oktober fuhren Leonard und Virginia für ein paar Tage nach Cambridge, weil Leonard vor den »Heretics« einen Vortrag halten sollte. Kurz darauf hielt Vita Sackville-West einen Vortrag ›Einige Tendenzen der modernen englischen Dichtung‹ vor der Royal Society of Literature, bei dem auch Virginia Woolf anwesend war. Virginias Beziehung zu Vita wurde mittlerweile zum Gesprächsthema für Insider oder solche, die es sein wollten. Violet Dickinsons Bruder Oswald gehörte dazu, der überdies mehr für Lady Sackville übrig hatte als für Virginia, aber auch Clive Bell schnüffelte überall herum, ja er scheute sich nicht, Virginia selbst auszufragen. Virginia besuchte Vita vom 6. bis zum 8. November in Long Barn.

In den ersten drei Wochen des November befaßte sich Virginia intensiv mit der Überarbeitung ihres Romans ›Die Fahrt zum Leuchtturm‹ und schrieb dabei viele Seiten mit der Maschine neu. Dennoch traf sie eine ganze Reihe von Bekannten, Freunden und Berühmtheiten aus dem Kulturleben bei gesellschaftlichen Anlässen, etwa George Bernard Shaw und Arnold Bennett. Virginia Woolfs Ruhm wuchs. So bekam sie die verschiedenartigsten Gelegenheiten zu menschlichen Begegnungen und Anregungen: »Das Leben ist, wie ich gesagt habe seit ich 10 Jahre alt war, schrecklich interessant — wenn irgend etwas, so schneller, eifriger mit 44 als mit 24 — mehr verzweifelt, nehme ich an, wie der Fluß zum Niagara Fall schießt — meine neue Vision des Todes; aktiv, positiv wie all das andere, aufregend; und von großer Wichtigkeit — wie eine Erfahrung. Diese eine Erfahrung werde ich niemals beschreiben, sagte ich gestern zu Vita.«[230]

Am 4. Dezember fuhr Virginia wieder nach Long Barn zum Wochenende, an dem sie mit Vita allein blieb. Noch am 3. Dezember hatte sie geschrieben, sie sei völlig gesellschaftsunfähig, besitze nur Lumpen und sei überdies von einer Hautkrankheit »befallen«. Während Virginia in Long Barn blieb, fuhr Leonard zu seinem Bruder Herbert nach Cookham. Am 11. Dezember trug Virginia ein ganzes Sammelsurium in ihr Tagebuch ein: erstens hoffte sie nicht mehr darauf, jemals gut angezogen zu sein; dann berichtet sie von Leonard, er sei von Maynard Keynes zum Lunch eingeladen worden. Ferner traf die Dissertation von Dadie Rylands ein, ›Wörter und Dichtung‹, die von der Hogarth Press im Jahre 1928 verlegt wurde. Virginia las die Autobiographie von W. B. Yeats und plante einen Besuch im Schloß Knole. Am 20. Dezember traf sich Virginia noch einmal mit Vita Sackville-West anläßlich eines Dinners.

Am 22. Dezember fuhren Leonard und Virginia nach Cornwall, um mit Ka und Will Arnold-Forster Weihnachten in Eagles Nest, Zennor, zu verbringen. Doch dieser Besuch verlief nicht sonderlich harmonisch. Virginia erfreute sich wie immer an der Landschaft Cornwalls, liebte es, aufs Meer hinauszusehen, doch sie litt unter der entsetzlichen Kälte im Hause der Forsters, so daß sie sich mit all ihren Kleidern ins Bett legen mußte. Auch war Virginia betrübt darüber, daß Vita in naher

Zukunft nach Persien zurückkehren würde. Ihre Abreise war schon auf den 28. 1. 1927 festgelegt.

Am 28. Dezember kehrten Leonard und Virginia im wahrsten Sinne des Wortes auf der Flucht vor der eisigen Kälte Cornwalls nach London zurück.

Vita Sackville-West blieb über Weihnachten in Knole, erkrankte aber an der Grippe, so daß Virgnia einige Zeit nichts von ihr hörte. Es war inzwischen entschieden, daß Harold Nicolson im Mai des folgenden Jahres nach England zurückkehren sollte. Virginia schrieb an Vita von der Kälte in Zennor und von der wenig angenehmen Reise, berichtete aber auch, daß sie eine Einladung nach Nordamerika bekommen habe. Ihrem Roman hatte Virgina nun den letzten Schliff gegeben, so daß sie Vanessa bitten konnte, einen Schutzumschlag dafür zu entwerfen.

Vom 4. bis zum 8. Januar 1927 fuhren die Woolfs nach Rodmell. Es war so stürmisch, daß Bäume umstürzten. Virginia hätte gern ihren Neffen Julian gesehen, doch Julian war nicht in Charleston. — Virginia brachte in der zweiten Januarwoche ihren Roman ›Die Fahrt zum Leuchtturm‹ soweit voran, daß sie ihn Leonard zum Lesen geben konnte. Seit dem 25. Oktober 1926 hatte sie sich mit der Textüberarbeitung befaßt. Manche Passagen wurden von ihr dreimal mit der Maschine abgeschrieben. Im vorangegangenen Jahr war bereits der zweite Teil des Romans ›Die Zeit vergeht‹ in der Zeitschrift *Commerce* in französischer Übersetzung erschienen.

Am 17. Januar kam Vita Sackville-West bei den Woolfs vorgefahren. Sie wollte Virginia abholen, um sie für zwei Tage nach Knole zu bringen. Dort sollte Virginia Vitas Mutter, Lady Sackville, Gesellschaft leisten.

Leonard beurteilte den neuen Roman außerordentlich positiv: »(Er) sagt, er ist ausdrücklich mein bestes Buch, und er ist ein ›Meisterwerk‹.«[231] Leonard sah in diesem Roman deutlich einen künstlerischen Fortschritt gegenüber ›Mrs. Dalloway‹; auch hielt er den neuen Roman für interessanter. Virginia schrieb: »Nachdem ich diese große Erleichterung gewonnen habe, entläßt mein Geist das ganze Ding und wie gewöhnlich; und ich vergesse es, und werde nur aufwachen und wieder be-

sorgt sein über die Druckfahnen und dann, wenn es erscheint.«[232]

Inzwischen wurde die amerikanische Einladung wiederholt;
in einem Brief bat die *New York Herald Tribune* Virginia
Woolf, nach New York zu kommen. Die Zeitung wollte ihr die
Überfahrt bezahlen sowie 120 Pfund Sterling Reisegeld geben,
damit Virginia in Amerika vier Artikel schreiben könne. Doch
Virginia glaubte, sie könnte mit Leonard billiger in Italien oder
Griechenland einen Urlaub verbringen, und entschloß sich,
nicht in die Vereinigten Staaten zu reisen.

Vanessa mußte in dieser Zeit plötzlich von heute auf morgen
nach Cassis fahren: Duncan, der sich dort seit Anfang Januar
aufgehalten hatte, war ernstlich krank geworden, so daß er der
Pflege bedurfte. Die Ärzte vermuteten eine Typhus-Infektion,
mit der die Familie Stephen tragische Erfahrungen gemacht
hatte, als Thoby im Jahre 1906 nach der gemeinsamen Griechenlandreise, die er mit seinen Geschwistern unternommen
hatte, an Typhus starb. Doch als Vanessa in Frankreich ein-
traf, ging es Duncan schon etwas besser. Ende Januar konnte er
schon wieder kleine Spaziergänge unternehmen.

Am 29. Januar 1927 besuchten Leonard und Virginia die
Webbs in deren Haus Passfield Corner in Surrey und übernach-
teten dort. Virgina merkte erneut die Geschlossenheit der Cha-
raktere von Beatrice und Sidney Webb an, ihre Hingabe an die
Sache des Sozialismus, die sie mit »Erfolg« verfochten durch
Reden und Schreiben wie »perfekt eingestellte Maschinen«.[233]
Virginia meinte aber auch, die Webbs seien gespenstische,
fleisch- und blutlose Wesen.

Virginia berichtete im Februar von einer dramatischen Ge-
fühlskrise Clive Bells, der mit Mary Hutchinson brechen
wollte, um eine Weile ins Ausland zu gehen. Seine Eskapaden
besaßen in Bloomsbury schon fast sprichwörtlichen Charakter.
Virginia hat ihn einmal als Don Juan bezeichnet, dem die
Größe seines »Vorbildes« mangele. So zierte sich Clive auch,
nach Frankreich zu fahren, reiste aber schließlich nach Cassis.
Zuvor hatte er in ganz London erzählt, daß er am Boden zerstört sei und England für mehrere Monate verlassen wollte.
Mary hatte sich in jemand andern verliebt, was Clive — der
Sinn für Theaterdonner hatte — fast um den Verstand brachte.

Sie ging allerdings soweit, Virginia die Absicht zu unterstellen, Clive ihr entfremdet zu haben. Nun ist es sicher richtig, daß Virginia es aufregend fand, Affairen dieser Art sorgfältig zu beobachten, zu kommentieren, zu bewerten. Sie gab dem einen zuzeiten einen Rat, stand aber auch mit dem anderen in Kontakt. So konnte es nicht ausbleiben, daß sich Mißverständnisse und »Intrigen« ergaben, die zwischen Spiel und Tragik lagen.

Virginia las Anfang Februar Vita Sackville-Wests im November 1926 in der Hogarth Press verlegten Reisebericht ›Passagier nach Teheran‹. Sie empfand ihn als zu glatt, weil die Dinge im Bewußtsein des Menschen ihrer Ansicht nach nicht so nahtlos erzählt werden können, wie Vita dies tat. Diese Lektüre brachte Virginia dazu, ihren Roman ›Die Fahrt zum Leuchtturm‹ noch einmal abschließend durchzusehen. Vita befand sich inzwischen auf ihrer zweiten Reise nach Persien.

Virginia veränderte ihr Äußeres in diesem Februar 1927. Sie ließ sich das Haar kurz schneiden und meinte, daß sie vom Gesicht her wie sonst aussähe, nur ihr Hinterkopf ähnele nunmehr der Rückansicht eines Rebhuhns. Immerhin sei die Frisur vorteilhaft, wenn sie sich für eine Abendgesellschaft zurechtmachen müsse. So lautete Virginias Version im Tagebuch. Doch in Wirklichkeit kam sie zu ihrer neuen Frisur in einer Partylaune: »Es ist wahr, neulich trank ich ein wenig zuviel. Obwohl es Deine Schuld ist — dieser spanische Wein. Ich wurde ein wenig beschwipst. Und dann ist Bobo Mayer auf ihre Art eine große Verführerin. Sie hat Zigeunerblut und schlanke Hände; all das, was ich liebe. So, da ich gegen 12.00 Uhr etwas beschwipst war, ließ ich sie es tun. Sie schnitt mir die Haare ab.«[234]

Im Frühjahr 1927 waren viele Bloomsberries nicht in London. Die Freunde fehlten Virginia: Vita, Duncan, Clive, Vanessa — alle befanden sich im Ausland. So stürzte sich Virginia in die Arbeit, schrieb einen Artikel über die Romane E. M. Forsters, besprach Bücher, auch, weil sie für eine Griechenlandreise mit Leonard Geld verdienen wollte. Aber Virginia dachte auch daran, für die Anschaffung eines Autos zu sparen. Mit der Frage des Urlaubs beschäftigte sich Virginia ausgiebig. Sie vermochte sich aber nicht zwischen Griechenland, Italien oder Frankreich zu entscheiden. Der Roman ›Die Fahrt zum Leuchtturm‹ zog ihre innersten Kräfte und Gedanken an, was sie vor dem gesellschaftlichen Leben etwas zurückschrecken ließ. Sie behauptete, ihre Seele sei auf den Grund gesunken, ja sie beabsichtigte für eine kurze Zeit, das Romanschreiben aufzugeben und dafür Memoiren zu verfassen — falls ihr neuer Roman nicht gut aufgenommen würde.

Virginias Gedanke, ein Auto anzuschaffen, spukte immer wieder in ihrem Kopf herum: »Wir sind sehr in Versuchung geführt worden von Cory (Clives Bruder), einen gebrauchten Morris oder Citroen zu kaufen: die Kosten liegen wahrscheinlich unter 200 Pfund Sterling; und er sagt, man braucht keine Versicherung oder Steuern zu bezahlen, wenn man ihn in Rodmell läßt, wo der Schuppen für ihn ausreicht. Bliebe nur noch, 200 Pfund Sterling mit ›Die Fahrt zum Leuchtturm‹ zu verdienen.«[235]

Anfang März, als Virginia die letzten Druckfahnen korrigiert hatte, beschlossen die Woolfs, am 30. März nach Cassis zu fahren. Von dort sollte es weitergehen nach Sizilien und über Rom nach England zurück. Lady Colefax belebte den Gedanken an das T. S. Eliot-Stipendium und bat Virginia Woolf, mitzuhelfen, dieses Projekt zu verwirklichen, was schließlich im Jahre 1928 auch tatsächlich geschah. Auch die MacCarthys befanden sich in finanziellen Schwierigkeiten, worüber ihre Freunde in Bloomsbury besorgt waren. Lady Colefax sprang hier ebenfalls tatkräftig ein und überantwortete Virginia die etwas heikle Aufgabe, Molly MacCarthy einen Scheck über 300 Pfund Sterling auszuhändigen, was am 27. März geschah.

Virginia setzte sich in beiden Fällen ein, schrieb Briefe, stellte Kontakte her, bemerkte aber: »Ich mißtraue... dem Wohlgefallen, das man gewinnt, wenn man Freunden hilft.«[236]

Im Verlag kam Leonard immer weniger mit dem langsam arbeitenden Angus Davidson zurecht. So legten die Woolfs Angus Ende Februar nahe, die Stelle aufzugeben, doch er wollte unbedingt bleiben. Es gab im Frühjahr 1927 viel Arbeit in der Hogarth Press. Sogar eine Adressier-Maschine mußte gekauft werden, damit der Postausgang bewältigt werden konnte.

Roger Fry stellte Anfang März in der Lefevre Gallery aus. Aus diesem Anlaß lobte Virginia die Gemälde ihrer Schwester Vanessa: sie strahlten nunmehr völlige Spontaneität aus. »Ich denke, wir sind jetzt am selben Punkt: beide Meister unserer Kunst wie nie zuvor: beide deshalb konfrontiert mit völlig neuen Problemen der Struktur.«[237] Virginia schrieb fleißig und angeregt: Essays über E. M. Forsters Romane, über Damen des viktorianischen Zeitalters sowie über das Bummeln in den Straßen Londons (»Street Hunting«). All diese Aufsätze erschienen im Jahre 1927.

In der Nacht vom 13. zum 14. März kam Virginia der Gedanke eines neuen Buches als einer »Defoe-Geschichte zum Spaß.« Sie wollte in diesem Buch die lesbische Liebe behandeln. Das Ganze sollte »wild« und »satirisch« ausfallen, wobei weibliche Romanfiguren von den Kuppeln Konstantinopels träumen. Diese Ideen bildeten den Keim für ›Orlando‹, das Buch der Erholung und Eskapade einer Schriftstellerin nach ihren »seriösen experimentellen Büchern, deren Form immer so sorgsam erwogen werden muß«.[238]

Als gegen Ende März die Reise der Woolfs näher rückte, gelang es Virginia nicht mehr, sich richtig auf das zu konzentrieren, was sie umgab, weil sie mit ihren Gedanken schon in Frankreich weilte. Über ihre Art zu reisen, wie sie sich in ihrer Vorstellung darbot, schrieb Virginia an Vita: »Ich will nichts tun als in der Sonne sitzen, viel essen und die Landschaften betrachten. Das ist meine Art zu reisen. Sehen, sehen, sehen und Beschreibungen erfinden, die den Wolken entsprechen. Das ist die Leidenschaft meines Lebens. Du kannst Dir nicht vorstellen, wie trocken und kiesähnlich mein Geist wird, wenn ich nicht in den Süden gehe, wo die Dinge einen Schuß Rot und Blau an sich haben und nicht in dem blassen Fett wackeln, wie sie es hier tun.«[239]

Virginia mochte die Tage vor einer Urlaubsreise gar nicht leiden, weil Spannung und Aufregung sie zur Untätigkeit verdammten. In solchen Situationen empfand sich Virginia oft als häßlich, vor allem, wenn sie auch noch Kleider einkaufen mußte. Zudem klagte sie über eine Reaktion auf eine Typhusimpfung, die so heftig war, daß sie einen Vortrag Roger Frys ausfallen ließ. Roger sprach in der Queen's Hall vor zweitausend Zuhörern über die Geschichte der Malerei. Die Veranstaltung wurde ein großer Erfolg.

Am 30. März reisten Leonard und Virginia nach Frankreich,

um ihren vierwöchigen Urlaub anzutreten. Die Stationen der Reise waren Paris und Cassis, wo sie mit Vanessa und Duncan für ein paar Tage in der Villa Corsica wohnten. Von dort fuhren sie am 6. April weiter, über Toulon nach Rom, reisten weiter nach Palermo. In Palermo blieben die Woolfs fünf Tage, besuchten Syrakus, fuhren über Neapel nach Rom zurück, um dort eine Woche Station zu machen. Am 28. April trafen sie wieder in London ein. Was war dies für eine Reise? Was empfand Virginia im Süden Europas? Ihre Voraussage über ihre Freude an der südlichen Landschaft erfüllte sich über und über. In einem Brief an Vita Sackville-West beschrieb sie die Farben ihrer neuen Umwelt eingetaucht in Sonne und Schatten. Clive Bell, der auch in Cassis weilte, schrieb an seiner Zivilisationsgeschichte, während Duncan und Vanessa unentwegt Stilleben malten: »Bilder mit langen Broten, Orangen, Weinflaschen«.[240]

Virginia sonnte sich und blickte auf die Felsen der Mittelmeerküste. — Von Palermo aus besuchten Virginia und Leonard den dorischen Tempel von Segesta. Virginia hatte das »Pech«, immer dann, wenn sie sich von England entspannen wollte, Engländer zu treffen. So sah sie in Palermo D. H. Lawrence zusammen mit einem Freund. Auf ihrer Fahrt nach Palermo kamen die Woolfs durch Rom, wo sie kurz blieben. Virginia hielt die Landschaft um Rom schlicht für vollkommen: »... glatt, mild, fließend, klassisch, mit dem Meer auf der einen, den Hügeln auf der anderen Seite, eine Herde Schafe hier, und ein Olivenhain«.[241]

Von Syrakus aus berichtete Virginia, wie harmonisch sie dort lebten: in einem kleinen italienischen Gasthof ganz unter Einheimischen. Das Essen sei vorzüglich, ebenso die Stille und Regsamkeit zugleich, die den Lebensrhythmus im Innenhof des Gasthauses bestimme. Wie viele italienreisende Engländer versank Virginia in den südlichen Abenden am Meer mit den intensiven Farben der »blauen Stunde«. Die Farben des Himmels, das Weiß der klassischen Bauwerke und die im Hafen ruhenden Schiffe — all das nahm Virginia glücklich in sich auf.

Auch Rom beeindruckte die Woolfs sehr: die alte Stadt mit ihren Ruinen und großzügigen Architekturen im Licht der Frühjahrssonne und der schattenspendenden Bäume. Ein Ausflug nach Pompeji wurde für Virginia zum Symbol der Plötzlichkeit des Todes: »Im August 76 v. Chr. stürzte die Lava herunter und bedeckte die ganze Stadt.«[242] Von Rom fühlte sich Virginia so erhoben, daß sie glaubte, dort leben zu können, mit all den Möglichkeiten, sich zu versenken, Ausflüge in die Campagna zu machen. »Stell Dir vor«, schrieb sie an Vanessa, »wie wir im heißen Sonnenschein auf der Türschwelle einer römischen Ruine sitzen in einem Feld mit habichtfarbenen Torbögen gegen einen klaren traubengrün gefärbten Himmel, silbern mit Bergen im Hintergrund. Dann auf der anderen Seite nichts als die Campagna, blau und grün, mit einem mandelfarbenen Gehöft, mit Rindern und Schafen und noch mehr Ruinenbögen und aufs Gras gefallenen Marmorblöcken und immensen Schwertern wie Aloen und Liebespaaren geringelt zwischen zerbrochenen Urnen.« Virginia beneidete Vanessa, die noch in Cassis blieb, indem sie seufzte: »Mein Gott, mein Gott, und dann geht man und sitzt in einem Erdgeschoß in Bloomsbury.«[243]

In London berichtete Virginia begeistert von ihrer Italienreise. Sie hatte es genossen, dort unbekannt unter den Einheimischen zu leben, die Schönheiten ungestört aufnehmen zu können, und glaubte, daß diese Urlaubswochen besonders erfüllt und glücklich waren: »Was für eine Fähigkeit zur Freude hat man! Ich mochte alles gern. Ich wünschte, ich wäre nicht so unwissend in bezug auf italienische Kunst, Literatur und so weiter.«[244]

In 52 Tavistock Square sah es nach der Ankunft der Woolfs nicht besonders ordentlich aus, da Nelly krank geworden war. Die Urlaubsreise hatte auf Virginia befreiend gewirkt. Sie vermochte daher die Anstrengungen der kommenden Wochen zu überstehen. Auch hoffte sie, mit den seelischen Problemen des Erscheinens ihres Romans ›Die Fahrt zum Leuchtturm‹ einfacher fertig zu werden als sonst. Der Erfolg von Virginias Büchern nahm jetzt auch äußerlich merklich zu. Schon vor Erscheinen des Romans waren 1220 Exemplare verkauft.

Der Roman ›Die Fahrt zum Leuchtturm‹ (To the Lighthouse) erschien am 5. Mai 1927 gleichzeitig in einer englischen und in einer amerikanischen Ausgabe. Virginia betonte, daß der Vorverkauf des Buches auf 1690 Exemplare geklettert war:

Dies waren doppelt so viele Exemplare wie bei ›Mrs. Dalloway‹. Virginia erwartete die Kritiken wieder voller Furcht, war nicht recht zufrieden mit dem Rezensenten des *Times Literary Supplement*. Besonders ängstlich war sie, zu erfahren, wie der zweite Teil des Romans ›Zeit vergeht‹ aufgenommen würde. Immerhin blieb Virginia aber realistisch genug, um zu erkennen, daß sie die Summe Geldes verdienen würde, die ausreichte, um ein Auto zu kaufen.

Doch bevor »the Lighthouse-car« vor der Türe stand, war Virginia Woolf schon wieder mit anderen Arbeiten beschäftigt. Sie arbeitete einen Vortrag ›Dichtung, Roman und die Zukunft‹ aus, den sie in Oxford halten sollte: »Das Schreiben für ein Publikum regt mich immer auf. Ich hoffe, daß ich zu viele Späße vermeide.«[245]

Mit ihrem Roman hatte Virginia Woolf ein vielschichtiges Kunstwerk geschaffen, das zwar auf einer Teilebene Portraits ihrer Eltern enthält, aber in den Bedeutungen weit über diesen Anteil hinausreicht. Wie präzise Virginia die Beschreibung von Vater und Mutter gelungen sein muß, zeigt ein Brief Vanessas an sie: »Es tut fast weh, sie (Julia und Leslie Stephen) so von den Toten erweckt zu sehen.«[246]

Virginia wußte um die Symbolhaltigkeit ihres Romans, mochte ihre Symbole aber nicht auflösen: »... sobald mir einer sagt, was eine Sache bedeutet, wird sie mir verhaßt.«[247]

Noch im März hatte Virginia in ihr Tagebuch geschrieben: »Du liebe Zeit, wie schön sind einige Teile von ›Die Fahrt zum Leuchtturm‹! Weich und geschmeidig, und ich denke, tief, und nie ein falsches Wort auf einer Seite. Dies empfinde ich bei dem Abendessen, und bei den Kindern im Boot; aber nicht für Lily auf dem Rasen. Das mag ich nicht sehr. Aber ich mag den Schluß.«[248]

*Die Fahrt zum Leuchtturm.* Der Roman beginnt mit einer Debatte über eine Ausfahrt zum Leuchtturm, ein Traum des kleinen James Ramsay. Seine Mutter, Mrs. Ramsay, möchte dem Kind die Freude an den Gedanken erhalten, zumal diese Ausfahrt vor langer Zeit schon geplant wurde, aber nie zustande kam. Mr. Ramsay, der im Raum des Sommerhauses erscheint, macht die Hoffnung des Jungen zunichte mit dem schlichten meteorologischen Urteil, daß am nächsten Tage das Wetter schlecht sein werde. Diese objektive Aussage des Vaters steht gegen die relativierende Aussage der Mutter.

Mit diesen knappen Bemerkungen wird der wichtige Gegensatz des Buches zwischen Mrs. Ramsay und Mr. Ramsay bereits benannt. Es ist der Unterschied zwischen Frau und Mann, zwischen Mutter und Vater. Die Bezugsebene für beide wird gestellt vom großen schäbigen Sommerhaus, dessen Türen ständig offenstehen, das gefüllt ist mit Kindern und Besuchern.

Mr. Ramsay wird als intensiver, positivistischer, zugleich gedankenreicher Mensch beschrieben, der als Philosoph an einer englischen Universität lehrt. Ihm eignet die Wahrheitsliebe G. E. Moores. Er macht ungern Kompromisse, wenn nicht seine Heirat und die Gründung seiner Familie als der entscheidendste Kompromiß seines Lebens gegen die Erkenntnis angesehen wird. Ramsay möchte seinen Kindern einen Sinn für die Schwierigkeiten des Lebens vermitteln, weil er selbst ständig mit schwierigen Problemen umgeht, in der Lebenswelt aber sich als hilflos erweist. Ihm fehlt die Fähigkeit, sich aus den wissenschaftlichen Gedanken, den bestimmten erkenntnistheoretischen Fragestellungen zu entlassen, um sich mit den Erfordernissen der Alltagswelt sinnvoll auseinanderzusetzen.

Mrs. Ramsay wird dagegen als liebevolle Mutter gesehen, allerdings mit der Bestimmung, daß alle Liebe für die Kinder zugleich Beschäftigung mit ihrer eigenen Person in einem umgreifenden Sinne ist. Während Mr. Ramsay die Erfüllung seines Lebens in seiner Arbeit sucht, in der Distanz zur Umwelt, sie aber nur teilweise findet, weil er glaubt, die große Familie habe ihm die Konzentration genommen, das zu schaffen, was er sich eigentlich vorgenommen hatte: ein bleibendes philosophisches Werk, sieht Mrs. Ramsay ihren Lebenssinn in den Kindern, die sie sich bewahren möchte. Sie möchte recht eigentlich nicht, daß die Kinder groß werden, weil sie fürchtet, daß die so entstehende Leere von ihr nicht ertragen werden könnte. Sie ergeht sich als viktorianischer Engel des Haushalts, als Pelikan, der seine Kinder mit dem eigenen Blut nährt, in einer nie endenden Tätigkeit und Sorge für die Familie. Aber sie kümmert sich auch um andere Menschen, deren soziale Not sie zu lindern trachtet. Sie verausgabt sich völlig, denn sie führt — den Anforderungen der großen Familie ungeachtet — ein Haus, in dem eine Schar von Gästen ein- und ausgeht. Lily Briscoe sieht diesen Opfergang der Mrs. Ramsay als Spiegelung des Egoismus ihres Mannes, den sie als zerstörten, eitlen und tyrannischen Menschen sieht: »... er zermürbt Mrs. Ramsay zu Tode.«[249]

Die Metapher des Verbrauchens wird im Roman immer wieder aufgenommen — auf Mrs. Ramsay ebenso bezogen wie auf das Sommerhaus. Der Unterschied ist nur, daß Mrs. Ramsay zwar altert, doch schön bleibt, während das Haus immer unansehnlicher wird. Die langsame Auszehrung Mrs. Ramsays ist ein innerer Prozeß.

Die Gäste im Sommerhaus sind der Philosophiedoktorand Charles Tansley, der Botaniker William Bankes, die Malerin Lily Briscoe, der Dichter Augustus Carmichael sowie die jungen Leute Minta Doyle und Paul Raylay, das zukünftige Ehepaar. Höhepunkt der gesellschaftlichen Seite, aber auch der metaphysischen in bezug auf Mrs. Ramsay ist das Abendessen im ersten Teil des Romans.

Ähnlich Mrs. Dalloway befindet sich Mrs. Ramsay in der Mitte des Lebens. Sie ist fünfzig Jahre alt; ihr Mann ist zehn Jahre älter. Beide Ehepartner haben festgefügte Vorstellungen von der Welt des anderen, wiewohl zugleich immer wieder die Thematik des Nichtkennens des anderen aufgenommen wird. Ramsay und Tansley diskutieren philosophische Probleme, wobei der Schüler dem Lehrer ebenbürtig zu sein scheint in seiner analytischen Schärfe. Sie diskutieren die Erkenntnis der Wirklichkeit: Was ist ein Tisch? Was ist ein Stuhl? Dabei besitzt Tansley eine »ätzende Art und Weise von allem Fleisch und Blut abzuschälen«[250]. Die philosophisch pünktliche, abstrakte Analyse steht gegen das Lebendige. Damit ist aber auch Wesentliches über das Verhältnis von Mr. Ramsay und Mrs. Ramsay ausgesagt. Die Philosophie bringt die Welt auf Begriffe, aber sie klinkt sich aus dem Lebenszusammenhang aus.

Das Leben wird von Mrs. Ramsay verkörpert als das Wellenartige, die Ganzheit der Existenz, das Dasein im Sinne des Lebensvollzugs selbst — und das bezieht sich gerade auf das Erleben der Alltagswelt: diese Alltagswelt ist ein Mikrokosmos von Leiden, Empfindungen, Erfordernissen der Kinder, des Hauses, des Mannes, der vielen Gäste. Das Leben zu verkörpern, dazu dient Virginia Woolf der Muttertypus der Mrs. Ramsay, der an Identität verliert, aber durchaus geheimnisvoll ist, weil Mrs. Ramsay zwar einerseits von Konventionen bestimmt ist, andererseits in ihrem Lebendigsein die Lebenstätigkeit bedeutet, dennoch ihren Sinn, den Sinn der Existenz, nicht zu formulieren vermag. Doch auch die Sprache kann nicht das Unsagbare aussagen, ihre festen Elemente lassen nicht zu, daß das »Sein« benannt werden kann. Mrs. Ramsay kehrt ihre »Kategorien« des Weiblichen und Mütterlichen als Normen nach außen. Diese benutzt sie zur Selbstbestätigung in der Formung, ja Manipulation ihrer Umwelt, doch diese Formen verraten als solche längst noch nicht, welchen Sinn das Leben hat. So teilt Virginia Woolf in ihrem Roman die Welt ein in eine Männerwelt und in eine Frauenwelt. In der extremsten Form stehen sich diese beiden Welten in Mrs. und Mr. Ramsay gegenüber.

Die übergreifenden Ebenen, die für alle Figuren im Roman gelten, werden vom Leuchtturm angezeigt, aber auch vom Meer, dessen Wellen den Zeittakt des Lebens darstellen. Die menschliche Seele entspricht dem Meer, das eine Oberfläche, einen Boden und »substantielle Tiefen« besitzt. Die Seele weitet sich aus von der Identität zu dem »größeren Meer« des Lebens. Mit den neuen Gedanken von Bergson und Freud zu Beginn des 20. Jahrhunderts löste sich der Identitätsbegriff und der Seelenbegriff auf, so daß auch in der Romankunst ein ganz neuer Typus von Figuren zum Zuge kam.

Das festgefügte Ich wurde »in Stücke zerstreut«[251]. Die Seele wird zum Meer mit zwei Ebenen: die Oberfläche spiegelt die vielfältigen Eindrücke, die vom Ich gesichtet und zusammengeordnet werden, in der Tiefe liegt »ein ungesehenes Meer der Identität« — die eigentliche Seele als der unsichtbare Teil der Identität. Diese untere Seele ist das Verschmelzungsfeld alles einzelnen in der Masse des Seins. Sie besteht nur teilweise für sich und wird von den anderen Menschen auch nur teilweise wahrgenommen, ist doch den Menschen oftmals ihre eigene Seele unbekannt, etwas Dunkles, das sie zu erforschen trachten, um ihre eigene Identität zu bestimmen. Alle Figuren im Roman ›Die Fahrt zum Leuchtturm‹ befinden sich auf der Suche nach ihrem Ich, vor allem gilt dies für die Ramsays sowie für die Malerin Lily Briscoe.

Ramsay gewinnt seine Identität aus der Arbeit: er wird aber im übertragenen Sinne als blind geschildert, denn er nimmt seine Umwelt nicht wahr. Ihn interessiert weder die Natur als lebendiges Ganzes noch die Schönheit der Bucht am Abend. Seine männliche Welt ist die der Begriffe, des Intellekts, der festen Grenzen der Identität. Alle Erscheinungen werden in Erkenntnismuster eingeordnet und durch sie gefiltert. Darin liegt Ramsays Leistung, aber auch seine Verarmung. Seine Melancholie über das Leben entlädt Mr. Ramsay daher in Sprüchen wie »arme kleine Welt«. Diese Sprüche dienen ihm dazu, komplizierte innere und äußere Vorgänge zu vereinfachen in einem Bild, das sie für ihn erträglicher macht.

Das Verhältnis von Mr. und Mrs. Ramsay, bezogen auf die Ebenen von Sinn und Identität, wird von Virginia Woolf auch gekennzeichnet durch den Unterschied zwischen der erlebten, gefühlten Welt zur beschriebenen Welt. Für Ramsay entscheidet das gedruckte und geschriebene Wort. Mrs. Ramsay dagegen ist eine schöne Frau, die von der Trauer um die Vergänglichkeit erfüllt ist. Sie drückt das Leben ebenso aus wie sein Vergehen. Während sie im Alltag viel redet, auch Wiederholtes — mit Kindern, Hauspersonal, Freunden —, wird sie allein erfüllt von Gedanken um das Leben im ganzen und dessen Sinn. Sie kommt aber nie dazu, diesen Sinn auszusagen oder für sich in Worte zu fassen. Virginia Woolf zeigt Mrs. Ramsay still — als jemanden, der sein Lebensgefühl weder zusammenfassen noch anderen mitteilen kann. Mrs. Ramsay steht in einem geheimen Verbund mit der Seele, der sprachlich nicht geäußert werden kann.

In ihrer schwierigen Schönheit ist kaum an das Wesen der Mrs. Ramsay heranzukommen: »sie wußte ohne gelernt zu haben.«[252] Sie hat daher auch mit dem Intellekt ihres Mannes zu kämpfen: die Wahrheit zu suchen und sich dabei kaum um die Gefühle anderer Menschen zu kümmern, das vermag sie nicht nachzuvollziehen.

Wie schon in ›Jacob's Room‹ und in ›Mrs. Dalloway‹ wird auch in diesem Roman die Form bestimmt durch beständigen Wechsel der »Blickpunkte«, die sich gegenseitig erhellen. Umgekehrt sieht Mr. Ramsay sich getäuscht in seinen Erwartungen. Wenn alle Leistungen der Philosophie auf der Skala A—Z liegen, so glaubt er, bis Q gekommen zu sein, sieht aber keine Hoffnung, in seinem Leben R zu erreichen. Für ihn stellt sich das Problem der bleibenden Erkenntnis, der Unsterblichkeit und des Nachdenkens über die Form der Identität, nicht über das Aufgehen im Sein.

Im ersten Teil des Romans wird nicht nur die Gegenüberstellung von Mr. und Mrs. Ramsay geleistet, sondern ebenso die von Mrs. Ramsay und Lily Briscoe als zwei grundlegend unterschiedenen Erscheinungsformen der Weiblichkeit. Mrs. Ramsay offenbart ihre Einstellung zu den Männern in einer traditionellen Weise: sie müssen klug sein, gut reden können, schwierige Dinge tun. Sie bewundert ihren Mann, er ist ihr Held und absoluter Maßstab zugleich — und dennoch lebt sie eine stille Verweigerung. Sie greift nicht in die Welt der Männer ein, sie argumentiert nicht — auch und gerade nicht beim großen Abendessen —, sie hört meistens zu oder in sich hinein. Ihr Verhalten gegenüber anderen Männern scheint aber auch manchmal unfair, etwa in bezug auf Charles Tansley. Sie fragt ihn nach seinen körperlichen Fähigkeiten, Sportleistungen im Wandern, Segeln, die sie ihm nicht zutraut, um ihn zu erniedrigen im Vergleich zu ihrem Mann. Keiner soll ihm überlegen sein. Sie geht in dieser passiven weiblichen Rolle auf, ist also das Gegenteil einer emanzipierten Frau. Mrs. Ramsay lebt zum Teil auch in den Vorurteilen ihrer Klasse; ihre Werte sind Verinnerlichungen, keine Vorstellungen, die sie sich selbst erworben hat. Insofern ist Ellen Ramsay eine besonders schöne, exemplarische Frau der viktorianischen oberen Mittelklasse — eine literarische Verarbeitung von Julia Stephen. Ellen Ramsay steht und fällt mit ihren Leistungen in Familie und Gesellschaft, aber auch mit ihrem Existieren:

»... sie wurde vorangetrieben, zu schnell, wie sie wußte, fast als ob es auch eine Ausflucht für sie wäre zu sagen, daß die Menschen heiraten müssen; die Leute müssen Kinder haben.«[253] »Es war etwas Furchterregendes um sie. Sie war unwiderstehlich.«[254] Doch Mrs. Ramsay dient ihrem Mann auch als Stütze für seine Identität. Als »Gefühlsreservoir« läßt sie ihm die Bestätigung zuteil werden, die er ständig braucht. Sie kann jedoch unter dieser auslaugenden Inanspruchnahme keine eigene Identität gewinnen, ja sie muß ihr Ich abbauen. Mrs.

Ramsays Verausgabung ähnelt den Verbrennungsmaschinen, deren Wirkungsweise die unwiderbringliche Zerstörung der Substanz versinnbildlicht. Hingegen bestimmt Ramsays Distanzierung des Selbst eine sichtbar abgegrenzte Person. Mrs. Ramsay gibt ihrem Mann Besonderheit auf Kosten ihrer eigenen, die sie für das Typische des griechisch-klassischen Gesichts »eintauscht«, dessen Allgemeinheit sie durch ihre Spiegelfurcht flieht.

Ganz anders als Mrs. Ramsay versucht Lily Briscoe ihr Kunstwerk zu vollenden. Lily steht zunächst unter dem Bann der Existenz der Mrs. Ramsay. Sie kämpft mit diesem Modell weiblichen Lebens — sie scheint an vielen Stellen von diesem Mutter-Wesen vereinnahmt zu werden, doch sie wehrt sich und baut mit Mühe ihre eigene Form der Weiblichkeit auf, die sich an der Identität der Künstlerin orientiert. Lily ist es, die eine Aufgabe besitzt, in der sie sich verwirklichen kann. Die Verarbeitung von Virginia Woolfs eigener Identitätsproblematik scheint hier auf. Psychologisch hält Mrs. Ramsay aus ihrer Vorurteilsstruktur heraus Lily für eine Versagerin, denn sie ist kinderlos und unverheiratet. Ihre Kunst würdigt sie nicht. Mrs. Ramsay wirkt daher für Lily Briscoe wie eine Last oder eine Beschränkung auf ihrem Wege zu einem identischen weiblichen Selbst. Umgekehrt hält Lily Mrs. Ramsay für kindisch und absurd: »Mrs. Ramsay, so fühlte Lily, ... führte ihre Opfer zum Traualtar.«[255] Dieser zwangsweisen Vorstellung unterworfen, neigt Mrs. Ramsay dazu, Ehen zu stiften wie die zwischen Minta und Paul. Lily setzt sich von diesen Manipulationen ab; sie will unabhängig bleiben und ihrer Kunst leben: »Sie brauchte nicht zu heiraten, dem Himmel sei Dank: sie brauchte sich dieser Erniedrigung nicht unterziehen. Sie war errettet vor dieser Auflösung. Sie würde den Baum eher mehr zur Mitte rücken.«[256]

Das Abendessen im ersten Teil des Romans zeigt in einer ungeheuren Dichte, wie ein Moment der wesenhaften Ruhe, der Erleuchtung, auch im Leben möglich ist, und zwar vor allem für Mrs. Ramsay. Die Einheit der Menschen bei diesem Essen, hervorgebracht von Mrs. Ramsay, beschert ihr einen »Augenblick des Seins«, eine Vision. Das Erlebnis dieses Abendessens konzentriert sich in der Gemeinschaft, die alle Anwesenden bilden, welche sich gegen die Außenwelt absetzt: »Jetzt wurden alle Kerzen angezündet und die Gesichter an beiden Seiten des Tisches wurden durch das Kerzenlicht einander nähergebracht und zusammengesetzt, wie sie es noch nicht im Zwielicht gewesen waren, in eine Gesellschaft rund um einen Tisch, denn die Nacht war nun ausgeschlossen durch die Glasscheiben, die, weit davon entfernt, irgendeinen genauen Ausblick auf die Welt draußen zu gewähren, diesen so fremdartig kräuselte, daß hier, im Innern des Raumes, Ordnung und trockenes Land zu sein schien; dort, draußen, eine Spiegelung, in der die Dinge schwankten und vergingen, wässrig.

So ging plötzlich durch alle von ihnen eine Veränderung, als ob dies wirklich geschehen wäre, und sie waren sich alle bewußt, eine Gesellschaft in einer Höhle auszumachen, auf einer Insel; sie hatten ihr gemeinsames Anliegen gegen das Fließende dort draußen.«[257] Aber diese momentane Ganzheit der Abendgesellschaft wird aufgebrochen in Gruppen: William Bankes und Charles Tansley reden über Politik, Mrs. Ramsay beschäftigt sich mit der angehenden Braut Minta — für sich selbst sieht sie die Möglichkeiten ihres Daseins als erschöpft an: »Sie hatte ein Gefühl, jenseits von allem zu sein, durch alles hindurch, aus allem heraus zu sein... Es kommt alles zu einem Ende, dachte sie... (Sie gab) sich den kleinen Ruck, den man einer Uhr gibt, die stehengeblieben ist... Und so... war das Leben stark genug, sie weiter zu tragen nach vorn, sie fing das Ganze an, wie ein Seemann nicht ohne Überdruß sieht, wie der Wind sein Segel füllt, und doch kaum wünscht, wieder unterwegs zu sein und denkt, wie er, wenn das Schiff gesunken wäre, rund und rund gewirbelt worden wäre und Ruhe gefunden hätte auf dem Boden des Meeres.«[258] Doch während des Abendessens versucht Mrs. Ramsay, das sinntragende Element herauszukristallisieren: »Sie fühlte sich eher geneigt, nur für einen Augenblick stillzustehen nach all dem Geplauder und ein besonderes Ding herauszupicken; das Ding, das zählte;...«[259] So erhebt sich die Frage nach dem Ziel des Lebens: »Wohin gehen wir?«

Nach dem festlichen Abendessen kommt Mrs. Ramsay wieder die Natur zum Bewußtsein: das Rauschen der Ulmen, das Meer, die Wellen, der Wind. Mrs. Ramsay ahnt, daß dieses Abendessen ein Erlebnis ist, das allen Teilnehmern im Gedächtnis bleiben wird. Sie würden alle zu dieser Erinnerung zurück-kehren: »Sie würden, dachte sie, weitergehend, wie lange sie auch immer lebten, zu dieser Nacht zurückkommen; zu diesem Mond; diesem Wind; diesem Haus; und auch zu ihr.«[260] Mrs. Ramsay erkennt in dem Abendessen ihre Tat, ihren Ausdruck, die Zusammenfügung der Menschen. Sie fühlt sich in das Vorstellungsnetz der Menschen des Hauses eingewoben; doch dieser Höhepunkt des Lebens ist zugleich ein Vorbote des Todes.

Im Kinderzimmer haben die Kinder einen Tierschädel festgenagelt. Er ist das Sinnbild des Todes. Mrs. Ramsay bedeckt den Schädel mit ihrem Schal, weil die Mädchen nicht einschlafen können, da er Schatten wirft. Das Bedecken des »Todes« ist das Verdecken einer Unausweichlichkeit durch die Symbolfigur des Lebens — Mrs. Ramsay — und zugleich eine vergebliche Geste, den Kindern die Mutter zu erhalten, die weiß, daß sie sterben wird.

James fragt noch einmal nach der Fahrt zum Leuchtturm, doch Mrs. Ramsay bringt ihn zum Einschlafen. Als alle Kinder schlafen, ist sie besorgt, daß Mr. Ramsay die Kinder aufwekken würde, indem er Bücher auf den Fußboden seines Studierzimmers wirft. Die jungen Leute im Hause gehen zum Strand, um die Wellen zu beobachten. Mr. Ramsay liest Sir Walter Scott in seinem Arbeitszimmer, er fühlt sich in seiner Bedeutung unsicher und verlangt Bestätigung durch die Umwelt, stets, zu jeder Zeit wie Sir Leslie Stephen: »Er würde sich immer Sorgen um seine Bücher machen — werden sie gelesen werden, sind sie gut, warum sind sie nicht besser, was denken die Leute von mir?«[261] Die selbstzweiflerische Haltung Mr. Ramsays trifft ebenso zu für Leslie Stephen wie für seine Tochter Virginia. Virginias Selbstzweifel entsprang letztlich auch aus der Frage nach der persönlichen Identität, die sie im Spannungsfeld zwischen Vater, Mutter und viktorianischer Tradition ihr Leben hindurch immer wieder stellte. Mrs. Ramsays Perspektive hinsichtlich der Bücherwelt ist dagegen undeutlich, weil sie keine Deutlichkeit mit Texten verbinden kann: »Ein großer Mann, ein bedeutendes Buch, Ruhm — wer konnte das sagen? Sie wußte nichts darüber. Aber das war seine Art mit sich selbst, seine Wahrhaftigkeit — «[262]

Virginia Woolf erhellt die Beziehung von Mrs. Ramsay zu

ihrem Mann und umgekehrt durch Perspektivwechsel, ein Mittel, das grundlegend für den Roman ist. Aus der Versunkenheit seiner Lektüre blickt Mr. Ramsay auf und sieht seine Frau in seinem Arbeitszimmer sitzen. Er gefällt sich in dem Gedanken, daß sie nicht klug oder zumindest nicht gelehrt ist, wenig von dem versteht, was er in seinen Büchern liest. Die Form seiner Selbstbestätigung richtet sich dann völlig auf die Schönheit seiner Frau. Die Trennung des Geistigen vom Schönen wird von Virginia Woolf kritisch betrachtet: Mrs. Ramsay besitzt ein eigenes Sein, das ihr Mann nicht versteht und nicht einmal erreichen kann. Dasselbe gilt umgekehrt. So wartet Mr. Ramsay vergeblich auf eine Liebeserklärung: »Er würde Dinge sagen — sie konnte es nie.«[263]

Der zweite Teil des Romans verleiht dem Sommerhaus der Ramsays eine vollkommen eigenartige Seinsweise: es ist zu einem Überbleibsel der Vergangenheit geworden. Es ist schwierig, den Sinn des Hauses, seine Ganzheit zu verlebendigen. Mrs. Ramsay ist gestorben und damit auch das Lebensprinzip des Hauses. So wird das Sommerhaus zum Zeichen der Erinnerung: »Nichts regte sich im Salon...«[264] Das Bild der Welle taucht erneut auf zusammen mit der Frage nach der Lebensganzheit. Das Haus hat sich zum Stilleben umgewandelt. Es ist ein Haus ohne Menschenleben: anderes Leben hat die Oberhand gewonnen. Die Überbleibsel der Menschen sind schon wieder eingebunden in den Lauf der Natur, in den Pflanzenwuchs. Das Haus ist bloß noch eine Form von Leben; die Ewigkeit scheint langsam von ihm Besitz zu nehmen in dem Maße, in welchem die Menschen sich zurückgezogen haben. Die Zugehfrau Mrs. MacNab, inzwischen selbst alt geworden, richtet das Haus wieder her, nachdem sich eine Wiederversammlung der Bewohner von damals ankündigt.

Mrs. Ramsays Tod bleibt nicht der einzige in der Familie. In einem Frühjahr heiratet Prue Ramsay. Der Sommer ihres ersten Ehejahres wird als Suche nach dem Absoluten geschildert, doch Prues Schicksal ist ein früher Tod. In eben diesem Sommer stirbt sie wie Stella Duckworth »an einer Krankheit im Zusammenhang mit der Geburt eines Kindes«. Auch Andrew Ramsay stirbt; er fällt einer Bombenexplosion im Ersten Weltkrieg in Frankreich zum Opfer.

Die Tode beleuchten das Verhältnis von Natur und Mensch; die Kurzlebigkeit des einzelnen wird dem Lebensprinzip der Natur gegenübergestellt, das Werden und Vergehen umfaßt.

Die Natur wird als Gegenpol zum Menschen gesehen, nicht als seine illusorische Ergänzung. Doch das Gerücht verbreitet sich, die Familie werde nicht zurückkehren. Das verlassene Haus erfährt nun eine Schilderung, die sein Vergehen und seine Zerstörung der Individualität vermittelt, die ihm seine Bewohner gegeben haben. Das Menschenwerk wird durch die lange Zeit, das Sich-selbst-Überlassensein des Hauses vernichtet, ein Verfall, dem auch die alte Mrs. MacNab keinen Einhalt zu gebieten vermag: »Das Haus war verlassen; das Haus war übriggeblieben. Es war zurückgelassen worden wie eine Muschel auf einem Sandhügel, um sich zu füllen mit trockenen Salzkörnern nun da das Leben es verlassen hatte.«[265] Die Natur dringt in das Haus ein und schafft sich dort Lebensraum, den die Menschen einst ihr abgerungen haben. Verlassen sie ihre Wohnstätte aber, so verlieren die Menschen Gewalt über Raum und Zeit.

Das Haus sinkt und fällt wie eine Feder zu Boden; es wird wieder zur Erde, die von Pflanzen und Tieren bewohnt ist. Doch die Menschen besinnen sich zuletzt doch noch auf das verlassene Haus. Sie beabsichtigen zurückzukehren, so daß menschliche Kraft und Geschicklichkeit aufgeboten werden müssen, den Einfluß der wuchernden Natur zurückzudrängen und das Haus für menschliches Leben zu erwecken: »Wie aus heiterem Himmel... schrieb eine der jungen Damen: könnte sie dies erledigt bekommen...«[266] Was die Natur bereits wieder in Anspruch genommen hatte, das muß ihr mit viel Mühe erneut abgerungen werden. Eine Reihe von Menschen arbeiten von früh bis spät, um das Sommerhaus seiner ehemaligen Bestimmung wieder zuzuführen. Eine Sommergesellschaft kündigt sich an. Der Faden des alten Lebens soll wieder aufgenommen werden.

Im Dorfe weiß man nicht genau, ob Mr. Ramsay oder Mrs. Ramsay gestorben ist. Mr. Ramsay wird geschildert als jemand, der die Dienstboten gar nicht wahrnahm, weil er ausschließlich in seiner Welt lebte. Im September treffen im Sommerhaus wieder die Gäste der vergangenen Dinner-Party ein. Der Friede nach dem Ersten Weltkrieg ist inzwischen geschlossen worden. Mr. Carmichael, Lily Briscoe, Mr. Ramsay, James und Cam kehren zurück.

Die Frage nach der Bedeutung der Rückkehr in das Sommerhaus wird am Anfang des dritten Teils von Lily Briscoe gestellt: »Was bedeutet es, was kann das alles meinen? fragte sich Lily Briscoe...«[267] Lily übernimmt in weiten Passagen des Romans die Funktion der Erzählerin. So gelingt es Virginia Woolf, ihre ambivalente Haltung ihren Eltern gegenüber zum Ausdruck zu bringen.

Die Ramsays sind nach zehn Jahren zurückgekehrt, um die Fahrt zum Leuchtturm auszuführen. Das Sommerhaus wirkt auf Lily, als ob das Band, das die Dinge zusammenhält, durchschnitten wäre. Mrs. Ramsay, Andrew und Prue sind tot. Lily empfindet den Kontrast zwischen der Schönheit und dem Tod, dem Ende des Gefühls, der Unmöglichkeit, alte Gefühle wieder zu erwecken. Die Rekonstruktion der Vergangenheit kann nicht erfolgen — es bleiben nur Symbole und Zeichen. Mr. Ramsay murmelt die Worte »Allein« und »vergangen«.

Für Virginia Woolf ist im Roman ›Die Fahrt zum Leuchtturm‹ die Zeit auch ein perspektivisches Mittel, um Fakten und Visionen zu unterscheiden. Die physikalische Zeit wird immer wieder verräumlicht oder seitlich ausgefächert, so daß Erinnerung die persönliche Zeit der Figuren hervorbringen kann. Diese persönliche Zeit schränkt die physikalische Zeit ein und ermöglicht Visionen; die personale Zeit schafft die Breite eines Augenblicks.

Mr. Ramsay wird in Gestalt und Wirkung beschrieben als König im Exil. Lily vermag die Zeichen und symbolischen Wörter nicht zu einer sinnvollen Ganzheit zusammenzusetzen: »Wenn sie sie nur zusammenbringen könnte, fühlte sie, sie in einem Satz ausschreiben könnte, dann würde sie zur Wahrheit der Dinge vorgestoßen sein.«[268] Lily fürchtet sich vor der Unwirklichkeit des Sommerhauses. Ihre Flucht aus der bedrückenden Vergangenheit ist die Erinnerung an ihr Bild, das sie nie vollendete. Jetzt will sie es neu malen und auch vollenden, denn sie erinnert sich an die malerische Lösung, die sie vor zehn Jahren fand, aber nie ausführte. Lily fürchtet sich aber auch vor Mr. Ramsay, der von ihr Anteilnahme erwartet, ohne dies auszusprechen. Sie fürchtet seinen Egoismus, wie Virginia Woolf ihren Vater noch nach dessen Tod fürchtete: »Dieser Mann, dachte sie, ihre Wut stieg in ihr hoch, gab niemals; dieser Mann nahm. Ich, auf der anderen Seite, würde gezwungen werden zu geben.«[269]

Auf der Gegenseite erinnert Lily Mrs. Ramsay, die immer nur gab: »Gebend, gebend, gebend war sie gestorben — und hatte all dies hinterlassen.«[270] Lily versucht, sich von der Erinnerung und ihrer Last zu befreien, um zu ihrem eigenen Leben aufzubrechen. Sie begreift noch nicht, wie sehr sie der Zauber der Vergangenheit noch gefangenhält, der sie an diesen alten Ort zurückgebracht hat. Warum sie gekommen ist, das sieht sie nicht ein: »Man kann mit 44 seine Zeit nicht verschwenden.«[271]

Mr. Ramsay ist von Lily angetan, auch wenn sie älter geworden ist. Er empfindet in sich das Bedürfnis, sich Lily zu nähern, weil er — wie Leslie Stephen — weibliche Sympathie als Lebenselixier braucht. Lily aber lenkt Ramsays Aufmerksamkeit von ihrer Person ab, indem sie die Fahrt zum Leuchtturm ins Gespräch einflicht. Mr. Ramsay durchschaut das Ablenkungsmanöver, er kann aber nicht antworten. Nur ein alles sagendes Stöhnen gibt Ausdruck von seinen wahren Empfindungen.

Mr. Ramsays Sympathieforderung, aus unermeßlichem Selbstmitleid entsprungen, kennzeichnet in der Manier Leslie Stephens eine hiobartige Traurigkeit. Lily weicht dem Druck auf ihre Sympathiefähigkeit aus durch den Wechsel der Ebene; sie bewundert und bedauert nicht Mr. Ramsay, sondern bestaunt seine Schuhe. Der Übergang zum Thema der Expedition zum Leuchtturm wird auf diese Weise erleichtert, ist doch beabsichtigt, den Leuchtturmbewohnern nützliche Dinge auf ihre Insel zu bringen. Überhaupt betont Virginia Woolf in vielen Passagen dieses Romans die Fluktuationen des Gefühls. Alle Variationen des Gefühls werden an den Charakteren und zwischen ihnen mit hoher Sensibilität registriert, vor allem die Gefühlsschwankungen.

Am Tage der Expedition mit Cam und James, bepackt mit den Geschenken für die Leuchtturmleute, wird Mr. Ramsay als »Held« gezeigt: »Er besaß ganz das Aussehen eines Führers, der sich für eine Expedition bereitmacht.«[272] Der Kontrast dieser Abenteuerfahrt zum Leuchtturm, zu den Abenteuern des Geistes, die Mr. Ramsay zeitlebens auf sich nahm, wird deutlich, aber es gibt auch einen Schmelzpunkt in der Anstrengung. Die Beschäftigung mit den erkenntnistheoretischen Problemen — der Frage nach der Realität von Küchentischen: was sind sie wirklich? Wie kann man ihre Wirklichkeit gültig beweisen? — hat Ramsay als Persönlichkeit geprägt. Die Hingabe an diese Dinge ließ in ihm den Verbrauch der Lebenskraft anderer anwachsen: »... er war wie ein Löwe, der suchte, wen er verschlingen konnte...«[273]

Zwischen Lily Briscoe und Mrs. Ramsay, zwischen dem Leuchtturm und dem Land, auf dem das Sommerhaus steht, entstehen im letzten Teil des Romans starke Bewegungen, die von besonderer Schönheit sind, aber auch einen hohen Symbolgehalt aufweisen.

»Sie (Lily) fühlte sich merkwürdig geteilt, als ob ein Teil von ihr nach dort draußen gezogen würde — es war ein stiller Tag, diesig; der Leuchtturm schien an diesem Morgen sehr weit entfernt zu sein; der andere Teil hatte sich verbissen und fest hier auf dem Rasen fixiert. Sie sah ihre Leinwand, als ob sie heraufgeschwemmt wäre, und sich selbst weiß und kompromißlos vor ihr aufgebaut hätte.«[274]

Der Perspektiven-Dualismus besitzt eine räumliche und eine symbolische Ebene. Auch wird die Perspektive benutzt, um die Unterscheidungen in Raum und Zeit zu verwischen. Äußere Handlungen spielen in diesem Roman eine geringe Rolle. Die Perspektive wird immer dann am wirksamsten, wenn bei einem fernen Blick die Dinge am Horizont ihre Umrisse verlieren und in einem blauen Schimmer versinken. Die räumliche Dimension besagt, daß das Boot mit Mr. Ramsay und den Kindern sich vom Festland (der Insel), vom »Rasen« wegbewegt hin zum Leuchtturm. Gleichzeitig bleibt Lily am Festland zurück und blickt zum Boot, während die Bootsinsassen zum Festland zurücksehen. Dieser räumliche Perspektivwechsel wird zumeist über Lily »umgeschaltet«, aber das gilt auch für die symbolische Ebene. Die symbolische Ebene des Perspektivismus wird bestimmt durch die Ziele der Bootsinsassen und diejenigen Lilys. Die Exkursionsteilnehmer wollen das Meer überqueren, um den Leuchtturm zu erreichen; sie müssen dabei das Meer »bezwingen«. Lily macht sich daran, die Leinwand zum Kunstwerk zu gestalten; ihre Perspektive richtet sich zum Haus, zur Leinwand, aber auch zum Leuchtturm. Sie hat die Aufgabe, die Leere der nicht gestalteten Fläche zu überwinden. In beiden Handlungen steckt die symbolische Geste der Sinnsuche oder der Sinnsetzung. Es geht darum, einen Plan oder Vorsatz, den man hat liegenlassen, der durch das Leben bedingt auf der Strecke blieb, doch noch zu Ende zu führen, zum Beweis dessen, daß der Mensch bei aller Vergänglichkeit doch in der Lage ist, sich wesentlich auszudrücken durch seine Handlungen, solange er davon überzeugt ist.

Der Leuchtturm ist hinsichtlich der Perspektive nicht nur Ziel, sondern er besitzt auch die Funktion der Grenze. Er teilt das Buch in zwei Teile und ist der Bezugspunkt für alle Perspektiven. Sein nicht endgültig auflösbarer Symbolismus wird offensichtlich durch die Symbolfunktion selbst bestimmt: als Verweis auf das Ganze, das sich den einzelnen und ihren Lebenssituationen immer wieder entzieht – fungiert der Leuchtturm.

Die zielgerichteten Handlungen des Romans sind aber auch Zeichen der Selbstkontrolle, zumindest suggerieren sie die Möglichkeit menschlicher Selbstbehauptung: die Konfusion der Gefühle wird durch Strukturen gebändigt, die der Mensch selbständig schafft (Kunst, Philosophie). Die Sinnleere läßt sich also nur – wenn überhaupt – überwinden durch Sinn, den der Mensch selbst aus sich heraus schafft. Als Art des Gegebenseins muß der Mensch Sinn selbst festlegen in dem, was er schafft: »Der Schlüssel zur Beziehung zwischen den subjektiven und objektiven, den faktischen und visionären Arten der Vorstellung liegt bei Woolf in einem Prinzip ... dem der Perspektive. Faktum, der menschliche Modus, sieht die Dinge in Isolation und Festigkeit; Vision sieht sie miteinander vermischt.«[275] Damit wird auf anderem Boden als auf dem der Psychoanalyse die »Selbstherrlichkeit des Bewußtseins« zum Problem.

Das Malen des Bildes bedeutet für Lily »das Schürzen des Knotens in der Imagination«[276]. Selbstbestimmung läßt sich offenbar weniger im Grübeln über das eigene Ich finden als in der Arbeit der künstlerischen Produktivität. Die Schwierigkeit für eine Frau, Künstlerin zu sein, wird an Lily aufgewiesen – und dies durchaus als Verarbeitung der Woolfschen Probleme der »Identitätsfindung«, die durch die geltenden Gesellschaftsnormen immer wieder in Frage gestellt wurden: »Die Intuition eines Sinnes von unabhängigem Wert und Identität der Frau sah sie als Produkt ihrer Erziehung (oder eines Fehlens derselben), Familienleben und berufliche Möglichkeiten.«[277] Jede weiße Leinwand, jedes weiße Blatt Papier ist eine Herausforderung für den Künstler; es hängt davon ab, wie er den ersten Punkt setzt, in welcher Weise sich die Form dessen entwickelt, was er schaffen will. Lilys erster Malstrich auf der Leinwand ließe sich vergleichen mit der Fahrt zum Leuchtturm. Er ist das Sich-dem-Elementaren-Überlassen. Das Risiko der Ausfahrt besteht darin, daß man das Leere mit den kargen Mitteln bändigen muß, die zur Verfügung stehen: ein Boot, Malutensilien.

Der Akt des Malens wird von Virginia Woolf als das Modell der Kreativität dargestellt. Er ist ein Ausklinken aus der Alltagswelt, um einen eigenen Kampf mit dem Wesen der Dinge zu führen.

Was ist eine Hecke? Was ist ein Baum? Lily sinkt aus dem bewußten Segment ihres Selbst ab in den Bereich des Nichtzeitlichen, in das Gebiet des Wirklichen, das jenseits des Tatsächlichen liegt: »Hier war sie wieder, dachte sie, indem sie zurücktrat, um es anzusehen, herausgezogen aus dem Gerede, dem Leben, aus der Gemeinschaft mit Menschen in die Gegenwart dieses furchtbaren alten Feindes von ihr — dieses andere Ding, diese Wirklichkeit, die plötzlich Hand an sie legte, hinter den Erscheinungen starr hervortrat und ihrer Aufmerksamkeit gebot.«[278] Lily erkennt, daß die Haltung der meisten Menschen in geistigen Dingen »verehrend«, passiv oder rezeptiv ist. Doch die künstlerische Betätigung empfindet sie als einen eigenen, inneren Kampf.

Virginia Woolf macht deutlich, daß künstlerische Tätigkeit ein Akt ist, der dem Fließenden entweicht und Dauerhaftes schafft. Sie zeigt, daß dabei eine Transformation mit dem Künstler selbst vorgeht — er gleitet aus dem Lebensstrom heraus in ein anderes Sein, in den Bereich dessen, was die Dinge selbst sind, verdeutlicht in der künstlerischen Gestalt. »Immer ... bevor sie die Flüssigkeit des Lebens austauschte für die Konzentration des Malens, hatte sie einige Augenblicke der

320

Nacktheit, wenn sie einer ungeborenen Seele gleich zu sein schien, eine Seele des Körpers beraubt, auf irgendeinem windigen Felsgipfel zögernd und ohne Schutz allen Stößen des Zweifels ausgesetzt.«[279] Diese Phase des Zweifels jedoch geht vorüber, Lily vergißt die Außenwelt völlig: sie wird zu einem Menschen, der malt — und sonst nichts. Der Akt des Malens fällt mit ihrer Existenz zusammen, wobei der mythische Prozeß der Kreativität als Synthese des Symbolischen und formalen erscheint: »Gewiß verlor sie das Bewußtsein der äußeren Dinge. Und als sie das Bewußtsein der äußeren Dinge verlor, und ihren Namen und ihr Persönlichkeit und ihre Erscheinung, und ob Mr. Carmichael dort war oder nicht, ihr Geist fuhr fort aus seinen Tiefen herauszuschleudern, Szenen und Namen, und Sentenzen, und Erinnerungen und Ideen, wie eine Fontäne, die plötzlich aufschießt über den grell leuchtenden scheußlich schwierigen weißen Raum, während sie ihn modellierte mit grün und blau.«[280]

Lilys Erinnerung an Mrs. Ramsay knüpft an den ersten Teil des Romans an. Die Erinnerung besagt, daß Mrs. Ramsay die Gabe besaß, Menschen zusammenzuführen, Gemeinschaft zu stiften, Kompliziertes zu vereinfachen durch ihre mysteriöse Existenz. Sie war recht eigentlich eine Künstlerin des Lebens ähnlich wie Clarissa Dalloway: »... sie brachte dies und das zusammen und dann jenes, und so schuf sie aus dieser elenden Dummheit und Bosheit ... etwas — diese Szene am Strand zum Beispiel, diesen Augenblick der Freundschaft und der Sympathie — der überlebte, nach all diesen Jahren, vollständig, so daß sie in ihn hineintauchte, um ihre Erinnerung daran neu zu gestalten, und er blieb im Geiste fast wie ein Kunstwerk.«[281]

In einer Malpause taucht Lily aus ihrer Versunkenheit an die Oberfläche des Lebens und des Bewußtseins zurück — ihr Intellekt formuliert dann die Frage nach dem Sinn des Lebens, die sie bislang nie für sich beantworten konnte. Mrs. Ramsay dagegen verstand es, aus dem Augenblick heraus etwas Dauerhaftes zu machen. Der Sinn des Lebens kann dann gefunden werden, wenn man den Fluß des Lebens gleichsam anhält und in dem Moment der Stille Dauerhaftes bestimmt: »Inmitten des Chaos gab es Gestalt; dieses ewige Vorbeigehen und Fließen (sie blickte zu den ziehenden Wolken und den raschelnden Blättern) wurde hineingeprägt in die Stabilität. Das Leben stand still hier, sagte Mrs. Ramsay. ›Mrs. Ramsay! Mrs. Ramsay!‹ wiederholte sie. Sie verdankte diese Offenbarung ihr.«[282] Mehrmals wendet sich Lily von ihrer Malerei ab und glaubt, das Boot Mr. Ramsays auf dem Meer zu erkennen — unterwegs zum Leuchtturm.

Mr. Ramsay verhält sich tyrannisch im Boot. Er hat den Fischer Macalister und dessen Sohn angeheuert, um mit ihnen und seinen eigenen Kindern die Fahrt zum Leuchtturm auszuführen. Bei jeder Flaute erzürnt Mr. Ramsay: er will keine Zeit verlieren, sondern mit gefüllten Segeln zum Leuchtturm fahren. Im Boot herrscht kein einträchtiger Geist. Die Bootsinsassen haben ganz verschiedene Zielvorstellungen: die Kinder Cam und James haben die Fahrt nur aus Pflichtgefühl gegenüber ihrem Vater mitgemacht; ja eigentlich sind sie gekommen, weil ihr Vater sie gezwungen hatte, mit ihnen gemeinsam seine rituelle Vergangenheitsbewältigung durchzuführen.

Die Kinder fühlen sich als Gefangene ihres Vaters. James, der das Boot steuert, glaubt, sich von der Beherrschung durch den Vater befreien zu können. Mr. Ramsay veranlaßt Cam, zum Festland zurückzublicken, um das Sommerhaus auszumachen. Doch der ferne Blick dieser Rückperspektive macht die Umrisse unscharf, taucht das Gesehene in einen Schimmer: sie kann das Haus nicht mehr erkennen.

Das Symbolische der Fahrt zum Leuchtturm für Mr. Ramsay wird unterstrichen durch zwei Zeilen aus William Cowpers Gedicht ›Der Schiffbrüchige‹, die er zitiert: »Doch ich unter einer rauheren See / Wurde erdrückt in tieferen Abgründen als er.« Mr. Ramsay hat sein Haus beim Zurückblicken gefunden; er sieht sich selbst in der »Rückschau« in seinem Garten. Das heißt, er taucht nicht ein in das Verschwimmen der Fernperspektive, in die Landschaft der Seele. Er bleibt der Positivist und Aufklärer, der leidende Held des 19. Jahrhunderts. Die Cowper-Zeilen lassen sich offenbar nur mit Bezug auf Mrs. Ramsays Schicksal verstehen; wie der Schiffbrüchige ist sie untergegangen, ertrunken in den Anforderungen dieses Mannes und dieser Familie auf Grund ihrer Verzichthaltung gegenüber der Selbstbehauptung der eigenen Existenz. Mr. Ramsay dagegen in seinem unbezähmbaren Selbstmitleid beneidet den »Schiffbrüchigen« um seinen Meerestod — dem Verschmelzen von Selbst und Seele —, weil er in der rauheren See seiner Psyche in die tiefsten Strömungen der Gefühle geraten zu sein glaubt, die sich als Marter der eigenen Seele ausnehmen.

Virginia Woolf betreibt an der Figur des Mr. Ramsay die Entmythologisierung ihres Vaters; ihre Kritik an der frauenverschlingenden Hiobs-Dramatik des berühmten Patriarchen entbehrt nicht der Schärfe sowie der emanzipierten, geistigen Souveränität der Schriftstellerin. Weil Cam die Himmelsrichtungen nicht kennt und nichts vom Kompaß versteht, ironisiert Mr. Ramsay sie und fühlt in der Überheblichkeit seiner Intelligenz, daß er den Frauen Ungenauigkeit des Denkens zuschreiben muß. Er weiß aber auch zugleich, daß darin für ihn ihre Faszination liegt. Mit allen Mitteln versucht Mr. Ramsay, Cams Unterwürfigkeit zu erzwingen. Doch die Kinder leisten inneren Widerstand. Als Mr. Ramsay nach dem kleinen Hund der Kinder fragt, suggeriert er zunächst, sie hätten ihn unversorgt gelassen. Der Konflikt zwischen Selbstbehauptung und Unterwerfung in Cam wird in ihrem eigenen Bewußtsein reflektiert, aber auch im Bewußtsein von James und Mr. Ramsay. Ramsays Tyrannei läuft hinaus auf die Beherrschung von Bewußtsein und Willen der Kinder. Virginia Woolf zeigt, wie stark sich der patriarchalische Unterwerfungsgedanke in Cams Seele einprägt — und wie sie im Grunde das alte Muster verinnerlicht hat, als sie ihrem Bruder die Führung des Kampfes gegen die Tyrannei überträgt. Cam ist in der nächsten Generation immer noch an die viktorianischen Beschränkungen ihres Geschlechts gebunden. Sie kann nur antworten, daß Jasper auf den kleinen Hund aufpaßt. Diese Antwort fordert Mr. Ramsay zu einem neuen Angriff auf die Kinder heraus. Er will ihnen seine Biographie, seine Selbstmythisierung aufdrängen, indem er von seinem Hund Frisk erzählt, um den Kindern nahezulegen, sie möchten ihren Hund ebenso nennen.

Die widerstreitenden Gefühle in bezug auf ihren Vater haben ihren Grund darin, daß Cam einerseits seinen Egoismus verabscheut, daß sie ihn andererseits aber bewundert und liebt — eine innere Haltung, die derjenigen Virginia Woolfs zu Leslie Stephen im wesentlichen entspricht.

In der Schlußphase des Romans wechselt die Perspektive immerfort zwischen den Bootsinsassen und Lily. In jedem Fall wird die Innenseite der Persönlichkeit der Beteiligten beleuchtet. Auch dies geschieht im Wechsel.

Im 5. Kapitel des letzten Teils steht Lily Briscoe auf dem Rasen und hält Ausschau nach dem Boot. Sie erscheint bedrückt darüber, daß sie Mr. Ramsay ihre Sympathie verweigerte. Diese Verknüpfung mit der Lebenswelt hindert sie daran, mit ihrem Bild voranzukommen. Ihre Gedanken schweifen ganz ab und wenden sich zur Person des Mr. Ramsay, zu seiner Schwierigkeit, seiner Faszination für junge und schöne Frauen, kehren dann aber zum malerischen Problem der Flächenbewältigung zurück. Der Akt des Malens vermischt sich in Lilys Gedanken mit Erinnerungen an Mrs. Ramsay. Das Malen gewinnt die Qualität künstlerischer Tätigkeit, aber beschwört ebenso vergangene Eindrücke und Gefühle herauf. »Sie fuhr fort, ihren Weg in das Bild zu bohren, in die Vergangenheit.«[283]

Lily erinnert sich an die unglückliche Ehe der Rayleys, dann an die Toten, vor allem an Mrs. Ramsay, deren Grenzen sie skizziert: »Mrs. Ramsay ist verblichen und gegangen, dachte sie. Wir können ihre Wünsche beiseite setzen, ihre beschränkten, altmodischen Ideen verbessern. Sie weicht weiter und weiter von uns zurück.«[284] Doch zeitweilig keimt in Lily der Gedanke auf, sich in das Meer zu stürzen: »Sie fühlte wieder ihre eigene unbesonnene Begierde, sich von der Klippe zu stürzen und zu ertrinken bei der Suche nach einer Perlenbrosche an einem Strand.«[285] Jetzt erinnert sich Lily an die Vollendung ihrer Bildkonstruktion, die sie vor Jahren entwarf; sie wird den Baum in die Mitte rücken. Das Gelingen des Kunstwerks wird Lilys Lebenssinn begründen.

Ihre Liebe zu William Bankes führte nicht zur Heirat; sie unternahmen gemeinsame Ausflüge, Lily half William, wenn er für seinen Haushalt große Einkäufe tätigen mußte. Doch Mrs. Ramsays Absicht, beide als Paar zu sehen, erfüllte sich nicht. Mrs. Ramsay — die mysteriöse Schönheit — taucht immer wieder vor Lilys innerem Auge auf. Aus der Perspektive William Bankes aber durfte Schönheit nicht alles sein. Für ihn erstickt die Schönheit das Leben, friert es ein: »Es machte das Leben stumm — fror es ein.«[286] Diese Schönheit der Mrs. Ramsay galt ebenso für ihr Urbild Julia Stephen. Virginia hat als Kind unter dieser Kälte gelitten. Das »vollkommen selbstlose Wesen«, die Engelsgestalt der Mutter bildete zeitlebens das Gegenstück zur selbstbewußten Schriftstellerin.

Was Lily letztlich wünscht, ist: das Leben ganz auszusagen, doch die Sprache eignet sich zu solch einer Aufgabe nicht. Auch fehlen die Adressaten für derartige totale Botschaften: »man konnte niemandem etwas sagen.«[287] Die Wörter treffen die Dinge nicht. Sie vermitteln keine genauen Bedeutungen. Die Unsagbarkeit des Lebenssinnes führt zum Aufgeben dieser Anstrengung, zum Zurückfallen in einen durchschnittlichen Lebensrhythmus der Leute mittleren Alters: »›Was bedeutet es?‹ ›Wie erklärst Du dies alles?‹ wollte sie sagen. Denn die ganze Welt schien sich aufgelöst zu haben in dieser frühen Morgenstunde in einen Teich des Gedankens, ein tiefes Becken der Wirklichkeit, ...«[288]

Lily ist von der Erkenntnis erfüllt, daß im Erleben nichts stetig bleibt, daß alles sich wandelt: »Du und Ich und sie gehen vorüber und entschwinden. ... nichts bleibt; alles wandelt sich; aber nicht die Wörter, noch die Farbe.«[289] Allein die Kunst vermag in die Qualität des Bleibenden überzugehen. Die Linie des Lebens und der Kunst muß jeder Mensch für sich allein finden: »Gab es keine Sicherheit? Kein Auswendiglernen der Wege der Welt? Keinen Führer, keinen Schutz, sondern alles war ein Wunder und der Sprung von einer Turmspitze in die Luft? Könnte es sein, sogar für ältere Leute, daß dies das Leben war — erstaunlich, unerwartet, unbekannt?«[289]

Lily erwartet vergeblich (III.7.) die Antwort auf die Frage nach dem Sinn ihres Lebens durch die Heraufbeschwörung der Mrs. Ramsay aus ihrer Erinnerung. Die Toten vermögen keine Lösungen für das Leben der Menschen zu bieten. Lily muß ihre Farbtuben ausdrücken und — malen. Es gibt keine andere Lösung für sie. Sie sieht das Boot auf dem Meer unterwegs zum Leuchtturm.

Das Boot ist inzwischen in der Mitte der Bucht angelangt (III.8.), liegt in einer Flaute, liegt noch Meilen vom Leuchtturm entfernt. Mr. Ramsay liest — die Kinder denken daran, daß er beim Aufsehen vom Buch schimpfen könnte über die Verzögerung. Doch solange er liest, merkt Ramsay nichts von dem,

was in der Außenwelt vor sich geht, er bleibt in seinem Bücher-
kosmos eingeschlossen. Nur beim »Aussteigen« aus der Lektüre
stellt sich ein Übergang her zu dem, »was der Fall ist«.

James denkt, er würde seinem Vater ein Messer ins Herz ste-
chen, falls dieser über die Verzögerung nörgeln sollte. Der Gedanke des Vatermords hat ihn seit seiner Kindheit beschäftigt.
Er wollte nicht den konkreten Menschen, seinen Vater, töten,
sondern das Bildnis dieses Vaters: die Melancholie, die Furie,
das Selbstmitleid, die schreckliche Traurigkeit des alten Mannes. James möchte die Sklaverei zerstören, den Geist des viktorianischen Zeitalters überwinden. James verurteilt die düstere
Schweigsamkeit des Vaters beim Dinner, er haßt ihn: ihm
drängt sich das Bild eines Rades auf, das einen Fuß überfährt.
Er vergleicht seinen Vater mit solch einem Rad, das Lebendiges
einfach zerquetscht, ihm seinen linearen Willen aufzwingend.

Der Leuchtturm kommt nun immer deutlicher in Sicht. Die
Flaute hält an — zugleich James Furcht davor, der Vater könne
das Buch ausgelesen haben. Doch eine Brise wirft das Segel
herum. Das Boot nimmt Fahrt auf: »Die Erleichterung war
außerordentlich. Sie alle schienen wieder voneinander abzufal-
len und sich wohlzufühlen, ...«[290] Nun genießt Cam das Abenteuer der Ausfahrt (III.10.); sie fragt sich nach dem Ziel der
Reise, eine Frage, die im übertragenen Sinne zu verstehen ist.
Ihre Gedanken und Assoziationen schweifen ab zu frühen Zivilisationen, wenn sie das Bild der kleinen Insel mit dem Leuchtturm in sich aufnimmt. Für Cam gehören die alten Männer im
Sommerhaus, Carmichael, Bankes und ihr Vater, einer Dino-
sauriergeneration an, deren immenses Wissen in ihren mar-
kant-störrischen Köpfen aufbewahrt bleibt, ohne weitergege-
ben zu werden. Die alten Männer lesen die ›Times‹, falten sie
nach der Lektüre zusammen, unterhalten sich in kurzen, treffenden, wortkargen Sätzen. Ihrem Vater sieht Cam beim
Schreiben zu: »Wie er in seinem Arbeitszimmer schrieb, dachte
sie (jetzt im Boot sitzend), war er am liebenswertesten, war er
am weisesten; er war nicht eitel oder ein Tyrann.«[291]

So besitzt dieser Vater eine tyrannische Seite, aber auch die
vornehme Weisheit des Gelehrten. James dagegen wirft seinem
Vater stets Egoismus vor: er bringe jedes Gespräch auf Bücher
und auf sich selbst zurück.

Lily erkennt die Bedeutsamkeit der räumlichen Distanz für das Beurteilen und Korrigieren menschlicher Beziehungen (III.11.). Das Boot mit Mr. Ramsay und den Kindern scheint verschlungen vom Blau des Meeres und des Himmels. Langsam versinken die Bilder aus der Vergangenheit, die Lilys Erinnerung des Sommerhauses aus früheren Jahren an die Oberfläche gehoben hatte. Wie die Erinnerung, so ist auch das Meer tief. Lily bemerkt, daß alles Leben, und damit meint sie seine verschiedenen Formen, durch ein »allgemeines Gefühl« zusammengehalten wird. Liebe wird als Macht der Synthese angesehen.

Das Boot taucht vor ihren Augen auf als brauner Fleck. Lily sieht die Ankunft Mr. Ramsays und der Kinder beim Leuchtturm voraus. Das Wetter verändert sich, das Meer wird unruhig — beides wirkt sich auf Lilys Harmonie in ihrem Geist aus. Sie muß die Balance finden zwischen Mr. Ramsay und ihrem Bild. Das grundlegende Problem besteht für sie in dem Übergangspunkt vom Gefühl in den künstlerischen Impuls.

Die Bewältigung ihres eigenen Lebens auf dem Hintergrund ihrer Vergangenheit erschwert Lily diesen Übergang, scheint ihn unmöglich zu machen. Die Frage nach der Wirklichkeit bezieht sich auf das Verhältnis von Augenblick und Dauer. Die gesehenen Erscheinungen, die Augenblicke des Erlebens sind zumeist einmalig angesichts der Unumkehrbarkeit der Zeit. Dies erfährt Lily durch Beobachten von Mr. Carmichael, der in einem Stuhl auf dem Rasen sitzt. Carmichael, der in den vergangenen Jahren zu einem berühmten Lyriker wurde, ist ihr nur vom äußeren Habitus der Schweigsamkeit bekannt. Lily weiß aber auch, daß er den Tod des jungen Andrew Ramsay tief betrauerte. Carmichael wird von Virginia Woolf charakterisiert als die vollkommen abgeschlossene Persönlichkeit des Künstlers: völlig bedürfnislos, höflich, substantiell, wortkarg ist er seiner Kunst immer zutiefst verpflichtet geblieben. Carmichael strahlt große Ruhe aus, die Lily offensichtlich fehlt in ihrer Unsicherheit, den Sinn festzustellen, der alles trägt. Carmichael hat Mrs. Ramsay nie gemocht, weil er ihre herrscherlich-nötigende Existenz und Direktheit als unangenehm empfand. Lily zieht daraus die Folgerung, daß mehrere Leute Mrs. Ramsay nicht gemocht haben müssen, weil ihre Schönheit Kälte und Distanz schaffte. Mrs. Ramsay hatte niemals gemalt oder den ganzen Tag gelesen. Sie repräsentierte sich selbst als Ehefrau, Mutter, als mysteriöses, schönes weibliches Wesen. Sie war in ihrer Art vollkommen, aber auch sprachlos. Lily entdeckt, daß der Begriff, den man sich von einem Menschen macht, eher einer Groteske gleichkommt und eigenen Vorstellungen dient, gleichsam als eine Projektion: »Man brauchte fünfzig Augenpaare, um damit zu sehen, reflektierte sie. Fünfzig Augenpaare waren nicht genug, um diese eine Frau zu erfassen, dachte sie. Unter ihnen mußte eines sein, das gegenüber ihrer Schönheit völlig blind war.«[292]

Was ist also der Sinn einer Existenz? Was bedeuten die Gegenstände, die man sieht: die Hecke, der Garten, die Welle? Was bedeutet das Glück der Ramsays für Lily? Sie erinnert oder imaginiert, wie Mr. Ramsay seiner Frau galant aus dem Gartentuhl hilft, ganz in der Manier des 19. Jahrhunderts, sie denkt an seinen Jähzorn, an ihre Hektik: »Sie mit ihren Impulsen und Schnelligkeiten; er mit seinen Schaudern und Düsternissen.«[293]

Mr. Ramsay wollte Lilys Aufmerksamkeit wecken, weil er stets weibliche Bewunderung brauchte. Lily beschreibt das Werben Mr. Ramsays um seine schöne Frau, ihren gemeinsamen Weg durch den Garten, bis sie hinter Birnbäumen, Kohlbeeten, Himbeerhecken nicht mehr zu sehen sind und hernach erfrischt zu den Kindern zurückkehren. Lily lebt all dieses in ihrer Vision durch — bis sie langsam wieder gestimmt wird, um mit dem Malen fortzufahren. Sie weiß endlich, daß ihr Kampf mit der toten Mrs. Ramsay eigentlich Mr. Ramsay galt: »Wo war das Boot jetzt? Mr. Ramsay? Sie wollte ihn.«[294]

In unerhörter Spannung läuft der Roman seinem Ende zu. Die Kinder im Boot kämpfen innerlich noch mit ihrem Vater, der schließlich zum Symbol der Einsamkeit geworden ist; er wird mit einem großen Vogel verglichen. Mr. Ramsay liest in Heftigkeit sein Buch zu Ende, sozusagen parallel zu dem Dahingleiten des Segelbootes auf das Ziel hin: den Leuchtturm. Die Bootsfahrer werden schon vom Leuchtturm aus beobachtet. Die Tyrannei des Vaters empfindet Cam tief. Sie erkennt in seiner Lesewut eine Flucht aus der Situation: »Du könntest versuchen, Hand an ihn zu legen, aber dann breitete er wie ein Vogel seine Schwingen aus, er segelte fort, um sich außer Reichweite niederzulassen, irgendwo weit entfernt auf einem einsamen Baumstumpf.«[295]

Cam hat Angst davor, daß die Expedition damit endet, daß alle ertrinken, doch Mr. Ramsay liest sein Buch zu Ende, er beendet auch die Expedition zum Leuchtturm. Patriarchalisch teilt er die Sandwiches aus, und als guter Puritaner mahnt er Cam, kein Brot ins Meer zu werfen. Er lobt James, der nie Lob erfuhr, und verscheucht den Haß auf seine Tyrannei. Immer noch nicht wissen die Kinder, welchen Sinn ihr Vater mit dieser Fahrt verbinden wollte. »Was war es, das er suchte, so bestimmt, so entschlossen, so still?«[296] Er aber sagt nichts. Vielleicht denkt er: »Ich habe es erreicht. Ich habe es gefunden, ...«[297] Er gibt den Kindern Anweisungen, die Pakete mitzunehmen für die Leuchtturmbewohner. Sie springen auf den Felsen der Leuchtturminsel. Lily bemerkt durch eine mystische Kommunikation, daß die Leuchtturmfahrer angekommen sind. Jetzt erst kehrt sie zu ihrer Leinwand zurück und malt eine Linie in der Mitte, sie vollendet ihr Bild mit diesem einen Strich.

Am 6. Mai kam Vita Sackville-West zusammen mit ihrem Mann Harold Nicolson aus Persien zurück. Sie wurde von Virginia schon erwartet. Auch Clive Bell kehrte nach London zurück, ohne in Cassis zur inneren Ruhe gekommen zu sein. Clive steckte in einer tiefen Depression, sprach über Selbstmord und von seinem Gefühl, daß das Leben vorbei sei wie ein Spiel, dessen letzte Karte auf den Tisch gelegt wird.

Virginia mochte keine Menschen sehen und zog es vor, sich mehrere Male verleugnen zu lassen, wenn Besucher vor dem Haus erschienen. — Der Erfolg des Romans ›Die Fahrt zum Leuchtturm‹ zeichnete sich bereits ab. Die Freunde schätzten das Buch. Einige sprachen davon, daß es Virginias bestes Werk sei. Vanessa nahm den Roman mit Begeisterung auf: »Sie sagt, es ist ein erstaunliches Portrait von Mutter; ein erstklassiger Portraitmaler; hat darin gelebt; fand die Auferstehung der Toten fast schmerzhaft.«[298]

Virginia freute sich über Vanessas Urteil, auf das sie sehr viel gab, doch sie mußte in der Folgezeit eine ganze Flut von Stellungnahmen über sich ergehen lassen. Im Verlag stellten sich

Schwierigkeiten ein. Mervyn Arnold-Forster, der die Stelle von Angus Davidson übernehmen sollte, erkrankte schwer. Mary Hutchinson trieb alle Mitarbeiter der Hogarth Press schier zum Wahnsinn, weil sie stets Änderungen an ihrem Buch vornahm, das schon in den Fahnen vorlag.

Mit Vita hatte sich Virginia unwillkürlich einen »Scherz« erlaubt bei der Versendung des Romans. Sie hatte ihr ein gewidmetes Exemplar geschickt, doch als Vita darin lesen wollte, sah sie, daß alle Seiten leer waren. Virginia hatte ihr fälschlicherweise ein Schaufensterexemplar des Buches gegeben. Als Vita aber ein »lesbares« Exemplar in Händen hielt, folgte umgehend ein begeisterter Brief an Virginia über die Qualität des neuen Romans. Am 18. Mai fuhren die beiden Freundinnen nach Oxford. Virginia hielt einen Vortrag. Vita und Virginia wohnten gemeinsam im Clarendon Hotel und nahmen eine Einladung von Virginias Vetter H. A. L. Fisher an, der Warden of New College war. Virginia stellte fest, daß die Studenten in Oxford Bloomsbury als Zentrum der Avantgarde betrachteten. Sie lasen die Schriften der Woolfs, Roger Frys und Clive Bells und kannten die Gemälde Duncan Grants und Vanessas. Marjorie Strachey veröffentlichte im Mai 1927 einen Schlüsselroman über die Lebensform von Bloomsbury. In diesem Buch ›Die Falschmünzer‹ taucht Virginia als Volumnia Fox auf.

Bloomsbury steckte immer noch voller Klatsch über Liebesverhältnisse, künstlerische Ambitionen, Bücher und Kunstwerke. Virginia schrieb in diesem Geist an Roger Fry: »Ich bin sicher, daß ich mehr Gallonen (Blut) pro Minute (umwälze) wenn ich einmal um den Square gehe als alle Börsenmakler Londons zusammen, wenn sie beim Geschlechtsakt ertappt werden.«[299]

Anfang Juni klagte Virginia über heftige Kopfschmerzen, so daß sie mehr als eine Woche lang das Bett hüten mußte: »Es ist merkwürdig, wie das Kranksein sogar dieser Sorte einen in verschiedene Personen aufspaltet«, schrieb Virginia an Vita.[300] ›Die Fahrt zum Leuchtturm‹ entwickelte sich im knappen Zeitraum von vier Wochen nach Erscheinen zu einem Verkaufserfolg. Anfang Juni waren 2200 Exemplare verkauft, so daß nachgedruckt werden mußte. Für einen so ungewöhnlichen und anspruchsvollen Roman waren diese Zahlen beachtlich.

E. M. Forster schrieb am 5. 6. 1927 über den Roman an Virginia: »Er ist schrecklich traurig, sehr schön...; er regt mich mehr als irgend etwas, das Du geschrieben hast, zu Fragen nach dem Ob und dem Warum an... Ich bin geneigt zu denken, daß er Dein bestes Werk ist.«[301]

Virginia blieb zeitlebens ein schwieriger Mensch. Erfuhr sie auf einem Sektor ihres Lebens viel Positives, so gab es genügend anderes, mit dem sie kämpfte. Auch verhielt sie sich im Persönlichen immer wieder »absurd«, wenn man es oberflächlich betrachtet. Sie hegte Neid und Eifersucht gegen Vanessas Aussehen, glaubte, daß sie sich nicht so elegant kleiden könne.

Die Freunde trafen nacheinander zur Gratulation beim Tee in 52 Tavistock Square ein, unter ihnen T. S. Eliot, Clive Bell und Lytton Strachey. Der über die Woolfs hereingebrochene »Geldsegen« ließ sie zum ersten Mal etwas Aufwand treiben; sie bestellten Speisen bei der noblen Delikatessenhandlung Fortnum & Mason, noch heute ein Prunkstück der Londoner Geschäftswelt. Virginia bedeutete es viel, nach den mageren Jahren einmal großzügig repräsentieren zu können.

Im Sommer 1927 erholte sich Virginia von den Anstrengungen des Schreibens; sie las Trivialliteratur, Sportlermemoiren und überließ sich dem Phantasieren und Träumen wie immer nach dem Abschluß eines Buches. »Langsam begannen Ideen einzusickern; & dann rhapsodierte ich plötzlich (in dieser Nacht dinierte Leonard mit den Aposteln) & erzählte die Geschichte der Motten, die ich sehr schnell zu schreiben gedenke, vielleicht zwischen den Kapiteln des schon lang überhängenden Buches über den Roman. Jetzt denke ich, die Motten werden ein Skelett ausfüllen, was ich hier hereingeschleudert habe: die Schauspiel-Gedicht-Idee: die Idee eines kontinuierlichen Stromes, nicht nur des menschlichen Denkens, sondern eines Schiffes, der Nacht & alles zusammenfließend: überschnitten durch die Ankunft heller Motten. Ein Mann & eine Frau müssen an einem Tisch sitzen, reden. Oder sollen sie still bleiben? Es soll eine Liebesgeschichte sein: sie läßt schließlich die letzte große Motte herein. Die Kontraste könnten etwa von dieser Art sein: sie könnte reden oder denken über das Alter der Erde & den Tod der Menschheit: dann kommen die Motten, Vielleicht könnte der Mann völlig trübe gelassen werden. Frankreich: nahe am Meer; in der Nacht; ein Garten unter dem Fenster. Aber es muß reifen. Ich arbeite abends ein wenig daran, wenn das Grammophon späte Beethoven-Sonaten spielt.«[302]

Diese Gedanken und Bilder berührten zum ersten Mal das Konzept von Virginia Woolfs wohl berühmtesten Roman ›Die Wellen‹, der erst im Jahre 1931 erschien.

Virginia schrieb zum ersten Mal *vorsätzlich* gegen Bezahlung, um ihr und Leonards »Taschengeld« aufzubessern: »Dies wird mein erstes eigenes Geld sein, seit ich heiratete. Ich fühlte nie dessen Notwendigkeit bis vor kurzem. Und ich kann es bekommen, wenn ich es will, aber ich drücke mich davor, für Geld zu schreiben.«[303] Ende Juni starb Clive Bells Vater, der Kohlengrubenbesitzer und Direktor der Great Western Railway, William Heward Bell, im Alter von achtundsiebzig Jahren. Clive erbte ein riesiges Vermögen, das er in den kommenden Jahren unter die Leute zu bringen verstand.

Den Sommer 1927 empfand Virginia Woolf als ruhig. Sie mochte es, wenn sie dem Trubel entwischen konnte, den sie ansonsten auch nicht verschmähte. Es kamen keine Anfragen an Virginia, sie möchte doch bestimmte Dinge schreiben. So glaubte sie fast, ihr Unbehelligtsein im Herzen der Metropole London sei ein ganz außergewöhnlicher Luxus. Diese Ruhe verschaffte ihr »kühle, klare und schnelle Morgen«, an denen sie gute literarische Arbeit leisten konnte.

Vita Sackville-Wests Gedicht ›Das Land‹ war 1927 mit dem Hawthorndon Literaturpreis ausgezeichnet worden, was die britische Presse sehr beschäftigte, da Vita eine »notorische« Persönlichkeit der englischen Oberschicht war. Virginia gefiel dieser Rummel nicht, zumal sie die literarischen Qualitäten von Vitas Arbeiten für nicht allzu schwergewichtig hielt. Doch hatte Virginia inzwischen genügend innere Stabilität gewonnen, um dergleichen in größere Zusammenhänge einordnen zu können. Inzwischen war die ›Fahrt zum Leuchtturm‹ in 2550 Exemplaren verkauft worden.

Die Verhältnisse in der Stephen-Familie hatten sich wieder normalisiert. Adrian gewann sein Selbstbewußtsein zurück. Seine Psychoanalyse ging ihrem Ende entgegen, so daß er — nun im Alter von 43 Jahren — seinen Lebensweg als Psychoanalytiker antreten konnte. Virginia fühlte sich erleichtert;

endlich hatte ihr Bruder einen geeigneten Beruf gefunden. »Somit reifen wir Stephens spät. Und unsere späten Blumen sind selten & glänzend. Denk an meine Bücher, Nessas Gemälde — wir brauchen ein Zeitalter, um unsere Fähigkeiten ins Spiel zu bringen.«[304] Der letzte Satz dieser Aussage Virginias darf als prophetisch bezeichnet werden, was ihren eigenen Ruhm angeht. War sie zu Lebzeiten auch berühmt in England, Amerika und in Frankreich, so begann ihr Weltruhm wohl erst 1970.

Am 29. Juni 1927 fuhren Virginia, Vita, Harold, Leonard und Quentin ins nördliche Yorkshire in die Nähe des alten Städtchens Richmond, dessen Theater aus dem 18. Jahrhundert berühmt ist und in dessen Grammar School Lewis Carroll seine lateinische Grammatik lernte. In Richmond stießen noch Saxon Sydney-Turner und Ray Strachey zur Gruppe der Bloomsberries. Der Grund dieser Ausfahrt war die totale Sonnenfinsternis des Jahres 1927. Dieses Naturereignis wurde in England lebhaft diskutiert. Die Britische Eisenbahn setzte Sonderzüge ein, um all diejenigen nach Yorkshire zu befördern, die diesen Naturvorgang miterleben wollten. Die Szenerie der Hochmoore wirkte etwas gespenstisch, als sich die Bloomsberries mit ihren geschwärzten Gläsern darauf vorbereiteten, die Sonnenfinsternis zu beobachten. Virginia beschrieb dieses Ereignis wie einen Weltuntergang; nach dem Aufleuchten der Sonne wurde das Licht grau und dunkel, die Täler leuchteten rot und schwarz und sie dachte, sie alle wären Druiden in Stonehenge: »Es gab keine Farbe. Die Erde war tot. Das war der erstaunliche Augenblick: & der nächste als ob ein Ball zurückgeprallt wäre, nahmen die Wolken wieder Farbe an, nur eine funkenartige ätherische Farbe & so kam das Licht zurück.«[305]

Am Wochenende vom 2. bis zum 4. Juli weilte Virginia bei den Nicolsons in Long Barn in Kent und begeisterte sich an dem Leben ihrer Freunde: »Solch eine Fülle & Freiheit, alle Blumen in Blüte, Butler, Silber, Hunde, Biskuits, Wein, heißes Wasser, Kaminfeuer, italienische Kabinettschränke, persische Teppiche, Bücher — dies war der Eindruck, den dies auf mich machte: als ob man in ein rollendes heiteres Meer tritt mit hübschen schäumenden Wellen: als ob das ängstliche abgetragene Leben plötzlich auf Federn gesetzt worden wäre, ...«[306]

Wie öfter bei ihren Besuchen in Long Barn vergaß Virginia einige persönliche Dinge dort, so ihre Handschuhe und ihren Regenmantel. Sie bat Vita, diese Dinge mitzunehmen, wenn sie nach London fuhr. Es liegt nahe, daß Virginia die Sachen unbewußt absichtlich vergaß, damit sie Vita bald wiedersehen konnte, denn deren strahlende Erscheinung wirkte sich auf Virginia wie ein Lebenselixier aus. Virginia bewunderte Vitas sicheren klassischen Geschmack, der ihr das Ergebnis jahrhundertelangen Umgangs mit schönen Dingen zu sein schien.

Die Wirklichkeit draußen sah anders aus. In London tobten Anfang Juli schwere Gewitterstürme, die Verwüstungen anrichteten. Teile der Stadt wurden überflutet. Ein Doppelfensterflügel in Virginias Studio wurde vom Wind zerschlagen, und die beiden Woolfs saßen wie Gefangene in ihrem Haus, beobachteten die schwefelgelben Gewitterhimmel. In diesem Juli 1927 wurden Leonard und Virginia von der »Autokrankheit« erfaßt, die ja zu den großen »Krankheiten« der Zwanziger Jahre gehört. Sie sprachen in ihrer Freizeit fast über nichts anderes als über Autos. Auch Vanessa war dieser »Seuche« anheimgefallen. Sie hatte das Fahren gelernt und steuerte mehr schlecht als recht einen klapprigen Renault durch die Straßen Londons. Die Aufregung der Woolfs steigerte sich, als sie beschlossen, einen gebrauchten dunkelblauen Singer für 275 Pfund Sterling zu kaufen.˙ Am 15. Juli berichtete Virginia vom Autokauf in einem Brief an Vita Sackville-West. Am selben Tage hatten Leonard und Virginia zum ersten Mal in ihrem Leben eine Rundfunkaufnahme bei der BBC gemacht.

Der Ehemann von Angelica Bells Kinderschwester, der von Beruf Chauffeur war, brachte Vanessa das Autofahren bei. Auch Virginia nahm Stunden bei ihm, gab aber letztlich auf. Immerhin war sie eines Tages vom Victoria Embankment bis zum Marble Arch (nördliche Ecke des Hyde Park) gefahren »und stieß nur einen Jungen sehr sanft von seinem Fahrrad herunter.«[307] Leonard bewerkstelligte seine erste Alleinausfahrt mit dem Singer am 31. Juli nach nicht mehr als sechs Fahrstunden.

Virginia konnte ihr Glück kaum fassen, daß ihr Aktionsradius durch das Auto so ungeheuer viel größer geworden war. Sie empfand dies schlicht als Sensation, liebte sie es doch, in

Englands Landschaften »herumzustöbern«, sie zu entdecken, alte Städte und Dörfer nach Kunstschätzen und Altertümern abzusuchen. Virginia besaß deutlich eine antiquarische Ader, ohne sich in ihrem häuslichen Bereich auffällig mit Antiquitäten zu umgeben. Die geistige Neugier war ihr das wichtigste.

Virginias Schwager Clive Bell litt im Sommer 1927 immer noch unter Depressionen. Seine vormalige Gefährtin Mary Hutchinson lebte mit einem anderen Freund zusammen, so daß Clive sich isoliert und alt vorkam. Nach einem Essen mit Virginia eröffnete er ihr, daß er sein Leben als ausgelebt betrachtete, so daß er daran denke, sich umzubringen. Clive sagte Virginia, er habe sie wegen ihres Selbstmordversuchs im Jahre 1913 bewundert. Doch einen Abend später traf Virginia einen völlig verwandelten Clive auf einer Party: ein Abenteuer mit einer jungen Frau hatte seinen Sinneswandel bewirkt — von Selbstmordabsichten konnte keine Rede mehr sein. Virginia fühlte sich von diesem Lebenswandel abgestoßen und fand ihr altes Urteil bestätigt, daß Clive Bell in vielem »zweitrangig« war. Auch in den folgenden Jahren hatte Clive es stets auf schöne junge Frauen abgesehen. Seine Eskapaden nahmen Formen an, daß selbst seine Söhne Quentin und Julian meinten, das sei doch des Guten zuviel.

Virginias übliche Zusammenfassung der Saison in London fiel im Sommer 1927 gut aus. Die gesellschaftlichen Aktivitäten und Erholungen schienen ihr wohl balanciert, ihre Freundschaft mit Vita brachte Freude und Erfrischung, ein freier, stiller Sommer.

Zudem konnte Virginia mit ihren Einkünften zufrieden sein, die ihr aus der literarischen Arbeit erwuchsen. Im Jahre 1927 schätzte sie ihr Einkommen auf 620 Pfund Sterling. Für den Sommer in Rodmell nahm sich Virginia vor, ihr ›Buch über Romankunst‹ anzufangen, um dann ihr neues Romanprojekt ›Die Motten‹ in Angriff zu nehmen.

Doch Ende Juli machte Virginia eine kleine Reise auf den Kontinent. Am 27. Juli brachte Leonard sie zum Fährschiff nach Newhaven, das nach Dieppe fuhr. Virginia besuchte ihre Freundin Ethel Sands in Auppegard. Wie unpraktisch Virginia in alltäglichen Dingen sein konnte, zeigt ein Brief an Vita Sackville-West wenige Tage vor ihrer Abreise. In diesem Brief lobt sie Vitas Rat, sich Queen Victoria-Strümpfe zu kaufen, bittet aber zugleich, Vita möge ihr einen unparfümierten Kosmetik-puder nennen, weil ihre Freundinnen in Dieppe erwarteten, daß sie dort »mit gepuderter Nase« auftrete. Virginia kam am 30. Juli zurück und traf sich mit Leonard in Monks House.

Die Freude am »neuen« Auto hielt bei Virginia an. Für sie war es eine bedeutende Errungenschaft, die es erlaubte, bei strömendem Regen trockenen Fußes nach Charleston oder an-derswohin zu gelangen. Fast alle wetterbedingten Einschrän-kungen gesellschaftlicher Interessen entfielen durch das Auto. Allerdings gab es auch Schattenseiten. Die erste Ausfahrt mit dem Singer war tückisch. So schrieb Virginia Anfang August an Vita: »Mein Gott, wie Du gestern gelacht haben würdest! Die erste Ausfahrt im Singer: das verdammte Ding wollte nicht anspringen. Das Gaspedal starb wie eine Ente — der Anlasser jammerte. Das ganze Dorf kam, um das zu beobachten — Leo-nard heulte fast vor Wut. Zuletzt mußten wir mit dem Fahrrad nach Lewes fahren, um einen Handwerker zu holen. Er sagte, es sei die Zündung — hättest Du das gewußt?...Ein anderer Versuch heute, wir sind bitter und mürrisch. Wir denken an nichts anderes. Leonard will sich erschießen, wenn der Wagen nicht wieder anspringt.«[308]

Virginia träumte davon, Monks House auszubauen, sich im Bodengeschoß ein Schlafwohnzimmer einzurichten sowie Leo-nards Arbeitszimmer zu vergrößern.

Virginia arbeitete an ihrem Konvolut zur Romantheorie und beschäftigte sich mit romantischen Romanen des 18. Jahrhun-derts, hielt sie sich doch für eine unverbesserliche Ro-mantikerin, was ihr besonders bei der Lektüre von Ann Rad-cliffes ›Die Geheimnisse von Udolpho‹ auffiel. Sie glaubte, daß solch ein Grundzug in »ihrem Alter« nicht mehr zu korrigieren sei.

Am 4. September 1927, einem kalten grauen Tag, empfand Virginia Woolf einen ihrer »Augenblicke des Seins«, den sie mit Percy Bysshe Shelley »Geist des Entzückens« nannte. Sie ver-glich ihn mit einem unheimlichen Bild, ihrer Vision der Flosse, die sie auf einem weiten, glatten Meer auftauchen sah. Beide Momente gehören in Virginias Seinsmythologie zusammen. Sie deuten auf die Tiefe in ihrer Existenz hin, derer sich — so

›Wellen‹ — & bleibe nach Luft schnappend zurück, außer Atem, erstickend, halb ertrunken, wie Du erwarten könntest. Ich muß ihn wieder lesen, wenn ich hoffen kann, ruhiger zu fließen — aber bis dahin bin ich so überwältigt von der Schönheit...«[463] Virginia war gerührt und beglückt über Vanessas Betroffenheit, denn sie schätze ihr Urteil genauso hoch ein wie das Leonards.

*Die Wellen.* Der Eindruck, den Virginia Woolfs bedeutendster Roman ›Die Wellen‹ im Leser hinterläßt, kann nur die Erkenntnis sein, daß hier ihr ganzes Können, das sie bisher entwickelte, in Kristallisation vorliegt. Sie stilisiert eine literarische Form, die in der Literatur des 20. Jahrhunderts ihresgleichen sucht. ›Die Wellen‹ — das sind die Leben der sechs Romanfiguren, deren Gemeinsamkeiten und Auseinanderdriften der Roman schildert. Die Welle wird aber auch am Tageslauf der lyrischen Landschaftsbeschreibungen sichtbar, welche den neuen Abschnitten des Romans vorangehen. Die Sonne geht auf, erreicht ihren Höhepunkt am Mittag und sinkt: dieser Aufstieg und Abstieg entspricht dem Bild der Welle, die gegen den Strand anläuft, nachdem sie sich zunächst auf ihrem Wege bis zum Wellenkamm erhoben hat.

Der Roman ›Die Wellen‹ ist die vielschichtige Symphonie von sechs Stimmen oder Personen in Selbstgesprächen, die im Einklang mit dem Sonnenlauf von Aufgang bis Untergang die Entwicklung ihres Lebens von der Kindheit bis ins Alter beleuchten. Der Roman lebt von diesen Monologen: er schreitet immer in der jeweiligen Stimme voran, wobei die Stimme, die redet oder denkt, ihrer Perspektive folgt und die anderen Figuren beleuchtet, manchmal aber auch darüber spekuliert, was das Gegenüber wohl gedacht, gesagt, empfunden hätte. Es kommt im Roman nicht zur Gesprächskommunikation, sondern nur zu Überdeckungen über die verschiedenen Monologe, die auf ein Einverständnis, ein Gemeinschaftserlebnis sich gründen, daß die Figuren trotz ihrer Abgeschlossenheit untergründig zusammenhält. Das Wissen vom anderen ist ebenso problematisch wie das Wissen vom eigenen Ich. Doch allen ist klar, daß ihre Gemeinsamkeit etwas Besonderes ist, das sie aus dem allgemeinen Lebensstrom erhebt.

Alle sechs Figuren Jinny, Bernard, Louis, Rhoda, Susan, Neville sind an dieser Gemeinsamkeit beteiligt. Die Sprecher wechseln im Verlauf des Romans ab, doch bestimmte Symbole kennzeichnen den jeweiligen Sprecher.

Im Roman kommt Bernard eine besondere Aufgabe zu. Er ist der Geschichtenerzähler und Phrasenmacher, ein androgyner Typus. Bernard gefällt sich in seiner Kommunikationsfreude, die er im Erzählen auslebt, er ist leicht, eher dem Chaotischen zugeneigt, doch er spürt mit zunehmendem Alter die Schwierigkeiten des Redens auch angesichts der Frage nach der Wahrheit. Die Sätze kann er nicht mehr vollenden. Er fängt viele Aussagen an, doch er findet keine abschließenden Formulierungen, die sein Reden zu einem Ziel führen. Überhaupt liegen seine Schwierigkeiten auf dem Feld der Identitätsbestimmung und der Frage nach dem Lebensziel. Am Ende seines Lebens neigt Bernard eher dem Schweigen zu; im Schweigen werden Welt und Sein tiefer ausgedrückt als im Reden.

Virginia Woolf verfeinert in den ›Wellen‹ ihre moderne Kaleidoskoptechnik: sie läßt Dramatisches, Lyrisches und Erzählendes ineinanderfließen. Die Monologe der Figuren sind ganz bewußt, ganz offen. Jede Figur enthüllt sich vollständig in Gedanken, Gefühlen, Motiven, Bildern, Selbstzweifeln, Selbstkorrekturen, Begrenzungen, Schwächen, Begabungen; jede Person gibt von ihrem Ich aus gesehen ein stilisiertes Bild von sich und auch teilweise von den anderen. Der Aufbau des Ganzen ist kunstvoll gewebt; die Wiederholungen und symbolischen Kennzeichnungen der Figuren verweisen aufeinander und geben dem Roman Halt.

Die Landschaftsbeschreibungen, die Tageslauf und Sonnenstand angeben, vermitteln Natur und Bewußtsein. Außen befindet sich Meer, Landschaft, innen das Haus. Die Veränderungen der Sonne und das Verhalten der Vögel sind besonders auffällig, aber auch die unterschiedlichen Reichweiten und Formen der Wellen.

Kap. 1: *Die Sonne ist noch nicht aufgegangen.* Das Kapitel schildert Kindheit und Schulzeit der sechs Figuren. Jeder Figur kommt eine unverwechselbare Vision zu, die sich durch deren Leben zieht.

Bernard sieht einen *Ring*, Susan eine *blaßgelbe Scheibe*, Rhoda hört einen *Ton*, Neville sieht einen *Globus*, Jinny sieht eine *scharlachrote Quaste mit Goldfäden* und Louis hört das *Stampfen eines großen Tieres*. Als erster erhebt Louis seine Stimme; er vergleicht sich mit dem Organischen und stellt sich vor, seine Wurzeln würden in die Tiefen der Welt hinabreichen. Louis steht in geheimnisvoller Verbindung mit der Natur, empfindet das Lebendige der Pflanzen und spürt die Geschichte der Menschen. Seine Zeitgenossen sind ihm die Nachfahren in einer ungeheuer langen Ahnenreihe. In ihm formt sich das Bild von Frauen, die zum Nil gehen, um Wasser zu schöpfen. Dieses Bild wird zu einem seiner Leitmotive. Die anderen Kinder außer Rhoda fangen Schmetterlinge mit Netzen in den Blumenbeeten. Louis verharrt wie eine Pflanze, halb Stele, halb Blütenstengel, und beobachtet — ungesehen — seine Kameraden. Er drückt aus einem Blütenstengel einen Tropfen Pflanzensaft aus: dieser Tropfen wird zum Symbol des Lebens und zu dem der vergehenden Zeit.

Jinny lebt in der *Bewegung*, in der *Sinnlichkeit*; sie läuft durch die Büsche, entdeckt Louis, küßt ihn — er erstarrt wie eine Säule im Grün. Susan beschäftigt sich mit diesem Kuß, den sie gesehen hat. Sie ist eifersüchtig, fühlt sich verletzt in ihrem eigenen Lebenswillen; sie trennt sich von beiden, will sie bestrafen: »Ich werde unter Hecken schlafen und Wasser aus Gräben trinken und dort sterben.«[464] Bernard bemerkt Susans Verwirrung, ihre Katzenaugen, ihre Erregung, ihren Zorn. Beide Kinder rücken zusammen und trösten einander. Susans Begrenztheit drückt sich in ihrem Besitzstreben aus: sie ist wortkarg, erdhaft, hölzern: »›Ich liebe‹, sagte Susan, ›und ich hasse.‹ Ich begehre nur eines. Meine Augen sind hart. Jinnys Augen brechen in tausend Lichtern. Rhodas sind wie diese blassen Blumen, zu denen die Motten am Abend kommen. Deine füllen sich, laufen über und brechen nie ... Ich bin an ein einziges Wort gebunden. Aber Du wanderst fort; ...«[465]

Rhoda versinkt in einer Traumwelt. Sie spielt mit Blütenblättern in einer Schale, aus der für sie weiße Schiffe werden. Für Rhoda gibt es Blasen, die aus der Tiefe des Meeres auftauchen: aus der Tiefe des Chaos, der kollektiven Seele heraus kann der einzelne in sein Schicksal verwickelt werden.

Jeder »segelt« allein und muß sich — so Rhoda — mit den *Wellen* auseinandersetzen.

Neville hat gesehen, wie Bernard Susan folgte. Bernard hatte sich sein Taschenmesser ausgeliehen. Neville hält auf Ordnung und Ausgewogenheit; für ihn sind die Regeln der Schule eine Notwendigkeit.

Louis, Sohn eines australischen Bankiers, leidet unter seiner Herkunft und seinem Akzent. Die anderen entstammen der englischen Gentry. Louis ist sich seiner geistigen Fähigkeiten bewußt, die ihn hervorheben; er will seine Wurzeln um die ganze Welt schlingen und stellt sich vor, Kaufmann zu werden.

Jinny wünscht sich ein feuriges Kleid, während Neville die gesetzte Weltordnung verteidigt. Rhoda haßt die Mathematikstunde; Zahlen bedeuten ihr nichts im Vergleich zur Zeit und dem Vergehen des Menschen.

Bernard erzählt Geschichten unter den Johannisbeerbüschen. Bernard und Jinny sehen die Beine und Füße ihrer Lehrerinnen und Mitschüler. Jinny weiß, daß man niemals irgendwo lange bleiben kann — auch nicht unter den Sträuchern: »Wir werden gehen. Wir werden uns trennen.«[466] Neville sieht einen Ermordeten, Susan die Umarmung zwischen dem Gärtner Ernest und der Küchenhilfe. So ergeben sich schon zu Beginn des Romans drei Paare: Bernard — Susan, Neville — Jinny, Louis — Rhoda.

2. Kap.: *Die Sonne steigt höher.* Die Jungen verlassen die Schule, die sie mit den Mädchen gemeinsam besuchten. Ihr neues Leben geht nun die männlichen Wege, wie sie in einer englischen Public School vorgezeichnet sind. Beim Abschied empfinden sie den schlagartigen Wechsel des Lebens. Die *neue* Umgebung der *alten* Gemäuer umfängt sie, weist sie auf Latein und Naturwissenschaften: Symbole männlicher Herrschaft. Auch die Mädchen empfinden ihre Schule als etwas Neues. Die Trennung von zu Hause fällt ihnen schwerer als den Jungen. Rhoda kann ihre Identität nicht bestimmen in der nichtssagenden Umgebung; sie haßt die Schulkleidung, die Gleichmacherei, die Gemeinschaft so vieler Mädchen. Jinny träumt von einem durchsichtigen roten Kleid. Mit diesem Kleid will sie durch den Raum tanzen und ihre Lehrerinnen schockieren.

Für die Jungen ist die Ordnung in der Schule militärisch; auch zur Kapelle müssen sie marschieren. Louis erträgt den Gottesdienst, Neville haßt die Unterdrückung der Freiheit durch die Kirche: »Die Worte der Autorität sind korrumpiert durch diejenigen, welche sie sprechen.«[467]

In Nevilles Monolog taucht erstmals der ehemalige Mitschüler *Percival* auf. Percivals Gestalt durchzieht den ganzen Roman. Die sechs Figuren denken an ihn, erhalten ihn durch ihr Gefühl und ihr Bewußtsein lebendig. Percival selbst spricht nie. Die Parallele zu Jacob Flanders wird deutlich. Virginia Woolf hat in Percival ihren Bruder Thoby Stephen gestaltet; wie Thoby ist er kräftig, ein guter Schüler, praktisch interessiert, wäre ein guter Richter. Er bleibt anwesend unter den Freunden auch nach seinem Tod (Kap. 4) und wird bei den Treffen der Freunde in London (Kap. 4) und in Hampton Court (Kap. 8) zum »Leben« erweckt.

Die Jungen schildern den Gottesdienst aus ihrer Perspektive: Neville ist Atheist, Bernard empfindet die Zerstörung der Schönheit durch die gebrummelte Predigt. Louis erinnert sich beim Gang zum Sportfeld an Percival, den er sich als gewaltigen mittelalterlichen Heerführer vorstellt. Neville deutet auf Bernards Geschichtenerzählen hin: für ihn *ist* jeder eine Geschichte, die sich auf dem Hintergrund der Welt abspielt zwischen dem »Fließen« der Bäume und der Starrheit des Himmelsblaus. Louis beschreibt die Gestalt Percivals und deutet auf dessen Kraft zur Gemeinschaftsbildung — zugleich möchte er den Augenblick für immer festhalten.

Die Mädchen beschreiben ihre Empfindungen beim Anblick eines Spiegels: Susan rebelliert gegen die Schulwelt und sehnt sich nach ihrem Zuhause auf dem Land. Jinny geht auf in Bewegung und Tanz. Der Spiegel ist ihr zu klein. Sie kann in ihm nicht ihren ganzen Körper betrachten. Rhoda fürchtet den Spiegel. Sie glaubt kein Gesicht zu haben. In ihrer Traumwelt erkennt sie aber die Wirklichkeit Jinnys und Susans. Für Rhoda bringt der Blick in den Spiegel einen Fall in das Nichts. Sie bemerkt, daß sich alles in der Welt verändert — Menschen und Dinge. Jinny und Rhoda bilden vollkommene Gegensätze: Jinny liebt das *Leben* und den *Tag*, Rhoda die *Träume* und die *Nacht*.

Die Kinder erleben ihre Schulzeit; die Mädchen spielen Tennis, die Jungen treten in die Naturgeschichtliche Gesellschaft ein. Neville, unsportlich, sensibel, liest Shakespeare, Catull, Pope und Dryden und hat homosexuelle Neigungen.

Das Kapitel beschreibt aus der Innenperspektive der einzelnen Figuren, wie sie jeweils mit dem Schulleben fertig werden und wie sie schon ihr Leben als Ganzes bedenken, ihre Einsamkeit, ihre Bestimmung, ihre Prägungen. Bernard erfährt seine Leichtigkeit als Konzentrationsmangel im Vergleich zu Louis. Neville empfindet Einsamkeit und den Drang, dem Chaos eine Ordnung zu geben.

Louis empfindet Unbehagen an seinem häßlichen Körper, malt sich seinen Erfolg in der Welt aus, zu dem ihn sein glänzender Verstand befähigt.

Susan empfindet die Enge der Schule. Sie sehnt sich nach dem Land und nach Spaziergängen im Moor. Sie sieht sich selbst als Bauersfrau, als Mutter, während Jinny an große Gesellschaften denkt: an Lachen und Müßiggang, Tanzen, lange Kleider und Halsbänder besetzt mit Edelsteinen. Sie will sich nie für einen Mann entscheiden. Rhoda träumt von einem Bett oberhalb der Welt: in ihrem Traum schwebt sie, nimmt die Rolle einer Kaiserin an. Sie gibt sich ihren Phantasiegestalten ganz hin, doch sie weiß nicht, für wen ihre Hingabe da sein soll, wohin sie ihre Visionen richten soll.

Das Kapitel endet mit dem Abschied von der Schule. Die Kinder brechen ins Leben auf. Sie trennen sich voneinander für immer. Louis erinnert das ganze Wissen der Sprache und Literatur, das die Schule vermittelt. Er dankt den Lehrern, doch weiß er zugleich, daß mit dieser Wissensaufnahme die Lebensprobleme nicht gemeistert sind, die Urbilder und Visionen des Tieres, das angekettet auf dem Strand stampft, der Schlag der Wellen: »Einige werden sich nie wiedersehen. Neville, Bernard und ich werden uns hier nicht mehr treffen. Das Leben wird uns trennen. Aber wir haben gewisse Bande geformt. Unsere knabenhaften, unsere verantwortungsfreien Jahre sind vorüber. Aber wir haben gewisse Verbindungen geschmiedet. Über allem, wir haben Traditionen ererbt.«[468] Bernard erkennt die feierliche Abschiedszeremonie als Tradition, sieht aber auch die mangelnde Ehrfurcht der Schüler. Das Summen einer Biene löst die Bestimmtheit der Situation auf — über allen liegt die Stimmung des Entlassenseins ins Leben.

Die Mädchen fahren mit der Eisenbahn nach Hause. Susan wird gefangen genommen von den Feldern, Häusern, den Frauen, die Wäsche aufhängen, dem Geruch von Korn und Rüben. Jinny träumt von Tanz und Taumel. Taumel ist ihr Lebensprinzip: »Ich öffne meinen Körper, ich schließe meinen Körper nach meinem Willen. Das Leben ist ein Anfang.«[469] Rhoda will sich von einem Stern aufzehren lassen. Sie erfährt ihren Mangel an Identität, weiß von ihrer Geisteskrankheit, von dem Schmerz, ihr Selbst in ihren Körper zurückzubringen.

Die Jungen empfinden die Abtrennung von der Schule als Eintreten in ein Niemandsland. Bernard und Neville gehen nach Oxford und Cambridge, Louis wird Kaufmann. Bernard will mit Menschen zusammen sein; er ist Künstler, Schriftsteller, Erzähler. Er wird es sein, der am Ende des Romans den Wahrheitsgehalt des Lebens aller sechs Stimmen zusammenfaßt und das Schlußwort spricht.

Kap. 3: *Die Sonne steigt empor.* Bernard und Neville besuchen die Universität. Bernard will Romanschriftsteller werden, Neville Dichter. Erst zum Schluß des Kapitels tauchen die Mädchen auf. Nachhaltig arbeitet Virginia Woolf den Gegensatz der Künstlercharaktere Bernard und Neville heraus.

Der Übergang von einer Figur zur anderen wird durch das Denken der »redenden« Stimmen vollzogen. So sagt Bernard: »Ich denke jetzt an Louis.« Damit gibt er an Louis weiter, der zu sprechen beginnt. In den ersten beiden Kapiteln reden die sechs Stimmen in ziemlich regelmäßiger Reihenfolge, was durch ihr Leben an einem Ort bedingt ist. Vom dritten Kapitel an leben alle in räumlicher Trennung voneinander. Doch das seelisch-geistige Band zwischen ihnen bleibt bestehen. Die Reihenfolge der Sprecher wird aber unregelmäßig.

Bernard setzt sich in der Universität mit der »Komplexität der Dinge« auseinander. Er fragt nicht nur nach den Dingen, sondern auch nach seinem Ich: »Was bin ich?« Er erkennt, daß sein Selbst nichts Einfaches ist, sondern eine komplizierte Vielfalt. Solche Fragen durchziehen den gesamten Roman: Ist das Ich eine Einheit oder eine Vielfalt? Ist alles Bewegung oder gibt es auch Beharrung? Bernard ist Empfänger von Botschaften; zu ihm spricht etwas wie Blasen, die aus dem Meer aufsteigen. Er ist das dichterische Sprachrohr von etwas anderem, das er nicht kennt. Was sich in ihm sprachlich bildet, muß er umformen, um es mitteilen zu können. Er besitzt androgyne Züge; die Sensibilität einer Frau ist in ihm verbunden mit der logischen Verstandesschärfe des Mannes.

Bernard verweist auf sein tieferes Selbst unterhalb der stilistischen Gerundetheit seiner Sätze; es ist etwas Disparates, Kaltes, Krötenhaftes, Beobachtendes — Dauerhaftes. Er denkt nach, übt seine Genialität, indem er Byrons Schreibstil nachahmt. Nicht nur sein Mädchen möchte er beeinflussen, sondern ein Publikum. Der Zwang, etwas neu zu schreiben, weil er die angemessene dichterische Form verfehlte, wird als Fluch jedes Schriftstellers verdeutlicht. Bernards Erfindungskraft aber wird übertönt von den Erinnerungen und von der Schwierigkeit, die Wahrheit sprachlich zu fassen.

Nevilles Monolog geht Hand in Hand mit einem Szenenwechsel: Cambridge. Der River Cam mit seinen großen Trauerweiden wird sichtbar, auf dem die Studenten in ihren Kähnen fahren. Nevilles Liebe zum Leben, zur Existenz im College bringt seinen Gedanken auf Percival, den »Giganten in Ruhe«. Auch Neville stellt die Frage nach seinem Ich, nach der Wesentlichkeit als Dichter, nach der Ergänzung seines Ich durch einen Freund.

Bernard ist Romantiker: er liebt Byron, hält Grays ›Elegy Written in a Country Churchyard‹ in den Händen. Doch alle seine Wortbildungen, die in einem ständigen Fluß in ihm aufsteigen, vermag er nicht in eine endgültige Form zu bringen. Er schwirrt um die Blüten herum — und erschöpft sich im Schwirren und Summen.

Neville ist ganz von der altehrwürdigen Atmosphäre der Universität eingenommen. In seinem Bewußtsein wird der Ort der geistigen Konzentration betont, an dem Analyse und Tradition sich verbinden. Neville stößt alles Oberflächliche und Vulgäre zurück. Er möchte seine geistigen Prinzipien wahren und nicht in den Sog der Welt geraten. Neville bemerkt das Spontane und Unordentliche an Bernard, seine Schwierigkeit, stilvoll zu handeln. Bernard verschüttet Tee auf ein Exemplar von

Byrons ›Don Juan‹, Neville leidet an seiner Präzision, der exquisiten Beherrschung der alten Sprachen; doch was ist Vollkommenheit? Führt die Exaktheit des Cambridge-Philologen zur Erkenntnis oder führt nicht auch dieses Leben in die Wüste?

Menschliche Kommunikation bleibt auch bestehen bei der Absurdität der Trennung, angesichts der Schwierigkeiten mit der Identität, eingedenk Bernards vieler Lebensziele, seiner Selektionen, die nur ihm zukommen, aber die einem anderen — wie Neville — verschlossen bleiben.

Es ist unbezweifelbar, daß der Roman ›Die Wellen‹ ausgesprochen abstrakt ist. Die Auswahl der Ideen und Erfahrungen ist für jede Figur anders. Perspektive kennzeichnet den Roman. Jedem einzelnen gehört ein Muster von Blicken, ein Geflecht von Gedanken, die seine Weltkonstruktion ausmachen. In diesem abstrakten Roman ›Die Wellen‹ werden die Figuren als Fallstudien eingeführt. Sie sind Beispiele des Menschlichen, bauen ein Netz von Bedeutungsmöglichkeiten und Lebenssinn. Die Betonung des Geistigen im Roman kann nicht übersehen werden. Jede Perspektive steht gegen eine andere, doch niemand kann seinen Blickwinkel verabsolutieren, wenn er sich nicht die Position eines Gottes anmaßen will. Die Position Gottes ist im Modernismus nicht mehr verfügbar; die Götter haben abgedankt. Zurück bleiben die Splitter des Selbst. Wer vermag sie zusammenzufügen?

Die Ganzheit bleibt daher bei Virginia Woolf nur noch eine Projektion oder eine Vorwegnahme, die nicht ausgefüllt zu werden vermag, ein Schirm, vor dem alles abläuft. Angesichts der Aspektgebundenheit des menschlichen Ausblicks wird die Frage nach der Wahrheit unbeantwortbar. Neville strebt nach Dauer und Ordnung in einer sich ständig wandelnden Welt, und er weiß, daß seine Vorstellungen einer Weltordnung niemals verwirklicht werden können.

Die Erfahrungswelt des Tatsächlichen wird im Inneren der Stimmen gegen den Gedankenstrom gesetzt, aber auch gegen die Wandlungen des Lebens in der Außenwelt. Louis ist sich der Gleichzeitigkeit von Fluß und Unordnung, Vernichtung und Verzweiflung bewußt. Die Rhythmen des gewöhnlichen Lebens besitzen eine Eigenständigkeit, die das Selbst den Außenprozessen entfremdet. Sie besitzen in dieser Eigenständigkeit eine Qualität des Seins, die vom Bewußtsein nicht durchbrochen werden kann. Das Leben wird von Louis als Kontinuität erfaßt, als zentraler Rhythmus, der dem vom Herzschlag bewegten Blutkreislauf gleicht.

Wie bei James Joyce ist die Kontinuität des Organischen und Lebendigen die Herausforderung des Menschen, der einerseits diesem Leben anhängt und dessen Teil ist, andererseits aber über diesen Rhythmus hinausragt und Ordnung schaffen möchte. Stephen Dedalus findet die Abkehr von den müden Dubliner Kinderliedern in der Kunst als Möglichkeit, eine selbstgeschaffene Struktur zu setzen, die dem Werden und Vergehen nicht ausgeliefert ist. Louis will ebenfalls auf seine Weise die Disparität des Wanderns auf der Erde ordnen, die Ziellosigkeit der Menschen überwinden, die Sinn- und Bedeutungslosigkeit der Aussagen beenden in einem stimmigen Zivilisationssystem, das in die Tiefe der Geschichte reicht, aber zugleich die Welt wie durch ein Netz der Kommunikation und Strategie umspannt. Louis wird zum begabten Kaufmann, der seine Schiffe Netze über die Erde spannen läßt, Netze, die die menschlichen Aktivitäten synchron an verschiedenen Orten organisieren und einander zuordnen.

Susan bildet zu solcher Existenz den Gegenpol: sie lebt auf dem Lande, genießt die Natur; sie verkörpert die Fruchtbarkeitsgöttin Ceres: »Ich denke, ich bin das Feld, ich bin die Scheune, ich bin die Bäume...«[470] Die Frage nach der Identität kann auch Susan nicht lösen. Sie bezieht sich immer wieder auf das Feuchte, die Quelle der Schöpfung — sie setzt sich von Jinny und Rhoda ab, will Kinder haben und Teig kneten.

Jinny lebt in der Stadt im Trubel des Nachtlebens und der Männerbeziehungen. Sie ist auf Seide eingestellt, auf die Vereinigung der Körper, auf die Schönheitslinie ihrer Haare, auf ihre Kleidung, ihre Anziehung auf Männer. Jinny kennt ihre Wirkung auf Männer, ist in der Lage, deren Verhalten zu verändern, wenn sie nur einen Salon betritt.

Rhoda spiegelt das moderne Bewußtsein schlechthin: sie reflektiert in ihrer Person die Form des modernen Romans. Wer bin ich? Rhoda fürchtet sich vor dem »Sprung des Tigers«. Sie fürchtet sich vor dem Unbekannten, vor Türen, die sich öffnen, versinkt in ihrer Phantasie in tiefen Seen der Seele, aus denen unsagbare Botschaften hervortreten, die transzendent erscheinen. Rhoda zweifelt, kennt nicht das Ziel ihres Lebens, doch ahnt sie eine Ganzheit, eine Immunität gegen jeden Wandel, der das eigentliche Wesen der Seele und des Sinns ausmachen würde.

Kap. 4: *Die Sonne ist jetzt ganz aufgegangen.* Die Freunde finden wieder zusammen und treffen sich in einem Londoner Restaurant. Percivals Gestalt wird beschworen. Bernard hat sich verlobt und wird seinen Weg gehen, von dem er nicht mehr abweichen kann. Die Freunde erleben erneut ihre Gemeinschaft. Bernard setzt die Suche nach seinem Ich fort und ist sich bewußt, daß er auf einem Grenzpfad angekommen ist. Die Verlobung versenkt ihn ins allgemeine Leben ohne Aussicht darauf, seine Individualität vollends zu bestimmen. Seine Zielstrebigkeit paßt sich ein in die Notwendigkeiten des Alltagslebens, in die Indifferenz und das Trachten nach Selbsterhaltung. Zugleich weiß Bernard, daß es eine tiefe Sinndimension des Menschen gibt, die nicht jeder erfassen kann, von der es fraglich ist, ob überhaupt jemand sie erfassen kann. Seine Neigung zum Träumen hängt zusammen mit seiner Neugierde, seiner Sehnsucht, seiner Lebensgier, doch er wünscht letztlich, zu den »profunden Tiefen« herabzusteigen, die das Alltagsleben verdeckt. Bernard übt seine Identität aus durch seine Begabung, »ein natürlicher Wortpräger« zu sein. Seine Schwierigkeit besteht darin, daß es ihm mißlingt, eine Zusammenfassung des Lebens zu leisten, die für sich stehen könnte. Seine Persönlichkeit wie sein Selbst sind nicht unabhängig, sondern stehen und fallen mit den anderen, mit seinem Publikum. Er weiß, daß allein Louis und Rhoda die authentischen Existenzen sind, während er selbst und Neville Zwischennaturen darstellen. Rhoda und Louis leben in der Einsamkeit für sich, Bernard und Neville brauchen Menschen, um überhaupt leben zu können.

Das Treffen der Freunde bringt Kindheitserinnerungen hervor. In Gemeinsamkeit erwarten sie Percival, »der aber nicht kommt«, denn er ist nach Indien aufgebrochen, um dort als Kolonialoffizier zu arbeiten. Das Treffen in London löst die Richtungen und Perspektiven der Stimmen auf, zumindest im Bewußtsein von Bernard, der immer wieder in eine Stimmung

des Möglichen gerät. Wie im Roman ›Die Fahrt zum Leuchtturm‹ überlappen sich die Perspektiven in einem Dunstschleier.

Das Summen und Surren in Bernards »mind« führt fort vom
Problem des Selbst, der Identität und suggeriert, daß die Bedeutungen in der Welt ebenso intakt sind wie die Phänomene
des Lebens selbst.

Man kann nichts wissen! Was sind Bedeutungen? Durch
Kontrast der Perspektiven der Figuren entsteht ein Geflecht
von Blickpunkten, die das Leben der Vergangenheit rekonstruieren sollen. Doch letztlich werden die Individualitäten aller
nur wieder bestätigt. Jeder ist ein Ich, das nicht mehr den Möglichkeiten gegenübersteht, sondern zur Existenz verdammt ist.

Percival spielt in seiner Abwesenheit eine bedeutende Rolle
als Kraft der Gemeinschaftsstiftung, wiewohl jeder für sich allein bleibt. Das trifft auch und vor allem auf Rhoda und Louis
zu; Louis sucht nach dem Sinn der Geschichte und will die
Welt ordnen, Jinny spricht von ihren Liebesfreuden, Neville
will als Schriftsteller berühmt werden, obwohl er unsäglich
unter seiner Einsamkeit leidet. Er sieht alles, nur seine Rettung
nicht. Rhoda bleibt ein Geschöpf der Angst; sie hat Angst vor
dem Wahnsinn, Angst vor den Menschen, Angst vor ihrer
myriadischen, nicht vorhandenen Identität, Angst vor der Erkenntnis, daß es keine Fährte für den Menschen gibt, daß alle
Wege ins Nichts führen. Es gibt keinen Sinn. Es gibt keinen
Gott.

Susan wird mit einem Muttertier verglichen. Sie leidet an der
Überfülle natürlichen Glücks, lebt für ihre Kinder, beschreibt
deren Entwicklung; diese Entwicklung wird gleichgesetzt mit
den Wellen ihrer Existenz.

Bernard weiß, daß er weder heroisch ist noch Erfolg haben
wird. Er vermag keine Entsagung auf sich zu nehmen. Er bleibt
ein Mann des Augenblicks. Zuletzt wird in der Imagination der
Freunde Percival gegenwärtig.

Schließlich versucht jeder sich zu definieren: Rhoda denkt an
den Tod als Ende ihrer Lebenswanderschaft. Die Freunde bilden eine archaische Gemeinschaft, die einen Tanz aufführt.
Ihre Begegnung ist ein Fest des Lebens und des Todes zugleich.
Louis schließlich formuliert den Augenblick der Gemeinschaft
als Stillstand der Zeit.

Kap. 5: *Die Sonne steht im Zenith*. Percival stirbt in Indien durch einen Sturz vom Pferd. Dieser Tod macht die gemeinsamen Erlebnisse der Freunde unwirklich. Er wird reflektiert im Bewußtsein von Neville, Bernard und Rhoda. Neville und Bernard trauern um Percival. Vor allem für Bernard wird die Janusköpfigkeit des Lebens anschaulich. Zu der Zeit, als er die Nachricht vom Tode Percivals erhält, wird ihm sein erster Sohn geboren. Diese Verbindung des Gegensätzlichen läßt sich in keiner vernünftigen Erklärung auflösen; das Leben als Ganzes bleibt unverständlich. In seiner Trauer um Percival löscht Bernard für eine Weile seine Eigenschaften aus, die aber hernach wiederkehren. Percival wird von Bernard als mystisch anwesende Erscheinung angenommen in dem Augenblick, in dem er sich im Zenith seines Lebens befindet, der auch als Wendepunkt zum absteigenden Teil des Lebens zu verstehen ist. Mehr und mehr wird sich Bernard von nun an mit dem Tod auseinandersetzen.

Die Wahrheit des Seins liegt verborgen für Bernard, allenfalls mag sie aufscheinen in einem »Augenblick der Offenbarung«. Rhodas Trauer um Percival konzentriert sich auf das Leben, das ihr fehlt. Von Percival bleiben Zeichen. Bernard versichert sich der Freunde, indem er sie der Reihe nach besucht. Rhoda weiß, daß sie allein ist in einer feindlichen Welt: »Ich möchte Publicity und Gewalt und wie ein Stein auf die Felsen geschleudert werden.«[471] Rhoda kennt ihren Weg nicht; sie denkt an Hampton Court, dessen präzise Struktur ihrem Dasein Ordnung geben soll. Ihre Fragen bohren sich tiefer und tiefer: »Was ist das Ding, das unter der Ähnlichkeit der Dinge liegt?«[472] Worauf verweisen Quadrat und Rechteck, aus denen eine Welt aufgebaut ist — die westliche Welt, Hampton Court, Wren.

Kap. 6: *Die Sonne sinkt herab*. Im 6. Kapitel sprechen die Stimmen von Louis, Susan, Jinny und Neville. Louis weiß, daß er ein kompetenter Kaufmann ist. Er besitzt aber eine kleine Mansarde, von der aus er über die Dächer Londons sieht und an Dichtung denkt. Die Mansarde ist das Symbol seines vor der Öffentlichkeit verborgenen Ich. Louis ordnet das Chaos zum Kosmos; er hat die Gaben des Welthandelskaufmanns, des Politikers und Administrators. Eine Beziehung zu Rhoda wird angedeutet, die aber später abbricht.

Susan lebt auf dem Lande nach dem Gesetz, das sie früh anerkannte; sie versorgt und umsorgt ihr Baby, kümmert sich um das große Bauernhaus, gewährt Schutz, weiß aber auch, daß ihr Leben in dieser Enge zu Ende gehen wird.

Jinny hat das dreißigste Lebensjahr überschritten. Sie lebt ebenfalls ihrem Gesetz, mit häufig wechselnden Beziehungen zu Männern, und meidet eine ständige Bindung. Zugleich bemerkt sie den Wandel des Lebens. Ihre Art zu leben betont noch das Vergehen: »Die Leute sind so bald dahin; laßt sie uns einfangen.«[473] In diesem Kapitel erst gerät Jinny zum Nachdenken, und sie grübelt über den gemeinsamen Erfahrungsgrund der Menschen. Unzählige Vorgänge und Aktivitäten des Lebens geschehen nach den Wellenbewegungen von Werden und Vergehen. Doch Jinny ist in diese Lebensbewegung eingesogen. Sie weiß nicht, was Leben ist, liefert sich aber immer wieder aus an ihre Bereitschaft zur Liebe und Schönheit.

Neville schließlich, der sich mit einer Frau trifft, denkt über die Begegnungen und Trennungen nach — aber auch über die Setzung von Bedeutungen. Für ihn ist es offenbar, daß es keine vorgegebenen Bedeutungen gibt. Jeder muß sein eigenes Selbst errichten: »So drehen wir uns rund in unendlich feinen Verästelungen und konstruieren ein System.«[474]

Kap. 7: *Die Sonne sinkt tiefer.* Die Figuren verlieren ihre Jugend, erfahren das Altern als Form der Lebenskrise. Bernard stürzt in innere Unsicherheit, weil er an seiner Art zu schreiben zweifelt. Susan erlebt eine Spannung zwischen Glück und Unzufriedenheit, weil ihr Leben zu erdhaft und zu satt ist. Jinny bemerkt, daß ihr Körper altert, der für sie immer das Wichtigste im Leben ist. Neville hat seine Leidenschaften verloren; er vermag es nicht, eine Brücke zwischen dem Geschäftsleben und der Welt seiner privaten Gedanken und Wünsche zu schlagen. Das Verhältnis zu Rhoda besteht nicht mehr; sie hat ihn verlassen. Rhoda selbst spricht zunächst in der Gegenwart; sie macht eine Spanienreise und hegt Selbstmordgedanken.

Diese verschiedenen Krisen haben als Zentrum das Erlebnis der Zeit. Bernard vergleicht die Zeit mit einem Tropfen, der vom Dach der Seele fällt. Die Frage nach dem, was man in der Zeit verliert, was vorübergeht, beantwortet Bernard mit dem Leerwerden seines Gesichts und der Ziellosigkeit der Unterhaltungen, in denen er als Sprecher auftritt. Er resümiert, daß er seine Jugend verloren habe.

Die Zeit, vorgestellt als eine Fläche im Sonnenschein, formt sich zu dem bereits vorgeführten Tropfen um. Ausdehnung wird zum Moment des Fallens. Weite, Möglichkeit — dies verengt sich auf einen Punkt. Bernards Romreise verstärkt über die Metaphorik der europäischen Kultur in der Gestalt der Antike die Zeitlichkeit des Menschen. Bernard vermag die Dauer Roms und seinen Verfall zugleich nicht auszuhalten; er leidet unter der Besinnung, der Ferne von den Menschen: »Die Wahrheit ist, daß ich nicht zu denen gehöre, die ihre Befriedigung in einer Person oder in der Ewigkeit finden. Das eigene Zimmer langweilt mich, aber auch der Himmel.«[475] Er beklagt den Verlust seiner Freunde, mit denen er gesellig zusammen war. Die Reise nach Rom ist das Äußerste an Reflexion und geographischer Ausdehnung, was er leisten kann: er wird nicht weiter in den Bereich des Wissens eindringen, und doch glaubt er, der Wahrheit näher gekommen zu sein. Die Frage nach der Aufeinanderfolge der Augenblicke bleibt ihm ebenso ein Rätsel wie die der geschichtlichen Phasen; für beide gibt es eine Kontinuität, doch niemand weiß, *wohin* die Geschichte führt. Was ist das Ziel? Was ist die Wahrheit?

Jede positiv verkündete Wahrheit als *die* Wahrheit relativiert sich für Bernard durch alle diejenigen, die ihre lebenspraktischen Interessen zum alleinigen Motiv des Handelns machen. Das Bild von der Katze, die den Fisch stiehlt hinter dem Rücken des Wahrheitsverkünders, enthält deutlich eine schon zynische Ironie.

Bernard sammelte sein Leben hindurch Sätze, doch er fand nicht die *wahre Geschichte*, für die er diese Sätze hätte benutzen können. Was bedeutet eine Auswahl aus der Erfahrung, aus dem Sagbaren — wo liegen die Begründungen dafür, daß das eine ausgesucht, das andere aber weggelassen wird? Unbeantwortbarkeit von Fragen; das Unterschiedene ist immer das Ausgewählte. Was aber ist das Ganze? Dafür gibt es nur Bilder und Visionen — etwa Bernards Vision der unscharfen Grenzen der Dinge. Die Bewegung der Dinge und des Menschen erzeugt solch eine Verwischung, solch eine Relativität:

»Hier marschiere ich allein diese Terrasse auf und ab, ohne Orientierung. Aber sieh, wie Punkte und Striche anfangen, während ich gehe, in kontinuierliche Linien zusammenzulaufen, wie die Dinge die kühne, getrennte Identität verlieren, die sie besaßen, als ich jene Treppen hinaufstieg. Der große rote Topf ist jetzt ein rötlicher Strich in einer Welle gelblichen Grüns. Die Welt beginnt sich an mir vorüber zu bewegen wie die Dämme einer Hecke, wenn der Zug anfährt, wie die Wellen des Meeres, wenn ein Dampfer ablegt. Ich bewege mich auch, eingeschlossen in der allgemeinen Folge, wenn ein Ding nach dem anderen kommt und es unvermeidlich scheint, daß der Baum kommen wird, dann der Telegraphenmast, dann die Unterbrechung in der Hecke.«[476]

Ein weiteres Bild taucht vor Bernards innerem Auge auf: In einer Wasserwüste wird eine Flosse sichtbar, die auf ein Wesen im Meer hindeutet, das niemand kennt.

Besonders deutlich wird das Zeitproblem auch von Neville, Louis und Rhoda erlebt. Neville beklagt den Verlust der Herrlichkeit der Jugend. Er weist die Verantwortlichkeit für die Geschehnisse zurück, aber auch das Recht, über andere zu urteilen, ihnen zu sagen, was sie tun und denken sollen. Alles Gesagte besteht aus Wiederholungen, doch niemals wird das eine magische Zauberwort vernehmlich, das die Geheimnisse des Lebens, der Zeit, des Sinns enthüllt.

In seinem Monolog denkt Neville über die Lebensauffassung von Louis und Rhoda nach: beide verlangen eine Handlungsführung und Gründe im Leben, die für Neville allenfalls in den Bereich der Vorstellung gehören. Das Fragen nach Gründen oder das Aufsuchen ferner Haine, um hinter den Lorbeerbüschen Statuen zu suchen — dies alles setzt voraus, daß hinter dem Feld unsäglicher Anstrengung das Reich der Wahrheit und Schönheit liegt: »Sie sagen, man muß seine Flügel schwingen gegen den Sturm im Glauben, daß hinter dieser Schwelle die Sonne scheint.«[477] Neville dagegen übt den Menschen und Dingen gegenüber eine abwartende Haltung. Er läßt die Wahrnehmungen und Erfahrungen ohne Ablehnung und Eifersucht auf sich zukommen, fürchtet nichts, sondern er formt aus all dem

*Orlando*. Virginia Woolfs Buch ›Orlando‹ hängt eng zusammen mit ihrer Beziehung zu Vita Sackville-West. Die Idee zu dem Buch stammte schon aus dem Jahre 1927. Es war die Freundschaft, ja die Liebe zwischen den beiden Frauen, die zu dem Buch führte.

Vita war mit dem englischen Diplomaten und Schriftsteller Harold Nicolson verheiratet, mit dem sie zwei Söhne — Ben und Nigel — hatte. Sie gehörte zu den außergewöhnlichsten Frauen im ersten Drittel des 20. Jahrhunderts, da es ihr gelang, wenn auch unter größten Belastungen, ihrer lesbischen Neigung nachzugehen, ohne ihre Ehe mit Harold Nicolson zu zerstören. Vita zählte für einige Jahre zu den Menschen, mit denen Virginia Woolf — wie mit Leonard und Vanessa — am engsten verbunden war.

Es entstand eine Liebesbeziehung zwischen Vita und Virginia, die von Leonard und Harold toleriert wurde. ›Orlando‹ ist aber nicht nur das Denkmal einer Liebe zweier Frauen, sondern ein vielschichtiges, phantasievolles Buch zur Kulturgeschichte und Psychologie der Geschlechter. Die Beziehung zwischen Vita Sackville-West und Virginia Woolf läßt sich in ihrer Substanz daher nicht mit der Formulierung »Affaire des Herzens« erledigen.

Nigel Nicolson hat über ›Orlando‹ gesagt: »Die Wirkung Vitas auf Virginia ist ganz in ›Orlando‹ enthalten, der längste und bezauberndste Liebesbrief der Literatur, in dem sie Vita erforscht, sie in die Jahrhunderte ein- und auswebt, sie von einem Geschlecht ins andere wirft, mit ihr spielt, sie in Pelz, Spitze und Smaragde kleidet, sie neckt, mit ihr flirtet, einen Nebelschleier um sie fallen läßt und mit ihrer Fotografie schließt: im Schlamm von Long Barn, mit den Hunden, Virginias Ankunft am nächsten Tag erwartend.«[343]

Für Nigel Nicolson gilt Virginia Woolf als der bemerkenswerteste Mensch, der ihm in seinem Leben begegnet ist: sowohl in bezug auf die Anziehungskraft, die sie auf andere ausübte, wie in ihrem Vermögen, Distanz zu erzeugen. Die Nicolson-Kinder liebten Virginia, denn sie zeigte sowohl großes Interesse für die Lebens- und Vorstellungswelt der Kinder und bezauberte sie mit ihrer Phantasie: »Wir wußten, daß sie Notiz von uns nehmen würde, daß der Augenblick kommen würde, in dem sie meiner Mutter keine Aufmerksamkeit schenkte (Vita, geh weg! Siehst Du nicht, daß ich mit Ben und Nigel spreche), und dann sprach sie mit uns über unser einfaches Leben und gab uns als Diamanten zurück, was wir ihr als Kohlestückchen gegeben hatten. Ich stelle sie mir zart vor, aber im Sinne eines Spinnengewebes, nicht im medizinischen Sinne. Ich denke sie mir als eine herbstliche, häusliche Person, obschon sie den Sommer und die Downs liebte, ihre langen, schmalen Finger nach dem Feuer ausstreckend, ihre Phantasien herausarbeitend, provozierend, köstlich, Gesten ihren Worten anpassend, ihr langes Haar aus der Stirn zurückstreichend, wenn ihr eine neue Phantasie einfiel, oftmals lächelnd, selten lachend und niemals kichernd. Ich denke sie mir in Knole, s-förmig gegen einen Torbogen gelehnt, ihren Finger ans Kinn gelegt, nachdenklich, amüsiert. Sie nahm instinktiv Haltungen an, die ihre Stimmungen ausdrückten.«[344]

Die erste Begegnung zwischen Virginia Woolf und Vita Sackville-West fand im Dezember 1922 statt. Vita ließ sich von Virginias Geistigkeit und Substanz beeindrucken. In ihren Briefen an Harold Nicolson offenbarte sie, daß sie sich in Virginia verliebt hatte. Das Verhältnis zwischen beiden Schriftstellerinnen — Vita schrieb, seit sie ein junges Mädchen war — wurde allmählich enger. Leonard Woolf hat Virginias Vorsicht im Aufbau der Beziehung zu Vita betont und von Besuchen auf dem Landsitz der Nicolsons in Long Barn und auf dem Stammschloß der Sackvilles, Knole, berichtet.

Leonard nahm Vitas Schönheit und Blüte sehr deutlich wahr: »Sie war damals wörtlich — und das ist nur bei wenigen Menschen wirklich der Fall — in der Blüte ihres Lebens, ein Tier auf dem Höhepunkt seiner Kraft, eine schöne Blume in voller Blüte. Sie war sehr stattlich, forsch, aristokratisch, herrisch, fast arrogant. In Romanen schreiten die Personen oft in Räume hinein oder hinaus; bis ich Vita kennenlernte, war ich geneigt anzunehmen, daß Menschen dies nur in unwirklichen, romantischen Salons der Romanciers tun — doch Vita schritt in der Tat oder schien zu schreiten.«[345]

Nach dem gemeinsamen Kennenlernen von Vita und Virginia trat eine Pause ein, die aber nicht auf Mißstimmungen beruhte. Virginia wußte, daß Vita sich in sie verliebt hatte; sie wußte aber zugleich in ihrer zunächst scheuen Art nicht sicher, wie sie reagieren sollte. In Vitas Gegenwart fühlte sie sich jungfräulich: »Die Wirkung von dem allen auf mich? Sehr geteilt. Da ist ihre Reife und Vollbusigkeit; da ist die Tatsache, daß sie mit vollen Segeln die hohe See befährt, wo ich Küstenschiffahrt betreibe; ich meine ihre Fähigkeit, in jeder Gesellschaft das Wort zu führen, ihr Land zu vertreten... kurz, die Tatsache, daß sie (was ich nie gewesen bin) eine wirkliche Frau ist. Dann ist etwas Sinnlich-Üppiges an ihr... Was Verstand und Scharfblick betrifft, bin ich höher organisiert als sie...«[346]

Vitas Briefe an Harold aus den Jahren 1925 und 1926 heben die Geistigkeit ihrer Liebe zu Virginia hervor. So schrieb sie am 17. 8. 1926: »Ich fürchte mich zu Tode, körperliche Gefühle in ihr zu erwecken wegen des Wahnsinns. Ich weiß nicht, welche Wirkung das haben würde, ...« In demselben Brief heißt es aber auch: »Ich bin mit ihr ins Bett gegangen (zwei Mal), aber das ist alles. Jetzt weißt Du alles darüber, und ich hoffe, daß ich Dich nicht schockiert habe.«[347] Nigel Nicolson hat betont, daß Vita und Virginia einander kein Unglück zugefügt haben, was durch Virginias Briefe und Tagebücher volle Bestätigung findet. Das körperliche Element ihrer Beziehung war nicht das bestimmende, wiewohl es mit dazugehörte. Überhaupt wird man Geistiges, Seelisches und Körperliches in einer Liebesbeziehung nicht voneinander trennen dürfen. — Vitas Mutter, Lady Sackville, hegte einen tiefen Groll gegen Virginia und behauptete irrigerweise, Virginia habe die Ehe der Nicolsons zerstört: »Diese Mrs. Woolf, die in diesem Buch (Orlando) beschrieb, wie Deine Mutter ihr Geschlecht wechselte!«[348] Vita vertrat einen völlig entgegengesetzten Standpunkt. Sie sah ihre Ehe durch ihre Beziehung zu Virginia nicht als gefährdet an, hatte sie doch schon die dramatische Leidenschaft für Violet Keppel (verh. Trefusis) durchgestanden.

Nigel erzählte bei Gelegenheit eines Besuches von Leonard und Virginia, daß seine Großmutter ihn über das Verhältnis zwischen seiner Mutter und »dieser Mrs. Woolf« »aufgeklärt« habe, woraufhin Virginia, nachdem sie aufmerksam zugehört hatte, kühl bemerkte: »Die alte Frau sollte erschossen werden.«[349]

Virginia schätzte Vita als Schriftstellerin nicht übermäßig

hoch ein, wiewohl die Woolfs einige von Vitas Büchern in der Hogarth Press verlegten. Für Virginia schrieb Vita mit einer Feder aus Messing, nicht mit einer silbernen. So mokierte sie sich auch über die Atmosphäre, als Vita 1927 den Hawthorndon Literaturpreis verliehen bekam: »... es war die dicke, langweilige Mittelklasse der Literatur, die sich traf, nicht die literarische Aristokratie.«[350]

Der Roman ›Orlando‹ wurde Mitte 1928 abgeschlossen und erschien im Oktober desselben Jahres. Innerhalb des ersten Halbjahrs nach Erscheinen konnten 8104 Exemplare verkauft werden. Virginia hatte Vita nie etwas Näheres von ›Orlando‹ verraten. Erst einen Tag vor dem Erscheinen schickte sie ihr von der Hogarth Press aus ein in braunes Packpapier gewickeltes Exemplar mit einem Begleitbrief. Vita war zutiefst erschüttert und beglückt zugleich über Orlando. Ihr Brief ist ein bewegendes Dokument ihrer Liebe und Dankbarkeit.

Spätestens mit ›Orlando‹ hatte sich Virginia Woolf in der englischen Literatur durchgesetzt. Sie war die angesehendste Autorin ihrer Zeit. Man mußte ihre Bücher gelesen haben, um »up to date« zu sein. »Es war, wie Leonard sagte, der Wendepunkt zum Erfolg in Virginias Laufbahn als Schriftstellerin.«[351] Vorüberlegungen zu ›Orlando‹ tauchen in Virginias Tagebüchern vom Frühjahr 1927 auf. Vita schlüpft für Virginia in die Rolle des Edelmannes Orlando, über den sie dann im Oktober 1927 schrieb: »Und plötzlich kommen mir wie gewöhnlich aufregende Pläne in den Sinn: eine Biographie, die im Jahr 1500 beginnt und sich bis zum heutigen Tage fortsetzt, genannt *Orlando*: Vita; nur mit einer Geschlechtsumwandlung.«[352]

Wenig später findet sich in Virginias Tagebuch der Eintrag, daß sie von diesem neuen Buch ganz begeistert und erfüllt sei: »... ich fühlte mich glücklicher als in den vorherigen Monaten; als ob ich in die Sonne gesetzt worden wäre oder auf ein Kissen gelegt;«[353] Nach Vollendung des Manuskripts am 18. März 1928 schrieb Virginia: »Ich habe dieses Buch schneller als irgend ein anderes geschrieben; und alles ist ein Spaß; und doch eine heitere und schnelle Lektüre, denke ich; die Ferien eines Autors.«[354]

›Orlando‹ gehört denn auch zu den merkwürdigsten Büchern, die Virginia Woolf geschrieben hat. Der Untertitel ›A

Biography‹ weist zunächst darauf hin, daß es sich »nicht« um einen Roman handelt im Sinne der vorherigen Romane Virginia Woolfs.

Virginia Woolf beschreibt in phantasievoller Weise das Leben des Aristokraten Orlando, das im 16. Jahrhundert beginnt und bis ins 20. Jahrhundert andauert. Diese Beschreibung verarbeitet zwar Faktenmaterial, doch reicht sie tiefer — trotz oder gerade wegen des Untertitels gerät dieses Buch zum Roman, der die Kompliziertheit des Individuellen, der Zeit und der sexuellen Differenzen behandelt. »Phantasie, Roman, Biographie, Gedicht, Geschichte — alle diese Begriffe mögen auf ein Buch angewandt werden, aber keiner allein ist adäquat. Es scheint passend, daß dieses Buch über die Vermischung der Geschlechter auch eine Synthese der literarischen Gattungen ist.«[355] Die geschichtlichen Epochen, die Orlando durchlebt, werden in ihren Empfindungsarten ebenso anschaulich gemacht wie in den Umgangs-, aber auch in den literarischen Stilformen, die der Text vorführt oder abwandelt.

Die Erzählerin der Geschichte berichtet über Orlando in der Vergangenheitsform, denkt sich völlig in die Hauptgestalt ein und paßt sich deren inneren Rhythmen durch die Folge der Epochen an. In ›Orlando‹ wird die Technik der allwissenden Erzählung benutzt, eine Schreibart, die sich unwesentlich und entschieden zugleich von der Geschichtsschreibung und der Biographie unterscheidet.

Also ist ›Orlando‹ Biographie und Roman zugleich. Dieses Paradox löst sich auf, wenn man berücksichtigt, daß Virginia Woolf einen Gedanken von einer »neuen Biographie« entwikkelte.

Diese These hat Virginia erstmals dargestellt in einer Besprechung von Harold Nicolsons Buch ›Einige Leute‹, die am 30. 10. 1927 in der *New York Herald Tribune* erschien: Die neue Biographie soll *Wahrheit* und *Persönlichkeit* oder *Granit* und *Regenbogen* vermitteln. Unter der granitenen Wahrheit versteht Virginia Woolf diejenige, welcher der Quellenforscher in Bibliotheken und Archiven nachspürt, um sie durch »Haufen...von...harten Tatsachen« zu fundieren. Virginia griff vor allem die faktenhuberische viktorianische Biographik an, als deren langweiligstes Beispiel sie auf Sir Sydney Lee verwies, der als Nachfolger von Sir Leslie Stephen das ›Dictionary of National Biography‹ vollendete.

Die Persönlichkeit wird für Virginia Woolf nur darstellbar, wenn Fakten abgeschattet, in Perspektive gestellt und individuell geordnet werden. Der Biograph hat daher die Aufgabe, unter Beachtung der inneren Wahrheit »Faktum« und »Fiktion« zu mischen. Die Fakten sind zu einem Persönlichkeitsbild zusammenzufügen, das nicht von einer festen biographischen Norm oder Weltanschauung vorgeprägt ist, sondern sich in kritischer Distanz und Sympathie dem Gegenstand nähert.

Für Virginia Woolf waren die Biographen des 17. Jahrhunderts begrenzt auf die Ausschmückung musterhafter Helden-Leben: das politische Kabinett oder das Schlachtfeld mußte die Rahmen für solche standardisierten Leben liefern. Erst James Boswell habe einen direkten Zugang zur lebendigen Persönlichkeit am Beispiel Dr. Samuel Johnsons eröffnet, der aber von den Viktorianern mit ihrem falsch idealisierten Innenleben ihrer Helden wieder verspielt worden sei, da die Wahrheit den Viktorianern nicht als oberstes Gesetz gegolten habe: »...der viktorianische Biograph wurde beherrscht von der Idee der Güte. Edel, aufrecht, züchtig und ernst; auf diese Art und Weise werden uns die viktorianischen Männer von Verdienst präsentiert.«[356]

Erst das 20. Jahrhundert hat — so Virginia Woolf — die neue Biographie skizziert, wie dies Lytton Strachey, André Maurois und Harold Nicolson belegen. Die wichtigste Neuerung dieser Biographik bestehe darin, daß der Gegenstand oder die behandelte Persönlichkeit auf die gleiche Ebene gestellt werde wie der Autor selbst, so daß sich der Biograph seine Freiheit erhalte und sein Recht auf unabhängiges Urteilen. So verstandene Biographik ist furchtlos, geht von keinem festen Universalschema aus, von keinem Konformitätszwang in bezug auf Moralvorschriften: »Der Mensch selbst ist der höchste Gegenstand der (biographischen) Neugierde.«[357] Der *Mensch* soll dargestellt werden frei von jeder Pose, Sentimentalität und Illusion, auch wenn Virginia Woolf es für schwierig oder gar unmöglich hält, Faktenwahrheit und fiktionale Wahrheit zu kombinieren. In keine Richtung darf der Biograph zu weit vorpreschen. Die Balance zwischen beiden Wahrheiten ist seine Kunst.

›Orlando‹ ist weder ein biographischer Roman noch eine literarische Biographie. Das Buch hat von beiden Eigenschaften etwas, ist aber ein Kunstwerk für sich. Merkwürdig erscheint vor allem die Geschlechtsumwandlung der Hauptfigur im 17. Jahrhundert.

Orlando wird im 16. Jahrhundert auf dem Schloß seines Vaters geboren, begegnet der Königin Elisabeth, wird Page an ihrem Hof, steigt unter James I. empor, verliebt sich in die russische Prinzessin Sasha, erringt unter Charles I. den Hosenbandorden, die Herzogswürde, als er sich in Konstantinopel aufhält in der Eigenschaft des Britischen Botschafters. Orlando wandelt sich in einem Aufruhr in Konstantinopel nach einem Schlaf von sieben Tagen zur Frau, lebt danach bei Zigeunern und kehrt als Frau nach England zurück.

Als Frau erlebt Orlando einerseits die Andersartigkeit weiblichen Fühlens, weiblicher Erfahrungserwartung und Handlungsweisen. Andererseits entdeckt Orlando die Veränderungen der weiblichen »Funktion« vom 17. bis zum 20. Jahrhundert entsprechend den gesellschaftlichen Wandlungen. Der allgemeinen Einsicht Orlandos in die eigene Umwandlung steht das Nachvollziehen der Veränderungen englischer Kultur und Sitten gegenüber. Zu Recht ist Orlandos Verwandlung als idealer Standpunkt angesehen worden, aus dem sich die Frauenfrage in einer deutlich unfreien Welt erörtern läßt.

Das Thema der Geschlechtsumwandlung berührt Virginia Woolfs Theorie der Androgynie (›Ein Zimmer für sich allein‹). Diese Theorie besagt, daß männliche und weibliche Elemente in jedem Mann und in jeder Frau vermischt sein sollten. Diese Vermischung sei eine wesentliche Voraussetzung für literarische Kreativität. Faktisch aber leben Männer und Frauen in getrennten Welten. Die Aufhebung dieser wechselseitigen Ausschließung würde aber menschliches Leben bereichern und der Kunst zugute kommen. Diese Haltung wird exemplarisch an Orlando vorgeführt: »Orlando, eine Frau, welche die ersten dreißig Jahre ihres Lebens als Mann lebte, kennt die Gedanken und Gefühle beider (Geschlechter) und faßt klar die Persönlichkeit zusammen, die aus den begrenzten, stereotypen Begriffen der Individualität geschwunden ist, welche von der Gesellschaft fortgesetzt wird.«[358] Durchaus steht Virginia Woolfs androgyne Haltung als »Korrektiv für die Exzesse des Sexis-mus«[359].

Die Kultur- und Sittengeschichte Englands verbindet sich im gesamten Erzählraum ›Orlandos‹ mit der Geschichte der englischen Literatur. Dabei trägt der Text deutliche Züge einer komischen Erfindungsgabe, deren Farbigkeit in anderen Werken Virginia Woolfs nicht auftaucht. Orlando beginnt im Jahre 1588 mit der Abfassung eines Gedichts ›Der Eichenbaum‹, das er/sie in den 20er Jahren des 20. Jahrhunderts als Frau vollenden wird. Wenn man von der Parallele zu Vita Sackville-Wests Gedicht ›Das Land‹ absieht, so ist es bemerkenswert, daß Orlando »zeitlebens« — also dreihundertundfünfzig Jahre lang — der Schriftstellerei treu bleibt.

Virginia Woolf ironisierte in ›Orlando‹ vor allem das Schema der viktorianischen Biographie; sie benutzte daher eine freie und kühne Sprache, die sich — jenseits viktorianischer Demut — vor Übertreibungen nicht scheut. Virginia macht das faktensammelnde Verfahren viktorianischer Biographik lächerlich am Beispiel der Quellenforschung. Die für ›Orlando‹ benutzten Papiere haben mehrfach Löcher, sind teilweise verbrannt, so daß die Imagination in die Bresche springen muß. Doch das Faktensammeln offenbart nicht das Wesen des Menschen, es ist trübe und grau. Virginia ersetzt solches Vorgehen durch die Freude am Schreiben ihrer Orlando-Geschichte, die aber auch beim Leser auf Gefallen stieß. Wichtig ist, daß das Buch kein triviales Produkt ist. Es scheint auch ein Stück von Virginia Woolfs Persönlichkeit in ›Orlando‹ auf — und kein unbedeutendes.

Virginia Woolf macht die Selbstbehauptung der Frau gegen die aufgezwungene und verinnerlichte Geschlechtsrolle anschaulich, die ihr vor allem vom viktorianischen Patriarchalismus zudiktiert wurde. Ihre Auseinandersetzung mit historischer Weiblichkeit verschärft sich mit Blick auf eben diese Epoche, die sie scharf zurückwies und an der sie selbst gelitten hatte in ihrem eigenen Emanzipationsprozeß. Das viktorianische Zeitalter wird als Phase des Wucherns und Wachsens angesehen, als Zeit ewiger Fruchtbarkeit, ständiger Schwangerschaft, wuchernden Efeus an den Hauswänden, so daß noch nicht einmal die Messingtöpfe auf dem Küchenherd sichtbar sind. Das

Feuchte wird zum Dumpfen, zum Sichergeben in das weibliche Schicksal. Wenn die Frau nur als kindergebärende Ehefrau existieren soll, so nimmt es nicht Wunder, wenn sie als Schriftstellerin vor unüberwindlichen Hindernissen steht. Jede geistige Arbeit wird ihr als unnatürlich versagt. Orlando konnte sich daher als Frau und Schriftstellerin im 19. Jahrhundert kaum im zeitgenössischen Literaturbetrieb auskennen. Die Wege zu Verlegern, Herausgebern und Druckern erschienen ihr unbekannte Pfade, blieben den eingeweihten Männern vorbehalten, mit ihrer Kenntnis aller gängigen Funktions- und Geschäftsformen. So ist es ein Mann, der für Orlando das Manuskript von ›Der Eichenbaum‹ zum Druck übergibt.

Der Frau wird in ›Orlando‹ mit ironischem Unterton allenfalls die Position einer Sonntagsschriftstellerin zuteil, auch wohl, da sie sich auf Grund ihrer aristokratischen Herkunft nicht um des Lebensunterhalts willen mit dem Schreiben zu befassen braucht. — Die Frage nach der Identität Orlandos wird in Zusammenhang gebracht mit dem Stammsitz der Familie und dessen Tradition — ebenso wie mit der Literatur. Erst hinter all diesen Bezügen taucht die für Virginia Woolf stets zentrale Frage nach dem Sinn des Lebens auf: »Orlando ist ein selbstbewußter Teilnehmer in der Suche des Biographen nach der Persönlichkeit, ...«[360] Virginia Woolf will in ›Orlando‹ das Leben ihrer Hauptfigur gestalten und wesentlich erfassen. Dabei bleibt Orlando im Wandel der Geschichte stets mit sich identisch, ob er nun Mann oder ob sie Frau ist.

Die Beziehung zwischen Orlando und Vita Sackville-West steht in diesem Roman außer Frage. Vitas Vorfahren waren bereits in der Tudorzeit bedeutende Adlige und Höflinge. Das in ›Orlando‹ gestaltete Innenleben bezieht sich auf das Familiengedächtnis einer Figur, die teilweise außerordentlich eng an Vita Sackville-West angelehnt ist.

Vitas maskuline Sexualität sowie ihre Liebe zu Knole werden in ›Orlando‹ verarbeitet. Sie durfte Knole nicht erben, weil sie eine Frau war. Das Schloß wurde später im Jahre 1941 vom englischen Staat übernommen. So fügt sich das Buch als die schöpferische Einheit zwischen Vergangenheit und Gegenwart und stellt dadurch die Leere bloß empirischer und geschichtlicher Fakten ins Licht.

Orlando wird identifiziert mit der Geschichte des Hauses Sackville und ihres Stammsitzes Knole. Die Geschlechtszugehörigkeit kann daher nicht allzu einflußreich sein für die Identität wie Tradition und Familie Orlandos.

Doch gibt es deutliche Anzeichen für ein Portrait Vita Sackville-Wests, ableitbar aus ihren besonderen Eigenschaften, unter denen ihre Schriftstellerei einen prominenten Platz einnimmt. Vita schrieb eine Reihe von erfolgreichen Büchern. Dies waren Romane, aber auch historische Arbeiten sowie Sachbücher. Sie schrieb vor allem außerordentlich kompetent über Gartenkunst, ist doch ihr Garten in Sissinghurst einer der schönsten in Europa. In Vitas Romanen verbanden sich ihre aristokratischen Lebenseinstellungen mit leicht lesbaren Romanzen- oder Abenteuerhandlungen. Die Hogarth Press verlegte viele Bücher von ihr. Ein Erfolgstitel war ›Die Edwardianer‹ von 1930.

Vita war schon als Kind sehr »kriegerisch« veranlagt. Sie wollte ein Junge sein und hat ihre Mentalität in ihren autobiographischen Fragmenten folgendermaßen gekennzeichnet: »Ich hielt meine Nerven unter Kontrolle und erhob es zu meinem großen Ideal, hart zu sein und einem Jungen so ähnlich wie nur möglich.«[361] Sie liebte die Natur, die Tiere und die Jagd, suchte als Kind Abenteuer in der Umgebung von Knole. »Vita wurde von ihrer Mutter gezähmt, wenn sie mit ihr zusammen war, sie war allein ungezähmt; sie liebte die Landschaft und die Jagd, sie wurde von Kindermädchen verzärtelt, war sehr wohl die Tochter des Hauses mit einer Spur von Dickköpfigkeit und der Sehnsucht nach einsamen Abenteuern.«[362]

Vita wurde von dem Problem belastet, daß sie die einzige Erbin war, und somit ist das Thema der Androgynie in ihrer eigenen psychischen Identität angelegt gewesen. Sie sollte die Tradition der Familie fortsetzen, war aber ein Mädchen, so daß sie die traditionelle Privilegierung der männlichen Erben, auf die auch der Titel überging, verarbeiten mußte durch eine Form der Vermännlichung. Vitas Vorstellung von ihrer geschlechtlichen Dualität, die sie in ihren autobiographischen Fragmenten festgehalten hat, entspricht in der Tendenz der Theorie vom Androgynen. Vita berichtete in ihrem Tagebuch vom 27. 9. 1920 über ihre gleichzeitige Liebe zu Harold Nicolson und zu Violet Keppel (verh. Trefusis), deren Mutter mit König Edward VII. zusammenlebte: »Ich denke immer, daß Harold, wenn er dies jemals liest, so sehr leiden wird, doch ich bitte ihn, daran zu denken, daß er etwas über einen *anderen Menschen* liest als denjenigen, den er kannte. Auch schreibe ich nicht aus Spaß, sondern aus verschiedenen Gründen, die ich erklären werde: (1) Wie ich eingangs sagte, weil ich die ganze Wahrheit erzählen will. (2) Weil ich keinen wahren Bericht einer solchen Beziehung kenne — einer, der geschrieben ist, meine ich, ohne Begier, im möglichen Leser einem schlechten Geschmack zu gefallen; und (3) weil ich die Überzeugung vertrete, daß, wie die Jahrhunderte vergehen und die Geschlechter nahezu vermischt werden wegen ihrer zunehmenden Ähnlichkeit, diese Verbindungen zum großen Teil aufhören werden, als bloß unnatürlich betrachtet zu werden, und man wird sie viel besser verstehen, zumindest in intellektueller, wenn nicht in physischer Hinsicht... Ich glaube, daß dann die Psychologie der Menschen wie die meine ein Gegenstand des Interesses sein wird, und ich glaube, man wird erkennen, daß viele Menschen meines Typs leben, mehr als im gegenwärtigen System der Heuchelei allgemein zugestanden wird. Ich sage nicht, daß solche Personen und die Verbindungen, die von ihnen kommen, bejammert werden, wie das jetzt der Fall ist; aber ich glaube, daß ihre größere Verbreitung und der Geist der Aufrichtigkeit, von dem man hofft, er werde sich mit dem Fortschritt der Welt ausbreiten, zu ihrer Anerkennung führen wird, wenn auch nur als unvermeidliches Übel. Der erste Schritt in diese Richtung solcher Aufrichtigkeit muß getan werden durch die allgemeine Zulassung normaler, aber unerlaubter Beziehungen und durch die Erleichterung von Scheidungen oder möglicherweise durch die Rekonstruktion des Konzepts der Ehe. Solch ein Voranschreiten muß notwendigerweise von den gebildeteren und den freien Klassen kommen. Da ›unnatürlich‹ ›außerhalb der Natur‹ bedeutet, kann man nur von der zivilisiertesten, weil am wenigsten natürlichen Gesellschaftsklasse erwarten, daß sie solch ein Produkt der Zivilisation toleriert. Ich schlage daher die vollkommen akzeptierte Theorie vor, daß in der Tat Fälle von doppelter Persönlichkeit existieren, in denen das weibliche und das männliche Element wechselweise vorherrschen. Ich trage dies in einem unpersönlichen und wissenschaftlichen Sinn vor und beanspruche, daß ich mit der Qualifikation der inneren Kenntnis rede, die ein berufsmäßiger Naturwissenschaftler nur nach Jahren des Studiums und indirekter Information erlangen könnte, weil ich das Forschungsobjekt immer zur Hand habe, in meinem eigenen Herzen, und die genaue Wahrhaftigkeit dessen abschätzen kann, was mir meine eigene Erfahrung sagt. Wie frei auch immer, die Menschen würden immer etwas verbergen. Ich kann vor mir selbst nichts verbergen.«[363]

Das, was Vita über sich selbst sagt, wurde durch ihr forsches Auftreten bestätigt. In ihrer Liebesbeziehung mit Violet Trefusis trug Vita als »Julian« mehrfach Männerkleider — solche »Verkleidungen« tauchen auch in ›Orlando‹ auf. Vita liebte das Reiten und Autofahren. Als Harold an der britischen Botschaft in Persien arbeitete, fuhr Vita mit dem Auto durch unwegsames Gelände.

Leonard Woolf, selbst als guter Autofahrer bekannt, hat über Vitas Fahrstil berichtet: »Von Vita an einem Sommernachmittag auf dem Höhepunkt der Saison durch den Londoner Verkehr gefahren zu werden — sie war eine sehr gute, aber ziemlich exzentrische Autofahrerin — und zu hören, wie sie einen aggressiven Taxifahrer in seine Schranken verwies, auch wenn sie im Unrecht war, ließ einen Tonfall in ihrer Stimme erkennen, den die Sackvilles und Buckhursts in Kent vor sechshundert Jahren im Umgang mit ihren Leibeigenen benutzten oder gar in der Normandie dreihundert Jahre früher. Sie gehörte in der Tat in eine Welt, die vollkommen verschieden von der unsrigen war, und die lange Reihe der Sackvilles, Dorsets, De La Warr und Knole mit seinen dreihundertfünfundsechzig Räumen hatten ihrem Geist und ihrem Herzen ein Bestandteil verliehen, das uns fremd war und uns zuerst den intimen Umgang erschwerte.«[364]

Das Riesenschloß Knole mit seinen 365 Räumen und 52 Treppenhäusern ist größer als Hampton Court. Elisabeth I. übereignete es ihrem Lord High Treasurer Sir Thomas Sackville. Virginia hat in ›Orlando‹ Knole *inszeniert* unter Rückgriff auf Vitas 1922 erschienenes Buch ›Knole and the Sackvilles‹. Knole wird bei Virginia Woolf zur Metapher aristokratischer Großartigkeit, gelegen in schönster englischer Parklandschaft.

Es wird gezeigt als Ganzheit des Disparaten, als Resultat einer vielhundertjährigen Baugeschichte ebenso wie Orlando selbst in seiner Summe, seiner Identität die Jahrhunderte durchschritten hat.

Der Romanschluß in ›Orlando‹, ja der ganze letzte, ernstere Teil des Buches, faßt die gesamte Existenz Orlandos in einem assoziativen Gewebe zusammen, spannt ein Netz über die Geschichte Orlandos, versucht also die Zeit umzusetzen in eine Gegenwartsstruktur, ein Erleben, das die Zeitbestimmungen außer Kraft setzt, das Nacheinander durch ein Nebeneinander ersetzt. Es ist wichtig, daß Orlando Shelmerdine heiratet, der als idealer Ehemann die Idee der Androgynie verlebendigt. An ihm sind weibliche Tendenzen deutlich wie an Orlando männliche. Dieser Querverweis macht die Harmonie ihrer Beziehung aus. In einem Sieg über die Zeit, über den Tod, mit der Einheit der Erfahrung, endet ›Orlando‹.

Am 20. Oktober fuhren die Woolfs mit Vanessa und Angelica nach Cambridge, wohnten dort bei Pernel Strachey, Lyttons ältester Schwester, die als Principal of Newnham College wirkte. Virginia hielt einen Vortrag vor der Arts Society des College. Am Tag darauf traf sie sich zum Lunch mit Dadie Rylands in dessen Räumen im King's College. Dadie hatte 1927 den Posten eines Fellow of King's doch noch bekommen.

Nur eine Woche später reiste Virginia Woolf nochmals, nicht gerade begeistert, nach Cambridge, diesmal zusammen mit Vita Sackville-West, um im Girton College am 26. Oktober 1928 über ›Frauen und Romanliteratur‹ zu sprechen.

Virginia stürzte sich nach dem Ereignis ihrer Frankreichreise mit Vita sowie nach dem Erscheinen von ›Orlando‹ nicht gleich wieder in die Arbeit, da sie erst einmal in ihrem »Narrenglück« — wie sie es nannte — aufatmen konnte. Dennoch schrieb sie für die ›Yale Review‹ einen Aufsatz über Dr. Burney. Burney, ein englischer Musiker des 18. Jahrhunderts, gehörte zum Freundeskreis von David Garrick, Sir Joshua Reynolds und Dr. Samuel Johnson und ist zudem durch seine Berichte von Europareisen bekannt geworden. »Ich bin Orlando ein wenig leid...«, schrieb Virginia Woolf. »Ich denke, es ist das Schreiben, nicht das Gelesenwerden, das mich anregt. Da ich nicht schreiben kann, solange ich gelesen werde, bin ich immer ein wenig hohlherzig; aufgedreht; aber nicht so glücklich wie in der Einsamkeit. Die Aufnahme, wie sie sagen, übersteigt die Erwartungen. Der Verkauf übersteigt unsern Rekord der ersten Wochen.«[365]

Im November hatte sich Virginia immer noch nicht völlig von ›Orlando‹ erholt. Mittlerweile war ihr Name in aller Munde: »Ich denke, ich kann sagen, daß ich jetzt unter den berühmten Autoren bin. Ich war zum Tee bei Lady Cunard — hätte jeden Tag zum Lunch oder zum Dinner gehen können.«[366]

Lady Cunard, die Londoner Patronin der Künste, besaß die berühmte Dampfschiffahrtsreederei gleichen Namens. Virginia Woolf nahm den Reichtum und den Glanz des Cunardschen Hauses in Grosvenor Square zur Kenntnis, durchschaute aber auch die Oberflächlichkeit des dort vorgeführten Repräsentationsbetriebs: »...grob und gewöhnlich und langweilig sind diese Cunards und Colefaxes — trotz all ihrer erstaunlichen Fähigkeiten im Handel des Lebens.«[367]

Für Virginia galt ›Orlando‹ als schnelles, brillantes Buch. Sie wollte aber wieder ihrer Eigenart des Erforschens der menschlichen Seele nachgehen in einem neuen Werk, mit dem sie sich schon des längeren beschäftigte. Der Spaß, die Phantasie des ›Orlando‹ genügten ihr nicht zur Weiterführung ihres schriftstellerischen Lebensweges. Diese Weiterführung bezog Virginia auf ihren Plan, ›Die Motten‹ zu schreiben, »ein abstraktes, mystisches, augenloses Buch: ein Schauspiel-Gedicht«.[368]

Virginia Woolf traf in der ersten Novemberwoche mit Desmond MacCarthy zusammen, dessen schlampig geniale Skepsis ihr mißfiel, weil Desmond auf diese Weise den Eindruck erweckte, er habe nunmehr alles hinter sich, »so daß ihn nichts mehr erschüttern könnte«. Virginia ärgerte sich immer über Haltungen nach dem Grundsatz »Nichts Neues unter der Sonne«, weil sie gerade auf das »Unterwegssein« größten Wert legte. Die Welt der bürgerlichen Literaten hielt sie daher oft für farblos und abgegriffen, so daß ihr Vita noch als Fackel in all dieser Düsternis vorkam.

Inzwischen traten die Kritiker mit ihrem Urteil über ›Orlando‹ an die Öffentlichkeit. Arnold Bennett kritisierte den Roman im *Evening Standard* vom 8. November 1928 als nicht auf der Höhe des Romans ›Die Fahrt zum Leuchtturm‹, doch Virginia Woolf versuchte, diese und ähnliche Stimmen zu überhören.

Der 48. Geburtstag von Leonard Woolf wurde in Rodmell gefeiert. Virginia las Lytton Stracheys Buch ›Essex und Elisabeth‹, ein biographisches Werk über die große englische Königin und ihren Günstling, beurteilte es aber als schwach. Am 28. November dachte Virginia daran, daß an diesem Tage ihr Vater Sir Leslie Stephen 96 Jahre alt geworden wäre, und betonte, daß — hätte er länger gelebt — sie nie eine bedeutende Schriftstellerin hätte werden können: »Sein Leben würde meines völlig beendet haben. Was wäre geschehen? Kein Schreiben, keine Bücher; — unvorstellbar.«[369]

Virginia und Vanessa belebten in dieser Zeit gesellige Abende nach dem Dinner, die für gewöhnlich in Vanessas Wohnung 37 Gordon Square stattfanden. Die Gesellschaften wurden gut besucht, durften als gelungen betrachtet werden und erinnerten an die längst vergangenen Donnerstagabende von Bloomsbury: »So vergehen die Tage, und ich frage mich manchmal, ob man nicht hypnotisiert ist wie ein Kind von einer Silberkugel vom Leben; und ob dies Leben ist. Es ist sehr schnell, hell, aufregend. Aber vielleicht oberflächlich. Ich würde meine Kugel in meine Hände nehmen und sie still fühlen, rund, glatt, schwer und so würde ich sie halten, Tag für Tag. Ich werde Proust lesen, denke ich. Ich werde rückwärts und vorwärts gehen.«[370]

Virginias Kreisen um ihren Roman ›Die Motten‹ verstärkte sich. Sie begann, einige Seiten zu schreiben, die sie dann durchdachte und umschrieb. Der Schaffensprozeß für dieses neue Buch setzte somit ein. Die Frucht dieses Romans reifte langsam heran: »Die Motten verfolgen mich noch, kommen — wie sie es immer tun — ungebeten, zwischen Tee und Dinner, während Leonard das Grammophon laufen läßt. Ich entwerfe eine Seite oder zwei; und zwinge mich, dann aufzuhören. In der Tat muß ich gegen einige Schwierigkeiten ankommen. Zum ersten Ruhm. Orlando hat sich sehr gut gemacht.«[371]

Doch Virginia wollte auf keinen Fall die äußere Schreibweise von ›Orlando‹ fortsetzen. Sie beabsichtigte, jetzt einen Text zu schreiben, in dem jedes Atom gesättigt war. »Ich denke alles

Leere zu eliminieren, das Tote, das Überflüssige: den Augenblick ganz geben; was immer er einschließt. Sagen, daß der Augenblick eine Kombination des Gedankens, der Empfindung, der Stimme des Meeres ist. Wüste, Tod kommen vom Einschluß der Dinge, die nicht zum Augenblick gehören; dieses abstoßende erzählerische Geschäft des Realisten. Vom Lunch zum Dinner zu gelangen: es ist falsch, unwirklich, bloß konventionell. Warum soll man irgend etwas in der Literatur zulassen, das keine Poesie ist...«[372]

Der Dezember des Jahres 1928 begann wie so oft mit langen, großen Parties, auf denen sich Bloomsbury traf. In einem Brief vom 2. Dezember an Vita Sackville-West schrieb Virginia von dem Plan, am 15. Januar 1929 nach Berlin zu reisen, um dort Harold Nicolson zu besuchen.

›Orlando‹ ging mittlerweile in die 3. Auflage, nachdem schon über 6000 Exemplare verkauft worden waren. Die Hogarth Press verkaufte zwischen 100 und 150 Exemplaren pro Tag. Virginia Woolf empfand zum ersten Mal seit ihrer Heirat die Sicherheit, getrost Geld ausgeben zu können. Dennoch fühlte sie sich schuldig fast bei jedem Penny, den sie für etwas bezahlte. Die puritanische Verzichtsmoral steckte zu tief in ihr, als daß sie diese hätte abschütteln können.

Am Weihnachtstage trafen die Woolfs Samuel Koteliansky, der immer noch als armer Teufel in der Nähe des Regents Park wohnte. Sie sprachen über Middleton Murry, D. H. Lawrence und Aldous Huxley, dessen Roman ›Point Counter Point‹ »Kot« sehr schätzte und Virginia zur Lektüre empfahl.

Die Woolfs fuhren am 3. Januar 1929 nach London zurück. Dort erfuhren sie von vielen Menschen, wie beliebt Virginias Roman ›Orlando‹ war. Dieses Buch blieb ein anhaltender Erfolg. Von der amerikanischen Ausgabe waren Anfang Januar 13000 Exemplare verkauft. Virginias Schwester Vanessa hingegen vermochte mit ihren neuen Gemälden keine öffentliche Reaktion hervorzurufen. Virginia zeigte sich mit ihrem Erfolg zufrieden:

»So habe ich etwas anstelle von Kindern, & setze mich herab, unsere Leben zu vergleichen. Ich bemerke meinen eigenen Rückzug aus diesen Sehnsüchten; meine Absorption in das, was ich ungenau Ideen nenne: diese Vision.«[373] Im selben

Tagebucheintrag schrieb Virginia: »Nun, ist das Leben sehr solide oder sehr wechselhaft? Ich werde verfolgt von diesen beiden Gegensätzen. So ist das immer weiter gegangen: wird ewig so bleiben; geht bis zum Grund der Welt — in diesem Moment, wo ich darauf stehe. Auch ist es vorübergehend, fliegend, diaphan. Ich werde vorbeigleiten wie eine Wolke auf den Wellen.«[374]

Virginia hatte wochenlang an ihrem langen Aufsatz ›Phasen der Romanliteratur‹ geschrieben, »30 000 Wörter in 8 Wochen«; er erschien 1929 in drei Folgen im New Yorker ›Bookman‹.

Schon vor Weihnachten 1928 war Vita Sackville-West für zehn Wochen nach Berlin gefahren, um sich mit ihrem Mann Harold Nicolson zu treffen. Die Woolfs kamen auf den Gedanken, die Nicolsons in Berlin zu besuchen. Sie setzten diese Idee recht schnell in die Tat um, und schon am 16. 1. 1929 überquerten Leonard und Virginia den Kanal — diesmal von Harwich nach Hoek van Holland. Sie wohnten in Berlin im Hotel Prinz Albrecht. Am 18. Januar schlossen sich ihnen Vanessa, Quentin und Duncan Grant an, die nach Mitteleuropa gekommen waren, um die deutschen und österreichischen Gemäldegalerien zu besichtigen. Virginia gefiel es nicht in Berlin. Sie mochte die Deutschen nicht, aber auch war ihr der Trubel dieser Stadt ebenso zuwider wie das dortige Gesellschaftsleben.

Am 21. Januar kamen Leonard und Virginia wieder nach London zurück. Vanessa hatte Virginia für die Schiffsüberfahrt nach England das Medikament ›Somnifene‹ gegen Seekrankheit gegeben, das Virginia nicht vertrug. Sie wurde zudem noch durch einen grippalen Infekt geschwächt. Virginia erlitt einen Zusammenbruch auf dem Schiff, so daß sie in den nächsten drei Wochen das Bett hüten mußte. Besonders klagte Virginia über starke Kopfschmerzen. Leonard glaubte, sie hätte sich in Berlin kräftemäßig zu sehr verausgabt durch langes Aufbleiben und endlose Aktivität in der »wilden« Stadt der Zwanziger Jahre.

Virginia traf sich weiterhin häufig mit Vita Sackville-West. Auch blieb Vita ihre wichtigste Vertraute und Korrespondentin, doch das Liebesverhältnis endete damit, daß Vita sich — zu Virginias Unglück — zurückzog. Vitas engste Freundin war nun Hilda Mathison, die als Direktorin beim BBC arbeitete. Es versteht sich, daß Virginia auf Hilda eifersüchtig war. Schon im Berliner Funkturm-Restaurant hatte Virginia Vita gefragt: »Empfindest Du Liebe für mich? oder nur die Wertschätzung, die ein Mitglied des PEN Club für ein anderes Mitglied hat.«[375] Daß die Liebesbeziehung zu Ende gegangen war, wird aus einem Gespräch zwischen Vanessa und Virginia deutlich, das wenig später geführt wurde: »Neulich erzählte ich Nessa die Geschichte unserer Leidenschaft in einer Apotheke. Aber magst Du wirklich gern mit Frauen ins Bett gehen? sagte sie — indem sie ihr Wechselgeld entgegennahm. ›Und wie macht man es?‹ und so kaufte sie ihre Pillen für das Ausland, so laut redend wie ein Papagei.«[376]

Ende Januar dachte Virginia wieder an ihr Romanprojekt ›Die Motten‹, sie erfand Szenen, machte Skizzen. Regelmäßig konnte sie aber im Februar nicht arbeiten, zumal ihr die Ärztin Ruhe und Schonung verordnete. Während ihrer Krankheit schrieb Virginia häufiger als sonst an Freunde und Bekannte. Sie korrespondierte auch mit ihrem Neffen Quentin Bell. Virginia las viel, vor allem die Biographien von Beau Brummell, Constable und Trollope sowie Manuskripte, die bei der Hogarth Press eingegangen waren. Der Februar blieb kalt und ungemütlich. Die Heizungsrohre im Erdgeschoß von 52 Tavistock Square brachen, so daß die Warmwasserversorgung ausfiel. Virginia wünschte sich so sehr, wieder an den ›Motten‹ zu schreiben, doch ihre Gesundung machte nicht die Fortschritte, die nötig gewesen wären.

Am 16. Februar wurde das Erdgeschoß des Woolfschen Hauses überflutet, weil eine Putzfrau die Wasserhähne aufgedreht hatte. Einige hundert Pfund Sterling Verlust mußten die Woolfs hinnehmen wegen zerstörter Lagerbestände. Doch drei Tage später ging es Virginia wieder besser; sie konnte schon allein zur Marchmont Street gehen, um einzukaufen.

Schritt für Schritt erholte sich Virginia nun. Sie vollendete ihren großen Aufsatz ›Phasen der Romanliteratur‹ und überarbeitete ihre Cambridge-Vorträge des Jahres 1928 zu dem Buch ›Ein Zimmer für sich allein‹, das ein Manifest für die Emanzipation der Frauen und besonders der Schriftstellerinnen werden sollte.

In der zweiten Märzwoche ging es Virginia wieder gut. Sie machte Reisepläne für Mai, dem Monat der britischen Wahlen zum Unterhaus. Auch kehrte Virginia mit ihren Gedanken zum Romanprojekt ›Die Motten‹ zurück: »Ich denke — eine völlig neue Art von Buch.«[377] Erst am 28. März nahm sie ihre Tagebucheintragungen wieder auf. Virginia glaubte an den Untergang Bloomsburys und machte sich darauf gefaßt, in Zukunft als Einzelkämpferin weiterarbeiten zu müssen. Sie beabsichtigte, das Abenteuer zu forcieren, Einsamkeit zu ertragen, um gute Ausgangsbedingungen für ihr neues Buch zu schaffen.

Zwar dachte Virginia Woolf nicht daran, ihre Außenkontakte aufzugeben oder ihr gesellschaftliches Leben zu begraben. Der Kern ihres Innenlebens, ihr verborgenes Zentrum blieb den Romanen vorbehalten. Zugleich empfand Virginia an sich und ihren Freunden die Macht des Alterns — »alle faltig & verstaubt« — behielt sich aber doch einen »gebieterischen Strom« ins Innere vor. Sie wähnte sich am Anfang eines anstrengenden Abenteuers und fühlte, daß sie als Schriftstellerin mittlerweile kühner geworden war. In Rodmell beabsichtigte Virginia, einen neuen Raum zu bauen. Auch kauften die Woolfs ein neues Auto — diesmal ein Modell mit einem Sonnenverdeck im Hinblick auf geplante Reisen.

Im kalten und ruhigen April 1929, in welchem sogar noch Schnee in London fiel, arbeiteten beide Woolfs sehr fleißig. Virginia schrieb für die ›New York Herald Tribune‹ Artikel über Cowper, Beau Brummell, die erste Theoretikerin der Frauenbefreiung Mary Wollstonecraft sowie über Dorothy Wordsworth. Mit ihrem Einkommen zeigte sie sich zufrieden: »...Ich verdiene über 1 000 Pfund Sterling im Jahr. Ich kann soviel verdienen wie ich will.«[378]

Die Hogarth Press stellte nach zwölf Aufbaujahren ein stattliches Unternehmen dar. Leonard gab seinen drei wichtigsten Mitarbeitern Anfang April sogar Leistungsprämien, wofür diese sich mit einem Rosenstrauß bei den Woolfs bedankten. Sieben Mitarbeiter gab es im Verlag, der 1928 erstmals einen Profit von 400 Pfund Sterling abgeworfen hatte. Virginia war stolz darauf, daß sie durch ihr Schreiben Menschen Arbeitsplätze verschaffen konnte.

Sie versprach sich Erfolg von ihrer Arbeit ›Frauen und Ro-

manliteratur‹ und hoffte auf einen guten Verkauf der Broschüre. Virginia stellte mit Genugtuung fest, daß sie in diesem
Frühjahr nicht sehr von Besuchern belästigt wurde, so daß sie
ihr berühmtes, »fiktives« Ich vergessen konnte, um ganz in
ihrer Arbeit aufzugehen. Doch diese Ruhe hielt bei ihrem ab-
wechslungsreichen Lebensstil natürlich nicht lange vor.

Anfang Mai schloß Virginia die Überarbeitung von ›Frauen
und Romanliteratur‹ ab, so daß sie den Text Leonard zum
Lesen geben konnte. Virginia freute sich über jede Ruhepause
— »wir haben zu viele Leute gesehen« —, doch Ruhe konnte
nicht zur Lebensformel für sie werden. Sie traf Sydney Waterlow, der 1926—28 britischer Botschafter in Bangkok und Addis
Abbeba gewesen war und nun in London von seinen großen
Zeiten in Asien berichtete. Viel Freude hatte Virginia an Julian
Bell, der sich in Cambridge glänzend entwickelte: »(er) ist zweifellos der wichtigste Student in King's College, und bekommt
vielleicht ein Fellowship, und auch Maynard scheint schon tief
beeindruckt zu sein von ihm, ...«[379]

Auf einer Party trafen die Woolfs den jüngeren Schriftsteller
William Plomer und Roger Fry. Roger war alt geworden. Mit
seinen dreiundsechzig Jahren brauchte er Vanessa als Antriebs-
quelle. Auch Saxon Sydney-Turner tauchte nach langer Unterbrechung wieder bei den Woolfs auf. Beide fanden ihn unver-
ändert in seinem Stil und in seinen Marotten. Immer noch gehörte Saxon zu den Wagnerianern und war gerade im Begriff,
sich den ›Ring des Nibelungen‹ anzuhören. Sein Leben vollzog
sich zwischen Büroarbeit, Platon-Lektüre und Schachspiel. Virginia schrieb: »...und er wird diese Dinge fortsetzen, als ob sie
die ausgesuchtesten Dinge wären, bis er stirbt.«[380]

Immer wieder einmal betrachtete Virginia ihr Leben als eine
Mischung: es verlief zwischen dem »Absinken« in Geselligkeit
und dem »Hindernisspringen«, einem Bild für das Schreiben.
Virginia fand sich in der Situation, diese Hindernisse nehmen
zu müssen; gelang es ihr, so stand sie immer wieder vor dem
nächsten Nichts. Der Rhythmus des »Woolf-Jahres« wurde
Virginia bewußt. Sie dachte mittlerweile daran, die Bilanz ihres
Werkes zu ziehen und eine Gesamtausgabe zu veröffentlichen.
Die Einheitsausgabe der Werke Virginia Woolfs (uniform edi-
tion) wurde denn auch wirklich von der Hogarth Press ange-

fangen, mit ›The Voyage Out‹, ›Jacob's Room‹, ›The Common Reader‹ und ›Mrs. Dalloway‹.

Im Mai gab es für Virginia Ärger mit dem New Yorker Verleger Brace, der zu ihrem Unwillen ›Frauen und Romanliteratur‹ *nach* ›Phasen der Romanliteratur‹ veröffentlichen wollte. In Rodmell hatten die Bauarbeiten noch nicht ihren Abschluß gefunden. Virginia fühlte sich deshalb unwohl, aber auch ungnädig gegen andere. Sie flüchtete sich in die Lektüre Prousts, beurteilte ihre Situation schließlich aber doch noch optimistisch: »Weil diese Unglücke ganz klar sehr kleine triviale Unglücke sind, & grundsätzlich bin ich die glücklichste Frau in W. C. 1 (Bloomsbury). Die glücklichste Ehefrau, die glücklichste Schriftstellerin, der geschätzteste Bewohner, so sage ich, des Tavistock Square. Wenn ich meine Segnungen zusammenzähle, dann belaufen sie sich auf mehr als meine Sorgen; sogar wenn ich all diese Fliegen in den Augen habe.«[381]

Leonard und Virginia machten im Mai Pläne für den Sommer; im Juni beabsichtigten sie, nach Cassis zu fahren, was für ihre Reisegewohnheiten spät war.

In England stand die Wahl zum Unterhaus unmittelbar bevor. Virginia rechnete mit einem Sieg der Konservativen, was sich aber als irrige Annahme erwies, denn Ramsay Mac Donald wurde wieder Premierminister.

In der letzten Maiwoche unternahm Virginia einen merkwürdigen Gang durch London zusammen mit Sydney Waterlow. Zuerst nahm Sydney Virginia mit in seinen vornehmen Club, der einen gesonderten »Damenempfangsraum« besaß. Dort tranken die beiden einen Cocktail, nachdem sie im Speisesaal am Mahagonitisch unter Portraits »großer Staatsmänner« diniert hatten. Noch in den späten Zwanziger Jahren — aber zum Teil noch heute — konnten Frauen in den Londoner Clubs nur als Gäste erscheinen. Wenige Clubs lassen gegenwärtig Frauen als Mitglieder zu. Die alten konservativen Clubs geben ihre alten Regeln nicht auf. Der Streifzug durch London endete dann bei den MacCarthys am Wellington Square in Chelsea.

Virginia dachte mittlerweile immer ernsthafter daran, mit ihrem Roman ›Die Motten‹ zu beginnen, begnügte sich aber immer noch mit Entwürfen und Schreibversuchen: »Jeden Morgen schreibe ich eine kleine Skizze, um mich selbst zu amüsieren.«[382] Und sie setzte ihre Gedanken über die Art des neuen Romans fort: »Ich will nicht versuchen, eine Geschichte zu erzählen ... ein denkender Geist. Sie könnten Inseln des Lichts sein. — Inseln im Strom, den ich zu übermitteln trachte: Leben wie es weitergeht. Der Strom der Motten, der konsequent diesen Weg nimmt. Eine Lampe & ein Blumentopf in der Mitte. Die Blume kann sich immer verändern. Aber da muß mehr Einheit zwischen jeder Szene sein, als ich gegenwärtig finden kann. Autobiographie könnte er genannt werden.«[383]

Diese Stelle verdeutlicht, wie sehr sich Virginia Woolf schon auf ihr Thema eingelassen hatte, wenn sie diesem auch in der verwirklichten Romanfassung eine Weite geben sollte, die sich in den Elementen »Blume« und »Motte« noch nicht anzeigt. Am 30. Mai fuhren die Woolfs nach Rodmell, weil sie in das dortige Wählerverzeichnis eingetragen waren. Bei dieser Gelegenheit besuchten sie Leonards Mutter in Worthing. Der Sieg der Labour Party beeindruckte Virginia wenig. Sie fand es schrecklich, daß Lottie und Nelly auch die Labour Party gewählt hatten. Für Virginia trug die Vorstellung, von Lottie und Nelly »regiert« zu werden, einen Schreckenscharakter.

Leonards Mutter ging es gesundheitlich so schlecht, daß sie von Krankenschwestern gepflegt werden mußte. Virginia sah schon am 31. Mai 1929 voraus, daß sie selbst Selbstmord begehen würde, vielleicht, um dem natürlichen Tod zu entgehen, vor dem sie einen unüberwindlichen Horror empfand: »Ich nehme an, daß die menschliche Natur, so gefühlsmäßig, so irrational, so instinktiv wie sie in ihr (Mrs. Woolf, Leonards Mutter) ist, aber nicht in mir, diese Schönheit besitzt; dies ist, was sie ›elementare Qualität‹ nennen. Man mag sie auch bekommen, wenn man 76 ist. Man wird vielleicht nicht zum Schreibtisch gehen & dieses einfache & tiefe Papier über den Selbstmord schreiben, das ich mich zurücklassen sehe für meine Freunde.«[384]

Am 4. Juni fuhren Leonard und Virginia mit der Eisenbahn nach Cassis über Folkestone — Boulogne — Paris — Marseille. Sie hatten die Idee aufgegeben, das Auto mitzunehmen, da sie nur eine gute Woche in Frankreich bleiben wollten. Sie wohnten wieder in Fontcreuse, nahmen wie bei ihrem letzten Cassis-Besuch die Mahlzeiten zusammen mit Duncan und Vanessa ein.

Das Leben in Frankreich gefiel Virginia, die den Süden liebte: »Das Leben ist sehr angenehm hier, in einer alten französischen Villa in einem Weinberg« schrieb sie an Margaret Llewelyn Davies. Virginia konnte sich nun von London erholen, saß gern am Meer, fuhr nach Aix en Provence, ging abends in den Hafen, um dort zu essen und die heimkehrenden Fischerboote zu beobachten. Auch das Gespräch mit Fremden, die nicht wußten, wer sie war, tat ihr gut in der menschlichen Ungezwungenheit.

Virginia kritzelte in Frankreich an einem Aufsatz über den Dichter Cowper, wurde aber abgelenkt durch die Schmetterlinge, die um ihre Schreibfeder flogen. Schließlich gönnten sich die Woolfs »Extravaganzen«, indem sie zum ersten Mal in ihrem Leben Pulte, Tische, Sideboards und Geschirr für Rodmell erstanden. Immer noch mußte Virginia innerlich gegen Vanessa ankämpfen, die sie als schöner empfand und die sie wegen der Kinder für die erfolgreichere Frau hielt: »... und ich habe mit Orlando 2000 Pfund Sterling verdient & kann Leonard hierherbringen & ein Haus kaufen, wenn ich will.«[385]

Duncan fuhr die Woolfs auf ihrer Rückreise nach Arles. Am 14. 6. 1929 trafen sie wieder in England ein. Nach ihrer Rückkehr aus Frankreich konnte sich Virginia nicht sofort auf das Arbeitsleben umstellen. Die Druckfahnen ihres Buches ›Ein Zimmer für sich allein‹ lagen vor und mußten korrigiert werden. Ebenso hatte Virginia die Korrekturen des ›Common Reader‹ zu lesen. Doch sie mochte nichts tun, lehnte es auch ab, Briefe zu schreiben, wiewohl sie dieser Pflicht nicht entkommen konnte: »Die Zeit hängt schlapp am Mast«[386] trug sie in ihr Tagebuch ein.

Die Woolfs trafen Lytton Strachey. Man sprach über sein letztes Buch ›Elisabeth und Essex‹, an dem Lytton selbst zweifelte. Virginia dagegen besaß als Autorin inzwischen eine so unangreifbare Position, daß sie Lytton nicht mehr beneidete; sie hatte ihn hinter sich gelassen.

Am 16. Juni besuchte Desmond MacCarthy Leonard und Virginia in Rodmell. In seinem schmuddeligen Aufzug, genialisch wie immer, tauchte er im Monks House auf, stritt sich diesmal aber nicht mit Virginia über das Schreiben. Desmond berichtete vom Apostel-Dinner in Cambridge. Dort sei es zu einem »Aufruhr« gekommen, weil Julian Bell in seiner Jung-fernrede steckengeblieben war. Er hatte seine Notizzettel durcheinandergebracht, konnte den roten Faden nicht mehr finden und setzte sich seelenruhig hin. Virginia war begeistert über dieses Verhalten »in seiner bewundernswerten Stephen-schen Solidität.«[387]

In der vorletzten Juniwoche besuchten die Woolfs erneut Leonards Mutter, fuhren aber sogleich nach Rodmell zurück. Virginia las den ›Common Reader‹ kritisch durch und kriti-sierte ihr locker gefügtes Schreiben; sie entschloß sich, argu-mentativer zu arbeiten und mehr Konzentration aufzubringen.

Die Korrekturarbeiten machten Virginia melancholisch. Ein-ziges Gegenmittel in solcher Verdüsterung war das kreative Schreiben — und endlich sah Virginia den Beginn ihres Romans ›Die Motten‹ deutlicher: sie wollte mit der Beschreibung von Schulkindern anfangen, um dann ihren *Lebensstrom* darzustel-len. Jedes einzelne Kind der Gruppe sollte in seinem Wesen vor-geführt werden, bevor der Strom als solcher einsetzt. Aber Vir-ginia Woolf plante zudem, das Geräusch der Wellen im ganzen Roman vernehmbar zu machen.

Wenige Tage später hatte sich Virginias Stimmung wieder aus dem Tief erhoben und sie tauchte ein in das wirblige Leben Londons. Auch dieser Wirbel bedeutete eine Anstrengung, wie ein Brief an Vanessa vom 30. 6. verdeutlicht: »Liebster Dol-phin, jeden Augenblick werde ich aufhören müssen, um Saxon hereinzulassen, aber wenn ich nicht mit dem Schreiben an-fange, weiß Gott, wann ich es dann tun werde. So ist das Leben in London. Nimm zum Beispiel diesen Nachmittag. Ich dachte, ich würde die Sickerts (Gemäldeausstellung) sehen. Natürlich war die Ausstellung geschlossen. Indem ich mich umdrehe, um zur National Gallery zu gehen, renne ich Saxon in die Arme, der deshalb um 5 kommt; ich ging zur National Gallery, sah Clive die Treppe heraufgehen; faßte den Entschluß, daß alle Besinnlichkeit unmöglich war; und begnügte mich so mit der Büste unseres Großvaters ... und anderen Kadavern in der Na-tional Portrait Gallery.«[388]

Virginia gab eine Party. Eine Reihe der alten Freunde kamen zum Dinner, so Roger Fry, Clive, Lytton und Vita. Doch auch die Kontakte zur Labour Party blieben erhalten, vor allem durch Leonard. Am 30. Juni gingen die Woolfs zu einer Party, auf der sie eine Reihe von Regierungsmitgliedern und Parlamentariern trafen.

Virginias Einkünfte aus ihrer schriftstellerischen Arbeit stiegen im Jahre 1929 beträchtlich: im ersten Halbjahr 1929 hatte sie 1800 Pfund Sterling verdient, so daß sie sich Jahreseinkünfte von 4000 Pfund Sterling versprach: »fast das Gehalt eines Kabinettsministers«.[389]

Wegen ihres Romanprojekts dachte Virginia daran, fürs erste mit dem Artikelschreiben aufzuhören, zumindest bis zum März 1930. Der neue Roman sollte mit äußerster Sorgfalt geschrieben werden. Anfang Juli konnte sie endlich mit der Niederschrift des Buches beginnen.

Der Sommer 1929 in Rodmell tat Virginia gut; sie fand das Leben auf dem Land »göttlich frisch«. Nicht nur das frisch gemähte Gras, das zu Bündeln aufgestellt war, gab den Downs ein besonderes Gepräge. Virginia freute sich über ihr renoviertes Arbeitshäuschen im Garten und über Leonards ausgebautes Studio.

Doch der Sommer trug auf ungleiche Züge; das Telefon verfolgte Virginia. Viele Menschen lenkten sie von ihren Arbeiten ab. Ka Arnold-Forster kam zu Besuch, und Virginia wurde von der Eifersucht geplagt, als sie erfuhr, daß Vita Sackville-West mit ihrer Freundin Hilda Mathison in Val-d'Isère Urlaub machte, ohne Virginia etwas davon gesagt zu haben. Diese Geschichte rief wieder Virginias schlimme Kopfschmerzen hervor. Sie bat Vita um eine Erklärung. Virginia sorgte sich aber auch um Vita, die im Treppenhaus von Long Barn unglücklich gefallen war und sich den Rücken verletzt hatte.

Den August über schrieb Virginia an ihren vier Artikeln für die *New York Herald Tribune* unter anderem über Mary Wollstonecraft. Mary Wollstonecraft gilt zu Recht als eine der interessantesten Frauengestalten am Ende des 18. Jahrhunderts. Sie begründete sachlich die Frauenrechtsbewegung mit ihrer berühmten Abhandlung ›Eine Verteidigung der Rechte der Frauen‹ (1792), dem ersten Manifest der Frauenemanzipation. Mary war kein Blaustrumpf. Sie lebte zeitweilig mit dem so exotischen wie romantischen Johann Heinrich Füßli (Henry Fuseli) zusammen, nahm an der Französischen Revolution teil, heiratete den Anarchisten William Godwin und war die Mutter von Mary Shelley, die den weltberühmten Roman ›Franken-stein‹ schrieb.

Virginia Woolf benötigte für das Aufsatzschreiben sehr viel Zeit, die ihr dann für ihren neuen Roman fehlte. Immer häufi-ger dachte sie an diesen Roman und wünschte sich, daran wei-terschreiben zu können. Hinderlich waren auch Streitigkeiten mit Nelly. Immerhin söhnte sich Virginia mit Vita aus.

Am 19. August beendete Virginia ihre Korrekturarbeiten an ihrem Büchlein ›Ein Zimmer für sich allein‹. Dieses Buch setzt sich auf eindrucksvolle Weise (Kap. 6) mit dem Thema der Frauenemanzipation auseinander.

Virginia konnte natürlich auch unleidlich in Gesellschaft sein. Manchmal brach aus ihr ein Groll gegen die jüngere Schriftstellergeneration hervor. Bei Gelegenheit des Besuches von William Plomer in Charleston benahm sich Virginia so wi-derborstig, daß Vanessa sich beinahe für ihre Schwester ent-schuldigt hätte. Virginia trug denn auch bezeichnenderweise in ihr Tagebuch ein: »Ich mag alte Männer von achtzig wie Moore & Yeats, die ihren Geist arbeitsam gehalten haben.«[390]

Über ihren Roman bemerkte Virginia an eben diesem 19. Au-gust: »Ich muß wieder an dieses Buch denken, & Schritt für Schritt in den Brunnen hinuntersteigen.«[391] Wie sah Virginia Woolfs Tageslauf in Rodmell aus? Dies hat sie am Beispiel des 22. August sehr sinnfällig zusammengefaßt: Sie stand an dem besagten Tag um 8.30 Uhr auf und ging erst einmal durch den Garten. Nach dem Waschen nahm sie ihr Frühstück am bereits gedeckten Tisch ein und sah nach der Post. Schließlich nahm sie ein Bad, kleidete sich an, um ihren Arbeitstag zu beginnen. Sie schrieb in ihrem Gartenhaus drei Stunden lang, kurz unter-brochen gegen 11.00 Uhr von Leonard, der Milch brachte und vielleicht Zeitungen. Um 13.00 Uhr hielten die Woolfs ihre Mit-tagsmahlzeit. Nach dem Essen las Virginia und rauchte dabei. Um 14.00 Uhr zog sie sich feste Schuhe an und machte eine Wanderung durch die Felder mit ihrem Hund Pinka. Tee wurde wie in England üblich um 16.00 Uhr getrunken. Danach ver-schwand Virginia wieder in ihrem Gartenhaus, schrieb Briefe, las die Post, die nachmittags kam. Meist griff sie danach zu einer Lektüre, in erster Linie englische Klassiker — bis die Dinnerglocke läutete. Nach dem Dinner hörten Leonard und Virginia gern Musik. Virginia rauchte eine ihrer geliebten schwarzen Zigarren und las wieder bis zum Schlafengehen.

Dies war aber nur das äußere Gerüst des Tages. Für Virginia mußte es ständig angefüllt werden mit Gedanken, Stimmungen, Farben, Wolken, Sonne, Regen, Wind, mit dem Anblick der Bäume, Sträucher und Blumen. Oft fand Virginia im »Einatmen« der schönen südenglischen Landschaft den Anfang zum Schreiben eines neuen Buches.

Dagegen schien ihr London »der Teufel« zu sein, der »einem alle Zeit und den Charakter wegißt, an den Freundschaften knabbert und nichts zurückläßt als einen alten Keks — . . . was man in einem Schrank findet, wenn die Mäuse daran gewesen sind — von der eigenen Seele.«[392]

Öfter als in den vergangenen Jahren dachte Virginia über den Tod nach, über das Sterben selbst, die Sinngebung des Lebens — all dies Themen und wesentliche Fragen, die ihren Roman ›Die Wellen‹ prägen: »Ich meine«, schrieb sie an Hugh Walpole, »warum ist das menschliche Leben aus so inkongruenten Dingen aufgebaut, und warum sind alle Ereignisse so völlig irrational...«[393] Schon im Jahre 1929 macht sich in Virginias Briefen ein Widerwille gegen das Briefeschreiben deutlich, der zuvor schon vereinzelt aufgetreten war. Sie hat seit dieser Zeit zwar noch großartige Briefe geschrieben, doch viele ihrer Mitteilungen tragen einen gehetzten Charakter, sind knapp, geschäftlich, aber auch ausdrucksarm. Immer wieder schwingt sie sich zu stilistischen Glanzstücken in diesen Briefen auf, doch bleibt als allgemeiner Eindruck zurück, daß sie unter dem Druck ihrer sich verkürzenden Lebenszeit stand.

Den Anfang zu ihrem bedeutendsten Roman ›Die Wellen‹ konnte Virginia Woolf nicht auf Anhieb finden. Dieser Roman ist der schwierigste, den sie je schrieb, obwohl es irrig wäre, wollte man ihre Romane einzeln betrachten. Alle Romane Virginia Woolfs hängen eng miteinander zusammen und bilden ein Ganzes. Der Beginn ihres Buches lag Virginia »auf der Zunge«, aber sie vermochte ihn nicht auszusprechen. »Dieses Buch würde sich in mir formen, wenn ich meinen Geist schlafen lassen könnte, ruhig wie ein gezeitenloses Meer.«[394]

Am 4. September besuchte Virginia Vita Sackville-West in Long Barn und wurde abends von London mit dem neuen Singer Sunshine abgeholt. Virginia beschrieb Vita und ihr Leben in Long Barn sehr eindrucksvoll: »Sie war ebenso wie immer; schreitend; Seidenstrümpfe; Hemdbluse & Rock; üppig; ungezwungen; abwesend; umfassend und klar mit dem Hauslehrer aus Eton redend, ein bewundernswerter junger Mann, mit einer geraden Nase & weißen Zähnen, der früh zu Bett ging oder in sein Zimmer, uns allein lassend. Ich bemerkte, wie die Jungen ihn Sir nannten & sich mit Bücklingen über seine Hand beugten & dann Vita küßten —; Vita — wie englisch — wie sommerlich & wie upper class — wie angenehm — wie akzentfrei. Ich fühlte, daß dies schon tausend Jahre so geht; zumindest kann ich Sommer wie diese erinnern — weiße Flanellstoffe & Tennis, Mütter & Hauslehrer & englische Häuser und Abendessen mit Motten, die in die Kerzenlichter fliegen und Gespräche über Tennis-Turniere & Damen, die einen ein Leben lang zum Tee bitten — so angenehm, so akzentfrei. Und der Hauslehrer war der ewige Hauslehrer junger Männer, scherzend, herzlich, streng: Nigel mit einer Art Amüsiertheit & Zartheit beobachtend. ›Da sprach der echte Nigel‹, als Nigel sagte, er hoffe, daß er die Bratensoße nicht über seine Hose geschüttet hätte.«[395]

Harold Nicolson gab im September 1929 seinen Posten als Diplomat auf, um unter Lord Beaverbrook in die Redaktion des *Evening Standard* mit dem stattlichen Jahresgehalt von 3500 Pfund Sterling einzutreten. Mitte September fühlte sich Virginia seelisch müde, ließ Leonard allein zu einem Picknick nach Charleston fahren. Sie hatte ihre Korrekturarbeiten und Artikel abgeschlossen; jetzt brütete sie über ihrem Roman. Alles erschien ihr zu langsam; sie brauchte Zeit, um ihre literarische Phantasie anzufeuern. So blieb Virginia mit dem Gefühl der Verlassenheit in Monks House zurück. Auch unterbrachen Besucher wie die Keynes und Angelica Bell Virginias Gedankenstrom, in dem sich ihr neues Werk formte.

Virginia glaubte, daß ihre Lebenszeit schon fortgeschritten sei. Sie wollte sich nicht mehr so sehr von ihrer Arbeit ablenken lassen. Sie hielt sich mit ihren 47 Jahren für einen älteren Menschen, registrierte, daß sie im letzten Jahr noch ohne Brille lesen konnte, was ihr nun unmöglich war. Virginia sinnierte über die

schwierige Lebensphase ihres Klimakteriums, deren Gefährlichkeit sie in ihrem Fall durchaus erkannte. Zwar beruhigte sie
sich damit, daß dies ein natürlicher Prozeß sei, der mit gesundem Menschenverstand durchgestanden werden könnte. Doch
diese rationale »Bewältigung« einer den ganzen Menschen be-
treffenden Wandlung hatte ihre Grenzen. Virginia glaubte, daß
so ihrer Kreativität Abbruch widerfahren würde. Andererseits
hatte sie immer behauptet — und auch erfahren —, daß Veränderungen im psychosomatischen Ganzen ihrer Phantasie entge-
genkamen. Ihre Bild- und Vorstellungswelt wurde somit akti-
viert, daß sie für ihr Schreiben Material fand. Für ihren neuen
Roman wünschte sie sich daher, sechs Wochen das Bett hüten
zu müssen, um voranzukommen.

»Ich möchte in den dunklen grünen Tiefen (des Romans) um-
herschwimmen.«[396] Doch dies blieb zunächst ein Wunsch. Virginia vermochte sich nicht zu konzentrieren, klagte über Kopfschmerzen, las morgens, schrieb Briefe, hatte dabei aber ein
schlechtes Gewissen. Der Morgen gehörte eigentlich dem kreativen Schreiben, doch der Schreibfluß wollte sich nicht einstellen.

Zudem sah Virginia, daß das Auto auch ein Fluch sein
konnte. Die Woolfs waren nun zu beweglich, konnten jederzeit
überall hinfahren. Gern wäre Virginia im Herbst in Rodmell geblieben, um dort noch den Anfang der ›Wellen‹ zu schreiben.

Der Herbst besaß eine Pracht wie selten zuvor: »Nie war der
Garten so schön — alles strahlt sogar jetzt noch; blendet einem
die Augen mit rot & rosa & purpur & Malvenfarbe: die Nelken
in großen Büschen, die Rosen angezündet wie Lampen. Oft
gehen wir nach dem Abendessen hinaus, um diesen Anblick zu
sehen.«[397] Virginia ließ sich, um mit dem Kochen besser zu-
rande kommen zu können, einen Ölofen aufstellen. Sie glaubte
auf diese Weise mehr Zeit zum Schreiben zu gewinnen: »Und
so sehe ich mich selbst freier, unabhängiger — & das ganze
Leben ist ein Kampf um die Freiheit — in der Lage, hierher zu
kommen mit einem Kotelett in der Tasche & für mich allein zu
leben.«[398]

Ende September kauften die Woolfs ein Cottage für Annie
Thomsett aus Rodmell, deren Mutter öfter für Leonard und
Virginia gearbeitet hatte. Annie lebte mit ihrem kleinen Kind

zusammen. Nun arbeitete sie für die Woolfs, hielt Monks House in Ordnung und kochte. Außer Besuchen bei den Keynes in Tilton und bei Vanessa in Charleston planten Leonard und Virginia nach Brighton zu fahren, um am Kongreß der Labour Party teilzunehmen.

Im Oktober verlegten die Woolfs ihren »Wohnsitz« wieder nach London. Am 11. Oktober wußte Virginia endgültig, daß sie ihren neuen Roman ›Die Wellen‹ nennen würde. Sie schrieb sehr sorgfältig an diesem Buch, beachtete den Zusammenhang des Ganzen genauestens. Das Netz des Gesagten und seine Querbezüge forderten langsames Arbeiten.

Zwar sah Virginia viele Freunde, doch fühlte sie sich innerlich einsam, neigte aber auch dazu, diese Einsamkeit zu analysieren:

»Und es ist Herbst; und die Lichter gehen an; & Nessa ist am Fitzroy Square — in einem großen nebligen Raum, mit flakkerndem Licht & ungeordneten Tellern & Gläsern auf dem Boden & die Hogarth Press hat einen Boom. — & dieses Berühmtheitsgeschäft ist ganz chronisch — & ich bin reicher als ich jemals war — & kaufe ein Paar Ohrringe — & für all das, existiert eine Leere & Stille irgendwo in der Maschinerie. Aufs Ganze gesehen, macht es mir nicht viel aus; weil, was ich liebe, ist, aufzulodern und von Seite zu Seite zu stürmen, angestachelt durch das, was ich Wirklichkeit nenne. Wenn ich nie die außerordentlich durchdringenden Belastungen fühlen werde — der Unruhe oder Ruhe, oder Glück, oder Unbequemlichkeit —, so würde ich in die Zustimmung herabströmen. Hier gibt es etwas zum Kämpfen: & wenn ich früh aufwache, sage ich mir: kämpfe, kämpfe. Wenn ich das Gefühl fassen könnte, würde ich es tun: das Gefühl des Singens der wirklichen Welt, wie man getrieben wird durch Einsamkeit & Stille aus der bewohnbaren Welt.«[399] So schwierig wie das Schreiben erschien für Virginia Woolf das Sprechen mit anderen, mehr noch die Kommunikation: »Nimm an, man könnte wirklich kommunizieren, wie aufregend würde das sein! Hier habe ich eine ganze blaue Seite bedeckt und nichts gesagt. Man kann höchstens hoffen, etwas vorzuschlagen. ... Das Irrlicht bewegt sich weiter, und ich sehe Lichter (wenn ich nachts im Bett liege oder am Feuer sitze) so hell wie Sterne und kann sie nicht erreichen.«[400] Es ge-

hört sicher zu den Geheimnissen Virginia Woolfs, in einer un-
nachahmlich schönen und bilderreichen Sprache über die
menschliche Sprachlosigkeit geschrieben zu haben.

Die Lebensanstrengung verstärkte sich für Virginia mit zunehmendem Alter. Sie lebte und arbeitete wie jemand, der
gegen einen Widerstand ankämpft, gegen eine Gewalt der Zerstörung, des Aufgebens.

Virginia Woolf strengte sich beim Arbeiten an den ›Wellen‹
außerordentlich an. Sie konnte höchstens eine Stunde lang pro
Morgen schreiben. Dann tippte sie ihr Handmanuskript mit der
Maschine ab und war mittags um 12.00 Uhr völlig erschöpft.

Am 24. Oktober 1929 erschien in der Hogarth Press und
gleichzeitig bei Harcourt Brace in New York ›Ein Zimmer für
sich allein‹. Das Buch wurde von Kritikern und Freunden begeistert aufgenommen. Virginia arbeitete sehr fleißig, korrespondierte mit amerikanischen Verlegern und konnte in dieser
Zeit nur noch telegrammartige Briefe schreiben.

Schwächezustände Virginias unterbrachen die Arbeit an
ihrem Roman immer wieder. Doch zugleich lieferten sie ihr die
Entspannung der Phantasie, aus der neue kreative Impulse
kamen: »Wenn ich noch vierzehn Tage im Bett bleiben könnte
(aber dazu besteht keine Aussicht), könnte ich wahrscheinlich
›Die Wellen‹ als Ganzes sehen... Ich glaube, diese Krankheiten
sind bei mir — ... — zum Teil mystisch. Es passiert etwas in
meinem Geist. Er weigert sich, neue Eindrücke aufzunehmen.
Er kapselt sich ab. Er verpuppt sich. Ich liege apathisch da, oft
mit starken Schmerzen — wie im vorigen Jahr; das einzig Unangenehme dabei. Dann explodiert plötzlich etwas.«[401]

Die Tage nach dem Erscheinen von ›Ein Zimmer für sich allein‹ empfand Virginia als Hin- und Herschwanken zwischen
Glücksgefühl und Depression. Sie träumte, sie würde binnen
eines halben Jahres an einer Herzkrankheit sterben und fürchtete sich vor Krankheit und geistiger Verwirrung. Virginia bedrängte sogar Leonard zu versprechen, nach ihrem Tode wieder zu heiraten.

Das Buch über die Emanzipation der Frau als Schriftstellerin
verkaufte sich gut. Virginia freute sich darüber, war aber viel
radikaler engagiert in bezug auf ›Die Wellen‹. Das Schreiben
dieses Romans türmte Schwierigkeiten auf Schwierigkeiten.

Wie konnte sie ihre Figuren vor den Hintergründen *Zeit* und *Meer* herausarbeiten? Immerhin hatte Virginia im Oktober 1919 sechsundsechzig Seiten ihres Romans geschrieben.

Am 5. November, einem Sonntag, fuhren die Woolfs zur Inspektion der Bauarbeiten nach Rodmell. Virginias Zimmer war schon bis zur Fensterhöhe aufgemauert worden. Leonard wiederholte seine Kündigung als literarischer Herausgeber der *Nation*, mußte aber bis zum Februar 1930 im Amt bleiben, da sein Nachfolger nicht eher abkömmlich war.

Mitte November verschlechterte sich Virginias Gesundheitszustand: sie zitterte, konnte sich nicht konzentrieren, führte Selbstgespräche. Zudem stand ein neuer Streit mit Nelly an, der Virginia belastete. Sie war es leid, immer wieder Szenen mit Nelly durchzustehen und litt darunter, mit ihr unter einem Dach leben zu müssen. Am 12. Dezember sollte Nelly daher endgültig entlassen werden. Doch Ende November kam es — wie schon so oft — zur Aussöhnung.

Virginia beschäftigte sich neben ihren laufenden Arbeiten mit den Korrekturen ihres Romans ›Die Fahrt zum Leuchtturm‹, der als Band 5 der Gesamtausgabe ihrer Werke in der Hogarth Press erscheinen sollte. In diesen Novembertagen sprach Virginia im BBC: sie las am 20. November ein Manuskript über Beau Brummell, den zeitweiligen und dann verstoßenen Freund des Königs Georg IV., der als ›Prince of Pleasure‹ und Erbauer des maurischen Brighton Pavillion bekannt wurde. Am 30. November verkündete Virginia stolz, daß sie den zweiten Teil ihres Romans ›Die Wellen‹ zu schreiben begonnen habe.

Im Dezember beendeten die Handwerker den Umbau in Rodmell: Dach, Fußböden und Fenster waren fertiggestellt. Man konnte durch die neuen Fenster weit hinaus ins Land sehen: auf die überschwemmten Wiesen und die sturmzerzauste Gewitterlandschaft, die zeitweilig von Hagelschauern überzogen wurde. Virginia vermochte bei diesem Sichaustoben der Naturgewalten nicht zu schlafen, stand mitten in der Nacht auf, um das Dorf zu beobachten mit seinen erleuchteten Fenstern. Die Stürme tobten so sehr, daß Bäume in Rodmell umstürzten. Einige Menschen kamen sogar in diesem Orkan in Südengland ums Leben.

Virginia hatte sich wieder mit Begeisterung den Autoren des Elisabethanischen Zeitalters zugewandt. Ihre Lesekenntnisse kamen ihr zugute, als sie für die zweite Serie ihres ›Common Reader‹ den Aufsatz ›Die merkwürdigen Elisabethaner‹ verfaßte. Virginia Woolf las auch solche Autoren des 16. Jahrhunderts, die sich mit der Theorie der Dichtkunst beschäftigten, was sie natürlich besonders interessant fand.

Schon im Alter von fünfzehn Jahren hatte Virginia die abenteuerliche Geschichte der englischen Seefahrt von Richard Hakluyt gelesen. Hakluyt (1552—1616), Zeitgenosse William Shakespeares, führte in den englischen Schulen den Gebrauch von Globen und sonstigen geographischen Lehrmitteln ein. Die Reiseberichte Hakluyts hatte ihr der Vater aus der Britischen Bibliothek — einer Präsenzbücherei! — mit nach Hause gebracht. Doch für Virginia und Leonard gab es nicht nur solch angenehme Dinge wie das Lesen alter Autoren. Sie mußten sich anstrengen, um überhaupt Ruhe zum Lesen zu bekommen. Das benachbarte Royal Hotel in Rodmell unterhielt eine Jazz-Kapelle, die abends so laut spielte, daß die Woolfs das nicht ertragen konnten. Leonard wurde beim Hotel vorstellig, hatte aber keinen Erfolg, so daß er schließlich Klage vor Gericht erhob. Am 15. Januar des Jahres 1930 gewann er den Prozeß. Virginia regte sich über diesen Rechtsstreit auf, überlegte schon lange vor der Verhandlung, was sie sagen würde. Sie fühlte sich müde, klagte über Zahn- und Kopfschmerzen, konnte nicht schreiben.

Unerwarteterweise wurde Virginias Buch ›Ein Zimmer für sich allein‹ ein Riesenerfolg, der ›Orlando‹ noch in den Schatten stellte. Bis zum 14. Dezember 1929 wurden allein 5500 Exemplare verkauft. Mit ihrem Roman kam Virginia aber kaum voran: »Nach einem Morgen des Grunzens und Stöhnens kann ich 200 Wörter vorzeigen: und die sind so bizarr wie zerbrochenes Porzellan.«[402]

Virginia wußte sehr wohl, daß sie die Freiheit des Schreibens, ihre vom Äußeren her doch unbeschwerte Schriftstellerexistenz Leonard verdankte: »Leonard mag streng sein; aber er ist anregend. Alles ist möglich mit ihm.«[403] Am 15. Dezember besuchten die Woolfs ein Theaterstück von Edgar Wallace, ›Der Kalender‹, zusammen mit ihrer Nichte Ann, der Tochter

Adrian Stephens. Sie sahen den König und die Königin in der Loge des Wyndham Theatre in Begleitung der Herzogin von York, Ehefrau des späteren Georg VI. und heute von den Engländern liebevoll Queen Mum genannt. Virginia beschrieb sie damals als »eine schlichte, plaudernde, liebliche kleine rundgesichtige junge Frau in Rosa: aber ihr Handgelenk glitzerte vor Diamanten, ihr Kleid wurde an der Schulter von Diamanten zusammengehalten.«[404]

Über Weihnachten blieben die Woolfs in Rodmell. Am 21. Dezember kamen sie im Monks House an, mit der Absicht, vierzehn Tage dort zu bleiben. Virginia bezog ihr neues Wohnschlafzimmer. Vor allem begeisterten sie die Ausblicke auf die Landschaft der Downs. Beide Woolfs fühlten sich in dieser Weihnachtszeit glücklich und zufrieden. Einzig betrüblich erschien ihnen die Verschandelung der Landschaft durch Neubauprojekte.

Während der Weihnachtszeit blieben Leonard und Virginia allein; sie hatten ihrem Besuch abgesagt. Der Roman ›Die Wellen‹ kam nicht zügig voran — ansonsten klagte Virginia aber nicht: »Ich schreibe Variationen von jedem Satz; Kompromisse; schlechte Versuche; Möglichkeiten; bis mein Schreib-Buch wie der Traum eines Verrückten aussieht. Dann vertraue ich einiger Inspiration beim Wiederlesen; & schreibe sie mit Bleistift in Sinnvolles um. Doch ich bin immer noch nicht zufrieden. Ich denke, es fehlt etwas.«[405]

Zwischen den Jahren kam Clive Bell nach Rodmell und sprach mit Virginia über ihre Romane. Er kritisierte ›Ein Zimmer für sich allein‹ und betonte, daß ›Orlando‹ besser sei als ›Die Fahrt zum Leuchtturm‹ mit der Begründung, daß Virginia »keine sexuellen Empfindungen habe«.[406] Für Clive war es klar, daß Virginia lauter ›Orlandos‹ schreiben müsse, aber keine ›Leuchttürme‹. Virginia gab ihm nur teilweise Recht: ein literarisches Werk stehe und falle nicht mit den Voraussetzungen sexueller Empfindung beim Autor. Überhaupt hob Virginia hervor, liege ihre Stärke in den Selbstgesprächen und Gedankenströmen, weniger in den Umrissen von Personen.

Maynard Keynes und seine Frau Lydia fuhren am 28. 12. mit Chauffeur und Rolls Royce bei den Woolfs vor — und störten ihren Frieden. Maynard Keynes hatte sich einen Spitzenplatz als Wirtschaftstheoretiker, Geschäftsmann und als Politiker erworben. Virginia konnte das übertriebene Statusvorzeigen nicht leiden. Wie schwierig sie auch war, nie wurde sie unbescheiden. Öffentliche Ehrungen hat sie zeitlebens ausgeschlagen.

In Rodmell mußte Virginia auch zumeist Manuskripte für die Hogarth Press lesen. Anfang Januar 1930 studierte sie die Texte eines siebzehnjährigen Mädchens namens Joan Easdale. Joan hatte Gedichte und Prosa geschrieben, die so gut waren, daß die Woolfs zwei Bände ihrer Arbeiten veröffentlichten. Am 5. Januar 1930 trafen Leonard und Virginia wieder in Bloomsbury ein.

Schon am 8. Januar fand bei den Woolfs eine kleine Abendgesellschaft statt, zu der Lady Ottoline Morell, Goldie Dickinson, Quentin Bell, Hilda Mathison und William Plomer kamen. Auf einer Party, die Vanessa für die elfjährige Angelica gab, sollten die Gäste »Alice in Wonderland«-Kostüme tragen. Roger Fry erschien sehr eindrucksvoll als weißer Ritter, behangen mit Ketten und Werkzeugen, während Virginia als Hase ging. Die Einladungen und Parties häuften sich im Januar. Inmitten dieses Trubels schrieb Virginia in ihren stillen Stunden an ihrem Roman weiter.

Virginia kümmerte sich immer um Vanessas Kinder, wenn es ihre Zeit erlaubte. So ging sie am 19. Januar mit Angelica in eine Aufführung des Märchens »Der gestiefelte Kater«, versorgte Julian, der einfach in das Haus am Tavistock Square »hereingeschneit« kam. Julian beabsichtigte, sich im Londoner Juristenkolleg Lincolns Inn einzuschreiben, nahm aber schließlich Abstand davon. Er kehrte im Herbst 1930 nach Cambridge zurück, um eine Fellowship Dissertation über Alexander Pope für sein King's College zu verfassen.

Ihren 48. Geburtstag feierte Virginia am 25. Januar in Rodmell. — Das Jahr 1929 hatte sich für sie als außerordentlich erfolgreich erwiesen; sie hatte 3000 Pfund Sterling verdient, was dem Gehalt eines hohen Staatsbeamten entsprach. ›Die Wellen‹ kamen nicht so gut voran, wie Virginia sich dies wünschte. Die Schwierigkeit lag für sie darin, die einzelnen Teile des Buches zusammenzufügen und sie durch anfängliche Naturszenen geschickt miteinander zu verbinden. Immer dann jedoch, wenn Virginia spontan und direkt das Gefühl empfand, daß ihr das Schreiben gelang, war sie innerlich beruhigt und balanciert.

Wie in den vorhergehenden Jahren steigerte sich Virginias Anfälligkeit für Erkältungskrankheiten nach dem Jahreswechsel. Diesmal bekamen Leonard und Virginia beide eine Grippe. Für Virginia bedeutete die Grippe eine Unterbrechung ihres Schreibens: »Eine Wolke schwimmt in meinem Kopf. Man ist zu körperbewußt & herausgestoßen aus dem Gleis des Lebens, um zum Romanschreiben zurückzukehren.«[407] Sogar ein Flügelsurren empfand Virginia in ihrem Kopf, das sie oft bei ihren Krankheiten verspürte.

Im Februar konnte Leonard Woolf endlich seinen anstrengenden Posten des literarischen Herausgebers bei der Zeitschrift Nation aufgeben. In den letzten Monaten hatte ihn diese Arbeit sehr angestrengt und in den vielen anderen Tätigkeiten behindert. Im Februar und März stellte Vanessa mit großem Erfolg ihre neuen Gemälde in der Cooling Gallery, New Bond Street aus. Virginia schrieb die Einleitung für den Katalog. Zu Beginn dieser Ausstellung hatte Duncan für Virginia, Vanessa und Lytton ein Essen gegeben, das in einer amüsierten Stimmung endete, in welcher Duncan und Virginia die honorigen Juweliergeschäfte in Bond Street »unsicher« machten.

Hatte die Freundschaft, zeitweilig auch das Liebesverhältnis zu Vita Sackville-West in den vorangehenden Jahren eine bedeutende Rolle für Virginia Woolf gespielt, so lernte sie am 20. Februar 1930 eine andere interessante Frau kennen, mit der sie allerdings schon korrespondiert hatte: »Es gibt nichts, was ich lieber täte als Sie zu sehen — und Sie würden mich gern haben«,[408] schrieb Virginia an diese Frau. Die Empfängerin des Briefes war Dame Ethel Smyth, die Komponistin, Schriftstellerin und Feministin. Ethel hatte trotz großer Widerstände ihre musikalische Karriere durchgesetzt, wozu ihr wohl die väterliche Moral verhalf. Ethel Smyth stammte aus der Familie eines britischen Generals. Sie studierte in Leipzig im Brahmskreis und schrieb über ihr Leben verschiedene autobiographische Bücher. Als Virginia Ethel kennenlernte, war sie bereits 71 Jahre alt.

Man kann sich schwerlich einen markanteren Gegensatz vorstellen als den zwischen Ethel Smyth und Virginia Woolf. Ethel legte einen festen, willensbestimmten Ton an den Tag, stapfte mit militärischem Schritt die Treppen in 52 Tavistock Square hinauf, wenn sie Virginia besuchte.

Sie schaffte es, Virginia binnen 15 Minuten ihres ersten Besuches zu duzen und eine Freundschaft zu begründen. Virginia vermochte dieser so feinsinnigen wie robusten Erscheinung nicht zu widerstehen. Ethel liebte den Sport; sie ritt und spielte ausgezeichnet Golf. Die für Virginia Woolf oftmals strapaziöse Freundschaft mit Ethel Smyth und die Arbeit am Roman ›Die Wellen‹ führten zur Überanstrengung.

Virginia hütete den ganzen Rest des Februar über das Bett oder ruhte im Wohnzimmer auf dem Sofa, um zu lesen. Sie litt an ihren notorischen Kopfschmerzen und glaubte, wenn sie nur noch vierzehn Tage im Bett bleiben könnte, so würde sie die Gestalt der ›Wellen‹ erfassen: Doch die Motte in Virginia schüttelte bald ihre Flügel, und sie konnte wieder schreiben. Virginias Geist arbeitete am besten in der Muße, im Kranksein oder Trödeln. Dies erinnert an Lord Macaulays berühmte Charakterisierung Dr. Samuel Johnsons: »Er war träge und doch ein Arbeitstier.« Virginia las die Byron-Biographie von André Maurois und griff dann zu Byrons Epos ›Childe Harolds Pilgerfahrt‹, das ihr gut gefiel. Sie glaubte zu Recht, daß Byron ein erstklassiger Romanschriftsteller hätte sein können, da seine Werke einen seltenen Reichtum aufweisen an Erscheinungen, Empfindungen und Situationen, ja sie berühren die verschiedenartigsten Gegenstände.

Ende Februar 1930 wurde Virginia erneut von Kopfschmerzen geplagt, und am 1. März notierte sie ihre Absicht, bald nach Rodmell fahren zu wollen. Ihre Arbeit am Roman zog sich in die Länge. Virginia mußte all ihre Kraft zusammennehmen, um mit diesem Buch zu Rande zu kommen. Sie fühlte sich ausgelaugt von den Anstrengungen des Schreibens. Um jeden Preis aber sollte dieser Roman vollendet werden.

Deshalb lehnte Virginia das Angebot von Heinemann in London und von Doubleday in New York ab, eine Boswell-Biographie zu schreiben, die ihr immerhin 2000 Pfund Sterling eingebracht hätte. ›Ein Zimmer für sich allein‹ war so erfolgreich, daß insgesamt 11 000 Exemplare abgesetzt wurden.

Anfang März fuhren die Woolfs für ein paar Tage nach Rodmell. Dort ließ Virginia die Natur auf sich wirken, beobachtete die Sonnenstrahlen an einem perlgrauen Tag, sah den Wolken nach und den Vogelscharen, die am Himmel flogen. Die ›Wellen‹ stellten solch hohe Anforderungen an Virginias Schreibkunst, daß sie nie mehr als eine Stunde pro Tag schöpferisch formulieren konnte. Sie erreichte einen hohen Grad an Lebendigkeit in ihrem Text, so daß sie sich mit dem zu identifizieren vermochte, was ihre Romanfiguren dachten und empfanden. Dies gilt vor allem für Rhoda, die in vielem ein Selbstportrait Virginia Woolfs ist.

Die Woolfs hatten den Prozeß wegen ruhestörenden Lärms gegen das Hotel in Rodmell zwar gewonnen, doch die Hotelgesellschaft wollte sich offenbar an ihnen »rächen«, indem sie die Pacht für 52 Tavistock Square überboten. So sah sich Virginia gezwungen, nach einem anderen Haus in Bloomsbury zu suchen, doch die Imperial Hotel-Gesellschaft verfocht ihr »Anliegen« nicht bis zum letzten.

Am 11. März bekam Virginia Besuch von Margaret Llewelyn Davies, die jahrelang die Britische Frauenkooperative geleitet hatte. Margarets früher Ruhestand machte sie in Virginias Urteil fade und durchschnittlich:·»Muß das Alter so formlos sein? Der einzige Ausweg ist geistige Arbeit. Ich werde eine Geschichte der englischen Literatur schreiben, denke ich, in diesen Tagen (meines Lebens).«[409] Immer wieder drängten sich ›Die Wellen‹ in Virginias Bewußtsein. Sie ging nicht aus, besuchte weder Theater noch Konzerte, weil sie mit ihrem Roman zu Ende kommen wollte. Es bestand kein Zweifel daran, daß dieser Roman Virginias ehrgeizigstes Vorhaben darstellte und daß sie sich auf dem richtigen Wege befand.

Sie fühlte die Last des Buches, die Erfordernisse der Form, zugleich aber seine Leuchtkraft als Hoffnung am Horizont: »Ich ... halte es für das komplexeste und schwierigste all meiner Bücher. Wie ist es zu beenden, es sei denn durch ein ungeheures Gespräch, in dem jedes Leben seine Stimme haben soll, ein Mosaik...«[410]

Das Frühjahr 1930 war schon Ende März sehr mild. Virginia machte Spaziergänge in den Straßen Londons, die beruhigend auf sie wirkten. Auch konnte sie schon bei geöffnetem Fenster im Hause sitzen. Vanessa hatte das schöne Wetter zum Anlaß genommen, nach Charleston zu fahren.

Anfang April begann Virginia die Umrisse des letzten Kapitels der ›Wellen‹ zu skizzieren, doch sie verfehlte ihr selbst gestecktes Ziel, blieb unzufrieden mit dem Entwurf. Sie traf nach langer Unterbrechung Lytton Strachey. Lytton schien offenbar erleichtert, daß nicht über Literatur gesprochen wurde, sondern über Männer, Liebe zwischen Männern, über Skandal in Bloomsbury sowie über die Leidenschaft zwischen Gabriele D'Annunzio und Eleonora Duse.

Mitte April schien Virginia mit dem Roman Fortschritte gemacht zu haben: sie könne in wenigen Zügen das Wesen einer Figur darstellen und habe sich entsagungsvoll an den ursprünglichen Plan des Buches gehalten, um seine Geschlossenheit zu steigern. Der Osteraufenthalt in Monks House begann am 16. April. Virginia lenkte sich mit praktischen Aufgaben ab: sie kochte manchmal und backte Brot. In dieser Zeit fielen die Würfel für ihren große Roman: »...mein Buch, eine sehr flackernde Flamme im Augenblick, beginnt sich zusammenzuziehen.«[411] Endlich erkannte Virginia, daß der Schlußpunkt ihres Buches in ihrer Perspektive lag. Am 23. April 1930 schrieb sie in ihr Tagebuch: »Dies ist ein wichtiger Morgen in der Geschichte der ›Wellen‹, weil ich denke, daß ich um eine Ecke gebogen bin & den letzten Wellenschlag geradeswegs vor mir sehe. Ich denke, daß ich Bernard in die letztgültige Schrittfolge bekommen haben. Er wird jetzt geradeaus weitergehen; & dann an der Tür stehen; & dann wird ein letztes Bild der Wellen vorkommen.«[412]

Am 24. April gab es für Virginia eine interessante Abwechslung. Die BBC sendete über 45 Minuten ein Gespräch zwischen Vita Sackville-West und Harold Nicolson über das Glück. Virginia und Leonard verfolgten die Sendung aufmerksam an ihrem Radio und waren beide begeistert: »Bei Gott, ich nenne das erstklassig!« schrieb Virginia am 25. 4. an Vita, doch im selben Brief findet sich der Stoßseufzer: »O Herr, wenn ich dieses Buch beenden könnte.« Virginia sehnte die Erholung nach der Beendigung des Romans herbei: »O Herr & dann eine Ruhepause; & dann ein Artikel; & dann zurück zu diesem gräßlichen Gestalten & Formen.«

Am 29. April 1930 vermochte Virginia endgültig, die letzte Zeile ihres Romans in der ersten Fassung zu schreiben: »Ja, es war die größte Anspannung des Geistes, die ich jemals erfahren habe; sicherlich die letzten Seiten; ich denke nicht, daß sie so sehr schlapp machen wie gewöhnlich. Und ich denke, daß ich mich strikt und asketisch an den Plan gehalten habe. Soviel will ich zur Selbstgratulation sagen. Aber ich habe niemals ein Buch so voller Löcher und Flicken geschrieben; das es nötig hat, neu aufgebaut zu werden, ja, nicht nur Neumodellierung. Ich fürchte, die Struktur ist falsch. Macht nichts. Ich hätte es leicht und fließend machen können; & dies ist das, was ich erreicht habe nach dieser meiner Vision, die ich hatte, der unglückliche Sommer — oder drei Wochen — in Rodmell, nachdem ich ›Die Fahrt zum Leuchtturm‹ abgeschlossen hatte.«[413]

Nach dem Abschluß der ›Wellen‹ beabsichtigte Virginia Woolf an einem schönen Maitag eine Besprechung über Sir Walter Scott zu schreiben, fand aber keinen Gefallen am Schreiben. Wie bei keinem ihrer vorherigen Romane stellte sich bei Virginia umgehend der Wunsch ein, ›Die Wellen‹ zu überarbeiten. Am 29. Mai erschien in der Hogarth Press Vita Sackville-Wests neuer Roman ›Die Edwardianer‹, der augenblicklich zum Bestseller wurde.

Doch bevor an die Überarbeitung der ›Wellen‹ zu denken war, unternahmen die Woolfs eine kleine Reise nach Südwestengland mit dem Auto. Sie wollten sich entspannen, gleichzeitig nutzten sie diese Fahrt als Vertreter-Reise für die Hogarth Press.

Sie fuhren unter anderem nach Bristol, Bath, Glastonbury, Taunton, Exeter, Truro und Penzance, machten natürlich auch in St. Ives Station. Virginias Gefühl für ästhetische Wohlgeordnetheit entzückte sich am Anblick von Bath: »Dann Bath: ausgesprochen großartig! Jede Straße wie Pope oder Dryden: und überall wohnte Burke oder Sir Walter Scott, Wordsworth und Fanny Burney.«[414] »Bath ist eine großartige Stadt — viel besser als Oxford und Cambridge. Die Konsistenz der Architektur ist erstaunlich; was selbst für Leute gilt, welche im Pump Room Viola spielen — alles reines 18. Jahrhundert. Wir gingen zu einem Konzert.«[415] Die Woolfs besichtigten die riesige Abteiruine von Glastonbury, von der die Legende berichtet, hier sei der sagenumwobene König Arthus begraben worden. Von Taunton aus fuhren Leonard und Virginia durch einen Sturm im Dartmoor, verkauften ihre Bücher in den Buchläden, an denen sie vorüberkamen — ein sehr mühseliges Geschäft. In St. Ives besuchte Virginia Talland House, in dem sie so manchen Sommer ihrer Kindheit verbracht hatte: »Wir hatten eine superbe Fahrt von Penzance über das Moor nach Zennor, und der ganze Ginster leuchtete gegen ein reines blaues Meer, nach St. Ives; wo ich meinen Leuchtturm sah, und das Tor meines Zuhause, durch Tränen dachte (ich) daran, wie meine Mutter in meinem Alter starb.«[416] Über Exeter, Shaftesbury, Salisbury und Winchester kehrten die Woolfs nach Lewis zurück, übernachteten zweimal in Monks House und trafen am 11. Mai wieder in London ein.

Virginia war bestrebt, ihre Energie nunmehr immer konzentriert einzusetzen; sie wollte nicht aufs falsche Gleis geraten, das ihrer Meinung nach sich immer anbietet, wenn die Anstrengung eines großen Buches durchgestanden ist. Virginia fühlte sich nach dieser Anstrengung wie erschlagen: »Ich fühle mich augenblicklich wie ein hilfloses Baby am Strand des Lebens, die Kieselsteine umwendend.«[417] Doch das zu angenehme Leben hielt Virginia Woolf für zerstörerisch in bezug auf geistige Konzentration und Kraft. Deshalb hielt sie daran fest, ihre Form zu wahren.

Virginia schrieb Ende Mai eine Einleitung für eine Sammlung von Briefen englischer Arbeiterinnen, die von Margaret Llewelyn Davies herausgegeben wurden unter dem Titel ›Das Leben, wie wir es kannten‹. Diese Briefsammlung erschien im März 1931 als Buch in der Hogarth Press. Die Abfassung des Geleitbriefes nahm Virginia Woolf sehr ernst, weil ihr die Sache der Arbeiterinnen wichtig erschien.

Über Pfingsten blieben die Woolfs in Rodmell. Dort wurde ein großes Volksfest gefeiert, in dessen Rahmen man sogar Shakespeares ›Sommernachtstraum‹ im Freien aufführte.

Das Verlagshaus der Hogarth Press florierte. Im ersten Halbjahr 1930 hatten Virginia und Leonard jeder 450 Pfund Sterling freies Geld zur Verfügung. Virginia übernahm keine kleineren Auftragsarbeiten mehr, lehnte es auch ab, für den renommierten *Everyman* das Nachwort zu einer Ausgabe von George

Eliots ›Middlemarch‹ zu schreiben. Vita Sackville-Wests Roman ›Die Edwardianer‹, Ende Mai in der Hogarth Press erschienen, ging so gut, daß am 19. Juni 1930 18000 Exemplare verkauft waren. Schon am 8. Juni schrieb Virginia an Quentin Bell: »Vitas Buch ist solch ein Bestseller, daß Leonard und ich Geld einschleppen wie Sardinen aus dem Netz. Wir verkaufen etwa 800 jeden Tag.«[418]

Die Beziehung zu Ethel Smyth beschäftigte Virginia persönlich außerordentlich. Die direkte, so militärisch-knappe wie geniale Art der alten, aber durchaus aktiven Komponistin sprach Virginia an. Zu Ethels Eigenarten gehörte der schnelle Zugriff im Leben. Sie beobachtete genau, sammelte dabei einen beträchtlichen Schatz von Erfahrungen und Einsichten an.

Anfang Juli bat Ethel Smyth die Woolfs zu einer Party in ihr Haus in Coign. Virginia traf an diesem 3. Juli 1930 den Schriftsteller und Diplomaten Maurice Baring (1874—1945) sowie die Herzogin von Sermoneta und Joyce Wethered. Die Herzogin (1880—1954) stammte aus dem Hause Colonna und war Hofdame der italienischen Königin. Sie hatte Mussolini zu Anfang protegiert. Joyce Wethered (geb. 1901) gehörte in die Welt des Sports, für die Ethel sehr viel übrig hatte. Joyce war ein Golf-Champion; sie gewann die britischen Golfmeisterschaften der Damen in den Jahren 1922, 1924, 1925 und 1929. Diese Party gefiel Virginia gut, denn sie bot eine Mischung von Förmlichkeit, Unterhaltung, guten Gesprächen, aber auch Längen und Brüchen. »Es war eine superbe Angelegenheit, rollte und trillerte von Melodie zu Melodie wie ein göttliches Quartett — nein Oktett.«[419] Ethels Haus konnte sich durchaus sehen lassen. Sie besaß einen guten Geschmack, möblierte sparsam, liebte weiße Wände und besaß obendrein einen herrlichen Rosengarten.

Eine andere interessante Party besuchten Leonard und Virginia am 22. Juli bei Edith Sitwell. Edith sah nach Virginias Beschreibung wie ein elfenbeinerner Elefant aus, behangen mit Schmuck und einen Turban tragend. Ja, sie ähnelte gar Heliogabal. Eine stattliche Anzahl kurioser Menschen versammelte sich bei Edith. Gesellschaftsgespräch war der Absturz einer privaten Junker-Maschine bei Meopham in Kent am 21. Juli. Die Insassen und die beiden Piloten kamen alle ums Leben.

Am 25. Juli fuhr Virginia nach Long Barn und kehrte erst am Tag darauf nach London zurück. Virginia, die gern bei den Nicolsons weilte, fühlte sich zufrieden. Vita zeigte ihr neuangekaufte Felder. Harold gab Champagner zum Abendessen, was Virginias Stimmung hob, denn das war ihr Lieblingsgetränk. Erfüllt von diesem Besuch, kehrte sie ins Monks House zurück und erwartete dort Clive Bell zum Tee.

Der jährliche Sommerurlaub in Rodmell hatte für Leonard und Virginia am 21. Juli begonnen. Das Landhaus konnte mittlerweile auf eine beträchtliche »Entwicklung« zurückblicken. Die Woolfs änderten viel an dem Haus, bauten es um — machten ein gemütliches Domizil daraus.

Virginia kaufte neue Stühle, wie sie überhaupt immer wieder Geräte und Möbel für das Monks House angeschafft hatte. So faßte sie den Eindruck des Hauses mit den Worten zusammen: »Und Komfort überall, & einige Anfänge der Schönheit.«[420]

Vor allem gefiel Virginia an diesem Sommer, daß sie ohne Hauspersonal leben konnte. Nach dem Mittagessen waren die Woolfs erstmals seit vielen Jahren bis zum Frühstück des nächsten Tages für sich allein: »Ich gehe spazieren; ich lese; ich schreibe, ohne Terror & Zusammenziehung. Ich backe Brot. Ich brate Pilze. Ich wandere in die Küche hinein und wieder hinaus. Ich habe eine Entspannung neben dem Lesen. Warum haben wir diese Unbequemlichkeit überhaupt so lange ertragen...«[421] In diesem Sommer arbeitete Virginia auch gern in ihrer Gartenhütte. An Ethel Smyth schrieb sie über ihre Zeit in Rodmell: »Man fällt, finde ich, in eine Art Ohnmacht; wird träge wie ein Alligator nur mit seinen Nasenlöchern über dem Wasser. London hält einen in Anspannung; nimm die Spannung weg und der Geist öffnet sich wie eine Blume oder ein alter Handschuh im Wasser.«[422]

Inzwischen »bombardierte« Ethel Smyth Virginia mit Briefen. Sie schrieb täglich, äußerte ihren Wunsch, vor ihrem Tode noch einmal nach Italien zu reisen — offenbar eine versteckte Bitte, daß Virginia sie begleiten sollte. Virginia empfand den Sommer 1930 als erhaben, als eine freie und glückliche Zeit. Sie fand den Anschluß an ihr Buch ›Die Wellen‹, das sie nun letztgültig zu überarbeiten begann, doch sie lockerte die Mühen des Schreibens durch Spaziergänge auf. »Ich mag das ruhige, das profunde langsame Glück am liebsten«, schrieb sie in ihr Tagebuch.[423]

Ihren Roman definierte Virginia als eine Folge von Selbstgesprächen, bei denen es darauf ankomme, daß sie eine rhythmische Gleichartigkeit einhielten, die den Wellen entsprechen.

Ethel Smyth traf am 22. August zum Besuch in Monks House ein und blieb über Nacht. Virginia bemerkte, daß ihre Freundschaft zu Ethel etwas Außergewöhnliches und Unnatürliches an sich trug. Doch die positiven Seiten Ethels überwogen in ihrem Urteil: Großzügigkeit, Offenheit, geistige Interessiertheit und Lebendigkeit. Ethel wurde als Komponistin aufrichtig bewundert von Bruno Walter (1878−1962), dem berühmten Dirigenten. Ethel war mit Lili Wach befreundet, der Tochter Mendelssohns und Ehefrau des Leipziger Juraprofessors Adolf Wach. Ihre äußere Erscheinungsweise sprach für sich: sie liebte es, in Anzügen mit Oberhemd und Krawatte aufzutauchen, was ihrer gedrungenen Gestalt noch mehr Kraft verlieh. Die über siebzigjährige Ethel erklärte Virginia schließlich unumwunden, daß sie sich in sie verliebt habe. Es war eine Liebe, die von Virginias Seite nicht erwidert wurde, es sei denn, in der milden Form echter Sympathie und Bewunderung.

Nach einem harmonischen Sommer wartete ein düsterer Herbst auf Virginia Woolf — zumindest über einige Strecken. Am 2. September berichtete Virginia über heftige Kopfschmerzen, die sie befielen, als sie mit Lydia Keynes den Gartenpfad von Monks House hinunterging. Sie wurde ohnmächtig und mußte von Maynard ins Wohnzimmer getragen werden. Vermutlich hatte Virginia einen Hitzeschlag erlitten.

Doch das Unwohlsein schien nicht so heftig zu bleiben: schon bald konnte Virginia wieder in ihrem Gartenhaus sitzen. Ihren Schwächeanfall interpretierte Virginia als eine Begegnung mit dem Tode, die gleichzeitig Ablehnung des Todes und Zorn gegen das Sterbenmüssen bedeutete.

Insgesamt faßte Virginia das Jahr 1930 positiv zusammen. Die Woolfs konnten mit Zufriedenheit auf ihren hart erarbeiteten Wohlstand blicken. Virginia kaufte Anfang September vier bequeme Sessel für das Wohnzimmer im Monks House.

Lytton sah sie immer seltener, weil er sich einen eigenen Freundeskreis aufgebaut hatte. Traf Virginia Lytton, stellte sich die alte Vertrautheit von selbst ein. Mit der Bell-Familie stand Virginia stets in engem Kontakt. Die Jungen veränderten sich rasch: Quentin, 1929 noch stilisiert und affektiert in seinem Benehmen, trat 1930 lässig und angenehm auf. Julian veröffentlichte gerade sein erstes Buch ›Winter Movement‹ bei dem bekannten Verlag Chatto & Windus. Die Verbindung zwischen Duncan und Vanessa hielt den Zeitläufen stand. Virginia glaubte, daß das Boheme-Leben diesen Zusammenhalt nur förderte. Ihren Bruder Adrian sah sie kaum. Mit Maynard Keynes war der Kontakt enger, Saxon war Virginias Blick entschwunden. Vita Sackville-West blieb für Virginia zeitlebens eine gute Freundin: »Ja — sie war neulich hier, nach ihrer Italienreise mit den beiden Jungen: ein staubiges Auto, Sandalen & Florentiner Leuchter, Romane & so weiter wirbelten auf den Sitzen durcheinander.«[424]

Während ihrer Krankheit konnte Virginia Ethel und Vita nicht treffen, hörte aber beide im Radio: Ethel dirigierte das Promenade Concert in London am 4. September und Vita setzte ihre BBC-Serie über den zeitgenössischen Roman fort. Eine Woche nach ihrer Ohnmacht fühlte Virginia sich schon besser, so daß sie an einem Aufsatz über Hazlitt für ihre amerikanischen Verleger arbeiten konnte. Diese Arbeit nahm sie sehr genau, weil sie erstklassige Literaturkritik vorlegen wollte. ›Die Wellen‹ vergaß sie dabei nicht: »Sie prunken und fliegen wie die Schatten über die Downs, doch die Downs sind wie kauernde Löwen heute, gelb, makellos —.«[425] Für den 9. September hatte sich Vita angesagt, die Leonard und Virginia am Tag darauf nach Sissinghurst Castle mitnehmen wollte.

Virginia und Leonard räumten im Monks House die Zimmer um; Virginias Schlafzimmer wurde nunmehr wegen des herrlichen Ausblicks auf die Landschaft der Downs als Wohnzimmer benutzt. Virginia steigerte Schritt für Schritt die Arbeitsintensität in bezug auf ›Die Wellen‹: »...ich muß meine Welt rekonstruieren, bevor ich darüber schreiben kann.«[426]

Im Herbst 1930 trafen verschiedene Hausbesucher in Rodmell ein, so etwa E. M. Forster. Das Septemberwetter war schön mit klaren, hellen Himmeln, sonnig, aber kühl. Die Honigbienen flogen fleißig hin und her, so daß Leonard auf eine reiche Honigernte hoffte.

Die Besucher ruinierten Virginias Arbeitstage, denn sie mußte sich ja auf sie vorbereiten, das Haus herrichten, eine angenehme Atmosphäre schaffen. Besonders Besucher aus der Familie Woolf regten Virginia auf und brachten sie aus der Balance. Virginia empfand die Woolfsche Verwandtschaft als Horror, da sie eine billige, unkultivierte Stimmung in das Monks House trage, das Ambiente von Earls Court und von drittklassigen Hotels. Besonders haßte Virginia Leonards egozentrische und sympathieheischende Mutter. Für Virginia schien es nicht ausreichend zu sein, wenn sich das Interesse eines alten Menschen nur um »Klatsch, Kuchen und Sympathie« drehte.

Schon Mitte September wendete sich das Herbstwetter in Rodmell; es regnete, wurde kühl und die Blätter fielen von den Bäumen: »Es ist scheußliches Wetter hier, aber wir haben unser neues Wohnzimmer und ein brüllendes Kaminfeuer und sind also sehr gemütlich. Leonards Garten ist wirklich ein Wunder gewesen — riesige weiße Lilien und solch ein Leuchten der Dahlien, daß man sich selbst heute aufgehellt fühlt.«[427] Ende September schrieb Virginia sehr zügig an ihrem Roman. Sie hoffte, daß dies so weitergehen könne: »(ich) zünde eine Zigarette an, lege mein Schreibbrett auf die Knie; und lasse mich wie ein Taucher sehr vorsichtig in den letzten Satz hinab, den ich gestern schrieb. Dann vielleicht nach 20 Minuten, oder es mögen mehr sein, werde ich ein Licht in den Tiefen des Meeres erblicken, und ich nähere mich verstohlen — denn unsere Sätze sind nur eine Annäherung, ein Netz, das man über eine Meeresperle wirft, die verschwinden mag; und wenn man sie heraufbringt, würde sie nie dem gleichen, was ich im Meer gesehen habe: ...«[428]

Die Zeit in Rodmell ging zu Ende. Schon in den ersten Oktobertagen nahmen die Woolfs ihr Leben in Bloomsbury wieder auf. Im Verlag wartete viel Versandarbeit. Zu Virginias Erstaunen hatte sich in amerikanischen Verlegerkreisen herumgesprochen, daß Mrs. Woolfs neuer Roman fertig sei. Zumindest wird daran Virginia Woolfs internationales Ansehen deutlich, das sie bereits erworben hatte.

Virginia Woolf mochte den Herbst 1930 gar nicht, verlor ihre Schreibbegeisterung und saß untätig herum: »Selten kommst

Du jetzt, Geist des Entzückens... Ich brauche Einsamkeit. Ich brauche Raum. Ich brauche Luft. Ich brauche die leeren Felder um mich herum... Mein Gehirn ist zu intensiv tätig; es arbeitet; es wirft einen Artikel über Christina Rossetti ab; & gürtet sich, um mit diesem und jenem fertig zu werden.«[429]

Vanessa und Duncan — die Glücklichen — lebten den Herbst über in Cassis. Virginia stellte sich deren Leben als köstlich vor, dachte an Spaziergänge in den Weinbergen. Um ihre Kopfschmerzen zu »überlisten«, fuhr sie am 22. Oktober nach Hampton Court, ein Ausflug, der auch in den ›Wellen‹ stattfindet. Der Ausflug der Schriftstellerin aber fiel regelrecht »ins Wasser«; es regnete so stark, daß Virginia sich freute, als sie hernach wieder gemütlich vor ihrem Kamin in Bloomsbury sitzen konnte.

Am 24. Oktober fühlte sich Virginia wieder besser und kehrte an ihr »Schreibbrett« zurück, doch es gelang ihr noch nicht der große Anlauf zum Ende des Buches.

Während sie sich immer noch mit ihrer Überarbeitung der ›Wellen‹ abquälte, las sie nebenbei Dantes ›Göttliche Komödie‹ und schrieb melancholisch an ihre Schwester Vanessa: »...ich kann nicht schreiben, wahrscheinlich nie wieder, meine Karriere ist zu Ende, ich überlasse alles Julian, weil ich meine Stahlfedern nicht mehr bekommen kann, und es gibt nur diese rutschigen goldenen Federn, mit denen ich nicht mehr denken kann.«[430] Ende Oktober machten sich die Woolfs Gedanken um die Hogarth Press wie schon oft in den letzten Jahren. Sie wollten den Verlag auf die Anfangskapazität zurückschrauben und nur noch Leonards und Virginias Werke verlegen. Virginia glaubte, daß der Gewinn durch den Verlag in keinem ausgewogenen Verhältnis zu dem notwendigen Engagement stand. So schrieb sie an Vanessa: »...das muß aufhören — es wird zuviel, auch wenn man 2000 Pfund verdient — Leonard arbeitet den ganzen Tag (im Verlag) und ich muß endlos Romane lesen.«[431]

Am 29. Oktober feierten die Woolfs den 80. Geburtstag von Leonards Mutter, ein Fest, das Virginia mißfiel. Es erschien ihr »wie Scheiben von einem langen Kuchen — Scheibe nach Scheibe; keine Schönheit, nichts Exzentrisches.«[432]

Die gesellschaftlichen Aktivitäten in der Londoner »Saison«

boten eine Abwechslung an den regnerischen grauen und windigen Tagen des Herbst, der über London seine dichten Nebelschwaden senkte. Schon in der ersten Novemberwoche kamen Ethel Smyth, Hugh Walpole, Vita Sackville-West, Clive Bell und Hilda Mathison zu den Woolfs zum Dinner oder zum Tee. Virginia sah aber auch Lytton, Carrington, Stephen Tomlin und T. S. Eliot. An Vanessa schrieb sie: »... Lytton bedauert oft, daß er seine alten Freunde nicht mehr sieht und bevorzugt uns vor seinen neuen Freunden, aber wie schwierig ist es, sich zu treffen, und dann sind wir alle so beschäftigt...«[433]

Virginias Neffe Julian Bell veröffentlichte im November seinen ersten Gedichtband. Virginia war froh, daß Julian nicht eigentlich als Lyriker gelten konnte, worin ihr Vita beipflichtete. Für Virginia gab es nur eines: ein Stephen ist talentiert zur Prosa — und er darf nicht ungestraft die Literaturgattung wechseln.

Ottoline hatte sich von ihrer Krankheit wieder erholt und kehrte ins Gesellschaftsleben zurück, während Clive im November 1930 von einer seltsamen Augenentzündung befallen wurde, die man in London durch eine allergologische Behandlung heilen wollte, doch ohne Erfolg. So konnte Clive nicht mehr lesen und schreiben und mußte eine dunkle Brille tragen.

Auf einer Party bei Ottoline Anfang November trafen sich eine ganze Reihe bedeutender Schriftsteller, so auch W. B. Yeats und Walter de la Mare. Virginia hatte Yeats schon 1907 gesehen, als er bereits eine Berühmtheit war, doch nun galt das für Virginia Woolf ebenso wie für W. B. Yeats. Yeats und de la Mare vertieften sich in ein Gespräch über Mystik und Okkultismus, was Virginia — die zuhörte — ziemlich befremdete: »Er und de la Mare können nur kleine Kamingedichte schreiben. Das meiste des Gefühls ist außerhalb ihrer Reichweite. Alles übrig für die Romanciers, sagte ich.«[434] An Vanessa schrieb sie: »Ich ging gestern zu Ottolines Party..., dort fand ich Yeats, den ich für unseren einzigen lebenden Dichter halte — vielleicht ein großer Dichter: auf jeden Fall ein guter Dichter.«[435] Allerdings glaubte Virginia, ihre eigene Kunsttheorie sei weniger verwickelt als die von Yeats und de la Mare. Yeats erschien ihr als Springquell von Wissen, Ideen, Bildern. Er sprach über das geschickte Ausnutzen der Mythologien in der Lyrik T. S. Eliots und Ezra Pounds.

Virginia näherte sich inzwischen dem Ende ihrer Überarbeitung des aufwendigsten Romans, den sie je schrieb. Sie begann Überlegungen darüber anzustellen, was sie danach schreiben sollte. Vanessa kehrte im November aus Frankreich zurück, und Virginia dachte schon an den Woolfschen Weihnachtsaufenthalt in Rodmell. Hatte sie wenig Gefallen daran gefunden, daß Vita mit Hilda Mathison liiert war, so erging es Vita ebenso in Bezug auf Ethel Smyth. Vita machte Virginia sogar Vorwürfe deswegen, schrieb aber wenig später ein Gedicht mit dem Titel ›Sissinghurst‹, das sie Virginia widmete und das 1931 in der Hogarth Press erschien.

Anfang Dezember 1930 stockte Virginias Schreibfluß erneut: sie vermochte die schwierigen Passagen in Bernards Selbstgespräch am Ende der ›Wellen‹ nicht zu fassen.

Schließlich gelang es Virginia nach einigem Zögern doch, den Rest ihres Romans zu überarbeiten. Von der Mitte Dezember ab rechnete sie mit höchstens vier Wochen bis zum endgültigen Abschluß des Manuskripts.

In Europa warfen die Ereignisse schon Schatten auf die kommenden dreißiger Jahre voraus: in Spanien brachen Unruhen aus, in welche der damalige Kommandant der Garnison Jaca, Franco, verwickelt war. Auf den rechten Umsturzversuch Francos reagierten die Arbeiter Spaniens mit einem Generalstreik, nachdem die Regierung das Kriegsrecht verhängt hatte. Die Intellektuellen und Künstler in England verfolgten diese Entwicklungen aufmerksam, die sich bis in den Spanischen Bürgerkrieg erstreckten, in dem Julian Bell starb und in dem Adolf Hitlers Legion ›Condor‹ eine entscheidende Rolle spielen sollte.

Virginia tauchte im Dezember 1930 auf vielen Gesellschaften Londons als Berühmtheit auf. Sie ging immer gern zu Parties, doch manchmal erfaßte sie kalte Wut. Auf einer todlangweiligen Party bei Lady Colefax erzürnte sie sich so sehr, daß sie nach Hause ging, um dort ihr Abendkleid zu verbrennen. Doch dieser Zorn verrauchte auch wieder; die Verlockungen des Gesellschaftslebens mochte Virginia, denn sie gaben ihr die Möglichkeit, sich zu entspannen — dem harten Arbeitstag des Schriftstellers zu entfliehen. Am 12. Dezember schrieb Virginia an Lady Ottoline Morrell: »Das Leben ist zu solch einer Kaskade geworden, daß ich nicht sehe, wie ich im Augenblick herumkommen soll...[436] Und zwei Tage später schrieb sie an Ethel Sands: »...Das Leben ist solch eine Hetze... ich verbringe all meine Zeit damit, Leute zu sehen und nie jemanden, den ich sehen will.«[437]

Ende Dezember fand Virginia den Faden für den Abschluß ihres Romans ›Die Wellen‹. Sie beabsichtigte die zwischengeschobenen Passagen — die Naturszenen — mit der Schlußrede Bernards zu kombinieren, doch sie gab diesen Plan wieder auf. Der Roman sollte mit dem Ausruf »Oh Einsamkeit« enden.

Kurz vor der Abreise der Woolfs nach Rodmell wurde Virginia im Geschäft Marshall & Snelgroves bestohlen. Sie hatte ihre Tasche unbeaufsichtigt gelassen, und ein Dieb hatte sie ihr weggenommen. Schließlich bekam sie ihre Tasche wieder: das Geld war verschwunden, aber ihre Papiere und Schlüssel fanden sich noch darin.

In Monks House trafen Leonard und Virginia kurz vor Heiligabend ein. Am Christabend selbst hatte Virginia Halsschmerzen und Fieber. Dies war der Anfang ihrer obligatorischen Jahresend-Grippe. Sie fürchtete, daß sie ihre kostbare Zeit im Bett zubringen müsse, ohne schreiben zu können, doch es gab auch positive Seiten des Krankseins. Virginia lag in ihrem gemütlichen Bibliothekszimmer, der Kamin brannte, sie las und blickte in die Winterlandschaft hinaus: »Leonard ist wie gewöhnlich ein vollkommener Engel; er trug mein Bett nach oben, wickelt mich in seinen eigenen seidenen Morgenmantel, kocht das Abendessen und beschneidet seine Bäume und erledigt alle Kleinigkeiten gerade als ich dachte, er würde vierzehn Tage Urlaub haben.«[438]

Virginia las mit Interesse Sir James Jeans Buch ›Das Geheimnis des Universums‹, stöberte aber auch durch Daniel Defoes ›Reise durch die ganze Insel von Großbritannien‹ (1724—27) und rundete ihr Lektüreprogramm durch die Briefe der Königin Viktoria ab.

Schließlich kehrte Virginia zu ihren ›Wellen‹ zurück, dachte über die Rhythmik des Romans nach — beabsichtigte, den Lebensstrom ungehindert vom ersten bis zum letzten Buchstaben fließen zu lassen. Eine erfüllte, ungeteilte Ganzheit sollte dieser Roman vor Augen führen. Endlich konnte sie in ihr Tagebuch schreiben: »Wieder im Sattel sitzend, fällt die ganze Welt in ihre Gestalt zurück; es ist dieses Schreiben, das mir meine Proportionen gibt.«[439]

Völlig gesund war Virginia am Jahresanfang 1931 immer noch nicht; sie hatte ihr Fieber nicht abschütteln können. Dennoch glaubte sie, daß der Winter sich auf dem Rückzug befinde und daß die Tage schon länger würden.

Wie schon häufig in den vorausgegangenen Jahren legte Virginia Woolf ihren Arbeitsplan für die nächsten Monate fest — aber welch ein Plan. Zunächst beabsichtigte sie, keine neuen Verpflichtungen einzugehen, sodann wünschte sie, mit sich selbst frei und freundlich umzugehen, sich nicht zu kasteien und vollends sollten ›Die Wellen‹ ein gutes Buch werden. Um das Geldverdienen mochte sie sich nicht mehr reißen — doch hierin nahm Virginia immer eine schwankende Haltung ein. Der wichtigste — und paradoxeste — Vorsatz für das Neue Jahr, den Virginia faßte, war der, sich der Entschlüsse zu enthalten.

Am 7. Januar fuhren Leonard und Virginia wieder nach London. Virginia beschäftigte sich immer mit Büchern, las E. E. Cummings Buch ›Das riesige Zimmer‹ (1922) und die Briefe der Madame du Deffand an Horace Walpole, den Erfinder des englischen Horrorromans. Immer noch fühlte sich Virginia etwas schwach durch die lange Grippe, scheute deshalb davor zurück, ein volles Arbeitspensum auf sich zu nehmen. Wie stand es aber um ihren Roman? »›Die Wellen‹ wurden mit solch einem Hochdruck geschrieben, daß ich sie nicht aufnehmen & durchlesen kann zwischen Tee & Dinner; ich kann daran nur etwa eine Stunde schreiben, von 11.00 bis 11.30 Uhr. Und das Tippen ist fast der härteste Teil der Arbeit. Der Himmel helfe mir, wenn all meine kleinen 80000 Wörter taugen, Bücher mich in Zukunft zwei Jahre kosten würden! Aber ich werde davoneilen wie ein Kutter auf der Seite liegend, in einem schnelleren, schmaleren Abenteuer — einem anderen Orlando vielleicht.«[440]

Nach der Rückkehr der Woolfs an den Tavistock Square kamen die Telefonanrufe in gewohnter Häufigkeit, Menschen gingen ein und aus. Clive Bell, der seit Herbst 1930 an einer infektiösen Augenkrankheit litt, plante nach Zürich zu fahren, um sich dort behandeln zu lassen. Er konnte weder schreiben noch lesen und mußte eine dunkle Brille tragen. Zu den Woolfs kamen im Januar unter anderem T. S. Eliot, Ethel Smyth und John Lehmann. John Lehmann war ein Anwärter auf den Manager-Posten in der Hogarth Press. John war kultiviert, literarisch versiert und besaß einen guten Universitätsabschluß. Neben all den beruflichen und gesellschaftlichen Verpflichtungen berief ein Londoner Schwurgericht Leonard Woolf zum Schöffen. Er hatte dieses Ehrenamt schon mehrmals ausgeübt und entzog sich der Aufforderung nicht, die aber noch zusätzliche Anspannung für ihn bedeutete.

Virginia bereitete einen Vortrag für die ›London National Society for Women's Services‹ vor, den sie am 21. Januar unter dem Thema ›Berufe für Frauen‹ hielt. An derselben Veranstaltung sprach auch Ethel Smyth in einem zweiten Referat. Virginia überlegte, ob sie aus ihrem Vortrag nicht eine Fortsetzung von ›Ein Zimmer für sich allein‹ entwickeln sollte — und dies geschah auch mit dem 1938 erschienenen Buch ›Three Guineas‹.

Am 25. Januar 1931 wurde Virginia 49 Jahre alt. Sie hatte sich endlich wieder an die Arbeit begeben, um ihren Roman zu vollenden. Wiederum erlebte sie einen Augenblick, in dem sie die Gesamtgestalt des Buches vor sich sah. Nun hoffte sie binnen drei Wochen ›Die Wellen‹ abschließen zu können. An diesem Tage schrieb sie stolz an Clive Bell, daß Julian als echter Stephen mit einer Buchbesprechung ins Schwarze getroffen habe: ein Herausgeber verlor seinen Posten und der Fellow aus Cambridge, der das Buch verfaßt hatte, zog es vor, in den Ruhestand überzuwechseln.

Entgegen ihrem Vorsatz, ohne Entschlüsse leben zu wollen, fixierte Virginia den Schlußpunkt des Romans auf den 1. April, denn sie glaubte, daß sie anschließend mit Leonard nach Italien fahren würde, um auszuspannen. Für den September des Jahres 1931 rechnete sie mit dem Erscheinen des Buches. Ende Januar hatten die Woolfs John Lehmann endgültig fest angestellt. Der Herr Manager »residierte« in einem kleinen Raum im Erdgeschoß von 52 Tavistock Square, der noch hinter dem WC lag. Leonard gab John zum Trost eine Grünpflanze, die er sich auf die Fensterbank stellte.

Am 2. Februar glaubte Virginia, sie benötigte noch eine

Woche, bis sie ›Die Wellen‹ abschließen könne: »...niemals habe ich mein Hirn so eng geschraubt über einem Buch. Der Beweis dafür ist, daß ich nahezu unfähig bin, etwas anderes zu lesen oder zu schreiben.«[441]

Virginia freute sich riesig auf den Schluß des Buches, auf die Leere des Geistes, das neue Lesen, die Freiheit vom Joch des unsäglich hart arbeitenden Schriftstellers. Doch wie so oft in solch gedrängten Situationen kamen noch einige Unterbrechungen ihrer Arbeit hinzu: Besuche, Einladungen, Leonards vollgepackter Terminkalender. Ethel Smyth probte am 4. Februar im Haus der Lady Lewis am Portland Place in verblichener Robert Adam-Pracht — und Virginia war bei den Proben zugegen.

Doch am 7. Februar 1931 beendete sie die zweite und endgültige Fassung ihres Romans ›Die Wellen‹. Es war dies der Höhepunkt ihrer schriftstellerischen Laufbahn, der Scheitelpunkt ihres gesamten Lebens: »Hier in den wenigen Minuten, die bleiben, muß ich berichten, dem Himmel sei Lob, den Schluß von ›Die Wellen‹. Ich schrieb die Worte ›O Tod‹ vor fünfzehn Minuten, nachdem ich durch die letzten zehn Seiten mit einigen Momenten solcher Intensität & Berauschung getaumelt bin, daß ich nur meiner eigenen Stimme nachzustolpern schien (als ob ich verrückt wäre). Ich fürchtete mich fast, erinnerte die Stimmen, die vorauszufliegen pflegten. Jedenfalls es ist geschafft; & ich saß diese 15 Minuten in einem Zustand der Glorie, & Ruhe, & einigen Tränen, ich dachte an Thoby & ob ich Julian Thoby Stephen 1881–1906 auf die erste Seite schreiben könnte. Ich glaube nicht. Wie körperlich die Empfindung des Triumphes & der Erleichterung ist! Ob gut oder schlecht, es ist geschehen; & wie ich mit Sicherheit am Ende fühlte, nicht bloß vollendet, sondern abgerundet, komplettiert, das Ding ausgesagt — wie hastig, wie fragmentarisch weiß ich; aber ich meine, daß ich diese Flosse ins Netz getrieben habe in der Wasserwüste, die mir über den Marschen erschien aus meinem Fenster in Rodmell als ich mit der ›Fahrt zum Leuchtturm‹ zum Schluß kam.«[442]

Der Roman ›Die Wellen‹ wurde von vielen zeitgenössischen Kritikern als *das* Meisterwerk Virginia Woolfs bezeichnet — und doch zweifelte Virginia, wie sie es immer tat, ob sie wirklich das vollkommene Kunstwerk geschaffen habe. Im Zusammenhang mit ihrem Roman stellte Virginia Woolf fest, daß sie Symbole nur über *Bilder* (»images«) *andeuten*, aber nie *ausdeuten* wollte.

Im Februar sah Virginia eine Reihe Freunde und Bekannte, traf Aldous Huxley und seine Frau Maria bei einem Dinner in 52 Travistock Square. Aldous erschien Virginia als athletisch-dynamischer Schriftsteller, als beispielhafter Moderner, der stets schrieb, zugleich aber Abenteuer und Reisen liebte. Für das Frühjahr 1931 plante Huxley eine Reise in die Sowjetunion, die er zusammen mit seinem Bruder, dem Biologen Julian Huxley, unternehmen wollte. Virginia Woolf schien sogar neidisch zu sein auf den Huxleyschen »Internationalismus«, denn sie verglich ihr eigenes stetiges, hartes Arbeiten und Zu-Hause-Sitzen mit diesem romantischen Ausschwärmen in die Welt.

Nach dem Abschluß ihres Romans schrieb Virginia einige kurze atmosphärische Skizzen über London, die 1931 als Artikelserie erschienen (›The London Scene‹), arbeitete aber auch wieder für das T.L.S. Das Jahr 1931 wollte sie für ihre Entspannung nutzen. ›Die Wellen‹ hatten sie so erschöpft, daß sie nicht an große Projekte denken mochte. An Ethel Smyth schrieb sie: »Es ist so schwierig zu schreiben, weil — nun, nachdem man ein Buch vollendet hat, springt der Geist wie ein Korken auf dem Meer — ich das Gefühl hasse; ich hatte den Horror vergessen. Ich bin irritierbar und melancholisch...«[443]

Die Woolfs unternahmen Mitte Februar einen Abstecher nach Cambridge, wo sie mit vielen Freunden zusammentrafen, so mit Julian Bell, Peter Lucas, Morgan Forster und Lytton Strachey. Zugleich besuchten sie die Aufführung der Oper ›Faerie Queen‹. Virginia empfand Cambridge als glanzvoll im Februar; die gesellschaftlichen und kulturellen Ereignisse wiesen eine Fülle und Interessantheit auf, die für das trübe Wetter zum Jahresbeginn Ersatz bot.

Virginia mied das Londoner Gesellschaftsleben immer nur zeitweilig. Eine Party bei Lady Roseberry in 38 Berkeley Square zur Feier von Ethel Smyths Orchesterstück ›Das Gefängnis‹ brachte sie aber an den Rand der Verzweiflung und führte fast zu einem Zerwürfnis mit Ethel. Die Champagnerflaschen in eleganten Kühlern auf vergoldeten Tischen waren des Guten zuviel für Virginia. Als sie nach Hause kam, sagte sie zu Leonard:

»Wenn Du nicht hier wärst, würde ich mich umbringen – so sehr leide ich.«[444] Doch wenig später konnte sich Virginia im Kreis ihrer Freunde erholen; sie dinierte mit Clive Bell nach seiner Rückkehr aus Zürich und mit T. S. Eliot, besuchte die Londoner Docks zusammen mit den Nicolsons und dem persischen Botschafter. Virginia schrieb an Ethel Smyth: »...in wie vielen Welten leben wir, und die Inkongruenz der Dinge...«[445] und Clive Bell meldete sie: »Ich habe mein Buch vollendet – ja, aber es ist ein Fehlschlag. Zu schwierig: zu ruckartig, überhaupt zu sehr in den Anfängen.«[446]

Am 27. März 1931 starb Virginia Woolfs alter »Widersacher« Arnold Bennett, den sie trotz aller Meinungsverschiedenheit über Literatur schätzte, ja sie trauerte um diesen »liebenswerten, echten Mann«. Schon am folgenden Tag fuhren Leonard und Virginia nach Liphook, um bei den Webbs in Passfield Corner zu übernachten. Sie besuchten nach diesem Wochenende das englische Unterhaus und nahmen am 31. März am Gedächtnisgottesdienst für Arnold Bennett in der Kirche St. Clement Danes teil.

Virginia arbeitete in diesen Wochen intensiv an literaturkritischen Aufsätzen und an ihren Londonimpressionen. So konnte sie am 7. April an Ethel Smyth berichten, sie habe acht Aufsätze vollendet, fünf über London (›The London Scene‹), einen über Mrs. Browning, einen weiteren über den Scott-Biographen Lockhart und schließlich den achten über Sir Edmund Gosse. – Über Ostern fuhren die Woolfs wie üblich nach Rodmell und kehrten am 9. April nach London zurück. – Virginia ärgerte sich, daß gegenüber Monks House auf Sichtweite Wohnungen gebaut wurden, die sie nach dem Besitzer »Hancock's Horror« taufte.

Über eine geplante Frankreichreise schrieb Virginia sehr ironisch und witzig an ihren Neffen Quentin Bell: »Auch enthielt mein Brief (V. hatte zuvor an Quentin geschrieben, den Brief jedoch verbummelt; Anm. d. Verf.) genaue Anweisungen, mich in Italien zu treffen. Ich sollte im Mai ankommen. Jetzt, Fluch der Hogarth Press, Fluch der Literatur, Fluch Lehmann, Fluch dem Leben – werde ich nicht weiter als bis Frankreich kommen, wohin wir am Donnerstag fahren. Aber nur für armselige 14 Tage; so schreibe hierher. Und Nessa bricht nach Italien auf. Oh, ich könnte sie totschießen dafür, daß sie meinen Urlaub bekommt. Dennoch, man sagt, Frankreich sei sehr schön... Wir nehmen den Singer mit; und zur Probe fuhren wir heute nach Kew, kamen bis zur Euston Road (die nächste große Hauptstraße in nordwestlicher Richtung vom Tavistock Square aus; d. Verf.), brachen dort zusammen, holten die Polizei, mußten einen Krankenwagen rufen und wurden in die Werkstatt gezogen, wo ein wenig Haar, zusammengewickelt in unzähligen Windungen ... entfernt wurde. Das war alles. Aber kein Kew.«[447]

Die Woolfs fuhren vom 16. bis zum 30. April nach Frankreich. Auf ihrer gewohnten Route überquerten sie den Kanal von Newhaven nach Dieppe. Anders als bei ihren vorherigen Reisen verfaßte Virginia ein Reisetagebuch. Trotz reichlichen Regens fühlten sich die Woolfs auf ihrer Frankreichreise wohl. Virginia registrierte die verschiedensten Merkwürdigkeiten: schon in Newhaven fiel ihr im Bridge Hotel ein lesbisches Paar in Männerkleidung auf. Die Überfahrt nach Frankreich geriet zum »Seestück« im Regen und Sturm, fast schwarzer Luft ohne einen Fetzen blauen Himmels. Die Woolfs fuhren am 17. April nach Alencon und von dort nach Saumur an der Loire. Auf dem breit dahingleitenden Fluß war kein Schiff zu sehen, aber auch das Land selbst kam den Woolfs leer vor. Virginia, die zeitlebens durch und durch Engländerin blieb, auch wenn sie die politischen und sozialen Verhältnisse oft kritisierte, beeindruckte es sehr, als sie mit Leonard die Gräber der Plantagent-Könige Heinrich I. und Richard I. in der alten Klosterkirche Fontevrault besuchte.

Doch auch das typisch Französische mochte Virginia: die boulespielenden Männer, die schnurgeraden wie mit dem Lineal gezogenen französischen Landstraßen. Am 20. April erreichten die Woolfs La Rochelle. La Rochelle erinnerte Virginia an Bologna mit seinen alten Häusern und hohen Dächern — eine Lilie unter den Städten. Sie las hier D. H. Lawrence' ›Sons and Lovers‹ und bemerkte: »Jetzt erkenne ich mit Bedauern, daß ein genialer Mann in meiner Zeit schrieb und ich ihn nie las.«[448]

Am 26. April kamen Leonard und Virginia nach Poitiers, von wo aus sie nach Chinon fuhren, dessen Schloß sie »erforschen« wollten. Hier hatte Jeanne d'Arc im Jahre 1429 Karl I. unter seinen Höflingen erkannt. Virginia stellte sich vor, daß die alte Uhr, die sie schlagen hörte, schon Jeanne d'Arc die Zeit verkündet habe. Die interessante Frankreichreise ging nun zu Ende: über Le Mans und Dreux kehrten die Woolfs zum Fährhafen zurück.

Zurück in London, überlegte sich Virginia, was sie in den Sommermonaten tun sollte, denn sie fühlte sich von der Last ihres Buches befreit. Sie regulierte das Zusammentreffen mit Freunden und Gästen, entspannte sich, plante Exkursionen nach Stratford und Edinburgh und beabsichtigte, einige Artikel zu schreiben.

Doch wenig später wandte sich Virginia Woolf wieder ihrem Roman zu, schrieb ihn noch einmal mit der Maschine ab. In den vorangegangenen Wochen hatte sie ihren Freunden gegenüber mit frappierender Sturheit geäußert, daß der Roman ein Fehlschlag sei. Vermutlich wollte sich Virginia auf diese Weise gegen jede Kritik wappnen, denn im Stillen mußte sie gerade von diesem Buch das höchste erwarten — und sie hatte darin recht.

Kurz nach ihrer Rückkehr fuhren die Woolfs nach Rodmell. Virginia hatte sich in Brantome etwas erkältet; sie klagte über Halsschmerzen. Die Zigaretten schmeckten ihr nicht. An Ethel Smyth schrieb sie, sie sei im Kopf »so dumm wie eine Fledermaus«.[449] Im Mai kam Lytton Stracheys Buch ›Miniaturportraits und andere Essays‹, welches Virginia sehr positiv beurteilte: »Das ist seine Linie. Der gedrängte, doch glühende Bericht, der Logik, Vernunft, Gelehrtheit, Geschmack, Witz, Ordnung & unendliches Geschick erfordert — das paßt zu ihm viel besser, denke ich als die größere Ordnung...«[450]

Ende Mai bekam Virginia Kopfschmerzen, die sich nicht verloren, als sie mit Leonard über Pfingsten nach Rodmell fuhr; »Wenn es nicht wegen der göttlichen Güte Leonards wäre, wie viele Male würde ich an den Tod denken; immer so niedergeschmettert wie ich bin; aber jetzt sind die Erholungen voll unendlicher Erleichterung.«[451] Über Pfingsten strahlte die Sonne in Rodmell. Selbst das Gras schien durchsichtig zu sein. Die Freunde von Leonard und Virginia befanden sich zu dieser Jahreszeit im Ausland: Clive weilte in Frankreich, Vanessa lebte in Rom. Dort trafen sich Duncan Grant und Roger Fry mit ihr. Virginia, die nicht so viel reiste wie ihre Schwester, legte Wert darauf, daß Monks House bequem eingerichtet war: elektrisches Licht und ein elektrisch betriebener Kühlschrank waren inzwischen vorhanden. Leonards Gärtner, der alte Bartholomew, wurde krank, so daß er sich für die anstehenden Arbeiten eine Aushilfe aus Glynde heranzog. Haus und Garten waren gepflegt. Virginia fand es göttlich, frischen Spargel aus dem eigenen Beet zu essen.

Die Beziehung Virginias zu Ethel Smyth wurde im Mai und Juni 1931 Belastungen ausgesetzt, weil Ethel Virginia ganz für sich beanspruchte, ohne auf ihre Fragilität und Sensibilität genügend Rücksicht zu nehmen. Ethel behelligte Virginia mit ihrer Lebens- und Leidensgeschichte, die exemplarisch zeigte, wie schwer sich Ethel als Komponistin und Dirigentin in einer von Männern bestimmten Musikwelt zurechtfinden konnte. Virginia hatte für dies alles Verständnis, konnte es aber nie leiden, wenn jemand ihre Freiheit einschränkte. Obwohl sie Ethel schätzte, ging ihr deren Selbstbeschäftigung zu weit. Schließlich waren beide komplizierte Persönlichkeiten: »— ...alle versponnenen, komplexen, verborgenen, neugierigen Leute — wir beide sind solche — werden verschlissen durch menschliche Kontakte — fühlen sich eingesperrt, umzingelt, versteinert durch Begegnungen, aber nimm Montaigne, nimm Shakespeare herunter, und wir fließen sofort, blühen, dehnen uns aus und sind ruhig.«[452] Doch der Streit ließ sich nicht umgehend beheben. In ihrem Brief an Ethel vom 27. Juni 1931 vertrat Virginia die These, daß es sinnlos sei, wenn Ethel sich mit den störrischen Musikkritikern herumzanke und gegen die Mächtigen im Musikleben kämpfe. Sie müsse sich vielmehr ein eigenes Orchester aufbauen, so wie Virginia über die Hogarth Press verfügte, um musikalisch das an die Öffentlichkeit zu bringen, was sie künstlerisch für richtig halte. Virginia wurde jedoch von Ethel mißverstanden, schrieb ihr einen zornigen und wilden Brief, den Virginia jedoch mit klassischem Begleitschreiben zurückschickte. Sie sagte knapp, sie könne ihre Persönlichkeitsstruktur nicht nach Ethel Smyths Wünschen umkrempeln.

Der Juni gehörte zu den Boom-Zeiten des Verlags. Leonard Woolf beendete am 14. Juni den ersten Band seines Werkes über die Psychologie der Politik ›Nach der Sintflut‹, der im Oktober in der Hogarth Press erschien. Ebenfalls wurde Leonards früher Roman ›Das Dorf im Dschungel‹, nachdem die Rechte Edward Arnolds abgelaufen waren, in der Hogarth Press verlegt. Leonard blieb ein gefragter Politologe und Sozialphilosoph; die BBC lud ihn ein, sechs Radiovorträge über das Thema ›Der moderne Staat‹ zu halten, die bis zum 5. November des Jahres gesendet wurden.

Der Sommer des Jahres 1931 gehörte nicht zu den leuchtenden, hellen Jahreszeiten, sondern blieb düster und wolkenreich. Virginia lebte dennoch »abenteuerlich«, fühlte sich stabiler als sonst. Duncan Grant stellte zu dieser Zeit seine neuen Gemälde in einer Galerie in New Bond Street aus. Im Juni bot London für Virginia Parties und Opernbesuche. Immer noch beschäftigte sich Virginia mit den ›Wellen‹, strich Passagen, fügte neue ein, schrieb Stellen neu ab. Sie wollte den Text endlich einer Stenotypistin zur letzten Maschinenschrift geben. Nun war Virginia soweit vorangeschritten, daß ihr Unterbrechungen in der Arbeit äußerst ungelegen kamen. Ein Brief an Lady Colefax aus dieser Zeit ist ein Kabinettstück an Ironie und Satire: »Meine liebe Lady Colefax, war ich nicht klug, den Verführungen Ihrer Stimme zu entgehen? Ich saß eine Stunde lang in meinem Bad, aber das war es auch wert. ... Wenn ich mit Ihnen diniere, werde ich nicht schlafen; wenn ich nicht schlafe, kann ich nicht schreiben. Sie sagen, dies sei doch gleichgültig. Ich stimme ganz mit Ihnen überein. Aber mein nächstes Jahreseinkommen hängt davon ab, daß ich im August ein Buch nach Amerika schicke. Es ist noch nicht halb getan auf Grund der Einladungen zum Essen. So gibt es nichts mehr zu sagen. Ihre Krämerseele ... wird das verstehen. Immer Ihre gehorsame und nun extrem saubere Virginia Woolf.«[453]

Zu ihrer Freude erhielt Virginia am 19. Juni eine Buchsendung aus Frankreich; es handelte sich um die französische Ausgabe von ›Orlando‹, die offensichtlich recht gut übersetzt worden war, obwohl es Unkenrufe aus den Kreisen der Kritik gegeben hatte.

Am 1. Juli erwarteten die Woolfs Mary Hutchinson und Stephen (»Tommy«) Tomlin zum Dinner. Lady Ottoline Morrell stieß später zu der Gesellschaft hinzu. »Tommy«, ein Sohn des

Richters Lord Tomlin, beabsichtigte, eine Portraitbüste von Virginia Woolf anzufertigen. Virginia sträubte sich gegen dieses Unterfangen, gab aber dann doch nach. Noch im Juli wurden sechs Sitzungen durchgeführt. Tomlin vollendete die Skulptur später. Er hat vier Bronzegüsse angefertigt, die heute im Monks House, in der National Portrait Gallery, in Sissinghurst und bei David Garnett zu sehen sind. Das Gipsmodell der Büste befindet sich in Charleston. Virginia schrieb nochmals an Ethel Smyth und bat sie, ihr Ruhe zu lassen für ihr Buch. Sie könne sich jetzt nicht mit der Aufarbeitung von Ethels Lebensgeschichte befassen.

Schreiben und Lesen waren für Virginia Woolf nicht zu trennen; zwar konnte sie immer nur das eine tun und mußte das andere lassen, doch sie wechselte ständig ab. So las sie neben ihrer schriftstellerischen Arbeit im Sommer Lord Byrons ›Don Juan‹. Leonard steckte ebenfalls voller Tatkraft und Fleiß. Er sollte eine wöchentliche Kolumne im *New Statesman* übernehmen, was er aber ablehnte. Außerdem wurde er in die Vereinigten Staaten eingeladen.

Mittlerweile kehrten die Freunde der Woolfs nach England zurück. Ethel Smyth und Virginia Woolf söhnten sich miteinander aus. Virginia schloß nun ihren Roman ab; am 17. Juli war der Endpunkt erreicht. Wenn Leonard das Buch gelesen hatte, sollte es in den Satz gehen. Virginia wußte, daß sie ein schwieriges Buch geschrieben hatte, und bemerkte, wie sehr sie sich bei dieser Arbeit angestrengt habe. Sie fürchtete sich vor Leonards Urteil wie ein Mensch, der auf den Richterspruch wartet. Daß dieses Buch Wesentliches ihrer Vision mitteilte, darüber konnte es für Virginia Woolf keinen Zweifel geben. Leonards Urteil wurde zum höchsten Lob, das Virginia je von ihm erhielt. Dies war eine Sternstunde in ihrer schriftstellerischen Laufbahn: »›Es ist ein Meisterwerk‹ sagte Leonard, als er heute Morgen in meine Gartenhütte kam. ›Und das beste Deiner Bücher.‹ Diese Notiz mache ich; und füge hinzu, daß er auch denkt, daß die ersten 100 Seiten extrem schwierig sind, & er zweifelt, wie weit ein durchschnittlicher Leser folgen wird. Aber Herr! Was für eine Erleichterung!«[454] Und an Ethel Smyth schrieb Virginia am 19. Juli 1931: »Jedenfalls ist es vorüber: und ich bin, wie man sagt, leicht wie eine Forelle, mit schier unverantwortlicher Erleichterung und fühlte jetzt, daß ich eine ganze Stunde lang Wicken ins Wasser stellen kann und nicht zu meinen Kommas und Semi-Kolons im Zustand der Erstarrung, des Mißtrauens und schläfriger Schmutzigkeit heruntereilen muß.«[455]

Am 30. Juli verließen die Woolfs London, um ihren Sommerurlaub in Rodmell zu verbringen. Sowohl 52 Tavistock Square als auch Monks House waren nunmehr nach den modernsten Möglichkeiten eingerichtet, vom Kühlschrank bis zum Staubsauger.

Im August saß Virginia nochmals für ihre Portraitbüste. Sie empfand diese Sitzungen als etwas Schreckliches und Unzumutbares. Sie mochte es nicht, wenn sie stundenlang von allen Seiten genauestens betrachtet wurde und »schäumte vor Wut«. Freiheit bedeutete Virginia alles, vor allem die Möglichkeit, ihrer Phantasie nachzugehen. Folglich löste in ihrem Leben die Gestaltung eines Werkes die Vollendung eines anderen ab.

Kaum hatten die ›Wellen‹ ihren Abschluß gefunden, war Virginia mit einem neuen Buch beschäftigt. Am 17. August schloß sie aber erst einmal die Fahnenkorrektur des Romans ab, so daß das Buch in den Druck gehen konnte. Von Besuchern blieben die Woolfs nicht verschont: George Duckworth und Frau kamen nach Rodmell, aber auch Sybil Colefax und Ethel Smyth. Was aber war das neue Projekt, mit dem sich Virginia beschäftigte? Sie arbeitete an der Biographie des Spaniel-Hundes ›Flush‹, der Elizabeth Barrett-Browning gehört hatte. Dieses Buch erschien 1933. Es zeichnet sich aus durch tiefes Einfühlen in die Innenwelt des Hundes, seine fluktuierende Sinneswahrnehmung der Umwelt, die durch Geruch, Farbe und Bewegung, nicht zu vergessen Instinkt, gelenkt wird, nicht aber von Begriffen. Dieses Büchlein bildet durchaus einen Baustein im Gesamtwerk Virginia Woolfs, denn es untersucht die Verknüpfung der oft archetypischen Vorstellungsbilder im Leben und übermittelt sie poetisch.

Der August 1931 war naß und kalt. Die Bauern mußten sogar ihr Heu verbrennen. In England verbreitete sich Unruhe wegen der internationalen Währungs- und Finanzkrise. Die Labour Party gab mit ihrem Führer Ramsay MacDonald am 24. August 1931 die Regierung ab.

Virginia, mit ihrer Biographie ›Flush‹ beschäftigt, reflektierte über diese Literaturgattung: »Es ist eine gute Idee, denke ich, Biographien zu schreiben; sie bringen mich dazu, meine Kräfte der Darstellung, der Wirklichkeit, der Genauigkeit zu nutzen; & meine Romane einfach zu gebrauchen, um das Allgemeine, das Poetische auszudrücken.«[456]

Die Spannungen zwischen Ethel Smyth und Virginia keimten immer einmal wieder auf. Virginia respektierte Ethel, sie mochte sie auch, doch sie konnte ihre ältliche Lüsternheit nicht vertragen.

Virginia fühlte sich in diesem Herbst wieder stärker zu Vita Sackville-West hingezogen. Sie schrieb ihr häufig und fühlte sich von ihr besser verstanden als von Ethel. Vor allen Dingen faszinierte sie immer wieder Vitas Großzügigkeit, während Ethel die fatale Gabe besaß, ihre eigene Aufdringlichkeit nicht wahrzunehmen.

Ende August fegten schon die ersten Herbststürme über Südengland hinweg, welche sogar Bäume entwurzelten. Virginias Kopfschmerzen stellten sich ein, sie schonte sich, wartete ab, bis sie wieder arbeiten konnte, verbrachte die Zeit im Bett, schrieb Briefe, las Sir Walter Scotts ›Ivanhoe‹. Scotts Wörter hatten nach Virginias Ansicht Wurzeln, ja er streifte zuweilen das Unbewußte, wenn auch seine erste Aufgabe darin bestand, seine Leser zu unterhalten. Inzwischen konnte Virginia — es war September geworden — einige Vorausexemplare der ›Wellen‹ an Freunde verschicken, so auch an Hugh Walpole und John Lehmann.

Im Herbst 1931 schrieb Winifred Holtby das erste Buch über Virginia Woolf. Zuerst hatte sie sich ihre Informationen von Virginia selbst geholt, bevorzugte dann aber ihre Freunde, was Virginia verletzte und ärgerte. Schließlich kehrte Mrs. Holtby aber zu der ersten Form der Materialbeschaffung zurück. Virginia bedauerte, kaum Briefe von Vita und Vanessa zu erhalten. Dafür bekam sie Post von amerikanischen Verehrern, vor deren Beantwortung sie zurückscheute. Ärger über Desmond MacCarthy kam hinzu, denn er hatte in seiner neuen Zeitschrift *Life and Letters* über ›Mrs. Dalloway‹ geschrieben, dieser Roman sei bloß ein »langer Prozeß des Spintisierens«. Virginia verletzte dies sehr, und sie zahlte mit gleicher Münze heim, indem sie fragte, wo denn Desmonds Bücher blieben, die alle Welt von ihm erwartete, die er aber nie geschrieben hätte.

Virginia wurde aufgeschreckt und unsicher in der Bewertung ihres Romans ›Die Wellen‹, weil ausgerechnet der populäre Schriftsteller Hugh Walpole ihren neuen Roman »nicht mochte«. Diese Irritierbarkeit durch einen Autor, dem sie zwar freundschaftlich verbunden war, von dessen Werk sie aber wenig hielt, war objektiv sicher unnötig, subjektiv entsprang sie Virginias Publikationsangst. Sogar Leonard klagte über Virginias Sensibilität.

Der mit den Woolfs befreundete John Lehmann, der ja seit einiger Zeit für die Hogarth Press arbeitete, gab ein feinsinniges Urteil über ›Die Wellen‹ ab, das den Kern dieses Kunstwerks berührt: »Ich liebte den Roman, ich liebte ihn wirklich, & war tief beeindruckt & erstaunt von dessen Errungenschaften in einer völlig neuen Methode... Dort scheint es mir nur die chinesische Mauer zwischen solch einem Roman & Lyrik zu geben. Du hältst irgendwie die Schnelligkeit der Prosa aufrecht & die Intensität der Lyrik...«[457]

John Lehmanns Äußerungen über ihren Roman beruhigten Virginia, so daß sie ihm umgehend schrieb: »Ich bin Dir ungeheuer dankbar für Deinen Brief. Er hat mich gestern den ganzen Tag glücklich gemacht.«[458]

Virginia erfreute sich an dem heißen September, der auf den scheußlichen August folgte. Sie machte Spaziergänge in der Umgebung von Monks House und fand innere Ruhe: »...wie glücklich bin ich: wie süß ist das Leben mit Leonard hier für den Augenblick in seiner Regelmäßigkeit & Ordnung, & der Garten & der Raum in der Nacht & Musik & meine Spaziergänge & leichtes Schreiben & Interesse an Donne morgens, & Gedichte alle über mich...«[459] Virginia arbeitete an einem Donne-Aufsatz, der in der zweiten Serie des ›Common Reader‹ veröffentlicht wurde. Während sie an ihrem Aufsatz schrieb, stand Maynard Keynes in London mitten im politischen Geschehen. Großbritannien gab den Goldstandard in der Währungspolitik auf, was Maynard sarkastisch dramatisierte: in London seien die Wachen aufgezogen und der Tower in Verteidigungsbereitschaft gesetzt.

Die Aufnahme des Romans ›Die Wellen‹ blieb positiv: Virginia fühlte sich dadurch sicherer. »Was ich will, ist, wie gesagt, zu bekommen, daß dies solide ist & etwas bedeutet. Was es bedeutet, werde ich selbst nicht wissen, bis ich ein anderes Buch schreiben werde.«[460]

Ende September beschrieb Virginia noch einmal die herbstliche Landschaft von Rodmell; sie wäre gern länger dort geblieben, um die Elisabethaner zu lesen, doch die Abreise nach London war schon auf den Anfang des Monats Oktober festgelegt worden.

In England standen wieder allgemeine Parlamentswahlen bevor, in denen Premierminister Ramsay MacDonald wegen der Finanz- und Wirtschaftskrise um die Errichtung einer Allparteienregierung warb.

Als Virginia gerade nach London zurückgekehrt war, besuchte Harold Nicolson sie, um ihr zu sagen, daß er ›Die Wellen‹ für ein geniales Werk halte. Virginia wußte, daß sie mit diesem Roman ein einsames literarisches Abenteuer bestanden hatte.

Das Erscheinen des Romans war für den 8. Oktober 1931 geplant, und dieser Termin konnte auch eingehalten werden. Das Buch erschien an einem Donnerstag. Leonard und Virginia flohen zum Wochenende nach Rodmell, um sich vor »Nachstellungen« zu retten: »Wir hatten 2 Tage vollkommenen Glücks in Rodmell — O so lieblich und so still; und sind gerade zurückgekommen zu unzähligen Briefen und endlosen Unterbrechungen.«[461] Die Besprechungen in der *Times*, im *Times Literary Supplement* und in der *Action* fielen alle gut aus. Der Roman schlug in der Londoner Literaturszene ein und war sofort ein Riesenerfolg. Die Hogarth Press hattte eine Erstauflage von 7000 Exemplaren herausgebracht, die umgehend verkauft wurde, so daß Leonard gleich 5000 Exemplare nachdrucken ließ. Trotz dieses Erfolgs fühlte sich Virginia von den psychischen Anstrengungen gehetzter als bei jedem ihrer bisherigen Romane. Das Buch und sein Ruhm verbreitete sich in Windeseile über ganz Großbritannien. Selbst von den Kritikern der Lokalpresse wurde Lob gespendet: »Ich stehe in der Gefahr«, schrieb Virginia, noch zagend, »unsere führende Romanschriftstellerin zu werden, & nicht nur bei den ›highbrows‹.«[462]

Sprachlos nahm Virginia die enthusiastische Aufnahme ihres Buches durch ihre Schwester Vanessa entgegen, die ihr schrieb: »Ich war in den letzten Tagen völlig überschwemmt in den glaubte sie — kein Biograph versichern könne: »Biographen geben nur vor, die Menschen zu kennen.«[309] Virginia Woolf beschäftigte sich immer wieder mit dem Verhältnis von Leben und Tod, ob es sich nun um die große und quicklebendige Totengräberfamilie von Rodmell handelte, die auf dem Friedhof ihren Nachmittagskaffee trinkt, während der Vater ein Grab aushebt, oder ob es sich auf die Prinzessin Löwenstein-Wertheim bezieht, die mit zwei englischen Fliegeroffizieren als Piloten am 31. August 1927 einen Transatlantikflug mit einer einmotorigen Fokker-Maschine wagte. Das Flugzeug der Prinzessin wurde noch einmal 800 Meilen vor der Küste Irlands gesichtet. Der Tod in den Wellen drängte in Virginias Vorstellung immer wieder als Bild menschlicher Vergänglichkeit hervor. Doch ihre Bewußtseinsflutungen schlossen sich nach solchen Bildern wieder an den Strom des Alltäglichen an. Menschliche Aktivität in den verschiedensten Formen stimmte Virginia dann zumeist wieder positiv und optimistisch.

Am 8. September besuchten Harold und Vita Nicolson Monks House. Harold und Leonard blieben nicht bei ihren Frauen, sondern fuhren mit dem Auto nach London in geschäftlichen Angelegenheiten. Vita und Virginia besuchten das alte ruinöse Schloß Laughton Place, das noch seinen alten Wassergraben besaß. Die Woolfs kamen auf die Idee, das Schloß zu kaufen: »Ich denke an nichts anderes als an Laughton Place«, schrieb Virginia an Vita, »Leonard ist begeistert. Wir haben geschrieben, um zu fragen, ob wir es kaufen können.«[310]

Dieses Schloß brachte Virginia Woolf auf den Gedanken zurück, einen phantastisch-historischen Roman zu schreiben mit dem Titelhelden ›Orlando‹, der eine Gestaltung Vitas sein sollte. Mitte September fuhren Virginia und Vita mit dem Auto nach Long Barn. Zuvor hatte E. M. Forster die Woolfs in Rodmell besucht, und Virginia hatte an Besprechungen über Bücher von Hemingway und Forster sowie von Harold Nicolson für die *New York Herald Tribune* gearbeitet.

In Long Barn traf Virginia Vitas Sohn Nigel, den seine Mutter zu seinem Leidwesen als russischen Knaben angezogen hatte. Der wortkarge Hauslehrer Nigels war der junge Couve de Murville, der später lange Jahre französischer Außenminister und zeitweilig Premierminister werden sollte.

Virginias Roman ›Die Fahrt zum Leuchtturm‹ entpuppte sich als Riesenerfolg. Im Erscheinungsjahr wurden in England 3873 Exemplare verkauft. Außerdem konnten allein im Juli in Amerika 4000 Exemplare abgesetzt werden. Für Virginia war der Herbst eine gute Zeit. Ihr Roman verkaufte sich über ihre Erwartungen, und die Woolfs hatten sich durch ihr Auto neue Bewegungsfreiheit erworben. Schließlich konnte sich Virginia noch einen anderen alten Wunsch erfüllen: sie schaffte sich ein Grammophon an, weil sie nach dem Dinner gern klassische Musik hörte. Doch Virginia hatte sich nicht nur angewöhnt, zu stricken oder Musik zu hören. Sie war seit ihrer Italienreise in das »Lager« der Zigarrenraucher übergegangen. So bat sie ihren Neffen Julian, ihr von Paris die begehrten Rauchwaren mitzubringen: »Könntest Du möglicherweise Dein gutes Herz zeigen und mir 50 Voltigeur-Zigarren in einer Kiste mitbringen?«[311]

Die Zeit in Rodmell ging ihrem Ende entgegen. Am 5. Oktober bereiteten sich die Woolfs für ihre Abreise nach London vor. Virginias Romanidee für ›Orlando‹, ihre Freundin Vita zur Hauptgestalt zu machen, ließ sie nicht los.

Auch hatte Virginia sich ausgedacht, ihre Geschichte um 1500 beginnen zu lassen, um sie bis in die Gegenwart des Jahres 1927 fortzuführen. ›Orlando‹ nahm sie so gefangen, daß sie sich in ihr phantastisches Thema völlig hineinwob und all ihr Interesse darauf konzentrierte.

Dadie Rylands und Leonard drängten Virginia mit ihrem Projekt über die Romankunst voranzukommen, doch sie sperrte sich: »Du weißt, das verdammte Buch, das Dadie und Leonard mir Tropfen nach Tropfen aus der Brust pressen? Romankunst, oder ein Titel dieser Art. Ich konnte nicht ein Wort aus mir herausschrauben, und schließlich ließ ich meinen Kopf in die Hände sinken: tauchte meinen Federhalter in das Tintenfaß und schrieb diese Worte wie automatisch auf ein frisches Blatt Papier: Orlando. Eine Biographie.«[312] Virginia begann sofort damit, ›Orlando‹ zu schreiben, und konnte gar nicht aufhören, so begeisterte sie sich für dieses Thema. Sie glaubte, »das Kleine Buch« bis Weihnachten 1927 vollenden zu können, doch es wuchs sich zu einer umfangreicheren Arbeit aus.

Die Woolfs wurden Anfang Oktober 1927 von der Regierung

eingeladen, kostenlos für vier Wochen zu den Feierlichkeiten zum zehnjährigen Jubiläum der Revolution nach Moskau zu reisen, doch sie entschlossen sich, dieser Einladung nicht zu folgen. Gesellschaftliche Neuigkeiten stellten sich im Herbst ein, als Vanessa Bloomsbury mit regelmäßigen Treffen am Gordon Square belebte.

Während Virginias Roman gut abgesetzt wurde, machte die Hogarth Press im Jahre 1927 kein besonders ertragreiches Geschäft, weil die Personalkosten zu sehr zu Buche schlugen. Am 25. Oktober verließ Harold Nicolson England, um nach Berlin zu gehen als Erster Sekretär der dortigen Britischen Botschaft. Seine Dienstzeit in Deutschland hatte das Foreign Office auf drei Jahre festgesetzt.

Clive Bell lebte nach dem Tode seines Vaters und trotz seiner oft tragischen Affairen im großen Stil. Er gab exquisite Dinner-Parties wie etwa am 20. Oktober, an denen auch T. S. Eliot und Harold Nicolson teilnahmen. Zeitweilig verfiel Clive in Untätigkeit, ging ganz in seinem gesellschaftlichen und amourösen Treiben auf, hielt dann aber wieder inne, um zu schreiben. Im November las Virginia das Manuskript seines Buches ›Civilization‹, das er 1928 veröffentlichte.

Am 20. November 1927 schrieb Virginia in ihr Tagebuch: »Ich denke, daß aufs Ganze gesehen dies unser glücklichster Herbst ist. So viel Arbeit; & jetzt der Erfolg; und das Leben in bequemen Verhältnissen . . . Mein Morgen rauscht dahin von 10 bis 1. Ich schreibe so schnell, daß ich es vor dem Essen getippt bekomme.«[313] Virginia freute sich einerseits darüber, daß sie mehr Geld zur Verfügung hatte, war aber andererseits darüber besorgt, daß sie es vielleicht nicht sinnvoll und klug ausgeben würde.

Die Bells fuhren über Weihnachten zu Clives verwitweter Mutter nach Wiltshire. In der Weihnachtszeit des Jahres 1927 herrschte eine schreckliche Kälte in England. »Wir sind im schwarzen Herzen eines furchtbaren Frosts«, schrieb Virginia am 20. Dezember in ihr Tagebuch. Leonard hielt an diesem Tag die letzte seiner sechs Vorlesungen über ›Imperialismus und das Problem der Zivilisation‹, mit denen er am 11. Oktober des Jahres im Friends House in der Euston Road begonnen hatte.

Bei einer Theateraufführung in der Weihnachtszeit, die von Vanessas Kindern durchgeführt wurde, war Virginia begeistert über die Schönheit ihrer Nichte Angelica; sie selbst glaubte, ihren Wunsch nach eigenen Kindern überwunden zu haben. Doch dieser Glaube hielt genauerer Prüfung nicht stand: »Diese unersättliche Begierde, etwas zu schreiben, bevor ich sterbe, dieser rasende Sinn der Kürze & Fiebrigkeit des Lebens, veranlassen mich wie ein Mann an einem Felsen an meinem einen Anker zu hängen. Ich mag die Körperlichkeit nicht, eigene Kinder zu haben. Dies dachte ich mir in Rodmell; aber ich schrieb es nicht auf. Ich kann mich als Mutter dramatisieren, das ist wahr. Und vielleicht habe ich das Gefühl instinktiv getötet; wie es eine Mutter vielleicht tut.«[314] Aber Virginia kümmerte sich sehr um ihre Neffen und Nichten. Vor allem Vanessas Jungen hatten es ihr angetan; Virginia besuchte Quentin in seiner Schule, beriet Julian bei seinen ersten literarischen Gehversuchen.

Am 21. Dezember besuchten die Woolfs eine Party bei Maynard und Lydia Keynes, nachdem sie zuvor bei sich mit Dadie Rylands und Frankie Birrell zu Abend gegessen hatten. Dadie bemerkte, Virginia besäße keine logische Kraft, sondern lebe und schreibe in einem Opiumtraum. Virginia fügte dem hinzu: »Und der Traum bezieht sich zu oft auf mich selbst.«[315]

Die Mitte des Lebens stand nun vor Virginias innerem Auge, von der sie hoffte, daß diese sie nicht verhärten und vertrocknen lassen würde. Virginia Woolf nahm sich vor, Stille zu üben, logischer zu arbeiten, Anonymität zu praktizieren.

Leonard und Virginia nahmen nach ihrem Eintreffen in London am 2. Januar 1928 sogleich ihre alten gesellschaftlichen Beziehungen wieder auf. Vita Sackville-West kümmerte sich um ihren Vater, Lord Sackville, der im Sterben lag. Virginia nahm daran inneren Anteil und schrieb häufig an ihre Freundin — wohl in Erinnerung an die eigenen Erlebnisse beim Tod ihres Vaters Sir Leslie Stephen.

Virginia hatte sich völlig in das Schreiben von ›Orlando‹ vertieft, dennoch nahm sie leicht betrübt zur Kenntnis, daß Vanessa und Duncan Grant im Begriff waren, in der Provence zu »überwintern«, was gut möglich war, zumal sie in Fontcreuse bei Cassis ein kleines Landhaus besaßen. Clive Bell reiste mit seinem Sohn Quentin nach München, um ihn dort für einige Monate in einer deutschen Familie unterzubringen. Clive selbst reiste über Dresden, Berlin und Paris nach London zurück. Die Freunde wie Lytton, seine Geschwister, die Morrells, hatten sich im Leben eingerichtet; pflegten ihre Marotten und »midlife«-Riten im menschlichen Umgang. Virginia erkannte darin eine gewisse Erstarrung, das Ende des Neuen und Lebendigen. Am 16. Januar 1928 war der berühmte Romanschriftsteller Thomas Hardy beerdigt worden. Unter den Trauergästen befanden sich auch die Woolfs. Hardys Herz wurde in seiner Heimatgemeinde Stinsford beigesetzt, seine Asche aber in der Dichterecke der Westminster Abbey in London.

Die Kälte des Winters drückte immer auf Virginias Gemüt; sie spekulierte dann oft über die Vergeblichkeit alles menschlichen Tuns. Virginias Werk fand immer mehr Verbreitung im Ausland. B. Wagenseil übersetzte ihre Geschichte ›Ein ungeschriebener Roman‹ ins Deutsche. Sie erschien 1929 in S. Fischers renommierter NEUEN RUNDSCHAU. Tauchnitz bereitete inzwischen die Ausgaben von ›Die Fahrt zum Leuchtturm‹ und ›Mrs. Dalloway‹ vor.

Am 28. Januar 1928 starb Lord Sackville in seinem Stammschloß Knole. »Meine arme liebe Vita«, schrieb Virginia Woolf, »ist jetzt sehr elend: ... Die Leidenschaft ihres Lebens ist Knole, denke ich, und jetzt wird es einem Onkel gehören...«[316]

Leonard Woolf bestand Ende Januar die offizielle Fahrprüfung in Brighton auf Anhieb, was Virginia nie für möglich gehalten hatte. Anfang Februar bekam Virginia eine Grippe, die auch jetzt wieder von schlimmen Kopfschmerzen begleitet wurde. Sie pflegte sich dann in ihrem Arbeitszimmer ins Bett zu legen, die Tür zu schließen und sich die Ohren zu verstopfen, da sie ohnehin nicht schreiben konnte. Im Halbdämmer des Krankseins machte sie ihre Reisen der Phantasie: »Und wie viele Meilen reise ich in dieser Zeit! Solche ›Empfindungen‹ breiten sich über mein Rückgrat und meinen Kopf aus, sobald ich ihnen eine Chance gebe; solch übertriebene Müdigkeit; solche Ängste und Verzweiflungen; & himmlische Erleichterung & Ruhe; & dann wieder Unglück.«[317]

Nachdem Virginia wieder genesen war, unternahm sie eine Autofahrt mit Vita Sackville-West. Sie beschrieb, wie sie im Februar an dem nun herrenlosen Schloß Knole vorbeifuhren, das Virginia »ohne Flagge« unvollständig erschien. Vita litt unsäglich darunter, daß sie als Frau nicht Titel und Besitz erben durfte; beides ging an den Bruder ihres Vaters über.

Virginias Freunde blieben nicht alle gleich in ihren Auffassungen und Lebensweisen über die Jahre. So traf Virginia mit T. S. Eliot zusammen. Sie führte mit ihm ein langes Gespräch über Religion. Zu dieser Zeit trat Eliot in seine konservative religiöse Phase ein. Virginia erkannte zu ihrem Entsetzen, daß sich »Tom« dem Anglo-Katholizismus zugewandt hatte: »Er ... glaubt an Gott und die Unsterblichkeit und geht zur Kirche. Ich war wirklich geschockt. Eine Leiche würde mir glaubwürdiger erscheinen als er. Ich meine, es ist etwas Obszönes an einer lebendigen Person, die am Kaminfeuer sitzt und an Gott glaubt.«[318]

Mit dem Schluß ihres Romans ›Orlando‹ kam Virginia nicht zurecht, weil sie glaubte, ihr Interesse an dem Buch sei gewichen, so daß sie sich künstlich in eine Schreibstimmung versetzen müsse. An ihrer neuen wirtschaftlichen Unabhängigkeit fand sie Gefallen, kaufte Möbel, einen Pelzmantel sowie einen Teppich für die Halle des Londoner Hauses. Zur Aufbesserung ihres »Kapitals« schrieb sie Artikel und rang mit der Formulierung ihres Vortrags ›Frauen und Romanliteratur‹, den sie im Mai im Newnham College in Cambridge halten sollte.

In Bloomsbury herrschte am Jahresanfang Stille, denn die Bells und Duncan Grant lebten während dieser Zeit in Frankreich. Desmond MacCarthy gründete eine neue Zeitschrift *Life and Letters*, deren erste Ausgabe im Mai des Jahres erscheinen sollte. Virginia schrieb an Harold Nicolson in Berlin, schickte ihm ein Exemplar des Romans ›Die Fahrt zum Leuchtturm‹ und freute sich, daß er mit seinem Buch ›Einige Leute‹ soviel Erfolg hatte. Überdies deutete Virginia an, daß ›Mrs. Dalloway‹ bald bei Tauchnitz in Leipzig erscheinen würde. Sie las gerade Harolds Buch ›Entwicklung der englischen Biographie‹, das noch im Februar 1928 bei der Hogarth Press erschien. Vita fuhr am 25. Februar nach Berlin, doch Virginia sah sie noch einmal vor der Abreise in Long Barn.

Ende Februar wurde Virginia nochmals in ihrer Arbeit an ›Orlando‹ gestört durch einen Grippeanfall: »Ich bin ziemlich deprimiert, ..., daß ich nicht schreiben kann, weil mein Kopf leicht in Mitleidenschaft gezogen wird, wie Du weißt«, schrieb sie an Vanessa.[319] Virginia berichtete an Vanessa in Cassis stets über alle Affairen und gesellschaftlichen Ereignisse Bloomsburys. Clives Liebesleben, seine Kapriolen und Merkwürdigkeiten nahmen dabei einen weiten Raum ein, zumal sein Verhältnis zu Mary Hutchinson zuzeiten enger, dann wieder distanzierter wurde, so daß niemand voraussagen konnte, was als nächstes geschah.

In seiner »midlife crisis« hatte Clive es besonders auf junge Mädchen abgesehen, vor denen er mit seinem Alter kokettierte und die er gern zum »Essen« einlud. Virginia schrieb an Vanessa: »Wenn Du zurückkommst, mußt Du ihn beruhigen.«[320]

Aus Berlin erfuhr Virginia, daß Harold Nicolson seine Berufspläne nun geordnet hatte. Er wollte zu Vitas Leidwesen Botschafter werden. Zugleich klagte Virginia darüber, daß sie ›Orlando‹ abschließen möchte, es aber nicht fertigbrächte: sie schlief schlecht, wachte nachts auf, nahm Schlafmittel. Virginia litt unter Vitas Abwesenheit und zeigte Widerwillen gegen das Einerlei ihrer alltäglichen Umgebung. Sie wies Aufforderungen zurück, für den *Evening Standard* und für die *Encyclopedia Brittanica* zu schreiben, weil sie unzufrieden mit sich selbst war. Für die Hogarth Press gab sie an Vita den Auftrag, Rainer Maria Rilkes ›Duineser Elegien‹ zu übersetzen — und in der Tat wurde etwas aus dem Projekt. Vita arbeitete an der Übersetzung mit ihrem Vetter Eddie zusammen; das Buch erschien im Jahre 1931.

In einem Brief vom 20. März schrieb Virginia an Vita über ihre Beziehung zu deutschen Verlegern; mittlerweile war sie mit dem S. Fischer Verlag und mit dem Insel Verlag in Kontakt gekommen. Virginia hielt, was ›Orlando‹ betraf, sehr an sich und konnte am 17. März 1928 um 1.00 Uhr die letzten Zeilen des Buches niederschreiben. Am 20. des Monats schrieb sie an Vita: ORLANDO IST FERTIG. Für die Überarbeitung des Textes veranschlagte Virginia drei Monate.

Die Woolfs beabsichtigten nach diesen Anstrengungen eine Arbeitspause einzulegen. Sie dachten daran, nach Frankreich zu reisen und dabei das Auto mitzunehmen. Den ganzen April über sollte der Urlaub dauern. Virginia schwärmte schon im voraus und rief: »Die Sonne; Wein; Herumsitzen und Nichtstun«[321].

Die Buchbesprechungen hatten sich für Virginia mit den Jahren zu einer lukrativen Einnahmequelle entwickelt. Amerikanische Zeitschriften zahlten ihr mittlerweile für einen Artikel über 200 Dollar. Bequemlichkeit und Ungezwungenheit im Lebensstil — dies waren Virginias Ziele: »Mit 46 muß man ein Pfennigfuchser sein; nur Zeit haben für Wesentliches.«[322] In den März 1928 fiel auch die Verleihung des *Prix Femina* 1927—28 an Virginia Woolf für ihren Roman ›Die Fahrt zum Leuchtturm‹.

Virginia galt als die beste und meistgelesene Literaturkritikerin Englands. Ihre Position war so gefestigt, daß sie sich nicht sonderlich viel aus dem Femina-Preis machte.

Am 24. März fuhren Leonard und Virginia nach Rodmell, von dort aus ging es nach Newhaven. Sie überquerten den Kanal nach Dieppe. Die Hogarth Press überließen sie der Aufsicht von Mrs. Cartwright. Angus Davidson war inzwischen aus dem Verlag ausgeschieden, und die Woolfs hatten den jungen Richard Kennedy eingestellt. Mit ihrem Singer Sunshine fuhren die Woolfs über Beauvais, Troyes, Vienne, Orange und Aix nach Cassis. Dort trafen sie am 1. April ein. Es war das erste Mal, daß sie mit dem eigenen Auto im Ausland reisten. Freunde hatten sie vor dieser »Kühnheit« gewarnt, doch Leonard kam zurecht. Die Reise verlief ohne Zwischenfälle, die Hotels waren durchweg angenehm. Virginia liebte es, Wein zum Essen zu trinken, und genoß die französischen Mahlzeiten. Doch ihre Lesewut war unbezähmbar; in jeder Stadt durchstöberte sie die Buchhandlungen, kaufte sich ein Buch, das sie dann im Bett las.

Leonard und Virginia wohnten in Cassis im Chateau de Fontcreuse, nahmen die Mahlzeiten aber bei Vanessa in La Bergére ein. Virginias gute Urlaubslaune verdeutlicht ein Brief, den sie ihrem Neffen Quentin Bell schrieb: »Clive hat gerade einer jungen Dame einen himmelblauen Pyjama geschenkt; Duncan tanzt zu den Klängen des Grammophons; die kleinen Mädchen fangen Frösche; Leonard fängt Spinnen für die Frösche; Nessa läßt die Frösche frei. Miss Campbell züchtet unzählige Küken. Oberst Teed gibt mir schluckweise Wein zu trinken.«[323]

Die Eindrücke auf dieser Reise strömten so vielfältig auf Virginia ein, daß sie sie erst nach geraumer Zeit in eine Ordnung bringen konnte. Am 9. April traten die Woolfs ihre Rückreise an. Auf ihrer Fahrt nach Dieppe machten sie in mehreren alten Städten Station, so in Tarascone, Florac, Aurillac und Blois. Von Aurillac aus schrieb Virginia an Vita, daß sie über die Berge hätten fahren müssen, die schneebedeckt gewesen wären. Die Überfahrt nach England war rauh und stürmisch. Am 16. April trafen Leonard und Virginia wieder zu Hause ein.

Der April 1928 ging in England einher mit Wind und Regenstürmen, so daß noch eine winterliche Stimmung vorherrschte. In den Schaufenstern der Geschäfte waren noch in dieser Jahreszeit Pelze ausgestellt. Bei einem Gang durch London traf Virginia Hope Mirlees auf dem Friedhof von St. George's Field. Hope berichtete ihr, daß Virginias alte Freundin Jane Harrison gestorben sei. Jane war eine bedeutende Wissenschaftlerin; sie gehörte dem Newnham College in Cambridge als Fellow an und vertrat die Fächer Klassische Philologie, Archäologie und Anthropologie. Hope wünschte sich, daß die Woolfs zu Janes Beerdigung kommen sollten, doch Virginia schreckte davor zurück und bemerkte: »Nie habe ich irgend jemand so verrückt, wild und frenetisch gesehen.«[324] Virginia wurde von dieser Todesnachricht sehr betroffen und versuchte, das Gespräch eilends zu beenden, um dem Bannkreis des Todes zu entkommen: »Dann ins Büro, dann nach Hause, um dort zu arbeiten & jetzt arbeiten & arbeiten, so hart wie ich kann.«[325]

Im April 1928 besaß das Leben für Virginia in London eine außerordentliche Hektik. Die persönlichen und freundschaftlichen Beziehungen gestalteten sich als schwierig und verwickelt. Virginia traf eine Unmenge von Freunden, hatte fast immer Besuch in 52 Tavistock Square. Sie stritt sich mit Clive Bell, weil dieser glaubte, Virginia hätte sich über seinen Liebeskummer wegen Mary Hutchinson lustig gemacht. Auch in der Familie Sackville schlugen nach dem Tode des Lord die Wogen hoch: Lady Sackville beschimpfte Vita, sie wolle sie enterben, ihr die Apanage streichen, woraufhin Vita androhte, völlig in das Lager der Schriftsteller überzuwechseln.

Im Auf und Ab ihres Lebens hielt Virginia von Zeit zu Zeit inne, um ihr Lebensgefühl in Worte zu fassen: »Das Leben ist entweder zu leer oder zu voll. Glücklicherweise höre ich nie auf, diese merkwürdig zerstörerischen Schocks zu übermitteln. Mit 46 bin ich nicht dickfellig; leide beträchtlich; habe gute Vorsätze — fühle mich noch so experimentierfreudig & auf dem Sprung, die Wahrheit zu ergreifen wie eh und je.«[326] Und doch stand Virginia Woolf mit zunehmendem Alter unter dem Bewußtsein der allgewaltigen Zeit. Wie einst Laurence Sterne versuchte sie gegen die Zeit anzuschreiben. Sie glaubte, ›Orlando‹ könne im September 1928 erscheinen, obwohl ein vollkommener Künstler den Text endlos umarbeiten würde.

Schon Ende April wendete sich das Wetter; die Sonne kam heraus, das Frühjahr wurde warm, hell und freundlich, so daß die Woolfs gern nach Rodmell hinausfuhren. Am 29. April schrieb Virginia an Vanessa: »Wir sind heruntergefahren für dieses Wochenende. Es ist plötzlich vollkommener Sommer; alles ist draußen; der Garten leuchtet mit spanischem Flieder-, Apfel- und Birnblüten und jeder Blume, die Du Dir vorstellen kannst.«[327] In diesen Tagen fand die Preisverleihung für Virginias ›Prix Femina‹ statt, und zwar im Institut Français in South Kensington. Der Preis wurde Virginia von Hugh Walpole überreicht. Die Atmosphäre dieser Preisverleihung mißfiel Virginia, weil sie zu viele Autoren aus der »Unterwelt« unter den Gästen antraf. Zur »Unterwelt« gehörten ihrer Ansicht nach die Schriftsteller, die für ein Massenpublikum schrieben. Auch Hugh Walpole gehörte zu dieser Gruppe. Bei einem Besuch, den er Virginia abstattete, machte er aus seinem Herzen keine Mördergrube: »...er kann nie weniger als 20 000 Bücher verkaufen, aber kein intelligenter Mensch kann sie ertragen. Es schneidet ihm ins Herz, wenn sein Chauffeur ihn lobt — Er bekommt täglich 10 Briefe von enthusiastischen Amerikanern. Aber Bloomsbury erkennt, daß er ein Schwindler ist, und er sieht das jetzt auch. Alles kommt daher, daß er der Sohn eines Bischofs ist und von Kindesbeinen an zum Lügen erzogen wurde.«[328] Zwischen Hugh und Virginia entwickelte sich jedoch in der Folgezeit ein menschlich ordentliches Verhältnis. Hatte sie ihn auch analysiert, so erkannte Virginia seine Gutmütigkeit und Großzügigkeit.

Anfang Mai erkrankte Lady Ottoline Morrell ernstlich, so daß die Freunde fürchteten, sie würde nicht überleben. Sie litt an einer Kiefernekrose und mußte zweimal operiert werden. Am Ende dieses Monats las Leonard ›Orlando‹. Das Buch war inzwischen für die Produktion vorbereitet und wurde am 1. Juni an den Drucker geschickt.

In den Monat Mai 1928 fiel auch die endgültige materielle Abtrennung vom elterlichen Haus in 22 Hyde Park Gate. Virginia verkaufte den Besitz für knapp 5000 Pfund Sterling und schlug Vanessa vor, das Geld in Aktien anzulegen.

Pfingsten verbrachten Leonard und Virginia wie üblich in Rodmell. Wieder gab es Nachrichten über die Aktivitäten des schon notorischen Mr. Allinson. Es hieß, er würde das Nachbargrundstück erwerben, um dort Wohnhäuser zu errichten. Virginia wurde durch diese Gerüchte beunruhigt und fürchtete, daß der Erholungswert von Monks House sinken könnte. Auch hatte man in Rodmell eine Rennbahn errichtet, was beiden Woolfs mißfiel, denn auch dies war der Ruhe im Ort abträglich. In London traf Virginia die Schriftstellerin Rebecca West sowie Arnold Bennett, Rose Macaulay und André Maurois. Maurois hatte damals schon seine bekannten Biographien über Shelley und Disraeli veröffentlicht. Virginia sah ihn auf einer Teegesellschaft bei Lady Sybil Colefax. Später hat Maurois eine Vorrede zur französischen Übersetzung von ›Mrs. Dalloway‹ geschrieben. Im Mai gab es für Bloomsbury noch eine bedeutsame Neuigkeit: Clive Bells Buch ›Civilization‹ war erschienen, in dem er seine elitären Kulturideen entwikkelte (vgl. Kap. 3). Leonard Woolf jedoch hielt dieses Buch für außerordentlich oberflächlich, eine Auffassung, die Virginia in dieser Entschiedenheit nicht teilte.

Aber auch mit ihrem eigenen Roman ›Orlando‹ ging Virginia kritisch um; sie hielt das Buch für verrückt und unausgeglichen, an manchen Stellen hielt sie es für brilliant. Als letztes Wort glaubte sie festhalten zu können, daß ›Orlando‹ nicht zu ihren bedeutenden Werken gehöre. Leonard dagegen stufte das Buch als Satire ein, doch er erkannte in ›Orlando‹ auch die Qualität eines weiteren Horizontes, deutlichere Lebensfreude und Interessantheit.

Virginias Plan bestand darin, nach Fertigstellung von ›Or-

lando‹ das Romanschreiben für eine Zeit ruhen zu lassen, um
ein klar argumentiertes Buch über die Formen des Romans zu
verfassen. Doch sie stöhnte über die Hindernisse, die zu überwinden waren: »Das Leben fließt weiter — Oh Gott, was für
eine Menge Leute habe ich gesehen.«[329]

Virginia liebte alle Kinder Vanessas sehr, doch sie beschäftigte sich besonders gern mit ihren nun fast erwachsenen Neffen
Julian und Quentin. Die Jungen wurden von ihr gefordert und
zugleich geistig gefördert. Nach Virginias Ansicht sollten beide
Schriftsteller werden, doch sie gab ihnen auch jugendliche Na-
renfreiheit in dem Sinne, daß sie für ihre Eskapaden viel Verständnis zeigte — und sich durchaus nicht wie eine Tante benahm. Der Schrecken ihrer viktorianischen Tanten hatte so in
Virginia nachgewirkt, daß sie es besser machen wollte. Dies gelang ihr auch. So etwa schrieb Virginia am 6. Mai an ihren Neffen Quentin: »Ich war fasziniert und abgestoßen durch die Geschichte Deiner Abenteuer — Das tut ein Neffe von mir! rief
ich zwischen Tränen und Lachen — sollte man stolz auf Dich
sein oder das Gegenteil — nackt auf die Feuersäule (monument)
hinaufklettern und mit einem Theologieprofessor schlafen, der
unglücklicherweise, aber so ist das in Deutschland, weiblichen
Geschlechts ist — das ist Dein Lebensstil, und ich erzähle es auf
vielen lustigen Parties, halb weinend, halb lachend. Ich
wünschte, Du würdest nach Hause kommen. Ich möchte mit
Dir die Museen besuchen und Dich in vielen Punkten um Rat
fragen. Ich träumte die ganze letzte Nacht von Dir, aber ich
werde Dir nicht erzählen, was wir gemacht haben, weil ich
fürchte, Dich zu schockieren.«[330]

Im Juni herrschte in England strahlendes, frisches Sommer-
wetter. Virginia wanderte liebend gern in London umher, trieb
Kulturgeschichte vor Ort. So besuchte sie die Gärten von
Gray's Inn, ging zum Red Lion Square, in dem die Präraphaeli-
ten William Morris und Edward Burne-Jones von 1856 bis 1858
ihr Atelier eingerichtet hatten. Zusammen mit Vita Sackville-
West ließ sich Virginia an einem Junitage die Ohrläppchen
durchstechen, weil sie auf die Idee gekommen waren, Ohrringe
zu tragen.

Mittlerweile trafen die Druckfahnen von ›Orlando‹ ein, die
Virginia korrigieren mußte. Diese Arbeit haßte sie aus vollem

Herzen, denn sie wollte nicht jeden Tag an das erinnert werden, was sie schon abgeschlossen hatte. Am 17. Juni schrieb sie an Vita: »Oh Himmel, was für ein Langweiler Orlando ist — schlimmer im Tode als im Leben, denke ich: ich bin seiner so müde.«[331]

»Ich war blind und taub«, schrieb sie an Eddie Sackville-West, »ich sehe nichts als Druckfahnen; und die völlige Wertlosigkeit meiner eigenen Worte. Ich habe 6 Stunden täglich Korrektur gelesen, ...«[332] Selbst Virginias Versuch, ihre Proust-Lektüre fortzusetzen, scheiterte. »Das ist die schlimmste Zeit von allen. Sie macht mich selbstmörderisch. Nichts bleibt zu tun übrig. Alles scheint dumm und wertlos zu sein. Jetzt will ich aufpassen und sehen, wie ich wieder auferstehen kann.«[333]

Inzwischen hatte sich Vanessa nach ihrem langen Frankreichaufenthalt wieder in London eingefunden. Virginia freute sich darauf, ihre Schwester wiederzusehen, da sie ihre menschliche Nähe brauchte: »Sie ist notwendig für mich — wie ich es nicht für sie bin — ich laufe zu ihr wie das Kängeruhbaby zum alten Kängeruh läuft.«[334]

Mitte Juli fuhren die Woolfs ins Monks House, um dort ihren Sommer zu verbringen. Und wenig später schrieb Virginia an Vita Sackville-West: »Ich befinde mich in aufwärtsschwebender Gesundheit und Laune schon nach einem Tag hier und ich habe drei Stunden gesessen und die Kühe beobachtet und beim Heimkommen finde ich Clive, Miss Jenkins, Sibyl usw. vor...«[335] Für Vita stand inzwischen fest, daß sie Mitte August nach Berlin reisen würde, da Harold für sie beide eine Villa in Potsdam gemietet hatte.

In Rodmell hing Virginia ihren Gedanken nach, die vor allem um das Schriftsteller-Ich kreisten — um die Möglichkeiten, das Wesentliche der menschlichen Existenz zu erfassen. Die anderen Ichs sah Virginia als individuelle Ganzheiten, als einmalige Existenzen, deren Begegnung ebenfalls den Gedanken des Einmaligen und Unwiderruflichen in sich trägt. Der Gedanke des »Aus und Vorbei« bezog sich immer wieder auf die anderen Menschen. Wie konnte man die anderen kennen? Was bedeutet die Existenz der anderen für mich, was bedeutet meine Existenz den anderen? »Ich bin so wichtig für mich: ohne Bedeutung für andere Leute: wie der Schatten, der über die Downs streicht.«[336] Virginia gab sich dem Strom ihrer Vorstellungen hin, in dem Bilder ihrer Arbeit, Gedanken an den Kauf des Grundstückes, Vorstellungen des Meeres ineinander übergingen.

Der Plan zu Virginia Woolfs Buch über den Roman, den sie schon seit zwei Jahren verfolgte und an dessen Verwirklichung sie auch schon gearbeitet hatte, nahm mittlerweile konkretere Formen an. Zwar wurde schließlich kein Buch aus dem Unterfangen, jedoch entstand ein großer Aufsatz mit dem Titel ›Phasen der Romanliteratur‹. Immerhin hat Virginia in Rodmell an literaturkritischen Studien gearbeitet, die später in die zweite Serie des ›Common Reader‹ (1932) einflossen.

Immer in solchen Zeiten der Phantasie, die nach dem Abschluß einer großen Arbeit einsetzten, ging Virginia mit neuen Gedanken um. Sie kam auf die Idee, einen neuen Roman zu schreiben, für den sie den Arbeitstitel ›Die Motten‹ erfand.

Virginia war offenbar sehr glücklich in diesem Sommer des Jahres 1928. Sie hatte sich ein aufblasbares Gummiboot gekauft und fuhr damit auf dem Fluß Ouse. Gern besuchte sie Vanessa in Charleston — über einen dort verbrachten Sommernachmittag schrieb sie: »Wir tranken Tee aus hellblauen Tassen unter dem rosafarbenen Licht der Riesen-Stockrosen. Wir waren alle ein bißchen berauscht von der Landschaft: etwas bukolisch, dachte ich. Es war auch schön — machte mich neidisch auf seinen ländlichen Frieden: die Bäume standen alle sicher — warum erfaßte mein Blick die Bäume? Der Anblick der Dinge besitzt eine große Macht über mich. Sogar jetzt muß ich die Krähen beobachten, wie sie aufwärts fliegen gegen den Wind, der hoch ist und noch, so sage ich instinktiv zu mir selbst, was ist der Ausdruck dafür?«[337] Die Faszination der pfeilschnell dahinschießenden Zeit durchdrang Virginia: »Ich habe jetzt einen durchdringenden Sinn der fliehenden Zeit; und wenn man so bald ankommen wird, warum all diese Sachen packen? ...Ich fühle mich am Abgrund der Welt, im Begriffe zu fliegen.«[338]

Die Schönheit des Sommers hielt sich den ganzen August hindurch. Virginia erholte sich, schrieb und las. Sie hatte sich eine 25bändige Walter Scott-Ausgabe gekauft und las seine Romane, was ihre Freunde nicht verstehen konnten, da sie Scott für überholt ansahen. Ländliche Geselligkeit und Muße wurden in Charleston und Monks House groß geschrieben. Man konnte endlose Gespräche über Gott und die Welt führen, über Literatur, Kunst, Liebesaffairen — unter schattigen Bäumen.

Im August besuchte E. M. Forster die Woolfs. Eines Abends hatten Virginia, Leonard und Morgan zuviel getrunken. Sie führten ein langes Gespräch über Sodomie, Lesbierinnen und andere Formen der Sexualität. Am anderen Morgen bemerkte Morgan Forster betrübt, daß er wohl betrunken gewesen sei, doch hatte dieses Gespräch eine Nachwirkung. Der Roman ›Der Brunnen der Einsamkeit‹ von Radclyffe Hall, der die lesbische Liebe thematisierte, war bei Jonathan Cape in London erschienen. Nun wurde Cape Verfolgungen ausgesetzt, die von der Boulevardpresse kamen, aber auch vom britischen Innenministerium begünstigt wurden. Jonathan Cape wurde wankelmütig und zog das Buch zurück. Die Woolfs und E. M. Forster waren über diese Diskriminierung und Zensur eines literarischen Werkes so erbost, daß sie einen Protestbrief in der Zeitschrift *Nation* veröffentlichten.

Mit Vita Sackville-West verabredete Virginia, daß sie beide im Oktober eine gemeinsame Reise nach Frankreich unternehmen wollten, da Leonard London wegen der Verlagsarbeit nicht verlassen konnte. Virginia nahm diesen Plan nicht selbstverständlich hin, denn sie verließ Leonard ungern. Andererseits lockte es sie sehr, mit Vita allein wegzufahren.

Anfang September kam Leonards Mutter zu Besuch nach Rodmell, was für die Woolfs eine arge Belastung war. Mrs. Woolf redete ununterbrochen, ohne ein Thema zu verfolgen. Vor allem sprach sie über Leute und ihre Verhältnisse, von denen Leonard und Virginia sonst überhaupt nichts wußten. Virginia wurde bei diesen Besuchen regelrecht von einem Horror ergriffen. Sie haßte ein Familienleben, das alle Entwicklungsmöglichkeiten einebnet und die Durchschnittlichkeit verherrlicht: »Abgesehen von einer Ermordung Mrs. Woolfs konnte man nichts tun.«[339]

Wenn Virginia den Sommer 1928 auch positiv auffaßte, so befiel sie doch manchmal Lebensfurcht: »Man fürchtet sich so vor der Einsamkeit: davor, den Grund des Kessels zu sehen... Das ist eine der Erfahrungen, die ich hier in einigen Augustmonaten machte; und kam dann zu einem Bewußtsein dessen, was ich ›Wirklichkeit‹ nenne: ein Ding, das ich vor mir sehe; etwas Abstraktes; aber es hält sich in den Downs auf oder im Himmel; neben ihm zählt nichts; darin werde ich ausruhen und weiter existieren. Wirklichkeit nenne ich es. Und ich bilde mir manchmal ein, daß dies das notwendigste Ding für mich sei: das, was ich suche. Aber wer weiß — sobald man die Feder ergreift und schreibt? Wie schwierig, nicht herzugehen und als ›Wirklichkeit‹ dies und das herzustellen, wohingegen es ein Ding ist.«[340]

Virginia fürchtete sich etwas vor der Reise mit Vita. Sie hatte aber auch Angst davor, daß ›Orlando‹ ein Mißerfolg werden würde. Sie glaubte, der Vorverkauf käme schlecht in Gang, weil die Buchhändler nicht, wie bei dem Roman ›Die Fahrt zum Leuchtturm‹ das Buch zu Paketen von 6 bis 12 Exemplaren bestellten. »Niemand will eine Biographie haben.«[341] Hier hatte sich Virginia mit ihrer Gattungsbezeichnung selbst einen Stein in den Weg gelegt. Sie überlegte, wie sie ihr Buch über den Roman weiter vorantreiben sollte, ob sie nicht mit literaturkritischen Arbeiten ihr »Winterkonto« etwas auffüllen könnte und ob und wann sie mit den ›Motten‹ anfangen sollte.

Virginia reiste mit Vita Sackville-West nach Burgund. Sie fuhren am 24. September mit der Kanalfähre nach Frankreich und steuerten zunächst Paris an. Diese Reise war ein Erfolg; beide sprachen nicht über ›Orlando‹, denn Virginia hatte Vita bislang keine Zeile des Textes zu lesen gegeben. Vita kam mit ihrem Diplomatenpaß an der Grenze gut zurecht. Über Virginia schrieb sie an Harold: »Virginia ist sehr süß, und ich empfinde mich als außerordentlich beschützend ihr gegenüber. Die Kombination dieses brillianten Geistes mit dem zerbrechlichen Körper ist sehr liebenswert. Sie hat eine süße und kindliche Natur, von der ihr Intellekt völlig getrennt ist. Ich habe nie jemanden gekannt, der so tiefgründig sensibel war und der weniger aus dieser Sensibilität macht.«[342]

Auf der Reise dachte Virginia oft an Leonard, der ihr sehr fehlte. So freute sie sich auf das Wiedersehen mit ihm, als sie am 4. Oktober zum Tavistock Square zurückkehrte. Auf dem Weg nach London hielten die Reisenden in Long Barn zum Lunch. Die Spannung kurz vor dem Erscheinen war sehr groß für Virginia: am 11. Oktober schließlich erschien ›Orlando‹.

seine Gedichte wie ein Fischer, der seine Netze immer tiefer ins Wasser senkt.

Louis hat als erfolgreicher Kaufmann das Netz seiner Handelsbeziehungen um die ganze Welt gespannt; dieses Netz liegt auf der Oberfläche, während Nevilles Netz in die Tiefe geführt wird. Louis fühlt sich als Koloß, der die Arbeit einer weltumspannenden Firma auf seine Schultern geladen hat, der aber weder natürliches Glück noch Erkenntnisse — seinem Streben entsprechend — erfahren hat. Seine wesentliche Neigung zur Erfassung menschlicher Geschichtlichkeit — all dies braucht ein Mehr an Verstehen als bislang offenbar wurde. Ein einziges vollkommenes Gedicht würde Louis seinem inneren Ziel näherbringen, ihn, der um Percival trauert, den Rhoda verlassen hat.

Rhoda spricht den radikalsten Standpunkt aus; sie geht kompromißlos mit der Welt ins Gericht. Sie haßt das Leben mit seinen Unterbrechungen, Korruptionen, den starren Blick der Menschen, ihr uniformes Grau und Braun der Kleidung, das den Verlust, ja die Auflösung der Seele signalisiert. Für Rhoda ist das alltägliche Leben die Hölle selbst, denn in ihm sammelt sich das ganze Ausmaß an Lügen, oberflächlicher Flüssigkeit des Geredes, die Dienstbarkeit und Unterwürfigkeit, aber auch die Bestimmtheit an einem Ort, an einem Platz, die es den Menschen unmöglich macht, sich selbst frei zu setzen. Rhoda sieht ihr Schicksal in ihrer Nachahmung des Alltäglichen, in ihrem nicht Ausleben radikalen Andersseins; sie zieht sich ihre Strümpfe an wie Susan und Jinny. Rhoda verließ Louis, weil sie seine Umarmungen fürchtete, sie flieht den Tag und erwartet die Nacht. Die Nacht ist ihre Zeit, in der sich die Umrisse der Gegenstände und der Begriffe, ebenso wie der Wahrnehmungsbilder auflösen in gelenkte Formen. Die Fülle der Nachtträume ist das eigentliche Leben Rhodas. Ihr Blumenopfer an der Themse bei Greenwich für Percival zeugt von ihrem eigenen Kreisen um den Gedanken des Selbstmords: die Auflösung ihrer Existenz im Strömen des Wassers. »Klein sich kräuselnd, grau sich kräuselnd, breiten sich unzählige Wellen unter uns aus. Ich rühre nichts an. Ich sehe nichts. Wir mögen versinken und uns auf den Wellen niederlassen. Das Meer wird in meinen Ohren trommeln. Die weißen Blütenblätter werden sich verdunkeln mit dem Meerwasser. Sie werden für einen Augenblick obenauf schwimmen und dann sinken. Sie werden mich über die Wellen rollen und nach unten drängen. Alles fällt in einem schrecklichen Schauer, mich auflösend.«[478]

Kap. 8: *Die Sonne vor dem Untergehen.* Die Freunde treffen sich das letzte Mal gemeinsam in Hampton Court. Die Würfel des Lebens sind für alle gefallen — und doch kommt es bei dieser Begegnung noch einmal zu einem Erlebnis der Gemeinschaft. Zunächst müssen sich die Figuren nach kontroversen Geplänkeln — beruhend auf alten Gegensätzen, auf Haß, Neid und Furcht — wieder zusammenfinden. Sie holen durch Erinnerung ihre alten Vertraulichkeiten hervor und gruppieren sich schließlich zu den drei Paaren des 1. Kapitels.

Zugleich besitzt dieses Kapitel ein hohes Reflexionsniveau. Bei diesem Treffen gibt jede Figur aus ihrer Perspektive Gedanken von sich über die Modalität des Lebens im fortgeschrittenen Alter, über das Verhältnis von Möglichkeit und Wirklichkeit, Faktum und Hoffnung, Wandel und Beharrung. Während Bernard seine Ankunft in Hampton Court mit Bezug auf die anderen reflektiert als Schutzlosigkeit vor dem Schock der Begegnung, ist es Neville, der das Treffen von innen betrachtet. Sorge und die Belastungen von Menschen mittleren Alters — das kennzeichnet alle gemeinsam. Neville fragt nach dem Verhältnis zwischen dem, was sie aus ihrem Leben gemacht haben zu den Vorstellungen, die sie entwickelt hatten. Er selbst sieht sich als anerkannter Schriftsteller, während Susans Augen voller Rüben und Kornfelder ihn irritieren. Die Zusammenkünfte der Freunde begünstigen zumeist das Verschmelzen der Identitäten, aber auch das Beharren auf dem eigenen Selbst.

Das Unhintergehbare für diejenigen, die sich in Hampton Court treffen, ist ihre Festlegbarkeit auf ihren eingeschlagenen Lebensweg: es ist kein Wandel mehr möglich — anders als beim früheren Treffen in London. Alle haben ihre Wahl getroffen. Doch damit ist die Frage nach dem Ich nicht beantwortet. Neville sieht sich selbst als nicht meßbar, nicht auslotbar an. Sein eignes Ich vergleicht er mit einem Netz, dessen Fäden sich kaum von der Umgebung unterscheiden. Dieses Netz hebt Leviathane hervor ebenso wie amorphe Massen. Neville will den Dingen auf den Grund gehen: »Ich decke auf, ich nehme wahr.

Hinter meinen Augen öffnet sich ein Buch: ich sehe bis zum Grund; das Herz — ich sehe bis in die Tiefen. Ich weiß, welche Lieben in das Feuer zittern; wie die Eifersucht ihre grünen Blitze hierhin und dorthin schießt; wie verwickelt eine Liebe die andere überkreuzt; die Liebe bildet Knoten; die Liebe reißt sie brutal auseinander. Ich bin geknotet worden; ich bin fortgerissen worden.«[479]

Susan lehnt Neville ab, um ihre Identität zu wahren. Sie betont ihre Blicke und Erfahrungen der Natur auf dem Lande, die Neville verborgen bleiben. Das Zusammentreffen beginnt mit einem Reiben der Hörner; man muß sich zunächst bekämpfen, um sodann die Gemeinschaft erneut zu stiften. Rhoda träumt von einer Messerklinge sowie von einer unbewohnten Insel. Sie sagt: die Liebenden können sich in die Dunkelheit zurückziehen; die Bäume sind geschwollen, obszön voller Liebender. Rhodas Traum bestärkt ihr düsteres Nachtbild. Sie beschäftigt sich mit der Aggression, fürchtet die Sexualität und ekelt sich vor ihr.

Bernards Aussage beginnt mit einem Vergleich zwischen Jugend und Alter: die Jugend vermag die Welle noch zu brechen, das Alter aber geht unter im rasenden Strom der Dinge, der so sehr verinnerlicht wird, daß er noch nicht einmal Schatten wirft. Im Alter tauchen die Individuen, die Identitäten in diesen Strom ein. Das Allgemeine überwiegt das Besondere, die Differenzen zwischen Ich und Du nehmen stetig ab. Das Leben fließt dahin im Strom; Kontakte mit anderen geraten zu immer größeren Anstrengungen. Bernard thematisiert seine Einsamkeit und die Grenze der Sprache: Was ist ein Satz? Was kann ein Satz überhaupt mitteilen? Was gibt er vom Wirklichen weiter? Sind Wörter in der Tat Repräsentanten der Selbstbehauptung? Ist es nicht vielmehr so, daß die Ordnung der Wörter *nicht* mit der Ordnung der Dinge zusammentrifft? Bernard relativiert seine Ansprüche; er hält sich für tolerant, nicht für einen Moralisten. Was ihn zutiefst berührt, ist die Kürze des Lebens. Er schreibt Geschichten, die er aus dem Material seiner Erfahrungen aufbaut und mit seiner Phantasie ausspinnt zu einem Bedeutungszusammenhang. Doch die Erkenntnis der wahren Geschichte ist ihm immer verborgen geblieben. Damit ist das schwierigste Problem eines Schriftstellers benannt.

Louis, dessen Symbol der Globus ist, der ein Netz um die Welt spannt als Kaufmann, wird zuletzt zur Spinne, deren Faden unterbrochen wird durch das Lachen, die Indifferenz, die Schönheit. Sein Hinweis auf Bedeutung bleibt ungehört; die Schönheit ist in der Masse der trampelnden Füsse zu finden, doch wer entdeckt sie, wer beachtet sie, wer sucht sie dort? Für Louis wird das Treffen in Hampton Court zum Augenblick der Versöhnung. Wahrheit, Schönheit und Bedeutung scheinen in einem »Augenblick des Seins« zu verschmelzen und für die Beteiligten aufzuscheinen. Was ist die Lösung für das Leben? »Was ist die Lösung, frage ich mich, und die Brücke? Wie kann ich diese blendenden, diese tanzenden Erscheinungen auf eine Linie bringen, die fähig ist, alles zusammenzubinden?«[480] Louis' Identität bleibt geteilt: einmal in das Ich des erfolgreichen Geschäftsmanns, sodann in das poetische Ich, das in Einsamkeit den Blick über die Londoner Dächer in sich aufnimmt.

Jinny bleibt ihrer Sinnlichkeit verhaftet; sie liebt das, was man anfassen kann oder was man schmeckt. Ihre Behendigkeit geht zusammen mit der Selbsterkenntnis, daß ihre Imagination die ihres Körpers ist. Das Bewegte des äußeren Lebens, der Farben und Formen der Menschen interessiert sie; sie empfindet — anders als Louis — keine Einsamkeit: »Meine Beziehungen haben mich an fremdartige Plätze geführt. Die Männer, wie viele, haben sich von der Wand gelöst und sind zu mir gekommen. Ich brauche nur meine Hand zu erheben... Die Qualen, die Trennungen eurer Leben haben sich für mich gelöst Nacht für Nacht, ...«[481] Doch Jinny bemerkt, daß sie altert, grau wird, sieht aber dieser Veränderung gelassen und unerschrocken entgegen.

Rhoda dagegen vermag nicht vor sich selbst zu bestehen wie Jinny; sie flieht das eigene Selbst, fürchtet sich davor, gesehen zu werden. Liebe und Haß stürmen in ihrem Innern gegeneinander. Rhoda fühlt sich vom Glück der anderen ausgeschlossen; sie lebt auf Distanz und in der Distanz. Ihr fehlt jede Bindung an andere Menschen. Sie kann sich weder auf eine Familie noch auf Ruhm oder Gesellschaft beziehen. Ihr bleibt das Nichts und die »Geschichtslosigkeit«: »Ich habe kein Gesicht.« Rhoda weitet den Kreis des Verstehens aus; sie transzendiert die menschlichen Bezüge zum Universalen, überschreitet das

Individuelle und sieht ihr Ende im voraus. Sie wird in Abgründe des Feuers fallen; niemand wird ihr helfen. Manchmal aber imaginiert sie einen mit dem Verstand nicht mehr faßbaren Ausweg: »Doch gibt es Augenblicke, wenn die Wände des Geistes dünn werden; wenn nichts aufgesaugt wird, und ich könnte mir einbilden, daß wir das Blau des Mittags und das Schwarz der Mitternacht nehmen und losgeworfen werden und dem Hier und Jetzt entfliehen.«[482] Doch erst im folgenden »Gespräch« der Freunde wird das Verhältnis von Lebenssinn und Freundschaft deutlicher; jeder vollendet die Sätze des anderen, so daß der Eindruck vollkommener Kommunikation entsteht.

Bernard fühlt sich der zerstörenden Einsamkeit überantwortet, die sein Ich auflöst und durchlässig macht gegen anderes und andere. »Was zählt?« — diese Kernfrage bleibt unbeantwortet. Bernard erkennt in der Ruhe, die alle gemeinsam überkommt, etwas Besonderes: Nevilles Torturen kommen zum Stillstand. Susan weiß, daß ihre Kinder ruhig und sicher schlafen. Rhodas Schiffe liegen am Ufer. Die Erde wird für Bernard zum glücklichen Sonderfall: ein aus der Sonne herausgebrochener Kieselstein, der Leben trägt. Alle Freunde empfinden den Moment der *Stasis* als Stille, Wunder, Tod, interstellare Wanderung, Auflösung ins Allgemeine: »Unsere getrennten Tropfen sind aufgelöst; wir sind ausgelöscht, verloren in den Abgründen der Zeit, in der Dunkelheit.«[483]

Doch auf diesen Moment des Stillstands folgt das Wiedereintauchen in die Lebenswelt, das Bernard zur Sprache bringt. Gegen das Leben muß man kämpfen — so Bernard; man muß gegen das Chaos opponieren — sagt Neville. Die Entgegensetzung des Materiellen wie Universalen gegen das Leben führt den Menschen zu Trugschlüssen über sich selbst und zu Fehleinschätzungen: »Ein Kindermädchen hinter einem Baum zu lieben, dieser Soldat ist bewundernswerter als alle Sterne.«[484] Doch Neville erkennt, daß diese berechtigte Relativierung des Universalen ebenfalls Relativierungen ausgesetzt werden muß, die Wesentliches des Menschen aussagen. Seiner Körperlichkeit ungeachtet strebt der Mensch nach Momenten der verehrenden Anschauung dessen, was ihn in seinen mannigfachen Begrenzungen überschreitet: »Doch manchmal kommt ein zitternder Stern in den klaren Himmel und läßt mich die Welt als schön denken, und wir Maden verschandeln sogar die Bäume mit unserer Lust.«[485]

Die Augenblicke der Stille und der Einsicht in die Transzendenz sind kurz, sie hören auf im Bewußtsein der physikalischen Zeit, die Lebensprozesse einteilt und Endpunkte der Existenz festlegt. Das Leben des einzelnen wird so sicher beendet werden, wie man abends die Tore des Parks von Hampton Court schließt. Bernard fragt angesichts der Tradition englischer Geschichte nach der uneingeschränkten Dauer: »Unsere Leben ... strömen fort, die unbeleuchteten Alleen hinunter, vorbei am Streifen der Zeit, unidentifiziert.«[486]

Der Moment des Seins entweicht beim Verlassen des Parks; die Zeit kommt zurück, aber auch die Verknüpfung von Vergangenheit und Gegenwart. Das europäische Schicksal der Jetztzeit hat Wurzeln in der Position Englands im 18. Jahrhundert. Aber auch die Individualgeschichte der Figuren tritt bei dieser Rückkehr in die Zeit ins Bewußtsein. Jeder ist seine eigene Vergangenheit, seine Jugend und Kindheit. Für Rhoda bedeutet der Augenblick des Seins die Freude der Erleichterung durch die Transparenz der Grenzen des Geistes. Bernard erkennt in einer roten Nelke ein Symbol ihrer Freundschaft; die sechsseitige Blume ist aus sechs Leben geschaffen. »›Heirat, Tod, Reise, Freundschaft‹, sagte Bernard; ›Stadt und Land; Kinder und all das; eine vielseitige Substanz herausgeschnitten aus dieser Dunkelheit; eine vielflächige Blume. Laßt uns einen Augenblick innehalten; laßt uns erblicken, was wir getan haben. Laßt es auflodern vor den Eiben. Ein Leben. Da. Es ist vorbei. Ausgegangen.‹«[487]

Die Paare schließen sich wieder zusammen: Susan und Bernard, Neville und Jinny, Louis und Rhoda: sie bilden die sechseckige Blüte der Nelke. Doch diese Zusammenfügung ist eben nur eine visionäre, momentane, denn im Strom des Lebens hat sich diese Gruppierung nicht ergeben. Susan, die Bernard liebte, klagt über ihr ruiniertes Leben.

Welche Stimme läßt sich vernehmen? Es gibt Gezeiten der Seele, die Menschen in bestimmte Richtungen treiben. Wie soll man alles Erfahrene zusammenfassen, alle Tode, Differenzierungen, Wege?

Der Tod bleibt an diesem Abend in Hampton Court ausgespart, doch es ist Rhoda, die allein der Einsamkeit und der Gewalt des Todes vertraut. Louis erkennt, daß er für immer von Rhoda getrennt sein wird; das Netz der Zusammenhänge entweicht nach oben, die Rätselhaftigkeit nimmt zu, die Menschen schrumpfen in Rhodas Vision zusammen. Louis sieht, wie die Konstrukte aus dem Moment der Wahrheit zurückkehren, die Illusionen, die jenseits unmittelbarer Evidenz nach der Identität, der Eindeutigkeit streben: »Was denke ich von euch — was denkt ihr von mir? Wer seid ihr? Wer bin ich?«[488]

Bernard faßt diese Frage noch einmal anders und kann nur ausführen, daß die Ichs zerbröckeln, daß sie fortgleiten, entgleiten ins Diffuse: «...wir gleiten fort. Kleine Bröckchen von uns selbst zerkrümeln. Da! Etwas sehr wichtiges fiel. Ich kann mein Selbst nicht zusammenhalten. Ich werde schlafen. Aber wir müssen gehen; ...«[489]

Kap. 9: *Die Sonne ist untergegangen.* Nach ihrem Augenblick des Seins gehen die Freunde still auseinander. Die Gruppe hat sich aufgelöst, ist übergewechselt aus dem kurzen, tiefen Einverständnis zum Fluß des Lebens ohne Selbstbewußtsein, in dem jeder seine Rolle spielt, seinen Illusionen nachhängt, den alltäglichen Anforderungen Rechnung trägt.

Bernard gibt zum Abschluß eine Überschau und Zusammenfassung seines Lebens, in das auch die Freunde einbezogen werden. Er imaginiert einen vollkommenen Augenblick der Erfüllung, sieht sein Leben aber auch als nicht übertragbare Perspektive eines Alternden, der als Schriftsteller sich anderen nur durch Geschichten mitteilen kann. Der alternde Bernard ist der Geschichten müde geworden; in dieser letzten, aber auch neuen Phase des Lebens bildet er Skepsis aus gegenüber klaren und abgezirkelten Lebensplänen sowie gegenüber der Wahrheitsvermittlung durch Sprache: »Ich fange an, mich nach einer kleinen Sprache zu sehnen, wie sie die Liebenden gebrauchen, gebrochene Worte, unartikulierte Worte, wie das Schlurfen von Füßen auf dem Straßenpflaster.«[490]

Bernard kontrastiert der selbstgesetzten Präzision von Plänen das Diffuse natürlicher Erscheinungen: Himmel, Wolken, Sturm — bestimmt vom Prinzip des Wandels. Die Relativierung des Menschlichen durch Höhe, Indifferenz, Wut der

Natur nimmt ihn ganz gefangen. Er läßt seine Entwicklung am inneren Auge vorbeiziehen von der Kindheit bis zum Erwachsenenalter. Die Individualität des Selbst bedeutet Abgeschlossenheit gegen andere. Der Blickpunkt des einzelnen schließt einen blinden Punkt ein, der es unmöglich macht, die Intentionen und das Lebensinteresse anderer zu erfassen. Gleichzeitig wird an der Tatsache des Ich der individuelle Schmerz sichtbar, der jeden Menschen in Kämpfe stößt um das, was er wünscht. Die Härte der Natur und die Schale des eigenen Ich führen dazu, daß diese Intentionen von anderen nicht verstanden werden, so daß jeder für sich letztlich isoliert und einsam bleibt, auch wenn er mit anderen Menschen zusammentrifft. »›Das ist Dein Lauf, Welt‹, sagt man, ›meiner ist dieser.‹«[491]

Nur die Transparenz des Geistes läßt blitzartiges Verstehen der Natur, der fremden Kräfte, des anderen Ich zu. Sie hebt die Individualität in einem Augenblick auf, um sie im nächsten wieder herzustellen. Bernard weiß, daß die Freunde alle verschieden waren. Jeder macht seine grundlegenden Erfahrungen, hat seine Schlüsselerlebnisse, ist geprägt durch emotive, mentale und willentliche Eigenarten.

»Louis wurde angeekelt von der Natur des menschlichen Fleisches; Rhoda von unserer Grausamkeit; Susan konnte nicht teilen; Neville wollte Ordnung; Jinny Liebe; und so weiter. Wir litten schrecklich, als wir getrennte Körper wurden.«[492]

Bernard bewahrte sich vor den Exzessen des Gefühls, den extremen Charaktereigenschaften der Freunde auf Grund seiner Neugier, das Interesse an fremdem Leben, objektiviert durch seine Notizen und Portraitskizzen, die er in seinem Taschenbuch festhielt. Auf diese Weise trennte sich Bernard von den anderen ab, machte sich aber auch zum geeigneten Chronisten und Biographen. So verwundert es nicht, wenn er in der Rückschau noch einmal seine Freunde porträtiert.

Percival, die mythische Gestalt, wird gekennzeichnet durch bedeutende Bewegungen, erhabene Schönheit, klassischen Geschmack in der Literatur und in den anderen Künsten. Seine Figur konzentriert sich für Bernard in der Gestalt des Richters, dessen Integrität und Objektivität ihn in den Stand versetzen würde, im Namen der Gerechtigkeit Kritik an der Staatsautorität zu üben.

Louis vereint das Moment des Unglücklichen, des Mangels an direkten Freunden mit seinem kritischen und willensstarken Geist, Witz und Beobachtungsgabe — ihm stehen scharfsinnige Urteile zu Gebote. Bernard vergleicht ihn in seinen Bewegungen mit einem Kranich; ihn kennzeichnet Unerreichbarkeit und Rätselhaftigkeit. Er ist der präzise Gelehrte, den Bernards literarische Formulierungen kalt lassen, aber er beneidet andererseits Bernards Begabung, leicht mit Menschen jeden Standes umzugehen, vertraut mit ihnen zu reden.

Neville taucht in Bernards Erinnerung auf als genauer Kenner lateinischer Dichtung, deren Genauigkeit Bernard selbst nicht nachvollziehen kann. Sein Atheismus verbindet sich mit dem Hang zur Lektüre lateinischer Klassiker.

Das Leben im Internat wird als Mischung von Langeweile und Alltäglichkeit geschildert; eine bleierne Wasserwüste umfängt die Kinder, in der sie gleichsam automatisch heranwachsen. Die Kinder nehmen an Sympathiekundgebungen für den Ersten Weltkrieg teil, sie werden mißbraucht von der offiziellen Propaganda und entwickeln dennoch ihr eigenes Selbst. Während Louis und Neville ein elitäres Verhalten an den Tag legen, genießt Bernard seine Begabung im Umgang mit Menschen; er sucht die Nähe einfacher Menschen, läßt sich ganz erfüllen von der Wärme des Volkes, von der Menschlichkeit einfacher Freuden: »Ich liebe die Weitschweifigen, Gestaltlosen, Warmen, nicht so sehr klugen, aber extrem leichten und ziemlich groben Aspekte der Dinge; das Gespräch von Männern in Clubs und Gasthäusern.«[493]

Wie Mrs. Dalloway wird Bernard von Lebensfreude durchdrungen mit dem Beginn des Tages: »Man springt aus dem Bett; mit was für einem Schwirren die Vögel aufsteigen! Du kennst das plötzliche Stürmen der Flügel, dieser Ausruf, dieses Jubilieren und das Durcheinander; der Krawall und das Gebabbel der Stimmen; und alle diese Tropfen sind glitzernd, zitternd, als ob der Garten ein gesplittertes Mosaik wäre, verschwindend, entwischend; noch nicht in ein Ganzes geformt.«[494]

Bernards Erfahrung des Weiblichen beginnt in der Schule: Jinny nippt Zucker aus der Handfläche, aber ihre zurückgelegten Ohren verkünden ihre Bissigkeit. Rhoda ist ungreifbar.

Susan allein repräsentiert elementare Weiblichkeit. Während Susan an der Nähmaschine arbeitet, hört sie das Gelächter von Dienstboten auf dem Hausboden. Dieses Gelächter deutet für Susan und Bernard die dramatisierte Entdeckung der Sexualität an, das heißt aber auch die unvollständige Verschmelzung des Ich in die eigenen Erfahrungen. Bernard hört die Stimme eines hinweisenden Beobachters am Rande jedes tödlichen Schmerzes. Die Weiden am Flußufer sind für ihn Zeichen all dessen, was außerhalb menschlicher Begriffe liegt: das Symbolische, vielleicht das Bleibende, das alltägliche Lebensbewegungen übersteigt.

Leben und kategoriale Dauer gehen in Bernards Geist ineinander über. Die Markierungen des intelligenten Ich lösen sich auf in Empfindungen des Lebensstroms, in Einzelerlebnisse, deren Fluß allein der Baum entgegensteht. Bernards Wandelbarkeit läßt ihn sich immer neue literarisch historische Helden suchen: Hamlet, Shelley, Fürst Myschkin, Napoleon — Byron. Byron wurde in seinem ersten Liebeserlebnis wichtig.

Bernards erste Erfahrung der Liebe wird zum Übermaß unverantwortlicher Freude, zum mystischen Sinn der Vollendung, aber auch zu den schwarzen Pfeilen zitternder Empfindung, wenn »sie« ausbleibt. Liebe als Illusion der Ganzheit führt zur Vorstellung eines Lebensganzen, aus dem sich eine klare, logische Geschichte ableiten läßt. Diese Vorstellung baut sich in Bernards Geist mit zunehmendem Alter ab.

Zunächst setzt er sich in der weiteren Entwicklung seiner Persönlichkeit von seinen Helden ab, bestimmt sich als Ich, das den Autoritäten der Künste, den bedeutenden Menschen als Erbe folgt, doch er bemerkt das Unzureichende seines Sprachvermögens. Sprache ist Aufeinanderfolge — niemals ist es möglich, *das Ganze* auszusagen.

Die Sprache vermag verschiedene Formen anzunehmen: eine private Seite oder Innenansicht ebenso wie eine Außenseite. Während die Außenseite parallel zu den gewaltigen Kräften der Geschichte liegt, wird die Innenseite vom differenzierenden Vokabular der Politik oder des Boudoirs bestimmt. Sprache umgibt die weiche Seele wie eine Muschel, macht diese unangreifbar für die Empfindungen, die wie Schnäbel an dieser Schale picken. Doch der gesellschaftliche Glanz, das Dekorum, die planvolle Einteilung des Lebensprozesses nach zivilisatori-schen Normen ist eine Lüge der Konvention für Bernard, weil unterhalb dieser Konvention ein schneller Strom zerbrochener Träume verläuft, der das Ursprüngliche menschlicher Vorstel-lungsbilder, der Mythen und Geschichten transportiert. Mit den Mitteln der organisierten und verinnerlichten zivilisatori-schen Umgangs- und Repräsentationsformen ist dieses Eigentli-che unter der Oberfläche des alltäglichen Lebens nicht zu erfas-sen: »Es gibt nichts, was man in einem Löffel herausfischen kann; nichts, was man ein Ereignis nennen kann. Doch er ist le-bendig und tief, dieser Strom.«[495]

Bernard spricht von einem Kristall oder Lebensglobus, des-sen feine Wände aus Luft durch den geringsten Druck zerbre-chen. Jeder Satz, den er bildet, gerät ihm zur Kette aus sechs kleinen Fischen, die sich aus einem Millionenheer anderer fan-gen lassen. Diese Fische symbolisieren die sechs Freunde, deren Anordnung in der wahren Konstellation Bernard nicht zu er-kennen vermag.

Ebenso ist es ihm nicht möglich, die Wirkung des Ganzen wiederzugeben — wie in der Musik. Eine Symphonie wird er-zeugt durch verschiedene Menschen, die verschiedene Instru-mente spielen. Die komplizierte Vernetzung der Töne verläuft in der Zeit, so daß ein Begriff des Ganzen sich kaum herstellen läßt. Bernard wendet das Bild der Symphonie auf sich und seine Freunde an.

Wenn er auch diese Ganzheit nicht zu erfassen vermag, so stellt sich Bernard positiv zum Leben ein, es ist für ihn ange-nehm und erträglich. Sein Unvermögen, Leben zu erfassen und zu formulieren, versucht er dadurch auszugleichen, daß er sich der Folge des Zeitlaufs anpaßt, daß er erkennt, wie um seinen Geist Ringe wachsen, wie sich die Identität stabilisiert durch das Älterwerden, um in einem Mechanismus des Lebens zu enden: »Wie schnell der Strom fließt von Januar bis Dezember! Wir werden vorwärts gefegt durch die Strömung der Dinge, die so vertraut geworden sind, daß sie keinen Schatten werfen.«[496]

Bernard stellt seine Ehe und Vaterschaft als alltägliches Thema vor. Er sieht sich als Erbe und Vollender in der Genera-tionsfolge; von seiner Frau wird er zum sozialen Aufstieg ange-regt — ganz im Gegensatz zu den unangepaßten Charakteren

Rhoda und Louis, deren Identität mit der Ablösung von den anderen Menschen zusammenhängt.

Mit einer Kritik der traditionellen Biographie führt Virginia Woolf Bernards Einordnung in die kulturelle Konvention vor, seine Sorge um das Geldverdienen für die wachsende Familie, seinen Aufstieg im Beruf. Bernard macht aber trotz aller durchschnittlichen Bürgerlichkeit seine Identität nicht an den Leitfiguren der etablierten Gesellschaft fest. Er empfindet seine Existenz als Beitrag zur Umwandlung der Welt vom Chaos zum Kosmos auf dem Hintergrund der verschiedenen automatischen Lebens- und Zivilisationsfunktionen wie Essen, Trinken, Sprechen, Frühstücken, *Times*-Lesen. Virginia Woolf betont das Stereotype an Bernards Existenz, das Rollenverhalten des »clerk«.

In Bernards Alltag wirkt Percivals Tod als Anstoß, nach dem Sinn des Lebens zu fragen. Zeitgleich wird Bernards Kind geboren, so daß er sich fragt: »Was ist Glück? Was ist Schmerz?« Bernards Schmerz ist sprachlos; er erfährt Raum und Zeit ebenso wie die Festigkeit der Dinge, an denen er vorbeikommt. In diesem Augenblick ist er sich seiner Wahrnehmung der Welt bewußt, die Percival nicht mehr teilen kann. Die Dinge erscheinen Bernard transparent, während sein Ich unsichtbar wird. Die Trauer wird begrenzt, überschattet von der Aktivität der Phantasie, die Percivals Tod vorstellt wie in einem Film. Die Lebensperspektiven der einzelnen berühren Percivals Tod, führen aber auch an diesem Ereignis vorbei in eine Zeitlichkeit, zu der Percival nicht gehört: »Percival, von dem ich wünschte, daß er sein Haar verlieren würde, die Autoritäten schockieren, mit mir alt werden würde; er war schon bedeckt mit Lilien. So verging die Ernsthaftigkeit des Augenblicks; so wurde er symbolisch; und das konnte ich nicht aushalten. Laßt uns lieber jede Blasphemie des Gelächters und der Kritik begehen als diesen lilien-süßen Klebstoff von uns zu geben; und ihn mit Sätzen bedecken, schrie ich.«[497]

Bernards Besuch bei Jinny, ihr gemeinsames Gedenken an Percival, führt zu einer zunehmenden Deutlichkeit der gegenständlichen Welt in Bernards Bewußtsein sowie zur Einsicht in den universalen Zwang zum Weiterleben, das Wiedereintauchen in die behagliche Alltäglichkeit. Bernard kennt kein Mittel, um die Mauern des Alltagslebens niederzureißen. Jeder der Freunde hat seinen Gesichtspunkt, doch Bernard überschreitet die Einzelperspektiven bis hin zu der Einsicht in die unbegreifliche Natur des Lebens selbst. Hieran schließt sich die Frage, ob diese Einsicht das Ende der Geschichte sei, das letzte Kräuseln der Welle, ein Rinnsal im Abfluß. Wenn es keine Geschichten gibt, so ist das Ende ebenso fraglich wie der Anfang. Die Zurückgezogenheit auf sich selbst in der Einsamkeit ist die Grenze des Lebens; sie beschränkt die Lebenswirkung, beendet aber nicht den Impuls zum Weiterleben.

Bernards Zweifel am Sinn des Lebens wird angeregt durch das Weiterlaufen der Zeit, der Arbeit, der vielfachen Beschäftigungen und Aktivitäten des Lebens, die Fortpflanzung des Menschen. Warum geht das Leben weiter, wenn der Sinn im Verborgenen bleibt? Bernard vermag diese Frage ebensowenig zu beantworten wie die, warum sich die Menschen der Stupidität der Natur unterwerfen. Das Leben des Menschen wird gekennzeichnet durch Sattheit und Untergang: »der Sinn dessen, was in unserm Los unausweichlich ist; Tod; das Wissen um die Begrenzungen; wie das Leben verstockter ist als man das gedacht hatte.«[498]

Die menschliche Neugierde kommt an ihre Grenze; man muß wissen, was man ergründen will, denn die Dinge verbergen nichts. So bleibt für Bernard nur die Wiederholung als unzureichender Versuch, grundsätzliche Fragen zu beantworten, der schon von vornherein zum Scheitern verurteilt ist. Der Kampf im Leben gegen das Scheitern, gegen die Ziellosigkeit und das Gewöhnliche des Alltags ist für Bernard ein endloses Mühen um Sinn, das Zerschmettern und Zusammenfügen im täglichen Kampf des Alltags.

Der Ordnung der Dinge entspricht keine Ordnung des Geistes, die das Leben und seinen Sinn erklärt. Bernard bescheidet sich mit dem Leben; es ist schön und gut, es verläuft von Montag bis Mittwoch, doch das Altern bringt Differenzen hervor, welche zuzeiten an den Dingen abgelesen werden. Das Altern entspricht der Metapher des fallenden Tropfens; es bedeutet, daß das individuelle Leben nicht wiederholbar ist: »Es ist nicht das Alter; es ist, daß ein Tropfen gefallen ist; ein anderer Tropfen. Die Zeit hat dem Muster eine andere Zusammenstellung

gegeben. Wir weinen heraus aus dem Bogen der Johannisbeer-
blätter, heraus in eine weitere Welt. Die wahre Ordnung der
Dinge — das ist unsere beständige Illusion — ist jetzt erschienen.«[499]

Bernards Treffen mit Neville stellt eine Reise in dessen Bedeutsamkeit dar, die sich bestimmt durch Bücher und Einsamkeit, durch Gedankenfreiheit in einem gemütlichen Zimmer.

Das Gespräch über Literatur versinkt in Schweigsamkeit, aus
der sich Worte wie »Rückenflossen« eines unsichtbaren Fisches
auf dem stillen Meer erheben. Die physikalische Zeit der Uhr
fällt der unendlichen Zeit des Geistes »ins Wort«. Neville hat
unter unzähligen Menschen und aus allen erdenklichen Zeiten
einen Menschen gewählt, auf den er sich konzentriert. Dies widerspricht Bernards Hang zum Zweifeln, zum Sätze-Erfinden.
Nevilles Bestimmtheit ruft in ihm den Gedanken an Percival
hervor: die Toten machen sich bemerkbar — die Lebenden
sucht Bernard auf, um sich seines Lebenszusammenhangs zu
versichern.

Die Freunde sind für Bernard Bestandteile seines Lebens. Sie
gehören zu ihm. Er fühlt sich als mit ihnen identisch: »Ich bin
nicht eine Person; ich bin viele Leute; ich weiß nicht, wer ich
bin — Jinny, Susan, Neville, Rhoda oder Louis; oder wie ich
mein Leben von dem ihren unterscheide.«[500] Bernard erinnert
Hampton Court, die augenblickliche Einheit der Freunde, ge-
steht sich aber ein, daß er selbst die Idee des vollkommenen
Menschen verfehlte. Der Augenblick des Seins schloß die
Freunde geistig-seelisch zusammen gegen die riesige Schwärze
der Außenwelt, deren Gewalten die Zeit repräsentieren. Sie eil-
ten ins Unbestimmbare und ins Zeitlose für diesen einen Moment. Bernard sieht die Individualität der Freunde zusammen
mit ihrer Aufhebung: »Aber wir — ... wir sechs, aus wie vielen
Millionen Millionen, für einen Augenblick aus welch maßlo-
sem Überfluß von vergangener und zukünftiger Zeit, loderten
dort triumphierend. Der Augenblick war alles; der Augenblick
war genug.«[501]

Doch der Einheit folgt die Trennung, der Verlust dieses kost-
baren Erlebnisses, das Eintauchen in das Röhren des Lebens,
des Stimmengewirrs, der Verlust von Bernards Identität im Alltag, seine Selbstverschwendung an den Lebensstrom. Das Aus-

einandertreiben der Freunde nach der Einheit wird als Form des Todes angesehen.

Das Buch ist geschrieben, geschlossen. Der Tod tritt nun für die einzelnen hervor, er schneidet sie ab. Sie fallen: »Wir sind ein Teil des gefühllosen Universums geworden, das schläft, wenn wir am schnellsten sind, und rotglühend brennt, wenn wir schlafen.«[502]

Rhoda hat Selbstmord begangen. Bernard träumt, daß er sie von dieser Handlung abgebracht habe, doch das Unwiderbringliche ist schon geschehen. Die imaginierte Überredung, nicht Selbstmord zu begehen, ist Bernards Selbstüberzeugung, am Leben zu bleiben im Bewußtsein seiner multiplen Identität und Androgynie: »...dies ist nicht ein Leben; noch weiß ich immer, ob ich Mann oder Frau bin.«[503] Bernard durchschaut das Wirken der Gewohnheit auf den Menschen: Leben ist unvollkommen, ein unvollendeter Satz. Er weiß, daß er keine Stimmigkeit des Selbst aufrechterhalten konnte inmitten seiner mannigfachen Abenteuer, doch er will sein Ich nicht aufgeben, auch wenn es seine Fragen nicht beantwortet: »Jetzt ist dort nichts. Keine Flosse bricht die Wüste dieses unermeßlichen Meeres. Das Leben hat mich zerstört.«[504] Bernards hin- und hergeworfenes Selbst sieht sich vor dem Ende. Die Erde wird zur Schattenwüste, zur Winterlandschaft mit ihm als dem Mann ohne Selbst.

So tritt Bernard als gealterter Mann in das wüste Land ein, das Land ohne Echo, ohne Schatten, in dem sich kein Fußabdruck der toten Erde einprägt. Kein Zeichen des Lebens macht sich bemerkbar. Wie Coleridges ›Cain‹ durchzieht Bernard diesen melancholischen Wüstenpfad in einer ewig gleichen, wintrigen Einöde. Doch auch in diese Wüste kehrt das Licht zurück, in dünnen Streifen — das Leben kehrt wieder. Farbe und Feuchtigkeit saugt die Erde auf wie ein Schwamm.

Bernards Leben geht zu Ende, das Leben schlechthin aber setzt sich fort. Die Landschaft überdauert den einzelnen, der sich in der Gestalt Bernards darüber im Klaren ist, daß es keine Wörter gibt, mit Hilfe derer eine Welt beschrieben werden könnte in einer Sichtbarkeit ohne Selbst. Wörter sind zu kompakt: sie sind für die wahre Bedeutung nicht transparent genug. Das Dasein wird bestimmt durch seine Zeitlichkeit, sie ist für jeden einmalig — die anderen blendet sie aus. Die Substanz der Wahrheit kann Bernard ebensowenig ausmachen wie ihren Ort.

Ihm schwindet die Bestimmtheit der Wirklichkeit, sie löst sich auf; er verschmilzt mit den Gegenständen. Sein Ich geht über in die Ichs von Neville, Jinny, Susan, Rhoda und Louis. Bernards Lebensgeschichte setzt sich aus Erlebnisknotenpunkten zusammen, aus der Erinnerung wichtiger Ereignisse, Dinge, Menschen, Träume. Sein Leben endet, doch das Leben geht weiter. In den Büschen verraten die Schatten keinen bestimmten Sinn. Leben hebt immer wieder von Neuem an, während jeder nur seine Zeit hat, seine Einsamkeit, seinen Tod, der als der eigentliche Feind des Menschen angesehen wird: »Gegen Dich will ich mein Selbst werfen, unbesiegbarer und unnachgiebiger, o Tod.«[505]

Nach dem anfänglichen großen Erfolg des Romans ›Die Wellen‹ gestaltete sich der Verkauf etwas ruhiger. Dies wirkte sich auf Virginia Woolf positiv aus, denn sie verlor ihre Aufregung, die sich bei jeder Veröffentlichung eines Romans äußerte. So konnte sie getrost zur Lektüre ihrer elisabethanischen Autoren zurückkehren.

Inzwischen war auch Leonards Buch ›Nach der Sintflut‹, Band 1, erschienen, von dem Virginia sagte, es bewege sich mit Gigantenschritten vorwärts wie ein Elefant im Unterholz. Der bedeutende Politikwissenschaftler Harold Laski, Professor an der London School of Economics, erklärte in einer Besprechung im *New Statesman* vom 17. 10. 1931 Leonards Buch zum Meisterwerk. Das T.L.S. äußerte sich dagegen verhaltener, was Leonard deprimierte und in Selbstzweifel stürzte.

Virginia schwamm dagegen weiter auf der Woge des Lobes. Noch am 23. Oktober veröffentlichte der *Manchester Guardian* eine 3/4 Spalten lange Besprechung unter der geistvollen Überschrift ›Der Rhythmus des Lebens‹.

Leonards Trübsinn verlor sich, als sein Buch doch noch mehr Anerkennung erhielt und besser verkauft wurde. Die Labour Party erzielte in den Unterhauswahlen deutliche Gewinne; sechsundzwanzig Abgeordnete mehr als bislang kehrten nach Westminster zurück.

Virginia schwankte in ihrem Befinden zwischen Ausgeglichenheit und Aktivität, aber sie fühlte sich auch angespannt und klagte über Kopfschmerzen. Der große Druck der ›Wellen‹ war von ihr genommen, aber es war schwer für sie, mit dem Vakuum fertig zu werden. So schrieb sie Ende Oktober in einem Brief an Goldie Dickinson: »Ich selbst werde alt — ich werde nächstes Jahr fünfzig sein; und ich fühle mehr und mehr, wie schwierig es ist, sich in einer Virginia zu sammeln; obwohl die besondere Virginia, in deren Körper ich lebe, so heftig empfänglich ist für alle Arten von Empfindungen.«[506]

Anfang November dachten die Woolfs daran, innerhalb Bloomsburys umzuziehen. Sie verhandelten um eine Anmietung von 47 Gordon Square für 24 Jahre, doch die Verwaltung des Herzogs von Bedford lehnte es ab, an einen Verleger zu vermieten. ›Die Wellen‹ erschienen in dieser Zeit bereits in der 2. Auflage. Von E. M. Forster erhielt Virginia einen begeisterten Brief über ›Die Wellen‹; dieser Roman hatte seines Erachtens die Schwelle zum Klassiker überschritten: »...dies gibt mir Grund zu denken, daß ich Recht habe, auf diesem sehr einsamen Pfad weiterzugehen.«[507] Lytton und Roger Fry versuchte Virginia in dieser Zeit zu meiden, weil sie glaubte, daß beide ihren Roman nicht mochten.

Sie arbeitete jetzt hart an zwei Aufsätzen über die elisabethanische Literatur — über Sir Philipp Sidneys ›Arcadia‹ und über ›Die fremdartigen Elisabethaner‹. Beide Aufsätze wurden im 2. Band des ›Common Reader‹ abgedruckt. ›Die Wellen‹ hatten zwar nicht mehr den Anfangsboom, doch der Verkauf lief nach wie vor gut. Auch Leonards Buch fand immer mehr Käufer. Am 17. November träumte Virginia, daß Vita ihrer überdrüssig sei und mit einer anderen Frau fortgehen wollte. Dieser Traum beschäftigte sie so sehr, daß sie bei einer telefonischen Einladung Vitas zu einem Dinner absagte. Vita nahm Virginia diese Absage nicht übel, sondern besuchte sie noch am selben Tage.

Im Herbst 1931 fühlte sich Virginia insgesamt außerordentlich glücklich und erleichtert, setzte ihre Arbeit an ›Flush‹ fort, ging mit Leonard in Konzerte und Kinoaufführungen.

In der letzten Novemberwoche traten nach dem Besuch eines Theaterstückes und einer anschließenden Abendgesellschaft

Virginias Kopfschmerzen wieder auf. Mitte Dezember erfuhren die Woolfs, daß Lytton Strachey ernstlich erkrankt war. Von Rodmell aus, wohin sie am 22. Dezember 1931 gefahren waren, telefonierten sie täglich mit Carrington, um sich nach Lyttons Befinden zu erkundigen. Am Heiligabend schrieb Virginia in ihr Tagebuch: »Nessa rief um 10 Uhr an, um zu sagen, daß er Milch und Tee getrunken habe nach einer Spritze. Als sie gestern nach Hungerford fuhr, saßen sie in großer Verzweiflung herum. Er hatte 24 Stunden lang nichts zu sich genommen & war nur halb bei Bewußtsein.«[508]

Lyttons Krankheit bedeutete einen großen Kummer für Virginia; sie dachte ständig an ihn. Diese Situation gehörte zu den Augenblicken, in denen die Tragik des Lebens aufschien. Lyttons Sterben regte in Virginia den Wunsch zum Leben an. Ihre Kopfschmerzen hatten sich nicht verloren. Seit dem 16. November schrieb sie fast nichts, traf aber viele Freunde und Bekannte. Am Weihnachtsmorgen schrieb Virginia in ihr Tagebuch: »Gespräch mit Leonard letzten Abend über den Tod: seine Unsinnigkeit; was er empfinden würde, wenn ich stürbe. Er könnte den Verlag aufgeben; aber daß man natürlich sein muß. Und das Gefühl des Alters kommt über uns: & die Härte, Freunde zu verlieren; & mein Mißfallen an der jüngeren Generation; & dann argumentiere ich, wie man verstehen muß. Und wir sind jetzt glücklicher.«[509]

Am 27. Dezember ging es Lytton etwas besser; er aß die Speisen, die ihm der Arzt erlaubte. Virginia hatte trotz ihrer seelischen Anteilnahme an Lyttons Krankheit Kraft genug, über Desmond MacCarthys Kolumne in der *Sunday Times* erbost zu sein. Desmond hatte über ›Die Wellen‹ geschrieben, Virginia Woolf habe in diesem Buch »ihre Methode träumender Subjektivität an ihre extremste Grenze getrieben.«[510]

Am selben Tag kamen die Keynes zum Lunch ins Monks House und erkundigten sich nach Lyttons Befinden in etwas distanzierter Form. Die Bindungen der Keynes an Lytton hatten sich in den letzten Jahren gelockert. Lydia Keynes moralistische Haltung hinderte sie daran, Lytton in Ham Spray zu besuchen.

Am 29. Dezember schien es Lytton besser zu gehen. Virginia fühlte sich mitgenommen durch die Sorge um den Freund. Sie bemerkte, daß ihr Empfindungsvermögen taub wurde. Sie fragte sich, ob sie jemals wieder schreiben würde, doch die neuen Projekte ›Flush‹ und der ›Common Reader‹ warteten auf sie.

So stürzte sie sich ins Lesen. ›Die Wellen‹ waren bis Jahresende 9400mal verkauft worden. Im Jahre 1931 hatte Virginia Woolf einen einsamen Gipfel ihres Ruhms erklommen; sie war die berühmteste Schriftstellerin Englands und gehörte zu den Großen der Weltliteratur. Doch die Verdüsterung ihres Lebens und der Geschicke Europas lagen nun vor ihr.

# 6
# Emanzipation

Überblickt man Virginia Woolfs Leben und Werk, so wird deutlich, daß sie stets mit dem Problem der Frauenemanzipation gerungen hat. Die Situation in ihrem Elternhaus, die sexuelle Repression, der Patriarchalismus Leslie Stephens, die ästhetisierende Rolle der Mutter begründete für das Leben von Virginia Woolf sowohl die lebenslange Beschäftigung mit der Frage der Emanzipation als auch Virginias persönliche Tragik.

Virginia Stephen wuchs in einer Welt auf, die dem männlichen Prinzip in allen Lebensbereichen völlig untergeordnet blieb. Die Männer hielten alle wichtigen politischen und gesellschaftlichen Zügel in der Hand. Sie stellten die Weisen, die Gelehrten, die Mächtigen der viktorianischen Epoche. Auch in den Kreisen der »intellektuellen Aristokratie«, zu denen die Stephens gehörten, blieb der Patriarchalismus vorherrschend, selbst wenn einige liberale Züge erkennbar wurden.

Virginia Stephen brauchte sehr lange Zeit, um sich aus den Klauen dieses allgewaltigen Systems zu befreien. Sie setzte ihre Intelligenz ein, um die männliche Vorherrschaft zu durchschauen, zu analysieren, um Argumente für eine Verbesserung der Situation der Frauen beizubringen. In diesen Bemühungen kann man ihr keineswegs Erfolg absprechen. Doch Virginia blieb zeitlebens belastet von den alten Wurzeln im 19. Jahrhundert. Sie arbeitete das Problem von Bindung und Emanzipation der Frau in ihrem Gesamtwerk auf und hat in ihren beiden letzten Romanen ›Die Jahre‹ (1937) und ›Zwischen den Akten‹ (1940) noch einmal Bilanz gezogen. Welche Möglichkeiten standen einer Frau im England des frühen 20. Jahrhunderts zu ihrer seelischen, geistigen und gesellschaftlichen Selbstverwirklichung offen und wo lagen ihre Begrenzungen?

Die Frauen im 19. Jahrhundert verfügten weder über eigenen Besitz noch über eine den Männern entsprechende Bildung, geschweige denn über Berufe oder auch eine Teilnahme an den politischen und kulturellen Entscheidungsprozessen. Sie waren in die Familien integriert, »dienten« als Mütter und als ästhetische Bereicherung des Hauses, mußten aber jede freie Entfaltung hinter diesen Forderungen zurückstellen. Schon die Trennung Virginia Stephens vom Elternhaus bedeutete ein Akt der persönlichen Befreiung, der aber noch einen langwierigen inneren Ablösungsprozeß nach sich zog. Als Sir Leslie Stephen im Jahre 1904 starb, bot sich die Gelegenheit für seine beiden Töchter Virginia und Vanessa, in ein eigenes Haus zu ziehen, um sich selbst eine Lebensform zu schaffen. Ökonomisch konnten die Stephen-Töchter nur deshalb zurechtkommen, weil ihnen ihr bürgerlicher Vater ein kleines Vermögen hinterlassen hatte. Aus der Rendite eines Aktienpakets flossen die Mittel für die Haushaltsführung in 46 Gordon Square.

Seit 1905 versuchten Virginia und Vanessa, sich als Künstlerinnen in der englischen Gesellschaft zu etablieren. Sie betrachteten ihre Umwelt kritisch und erkannten scharfsichtig, welche Möglichkeiten ihnen den Männern gegenüber offenstanden. Schon in 22 Hyde Park Gate hatte Virginia beklagt, daß sie nicht wie ihr Bruder Thoby in Cambridge studieren durfte. Sicher wandte sich Virginia in dieser patriarchalischen Atmosphäre eher Freundinnen zu, wie ihre engen Beziehungen zu Violet Dickinson und Madge Vaughan belegen.

Die Geschichte von Virginias Beziehung zu Leonard Woolf und die Schwierigkeiten in ihrer Ehe sprechen deutlich für ihre emanzipatorische Neigung, die allerdings nicht durch eine sexistische Tendenz gekennzeichnet ist. Das Verhältnis von Männlichkeit und Weiblichkeit, das sich in der gesellschaftlichen Situation darin äußerte, daß die Frauen keinen Anteil am politischen Entscheidungsprozeß hatten, wurde von Virginia Woolf aber auch von der Situation der Frau aus betrachtet, wie sie in Ehe und Familie bestand. Virginia forderte eine größere Selbständigkeit der Ehefrau im Vergleich zum bislang Üblichen und betonte, man sollte die Kinder keineswegs nach dem althergebrachten patriarchalischen System erziehen. So schrieb sie hinsichtlich der Erziehung ihres Neffen Quentin an ihre Schwester

Vanessa: »Mein Gefühl ist, daß man sich vor der exzessiven Männlichkeit hüten muß; ich meine, junge Männer erscheinen mir sehr egoistisch und selbstherrlich zu sein; was für mein Denken dahin führt, daß sie erschreckend langweilig sind ...«[1]

Wenig später schrieb Virginia Woolf in ihrer Kurzgeschichte ›Der Fleck an der Wand‹: »... der männliche Gesichtspunkt (ist derjenige), der unsere Leben regiert, der den Standard setzt, der Whitaker's Hofrangliste errichtet, die, so nehme ich an, seit dem Krieg ein halbes Phantom für viele Männer und Frauen geworden ist, die bald, so mag man hoffen, in den Mülleimer gelacht werden wird, wohin die Phantome gehen, die Mahagoni-Sideboards und die Landseer-Drucke, Götter und Teufel, Hölle und so weiter, indem sie uns alle verlassen mit einem vergifteten Sinn einer nicht legitimen Freiheit — wenn die Freiheit existiert ...«[2]

Virginia Woolf hat sich nach der Eheschließung mit Leonard Woolf immer mehr der Labour Party zugewandt und der Bewegung, die für das Frauenwahlrecht eintrat. Mehrere Jahre lang organisierte sie Vorträge für die Gruppe der Frauenkooperative in Richmond. Hier kamen die Frauen — einmal ohne häusliche Verpflichtungen — zusammen, um über ihre Stellung in der Gesellschaft zu diskutieren und ihre individuellen Leidensgeschichten im Verständnis der anderen Frauen auszutauschen. Die Frauen sprachen über Sexualmoral und Verhütungsmittel, aber auch über die Wahlrechtsreform, medizinische Versorgung, Kindererziehung und Frauenbildung. Zudem wurde die Frage erörtert, welche Rolle die Frauen in der Arbeitswelt einnahmen und wie ihre diesbezügliche Lage verbessert werden könnte. Die gewerkschaftliche Bewegung fragte nach der Verwirklichung des Gleichheitssatzes auch im ökonomischen Bereich, ein Thema, das in den heutigen Industriegesellschaften immer noch nicht gelöst ist.

Natürlich galt im ersten Drittel dieses Jahrhunderts besonders die Formulierung: »Die Benachteiligte hat unmittelbare Motive zum Nachdenken.« Es bedarf keiner besonderen Erläuterung, warum Virginia Woolf innerhalb der englischen Emanzipationsbewegung solch eine zentrale Erscheinung gewesen ist, die bis auf den heutigen Tag — international — nachwirkt. Virginia war eine der ersten Frauen, die sich als Schriftstellerin eine ökonomisch unabhängige Position aufbaute. Sie besaß mit dem eigenen Verlag, der Hogarth Press, ein Medium, über das sie ungehindert ihre Gedanken verbreiten konnte. Andere Frauen konnten so aufnehmen, was sie schrieb. Sie wirkte also im strengsten Sinne des Wortes als Verbreiterin des Gedankens der Frauenemanzipation.

Außerdem kommt hinzu, daß Virginia Woolf sowohl Romanschriftstellerin als auch Literaturkritikerin und Essayistin war. Sie vermochte daher die Probleme der Frauen, die Fragen der Weiblichkeit in einer männlich beherrschten Gesellschaft in vielerlei Texten zu beleuchten. Da sie ihre eigene Biographie in ihren Romanen durcharbeitete, verarbeitete, in Literatur verwandelte, verfügte sie über ein bislang noch nicht gekanntes Anschauungsmaterial für die Frauen. Ihre Frauengestalten in den Romanen von ›The Voyage Out‹ bis zu ›Zwischen den Akten‹ durchleben auf einzigartige Weise englisches Frauendasein, das natürlich auch in den anderen westlichen Ländern verstehbar war. Auf diese Weise schuf Virginia Woolf ein bedeutsames Potential der Identifikation für ihre Leserinnen, die über die Welt der literarischen Imagination unzählige Denkanstöße erhielten.

In Virginia Woolfs Bestrebungen um die Emanzipation gingen persönliche Neigungen und öffentliches Eintreten für das weibliche Geschlecht ineinander über. So verwundert es kaum, wenn ihre Haltung zur Frauenemanzipation auch getragen wurde von einer besonderen Anziehung, die andere Frauen für sie hatten. Weiblichkeit, Androgynie und Emanzipation überschneiden sich in Leben und Werk Virginia Woolfs. Diese Überschneidungen werden in einem Brief an J. T. Sheppard aus dem Jahre 1920 deutlich: »Ich wage zu sagen, daß ich hart zu den Männern bin im Vergleich mit den Frauen. Aber Sie sehen, daß die Männer sich am schlimmsten gegenüber Frauen benehmen — .«[3]

Einige Jahre später schrieb sie an Jacques Raverat: »Da ich mein eigenes Geschlecht sehr bevorzuge, finde ich die Monotonie der Konversation junger Männer beträchtlich, und ich lehne den ewigen Druck ab, den sie auf eine Saite ausüben, wenn man eine Frau ist, ich finde dieses Mißverhältnis exzessiv und möchte in der Zukunft die Gesellschaft der Frauen kultivieren.«[4]

Was den Zusammenhang von Feminismus und Emanzipation betrifft, so ist für Virginia Woolf zweierlei anzumerken: Einmal sieht sie den Feminismus als Befreiung aus der patriarchalischen viktorianischen Geschlechterideologie. Sie entdeckt den Selbstwert der Frauen und macht anderen Frauen Mut, ebenfalls diesen Selbstwert anzuerkennen. »Eine Änderung ihres Bewußtseins nämlich ist die Grundvoraussetzung jeder Emanzipation der Frau. Erst muß sie sich aus der Identifikation mit dem ›Engel im Haus‹ lösen, jenem ›Engel‹, der sich in der schwierigen Kunst des Familienlebens hervortat, ehe sie frei sein kann, sich selbst zu entdecken.«[5] Die Frau als »Engel im Haus«, von der noch zu reden sein wird, spiegelt eine Vorstellung der Weiblichkeit, wie sie von den Viktorianischen Propheten maßgeblich propagiert worden ist, etwa von John Ruskin, der die ästhetisierende »Funktion« der Frau im Hause zur Verklärung sozialer Mißstände bemühte. Zum andern verbindet sich bei Virginia Woolf mit der Idee der Emanzipation der Frau der Gedanke der Frau als Künstlerin. Sie entwickelt das Konzept der »Androgynie«, das sich auf das Zusammenleben der Geschlechter im Allgemeinen ebenso bezieht wie auf die künstlerische Kreativität. Dabei wird nicht eine einseitige Richtung — Frauen gegen Männer — eingeschlagen, sondern der Künstler/die Künstlerin erhebt sich aus seiner/ihrer Allgemeinheit über die Geschlechterrollen und damit über die eingeübten Kompetenzbegrenzungen hinweg.

Für Virginia Woolf enthält der Emanzipationsgedanke sehr dringlich das Element des Friedenswillens. Es geht ihr darum, das Verhältnis der Geschlechter von Aggressionen zu befreien. Sie möchte dafür sorgen, daß verinnerlichte Herr-Knecht-Mechanismen abgebaut werden und einer Vermenschlichung Platz machen.

Damit stimmt auch zusammen, daß die Normen sexueller Beziehungen nicht in der rigorosen viktorianischen Enge und Einseitigkeit aufrechterhalten werden dürfen. Sexuelle Neigungen von Frauen und Männern sollen sich vielmehr auch im Sinne der Homoerotik entfalten dürfen. Durchaus sind Virginia Woolfs lesbische Tendenzen als Ausdruck der Freiheit weiblicher Persönlichkeit zu lesen — auf dem Hintergrund der Emanzipationsbestrebungen, die für Virginia einen radikalen Schnitt mit der Vergangenheit erforderten. Es geht hier nicht um die Frage, ob ihr eine solche Abtrennung letztlich gelungen ist, sondern vielmehr darum, daß die Erkenntnis der schädlichen Wirkungen, welche die Unterdrückung der Frauen in der Gesellschaftsgeschichte Englands hervorrief, dazu auffordert, neue Formen weiblicher Existenz — ohne traditionelle Einschränkungen — zu entwickeln.

Virginia Woolfs Beziehungen zu Frauen können als Exempel für ihre Befreiungstendenz dienen. Am vollkommensten prägte sich ihr Verhältnis zu Vita Sackville-West aus, weil hier — und das ist außerordentlich wichtig — ein Einverständnis der Ehemänner, zumindest genügend Toleranz, eine positive Beziehung zweier Frauen ermöglichte. Virginias Gefangensein in bürgerlicher »Wohlanständigkeit« bedurfte des Impulses von Vitas Frische und Unkonventionalität, um zu neuen Verhaltensweisen vorzudringen. An dieser Beziehung lernte Virginia Woolf, daß Normverletzungen fruchtbar und menschlich innovativ sein können, vor allem, wenn sich die Frage einstellt, wie sich etablierte Normen denn legitimieren können.

Vor allem in ihrem Roman ›Orlando‹ hat Virginia Woolf zum Thema der Emanzipation Stellung genommen. Sie behauptete, daß die Geschlechtlichkeit nicht mit dem Menschlichen überhaupt zu identifizieren sei. Orlando erkennt als Frau, daß die weiblichen Normen der Keuschheit, des Gehorsams und der äußeren Schönheit nicht als natürliche Eigenart der Frauen gelten können, sondern bloß als antrainierte Verhaltensmuster. Allein schon weibliche Kleidung, das Schminken, Frisieren, Parfümieren und Pudern sieht Orlando als Hindernis an, einem Mann »kräftig über den Schädel zu schlagen«. Männliche Daseinsweisen sind den Frauen über Zivilisation und Verinnerlichung ihres Betragens unmöglich gemacht worden. Nun hat Virginia Woolf nie gefordert, die Frauen müßten männliche Aggressivität übernehmen. Was sie mit ihrem Argument sagen will ist einfach: die sich im Äußeren ausdrückende Unterlegenheit der Frau ist durch jahrhundertelange Verinnerlichung sowohl in ihrem Bewußtsein als auch im Unbewußten verankert. Diese antrainierte Minderwertigkeit ist aber nichts

Naturgegebenes, sondern muß um der Menschlichkeit willen abgebaut werden.

Orlando besitzt den Vorteil, beide Geschlechter beurteilen zu können und erkennt, daß die Wahrheit nicht einseitig ist. Weder weibliche »Schwäche« noch männliche »Stärke« entsprechen einem wünschenswerten Verhalten der Geschlechter zueinander, da es doch gerade darauf ankäme, daß auch Frauen stark und Männer schwach sein sollten: »...sie kritisierte beide Geschlechter gleichermaßen, als ob sie zu keinem von beiden gehörte; und in der Tat, für eine Zeitlang schien sie zu schwanken; sie war ein Mann; sie war eine Frau; sie kannte die Geheimnisse, teilte die Schwächen beider.«[6]

Orlando zieht ihren Charme aus dieser Mischung des Weiblichen und Männlichen, indem sie von beiden Geschlechtern Eigenschaften besitzt, mildert sie die Extreme und erscheint wesentlich eleganter und angenehmer in ihren Reaktionen und Handlungen als eine Nur-Frau oder ein Nur-Mann.

Immer wieder kehrt Virginia zum Thema der Weiblichkeit und das heißt zu bewußter Weiblichkeit zurück. Unter Virginia Woolfs zahlreichen Schriften zur Frauenfrage ragen zwei kleinere Bücher hervor, die dieses Thema detailliert erörtern und bedeutende Wirkungen in den Zwanziger und Dreißiger Jahren in England zeitigten: es handelt sich um ›Ein Zimmer für sich allein‹ und um ›Three Guineas‹. Während ›Ein Zimmer für sich allein‹ in erster Linie die Rolle und Möglichkeiten der weiblichen Schriftstellerin untersucht, stellt ›Three Guineas‹ die Frage, wie die Frauen dazu beitragen können, den Krieg zu verhindern. Die Argumentationen beider Schriften hängen eng miteinander zusammen, da sich die weitreichenden Betrachtungen in ›Three Guineas‹ auf die Emanzipationsthematik von ›Ein Zimmer für sich allein‹ zurückbeziehen.

Doch bereits in ihrem Essay ›Frauen und Romanliteratur‹[7], der im März 1929 in der Zeitschrift *The Forum* erschien, hat Virginia Woolf das Thema der Emanzipation andiskutiert; sie unterscheidet die Frage nach dem, was Frauen — thematisch — schreiben von dem, was in der Romanliteratur über Frauen geschrieben wird. Als Faktum hebt Virginia Woolf hervor, daß die Frauen in der Geschichte nie kontinuierlich geschrieben haben, daß sie vielmehr als Autorinnen erst im 18. Jahrhundert auftauchten, und dann als Romanschriftstellerinnen. Als Begründung für diesen Befund nennt Virginia Woolf die Beschränkung der Geschichte und Geschichtsschreibung auf die Männer, wohingegen den Frauen bloß die marginale Überlieferung ihrer Schönheit, ihrer Begegnungen mit bedeutenden (männlichen!) Persönlichkeiten und ihrer Fruchtbarkeit zugestanden wird. Sie kritisiert, daß die Geschichte der Frauen in den verschiedenen Epochen der englischen Literatur bislang nicht geschrieben wurde, weil den Frauen die Möglichkeit zur literarischen Kreativität nie gegeben wurde: eigenes Geld und ein Zimmer für sich allein. Eigene schöpferische Tätigkeit wurde den Frauen deshalb erschwert, weil die ihnen durch die gesellschaftliche »Arbeitsteilung« zugeschobenen Lasten für Haus und Familie keine Zeit für andere Tätigkeiten ließen.

Virginia Woolfs eigene Emanzipation gehört präzis an diese Stelle, weil sie eine der ersten Frauen im England des 20. Jahrhunderts gewesen ist, die sich — zwar mühevoll — als Schriftstellerin aus eigener Kraft zur Unabhängigkeit in ökonomischer und künstlerischer Hinsicht erhob. Sie lebte in einer Alltagsorganisation, die Leonard Woolf voll unterstützte und die es ihr erlaubte, ihrer schriftstellerischen Begabung frei nachzugehen, denn die Bindungen an »weibliche Arbeit« lösten die Woolfs — freilich so, daß andere Frauen an Virginias Stelle traten, die nun ihrerseits keine Aussicht hatten, einen Emanzipationsprozeß durchzumachen. Allerdings begriff Virginia Woolf nur zu deutlich auch darin ein soziales Defizit.

Im England der Königin Elisabeth I. galt die Literatur als eine reine Männerangelegenheit. Erst im 19. Jahrhundert verfügten Frauen der englischen Mittelklasse über genügend Muße zur Literatur, so daß in dieser Zeit bedeutende Schriftstellerinnen auftraten: Jane Austen, Emily und Charlotte Brontë sowie George Eliot.

Frauen schrieben Romane, weil diese Literaturform am wenigsten Konzentration beim Schreibprozeß erforderte. Damit meint Virginia Woolf, man könne einen Roman auch einmal liegenlassen, müsse ihn nicht am Stück beenden wie ein Drama oder ein Gedicht. Außerdem stand die Kontrolle der Frauen durch die damalige Gesellschaft so im Vordergrund, daß es für sie keine Möglichkeiten gab, sich zurückzuziehen. Das Leben spielte sich vor aller Augen im Salon ab: »George Eliot verließ ihre Arbeit, um ihren Vater zu pflegen. Charlotte Brontë legte ihre Feder hin, um die Kartoffelaugen herauszustechen. Und da sie im allgemeinen Wohnzimmer lebte, von Menschen umgeben, wurde eine Frau darin trainiert, ihren Geist zu üben durch Beobachtung und Charakteranalyse. Sie wurde eingeübt, Romanschriftstellerin zu sein und nicht Dichterin.«[8]

Die Beschränkung der Frauen auf ihre Gefühle und das Haus macht Virginia Woolf auch dafür verantwortlich, daß diese Perspektive nicht gewechselt wurde, zumal das aktive Leben in der Welt mit den dafür charakteristischen Tätigkeitsbereichen den Männern vorbehalten blieb. Nichtsdestoweniger erstand aus dieser Situation eine zunächst leise Rebellion gegen die Behandlung der Frauen als Menschen »untergeordneter Art«. Vor allem George Eliot und Charlotte Brontë begehrten gegen die Unterdrückung der Frau auf. In ihren Romanen verdeutlichte sich der Drang zur Frauenemanzipation; sie atmen den revolutionären Geist und scheinen untergründig verbunden zu sein mit dem Widerstand der Arbeiter und Farbigen gegen Ausbeutung und Versklavung.

Die Frauen der Gegenwart als Schriftstellerinnen haben — so Virginia Woolf — einen eigenen Prosastil entwickelt, der sich abhebt von der »normalen« Prosaform. Frauen brauchen einen eigenen Satzbau, der dem natürlichen Fluß ihres Denkens entspricht. Sie vermögen im Roman eigene Welten zu schaffen, ihre gesamten Erfahrungen einzubringen und in einen Zusammenhang zu setzen. Dabei erkennen die Frauen, daß die weiblichen Werte sich von denen der Männer unterscheiden; und sie wollen diese eigenen Werte mit unabhängigem Urteil vertreten.

Während im 19. Jahrhundert die Romane der Frauen zumeist autobiographische Züge trugen, die das Leid der Schriftstellerinnen zum Ausdruck brachten, geht es — so Virginia Woolf — der modernen Frau darum, sich selbstbewußt zum Gegenstand ihrer Analyse zu machen und ihre Weiblichkeit selbstbewußt darzustellen.

Insofern erheben die Frauen erstmals ihre Stimme in der Kultur, beweisen ihre Bedeutung und verschwinden nicht länger hinter dem rasch verzehrten Essen, das sie kochen, oder den Kindern, die in die Welt gehen, nachdem sie sie jahrelang großgezogen haben. Virginia Woolf betont, daß Frauen als Schriftstellerinnen im 20. Jahrhundert mutig geworden sind. Sie haben als Staatsbürgerinnen Fortschritte gemacht, indem sie ihre politische Kraft entdeckten. Folglich können die Romane der Frauen nunmehr unpersönlicher und kritischer gestaltet werden mit Bezug auf die Gesamtgesellschaft und müssen sich nicht länger auf die Analyse des einzelnen beschränken.

Virginia Woolfs Buch ›Ein Zimmer für sich allein‹ gehört zu den wichtigsten Texten der Frauenbewegung im frühen 20. Jahrhundert. Das Buch erschien im Jahre 1929 und war in England und Amerika so gefragt, daß nach einem halben Jahr 22.000 Exemplare verkauft waren.

Am Beispiel der Frage nach den Existenzbedingungen für eine Schriftstellerin wirft Virginia Woolf die Frauenfrage im Allgemeinen auf, die sie ja schon in ihren Romanen immer wieder behandelt hatte. So wird etwa in ›Mrs. Dalloway‹, ›Die Fahrt zum Leuchtturm‹ und ›Die Jahre‹ offenbar, daß Frauen junge Mädchen lehren, Mut, geistige und künstlerische Errungenschaften zu bewundern, aber nicht für sich selbst in Anspruch zu nehmen. Besonders in dem Roman ›Die Fahrt zum Leuchtturm‹ wird der Kampf Lily Briscoes nach weiblicher künstlerischer Selbstverwirklichung gezeigt, die sich gegen die Verletzung durch Lächerlichkeit durchzusetzen hat, welche auch und vor allem von weiblicher Seite kommt. Virginia Woolf untersucht in ihrem Buch ›Ein Zimmer für sich allein‹ das Verhältnis von Mann und Frau in der Geschichte der englischen Gesellschaft in verschiedenen Lebensbereichen. Zu Beginn des Buches stellt sie die These auf, daß eine Frau, wenn sie Schriftstellerin sein will, über zweierlei verfügen muß: über ein Jahreseinkommen von 500 Pfund Sterling und ein Zimmer für sich allein.

Diese These wird im gesamten Buch im Sinne eines reflektierten Erlebnisberichts verfolgt, nicht aber im Stil einer wissenschaftlichen Abhandlung. Utopische Passagen, Phantasien und Beobachtungen menschlicher Verhältnisse, Interaktionen und Handlungen — sie alle vermitteln mannigfaltige Perspektiven der Themen ›Frau als Schriftstellerin‹ und ›Frauenemanzipation‹.

Ausgangspunkt ist das Erlebnis Cambridges, das für Virginia schon seit ihrer Jugend einen traumatischen Charakter besaß.

Sie war sich bewußt, daß die Universitäten Männerwelten darstellten, die den Frauen — trotz vorhandener Frauen-Colleges
— verschlossen blieben. Am 6. April 1930 schrieb Virginia
Woolf an Ethel Smyth: »Obwohl ich Cambridge sehr hasse und
obwohl ich bitter unter ihm gelitten habe, so respektiere ich es
doch. Ich nehme an, daß ich, sogar ohne Erziehung wie ich es
bin, natürlich von dieser engen, asketischen, puritanischen Art
bin — oh was für eine Langweiligkeit; und es ist jetzt zu spät.
Man kann nichts machen.«[9]

In der Auseinandersetzung mit ›Cambridge‹ geht es Virginia
Woolf um die Illusionsgeschichte des Geschlechterverhältnisses
vom 19. Jahrhundert bis zum Jahre 1928. Weder die männliche
Perspektive im Liebesgedicht Tennysons, derzufolge in einem
Liebesbezug der Mann auf die Frau wartet, noch die Umkehrung im Gedicht Christina Rossettis sagt etwas über die Wirklichkeit der Geschlechterbeziehung aus. Die falsche Romanti-
sierung und Idealisierung von Liebe, Brautzeit und Ehe verschleiert nur die Position der Frau in der Gesellschaft, verdeckt
ihre tatsächliche Alltagswelt ebenso wie ihre Lebensaussichten.

Die Hauptthese des Buches von Virginia Woolf zielt auf die
ökonomische und berufliche Abhängigkeit der Frau, die das
»Herrenzimmer« des Mannes nicht mehr als gottgegebene Einrichtung akzeptiert, denn dieser Raum des Mannes — sehr
sinnfällig gemacht in Virginia Woolfs Roman ›Nacht und Tag‹
— drückt gerade die ökonomische und psychische Abhängigkeit der Frau aus. Frauen haben keinen Beruf. Folglich erhalten
sie nur »Taschengeld«. Das Geld gehört dem Mann, der als
*pater familias* der Repräsentant des Erbrechts ist. In der englischen Besitzideologie und -praxis wurde festgelegt, daß nur
Männer Grundbesitz, Immobilien und Adelstitel erben konnten, währenddessen es den Frauen allenfalls möglich war, Aktien oder Geld zu erben.

Dies war Virginia Stephens Situation, als Sir Leslie ihr 1904 ein
Jahreseinkommen von 500 Pfund Sterling hinterließ. Dieselbe
Konstruktion wird in ›Ein Zimmer für sich allein‹ für die Erzäh-
lerin veranschlagt.

Hatten die Frauen in England keinen eigenen Besitz, so fehlte
ihnen auch die politische Gewalt, denn nur die Besitzenden be-

saßen das Recht, ihren Besitz zu erhalten (Verteidigung mit Waffen) und über seine Nutzung frei zu verfügen (Mitgliedschaft im Parlament). Männern gehörten also nicht nur alle Besitzungen, sondern auch alle Machtpositionen ebenso wie die Quellen des Wissenserwerbs, die sie benötigten, um ihren gesellschaftlichen Funktionen sachkundig entsprechen zu können.

Folglich blieben die Frauen Englands für Jahrhunderte in diesem Männersystem die Verlierer und die Ausgebeuteten. Sie erhielten keinen Zugang zur wissenschaftlichen Ausbildung oder gar zur Forschung. Die Frauen vermochten sich daher auch nicht die Möglichkeiten zur Kritik zu verschaffen. Sie blieben stumm, weil ihnen der Austrag von Gedanken, Meinungen, Wünschen in argumentativer Form nicht beigebracht und in der Öffentlichkeit untersagt wurde. In ihrem Aufsatz ›Berufe für Frauen‹ von 1931 betonte Virginia Woolf, daß sie selbst erst ihr Gefühl der Minderwertigkeit als Autorin überwinden mußte, als sie ihre Laufbahn begann, denn sie hatte das Bild des Weiblichen verinnerlicht, demzufolge die Frau das zu respektieren habe, was der Mann sagt und zugleich ihr Urteil zurückhalten sollte.

Das Universitätssystem von Oxbridge schloß die Frauen aus; zwar wurden ab 1860 Frauen-Colleges errichtet, doch führte dies noch längst nicht zur Anerkennung der Akademikerin im »eigentlichen« Universitätsbereich. Während die alten Colleges reich, luxuriös sogar und patriarchalisch existierten, sah man den Frauen-Colleges die Anstrengung deutlich an. Sie hatten ihre notwendigste Ausstattung durch Spenden von Frauen erhalten.

Das elegante Essen in den Männer-Colleges suggeriert, man befände sich noch im 19. Jahrhundert, doch — so Virginia Woolf — fehlt im Jahre 1928 die Vollkommenheit der Balance von Frieden und Wohlstand, da der Erste Weltkrieg einen Wandel des Lebensstils herbeigeführt habe.

Doch das viktorianische Goldene Zeitalter der alten Colleges war 1928 schon vorbei. Zwar blieb der materielle Luxus erhalten, doch verging die friedlich-entspannte Atmosphäre. Die moderne Dissonanz des Lebensgefühls enthielt und enthält die Aufforderung nach Veränderung der gesellschaftlichen Verhältnisse zum Besseren.

Wie die harmonische Stimmung des 19. Jahrhunderts —
worauf beruhte sie wirklich? — der Vergangenheit angehörte,
so galt dies für die College-Atmosphäre ebenso wie für die epi-
gonal-romantisierende Liebesdichtung der Viktorianer. Schon
1928 konnten sich die Menschen nicht mehr auf die Gefühls-
schwärmerei idealisierender Prägung einstellen, weil die ge-
meinschaftlichen Bilderrepertoires von Liebe und Natur nicht
mehr vorhanden waren. Der Erste Weltkrieg hatte die Romanzen zerstört und auch der Literatur Illusionen genommen. Der
Illusion falscher Romantik und ihrem Mißbrauch im Pseudo-
idealismus, Heroenkult, in der Kriegsverherrlichung setzt Virginia Woolf die Wahrheit der in Daten abrufbaren Wirklichkeit
gegenüber.

Wie verhält sich in dieser Situation die Literatur? Wie kann
die Romanliteratur sich auf Fakten beziehen? Diese Fragen betreffen das gesamte Œuvre Virginia Woolfs. Sie lehnt die
szientifisch-naturalistische These ab, derzufolge Literatur
»Wirklichkeit« bloß positivistisch abbildet. Virginias Begriff
von Literatur fordert eine neue Klarheit, die sich in der Blauen
Stunde der Dämmerung an einem Herbsttag einstellt. Dieser
Begriff belegt, wie wenig man Virginia Woolf gerecht wird,
wenn man ihre Romane aus ihrem Gesamtwerk heraustrennt
und isoliert betrachtet. Die Blaue Stunde enthüllt die Schönheit
der Welt als »zwei Schneiden«: Gelächter und Angst. Beide
schneiden das Herz entzwei. Die Schönheit und die Wahrheit
setzt Virginia Woolf damit in eine Grenzsituation, in welcher
Tag und Nacht ineinander übergehen. Dies ist die Phase der
Phantasie sowie die Grenze von Leben und Tod.

Die Gewinnung der Schönheit hängt aber auch für Virginia
Woolf eng mit der Frage der »Emanzipation« in einem umfassenden Sinne zusammen. Unter welchen Bedingungen können
Frauen der Schriftstellerei nachgehen, wie können sie frei sein,
in der Kunst und im Leben gestalterisch zu wirken?

Das armselige Essen im Frauen-College und das reiche und
luxuriöse Dinner im Männer-College geben der Erzählerin die
Unvereinbarkeit von zwei Bildern an die Hand: Einmal sieht sie
Tierrümpfe, die auf einem schmutzigen Landmarkt verkauft
werden, zum anderen stellt sie sich vor, wie Könige und Aristokraten Säcke voller Gold über die alten Colleges ausschütten.

Dieses kontrastive Bild belegt noch einmal die These, daß Armut Machtlosigkeit produziert ebenso wie kärgliche kulturelle Produkte. Die Frage der Frauenemanzipation zielt daher im Kern auf die Verteilung der Güter in einer Gesellschaft, bleibt für Virginia Woolf aber nicht dabei stehen. Damit ist auch gemeint, daß unter veränderten sozialen und ökonomischen Verhältnissen die Frauen das Alltagsleben und die Handlungsziele in der Gesellschaft verbessern sollten.

Dieses notwendige Selbst- und Handlungsbewußtsein der Frauen versteht Virginia Woolf jedoch nicht als ein solches, demzufolge Frauen männliche Muster bloß nachahmen, d. h. sich den »Prinzipien« oder Mechanismen der Männerwelt anpassen. Frauen sollten weder nach Macht streben noch Besitzgier entwickeln, was nun aber nicht heißt, daß sie auf die notwendige ökonomische Unabhängigkeit verzichten. Für Virginia Woolf ist die Veränderung der Position der Frauen oberstes Gebot unter Beibehaltung der Weiblichkeit als einer Wesensausprägung, die dem Allgemein-Menschlichen zugute kommt. Einseitiger Feminismus im Sinne des Sexismus ist von Virginia Woolf nie geschätzt worden, weder in ihren Schriften zur Frauenfrage noch in ihrem Romanwerk.

Die These Virginia Woolfs lautet, daß die Ehefrau, Mutter und Berufstätige (z. B. Börsenmakler) sein können, daß umgekehrt aber die Frauen Lasten der Gesellschaft in großem Ausmaß tragen. Ihre Rolle für die Gesellschaft sei so immens bedeutsam, daß die Männerwelt in der existenten Form gar nicht bestehen könnte ohne diesen weiblichen Einsatz der Hausfrauen und Mütter in ihrer eingegrenzten Bewegungsfreiheit.

Erst nach diesen Überlegungen wendet sich Virginia Woolf dem heiklen Thema der von Männern produzierten Frauenideologie zu, die sie aus geschlechtsspezifischen Interessen verbreiten. Im 2. Kapitel ihres Buches verfolgt Virginia die Frauenideologie der Männer bei einem Arbeitsaufenthalt in der Bibliothek des Britischen Museums. Bei ihrem Versuch, sich über das Wesen der Frau wissenschaftlich sachkundig zu machen, stellt sie fest, daß zwar sehr viele Männer über Frauen schreiben, daß aber die Umkehrung nicht gilt: Es gibt keine Frauen, die über Männer schreiben. Dieser aus der Perspektive der Jahre 1928—29 noch lange anhaltende Zustand hat sich heutzutage gewandelt. Es ist aber erst eine Entwicklung der letzten Jahre, daß Frauen über ihre psychisch-körperlichen Erfahrungen mit Männern schreiben: »Es lag im weiblichen Selbstinteresse die Notwendigkeit, die Männer zu beobachten, zu analysieren, um psychologisch wissend zu werden.«[10]

Für Virginia Woolf zeigen ihre Erkenntnisse in der Bibliothek des Britischen Museums, daß die Männer über Frauen in einer Doppeldeutigkeit schreiben, die zwischen der Tatsache der Weiblichkeit und erotischer Faszination schwankt. Der Blick des vorgeblich »wissenschaftlichen« Mannes auf die Frau entbehrt somit nicht der Frivolität. In den Büchern wird die Frau für Virginia Woolfs Urteil zum Objekt gemacht, so daß sich die Machtposition des Mannes in der Gesellschaft noch einmal im Medium Buch spiegelt. Dabei werden die Frauen zugleich degradiert und zum Lustobjekt reduziert.

Nach Aufzeigen dieser Tendenz fragt Virginia Woolf, warum die Frauen für die Männer soviel interessanter sind als die Männer für Frauen. Diese zunächst unbeantwortbare Frage »löst« sie dadurch, daß sie eine Vorstellung von den Männern zu gewinnen trachtet, die über Frauen schreiben. Wie sehen diese Männer aus? Wie »müssen« sie aussehen angesichts der Differenz männlicher und weiblicher Bildung. In Virginia Woolf als Frau spiegelt sich das Gefühl der Unterlegenheit gegenüber den wissenschaftlichen Methoden der Männer, die chauvinistisch gegen die Frauen gerichtet werden. Sie kritisiert das männliche Wissenschaftsverhalten als einseitigen Logozentrismus und fordert, daß Frauen ganz andere Zugänge zum Wissen möglich sind, nämlich vermittels Erfahrung und Imagination.

Allerdings wäre es falsch, Virginia Woolf als einseitige Fürsprecherin von Imagination auf die Gegenseite der Rationalität zu setzen; für sie ist die weibliche Perspektive Ergänzung der männlichen — und die Wahrheit »ist das Ganze«. Sie sieht auch die Möglichkeit, daß das weibliche Ich von einem Gesichtspunkt zum andern durch den Bewußtseinsstrom gelangen kann, der kaleidoskopartig die Elemente des Denkens und Erfahrens ordnet.

Wenn Virginia Woolf die Einseitigkeit des männlichen Logozentrismus angreift, so nimmt sie sich im selben Atemzug das Recht heraus, anders zu schreiben.

Die Armut der Frauen, Ursache ihrer Unbildung, führt aber auch zum Kaleidoskop der Vorstellungen, so daß Virginia Woolf behauptet, die Verwirrung in ihrem Kopf angesichts der Frage, was die Frau denn sei, sei eine Entsprechung zu der Verwirrung der Männer hinsichtlich ihrer Beantwortung der Frage.

Die von Virginia Woolf herangezogenen Meinungen der Männer über Frauen tragen in der Tat einen haarsträubenden Charakter, vor allem, was die Urteile über weibliche Moral, Religion, Sexualität, Körperbau und Intelligenz betrifft. Aus dem Atomismus der Meinungen entsteht daher kaum eine sachgegründete Darstellung des Weiblichen, sondern ein Negativbild, das der »männliche Frauenforscher« von der Frau zeichnet. Virginia Woolf kleidet das Ergebnis seiner »Untersuchungen« in den eingängigen Buchtitel: ›Die geistige, moralische und physische Minderwertigkeit des weiblichen Geschlechts‹.

In ihrer Verzweiflung über dieses Ausmaß an Negativität vermag sich Virginia Woolf nur Erleichterung über eine Projektion zu verschaffen. Die Aggressivität dieses Mannes beruht in Virginia Woolfs Bild von diesem allenfalls auf einem Frustrationserlebnis in der frühen Kindheit, in der seine Häßlichkeit schon offenbar wurde.

Über diesen Zornesausbruch und die imaginierte Verbrennung des »Frauen-Professors« sucht die Autorin erleichtert nach einer rationalen Erklärung für dessen Frauenfeindschaft. Diese Feindschaft gegen die Frauen läßt sich für Virginia Woolf nur über das englische Patriarchat erklären.

Bis zur Mitte des 19. Jahrhunderts verloren in England die Frauen bei ihrer Heirat alle Rechte. Diese Rechte konnten für sie nur durch den Ehemann wahrgenommen werden. Ein »Widerstandsrecht« der Frau gegen den Mann bestand überhaupt nicht, auch nicht im Falle männlicher Gewalttätigkeit oder Grausamkeit.

Virginia Woolfs chauvinistischer Professor ist Element der sozialen Pyramide und deshalb bestrebt, die Macht der Männer zu erhalten. Die mit ihm verbundenen Begriffe betonen die Skala und die Reichweite seiner Gewalt: Macht, Geld, Einfluß, Medien, Außenministerium, Richter, Cricket-Spieler, Besitz. Der Zorn des Professors über die Frauen leitet sich einfach daraus ab, daß er als Mann und stellvertretend für die Männer der besitzenden Mittelklasse und aufwärts den Frauen keinerlei Anteil an der Macht zubilligen möchte.

In ihrem Aufsatz ›The Leaning Tower‹ hat Virginia Woolf noch einmal von anderer Seite die Unterdrückung der Frauen beleuchtet. Die gute Literatur stamme von den Söhnen der Mittelklasse, die eine erstklassige Ausbildung erhalten haben. Hier schließt sich der Kreis der Argumentation: da diese Männer in Wohlstand und Frieden mit einer guten Erziehung aufwuchsen, verfügten sie über alle notwendigen Bedingungen, kreativ zu sein und in den Berufen (»professions«) etwas zu leisten — also auch in der Literatur.

Das Resultat aus ihren Überlegungen, das Virginia Woolf zieht, lautet: Das Leben ist für beide Geschlechter ein Kampf um Selbstbehauptung; nur haben die Frauen ungleich schlechtere Ausgangsbedingungen als die Männer, um diesen Kampf zu bestehen.

Gegen diesen Geschlechterkampf fordert Virginia Woolf eine alternative Gesellschaft — und darin liegt ihr bedeutender Beitrag zur Emanzipation der Frauen. Sie fordert die *Gesellschaft der Menschen.* Um diese Gesellschaft zu begründen, sei es notwendig, den Frauen eine echte Chance in der Arbeitswelt zu geben und sie vor der Notwendigkeit zu befreien, immer nur entfremdete Arbeit zu leisten.

Daher appelliert Virginia Woolf an die Selbsthilfebereitschaft und -kraft der Frauen. Die Frauen werden aufgerufen, ihre geistigen und seelischen Potentiale einzusetzen, um die männerbeherrschte Gesellschaft zu durchschauen, um dann politisch wirksam zu werden. In einem Brief an Goldie Dickinson schrieb Virginia über ihr Buch ›Ein Zimmer für sich allein‹: »Ich wollte die jungen Frauen ermutigen — sie scheinen furchtbar niedergeschlagen zu sein — und auch die Diskussion anregen.«[11]

Diese Gedanken hat Virginia Woolf später weiterentwickelt mit der Tendenz, daß die Frauen durch ihre tätige Wirkung in der Gesellschaft der grenzenlosen männlichen Aggression, die in Kriegstreiberei und -ideologie ausartet und den Gedanken der Weltbeherrschung nährt, Einhalt gebietet durch eine menschliche Alternative des Selbstverständnisses von Mann und Frau. Um die Aggression unter den Völkern und in den Gesellschaften abbauen zu können, müssen — so Virginia Woolf — sich die Menschen ändern: »Die notwendigste Änderung betrifft die Haltung der Männer und Frauen gegenüber den Frauen. Solange wie die Männer die Frauen als unbezahlte Untergebene, solange wie die Frauen die Männer als ihre natürlichen Vorgesetzten betrachten, werden die Bedingungen, die den Krieg erzeugen, bestehen bleiben.«[12]

Pazifismus und Virginia Woolfs spezifische Emanzipation sowie ihre Geschlechtertheorie gehen an diesem Punkt eine enge Verbindung ein, die sich in ihrem Buch ›Ein Zimmer für sich allein‹ vor allem im Gedanken der Androgynie äußert. Das Thema der Androgynie wird jedoch nicht unmittelbar angeschnitten, weil Virginia Woolf im 3. Kapitel eine Reflexion über die Versklavung der Frauen vorschaltet, wie sie sich in der faktischen Welt und in der Geschichtsschreibung darbietet. Während die Geschichtsschreibung die Frauen ignoriert, sind diese für die englische Literatur seit Jane Austen unverzichtbar.

In der englischen Geschichte tauchen außer Königinnen wie Elisabeth und Mary Tudor oder einigen großen Aristokratinnen keine Frauen auf. Hätte William Shakespeare eine geniale Schwester gehabt, so imaginiert Virginia, sie hätte nie Schriftstellerin werden können: sie wäre verlacht, zur Prostituierten gemacht worden und an einer Landstraßenkreuzung gestorben.

Die Geschichte hat aber vor allem das Alltagsleben der Frauen ignoriert. Virginia Woolf erkennt im Zusammenhang mit ihren erörterten Bestimmungen zur Situation der Frau die Notwendigkeit, die Geschichte unter Einbeziehung der Frauen neu zu schreiben. Die neue Geschichte will sie als »Geschichte von unten« verstehen. Die Informationen über historische Prozesse dürfen nicht einseitig Staatsakten und Diplomatenberichten entstammen, sondern sollen sich aus anderen Quellen speisen wie Tagebüchern, Gerichtsakten und Kirchenbüchern. Durch eine mehr an der Rekonstruktion von Lebenswelten ausgerichteten Geschichte könnte erstmals Frauenleben in England historisch aufgearbeitet werden. Nur so ergäbe sich ein echtes Bild der wirklichen Gesellschaft.

Um die jahrhundertelange Unterdrückung der Frau zu veranschaulichen, benutzt Virginia Woolf das schon erwähnte Bild der genialen Schwester William Shakespeares. Mit Hilfe dieser Fiktion entwickelt Virginia Woolf eine doppelte These: einmal die *soziale These*, daß die Lebensbedingungen der Frau im England des 16. Jahrhunderts keine Schriftstellerkarriere für sie zuließ; und zweitens die *anthropologische These*, derzufolge Talent und Begabung unabhängig sind vom Geschlecht des Menschen.

In Kultur und Gesellschaft des 16. Jahrhunderts habe man jedoch die Frau »als Frau« festgeschrieben und sie auf die Aschenputtel-Funktion reduziert. Die männliche Durchnormierung der Kulturwelt habe den Frauen keinen Zugang zu kreativen Tätigkeiten gewährt. Selbst die Frauenrollen auf dem Theater wurden von Männern gespielt.

Die Bindung der Frau an »das Haus« wurde unter dem Sammelbegriff »Frauenkeuschheit« gefaßt. Damit richtete man das Wesen der Frau allein auf den Patriarchen aus: alle Kraft der Frau, ihre Existenzmöglichkeiten, ihre Sexualität blieben eigentumsorientiert. So schrieb der populäre Schriftsteller und Manchester-Liberale Samuel Smiles im 19. Jahrhundert: »Das Haus ist der Acker, das Königreich der Frau, wo sie alle Aufsicht führt.«[13] Und Smiles fährt fort: »Der Mann ist das Gehirn, die Frau ist das Herz der Menschheit, er ist das Urteil, sie ist das Gefühl derselben, er ist deren Kraft, sie ist deren Anmuth, Zierde und Trost. Selbst bei der klügsten Frau scheint der Verstand hauptsächlich aus dem Gefühlsleben zu entspringen.«[14] Entsprechend gewährte Virginias Vater Sir Leslie Stephen der Frau und Mutter einen bedeutenden Platz in der Familie als Hüterin der Moral und ethischen Kraft. Ihre Lebenseingrenzung wurde als Exempel des Altruismus verherrlicht; sie wurde so zum »Engel im Haus«, ohne daß in irgendeiner Weise die Negativität ihres Daseins vom Manne auch nur gesehen wurde. Genau an dieser Stelle liegt der Punkt der Rebellion Virginias gegen ihren Vater. Es versteht sich von selbst, daß die Frau als Haushüterin und als Schmuckstück wie eine Gefangene lebte, auch wenn ihr dies selbst nicht immer bewußt war. Die englischen Schriftstellerinnen des 19. Jahrhunderts erkannten aber diese Enge. Wiewohl sie den Sprung zur literarischen Produktion erreichten, blieben sie im häuslichen und regionalen Bereich eingeengt. Sie konnten sich weder einen Zugang zu den

Zentren der Weltkultur verschaffen noch ihren Erfahrungshorizont durch ausgedehntes Reisen erweitern. »Zur gleichen Zeit lebte auf der anderen Seite Europas ein junger Mann frei mit dieser Zigeunerin zusammen oder mit jener großen Dame; er ging in den Krieg; er nahm ungehindert und unzensiert all die verschiedenartigen Erfahrungen des menschlichen Lebens auf, die ihm so glänzend dienten, als er später seine Bücher schrieb. Hätte Tolstoi in der Abgeschiedenheit eines Klosters mit einer verheirateten Frau gelebt ›abgeschnitten von dem, was man die Welt nennt‹, wie erbaulich die moralische Lehrstunde auch immer gewesen, er würde wohl kaum, denke ich, ›Krieg und Frieden‹ geschrieben haben.«[15]

Die Konsequenz dieser »Programmierung« der Frau bestand darin, daß jede ihrer Bewegungen über die Grenze des Hauses hinaus als »unkeusch« bezeichnet wurde. Virginia Woolf macht somit deutlich, welch grausamen Kontrollmechanismus sich die Männer auf diese Weise den Frauen gegenüber zulegten. Grenzüberschreitungen waren demnach Normverletzungen, die mit gesellschaftlicher Ächtung bestraft wurden.

Daraus ergab sich, daß erst recht eine Frau als Schriftstellerin in den Augen der Gesellschaft als »unkeusch« galt, da »Keuschheit« als universales weibliches Gesetz festgeschrieben wurde.

Emanzipation der Frau bedeutet für Virginia Woolf daher die Parallelisierung von freier weiblicher Sexualität mit freier schriftstellerischer Betätigung. Nicht die gesellschaftlichen Normierungen weiblichen Verhaltens sollten von Frauen ungeprüft übernommen werden, sondern ihnen kommt die Wahl ihrer persönlichen Lebensform selbst zu. Es sollte für Frauen nicht länger verwerflich sein, in der Öffentlichkeit ihre Wünsche und Meinungen zu vertreten.

Virginia Woolf fordert die Frauen zum Kampf auf gegen die ihnen gezogenen Grenzen, gegen Rollenvorstellungen, männliche Diskriminierung und Dominanz, gegen schlechte materielle Lebensbedingungen und finanzielle Abhängigkeit — für die Begründung eines fruchtbaren, freien Zustands der Selbstverwirklichung in allen Bereichen des Lebens: in Familie, Beruf, Kultur, Politik.

Die schriftstellerische Kreativität vermag sich nach Virginia Woolf am besten in einem androgynen Geist zu entfalten. Die

These der Androgynie besagt zum einen, daß kein Mensch, ob Mann oder Frau, nur Mann oder Frau ist, sondern daß jeweils ein Element des anderen Geschlechts dem Männlichen oder Weiblichen beigemischt ist. Für die literarische Kreativität wie für die harmonische Lebensform in der Gesellschaft erscheint es Virginia Woolf notwendig zu sein, daß die jeweils andere Geschlechtlichkeit nicht völlig verschüttet ist. »Vielleicht kann ein Geist, der rein männlich ist, nicht schöpferisch sein, genausowenig wie ein Geist, der rein weiblich ist.«[16] Sowohl im einzelnen soll das Männliche und Weibliche zur Balance kommen wie eben auch zwischen einzelnen Männern und Frauen. An dieser Stelle sei an Virginias Bild des Paares erinnert, das in ein Taxi einsteigt — es ist das Bild der Einheit von Mann und Frau und weist auf die Balance im Androgynen: »...als ich das Pärchen in das Taxi einsteigen sah, fühlte ich, als ob, nachdem es getrennt war, dieses (Symbol des Menschlichen) wieder zusammengekommen war in einer natürlichen Verschmelzung.«[17]

Virginia Woolf hebt das Eigenleben der Frauen hervor, ohne dadurch Einseitigkeit des weiblichen Geschlechts zu propagieren. Die unterschiedenen Lebenswelten von Männern und Frauen sollen in ihrer Abschottung voneinander nicht beibehalten werden. Vielmehr besitzen Männer und Frauen ihre jeweils eigenartige Kreativität, deren Einsatz für die menschliche Gesellschaft im Miteinander fruchtbare Ergebnisse zeitigen wird. Nur in einem positiven und freien Zustand von Seele und Geist kann Menschliches gedeihen; dazu gehört nun eben, daß Männer und Frauen kooperieren, ohne daß das eine Geschlecht das andere unterdrückt. »Der Weg, um diese Übel zu überwinden, ist es nach Virginia Woolf, die weiblichen Einflüsse frei schalten zu lassen, sowohl in der Gesellschaft wie beim einzelnen. Unsere einzige Hoffnung, soweit es sie angeht, liegt in der Zusammenarbeit der Geschlechter, und das Ausmaß, in dem solche Zusammenarbeit wirklich existiert, ist ein Maßstab des Ausmaßes, in dem sich eine Gesellschaft zivilisiert hat.«[18]

Virginia Woolf bezieht sich auf Coleridge in ihrer Theorie des Androgynen, wenn sie ausführt: »...ein großer Geist ist androgyn. Es ist, wenn diese Verschmelzung stattfindet, daß der Geist vollkommen fruchtbar wird und all seine Fähigkeiten gebraucht. Vielleicht kann ein Geist, der rein männlich ist, ebensowenig schöpferisch sein wie ein Geist, der rein weiblich ist, dachte ich. ...der androgyne Geist ist resonant und porös; ...er übermittelt Gefühl ohne Hindernis; ...er ist natürlicherweise schöpferisch, weißglühend und ungeteilt. Tatsächlich geht man zurück zu Shakespeares Geist als dem Typus des Androgynen, des männlich-weiblichen Geistes, obwohl es unmöglich wäre zu sagen, was Shakespeare von den Frauen dachte.«[19]

Nicht lange nach der Veröffentlichung ihres Buches ›Ein Zimmer für sich allein‹ hat Virginia Woolf ihre Beschäftigung mit dem Thema der Frauenemanzipation weiterverfolgt. Im Jahre 1931 hielt sie einen Vortrag mit dem Thema ›Berufe für Frauen‹, und im selben Jahr erschien ihr Geleitbrief zu einer Sammlung von Arbeiterinnenbriefen, den sie 1930 verfaßt hatte.

Diese beiden Texte belegen, daß Virginia Woolf Frauenemanzipation auch als Frage der Sozialisation auffaßte. Für die Arbeiterinnen schien es ihr noch viel schwieriger zu sein als für die »Tochter des gebildeten Mannes«, sich aus den Zwängen der Weiblichkeit in der Gesellschaft und den Lebenseingrenzungen ihrer Klasse zu befreien.

Im Jahre 1931 war Virginia Woolf von der ›Gesellschaft für die Beschäftigung der Frauen‹ eingeladen worden, über das Thema ›Berufe für Frauen‹ zu sprechen. Naheliegenderweise ging sie dabei auf ihren eigenen Werdegang ein und betonte, daß — wenn auch die Berufe der Männer zumeist den Frauen verschlossen waren — die Literatur eine Ausnahme darstellte. Über diese Ausnahme sei sie zur Schriftstellerin geworden: »Die Billigkeit des Schreibpapiers ist natürlich der Grund, warum Frauen als Schriftstellerinnen Erfolg hatten, bevor sie in den Berufen erfolgreich waren.«[20] Virginia Woolf erinnerte sich an das Wunder, das ihr erstes durch Schreiben verdientes Geld für sie bedeutete. Sie erhielt für einen Artikel 1 Pfund 10 Schilling 6 Pence, doch sie brauchte das Geld nicht für ihren Lebensunterhalt; sie kaufte sich eine Perserkatze dafür. Das wichtigste Argument ihres Vortrags besteht darin, daß eine Frau, wollte sie Schriftstellerin werden, sich gegen das Gespenst des »Engels im Haus« zur Wehr setzen mußte. Die mußte diesen Engel ebenso töten wie das Konzept der Dame. Erst dann war sie frei zum Schreiben.

»Und während ich diese Kritik schrieb, entdeckte ich, daß, wenn ich daran ginge, Bücher zu besprechen, daß ich dann mit einem gewissen Phantom den Kampf aufnehmen müßte. Und dieses Phantom war eine Frau, und als ich sie besser kennenlernte, nannte ich sie nach der Heldin eines berühmten Gedichts ›Der Engel im Haus‹. Sie war es, die für gewöhnlich zwischen mich und mein Papier geriet, wenn ich Kritiken schrieb. Sie war es, die mich plagte und meine Zeit vergeudete und mich so quälte, daß ich sie schließlich umbrachte. ...Ich will sie so knapp wie ich kann beschreiben. Sie war äußerst sympathisch. Sie war ungeheuer charmant. Sie war vollkommen selbstlos. Sie brillierte in der schwierigen Kunst des Familienlebens. Sie opferte sich selbst täglich. Wenn es Huhn gab, nahm sie das Bein; war es zugig, so saß sie im Luftstrom — kurz, sie war so angelegt, daß sie niemals eine eigene Meinung oder einen eigenen Wunsch hatte, sondern es immer vorzog, mit den Meinungen und Wünschen anderer übereinzustimmen. Vor allem — ich brauche es nicht zu sagen — war sie rein. Ihre Reinheit hielt man für ihre höchste Schönheit — ihr Erröten, ihre große Grazie. In jenen Tagen — den letzten der Königin Victoria — hatte jedes Haus seinen Engel.«[21] Virginia Woolf betonte nach dieser Beschreibung des »Engels im Hause«, daß die Frauen sich im Beruf die Selbständigkeit erkämpfen müßten. Es sei nicht genug als Lebensinhalt, bloß den Männern gefallen zu wollen. »Und als ich dazu kam zu schreiben, trat ich ihr mit den ersten Wörtern entgegen. Die Schatten ihrer Flügel fielen auf mein Papier; ich hörte das Rascheln ihrer Röcke im Zimmer. Geradeswegs — sozusagen — als ich die Feder in die Hand nahm, um den Roman eines berühmten Mannes zu rezensieren, schlüpfte sie hinter mich und flüsterte: ›Meine Liebe, Du bist eine junge Frau. Du schreibst über ein Buch, das von einem Mann verfaßt wurde. Sei zustimmend; sei zart; schmeichle; täusche; nutze alle Künste und Listen unseres Geschlechts. Laß niemanden erraten, daß Du einen eigenen Kopf hast. Vor allem, sei rein.‹ Und sie tat, als ob sie mir die Feder führen wollte.«[22]

Virginia Woolf nimmt in ihrem Vortrag den Gedanken der notwendigen ökonomischen Freiheit einer Schriftstellerin, den sie in ›Ein Zimmer für sich allein‹ äußerte, wieder auf. Sie selbst hatte diese ökonomische Freiheit durch ihr Erbe erhalten. Virginia war gezwungen, den Engel im Hause zu töten, um ihre Freiheit als Schriftstellerin zu sichern. »Hätte ich sie nicht getötet, so hätte sie mich getötet.«[23]

Schreiben setzt einen unabhängigen, unbeeinflußten Geist voraus. Die künstlerische Eigenentwicklung konnte für Virginia Woolf erst einsetzen, nachdem der »Engel im Haus« getötet war. Dies deutet auf die Befreiung von der Falschheit, vom falschen Schein des viktorianischen Bürgertums.

Als Romanschriftstellerin schritt Virginia Woolf auf diesem Wege fort. Für das Romanschreiben sei — so sagt sie — ein Zustand des Unbewußten nötig, eine Art Trance. Die in diesem Zustand gesehenen Wahrheiten sind schwer in Literatur umzusetzen, weil das Bewußtsein der Männer in seiner Konventionalität die Schriftstellerin daran hindert, ihre weiblichen Wahrheiten auszusagen. Selbst ihr, so Virginia Woolf, sei es nicht gelungen, die Wahrheit über ihre körperlichen Erfahrungen auszusprechen.

Auch wenn die Frauen die äußere Freiheit besitzen, bürgerliche Berufe zu ergreifen, so müssen sie noch viele innerliche Hindernisse überwinden, um zur Selbstverwirklichung zu gelangen. Sie müssen mit den Gespenstern der Vergangenheit kämpfen, die als weibliche Mentalitäten sich über Jahrhunderte in ihrer Psyche eingebrannt haben. Doch nur über den Kampf mit diesen Geistern, den sie im Traum und im Unbewußten zu bestehen haben, werden die Frauen eine neue Einstellung zu sich selbst und zum Leben gewinnen.

Virginias Beschäftigung mit den Frauenproblemen der Arbeiterklasse zeigt, daß sie sich in der ganzen gesellschaftlichen Verästelung mit ihrem Thema beschäftigte. Im Jahre 1930 schrieb sie ihren eindrucksvollen ›Begleitbrief an Margaret Llewelyn Davies‹, der 1931 erschien. M. L. Davies, die vormalige Präsidentin der Britischen Frauenkooperative, hatte Lebensbeschreibungen englischer Arbeiterinnen unter dem Titel ›Life As We Have Known It‹ gesammelt und 1931 in der Hogarth Press veröffentlicht.

Virginia Woolf betont in ihrem Brief die Härte des Arbeiterinnenlebens in materieller und seelischer Hinsicht, aus der sich ergibt, wie wenig eine Frau der Mittelklasse von diesem Leben wirklich erfassen kann. Doch der Kampf der Frauen um ein materiell, seelisch und geistig besseres Leben wurde von diesen Arbeiterinnen mit großer Entschlossenheit geführt, als sie in der Frauenkooperative erstmals einen Raum erhielten, in dem sie unbehelligt nachdenken und reden konnten.

Der Privilegien ihrer eigenen Klasse kritisch eingedenk, stellte Virginia Woolf in ihrem Brief die These auf, daß die Frauen in ihrer Befreiung von den gesellschaftlichen Zwängen und Härten am weitesten vorankommen würden, wenn die Arbeiterinnen und die Frauen der Mittelklasse wechselseitig voneinander lernen würden, um sich auch politisch durchzusetzen. Dieser gemeinsamen Anstrengung aller Frauen maß Virginia Woolf das entscheidende Gewicht bei: »Tatsächlich ... war einer unserer überraschendsten Eindrücke..., daß die ›Armen‹, die ›Arbeiterklasse‹ oder wie Sie sie nennen wollen, keineswegs unterdrückt, neidisch und abgestumpft sind. Sie sind vielmehr humorvoll und vital und zutiefst unabhängig. Wenn es also möglich wäre, ihnen nicht als Herr oder Herrin oder Kunde mit einem Ladentisch als Schranke zwischen uns zu begegnen, sondern am Waschzuber oder in der guten Stube, zwanglos und auf gleicher Ebene als Mitmensch mit denselben Wünschen und Zielen im Blick, dann könnte eine große Befreiung die Folge sein, und vielleicht würden Freundschaft und gegenseitiges Verständnis daraus erwachsen.«[24]

Virginia Woolf wußte genau, daß echte menschliche und damit auch soziale Veränderung in einer Gesellschaft nur über eine gelebte Solidarität zustande kommen könnte, die über Grenzen und Schranken der Klassen hinweg wirksam wird:

»Unsere Anteilnahme ist fiktiv, nicht real. Weil der Bäcker unsere Bestellungen an der Haustür entgegennimmt und wir unsere Rechnungen mit Schecks bezahlen und unsere Kleidung waschen lassen und Leber nicht von Lunge unterscheiden können, sind wir auf immer dazu verdammt, in die Schranken der Mittelklasse eingesperrt zu bleiben, Frack oder Seidenstrümpfe zu tragen und je nachdem, gnädiger Herr oder gnädige Frau genannt zu werden, obwohl wir doch in Wahrheit nur ein schlichter Hans oder eine schlichte Suse sind. Und den Arbeitern bleibt auch etwas vorenthalten. Denn wir haben ihnen genauso viel zu geben wie sie uns: Witz und Distanz, Gelehrsamkeit und Dichtung und alle die guten Gaben, die jene, die nie Haustüren öffnen oder Maschinen bedienen mußten, zu Recht genießen. Aber die Schranke ist unüberwindlich. Und nichts hat uns vielleicht auf dem Kongreß mehr erregt (...) als der Gedanke, daß diese ihre Kraft, ihre schwelende Glut, die hin und wieder die Oberfläche durchbrach und als heiße und furchtlose Flamme aufloderte, drauf und dran ist, ganz durchzubrechen und uns alle zusammenzuschmelzen, so daß das Leben reicher und die Bücher komplexer werden und die Gesellschaft ihren Reichtum sammelt, anstatt ihn aufzuspalten — ...aber es wird erst geschehen, wenn wir tot sind.«[25]

Auch in dieser Schrift verdeutlicht Virginia Woolf, daß es darauf ankommt, das Menschliche durch Verschmelzung der Gegensätze und Abgrenzungen lebendig werden zu lassen. Eine gute Zukunft der Gesellschaft liegt darin, daß über die Harmonie der Gegensätze ein Lebensreichtum entsteht, der die Welt interessanter und vielgestaltiger macht, während sie in den Abschottungen und Trennungen verarmt und abstirbt.

In ihrem Romanwerk griff Virginia Woolf die Frage der Frauenemanzipation besonders in ›Die Jahre‹ (1937) auf. Dieser Roman schildert die Geschichte einer englischen Familie der Mittelklasse von 1882 bis 1937 — und besonders das Leben der Frauen der Pargiters in der Aufeinanderfolge der Generationen. Die Gegenwart umreißt das Ende der vorführbaren Entwicklung: »...(in) eine(r) Gegenwart, in der Frauen wählen dürfen und Ärztinnen werden können, inszenieren die Pargiter Kinder Woolfs Mythos der Befreiung aufs neue.«[26] Virginia ging in diesem Roman nicht soweit zu behaupten, daß eine berufliche Existenz für eine Frau schon als solche die Erfüllung mit sich bringt. Die Karriere einer Frau ist nicht identisch mit persönlichem Glück, sie eröffnet den Frauen aber mehr Möglichkeiten, als dies jemals zuvor der Fall gewesen war.

Die moderne Gesellschaft bürdet den Menschen mehr Verantwortung auf, auch der Frau in gehobenen Positionen, doch zugleich setzt durch die Funktionalisierung und Organisation des Lebens ein Prozeß innerer Verarmung und Instrumentalisierung ein. »Woolf ist sich der zunehmenden psychologischen Risiken bewußt, die durch die Freiheit auferlegt werden.«[27]

Es kommt immer darauf an, in welcher Weise Freiheit verstanden wird. Auch in ihrer wohl wichtigsten Schrift zur Lage der Frau geht es Virginia Woolf um die Konzeption einer neuen Gesellschaft in Freiheit für beide Geschlechter. Es handelt sich um das Buch ›Three Guineas‹, das im Jahre 1938 erschien — und somit schon den düsteren Geist der Dreißiger Jahre vermittelt. Zwar durchzieht Virginias Optimismus auch dieses Buch, doch ist der Witz und die gute Laune von ›Ein Zimmer für sich allein‹ nicht mehr zu spüren: »Als die Dreißiger Jahre voranschritten, wurde sie (Virginia Woolf) zunehmend abgestoßen von der sozialen Ungerechtigkeit.«[28]

Anlaß für ›Three Guineas‹ war der Brief eines Rechtsanwalts an Virginia Woolf, der ihr die Frage stellte: »Wie können wir den Krieg verhindern?« Für Virginia erschien an diesem Brief die Tatsache wichtig, daß ein Mann, der an der Universität seine Ausbildung erhalten hatte, eine Frau um ihre Meinung in dieser schwierigen Angelegenheit befragt. In diesem Buch berichtet Virginia Woolf davon, welche Gedanken sie sich macht, um für verschiedene Gesellschaften, die an sie herangetreten sind, etwas zu spenden.

Schließlich gibt Virginia Woolf jedem der Bittsteller eine Guinea (21 Schilling). Die erste Guinea wird für die Ausbildung der Frauen gegeben, die zweite zur Unterstützung der Frauen, um ins Berufsleben zu gelangen, und die dritte dient zur Unterstützung der Kriegsgegner.

Zunächst setzt sie sich mit dem Briefschreiber auseinander, der die Anregung zu ihrem Buch gab, und betont, daß er und sie beide aus der »gebildeten Schicht« stammen. Virginia deutet sofort auf die Gegensätze zwischen Mann und Frau und beschreibt die Erziehung in England, derzufolge englische Familien seit dem 13. Jahrhundert Geld für die Erziehung ihrer Söhne in einen Fond einzahlten, Geld, das aber auch den Töchtern zustand, die nichts bekamen. Die Ausgaben für die Ausbildung der Mädchen hielt sich im Vergleich zu derjenigen der Söhne in äußerst bescheidenen Grenzen. Folglich mögen englische Männer und Frauen derselben Schicht dieselben Gegenstände vor Augen haben — sie sehen sie aber unterschiedlich. Wenn man den Krieg verhindern will, dann muß man auf den Gesichtspunkt der Erziehung zurückgreifen.

Die Entstehungsgeschichte von Kriegen ist nur dann erklärlich, wenn derjenige, der sich ihrer bemächtigen will, Kenntnisse der Politik, Wirtschaft und der internationalen Beziehungen besitzt. Verfügt nun aber eine Frau über diese Kenntnisse? Hat sie die entsprechende Ausbildung bekommen, die ihr solches Wissen vermittelte? Es scheint, daß die funktionalen Zusammenhänge von Kriegen den Frauen nicht zu erklären sind, weil ihnen die entsprechenden Wissensvoraussetzungen fehlen.

Doch die Frauen verstehen sehr wohl den Krieg als Ergebnis der menschlichen Natur. Jeder Mensch — ob Mann oder Frau, ob wissenschaftlich gebildet oder nicht — vermag die Entstehung menschlicher Konflikte zu begreifen, wenn er sich seines gesunden Menschenverstands bedient, wenn er seine Kenntnisse heranzieht, die aus seinen Erfahrungen stammen, mit Hilfe derer es ihm gelingt, menschliche Verhaltensweisen psychologisch zu erklären. Allerdings wendet Virginia Woolf ein, daß der menschliche Trieb oder Instinkt zum Töten immer eine rein männliche Eigenschaft gewesen ist. Da nun aber Krieg nichts anderes ist als Töten und Kämpfen, glaubt Virginia Woolf »...es ist schwer (für eine Frau etwas) zu beurteilen, an dem sie keinen Anteil hat.«[29]

Wenn für Virginia dieser Zugang zur Beantwortung der Frage verschlossen ist, so muß sie nach einem Ausweg suchen. Sie findet ihn in ihrer Eigenschaft als weibliche Schriftstellerin, der es gegeben ist, menschliche Motive aufzuspüren durch biographische und autobiographische Studien. So zitiert sie die Biographie eines Soldaten, aber auch die eines Schriftstellers: Während der Soldat den Krieg als »Beruf« verherrlicht, verurteilt der Schriftsteller dessen Unmenschlichkeit und Brutalität.

Die schwierigere Frage, die sich an diesen Gegensatz der Meinungen zum Krieg im Jahre 1937/38 anschließt, heißt aber: Wie kommt es, daß die Mehrheit der Männer den Krieg befürwortet? Die Begründung für diesen merkwürdigen Konsens findet Virginia Woolf im Patriotismus. Dabei bedeutet »Patriotismus« für einen gebildeten Engländer durchaus etwas anderes als für eine gebildete Engländerin. Der Mann hat andere Pflichten als die Frau, deshalb teilen sie nicht das Verständnis von »Patriotismus«.

Bei der Beantwortung der Frage »Wie können wir den Krieg

verhindern?« ist Virginia Woolf als Frau nicht in der Lage, die Moralvorstellungen, Gefühle und Pflichten des Mannes nach-zuvollziehen und für seinen Patriotismus erklärend einzuset-zen. Wie können nun aber die Frauen etwas gegen den Krieg tun? Sollen sie Leserbriefe an Zeitungen schicken? Sollen sie einer Gesellschaft beitreten, die sich für Frieden und Abrüstung einsetzt? Sollen sie Beitragszahlungen zu solch einer Vereini-gung leisten? Diese Vorschläge des Briefschreibers überzeugen Virginia Woolf nicht.

Doch auch die eventuellen Mittel der Männer, stehen der ge-bildeten Frau nicht zu Gebote: Druck durch Gewalt (Krieg, Mi-litärdienst), finanzieller und ökonomischer Druck (Börse), Di-plomatie (Verträge), Kirche (Predigten), Medien (Frauen dür-fen schreiben, die Publikationspolitik jedoch beherrschen die Männer), Staatsdienst und Gericht (Frauen dringen zwar in die Berufe ein, doch sind sie zu schwach, um ihre Forderungen durchzusetzen). Selbst die Frauen in der Arbeiterklasse könn-ten durch einen Streik mehr erreichen, als die gebildeten Frauen, wenn sie nur die Arbeit in einer Munitionsfabrik lahm-legen würden. So bleibt den gebildeten Frauen nur ein mittelba-rer Weg: Sie müssen die gebildeten Männer beeinflussen.

Nur mit großen Schwierigkeiten vermochten die Frauen durch politischen Einfluß Ziele zu erreichen, wie der Kampf um das Frauenwahlrecht beweist. Es konnte nur unter härtesten Mühen durchgesetzt werden — und offenbar nur durch Ein-fluß, verbunden mit Rang und Reichtum bedeutender Frauen der Oberklasse, nicht aber von Frauen der gebildeten Schicht. Einfluß und Reichtum als Bedingung politischer Wirksamkeit war nur bei den großen Damen der englischen Aristokratie zu finden, die ihre Politik im Boudoir über den traditionellen Ein-fluß auf die Männer verfolgten. Diese Möglichkeiten bestanden aber nicht für die Frauen aus der gebildeten Schicht. Für diese Gruppe der Frauen eröffnete erst das Wahlrecht politischen Einfluß.

Virginia Woolf blickt auf das Berufsleben des Mannes sowie auf seine Machtrepräsentation und erkennt eine Übertragung der englischen Klassen- oder Standesgesellschaft auf die Berufs-kleidung der Männer in öffentlichen Ämtern. Diese Kleidung erfüllt eine Signal- und Reklamefunktion; der geistige/morali-

Harold G. Nicolson
mit seiner Frau Victoria Sackville-West
in seinem Arbeitszimmer 1934

Lytton Strachey

Edward Burne-Jones

Clive Bell

sche Wert eines Mannes wird durch Bänder, Orden, Talare ausgedrückt.

Virginia Woolf besteht darauf, daß eine Frau das Männersystem am wirksamsten bestrafen kann, wenn sie dessen »Ehrungen« ablehnt. Die Verleihung von Orden, Litzen, Bändern, Titeln — von einer Frau aus Überzeugung abgelehnt, besitzt eine Signalwirkung für andere Frauen, sich ihres Selbstwertes bewußt zu werden. Indem Frauen die Werte der Männer ablehnen, lehnen sie auch die aggressiven Unterschiede ab, die dem Kriegs»spiel« zuarbeiten. Virginia Woolf hat diese Einstellung praktiziert; die ihr mehrmals offerierten Ehrendoktortitel und den D.B.E. (Dame of the British Empire-Orden) hat sie zeitlebens abgelehnt.

Auch in der englischen Justiz sowie in den Universitäten wird die Überlegenheit des einen über den anderen durch Kleidung und Titel zum Ausdruck gebracht. Dies fördert Neid und Konkurrenzdenken unter den Männern, erweckt Gefühle, die wieder die Kriegsbereitschaft der Menschen erhöhen.

Welchen Einfluß können die Frauen auf die Erziehung sowie auf die Bildungsinstitutionen ausüben, um den Krieg zu verhindern? Durch finanzielle Unabhängigkeit sind sie in die Lage versetzt, Bildungsprojekten mit öffentlicher Wirkung finanzielle Unterstützung zu gewähren. Diese Frauen sollen nach Virginia Woolf die Jugend dazu erziehen, den Krieg zu hassen. Der Wert der Erziehung gehört zu den höchsten aller menschlichen Werte überhaupt — und Virginia Woolf benennt drei Punkte, welche die Bedeutung der Erziehung unterstreichen:

— Fast alle großen Männer Englands erhielten eine Universitätsausbildung.
— Riesige Geldsummen wurden in den vergangenen Jahrhunderten für die Erziehung (Public Schools, Universitäten) ausgegeben: also mißt die Gesellschaft der Bildung einen hohen Wert zu.
— Die Frauen mußten immer schon große Opfer bringen, um den Männern die beste Ausbildung zu ermöglichen — durch den Verzicht auf eigene Ausbildung. Vor allem die Kirche wehrte sich dagegen, den Frauen eine Universitätsbildung zuzugestehen.

Mit Hilfe von Quellenmaterial beweist Virginia Woolf englisches Traditionsbewußtsein auf dem Erziehungssektor. Erziehung wurde seit Jahrhunderten als wertvoll angesehen für die Männer und die männlichen Berufe, aber als schädlich für die Frauen, deren einziger Beruf die Ehe war. Für die Ehe — so die Männer — sei eine Erziehung nicht nötig.

Zwar wurde in der Mitte des 19. Jahrhunderts in Cambridge ein Frauen-College gegründet, das nur durch Spenden von Frauen, nicht aber durch öffentliche Mittel zustande kam, doch verweigerte man den Frauen, die einen akademischen Grad erworben hatten, diesen auch öffentlich zu führen. Bei der Abstimmung über diese Frage kam es im Universitätssenat zu einer Niederlage für die Frauen, ja die männlichen Studenten gingen sogar so weit, die Bronzetore von Newnham College zu demolieren. Hieraus schließt Virginia Woolf: »...die beste Erziehung in der Welt lehrt die Leute nicht, die Gewalt zu hassen, sondern sie zu gebrauchen...«[30]

Wie soll es in einem Gesellschaftssystem gelingen, die Jugend antimilitaristisch zu erziehen, wenn Männer ihre Privilegien auf Bildung und ihre daraus abgeleiteten Ansprüche mit Gewalt gegen die Frauen verteidigen? Der Beweis dieser Gewalt gegen Frauen wird durch drei Beispiele aus Cambridge geführt: Im Jahre 1937 sind in Cambridge die Frauen-Colleges wesentlich schlechter versorgt als die Männer-Colleges; es gibt getrennte Colleges für Männer und Frauen; einem Frauen-College wurde auch 1937 nicht gestattet, Mitglied der University of Cambridge zu werden.

Wem soll Virginia Woolf nun ihre erste Guinea geben? Dem Fond einer Vereinigung, die sich für die Verhinderung des Kriegs einsetzt oder der Schatzmeisterin des Frauen-Colleges, die für den Neubau des College Geld sammelt. Kann man über die Beeinflussung der Erziehung die Kriegsgefahr mindern? Worauf zielt Erziehung, welche Art von Gesellschaft und Mensch begünstigt sie?

Virginia Woolf antwortet der Schatzmeisterin, daß sie ihr die Guinea geben will, aber nur unter der Bedingung, daß ein neues Lehrprogramm für die Studentinnen ausgearbeitet wird. So soll der Fächerkatalog des armen Frauen-College folgende Elemente enthalten:

Die Disziplin der menschlichen Kommunikation, damit die Studentinnen lernen, Leben und Geist anderer Menschen zu verstehen; die Kunst des Gesprächs, der Kleidung, der Küche; Forschungsarbeiten auf dem Gebiet der Frage: Wie können Körper und Geist positiv zusammenwirken? Welche neuen Kombinationen des Körperlichen und Geistigen schaffen gute Ganzheiten? Die Wissenschaft soll aus Liebe zum Wissen gepflegt werden. Das College hat sich als freie Gesellschaft zu verstehen, soll also keinen äußeren Zwang auf seine Mitglieder ausüben. Dieses College soll sich nicht mit Traditionen belasten, dafür aber gegenüber Experimenten offen sein und danach streben, neue Perspektiven des Menschlichen zu erarbeiten. Virginia Woolf stellt für die Inhalte dieses College eine Negativliste auf: Die Studenten dieses College sollen nicht die Disziplinen studieren, die ihnen beibringen, wie man andere Menschen regiert, beherrscht, tötet, wie man Land und Kapital erwirbt. Als die Studenten der Freien Universität Berlin 1967/68 Aufsehen erregten mit der Einrichtung ihrer »kritischen Universität«, waren sie sich wohl kaum bewußt, daß Virginia Woolf sich ein ähnliches Projekt bereits 1938 ausgedacht hatte.

Doch Virginia Woolf diskutiert auch auf Grund der Forderungen der »Realität«, daß der Wettbewerb im College die Studenten lehren würde, wie sie praktisch verwertbare Forschungsergebnisse erzielen können und sich in der Berufswelt durchsetzen. Bildung muß für die Frauen Vorbereitung auf ihre spätere Arbeit in der Gesellschaft bieten, sonst wäre ihre finanzielle Selbständigkeit erneut in Frage gestellt.

Damit wird der Status quo der Emanzipation aufrechterhalten, wenn auch noch keine wirksamen Möglichkeiten eröffnet sind, daß die Frauen etwas gegen den Krieg unternehmen können.

Die Frauen müssen jedoch erkennen, daß die häusliche Erziehung der Mädchen im 19. Jahrhundert in England dazu führte, daß sie durch ihren »Einfluß« unweigerlich Kriege begünstigten. Da das Heiraten ihr einziges Ziel war, wurde ihnen anerzogen, alles Männliche zu begrüßen: Krieg, Tapferkeit, Sieg, Vaterland, Empire. Ein wirksames Mittel zur Kriegsverhütung für Frauen ist nach Virginia Woolf dann gegeben, wenn sie dafür sorgen, daß die häusliche Erziehung der Mädchen ersetzt wird durch eine College-Ausbildung. Daher entschließt sich Virginia Woolf, ihre erste Guinea für den Ausbau des Frauen-College zu stiften. Sie ist sich natürlich darüber im klaren, daß es nicht ausreicht, wenn Frauen sich bloß die »männliche Ausbildung« verschaffen, um in der Gesellschaft männliche Rollen zu übernehmen. Für den Frieden können Frauen erst dann eintreten, wenn sie bewußt als Frauen die Kompetenzen einsetzen, die sie auf der Universität erworben haben. Frauen können durch einen Beruf, also auf Grund finanzieller Unabhängigkeit und selbständiger Entscheidungskraft, noch mehr tun, um einen Krieg zu verhindern, weil sie nunmehr in der Lage sind, ihre unabhängige Meinung gegen den Krieg und seine Vorbereitung öffentlich einzusetzen.

Im Weiteren bezieht sich Virginia Woolf auf den zweiten Bittbrief, der von der Schatzmeisterin der Gesellschaft zur Einstellung von Frauen in Berufe und öffentliche Ämter stammt. Auch hier konkurrieren zwei Ansprüche auf die Guinea: die Gesellschaft berufstätiger Frauen und die Männervereinigung zur Sicherung des Friedens. Virginia Woolf antwortet der Schatzmeisterin in einem fiktiven Brief und bittet sie, ihre Ansprüche zu begründen, indem sie — scheinbar zustimmend — die Thesen des Philosophen C. E. M. Joad und des Schriftstellers H. G. Wells heranzieht: die ›Soziale und Politische Union der Frauen‹ sei sehr finanzkräftig; Frauen seien politisch apathisch und gesellschaftlichen Problemen gegenüber gleichgültig; nach dem öffentlichen Auftreten der Frauen und der Durchsetzung des Frauenwahlrechts sollten sie sich wieder hinter ihre »Kochtöpfe« zurückziehen. Joad berücksichtigt dabei gar nicht die Bedingungen des Frauenlebens im England seiner Zeit. Er trägt Maximalforderungen an die Frauen heran nach der Devise: weil die Frauen politisch nichts ausrichten, sollen sie ins »Haus« zurückkehren. Wells betont nun, die Frauen hätten trotz ihres Wahlrechts nichts gegen die Einschränkung ihrer Rechte gegen den Faschismus unternommen. Dies ist eine kühne These, wenn schon die Männer nichts gegen den Faschismus unternommen haben. Das Faschismusthema ist bei Virginia Woolf deshalb wichtig, weil die Faschisten der Frau spezifisch eine begrenzte Funktion in der Gesellschaft zuwiesen und ihr das Leitbild der Mutter aufzwangen.

Für Virginia Woolf ist die Frauenbewegung aber kein Fehlschlag, wie dies Joad und Wells glauben machen, sondern eine notwendige Angelegenheit. So weist sie die Vorwürfe der beiden »männlichen Autoritäten« entschieden zurück: das Jahreseinkommen der ›Sozialen und Politischen Union der Frauen‹ sei sehr gering; 250 Pfund Sterling, das höchste Jahreseinkommen für eine erstklassig ausgebildete Frau, sei außerordentlich gering im Vergleich zu Positionen der Männer. Als Grund für dieses niedrige Durchschnittseinkommen berufstätiger Frauen weist Virginia Woolf darauf hin, daß die Posten der Staatssekretäre und Ministerialbeamten in England bis auf wenige Ausnahmen von Männern besetzt sind. Den Beweis findet Virginia Woolf in entsprechenden Weisbüchern; kaum Frauen finden sich in den wichtigen Funktionen, die gut dotiert sind.

Auch hier gibt es nur eine Erklärung. Die männlich bestimmte Gesellschaft legt den Frauen Steine in den Weg, wo immer ihr dies möglich zu sein scheint:

— Wenigen Frauen wird eine Universitätsausbildung in Oxbridge gestattet, die Voraussetzung für die Übernahme in den Staatsdienst ist. 1935 studierten 5328 männliche Studenten in Cambridge, es durften aber nur maximal 500 Frauen dort studieren.

— Mehr Töchter bleiben zu Hause, um ihre alten Mütter zu pflegen, als Söhne, um ihre alten Väter zu versorgen.

— Beruflicher Aufstieg ist oft eine Angelegenheit verwandtschaftlicher Beziehungen, also nicht unbedingt eine Frage des Sachverstands.

— Die öffentliche Meinung — 1938 wie 1984 — geht in zunehmendem Maße dahin, daß die Frauen den Männern die Arbeitsplätze wegnehmen und daher besser am »heimischen Herd« aufgehoben sind. Aber auch — so glauben die Männer — sei die Weiblichkeit mit Büroarbeit und dem Klima in öffentlichen Ämtern nicht vereinbar.

Virginia Woolf dagegen verteidigt die Frauen: ihre Arbeit sei so gut wie die der Männer und müsse genauso bezahlt werden. Auch habe der Premierminister Baldwin die Überzeugung öffentlich vertreten, daß die Frauen kompetente Arbeit im Staatsdienst leisten.

Daß so wenige Frauen im Staatsdienst tätig sind, hat nach Virginia Woolf auch den Grund, daß die Männer über ein traditionsreiches und weitverzweigtes Patronagesystem verfügen, in dem immer Möglichkeiten bestehen, Verwandte oder Freunde beruflich unterzubringen. So lassen sich diese Verhältnisse auf den Orwellschen Satz verkürzen: »Alle Tiere sind gleich, aber einige Tiere sind gleicher als andere.« Virginia Woolf bemerkt daher: »Erfolg ist leichter für einige, schwieriger für andere, wie gleich ihre Geisteskraft auch immer sein mag, so daß einige unerwartet aufsteigen, andere unerwartet fallen und einige merkwürdigerweise auf ihrer Position verharren.«[31]

Die Atmosphäre in der Arbeitswelt benachteiligt die Frauen. Mit dem Wort »Atmosphäre« meint Virginia Woolf die Tendenz des öffentlichen Bewußtseins in England, Frauen als geistig minderwertig im Vergleich zum Mann anzusehen. Diese »Atmosphäre« verstärkt sich, wenn Frauen in öffentliche Berufe und damit in fremde gesellschaftliche Reviere vordringen. Frauenfeindlichkeit und Neid der Männer begünstigen deshalb eine Entwicklung, die Virginia Woolf als außergewöhnlich gefährlich erkennt und als Ursprung diktatorischer Absichten festmacht. Diktatoren nehmen sich das Recht heraus, »...anderen Menschen vorzuschreiben, wie sie leben sollen...«[32]

So liegt es für Virginia Woolf nahe, den männlichen Chauvinismus gegenüber den Frauen in Verbindung zu bringen mit den faschistischen Phänomenen der Dreißiger Jahre. Sie zitiert eine Stelle aus dem ›Daily Telegraph‹ und vergleicht sie mit einem Hitler-Zitat, dessen Quelle sie allerdings nicht angibt: »›Es gibt zwei Welten im Leben einer Nation, die Welt der Männer und die Welt der Frauen. Die Natur hat Recht daran getan, den Mann mit der Sorge für seine Familie und die Nation zu betrauen. Die Welt der Frau ist ihre Familie, ihr Ehemann, ihre Kinder und ihr Heim.‹«[33] Diese totale Geschlechtertrennung hinsichtlich der Pflichten und Aufgaben gehört zu den Elementen der nationalsozialistischen Ideologie des Dritten Reichs und seinem »Menschenbild«, das männliche Eliten züchtet, die Frauen aber allumfassende »Zulieferdienste« für das System leisten läßt. Die faschistische Apotheose der Männlichkeit benötigt die Frauen vor allem für die Geburt und Erziehung von Knaben.

Virginia Woolf war davon überzeugt, daß die Atmosphäre im England der Dreißiger Jahre ebenfalls faschistoide Züge trug, denn das Martialische und die Brutalität der Männer machten für sie nicht an der Kanalküste halt. Virginia fühlte sich im Innersten abgestoßen von den politischen Tendenzen des Faschismus und hat mit Sorge die Entwicklung Europas in den Dreißiger Jahren beobachtet. Während englische Politiker den Freiheitsverlust durch die faschistischen Diktaturen beklagten, kämpften die englischen Frauen gegen eben diese Gefahren in einer demokratischen Gesellschaftsordnung: »Sollten wir nicht ihr (der Frau) helfen, ihn (den Faschisten) in unserem eigenen Land zu zerstören, bevor wir sie bitten, uns zu helfen, ihn im Ausland zu vernichten?«[34]

Die Trennung der Geschlechter in ideologischer und wirtschaftlicher Hinsicht besitzt eine zerstörerische Seite für die Gesellschaft. Auf der einen Seite findet man die Männer, die im öffentlichen Bereich arbeiten und Geld verdienen, auf der anderen Seite arbeiten die Frauen als Mütter und Ehefrauen ohne Bezahlung. Hinzu kommt, daß die Arbeit eines Polizisten oder Postboten mit Steuergeldern bezahlt wird; sie werden also vom Staat entlohnt, einfach weil man sie als wichtig für das öffentliche Wohl begreift, während Hausfrauen und Mütter für ihre täglichen Mühen, die für die Existenz eines Staatswesens unverzichtbar sind, keinerlei Entgelt erhalten.

Das Argument des Mannes, schließlich sei das Gehalt einer Frau gleichzusetzen mit der Hälfte seines Gehalts, verfängt nicht, weil die Frauen für sich persönlich kaum Geld zur Verfügung haben. Virginia Woolf zeigt, daß englische Frauen ihr Haushaltsgeld nicht zur Befriedigung eigener Interessen und Wünsche benutzen, sondern zur Bezahlung der Haushaltskosten — und darüber hinaus für die Vergnügungen des Mannes: Parteispenden, Fußball, Cricket, Clubs. An diesen Annehmlichkeiten jedoch hatten die Frauen im England der Dreißiger Jahre keinen Anteil.

Insofern ergab sich für die Tochter Sir Leslie Stephens zwingend, daß ihres Vaters Verknüpfung von Ethik und historisch-materiellem Fortschritt eine bloße Illusion war. Seit 1882 — dem Geburtsjahr Virginias und dem Erscheinungsjahr von Leslie Stephens ›Wissenschaft der Ethik‹ — hatte der Mensch keine aufweisbaren geistigen, gefühlsmäßigen und moralischen Fortschritte gemacht, die in eine menschlichere Gesellschaft gemündet hätten. — Nach der Gleichung *unabhängiges Einkommen = Einfluß und politische Macht* nennt Virginia Woolf drei Faktoren zur Situation der Frau im England der späten Dreißiger Jahre, die Rückwirkungen haben auf das Problem, wie diese Frauen den Krieg verhindern können: Berufstätige Frauen im öffentlichen Dienst erhalten kleine Gehälter aus der Staatskasse; Frauen in »privaten Diensten«, also Mütter und Hausfrauen, erhalten vom Staat überhaupt keine Entlohnung; über ihren Anteil am Einkommen des Mannes können sie nicht bestimmen. Dieser Anteil kommt ihnen nur pro forma zu; letztlich entscheidet der Mann über dessen Verwendung.

Daraus ergeben sich zwei außerordentlich folgenreiche Schlüsse: Da die Hausfrauen, deren Beruf die Ehe ist, kein unabhängiges Einkommen haben, fehlt ihnen jeder wirksame Einfluß, durch den sie einen Krieg verhindern könnten. Die Ehefrauen sind so sehr von ihren Männern abhängig, daß wenn er für die Gewalt eintritt, sie auch für die Gewalt sprechen. Der zweite Schluß betrifft die berufstätigen Frauen: ihr Einfluß auf die Politik ist nicht wesentlich größer als der der Hausfrauen, weil sie schlechter bezahlt werden als die Männer.

So geht Virginia Woolf schließlich dazu über, der Schatzmeisterin der Vereinigung zur Unterstützung der Frauen im Berufsleben Voraussetzungen zu nennen, unter denen sie ihr Unterstützung gewähren will. Der Einfluß, den Frauen aus ihren Berufen und Ämtern gewannen, führte — so Virginia Woolf — bislang nicht dazu, daß die Männer sich verstärkt für den Frieden eingesetzt haben. Folglich sei es entscheidend, daß die Berufe intensiver als früher als Hebel benutzt würden, die Idee des Friedens in Wirklichkeit zu überführen.

Sollen nun die Frauen an der patriarchalischen Gesellschaft einschließlich ihrer Kultur und Zivilisation, ihren Berufen und Zeremonien teilnehmen? Die Berufe haben ihre Inhaber besitzgierig und ängstlich gemacht gegenüber Versuchen Außenstehender — also auch der Frauen —, in diese Berufe und Ämter zu gelangen. Nun führen aber Besitzdenken, Argwohn, Streitsucht als Charaktereigenschaften des Menschen zum Krieg. Sollen nun die Frauen für das Recht auf Berufsausübung kämpfen, wenn sie Gefahr laufen, diese negativen Verhaltensweisen zu übernehmen?

Soll ferner der Besitz, abgesehen von den Rechten, die damit gegen sozial Schwächere und Unterdrückte durchgesetzt werden könnten, allgemein ein wünschenswertes Ziel der Menschen sein? Zudem zeigen nach Virginia Woolfs Untersuchungen die Biographien bedeutender Politiker, Bischöfe, Richter, Journalisten und Ärzte, daß sie in ihren Berufen sich überanstrengen und in ihnen menschlich verarmen; alles läuft auf einen großen Verlust hinaus — Verlust an Freizeit, Geselligkeit, Kunstsinn, so daß die Einschränkung aller Tätigkeit aufs Geldverdienen und Machtausübung die Männer innerlich verkümmern läßt: »Was dann übrigbleibt ... (ist) ... nur ein Krüppel in einer Höhle.«[35] Schlimm ist zudem, daß die Verkrüppelung anderen als Weltanschauung noch rigoros aufgezwängt wird.

Somit steht der beruflichen Kompetenz der Männer und einer zunehmenden Professionalisierung der Arbeitswelt — im »Einklang« mit naturwissenschaftlichen und technischen »Errungenschaften« — keine Weiterentwicklung menschlicher Tugenden und Weisheiten gegenüber. Der Zustand der Kultur und des Geistes bleibt zurück, während sich die Technik verselbständigt.

Es verwundert nicht, wenn Virginia Woolf die Frauen dazu auffordert, sie sollten das Gesellschaftssystem gründlich studieren, die vorgefundene »Zivilisation« analysieren, um die Frage stellen zu können: »...wie vermögen wir in die Berufe hineinzugelangen und doch zivilisierte menschliche Wesen zu bleiben...«[36] Diese Frage ist um so schwieriger zu beantworten, als die Männer eben besitzgierig, argwöhnisch und eifersüchtig ihre Berufe gegen weibliche Eindringlinge verteidigen.

Die Bedingungen, die Virginia Woolf an die Vergabe ihrer zweiten Guinea knüpft, fassen die bisherigen Argumente zusammen: 1. Frauen sollten im Beruf nur soviel Geld verdienen, wie sie zum Leben und zur Unabhängigkeit brauchen. Sie sollten keinen Reichtum nur des Besitzes wegen anhäufen, weil sie so ihre Weiblichkeit aufs Spiel setzen würden. Sie liefen Gefahr, das Besitzstreben der Männer zu kopieren mitsamt des aggressiven Verhaltens. Virginia zitiert das berühmte Christus-Wort: »Es geht eher ein Kamel durch ein Nadelöhr, bevor ein

Reicher in den Himmel kommt«, auch wenn sie sich darüber im klaren ist, daß in einer kapitalistischen Gesellschaft jeder untergeht, der dieses Armutsgebot in die Praxis umsetzt. Dennoch fragt sie sehr eindringlich danach, welchen moralischen und geistigen Wert die männlichen Berufe haben, in denen viel Geld verdient wird: Ist es nicht oft so, daß die Höhe des Einkommens im ungekehrten Verhältnis zum inneren Wert dieser »profession« steht? 2. Die Frauen werden aufgefordert, ihre geistigen Fähigkeiten nicht des Geldes wegen zu verkaufen. 3. Die Frauen sollten »Ruhm« und »Ehre« im Beruf ablehnen — und Orden sowie Titel zurückweisen. 4. Schließlich sollten die Frauen jede Art des Stolzes verwerfen, ob er sich nun auf die Nation, den Glauben, das College, den Beruf oder die Familie bezieht. Vor allem erscheint jeder Stolz gefährlich, der sich auf gesellschaftliche Institutionen bezieht.

Diese vier Punkte über die Einstellung der Frauen zur Berufswelt schließen einen wichtigen Kritikpunkt an der englischen Gesellschaft ein, der darauf abzielt, die unterdrückten Frauen mit den unterdrückenden Männern zu vergleichen. Dabei »sieht ... (Virginia Woolf) den männlichen Tyrannen als psychologisch weitaus geschädigter an als die untergebene Frau.«[37]

Die »Lösung« des Geschlechterproblems liegt zwar in der Unterdrückung der Frau, das heißt: diese Unterdrückung ist der Herd der Konflikte, Repressionen und Aggressionen, aber es gibt noch einen anderen Herd: dies ist die »Dressur des Mannes«. Es verwundert daher kaum, wenn Virginia Woolf die Frauen immer wieder davor warnt, ihre Emanzipation durch Nachahmung der Männer zu besiegeln, weil dadurch der Sinn ihres Befreiungskampfes aufs Spiel gesetzt würde. Virginia Woolf wußte genau, daß die Frauen nicht die Einseitigkeit der Männer wiederholen sollten, denn dadurch verschlimmert sich die Situation der Gesellschaft nur.

Virginias Auffassung stimmt mit dem überein, was Janet Richards in ihrem glänzenden Buch ›Die skeptische Feministin‹ (1983) schreibt: »Wie unterdrückt die Frauen auch immer gewesen sein mögen, zu kämpfen mit nichts anderem im Blick als dem Nutzen der Frauen, heißt für eine *ungerechte Gesellschaft* kämpfen, dem Gegenteil der Absicht, die den Eifer zuerst erzeugte.«[38] Und noch schärfer formuliert sie: »...wenn ein Argument..., oder eine Verteidigung der Frauen nur behauptet werden kann in Anbetracht dessen, ob es allgemein von anderen Feministinnen akzeptiert wird und nicht in seinem eigenen Recht, dann ... gibt es nichts mehr zu diskutieren. Massenunterstützung wird zum Standard, durch den alles entschieden wird.«[39]

Virginia Woolf wußte, daß es nicht leicht sein konnte für berufstätige Frauen, ihre vier Punkte zu verwirklichen, denn wo kontrollierten Frauen in ihrer Zeit Entwicklungen in der englischen Gesellschaft? Man muß angesichts dieser vier Punkte aber sorgfältig unterscheiden, ob diese auf Grund der Unterdrückung der Frauen in einer konkreten Gesellschaft — England 1938 — galten oder ob sie bewußte Bestandteile eines politischen Programms der Frauen sind.

Die abschließende grundsätzliche Frage Virginias vor der Ausgabe ihrer zweiten Guinea lautet: Wie können sich berufstätige Frauen ihre Humanität erhalten und gleichzeitig den Krieg verhindern? Für die Frauen des Zwanzigsten Jahrhunderts drängt Virginia Woolf darauf, daß diese den äußeren beruflichen Erfolg nicht als alleiniges Handlungsmotiv mißverstehen. Ihrer Auffassung nach müssen gerade die Frauen in ihrem Mehr an Kreativität für die Humanisierung der Welt kämpfen, was sich aber nur erreichen läßt, wenn sie der Pflicht ihrer eigenen Kultivierung nachkommen.

Im abschließenden Teil des Buches ›Three Guineas‹ prüft Virginia Woolf noch einmal ihre These, daß Frauen zur Vermeidung des Krieges den Männern helfen sollten, »die Kultur und die geistige Freiheit zu schützen«.[40] Immerhin haben die Frauen durch ihren zwangsweisen und verinnerlichten Ausbildungsverzicht schon jahrhundertelang zur Förderung englischer Kultur und Geistesfreiheit beigetragen. Die Männer vermochten das Vermögen des Landes zu nutzen, um Eton, Harrow, Oxford und Cambridge aufzubauen.

Wenn diese mit riesigen Geldsummen ausgestatteten Institutionen es nicht geschafft haben, Kultur und geistige Freiheit als allerhöchste Werte der Gesellschaft zu erhalten, dann wird es wohl auch einer Vereinigung nicht gelingen, die sich für diese Zwecke einsetzt. Wie sollen — wenn Schulen und Universitäten versagt haben — nun aber vollends die Frauen helfen, die Kultur zu retten? Welche Chancen kommen ihnen zu, ihre eigene Kultur zu sichern?

Wird ein Gemälde für die National Gallery angeschafft, so entscheiden nur Männer über den Kauf. Frauen haben bei kulturpolitischen Entscheidungen, die immer mit Geld zusammenhängen, kein Mitspracherecht. Was veranlaßt aber dann einen Mann, eine Frau um Mithilfe zu bitten für eine Organisation, die Kulturerhaltung und Kriegsverhinderung sich zur Aufgabe gemacht hat? Ist es nicht vielmehr so, daß in England um 1938 den Frauen verboten wird, als Lehrerinnen Knaben zu erziehen, die älter als vierzehn Jahre sind?

Für Virginia Woolf folgt aus all dem, daß die Frauen nur ihre eigene Kultur, ihre eigene geistige Freiheit schützen können. Immerhin bleibt die Voraussetzung bestehen, daß Kulturerhaltung der Verhinderung des Krieges dient. Diese Aufgabe fällt nun letztendlich den Töchtern gebildeter Männer zu, denn sie sind es, die über eine differenzierte Lese- und Schreibkultur verfügen, auch wenn sie kaum Zugang zu den Universitäten bekommen. Es liegt nahe, diese Frauen zu motivieren, Kultur und Geistesfreiheit uneigennützig zu fördern und zu beschützen. Zwar existiert kein Verband englischer Schriftstellerinnen, so daß moralischer Druck auf ihn ausgeübt werden könnte. Jede Frau hat aber — zumindest als Tochter eines gebildeten Mannes — Zugang zur Schriftstellerei. Also kommt es auf das Engagement der einzelnen Schriftstellerin an, sich für die genannten Ziele einzusetzen. Bleibt nur die Frage der ökonomischen Unabhängigkeit zu erörtern.

Können Schriftsteller beim Schreiben rein ideelle, uneigennützige Ziele verfolgen, sich also der Kulturpflege im beschriebenen Sinne widmen? Müssen nicht vor allem die weiblichen Schriftsteller ihren Lebensunterhalt mit der Feder verdienen? Die Frauen nehmen zumeist Angebote von Verlegern und Redakteuren als Diktat hin. Sie sind von ihnen ökonomisch abhängig. Sie können also auf Grund dieser finanziellen Abhängigkeit gar nicht vollkommen uneigennützig wirken.

Sehr geschickt nimmt Virginia Woolf an dieser Stelle das traditionelle englische »Keuschheitsprinzip« für die Frauen in ihre Debatte zurück. Jahrhundertelang wurde dieses Prinzip für die englischen Frauen in Anspruch genommen. Es galt als unersetzbare Verletzung weiblichen Werts, wenn eine Frau ihren Körper ohne Liebe verkaufte. Für das Zwanzigste Jahrhundert wurde nun die Reichweite der Keuschheitsformel erweitert und zwar auf die Literatur, die von Frauen geschrieben wurde. Virginia Woolf formuliert das »neue Prinzip«: »...den Geist zu verkaufen ist schlimmer als den Körper zu verkaufen..«[41]

Dieser Satz beinhaltet einerseits eine männliche Mißbilligung der weiblichen Schriftstellerei als Verstoß gegen das »Gebot der Keuschheit«, andererseits verschleiert er die Notwendigkeit für Schriftstellerinnen, ihren Lebensunterhalt zu verdienen. Aus dieser doppelten Belastung für die Frauen entsteht die ungeheure Schwierigkeit, sich gegen die ideologische Übermacht der Männer zu behaupten und dennoch für Kultur und Frieden einzutreten. Die männlichen Verkünder des »Keuschheitsprinzips« für Frauen möchten weibliche Teilnahme an der publizierten Öffentlichkeit verhindern aus der Angst heraus, daß die Frauen ihre, der Männer, wahren Interessen offenlegen könnten, um ihre weiblichen Ansprüche geltend zu machen.

Werbung und Öffentlichkeit sind an sich nichts Schlechtes; es hängt immer davon ab, welchen Zielen sie dienen. Daher macht Virginia Woolf die Pauschalität deutlich, in der die Männer den Frauen die Öffentlichkeit verweigern mit dem scheinheiligen und bekannten Vorwand, ihre »Keuschheit« zu »retten«.

Im Zusammenhang mit den Erscheinungen des Journalismus, der Meinungsbildung und dem Einfluß von Interessengruppen und Geldgebern auf die Berichterstattung von Zeitungen legt Virginia Woolf dar, daß die öffentliche Presse von typisch kapitalistischen Gesetzen beherrscht wird. Diejenige Meinung wird veröffentlicht, welche die Interessen des Kapitals nur noch bestärkt — und so bewegt sich alles im Teufelskreis:

»Kurz, wenn die Zeitungen von Leuten geschrieben würden, deren einziges Objekt im Schreiben darin bestünde, die Wahrheit über die Politik und die Wahrheit über die Kunst zu erzählen, so würden wir nicht an den Krieg glauben, wir würden an die Kunst glauben.«[42] Virginia weiß, daß zwischen Kultur, Freiheit des Geistes und Krieg eine enge Beziehung besteht — nämlich über den Einfluß der Medien auf die Menschen, die in den dreißiger Jahren schon daran gingen und dazu benutzt wurden, wahre Zusammenhänge zu verschleiern und ideologisch aufzubereiten.

Zu dieser Medienlandschaft bietet nach Virginia Woolf allein die private Druckerpresse eine echte Alternative. Hat eine Frau Zugang zu einer solchen Presse, so kann sie das schreiben und drucken, was *sie* will. Der Kern dieser Praxis läge nun darin, daß die Frauen auf diese Weise ohne männliche Kontrolle ihre Meinung verbreiten könnten: »Finde neue Wege heraus, Dich dem ›Publikum‹ zu nähern; vereinzele es in getrennte Personen anstatt es in ein Monster zu vermassen, grob an Körper, schwach im Geist — rede zu den Künstlern die Wahrheit, über Bilder, Musik, Bücher, ohne Furcht, ihre Verkäufe zu beeinflussen, die gering sind oder ihre Eitelkeit zu verletzen, die ungeheuer ist.«[43] Unter dem Vorzeichen der Freiheit von Kunst und Literatur muß nach Virginia Woolf erst einmal ein Anfang in kleinen Schritten gemacht werden, andere Menschen zu überzeugen, daß es sinnvoll und fruchtbar ist, über Kultur und Politik zu diskutieren. Diskussionen im privaten Kreis bilden den Startpunkt zu neuen Mitteln und Wegen, um an die Öffentlichkeit mit aktuellen, wirklichen Problemen zu treten.

Daß es im Jahre 1938 solchen Frauen, die durch ihren Beruf finanzielle Unabhängigkeit erreicht hatten, möglich war, Geld für gute Zwecke zu spenden, ohne Gegenleistungen zu verlangen, das bezeichnet Virginia als einmalig in der Geschichte der menschlichen Zivilisation und als Markstein in der Geschichte der Frauen. Doch Virginia Woolf möchte den Begriff »Feminismus« aus ihrem Wortschatz streichen. Mit der Erlangung des Frauenwahlrechts und dem Zugang zur Berufswelt für Frauen sei dieser Begriff überflüssig geworden. Zudem sei er auch mißverständlich. Die vorangeschrittene Frauenbewegung stützt sich besser auf den Leitsatz: »Männer und Frauen arbeiten zusammen für dieselbe Sache.«[44] Diese Sache heißt: Gerechtigkeit, Gleichheit, Freiheit für alle Menschen.

Der Kampf gegen die Tyrannei des patriarchalischen Staatssystems, wie ihn die englischen Frauen im 19. Jahrhundert führen, läßt sich fortgesetzt denken im Kampf gegen die Tyrannei faschistischer Diktaturen, welche alle Opposition durch Terror und Propaganda vernichten. Virginia Woolf ruft daher folgerichtig auf zum gemeinsamen Kampf beider Geschlechter und aller Klassen gegen Tyrannei und Diktaturen. Dieser gemeinsame Kampf wird erst dadurch möglich, daß auch jedem gebildeten Mann in England die Ungerechtigkeiten von Geschlechter- und Rassendiskriminierungen täglich vor Augen geführt werden: »Jetzt werdet ihr ausgeschlossen, eingesperrt, weil ihr Juden seid, weil ihr Demokraten seid, wegen der Rasse, wegen der Religion.«[45]

Virginia Woolf plädiert dafür, der Gesellschaft der Männer zu helfen, die für die Erhaltung der Kultur eintritt, doch sie verweigert ihre Mitgliedschaft. Das Wort *Gesellschaft* erinnert Frauen grundsätzlich an ihre Vergangenheit in einer »Gesellschaft«, die ihnen Verbote, den Männern aber Privilegien bescherte und damit erst begann, die menschlichen »privaten Beziehungen« zwischen Mann und Frau auf der gesellschaftlichen Ebene umzuwandeln in »öffentliche« Beziehungen der Unter- und Überordnung, die nun ihrerseits Konfliktstoff bereithielten, und den politischen Kampf provozierten.

So meint der Begriff »Gesellschaft« ein doppeltes: 1. die Institution »Gesellschaft« als ein Ganzes, den Staat England; 2. die zur Erhaltung des Friedens gegründete Vereinigung. Es kommt Virginia Woolf darauf an hervorzuheben, daß Frauen den »Männergesellschaften« nicht beitreten dürften, wenn sie sich dort auf männliche Strukturen einschwören müßten, die ihrer weiblichen Identität allemal großen Schaden zufügen würden.

Daher sieht sie ein allgemeines Zusammenwirken von Frauen und Männern zur Errichtung einer menschlichen Gesellschaft als die vernünftigere Alternative an. Dieses allgemeine Anliegen würde in seiner ganzen Breite der Notwendigkeit und Energie eingeschränkt durch einen Beitritt zu einer »Gesellschaft«, die allenfalls eine partikulare Stimme in einem vorgeformten System erheben kann. Virginia Woolf denkt aber daran, daß das Verhindern des Krieges, das Schaffen des Friedens, eine Aufgabe ist, die jeden betrifft, im Sinne der Maxime Friedrich Dürrenmatts: »Was alle angeht, können nur alle lösen.«

Sie konzipiert schließlich in diesem Zusammenhang eine gesellschaftliche Utopie, die sie »Außenseitergesellschaft« nennt, ein Wort, das sie aus der Geschichte der englischen Frauen ab-

leitet. Frauen, die dieser Gesellschaft angehören, müssen es sich zueigen machen, folgende Prinzipien zu verfolgen:
— nicht mit Waffen zu kämpfen; nicht in Munitions- und Waffenfabriken zu arbeiten und sich im Ernstfall zu weigern, verwundete Soldaten zu versorgen;
— Männern gegenüber, die vom Krieg und über den Patriotismus reden, sich gleichgültig zu zeigen. Diese Gedanken erinnern nachhaltig an Ghandis Organisation des passiven Widerstands in Indien. Durch Verweigerung können die Frauen nach Virginia Woolf demnach politisch aktiv und außerordentlich wirksam werden.

Das Kind hört auf zu lärmen, wenn man es nicht beachtet. Dieses Phänomen müssen sich die Frauen zunutze machen, wenn die Männer mit dem Säbel rasseln, wenn sie militärische Demonstrationen durchführen, wenn sie Patriotismuskulte feiern. Die englischen Frauen tun sich schwer mit dem Patriotismus, denn sie besitzen keine materiellen Werte, die sie an ein »Vaterland« England binden. Nie wurden Frauen von staatlichen Gesetzen in besonderer Weise geschützt — also brauchen sie auch diesem Land nicht sonderlich dankbar zu sein: »Unser Land, ...hat mich durch den größeren Teil seiner Geschichte als Sklave behandelt; es hat mir die Erziehung verweigert oder irgendeinen Anteil an seinen Besitzungen. ...Denn ... in der Tat, als Frau habe ich kein Land. Als Frau will ich kein Land. Als Frau ist mein Land die ganze Welt.«[46]

Als Mitglied der »Außenseitergesellschaft« wiederholt Virginia Woolf noch einmal ihre Forderungen zur Veränderung der bestehenden Gesellschaft, damit den Frauen erstmals soziale und menschliche Gerechtigkeit widerfährt:

Vor allem der Hausfrauen- und Mütterberuf muß vom Staat endlich ebenso bezahlt werden, wie dies bei anderen Berufen der Fall ist. Nur wenn die Frauen für ihre häuslichen Dienste ein eigenes Gehalt beziehen, können sie als Klasse der verheirateten Frauen einen eigenen Verstand und einen eigenen Willen einsetzen. Zudem brauchten die Ehemänner in der Vorstellung Virginia Woolfs dann nur noch halbtags zu arbeiten, eine Idee, die sicher nicht in jedes ökonomische Konzept paßt.

Immerhin rät Virginia Woolf den Frauen, die bestehende pa-

triarchalische Gesellschaft nicht zu sehr zu provozieren. Die
»Außenseitergesellschaft« soll »geheim« wirken, einen
»Marsch durch die Institutionen« antreten. »Passiv sein heißt
aktiv sein.«[47] Und das heißt: die Frauen können sich loyal gegenüber ihrem Arbeitgeber verhalten; sie brauchen deshalb
aber noch längst nicht seine Partei zu wählen. Auf diese Weise
wirken die Frauen politisch, ohne ihre Existenz aufs Spiel zu
setzen, wenn sie sich in abhängigen Beschäftigungsverhältnis-
sen befinden.

Schon gar nichts hilft es den Frauen, aber auch nicht den
Männern, wenn Psychologen des Jahres 1938 die Vorherrschaft
des Mannes und das Vorurteil von der Minderwertigkeit der
Frauen über psychoanalytische Komplextheorien (Ödipuskom-
plex, Kastrationskomplex) erklären. Sicher trägt die unbewußte Vorstellung von der Frau als »verhindertem Mann« mit
dazu bei, daß Frauen beim Berufszugang vor dem emotionalen
Hindernis der »Sexualtabus« stehen. Unbewußte männliche
Frauenfeindschaft führt wiederum dazu, daß die Frauen in
Angst vor den Männern leben. Doch Virginia Woolf glaubt
nicht daran, daß es den Psychologen vorbehalten sei, die Beziehungen zwischen beiden Geschlechtern zu klären. Sie macht
vor allem deutlich, daß die Erfahrungen der Frauen schon
längst gezeigt haben, wie sich die Vorurteilsstruktur der Männer in bezug auf sie im Alltag auswirkt: »...wir können die
Psychologie der Geschlechter nicht der Obhut der Spezialisten
überlassen. Es gibt zwei gute Gründe, warum wir versuchen
müssen sowohl unsere Furcht als auch euren Zorn zu erklären;
...zuerst, weil viel Furcht und Zorn wirkliche Freiheit im privaten Hause verhindern, zweitens, weil solche Furcht und Zorn
wirkliche Freiheit in der öffentlichen Welt verhindern mögen:
sie mögen einen bestimmenden Anteil daran haben, den Krieg
zu verursachen.«[48]

In einem abschließenden Versuch unternimmt es Virginia
Woolf, die »infantile Fixierung« männlichen Zorns und weibli-
cher Angst im Verhältnis der Geschlechter an Lebensläufen von
Frauen im 19. Jahrhundert aufzuschlüsseln. Das Geld und das
Patriarchat wurden von den Vätern stets dazu eingesetzt, die
Töchter zu domestizieren, sie an sich zu binden. Sie erhielten
kein eigenes Geld und wurden auf ihre Weiblichkeit in Form

der »Keuschheit« verpflichtet. Jedes eigene Begehren der Frauen stürzte sie sodann in tiefe Gefühlskonflikte, welche die Gesellschaft nur restriktiv aufhob, indem sie der psychologischen Struktur der Väter auch in der Gesetzgebung entsprach. Die Versklavung des Selbst wurde aber von den Frauen als so grausam empfunden, daß sie Widerstand leisteten — und an diesem Widerstand zerbrach die Welt des 19. Jahrhunderts.

Für Virginia Woolf ist eines klar: Der Typus des männlichen Diktators, ein Duce oder Führer, muß bekämpft werden, denn er stürzt sein Land in den Abgrund. Da nach Virginia Woolf die privaten und öffentlichen Welten nicht getrennt sind, sondern engstens zusammenhängen, kann Herrschaft und Tyrannei zwischen den Völkern nur abgebaut werden, wenn Dominanz und Unterdrückung im privaten Bereich überwunden werden. Nur so können die Menschen die Voraussetzung für den Frieden schaffen. »Das Ziel ist dasselbe für uns beide. Es müssen geltend gemacht werden ›die Rechte aller — aller Männer und Frauen — zum Respekt in ihren Personen der großen Prinzipien der Gerechtigkeit und Gleichheit und Freiheit‹«.[49]

Wenige Monate vor ihrem Tod nahm Virginia Woolf den Faden ihrer Argumente noch einmal auf, den sie in ›Three Guineas‹ gesponnen hatte. Sie schrieb im August 1940 für eine amerikanische Tagung über zeitgenössische Frauenfragen den Aufsatz ›Gedanken über den Frieden bei einem Luftangriff‹.[50] Mittlerweile hatte der Zweite Weltkrieg den Himmel über Europa, ja über der ganzen Welt verdüstert. Der Krieg war nicht verhindert worden, doch Virginia Woolf versuchte, aus der Ohnmacht der Frauen heraus einen Widerstand gegen den Krieg zu denken, der mit einem echten Friedenswillen übereinstimmte. Doch am Himmel Englands tobte der Luftkampf. Deutsche und englische Luftwaffenpiloten glaubten, den Krieg unter sich auszumachen, doch die Auswirkungen des Krieges gingen nicht an der Zivilbevölkerung vorbei: »Heute hören wir das Kanonenfeuer im Kanal. Wir stellen das Radio an; wir hören einen Flieger berichten, wie er an eben diesem Nachmittag von einem Angreifer abgeschossen wurde; seine Maschine fing Feuer; er fiel ins Meer; das Licht wurde grün, dann schwarz; er stieg obenauf und wurde von einem Trawler gerettet. Scott sah niemals die Matrosen bei Trafalgar ertrinken;

Jane Austen hörte nie die Kanonen von Waterloo donnern. Keiner von beiden hörte Napoleons Stimme, wie wir die Stimme Hitlers hören, wenn wir abends zu Hause sitzen.«[51]

Während Hitlers Operation ›Seelöwe‹ ablief und von der Royal Air Force abgewehrt wurde, überlegte Virginia Woolf, was denn die Frauen im Krieg tun können, außer Waffen, Kleidung und Nahrungsmittel herzustellen: »...wir können mit dem Geist kämpfen. Wir können Ideen ausdenken, die dem Engländer helfen, der oben am Himmel kämpft, um den Gegner zu besiegen.«[52] Die politische Macht lag in England immer noch allein in den Händen der Männer, auch die Produktion der Ideen. Doch Virginia beharrte darauf, nicht im Strom des Gängigen zu schwimmen; sie wollte einen geistigen Kampf gegen diesen Strom führen. Sie haßte die Propaganda und dachte, daß die Freiheitsideologie der britischen Politiker zweckgerichtet sei, um den Kampfeswillen der Armee zu erhalten, daß aber die Freiheit in der Gesellschaft noch gar nicht verwirklicht war.

Virginia Woolf verdächtigte die Männer, die den Frauen keine Beteiligung zustanden, über Grundfragen des Lebens in England zu entscheiden, sie seien unbewußte Hitler-Anhänger. Ihre Begierde zum Angriff, zum Beherrschen und zur Versklavung sei unverkennbar. Wenn die Tyrannei eines Hitler vom Erdboden verschwindet, dann müßte auch die Sklaverei aufhören, welche die Frauen betrifft.

Wie können aber die Frauen zum Frieden beitragen? Sie sollten — so meint Virginia — nicht soviele Kinder bekommen, um etwas von ihrer Kraft freizusetzen für den Friedenskampf. Die Soldaten sind entsprechend zu erlösen aus der Angst, aus dem Kriegsstreß, aus der Sterilität der Furcht- und Haßgefühle. Nur durch die Freisetzung aus der Kriegsmaschine vermögen die Männer die Welt wieder positiv zu erleben. Selbst oder gerade die faire Behandlung des gefangenen feindlichen Soldaten bringt einen Ansatz zum Frieden:

»Die Suchscheinwerfer, über die Fläche schwankend, ergreifen jetzt das Flugzeug. Von diesem Fenster aus kann man ein kleines silbernes Insekt sehen, wie es sich im Licht dreht und windet. Die Kanonen gehen pop pop pop. Dann schweigen sie. Wahrscheinlich wurde der Bomber hinter dem Hügel heruntergeholt. Einer der Piloten landete sicher in einem Feld hier in der Nähe am anderen Tag. Er sagte zu seinen Aufgreifern, indem er ein ziemlich gutes Englisch redete: ›Wie froh bin ich, daß der Kampf vorüber ist!‹ Dann gab ihm ein englischer Mann eine Zigarette und eine englische Frau machte ihm eine Tasse Tee. Dies würde scheinbar zeigen, daß wenn man den Mann von seiner Maschine befreien kann, das Samenkorn nicht ganz auf felsigen Grund fällt. Und das Samenkorn kann aufgehen«[53]

# 7
# Tragik

Die Tragik Virginia Woolfs ist ein Aspekt ihres Lebens, der sich nicht aus ihrer Biographie herauslösen läßt. Er ist ein integraler Bestandteil von Virginias Leben und Tod zugleich. — Virginia Woolfs Persönlichkeitsstruktur wird von so mannigfaltigen Faktoren bestimmt, daß es sich kaum rechtfertigen ließe, wollte man Virginia einzig aus ihrer »Krankheit« und ihren letzten Lebensjahren verstehen, die schon auf den Endpunkt ihrer Tragik, den selbst gewählten Tod im River Ouse hindeuten.

Immer wieder ist der Versuch unternommen worden, geniale Menschen aus ihrer psychischen Komplexität heraus ins Abseits zu stellen und sie als »unnormal« oder »wahnsinnig« abzustempeln. Dabei geschieht es zu leicht, daß ein außergewöhnlich begabter Mensch nach dem Ursache-Wirkungs-Prinzip einseitig »erklärt« wird. Die künstlerische Genialität gerät dann rasch zum Indiz für den Wahnsinnsverdacht. Die im letzten wohl unerklärliche Besonderheit eines bedeutenden Künstlers bleibt dabei allzuoft auf der Strecke. Diese Gefahr hat der bekannte Psychiater Hans Bürger-Prinz gesehen und skizziert: »Ich meine, ... daß das Genie auch im ärztlich überschaubaren Teil seiner Leistungen, nämlich in seiner geistigen und körperlichen Disziplin bis hin zur Überwindung oder der zumindest zeitweiligen Ausmanövrierung körperlicher Leiden zu nachgerade Unvorstellbarem fähig ist. ... Mir scheint, es gibt auch eine Art Genialität im Umgang mit der Krankheit. Umgekehrt gesagt, wird es vielleicht noch deutlicher: auch der Umgang mit der Krankheit ist ein Feld, auf dem sich Genialität auszuwirken vermag. Mit psychiatrischen Kategorien haben solche Beobachtungen nichts zu tun. Und erst recht muß die Psychiatrie zu künstlerischen Maßstäben schweigen. Ich möchte sagen, dergleichen geht die Psychiatrie überhaupt nichts an. ...Wo eigentlich im Begabungsmäßigen beginnt echte Größe? Beginnt sie nicht eben dort, wo jeder Vergleich aufhört? Ist dies nicht ihr Kennzeichen. Für mein Gefühl sogar ihr schönstes; das menschliche Grenzland des Unvergleichlichen.«[1]

Gern hat man Menschen außerordentlicher Begabung in die Sündenbockrolle gedrängt, da sie sich von der sie umgebenden Mehrheit unterschieden. Roland Jaccard hat mit Verweis auf Thomas Szasz betont, »daß, solange die Menschen sich gegenseitig als ›Geisteskranke‹ (Verrückte, Homosexuelle, Drogensüchtige...) denunzieren, Geisteskrankheit ein Begriff bleiben wird, der sich leicht ausbeuten läßt, und die Zwangspsychiatrie als Institution ... weiterblühen (wird).«[2]

Es besteht kein Zweifel daran, daß Virginia Woolf in das »menschliche Grenzland des Unvergleichlichen« hineingehört. Wenn so viel dafür spricht, daß sie nie hätte Patientin von Psychiatern werden dürfen, so ist doch unleugbar, daß Virginia unter starken seelischen Spannungen litt, die sie in Extreme führten. Doch woher kamen diese Spannungen? Ihre Streß-Situationen und außergewöhnlichen Belastungen führen auf einen ganzen Zusammenhang von persönlichen, familiären und sozialen Voraussetzungen. Virginia Woolfs Tragik läßt daher nur im Ansatz eine Beschreibung verschiedener Faktoren ihres »Voraussetzungssystems« zu.

Bereits im Elternhaus wurde Virginia seelischem Druck ausgesetzt. Da war die Tatsache, daß sehr viele Menschen unter einem Dach leben mußten, woraus sich eine Einschränkung möglicher Individualität und Intimität des Selbst durch wechselseitige Kontrolle ergab. Zudem fand sich in der Familie Stephen Grund zur Sorge um den seelischen Zustand einiger Mitglieder. Virginias Vetter James Kenneth Stephen führte sich in merkwürdiger Weise auf, so daß man um seine geistig-seelische Verfassung fürchtete. Leslie Stephen hatte schon als Kind Anzeichen übergroßer Ängstlichkeit an den Tag gelegt. Als sittenstrenger Patriarch fürchtete er sich, Krankenhäuser zu besuchen. Er verbot seiner Familie, das Wort »Zahnarzt« auszusprechen, verhielt sich oft tyrannisch und verfiel in depressive Phasen, in denen er von allen Seiten Sympathie erheischte.

Im Jahre 1918 setzte sich Virginia intensiv mit Sophokles ›Elektra‹ auseinander. Ihre Interpretation des Stückes liest sich wie eine Analyse ihres Verhältnisses zu Leslie Stephen, in der auch die Ablehnung der Mutter aufscheint: »E. ist der Typus Frau, welcher die Familie über alles hochhält; den Vater. Sie hat mehr Verehrung für die Tradition als die Söhne des Hauses; fühlt sich nach ihrem Vater schlagend, und nicht nach der Mutter. Es ist merkwürdig, wahrzunehmen — obwohl die Konventionen völlig falsch und lächerlich sind —, wie sie niemals kleinlich oder unwürdig erscheinen, wie das bei unseren englischen Konventionen der Fall ist.«[3]

Die traditionsorientierte Anlehnung an den schwierigen Vater bedeutete zugleich, daß Virginia eine ambivalente Haltung gegenüber ihrer eigenen Familie einnahm. Anziehung und Abstoßung standen in einem eigentümlichen Verhältnis zueinander: »Wir Stephens sind schwierig, besonders da das Geschlecht ausstirbt, seinem Ende entgegengeht — solche kalten Finger, so kritisch, solch ein Geschmack. Meine ›Verrücktheit‹ hat mich gerettet; aber Adrian ist normal — das ist das ganze Licht, welches ich auf (dieses Thema) werfen kann.«[4]

Erich Fromm hat die Mutterliebe definiert durch den Bezug zu den Metaphern »Milch« und »Honig«. Während »Milch« für die Versorgung mit Nahrung oder die Fürsorge insgesamt steht, bedeutet »Honig« das Glück der Mutter, das sie an ihre Kinder weitergibt als Lebenszuversicht. Nur wenn beide Ebenen — »Milch« und »Honig« — zusammenkommen, kann sich ein Kind gesund entwickeln, von den Eltern ablösen und ein glücklicher Erwachsener werden. Jeder Versuch, in die Tragik Virginia Woolfs Einsicht zu gewinnen, muß daher die Prägung ihrer Kindheit in der Familie berücksichtigen. Dazu gehört, daß sie zwischen zwei Geschwistergruppen aufwuchs, den eigenen Stephen-Geschwistern und den Duckworth-Halbgeschwistern.

Die wohlhabende Bürgerlichkeit ihrer Familie ersparte den Stephen-Kindern nicht jeden Mangel. Sie litten unter dem Verhalten beider Eltern, unter deren latenten Spannungen, unter Julias Fluchtversuchen aus der Familie in die Sozialarbeit, unter Leslies Inkonsequenzen in seinem Verhalten zu den Kindern, vor allem in den schwankenden Stimmungen. Zwar findet sich in Virginias autobiographischen Schriften, die erst vor wenigen

Jahren veröffentlicht wurden, mancher Hinweis auf das Glück der Eltern, doch zeigen die Reaktionen der Kinder, daß eine Harmonie von »Milch« und »Honig« in der Kindheit Virginias kaum bestand. Daß Virginia schon von der Mutter entwöhnt wurde, als sie erst zehn Wochen alt war, spricht für sich, wird aber erst im familiären Gesamtzusammenhang verständlich. In den familiären Beziehungen der Stephens wird dem Faktum der Weiblichkeit eine besondere Aufmerksamkeit zu schenken sein, denn die von den Eltern schon von den Kindern Virginia, Vanessa und Stella erwarteten weiblichen Verhaltensweisen beeinflußten deren Prägung erheblich.

Das Familienleben der Stephens verlief in geordneten Bahnen. Das Haus mit den acht Kindern aus verschiedenen Ehen und dem Personal wurde repräsentativ geführt. Gäste und Geselligkeit gehörten zu diesem Leben ebenso wie die Stunden der Privatheit im Familienkreis, der aber schon die Spannungen reflektierte, die zwischen den Duckworth- und Stephen-Kindern und dieser untereinander bestanden. Leslie Stephen führte sich in der Familie nicht nur als abwesender Gelehrter oder altes »Ekel« auf, sondern er faszinierte die Kinder oft durch seine Erzählungen; er liebte es, Tiere für sie auszuschneiden oder mit ihnen in den Zoo zu gehen, wie überhaupt »Tiere« als Namengeber und Gegenstand des Interesses eine große Rolle bei den Stephens spielten.

Unter solchen Voraussetzungen gestaltete sich die Mutter-Kind-Beziehung im Hause Stephen als besonders schwierig. Das hat vor allem Virginia so empfunden — und sie hat ihrem Kummer noch in ihren autobiographischen Fragmenten Ausdruck gegeben. Die Mutter war gesellschaftlich sehr beansprucht, so daß die Kinder nicht viel von ihr hatten. Die Beanspruchung Julias durch die Familie war außerordentlich groß, so daß Virginia in ihrer Autobiographie schrieb: »Ich erkenne jetzt, daß eine Frau, die all dies am Leben und unter Kontrolle haben mußte, eher eine allgemeine Gegenwärtigkeit war als eine besondere Person für ein Kind von sieben oder acht Jahren. Kann ich mich erinnern, jemals länger als wenige Minuten allein mit ihr zusammengewesen zu sein? Irgend jemand unterbrach immer. Wenn ich spontan an sie denke, so befindet sie sich immer in einem Raum, der mit Menschen angefüllt ist...«[5]

Julia Stephen hatte es sich außer ihren gesellschaftlichen Verpflichtungen zur Aufgabe gemacht, hilfe- und ratsuchenden Menschen persönlich und brieflich beizustehen. Auch dadurch entzog sie sich als Mutter ihren Kindern. Der natürliche Wunsch eines Kindes nach Aufmerksamkeit konnte aber auf Grund so vielfältiger »Fremdbesetzungen« nie in befriedigender Weise in Erfüllung gehen, so daß die Kinder — besonders Virginia — schon von klein auf mit einem »Mutter-Verlust« leben mußten.

Vollends der Tod Julias erfaßte Virginia als schreckliches Ereignis. Es war das erste Mal in diesem Jahre 1895, daß sie einen nervlichen Zusammenbruch erlitt. Der Tod Julias steigerte Virginias Neigung zur Unwirklichkeit, Phantasie und Träumerei. Auf diese Weise vermochte sie ihre eigenen Gefühle zu verdrängen. In der Rückschau empfand Virginia ihr Leben in der Kindheit als Wechsel von »Baumwolle« und »heftigen Schocks«. Das viktorianische Eingepacktsein in die Baumwolle — auch ein Zeichen für Dumpfheit und Unfruchtbarkeit — wurde dramatisch aufgebrochen durch die Schocks, welche Virginia als Verweise auf Lebensganzheit deutete: »Ich weiß nur, daß diese außergewöhnlichen Augenblicke einen besonderen Horror und einen körperlichen Zusammenbruch mit sich brachten; sie schienen vorherrschend zu sein; ich selbst passiv. ...Ich empfange diese plötzlichen Schocks, sie sind jetzt immer willkommen; nach der ersten Überraschung fühle ich immer sofort, daß sie besonders wertvoll sind. Und so fahre ich fort anzunehmen, daß die Fähigkeit Schocks zu erfahren es ist, die mich zur Schriftstellerin macht.«[6]

Erschwerend für Virginias inneren Zustand nach dem Tod der Mutter wirkte die Düsternis ihres Vaters, die sich wie ein schwarzes Tuch über ihre Seele legte: »Ich lehnte aus dem Kinderzimmerfenster an dem Morgen, als sie starb. Es war gegen sechs, nehme ich an. Ich sah Dr. Seton die Straße hinaufgehen, den Kopf gesenkt und die Hände auf dem Rücken gefaltet. Ich sah die Tauben aufflattern und sich niederlassen. Ich empfand ein Gefühl der Ruhe, Traurigkeit und Endgültigkeit. Es war ein schöner blauer Frühlingsmorgen und sehr still. Dies bringt das Gefühl zurück, daß alles zu einem Ende gekommen war.«[7]

Schließlich beendete Leslie Stephens Verkauf des Mietvertrags für Talland House in St. Ives das Ende einer doch auch glücklichen Kindheit. Daß all diese Entwicklungen im Hause tiefen Eindruck auf Virginias Gemüt machten, dafür sprach ihre schon im Kindesalter überdeutliche Sensibilität, die sie wohl von ihrem Vater geerbt hatte. Die bekannte Episode der 10- bis 11jährigen Virginia, die ihre selbstproduzierte Familienzeitung Hyde Park Gate News so im Wohnzimmer auslegte, daß sie von der Mutter gefunden werden mußte — Virginia belauschte die Reaktion der Mutter gar — spricht eine deutliche Sprache. Diesem Kind in seiner Sensibilität und inneren Vielschichtigkeit wurde nicht die Zuwendung zuteil, die es brauchte, so daß sich bei ihm die Phantasie bilden mußte: »Ich stehe *im Zentrum*, meine Eltern schauen *mich* an.«[8] Und mehr noch: Der Mangel an natürlichen Eltern-Kind-Beziehungen führte das Kind Virginia zu der Strategie, sich Aufmerksamkeit über die höchsten Familienwerte zu erheischen: den Beweis literarischer Intelligenz.

Diese psychische Mangelsituation Virginias wurde noch verstärkt durch das von den Eltern geforderte Normverhalten viktorianischer Prägung, so daß die Kinder ursprüngliche Gefühle nicht ungefiltert äußern konnten. Daraus erwuchs eine Bindung an die Eltern, mit der Virginia bis ins mittlere Erwachsenenalter zu kämpfen hatte. Die Bindung war Folge der Unmöglichkeit, ursprüngliche Gefühle zu äußern, aus der eine Haß-Liebe zur Mutter entsprang. Nach der Veröffentlichung ihres Romans ›Die Fahrt zum Leuchtturm‹ schrieb Virginia an ihre Schwester Vanessa: »Aber was denkst Du, wußte ich von Mutter? Es kann nicht viel gewesen sein — was würde Quentin gewußt haben, wenn Du gestorben wärest, als er 13 war? Ich nehme an, man brütet über irgendeinem Keim; aber ich schreckte besonders davor zurück, entweder ihre Briefe zu lesen oder Vaters Biographie. Er war leichter zu gestalten, aber ich fürchtete sehr, Du würdest mich für sentimental halten. Ich scheine die Leute dazu zu bringen zu denken, daß die Familie Stephen von krankhafter Düsternis war.«[9]

Etwa ein Jahr später äußerte sich Virginia kritischer über ihre Mutter nach einem Gespräch mit E. Robins anläßlich der Verleihung des Femina-Preises: »E. Robins faszinierte mich, indem er Mutters extreme Schönheit beschrieb, die mit Bosheit verbunden war. Sie sah aus wie eine Heilige und sagte dann plötzlich etwas so Kluges, daß man schockiert war — sie verband völlige Heiligkeit mit der vollkommenen Weltlichkeit einer Frau und war außerordentlich reserviert.«[10] Virginia hat in ihrem Fragment ›Reminiscences‹ betont, daß Julia ungeachtet ihres sozialen Engagements ein deutliches Maß an Gefühlskälte gegenüber persönlichem Leiden zeigte, vor allem hinsichtlich ihrer Tochter Stella, der sie keine eigene Persönlichkeit zugestand, sondern sie als Handlanger und Verlängerung ihres eigenen Ich auffaßte.

Die Kinder gingen in keine öffentliche Schule. Sie wurden von den Eltern unterrichtet. Julia ist offensichtlich eine eher hektische Lehrerin gewesen. Sie stellte den Kindern Leslie Stephen als Geistesheroen vor Augen, dessen Vorbild es nachzueifern galt. Virginia bevorzugte schon im Alter von sechs Jahren ihren Vater, vor allem wegen seiner Intellektualität und der Aura des Weisen.

Das Zusammenleben auf engstem Raum auch mit den älteren Halbgeschwistern brachte für Virginia als Kind Erfahrungen oder Erlebnisse mit sich, die sie nie verkraftete, über welche sie schon früh in innere Konflikte und Schuldgefühle geriet. Als Tochter aus gutem Haus wurde sie mit namenlosen Bereichen in direkten Kontakt gebracht, die ihr unheimlich sein mußten und die dann auch ihr Leben überschatteten. Von besonderem Einfluß auf ihre Psyche und ihre Weiblichkeit dürfte die »Verführung« durch ihren Halbbruder Gerald Duckworth gewesen sein, von der sie genau in ihren autobiographischen Schriften berichtet: »Es gab eine Steinplatte an der Außenseite der Speisezimmertür [in der Halle von Talland House, St. Ives] zum Abstellen der Speisen. Einmal, als ich noch sehr klein war, hob mich Gerald Duckworth auf diese Platte, und als ich dort saß, begann er, meinen Körper zu erforschen. Ich kann mich an das Gefühl seiner Hand erinnern, die unter meine Kleider fuhr; sie ging fest und zielstrebig tiefer und tiefer. Ich erinnere mich, wie ich hoffte, daß er aufhören würde; wie ich mich versteifte und mich drehte und wendete, wie seine Hand sich meinen Geschlechtsteilen näherte. Aber er hörte nicht auf. Seine Hand untersuchte auch diese. Ich erinnere mich, daß ich zornig war, daß ich einen Widerwillen dagegen empfand — was ist das

Wort für ein so stummes und gemischtes Gefühl? Dieses Gefühl muß sehr stark gewesen sein, da ich es jetzt noch erinnern kann. Dies scheint zu zeigen, daß ein Gefühl über bestimmte Körperteile instinktiv sein muß — wie, daß sie nicht berührt werden dürfen; daß es falsch ist, zuzulassen, daß sie berührt werden.«[11]

Virginia schämte sich über ihre eigene Körperempfindung. Besonders unangenehm empfand sie die von ihr ungewollte sexuelle Manipulation Geralds. Dieses Erlebnis war für Virginia alles andere als lustvoll, da sie sich in der Gewalt Geralds befand. Es ist anzunehmen, daß sich Gefühle des Abscheus und Ekels mit sexueller Erregung mischten, so daß letztendlich Sexualität auf diese Weise negativ besetzt wurde und zur Traumatisierung sowie zur Tabuisierung führte.

Wie stark der Einfluß dieses Erlebnisses auf Virginia eingewirkt hatte, wird aus einem Brief deutlich, den Virginia noch kurz vor ihrem Tod an Ethel Smyth schrieb: »Es interessiert mich, daß Du nicht über Masturbation schreiben kannst. Das verstehe ich. Was mich beschäftigt, ist, wie diese Verschwiegenheit zusammengeht mit Deiner Fähigkeit großartig offen, frei über — sagen wir H. B. zu sprechen. Ich könnte weder das eine noch das andere tun. Aber da so vieles am Leben sexuell ist — oder, so sagen sie —, beschränkt es eher die Autobiographie, wenn es ausgeblendet wird. Es muß sein, habe ich den Verdacht, für viele Generationen, für Frauen; denn es ist wie das Zerreißen des Hymens — wenn das der Name dieser Membran ist — eine schmerzhafte Transaktion, und ich nehme an, verbunden mit allen Arten unterirdischer Instinkte. Ich zittre immer noch vor Scham, wenn ich mich an meinen Halbbruder erinnere, wie er mich auf einen Sims stellt, als ich etwa 6 war, und so meine Geschlechtsteile erforschte. Warum sollte ich damals Scham empfunden haben?«[12] Doch dieses Erlebnis wurde sie nie los: »Barbarisch und roh gezwungen, war sie ein beschädigtes Ding, ein verdorbener, flügelloser Vogel.«[13]

Die Ablehnung von Körpergefühlen hat Virginia auch im Zusammenhang mit ihrer Spiegelfurcht erinnert. Sie sah als Kind »gern« in den Spiegel nach dem Muster des Genusses einer verbotenen Sache. Dies tat sie nur, wenn sie allein war, und sie schämte sich dabei, an ihrer eigenen Schönheit und

Körperlichkeit Gefallen zu finden, zumal sie und Vanessa wie Jungen Cricket spielten und auf Felsen kletterten. All das, was körperliche Lust oder Erregung erzeugte, wies Virginia zurück. Sie hat zeitlebens mit ihrem Äußeren und mit ihrer Kleidung Probleme gehabt, mit all dem, was eine Frau für gewöhnlich gern im Spiegel betrachtet. Virginia behauptete, daß ihre natürliche Schönheitsliebe beeinträchtigt wurde durch die puritanischen, asketischen Prägungen ihrer männlichen Vorfahren. Ihre Spiegelfurcht ging so weit, daß sie zeitweilig, wenn sie in den Spiegel sah, das schreckliche Gesicht eines Unholds in der Spiegelecke entdeckte — dies wohl als Bestrafungsinstanz für das Übertreten des selbstgesetzten Körpertabus. Verfolgungen dieser Art durch einen Unhold in ausdrücklich sexueller Wendung werden in den Romanen ›The Voyage Out‹ und ›Die Jahre‹ atmosphärisch dicht geschildert.

Das Potential der Bedrohung schien Virginia zumeist vom Männlichen zu kommen; sexuelle und kriegerische Aggression liegen für sie dicht nebeneinander. Dieses Schreckensbild des Männlichen nahm auch die Gestalt des »bösen Patriarchen« an, wie er dann vor allem im Roman ›Die Fahrt zum Leuchtturm‹ auftaucht: »Es ist eine aufsehenerregende Erscheinung, weitaus häßlicher als jede wirkliche Figur, die in den Seiten ihrer Bücher wandelt; nichtsdestoweniger muß eine solche Vision zeitweilig ihren Geist beunruhigt haben.«[14]

Virginia vermochte im Spiegel den Unhold zu sehen, doch die Spiegelmetapher besaß für sie eine Fähigkeit, verschiedene Vorstellungs- und Erlebnisbereiche miteinander zu verknüpfen. Der Spiegel gab eine ganze Reihe von Ängsten wieder: er konnte sich in einen dunklen, tiefblauen Teich verwandeln, den Teich, auf dessen Boden die Wahrheit auf die Frage nach dem Lebenssinn sich findet, oder aber das angsterfüllte Opfer spiegeln, das sich vor dem Unhold fürchtet. Hier wird der Spiegel zum Medium, um die Häßlichkeit des »Unholds« auf Virginia zu projizieren. Auf diese Weise muß man den Kleiderkomplex wohl erklären, der sehr viel mit der Doppelrolle George Duckworths zu tun hatte: trat er doch einerseits als Virginias heimlicher Verfolger und »Liebhaber« auf, während er in der Öffentlichkeit ihren Beschützer, Erzieher und den älteren Bruder spielte, der sie in die »gute Gesellschaft« einführte.

Mit der Spiegelfurcht hing Virginias Kleiderkomplex zusammen, der sich bis zu Verweigerungszwängen steigern konnte. Virginia entwickelte innerhalb dieses Rahmens einen besonderen »Unterwäschekomplex«, der sich merkwürdigerweise darin äußerte, daß sie bei den verschiedensten Gelegenheiten — auch bei gesellschaftlichen Anlässen — Unterwäsche »verlor«. So schrieb sie am 22. 4. 1918 an Vanessa: »Aber ich kann Dir nicht beschreiben, welch eine Todesfurcht dieser Nachmittag für mich bedeutete. Du kennst meinen Horror vor dem Kleiderkaufen, besonders für jemanden, der wie ich gezwungen ist, seine Unterwäsche mit Broschen zusammenzuhalten.«[15] Virginias Verlieren von Unterwäsche scheint auf ein unbewußtes Verhalten hinzudeuten, für das Sigmund Freud in seiner ›Psychopathologie des Alltagslebens‹ Beispiele für das »Verlegen«, »Verstellen« und »Vergessen« vorgeführt hat. Noch in ihren autobiographischen Schriften kommt Virginia auf dieses Thema zurück: »Ich hasse es, schlecht angezogen zu sein; aber ich hasse das Kleiderkaufen. Besonders hasse ich es, Strumpfhalter zu kaufen. Es ist teilweise (deshalb so), denke ich, daß man, um Strumpfhalter zu kaufen, einen versteckten Raum im Innersten des Geschäfts aufsuchen muß; man muß dort im Hemd stehen. Glänzende schwarze Satinfrauen stecken die Nase (in die Kabine) und kichern.«[16]

Virginia wagte es nicht, sich auf der Straße die Nase zu pudern. Doch gehörte diese Furcht vor dem Exponieren in ihr besonderes Verhaltenssystem, welches die viktorianische »Keuschheit« reflektierte, die sie in ›Three Guineas‹ so scharf geißelte. In ihrem Roman ›Zwischen den Akten‹ stellte Virginia Mrs. Manresa als »over-sexed« und »over-dressed« dar — ausgerechnet diese Romanfigur pudert sich demonstrativ und ungeniert in der Öffentlichkeit die Nase.

So besteht für Virginia schon von Kindheit an ein Konflikt zwischen Körper und Geist: »Doch hielt mich dies nicht ab, Ekstasen und Begeisterung spontan und intensiv ohne jede Scham oder das mindeste Schuldgefühl zu empfinden, solange diese nicht verbunden waren mit meinem eigenen Körper.«[17]

Diese Einschränkungen des Positiven und Lebensbejahenden in Virginias psychischem Haushalt wurden erstmals immens gesteigert durch den Tod der Mutter: »...ihr Tod war die größte Katastrophe, die passieren konnte; es war, als ob an einem herrlichen Frühlingstag die fliegenden Wolken plötzlich still standen, dunkel wurden und sich zusammendrängten; der Wind legte sich, und alle Geschöpfe auf Erden stöhnten oder wanderten ziellos suchend umher.«[18]

Dieser Ausschnitt aus Virginias Autobiographie stammt etwa aus dem Jahre 1908. Mehr als dreißig Jahre später gibt sie ein anderes Bild vom Tod der Mutter. Wichtig ist die lähmende Trauer Leslies, der bei seinen Kindern um Mitleid nachsuchte. Seine Trauer zerstörte für die Kinder die Illusion einer glücklichen Kindheit. Das Haus 22 Hyde Park Gate verfiel in Düsternis, die auch nicht durch die Tatsache aufgelockert wurde, daß Leslie nunmehr die Kinder unterrichtete.

Virginia war beim Tode der Mutter unfähig zu trauern, sicherlich auf Grund ihrer Verleugnung der eigenen Gefühlswelt. Die Ablösung von der Mutter fand nicht statt, so daß das Bild Julia Stephens Virginia noch Jahrzehnte verfolgte. Zugleich entwickelte Virginia ein Schuldgefühl, nicht traurig genug zu sein: »...ich erinnere mich an den langen Spiegel mit den Schubladen auf beiden Seiten; und an den Waschtisch; und an das große Bett, auf dem meine Mutter lag. Ich erinnere sehr klar eben wie ich an die Seite ihres Bettes gebracht wurde und ich wahrnahm, daß eine Krankenschwester schluchzte, mich ein Verlangen überkam zu lachen, und ich sagte zu mir selbst, wie ich es seither oft in kritischen Augenblicken getan habe: ›Ich empfinde überhaupt nichts.‹ Dann neigte ich mich hinunter und küßte das Gesicht meiner Mutter. Es war noch warm. Sie war erst einen Moment zuvor gestorben. Dann gingen wir nach oben ins Kinderzimmer.«[19]

Virginias Mangel an Trauer über den Tod der Mutter weist auf einen Mangel in ihrem seelischen Prozeß der Verlustverarbeitung hin: »...eine Störung dieser Trauerarbeit beim einzelnen (behindert) dessen seelische Entwicklung, seine zwischenmenschlichen Beziehungen und seine spontanen und schöpferischen Fähigkeiten...«[20] Nun können spontane und schöpferische Fähigkeiten auf ganz verschiedenen Gebieten angesiedelt sein; die spontane, schöpferische Fähigkeit im zwischenmenschlichen Bereich zu empfinden, wurde bei Virginia in der Tat beeinträchtigt.

Noch am 24. August 1924 schrieb Virginia an Pernel Strachey: »Wie ich Begräbnisgottesdienste hasse! und ich kann gar
nichts bei ihnen empfinden — weder für Katherine [Katherine
Stephen, Virginias Cousine, die gestorben war; d. Verf.] oder
für mich, oder für irgend jemand anderen.«[21]

Die Schwierigkeiten und Prägungen Virginias lösten sich in
ihrer Jugend nicht auf und blieben auch in späteren Jahren weitgehend erhalten. Am 5. Mai 1919, vierundzwanzig Jahre nach
dem Tod ihrer Mutter, schrieb Virginia in ihr Tagebuch: »Der
Tag, an dem Mutter vor über zwanzig Jahren starb. Der Geruch der Kränze in der Halle steckt immer noch in den ersten
Blumen; ohne den Tag zu erinnern, dachte ich an sie, wie ich es
oft tue — ein so gutes Andenken, wie man es sich nur wünschen kann.«[22] Das Andenken erschien Virginia vorbildlich
nach den Normen der viktorianischen Gesellschaft; daß es für
ihren seelischen Haushalt in dieser Intensität nicht gut war,
sondern eher ihre Gebundenheit bewies — dies blieb Virginia
verborgen.

22 Hyde Park Gate blieb düster bis zum Tode Leslie Stephens
im Jahre 1904. In die Jahre nach dem Tod Julia Stephens fielen
die »häuslichen Szenen« der erotischen Bedrängung Virginias
und Vanessas vor allem durch George Duckworth. George bemühte sich vor allem, Virginia »Mutter, Schwester und Bruder« zu sein. Georges Nachstellungen vermittelten Virginia
einen zusätzlichen Sinn für die Unwirklichkeit menschlicher
Existenz. Sie konnte nicht verarbeiten, was mit ihr geschah.
Leslie Stephens »Religion des Altruismus« — wissenschaftlich
formuliert in seinem Buch ›The Science of Ethics‹ — und gän-
gige Ideologie des Hauses, wurde von den Duckworth-Brüdern
pervertiert und an Virginia und Vanessa ausgelassen. Virginia
beschrieb in ›Old Bloomsbury‹, daß George seine »Liebesdien-
ste« als Trosthandlungen aufgefaßt hatte für das arme, mutter-
lose Mädchen Virginia. Die sexuelle Reinheit, ein Gesetz Leslies, an das sich George formal hielt, wurde an Virginia »aus-
probiert«, wenn George sie nach gemeinsamem Besuch von Gesellschaften in ihrem Schlafzimmer besuchte. Diese Situation
bewies die Unhaltbarkeit des Ideals »sexueller Reinheit« in der
viktorianischen Familie, die nur zur doppelten Moral führen
konnte.

Diese Ambivalenz Georges als Beschützer und Verführer geriet Virginia zum inneren Schrecken: »Äußerlich versucht sie, ruhig zu bleiben und sich mit Anstand zu benehmen. Innerlich befindet sie sich im Terror. Äußerlich erscheint sie jungfräulich und unschuldig. Innerlich weiß sie, daß sie Komplizin ist in einem fremdartigen Spiel, gemischt aus Lust und Ekel.«[23] Vor allem wird sich Virginia im Innersten vor der gestrengen moralischen Instanz der Eltern geschämt haben, die sie als Maßstab verinnerlicht hatte: »Das Selbstbeschämende in Perversionen und Zwangshandlungen ist oft als Introjektion der Befremdung der Eltern den ganz natürlichen kindlichen Triebregungen gegenüber zu verstehen.«[24] Durch die Abschiebung des Sexuellen ins Reich des Diffusen, nicht Legitimen, des Unziemlichen, wurde es für Virginia bei den Verhältnissen in 22 Hyde Park Gate schier unmöglich, einen natürlichen Reifeprozeß durchzumachen.

Kenntnisse der Sexualität besaß Virginia als junges Mädchen überhaupt nicht, allenfalls Ahnungen. Unter körperlicher Liebe konnte sie sich nichts vorstellen außerhalb dessen, was ihr George in verkümmerter und nebulöser Form »nahebrachte«: »Damals gab es ein großes Geheimnis um die Liebe.«[25] Virginia hatte durch die Lektüre Platons erfahren, was man unter »Sodomie« zu verstehen hat. Indirekte Anschauung der sexuellen Beziehung zwischen Mann und Frau in positivem Licht wurde ihr durch die Verlobung ihrer Halbschwester Stella mit Jack Hills zuteil. Sie wußte zwar immer noch nicht mehr, doch war für sie die deutliche Veränderung Stellas ein Zeichen für das Mysterium der Liebe: »Und es war durch diese Verlobung, daß ich meine erste Vision hatte — so intensiv, so aufregend, so leidenschaftlich war sie, daß das Wort ›Vision‹ zutrifft — meine erste Vision der Liebe zwischen Mann und Frau. Sie erschien mir wie ein Rubin; die Liebe, die ich in diesem Winter ihrer Verlobung entdeckte, glühend, rot, klar, intensiv. Dies gab mir einen Begriff der Liebe; einen Standard der Liebe; einen Sinn, daß nichts in der Welt so lyrisch ist, so musikalisch, wie ein junger Mann und eine junge Frau in ihrer ersten Liebe zueinander. Ich verbinde das mit respektablen Verlobungen; inoffizielle Liebe vermittelt mir nie dasselbe Gefühl. Meine Liebe ist wie eine rote, rote Rose, die im Juni frisch aufgesprungen war

— das war das Gefühl, das sie vermittelten. . . . Es stammt von Stella und Jack. Es stammt von der Ekstase, die ich fühlte, in meinem Versteck, hinter den Falttüren des Hyde Park Gate Wohnzimmers. Ich saß dort, geschützt, und war halb verrückt vor Scheu und Nervosität; ich las Fanny Burneys Tagebücher; und das Gefühl kam über mich, abwechselnde Wellen eines sehr starken Gefühls — Wut manchmal; wie oft wurde ich damals wütend gemacht durch Vater! — Liebe, oder auch die Spiegelung der Liebe. Sie war körperlos; ein Licht; eine Ekstase.«[26]

Lesbische Tendenzen stellten sich bei Virginia schon früh ein als Folge ihrer gestörten Beziehung zum männlichen Geschlecht. Da sie keine sexuellen Ambitionen in bezug auf Männer verspürte oder diesen Ambitionen nicht ohne Schwierigkeit hätte entsprechen können, wandte sich Virginia immer wieder Frauen zu, die sie als das sanftere Geschlecht bevorzugte.

Es ist unbezweifelbar, daß Virginias Probleme mit der Sexualität in einem engen Zusammenhang stehen mit ihrer Tragik. Virginias Zusammenbruch von 1913 war auf diese Nichtverarbeitung ihrer Liebesunfähigkeit zurückzuführen. Sie hatte schon 1912 auf ihrer Hochzeitsreise mit Leonard in Spanien erkannt, daß sie frigide war. Ihr »Versagen« hatte sicherlich einen Rückbezug zur »Urszene« mit Gerald Duckworth und zu den Nachstellungen Georges. Doch schon die Eheschließung stand unter keinem guten Stern.

Virginias Voraussetzungen dürfen als kompliziert gelten. Das aber traf auch auf Leonard zu. Zudem hatten beide einen Graben zwischen Klassen und »Rassen« zu überwinden. Bei Leonard und Virginia stellte sich keine eindeutige, entspannte Beziehung zu sexuellen Impulsen her, sondern die innere Verkrampfung und die Interaktionshemmung lieferte das junge Ehepaar einem Kampf aus, einem lebenslangen Kampf zwischen Geist und Sinnlichkeit.

Viele Belege aus Virginias Briefen, Tagebüchern sowie aus ihren Romanen belegen ihr gestörtes Verhältnis zum Sexuellen, das aber sicherlich nicht prinzipiell und ein für alle Mal unauflösbar gewesen ist. Doch diese Ehe konnte eine Lösung nicht herbeiführen. Es ist merkwürdig, daß Virginia sich immer für die Sexualität anderer interessierte. Man kann daher nicht völlig ausschließen, daß sie mit einem anderen Partner als mit Leonard ihre Blockierung hätte auflösen können.

Die Beziehung zu Vita Sackville-West verlief 1927—1929 über längere Zeit glücklich, und es entsteht der Eindruck, daß Leonard für Virginia und für sich selbst froh war, der psychischen Streß-Situation entrinnen zu können, die sich von Zeit zu Zeit immer wieder verdichtete, wie er ja schon 1913/14 der Überzeugung anhing, Virginia sei zu krank »dafür«, so daß er die sexuellen Beziehungen einstellte. Die Liebesbeziehung Virginias zu Vita besaß für Leonard allem Anschein nach einen Entlastungscharakter.

Was Männer betrifft, so blieb Virginia stets an ihre »Einmauerung« gebunden. Sie verspürte allerdings den sexuellen Anreiz vor allem junger und schöner Männer, doch gab sie ihren Gelüsten nie nach. Inwieweit ein Liebesverhältnis mit einem anderen Mann Virginia geholfen hätte, bleibt eine spekulative Frage. Es hätte ihr der ideale androgyne Typus begegnen müssen wie Shelmerdine in ›Orlando‹ — doch Ideale bietet das Leben kaum.

In Virginias Äußerungen zur Sexualität herrscht ein ambivalenter Ton vor; er schwankt zwischen voyeuristischer Faszination und Abgestoßensein, je nachdem, ob es sich bei den sexuellen Handlungen um Virginia selbst oder um andere Menschen dreht. Die Beispiele zu diesem Themenbereich aus ihren Briefen sind vielfältig und aufschlußreich zugleich: so interessierte sich Virginia für das Liebesleben der Keynes. Sie fragte Lydia, ob das neue Bett, das sie gekauft hätte, ein Doppelbett sei — worauf Lydia »noch nicht« antwortete. In diesem Brief sind vom Herausgeber allerdings Wörter ausgelassen worden, so daß die Information und die Deutungsmöglichkeit begrenzt bleibt. Das gilt für eine ganze Reihe von Stellen in den edierten Briefen.

Aber es gibt auch Belege dafür, daß Virginia die Sexualität ablehnte. So schrieb sie am 8.7.1923 an Barbara Bagenal: »Ich ging neulich abends in den Tristan; aber das Liebesgeschehen langweilte mich.«[27] Diese Haltung konnte sich sogar bis zur Menschenfeindlichkeit steigern: »Ich sollte am besten abscheuliche, gemeine und verlogene Charaktere schaffen. Ich sollte es vorziehen, die Welt so verabscheuungswürdig zu machen, daß es besser erschiene, sie zu verlassen. Aber, so erwarte ich, dies zu tun benötigt mehr Kraft, als ich besitze. Wodurch diese Menschenfeindlichkeit begann, kann ich nicht erinnern...«[28]

Im Oktober 1924 schrieb Virginia an Jacques Raverat wohl ihren offensten Brief über diesen Lebensbereich: »...sexuelle Beziehungen langweilen mich mehr als früher: bin ich prüde? Bin ich weiblich? Jedenfalls war ich in den letzten beiden Jahren Beobachter von — ich darf sagen — einem dutzend Liebesaffairen — heftigen und entscheidenden; und ich kam zu dem Schluß, daß die Liebe eine Krankheit ist; ein Wahn; eine Epidemie; oh, aber wie langweilig, wie monoton und wie sie junge Männer und Frauen auf welchen Abgründe der Mittelmäßigkeit beschränkt! Es ist wahr, daß alle meine Liebhaber von der einfachsten Art waren; und sie konnten nur erröten und unreif verwelken, erbleichen wie Seeanemonen, jetzt in Blau, dann in Rot gebadet.«[29] Dieser Brief scheint ein Meisterwerk der Projektion. Virginia suggeriert, daß ihr persönliches »Abschließen« des Kapitels Liebe sie zu ihren Höhenflügen auf dem Gebiet der Literatur befähigte, während all diejenigen in Mittelmäßigkeit versinken, die in ihren Liebesverhältnissen sexuelle Beziehungen pflegen. In dieser Stelle scheint die Kindheitsprägung des beschädigten Selbst zu einer Sublimationsthese überhöht zu werden. Die Eltern förderten in Virginia die Eigenschaften, welche sie besonders hochschätzten und wünschten, so daß eine freie Entwicklung vor allem im affektiven Bereich als eigene Persönlichkeit gar nicht möglich war. Die Lebenslinien wurden gar von Leslie Stephen vorprogrammiert, was vor allem die Ausbildung der Kinder betraf. Doch die Briefstelle enthält noch anderes Wichtiges; sie bestimmt den Typus des Versagers auf männlicher Seite. Der verklemmte und errötende Jüngling besaß nicht die menschlichen Voraussetzungen, ein so kompliziertes, gefangenes Wesen wie Virginia Stephen zu befreien.

Als Virginia ihren Roman ›Die Fahrt zum Leuchtturm‹ abgeschlossen hatte, schien ihre negative Haltung auf einen Höhepunkt gelangt zu sein: »Ich fühle in der Tat, daß die Liebe solch ein Horror ist, daß ich jedem raten würde, abzubrechen. Aber ich sehe die Schwierigkeiten.«[30] Doch wie so oft in Virginias Leben gab es Wellenbewegungen, die sie ein Jahr später wieder zum erzählerischen Voyeurismus führte: »Molly (MacCarthy) kam gestern zum Tee ... Ich fing an, indem ich sagte, sie müßte mich drei Fragen fragen und dann würde ich ihr drei stellen. So entlockte ich einen Bericht von ihr darüber, wie sie mit Clive auf einem harten Bett in einer kalten Nacht in Asheham kopulierte; und wie sie am nächsten Morgen aufflammte und nach Hause ging. Desmond genoß das Kopulieren nie.«[31]

Virginias Lebenskrisen zeigten sich als Einbrüche in außergewöhnlichen nervlichen Belastungen in den Jahren 1895, 1904, 1912—1915, 1922, 1930 und 1941. Die Schwere der Krise von 1913—1915 wiederholte sich im Leben Virginias nicht noch einmal. Ihre Lebenskrise und der Selbstmord im Jahre 1941 waren im Vergleich zu 1913—15 eher schlagartige Einbrüche in das Reich des Dunklen — allerdings unter vorausgehender Zusammenballung von vielen Faktoren. In den Jahren 1915 bis 1941 hielt sich Virginias Befinden in einer relativen Gleichmäßigkeit; sie war nicht häufiger krank als andere englische Frauen ihrer Generation. Leonards Fürsorge in den gesundheitlichen Dingen hat hier eine entscheidende Rolle gespielt, wiewohl sein Verhalten in den Jahren 1912—1915 einer eingehenden Betrachtung bedarf, weil diese Jahre den Schlüssel liefern zu Virginias Leben mit Leonard und zu ihren Krisen bis 1941.

Was Virginias »Krankheit« betrifft, so läßt sich nur mit großer Plausibilität auf nervlich-seelische Extremphasen hinweisen, nicht aber auf eine Krankheit im psychiatrischen Sinne.

Leonard Woolf zog jedoch Psychiater heran. Sie diagnostizierten Virginias Zustand mit dem sehr allgemeinen Begriff »Neurasthenie« und behandelten Virginia als »verrückt«. Sie lebte in diesen kritischen Phasen unter einem schrecklichen Außendruck — der Ansicht ihrer Umgebung von ihrer »Erkrankung« —, aber auch unter inneren Plagen: Schuldgefühlen, Selbstvorwürfen, Halluzinationen (was immer man darunter versteht). Virginia litt unter Kopfschmerzen, verweigerte die Nahrung, verlor den »Kontakt zur Außenwelt« und hörte Stimmen: die Vögel sangen Griechisch. Und dazu paßt ein merkwürdiger, belegter Sachverhalt: George Duckworth kam in Virginias Zimmer, wenn sie Griechischstunde hatte, um sie zu tätscheln.

Dreißig Jahre lang konsultierte Leonard für Virginia Nervenärzte in London, doch keiner von ihnen vermochte die Ursachen von Virginias »Krankheit« zu bestimmen, weil der Patient im medizinischen Diskurs keine Stimme hatte. Virginias »sexuelle Anästhesie« als Körperlichkeitstrauma wurde von den Psychiatern übersehen. Nach wie vor bleibt also die Schwierigkeit psychiatrischer Diagnostik bestehen. Es gibt in bezug auf Virginia Woolf die These, daß schizophrene Elemente und manisch-depressive in ihrer »Krankheit« zusammentreffen. Miyeko Kamiya schlug die Bezeichnung »atypische Psychose« vor, doch sagt dies nicht viel mehr als Dr. Savages »Neurasthenie«, zumal die Möglichkeit der Neurose gar nicht diskutiert wird. Eine fundamentale Verschiebung der Beurteilung gewährt Kamiya aber, wenn auch im traditionellen Rahmen, wenn sie sagt, daß Virginias »Krankheit« keine Umsetzung im Gehirn, keine psychiatrische Erkrankung war, sondern eine durch Prägung konstituierte Persönlichkeitsstörung, eine »akute und umkehrbare Persönlichkeitsdisintegration.«[32]

Es ist dies auch schon deshalb plausibel, ja belegt, weil sich Virginia nach ihren Krisen immer wieder zu den höchsten Höhen der literarischen Produktivität und Kreativität aufzuschwingen vermochte, zudem alle vorherigen geistigen und gesellschaftlichen Aktivitäten wieder aufnahm. Es sei an das Wort von Hans Bürger-Prinz erinnert, die Psychiatrie habe bei der Beurteilung künstlerischer Hochbegabungen keine Stimme.

Unter Bezug auf eine Analyse von ›Mrs. Dalloway‹ betonte Kamiya die schizophrenen Aspekte von Virginias »Krankheit«, da sie besonders an Septimus Warren Smith die Teilung der Welt in seinem Bewußtsein vorführe, deren Teile er nicht mehr zusammenbringen könne. Auch hier wird man sehr skeptisch sein müssen, die künstlerisch im Roman dargestellte Schizophrenie auf Virginia zurückzubeziehen.

An Septimus problematisiert Virginia die »normale Welt«, vertreten durch die Psychiater, die vom Seelenzustand ihrer Patienten nichts verstehen, es nur dabei bewenden lassen, entsprechend ihrem positivistisch-mechanistischen Weltbild zu therapieren: gutes, reichliches und gesundes Essen, Ruhe, frische Luft, gegebenenfalls ein Heim für psychisch Kranke, um den »Sinn für Proportion« zu erwecken. Wenn für Virginia Woolfs seelische Schwierigkeiten ein Bündel von Krankheitsdefinitionen, Verhaltensdeutungen und Behandlungsmethoden plausibel ist, dann offenbar nicht das klassisch-medizinische, sondern das psychoanalytische.

Für Virginias seelischen Zustand war es charakteristisch, daß sie sehr leicht von der realen Außenwelt in das Reich der Phantasie überwechseln konnte. Leonard und die Stephen-Familie haben behauptet, sie habe nicht immer zwischen beiden Bereichen unterscheiden können. Virginia aber schrieb über sich in ihrer Autobiographie: »Es gab den Augenblick der Pfütze auf dem Weg; wenn, ohne daß ich den Grund dafür entdecken konnte, alles plötzlich unwirklich wurde; ich war aufgehoben; ich konnte die Pfütze nicht überqueren; ich versuchte etwas anzufassen ... die ganze Welt wurde unwirklich.«[33]

In Leonards Roman ›Die weisen Jungfrauen‹ schreibt er über Katherine (Vanessa) und Camilla (Virginia): »Eine Schwester kann die Wirklichkeit von der Phantasie unterscheiden, ist voller Lebensfreude und sehr fleischlich. Die andere Schwester kann Wirklichkeit und Phantasie nicht unterscheiden, ist ätherisch und versucht überhaupt nicht, ihren Körper zu bewohnen.«[34]

Virginia war sich ihres fließenden Ichs bewußt. So schreibt sie in ihrer Autobiographie: »Ich sehe mich selbst als einen Fisch im Strom; abgelenkt; in einem Platz gehalten; aber ich kann den Strom nicht beschreiben.«[35] Das Fließen des Selbst ist ja auch ein zentrales Thema in Virginias Romanen, welche eine Vielzahl der Perspektiven und Personen in einem Ich darbieten, wobei die Frage auftaucht: »Welche dieser Personen bin ich?« Virginia beschreibt oder gestaltet den Wandel der Identität durch den Kontext des Lebens, wobei sie den Einfluß anderer auf das Selbst berücksichtigt, aber auch die Suche nach einem stetigen Muster der Identität. Man wird wohl sagen müssen, daß der Einfluß der anderen oft nicht identitätsfördernd gewesen ist, vor allem wenn man an Virginias Eltern denkt. Die Bilder der Eltern belasteten sie, stürzten sie in das Dauerdilemma zwischen Selbstbewußtsein und Selbstverletzlichkeit, oder mit Jeanne Schulkind zu sprechen: »Mit großer Ökonomie beschreibt Virginia Woolf die Zwänge, die ausgeübt wurden durch die Konventionen und vorherrschenden Überzeugungen in dem spätviktorianischen Familienleben der oberen Mittelklasse der Stephens und Duckworths im Hyde Park Gate.«[36]

Die Schwierigkeiten mit dem eigenen Ich reflektieren sich in Virginia Woolfs Romanen in ihrer Weigerung, Identitäten festzulegen. Sie vermochte diese Schwierigkeiten durch literarische Kreativität zu verwandeln, indem sie die Strukturen ihrer Ängste in die Romane integrierte, was besonders für ›Die Wellen‹ gilt. Doch konnte das Schreiben auch das Gegenteil der Verarbeitung von Schatten zeitigen, wenn Virginia sich zu tief auf einen Schnittpunkt von Krise und Kreativität zubewegte.

Virginia Woolf hegt offenbar Zweifel an der autonomen Identität, wie sie von der Aufklärung und vom Rationalismus vertreten wurde. Allerdings findet sich im englischen Denken schon seit Hume eine assoziationspsychologische Kritik am Begriff der persönlichen Identität. Die im 20. Jahrhundert weitergetriebene Aufklärung hat den stolzen Identitätsbegriff relativiert: »Wie kommt das Ich zu seinen Bestimmungen? Was bildet seinen ›Charakter‹? Was schafft das Material seiner Selbsterfahrung? ... das Ich ist ein Resultat von Programmierungen.«[37]

Damit kommt die Betrachtung Virginia Woolfs in einen Zirkel: die Relativierung des Ich wird erkannt als »Krankheit« und als Programm zugleich, das diese Krankheit produziert — durch Erziehung. Vor allem die Psychoanalyse hat Beziehungen zwischen Programm und Deformation untersucht. Die wichtigsten Momente des Lebens bleiben für Virginia Woolf unter solchen Voraussetzungen die »Momente des Seins«: »Während der Augenblicke des Seins wird dieses Selbst überschritten und das individuelle Bewußtsein wird ein nicht abgetrennter Teil eines größeren Ganzen.«[38] Virginia Woolf hat diese »Momente des Seins« in ihrem Tagebuch von 1919 mit Depressionen in Zusammenhang gebracht. Sie beschäftigte sich mit merkwürdigen seelischen Zuständen: »Sie interessieren mich, selbst wenn ich der Gegenstand bin. Und ich erinnere immer den Ausspruch, daß man in der tiefsten Ebbe der wahren Vision am nächsten ist...«[39] Am darauffolgenden Tag schrieb Virginia: »Die Dinge scheinen klar, vernünftig, begreiflich, und unter keiner Verpflichtung (zu sein), da sie von der Art sind, einen überhaupt erzittern zu lassen. In der Tat, es ist größtenteils die Klarheit der Sicht, die zu solchen Zeiten kommt, welche zur Depression führt.«[40]

Die Relativierung des Ich findet bei Virginia Woolf eine Parallele in der Relativierung des Geschlechtlichen. In beiden Relativierungen sollen die Trennungen, Abkapselungen aufgehoben werden durch die Ahnung einer neuen Lebensform, einer menschlichen Seinsweise, die sich zur Gemeinsamkeit und Wahrheit voranbringt. Die Betonung des Wir vor dem Ich als Möglichkeit, der modernen Atomisierung der Menschheit zu entkommen, hat Virginia Woolf besonders deutlich in ihrem Roman ›Die Jahre‹ zum Ausdruck gebracht.

Die Relativierung des Geschlechts bedeutet für Virginia die Bekämpfung der sozialen und kulturellen Kategorisierung von männlich und weiblich, das Einsprucherheben gegen die dressierte viktorianische Weiblichkeit, für die sie in ihrem Romanwerk die Metapher des »Tee-Einschenkens« benutzt, ein Kennzeichen der weiblichen Aufgaben am viktorianischen Teetisch, das sich in ›Die Jahre‹, ›Nacht und Tag‹ sowie in ›Jacob's Room‹ findet.

Virginia Woolfs androgyne Vision läßt sich auf die Seite der Kunst beziehen, aber auch auf die der Emanzipation. Die Befreiung vom Geschlechterzwang hat vor allem für die Frauen eine große Bedeutung mit Blick auf das viktorianische Zeitalter. Die Frage der Emanzipation bei Virginia Woolf selbst hat sich immer auf dem Hintergrund der Alternative abgespielt: Kinder haben — keine Kinder haben. Dabei entspricht die zweite Seite der Alternative eher dem Prinzip der Männlichkeit, wenn man an die viktorianischen Vorstellungen vom schöpferischen Menschen denkt: Leslie Stephen wertete die Literatur als Ersatz für Kinder. Virginias Eifersucht auf die Mutterschaft Vanessas oder einiger ihrer Freundinnen belegt die Fortschreibung des Konflikts über eigene Kinder. So schrieb sie am 9. Oktober 1919 an Ka Arnold-Forster, die für das Frühjahr 1920 ein Kind erwartete: »Es wird eine erstklassige Kinderstube sein — die alte Mutter Bär, die sich gelegentlich herüberrollt, um ihre Kleinen zu lecken, und alles wird so gut nach Milch und Stroh riechen. Aber ich kann nicht so tun, als ob ich nicht neidisch wäre. Gut, gut — ich denke, alle guten Mütter sollten mich halb als ihr Kind ansehen, was ich wirklich am liebsten mag.«[41] Etwa acht Jahre später schrieb Virginia an Ethel Sands: »Übrigens war ich sehr absurd über Kinder letzten Abend? Ich war ziemlich geschockt, daß Du dächtest, ich würde mich nicht um Nessas Kinder sorgen. Sie sind solch eine ungeheure Quelle der Freude für mich. Aber ich sehe, was es ist: ich bin immer böse mit mir selbst, daß ich Leonard nicht gezwungen habe, das Risiko trotz der Ärzte auf sich zu nehmen; er fürchtete für mich und wollte es nicht tun; aber wenn ich mehr Selbstkontrolle gehabt hätte, wäre zweifellos alles gut geworden. Das ist es, nehme ich an, warum ich nicht von Nessas Kindern rede — es ist wahr, ich tue es nie — die ich anbete.«[42]

In Virginias Leben wie in ihren Romanen entfaltet sich ein Schwanken zwischen »weich« und »hart«, zwischen Argumenten und Phantasie. Es ist ein Schwanken zwischen der Zuversicht des Lebens und der Verzweiflung.

Als Julia Stephen 1895 starb, machte Virginia ihre erste nervliche Krise durch, der weitere folgten. Hinzu kam die beschriebene »Fürsorge«, die Gerald und George Duckworth »an ihr« übernahmen, ein Einfluß, der Virginias innere Stabilität zusätzlich belastete und ihr Schuldgefühle eingab. George belästigte Virginia vor allem in der Zeit, in der Leslie Stephen im Sterben lag. Im Jahre 1904, nach dem Tode ihres Vaters, erlebte Virginia erneut einen Zusammenbruch. Sie wurde zeitweilig von ihrer älteren Freundin Violet Dickinson gepflegt, die Virginia in ihr Haus aufnahm.

Die Jahre 1904—1907 gelten in Virginias Leben und im Zusammenhang mit der Begründung Bloomsburys als Phase der Abstraktion. Die platonischen Gespräche der jungen Cambridge-Studenten mit den Stephen-Schwestern liefen auf logische Bestimmungen durch sokratische Gespräche hinaus. So wurde das Wesen des Schönen, Wahren und Guten im Sinne von G. E. Moore ergründet. Virginia hatte sich in ihrem Innenleben schon so durch die langjährig erlebte Umwelt bestimmt, daß sie in die bedeutsame Phase ihrer seelischen Schwierigkeiten um 1911 eintrat, als sie Leonard Woolf näher kennenlernte. Die Unfähigkeit, zu empfinden, betraf beide Partner, doch Virginia scheint in dieser Hinsicht von Leonard nicht verstanden worden zu sein. Beide — Leonard und Virginia — waren, wenn auch in unterschiedlichem Grade, belastet durch das Problem, keine harmonische und selbstbewußte Sexualität leben zu können.

Die Tragik Virginias wurde besiegelt durch Leonards frühe Etikettierung Virginias als »verrückt«, die ihn bei der Psychiatrie Hilfe suchen ließ. In seinem Roman ›Die Weisen Jungfrauen‹ schrieb Leonard über Camilla (Virginia): »...es gab keine Begierde: vielleicht war sie der Liebe nicht fähig, vielleicht wünschte sie diese merkwürdige Konvulsion nicht, Leidenschaft, die ihr Leben überwältigte.«[43] Leonards Roman erschien 1914. Zu diesem Zeitpunkt waren die Woolfs schon fast zwei Jahre verheiratet. Inzwischen — also von 1912—1914 — hatten sich in dieser Ehe Konstellationen durchgesetzt, die es fraglich erscheinen lassen, ob denn Leonard zur Liebe fähig war. Auf der einen Seite stand Virginias Frigidität, auf der anderen aber Leonards Versagen, auf Virginia einzugehen, mit ihr zu sprechen über das, was sie zutiefst bewegte: die Verweigerung geschlechtlicher Beziehungen oder sexuelles Versagen aus einem verinnerlichten Zwang heraus.

Die Schwierigkeiten von Verlobung und Eheschließung im Jahre 1912 lösten bei Virginia eine innere Sperre aus. Sie träumte schlecht, war unzugänglich. Bereits vor der Heirat diskutierte Leonard Woolf mit Virginias Arzt Dr. Savage ihren Gesundheitszustand; dies ereignete sich Anfang 1912. Im August desselben Jahres besprach Leonard dann schon die Frage, ob Virginia Kinder haben sollte oder nicht. Von diesen Gesprächen wußte Virginia nichts. Savage sprach sich für Kinder aus, weil er glaubte, eigene Kinder würden Virginia guttun, doch Leonard hielt dieses Urteil für falsch. Er ging sogar so weit, andere medizinische Autoritäten heranzuziehen, um Savage umzustimmen. Vermutlich fürchtete er sich vor einer Schwangerschaft Virginias sowie vor der Geburt eines Kindes, weil er selbst mit seiner Einstellung zur Liebe und Sexualität Probleme hatte. Natürlich war sein Motiv des Handelns, wie er es auf rationaler Ebene verstand, die Fürsorge um Virginia.

Vor allen Dingen brachte das Jahr 1913 eine dramatische Situation für Virginia, die mit einem nahezu gelungenen Selbstmordversuch endete, sich dann aber in weiteren seelischen Erschütterungen fortsetzte. In Leonards Version nahmen sich die Ereignisse wie folgt aus: Nach Virginias Aufenthalt im Kurheim von Twickenham beschloß Leonard mit ihr »Urlaub« in Holford zu machen, zog aber zunächst noch die Ärzte zu Rate. Sowohl Dr. Savage als auch Dr. Head hielten den Aufenthalt in Holford für richtig, wiewohl Virginias Zustand in Twickenham sich nicht gebessert hatte. In den ersten Wochen in Holford ging es Virginia abwechselnd schlechter und besser. Schwierig war es, sie zum Essen zu bewegen. Leonard gab ihr Veronal, wenn sie nicht schlafen konnte. Schließlich verschlimmerte sich Virginias Befinden in einem Maße, daß Leonard die Verantwortung für Virginia bei hoher Selbstmordgefahr nicht mehr allein zu tragen vermochte, denn er mußte Tag und Nacht wachsam sein. Die gemeinsame Freundin der Woolfs, Ka Cox, half Leonard vom 2. September 1913 an. Virginias Zustand besserte sich nicht, so daß Ka und Leonard beschlossen, mit ihr nach London zurückzukehren.

Leonard erklärte Virginia daraufhin die Situation, sie könnten nicht in Holford bleiben, da er und der Arzt Virginia für krank hielten. Da Virginia aber behauptete, sie sei nicht krank, sollte ein anderer Arzt als Dr. Savage in London eine neue Diagnose stellen. Leonard überließ Virginia die Arztwahl; sie wählte Dr. Head. Am 8. Sepember fuhren die Woolfs nach London, um Head zu sehen. Die Eisenbahnfahrt entpuppte sich als eine Hölle, da Leonard fürchtete, Virginia würde aus dem Fenster des fahrenden Zuges springen. Am 10. September fand die Untersuchung statt. Dr. Head erklärte, Virginia sei krank und verordnete einen Kuraufenthalt. Head bat Leonard, Savage zu informieren, um einen Konflikt zu vermeiden.

Die Rückkehr Virginias und Leonards zum Brunswick Square hätte fast zur Katastrophe geführt, da Leonard am nächsten Tag Dr. Savage aufsuchte, um ihm alles zu erklären. Ka blieb mit Virginia allein am Brunswick Square. Um 18.30 Uhr rief Ka bei Dr. Savage an und berichtete, Virginia sei in einen tiefen Schlaf verfallen. Leonard eilte zu Virginia zurück und fand, daß sie eine Überdosis des normalerweise von Leonard verschlossenen Veronals eingenommen hatte.

Leonard rief Dr. Head an, der sofort mit einer Krankenschwester kam. Mit der Hilfe von Maynard Keynes Bruder wurde Virginia ins Krankenhaus gefahren, wo man ihr — sozusagen in letzter Minute — den Magen auspumpte. Alle Beteiligten — Ärzte und Helfer — kümmerten sich um Virginia die ganze Nacht hindurch bis zum anderen Morgen um 9.00 Uhr.

Doch erst einen Tag danach gelangte Virginia wieder zu Bewußtsein.

Nach dieser Katastrophe wurde Virginia erst von zwei, dann von vier Krankenschwestern gepflegt, so daß sie Tag und Nacht unter Aufsicht blieb. Als sie wieder bei Bewußtsein war, befand sich Leonard in einem furchtbaren Dilemma. In England bestand bei Selbstmordverdächtigen sowie bei denjenigen, bei denen Geisteskrankheit vermutet wurde, Meldepflicht. Sie mußten offiziell registriert und in ein Heim oder in eine Anstalt eingewiesen werden. Leonard wollte diese amtliche Erfassung Virginias als einer Geisteskranken unbedingt vermeiden. Dies gelang ihm unter dem Versprechen gegenüber den Ärzten einer lizenzierten Anstalt, daß er Virginia aufs Land bringen würde unter Aufsicht von Krankenschwestern.

George Duckworth stellte den Woolfs sein Landhaus Dalingridge Place zur Verfügung, da Asheham House für diesen Zweck zu klein war. Die Woolfs blieben bis Mitte November 1913 in Dalingridge. Nach dieser Tragödie mit Virginia gab Leonard Dr. Savage als Arzt auf und zog den bekannten Nervenspezialisten Sir Maurice Craig vor. Leonard konsultierte in den folgenden Jahren außer Savage, Head, Maurice Craig, Wright und T. B. Hyslop, die seiner Auffassung nach erstklassige Mediziner waren. Ob Virginia diese Auffassung teilte, stand gar nicht erst zur Debatte. Ob diese Ärzte überdies — Neurologen und Psychiater — fachlich in der Lage waren, mit dem besonderen Fall Virginias zu Rande zu kommen, darüber wird noch zu reden sein.

Immerhin faßte Leonard die Resultate der ärztlichen Bemühungen folgendermaßen zusammen: »Sie hatten nicht die geringste Idee von der Natur und der Ursache von Virginias Geisteszustand, der in ihrem plötzlichen und gradweise schwindenden Bezug zur realen Welt endete, so daß sie in einer Welt der Täuschung lebte und eine Gefahr für sich und andere Leute wurde. Da sie nicht wußten, wie und warum ihr dies wiederfuhr, hatten sie natürlich kein wirkliches szientifisches Wissen darüber, wie sie sie heilen sollten. Alles, was sie sagen konnten, war, daß sie an einer Neurasthenie litt und daß, wenn man sie davor bewahrte, Selbstmord zu begehen, sie wieder gesund werden würde.«[44]

Für Leonard galt Virginias Zusammenbruch eindeutig als Auftreten einer Geisteskrankheit; für die Zeit vom Sommer 1913 bis zum Herbst 1915 setzte er drei Phasen an: Phasen der Geisteskrankheit (Sommer 1913 — Sommer 1914/Sommer 1915 — Winter 1915) und Phase der Gesundung (Sommer 1914 — Januar 1915). Leonards generelle Zusammenfassung von Virginias »Krankheitsbild« mag seine Sicht der Dinge beschließen: »Wenn sie gesund war, war sie im Wesentlichen eine glückliche und fröhliche Person; sie genoß die gewöhnlichen Dinge des Alltagslebens und darunter Essen und Trinken. Doch da war immer etwas Fremdes, etwas leicht Irrationales in ihrer Haltung gegenüber dem Essen. Es war außerordentlich schwierig, sie jemals dazu zu bringen, genug zu essen, um sie stark und gesund zu erhalten. Oberflächlich nehme ich an, man hätte sagen können, daß sie eine (ganz unnötige) Furcht vor dem Dickwerden besaß; aber es gab etwas Tieferes als das, in einem Winkel ihres Geistes oder in ihrer Magengrube, ein Tabu gegen das Essen. Ihre Geisteskrankheit durchzog allgemein immer irgendein Schuldbewußtsein, dessen Ursprung und genaue Natur ich nie entdecken konnte; aber es war in irgendeiner besonderen Weise mit der Nahrung und dem Essen verbunden.« Leonard schließt seinen Bericht mit der persönlichen Erfahrung: »Es ist zwecklos, mit einer geisteskranken Person zu argumentieren.«[45]

Es wurde also argumentiert zwischen Leonard und Virginia. Und wenn Leonard wußte, daß Virginia ein geheimes Tabu gegen die Nahrungsaufnahme in sich bewahrte, aber auch ausdrückte, warum stimmte er dann mehrmals psychiatrisch verordneten »Mastkuren« zu? »Leonard achtete sorgfältig darauf, was Virginia aß, er wog sie regelmäßig und trug die Ergebnisse in sein Tagebuch ein. Zwischen dem 1. Oktober 1913 und dem 14. Oktober 1915 stieg ihr Gewicht von 54 kg auf 79 kg, also um fast 50 Prozent! Fotos aus dieser Zeit zeigen Virginia überraschend pummelig. Nach ihrer Genesung 1915 durfte ihr Gewicht wieder auf den etwas normaleren Stand von rund 57 Kilo fallen. Nach dem Selbstmordversuch führte Leonard zehn Jahre lang über Virginias Menstruationsperioden Buch, vermutlich weil ihre Geistesverwirrungen mit einer ungewöhnlich langen Pause zwischen den Perioden zusammenfielen. Heute weiß man, daß Gewicht und Menstruation eng zusammenhängen und daß das Ablehnen von Nahrung Zeichen eines sexuellen Konflikts sein kann — z.B. eines Ablehnens der Weiblichkeit.«[46]

Was geschah nun aber im Jahre 1913? Schon 1912, als Leonard sich bereits »sein Bild« von Virginias psychischem Zustand gemacht hatte, das er dann in seinem Roman ›Die weisen Jungfrauen‹ dokumentierte, hielt er es nicht für verantwortbar, daß Virginia Kinder bekam, weil er um ihre Gesundheit fürchtete. Er orientierte sich an der Vererbungstheorie des Arztes T.B. Hyslop, die im Widerspruch stand zu Sir George Savages Auffassungen in dieser Frage. Hyslop legte sehr viel Wert auf die Krankheitsgeschichte einer Familie und riet von Kindern ab, wenn »Geisteskrankheiten« in einer Familie aufgetreten waren. Doch sei an dieser Stelle nur erwähnt, daß Vanessas drei Kinder alle völlig gesund waren.

Leonard nahm Hyslops Auffassungen für die Familie Stephen als gegeben an: er übernahm also die Lehrmeinung eines sozialdarwinistischen Erbtheoretikers, der sogar eine Theorie der »englischen Rasse« vertrat. Hyslop hegte in bezug auf Frauen eine geradezu chauvinistische Haltung, die dem Trend des 19. Jahrhunderts entsprach. Für Hyslop ist eine Frau naturgemäß Mutter, hat eine soziale und ornamentale Funktion in der Gesellschaft, während ein »künstlicher« intellektueller Zustand der Frau seines Erachtens zu ihrer Verkrampfung führe, welche die »Kraft des Volkes« letztlich schwächen würde. In aller Praxis läuft diese frauenfeindliche Haltung mit den Urteilen zusammen, die etwa Samuel Smiles, John Ruskin, aber auch Sir Leslie Stephen in ihren Schriften äußerten. Aber auch die Idolfigur des Zeitalters, Königin Viktoria, beharrte auf dem Grundsatz: »Die Frau soll sein, als was Gott sie gemacht hat: die Gefährtin des Mannes — aber mit völlig anderen Pflichten und Aufgaben.«[47]

Im Jahre 1912 nach der Eheschließung und der Hochzeitsreise begann für Virginia eine depressive Phase. Leonard fürchtete sich vor einem Zusammenbruch Virginias und vor einem Selbstmordversuch. Daher suchte er bei den Psychiatern Rat und Hilfe. Mit ihm selbst ging nach den negativen Erlebnissen seiner Ehe eine Verwandlung vor: er verließ den Status des Ehemanns, um ihr Pfleger oder gleichsam ihre »Krankenschwester« oder ihre Mutter zu werden. An sich selbst schien Leonard nicht zu zweifeln. Für ihn war klar, daß er gesund, Virginia aber »verrückt« war. Dieses Oppositionsschema behielt er in den folgenden Jahren bei; es stellte sich als außerordentlich wirkungsvoll heraus — aber nicht im positiven Sinne — und führte bis zur Tragik Virginias im Jahre 1941, als sie in ihrem Abschiedsbrief an Leonard noch einmal seine Sicht der Dinge bestätigte, um ihm ein Weiterleben zu ermöglichen und Selbstvorwürfe zu ersparen.

Das genannte Oppositionsschema spiegelt nur das Verhältnis einer traditionellen Geschlechtereinteilung als Gegensatz von Subjekt und Objekt: »Der Inhaber des Logos besitzt das Privileg des Definierens und Klassifizierens. ›Fressen oder gefressen werden‹ lautet das Gesetz des Dschungels. Definieren oder definiert werden, so lautet das Gesetz des Menschen...«[48] Auch im Falle von Virginia Woolf wurde eine gefährliche Definition durch die Psychiater und Leonard vorgenommen, die letztlich in eine Situation mündete, in welcher Virginia erstarrte: »Wird dieses Etikett [»verrückt«/»mad«] einmal akzeptiert, so werden die anderen Besonderheiten der Person, vor allem die positiven, nicht mehr berücksichtigt und der Betroffene wird erniedrigt und entmenschlicht.«[49] Jeder Mensch lebt in einem Gesamtzusammenhang, der auch seinen Gesundheitszustand bestimmt. Dieser Gesamtzusammenhang hat immer eine aktuelle und eine historische Ebene. Isoliert man einen Menschen nun aber als »Fall« aus diesem Kontext, so wird man in den Auflösungsmöglichkeiten für zunächst Unverständliches an diesem Menschen um vieles ärmer. Dies muß man vor allem auch veranschlagen für Leonards Gleichsetzung von Virginias Besonderheit und spezifischer Aura mit »Realitätsverlust«, zeigt dies doch, daß Leonard eine bestimmte Art von Realität als Norm voraussetzte: seine Realitätssicht.

Zu dieser aktuellen Struktur Virginias, die sich als eine Synthese von Ängsten, Phobien, Versagen, Erstarrungen, aber auch Euphorien und künstlerischen Fähigkeiten bezeichnen läßt, gab es eben eine historisch-genetische Seite. Auf dieser Seite muß man — um nur einiges zu erwähnen — folgende Elemente ins Auge fassen: Virginias fehlgeleitete Erfahrung mit der Sexualität in Kindheit und Jugend, der Tod der Mutter und ihre

Unfähigkeit zu trauern — aus latenter Vaterbindung und fixierter Muttersuche heraus —, sodann die Pflege Leslie Stephens während seiner langen Krankheit und seines Sterbens im Jahre 1904.

Leonard Woolf hat in seiner Autobiographie über die Ereignisse von 1912 und 1913 entgegen dem ersten Eindruck keinen detaillierten Bericht geschrieben, sondern eine Abhandlung, währenddessen Virginia Jahre später, nämlich in ›Mrs. Dalloway‹, ihre Version des Geschehens verschlüsselt mitteilte. Leonard versuchte eine rationale, mechanistische Lösung des Problems zu finden, indem er sich mit der damaligen Medizin gegen die »Geisteskrankheit« Virginias verbündete. Virginia wurde in diesen Lösungsversuch überhaupt nicht einbezogen. Für Leonard war »Verstehen« nur als »Begreifen« möglich; da er Virginia nicht »begreifen« konnte, »verstand« er sie auch nicht, selbst wenn er sie liebte, woran nicht zu zweifeln ist. In seinem Bewußtsein spiegelte sich die viktorianische Teilung des Selbst in wissenschaftliche Intelligenz und in den seelisch-gefühlsmäßigen Teil des Ich. Zeichen dieser Haltung war unter anderem Leonards geheimes medizinisches Tagebuch, das Virginia nicht lesen sollte. Daher schrieb er die Texte in einer Schrift, die er während seines Ceylon-Aufenthalts gelernt hatte.

Leonard verabsäumte also, von Virginia selbst auszugehen. Er führte keine Gespräche mit ihr über die Quellen ihrer Depression: »... von den ersten Tagen ihrer Heirat an hatten Leonard und Virginia ihre Positionen eingenommen, ihre Schützengräben gegraben, für das, was ein lebenslanger Kampf werden sollte. Sie würde in nervösen Streß flüchten und er würde da sein, um zu beschützen und zu pflegen. Und dies, extrem wie es klingen mag, würde nur in einer Ehe natürlich sein, die auf keiner sicheren körperlichen Basis ruhte.«[50]

Als Leonard mit Virginia im August 1913 zum »Urlaub« nach Holford fuhr, erlebte er Virginias hartnäckige Nahrungsverweigerung. Diese Nahrungsverweigerung, die auch als Zeichen der Angst vor einer Schwangerschaft gesehen wird, konnte Leonard nicht auflösen, nicht übersetzen. Doch stand sie für die Verweigerung von Virginias Rückkehr zur Plough Inn, in der Leonard und Virginia unmittelbar nach ihrer Heirat einige Tage gewohnt hatten. Sehr wahrscheinlich wollte sie nicht zum »Ort des Geschehens« zurückkehren, zu dem Ort, »wo sie versagte, eine richtige Ehefrau zu sein«.[51] Dieses Versagen hat sie später an Clarissa Dalloway geschildert: »So war der Raum ein Bodenzimmer; das Bett eng; und indem sie dort lag und las, denn sie hatte schlecht geschlafen, vermochte sie nicht eine durch die Geburt hindurch bewahrte Jungfräulichkeit zu vertreiben, die ihr anhing wie ein Laken. Hübsch als Mädchen, kam plötzlich ein Augenblick — zum Beispiel am Fluß unterhalb der Wälder in Clieveden — wenn, durch irgendeine Zusammenziehung dieses kalten Geistes, sie ihn verfehlte. Und dann in Konstantinopel, und wieder und wieder. Sie konnte sehen, was ihr fehlte. Es war nicht Schönheit; es war nicht Geist. Es war etwas zentrales Durchdringendes; etwas Warmes, das die Oberflächen aufbrach und den kalten Kontakt von Mann und Frau kräuselte . . .«[52]

Virginia fürchtete die Rückkehr nach Holford und reagierte mit nervösem Streß, mit einem nervlichen Zusammenbruch. Leonard nahm das Geschehen nur an der Oberfläche zur Kenntnis: er vermochte die Nahrungsverweigerung nicht als Ablehnung der Sexualität zu sehen. Für ihn bezeichnete die Nahrungsverweigerung nur die Sache selbst — die Nahrung. Virginia, die in ihrer Sensibilität dieses Unverständnis sehr wohl registrierte, benutzte in ihrer Not das »Kunstmittel einer Ursprache (Tränen, Krisen, Körperzeichen etc.).«[53] Sie konnte sich gegen die Umgebung nicht anders durchsetzen: gegen Leonard und die Ärzte. Was hätte sie auch sonst tun können? Jede Selbstaussage über ihre Ängste auf Grund lange bestehender Identitäts- und Autonomieschwankungen hätte man vermutlich bloß als »Selbstverurteilung« verstanden. Allerdings bleibt an dieser Situation auch zu bemerken, daß die Generation Leonards und Virginias sich in einer besonders schwierigen Lage befand; sie war auf dem besten Wege, das 19. Jahrhundert geistig zu überwinden, aber das hieß ja noch lange nicht, daß sie auch das Mental- und Verhaltenssystem schon überwunden hatte, in dem sie aufgewachsen war, um ein anderes Menschenbild zu verwirklichen.

Schon hier wird deutlich, daß Virginia in ihrem Verweisen eine symbolische Ebene benutzte, die ihr einerseits ermöglichte, noch eine Botschaft innerhalb einer »feindlichen Umwelt« zu senden, die aber andererseits nicht noch zur Verschärfung des Eindrucks von »Verrücktheit« führte, da die Angeredeten nichts verstanden.

Es hätte eines Menschen bedurft, der in der Lage war, die Sprachebenen zu vermitteln in einer Leonard und Virginia verständlichen Sprache. Die Erwartungen, die Leonard an die soziale (und körperliche) Identität Virginias stellte, vermochten nicht im Einklang zu stehen mit dem Selbstverständnis Virginias (personale Identität). Seines Erachtens sollte Virginia so sein wie alle anderen Frauen, während Virginia darauf bestand, daß sie so war wie kein anderer. Die Situation in Holford wirkte daher zerstörerisch auf Virginias Balance des Ich: »Eine gelungene Identitätsbalance bewirkt, daß das Individuum einerseits trotz der ihm angesonnenen Einzigartigkeit sich nicht durch Isolierung aus der Kommunikation und Interaktion mit anderen ausschließen läßt und andererseits sich nicht unter die für es bereit gehaltenen sozialen Erwartungen subsumieren läßt, die ihm unmöglich macht, seine eigenen Bedürfnispositionen in die Interaktion einzubringen.«[54]

Unter solch gewaltigem Außendruck war Virginia Woolf nicht in der Lage, ihre Identität zu balancieren. Ihr blieb nur noch das Ausweichen in ihre Symbolsprache der »Nahrungsverweigerung« sowie der psychische Zusammenbruch.

Nach Holford glaubte Virginia, sie wüßte, was mit ihr nicht in Ordnung war, doch sie besaß keine Möglichkeit, darüber irgendeinem Menschen eine Mitteilung zu machen. Sie war isoliert, allein, ausgeliefert einem medizinischen Apparat, an den Leonard glaubte. Bei dem entscheidenden Untersuchungsgespräch mit Dr. Head am 9. September 1913 in London wurde Virginias Entmündigung noch einmal bestätigt: man sagte ihr, sie wüßte nichts von ihrer Krankheit, ihre Versicherung, nicht krank zu sein, hätte keine Geltung.

Danach läßt sich Virginias »Entschluß«, sich einem medizinischen Verfahren zu »unterziehen« — das Leonard durchsetzte — nur noch als Ergebnis einer Willensbrechung lesen, bei der Leonards Vorgehen sicher unbewußte Elemente enthielt. Merkwürdig erscheint jedenfalls, daß Leonard, der sich schon früh mit Sigmund Freud beschäftigt hatte, nie auf den Gedanken kam, die Freudschen Ansätze mit Virginias »Krisen« in Zusammenhang zu bringen. Aber auch Virginias spätere Ironisierungen der Psychoanalyse haben wohl ihre Verdrängungsleistungen intellektuell überhöht.

Das Ergebnis der Untersuchung durch Dr. Head führte zur Katastrophe des Selbstmordversuchs. »Das Subjekt kann weder metasprachlich sich mitteilen noch fliehen, und das aufgrund eines kategorischen Imperativs, folgsam zu sein, ...nicht: ›nein‹ zu sagen.«[55] Der Psychologe David Cooper hat in dem Versuch des »zukünftigen Patienten« »nein« zu sagen, eine dialektische Situation entdeckt: einerseits zeigt sich darin die gesunde Abwehr des Subjekts, »seine autonome Entscheidung gegen ein imperialistisches Gedankensystem zu behaupten, das für ihn vermittelt ist durch das geschlossene System, das die Familie und die konventionelle Psychiatrie verbindet«,[56] andererseits legt ihm dieses System sein »Nein« als Beweis seiner Krankheit aus (Uneinsichtigkeit) und entmündigt das Subjekt. Der Versuch, zu verstehen, was der »Patient« sagt, bleibt aus und hinter dem Interesse an den nervlichen Prozessen zurück.

Wie Septimus Warren Smith litt Virginia an ihrer »Unfähigkeit zu empfinden«, die zum sexuellen Versagen führte, doch es war niemand da, mit dem sie reden konnte. So muß ihr Selbstmordversuch als Ausweg aus der absoluten Isolation verstanden werden. Virginia war ein Opfer des wissenschaftlichen Positivismus.

Der Ausgang nach dem überstandenen Selbstmordversuch war ein Kompromiß Leonards mit den Ärzten: Virginia wurde nicht registriert, aber unter Aufsicht von Krankenschwestern aufs Land gebracht — allerdings zu einem »verkehrten Ort«, nämlich Dalingridge Place, dem Haus George Duckworths. Leonard wußte nicht, welche Rolle George im Leben Virginias gespielt hatte: »Die ›Realität‹ für Virginia war es, in George Duckworths Bett zu liegen und in seinem Haus und unfähig zu sein, ein Wort darüber zu sprechen, nicht einmal zu Leonard.«[57]

Virginia, für Leonard »halb verrückt, halb Genie«, wollte nicht in Dalingridge sein. Sie aß nichts und sprach im Zusammenhang mit dem Essen von Schuldgefühlen. Doch ihr stiller

Protest half nichts; sie wurde erbarmungslos einem der damaligen Psychiatrie notwendig erscheinenden Fütterungsprogramm unterworfen. Es dürfte deutlich sein, daß ein Gewicht von fast 160 Pfund für eine Frau eine Zumutung ist. Dieses verhaßte Dicksein verstörte Virginia so sehr, daß sie nicht schreiben konnte, ja daß sie sogar Stimmen hörte.

So erlebte Virginia im November 1913 die tiefste Depression in ihrer Ehe. Virginia sah Leonards Haltung und die der Ärzte als Verschwörung gegen sie an. Leonard dachte nicht daran, seine rationalistische Haltung in Frage zu stellen, wurde er doch von medizinischer Seite bestätigt. Alles »war in Ordnung«. Die Frage der individuellen Weltkonstruktion nach dem eigenen Voraussetzungssystem liegt hier zugrunde. Wenn jemand über sein Weltkonstrukt mit einem anderen kommunizieren will, dann muß eine Sprachebene hergestellt werden, auf der ein sinnvoller Austausch möglich ist. Im Falle Virginias und Leonards aber herrschte Schweigen: bedeutungsvolles Schweigen, ergänzt durch Virginias Kommunikationsversuche, die nicht in der Alltagssprache stattfanden und in dieser auch nicht stattfinden konnten.

Vermutlich wäre es auf psychoanalytischem Wege gelungen, das Schweigen zu durchbrechen, Aussagen und Handlungen Virginias zu studieren, die mit der äußeren »Wirklichkeit« nach augenfälliger Wahrheitsentsprechung nichts zu tun haben. Freud nahm die Patientenaussagen sehr ernst, ja, er bestimmte die Aufgabe des Psychoanalytikers vor allem als strukturales Verfahren des Auseinanderlegens und Neuzusammensetzens der Elemente einer »Erzählung«. Freud war es, der die »Epoche des Schweigens« in bezug auf seelische Desorganisationen beendete. »Denn Freud wird als erster der Vernunft und der Unvernunft von neuem die Möglichkeit verschaffen, in der Gefahr einer gemeinsamen Sprache miteinander zu kommunizieren, ohne indessen auf das höchste Ziel zu verzichten, das er der Psychoanalyse setzt: der Vorrang des Verstandes.«[58]

Die lebendige Verkörperung der dunklen Seiten Virginias findet sich in allen ihren Romanen, besonders deutlich aber in ›Die Wellen‹. Dort zeigt sie, wie schon in ›Mrs. Dalloway‹ und ›Die Fahrt zum Leuchtturm‹, wie perspektivisch die Weltauffassungen des einzelnen sind. Jeder Mensch muß sich seine

Welt konstruieren aus dem, was er vorfindet und dem, was er »sieht«. Optisches direktes Sehen des Äußeren und Vision gehen zusammen, um personale Welten zu erschaffen. Gerade aber die Frage, wie eine Subjektivität die Welt erfaßt und sieht, hat Virginia Woolf zum metaphysischen Thema ihres Werks erhoben. Immer wieder erholte sich Virginia nach ihren Krisen und kehrte an ihre Arbeit zurück, dem Zentrum ihres Lebens, von dem Michel Foucault sagt: »Wo es ein Kunstwerk gibt, da findet sich kein Wahnsinn; . . .«[59]

In Virginia Woolfs ›Die Wellen‹ bringt Rhoda ihre existenzielle Ausgesetztheit zum Ausdruck, ihre Verletzlichkeit im Körperlichen und Seelischen, ihre Angst vor Terror und Überwältigung durch bedrohliche Menschen, aber auch durch das Unheimliche, das Nichts. Sie vermag gegen die auf sie einstürmenden Gewalten keinen Widerstand zu leisten. Ihr Ausweg bleibt allein die Poesie, die Literatur. Das Leben als solches scheint für Rhoda jede Sinngebung, jede erfüllte Zeit zu verweigern; es ist grausam und unsicher. Der Mangel an Identität wird damit veranschaulicht, daß Rhoda von sich sagt, sie habe kein Gesicht.

Auch Virginia lebte in der Angst vor Bloßstellung, Lächerlichkeit, Gewalt. Sie war eine ätherische Figur, der die Solidität derjenigen Menschen fehlte, die in feste Weltbezüge eingespannt sind. Daher brauchte Virginia solch ein Maß an Bestätigung durch Freundschaft und Ruhm. Sie war süchtig nach Briefen, süchtig nach Informationen über menschliche Zusammenhänge, süchtig nach mütterlichen Freundinnen.

Auch die Kinderlosigkeit bedeutete für Virginia ein Moment ihrer unerfüllten persönlichen Identität, so daß ihr Bild des Wassers, das auch für Rhoda von wesentlicher Bedeutung ist, das Schwanken der Existenz vermittelt: »Sie kann die Welt nicht zusammensetzen, wie es die anderen tun, sie jederzeit ins Lot bekommen, natürlich, sogar ohne es zu versuchen. Sie braucht nur einen Korridor herunterzugehen und irgendein Hausmädchen wird über sie lachen. Die Gesamtheit der Existenz ist gegen sie: verlacht sie, widerspricht ihr, beraubt sie eines Gesichts und einer Identität.«[60]

Die Kunst Virginias war die Kehrseite dieser Depressionen und Mängel, der sexuellen Repression als Folge verinnerlichter

Zwänge. Doch dem entspricht auf der anderen Seite Virginias Euphorie, die sich einstellte, wenn sie von ihren »Augenblicken des Seins« redete. Es ist erstaunlich, welch glänzende Analyse Julian Huxley von diesem Zusammenhang bereits 1923 gegeben hat: »Was den Platz der Sexualität in unserer mentalen Organisation betrifft, so gibt es zwei mögliche entgegengesetzte Extreme. Entweder alle Ideen in Verbindung mit der körperlichen Seite der Sexualität mögen mit großer Vehemenz unterdrückt sein, und der sexuelle Beitrag zu verschiedenen Gefühlen ignoriert oder abgelehnt sein, während ein konstanter Versuch zur Sublimation unternommen wird; oder es gibt wenig oder keine Repression jenseits derjenigen, die durch Konvention und Sitte notwendig sind, ... Zweifellos repräsentiert die erste Alternative die verbreiteste Neurose des modernen Lebens ... Die Repression, durch welche Ursache auch immer veranlaßt (...) führt zu einer mehr oder weniger vollkommenen Trennung von zwei Teilen des Geistes, von denen nur eine mit dem bewußten persönlichen Leben verbunden bleibt. Als Ergebnis trifft man merkwürdige Phänomene an. Es gibt, das ist wahr, eine konstante Anstrengung, die notwendig ist, das Leben in Gang zu halten mit Hilfe einer unvollständigen mentalen Organisation; aber wenn die Befriedigung erreicht wird, bringt ihre Seltenheit ein gewisses Glühen mit sich, eine Erleuchtung von besonders angenehmer Natur. Ferner ist die Trennung in den meisten Fällen nicht vollständig; hin und wieder, und besonders bei erfolgreicher Sublimation — in einigen Menschen, wenn sie verliebt sind, bei anderen in religiöser Ekstase, in wieder anderen in einer Form der Kunst — hin und wieder kommt die Wiedervereinigung der Teile vor, und dabei gibt es eine außerordentliche — des Einbruchs einer mächtigen guten Kraft, eine großer außer-persönliche Flut der Seele, in das magere Strömen des Alltagslebens. Das Leben einer gewissen Anzahl von Heiligen und Asketen, Mystikern und Dichtern überfließen mit Phänomenen dieser Art; und anscheinend ist der Sinn des Wertes, der dem gelegentlichen Erlangen solcher befriedigender Seelenzustände anhängt, verbunden mit der täglichen bewußten Suche nach Sublimation, die unausweichlich ist, wenn der wichtigste Teil der einfachen Gefühle unterdrückt ist, eine so lebendige Erfahrung, daß sie den Geist befriedigt und solche Personen befähigt weiterzumachen und manchmal Arbeiten höchsten Werts anzufertigen.«[61]

Doch in den späten Dreißiger Jahren befand sich die Welt im Krieg, so auch England. Virginia fürchtete sich vor dem Faschismus und vor allem vor der Invasion Hitlers, dem Exempel männlicher Aggression. Sie erkannte die Zukunftslosigkeit der Geschichte durch die Schrecken des Krieges hindurch. Virginia glaubte nicht, daß noch eine sinnvolle, kreative Existenz möglich sein würde, sondern sah den Untergang der Humanität und aller Werte voraus, für die sie eingetreten war. Die Bedrohung erlebte sie nicht nur in der Vorstellung; sie war ganz konkret und hautnah durch die ständigen Angriffe deutscher Jagdflieger und Bomber in der Luftschlacht um England ab 1940, die vor allem Südengland in Mitleidenschaft zog.

Virginia glaubte an den Untergang der englischen Kultur, angesichts dessen ihr eigenes Leben sinnlos würde. Niemand, so dachte sie, würde nach dem Krieg ihre Bücher noch lesen. Als die Kampfhandlungen über England auf dem Höhepunkt angelangt waren, schlossen Virginia und Leonard einen wechselseitigen Selbstmordpakt und besorgten sich die Mittel für den Fall X. Virginias Furcht vor den Deutschen wurde durch die Tatsache gesteigert, daß Leonard Jude war. Sie fürchtete, daß er beim Landen der Deutschen sofort umgebracht oder in ein Konzentrationslager kommen würde.

Die Tatsache, daß die Woolfs einen gemeinsamen Selbstmord planten, spricht deutlich dagegen, daß Virginia geisteskrank war. Ihre inneren Schwierigkeiten komplizierten und verstärkten sich nur noch durch das Kriegsgeschehen und das Leben in der Bedrohung. Die Situation, die Virginia 1938 in ›Three Guineas‹ vorhergesehen hatte, war nun eingetreten.

Doch nicht nur in Rodmell verbreitete der Krieg für Virginia Furcht und Schrecken. London wurde ständig bombardiert. Bei einem Luftangriff wurde das Woolfsche Haus No. 52 Tavistock Square durch eine Bombe zerstört. Virginias Verdüsterung ihrer Weltsicht vermischte sich offenbar mit der Gewißheit, daß die Kunst wirkungslos ist, daß sie die Menschen in ihrer blinden Zerstörungswut nicht zum Besseren beeinflussen kann. Dieses Thema klingt in der symbolischen Struktur von Virginias letztem Roman ›Zwischen den Akten‹ an. Diesen Roman schrieb sie im Jahre 1940; er ist in hohem Maße ein Zeugnis ihrer künstlerischen Fähigkeiten und kein Zeichen des Wahnsinns.

Doch Virginia Woolf verfiel erneut in eine tiefe Depression. Sie fühlte sich einsam, auf dem Lande lebend, ohne das geistige Echo der literarischen Welt, ohne ihre Freunde, die durch den Krieg zerstreut waren.

Anfang 1941, als Virginia ihren Roman beendet hatte, trat ihr Erschöpfungszustand mit den früheren Kennzeichen wieder zutage, aber viel unvermittelter. Sie erstarrte in der Hoffnungslosigkeit, die mit ihrer Entscheidung zum Selbstmord endete.

# 8
# Die letzten Jahre 1932—1941

An der Wende zum Jahre 1932 sah es in England nicht sonderlich gut aus. Die Nachwirkungen der Wirtschaftskrise von 1929—1931 waren noch allseits zu spüren. Großbritannien wurde durch hohe amerikanische Kredite belastet, die seit 1928 zurückgefordert wurden. Das führte zu Geldknappheit, Zahlungsunfähigkeit, Absatzschwierigkeiten und Arbeitslosigkeit. Die Regierung Ramsay Mac Donalds verfolgte keine konsequente Wirtschaftspolitik, so daß die Arbeitslosenzahl im Jahre 1931 auf 3 Millionen anstieg. Die Krise zeichnete sich so klar ab, daß Mac Donald 1931 im August sein Kabinett in eine »Nationale Regierung« mit konservativer Mehrheit umwandelte.

Zu allen Zeiten, waren sie nun besser oder schlechter, hatten Leonard und Virginia ihr volles Arbeitsprogramm. Die vielen politischen und sozialen Aktivitäten, denen Leonard nachging, hat er eindrucksvoll in seiner Autobiographie der Jahre 1919—1939 beschrieben. Virginia überarbeitete zu Beginn des Jahres 1932 einen Brief an John Lehmann, den sie später in der Zweiten Serie ihres ›Common Reader‹ unter dem Titel ›Ein Brief an einen jungen Dichter‹ veröffentlichte. Ihr Roman ›Die Wellen‹ entpuppte sich fast zum Bestseller; am Jahresbeginn waren bereits 9 500 Exemplare verkauft, worüber Virginia selbstverständlich froh war.

In Rodmell steigerte sich zum Unwillen Virginias die Bautätigkeit. In Richtung Asheham wurde ein Zementwerk errichtet, daß die Downs noch mehr verschandelte, so daß Virginia überlegte, ob sie nicht doch ein anderes Domizil suchen sollten.

Am 10. Januar kehrten Leonard und Virginia nach London zurück. Virginia empfand immer noch das Nachwirken der An-

strengungen, die sie beim Schreiben der ›Wellen‹ auf sich genommen hatte. Die Hogarth Press arbeitete Anfang 1932 mit
vier Angestellten und hatte genügend Aufträge. Virginia überlegte, sich aus dem Verlag zurückzuziehen, doch sie gab auch
zu, daß ihr die verlegerische Arbeit Spaß machte. Am 18. Januar verschlechterte sich Lyttons Zustand; er bekam Mor-
phium-Spritzen. Die Woolfs besuchten Lytton in Ham Spray
am 14. Januar; aber auch da war er schon zu krank, um sie zu
sehen, freute sich aber, als man ihm sagte, Virginia und Leonard seien gekommen.

Am 21. Januar 1932 starb Lytton Strachey. Die Geschwister
und die Freunde trauerten um ihn. Virginia empfand die Verarmung, die Lyttons Tod für sie bedeutete. Es war der Beginn
einer Reihe von Abschieden, die in den nächsten Jahren auf sie
zukamen. An Carrington schrieb sie: »Liebling Carrington,
Wir danken Dir alle für das, was Du Lytton gegeben hast. Bitte
Carrington, denke daran, und laß uns Dich dafür segnen. Dies
ist jetzt unser großer Trost — das Glück, das Du ihm gabst —,
und er sagte mir es. V. Ich denke Du weißt, daß ich dasselbe
fühle. L.«[1]

Virginia wurde am 25. Januar 50 Jahre alt. Sie litt so sehr
unter dem Tod ihres Freundes Lytton Strachey, daß der Geburtstag gleichsam vergessen wurde. Schon vor ihrem Geburtstag dachte Virginia über das zukünftige Leben nach, hatte aber
auch das Gefühl, schon 250 Jahre gelebt zu haben, ein Zeichen
für die Intensität ihres Daseins.

Sie sorgte sich um Carrington und schrieb am 30. Januar in
ihr Tagebuch: »Sie können Carrington nicht allein lassen. Sie
sagt, sie will sich umbringen — ganz vernünftig —, aber besser
abwarten bis der erste Schock vorüber ist & dann weitersehen.
Selbstmord scheint mir ganz sinnvoll zu sein. Wir sind zu früh
geboren.«[2]

Am 29. Januar kamen Lyttons Geschwister zu den Woolfs
zum Dinner, und am letzten Tag des Januar schickte Virginia
die Schlußfassung ihres ›Briefes an einen jungen Dichter‹ zum
Drucker. Sie empfand, daß das Schreiben immer schwieriger
wurde, weil sie ihre Ansprüche an die gedrängte Ausdrucks-
weise steigerte.

Doch Virginia lebte ihr Londoner Leben im gewohnten Rahmen, obwohl die Trauer um Lytton spürbar blieb. Sie traf Roger Fry und seinen Kreis, Ottoline, die Eliots, Molly Mac-Carthy — und Ethel Smyth: »Ich höre ein charakteristisches und schweres Stampfen. Dann ein kühnes Klopfen an die Wohnzimmertür. Herein kommt Ethel Smyth wie ein unge-schorenes = ziemlich überwachsenes wildes Waldtier, Art un-bestimmt. Sie trägt, wie gewöhnlich, ihren dreieckigen Frideri-cus Rex-Hut = und eine ihrer unzähligen ›Ablösungsmann-schaften‹ von Tweedjacken = Röcken. Sie trägt einen Leder-ranzen. Bevor sie sich setzt, beginnt sie zu reden.«[3]

Virginia arbeitete am zweiten Band ihres ›Common Reader‹ und korrigierte gerade einen Aufsatz über den englischen Dich-ter John Donne. Sie wußte genau, welche Last sie sich mit die-sem Projekt aufgeladen hatte: endlose Lektüre, Schreiben, Ver-bessern, Präzisieren. Doch Virginia glaubte, ein Werk der Lite-raturkritik würde ihr gut tun als Befreiung vom Romanschrei-ben, das sich dann ganz von selbst wieder einstellen würde.

Die mannigfachen Treffen Virginias mit ihren Freunden — mit Clive, gerade im Begriff, nach Rom zu reisen, mit Vanessa, Duncan und Roger Fry — machten eines deutlich: In ihren Ge-sprächen kehrten sie alle immer wieder zu Lytton zurück. Sie diskutierten seine Portraits, seinen Nachlaß. Er hatte einem bi-bliophilen Freund alle Bücher hinterlassen, die vor 1841 er-schienen waren. Die Freunde hielten Lyttons Briefe für unpubli-zierbar, weil in ihnen die Menschen angegriffen und ironisiert wurden: »(James Strachey) sagt, Lytton äußere sehr unange-nehme Dinge über uns alle. Aber da wir das alle (ebenso) tun, sehe ich nicht, daß das etwas ausmacht«, schrieb Virginia großzügig.[4]

Lytton wurde nicht beerdigt, sondern eingeäschert. Er bekam keine großartige Grabstätte; so verwandelte er sich gleichsam in einen Geist, ähnlich Percival in Virginias Roman ›Die Wellen‹. Zum Leben erweckten ihn die Freunde, wenn sie über ihn sprachen. Darin bestand sein einziges »Denkmal« — abgesehen von der Tafel, welche die Familie Strachey in ihrer Kapelle in Chew Magna, Somerset, anbringen ließ.

So traf Virginia demnach im Frühjahr 1932 viele Menschen, zu viele, wie sie selbst vermerkte: »Ich werde von einer Person zur anderen gehetzt«, schrieb sie an Ethel Smyth, »und dann nennst Du mich einen Eremiten. Jeden Tag gehe ich aus oder habe jemanden hier.«[5]

Ungeachtet der Tatsache, daß Virginia zäh arbeitete, kamen ihr durch Lyttons Tod Gedanken über den Lebenssinn in den Kopf: »Was ist der entscheidende Punkt davon — das Leben und wenn ich nicht arbeite, dünn, indifferent.«[6] Und an Otto-line Morrell schrieb sie: »Wir müssen immer das Gedenken an ihn (Lytton) horten — das wird etwas Wirkliches sein — sonst, in London herumrennen und finden, daß alles weitergeht, ich bin entsetzt von der Vergeblichkeit des Lebens — Lytton tot — und niemanden kümmert es.«[7]

Im Bewußtsein der englischen Kulturwelt besetzte Virginia Woolf längst einen festen Platz. Ein Musikkritiker des ›Manchester Guardian‹ verglich ihr Romanwerk mit Laurence Sterne, was schon Lytton Strachey getan hatte: seit Sterne sei nie etwas so Sensibles geschrieben worden wie von Virginia Woolf. Die gesellschaftlichen Aktivitäten im Frühjahr 1932 hatten mehrere Gipfelpunkte. Dinnerparties wechselten mit Konzerten und Vorträgen. Roger Fry sprach vor begeistertem Publikum in der Queen's Hall über französische Malerei. Mitte Februar hörte Virginia Woolf das berühmte Busch Quartett in der Wigmore Hall. Auf dem Programm standen Werke von Brahms, Dvorak und Beethoven. Die Brüder Adolf (1891—1952) und Fritz (1890—1951) Busch wurden weltberühmt. Adolf Busch, der Violinist, begründete das Quartett, während Fritz als Dirigent Karriere machte.

Immer noch lief der Verkauf des Romans ›Die Wellen‹ sehr gut, ja er übertraf alle vorherigen Romane Virginias. Ende Februar waren 10000 Exemplare verkauft. In dieser Zeit gab Hugh Walpole eine Sir Walter Scott-Anthologie größeren Umfangs heraus, die er mit einer ausführlichen Einleitung versah. Hugh schätzte Virginia so sehr, daß er in die Bücher drucken ließ: »Für Virginia Woolf, die Sir Walter nicht spottet.«[8]

Am 29. Februar 1932 geschah etwas Außergewöhnliches: Virginia erhielt vom Master des Trinity College, Cambridge, die Einladung, die berühmten sechs Clark Lectures zu halten. Dies gilt heute wie damals als eine der gewichtigsten Ehrungen, die Cambridge einer Persönlichkeit des britischen Geisteslebens geben kann.

Daß Trinity College eine würdige Institution ist, läßt sich unter anderem daran erkennen, daß noch heute — dies ist seit 1546 unter Heinrich VIII. der Fall — der jeweilige Master vom englischen Souverän bestimmt wird. Virginia Woolf wußte, daß noch nie eine Frau eingeladen worden war, diese Vorlesungen zu halten, doch sie lehnte ab, weil sie glaubte, sich durch eine Annahme der etablierten gesellschaftlichen Ordnung zu verbinden. Gegenüber Clive Bell versuchte Virginia, die Clark Lectures hervorzuheben, aber gleichzeitig herunterzuspielen: »In der Tat, da Desmond Clark Lecturer war, ist die Ehre nicht überwältigend, selbst für eine eitle Frau wie mich — Herr! — welches Zeug er schreibt.«[9]

Trotz dieser Ablehnung war Virginia stolz, hatte doch ihr Vater Sir Leslie Stephen diese Vorlesungen im Jahre 1883 gehalten: »Ja, all das Lesen, sage ich, hat diese merkwürdige Frucht getragen. Und ich bin zufrieden; und noch zufriedener, daß ich nicht gehen werde; & ich mag es gern, daran zu denken, daß Vater vor Freude errötet wäre, hätte ich ihm vor 30 Jahren sagen können, daß seine Tochter — meine arme kleine Ginny — gebeten wurde, in seine Fußtapfen zu treten: diese Art Kompliment hätte er gemocht.«[10]

Anfang März wurde Virginia zu einem Dinner bei Raymond Mortimer eingeladen. Sie traf dort Alice Keppel, die ehemalige Geliebte König Edwards VII., die in der britischen Politik eine große Rolle gespielt hatte. Alice Keppels Tochter Violet war zeitweilig heftig mit Vita Sackville-West liiert gewesen. Über Alice Keppel nun schrieb Virginia: »...ein ungeheures Wissen, & nach Berlin fahren, um Hitler reden zu hören. Schäbige Unterkleider: großartige Pelze, große Perlen; ein Rolls Royce wartend — auf dem Wege, meine alte Freundin, die Schneiderin zu treffen;...«[11]

Am 10. März besuchten Leonard und Virginia Carrington in Ham Spray. Virginia hatte schon zuvor versucht, sie zu trösten. So schrieb sie ihr am 2. März: »Oh, aber Carrington, wir müssen leben und wir selbst sein — und ich fühle, es ist mehr für Dich zu leben als für irgend jemand anders; weil er Dich so liebte, und Deine Merkwürdigkeit liebte und die Art wie Du Du selbst warst.«[12]

Carrington litt furchtbar darunter, daß Lytton nicht mehr

lebte; sie war depressiv, blaß, still. Die Woolfs versuchten, sie abzulenken, gaben ihr Aufträge für Holzschnitte, die sie in der Hogarth Press verwenden wollten.

Virginia beschreibt, wie sie nach dem Essen in Lyttons ästhetischer und wunderbar aufgeräumter Bibliothek saßen und miteinander sprachen. Die Woolfs machten anschließend einen Spaziergang und kehrten dann zum Tee zurück. Carrington fragte Virginia, ob sie nicht einen Raum im Hause genau so lassen sollte, wie Lytton ihn zuletzt benutzt hatte. Carrington war so verzweifelt, daß sie in Tränen ausbrach, und Virginia versuchte, sie zu beruhigen. Sie dachte, daß sie nun — da Lytton tot war — nicht mehr gebraucht würde.

Über dem Haus lag eine merkwürdig stille, ästhetische, aber auch tragische Stimmung. Beim Abschied schenkte Carrington Virginia eine französische Dose mit dem Bild des Arc de Triomphe, die sie selbst einmal Lytton geschenkt hatte. Virginia und Carrington umarmten und küßten sich, als sie vor der Tür von Ham Spray standen, um nach Hause zu fahren. Noch am selben Abend schrieb Virginia einen Dankesbrief an Carrington, der sie nicht mehr erreichen sollte.

Am Morgen nach dem Besuch der Woolfs gegen 8.30 Uhr erschoß sich Carrington mit einem Jagdgewehr. Leonard und Virginia waren deprimiert, verfielen in ihre »Mausoleumsgespräche«, diskutierten über den Selbstmord. Sie überlegten schließlich, ob sie nach all dem nicht eine Reise machen sollten. Griechenland schwebte ihnen als Ziel vor. Dorthin wollten sie zusammen mit Roger Fry und seiner Schwester Margery, genannt »Ha«, fahren.

Die Woolfs begaben sich am 12. März nach Cambridge, um sich dort eine von Dadie Rylands inszenierte Hamlet-Aufführung anzusehen. Sie nahmen sich für die Rückreise etwas Zeit, fuhren über North Norfolk nach Rodwell House, Baylham in Somerset, das Roger Fry gehörte, übernachteten dort und kamen am 14. März zum Tavistock Square zurück. Virginia mußte ihren Neffen Julian Bell trösten, der sich mit seiner Fellowship Dissertation über Alexander Pope nicht behaupten konnte. King's College gab ihm den ersehnten Posten nicht. Zudem lehnte auch noch Leonard die Veröffentlichung des Buches in der Hogarth Press ab, was Vanessa verletzte.

Virginia sah ein, daß das Leben weitergehen mußte; eine Woche nach Carringtons Tod hatte sie bereits Distanz gewonnen: »Ich bin froh, daß ich lebe & es tut mir leid um die Toten: ich kann nicht denken, warum Carrington sich umbrachte & all diesem ein Ende machte.«[13]

Ende März erschienen die beiden ersten Bücher über Virginia Woolf: eine Marburger Dissertation und ein französisches Werk über ihren psychologischen Roman. Virginia Woolf sah darin ein Signal, daß sie sich nicht auf eine bestimmte Gestalt als Schriftstellerin festlegen dürfe. Das Ende des Monats verbrachten Leonard und Virginia in Rodmell. Es war mittlerweile schon recht warm geworden. Virginia sträubte sich zwar, mit ihren Arbeiten am ›Common Reader‹ voranzukommen, sie arbeitete sich aber dann doch zäh durch die englische Literaturgeschichte. Immer wieder dachte sie an den Urlaub; die Griechenlandreise war etwas Verlockendes für ihre Phantasie.

Ende März besuchten die Woolfs Vita Sackville-West in Sissinghurst. Virginia mochte es zu gern, mit dem Auto durch die englische Landschaft zu fahren, die Dörfer mit ihren alten Gebäuden zu betrachten. Harold Nicolson befand sich in einem seelischen Tief, denn er hatte seine Anstellung bei der Zeitung *Action* verloren, da diese aufgegeben worden war. So bemerkte er, notierte Virginia in ihr Tagebuch, »ich würde nobler und nobler werden, während sie ärmer würden.«[14] Die Nicolsons planten, Pensionsgäste aufzunehmen, um ihre Einkommenssituation zu verbessern. In Sissinghurst waren sie daran gegangen, Stallungen in Gästezimmer umzubauen.

Am Sonntag dem 3. April verließen Leonard und Virginia Rodmell und fuhren nach London. Kaum am Tavistock Square zurück, bekam Virginia eine Grippe, die mit ziemlich hohem Fieber einherging. Mit ihren Gedanken weilte sie schon längst in Griechenland; auch traf sie schon erste Reisevorbereitungen, kaufte Garderobe und ließ sich von Ethel Smyth über das Athener Reisebüro Giolmann informieren.

Die Fahrtpläne konkretisierten sich am 11. April; die Woolfs und die Frys gedachten, mit dem Schiff nach Griechenland zu reisen und dabei die dalmatinische Küste entlangzufahren. Während in Südengland Hagelschauer über das Land gingen, sahen die Reisenden bereits den Süden vor sich.

Am 15. April 1932 fuhren die Woolfs und die Frys ab Victoria Street Station nach Dover, überquerten den Kanal nach Calais, reisten mit der Bahn weiter nach Paris und kamen am Tag darauf in Venedig an. Dort wohnten sie in einem Hotel am Canale Grande. Von Venedig aus ging es per Schiff am 17. April über Brindisi nach Athen.

Schon in Venedig übernahm der unendlich beschlagene und vielseitige Kunsthistoriker Roger Fry die Rolle des »Cicerone«. Er verhandelte auf Italienisch mit den Gondolieri und zeigte seinen Freunden einfühlsam eine pittoreske und abwechslungsreiche Lagunenstadt. Virginia war ganz bezaubert von den leisen abendlichen Gondelfahrten durch die ästhetisch so ansprechend-anspruchsvolle Kulisse Venedigs. Sie erinnerte sich an John Ruskin, der für die Kunstgeschichte Venedigs Pionierdienste geleistet hatte in ›Die Steine von Venedig‹ und ›St. Mark's Rest‹.

Die beiden »Paare« verstanden sich sehr gut. Von Bord des Schiffes ›Lloyd Triestino‹ aus schrieb Virginia an ihre Schwester Vanessa in Cassis: »Soweit sind die Frys und die Woolfs so süß wie Nüsse und so sanft wie Seide gewesen, und ich darf sagen, wir haben nicht für eine halbe Stunde aufgehört zu reden.«[15]

Das Schiff konnte nicht den unmittelbaren Kurs auf Athen nehmen, weil die Meerenge des Golfs von Korinth durch Felsbrocken blockiert war, so daß die ›Lloyd Triestino‹ um den Peloponnes herumfahren mußte. Athen bedeutete für Virginia eine Rückkehr in ihre Jugend, in das Jahr 1906, als sie mit Vanessa, Roger, Thoby und Violet Dickinson nach Griechenland gefahren war. Vor allem der Parthenon, den sie in ›Jacob's Room‹ so eindrucksvoll geschildert hatte, wurde für sie zum Symbol Griechenlands und zum Bild der eigenen Vergangenheit. Es war warm und luftig, ja heiß in Athen mit seinen strahlend weißen Gebäuden, die sich vor azurblauem Himmel abzeichneten. Es verwundert nicht, wenn die Frys und die Woolfs die nächste Gelegenheit wahrnahmen, um auf die Akropolis hinaufzusteigen.

Virginias Betrachtungen auf der Akropolis wurden gestört durch deutsche Touristen, die plötzlich nach einem Gewitter auftauchten: »...als der Sturm vorüber war, kamen sie heran, ehrenwerte, schwitzende, unattraktive Leute, die mehr von der Akropolis beanspruchten als jede andere Nation.«[16]

Die Freunde besuchten von Athen aus die berühmte byzantinische Kirche von Daphni; vor allem das in blau und weiß gehaltene, aus dem 11. Jahrhundert stammende Kuppelmosaik mit der Darstellung des siegreichen Christus beeindruckte Virginia.

Das mediterrane Erleben begeisterte Virginia — die alten Gemäuer, aus deren Türen man in die sonnenerleuchtete Landschaft blickte mit den buschigen grünen Bäumen. Von Daphni aus fuhren die Freunde nach Eleusis und besuchten auch das malerische Kap Sunion. Das Wetter blieb nicht beständig, kühlte zuzeiten ab, und es regnete, als die Woolfs und die Frys am 24. April in Aegina eintrafen. Doch dann klarte der Himmel auf. In Aegina sahen sie »den lieblichsten Tempel und eine Insel ganz ausgeschnitten in Terrassen mit Oliven und wilden Blumen, und das Meer, das in die Buchten läuft.«[17]

Virginia empfand das griechische Leben als Mischung aus Einfachheit, Härte und Schönheit. Ihr imponierte die Gelassenheit als Möglichkeit eines anderen Lebens, wenn sie sich auch nicht sicher war, ob sie immer so leben könnte: »...das Leben schien sehr frei & voll von guten Dingen — Wildheit, Thymianduft, Zypressen, der kleine Hof, in dem Roger und Margery weltvergessen saßen und malten; ...«[18]

In Delphi schrieb Virginia unter einem Olivenbaum ihr Tagebuch. Sie saß auf der trockenen Erde, die übersät war mit weißen Stiefmütterchen. Leonard blätterte in seiner griechischen Grammatik; die Woolfs tauchten ganz ein in die arkadische Landschaft mit ihren grauen Felsen, Wiesen und Bäumen in verschiedensten Grüntönen. Doch Virginia vergaß in solchen Augenblicken nie die Zeitlichkeit, der jeder Augenblick unterworfen ist: »So versuche ich, diese Szene sichtbar zu machen, die bald für immer vorüber sein wird.«[19]

Die Reisenden hatten sich ein Auto gemietet und einen griechischen Fahrer engagiert, so daß sie ihre Touren selbst organisieren konnten. Sie nahmen lange Fahrten über die schlechten Straßen auf sich. Ihre Stimmung blieb ausgezeichnet, denn alle vier verstanden sich gut. Leonard und Roger machten sich ein Vergnügen daraus, gebratene Eidechsen und Tintenfische zu essen, was Virginia zuwider war. Sie hielt diese Genüsse für »ölige Bänder wie alte Gummireifen in Quadrate geschnitten.«[20]

Die Fülle der Eindrücke überwältigte Virginia, so daß sie nicht alles festhielt, was sie in Korinth, Mykene, Epidaurus und Athen sah. In Mykene summten ganze Bienenschwärme in Agamemnons Grab. Für Virginia strahlte Griechenland die Atmosphäre eines Ur-Landes aus, in dem die Moderne keine Spuren hinterlassen hatte. Für sie blieb dieses Land einfach unfaßbar: so alt und so einsam.

Das Freiheitsgefühl, das ihr Griechenland vermittelte, setzte sie ab gegen die Rollen, die sie selbst in London spielen mußte, Rollen, welche ihr Ruhm und Wohlstand brachten — aber um den Preis der Förmlichkeit menschlicher Beziehungen. Reden und Leben kamen Virginia unter der Sonne Griechenlands wichtiger vor als Lesen und Schreiben. An Ethel Smyth berichtete sie von Athen aus am 4. Mai: »Warum hast Du mir nie erzählt, daß Griechenland wunderschön ist? Warum hast Du nie das Meer und die Hügel und die Täler und die Blumen erwähnt? ...Ich gebe Dir, Ethel, feierlich kund, daß Griechenland das schönste Land der Welt ist.«[21] Immer wieder entdeckte Virginia die Blumenpracht Griechenlands, die sie eindrucksvoll beschrieb: »...in Aegina gestern war der ganze Hügel rot von Felsrosen und gelbem Meermohn, von dem ich einen für Dich pflückte — hier sind seine vergehenden Blütenblätter.«[22]

Am 8. Mai ging der Griechenlandaufenthalt seinem Ende entgegen. Die Woolfs rüsteten sich zur Abreise, während Roger und Margery Fry noch länger in Griechenland bleiben wollten. Leonard und Virginia fuhren am 10. Mai mit dem Orient Express zurück, den Virginia als luxuriös und langweilig zugleich empfand.

Die Reise mit dem Orient Express ging über Belgrad durch die Lombardei nach Paris. Die Woolfs hatten bei einem Aufenthalt in Belgrad die Gelegenheit, in der Stadt ein wenig spazierenzugehen; dies war ihnen auch in Triest möglich, der Stadt, die James Joyce wohl am meisten geliebt hat.

So kehrten Virginia und Leonard nach London zurück, fuhren aber nach Rodmell weiter, blieben kurz dort, um dann an den Tavistock Square zurückzukehren. Im Maiheft der literaturkritischen Zeitschrift *Scrutiny* begann die langandauernde Attacke der Leavis-Schule gegen Virginia Woolf. Muriel Bradbrook, später Professor für Englische Literatur in Cambridge, verfaßte einen Artikel gegen Virginia, doch diese dachte nicht an eine Erwiderung. Noch im selben Jahre schrieb die Frau des Schulhauptes F. R. Leavis, Q. D. Leavis, über die Woolfschen Romane: »Der Leser, der nicht darauf vorbereitet ist, sich neu zu orientieren an der Technik von ›Mrs. Dalloway‹ oder ›To the Lighthouse‹ wird sehr wenig zurückbekommen für die Energie, die er anlegen muß, wenn er mit diesen verwickelten Satzperioden kämpft.«[23] Wenn man gegen dieses Fehlurteil Virginias schlichten Satz zitiert: »...ein Roman ist eine Impression und nicht ein Argument«, dann kann man gut verstehen, wenn sie sich ungeachtet dieser Kritiken lieber ihrer Arbeit am ›Common Reader‹ zuwandte. Sie schrieb eine Neufassung ihres Aufsatzes über Charles Dickens' ›David Copperfield‹.

Nach dieser schönen Reise verfiel Virginia Woolf in melancholische Stimmungen. Sie fragte sich, wozu sie eigentlich immer weiterarbeitete. Worin lag der Sinn von dem allen? Auch spürte sie im Kontrast zu dem, was sie in Griechenland erlebt hatte, daß das Leben in der modernen Gesellschaft immer schärfer vom Wettbewerb bestimmt wurde: »Leonards Güte und Festigkeit; die ungeheure Verantwortung, die auf ihm lastet. Was ist mit dem Verlag zu tun, mit Hilda, mit John; Frauen; mein Buch über Berufe; soll ich einen neuen Roman schreiben; Verachtung für meinen Mangel an intellektueller Kraft; Wells lesen, ohne ihn zu verstehen; Nessas Kinder; die Gesellschaft; Kleider kaufen; Rodmell verschandelt; Schrecken in der Nacht, daß die Dinge im Universum allgemein falsch laufen; Kleider kaufen; wie ich Bond Street hasse... und meine Augen brennen, & meine Hand zittert.«[24]

Die Londoner Saison erreichte im Juni ihren Höhepunkt. Virginia besuchte Parties bei Clive Bell, Lord David Cecil, bei den Keynes oder auch bei G. B. Shaw. Bereits nach der Monatsmitte schrieb sie an Ethel Smyth: »Und jetzt muß ich heraufgehen, mich waschen, umziehen und in meinem Sessel sitzen und reden, zum Essen ausgehen und reden. Ja, meine Stimme ist die Stimme eines völlig gesunden Menschen mit schlechter Laune.«[25]

Literatur und Gesellschaft nahmen Virginia Woolf so stark in Anspruch, daß sie für regelmäßige Buchbesprechungen keine Zeit mehr aufbringen konnte. Kingsley Martin, der Herausgeber des *New Statesman*, bot ihr an, für einige Wochen die Rubrik *Welt der Bücher* zu betreuen, doch Virginia lehnte ab.

Am Ende der zweiten Juniwoche erholten sich Leonard und Virginia in Rodmell. Sie lasen, freuten sich an ihrem Garten und am klaren Wetter der heißen und stillen Junitage. Doch auch diese Ruhe konnte nicht darüber hinwegtäuschen, daß Virginia überanstrengt war: »Der Doktor hat mir nur wenig Arbeit gestattet unter der Bedingung, daß ich praktisch niemanden sehe.«[26] In der Stephen-Familie gab es zudem Probleme, weil Adrian sich von seiner Frau Karin trennen wollte, um mit der Malerin Doris Chapman zusammenzuleben.

John Lehmann beklagte sich über das Arbeitsklima in der Hogarth Press; er fühlte sich unwichtig, da Leonard alles im Stillen plante und nichts mitteilte. So gab es zwischen John und Leonard häufig Spannungen oder gar Streit.

Auch Virginia ging ihren eigenen Beschäftigungen nach, so daß John unsicher wurde und sein Mißfallen auch artikulierte. Virginia reagierte nicht auf seine Probleme, weil sie emsig an der Vollendung des zweiten Bandes vom ›Common Reader‹ arbeitete. »Oh, ich bin dabei, den Common Reader fertig zu machen: Ich vertraue auf Gott; habe den letzten Artikel geschrieben, & hoffe, das Manuskript morgen zum Tippen schikken zu können.«[27] In der Hogarth Press erschienen im Juni zwei wichtige neue Bücher: einmal Vita Sackville-Wests Fast-Bestseller ›Eine Familiengeschichte‹ und zum andern Melanie Kleins ›Die Psychoanalyse der Kinder‹.

Ende Juni gab es für Virginia genügend Verpflichtungen; sie sah eine Fülle von Freunden und Bekannten, darunter den Harvard-Professor Cabot sowie den Prinzen Mirsky, der als russischer Emigrant eine Stelle als Dozent am Londoner King's College gefunden hatte.

Virginia Woolf kam mit dem ›Common Reader‹ nicht so schnell voran, wie sie sich das vorgestellt hatte. Anfang Juli schrieb sie an ihrem vorletzten Artikel für dieses Buch, der sich mit dem Romancier Thomas Hardy befaßte. In ihrem Tagebuch vom 3. Juli hat sie beschrieben, wie sie bei der Arbeit an ihrem Federhalter zu lutschen pflegte und mit tintenblauen Lippen über ihrem Papier saß. So nimmt es nicht Wunder, wenn Virginia zeitweilig aufstöhnte: »Oh Gott, wie müde wird man seines eigenen Schreibens«.[28]

Bekannte und Freunde sah Virginia keinesfalls immer als Geschenk Gottes und Abwechslung an. Oft galten sie ihr eher als »Landplage«: »...es ist die Pest der Leute, die mir wirklich Sorgen macht...«[29] Virginia traf sich in dieser Zeit mit Vanessa, um Angelica einmal als Erholung von der Schule einen gemeinsamen Ausflug zu gönnen. Sie sah ihren Bruder Adrian und ging mit Clive Bell zum Essen in das beliebte Restaurant Ivy. Kurz vorher schrieb Virginia an Vita Sackville-West: »London ist unerträglich; aber ich hoffe, wir gehen morgen nach Rodmell über den Sonntag, wo ich im Garten sitzen werde.«[30]

Virginia hatte sich überarbeitet; der Verlagsbetrieb lief auf Hochtouren, auch Virginias ›Brief an einen jungen Dichter‹ gehörte zu den Sommer-Neuerscheinungen. Der Gedanke an einen Roman trat inzwischen in Virginias Bewußtsein deutlicher hervor. Ihr literarisches Schaffen bewegte sich überhaupt in Wellen; auf Literaturkritik folgte ein Roman oder eine Erzählung, auf fiktionale Texte folgte Literaturkritik.

Jetzt sehnte sich Virginia nach Entlastung von der literarhistorischen Schriftstellerei. Das Unternehmen des ›Common Reader‹ muß schon als Mammutprojekt bezeichnet werden, wenn man bedenkt, daß der historische Zeitraum fast vierhundert Jahre umfaßte..

Nun wußte Virginia Woolf durchaus trotz vieler Ablenkungen durch Menschen, wie sie es erreichen konnte, Leuten aus dem Wege zu gehen, von denen sie sich nichts versprach außer Zeitvergeudung. Bei »Fans« oder »Schulmeistern«, die sie »sehen« wollten, schrieb sie auf Verlagspapier mit der Schreibmaschine »Mrs. Woolf tut es leid, aber ihre Termine...«, um diese Briefe hernach von der Sekretärin der Hogarth Press, Miss Belsher, unterzeichnen zu lassen.

Doch der 11. Juli kam heran; Virginia Woolf konnte mit Erleichterung das Manuskript des ›Common Reader‹ abschließen. »Ich werde einen neuen Federhalter nehmen & eine neue Seite, um die Tatsache zu berichten, die jetzt eine Tatsache ist, daß ich ein grünes Gummiband um den Common Reader geschlungen habe, & dort liegt er, um 10 vor 1, bereit, mit nach oben genommen zu werden.«[31]

Dieses Aufatmen beschloß Virginia mit dem Ausruf: »Jetzt nehme ich Urlaub. Das heißt, was werde ich morgen schreiben?« Immerhin gab es Ansätze bei Virginia, sich zu erholen; sie machte Spaziergänge, sah weniger Leute, doch die Wellen des Gesellschaftslebens schienen sich immer aufs Neue zu bilden, um über ihr zusammenzuschlagen. In einem zornigen Brief vom 14. Juli an Ethel Smyth beklagte sich Virginia darüber, daß Ethel sie dazu mißbrauchte, sie ihren Freunden vorzuführen, so daß sie noch weniger Zeit hatte: »Übrigens, es fällt mir ein, daß der letzte ›Aspirant für ein Interview‹, dem unvernünftigerweise, wie ich nunmehr denke, ein Interview gewährt wurde — wer glaubst Du — Ethel Smyth war! Kennst Du diese Dame? Wenn ja, sag ihr mit meiner Liebe, ich nehme an, daß sie sich auf eine Dame bezieht in einem rosenfarbenen Teegewand, mit einem Schoßhund, einem Füllfederhalter und der Angewohnheit, ihren Namenszug mit einem Schnörkel quer über Fotos zu schreiben, die sie Fotos einer berühmten Autorin nennt.«[32]

All diese lästigen Kleinigkeiten verbrauchten zuviel von Virginias Kräften: »Oh, aber ich bin so müde — ich denke manchmal, die Leute können nicht wissen, was sie mir antun, wenn sie mich bitten, sie zu sehen: wie sie mich im brennenden Licht halten: wie ich trockne & schrumple: wie ich nachts wach liege und mich nach Ruhe sehne — das ist wahr. Aber ich weiß, daß ich aufgegabelt werde im Licht & am nächsten Tag von neuem.«[33]

Virginia hatte Ende Juli einen heftigen Streit mit Ethel Smith, der sich auf den erwähnten Briefwechsel bezog. Ethels dramatische Art sowie ihre Proklamationen der Liebe besaßen für Virginia etwas Unerträgliches. Doch die Szene führte nicht zu einem Bruch zwischen ihnen.

Die Saison in London ging zu Ende. Leonard und Virginia bereiteten sich auf ihren Sommerurlaub in Rodmell vor. Die Druckfahnen des ›Common Reader‹ standen ins Haus, so daß Virginia um Arbeit nicht verlegen war. Am 26. Juli fuhren die Woolfs endlich nach Sussex.

Virginia beklagte sich noch einmal bei Ethel Smyth, daß sie

den Streit aufgebauscht und Virginia eine Szene gemacht hatte. Virginia haßte nichts so sehr wie Szenen; sie konnte die darin sich entladende Gewalt nicht verkraften, war zu sensibel und zu kultiviert, für den Schlagabtausch unkontrollierter Ausbrüche und Anklagen, die sich nicht überprüfen ließen, auch wenn sie anderen vielleicht guttaten.

In die relative Ruhe ihrer Sommerfrische trat wieder der Tod ein. Am 4. August starb ein alter Freund der Woolfs, Goldie Dickinson, Dozent für Politikwissenschaft an der Universität Cambridge. Virginia bemerkte über den Tod von Freunden: »und es geschieht auf diese Weise, daß wir sterben, wenn sie sterben.«[34] Virginia empfand die Weite des Seins, das sich um sie und die Angehörigen ihrer Generation ausbreitete als Möglichkeit des näherrückenden eigenen Sterbens: »In der Nacht sprachen Leonard und ich das zweite Mal über den Tod: wir können wie Würmer zerquetscht werden durch ein Auto: was weiß der Wurm vom Auto — wie ist es gemacht? Es mag einen Grund geben; wenn ja, nicht solch einen, den wir als Menschen erfassen können. ...So werden die Menschen weitersterben bis wir sterben, sagte Leonard.«[35]

Und an Ethel Smyth schrieb Virginia: »Ist es nicht merkwürdig, wie der Vorhang manchmal im Begriff zu sein scheint zu fallen.«[36] Der Schock über den Tod Goldies führte Virginia zu dem Vorsatz, ihre alten Freundschaften intensiver zu pflegen. Mitte August war der ›Common Reader‹ korrigiert und konnte in den Druck gehen. Virginia erlitt einen Ohnmachtsanfall, der auf ihre Erschöpfung und auf die übergroße Hitze zurückzuführen war. Es handelte sich um ein Zusammenkommen von einer Herzattacke mit einem Hitzschlag. Virginia erholte sich, so glaubte sie, ziemlich schnell, »obwohl Leonard darauf besteht, mich wie die Prinzessin zu behandeln, die eine Erbse durch 6 Matratzen spürt.«[37] Doch Monks House zeigte sich auch von seinen besten Seiten: »...der Garten, die Eulen, Leonards Blumen mein Zimmer — draußen auf der Terrasse, wo nichts zwischen mir und Caburn liegt — diese Dinge sind alle zu schön...«[38]

Schon wenige Tage später fuhren Leonard und Virginia in die trockene und heiße Stadt London. Junge Leute in Weiß lagen auf dem Rasen im Tavistock Square Garden. Es war so heiß, daß die Woolfs nicht einmal in ihrem Eßzimmer sitzen konnten.

Ende August besuchten Leonard und Virginia Vanessa in Charleston, aber auch die Keynes und Adrian. Wie abwechslungsreich selbst das Landleben sich ausnahm, beweist eine Tabelle, die Virginia für den August aufstellte:[39]

*Lektüre in diesem August*
›Souvenirs‹ de Tocqueville
eine Anzahl Biographien
Coleridge — ein oder zwei Gedichte
Lord Kilbracken, Memoiren
Shaw, Pen Portraits
Ainslie, Memoiren
Vitas Roman
Manuskripte (für die Hogarth Press)
*Leute in diesem August*
Nessa. Julian
Clive. F. Marshall
Maynard. Lydia
Sheppard. Roger
Alice Ritchie (als Hausgast)
Tom & Vivienne
Adrian & Karin
Judith
Nicolsons.

Leonard und Virginia hatten sich vorgenommen, nach Canterbury zu fahren, wurden aber durch ihre vielen Besucher daran gehindert. Virginia schrieb an Lady Ottoline Morrell: »Ich kann nicht sagen, daß wir einen ruhigen Sommer hatten, weil Sussex wirklich bloß ein Annex der Oxford Street ist, und da wir am Wege liegen, kommt jeder vorbei.«[40] T. S. Eliot berichtete bei seinem Besuch, daß er eingeladen worden sei, die Charles Eliot Norton Vorlesungen über Dichtung an der Harvard Universität zu halten. Während des Besuchs der Eliots erhielten Leonard und Virginia einen Kündigungsbrief von John Lehmann. Virginia hielt diese Trennung für richtig; sie dachte, Johns Verlassen der Hogarth Press sei kein Verlust, offenbar ein vorschnelles Urteil.

Die *Times* bat Virginia Woolf in diesen Tagen, einen Artikel zum 100. Geburtstag ihres Vaters, Sir Leslie Stephens, zu schreiben. Diese Bitte konnte Virginia nicht ablehnen. Der Artikel erschien denn auch exakt an Leslie Stephens 100. Geburtstag, am 28. 11. 1932. Inzwischen schrieb Virginia Woolf an einem neuen fiktionalen Werk, der Hundebiographie ›Flush‹. Ihr machte die Arbeit an diesem kleinen Buch Spaß. Insgesamt urteilte Virginia über das bisherige Jahr: »Ein sehr guter Sommer... Schön, still, luftig, mächtig. Ich glaube, ich will diese menschliche Existenz für mein nächstes (Leben) — es sorglos auszubreiten unter seinen Freunden — die Weite und das Amüsement des menschlichen Lebens zu fühlen: nicht sich anzustrengen, um das Muster doch noch richtig zu machen: geschmeidig gemacht zu sein, & den Saft der gewöhnlichen Dinge, Gespräch, Charakter, durch mich hindurchsickern zu lassen, ruhig, nicht willentlich bevor ich sage — Halt & meine Feder herausnehme.«[41]

Im September kamen weitere Besucher ins Monks House, so Vanessa und die Kinder, William Plomer, Ethel Smyth und die Keynes. Am 2. Oktober war die Sommerzeit in Rodmell abgelaufen und die Woolfs machten sich wieder auf nach London. Virginia Woolf erlag immer wieder der Versuchung, sich Orientierungspunkte für ihr zukünftiges Leben aufzustellen. So beschloß sie, die Oberflächlichkeit des Flitterlebens nicht mehr zu dulden, die Leute, die Kritiken, den Ruhm — sondern sich zurückzuziehen und sich zu konzentrieren.

Am 3. Oktober fuhr Virginia zusammen mit Leonard nach Leicester, um an der Jahreskonferenz der Labour Party teilzunehmen. Virginia mochte Leonard nicht allein fahren lassen, doch hatte sie an der Tagung selbst kein übermäßiges Interesse. Die Herbstsaison der Neuerscheinungen der Hogarth Press stand vor der Tür. Virginia glaubte, sie würde das alles nichts angehen: »Ich werde jetzt gestützt durch die Downs: das Land: wie glücklich Leonard & ich in Rodmell (sind): was für ein freies Leben es ist — 30 oder 40 Meilen zu fahren; heimzukommen wann & wie wir wollen, im leeren Haus zu schlafen; triumphierend mit Unterbrechungen fertig zu werden; & täglich in die göttliche Einsamkeit zu tauchen —«[42]

Virginia nahm am 13. Oktober an der Trauung von Desmond MacCarthys Tochter Rachel teil, die in der Kirche St. Bartholomew the Great in Smithfield Lord David Cecil heiratete. Zum ersten Mal wurde Virginia klar, daß Desmond Vater war; sie hatte ihn bislang nie so gesehen; erst als er Rachel zum Altar führte, verstand Virginia, daß die Freunde aus ihrer Generation bereits erwachsene Kinder verheiraten konnten. Leonard nahm nicht an dieser Zeremonie teil. Virginia kam mit ihrer alten Freundin Hope Mirrlees. Sie faßte das, was sie erlebte, als Symbol für ein durchschnittliches Leben auf in aller Abgesichertheit ohne einen Funken geistigen Kampfes. Die wohlanständige obere Mittelklasse und die »upper class« gaben sich ein Stelldichein: Gelegenheit genug für Virginia Woolf, ihre »endlosen kleinen Beobachtungen« zu machen.

Am selben Tag erschien der ›Common Reader‹, »und ich habe keinen Gedanken an ihn verschwendet« schrieb Virginia. Sie fühlte sich etwas entnervt durch den Verlag, denn sie hatte unzählige Buchpakete gepackt, zumal von Vita Sackville-Wests Roman ›Familiengeschichten‹ 6000 Exemplare vorbestellt waren. Der Verlag geriet an die Grenzen seiner Kapazität, was den Versand betraf. Vita besprach Virginias ›Common Reader‹ in ihrer BBC-Sendung über neue Bücher ausgesprochen positiv.

Im Oktober erschien eine neue Studie über Virginia Woolf, verfaßt von Winifred Holtby im Verlag Wishart. Virginia hielt weder vom Buch noch von der Autorin viel: »Sie ist die Tochter eines Bauern aus Yorkshire und lernte lesen, so sagte man mir, während sie die Schweine hütete — daher ihre Leidenschaft für mich.«[43]

Ende Oktober und Anfang November litt Virginia immer noch unter ihren Herzrhythmusstörungen, so daß sie sich oft nicht gut fühlte. Sie konnte keine Anstrengungen vertragen, so daß sie sich ernstlich vornahm, mit ihren Kräften zu haushalten und nicht zuviel zu unternehmen. Wenn sie auch nie untätig sein konnte, so drosselte sie das Lebenstempo. Ihre Ärztin verschrieb Virginia Digitalistropfen.

Ende 1932 entstanden Kontakte der älteren mit der neuen Schriftstellergeneration. Stephen Spender kam zum Tee, um einen Roman für die Hogarth Press zu diskutieren. Virginia pflegte gegenüber der jungen Generation skeptisch zu sein, mochte nie das Himmelsstürmende und Intolerante. Überdies ließ ihr die eigene Arbeit nicht die Zeit, sich ausgiebig mit den Schriftstellern der Dreißiger Jahre zu befassen. Zum ersten Mal ging sie in ihrem Tagebucheintrag vom 2. November 1932 ausführlicher auf ihren »Essay-Roman« ›Die Pargiters‹ ein: »...er soll alles hereinnehmen, Sexualität, Erziehung, Leben etc.; & soll mit kräftigen & agilen Sprüngen wie eine Gemse über Abgründe von 1880 bis zum Hier und Jetzt kommen... Was natürlich geschehen ist, ist, daß nach der Abstinenz vom Tatsachenroman in all diesen Jahren — seit 1919 — & ›Nacht und Tag‹ in der Tat, finde ich mich unendlich entzückt von Tatsachen zur Abwechslung, & im Besitz von Mengen ohne Zahl: obwohl ich manchmal den Sog der Vision empfinde, doch widerstehe.«[44]

Virginia steigerte sich so in ihr neues Projekt, daß sie sich stets Sätze und Abschnitte ausdachte und sie bis Mitte Dezember schon 60 000 Wörter geschrieben hatte. Doch Virginias Herzbeschwerden mahnten zur vorsichtigen Lebensführung. Virginia glaubte, sie könnte sich entlasten durch Verzicht auf gesellschaftliches Treiben. Anfang November kam Lady Ottoline Morrell zu Besuch, die ihre Memoiren für Virginia zum Lesen mitbrachte. Auch besuchten Margaret Llewelyn Davies und ihre alte Griechischlehrerin Janet Case Virginia. E. M. Forster erlaubte sich einen literarischen Scherz mit Virginia, auf den eine ganze Reihe Leute hereinfielen. Er veröffentlichte am 10. November im T. L. S. eine Besprechung der Chapmanschen Ausgabe von Jane Austens Briefen und imitierte dabei Virginias Stil. Hugh Walpole und Vita Sackville-West wandten sich an Virginia und sagten: »›Hast Du den Artikel im T. L. S. gelesen, der Dich imitiert?‹ Und sie beide fuhren fort zu sagen, wie sie für drei Zeilen gedacht hatten, ich könnte es sein, und dann dachten sie, sie muß sehr krank gewesen sein, so zu schreiben und dann beschlossen sie, daß ich es nicht geschrieben hatte.«[45]

Trotz der ärztlich verordneten Einschränkung ihrer Aktivitäten ließ Virginia sich es nicht nehmen, am 8. November in die Queen's Hall zu fahren, um ein Beethoven-Konzert mit dem österreichischen Pianisten Arthur Schnabel zu hören. Ihre Ärztin diagnostizierte bei Virginia Nervenüberanstrengung und antwortete auf Virginias Nachfrage, was das denn sei: »Ah, das können wir nicht sagen.« Im November hatte Leonard ein neues Auto bestellt — einen Lanchester 18 —, der im Dezember geliefert werden sollte.

Virginia schrieb inzwischen unentwegt an ihrem Roman ›Die Pargiters‹ weiter. Anfang Dezember gaben die Woolfs eine Party, zu der Lady Ottoline Morrell, Lady Oxford sowie ihre Bloomsbury Freunde kamen. Bei dieser Abendgesellschaft ging es recht vornehm zu: Pagen in weißen Jacken servierten die Getränke. Virginia kommentierte: »Wir sind sozial aufgestiegen zum Range jüngerer Söhne von Baronets — es ist wie wirklich zum Landadel zu gehören.«[46]

Das ersehnte Auto kam entgegen der Versprechungen der Firma Anfang Dezember nicht. Leonard und Virginia hatten gedacht, es schon zu Weihnachten des Jahres fahren zu können. Inzwischen waren seit Oktober von Virginia 234 Seiten der ›Pargiters‹ mit der Maschine geschrieben worden. Sie schrieb am 19. Dezember, daß sie fast bis zum Rand der Erschöpfung gearbeitet hatte. Virginia entschloß sich daher, mit ihrem Roman zu pausieren, um wieder das Manuskript des Buches ›Flush‹ hervorzuholen, um sich zu entspannen.

Virginia Woolf wußte, daß sie ›Pargiters‹ nicht in dem Tempo fertig schreiben würde in Anbetracht der Zeit, die sie für die Überarbeitungen ansetzen mußte. Sie plante den Abschluß ihres neuen Romans zum 1. Oktober 1933. Dies war eine ihrer eklatantesten Mißkalkulationen. Sie sah, daß dieses Buch längst nicht so schwierig zu schreiben war wie ›Die Wellen‹, doch sollte die Zeit bis zum Erscheinen tatsächlich fünf Jahre dauern. Es lag noch viel an Mühen vor Virginia, bis sie diesen Roman im Griff hatte.

Für die Woolfs begann am 20. Dezember 1932 der Weihnachtsurlaub in Rodmell. Drei Tage später las Virginia ihr Manuskript von ›Flush‹ erneut durch und kam zu dem Resultat, daß sie es in der vorliegenden Form nicht stehenlassen könne. Was ihren großen Roman betraf, so entschloß sie sich, ihn für ein paar Tage beiseite zu legen, um sich etwas Erholung zu gönnen.

Doch immer wieder bewies Virginia Woolf, wie unerbittlich und hartnäckig sie sein konnte. Was sie sich in den Kopf setzte, führte sie meistens auch durch. Sie verbrachte also die Zeit in Rodmell damit, ›Flush‹ zu überarbeiten, bis sie am 31. 12. von ihrer Müdigkeit berichtete, die ihr eine solche Arbeitsintensität eingebracht hatte. Virginia dachte an Lytton, war aber auch vom Jahr 1932 erfüllt als einer reichen Zeit, in der sie sehr viel erlebt, erfahren und gestaltet hatte. Am Monatsende kamen einige Besucher zu den Woolfs, so die Keynes, aber auch der ortsansässige Magnat Lord Gage. Selbstverständlich gab es einen Austausch zwischen Charleston und Monks House. »Wenn man sich nicht zurücklegt & zusammenfaßt & zum Augenblick, zu genau diesem Augenblick sagt, Verweile doch! du bist so schön!, was wird dann der Gewinn eines Menschen sein, wenn er stirbt? Nein, verweile, diesen Augenblick. Niemand sagt das jemals genug. Immer in Eile. Ich gehe jetzt herein, um Leonard zu sehen & sage, Verweile, dieser Augenblick.«[47]

Leonard und Virginia fuhren am 2. Januar 1933 nach London, um an Angelicas Geburtstagsparty teilzunehmen, die als Maskenfest arrangiert war. Virginia liebte Masken, weil sie die Irritation als bezaubernd empfand, wenn man sich nicht sicher war, wer sich unter einer Maske verbirgt. Virginia selbst verkleidete sich als Queen Victoria und Leonard als Prinz Albert. Allerdings muß Leonards Leihfrack nicht der sauberste gewesen sein, da er nach ein paar Tagen unter der Krätze litt.

Gern fuhr Virginia nach Rodmell zurück. Sie las erstaunlich viele Bücher: vom 20. Dezember 1932 bis zum 5. Januar 1933 waren es etwa 12 – 15 Bücher, eine gewaltige Zahl, wenn man bedenkt, daß ihre schriftstellerische Arbeit parallel lief.

Anfang Januar erreichte Virginia Woolf bei ihrer dritten Überarbeitung von ›Flush‹ die Seite 100, hatte das Buch also fast fertig. Doch der Roman ›Die Pargiters‹ blieb das eigentliche schriftstellerische Unternehmen, das ihr am Herzen lag, wohl auch deshalb, weil sie in ihm ihre eigene Biographie aufarbeitete und transformierte von der viktorianischen Kindheit bis zur Gegenwart der Dreißiger Jahre. Am 14. Januar 1933 schloß Virginia ›Flush‹ ab, doch die erzwungene Anstrengung in bezug auf dieses Büchlein brachte die alten Kopfschmerzen zurück, von denen sie lange Zeit verschont geblieben war.

Das Auto, das die Woolfs schon im Dezember 1932 bekommen sollten, wurde Mitte Januar geliefert. Es handelte sich um einen Lanchester 18, eine geschlossene, »fischförmige« Limousine, die auch als Cabrio gefahren werden konnte. Virginia bezeichnete den Wagen als »brandneu und sehr teuer« und fügte hinzu: »...er ist Leonards Augapfel.« Immerhin fuhr der Lanchester 50 Meilen pro Stunde; Virginia beschrieb ihn als elegant, doch nicht als »Geldauto« im Sinne eines Rolls Royce.

Wenige Tage später suchten die Woolfs wegen eines Hautleidens, das Leonard plagte, einen Dermatologen in Wimpole Street auf. Virginia benutzte die Gelegenheit, den Aufbau und die Ausstattung des Hauses genauestens zu studieren, denn schließlich »wohnte« Flush in derselben Straße. Immer noch feilte Virginia an ›Flush‹; sie hatte es noch nicht fertig gebracht, den Text zum Satz zu geben; doch am 26. Januar schickte sie das Typoskript ab. Virginia freute sich, daß sie von dieser Last befreit war, daß sie sich nun wieder den ›Pargiters‹ zuwenden konnte.

Ein anderes Ereignis, das sie erst später bedrücken sollte, geschah ebenfalls Ende Januar 1933: am 30. 1. 1933 wurde Adolf Hitler deutscher Reichskanzler. Seine »Machtergreifung« mittels des Ermächtigungsgesetzes vom 24. 3. 1933 hing indirekt mit britischer Politik zusammen, da der britische Außenminister Henderson sich dafür einsetzte, daß die alliierten Truppen, die bis 1935 in Deutschland bleiben sollten, schon 1930 abgezogen wurden. So konnte Hitler 1933 ungehindert die Macht übernehmen. In den Tagebüchern Virginia Woolfs von 1933 wird dieses Ereignis nicht einmal erwähnt. Erst später setzte sich Virginia mit dem Nationalsozialismus näher auseinander.

Zu dieser Zeit befanden sich enge Freunde Virginia Woolfs im Ausland; Vita Sackville-West und Harold Nicolson hielten sich in den U.S.A. auf, um dort Vorträge zu halten. Virginia schrieb an Vita, daß diese ihr sehr fehle, vor allem im Frühjahr. Für Virginia gehörte Vitas Erscheinung zu den englischen Feldern und Ländereien. Da sie Vita zum ersten Mal überhaupt in einem Fischgeschäft gesehen hatte, schrieb sie an die Freundin über deren Abwesenheit: »Manchmal sehe ich Dich sechs Wochen nicht; doch im Augenblick, in dem ich weiß, daß ich Dich nicht sehen kann, gehen in allen Fischgeschäften der Welt die Lichter aus.«[48]

Auch T. S. Eliot war nach Amerika gereist, um seine Charles

Eliot Norton Professur für Dichtkunst an der Harvard Universität wahrzunehmen.

In die literarische Welt Londons brach Ende Januar 1933 der Tod ein: George Moore, der irische Schriftsteller, den Virginia so gern mochte, war nicht mehr, wohingegen Virginias gehaßte Schwiegermutter Mrs. Woolf weder sterben konnte noch auch wollte: »...mit 83 weigert sie sich vollkommen zu sterben, und so sagen sie, sie wird darauf bestehen, zu leben.«[49] Wenn Virginia keine Post bekam, war sie unglücklich; sie dachte sehr schnell, sie sei von der Beau Monde vergessen worden. Doch diese Stimmungen wandelten sich von heute auf morgen. Allein am 2. Februar stand schon fest, daß in den kommenden Tagen Mary Hutchinson, James und Alix Strachey, Hope Mirrlees, Ethel Smyth als Tee- oder Dinner-Gäste erwartet wurden. Die Woolfs trafen auch Margaret West, die Miss Scott Johnson als Geschäftsführerin der Hogarth Press ablösen sollte.

Virginia überlegte, ob sie innerhalb Bloomsburys umziehen sollten. Das Haus No. 35 Gordon Square stand frei. Von den Räumlichkeiten her wäre das Projekt sinnvoll gewesen, zumal die Woolfs ihre treuen Untermieter, die Rechtsanwaltsfirma Pritchard, hätten »mitnehmen« können. Doch die Sache zerschlug sich, weil die Verwaltung des Herzogs von Bedord sich sperrte. Am 31. Januar war eine andere Berühmtheit der literarischen Welt gestorben, die nicht zu Virginia Woolfs »Lieblingen« zählte: John Galsworthy, der für Virginia den alten konventionellen Erzählstil repräsentierte, den sie völlig ablehnte.

Außer ihrer Arbeit an den ›Pargiters‹ nahm Virginia im Frühjahr Italienischstunden, beklagte nahezu in einem Atemzug, daß ihre Freunde London verlassen hatten: die Nicolsons weilten in Amerika, Clive in Jamaica und Roger Fry in Tanger. Doch immerhin blieben einige Bloomsberries erreichbar: Vanessa in Charleston, E. M. Forster und Desmond MacCarthy in London. Desmond war stolz auf seine Tochter Rachel, die in die englische Aristokratie eingeheiratet hatte. E. M. Forster beschäftigte sich gerade damit, die Biographie von Goldie Dickinson zu verfassen.

In der zweiten Februarhälfte steigerte Virginia Woolf ihre gesellschaftlichen und kulturellen Aktivitäten, machte Ausflüge nach Hampstead und Rodme 11, besuchte einen René Clair-

Film sowie eine Folge von Konzerten des Busch Quartetts; sie fuhr aber auch mit Leonard auf Buchhändlerbesuch, um die Hogarth Press-Produktion zu verkaufen.

Von Ethel Smyth erfuhr Virginia, daß Lady Ottoline Morrell wieder erkrankt war und in ein Sanatorium gehen wolle. Sie setzte sich sogleich hin, um Ottoline einen teilnehmenden Brief zu schicken. In den letzten Jahren sah Virginia ihre Schwester Vanessa nicht sehr häufig, so daß sie sich gelegentlich bei ihr beklagte, keine Briefe zu bekommen. Das Projekt des Hundebuches ›Flush‹ hatte Virginia nicht aus den Augen verloren. Sie gab dieses Buch in aller Welt bloß als Spaß, als Laune eines Autors aus und erzählte, daß sie über der Lektüre der Liebesbriefe zwischen Elizabeth und Robert Browning dem Hund Flush »begegnet« sei, der ihr dann zur literarischen Gestalt geriet. An einen amerikanischen Bekannten schrieb Virginia: »Aber faktisch ist wenig über ihn bekannt — und ich mußte einen guten Teil erfinden.«[50]

Nach einem kalten Jahresbeginn mit Frost und teils Schnee kehrte schließlich Mitte März das Frühjahr ein, das Virginia so sehr liebte: die Krokusse, die Singvögel, die andeutungsweise grün schimmernden Bäume. In diesem sich ankündigenden Frühjahr 1933 trug die Universität Manchester Virginia Woolf den Ehrendoktor der Geisteswissenschaften an (Doctor of Letters), doch sie schrieb am 25. März einen ablehnenden Brief an den Vizekanzler der Universität:

»Sehr geehrter Herr Vizekanzler, ich brauche nicht zu sagen wie tief geehrt ich bin durch den Vorschlag der Universität von Manchester, mir den Titel eines Doctor of Letters zu verleihen. Ich bedaure sehr, daß ich mich nicht in der Lage fühle, die angebotene Ehre anzunehmen. Aber, da ich immer dagegen war, daß von Schriftstellern Ehrungen ob staatliche oder akademische angenommen werden, fühle ich, daß ich mit großer Inkonsequenz handeln würde, wenn ich selbst eine solche Ehrung annehmen würde. Ich bin sicher, daß Sie meinen Standpunkt verstehen werden.

Aber ich bin natürlich dem Konvent und dem Senat dankbar, die mir diesen Grad zu übertragen wünschten, und Ihnen selbst für die Freundlichkeit, mit der Sie mir geschrieben haben. Ihre aufrichtige Virginia Woolf.«[51]

Diese ehrliche und nicht ganz leichte Entscheidung Virginias vermochte sie auch in Gesellschaft zu verteidigen. Sie konnte keine doppelte Moral in diesen Dingen vertragen und nahm es Leuten, wie einigen hohen Funktionären der Labour Party, übel, wenn sie dazu rieten, von Prinzipien eine Ausnahme zu machen.

Das Frühjahr entwickelte sich mittlerweile prächtig, so daß Virginia in ihr Tagebuch schreiben konnte: »Es ist das schönste Frühjahr, das man jemals kannte — weich, heiß, blau, neblig. Die Bäume sind alle draußen...«[52] Inzwischen kam Clive Bell fröhlich wie ein Spatz von seiner Jamaica-Reise zurück und erzählte sogleich seine unvermeidlichen Geschichten: »Der Steward kam herein; & war überrascht, eine junge unbekleidete Dame vorzufinden, die sich die Zähne putzte.«[53] Solche Geschichten machten Virginia Freude, und so trug sie diese in ihr Tagebuch ein.

Nicht nur Virginia erhielt im Frühjahr das Angebot einer hohen Auszeichnung, sondern auch Roger Fry. Die Universität Cambridge ernannte Roger zum Slade Professor of Fine Arts; er nahm an und hielt Vorlesungen in seiner alten Universitätsstadt.

Die Arbeit an den ›Pargiters‹ belastete Virginia so sehr, daß sie sich entschloß, das Manuskript für eine Weile wegzulegen, um sich mit literaturkritischen Studien abzulenken. Sie beabsichtigte einen Aufsatz über Oliver Goldsmith zu schreiben, Autor des ›Vicar of Wakefield‹ (1766), dann erst einmal mit Leonard nach Italien zu reisen, um im Sommer zu den ›Pargiters‹ zurückzukehren. Virginia plante, das Manuskript im Herbst 1933 abzuschließen.

Der Osterurlaub in Rodmell war von Virginia zur Erholung bestimmt worden; sie wollte sich sonnen, wenige Bücher mitnehmen und vor allem nicht schreiben. Doch immer, wenn sie vom Nichtschreiben berichtete, hatte sie das Schreiben im Sinn. So verfaßte sie außer dem Goldsmith-Artikel noch einen Aufsatz über Turgenjev, schrieb also täglich. Die Aufsätze erschienen 1933 und 1934 im T. L. S. In der Osterzeit gab es Besuche bei den Bells und den Keynes in Charleston und Tilton, die aber auch ins Monks House kamen. Virginia freute sich, daß Vita Sackville-West aus Amerika wiederkam. Während ihrer

Abwesenheit hatten sie miteinander korrespondiert. Virginia erlitt eine kleine Kopfschmerzattacke, die sich zu ihrer Beruhigung in Grenzen hielt. Die Zeit in Rodmell ging schnell vorüber.

Am 23. April nahmen die Woolfs ihr Londoner Leben wieder auf. Virginia sollte eigentlich die Druckfahnen von ›Flush‹ korrigieren, doch sie schweifte mit ihren Gedanken ab, stellte sich schon vor, wie sie und Leonard in Italien leben würden. Sie war aufgekratzt, mochte sich nicht stetig mit einer Sache befassen: »Ich komme hoch wie die Blasen aus einer Flasche.«[54] Doch die ›Pargiters‹ drängten sich immer wieder in Virginias Bewußtsein. Sie träumte davon, in diesem Roman einen Längsschnitt von 1880 bis in die Dreißiger Jahre und einen Querschnitt durch die gegenwärtige Gesellschaft zu geben: »Fakten so gut wie Vision.«[55] Sie beabsichtigte eine neue Romanform: das Faktische sollte mit dem Visionären verbunden werden, ja Virginia wollte die Literaturgattungen noch umfassender nutzen als in den ›Wellen‹. Satire, Komödie, Dichtung, Erzählung — all das sollte in den Roman verwoben werden.

Im Leben der Woolfs wechselten wie in jedem Leben bedeutender Menschen das Ernsthafte mit dem Komischen und Merkwürdigen. Bei einem Spaziergang im Hyde Park Ende April trafen sie an der Serpentine George Bernard Shaw. Shaw muß so egozentrisch wie schauspielerisch genial gewesen sein, denn er führte den Woolfs über eine Viertelstunde eine G. B. S. Ein-Mann-Show vor. Er hatte damit Erfolg: viele Leute blickten sich nach ihm um oder blieben stehen. Schon am nächsten Tag trafen Virginia und Leonard eine andere Berühmtheit — durch die Vermittlung von Ethel Smyth —, die weniger Grund zum Humor hatte als G. B. S.; es handelte sich um Bruno Walter, vormals Direktor der Städtischen Oper Berlin und Leiter des Leipziger Gewandhausorchesters. Walter hatte im Januar 1933 Deutschland verlassen, nachdem Hitler an die Macht gekommen war. In ihm begegnete Virginia und Leonard erstmals ein entschiedener Gegner des Nazi-Regimes, der ihnen verständlich zu machen versuchte, was es bedeutet, in einem Staat der Intoleranz und des Schreckens zu leben: »Dann sagte er uns, man könnte nicht über ein Flüstern (hinaus) sprechen. Überall gibt es Spitzel. Er mußte im Fenster seines Hotels in

Leipzig sitzen, einen ganzen Tag telefonieren. Die ganze Zeit über marschierten Soldaten. Sie hören nie auf zu marschieren. Und am Radio zwischen den Programmen spielen sie Militärmusik. Schrecklich! Schrecklich! ...Er wird nie zurückkehren.«[56]

Anfang Mai reisten die Woolfs nach Italien; sie verließen England am 5. Mai und nahmen ihr neues Auto mit. Wie schon oft überquerten sie den Kanal von Newhaven nach Dieppe, durchquerten Frankreich, kamen an die Riviera, fuhren weiter nach Siena, wo sie am 13. Mai ankamen. Schon am 21. Mai verließen sie Italien, fuhren durch Frankreich zurück und begaben sich nach Rodmell.

Die Hinfahrt entlang der Französischen Riviera mochte Virginia nicht besonders gern, zumal sie immer wieder auf Engländer stieß, die in Städten wie Rapallo ihr Leben im wahrsten Sinne des Wortes »verbrachten«. Der träge Luxus stieß Virginia immer ab und schien ihr sinnlos zu sein. In Rapallo lebte unter anderem der englische Schriftsteller Max Beerbohm — seit 1910.

Am 12. Mai trafen die Woolfs in Pisa ein. Virginia stellte sich vor, wie der englische Romantiker P. B. Shelley hier am Meer wohnte. Die Stimmung, die von den gelben und rosafarbenen hohen südlichen Häusern am Meer ausging, erfüllte Virginia: jetzt war sie im wirklichen Italien. Sie stellte sich den Tag vor, an dem Shelley von seiner Bootsfahrt mit Williams von Leghorn nach Lerici nicht mehr zurückkehrte.

Von Pisa aus reisten Leonard und Virginia nach Siena weiter: »Heute sahen wir den schönsten Blick & den melancholischsten Mann. Der Blick war wie eine Zeile Lyrik, die sich selbst schafft; der geformte Hügel, ganz in Rottöne getaucht & Grüns; die länglichen Linien, jeder Zentimeter kultiviert; alt, wild, vollkommen gesagt, ein für alle Mal:...«[57] Mitte Mai schrieb Virginia an eine Bekannte: »Wir halten an oder wir fahren weiter; und essen zu Mittag unter Zypressen, mit singenden Nachtigallen und quakenden Fröschen, klettern auf Bergkuppen, wo vor uns noch niemand gewesen ist. Sie sind reizende Leute — die Bauern meine ich: sehr melancholisch, sehnen sich nach Unterhaltung, bieten Wein an oder 6 tote Fische...«[58]

Im Urlaub ergriff Virginia die Feder nicht, um Literatur zu

schreiben. Sie sog die Landschaft, die Atmosphäre auf, doch sie las: diesmal Henry James. Leonard berichtete über ihre Art des Reisens: »Wenn sie im Ausland war, verfiel sie in einen fremdartigen Zustand aufmerksamer Passivität. Sie ließ all diese fremden Töne und Anblicke durch ihren Geist strömen; ich pflegte zu sagen, eher wie ein Wal das Meerwasser durch sein Maul strömen läßt, für seinen Gebrauch die eßbare Flora und Fauna der Meere durchseihend. Virginia seihte die Töne und Anblicke durch, lagerte sie in ihrem Geist, Echos und Visionen, die Monate später für ihre Imagination und ihre Kunst zur Nahrung wurden.«[59] Die Woolfs fuhren am 15. Mai zur Basilika Abbazia di S. Antonio südlich Montalcino, die aus dem 12. Jahrhundert stammte. Ein Steinbrucharbeiter zeigte ihnen den Weg; als sie ankamen, führte sie eine alte Frau zur Kirche. Sie »murmelte & murmelte, über die Engländer — wie schön sie wären. Sind Sie eine Gräfin? fragte sie mich.«[60] Am folgenden Tag besuchten sie die wegen ihrer Fresken berühmte Abtei Monte Oliveto, verließen Siena einen Tag später, fuhren von dort nach Lucca und reisten weiter über Lerici nach Piacenza, wo sie am 19. Mai eintrafen. Doch die Woolfs hatten ihr englisches Alltagsleben in ihr Hotelzimmer von Piacenza mitgebracht: zwar gönnte sich Virginia die Lektüre Goldonis, doch Leonard schrieb Anweisungen für die Hogarth Press.

Am 21. Mai befanden sich Virginia und Leonard bereits wieder in Frankreich, fuhren über Draguignan und Grasse nach Aix en Provence. Virginia dachte schon wieder an London und an ihren Roman, dennoch erfüllte sie der Urlaub in der Romania. Die Rückfahrt nach England durch Frankreich verlief zügig: Leonard fuhr und fuhr, passierte Aix und Avignon. Während dieser Rückreise bekam Virginia die Nachricht, daß die englische ›Book Society‹ ihr Buch ›Flush‹ als Auswahlband für das Jahr 1933 ausgesucht hatte. Das bedeutete, daß Virginia eine zusätzliche Summe zwischen 1000 und 2000 Pfund Sterling an dem Büchlein verdiente.

Virginia sehnte sich danach, in ihrem Sessel zu sitzen und zu lesen, wollte nunmehr nach Hause. Sie war es leid, nach Mineralwasser zu fragen, um sich die Zähne putzen zu können. Zurück in London, kam die Blockierung über Virginia, wie sie sich nach allen ihren Auslandsaufenthalten einstellte; sie trödelte herum, schien ihre Fähigkeit zur Konzentration verloren zu haben. Sie tröstete sich damit, daß sie Pfingsten mit Leonard in Rodmell verbringen würde: »Nun ich kann die Pargiters nicht ansehen. Sie sind ein leeres Schneckenhaus, und ich bin leer mit einer kalten Scheibe im Gehirn.«[61] Doch schon einen Tag später glaubte Virginia, vier Monate ohne Unterbrechung an ihrem Roman weiterarbeiten zu können: »Ich dachte, ..., etwas sehr Profundes über die Synthese meines Seins: wie nur das Schreiben dieses zusammensetzt: wie nichts ein Ganzes herstellt, es sei denn, wenn ich schreibe; ...«[62]

Virginia Woolf schien zu ahnen, daß ihr Roman ›Die Pargiters‹ unvorhergesehene Probleme beim Schreiben mit sich bringen würde. Anfang Juni notierte sie in ihr Tagebuch, das Schreiben sei eine Anstrengung, es sei aber auch Verzweiflung. Das Auf und Ab des Schriftstellerdaseins beherrschte Virginia; sie schwebte zwischen Euphorie und Melancholie. Die Frage nach dem Zusammenhang des Roman-Komplexes stellte sich stets aufs neue.

Das alljährliche Dinner der Cambridge Apostel fand am 12. Juni statt. Bei diesem Dinner hielt E. M. Forster eine Gedenkrede auf Goldie Dickinson. Virginia dinierte mit ihrem Bruder Adrian und Hope Mirrlees. Die Bloomsbury-Freunde überlegten, ob sie Lady Ottoline Morrell zu Ehren eine Lunch-Party veranstalten sollten. Dieser Vorschlag wurde hin und her gewendet, doch Ottoline wollte nichts davon wissen, weil sie glaubte, dies könne nur zu einer Leichenfeier zu Lebzeiten ausarten.

Der Juni schwirrte nur so von Freunden und Bekannten, mit denen Virginia in 52 Tavistock Square oder außer Hause zusammentraf. Am 15. Juni gingen die Woolfs zum Lunch, der bei G. B. Shaw stattfand. Die Shaws wohnten in Whitehall Court an der Themse. Virginia fand es schrecklich langweilig bei ihnen. Sie haßte das Hotelessen, aber vor allem die Leere der Gespräche, die nichts Kreatives an sich trugen. Leonard regte sich so sehr auf, daß seine rechte Hand wie Espenlaub zu zittern begann.

Der Juni war außerordentlich heiß, so heiß, daß sich Virginia für all die Leute einsetzte, die nicht aus London herauskonnten; sie schrieb einen offenen Brief an die Londoner Stadtverwaltung, die Gärten der Londoner Squares, für die nur bestimmte Anwohner Zutritt hatten, sollten während bestimmter Öffnungszeiten für jedermann zugänglich sein. Dieser Brief wurde am 24. Juni im *New Statesman* veröffentlicht. Im selben Monat fertigte Boris Anrep ein »Portrait« Virginia Woolfs an. Boris hatte den Auftrag erhalten, den Boden der Halle in der National Portrait Gallery mit einem Mosaik zu schmücken. Das bewerkstelligte er, indem er Bloomsbury verewigte: Virginia wurde als Clio in das Mosaik einbezogen, Clive Bell als Bacchus und Lydia Keynes als Terpsichore, um nur einige der mythologisch-realen Figuren zu nennen.

Am 26. Juni gab es genügend Aufsehen in Bloomsbury, denn der englische König legte den Grundstein zum neuen Gebäude der Londoner Universität, entworfen von Charles Holden, dessen gewaltiger Mittelturm noch heute beeindruckt. Das Gebäude sollte in der Malet Street, in unmittelbarer Nähe des British Museum aufgeführt werden. Es liegt ganz dicht beim Tavistock Square.

Auch im Juli riß die Folge der gesellschaftlichen Verpflichtungen für Virginia Woolf nicht ab. Zusammen mit der Arbeit an den ›Pargiters‹ und an ihren literarhistorischen Aufsätzen überstieg dies alles Virginias Kräfte, so daß sie zeitweilig über Kopfschmerzen klagte. Als Neuigkeit berichtete sie, daß T. S. Eliot sich von seiner Frau Vivienne getrennt hatte. Vivienne war jahrelang außerordentlich schwierig gewesen und in hohen Graden neurotisch, so daß Eliot in seinen Lebensmöglichkeiten völlig ihrer Exzentrik unterlag. Vivienne war über die neue Situation so aufgebracht, daß sie Tom, Ottoline und Virginia mit einem Fleischmesser umbringen wollte: »Denn sie sagt, Ott und ich sind Toms Geliebte.«[63]

Ende Juli verließen die Woolfs London und fuhren nach Sussex. Vanessa hielt sich zu gleicher Zeit in Charleston auf, machte sich aber über Quentins Gesundheitszustand Gedanken. Die Ärzte schlossen eine Operation nicht aus. Zwar nahm sich Virginia für die Zeit in Rodmell vor, an ihrem Roman weiter zu arbeiten, doch die Besucher und die Besuche brauchten viel von ihrer Zeit auf: Leonard und Virginia sahen die Keynes, fuhren zweimal nach Charleston, trafen Ethel Smyth — allerdings bei einem kurzen Londonaufenthalt.

Die Überlastung durch all diese Eindrücke, Aktivitäten, Verpflichtungen erschöpfte Virginia. Dieser Lebensstil, den sie teilweise auch mochte, ging über ihre Kräfte; ob in London oder Rodmell, selten bekam sie genügend Ruhe, um sich ganz zurückziehen zu können, wiewohl Rodmell ihr doch immer wieder Kraft gab, denn so viele Menschen wie zum Tavistock Square kamen nun doch nicht ins Monks House. Schließlich befanden sich im Londoner Haus Wohnung und Verlag unter einem Dach.

Es verwundert daher nicht, wenn Virginias Körper von Zeit zu Zeit streikte: »Ich will nur Spaziergänge & ein völlig spontanes kindliches Leben mit Leonard & das Gewohnte wenn ich mit aller Kraft schreibe:...«[64] Virginias Schwäche hielt mehrere Tage an. Als Ethel Smyth Virginia am 14. August besuchen wollte, ließ Leonard sie nicht zu ihr.

Wenige Tage später ging es Virginia wieder besser, so daß sie begann, ein wenig an den ›Pargiters‹ zu schreiben, obwohl sie noch nicht wieder ganz in Ordnung war und daher auch Besuchern absagte. Doch Virginia schrieb nicht nur, sie las vor allem Shakespeare und Turgenjev. Ganz nebenbei erwähnte sie, daß ›Flush‹ auch von der amerikanischen ›Book Society‹ als Jahresband ausgesucht wurde. Die englische Buchgesellschaft bat Virginia, dreihundert Exemplare von ›Flush‹ zu signieren, doch sie weigerte sich.

Ende August erreichte Virginia über Clive Bell die Nachricht, daß der alte gemeinsame Freund Francis Birrell an einem Gehirntumor erkrankt war. Diese tragische Tatsache beunruhigte Virginia sehr. Sie träumte von »Frankie« und erinnerte gemeinsam verbrachte Stunden. Am selben Tag kam Vita Sackville-West ins Monks House und blieb über Nacht. Anfang September begann das Schwanken zwischen Hoffnung und Niedergeschlagenheit in bezug auf Frankie Birrell. Virginia ging diese Krankengeschichte nahe, sie notierte alle Veränderungen, von denen sie Nachricht erhielt. In der zweiten Septemberwoche sollte Francis Birrell operiert werden, und Virginia schrieb ihm: »Ein Wort zu Maynard oder irgend jemand geflüstert, würde immer ein altes Wolfspaar an Dein Bett holen.«[65]

Virginia dachte über ihren Roman nach, vor allem über den Titel. Sie glaubte, der erste Titel würde das Werk zu sehr in die

Nähe eines John Galsworthy rücken, was sie auf alle Fälle vermeiden wollte. So dachte sie an Formulierungen wie »Hier und Jetzt«. Spätsommer und Herbst entfalteten in Rodmell all ihre Pracht. Leonard legte einen neuen Fischteich an, was möglich wurde durch den Ertrag des Buches ›Flush‹, das Virginia mindestens 2000 Pfund Sterling einbrachte. T. S. Eliot kündigte seinen Besuch an, legte aber den Schleier des Geheimnisses darüber, vermutlich, um sich vor Vivienne zu schützen.

Eliot kam am 9. September ins Monks House und eröffnete ein Marathon-Gespräch über Literatur — er blieb insgesamt vierundzwanzig Stunden —, so daß Virginia am nächsten Tag unfähig war, an ihrem Roman weiterzuarbeiten. Doch Virginia lobte Toms Klarheit: »Es ist Quellwasser in ihm, kalt und rein.« Und sie stellte fest: »Er richtet sich mit einiger Strenge darauf ein, ein großer Mann zu sein.«[66]

Die Woolfs fuhren am 20. September nach London, um eine Aufführung von Shakespeares ›Twelfth Night‹ im Old Vic Theater zu sehen, in der Lydia Keynes die Olivia spielte. Virginia besprach die Inszenierung in der Ausgabe des *New Statesman* vom 30. September.

Der Sommer 1933 bestand gleichsam aus einer Folge von Unterbrechungen für Virginias Arbeit. Die Gäste kamen und gingen, so daß sie Ende September ihr Romanmanuskript bis auf weiteres beiseite legte. Der Literaturwissenschaftler F. L. Lucas kam mit seiner neuen Freundin, am 23. September fand ein Abend des ›Memoir Club‹ statt, an dem auch Virginia einen autobiographischen Vortrag hielt, und E. M. Forster sagte sich zu einem Wochenendbesuch an. Virginia kommentierte dieses Leben: »Die Wahrheit ist, ich mag es, wenn Leute wirklich kommen; aber ich liebe es, wenn sie gehen.«[67]

Zu guter Letzt tauchte noch die unvermeidliche Ethel Smyth auf in ihrer dragonerhaften Manier, die mit ihren grotesken Tischsitten Virginia zur Verzweiflung brachte, schüttete sie doch die frischen Brombeeren in ihr Bier. Doch Ethel versöhnte Virginia dadurch, daß sie bei einem Spaziergang über die Felder Brahms-Lieder sang: »Die Schafe sahen auf und blieben ungesättigt.«[68]

Zu Beginn des nächsten Monats fuhren die Woolfs nach Hastings, um am Kongreß der Labour Party teilzunehmen. Da das

Tagungsgebäude am Meer lag und Virginia kein besonderes Interesse für die Reden hegte, liebte sie es, aus dem Fenster zu schauen, um zu sehen, welche Schiffe vorbeifuhren.

Dem Erscheinen von ›Flush‹ sah Virginia Woolf mit gemischten Gefühlen entgegen. Diejenigen, die das Buch schon kannten, hielten es für damenhaft, für charmant, was Virginia nicht sonderlich behagte. Auch wußte sie, daß das Buch populär sein würde, was ja schon durch die Auswahl als Jahresband durch den amerikanischen und britischen Buchclub vorab bestätigt wurde.

Am 5. Oktober fuhren die Woolfs nach Sissinghurst und am selben Tage erschien ›Flush‹. Das Büchlein wurde vom T. L. S. sogleich positiv besprochen. Virginia fühlte sich gut an diesem hellen, sanften Oktobermorgen. Die literarische Öffentlichkeit stritt sich mittlerweile um ›Flush‹. Während Rebecca West im *Daily Telegraph* vom 6. Oktober behauptete, dies sei nicht Virginias bestes Buch — was man getrost zugeben kann —, sondern eher ein Familienspaß, fand David Garnett an diesem Buch Gefallen, hielt es für das Beispiel, wie man auf eine frische Art Literatur schreiben könne, hob den Sinn für Proportion und den entzückenden Humor hervor in einer Besprechung im *New Statesman* vom 7. Oktober. Im Ganzen verlief die Aufnahme des Buches positiv. Hinzu kam, daß E. M. Forster Virginias Vortrag im ›Memoir Club‹ »wunderbar« fand, was ihr sichtlich guttat. Der Streit um ›Flush‹ reflektiert auch die Neigung von Kritikern, einen Autor auf einen ganz bestimmten Tenor festzulegen.

Virginias Erfolge täuschten sie nicht darüber hinweg, daß sie mit zunehmendem Alter immer wieder über den Lebenssinn nachdachte. Gab es überhaupt einen Lebenssinn? Wie könnte man ihn eingrenzen? »Ich fürchte mich ziemlich vor London«, schrieb sie am 7. 10. an Lady Ottoline Morrell. »Ich fühle mich weniger und weniger fähig, mein Leben zu kontrollieren, und ich fahre doch fort zu sagen, daß es das einzige Leben ist, das ich jemals haben werde.«

Als die Woolfs am 9. Oktober wieder zum Tavistock Square kamen, lief das Gäste- und Besuchsprogramm in atemberaubender Fülle und Dichte weiter: »Mrs. Woolf gestern; heute David Cecil; morgen Nessa Quentin Julian Lunch; Hugh Walpole Tee; Donnerstag Vita & Mrs. St. Aubin — & so fängt es an, mit Sybil & Rosamund im Hintergrund.«[69]

Inzwischen hatten einige politisch denkende Köpfe erkannt, welche Gefahr die Entwicklungen in Deutschland unter Hitler für die Welt bedeutete. An ihren Neffen Quentin Bell schrieb Virginia am 14. Oktober: »Nun hat Kingsley Martin gerade angerufen, um Leonard zu bitten, über Hitler zu sprechen. Er denkt, daß es eine Weltrevolution geben wird.«[70]

Mitte Oktober erkrankte Leonard an der Grippe, Virginia wurde von der Hektik Londons aufgesogen und kam kaum zum Schreiben. Immerhin konnte sie ihren Turgenjev-Aufsatz tippen lassen. Ende Oktober kamen für Virginia eine ganze Reihe unangenehmer Dinge zusammen: Spannungen mit Ethel Smyth, die Virginias Briefe herumzeigte, Quentins Krankheit, Leonards Grippe und Sorgen um die Hogarth Press. Aus ihren Erfahrungen mit Ethel Smyth ging ein Brief Virginias an den *New Statesman* hervor, indem sie öffentlich dazu aufforderte, eine Gesellschaft zum Schutz der Privatheit bekannter Leute zu gründen, die von Journalisten und Fotografen geradezu verfolgt wurden. An Ethel Smyth schrieb Virginia: »Ich glaube, Unbewußtheit und völlige Anonymität sind die einzigen Bedingungen ... unter denen ich schreiben kann. Nicht seines eigenen Selbst bewußt zu sein. Und alle diese Leute bestehen darauf, daß man selbstbewußt sein muß.«[71]

Virginia Woolf entschloß sich in diesen Tagen, ihre Tätigkeit bei der Hogarth Press aufzugeben. Sie äußerte ihre angestaute Wut darüber, daß der Verlag zuviel Zeit verschlinge, daß nicht einmal längere Reisen möglich waren. Eine negative Kritik über ›Flush‹ erschien am 25. Oktober in der Zeitschrift *Granta*. Der Rezensent behauptete, mit ›Flush‹ sei Virginia an den Endpunkt ihrer schriftstellerischen Laufbahn gekommen, doch Virginia setzte sich über diesen Angriff hinweg, wiewohl er ihr doch nicht ganz gleichgültig blieb: »Dies ist nur ein Regentropfen; ich meine den Nasenstüber, den irgendein kleiner pickliger Student auszuteilen liebt, geradeso als würde er einem einen Frosch ins Bett legen:...«[72] Immer wieder kämpfte Virginia Woolf mit den Mechanismen der Gesellschaft, die alle genialen Menschen vereinnahmen will. Sie aber sträubte sich mit Händen und Füßen gegen diese Anpassung: »Ich will nicht ›berühmt‹, ›groß‹ sein. Ich will auf Abenteuer ausgehen, meinen Geist öffnen & meine Augen, mich weigern, gestempelt & typisiert zu werden. Die Sache ist, sich selbst zu befreien; es seine Dimensionen finden zu lassen, nicht behindert zu werden.«[73]

Quentin Bell ging es immer noch nicht besser: die Ärzte stellten fest, daß seine Rippenfellentzündung tuberkulös war. Sie rieten dringend zu einem Aufenthalt in einer Schweizer Klinik. So flog Vanessa am 3. November vom Flughafen Croydon aus nach Genf, brachte Quentin in die Klinik und kehrte über Paris zurück. Virginia schrieb ihrem Neffen in den nächsten Monaten häufig, berichtete ihm sehr lebendig, was in der Kulturwelt Bloomsburys passierte.

Virginia und Leonard besuchten auch Francis Birrell, der inzwischen operiert worden war. Doch das Jahresende 1933 hielt nicht nur problematische Ereignisse für Virginia bereit. Wenn auch Desmond Mac Carthy bei der Verlobungsparty von Victor Rothschild und Barbara Hutchinson mit dem Champagnerglas in der Hand bemerkte »Ja Virginia, wir eilen zum Grab«, so vermochten interessante Ereignisse diese Gedanken zu vertreiben. Am 11. November druckte der *New Statesman* unter dem Titel ›Ein Abendessen‹ einen Text, der unterschrieben war ›Jacqueline Stiven, 14 Jahre‹. Der literarische Herausgeber der Zeitschrift David (Bunny) Garnett erkannte zwar die Qualität des Textes, erriet aber nicht den Autor. Die Stelle stammte aus Virginia Woolfs ›Ein Zimmer für sich allein‹. Leonard glaubte, daß es sich um einen Ulk handelte, und Virginia stimmte ihm zu. »Bunny« war die Angelegenheit allerdings so peinlich, daß er im *New Statesman* eine Berichtigung abdruckte und sich in aller Form bei Virginia entschuldigte.

Vanessa malte Mitte November 1933 ein neues Portrait von Virginia. Quentin befand sich noch in seinem Schweizer Sanatorium. Virginia behagte es nicht, daß er gern malte, weil in ihrer Vorstellung ein glänzender Autor in ihm steckte. Da Quentin später Kunsthistoriker und Schriftsteller wurde, hat sich Virginias Wunsch erfüllt.

Auf der erwähnten Party bei den Hutchinsons traf Virginia einen »waschechten« Bestseller-Autor, nämlich Michael Arlen, der mit seinem Buch ›Der grüne Hut‹ (1924) gut 50000 Pfund Sterling verdient hatte, dennoch glaubte, sich bei Virginia dafür entschuldigen zu müssen. Virginia schrieb an Quentin, Arlen »sei voller Entschuldigungen, als ob ich ihm gerade das Hinterteil verhauen hatte, weil er den grünen Hut schrieb.«[74]

Doch auch über Barbara Hutchinson, im Begriff Victor Rothschild zu heiraten, erzählte Virginia eine phantastische Geschichte: »Er (Victor) war eines Morgens (zu Barbara) hereingekommen und trug eine Pappschachtel, groß genug für einen Zylinder; und sagte zu Barbara ›Hier ist ein kleines Geschenk‹. Sie, da sie dachte, es wäre ein Muff oder ein Paar Schuhe, schnitt das Band nicht auf, bis er gegangen war; als Schachtel nach Schachtel reiner roter Rubine herausfiel; alle rot wie der Morgenstern und hell wie die Dämmerung. Jack sagte, der ganze Raum war erleuchtet. Sie sind 300 000 Pfund Sterling wert. So können sie sie nicht versichern und müssen in einem Stahlkoffer in der Bank aufbewahrt werden. ... Ich will Barbara nächste Woche zum Dinner einladen; und ich werde das Polizeiaufgebot im Square vergrößern lassen.«[75]

In der letzten Novemberwoche besuchte Virginia eine Gemäldeausstellung in der Old Bond Street: es war eine Walter Sickert Retrospektive, und Virginia ließ sich vom alten Sickert, den sie gern mochte, verführen, ein kleines Bändchen über seine Bilder zu schreiben, das in der Hogarth Press erschien.

Immer mehr Arbeiten über Virginia Woolf kamen heraus, unter anderem ein Aufsatz in der Zeitschrift *Criterion*, den sie nicht einmal las. Virginia Woolf erkannte, daß sie sich von dem Bild distanzieren mußte, welches sich die anderen von ihr machten. Sie durfte nicht aufhören, sie selbst zu sein.

Am 30. November fuhr sie für einen Tag nach Oxford, um ihren Vetter H. A. L. Fisher zu besuchen, der — einst britischer Erziehungsminister — seit 1925 das hochangesehene Amt des Warden of New College besetzte. Dieses »Neue College« wurde im Jahre 1379 gegründet. Virginia bemerkte, daß Herbert Fisher ganz in der Konvention der Oberklasse lebte, und sie tadelte sich selbst dafür, daß sie unter seinem Dach geneigt war, seine Standards zu teilen. Allerdings durchschaute Virginia die angepaßte, konservative Haltung, die Intelligenz nur dann anerkannte, wenn sie sich nicht avantgardistisch gab. Für die Fishers existierte die Labour Party ebensowenig wie Bloomsbury: »Sie repräsentieren Kultur, Politik, weltliche Weisheit vergoldet mit Buchstaben. Nichts, das einen von der Stange wirft in New College: alles in gutem Geschmack, & sehr freundlich. Aber mein Gott, so zu leben!«[76] Herbert Fisher hatte ein Dinner in der Halle des College arrangiert mit einem anschließenden Empfang zu Ehren Virginias. Sie sprach mit einer Reihe Studenten und traf unter anderem Isaiah Berlin, eine der brilliantesten Erscheinungen Oxfords, später Professor für Politische Theorie und Präsident von Wolfson College.

Mitte Dezember hatte Virginia den vierten Teil ihres Romans ›Die Pargiters‹ oder ›Hier und Jetzt‹ abgeschlossen. Virginia machte eine Bestandsaufnahme über ihr bisheriges gemeinsames Leben mit Leonard und war erstaunt, welch langen Weg sie schon zurückgelegt hatten. Ihr Vergangenheitssinn machte deutlich, daß die Zeit den Menschen verschlingt. Im Ganzen fühlte sich Virginia aber im Dezember gut: »Nun, wir sind sehr glücklich. Das Leben treibt Knospen & sprießt um uns herum: womit ich meine, jeder nimmt an, wenn wir ihn einladen.«[77] Die Woolfs trafen auch Vertreter der jüngeren Schriftstellergeneration wie Stephen Spender und William Plomer.

Am 21. Dezember fuhren Leonard und Virginia nach Rodmell in den Weihnachtsurlaub. Es war ein nebliger Nachmittag, doch das Wetter hatte dieses Jahr im Winter ohnehin seine Tükken. In Monks House fiel die Wasserversorgung aus, so daß die Woolfs zwischendurch nach London fahren mußten. Während ihrer Zeit in Rodmell erhielten sie Besuch von alten Freunden, von den Keynes etwa. Zu Weihnachten selbst kam Vita mit ihren beiden Söhnen Ben und Nigel. Natürlich besuchten die Woolfs Vanessa in Charleston. Schon Ende Dezember kamen Leonard und Virginia auf die Idee, im Frühjahr des nächsten Jahres nach Irland zu reisen.

Im Jahre 1934 starben Leonards Schwester Clara wie einer der besten Freunde der Woolfs, Roger Fry. Clara starb zu Beginn des Januars 1934. Die Woolfs fuhren zur Beerdigung nach London. Virginia, die als Frau am Trauergottesdienst nicht teilnehmen durfte, blieb bei Leonards Mutter. Es mag sein, daß sie an ihre Mutter dachte, die wie Clara im 48. Lebensjahr starb.

Ethel Smyths Werke wurden mit großem Erfolg Anfang Januar in der Queen's Hall aufgeführt im Rahmen eines ›Ethel Smyth Festival‹. Dirigent war Sir Thomas Beecham, eine der populärsten Gestalten des englischen Musiklebens. Doch zu diesen Festveranstaltungen gehörten auch Dinners, Tee-Parties und andere Konzerte; es gab Trubel genug, was Dame Ethel ein Hochgenuß war.

Nach Rodmell trafen Leonard und Virginia am 14. Januar wieder in London ein. Über die Zeit in Rodmell hatte Virginia ihr Tagebuch nicht angerührt.

Vanessa malte ein neues Portrait von Virginia in Öl. Über ihren 52. Geburtstag berichtete Virginia nur beiläufig, daß sie sich beim Juwelier ein Uhrenarmband — das Geschenk Leonards — abgeholt hatte. Quentin befand sich immer noch im Sanatorium. Als fürsorgliche und teilnehmende Tante schrieb ihm Virginia lange Briefe, die er nicht häufig beantwortete. Das war bemerkenswert, denn Virginia Woolf begann mit zunehmendem Alter das Briefeschreiben zu hassen. Um Quentin etwas aufzuheitern, suchte Virginia für ihn merkwürdige Erlebnisse aus: »Was Angelica angeht, so nahm ich sie gestern mit zum Einkaufen, und wir kauften ein grünes Kleid für sie, nur daß ich mein Portmonaie vergessen hatte, bereitete Schwierigkeiten; aber dann erinnerte ich mich der Nase meines Großvaters (James Stephen) und tat so vornehm, daß sie mich mit einem Einkaufswert von 3 Pfund Sterling 10 Schilling gehen ließen.«[78]

In England beobachtete die Labour Party mit Sorge, daß die englischen Faschisten unter Sir Oswald Mosley zahlenmäßig zunahmen. Die Anstrengungen im antifaschistischen Sinne begannen sich im Lande zu regen, sowohl von seiten der Labour Party als auch in den Reihen der Künstler und Intellektuellen.

Virginia fühlte sich Ende Januar nicht gut, was auch zu Beginn des Februars 1934 so blieb. Sie klagte über starke Kopfschmerzen, die mit einer Grippe einhergingen, so daß sie zehn Tage lang im Bett blieb. Außer Vanessa sah sie niemanden, auch sagte sie alle Verpflichtungen ab.

Erst am 14. Februar berichtete sie über die letzten Tage; sie hatte Thackeray gelesen, aber auch den Reisebericht Youngs über Frankreich. Nun traf noch ein Bücherpaket des Times Book Club ein, in dem Virginia J. E. Neales bekannte Studie über die Königin Elisabeth als ungemein langweilig und trocken empfand. Das zweite Februarwochenende verbrachten die

Woolfs in Rodmell. Erste Anzeichen des Frühjahrs machten sich bemerkbar, »die Bienen summen in den Hyazinthen«.

Elektriker bauten in das Monks House eine neue Warmwasserversorgungsanlage ein. Zudem machte der regionale Bauaufsichtsbeamte einen Prüfbesuch und äußerte Bedenken wegen der Statik des Hauses. Die Woolfs überlasteten die Decken mit ihren Büchermassen in einer Weise, daß ihnen eine Strafe bevorstand.

Nach der Rückkehr aus Rodmell begann Virginia wieder mit der Arbeit an ihrem Roman. Sie schrieb das Kapitel über den Luftangriff auf London im Ersten Weltkrieg. In Österreich brach zu dieser Zeit der Bürgerkrieg aus. Die Demokraten kämpften gegen die faschistische »Heimwehr«, und der österreichische Kanzler Dollfuß sicherte sein autoritäres Regime. Gerade kam John Lehmann aus Wien zurück und berichtete Leonard und Virginia eingehend von den dortigen Ereignissen. Diese Berichte machten Virginia politisch hellhörig. So schrieb sie an ihren Neffen Quentin Bell in die Schweiz: »Gegenwärtig gibt es eine erschreckende Menge Politik. Du bist näher an Wien dran als ich — aber jeder sagt hier, das sei der Anfang vom Ende.«[79] Die österreichischen Nazis hatten im Februar einen Staatsstreich versucht, viele Sozialisten erschossen und auch Arbeiterwohnungen verwüstet.

Virginias Freunde zogen wie fast jedes Frühjahr ins Ausland; dazu gehörte Roger Fry, aber auch Clive, der nach Paris fuhr, während die Nicolsons sich ein Castello in Italien mieteten, um sich hernach mit Freunden in Marrakesch zu treffen: mit Prinzessin Mary, der einzigen Tochter König Georgs V., und ihrem Mann Lord Harewood. Noch einmal mußte Virginia am 4. März Vanessa für ihr Portrait sitzen, was sie überhaupt nicht leiden konnte. Es war ein schöner Tag. Am Abend zuvor hatte Virginia an den Feierlichkeiten zum 75. Geburtstag von Dame Ethel Smyth teilgenommen. Sir Thomas Beecham dirigierte Ethels ›Messe in D‹ in der Royal Albert Hall in Anwesenheit der Königin Mary. Danach gab Ethel einen »Empfang« in einem Lyons Tee-Haus, an dem außer Virginia Woolf Lady Diana Cooper, Ehefrau des Politikers Duff Cooper und Tochter des Herzogs von Portland, Lady Cunard und Lady Lovat teilnahmen.

Ethel besaß die unangenehme Eigenart, Virginia zu verfolgen, so daß diese ihr schließlich schrieb: »...ich denke Ethel Smyth ist die allürenhafteste unwirkliche Frau, die ich je kennengelernt habe — sie lebt in einem mittviktorianischen Zahnarztwartezimmer voller falscher Gefühle.«[80]

Die Saison in London begann im März: Virginia stöhnte, daß sie bei all dem Trubel auch noch Lydia Keynes »Puppenheim« besuchen mußte. Damit meinte sie die Ibsenaufführung, in der Lydia die Hauptrolle übernommen hatte. Sie spielte offenbar glänzend — so Virginia —, was objektiv der Fall gewesen sein muß, denn Virginia mochte Lydia nicht so gern, daß sie sie grundlos gelobt hätte.

Doch Ärger in lebenspraktischen Dingen kam auf die Woolfs zu, wie ein zorniger Brief Virginias an Vita Sackville-West verdeutlicht: »Dein verdammter Vetter, der Herzog von Bedford — wenn er Dein Vetter ist, enterbe ihn — hat darauf bestanden, daß wir das Haus völlig renovieren müssen; und jedes Buch muß bewegt werden, jede Satztype; und da sind wir, für die nächsten 3 Wochen und kampieren zwischen aufgerollten Teppichen und Tischenden. Verdammt seien alle Herzöge. Zweihundertundsiebzig Pfund Sterling auszugeben; und dann reißen sie das Haus ab.«[81] Und an Quentin Bell schrieb Virginia: »Es ist die Hölle — und die Hölle dauert so lange, wie der Maurer...will. Wir essen Brocken auf unseren Knien.«[82] In diesen Tagen stellte Vanessa Bell neue Gemälde aus und lud ihre Schwester Virginia ein, einen privaten Rundgang durch die Galerie vor der Eröffnung mit ihr zu machen. Virginia schrieb für den Ausstellungskatalog die Einleitung. Vanessas Ruf als Malerin hatte sich so etabliert, daß sie zu den bedeutenden Gestalten der englischen Kunst avanciert war.

Am 9. März fuhren Leonard und Virginia nach Rodmell, wo sich Virginia erkältete und daher bis zum 14. des Monats in Monks House blieb, bevor sie nach London zurückfuhr. Wieder einmal ergaben sich Spannungen mit Nelly, was Virginia noch nie gut verkraften konnte. Die ungute Atmosphäre beeinträchtigte ihr Wohlbefinden und — sensibel wie sie nun einmal war — kehrte sie mit ihren Gedanken immer wieder zu diesem wunden Punkt zurück.

So vermochte Virginia oft nicht zu schreiben, ihre Gedankenschwünge blieben blockiert. Der Streit mit Nelly löste sich durch einen hochdramatischen Auftritt, in dem Virginia die soundsovielste Kündigung aussprach. Doch hiermit fiel das letzte Wort. Nelly ging, wenn auch widerstrebend. Ende März fuhren die Woolfs wieder nach Rodmell, doch diesmal nur kurz, denn die Irlandreise stand bevor. Virginia war schon daran gegangen, ein Schema für die Fahrt auszuarbeiten. Sie schickte es an ihre Freundin Elizabeth Bowen, die zwischen Oxford und Irland pendelte, und bat sie, den Plan zu verbessern und zu ergänzen.

Virginia fühlte sich erleichtert, daß sie endlich von Nelly befreit war, wiewohl diese in den ganzen Jahren gute Arbeit geleistet hatte. Zum Ärger Virginias und wohl auch aus Bosheit nahm Nelly alle Kochbücher mit, ließ allerdings aus Verachtung zwei Anleitungsbroschüren für Anfänger liegen. Inzwischen hatte Virginia ihren Freunden durch ihre mannigfachen Briefe kundgetan, daß sie und Leonard kurz vor ihrer Reise nach Irland standen. Nun konnten die praktischen Reisevorbereitungen beginnen.

Mitte April besuchten Virginia und Leonard die Oper ›Macbeth‹ von Collingwood, wobei ihr noch einmal die Mannigfaltigkeit der Ebenen eines Kunstwerks sinnfällig vorgeführt wurde. Sie erblickte in der Verknüpfung verschiedener Ebenen das Strukturprinzip einer künftigen Romantheorie und einen Reflex ihrer eigenen Schreibprobleme.

T. S. Eliot und Maynard Keynes kamen am 18. April zu den Woolfs zum Dinner. Sie sprachen über Eliots Buch ›Zu fremden Göttern: ein Elementarbuch für moderne Ketzerei‹. Keynes gedachte am Christentum festzuhalten unter der Voraussetzung, daß es in der Lage sei, die Moral zu bewahren. Maynard Keynes vertrat die Ansicht, daß seine und Virginias Generation der Religion ihrer Väter immerhin viel verdankte; es handelte sich um die Religion des säkularisierten Puritanismus, welche in ihren Elternhäusern bestimmend war. Später kam Virginias Neffe Julian zu dieser Gesprächsrunde hinzu. Er gehörte zu den Jungen, die nicht zwischen Christentum und Atheismus aufgewachsen waren, sondern gleich von Anfang an im Atheismus selbst. Es lag nahe, daß es zum Streit zwischen den Generationen kam. Maynard Keynes glaubte, die Jugend würde zu schnell publizieren, doch Julian entgegnete, schließlich wollten sie — die Jüngeren — sich auch einen Namen machen und Geld verdienen. Virginia stimmte Maynard zu; sie selbst recherchierte so sorgsam für ihre Bücher, benutzte den Lesesaal des Britischen Museums, doch die Jugend schien ihr dagegen zu schnell bei der Hand zu sein mit der schriftstellerischen Arbeit.

In der vorletzten Aprilwoche begann die eigentliche Vorbereitung der Irlandfahrt. Zunächst begaben sich die Woolfs am 25. April nach Rodmell, machten sich aber von dort auf nach Salisbury, von wo aus ihre Fahrt sie nach Abergavenny und Fishguard führte. Sie überquerten die Irische See bei einem Sturm, doch schon die Fahrt zum Hafen von Fishguard war regnerisch und böig gewesen. Virginia fürchtete sich vor der Überfahrt und glaubte schon, sie müßte in der Irischen See ertrinken.

Schließlich kamen sie heil im Freistaat Irland an. Sie fuhren nach Kildorrery (Cork), um ihre Freundin Elizabeth Bowen auf ihrem Landsitz Bowen's Court aus dem 18. Jahrhundert zu besuchen und dort auch zu übernachten. Am andern Tag reisten sie weiter und trafen am 29. April in Glengariff an der Bantry Bay ein. Virginia beschrieb Irland als Mischung aus Griechenland, Italien und Cornwall, sie bemerkte die große Einsamkeit in diesem Lande und seine Armut. Die Woolfs hatten den Eindruck, daß das Leben in Irland zurückwich; und in der Tat: immer mehr Iren wanderten aus.

Von Kildorrery aus fuhren Leonard und Virginia in Richtung Aran Islands weiter. Sie kauften am 1. Mai in Waterville die *Times* und lasen, daß Virginias Halbbruder, Sir George Duckworth, am 27. April in Freshwater (Isle of Wight) im Alter von 66 Jahren gestorben war: »Aber wie wenig bedeutete er nach seiner Heirat — & doch wie die Kindheit mit ihm vergeht...«[83]

Virginia empfand Irland als verführerisch; die Schönheit bewegte sie, deutete auf Unbekanntes: die Statik und das Monolithische des Immergleichen.

Von Glenbeith führte die Reiseroute Leonard und Virginia nach Adare und von dort sollte es nach Killarney und Glengariff weitergehen. Die Stimmung in Irland zwischen Armut, Redseligkeit und Einförmigkeit inspirierte Virginia überhaupt nicht. Sie konnte noch nicht einmal lesen und ließ ihren Marcel Proust im Gepäck. Doch erfaßte sie spontan die Begabung der Iren zum Geschichtenerzählen, eine poetische Ader, die sich in der Tradition seit vielen Jahrhunderten ausgebildet hatte: Archaisches und Lyrisches vermischten sich zu einer für den Fremden schwer verständlichen Mentalität. Wenn Virginia Woolf sich fragte: »Warum sind diese Leute nicht die größten Romanschriftsteller der Welt?«[84] , so vergaß sie offenbar James Joyce.

Leidenschaftliche Erzähler begegneten den Woolfs überall in Irland: »Wir reden unaufhörlich. Die Iren sind diesbezüglich das begabteste Volk. Nach dem Dinner setzt sich der Wirt zu uns und redet, bis es Zeit zum Schlafengehen ist, perfektes Englisch, viel amüsanter als jede Londoner Gesellschaft, und wenn es nicht der Wirt ist, wie letzten Abend, dann sind es andere Gäste, falls welche da sind.«[85]

Die Woolfs kamen am 4. Mai nach Galway und pflückten Enzian auf den Klippen mit Blick auf die Aran Inseln, die für die irische Nationalistenbewegung eine mythische Rolle spielten. Auf den Arans wurde noch das alte Gälisch gesprochen, so daß Schriftsteller wie J. M. Synge, Autor der berühmten Stücke ›Riders to the Sea‹ und ›The Playboy of the Western World‹, längere Zeit auf den Arans lebten, um diese Sprache zu erlernen. Noch in Joyce' Geschichte ›Die Toten‹ aus seinem Dubliner-Zyklus wird darauf Bezug genommen.

Schließlich kamen Virginia und Leonard nach Dublin. Man hatte ihnen schon in Dublin gesagt, sie dürften in der Hauptstadt auf keinen Fall versäumen, sich die Guiness Brauerei anzusehen. Die Architektur Dublins erschien Virginia als Kopie Londons, doch alles kam ihr provinzieller vor: »Eine Atmosphäre der Minderwertigkeit schläft oder lächelt einfältig oder spottet und tobt überall.«[86]

Durch Wales, über Shrewsbury und Worcester reisten die Woolfs nach London zurück, wo sie am 9. Mai 1934 eintrafen. Auf dem Wege nach London kamen sie durch Stratford on Avaon. Für Virginia galt Stratford als Heiligtum der englischen Literaturgeschichte; sie besuchte Shakespeares Grab in der Holy Trinity Church: »...dort da unten einen Fuß von mir entfernt lagen die kleinen Knochen, die über die Welt diese riesige Erleuchtung gebreitet haben.«[87]

Nach der Rückkehr aus Irland erkrankte Virginia an der Grippe und blieb einige Tage im Bett. Für den Pfingsturlaub brachte Leonard Virginia am 17. Mai nach Rodmell. Dort beschäftigte sie sich mit ihrem Roman, an dessen Teil 7 sie gerade schrieb. Den ganzen Mai über fühlte sich Virginia nicht wohl. Dennoch rechnete sie mit dem Abschluß ihres Romans in der Weise, daß das Buch im Juni 1935 erscheinen könnte. Zudem begann Virginia bei ihrer Bekannten Jane Bussy Unterricht in französischer Konversation zu nehmen.

Virginias Grippe blieb hartnäckig, so daß sie auch Anfang Juni noch nicht wieder gesund war. Sie bekam sogar hohes Fieber und Schüttelfröste. Auch ihre Nichte Angelica war erkrankt, da sie sich in ihrer Internatsschule mit Scharlach infiziert hatte.

Doch mochte Virginia Woolf, obwohl es ihr nicht so gut ging, nicht auf alle kulturellen Annehmlichkeiten verzichten. In Glyndebourne unweit Rodmells fanden im Sommer 1934 unter der Leitung von Fritz Busch und Carl Ebert die ersten Musikfestspiele statt, die mittlerweile Weltruf besitzen. Obwohl Leonard zunächst wegen Virginias Gesundheitszustand zögerte, an den Veranstaltungen in Glyndebourne teilzunehmen, besuchten die Woolfs am 8. Juni eine Aufführung des ›Figaro‹ und am 10. Juni ein Nachmittagskonzert, das Fritz Busch dirigierte.

Der Sommer 1934 war außerordentlich heiß, daher offenbar für Parties geeignet. Leonard und Virginia besuchten eine Party bei Alix und James Strachey Mitte Juni, nachdem sie nachmittags Besuch von Aldous Huxley bekommen hatten, der es Virginia angetan hatte, wie schwierig er auch sein mochte: »...ein höchst bewundernswerter, kühler, antiseptisch zerrütteter, aber menschlicher & sanfter Mann: mit dem Alter gerade seine Braue mäßigend: Erfahrung; aber bewundernswert reif, wie wir es nicht sind. Hat die Welt bereist, völlig skeptisch, dennoch umso menschlicher; beurteilte alles, doch nichts. Ein wenig theoretisch über Religion & Sex; nicht aus diesem Grund ein Romantiker; unendlich elongiert & knochig: sein verschwommenes graues Auge; seine Bosheit und Intelligenz.«[88]

Im Sommer 1934 wurde vielen Engländern klarer, was sich in Deutschland abspielte. Über John Holroyd-Reece, den Gründer der Pegasus Press, der später die Albatross Continental Library führte und Tauchnitz 1934 übernahm, erfuhr Virginia von der Ermordung Röhms, die schon den nationalsozialistischen Terror exemplarisch vorführte: »...Holroyd Reece, ..., ...kommt heraus mit ›Und kann nichts in bezug auf diese monströse Affaire in Deutschland getan werden?‹ ›Eine der wenigen öffentlichen Aktivitäten‹, sagte ich, ›die einen elend macht.‹ Dann versuchend, wie unwirksam auch immer, das Gefühl auszudrücken, hier zu sitzen & zu lesen, wie ein Akt in einem Stück, wie Hitler nach München flog & diesen, jenen und diesen Mann und jene Frau gestern in Deutschland tötete.«[89] K. D. Bracher, einer der bedeutendsten Experten für das Dritte Reich, hob in Bezug auf diese Vorgänge hervor: »Die blutige Säuberung vom 30. Juni 1934 und die stille Komplicenschaft der Wehrmachtführung boten im Verein mit Hindenburgs Tod Hitler die einzigartige Gelegenheit, konsequenter als der italienische Faschismus den totalen Führerstaat zu verwirklichen.«[90] Hitler sicherte sich die Alleinherrschaft durch Ausschalten der SA, indem er in einer Nacht- und Nebelaktion die SA-Führer in Bad Wiessee ohne jede Rechtsgrundlage erschießen ließ. Röhm wurde am 31. Juni von den Dachauer KZ-Kommandanten umgebracht.

Virginia Woolf erkannte das Ausmaß des schrecklichen Geschehens in Deutschland und verglich die brutalen Mörder mit Pavianen: »...diese brutalen Tyrannen gehen umher in Mützen und Masken wie kleine aufgeputzte Jungen und führen dieses idiotische, sinnlose, brutale, blutige Pandämonium auf. Sie kommen herein, während Herr Soundso beim Essen ist: eiserne Stiefel, sagen sie, knarren auf dem Parkett, töten ihn, & seine Frau, die zur Tür eilt, um sie daran zu hindern.«[91] Und an Ethel Smyth schrieb Virginia: »Zum ersten Mal in meinem Leben bin ich ehrlich, ohne Übertreibung, abgestoßen von den Deutschen. Ich kann nicht darüber hinwegkommen. Wie kannst Du oder irgend jemand das letzte Wochenende erklären (Ermordung der SA-Führung)! Ihre Gesichter! Hitler! Denke an das, was uns als Ideal des menschlichen Lebens vorschwebte. Manchmal fühle ich, daß wir alle angepflockt sind in den Logen bei einem Stierkampf.«[92] So warfen die Bedrohungen durch das Tausendjährige Reich ihre ersten Schatten auf Virginia Woolf.

Die trockene Hitze hielt in England in diesem Sommer an. Virginia fühlte sich geblendet von der hellen Sonne und belästigt vom Staub. Sie hoffte, daß der August angenehmer sein würde. Im Sommer gab Annie Thomsett ihre Stelle bei den Woolfs in Rodmell auf, weil sie heiratete, und die Woolfs stellten Louie Everest ein, die bis zu Leonards Tod im Jahre 1969 als Köchin und Haushälterin im Monks House blieb. Virginia sah im Sommer 1934 recht viele Freunde und Bekannte, so Clive, ihre Schwester Vanessa, John Lehmann und Osbert Sitwell, der gerade von einer sechsmonatigen Chinareise zurückgekehrt war. Auch Vita Sackville-West besuchte Virginia.

Nach einem Dinner am 15. Juli traf sich ein großer Freundeskreis bei Clive Bell; dort waren Vanessa, die Woolfs, Roger Fry, Duncan Grant und Julian Bell. Als besonderen Gast hatte Clive den späteren britischen Kabinettsminister David Eccles eingeladen. Doch der Gastgeber zeigte sich unkonzentriert, sprach mit den Gästen ausschließlich Französisch, was Virginia allerdings nichts ausmachte, da sie durch die Stunden bei Jane Bussy gut gewappnet war und Clive fließend antworten konnte.

Der Roman ›Die Pargiters‹ oder ›Hier und Jetzt‹ blieb ein leidiges Thema, auch wenn sich Virginia wünschte, schon bald den Abschluß zu finden. Im Ganzen gefiel Virginia der Sommer 1934, wenn sie auch darüber klagte, daß sie nicht die Kraft habe, ihr langwieriges Buch in den Griff zu bekommen: »Oh diese langen Bücher, was für eine kolossale Anstrengung sie sind — ...«[93]

Julian Bell hatte sich über die Vermittlung akademischer Auslandsstellen in Cambridge um einen Englischlehrstuhl an der Universität Wuhan in China beworben und erwartete die Antwort für den 19. Juli, doch sie blieb aus.

An eben diesem 19. Juli fuhren Leonard und Virginia nach Cambridgeshire, um Victor Rothschild zu besuchen, der im Dezember 1933 Barbara Hutchinson geheiratet hatte. Das junge Paar lebte auf dem alten Landsitz Merton Hall. Virginia beschrieb die Eleganz und Schönheit des Hauses und den dortigen Lebensstil. »Barbara mit großem Hut, sehr schwanger, thronte auf einem Stuhl, langer Raum, Schalen mit Blumen, Teetisch luxuriös gedeckt um 18.30 Uhr.«[94] Victor Rothschild war aus-

gebildeter Naturwissenschaftler. Er hatte sich noch nicht entschieden, ob er in das Bankgeschäft seiner Familie eintreten
oder bei der Wissenschaft bleiben sollte. Virginia gefiel es bei
den Rothschilds; sie war entzückt über Victors Sammlung von
Erstausgaben englischer Schriftsteller, etwa Swift, Boswell,
Wordsworth. Virginia konnte ihren Stolz darauf nicht verheh-
len, daß sie in Victor durch ihren ›Common Reader‹ dieses literarische Interesse erweckt hatte.

George Duckworth hinterließ Virginia die unbeträchtliche
Summe von 100 Pfund Sterling, was ihr sehr peinlich war, da
sie wußte, daß er seiner Familie an Bargeld nicht mehr als 7000
Pfund Sterling vererbte. Im Juli erbat die ›Yale Review‹ von
Virginia Woolf eine für amerikanische Verhältnisse angepaßte
Überarbeitung ihres Sickert-Aufsatzes. Virginia machte sich
unwillig an die Arbeit »für diese heiklen Amerikaner«. Bei
einem Dinner in der dritten Juliwoche bei den Hutchinsons tra-
fen Virginia und Leonard Desmond MacCarthy und T. S. Eliot.
Sie stritten sich über Politik und kamen zu dem Ergebnis, daß
das alte liberale Muster keine Kraft mehr habe, um mit den
Problemen der Massendemokratie — wie Arbeitslosigkeit und
Strukturwandel der Landwirtschaft — fertig zu werden.

Ende Juli brachte Leonard vom King's Cross Bahnhof in Lon-
don ein kränkliches, südamerikanisches Äffchen mit, das er
»Mitz« nannte. »Mitz« wurde sein ständiger Begleiter bis zum
Jahr 1938, als das Äffchen starb. Vor allem während der
Deutschlandreise leistete »Mitz« den Woolfs unschätzbare
Dienste.

Die Fahrt in den Sommerurlaub nach Rodmell hatten Leonard und Virginia auf den 26. Juli festgelegt. In den letzten Juli-
tagen unternahm Virginia noch einen erfolglosen Versuch,
doch noch ihren Roman zu beenden: »Ich bin frei, das letzte
Kapitel anzufangen; & bei gnädiger Vorsehung ist der Brunnen
voll, die Ideen steigen an, & wenn ich dran bleiben kann, weit,
frei, kräftig, werde ich 2 Monate völliger Versenkung haben.
Merkwürdig, wie die Kreativität auf einmal das ganze Universum ordnet.«[95]

Anfang August erfuhr Virginia, daß der alte gemeinsame
Freund Francis Birrell in eine Paralyse verfallen war und nun
nochmals operiert werden sollte, auch wenn die Ärzte ihm

wenig Chancen gaben, den Eingriff zu überstehen: »(Nessa) sieht ihn heute. Wie merkwürdig, der letzte Tag, dieser: hier ist es sehr schön & heiß, dann natürlich mag er leben.«[96] Frankie Birrells Schicksal beschäftigte Virginia sehr, und ihre Gedanken kamen immer wieder zu ihm zurück.

Die letzten Kapitel ihres Romans stellten Virginia nicht zufrieden; sie hielt sie für zu schrill und für zu umfangreich. Freunde und Familienmitglieder besuchten die Woolfs Anfang August in Rodmell. Maynard Keynes gehörte zu den Besuchern. Er war gerade aus Amerika zurückgekehrt, berichtete aber auch von den ökonomischen Veränderungen in Deutschland, die keinen Anlaß zum Optimismus gaben. Das jüdische Kapital wanderte ab, die Deutschen könnten zwar ihre Schulden bei den Baumwollspinnereien in Lancashire nicht bezahlen, kauften aber dennoch emsig Kupfer: »Wofür ist es? Waffen zweifellos.«[97]

Am 11. 8. traf Saxon Sydney-Turner zum Wochenende in Rodmell ein, spielte wie in alten Tagen mit Leonard Schach und unterhielt sich stundenlang mit Virginia über William Shakespeare. Shakespeare wurde im Lauf der Jahre immer bedeutender für Virginia. Sie kehrte häufig zur Lektüre seiner Schauspiele zurück, deren Ganzheit und Vielseitigkeit der Lebenserfassung sie bewunderte. Während Saxon bei den Woolfs weilte, kamen die Keynes und Vita Sackville-West zur Bereicherung der Monks House-Gesellschaft.

Mitte August 1934 glaubte Virginia, das Ende ihres Romans ›Hier und Jetzt‹ absehen zu können: sie hatte 800 Rohmanuskriptseiten fertig, die aber zu überarbeiten waren. In diesem Sommer kauften sich die Woolfs zur Entspannung von ihren Arbeiten, die sie auch in Rodmell ausführten, ein Gummiboot, um damit auf dem Fluß zu fahren. Virginia und Julian weihten das Boot am 16. August ein.

Virginia hatte zu angestrengt an ihrem Roman geschrieben, so daß sie eine Pause einlegen mußte. Die selbstauferlegten Schreibpensen zermürbten sie. Doch es ist erstaunlich, welche Energien und Kräfte Virginias zerbrechlichem Körper innewohnten; ihr Wille und ihr künstlerisches Engagement ließen sie nie aufgeben, so daß sie nach einem Tief, einem »Wellental« immer wieder an ihre Arbeit ging.

Ende August schrieb Virginia in einer euphorisch-kreativen Phase stundenlang an ihrem Roman: »Ich schrieb wie ein — vergiß das Wort — gestern; meine Wangen glühen; meine Hände zittern. Ich schreibe die Szene, in der Peggy ihnen (den Pargiters) zuhört und dann herausbricht. Es war dieser Ausbruch, der mich so aufregte.«[98]

Anfang September sahen die Woolfs viele Menschen. Virginia führte einen regen Briefwechsel mit Ethel Smyth, korrespondierte aber auch mit Vita und Vanessa. Roger Fry hatte in diesen Tagen einen schweren Unfall: er stürzte unglücklich und brach sich einen Oberschenkelknochen. Er wurde in ein Londoner Krankenhaus eingeliefert und starb ganz plötzlich am 9. September 1934 an einem Herzschlag.

Rogers Tod ging Virginia näher als der Lyttons. So schrieb sie an Ethel Smyth: »Uns traf ein schrecklicher Schlag mit Roger Frys Tod — Du wirst es gelesen haben — Es ist schrecklich für Nessa.«[99] Die Woolfs bereiteten ihre Fahrt nach London vor, um an Rogers Begräbnis teilzunehmen: »Morgen fahren wir herauf, einem Instinkt folgend, zum Begräbnis. Ich fühle mich betäubt: sehr hölzern. Die Frauen weinen, sagt Leonard: aber ich weiß nicht, warum ich weine — meistens mit Nessa. Und ich bin zu dumm, um irgend etwas zu schreiben. Mein Kopf ist völlig steif. Ich denke, es ist die Armut des Lebens, die jetzt zu mir kommt, ein dünner, schwärzlicher Schleier über allem... Die Substanz ist aus allem entwichen. Ich denke nicht, daß das übertrieben ist.«[100]

Wieder überkam Virginia das Gefühl, nicht genug an Trauer zu empfinden: »Das Temperament des Schriftstellers«. Alle Freunde kamen zur Trauerfeier. Helen Anrep, Rogers Lebensgefährtin, sah — so Virginia — sehr jung aus: »Dann kam Desmond heraus: sagte, wäre es nicht schön, im Garten spazierenzugehen. ›Oh, wir stehen auf einer kleinen Insel‹, sagte er. Aber es war sehr schön, sagte ich. Zum ersten Mal legte ich meine Hand auf seine Schulter & sagte, Stirb noch nicht. Du auch nicht, sagte er. Wir haben wunderbare Freunde gehabt, sagte er.«[101] Nach der Trauerfeier brachten Leonard und Virginia Desmond und Molly nach Hause zum Wellington Square. Beim Tee tauschten sie gemeinsame Erinnerungen an Roger Fry aus.

Einige Tage nach Rogers Begräbnis schrieb Virginia an ihre alte Freundin Margaret Llewelyn Davies: »Liebste Margaret, es war sehr nett von Dir zu schreiben — wir wußten, daß Du es verstehen würdest. Es war eine wundervolle Freundschaft, und ich weiß, daß wir dankbar sein sollten, sie gehabt zu haben. Aber es ist sehr hart, wenn die eigenen Freunde sterben.«[102]

In allen Briefen Virginias aus dieser Zeit an ihre Freunde und Bekannten spricht ihre Trauer um den Verlust Rogers. Schmerzlich empfand sie die Lücke, die sein Tod gerissen hatte.

Leonard und Virginia fuhren nach Rodmell zurück und versuchten, sich ihrem alltäglichen Leben wieder zuzuwenden. Julian Bell und seine Freundin kamen zu Besuch, aber auch Dadie Rylands sowie Adrian Stephen mit seinen beiden halbwüchsigen Töchtern.

In Charleston feierte Angelica Bell eine Party, zu der auch die Aufführung eines Schauspiels gehörte. Doch die Trauer um Roger Fry schlich sich in die Gesellschaft ein und dämpfte die Stimmung. Vanessa wirkte statuenhaft, Clive war sehr betrübt, aber auch die Kinder. Der Verlust an Geist und Lebendigkeit, den Rogers Tod mit sich brachte, war für alle spürbar.

Virginia setzte sich immer wieder mit dem Tod auseinander. Sie begriff ihn als das Ende des Kampfes zwischen Liebe und Geist: »Natürlich werde ich auch vor diesem Tor liegen, & hineingleiten; & es erschreckte mich. Aber warum? Ich meine, ich fühlte die Vergeblichkeit dieses beständigen Kampfes, mit unseren Hirnen & einander zu lieben gegen das Andere: wenn Roger sterben konnte.«[103]

Am 30. September 1934 vollendete Virginia endlich nach vielen Mühen ihren Roman. Es war ein Rohmanuskript von 900 Seiten entstanden; so lag noch viel Arbeit vor ihr, den Text in eine endgültige Form zu bringen. Doch Virginia war dankbar, daß das Buch nunmehr endlich als Ganzes vor ihr lag.

Virginias Stimmung der Erleichterung mischte sich mit Erschöpfung und mit Gedanken an Roger. Leonard brachte ihr zur Gratulation anläßlich des Abschlusses ihres Buches ein kleines Reisetintenfaß mit. Nun überlegte Virginia, wie sie ihren Roman nennen sollte, da ihr die Arbeitstitel nicht zusagten.

David Garnett und Julian Bell besuchten die Woolfs am 30. September. Auch kamen Duncan Grant und Helen Anrep hinzu. Helen erzählte, daß Roger Frys Schwestern sein Haus bevölkerten, um den Besitz zu »sichern«. Sie lagerten seine Bilder und datierten sie falsch. Doch Helen besaß ein eigenes Haus und hatte viele Freunde, so daß sie sich behaupten konnte.

Anfang Oktober las Virginia viel Shakespeare: ›Troilus und Cressida‹, ›Pericles‹, ›Der Widerspenstigen Zähmung‹ und ›Cymbeline‹. Doch damit war ihr Lektürepensum noch nicht erschöpft. Hinzu kamen Bücher von Maupassant, de Vigny, St. Simon und Gide. An englischen Zeitgenossen las Virginia John Cowper Powys, H. G. Wells und Bonamy Dobreé. Diese Lesewut hing natürlich mit dem Abschluß ihres Romans zusammen, den sie zunächst einmal liegenließ.

Die Zeit in Rodmell ging zu Ende. Am 7. Oktober befanden sich die Woolfs wieder am Tavistock Square. Virginia schrieb an Ethel Smyth: »Ich war in Bromley und ging durch den Park nach Hause. Ich bin zu schläfrig, Dir zu erzählen, warum ich nach Bromley ging. Aber ich liebe die Londoner Vorstädte im Herbst und ihre unermeßliche Poesie. Und ich liebe den Hyde Park wie er in die Nacht hineinwelkt, nur die Blumen brennen in wenigen blassen Fassaden. Ich liebe es, Gesprächsfetzen mitzuhören an der Serpentine in der Dämmerung; und denke an meine eigene Jugend, und möchte gern wissen, wie weit wir in anderen Menschen leben und dann ein halbes Pfund Tee einkaufen und immer so weiter und immer so weiter.«[104]

Die alte Fehde zwischen Wyndham Lewis und Bloomsbury, die schon 1913 begonnen hatte, wurde immer noch von ihrem Initiator weitergeführt. Lewis hatte bereits 1930 ein Buch mit Angriffen auf Bloomsbury unter dem Titel ›Die Affen Gottes‹ veröffentlicht und ließ 1934 den Band ›Menschen ohne Kunst‹ folgen. Virginia gab ihrer Reaktion in ihrem Tagebuch beredten Ausdruck: »Kapitel über Eliot, Faulkner, Hemingway, Virginia Woolf. ... Jetzt weiß ich, von der Vernunft und vom Instinkt her, daß dies ein Angriff ist; daß ich öffentlich demoliert bin: nichts ist von mir übriggeblieben in Oxford & Cambridge & Orten, wo die Jugend Wyndham Lewis liest. Mein Instinkt sagt mir, es nicht zu lesen.«[105] Doch Virginia wagte daran zu denken, daß sie ungeachtet jeder Kritik zu *den* englischen Schriftstellern des 20. Jahrhunderts gehören würde — auch nach ihrem Tode.

Schließlich las sie doch Wyndham Lewis und überstand die Tortur. Sie fühlte sich nach Abschluß des Romans ›Die Jahre‹ nicht so erschöpft wie nach ihren anderen Romanen. Zumindest blieben die hartnäckigen Kopfschmerzen diesmal aus. Virginia fuhr fort zu lesen, las James Thomsons großes Naturgedicht ›Die Jahreszeiten‹ sowie einen neuen Roman von Edward Sackville-West.

Auch dachte Virginia daran, es sei sinnvoll, Geld zu sparen, um einmal mit Leonard eine große Auslandsreise zu machen. Sie dachte daran, ferne Kulturen — etwa in Ostasien — kennenzulernen. Aber dann reizte wieder das Schreiben; Virginia machte sich Notizen zu einer Biographie Roger Frys.

Mitte Oktober fühlte sich Virginia immer noch ziemlich antriebslos: sie las ihre alten Tagebücher durch und rekonstruierte ähnliche Lebenssituationen: »& fand dieselbe Misere nach den Wellen«.

»Es ist nichts übrig von den Leuten, den Ideen, der Anstrengung, kurz von dem ganzen Leben, das um mein Hirn raste: nicht nur das Gehirn; es hat meine Muße ergriffen: ich denke, wie ich still zu sitzen pflegte auf denselben Eisenbahnstrecken, auf meinem Buch laufend.«[106] Virginia machte sich Gedanken um Roger und fragte nach dem Rätsel des Todes: »Ich kann nur keinen Dampf erzeugen. Ich bin so häßlich. So alt. Niemand schreibt mir.... Nun gut; denk nicht darüber nach & gehe in ganz London spazieren; & treffe Leute & stell Dir deren Leben vor.«[107]

Margery Fry beabsichtigte zu dieser Zeit schon, Virginia um die Abfassung der Biographie Rogers zu bitten. Doch Virginia fürchtete sich vor solch einer Reise in die Vergangenheit. Um den 20. Oktober besuchten die Woolfs eine Tagung des Neuen Forschungsbüros der Fabian Society in Maidstone und trafen wenig später den großen alten Dichter W. B. Yeats. Yeats hatte in der Einleitung zu seinem Stück ›Kampf gegen die Wellen‹ (1934) Virginia Woolfs Roman ›Die Wellen‹ erwähnt und einige Bemerkungen zum Bewußtseinsstromroman gemacht: »...(ich) fühlte Yeats' extreme Direktheit, Einfachheit, & Gleichheit: mochte sein Lob; mochte ihn: aber kann das Universum nicht beim Tee enträtseln.«[108]

Am letzten Oktobertag des Jahres 1934 traf Virginia Woolf

mit Clive Bell zusammen. Sie gingen zum Essen gemeinsam mit Aldous Huxley und dem Ehepaar Clark. Kenneth Clark, später Lord Clark, war gerade im Alter von 31 Jahren Direktor der Londoner National Gallery geworden. Huxley kritisierte die linksgerichteten Dichter der Dreißiger Jahre, W. H. Auden, Stephen Spender und Day Lewis; vor allen Dingen galt ihm Auden als Demagoge. Virginia mochte Aldous Huxley, hielt ihn für »einen höchst geistreichen und kosmopolitisch gesinnten Mann.«

Der Gedanke an Roger Frys Biographie hatte sich mittlerweile in Virginia Woolfs Bewußtsein festgesetzt. Sie dachte sich Lösungsmöglichkeiten aus, etwa die Herausgabe eines Sammelbandes mit verschiedenen Beiträgern, die bestimmte Aspekte von Rogers Leben und Werk behandeln sollten. Doch die rechte Kreativität mochte sich nicht einstellen; Virginia sprach in diesen Novemberwochen von ihrem gefrorenen Hirn, das zu nichts Gescheitem in der Lage sei. Zudem mußte sie sich zwei Zähne ziehen lassen, was ihre Stimmung noch zusätzlich trübte, da sie sich vor den Zahnärzten fürchtete.

Der Streit Bloomsburys mit Wyndham Lewis wurde in der Zeitschrift ›Spectator‹ zwischen Stephen Spender und Lewis weitergeführt. Leonard riet Virginia, sich das alles nicht zu sehr zu Herzen zu nehmen, sondern die Angreifer mit Verachtung zu strafen. Virginia schwebte in einer depressiven Phase; da sie nicht schreiben konnte, wirkten die Außenbewegungen um so stärker auf sie ein. Ihr fehlte die Kraft zur aktiven Selbstbehauptung für eine Weile. Darunter litt sie: »Und...wenn ich nur für eine Zeit völlig mein Ich vergessen könnte, meine Kritiken, meinen Ruhm, mein Absinken der Waagschale — was jetzt kommen muß, & etwa 8 oder 9 Jahre zu dauern — dann würde ich sein, was ich zumeist bin: sehr schnell, angeregt, amüsiert: intensiv.«[109]

An Donald Brace schrieb Virginia Woolf Anfang November, daß sie ihren Roman ›Die Jahre‹ in der Rohfassung fertiggestellt habe, daß sie aber zum Überarbeiten noch ein Jahr veranschlage. Margery Fry und Helen Anrep bestürmten Virginia nochmals wegen der Roger Fry-Biographie, und Virginia hatte sich schon fast entschlossen, diese Aufgabe zu übernehmen.

Mitte November ging es Virginia wieder besser und sie begann mit der Überarbeitung ihres Romans: »Nun, dieser schreckliche Sprung ist gemacht, & ich habe das Umschreiben der Pargiters begonnen. Herr! Herr! 10 Seiten pro Tag für 90 Tage: drei Monate.«[110] Die Arbeit, die vor ihr lag, bereitete ihr fast ebensoviel Kopfzerbrechen wie das Schreiben der Rohfassung: »Verzweiflung über die schlechte Qualität des Buches: kann mir nicht denken, wie ich jemals solch einen Ramsch schreiben konnte...heute denke ich wieder, es sei gut.«[111]

Trotz solcher gravierender Schriftstellerprobleme vernachlässigten die Woolfs nicht ihre gesellschaftlichen Verpflichtungen. Wenige Tage nach der Monatsmitte kam T. S. Eliot zum Dinner. Virginia wußte längst, wie bedeutend Tom geworden war: »Sitzt sehr solid — breite Schultern — in seinem Stuhl, & redet leicht, aber mit Autorität. Ist ein großer Mann, in einer Weise, jetzt: selbstbewußt, didaktisch. Aber für mich immer noch ein lieber alter Esel; ich meine, ich kann nicht länger weggefroren werden mit dieser Autorität.«[112]

Das dritte Wochenende im November verbrachten die Woolfs in Rodmell. Virginias Gartenhäuschen, in dem sie zu schreiben pflegte, wurde abgetragen und an anderer Stelle im Obstgarten wieder aufgebaut. Nach ihrer Rückkehr an den Tavistock Square gingen Leonard und Virginia zu einer Ausstellung des Avantgardefotografen Man Ray, der auch Virginia fotografierte und die Woolfs zum 26. November einlud. Bei dieser Gelegenheit lernte Virginia Victoria O'Campo kennen, die damals führende Intellektuelle Argentiniens. Virginia Woolf war von Victorias Persönlichkeit beeindruckt und freundete sich mit ihr an. An Vita Sackville-West schrieb sie, sie habe sich in Victoria verliebt, sicherlich auch, um Vita damit eifersüchtig zu machen.

Virginia arbeitete am Jahresende an ihrem Roman ›Die Jahre‹, wechselte aber zwischen dem Schreiben und der Lektüre von Dantes ›Göttlicher Komödie‹ ab. Manchmal konnte sie nach dem Schreiben nicht lesen, an anderen Tagen dagegen half ihr die Lektüre und richtete sie auf. Für die Weihnachtszeit nahm sich Virginia vor, ihre Farce ›Freshwater‹ fertig zu schreiben, mit der sie sich bereits im Jahre 1919 befaßt hatte.

Inzwischen regten sich Stimmen, die das Zeitalter Bloomsburys für beendet erklärten. Eine solche Stimme erhob sich mit C.

E. M. Joad, der am 1. und 8. Dezember einen Artikel im *New Statesman* unter dem Titel ›Das Ende einer Epoche‹ veröffentlichte. Die Historisierung Bloomsburys hatte schon längst begonnen. Virginia besuchte Francis Birrell, der in einem Hotelzimmer am Russell Square lag. »Frankie« wußte über seinen ernsten Zustand genau Bescheid. Dennoch unterhielt sich Virginia angeregt mit ihm, doch sie konnte nichts empfinden, »nicht nach Roger«. Als sie Frankie zum Abschied küßte, wußte sie, daß er bald sterben würde.

Das Jahr 1934 bedeutete für Virginia Woolf einen markanten Einschnitt in ihrer Lebensgeschichte, bestimmt durch den Tod Roger Frys. Dieser Tod setzte die Wendemarke zu ihren letzten Jahren. Der Faschismus befand sich »auf dem Vormarsch« und die Bedrohung des zivilisierten Europa zeichnete sich immer deutlicher ab.

Am 21. Dezember fuhren Leonard und Virginia nach Rodmell. Die Charlestonians waren über Weihnachten nicht zu Hause, doch die Keynes kamen zum Besuch ins Monks House. Virginia arbeitete an ihrem Roman, entwickelte Szenenkontraste, dachte über die abschließende Konzeption nach. Der letzte Absatz ihres Tagebuches von 1934 begann mit dem Ausruf: »Und Roger tot. Und soll ich über ihn schreiben?«[113]

Virginia hatte inzwischen ihr Stück ›Freshwater‹ abgeschlossen. Das regnerische Wetter verzog sich, so daß man wieder in den Downs laufen konnte. Virginia las Ernest Renan, der eine berühmte ›Geschichte der Ursprünge des Christentums‹ in Einzelwerken geschrieben hatte. Renan war Atheist. Virginia las sein Buch ›Paulus‹; in ihrem Roman ›Die Jahre‹ deutet Eleanor Pargiters Lektüre Renans ihren Abschied vom Glaubenssystem der Viktorianer an.

Langsam formten sich Virginia Woolfs erste Ideen zu ihrem Buch ›Three Guineas‹ — zunächst noch in Form eines Aufsatzes ›Über das Verachtetwerden‹. Sie plante, mit ihrem Roman im August 1935 fertig zu sein, um dann mit der vorbereitenden Lektüre für ihre Roger Fry-Biographie zu beginnen.

Am 2. Januar 1935 starb Francis Birrell: »Es war eine Gnade, wie wir sagen, daß es so schnell zu Ende ging. Aber der Tod ist ein merkwürdiges Ding. Letzte Nacht dachte ich plötzlich, wie töricht & in der Tat ekelhaft der Tod ist, die Zersetzung des

Körpers, & c. Warum denkt man an ihn als an irgend etwas Nobles?«[114] Und am 9. Januar schrieb Virginia an Ethel Smyth: »Ich fühle mich wie ein totes blaues Meer nach all diesen Toden — kann nichts mehr empfinden.«

Virginias Vetter H. A. L. Fisher, Warden of New College in Oxford, lud sie ein, vor der »English Association« zu sprechen, einer Vereinigung, die sich für Studien zur englischen Sprache und Literatur einsetzte. Doch Virginia hatte sich entschlossen, Vortragsveranstaltungen ganz aufzugeben, weil sie glaubte, daß dies »nicht ihre Linie« sei. Die Woolfs fuhren im Januar zu einem Lunch bei den Keynes. Maynard erzählte von den Büchern, die er auf einer bedeutenden Sotheby-Auktion ersteigert hatte. Die Bibliothek des berühmten Historikers und Philosophen Edward Gibbon, Verfasser des monumentalen Werkes ›Verfall und Untergang des Römischen Reiches‹, war versteigert worden. Maynard erwarb 36 Bücher, die sich heute in der Bibliothek des King's College, Cambridge, befinden.

Die Prinzessin Bibesco lud Virginia ein, an einer antifaschistischen Ausstellung mitzuwirken; doch Virginia weigerte sich, weil sie die Frauenfrage ausgeschlossen fand. Dennoch besuchte Virginia ein Treffen der antifaschistischen Initiative, nachdem die Woolfs am 13. Januar 1935 nach London zurückgekommen waren. Virginias Stück ›Freshwater‹ wurde vor etwa 80 Zuschauern am 18. Januar in Vanessas Atelier in der Fitzroy Street gespielt. Familienmitglieder wie Angelica und Leonard spielten Hauptrollen, Virginia fungierte sinnfälligerweise als Souffleuse. Das Stück wurde ein großer Erfolg. Die Freunde beglückwünschten Virginia, dankten ihr für den humorvollen Abend. Vor allem gefiel es Virginia, daß ihr alter Freund E. M. Forster von ›Freshwater‹ schwärmte.

Virginia knüpfte im Januar die gesellschaftlichen Fäden wieder, setzte ihre Dante-Lektüre fort und überlegte, wohin sie im Frühjahr mit Leonard fahren sollte. Ethel Smyth hatte 1933 damit begonnen, einen neuen Band ihrer umfänglichen Autobiographie zu schreiben. Im Januar steckte sie noch mitten in der Arbeit, so daß ihr Virginia schrieb: »Nun, wie geht es Dir, kastrierte, nein ganze wilde Katze? Nagst Du noch am Stumpf Deiner Feder? Wie gut ich mich an den Geschmack von Federhaltern erinnere — .«[115]

Einerseits umging Virginia die Arbeit an ihrem Roman, andererseits holte sie ihn hervor, arbeitete daran und klagte: »...was für eine Arbeit das Schreiben ist: Umschreiben; einen Satz dazu bringen, die Arbeit einer Seite zu leisten: das ist, was ich harte Arbeit nenne.«[116] Ihre Freundin Ethel Smyth erlebte zu dieser Zeit eine tragi-komische Geschichte, die schon im Herbst 1934 begonnen hatte. Das britische Schatzamt forderte von ihr einen Betrag von 1600 Pfund Sterling zurück, eine Summe, die Ethel nicht aufbringen konnte, ohne ihr Haus Coign zu verkaufen. Sie war inzwischen 76 Jahre alt, so daß man ihr nicht zumuten konnte, noch einmal umzuziehen. Über Virginia erhielt sie den Rat Maynard Keynes, doch die Öffentlichkeit und ihre einflußreichen Freunde in dieser Sache einzuspannen. Diesen Vorschlag griff Ethel auf. Ihr wurde der größte Anteil sofort erlassen. Aber sie tauchte auch mehrmals selbst im Schatzamt auf. Die Beamten sollen so viel Angst vor ihr gehabt haben, daß sich ihre Schuld pro Besuch um 50 Pfund Sterling verringerte.

Wenn Ethel Smyth für Virginia schon zur alten Generation zählte, sie selbst zur mittleren, dann gehörten ihre Neffen und Nichten zur Jugend. Quentin und Julian waren schon erwachsen, aber auch die beiden Töchter Adrians hatten sich herausgemacht. Ann studierte Medizin in Cambridge und war sehr begabt. Virginia schrieb über sie: »Sie will Doktor werden und in Genf leben.« Anns Schwester Judith schlug mehr in die Stephensche Richtung; wie einst Virginia als junges Mädchen schrieb sie heimlich Essays über Hazlitt, worüber sich Virginia sehr freute.

Der Februar war eisig in England. Dennoch fuhren die Woolfs über den 9./10. des Monats nach Rodmell. Diesmal erkältete sich Leonard bei dieser Ausfahrt. Virginia arbeitete wechselweise an der Roger Fry-Biographie und an ihrem Roman, las stapelweise Briefe und Dokumente, die Margery Fry anschleppte.

Clive Bell engagierte sich in der antifaschistischen Bewegung und rang Virginia eine politische Stellungnahme ab. Sie ließ sich überzeugen und warb in Briefen an ihre Freunde und Bekannten um Unterstützung dieser Sache. Im Rahmen dieses politischen Engagements traf Virginia Woolf bei einem Essen in

Hampstead den Bildhauer Henry Moore und seine Frau, die ihr sehr sympathisch war.

Wie sehr Virginia Woolf zur Londoner Gesellschaft gehörte in den Dreißiger Jahren, belegt eine Erinnerung des Oxforder Philosophen A. J. Ayer: »Um die Mitte der Dreißiger Jahre hatte sich die Bloomsbury Gruppe zerstreut, doch einige ihrer Mitglieder sah man gelegentlich auf Parties in London. Ich traf Virginia Woolf nur einmal und hielt sie für hübsch und formidabel. Als ich ihr vorgestellt wurde, fragte sie mich, wie ich zu der Party gekommen sei, und ich sagte, mit dem Bus. Sie bat mich dann, alles darüber zu erzählen und erwartete, daß ich irgendeine ungewöhnliche Eigenschaft am Schaffner oder den anderen Fahrgästen wahrgenommen oder vorgestellt hätte. Unglücklicherweise war alles, was ich sagen konnte, daß es bloß ein gewöhnlicher Bus war, an welchem Punkt sie verständlicherweise ihr Interesse an mir verlor.«[117] Nun läßt sich wohl kein größerer Gegensatz denken als der zwischen der imaginativen Virginia Woolf und dem empiristischen Erkenntnistheoretiker Ayer.

Wie sehr Virginia sich oft über populäre Literatur und ihre Autoren mokierte, Hugh Walpole mochte sie besonders gern. Hugh war gerade im Februar 1935 aus Amerika zurückgekommen. Er hatte für Metro Goldwyn Mayer ein David Copperfield-Drehbuch geschrieben, erkrankte jedoch an einer Arthritis, konnte aber mysteriöserweise durch die Medizin eines Quacksalbers gerettet werden.

Die Politik ließ Virginia Woolf immer weniger kalt, denn sie wußte, daß die weltpolitische Lage sich verschlimmerte. Leonard vollendete gerade ein Buch unter dem Titel ›Quack, Quack‹; es handelte sich um einen Angriff gegen den italienischen Faschismus und den deutschen Nationalsozialismus, zugleich aber um eine Auseinandersetzung mit den Ideen Oswald Spenglers und Henri Bergsons. Das Buch erschien im Mai 1935 in der Hogarth Press.

Virginia hatte einen jungen, hochbegabten Schriftsteller kennengelernt mit Namen Christopher Isherwood, der Hugh Walpole bewunderte. Virginia Woolf brachte kurzerhand einen Kontakt zwischen Walpole und Isherwood zustande. Auch die Hogarth Press hatte einen Gewinn von dieser Beziehung. Noch im März erschien Isherwoods Roman ›Mr. Norris steigt um‹. Später schrieb Isherwood die Bücher ›Ich bin eine Kamera‹ und ›Goodbye to Berlin‹, die ihn berühmt machten.

Am Ende der ersten Märzwoche fuhren Leonard und Virginia nach Rodmell, nachdem sie heftig miteinander gestritten hatten. Es begann nämlich zu schneien, und Virginia wäre lieber in London geblieben, aber Leonard wollte unbedingt fahren. Ergebnis seines Starrsinns war ein ausgesprochen kaltes Wochenende, doch schon am Sonntag fuhren die Woolfs zu den Nicolsons nach Sissinghurst, um sich vor deren Abreise nach Griechenland von ihnen zu verabschieden. Virginia empfand, daß sich das Verhältnis zu Vita erheblich abgekühlt hatte: »Meine Freundschaft mit Vita ist aus. Nicht mit einem Streit, nicht mit einem Knall, aber wie eine reife Frucht fällt.«[118] Dennoch blieb der Kontakt zwischen den Woolfs und den Nicolsons erhalten. Zudem betrachtete Virginia die Veränderung ihres Verhältnisses zu Vita in zu düsteren Farben. Doch sie meinte, hier sei eine Lücke entstanden.

Auch sprach Virginia von »einem gewissen allgemeinen Erschlaffen der Briefe & des Ruhms, auf Grund meines Nichtschreibens; so daß ich mehr Zeit habe, & gelegentlich Leute einlade, hin und wieder hierherzukommen. (...) Andererseits bin ich weniger gehetzt; & habe das Lesen genossen, mehr, denke ich, als in den 2 oder 3 vergangenen Jahren.«[119]

Bloomsbury geriet immer mehr in die Schußlinie der Kritik, wiewohl auf der anderen Seite die Literaturgeschichte sich mit diesem Phänomen zu beschäftigen begann. Abgesehen von Wyndham Lewis und seinen Arbeiten, hatte Prinz Mirsky eine marxistische Analyse der britischen Intelligenz vorgelegt, und Frank Swinnerton widmete Bloomsbury ein kritisches Kapitel in seinem Werk ›Die georgianische Literaturszene‹. Virginia Woolf warf er vor, nur für die eingeweihten Intellektuellen zu schreiben, keine echte literarische Phantasie zu besitzen und der Forderung des Aristoteles nicht zu genügen, daß Literatur durch Mitleid und Schrecken die Seele des Lesers reinigen müsse. Mit der Weltauffassung des Viktorianismus hält Swinnerton die alten Kritikpunkte Virginia Woolf noch einmal vor. Für ihn war die Innenperspektive ihrer Romane nichts anderes als literarische Ketzerei.

Virginia Woolf steckte 1935 zweifellos in einer schriftstellerischen Krise größeren Ausmaßes, einmal wegen der Probleme ihres Romans, aber auch, weil sie durch mangelndes Selbstvertrauen überempfindlich auf Kritiken reagierte. Sie behauptete zwar, sie würde sich nicht von Kritiken irritieren lassen, träumte aber nachts von ihren Kritikern. Schließlich verfaßte Virginia einen zornigen und scharfen Brief gegen die Bloomsbury-Kritiker, doch Leonard riet ihr davon ab, ihn zu veröffentlichen.

Virginias Kontakt zu T. S. Eliot blieb gut. Eliot schrieb zu dieser Zeit gerade sein Theaterstück ›Mord im Dom‹. Als Virginia das Stück später las, aber auch sah, fiel ihr die Künstlichkeit und Steifheit des Werkes auf. Sie dachte an Shakespeares Lebendigkeit und konnte das Pompöse, Zelebrierende an Eliots Stil nicht gut ertragen.

Am 21. März traf Virginia Woolf André Malraux, mit dem sie sich in ein langes Gespräch vertiefte. Der Anlaß dieser Begegnung war eine Zusammenkunft in Romneys Haus in Hampstead, um Unterstützung für den »Internationalen Kongreß zur Verteidigung der Kultur« zu organisieren, dessen Initiator Malraux war. Virginia berichtete ihrem Neffen Quentin Bell, daß Malraux so »gefüllt sei wie eine Quelle im Juni.« Doch das Treffen insgesamt fand Virginia schrecklich: »...ich mußte einmal aufstoßen — Ich hasse Anchovis Sandwiches — eines mußte ich in meiner Tasche verstecken — und floh. So ist dies mein letztes Herumpfuschen in der Politik.«[120]

Wenige Tage später vollendete Virginia ihr Kriegskapitel in einer Gewalttour und glaubte, den richtigen Ansatz gefunden zu haben. Auch das Frühjahr machte Fortschritt und stimmte sie positiver: »Die Narzissen & Hyazinthen blühen. Einige Kastanienblätter im Vogelklauenstadium im Park. Die Landbäume & Squarebäume sind noch kahl. Kleine Büsche ganz grün. ...Wie weich & frühlingshaft & frisch die Luft gestern war — wie das Meer! Und ich denke daran, im Ausland zu sein. Aber wir haben noch nicht entschieden, wohin wir gehen.«[121] Doch schon bald war es klar, was Leonard und Virginia tun wollten: »Wir denken an 3 Wochen in Holland & Frankreich; eine Woche in Rom, Flug dorthin.«[122]

Bei einem Spaziergang durch Kew Garden erlebte Virginia

die kirschfarben blühenden Birnbäume und die Magnolien-
blüte. Aber auch die gelben Büsche blühten. Auf den weiten
Rasenflächen wogte ein Narzissenmeer. All diese Schönheiten
fanden ihre Brechung an Gedanken über die Zeitumstände, die
nicht vielversprechend waren. »Leonard sagt, wir werden in
Kürze von den Deutschen vergiftet werden; nicht nur Du und
Julian, was mir nicht soviel ausmacht, da ihr jung seid; aber
sogar ich! Ja, wenn ich die Oxford Street hinuntergehe, werde
ich einen gelben Rauch sehen und in irgendeinem Rinnstein zu-
sammensinken; und die Woge der Teutonen; wird weiter und
weiter rollen — wird verschlucken, was einst Bloomsbury war
und, so nehme ich an, ein *Platz* sein mit einer Statue des ›Führers‹«.[123] Dies ist eine Vision des totalen Staats im Krieg, ein
Schreckensbild der Invasion — die Teutonen in London.

Doch die Welt gewährte auch noch Lichtblicke: Virginias
Nichte Ann Stephen bestand ihr Examen in Cambridge mit
Auszeichnung und gewann ein Caroline Turle Stipendium des
Newnham College für drei Jahre. Die Woolfs luden Ann zum
Abendessen ein und gingen anschließend mit ihr in einen Gary
Cooper-Film.

Von Vita Sackville-West kam ein Brief, der die alte Freundschaft bestätigte, worüber sich Virginia sehr freute, hatte sie
doch in bezug auf Vita Trübsal geblasen. Im April traf Virginia
per Zufall ihren alten Freund E. M. Forster in der London Library. Virginia geriet in einen Wutausbruch, als Morgan ihr in
seiner Eigenschaft als Mitglied der Bibliothekskommission erzählte, daß diese diskutiert hatte, ob Damen in ihrem Gremium
zugelassen werden sollten. Virginia ahnte schon, daß man sie
in diesen Ausschuß berufen wollte. Ihr Zorn entzündete sich an
dieser »Ausnahmegenehmigung«: Frauen — nein, Virginia
Woolf — ja. In solchen Fällen wollte sie sich weigern mitzuma-
chen und überlegte bereits, wie sie eine scharfe Formulierung
über solches Verhalten der Männer in ihr Buch ›Über das Verachtetwerden‹ einbauen könnte.

Die Reise nach Holland, Frankreich und Italien rückte näher:
»...wir werden durch Holland & Deutschland fahren, Leonards Nase verstecken, nach Rom; und so zurück.«[124] Die
Bloomsbury-Debatte lief indessen weiter, auch mit Lichtblik-
ken für Virginia Woolf. Ellis Roberts schrieb positiv über sie in

der *Sunday Times*: »Ich bin der originellste Kopf, der in den letzten 20 Jahren Romane geschrieben hat, & so weiter.«[125]

Am 17. März 1935 fuhren die Bells nach Rom, während die Woolfs ihre Abreise nach Holland vorbereiteten. Der New Yorker Verleger Brace besuchte Virginia und machte mit ihr aus, daß ihr Roman ›Die Jahre‹ im Oktober nach Amerika geschickt werden sollte für eine amerikanische Edition. Virginia Woolf lud Ralph Wigram und seine Frau Ava ein, die ihnen Informationen über Deutschland geben sollten. Leonard und Virginia beabsichtigten mit dem Auto durch das nationalsozialistische Deutschland zu fahren, hatten aber Angst, weil Leonard Jude war und ihm etwas zustoßen könnte.

Da Wigram im Britischen Außenministerium tätig war und auch Berlinerfahrung besaß, glaubte Virginia, daß sie durch dessen Ratschläge für ihr Vorhaben besser gewappnet würden. Über Ostern fuhren die Woolfs ins Monks House. Virginia schrieb, las neue Bücher, so Stephen Spenders literaturkritisches Buch ›Das zerstörerische Element‹. Virginia erkannte, daß es nicht ohne Tücke war, die Werke von Zeitgenossen aufzunehmen, die an ähnlichen Fragestellungen arbeiteten wie sie selbst.

Die Finsternis über Europa nahm zu. Leonard Woolf traf den sozialistischen Dramatiker Ernst Toller, der bei Hitlers Machtübernahme ausgebürgert wurde. Toller hatte sich nach dem Ersten Weltkrieg in der Unabhängigen Sozialdemokratischen Partei betätigt und war eine der führenden Persönlichkeiten in der Münchner Räterepublik. »Toller sagt, wir sind am Rande des Krieges. Er will, daß die Alliierten Hitler den Krieg erklären. Belgien hält seine Flugzeuge einsatzbereit, sie sind klar zum Aufsteigen. Aber da Deutschland über ihnen sein könnte, bevor sie starten, scheint das sinnlos zu sein.«[126]

Tollers Aussage drang zum Kern der politischen Situation in Europa vor: Hitler hätte mit aller Wahrscheinlichkeit 1935 noch besiegt werden können. Doch in England feierte man das Silberjubiläum König Georgs V.; gleichzeitig erreichte die europäische Diplomatenaktivität einen Höhepunkt. Am 22. April trafen die Woolfs mit den Wigrams zusammen: »Er war mit Simon (Brit. Außenminister 1931–35) in Berlin...Hitler sehr eindrucksvoll; sehr furchterregend....Redete 20 Minuten fehlerfrei. Sehr fähig. Nur ein Fehler an einem komplizierten Punkt. Sehr gut trainiert. Und die ganze Zeit ein tappendes Geräusch. Wigram dachte, ein merkwürdiger Tag, die Maurer zu haben. Aber es war die Wache, die den Korridor auf und nieder marschierte. Alles kam heraus... Wir haben schon eine Kräftegleichheit in der Luft. Die Deutschen haben in der Tat genug Flugzeuge startbereit, um uns unterzukriegen. Aber wenn sie uns alle töten? Nun, sie werden ihre Kolonien haben. Ich will Raum, um mich zu bewegen, sagte Hitler. Ich muß gleich sein, & so weiter... keine Ideale außer Gleichheit, Überlegenheit, Gewalt, Besitzungen... Redet von sich als einem Erneuerer, der vollkommen ausgerüsteten & mächtigen Maschine... Wigram und die anderen furchtsam. Alles kann geschehen, jeden Augenblick. Hier in England haben wir noch nicht einmal unsere Gasmasken gekauft. Niemand nimmt es ernst. Aber nachdem sie diesen tollen Hund gesehen haben, haben diese dünnen, rigiden Engländer alle Angst. Und wenn wir nur nette Public School-Knaben wie Wigram haben, um uns zu führen, dann gibt es einigen Grund, nehme ich an, zu erwarten, daß die Oxford Street eines Tages mit Giftgas überflutet wird.«[127]

Für Virginia war demnach die Zeit des Schreckens schon angebrochen. Die Gewalt, vor der Virginia stets am meisten Angst gehabt hatte, war überall spürbar, lag in der Luft, ging als Aggression von Deutschland aus. Von dieser Perspektive her gesehen erschien die Fahrt der Woolfs durch Deutschland riskant, denn die antijüdischen Hetzkampagnen hatten schon begonnen. Doch Leonard und Virginia glaubten, daß die Tatsache, daß sie Engländer waren, sie vor Schaden behüten würde. Dennoch gab Wigram Leonard Woolf ein Empfehlungsschreiben an den deutschen Botschaftsrat in London, Fürst Bismarck, mit. Bei einem Gespräch zwischen Bismarck und Leonard Woolf wurden etwaige Hindernisse für diese Reise aus dem Wege geräumt. Fürst Bismarck versicherte Leonard, daß sie beide keinerlei Schwierigkeiten in Deutschland zu gewärtigen hatten. »Er gab mir ein höchst eindrucksvolles Dokument, in der Fürst Bismarck die deutschen Beamten aufforderte, dem distinguierten Engländer Leonard Woolf und seiner distinguierten Frau Virginia Woolf jede Höflichkeit zu erweisen und ihnen jede Hilfe angedeihen zu lassen, um die sie baten.«[128]

Nach London fuhren die Woolfs am 24. April 1935. Virginia litt unter Kopfschmerzen, sie konnte nicht arbeiten. Es war ein kalter April. Sie las jetzt vor allem Pirandello in italienischer Sprache.

Ende April kamen Julian Bell und Alix Strachey zum Dinner, da James erkrankt war. Man sprach über menschliche Aggressionen und diskutierte die Frage, was man den Menschen als Ersatz für den Krieg anbieten könnte: Abenteuer, Bergsteigen, Stierkämpfe.

»Julian sagt, alle jungen Männer sind Kommunisten, um die Sehnsucht zu befriedigen, Dinge gemeinsam zu tun, was nur wenige Monate andauern wird.«[129]

Virginia erledigte ihre letzten vorbereitenden Einkäufe für ihre Reise. Sie glaubte, daß die vielen neuen Eindrücke in ihr die Lust zum Schreiben wieder wecken würde. London stand mittlerweile schon ganz im Zeichen des silbernen Krönungsjubiläums. Die Straßen waren beflaggt und mit silbernen Säulen verziert. Virginia bedauerte es, die Feierlichkeiten verpassen zu müssen.

Am 1. Mai überquerten Leonard und Virginia den britischen Kanal zusammen mit dem Äffchen Mitz von Harwich nach Hoek van Holland. Virginia gefiel es in Holland gut. Sie beschrieb die Radfahrer, die wie Stare in Gruppen auftauchten, den bürgerlichen Wohlstand und die würdigen Bürgerhäuser des 16. und 17. Jahrhunderts. Sie schwärmte für die Gemälde von Rembrandt und Vermeer van Delft, die sie im Original sah. Am 6. Mai, dem Tag des Silberjubiläums in England, hielten sich die Woolfs in Zutphen auf; sie spürten in Holland kein Zeichen der Krise oder des nahenden Krieges. Die Fülle der guten Geschäfte erstaunte Virginia. Die Lebensart der Holländer schien ihr solide, Blumen, Schuhe, Fahrräder konnte man ebenso in Fülle kaufen wie Bücher in den verschiedensten Sprachen. »Holland ist voller Kühe und Kanäle und Häuser, die vor 500 Jahren gebaut wurden mit genau denselben alten Damen, die ihre Katzen im Fenster bürsten.«[130]

Von Utrecht aus fuhren Leonard und Virginia in Richtung Deutschland. Der Grenzübergang am 9. Mai, den Virginia in ihrem Tagebuch festhielt, fand in einer angespannten Atmosphäre statt: »In der Sonne sitzen vor dem deutschen Zoll. Ein

Auto mit dem Hakenkreuz auf dem Rückfenster hat gerade den Schlagbaum nach Deutschland passiert. Leonard ist beim Zoll. Ich knabbre an ›Aaron's Rod‹. Sollte ich hineingehen und sehen, was geschieht? Ein feiner, trockener windiger Morgen. Der holländische Zoll brauchte 10 Sekunden. Dies hier dauert schon 10 Minuten. Die Fenster sind vergittert. Hier kamen sie heraus & der finstere Mann lachte über Mitz. Aber Leonard sagte, als ein Bauer hereinkam mit seinem Hut auf dem Kopf, sagte der Mann ›Dieses Büro ist wie eine Kirche‹ & zwang ihn, den Hut abzunehmen. Heil Hitler sagte der kleine dünne Junge, der seine Tasche öffnete, vielleicht mit einem Apfel drin am Schlagbaum. Wir werden unterwürfig — entzückt, wenn die Offiziere über Mitz lächeln — die erste gebeugte Haltung in unseren Rücken.«[131]

In jedem Dorf, jeder Stadt trafen die Woolfs auf Transparente, die über die Straßen gespannt waren: »Der Jude ist unser Feind«, »Es gibt keine Juden in...«. Virginia schrieb: »Unsere Unterwürfigkeit wandelte sich gradweise zum Zorn. Die Nerven ziemlich ramponiert. Ein Gefühl einer stupiden Massenhysterie maskiert von Gutmütigkeit.«[132] Leonard hat später über diese Zeit geschrieben: »Im Jahre 1935 fingen die Leute an etwas zu verstehen von dem, was Hitler und die Nazis in Deutschland taten.«[133]

Leonard hat berichtet, daß er nach dem Grenzübertritt von Köln nach Bonn auf einer gespenstisch leeren Autobahn fuhr, was ihm merkwürdig erschien. Zudem stand alle 20 Meter ein Soldat mit schußbereiter Waffe an der Autobahn. Erst als sich die Woolfs Bonn näherten, erfuhren sie, daß es sich um Sicherheitsvorkehrungen für einen Besuch Hermann Görings handelte.

Vor allem dem Äffchen Mitz war es zu danken, daß Leonard und Virginia überall ungehindert durchkamen. Doch Leonard wollte wenigstens einmal die Wirkung des Bismarckschen Briefes testen. Als die Woolfs die österreichische Grenze überschritten, wies Leonard das Papier vor: »Die Wirkung war augenblicklich...Der kommandierende Offizier stand auf, verbeugte sich, salutierte, schlug die Absätze zusammen, zog alle Uniformierten in eine Reihe, und als wir abfuhren, salutierten sie.«[134]

In Österreich fühlten sich die Woolfs schon nicht mehr so angespannt wie in Deutschland. Doch auch hier trafen sie auf antijüdische Propaganda. Am 13. Mai überquerten sie den Brenner und kamen bald nach Verona. Virginia erinnerte sich daran, daß sie hier zum ersten Mal 1904 mit Violet Dickinson gewesen war, aber auch 1908, 1909, 1912 und 1932 kam sie nach Verona. Virginia las Turgenjew, fühlte sich spontan in einer kosmopolitischen Sphäre in Italien. Leonard und Virginia setzten ihre Reise fort über Florenz, Perugia und den Trasimenischen See: »Ich stand in einem Feld von purpurrotem Klee: Wachteleiersee, graue Oliven, exquisit, subtil, See kalt, muschelgrün.«[135]

In Rom trafen die Woolfs am 16. Mai ein. Der britische Premierminister fragte Virginia Woolf, ob sie bei den Geburtstagsfeierlichkeiten des Königs den »Order of Companions of Honour« annehmen würde, doch Virginia lehnte ab. Zu diesem Orden gehörten außer dem englischen König fünfzig weitere Mitglieder. Wenig später schrieb Virginia an Ethel Smyth: »Würdest Du mich gern sehen, wie ich ein rotes Ordensband trage...Oh, was für ein verdammter Unsinn dies alles ist.«[136]

In Deutschland wurde am 21. Mai 1935 die allgemeine Wehrpflicht verkündet. Winston Churchill warnte die britische Regierung vor den Folgen und sprach sich dringlichst für eine sofortige Wiederbesetzung des Rheinlands und der wichtigsten Brückenköpfe aus. Hätten England und Frankreich in dieser Situation Churchills Rat angenommen, so wäre die Weltgeschichte vermutlich anders verlaufen. Später schrieb Leonard Woolf: »Der Aufstieg Hitlers zur Macht, sein Rückzug aus dem Völkerbund, seine Einführung der Wehrpflicht, gefolgt von seiner Wiederbesetzung des entmilitarisierten Rheinlands zeigte die Unsicherheit der internationalen Situation und die Notwendigkeit, Schritte einzuleiten, um der Bedrohung durch Nazideutschland zu entgehen.«[137] Wie politisch entgegengesetzt Leonard und Churchill standen, in der Beurteilung der Situation und der Erfordernisse herrscht zwischen ihnen Übereinstimmung.

Von der Rückreise durch Frankreich berichtete Virginia kaum etwas. Sie erwähnte einen Markt in Aix en Provence, auf dem sie Keramik erstand. Virginia ließ vor ihrem inneren Auge noch einmal die italienischen Landschaften Revue passieren:

das ungestörte Land vor Rom, die Riviera mit den Balkonen und blühenden Geranien, die Civita Vecchia Roms.

Sie dachte in der Provence an Roger Fry, der die Farben dieser Landschaft so sehr geliebt hatte, aber ihr kam auch England in den Sinn, ihre Arbeit, der Roman.

Virginia las die Briefe Katharine Mansfields und Stendhals über Italien. Nach Aix fing es an zu regnen; mit einem schlammgrauen Himmel über ihnen fuhren die Woolfs weiter, machten Station in Monte Carlo. Frankreich verabschiedete sich mit Chartres im Nebel, Orleans in novembrischem Grau. Über Dieppe fuhren Leonard und Virginia mit dem Fährschiff nach Newhaven und trafen am 31. Mai in Rodmell ein.

Die Unterbrechung des gewohnten Lebensstils durch die Reise vermochte Virginia nach ihrer Rückkehr nicht spontan auszugleichen; sie begann wieder zu träumen, zu lesen, am Kamin zu sitzen, Spaziergänge zu machen, um langsam wieder in das Land des literarischen Schaffens hinüberzugleiten.

Der Roman blieb für Virginia eine Tortur: »Jedes Mal sage ich, es wird der Teufel sein! aber ich glaube es nie. Und dann kommen die gewöhnlichen Depressionen. Und ich möchte tot sein.«[138] Doch das Leben in London lief wieder an, das Telefon läutete, Verabredungen wurden getroffen. Am 6. Juni fuhren die Woolfs zu Pfingsten nach Rodmell und am nächsten Tag trat Ramsay MacDonald zurück. Neuer Premierminister wurde Stanley Baldwin, Neville Chamberlain wurde Finanzminister. Doch Ramsay MacDonald brachte vor seinem Rücktritt noch eine wichtige Entscheidung durch das Parlament: England rüstete gegen Hitler auf.

Virginia Woolf näherte sich nun doch dem Ende ihres Romans ›Die Jahre‹. Die Arbeit wurde zäher, verlangsamte sich. Leonard und Virginia trafen sich mit Clive Bell zum Essen. Während Virginia an ihrem Tief zu leiden hatte, befand sich ihre Schwester Vanessa im Mittelpunkt des Interesses. Clive berichtete voller Stolz, daß ein französischer Künstler Vanessa als beste Malerin des gegenwärtigen England gepriesen habe.

Virginia wurde — was Biographien anging — sowohl von der Familie Fry als auch von der Familie Strachey belagert. Es blieb nicht aus, daß es zu Eifersüchteleien kam; vor allem die Stracheys fühlten sich verletzt, weil Virginia sich in bezug auf

Roger Fry schon so sehr engagiert hatte. Virginia fand diese Bedrängungen furchtbar; sie fühlte sich zwischen unterschiedlichen Interessen eingekeilt, in die Enge getrieben, was sie ebenso haßte wie rigide Brutalität und Szenen.

Doch zumindest gab es Ende Juni herrliches Wetter in England; es wurde ein voller, strahlender Sommer mit emsig umherfliegenden Bienen und Vögeln. Doch die arkadische Gelassenheit des Sommers blieb nicht ungestört. Leonard beklagte sich einmal über schlecht gekochten Kaffee, was dazu führte, daß das Mädchen Mabel sich letztlich ungerecht behandelt fühlte. Virginias Kommentar zu dieser Angelegenheit wirft ein bedeutendes Licht auf Leonard und ihre profunde Einsicht in seine Psyche. Es wäre vollkommen verkehrt, die letzten Jahre von Virginias Leben durch die Brille Leonards zu sehen, ohne hierbei Virginias Weisheit zu berücksichtigen: »Sie war in Tränen, weil Mr. Woolf kein einziges Wort glaubt, sagt sie. Und ich denke, es ist wahr. L. ist sehr hart mit Leuten; besonders mit dem Personal. Keine Sympathie für sie; fordernd; despotisch. Das sagte ich ihm gestern, als er sich über den Kaffee beschwerte ›Wenn ich noch nicht einmal sagen kann, daß der Kaffee schlecht ist & c‹. Seine äußerste Strenge des Verstandes überrascht mich, ich meine in Beziehung zu anderen: seine Strenge: nicht zu mir aber wenn ich aufstehe & ihn verfluche. Woher kommt das? Kein Gentleman-Sein teilweise: Unwohlsein in der Gegenwart der unteren Klassen: verdächtigt sie immer, ist nie genial mit ihnen.«[139]

Virginia erkannte Leonards Wunsch zu herrschen, seine Liebe zur Macht, obwohl er gegen die Machtfülle im Staat schrieb. Sie wußte, daß sie Mabel entlassen mußte, doch sie empfand auch, daß dies nicht fair war. Am 27. Juni nahmen Leonard und Virginia an einem Dinner teil, das von Lord David Cecil gegeben wurde. Lord Cecil hatte Desmond MacCarthys Tochter Rachel geheiratet. Die Gesellschaft gefiel Virginia gut, sie war spontan und vielseitig, man sprach über Italien, über Literatur, Biographien und Romanschriftstellerei.

Der Juli begann für Virginia Woolf mit einer Fülle von Begegnungen. Die Woolfs fuhren kurz zum Monks House, bekamen Besuch von Clive Bell, der mit einer Freundin aus Paris aufkreuzte, sie sahen aber auch Gerald Brenan und seine Frau.

Virginia fuhr am 2. Juli nach Elsfield Manor bei Burford in den Cotswolds, um ihre Jugendfreundin Lady Tweedsmuir (Susie Buchan) zu besuchen. Die hügelige und liebliche Landschaft der Cotswolds begeisterte Virginia, zumal sie mit ihren Freunden am andern Tag einen Ausflug durch die Gegend unternahm: »Wirklich die Landschaft war erstaunlich und alle Dörfer sind aus gelbem Stein gebaut, und nirgendwo ein neues Haus.«[140] Die Häuser in den Cotswolds sind meist aus gelbem Sandstein gebaut, sehen sauber und gediegen aus, häufig sind die Fenster noch mit alten Butzenscheiben verglast. Der Ausflug, den die Tweedsmuirs mit Virginia Woolf unternahmen, führte zu einem Alchimisten, der in den Cotswolds hauste. Er war ein ehemaliger Plantagenbesitzer in Ostindien, widmete sich nun aber vollends seinem Kuriositätenkabinett.

Aber noch eine andere Fahrt stand für Virginia auf dem Programm; in Bristol sollte eine Roger Fry-Ausstellung eröffnet werden, und man bat Virginia, die Einführungsrede zu halten. Da sie ungern vor einem Publikum sprach, belastete sie die Vorbereitung zu ihrer Rede ganz beträchtlich. Doch am 12. Juli fuhren die Woolfs nach Bristol, und Virginia entledigte sich ihrer ungeliebten Aufgabe. An Lady Ottoline Morrell schrieb sie wenig später: »Ich kann den Horror von Bristol nicht beschreiben — 200 dicke Bürger, zusammengedrängt und triefend und über Kunst reden müssen, nachdem ich meinen Weg in der schrecklichsten aller Städte verloren hatte...«[141] Nach dieser öffentlichen Aufgabe fuhren die Woolfs nach Bradford on Avon, übernachteten dort, reisten weiter nach Avebury und genossen die Fahrt durch die englische Landschaft. Eine weitere Station war Lechlade, von wo aus sie zum Kelmscott Manor kamen, dem Landsitz des Präraffaeliten, Malers, Dichters und Designers William Morris, der dort bis 1896 gelebt hatte. Morris' Textil- und Tapetenentwürfe ebenso wie seine Buchkunst und Druckgraphik beeinflußten erheblich den Jugendstil.

Mitte Juli wurde Virginia Woolf gebeten, H. G. Wells als Präsident des PEN-Club von Großbritannien abzulösen, doch auch in diesem Fall weigerte sich Virginia, weil sie prinzipiell solche Ehrenangebote ausschlug. An Vita Sackville-West schrieb sie: »Ein Mann kam und bat mich, Präsidentin des PEN-Club als Nachfolgerin von H. G. Wells zu werden; und ich sagte, versuchen Sie es bei Mrs. Nicolson: woraufhin sie fortsprangen. Vergib meine Boshaftigkeit.«[142]

Mit einer besonderen Kraftanstrengung versuchte Virginia trotz aller anderen Forderungen des Alltags ihren Roman zu beenden. Doch eine weitere bedeutsame Neuigkeit ließ nicht lange auf sich warten. Am Abend des 16. Juli schellte Julian in 52 Tavistock Square. Leonard war nicht zu Hause. Virginia ließ ihn herein, und Julian erzählte ihr ganz aufgeregt, daß er einen Lehrstuhl für Englische Literatur an der Nationaluniversität von Wuhan in China erhalten habe. Einerseits freute sich Virginia über Julians Erfolg, andererseits war sie traurig, daß er England verlassen würde. Doch sie konnte verstehen, daß eine solche Aufgabe für einen jungen Menschen reizvoll war: »Dann will er in China in seinen Ferien herumreisen & als vollkommen erwachsener reifer Mann zurückkommen mit einem Platz in der Welt. Er möchte über Politik & Philosophie schreiben & ernsthaft in die Politik gehen. Er sagt, die Politik würde mehr und mehr sein Bewußtsein ergreifen. Politik beschäftigt das Bewußtsein seiner ganzen Generation. So kann er nicht bloß ein Dichter, ein Autor sein. Ich sehe sein Dilemma. So geht er fort & ich bin traurig.«[143]

Virginias Buch wollte sich immer noch nicht in die gewünschte Form fügen, wohingegen Vanessa und Duncan an einem großen Auftrag arbeiteten. Sie malten einen Salon eines Ozeanliners der berühmten Cunard-Linie aus. Virginia schrieb entnervt am 17. Juli: »Du liebe Zeit! Ich sehe, warum ich nach den Wellen zu Flush floh.« Am 19. Juli klagte sie über Kopfschmerzen, was kein gutes Zeichen war, denn so konnte sie mit ihrem »Endspurt« am Roman nicht einsetzen. Die Londoner Saison endete mit einer witzigen und gelungenen Party bei Edith Sitwell, und am 25. Juli begann der Sommerurlaub der Woolfs in Rodmell. Am 29. Juli kehrte Vanessa aus Cassis zurück, so daß die beiden Schwestern wieder in unmittelbarer Nachbarschaft lebten.

»So endete der Sommer; & er öffnet sich hier neu, mit Nessa, die zurück ist; Charleston existiert, obwohl ziemlich mit Unterbrechungen, mit Duncan noch in Rom, Clive geht nach Griechenland, Julian nach China, & Nessa nach London, um das Schiff ›Queen Mary‹ zu malen.«[144]

Virginia arbeitete nun wie besessen in Rodmell: jeden Tag bis mittags 1.00 Uhr. Doch die sommerliche Umgebung bot auch Ablenkung und Erholung für sie: »Es ist brennend heiß hier und unglaublich schön im Augenblick — orangene Felder, gelbe Gräser, und ein grüner, fließender Fluß mit einem Schoner darauf. Ich hörte auf (zu arbeiten), um den Blick zu bewundern, und denkst Du, was geschah? Ein Fuchs lief über meine Füße.«[145]

Immer wieder erschienen Bücher über Virginia Woolf. Eine deutsche Literaturwissenschaftlerin hatte ihr schon Anfang 1935 ein Buch geschickt. Nun las Virginia in der *Times*, daß ein neues Buch sie als »geduldigste & bewußteste Künstlerin« bezeichnet hatte. Die Roger Fry-Papiere wurden inzwischen von Rogers Schwestern herbeigebracht, wiewohl Virginia ihren Roman noch nicht vollendet hatte. Am 29. August verließ ihr Neffe Julian Bell Newhaven. Die Woolfs nahmen trotz Virginias angestrengter Arbeit eine Menge Einladungen wahr. Freunde kamen ins Monks House. Doch das soziale und literarische Pensum schwoll für Virginia derart an, daß sie ihre Tagebucheintragungen nur noch im Telegrammstil vornehmen konnte. Ende August war Virginia völlig kopfschmerzfrei: sie war klar und schrieb unentwegt, faßte Mut und freute sich auf ihr neues Buch.

Die politische Lage Europas spitzte sich Anfang September 1935 erheblich zu. Die Verhandlungen des Völkerbundes um eine europäische Friedensordnung waren nicht erfolgversprechend. Die Briten wollten sich nicht in mitteleuropäische Konflikte einmischen, was sich als fatale Entscheidung erweisen sollte. Virginia stand in dieser Zeit mit Q. D. Leavis in Kontakt, der Frau von F. R. Leavis aus Cambridge. Die beiden Leavis gaben in Cambridge die Zeitschrift *Scrutiny* heraus und begründeten eine Schule der Literaturkritik, die Virginia Woolf nicht gut gesonnen war. Doch Virginia kommentierte dies knapp: »Alles was sie tun können ist Schulmeistern.«[146]

Für den Schluß ihres Romans mußte Virginia nur noch das »Zauberwort« finden, was sich aber nicht einstellen wollte. Der Titel ›Die Jahre‹ stand aber Anfang September fest. Doch schon längst eilte Virginia Woolf in ihren Gedanken voran; sie befaßte sich ausgiebig mit den Quellen zur Biographie Roger

Frys. »Die Morgen sind weder still noch himmlisch, sondern gemischt aus Hölle & Ekstase: nie hatte ich so einen Ballon in meinem Kopf wie beim Umschreiben der ›Jahre‹, weil er so lang ist; und der Druck so schrecklich ist. Aber ich werde alle meine Kunst nutzen, um meinen Kopf gesund zu halten. Ich werde um ½12 aufhören zu schreiben & Italienisch oder Dryden lesen und mich hin und her wiegen.«[147]

Zusammen mit Ethel Smyth wurde Virginia nach Wootton Manor bei Polegate eingeladen, ein Landsitz aus dem 17. Jahrhundert, welcher der ehemaligen Bürgermeisterin von Eastbourne, Alice Hudson, gehörte. Virginia fand in diesem Haus Ordnung und Sauberkeit auf den Gipfel getrieben, aber auch hielt sie die »Verschönerungen« dem Geist eines Hauses aus dem 17. Jahrhundert für unangemessen. Stets schätzte Virginia Woolf einen Umgang mit der Kultur der Vergangenheit aus dem ursprünglichen Geist heraus. Die Dinge sollten nicht überfremdet werden, sondern aus sich heraus wirken.

Bei Gesprächen mit Clive Bell wurde es Virginia klar, daß Europa zu einem Krieg entschlossen war. Clive schrieb einen Antikriegsbrief an den *New Statesman*. Kultivierte Italiener, die Clive traf, hielten Mussolini für verrückt, doch er begeisterte die Jugend. T. S. Eliot besuchte die Woolfs Ende September. Tom hatte sich zu einer literarischen »Institution« entwickkelt. Er schrieb neuerdings Versdramen, hielt sich aber — im Gegensatz zu Joyce — nicht für selbstbewußt. Dennoch schien ihm Joyce nicht nachahmbar zu sein: »...Joyce ist unendlich gelangweilt von allem. Was kann er tun, wenn er dieses Buch (Finnegan's Wake) vollendet hat? Vielleicht zögert er deshalb so.«[148] Diese Bemerkungen sind vieldeutig: sie können auf verschiedenen Ebenen gelesen werden. Doch ist anzunehmen, daß für Joyce auf seine Weise ebenso wie für Virginia Woolf Schreiben Leben war, Leben Schreiben. Joyce's Bücher brauchten zur Fertigstellung nicht so lange, weil er zögerte, sondern weil er dichteste Strukturen webte aus einer immensen Anzahl von Partikeln und gleichzeitig noch eine Stufenfolge von ineinanderverzahnten Rastern bildete. Das hatte er schon im ›Ulysses‹ bewiesen, dessen Abfassungszeit 10 Jahre dauerte.

Bei einem Abstecher nach London am 25. September erfuhren die Woolfs, daß Abessinien mobil gemacht hatte, weil ein

Angriff der Italiener befürchtet wurde. »Alle unsere Freunde und Nachbarn reden über Politik«, schrieb Virginia an Lady Ottoline Morrell.

Die Woolfs nahmen am Parteitag der Labour Party in Brighton teil, auf dem auch die abessinisch-italienische Frage verhandelt wurde. Ein Teil der Partei forderte Sanktionen gegen Italien, doch der gegnerische Flügel unter Bevin setzte sich durch. Virginia Woolf blieb skeptisch gegenüber den Labourideen zur Veränderung der Gesellschaftsstruktur.

Anfang Oktober kamen Leonard und Virginia wieder nach London zurück, und Virginia faßte zusammen, was in der letzten Zeit geschehen war:

»Gesehen: Janie, Walther; Joan Easdale; Nessa, Clive. Helen, Duncan. In Richmond Park gewesen (sah Schlange bei Serpentine) Konzert. Sah Morgan & Bob & Eth Williamson. Wurde gebeten an irgendeinem Lunch zu reden. Las alle frühen Briefe Rogers, machte Notizen, auch Bibliotheksbücher: auch Keats: auch Manuskripte.«[149] Aber Virginia kam mit ihrem Buch jetzt gut voran. Ihr Projekt ›Über das Verachtetwerden‹ beschäftigte sie spontan so stark, daß sie an zwei Tagen einen Kapitelentwurf schrieb. Dieses Material ging später in ›Three Guineas‹ ein. In Virginias Arbeitszimmer flatterten überall die Roger Fry-Papiere herum, so daß sie nicht immer alles sofort wiederfinden konnte.

An Arbeit lag nunmehr soviel an, daß sich Virginia entschloß, auf Parties zu verzichten, bis ›Die Jahre‹ fertig waren. Doch — wie zeitlebens in bezug auf Gesellschaft — blieb das ihr frommer Wunsch, da sie sich den Verpflichtungen nicht wirksam entziehen konnte. Am 29. Oktober nahm Virginia an einer Friedenskonferenz der britischen Intellektuellen teil, die von dem Historiker G. P. Gooch organisiert wurde. Die Konferenz fand in der Livingstone Hall in Westminster statt unter der Teilnahme mehrerer ausländischer Delegierter. Virginia nahm die Tagung nicht übermäßig ernst in den möglichen Auswirkungen auf diejenigen, die in der Politik die wichtigen Entscheidungen trafen. Am 30. Oktober fuhren die Woolfs Leonards Mutter besuchen, doch schon standen weitere Termine fest: ein Lunch mit Clive und ein Besuch des BBC.

Anfang November 1935 traf Virginia alte Freunde, die sie lange nicht gesehen hatte: Ka Arnold-Forster und Mary Hutchinson. Bei Mary kamen die Rothschilds und Aldous Huxley zusammen. Das Ende des Jahres 1935 brachte zunehmende internationale Spannungen. In Abessinien brach Krieg aus. In Frankreich drohte eine faschistische Revolte. Am 4. November besichtigten die Woolfs den BBC und gingen hernach zur *Sunday Times*, um sich eine Buchausstellung anzusehen, auf der sie die Schriftstellerin Rose Macaulay und Gerald Duckworth trafen. Einen Tag später traf bei den Woolfs ein ungewöhnlicher und unwillkommener Besuch ein: Eine Baronin Nostitz, Nichte des Reichspräsidenten Hindenburg und Sympathisantin des Nationalsozialismus, kam als Mitglied des deutschen Schriftstellerverbandes. Sie glaubte, daß es mit Deutschland durch Hitler »bergauf« ginge, behauptete aber, unpolitisch zu sein. Sie bat Virginia, ihr einen Referenten zu vermitteln, der über englische Dichtung sprechen sollte.

Am 15. November fanden in Großbritannien die Wahlen zum Parlament statt. Die Konservativen siegten und bekamen mit anderen Rechten insgesamt 432 Sitze, Labour erhielt 154 Sitze. Auch Harold Nicolson zog als Mitglied von National Labour ins Unterhaus ein: »Was für ein Tribut ans gute Herz und die Oberklassenmanier«, schrieb Virginia Woolf an Ethel Smyth. »Ich bewundere seinen Kampfgeist. Aus der Diplomatie in die Bratpfanne: und so ein Omelette herstellen... Ich brate Würste fürs Abendessen, während ich schreibe; und habe sie gerade zartfühlend mit dem Federhalter umgedreht, da ich meinen Löffel in der Küche vergessen habe.«[150] Dieses Parlament blieb in der Zusammensetzung vom November 1935 bis zum Jahre 1945 im Amt.

Im Verlag ergaben sich Anfang Dezember erneute Veränderungen: Day Lewis verließ die Hogarth Press, weil er einen attraktiveren Posten in einem anderen Verlagshaus bekommen konnte. Dies brachte für Leonard und Virginia prinzipielle Fragen über den Verlag aufs Tapet. Virginia wollte vom Verlag frei sein, damit sie ungehindert reisen konnte. Julian war inzwischen schon in China tätig, wohin ihm seine Tante Virginia schrieb. In ihrem Briefwechsel diskutierten sie die Probleme eines Englischprofessors, der die Aufgabe habe, fleißige und biedere »Jugendliche« zu kritischem Geist und sachgerechtem Umgang mit Texten zu erziehen.

Was Virginias Roman anging, so hatte sie endgültig festgelegt, ihn am 15. Februar dem Verlag zu übergeben. Leonard und Virginia fuhren am 13. Dezember zu den Huxleys zum Dinner. Sie trafen dort den Bruder des Schriftstellers Aldous Huxley, Julian, der ein berühmter Biologe war.

Am 20. Dezember begann der Weihnachtsurlaub in Rodmell: Es war kalt, ja es herrschte eine melancholische Stimmung. Virginia fühlte sich kräftemäßig am Ende. Der Abschluß ihres Romans stand bevor. Sie wollte sich zwischendurch etwas ablenken mit einem Artikel über Thomas Gray. Am 29. Dezember 1935 schrieb Virginia Woolf an diesem Roman, der sie die längste Zeit gekostet hatte, die letzten Worte: »Ich habe in der Tat die letzten Worte an den ›Jahren‹ geschrieben, rollend, rollend, obwohl es erst Sonntag ist, & ich mir bis Mittwoch Zeit gelassen hatte.«[151]

Virginia war erschöpft, aber froh, ihre Aufgabe hinter sich gebracht zu haben. Sie litt unter Kopfschmerzen, konnte nicht arbeiten, versuchte, sich zu entspannen. Sie las die Briefe Roger Frys. Und am 30. Dezember schrieb sie als letzten Satz in ihr Tagebuch des Jahres 1935: »Eine wilde nasse Nacht — Fluten draußen: Regen wie ich zu Bett gehe: Hunde bellen: der Wind schlägt. Jetzt werde ich hereingehen, denke ich & irgendein fremdartiges Buch lesen.«[152]

An den Nachwirkungen all der Anstrengungen des Jahres 1935 mußte Virginia Woolf im neuen Jahr leiden. Sie klagte über Kopfschmerzen, während es draußen unentwegt regnete. Die Straßen und Wege in Rodmell waren aufgeweicht. Doch Virginia beabsichtigte bereits in der zweiten Januarwoche die abschließende Überarbeitung ihres Romans ›Die Jahre‹ zu beginnen. Ihre Finanzen standen nicht so gut, weil sie seit langem kein Buch mehr veröffentlicht hatte. Doch Virginia scheute davor zurück, sich wieder in die Tretmühle des Journalismus zu begeben: »Ich kann nicht mehr für Zeitungen arbeiten. Ich muß mein eigenes Buch schreiben.«[153]

Sie zog sich weitgehend aus dem Gesellschaftsleben zurück, weil ihr diese Belastung zuviel wurde. Ihr Gesamtbefinden muß als aufgekratzt, überempfindlich, nervös bezeichnet werden.

Gedanken rasten durch Virginias Hirn, die Biographie Roger Frys beschäftigte sie. Auch tauchten immer wieder Zweifel am Wert ihres Romans auf. Leonard tröstete Virginia und sagte, daß solche Stimmungsschwankungen nur zu verständlich seien. Schließlich schickte Virginia ihr Manuskript blockweise an die Stenotypistin Mabel, die es mit der Maschine abschrieb.

Offenbar hatten Leonards beruhigende Worte gewirkt, denn Virginia vertiefte sich sogar in den »mysteriösen Hegelianer« McTaggart im Zusammenhang mit der Roger Fry-Biographie. Am 20. Januar 1936 starb König Georg V. in Sandringham. Nachfolger wurde sein Sohn als Edward VIII., doch schon bald gab es ein Thema für die Engländer: seine Liebesgeschichte mit der geschiedenen Amerikanerin Wallis Simpson, die Ende des Jahres zum Thronverzicht führte, so daß am 11. Dezember 1936 der Vater der heutigen Königin als George VI. den Thron bestieg.

Im Januar 1936 wurde das Londoner Leben für einige Tage durch den Tod des Monarchen bestimmt; Virginia und Leonard sahen den Leichenwagen des Königs in der Nähe des Tavistock Square auf der Straße Woburn Place. Der Leichnam des Königs wurde zur Westminster Hall überführt, wo er wie alle englischen Könige aufgebahrt wurde. Über den neuen König schrieb Virginia kurze Zeit später an Julian Bell: »Mir wurde aus sicherer Quelle berichtet, daß der neue König ein billiger zweitrangiger kleiner Springer ist, dessen einzige Pluspunkte sind, daß er zwei Mätressen hält und nicht heiraten und ein Heim gründen will.«[154]

Am Ende der dritten Januarwoche fuhren die Woolfs nach Canterbury. Virginia sah sich in der alten Stadt um, während Leonard einen Vortrag vor dem Arbeiterbildungsverein hielt. Im Januar 1936 starb auch Vita Sackville-Wests Mutter Lady Sackville, die mit ihrer Tochter jahrelang in Zank und Streit gelegen hatte und auch Virginia Woolf nicht gerade gut gesonnen war. Nach dem Wunsch ihrer Mutter ließ Vita am 30. Januar ihre Asche auf dem Meer verstreuen. Aber auch eine Berühmtheit der literarischen Welt starb 1936: es war Rudyard Kipling, der in Westminster Abbey beigesetzt wurde.

Im Februar blieb es ruhig um Virginia Woolf. Anfang des Monats schickte ihr die Witwe ihres Halbbruders Sir George

Duckworth, Lady Margaret, eine Reihe Fotos, die noch aus Virginias Kinderzeit stammten. Es handelte sich zumeist um Aufnahmen der Stephenschen Sommerfrische in St. Ives. Virginia freute sich über die Freundlichkeit Margarets und erinnerte sich an viele Szenen ihrer Kindheit.

Schon im Februar 1936 kriselte es weiterhin in Spanien. Bei einer Wahl stellte sich ein zahlenmäßiger Sieg der Konservativen ein, die aber in den Cortes noch in der Minderheit blieben. Die Regierung blieb republikanisch, doch das Ende dieser Wahl führte zum Beginn des Spanischen Bürgerkriegs. Virginia Woolf arbeitete im Februar fleißig an ihrem Roman, wechselte aber auch zur Lektüre etwa von Charles Dickens' Roman ›David Copperfield‹ oder sie half beim Buchbinden. Leonard hatte sie versprochen, bis zum 10. März 1936 ihr Buch getippt und korrigiert vorzulegen, so daß er es lesen konnte.

Das Manuskript von Virginias Roman wurde am 5. März fertig, und sie dachte, daß sie sich getrost einen ganzen Tag lang frei nehmen könnte: »So ist das Ende in Sicht: das heißt in Sicht ist der Anfang des anderen Buches, das stets gnadenlos an die Tür klopft.«[155]

Schließlich war es soweit; nachdem Leonard das Buch gelesen hatte, schickte Virginia die ersten 132 Seiten an den Drukker Clark nach Edinburgh zum Satz. Für die politische Entwicklung Europas befürchtete Leonard Woolf die größte Katastrophe seit 600 Jahren. »Dies ist die fieberhafteste, überarbeitetste politische Woche, die wir gehabt haben. Hitler hat seine Armee am Rhein stehen. Treffen finden in London statt. So besorgt sind die Franzosen, daß sie — die kleine Gruppe der Intelligenz — einen Mann schicken, der hier morgen verhandelt: ein rührender Glaube an die englischen Intellektuellen... Aber es ist komisch, wie nah die Kanonen wieder an unser Privatleben gerückt sind.«[156]

Mitte März blühten in England die Krokusse, doch die Kälte hielt an. Virginia empfand das Wiederlesen ihres Buches als schmerzhaft, so wie es ihr zuletzt im Jahre 1919 bei ihrem Roman ›The Voyage Out‹ ergangen war.

Das Auf und Ab ihrer Stimmungen blieb bestehen: Virginia konnte betrübt sein, dann wieder dachte sie, ›Die Jahre‹ wären ihr bestes Buch.

Virginias Neffe Julian Bell hatte Anfang März einen Gedichtband in der Hogarth Press veröffentlicht, der sich leidlich verkaufte und auch eine Besprechung im T. L. S. erhielt, doch
Lyrik schien insgesamt in den Dreißiger Jahren nicht so gefragt
zu sein beim Lesepublikum. An ihren Neffen Julian in China
schrieb Virginia über die Lebensatmosphäre im England des
Jahres 1936: »Wie Du Dir vorstellen kannst, leben wir im Augenblick alle unter dem Schatten Hitlers — ...«[157] Bereits Anfang 1936 wurde eine ganze Reihe von Antikriegs- und Antifa-
schismus-Gesellschaften gegründet. Manifeste und Unterschrif-
tensammlungen waren an der Tagesordnung, doch Virginia
Woolf bezweifelte letztlich, daß solche Aktivitäten die wirkliche politische Situation beeinflußten, wie sie dies später auch in
ihrem Buch ›Three Guineas‹ näher ausführte.

Am 18. März kamen die ersten Druckfahnen des Romans
›Die Jahre‹ bei Virginia an, doch sie scheute sich, den endgültigen Text festzulegen. Ende der dritten Märzwoche wurde das
Frühjahr schön, ja sogar heiß: Hyazinthen und Krokusse
waren überall zu sehen. Virginia befaßte sich schon etwas mit
ihrer sozialkritischen Schrift ›Three Guineas‹. Außer ihrer Arbeit am Roman verwandte Virginia Woolf Zeit auf ihre Korrespondenz. Sie schrieb u. a. an Elizabeth Robins, die in Brighton
mit ihrer Freundin, der Ärztin Octavia Wilberforce, lebte.

Octavia Wilberforce war Virginia Woolfs Ärztin, die in der
letzten Phase ihres Lebens eine wichtige Rolle gespielt hat.

Die Arbeitsanstrengung, die Virginia Woolf Anfang des Jahres 1936 durchlebte, war so beträchtlich, daß sie Ende März
ihre notorischen starken Kopfschmerzen bekam und im Bett
bleiben mußte. An Ethel Smyth schrieb sie: »Indessen bin ich
am letzten Wellenschlag (der ›Jahre‹) und gnädigerweise völlig
betäubt und weiß nicht oder sorge mich nicht, ob es das
schlechteste Buch oder das beste ist.«[158]

Am 8. April schickte Virginia den letzten Manuskriptteil des
Romans an Clark in Edinburgh. Nun las Leonard den Roman
im Ganzen, und Virginia war pessimistisch. Es war schon
sicher, daß Virginia etwa 600 Seiten Korrekturfahnen lesen
mußte. Dies schloß einen nervlichen Streß höchsten Ausmaßes
ein, der sie an den Rand des Zusammenbruchs führte. Leonard
brachte Virginia nach Rodmell, um ihr die Möglichkeit zu

geben, sich von ihrer Erschöpfung zu erholen. Sie hatte weiterhin Kopfschmerzen, konnte die Druckfahnen im Jahre 1936 erst ab Mai korrigieren und dann nur eine Stunde lang pro Tag. Die Angelegenheit des Buches ›Die Jahre‹ wurde daher im April 1936 auf den Herbst vertagt. Virginia schrieb an Ethel Smyth: »...ich habe die Druckfahnen — alle sind mir noch nicht geschickt worden — in den Schrank — ... — weggepackt.«[159] Zeitweilig vermochte Virginia kaum die Zeitung zu lesen, noch Briefe zu schreiben.

Leonard hatte das Buch sehr gelobt, obwohl dies nicht seine wahre Meinung war. Er glaubte, Virginia könne keine Kritik in ihrer Verfassung vertragen. Allerdings hatte er ihr zuvor oft angedeutet, daß ihr neues Buch nicht sonderlich gut sei. Quentin Bell schließlich fand im Anschluß an Leonards Ängste die Kurzformel: »Sie fühlte, daß der Wahnsinn über sie kam«[160], welche die Situation nicht erklärt.

Virginia selbst glaubte, daß dies ihr letzter Roman sein würde, weil sie sich darüber im klaren war, daß ein so umfassendes Projekt über ihre physischen Kräfte gehen würde und sie sich solch einem Kampf mit einem Kunstwerk nicht nochmals aussetzen wollte.

Selbst auf eine so wichtige Publikation wie T. S. Eliots ›Gesammelte Gedichte 1909—1935‹, die der Autor im April an Virginia schickte, antwortete sie nicht. Sie entschuldigte sich später damit, daß sie ihre Krankheit habe »fortschlafen« müssen.

Um Virginia auf andere Gedanken zu bringen und ihr eine Abwechslung zu verschaffen, plante Leonard, mit ihr nach Westengland zu fahren. Etwas besser ging es Virginia zwar, doch sie war noch nicht wiederhergestellt. Immerhin schrieb sie wieder ausführlichere Briefe, in denen sie am literarischen Geschehen Anteil nahm. Virginia träumte öfter als je zuvor vom Krieg, arbeitete im Traum ab, was Leonard an Nachrichten aus seinem regen politischen Leben mitbrachte. Kurz vor der Abreise der Woolfs nach Westengland erschien Ethel Smyths neuer Memoirenband ›As Time Went on‹, den sie Virginia gewidmet hatte. Virginia telegrafierte Ethel: »Besprechungen glänzend. Bin begeistert von Buch. Fort nach Cornwall. Virginia.«[161]

Die Woolfs fuhren vierzehn Tage nach Cornwall, kamen auf ihrer Strecke durch Weymouth, Lyme Regis, Beckey Falls bis an die Küste Cornwalls, wo Virginia auch St. Ives wiedersah mit ihrem geliebten Godrevy Leuchtturm. In Beckey Falls, Dartmoor war das Wetter sehr schön, doch schon die Fahrt dorthin hatte Virginia gefallen. Sie mochte besonders Weymouth gern, das sie für den schönsten Seeort hielt. Inzwischen hatte es in Bloomsbury einen Skandal gegeben um die Ausmalung des Cunard-Liners ›Queen Mary‹, welche Vanessa und Duncan Grant unternommen hatten. Der Aufsichtsratsvorsitzende der Reederei hielt die Bilder für »seine Passagiere« nicht für geeignet und die Verantwortlichen der Werft schlossen sich diesem Urteil an. In Bloomsbury betrachtete man das als spießbürgerliche Willkür und unverschämte Behandlung von Künstlern, und selbst in ihren Briefen von der Cornwall-Reise nahm Virginia auf diese Affaire Bezug.

Während ihrer Fahrt statteten die Woolfs auch den Arnold-Forsters in Zennor einen Besuch ab. Sie blieben dort drei Tage, kehrten dann nach Rodmell zurück und fuhren dann wieder nach London. Ende Mai schrieb Virginias Ärztin ihr vor, daß sie nicht länger als eine ¾ Stunde pro Tag arbeiten dürfe.

Doch Virginias Gesundheitszustand verschlechterte sich Anfang Juni. Vor allem wurde Virginia durch ihre Schlaflosigkeit geängstigt, die schon in früheren Krankheitsphasen aufgetreten war. Sie entspannte sich beim Lesen von Macaulays Englischer Geschichte und begeisterte sich an der Lektüre von Flauberts Briefen, die 1926—1933 erschienen waren.

Erst am 11. Juni nahm Virginia in London ihre Tagebucheintragungen wieder auf, die sie gut zwei Monate vernachlässigt hatte: »Nie war ich meinem eigenen Gefühl nach so nahe am Abgrund seit 1913 — jetzt bin ich wieder obenauf. Ich muß ... das meiste von den ›Jahren‹ aus den Fahnen wegstreichen. Aber ich kann mich darüber nicht verbreiten. Kann nur eine Stunde oder so arbeiten.«[162] Leonard bestätigte, daß in Virginias Tagebuch von 1936 zwei beträchtliche Lücken klaffen, eine vom 9. April bis zum 11. Juni und eine zwischen dem 23. Juni und dem 30. Oktober. Virginia wäre gern nach einem kurzen Londonaufenthalt wieder nach Sussex zurückgekehrt. Doch zumindest lehnte sie alle Einladungen ab, weil sie sich noch nicht stark genug fühlte, mit vielen Menschen zusammen-zutreffen.

Vorsichtig begann Virginia, sich durch den Text ihres Ro-mans ›Die Jahre‹ hindurchzuarbeiten. Sie fühlte sich dabei wie Prometheus, der an seinen Felsen angekettet ist; sie kämpfte mit diesem Buch, sah zwar einige Freunde, aber dosiert, meist auf dem Sofa liegend. In einem Brief an Ethel Smyth vom 18. Juni bemerkte sie, daß ihr Geist wieder emporsteige. »Ich muß dieses Buch still, stark, wagemutig in Form bringen. Aber es wird nicht vor dem nächsten Jahr erscheinen.«[163] Doch endlich sah Virginia das Ganze des Romans als literarische Gestalt, so daß der Druck beim Umarbeiten größerer Gelassenheit wich.

Dr. Elinor Rendel, Virginias Ärztin, konnte ihr nur mit der alten Therapie der Schonung helfen, die schon seinerzeit Dr. Savage angewandt hatte. Sie äußerte sich gegenüber Virginia Ende Juni über die fehlenden Möglichkeiten modernerer Thera-pie: »In 10 Jahren wird man in der Lage sein, mich völlig durch Hormonspritzen zu heilen. Aber gegenwärtig sagt sie, ist es zu riskant. Es sind alle Drüsen in meinem hinteren Nacken, sagt sie.«[164]

Anfang Juli ging es Virginia schlechter, weil sie auch noch unter Zahnschmerzen litt. Sie mußte den Zahnarzt aufsuchen, was für sie immer eine Tortur war. Am 9. Juli fuhren Leonard und Virginia nach Rodmell. Virginia ließ zunächst erst einmal alle Arbeit liegen. Sie las und träumte, ging spazieren. Sie blieb sogar zeitweilig im Bett, um sich möglichst wenig anstrengen zu müssen. Dann aber kehrte sie langsam an ihre Arbeit zurück, las viel. An Ethel Smyth schrieb Virginia: »Ich lebe wie ein Ere-mit, bis ich die Korrekturfahnen gelesen habe — wenn ich sie nicht zerreiße. Es ist komisch — ich schwor mir, ich würde nie ein langes Buch versuchen, da ich immer in der Mitte eines Bu-ches zusammenklappe; ... Niemals wieder — niemals ein ande-res langes Buch für mich.«[165]

Im Juli begann der Spanische Bürgerkrieg als ernste Ausein-andersetzung. General Franco setzte von Marokko aus aufs spanische Festland über, und eine Gegenregierung der Nationa-listen bildete sich in Burgos. Die Italiener und die Deutschen schickten Franco Unterstützung, um ihn gegen die Republika-ner zu stärken. Von England aus kam keine Hilfe für die Republikaner, weil sie in den Augen britischer konservativer Politiker nicht unterstützungswürdig waren. Virginia Woolf nahm in Rodmell von diesen Vorgängen wahrscheinlich Notiz, bezog sich aber in ihren Briefen nicht darauf.

Die Woolfs lebten zurückgezogen in Monks House, was für Virginias Genesung am besten war. Es kamen Telefonanrufe mit Einladungen, die aber fast alle zurückgewiesen wurden, um Virginia zu schonen. Doch es gab natürlich Ausnahmen; Quentin Bell besuchte seine Tante, die Familie Leonards tauchte in »Scharen« auf. Virginia überlegte sich mittlerweile, wie sie ihr neues Buchprojekt zur umfassenden Gesellschaftskritik konzipieren sollte, ein Buch, das die Themen der Friedenssicherung ebenso umfaßt wie die der Frauenemanzipation und der Bildungsreform.

Anfang August 1936 entstand ein neuer Streit zwischen Ethel Smyth und Virginia Woolf, weil Ethel sich mit ihren Freunden über Bloomsbury lustig gemacht hatte. Virginia fühlte sich im Innersten getroffen und schrieb an Ethel scharf und unmißverständlich: »Jedenfalls, komm mich nie wieder besuchen, die in Bloomsbury lebt.«[166] Diesmal war Virginia über das Ziel hinausgeschossen, und sie gab bald darauf gegenüber Ethel zu, zu weit gegangen zu sein. Sie revidierte ihren Bann gegen die »unkastrierte, wilde Katze« und versuchte die freundschaftliche Beziehung wieder ins rechte Lot zu bringen.

In diesen Wochen fand eine Konferenz über die Situation in Spanien statt, an der Deutschland, Italien, Frankreich und die Sowjetunion beteiligt waren. Man beschloß eine Nichteinmischungspolitik, die auch von Großbritannien verfolgt wurde, doch kümmerten sich Italien und Deutschland nicht um das, was sie selbst mitgetragen hatten in dieser Konferenz.

Virginia nahm ihre Kritik gegenüber falschen Anklagen nicht zurück, die gegen Bloomsbury erhoben worden waren. Sie konnte es nicht leiden, wenn Leute sich bei ihr zu einem Gespräch einschlichen, um hernach die Gesprächsergebnisse aufzubauschen und in der Boulevardpresse breitzutreten. Dies hatte ein junger Journalist mit ihr gemacht — und einen despektierlich-hämischen Artikel unter der Überschrift ›Die Königin von Bloomsbury‹ veröffentlicht.

Ende August schrieb Virginia an Vita Sackville-West, daß es

ihr besser gehe, doch sie schädigte sich selbst durch zuviel Arbeit an ihrem Roman, so daß der Herbsttermin für die fertige Korrektur nicht mehr einzuhalten war. Ende August/Anfang September wurden die Kontakte zwischen Monks House und Charleston häufiger. Die Woolfs fuhren nach Charleston, um eine Theateraufführung zu sehen, die auf ein von Quentin Bell geschriebenes Stück zurückging. Die Charlestoner besuchten aber auch Leonard und Virginia. Quentin kam Anfang September zum Dinner, brachte bei einem anderen Besuch seine Freunde, die beiden Töchter von Dorothy Bussy, mit.

Virginias Optimismus hinsichtlich ihres Gesundheitszustandes kam wieder: »Ich erwarte ein Jahr oder zwei der besten Gesundheit: ich steigere im allgemeinen meine Schnelligkeit nach einem dieser Zusammenbrüche.«[167] Auch humorvolle Anspielungen machten ihr wieder Freude; so schrieb Virginia am 6. September an Vanessa, daß man laut *Sunday Times* George eingesperrt habe, ohne sie beide — Virginia und Vanessa — zu erwähnen. Sie spielte damit auf den — bereits verstorbenen — George Duckworth an, der sie in ihrer Jugend verfolgte und belästigte. Die Zeitung berichtete aber von einem Krokodil namens George im Londoner Zoo, das wegen seiner Gefährlichkeit für seine Artgenossen in ein Einzelbecken gesperrt wurde.

Virginia ging es nun wieder besser, doch sie verheimlichte diese Tatsache Ethel Smyth. In einem Brief an Vita Sackville-West vom 15. September bat sie diese, die Besserung Ethel gegenüber nicht zu erwähnen, damit sie bewahrt bliebe vor langen Begegnungen und einer Flut von Briefen. Nach vielen Jahren kam Bertrand Russell zu den Woolfs. Virginia hatte ihn ins Monks House eingeladen. Russell bot den Woolfs die Memoiren seiner Eltern für die Hogarth Press an. So sahen Bertie und Virginia sich nach zwanzig Jahren wieder. Sie statteten ihm und seiner dritten Frau »Peter« auch einen Gegenbesuch ab.

In diesen Tagen reparierten Handwerker die Kirche von Rodmell und klopften den lieben langen Tag am Turm herum. Virginia Woolf, lärmempfindlich und säkularisiert, wie sie nun einmal war, ärgerte sich über den Lärm, der ihre Konzentration beeinträchtigte: »Der Herr muß sein Haus bekommen, auch wenn Virginia Woolf dafür bezahlen muß.«[168] Doch Virginias Gesamtbefinden war gut: »Ich fühle mich himmlisch gut wie ein Pferd, das einen Urlaub draußen auf der Weide gehabt hat.«[169]

Virginia beantwortete nun wieder Briefe in größerer Anzahl. Im Bewußtsein der Gesundheit und des nun wirklich nahen Abschlusses des Romans kehrten die Woolfs am 11. Oktober 1936 nach London zurück. Am 19. Oktober besuchte Virginia Ethel Smyth in Woking, die nicht reisen konnte, weil sie sich den Fuß verletzt hatte. Die Korrekturarbeiten an dem Roman ›Die Jahre‹ gingen zu Ende. Da die Last des Romans von Virginia zu weichen begann, arbeitete sie sich schon energischer in das Roger Fry-Material hinein. Doch auch ihre Fortsetzung von ›Ein Zimmer für sich allein‹ bewegte sie.

Ende Oktober schrieb Virginia kleine Szenen, Geschichten, um zu testen, daß sie noch zum kreativen Schreiben in der Lage war. In derselben Zeit half Leonard bei den Korrekturen an Virginias Roman. Er hat in seinen Erinnerungen über die Situation einen Bericht gegeben:

»Es war für mich eine schwierige und gefährliche Aufgabe. Ich wußte, daß, wenn ich nicht ein vollkommen positives Urteil geben könnte, würde sie in Verzweiflung geraten und einen sehr ernsten Zusammenbruch erleiden. Andererseits hatte ich immer ihre Bücher sofort gelesen, nachdem sie das letzte Wort geschrieben hatte, und immer eine absolut ehrliche Meinung gegeben. Das Urteil über ›Die Jahre‹, das ich ihr jetzt gab, war nicht absolut und vollkommen das, was ich darüber dachte. Als ich es las, war ich sehr erleichtert. Es war offensichtlich nicht in irgendeiner Weise so schlecht wie sie gedacht hatte; es war in vieler Hinsicht ein bemerkenswertes Buch, und viele Autoren und Verleger wären froh gewesen, es zu publizieren wie es war. Ich hielt es für zu lang... und in der Tat für nicht so gut wie ›Die Wellen‹, ›Die Fahrt zum Leuchtturm‹ und ›Mrs. Dalloway‹«.[170]

Leonards Lob bestärkte Virginia und stabilisierte ihre gesundheitliche Besserung. Anfang November sah sie immer noch nicht viele Menschen; sie begann nun, die Korrekturfahnen zu Ende zu lesen: »...eine Last fiel von meinen Schultern. Das ist wahr. Ich fühlte mich erleichtert von einem großen Pakken. Es war kalt und trocken und sehr grau und ich ging aus und spazierte durch den Friedhof mit dem Grab von Cromwells

Tochter herunter durch Grays Inn Holborn entlang und so zurück. Jetzt war ich nicht länger Virginia, das Genie, sondern nur ein vollkommen großartiger doch zufriedener — soll ich sagen Geist? Körper? Und sehr müde. Sehr alt.«[171]

Virginia versprach Leonard bei einem gemeinsamen Dinner in einem Restaurant, nun doch wieder Buchbesprechungen für das T. L. S. zu schreiben, um damit den Druck des Romans zu finanzieren.

Virginias Einkommen war auf etwa 700 Pfund Sterling gesunken, wohingegen sie sonst um die 2000 pro Jahr verdient hatte. Leonard fand den Roman gut, doch er vermochte Virginia nicht so zu verstehen, wie sie verstanden werden wollte: »Leonard, der jetzt bis zum Ende von 1914 gelesen hat, denkt immer noch, daß er außerordentlich gut ist. Sehr seltsam: sehr interessant: sehr traurig. Wir diskutierten meine Traurigkeit. Aber meine Schwierigkeit ist dies: ich kann mich nicht dazu bringen, daß er recht hat.«[172]

Am folgenden Tag hatte Leonard das Buch zu Ende gelesen. Er konnte nicht sprechen, hatte Tränen in den Augen; und schließlich sagte er — unter dem Vorbehalt, den Virginia nicht kannte — er möchte dieses bemerkenswerte Buch lieber als die »Wellen« und es müßte unbedingt veröffentlicht werden.

In der europäischen Politik fielen Ende 1936 wichtige Entscheidungen, die das Vordringen des Faschismus noch bestätigten. Deutschland und Italien erkannten die nationalistische Regierung Francos in Spanien an. Gleichzeitig wurden die Vorbereitungen für die Bildung der Achse Rom — Berlin getroffen. Schließlich schlossen Deutschland und Japan den Antikomintern-Pakt, dem sich im Folgejahr auch Italien anschloß.

Es ist bemerkenswert, welche Kraft Virginia Woolf aufbrachte, um, müde und ausgelaugt wie sie war, doch an ihrem Roman weiterzufeilen, so daß er druckreif wurde. Sie verglich die Entstehung dieses Romans mit einer langen Geburt. Mitte November erwähnte Virginia in einem Brief an Julian Bell erstmals die Vorgänge in Spanien: »...und Spanien, ...ist jetzt das brennendste aller Probleme, ...«[173] In demselben Brief berichtete Virginia, daß Leonard ihr zur Publikation der ›Jahre‹ geraten habe und daß sie nun frei sei, andere literarische Arbeiten in Angriff zu nehmen.

Julian befand sich noch in China. Virginia warnte ihn ernstlich vor einer aktiven Teilnahme am Widerstand gegen den Faschismus in Frankreich oder Spanien: »Heute morgen bekam ich einen Packen Fotos aus Spanien von toten Kindern, getötet von Bomben — ein heiteres Geschenk.«[174]

Virginia las neben ihren mannigfachen Arbeiten für drei verschiedene Bücher sämtliche Werke Edward Gibbons. Sie hatte den Auftrag bekommen, den Leitartikel des T. L. S. zum 200. Geburtstag von Gibbon zu verfassen, der dann auch im T. L. S. vom 14. April 1937 erschien.

Am 30. November wurde Virginias Buch ›Die Jahre‹, das so ungeheuer viel Anstrengung gekostet und Leiden bedeutet hatte, fertig: »Es ist verschieden von den anderen natürlich: hat, denke ich, mehr ›wirkliches Leben‹: mehr Fleisch und Blut.«[175]

Der Dezember begann mit einem Abend des Memoir Club, den die unermüdliche Molly MacCarthy organisiert hatte. Virginia trug an diesem Abend ihr Papier ›Bin ich ein Snob?‹ vor, das in ihre unveröffentlichten autobiographischen Schriften aufgenommen wurde. In England und vor allem in London gehörte zum Tagesgespräch die Liebesgeschichte zwischen König Edward VIII. und Mrs. Simpson. Auch Virginia interessierte sich sehr dafür.

Am 14. Dezember erschien Virginias Essay ›Der Künstler und die Politik‹, in dem sie deutlich macht, daß die wechselweise Toleranz von Künstler und Gesellschaft nur dann möglich ist, wenn das geistige Klima eine freie Entfaltung künstlerischer Ideen zuläßt. Sie bestätigt, daß der Künstler von der Gesellschaft abhängig ist und daß — geht die Gesellschaft in eine Richtung, in der das gesamte Leben durchstrukturiert und politisch eingefärbt wird wie in totalitären Systemen — diese Abhängigkeit so gesteigert werden kann, daß die Kunst zur bloßen Propaganda verkommt. Die knappen Ausführungen Virginia Woolfs gipfelten in einem Appell an die Bewahrung künstlerischer Eigenheit und Freiheit auch in bedrängten Zeiten.

Um den 20. Dezember fuhren Leonard und Virginia — wie jedes Jahr — in den Weihnachtsurlaub nach Rodmell. Am Weihnachtsabend schrieb Virginia an Ethel Smyth, daß sie in ihre Gibbon-Studien versunken sei. In Monks House war es

eisig kalt, doch Leonard brauchte die Ruhe und Abgeschiedenheit. Er kümmerte sich um Haus und Garten, beschnitt seine
Obstbäume und konnte einmal alle Sitzungen und Organisatio-
nen vergessen. Am zweiten Weihnachtstag kamen die Keynes
zu den Woolfs »und wir küßten uns alle und tanzten unter dem
Mistelzweig.«[176]

Am 31. Dezember gingen die endgültig korrigierten Druckfahnen von Virginias Roman in die Druckerei zurück. Virginia
war frei. Sie las weiterhin ihren Gibbon und genoß die Prosa
dieses großen englischen Stilisten des 18. Jahrhunderts. Sie
wollte nun wieder am Leben teilnehmen, Betrieb und Geselligkeit erleben. »Ich könnte einige interessante und vielleicht
wertvolle Bemerkungen machen über die absolute Notwendigkeit meiner Arbeit für mich. Immer auf etwas aus zu sein.«[177]
Nun arbeitete Virginia an Gibbon, an der Biographie von
Roger Fry und an ihrem Buch ›Three Guineas‹ im Wechsel, um
jede Einseitigkeit auszuschalten.

Silvester feierten Leonard und Virginia bei den Bells in
Charleston. Im Neuen Jahre 1937 blieben sie für längere Zeit in
Rodmell entgegen ihrer bisherigen Gewohnheit, nach dem Jah-
reswechsel umgehend nach London zurückzufahren.

Anfang Januar besuchte Virginia die Schriftstellerin Elizabeth Robbins in Brighton, deren Roman ›Die beiden Seiten des
Vorhangs‹ im Jahre 1940 erschien. Miss Robbins lebte in einer
gemeinsamen Wohnung mit Virginias letzter Ärztin Octavia
Wilberforce. Der Verlag Hogarth Press erlitt am 21. Januar
einen schweren Verlust mit dem Tode der langjährigen tüchti-
gen Geschäftsführerin Margaret West. Nun mußte Virginia bei
den laufenden Arbeiten einspringen, vor allem — zu ihrem Unwillen — Druckfahnen anderer Leute korrigieren. Bei der
Suche nach einer geeigneten Persönlichkeit für den Posten in
der Hogarth Press half den Woolfs Lytton Stracheys Schwester
Philippa (»Pippa«). In Kürze war Ersatz gefunden: Miss Lange,
die schon Verlagserfahrung besaß, sich aber in der besonderen
Hogarth Press erst einmal mit den Gegebenheiten vertraut
machen mußte, was Zeit in Anspruch nahm und die Leistungsfähigkeit des Unternehmens beeinträchtigte.

Virginia schrieb indessen an ihrem Gibbon-Aufsatz weiter
und brütete über dem Roger Fry-Material. Am 25. Januar 1937

Harold Nicolson im Jahre 1929

John Maynard Keynes,
zusammen mit seiner Frau,
der Tänzerin Lydia Lopokowa
im Jahre 1932

Der Schriftsteller E. M. Forster

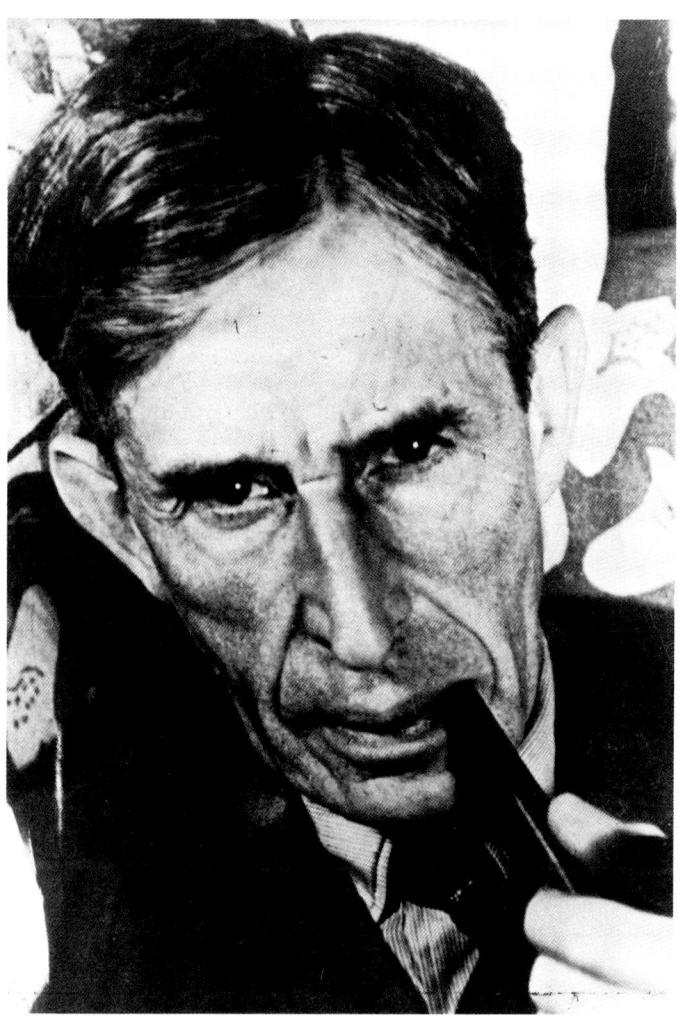

Leonard Woolf im Jahre 1939

wurde Virginia Woolf 55 Jahre alt, doch der Geburtstag spielte keine große Rolle für sie. Einzig und allein beschwerte sie sich bei Vanessa, daß sie ihr — entgegen der gemeinsamen Verabredung — ein Geschenk gemacht hatte.

Ende Januar 1937 konkretisierte sich Virginias ›Three Guineas‹-Projekt. Sie wollte das Rohmanuskript bis Ostern 1937 abschließen. Doch zwischendurch beabsichtigte sie, einen Artikel zu schreiben, um den Schrecken des Erscheinens ihres Romans ›Die Jahre‹ zu überstehen, das auf den 15. März festgesetzt war. Das Buch hatte die USA noch nicht erreicht, denn dort sollte ebenfalls eine Ausgabe herausgebracht werden. Mit dem tatsächlichen Schreiben ihres Buches ›Three Guineas‹, der Auseinandersetzung mit den Grundzügen der englischen Gesellschaft, der Frauenemanzipation und Kriegsverhinderung begann Virginia Ende Januar.

Leonard war in Rodmell krank geworden. Die Woolfs wußten nicht, ob es sich um ein Nieren- oder ein Prostataleiden handelte und suchten einen Spezialisten in London auf, der aber diesen Verdacht nicht bestätigte. Virginia wünschte sich einen »Urlaub in der Sonne«, doch ihr Arbeitsprogramm ließ die Erfüllung des Wunsches vorerst nicht zu.

Am 18. Februar notierte Virginia, sie hätte bereits drei Wochen an ›Three Guineas‹ geschrieben und fast vierzig Seiten vorliegen. Drei Tage später wurde es mit ihrem Roman »ernst«; sein Weg in die Welt war nun bis zum letzten Schritt vorbereitet: »Ich sehe weg, wenn ich von den Verlagsräumen nach oben gehe, denn da unten werden gerade die Besprechungsexemplare der ›Jahre‹ verpackt. Nächste Woche gehen sie hinaus; das hier ist mein letztes vergleichsweise friedliches Wochenende.«[178] Virginia hatte Angst hinsichtlich der Wirkung ihres Romans. Wie würden ihre Freunde reagieren? Wie die Kritiker? Sie fürchtete sogar, mit dem Buch ihren Ruf als seriöse Romanschriftstellerin zu verspielen. Vor allen Dingen die Stimmen aus Charleston und Tilton nahm sie wichtig; sie wußte aber auch, daß neue Arbeiten vor ihr lagen.

Leonard benötigte das Manuskript von ›Three Guineas‹ für den Verlag im Herbst. Virginia mußte aber auch noch ihre Gibbon-Arbeit abschließen und zudem eine BBC-Aufnahme machen, abgesehen von ihrer Vorbereitung der Roger Fry-Biographie. Die Befürchtungen Virginias in bezug auf ihren Roman wurden gemildert durch ihr wiedererwachtes Selbstbewußtsein, das sich in ihrem Vergnügen an humorvollen Kommentaren spiegelte. So schrieb sie etwa am 24. Februar an Ethel Smyth: »Das bißchen Klatsch hat mich zu einem neuen Briefbogen gebracht, den ich nicht füllen kann, weil ich heute abend das Essen kochen muß — die regenströmende Nacht und der Büroschreiber ist gerade hereingekommen, um zu sagen, ›Mrs. Woolf, der Regen kommt durch — auf unsere neuen Bücher‹ (Exemplare der ›Jahre‹; d. Verf.). Ich fragte nach. Nun, noch nicht auf die Bücher: in Pritchards Speisekammer; so muß ich alle Nachttöpfe einsammeln, wenn dies getan ist und sie in eine Reihe stellen, um unsere Bücher zu schützen.«[178a]

Im März kam Virginia Woolf sehr gut mit dem Manuskript von ›Three Guineas‹ voran, was ihr seelisch neuen Auftrieb gab. Der Vorverkauf ihres Romans lag bei 3500 Exemplaren, und Virginia glaubte, sie habe in ihrem Roman »einen vorsätzlichen Fehler« begangen, aber zugleich ihr Wesen als Schriftstellerin und als Mensch gefunden: ihre unverwechselbare Perspektive. An Ethel Smyth schrieb sie in diesen Tagen; »...was mir etwas ausmacht ist mit Haken an die Oberfläche gezogen zu werden, wenn meine natürliche Behausung in der Dunkelheit der Tiefen liegt.«[179]  Am 12. März 1937 erschien eine positive Kritik der »Jahre« im T.L.S. Am selben Tag kam Julian Bell aus China zurück. Virginia schrieb an Ethel Smyth, daß Vanessa und sie sich Sorgen machten um Julian, »der in Spanien kämpfen will«. Auf der Seite Francos kämpften im Spanischen Bürgerkrieg bereits 80 000 italienische und 30 000 deutsche Soldaten, während die ›Internationale Brigade‹ der Republikaner aus Freiwilligen aller Länder stammte. Es war die linke Intelligenz, die für die spanische Republik kämpfte, Schriftsteller, Maler, Musiker, Philosophen gehörten dazu. Namen wie Ernest Hemingway sind eng mit dem Spanischen Bürgerkrieg verbunden. Aus England kam ein Kontingent von 2000 Freiwilligen, die auf der Seite der Brigade kämpften.

Am 15. März 1937 erschien Virginia Woolfs Roman ›Die Jahre‹. Es war das Buch, für dessen Abfassung und Überarbeitung die längste Zeit gebraucht und das sie die meiste Kraft ge-

kostet hatte. Virginia war befreit und erleichtert; »...jetzt, ...,
nach all der Agonie, bin ich frei, ganz, rund; kann mit aller
Kraft vorangehen.«[180]

*Die Jahre*. Der Roman ›Die Jahre‹ ist nicht in Kapitel einge-
teilt, sondern in ungleichmäßige Jahresabschnitte: 1880, 1891,
1907, 1908, 1910, 1911, 1913, 1914, 1917, 1918 und die Gegenwart: 1937. Jedem dieser Abschnitte geht eine Natur- und Stim-
mungsschilderung voraus, die von der Jahreszeit, dem Wetter
und den Menschen einen anschaulichen Eindruck vermittelt,
auch schon auf das vorausgreift, was im jeweils Folgenden behandelt wird. Doch anders als in ›Die Wellen‹ stehen diese ein-
leitenden Abschnitte nicht in einem genau festgelegten architektonischen Zusammenhang. Innerhalb der Jahresabschnitte
wird der Bericht durch Absätze gegliedert. Besonders hervorgehoben werden die Umwälzung der englischen Gesellschaft zur
Moderne zwischen 1907 und 1918 sowie die Darstellung der
Gegenwart der zwanziger und dreißiger Jahre. Dieser Roman
ist nicht ein dokumentarisches Buch im positivistischen Sinne.
Virginia Woolf bringt hier ihre eigene Anschauung und Lebenserfahrung ein, denn sie selbst hat im beschriebenen Zeitraum
gelebt, war zunehmend Zeuge der Entwicklung Englands.

›Die Jahre‹ ist in der Reihe der Woolfschen Romane ein un-
gewöhnliches Buch, weil es die anderen, vorhergehenden Romane mit seinem ungeheuren Publikationserfolg in den Schatten stellte — und weil es einen neuen Weg im Romanstil andeutet. Der Roman fand Interesse bei einem großen Publikum
durch die »angenehm zugängliche Oberfläche ... mit ihrer klaren, linearen Zeitfolge und ihrem Reichtum an präziser Beobachtung der Gesellschaft...«[181] Negative Urteile verkannten
einen Grundzug moderner Literatur, der darin besteht, daß
»Modernismus« nicht einen festen Stil anzeigt, sondern die
*Suche* nach einem Stil, so daß der Stil *eines* Werkes keine Garantie für das nächste bietet. Das gilt auch für ›Die Jahre‹.

Jeder Roman Virginia Woolfs stellt ein neues Experiment moderner Erzählkunst dar, so daß die Erwartungshaltung, die der
eine Roman erweckt, nicht einfach auf den nächsten übertragen werden darf. ›Die Jahre‹ ist ein Roman, dessen Schreibweise zwischen ›Mrs. Dalloway‹, ›Die Wellen‹ und ›Die
Fahrt zum Leuchtturm‹ auf der einen sowie ›The Voyage Out‹

und deutlicher ›Nacht und Tag‹ auf der anderen Seite angesiedelt ist. Virginia Woolf wollte sich hier mehr der äußeren Welt nähern, doch ihr »Fakten-Roman« verleugnet nicht ihre Innenperspektive, wenn auch die Außenwelt betont wird. Man kann ›Die Jahre‹ als einen Kompromiß in der Schreibweise bezeichnen; er liegt zwischen den »faktischen« und »visionären« Romanen, in der Mitte zwischen Bericht des Äußeren und Innendimension. Virginia Woolf kehrt nicht zur Schreibweise von ›Nacht und Tag‹ zurück, sondern unternimmt einen neuartigen Versuch, ihre Vision der wirklichen Welt literarisch zu gestalten.

Virginia Woolf benutzt in ›Die Jahre‹ sowohl die Darstellung der Figuren über verschiedene Ansichten, denen keine glatte Biographie zuteil wird, als auch die Verarbeitung symbolischer Bilder. Handlung und Charaktere werden aber nicht in traditioneller Weise ausgearbeitet. Man hat oft bezweifelt, daß ihr die Balance zwischen der Faktenwahrheit und der Romanwahrheit in diesem Text gelungen sei.

›Die Jahre‹ hatte zunächst den Arbeitstitel ›Die Pargiters‹ (pargeter = Stukkateur, Maler), wird doch in diesem Buch die Geschichte der gleichnamigen Familie von 1880 bis in die dreißiger Jahre unseres Jahrhunderts erzählt. Es schält sich im Roman heraus, wie die Ansichten der Generationen voneinander verschieden sind, aber auch, daß dennoch menschliche Gemeinsamkeiten bleiben. In der großen Partyszene des letzten Romanteils findet eine Art Familientreffen statt, das den gescheiterten Versuch einer Sinnsetzung in der Einheit des Augenblicks darstellt.

Der Roman lebt unter Einschluß eines deutlichen sozialkritischen Einschlags von verschiedenen Polen, die zueinander im Gegensatz stehen: Viktorianismus gegen Modernismus, Begrenzung in Raum und Zeit gegen Erweiterung in Raum und Zeit. »Ich möchte das Ganze der gegenwärtigen Gesellschaft wiedergeben — nichts weniger: Tatsachen ebenso wie die Vision. Und sie beide kombinieren.«[182] Virginia Woolf zeigt die Wandlung der englischen Gesellschaft am Beispiel der oberen Mittelklasse auf, indem sie die psychisch, geistig und wertmäßig bestimmten viktorianischen Lebensformen in ihrer Auflösung vorführt sowie in ihrem Übergang zum Leben des 20.

Jahrhunderts. »Dies ist ein Roman, der die Möglichkeit prüft, ein Leben der Integrität und der Zufriedenheit unter widrigen Bedingungen zu leben, indem er eine Analogie zieht ... zwischen dem viktorianischen Patriarchalismus und dem männlichen Militarismus und Egoismus des öffentlichen Lebens im 20. Jahrhundert.«[183]

In einem Brief an Stephen Spender vom 7. April 1937 schrieb Virginia Woolf über ihren Roman: »Aber was ich meinte, denke ich, war ein Bild der Gesellschaft als Ganzes zu geben; Charaktere zu geben von jeder Seite; sie zur Gesellschaft hin zu wenden, nicht zum Privatleben; die Wirkung der Zeremonien zu enthüllen; eine Zehe auf dem Boden zu halten durch Daten, Fakten: das Ganze einzuschließen in eine sich wandelnde zeitliche Atmosphäre; komponieren in eine große vielseitige Gruppe am Ende; und dann die Betonung zu versetzen von der Gegenwart in die Zukunft; und den gefühllosen Wandel der alten Struktur zu zeigen ohne Tod oder Gewalt in die Zukunft — andeuten, daß es keinen Bruch gibt, sondern eine kontinuierliche Entwicklung, möglicherweise eine Wiederkehr desselben Musters; dessen wir Handelnden natürlich unwissend sind.«[184]

Dabei wird deutlich, wie sehr die zumeist maskenhaften und verinnerlichten Verhaltensmuster umgesetzt werden über Verzeitlichung und Verräumlichung. Die patriarchalische Vorstellung und Lebensform des Hauses endet mit einer Verstreuung der Familie Pargiter in verschiedene Gegenden Englands, aber auch des Auslands, sowie durch eine zunehmende Lebenshektik, die von jedem einzelnen Menschen ausgeht. Der Roman spiegelt also den Prozeß der gesellschaftlichen Atomisierung, Isolation, Individualisierung, macht deutlich, daß die Einzelheit förmlicher Freiheit Sinn nur noch perspektivisch zuläßt. Es wird aber auch die tatsächliche Veränderung des Lebens an Hand der technischen Modernisierung angesprochen, so daß die Vereinfachungen der alltäglichen Lebensvollzüge anschaulich werden, allerdings um den Preis einer »Versachlichung« menschlicher Beziehungen, die über die »befreienden« Wirkungen angewandter Naturwissenschaft durch Technik hinausgehen hin zur Bürokratisierung und Funktionalisierung des Lebens.

In der Darstellung der Atomisierung der Gesellschaft spielt

die Generationsabfolge der Pargiters eine wichtige Rolle als Ausfaltung der Zersplitterung, parallel zum wechselseitigen Nichtverstehen der Generationen. Im Roman kommt Eleanor Pargiter eine Leitfunktion zu, weil sie in der gesamten erzählten Zeit gleichsam den »roten Faden« bildet, zu dem die verschiedenen Erzählteile immer wieder koordiniert werden. Sie übernimmt in der Pargiter-»Chronik« einen Großteil der Zusammenfügungen der Elemente, welche aber auch geleistet werden durch ein Netzwerk der Bilder, Symbole sowie durch stereotype Menschen, traditionelle Erfahrungen und allgemein verbreitete Reaktionsweisen.

Nur über äußere Formen oder gefühlsmäßige Raster lassen sich Begegnungen ermöglichen, die inhaltlich immer leerer werden, weil die Bedeutung der einen Generation sich nicht mehr an die Bedeutungen der anderen anschließen läßt. Dieser Prozeß wird von Virginia Woolf in ›Die Jahre‹ als unumkehrbar dargestellt. Insofern läßt sich sagen, dieses Buch sei das pessimistischste, das sie je geschrieben hat. Die Betonungen liegen auf den Schwierigkeiten des Menschen, nicht auf dem, was er erreicht, auf dem Gefühl des Unwohlseins, des Unangenehmen, nicht auf Zufriedenheit. Aber Virginia Woolf kämpfte auch so sehr mit diesem Roman, weil sie eine übermenschliche Anstrengung auf sich nahm, Aspekte ihres innersten Lebens zurückzuhalten, vor denen sie selbst erschrak oder hinsichtlich derer sie sich schuldig fühlte.

Die Ausgangssituation des Romans beleuchtet die Familie Pargiter um 1880. Das Hauptaugenmerk wird auf die Familie des Oberst Abel Pargiter gelenkt, der ein pensionierter Kolonialoffizier ist und sich erfolgreich mit Aktienspekulationen beschäftigt. Die Pargiters wohnen in einem geräumigen Haus in Abercorn Terrace in London, das alle Kennzeichen einer standesgemäßen Wohnung der oberen Mittelklasse aufweist. Wie oft in Virginia Woolfs Romanen, ist der Straßenname eine Erfindung der Autorin.

Mrs. Pargiter leidet an einer undefinierbaren, aber offensichtlich schweren Krankheit. Sie wird von Krankenschwestern im Hause versorgt, während der Haushalt von der Hausdienerin Crosby und der ältesten Tochter Eleanor geführt wird. Der Oberst sowie die sieben Kinder fühlen sich bedrückt durch die

Atmosphäre des Hauses. Abel Pargiter hält sich mit schlechtem Gewissen unter dem Mantel der Verschwiegenheit eine Geliebte und hatte wohl auch ein Verhältnis mit seiner Schwägerin Eugenie. Außer Eleanor gehören also noch sechs Pargiter-Kinder zum Hause: Milly, die später den Farmer Hugh Gibbs heiratet, Delia, die lebenslustige Person, die als Radikale hernach den konservativen Iren Patrick heiratet. Eleanor bleibt ledig und entspricht in ihrer Rolle Stella Duckworth und Vanessa Stephen. Rose Pargiter schließlich wird als politische Aktivistin und Frauenrechtlerin geschildert. Die Söhne des Obersten kommen alle in den sogenannten »professions«, den althergebrachten Berufen der oberen Mittelklasse unter. Sie allein erhalten eine gründliche Ausbildung in Privatschulen, Universitäten oder beim Militär.

Martin Pargiter tritt in die Armee ein, bringt es zum Hauptmann, privatisiert aber dann wie sein Vater und wird Börsenspekulant. Morris wird ein angesehener Jurist, heiratet Celia, die Tochter eines Landadligen, und hat mit ihr zwei Kinder, Peggy und North. Edward schließlich bleibt in Oxford, wird dort Dozent für Griechisch, heiratet nicht, einmal, da ihm seine Jugendgeliebte Kitty Malone einen Aristokraten vorzieht, und zum anderen, weil er selbst homosexuelle Neigungen hat.

Eingeführt wird aber auch die Familie von Abels Bruder Digby. Sir Digby Pargiter ist mit der künstlerisch und genialisch veranlagten Eugenie verheiratet. Digby arbeitet als Diplomat im Außenministerium. Er und Eugenie haben zwei Töchter, Sara und Maggie. Sara ist etwas verwachsen und leidet an ihrem Gebrechen. Maggie heiratet später den Franzosen Renny. Die Eltern von Sara und Maggie sterben früh, so daß die Mädchen sich selbst ohne Mittel durchschlagen müssen, weil ihr Vater nicht vermögend war und die Mutter Geld nicht zusammenhalten konnte.

Während die Familie Sir Digbys eher als leichtlebig und »risikofreudig« geschildert wird, gilt für Abercorn Terrace das genaue Gegenteil. Abel Pargiter lebt mit seiner Familie in einem großen Hause; er verfügt über hinreichende finanzielle Mittel, um einen ansehnlichen Lebensstandard aufrechterhalten zu können. Wichtig ist aber nicht nur der äußere Rahmen, sondern mehr noch das, was er an menschlichen Möglichkeiten bereitstellt oder verweigert. Die Verhaltensfreiräume der Eltern und Kinder werden eingeschränkt durch selbst- und fremdaufgelegte Formen und Zwänge, etwa anläßlich der gemeinsamen Mahlzeiten und des dazugehörigen Zeremoniells, zu dem auch die Dinner-Garderobe gehört: für die Herren ist der Smoking Pflicht, für die Damen das lange Abendkleid.

Oberst Pargiter verheimlicht, daß er seine Geliebte Mira aushält. Die Kinder wissen von der Beziehung, doch sie wird als nicht existent behandelt. Die Krankheit der Mutter gehört zum Alltag der Familie. Alle Familienmitglieder beziehen diese Krankheit äußerlich, wenn auch mit Anstrengung, in das Leben ein, wiewohl vor allem Rose die Mutter haßt, die gedrückte Stimmung, welche die Krankheit stets im Hause hervorruft. Das Krankenzimmer der Mutter nimmt in der blassen Gesichts- und Körperfarbe der Leidenden und den dunkel-düsteren Einrichtungsgegenständen eine Bildqualität an, die aus einem präraffaelitischen Gemälde stammen könnte.

Die Atmosphäre von Abercorn Terrace kennzeichnet Düsternis und Solidität des Hausrats, Starrheit, »falsches Selbst« der Familienmitglieder, unterdrückte Sexualität. Die Angehörigen der Familie inszenieren viktorianisches Hausleben, ohne es mit ihrem wahren Ich zu stützen, das sie teils gar nicht kennen oder aber verdrängt haben.

Deutlich wird dies vor allem in der Szene, die Rose beim verbotenen Ausflug aus dem Haus mit dem Mann am Briefkasten erlebt. Die Unterdrückung und die Angst vor dem Sexuellen wird deutlich, als Rose dem Exhibitionisten begegnet. Sie hat Angst vor diesem Mann, von dem sie sich zugleich aber auch magisch angezogen fühlt, doch die Szene ruft auch den Gedanken an ödipale Umschichtungen hervor. Spätestens diese Episode macht deutlich, daß Virginia Woolf bei der Abfassung ihres Romans ›Die Jahre‹ tief in die schon teils vergessenen, teils verdrängten Abgründe ihres Selbst hinabstieg, um noch einmal »die unterirdische Welt der Emotion« zu durchwandern. Es war ein Wiedererleben der viktorianischen Kindheit und Jugend, der Erlebnisse mit den Duckworth-Brüdern. Parallele Stellen, wenn auch mit etwas anderer Betonung, finden sich in Rachel Vinraces Angsttraum (›The Voyage Out‹) oder aber in ›Zwischen den Akten‹: die Zeitungsmeldung über die

Vergewaltigung einer jungen Frau in den Horse Guards Kasernen in London.

Individuelle Lebenswünsche, Selbstverwirklichungsbestrebungen werden in der Familie Pargiter behindert durch Konventionen, deren Funktionieren durch eine kunstvoll durchgeführte Lebenslüge gesichert wird. Mit dem Tode der Mutter wird die Auflösung des Hauses vorgezeichnet, wiewohl dies ein langwieriger Prozeß ist. Schon lange zuvor hatte Eleanor das Hausregiment übernommen. Die Familie steht in verschiedenartigen Verbindungen zu anderen Familien ihrer Klasse. Mrs. Pargiters Cousine Mrs. Malone ist mit dem Vorsteher eines College in Oxford verheiratet, für deren Tochter Kitty sich Edward Pargiter interessiert, der in Oxford Klassische Philologie studiert und homosexuelle Beziehungen zu seinem Freund Ashley unterhält. Die Pargiter-Malone-Verwandtschaft reflektiert wahrscheinlich Virginia Woolfs Beziehung zu ihrem ersten Vetter, Herbert A. L. Fisher, der Warden des New College in Oxford war. Das Bild, das Virginia Woolf von der Hochburg der »Intellectual Aristocracy« Oxford zeichnet, entspricht der Wirklichkeit und führt in eine ganz andere Atmosphäre als ihre Portraits von Cambridge in ›Jacobs Zimmer‹ und ›Ein Zimmer für sich allein‹. Kitty Malone, die ihre Lehrerin Miss Craddock liebt, wird von ihrer Mutter Edward Pargiter vorenthalten, denn sie soll den wohlhabenden Lord Lasswade heiraten.

Der Romanprozeß wird von Virginia Woolf deutlich gemacht durch die Generationenfolge und die an den einzelnen sichtbaren Entwicklungen der Persönlichkeit, welche den historischen Prozeß modellhaft verdeutlichen in seinem materiellen, geistigen und wertemäßigen Wandel. Die Figuren werden in ihrer Romanfunktion einschätzbar durch das Ausmaß an Nachdenklichkeit, das ihnen zukommt. »An der Intensität des Reflektierens bei den einzelnen Personen läßt sich ablesen, bis zu welchem Grad sie sich ihrer eigenen und der gesamtgesellschaftlichen Situation bewußt sind.«[185] Die Umkehrung gilt entsprechend; Reflexionsmangel signalisiert Angepaßtheit an bestehende Verhältnisse, Konvention oder gar Konservatismus. Im Roman ›Die Jahre‹ steht der Lebensfluß der Suche nach einem Muster oder Sinn des Lebens gegenüber. Von diesem Gegensatz wird die Tiefenstruktur des Romans bestimmt.

Es geht Virginia Woolf darum, die Strukturen im Prozeß aufzuzeigen, das Streben der Menschen nach Dauer im Wandel deutlich zu machen, den sie durch typische Verhaltensweisen oder kulturelle Vergegenständlichungen befriedigen wollen. Bei einer solchen Form des Romans ist es nur folgerichtig, daß das Ende offen bleibt; es deuten sich für den Atomismus der menschlichen Existenz keine Lösungen an.

Im Abschnitt *1891* werden die beruflichen Wege der Pargiter-Kinder verfolgt: Edward ist Fellow in Oxford geworden. Milly heiratet Edwards Studienfreund, den Farmer Gibbs, Kitty Malone — Edwards Oxforder Schwarm — heiratet Lord Lasswade. Morris ist als Rechtsanwalt tätig. Eleanor engagiert sich für freiwillige Sozialarbeit neben ihrer Haushaltsführung in Abercorn Terrace, Martin dient als Offizier in London, Delia arbeitet für eine radikal-demokratische Gruppe, beteiligt sich an Demonstrationen und kommt zeitwillig ins Gefängnis. Sie begeistert sich für die Freiheitsideen Parnells und möchte den konservativ-autoritären englischen Patriarchalismus überwinden.

Im Hause Abercorn Terrace bleiben der Oberst und Eleanor zurück. Sie verstehen einander gut und leben wie Bruder und Schwester zusammen, ein Motiv, das in Virginia Woolfs letztem Roman ›Zwischen den Akten‹ wiederkehrt. Es ist ein Fall von »emotional incest«, der hier fiktionalisiert wird. Dem soliden, wenn auch düsteren Leben in Abercorn Terrace wird das künstlerisch-elegante Dasein der Familie von Sir Digby Pargiter gegenübergestellt. Edwardianische Dekadenz bildet die Kontrastfolie zur viktorianischen Positivität. Sir Digby ist Politiker, seine Frau Eugenie huldigt den Künsten. Ihre beiden überaus intelligenten Töchter Sara und Maggie befassen sich nicht mit alltäglichen Dingen, sondern mit Fragen nach dem Wesen der Farben ebenso wie mit dem Problem des Ich: »Bin ich das, oder bin ich dies? Sind wir eins oder sind wir getrennt — etwas von der Art.«[186] Was ist das Ich? Auch hier könnte man an eine Verarbeitung des Wesens von Virginia und Vanessa Stephen denken. Die Familie von Abels Bruder bewohnt in der nicht weit vom Marble Arch zwischen Edgware Road und Seymour Place gelegenen wirklichen Brown Street ein vornehmes Stadthaus aus dem 18. Jahrhundert. Doch schon 1908 bleiben die beiden Kinder verwaist zurück. Das Haus wird verkauft. Die ältere Generation der Pargiters wird vom Tode eingeholt. Abel hat einen Schlaganfall.

Im Jahre *1908* beginnt die zweite Generation — wie das junge Bloomsbury — sich mit unterschiedlichem Erfolg von den viktorianischen Lebensmustern abzusetzen. Eleanor liest Ernest Renan, wird Atheistin, beklagt sich — wie Virginia Woolf — über ihre unzureichende Bildung, die ihre Familie ihr als Mädchen zukommen ließ. Die Welt der Naturwissenschaften bleibt ihr unbekannt: »Wie wenig wußte sie über irgend etwas. Nimm z. B. diese Tasse; sie hielt sie vor sich hin. Woraus besteht sie? Aus Atomen? Und was waren Atome, und wie hingen sie zusammen?«[187]

Rose bestätigt sich in der demokratischen Bewegung. Sie ist militant, wohingegen Eleanor innerhalb der Grenzen des viktorianischen Dekorums bleibt. Nur an den neuen Gedanken nimmt sie Anteil, ohne praktische Folgerungen aus ihnen zu ziehen. In bezug auf Rose meint sie, diese wäre besser Soldat geworden. Damit zeigt sie, daß sie die alten Muster der Mann-Frau-Differenz noch gar nicht verarbeitet hat.

Der Abschnitt *1910* beginnt mit einem Bick auf Maggie und Sara, die verarmten Töchter von Sir Digby und Lady Eugenie Pargiter. Sie leben in einer schäbigen Gegend am Südufer der Themse in einer kleinen Wohnung, in der nur noch wenige Erbstücke von ihrer Familie künden. Zeitgleich besteht Abercorn Terrace weiterhin, doch der Kontakt zwischen den beiden Pargiter-Familien hat aufgehört: die Verwandten sind über die Jahre auseinandergedriftet und haben sich nichts mehr zu sagen. Die Beziehung zwischen beiden Familien wird durch Rose erneuert anläßlich eines Besuches bei ihren Cousinen Maggie und Sara.

Rose fühlt sich als gespaltene Existenz, wobei ein Teil der Persönlichkeit in die Vergangenheit reicht, ein anderer in das Jetzt. Dasselbe Spaltungsbewußtsein besitzt Eleanor, als sie auf der Sitzung einer Wohltätigkeitsgesellschaft teilweise dem Redner zuhört, teilweise anderen Gedanken nachgeht. Die Begegnung mit Kitty Lasswade an dieser Sitzung stellt die Welt der Aristokratie der Pargiter-Welt gegenüber. Kitty bedauert, daß Eleanor ihren Einladungen ausweicht. Sie selbst kommt zur Sitzung im Abendkleid, weil sie im Anschluß in das Opernhaus in Covent Garden fahren will, um Wagners ›Siegfried‹ zu sehen. In der Nacht der Siegfried-Aufführung stirbt König Edward VII. In Kittys Loge befindet sich auch ihr Vetter Edward Pargiter, bei dem sie eine Spaltung beobachtet: »Dort war ein merkwürdiger Ausdruck auf seinem Gesicht, als ob er sich in zwei Welten auf einmal befände und sie zusammen zu ziehen hätte.«[188]

Der Roman ›Die Jahre‹ verlegt in die Zeit von 1911 bis 1917 die Modernisierung der englischen Welt, wobei das Jahr 1913 eine Art Mittelachse bildet, welche die Welten, aber auch den Roman teilt. Diese Modernisierung der Lebenswelt wird im Roman gespiegelt an der zunehmenden Zerstörung verwandtschaftlicher Gemeinschaft. Der äußere Rahmen des viktorianischen Zeitalters zerbricht: Abel Pargiter stirbt, Abercorn Terrace wird verkauft. Eleanor besucht ihren Bruder Morris auf dem Lande. Die dritte Pargiter-Generation bilden die beiden Kinder von Morris Pargiter, Peggy und North, so daß die versuchte »Befreiung« der zweiten Generation schon beginnt, historisch und damit überholbar zu werden. Die Befreiungen aber bringen die Menschen einander nicht näher. Das Gegenteil ist der Fall. Für Eleanor stellt sich die Frage, was sie nach dem Verkauf von Abercorn Terrace noch tun soll: ein neues Haus kaufen, nach Indien reisen? »Die Dinge gehen vorbei, Dinge verändern sich, dachte sie, und sah zur Decke hinauf. Und wohin gehen wir? Wohin? Wohin?... Die Motten schlugen rund um die Decke an; das Buch fiel zu Boden. Craster gewann das Schwein, aber wer gewann die Silberplatte? sann sie nach; sie strengte sich an; drehte sich um und blies die Kerze aus. Dunkelheit herrschte.«[189]

Das Jahr 1913 kennzeichnet den Abschied vom Viktorianismus. Der Erste Weltkrieg kündigt sich an. Eleanor trauert der alten Zeit nicht nach und versucht nunmehr, sich zu emanzipieren. Ihr Bruder Martin diagnostiziert die viktorianische Verlogenheit von Abercorn Terrace und ist seinerseits froh, den alten Lebensformen entkommen zu sein. Martins Blickpunkt, der sich auch 1914 fortsetzt, beweist, daß er die Vergangenheit durchschaut in ihrem falschen Verhältnis von Anspruch und Wirklichkeit, das er an seinem eigenen Vater erkennt. Zugleich sieht Martin deutlich die Schwierigkeiten der viktorianischen

Kindheit, die psychischen Belastungen der düster-doppeldeuti-
gen sowie äußerlich wohlanständigen Familienatmosphäre, die
doch auch prägend und deformierend wirkten.

Auch Kitty Lasswade erfährt einen Ekel an der Gesellschaft,
zu der sie selbst gehört. Sie beobachtet die Menschen, die auf
ihrer Party zusammenkommen; doch sie reagiert anders als
Mrs. Dalloway. Sie vereint nicht oder bewahrt, sondern sie
sieht das Gerangel der Leute um ihren Platz in einem Ord-
nungsgefüge. Martins Skepsis gegenüber der britischen Ober-
klassengesellschaft ähnelt der Skepsis Peter Walshs, ist aber
kühler in der Analyse. Kitty flieht schließlich aus London in
einem Nachtzug, geht auf das Schloß der Lasswades in Schottland, um sich in der Natur und Einsamkeit zu erholen, zu entspannen von den Vergeblichkeiten der Zivilisation, der Absurdität menschlicher Aktivitäten. Sie erlebt intensiv den Fluß der
Zeit.

Besonders deutlich wird der Krieg im Abschnitt *1917* in seiner zerstörerischen Gewalt. Eleanor entdeckt das Leben der
jungen Generation. Deutsche Luftangriffe werden gegen London geflogen. Während eines Dinners bei Maggie und ihrem
Mann René (Renny) begegnet Eleanor Sara und Nicholas. Die
Realität des Krieges hat alle Anwesenden erfaßt. Die Dinge besitzen nicht mehr ihre zivilisatorische Schutzhaut, sie sind dem
Blick der Menschen unmittelbar ausgesetzt, ebenso wie die
Menschen der nackten Gewalt der Dinge, des Materials ausgesetzt sind.

Die Dinner-Gesellschaft spricht über das Schicksal von
North, dem Sohn von Morris, der sich im Kriege befindet. Alle
spüren ihr Gefangensein im Keller. Sie wissen, daß auch bei
Kriegsende keine Hoffnung aufkeimen wird, kein »anderes«,
das ein neues Leben begründet. Die zivilisierte Welt geht ihrem
Untergang entgegen.

Die *Gegenwart* des Romans ›Die Jahre‹ bezieht sich auf die
dreißiger Jahre unseres Jahrhunderts. Auf der Party von Delia
Pargiter, der ehemaligen revolutionären Demokratin, treffen
alle Generationen — bis auf die viktorianische »Vätergeneration« — zusammen. Es ist eine Versammlung der Familie, in
welcher die Strömungen der Pargiters noch einmal untereinander in Zusammenhang gesetzt werden, um in einer letzten Prü-

fung zu fragen, wo denn der gemeinsame Nenner liegt und ob es überhaupt einen solchen gibt.

Eleanor, welche die Gesamtentwicklung Englands von 1880 bis in die Gegenwart erfahren hat, sieht neue Möglichkeiten eines erfüllteren und besseren Lebens, während die dritte Generation der Pargiters — repräsentiert durch Peggy und North — eher skeptisch und pessimistisch denkt. Peggy und North sind »verwirrt und bitter über das Erbe der Vergangenheit und das Leiden an der Gegenwart«.[190]

Peggy Pargiter ist die erste Frau der Familie, die sich einen Platz in den »professions« sichern konnte: sie ist Ärztin geworden. Peggy vergleicht sich mit Eleanor. Eleanor vermochte sich im viktorianischen Zeitalter kaum selbst zu verwirklichen, während Peggy in der modernen Gesellschaft mehr Möglichkeiten des Lebens zu haben scheint. Doch ihre berufliche Existenz als Ärztin garantiert noch lange nicht persönliches Glück. Der Fortschritt an Möglichkeiten bedeutet also nicht automatisch ein erfülltes Leben. Peggy ist einsam, bitter und illusionslos. Eleanor dagegen zeigt sich optimistisch im Hinblick auf die Zukunft, einmal, weil sie noch glauben kann an eine Besserung der Welt, zum andern, weil sie die neuen Strukturen des Wissens, der Organisation und der sozialen Zusammenhänge nicht durchschaut — und daher ihren unreflektierten Fortschrittsoptimismus beibehalten kann. Peggy aber steht für die moderne Welt — und dieser Welt ist die Kraft des Glaubens abhanden gekommen.

Peggys Bruder North war Farmer in Afrika und hatte das Leben im Schatten oder im Rücken der großen Zivilisationen dem westlichen Leben vorgezogen. Doch er verkaufte seine Farm, um nach London zurückzukehren, in dessen Lebensrhythmus er sich nun nicht einfinden kann. Er hatte in Afrika in einer beschaulichen Isolation gelebt; dies war eine Existenz in der Stille, voller Naturverbundenheit und Einsamkeit. North weiß nun nicht, wo er sich befindet, so daß er sich auch in Schwierigkeiten verfängt angesichts der Frage nach seiner eigenen Identität. North, der selbst häufig vom Geld und von der Politik redet, ist es, der den Roman zusammenfaßt: die Menschen müssen — so sagt er — ein anderes Leben suchen und aufbauen, das jenseits politischer Aggression, aber auch anpasserischer Schicksalsergebenheit auf soziale Wechselseitigkeit gründet, die im gegenseitigen menschlichen Verstehen verankert werden muß. Dies ist die Spiegelung der Situation Europas der dreißiger Jahre im Roman: Chamberlains »appeasement« steht Hitler »vor den Toren« gegenüber.

Als Peggy mit Eleanor zu Delias Party fährt, beschreibt Eleanor auf dieser Taxifahrt bei ihrem Blick aus dem Fenster ihre Lebensstationen. Es ist dies ihre Zusammenfassung der Generationsfolge der Pargiters als eine Chronik der gewandelten Welt. Aber in Eleanors Bewußtsein werden auch einzelne Szenen, konkrete Situationen vergangener Jahrzehnte wieder wach, Schlüsselerlebnisse, Gelenkstellen der Pargiter-Geschichte.

North verfällt angesichts dieser melancholisch-nachdenklichen Stimmung auf Delias Party auf den Gedanken, das menschliche Leben verändern zu wollen im Sinne des Lebensgenusses; die Menschen sollen das Leben genießen, weil es dem Menschen nur einmal gegeben wird. Das Leben ist nicht wiederholbar. North verbindet seinen Mortalismus mit der Haltung des römischen Dichters Catull:

> Leben, Lesbia, wollen wir und lieben!
> Was sie schwatzen die allzu strengen Alten,
> Soll uns alles nicht einen Pfennig wert sein!
> Sonnen sinken hinab und kehren wieder;
> Unser winziges Licht, erlischt es einmal,
> Dann umfangen uns Nacht und Schlaf für ewig.[191]

Die moderne Zeit der dreißiger Jahre hat den Menschen zwar mehr materielle Freiheit gegenüber den Viktorianern gebracht, doch sind sie in der Richtung ihres Lebens, in ihrem Ausblick, in den Zielen, nicht sicherer und kenntnisreicher geworden. Die lebensspendenden Möglichkeiten werden in ›Die Jahre‹ angesprochen, doch findet sich kein Weg für den modernen Menschen vorgezeichnet, der als Lebensmuster dienen könnte.

Eleanor hat zeitlebens in der Welt ihres Vaters existiert, ohne sich von dieser Vorherrschaft vollkommen zu befreien. Der Roman deutet daraufhin, daß neue und andere Wege des menschlichen Zusammenlebens die alten abzulösen haben, um diese Selbstkasteiungen aufhören zu lassen. Die Liebe zu ihrem

Vater hat Eleanor den Weg zu solch einem anderen Leben verstellt. Es dürfte nicht zufällig sein, daß ein Satz aus Dantes ›Inferno‹ im Sinnzentrum des Buches steht, zumal die Welt um 1937 schon das *Fegefeuer* des Zweiten Weltkriegs ahnte.

Der Schluß des Romans ›Die Jahre‹ bleibt offen: die Pargiters gehen so unverrichteter Dinge, wie sie zusammengekommen sind, auch wieder auseinander. Sie haben weniger ein Spiel von Möglichkeiten des Menschseins vorgeführt als eine Kollektion von Lebenslinien, die in »Holzwegen« enden. Welche Zukunft vor ihnen liegt, bleibt ungewiß.

Nach dem Erscheinen des Romans ›Die Jahre‹ gab es glänzende Kritiken. Außer der positiven Vorab-Kritik des T.L.S. war eine ebensogute im *Observer* (14. 3. 1937) erschienen. Virginia wurde durch diese öffentlichen Stellungnahmen über ihr Buch so aufgeregt, daß sie an ›Three Guineas‹ nicht weiterzuschreiben vermochte. Der Kritiker des *Observer* sah in Virginia Woolfs Roman nicht den Schwanengesang auf das englische Bürgertum wie das T.L.S., sondern einen konstruktiven, kreativen Beitrag zur neuen englischen Romanliteratur. Man hielt das Buch für ein Meisterwerk, es wurde als »Superlativ« gelobt. Die *Times* schrieb in diesem Sinne, David Garnett und Howard Spring bestätigten dies. Auch der *Evening Standard* reihte sich ein in das Konzert lobender Stimmen.

Der Roman ›Die Jahre‹ wurde der größte Verkaufserfolg Virginia Woolfs: »Es war das einzige Buch, das in Amerika zum Bestseller wurde. Harcourt, Brace verkauften 30 904 Exemplare und in der Hogarth Press verkauften wir 13 006 Exemplare in den ersten 6 Monaten.«[192] Doch in all diesem Trubel fand sich Virginia wieder in ihre schriftstellerische Arbeit. Sie konzentrierte ihren Gibbon-Aufsatz, während es in Rodmell in Strömen regnete.

Virginias alte Freundin und Griechischlehrerin Janet Case, die in ihrem Haus im New Forest wohnte, lag im Sterben. Virginia schrieb ihr am 22. März einen liebevollen Brief, in dem sie ihren Besuch ankündigte. Sie hat sich bis zu Janets Tod um sie gekümmert und ihr geschrieben.

Die Woolfs zogen es vor, ab Ende März in Rodmell zu wohnen, weil sie dem Trubel der Londoner Frühjahrssaison entkommen wollten.

Doch Virginias Goldsträhne hinsichtlich der Kritik ihres neuen Romans sollte auch Einschränkungen erfahren: Edwin Muir schrieb im *Listener*, ›Die Jahre‹ seien tot und enttäuschend. Ähnlich äußerte sich ein Kritiker in *Life and Letters*. Virginia Woolf machte die Bewegungen der Kritik gleichsam zwanghaft mit. Maynard Keynes pries ›Die Jahre‹ als Virginias bestes Buch und sagte, es sei besser als Tschechows ›Kirschgarten‹. Er sagte, dieses Buch habe ihm gut gefallen, es würde ihn nicht verwirren wie ›Die Wellen‹.

Mittlerweile stand die Abreise Julian Bells nach Spanien bevor; es war eine schreckliche Entscheidung in den Augen seiner Mutter Vanessa. »Julian denkt daran, einen Lastwagen zu fahren«, schrieb Virginia an Stephen Spender. »Ich wünschte, Du könntest mit ihm sprechen, bevor er fährt...«[193] Zunächst hatte Julian in der Internationalen Brigade kämpfen wollen, doch seiner Mutter zuliebe entschloß er sich, für die Spanische Medizinische Hilfe einen Krankenwagen zu fahren.

Inzwischen verkaufte sich das Buch ›Die Jahre‹ so gut, daß Virginia einen Frankreichurlaub mit Leonard plante. Ende April, genau am 29. 4. 1937, sprach Virginia Woolf im Rundfunk. Dies ist die einzige mitgeschnittene Sendung, die es von Virginia gibt und die noch heute existiert, doch Quentin Bell hat betont, daß das Band kein wahres Abbild von Virginias Stimme vermittelt. Virginia Woolf sprach in diesem Feature über die Fachtüchtigkeit des Schriftstellers (»Craftsmanship«), im engeren Sinne über die Sperrigkeit der Sprache gegen bloß nützliche oder technische Verwendung im handwerklichen Sinne, wohingegen sie gerade das Phantasievolle, Nichtfestlegbare, Kreative der Sprache hervorhob.

Im Mai machten die Woolfs Urlaub in Frankreich. Sie wollten dem Krönungstrubel in London entgehen, der sich schon in den Vorbereitungen überall bemerkbar machte, auch wenn die eigentliche Krönung erst am 12. Mai 1937 stattfand. Stephen Spender schickte Virginia einen verständnisvollen und lobenden Brief über ihren Roman ›Die Jahre‹; er hob Virginias neue Romanschreibweise hervor, so daß sie sich spontan in ihrer literarischen Absicht verstanden wußte. Desmond MacCarthy besuchte Virginia kurz vor der Frankreichreise, um mit ihr ein langes Gespräch über ihren Vater zu führen, da er von der Universität Cambridge eingeladen worden war, die Leslie Stephen-Vorlesung für das Jahr 1937 am 26. Mai zu halten.

Am 7. Mai schließlich fuhren die Woolfs in die Dordogne und von dort aus nach Süden bis Albi. Von der Reise hat Virginia kaum etwas berichtet. Sie schrieb an Vanessa und an Maynard Keynes, der während der Frankreichfahrt der Woolfs eine ernstliche Herzattacke gehabt hatte und zunächst in Cambridge im Krankenhaus lag. Auf ihrer Reise besuchten Leonard und Virginia wieder das Schloß von Montaigne, kamen auf ihrer Rückfahrt aber zum Schloß Nohant, in dem George Sand lebte. Der Roman ›Die Jahre‹ stand nunmehr auf der amerikanischen Bestsellerliste an Platz 1 und bis Ende Mai waren 25 000 Exemplare in Amerika verkauft.

Nach ihrer Rückkehr hörte Virginia Genaueres über Maynards Krankheit, so daß sie sich spontan nach seinem Befinden erkundigte. Ende Mai wurde Neville Chamberlain britischer Premierminister und Anthony Eden übernahm den Posten des Außenministers. Damit strebte die englische Verhandlungs- und Beschwichtigungspolitik gegenüber Hitler einem fatalen Höhepunkt zu. Chamberlain gab in der Sudetenfrage nach und glaubte, mit Hilter Verträge schließen zu können. Aus dieser Perspektive entstand das Münchner Abkommen von 1938, das Hitler nicht einhielt.

Virginia ging es im Frühjahr und im Sommer 1937 ausgezeichnet. Sie hatte die Anstrengungen des Jahres 1936 verkraftet und steckte voller Aktivität, schrieb Briefe, sah Freunde und Bekannte, arbeitete an mehreren Buchprojekten zugleich. Virginias Arbeit an ›Three Guineas‹ kam nach ihrem Frankreichurlaub wieder in Schwung: »Mein armes altes Hirn summt wieder.«[194] Virginia hatte von Lady Simon einen vertraulichen Bericht über die Universitätsausbildung der Frauen in England erhalten, der sie in dem Willen nur noch bestärkte, ihre gesellschaftskritische Hauptschrift voranzutreiben.

Im Juni 1937 startete die Zeitschrift *Scrutiny* einen Angriff auf Virginia Woolf und nannte sie in bezug auf ihre Romane ›Die Wellen‹ und ›Die Jahre‹ eine Betrügerin. Andererseits erfuhr Virginia eine außerordentliche Hochschätzung durch den amerikanischen Schriftsteller William Faulkner.

Maynard Keynes ging es besser; er hatte sich im Schloß-Sa-

natorium des hübschen Städtchens Ruthin in Nord-Wales zurückgezogen, um wieder zu Kräften zu kommen. Doch auch
Lady Ottoline Morrell war zu diesem Zeitpunkt sehr krank.
Ottoline hatte einen Schlaganfall erlitten und lag in einer Klinik
in Tunbridge Wells.

Am 23. Juni kam Virginia Woolf vom Einkaufen in London
zurück und sah in der Nähe vom Tavistock Square eine Reihe
spanischer Flüchtlinge aus Bilbao, das den Franco-Truppen in
die Hände gefallen war. Wenige Tage später beteiligte sich Virginia Woolf an einer Wohltätigkeitsveranstaltung in der Albert
Hall für die spanischen Flüchtlingskinder. Die Veranstaltung
wurde von der Herzogin von Atholl organisiert, die sich nicht
einverstanden erklärte mit der Außenpolitik ihrer eigenen Partei.

Das sommerliche London des Jahres 1937 barst vor Aktivität. Virginia beschrieb es oft als »unmöglich«, als »Hetze« oder
Wirbel der Gesellschaften, der kulturellen Neuigkeiten und An-
lässe. Virginia schrieb fleißig an ›Three Guineas‹, war sich aber
nicht klar darüber, ob sie das Manuskript wirklich im August
abschließen konnte. Sie reflektierte über die entillusionierte
Welt, dachte an ihren Neffen Julian, der sich in der Nähe Ma-
drids mitten im Spanischen Bürgerkrieg befand. Virginias alte
Griechischlehrerin Janet Case starb am 15. Juli, und Virginia
schrieb ihren Nachruf, der in der *Times* abgedruckt wurde.

Doch nur drei Tage nach Janets Tod ereignete sich etwas
Schreckliches für die Familie Stephen: Julian Bell fiel am 18.
Juli in Spanien im Alter von 29 Jahren. Virginia teilte diese
Nachricht erschüttert ihren besten Freunden in aller Kürze mit,
in einer Betroffenheit, die sich noch heute bei der Lektüre un-
mittelbar bemerkbar macht. So etwa schrieb Virginia an Vita
Sackville-West: »Liebstes Geschöpf, ich telegrafierte Dir, weil
Julian gestern in Spanien ums Leben kam. Nessa möchte, daß
ich bei ihr bin und so werde ich die meiste Zeit dort sein. Es ist
sehr schrecklich. Du wirst es verstehen. V.«[195]

Julian Bell wurde während seines Dienstes als Krankenwa-
genfahrer in der Nähe des Dorfes Villanueva de la Canada
durch einen Bombensplitter tödlich verletzt und starb wenige
Stunden später in der Sanitätsstation des Escorial. Vanessa erlitt durch die Nachricht einen Schock, blieb im Bett, konnte

tagelang keine Nahrung zu sich nehmen. Alle Freunde Vanessas und Virginias nahmen Anteil an diesem Schicksalsschlag und schrieben an Vanessa oder an Virginia. Virginia war jetzt nur für Vanessa da; sie blieb die nächste Zeit bei ihr und beantwortete alle Post für sie. Vanessa war erschöpft und sehr schwach, sie wollte aber genau wissen, wie Julian gestorben war, was sie beruhigte. Virginia faßte das, was sie empfand, in den schlichten Satz: »Nein, es kann nichts gesagt werden. Wir haben zusammen viel durchgemacht, aber dies ist das Schlimmste, außer daß sie (Vanessa) immer wunderbarer ist.«[196]

Es war ein tragischer Tod, wie es der Tod eines beliebten, hochbegabten jungen Menschen immer ist. Virginia war davon überzeugt, daß Julian nach Spanien gehen mußte, und sie glaubte, daß er freiwillig in den Tod ging in dem Sinne, daß er bewußt sein Leben einsetzte für die Sache der Freiheit im Spanischen Bürgerkrieg. Clive, der ebenfalls tief betroffen war vom Tode seines ältesten Sohnes, versuchte in schmerzlicher Selbstüberwindung die Anwesenden in Charleston durch Scherze aufzuheitern; seine Komik war nicht Zeichen der Gefühllosigkeit, sondern kam aus einer Sicht der Dinge, derzufolge menschliches Schicksal von Tragik und Komik gleichermaßen bestimmt wird.

Virginia hat einen ungeheuer dichten atmosphärischen Erinnerungstext über ihren Neffen Julian am 30. Juli 1937 niedergeschrieben. Sie erinnerte Julians schlaksige Grazie, die Ernsthaftigkeit, mit der er die Dinge betrachtet, ob es sich nun um Spiegeleier handelte, die er gerade briet, oder um Menschen. Virginia dachte schon bei ihrer letzten Zusammenkunft mit Julian, daß er damit rechnete, im Spanischen Bürgerkrieg umzukommen: »Natürlich wußten wir, daß dies unser letztes Treffen war — alle zusammen — bevor er ging.«[197]

Vanessa schrieb Anfang August an Vita Sackville-West, daß Virginias Beistand ihr sehr geholfen habe, diese schwere Zeit nach dem Tode Julians durchzustehen. Virginia hatte den Juli über nicht gearbeitet. Sie plante mit Vanessa einen Gedächtnisband für Julian, in dem seine gesammelten Schriften erscheinen sollten. Diesen Band hat Quentin Bell 1938 in der Hogarth Press ediert.

Virginia und Leonard lebten im August im Monks House,

doch der Kontakt zu Vanessa war sehr eng. Oft fuhr Virginia nach Charleston, auch schrieb sie ihrer Schwester häufig.

Nun begann Virginia wieder, sich ihrer Arbeit zuzuwenden. Sie entwickelte die ersten Gedanken an einen neuen Roman, den sie unter dem Titel ›Pointz Hall‹ in der ersten Hälfte des Jahres 1938 zu schreiben begann. Der Sommer 1937 war sehr heiß. Virginia schrieb, daß sie in ihrem Gartenhaus »geröstet« würde, in welchem sie ihren literarischen Arbeiten nachzugehen pflegte. Aber sie durchstreifte auch die Downs auf langen Spaziergängen: »jeden Tag zwei Stunden«.

Im August schrieb Virginia zudem für ein amerikanisches Magazin eine Geschichte ›Die Herzogin und der Juwelier‹, die ihr 200 Pfund Sterling einbrachte, doch ihr eigentliches Anliegen konzentrierte sich auf ihr »Kriegspamphlet« ›Three Guineas‹, und sie bemerkte in ihrem Brief an Vanessa vom 17. August die außerordentlich wichtige Tatsache, daß sie ihr Buch als Auseinandersetzung mit Julian schriebe. Leonard und Virginia trafen die Ärzte, die Julian im Hospital noch versorgt hatten, bevor er starb, doch Virginia und Quentin Bell beschlossen, Vanessa von dem Treffen nichts zu erzählen, um sie nicht aufzuregen. Virginia bemühte sich, Vanessa in das Leben des Freundes- und Bekanntenkreises wieder einzubeziehen, so daß sie Anschluß fand an ihr bisheriges Leben.

Virginia schrieb in diesem Sommer meistens an Vanessa und ließ ihre andere Korrespondenz liegen. An Ethel Smyth schrieb sie nur kurz, sie sei in diesem Sommer nicht dazu aufgelegt, Briefe zu schreiben. Von Victoria Ocampo erfuhr Virginia, daß diese in Buenos Aires eine Vorlesung über sie gehalten hatte. Etwa zu gleicher Zeit traf in London die spanische Übersetzung von ›Orlando‹ ein, die Jorge Luis Borges angefertigt hatte.

Anfang September fühlte sich Vanessa wieder kräftig genug, um allein weiterzuleben. Virginia und Vanessa nahmen ihren je eigenen Lebensstil wieder auf, doch Julian blieb im Zentrum der Briefe und Gespräche, zu dem sie stets zurückkehrten.

Virginias Vorbereitungen zur Fry-Biographie machten Fortschritte. Virginia beabsichtigte, mit dem Schreiben anzufangen, sobald sie alles Material durchgearbeitet hatte. Im September besuchten die Woolfs nach langer Zeit Vita Sackville-West in Sissinghurst. Vita war im Sommer ernstlich krank gewesen durch einen gefährlichen Wespenstich. Virginia nahm zu ihrem Besuch in Kent Quentin und Angelica mit, denen es bei den Nicolsons gut gefiel; wahrscheinlich trafen sie Nigel und Ben, die in ihrem Alter waren.

Ende des Monats besuchten T. S. Eliot und Virginias Nichte Judith Stephen die Woolfs im Monks House, aber auch Clive Bell und William Plomer schauten herein. Maynard Keynes ging es besser nach seinen Herzbeschwerden. Er plante, Virginia zu besuchen, und schickte ihr Kataloge, um sie zum Kauf alter Bücher zu verlocken. Maynard hatte sich schon längere Zeit dieser Leidenschaft des »Antiquarianism« ergeben. Doch Virginia antwortete ihm: »...Der Sammler in mir liegt gerade unter der Oberfläche: ein zweiter Katalog, und die Kruste wird brechen, Monks House verkauft, Sally ins Hundeheim geschickt und Leonard wird Geranien in Covent Garden verhökern.«[198]

Vanessa fuhr Anfang Oktober in Begleitung von Duncan, Angelica und Quentin für längere Zeit nach Paris. Virginia schrieb an ihre Schwester: »...Du kannst Dir nicht vorstellen, wie ich von Dir abhänge, und wenn Du nicht da bist, verschwindet die Farbe aus dem Leben wie das Wasser aus dem Schwamm; ...«[199] Quentin kehrte früher aus Paris zurück und besuchte Virginia in Rodmell zusammen mit seiner Cousine Ann Stephen und ihrem Verlobten Richard Llewelyn Davies. An ihren New Yorker Verleger schrieb Virginia Woolf kurz vor Ende ihrer Zeit in Rodmell: »Es war ein vollkommener Sommer im englischen Stil: und so schön sogar jetzt noch, daß wir es bedauern, morgen nach London zurückzukehren.«[200]

Am 12. Oktober war der lange Sommer in Rodmell zu Ende gegangen. Virginia hatte bis dahin an ›Three Guineas‹ gearbeitet und kam an diesem Tage zum Schluß. Doch sie überarbeitete — wie gewöhnlich — den Text in den folgenden Monaten.

Die Freunde Virginias waren alle älter geworden, und sie waren sich dieser Tatsache bewußt. Die Erinnerungen an gemeinsame Erlebnisse nahmen daher in Virginias Korrespondenz zu, wie die Briefe an Violet Dickinson und an Vita Sackville-West besonders deutlich zeigen. Die Verbindung mit Vita blieb bestehen, doch Violet Dickinson schickte Virginia alle Briefe zurück, die sie ihr geschrieben hatte, sowie ein Geschenk: einen silbernen Pfau. Dies geschah zwar schon Ende 1936, wirkte aber nach. »Der Kreis der Leere weitete sich immer mehr«;[201] die Freunde starben oder die Beziehungen lösten sich nach Jahrzehnten auf.

Mitte November 1937 schrieb Vita Sackville-West Virginia einen melancholischen Brief, in dem sie an alte Zeiten erinnerte und den Glanz der Vergangenheit zitierte, worauf Virginia antwortete: »Nur weil Du im Schlamm Kents zu sitzen pflegst und ich auf den Fahnen Londons, ist dies ein Grund, warum die Liebe verblassen sollte oder?«[202] Virginia lud Vita für Januar in den ›Prospect of Whitby‹ ein, ein altes Pub aus dem 16. Jahrhundert an der Themse, um mit ihr dort Wein zu trinken und anschließend den Tower zu besichtigen. Doch Virginia erwähnte auch den Ernst der Gegenwart: »Spanien brennt und Hitler ist im Aufwind.«[203]

Virginia Woolf erfuhr auch 1937 wieder eine besondere Ehrung. Sie sollte neben E. M. Forster, Aldous Huxley und Hugh Walpole in das Beratergremium für die neu vom Verleger Allen Lane begründete Pelican-Taschenbuchreihe aufgenommen werden. Aber Virginia lehnte diese honorige Einladung ebenso ab wie die öffentlichen Ehrungen, die ihr bislang angeboten wurden.

Mit Vita Sackville-West kam Virginia schon vor dem Januar zusammen: Vita fuhr nach London und wurde am 13. Dezember von Virginia zum Lunch im Tavistock Square erwartet. Es war der erste Besuch Vitas bei Virginia im Jahre 1937, so daß sich Virginia besonders freute und viel Aufmerksamkeit auf die Vorbereitungen verwandt hatte. Vanessa hatte Virginia in ihren Verhandlungen mit der amerikanischen Zeitschrift unterstützt, die ›Die Herzogin und der Juwelier‹ veröffentlichen wollte. Die von Vanessa angeratene geschäftliche Härte führte zum Erfolg, so daß Virginia ihrer Schwester die Hälfte des Honorars mit der Bemerkung schickte, daß das *kein* Weihnachtsgeschenk sei.

Wie es schon der Brauch war, fuhren die Woolfs zu Weihnachten nach Rodmell. Zum Weihnachtsessen kamen die Keynes als Gäste. Vanessa und Angelica blieben über Weihnachten in Cassis in der Provence. Vita schickte eine Gänseleberpastete, die alle in Erstaunen versetzte. Jeder aß und schwieg: der Dichter T. S. Eliot, die Romanschriftstellerin Virginia Woolf und selbst der erkältete Leonard.

Bald nach Weihnachten beabsichtigten die Woolfs, nach London zurückzufahren. Zum einen hatte Leonard Nierenbeschwerden, weswegen er einen Spezialisten aufsuchen wollte. Doch auch in der Hogarth Press bahnten sich wichtige Veränderungen an. Virginia wollte nun endgültig ihre Anteile verkaufen, um vom Verlag frei zu sein. John Lehmann dachte daran, ihre Anteile zu übernehmen, um den Verlag dann gemeinsam mit Leonard Woolf zu führen.

Die Verhandlungen mit John Lehmann um die Partnerschaft in der Hogarth Press wurden gleich am 2. Januar 1938 weitergeführt. John sollte einen Geschäftsanteil von 3000 Pfund Sterling einbringen, um Virginia auszulösen. Als Geschäftsführer sollte John Lehmann ein Jahresgehalt von 500 Pfund Sterling vor der Profitverteilung bekommen und Leonard 200 Pfund Sterling. Leonard schlug bei der Buchproduktion ein wechselseitiges Vetorecht vor, brachte aber auch den Gedanken eines Beratergremiums ins Spiel, der später ausgeführt wurde.

Gesundheitlich ging es Leonard nicht sonderlich gut. Er war an einer Niere erkrankt, aber die Ärzte wußten nicht, was sie diagnostizieren sollten. Daher wurden verschiedene Untersuchungen und Testserien durchgeführt. Leonard mußte eine Diät einhalten und im Bett bleiben. Doch Schritt für Schritt stellte sich eine Besserung ein. Auch bei den Freunden traten Krankheiten auf. Molly MacCarthy hatte ein Gallensteinleiden, das nicht ungefährlich war.

Virginia schloß am 9. Januar 1938 das letzte Kapitel ihres Buches ›Three Guineas‹ ab. Der Januar in London war kalt und ungemütlich. Viele Freunde und Bekannte Virginias befanden sich auf Reisen. Virginia sah nur wenige alte Gesichter, so Clive Bell, Helen Anrep und Hugh Walpole. Nachdem die Ärzte eine ernstliche Krankheit Leonhards bereits ausschließen konnten, gingen die Woolfs Mitte Januar eine Woche nach Rodmell, wo Virginia an der Grippe erkrankte und nun ihrerseits mit Fieber das Bett hüten mußte, doch gegen Ende des Monats schien es ihr besser zu gehen. Inzwischen war Vanessa aus Südfrankreich nach England zurückgekehrt.

Virginia hatte sich in die Memoiren Chateaubriands versenkt, wie sie überhaupt in diesen Jahren zunehmend autobiographische und biographische Literatur geradezu verschlang: »Jetzt muß ich wieder zu Chateaubriands Memoiren fliegen; ich verließ Napoleon beim Rückzug aus Moskau. Es scheint mir ein Meisterwerk, nur ein verächtlicher pseudo-byronscher Mann (Chateaubriand meine ich, nicht Napoleon).«[204] Am letzten Januartag erlitt Virginia einen Gripperückfall und bekam hohes Fieber, so daß sie im Bett bleiben mußte. Leonard akzeptierte Virginias Buch ›Three Guineas‹ für die Hogarth Press. Er hielt das Buch für eine außerordentlich klare Analyse, worüber sich Virginia freute. Bald ging es beiden Woolfs besser, so daß Virginia T. S. Eliot zum Tee einladen konnte. Am 11. Februar kam das letzte medizinische Untersuchungsergebnis: Leonard war wieder gesund. Er hatte eine verschleppte und schmerzhafte Nierenentzündung gehabt, die nur langsam abgeheilt war. Leonards Arzt vertrat zudem die Auffassung, daß Virginias zumeist hartnäckige Kopfschmerzen mit einem offenbar chronischen Stirnhöhlenleiden zusammenhingen.

Am 20. Februar trat der britische Außenminister Anthony Eden wegen Chamberlains Deutschland-Politik zurück. Die Nachgiebigkeit der britischen Regierung erschien ihm zu groß, und im März 1938 vollzog Hitler den »Anschluß« Österreichs. Die österreichische Dichterin Ingeborg Bachmann schrieb über diese Ereignisse als Augenzeugin: »Es hat einen bestimmten Moment gegeben, der hat meine Kindheit zertrümmert. Der Einmarsch von Hitlers Truppen in Klagenfurt. Es war etwas so Entsetzliches, daß mit diesem Tag meine Erinnerung anfängt: durch einen zu frühen Schmerz, wie ich ihn in dieser Stärke vielleicht später überhaupt nie mehr hatte. Natürlich habe ich das alles nicht verstanden in dem Sinne, in dem es ein Erwachsener verstehen würde. Aber diese ungeheure Brutalität, die spürbar war, dieses Brüllen, Singen und Marschieren — das Aufkommen meiner ersten Todesangst.«[205]

Virginia Woolf las beständig an den Roger-Fry-Papieren neben ihrem sonstigen Lektüreprogramm. Ende Februar hatte sie immer noch Fieber, das Schwankungen unterworfen war. Vita Sackville-West hatte sich von ihrer Krankheit erholt, so daß sich Virginia mit ihr zu einem Treffen am 10. März verabredete.

Virginia arbeitete an den Korrekturen zu ›Three Guineas‹ und verfluchte ihr Buch, das sie in ihren Tagebüchern für gut befunden hatte. Der »Anschluß« Österreichs fand zwischen dem 12. und 14. März 1938 statt. Die Reaktion in England darauf bestand darin, daß die Royal Air Force verstärkt wurde. Virginia schrieb an Ethel Smyth: »...Und oh Herr! Wie schwierig ist es, mit diesem Krawall des Schreckens, der ans Fenster trommelt, irgendwelche Verabredungen zu treffen.«[206] Leonard Woolf befand sich in dieser Situation mitten in den politischen Aktivitäten Londons: »...aufgeregte Herausgeber kommen mit Artikeln, die den Krieg verhindern wollen — obwohl ich nichts tun kann und jetzt kaum etwas verstehe, mein Verstand ist ganz aus der Ruhe gebracht und in Konfusion.«[207]

Im März hatte sich die Partnerschaft in der Hogarth Press mit John Lehmann entschieden, was Virginia aber nicht als Entlastung, sondern als zusätzliche Anstrengung auslegte.

Am 1. April begann Virginia mit der Niederschrift der Roger Fry-Biographie. Sie hielt vieles an dem Buch für »Esels-Arbeit«. Virginia war jetzt sechsundfünfzig Jahre alt und besaß immer noch eine erstaunliche Energie und einen starken Willen zur literarischen Produktion. Ihre Freundin Ethel Smyth stand kurz vor der Feier ihres 80. Geburtstags, so daß Virginia bei ihr anfragte, wie er gefeiert werden sollte. Vita war erneut erkrankt durch den Genuß von Apfelwein. Die Ärzte sprachen von einer Bleivergiftung, die von der defekten Apfelpresse in Sissinghurst herrühren sollte.

Langsam formte sich in Virginia Woolfs Kopf die Idee zu einem neuen Roman: sie wollte eine Sommernacht darstellen als ein vollkommenes Ganzes. Diese Ideen deuteten schon voraus auf ›Pointz Hall‹ oder ›Zwischen den Akten‹. Ostern verbrachten die Woolfs im Monks House. Die Sonne kam nicht heraus, der Himmel blieb grau, ein scharfer Wind wehte über die Downs. Quentin Bell rief bei den Woolfs an, um Virginia mitzuteilen, daß Lady Ottoline Morrell gestorben war.

Dies geschah durch tragische Umstände; als Ottoline erfuhr, daß ihr Mann Philipp lebensgefährlich erkrankt war, erlitt sie einen Schock, der zum Tode führte. Sie starb am 21. April 1938 in der Klinik von Tunbridge Wells im Alter von 64 Jahren an einer Herzattacke. Virginia schrieb einen Nachruf auf Ottoline, der am 28. April in der *Times* erschien. An Ethel Smyth richtete Virginia die Zeilen: »Nur in diesem Augenblick bin ich ziemlich zerrissen durch Ottolines Tod; kann mir nicht helfen zu fühlen, daß eine merkwürdige Lieblichkeit aus dem Leben gewichen ist.«[208]

Doch Virginia wandte sich wieder ihrer Arbeit zu und befaßte sich mit der Roger Fry-Biographie. Dieses Buch stellte sich als große Belastung für sie heraus, zumal sie auch schon an ihren neuen Roman dachte: »Wir ... das aus vielen verschiedenen Dingen Zusammengesetzte ... wir alle Leben, alle Kunst, alles verwahrloste Kinder — ein umherstreifendes kapriziöses, aber irgendwie vereinigtes Ganzes — der gegenwärtige Zustand des Geistes? Und englische Landschaft; und ein szenisches altes Haus — und eine Terrasse, auf der Kindermädchen spazierengehen — und Leute kommen vorbei — und ein beständiger Wandel und Abwechslung von Intensität zur Prosa, und Fakten — und Anmerkungen; und — aber genug!«[209]

Die Woolfs nahmen an Ottolines Begräbnis teil, das ein großes Ereignis in London war. Der Trauergottesdienst fand in der Kirche St. Martin-in-the Fields am Trafalgar Square statt. Alles, was Rang und Namen in Bloomsbury und Kensington hatte, war anwesend. Ende April korrigierte Virginia die letzten Druckfahnen von ›Three Guineas‹ und schickte sie an den Drucker zurück. Sie fühlte sich von dieser Last nun befreit, dennoch geriet sie in einen Konflikt. Es blieben zwei Projekte zu erledigen: die Biographie Roger Frys und der Roman, den zu schreiben Virginia sich so sehr wünschte.

Die Biographie machte Virginia deshalb Schwierigkeiten, weil sie ihrer literarischen Imagination nicht freien Lauf lassen konnte, sondern darauf zu achten hatte, daß sie die Fakten entsprechend berücksichtigte. So schrieb sie an Vita Sackville-West:

»Mein Gott, wie schreibt man eine Biographie? Sag's mir. Ich bin ziemlich außer mir vor lauter Fry-Papieren. Wie kann man mit Tatsachen verfahren — so vielen und so vielen und so vielen? Oder sollte man, wie ich geneigt bin, rein fiktional sein. Und was ist Leben? Und was war Roger? Und wenn man's nicht sagen kann, was ist das Gute daran es zu versuchen?«[210]

Virginia lebte demnach mit ihren zwei Buchprojekten auch in

zwei Welten. Das waren »die solide Welt von Roger und dann... die ätherische Welt von Poyntz Hall.«[211] Über ›Three Guineas‹ zeigten sich einige Freunde Virginias nicht so sonderlich begeistert. Doch Lady Rhondda schrieb ihr einen enthusiastischen Brief am 17. Mai 1938. Virginia hatte schon geahnt, daß ihr Buch ›mehr Klekse zwischen den Tintenfässern anrichten wird als ich dachte‹.[212]

Das neue Arrangement mit John Lehmann in der Hogarth Press erleichterte Virginias Leben mittlerweile sehr. Virginia war aber auch stolz darauf, daß sie und Leonard mit dem Verlag etwas Wertvolles aufgebaut hatten im geistigen wie im materiellen Sinne. Hatten sie ihre Bücher anfangs in ihrer Wohnung in Richmond gedruckt, so hatten sie den Verlag nach all den Jahren so ausgebaut, daß er gut und gerne seine 10000 Pfund Sterling wert war.

Im Jahre 1938 hatte sich in Europa das Gefühl der Menschen mit Blick auf die Zukunft nicht verbessert. Das Gegenteil war der Fall; der Krieg stand vor der Tür. Virginia war sich darüber im klaren, daß es Krieg geben würde, und Leonard sagte voraus, daß auch England in den Krieg eintreten müßte. »Hitler kaut deshalb seinen kleinen, borstigen Schnurrbart. Aber die ganze Sache zittert: und mein Buch mag wie eine Motte sein, die über einem Freudenfeuer tanzt — verzehrt in weniger als einer Sekunde.«[213]

Die Reihe der Tode von Virginias Freunden schien nicht enden zu wollen; am 21. Mai starb Ka Arnold-Forster an einem Herzschlag. Sie hatte 1915 zusammen mit Leonard Virginia gepflegt und gehörte unter ihrem Mädchennamen Ka Cox zum Ursprung von Bloomsbury. Ende Mai war Virginia Woolf schon so weit mit ihrer Biographie vorangekommen, daß sie eine maschinenschriftliche Fassung anfertigen konnte. Für das Erscheinen von ›Three Guineas‹ erwartete sie keine besonders freudige Reaktion, wenn sie von den Feministinnen absah.

Am 3. Mai 1938 erschien ›Three Guineas‹. Leonard erwies sich als geschickter Verleger, denn er hatte vorsorglich 15000 Exemplare des Buches drucken lassen; und in der Tat, das kleine Werk machte Furore. Es war nicht nur Ethel Smyth, die begeistert an Virginia schrieb, sondern es kamen Zuschriften in einer Fülle, wie Virginia Woolf dies noch nie erlebt hatte. Es ist nicht übertrieben, wenn man sagt, daß ein regelrechter Zank um dieses Buch in der Öffentlichkeit ausbrach — und dies war auch die Absicht der Autorin gewesen. Das T.L.S. druckte eine zweispaltige Besprechung sowie einen Leitartikel zu diesem Buch. Dieses angesehene Organ betonte, daß Virginia die brillanteste Pamphlet-Autorin Englands sei, worauf Virginia mit Stolz reagierte. Doch im Ganzen kümmerte sie sich weniger um die Rezensionen als bei ihren anderen Büchern. Virginia faßte das Erscheinen von ›Three Guineas‹ als ihre leichteste »Geburt« auf — verglichen etwa mit dem Roman ›Die Jahre‹. Es ist aufschlußreich, daß sie für das Schreiben ihrer Bücher häufiger den Begriff »Geburt« benutzte: er spiegelt Wesentliches von ihrer Persönlichkeit, ihrer Lebensgeschichte und ihrer Tragik. Auf dem Hintergrund des Todes ihrer Freunde ist dies besonders bedeutsam. Virginia schrieb an Ethel Smyth: »Oh du liebe Zeit, ich kann mit all diesen Toden nicht Schritt halten. Und so zähle ich auf Dich, auf der sonnigen Seite des Grabes ein wenig auszuhalten.«[214]

Nach ihrem Pfingstaufenthalt in Rodmell fuhren die Woolfs Mitte Juni nach Schottland. Die Reise unternahmen sie mit ihrem Auto, so daß sie unabhängig waren. Sie liebten es, Abstecher zu machen, sahen sich alte Städte und Dörfer an, ließen sich dabei Zeit. Leonard fuhr über Deeping St. James, Croyland (Crowland), Gainsborough, Peterborough, Corbridge durch die Pennines nach Midlothian — er mied also die Hauptstraßen und die großen Städte. In Schottland erlebten die Woolfs den landesüblichen Nebel. Die Reise führte sie über Galashiels nach Melrose und Dryburgh, wo Leonard und Virginia das Grab Sir Walter Scotts besuchten, das romantisch unter einer zerbrochenen gotischen Kapelle liegt.

Virginia gefiel Edinburgh, die »alte Rauchige«. Gemeinsam mit Leonard besuchte sie die Sehenswürdigkeiten: St. Giles Cathedral und den imposanten Charlotte Square im besten Baustil des 18. Jahrhunderts, von Robert Adam entworfen. Von Edinburgh aus fuhren die Woolfs in die Highlands, kamen nach Glencoe und zum Ben Nevis: »Das Meer. Kleine Boote: Gefühl von Griechenland und Cornwall. Gelbe Schwertlilien und große Fingerhüte; keine Bauernhöfe, Dörfer oder Katen: ein totes Land übervölkert von Insekten.«[215]

Die Fahrt ging nun noch weiter in den Norden hinauf bis zu den Hebriden, einschließlich einer Fahrt auf die Insel Skye. Schon auf der Hinreise hatte Virginia an Vanessa geschrieben: »England ist praktisch unentdeckt und unglaublich schön.«[216] Die Einsamkeit der Isle of Skye beeindruckte Virginia. Skye, umschlossen vom Meer, hatte noch Einwohner, die Gälisch sprachen. Virginia Woolf beschrieb die ausgeprägten Farbkontraste der schottischen Landschaft mit ihren Rot-, Blaugrün- und Gelbtönen. Sie interessierte sich aber auch für die Legenden und Geschichten der Schotten. Immer wieder tauchten Horrorberichte über das Monster vom Loch Ness auf. Bei einer Fahrt mit einem Rennboot auf dem Loch Ness verunglückte die Bankiersfrau Mrs. Hambro, als ihr Boot explodierte. Taucher wurden angestellt, um nach dem Leichnam zu suchen, doch er war verschwunden. Die Taucher gerieten in eine warme Strömung und sahen eine Höhle am Boden des Sees. Da sie glaubten, das Monster würde in dieser Höhle hausen, brachen sie ihre Aktion ab. Dieser Urlaub in »Meilen und Meilen lavendelfarbener Einsamkeit« ging in den letzten Junitagen zu Ende und die Woolfs rüsteten sich zur Rückreise.

Leonard und Virginia begaben sich kurz nach Rodmell, um mit dem örtlichen Bauunternehmer eine Veränderung des Monks House zu besprechen; das Dachgeschoß sollte zu einer Bibliothek für Leonard ausgebaut werden. Mit den Arbeiten wurde im August begonnen. Wie erwartet, provozierte ›Three Guineas‹ eine Flut von Briefen an Virginia, zustimmende, skeptische, ablehnende, fragende. Sie beklagte sich bei Freunden, daß sie nichts anderes tun könne, als diese Briefe zu beantworten: »Ich denke, daß ich nie wieder ein kontroverses Buch schreiben werde.«[217]

Um sich wieder in die Arbeit an der Roger Fry-Biographie einfinden zu können, brauchte Virginia Woolf einige Anstrengung, denn ›Three Guineas‹ und ›Pointz Hall‹ hatten sie abgelenkt: »Roger hatte ... kein Leben, das geschrieben werden kann. Ich wage zu sagen, daß dies wahr ist.«[218] So dachte sich Virginia Fluchtwege aus; sie wollte mit dem Material bis 1909 pedantisch verfahren, um für die Jahre, in denen sie Roger persönlich kannte, eine genialere Darstellung zu wählen. Mit Vita Sackville-West kam es zu Unstimmigkeiten über ›Three Guineas‹. Virginia glaubte, Vita empfände dieses Buch als »unaufrichtig«, und weigerte sich deshalb, deren Manuskript des Gedichts ›Einsamkeit‹, das der Hogarth Press angeboten wurde, zu lesen. Das Gedicht erschien aber noch im November 1938. Schließlich löste sich das Mißverständnis auf, da ein Brief Vitas an Virginia nach Schottland verloren ging, so daß es nur sinnvoll schien, die »Kriegsbeile« zu begraben. Was die Stimmung im Politischen anging, so sank sie im Sommer 1938 auf den Nullpunkt: »...wir warten darauf, was Hitler als nächstes tun wird. Die Leute sind es müde, über den Krieg zu reden; aber zugleich tun wir nichts als Waffen zu kaufen. Der Himmel ist augenblicklich voller Flugzeuge.«[219]

Die Abfassung der Biographie wurde Virginia Woolf zur zählebigen Angelegenheit. Dennoch ließ sie nicht locker, vertiefte sich in kunsthistorische Einzelheiten, stieß dabei auf erstklassiges Material zur Entstehung des britischen Postimpressionismus. Doch zeitweilig legte Virginia Woolf diese Arbeit beiseite, um mit Freude an ihrem Roman zu schreiben. Abwechslung boten auch Besuche ihrer Nichten und Neffen, über die sie sich immer besonders freute: »Quentin kam gerade zum Tee: praktisch nackt; mußte ein Hemd Leonards borgen, was aussah wie ein Taschentuch auf einem Nilpferd.«[220]

Immer wieder zwang sich Virginia, am Roger Fry-Buch weiterzuschreiben. Leonard meinte, es sei keine Eile geboten damit, doch Virginia vermochte den Eindruck der fliehenden Zeit nie zu überwinden. Sie war schließlich sechsundfünfzig Jahre alt, und es lagen noch so viele Pläne bereit, die sie gern verwirklicht hätte. Unter den schönen Färbungen des Himmels im August mit seinen Wolken, die sich rot und schwarz färbten, dachte Virginia an den Krieg:

»Hitler hat seine Million Männer nun unter Waffen. Sind es nur Sommermanöver oder — ? Harold deutet im Rundfunk an... daß es Krieg sein kann. Das ist der völlige Ruin nicht nur der europäischen Zivilisation, sondern unseres letzten Plätscherns. Quentin ist zum Militärdienst verpflichtet etc. Man hört auf, darüber nachzudenken — das ist alles.«[221] Ende August sprach Virginia davon, daß sie sich in ihrem Dorf Rodmell »eingraben« wollten: »Und jeden Augenblick können die Kanonen losdonnern und uns in die Luft sprengen. Leonard sieht sehr schwarz. Hitler hält seine Hunde nur leicht an der Leine. Ein einziger Schritt — in der Tschechoslowakei — wie der österreichische Erzherzog 1914 — und es ist wieder 1914.«[222] Leonard schrieb später in seinen Erinnerungen über diese Situation: »Es gab eine schreckliche Doppeldeutigkeit gegenüber Chamberlains beschämendem Verrat der Tschechoslowakei. Chamberlain schien mir immer der kaltsinnig inkompetenteste, verständnisloseste und unsympathischste britische Politiker, der die Politik zu meinen Lebzeiten in die Irre führte.«[223]

Anfang September 1938 kam von der *Scrutiny*-Gruppe in Cambridge ein neuer Angriff auf Virginia Woolf, diesmal gegen ›Three Guineas‹. Q. D. Leavis schrieb in der Gruppenzeitschrift, ›Three Guineas‹ sei ein törichtes Buch mit gefährlichen Annahmen, ja sie warf Virginia gar unflätige Attitüden vor und bezeichnete sie als Parasiten der Gesellschaft. Virginia reagierte nicht auf diese Angriffe, sondern arbeitete weiter, prüfte Daten für ihre Roger Fry-Biographie im Zusammenhang mit Rogers Tätigkeit am Metropolitan Museum in New York. Doch ihre Gedanken schweiften ab, und sie reflektierte die Auswirkungen des bevorstehenden Krieges: »... Was würde der Krieg bedeuten? Dunkelheit, Anstrengung: ich nehme an, Tod ist vorstellbar. Und all der Schrecken der Freunde: und Quentin: ... All das liegt über dem Wasser im Hirn dieses lächerlichen kleinen Mannes. Warum lächerlich? Weil nichts paßt: keine Wirklichkeit einschließt. Tod und Krieg und Finsternis repräsentieren nichts, worum sich irgendein menschliches Wesen vom Schweinemetzger bis zum Premierminister nur das geringste schert. Keine Freiheit, kein Leben. Bloß der Traum einer Hausmagd, und wir erwachten aus diesem Traum und der Cenotaph mahnte uns an die Früchte. Nun, ich kann meinen Geist nicht weit genug ausbreiten, um es vernünftig zu erfassen. Wenn es real wäre, könnte man sich einen Vers darauf machen. Aber wie es ist, ist es nur ein Grollen, in einer unartikulierten Weise, hinter der Wirklichkeit... Wir fühlen schon den Herdenimpuls anfangen: Jeder fragt jeden nach irgendwelchen Neuigkeiten. Was denken Sie? Die einzige Antwort ist Abwarten und Zusehen.«[224] Die diplomatischen Aktivitäten in Europa nahmen im September 1938 an Geschwindigkeit zu, die auch beängstigend wirkte. Am 15. September traf

Chamberlain Hitler in Berchtesgaden, am 18. traf er den französischen Premierminister Daladier in London, flog am 22. September erneut nach Deutschland, um Hitler in Bad Godesberg zu sprechen und schloß am 29. September das ›Münchner Abkommen‹. Dieses Abkommen enthielt eine Deutsch-Britische Nichtangriffserklärung und das Einverständnis, daß Deutschland das Sudetenland annektieren dürfe. Damit hatte Chamberlain die Souveränität der Tschechoslowakei preisgegeben, denn bis zum 1. Oktober sollte das sudetendeutsche Gebiet geräumt werden. Eden und Churchill protestierten scharf gegen diese Politik Chamberlains.

Virginia empfand diese Kriegsbedrohung als etwas Schreckliches. Sie rettete sich, indem sie sich in ihr eigenes Selbst versenkte, ohne ihr Ich im alltäglichen Sinne sonderlich zu beachten: »Ich muß für mich sein, abgeschlossen, so anonym und untergetaucht wie möglich, um zu schreiben.«[225] Doch die Zeiten ließen ihr nicht die gewünschte Ruhe: »Die Zeitungen warnen Hitler abwechselnd in derselben Richtung, unerbittliche aber gelassene Worte, vermutlich von der Regierung diktiert, daß wenn er Gewalt braucht, wir kämpfen werden. Sie sind alle gleich ruhig und ausgewogen. Nichts wird als Provokation gesagt.«[226] England befand sich in Alarmbereitschaft. Die Armee war schon mobilisiert. Die Luftwaffe stand bereit. Alle Vorbereitungen für die Stunde X waren getroffen. »Leonard und ich reden nicht mehr darüber. Es ist viel besser, Bowling zu spielen und Dahlien zu pflücken.«[227]

Bis zum ›Münchner Abkommen‹ war die Spannung in England schier unerträglich. Am 28. September kletterte sie auf den Höhepunkt. In London liefen die Vorbereitungen gegen einen deutschen Angriff: Schützengräben wurden ausgehoben, Lautsprecher forderten die Bevölkerung auf, sich mit Gasmasken zu versehen. Der BBC berichtete, daß Mussolini Chamberlain zu der Münchner Konferenz eingeladen hatte. Dies wurde als »ungeheure Erleichterung« aufgefaßt. Einen Tag nach der Konferenz kam Chamberlain nach London zurück und brachte das auch von Hitler unterzeichnete Abkommen mit. Die Menschen jubelten — doch der Jubel sollte keinen Bestand haben.

Anfang Oktober 1938 hatte sich die aufgeregte Stimmung in der britischen Bevölkerung immer noch nicht gelegt. Die Menschen liefen zuhauf in den Straßen Londons umher und diskutierten über den Krieg. Leonard Woolf sollte in letzter Minute die Labour Party mit den Liberalen verbinden, um die Regierungspolitik zu bekämpfen. Die Redaktionsbüros der großen Zeitschriften und Zeitungen waren wie Taubenschläge: Aufregung und Telefonanrufe überall. Virginia Woolf und ihre Freunde diskutierten über das Ende der Zivilisation. An ihre Schwester Vanessa schrieb Virginia: »Jedenfalls beabsichtigte Hitler, London zu bombardieren, wahrscheinlich ohne Warnung; der Plan war, Bomben auf London zu werfen in 20 Minuten-Intervallen 48 Stunden lang. Auch will er alle Straßen und Eisenbahnlinien zerstören; deshalb würde Rodmell ungefähr so gefährlich sein wie Bloomsbury.«[228] In demselben Brief beschreibt Virginia Woolf, daß viele Londoner sich noch einmal aufmachten, um sich die Kunstschätze Londons anzusehen: »Die National Gallery war voller als gewöhnlich; ein netter alter Mann hielt eine Vorlesung über Watteau vor einem aufmerksamen Publikum. Ich glaube, sie wollten alle einen letzten Blick auf die Bilder werfen.«

Die Woolfs versuchten, die Hogarth Press zu sichern, doch die allgemeine Verwirrung war zu groß, um zu ausgewogenen Entscheidungen zu kommen. So fuhren Virginia und Leonard schließlich nach Rodmell. Kinder aus dem Londoner East End wurden schon nach Südengland evakuiert, da man erwartete, daß die deutsche Luftwaffe zunächst die Industriezentren angreifen würde.

Trotz all dieser Bedrängnisse behielt Virginia Woolf ihre Technik bei, zwischen der Arbeit an der Biographie und am Roman abzuwechseln. Sie beschränkte ihre Arbeitszeit für den Roman und konnte so das Schreiben besser genießen. Der Herbst kam mit heftigen Stürmen in diesem Jahr. Das Obst wurde von den Bäumen gepeitscht, man konnte das Haus nicht verlassen. Sogar das elektrische Licht fiel aus. Virginia und Leonard erleuchteten Monks House mit vier Woolworth-Kerzen. Virginia mochte in diesen Wochen keine Zeitungen mehr lesen. Sie distanzierte sich gegenüber dem politischen Geschehen. Sie sehnte sich trotz allem nach London, stellte sich die erleuchteten Straßen am Abend vor.

»Das Gefühl der Verzweiflung und des herannahenden

Todes war sehr echt in London, wenn auch irrational«, schrieb Virginia an Vanessa nach der Münchner Krise.[229] Die Angst in Großbritannien vor einem Angriff Hitlers war so weit gegangen, daß man die Colleges in Cambridge zu Notkrankenhäusern umgestaltete.

Am 16. Oktober kehrten die Woolfs nach London zurück. Die Vorbereitungen für die Veröffentlichung von Julian Bells Schriften waren jetzt abgeschlossen. Virginia berichtete Quentin, daß die Buchläden sich sehr für den Band interessierten. Auch die ›Letzten Vorlesungen‹ von Roger Fry erschienen im Herbst 1938 mit einer Einleitung von Kenneth Clark in der Hogarth Press. Virginia befreite sich wieder einmal für eine Woche von der Biographie, um an ›Pointz Hall‹ weiterzuschreiben. Am 25. Oktober reisten die Woolfs mit ihren Büchern durch Südengland, übernachteten in Rodmell und setzten am Tag darauf ihre Geschäftsbesuche fort.

Anfang November traf Virginia Max Beerbohm, mit dem sie über Roger Fry sprach. Max hielt Roger für sehr tiefgründig, für einen Pionier der Ästhetik, der seine Grundsätze auch äußerlich verkörperte. Die Unterhaltung gefiel Virginia, da Max Beerbohm ein begabter Mann, aber auch ein großer Kauz war. Er sah sich selbst und andere kritisch, setzte Lob und Tadel ehrlich und wahrheitsgetreu; er mochte Virginia gern und wußte, daß sie eine geniale Schriftstellerin war.

Die Woolfs dachten daran, innerhalb Bloomsburys in ein anderes Haus zu ziehen, weil ihr Mietvertrag für 52 Tavistock Square im Jahre 1941 auslief. Wie immer in diesen Fällen, begab sich Virginia auf die Haussuche, fand aber nichts Passendes, da die Woolfs sowohl Wohnraum als auch Geschäftsräume für den Verlag brauchten. Am 7. November erschien Julian Bells Buch, zwei Tage vor der sogenannten ›Reichskristallnacht‹ in Deutschland, dem ersten Höhepunkt der Judenverfolgung. Wie unterschiedlich die Bezugspunkte waren: Julian starb für die Freiheit der spanischen Republik und in Deutschland bereitete man den Untergang des Abendlands vor.

Gegen Ende November ließ Virginia Woolf ihr bisheriges Werk vor dem inneren Auge Revue passieren und glaubte, daß sie nicht mehr bedeutend sei: eine zweitrangige Schriftstellerin, die abgewirtschaftet habe. Sie nahm die Kritiken zu schwer, sah sie als Zerstörung ihres gesamten Lebenswerkes. Dies war sicherlich eine falsche Einschätzung Virginias hinsichtlich ihrer Position in der englischen Literaturgeschichte. Mag auch eine ähnliche Meinung vor etwas über zehn Jahren noch in unserem Lande geherrscht haben, so ist an der Bedeutung dieser Autorin heute kein Zweifel mehr. Virginia glaubte aber Ende 1938, daß der Ruhm E. M. Forsters und der T. S. Eliots den ihren in den Schatten stellte.

Vanessa kam Ende November aus Cassis nach London zurück. Angelica hatte sich entschlossen, die Schauspielerei aufzugeben, um Kunst zu studieren. Leonard war damit beschäftigt, den zweiten Band seiner politischen Psychologie ›Nach der Sintflut‹ zu verfassen. Ebenso arbeitete er an einem Buch, das die Gefahren des Faschismus analysierte. Dieses Werk erschien im ›Linken Buch Club‹ des mutigen Verlegers Victor Gollancz unter dem Titel ›Barbaren vor dem Tor‹. Auch Virginia schrieb an eine Freundin, daß sie sich mit der Roger Fry-Biographie geradezu »abschufte«.

Im Dezember las Virginia zur Abwechslung die Briefe des Erfinders der Neogotik Horace Walpole. Sie bot der ›Yale Review‹ einen Aufsatz über Walpole an, der auch im März des Folgejahres erschien. Die Fahrt nach Rodmell vor Weihnachten führte die Woolfs häuslichen Schrecknissen entgegen; die Leitungen in Monks House froren ein und die elektrischen Heizungen fielen aus. Virginias Zusammenfassung des Jahres 1938 fiel nicht ungünstig aus; sie hatte ›Three Guineas‹ veröffentlicht, ihre Roger Fry-Biographie bis 1919 vorangetrieben, einen Aufsatz über Walpole geschrieben, eine Geschichte unter dem Titel ›Lappin und Lappinova‹ sowie 120 Seiten ihres Romans ›Pointz Hall‹ verfaßt.

Noch Anfang Januar 1939 herrschte in Rodmell der Frost. Nur wenige Sonnenstrahlen durchbrachen die winterliche Bewölkung. Virginia schrieb jeden Tag drei Stunden lang, ging aber auch zwei Stunden spazieren, las, kochte das Abendessen, hörte Musik: »Ich versuche, hart an Roger zu arbeiten; für mich heißt hart arbeiten 3 Stunden; und das ist alles.«[230] Ihre Lektüre bestand in den Briefen Roger Frys, aber sie las auch Chaucer, Madame de Sévigné und Nonsense-Literatur.

Seit dem Jahre 1924 betreute die Hogarth Press die Psychoanalytische Bibliothek und die Gesammelten Werke Sigmund Freuds. Freud, der 1938 nach England geflohen war, hatte sich in London niedergelassen. Schon im Januar dachten die Woolfs daran, im Frühjahr nach Frankreich zu reisen, falls kein Krieg ausbrechen würde. Virginia schrieb an Ethel Smyth, daß die Politik viel zu nahe an sie herankomme. Österreichische Flüchtlinge fanden sich bei den Woolfs zum Tee ein, die aus Graz nach London geflohen waren.

Am 28. Januar 1939 starb in Roquebruise in Südfrankreich der von Virginia verehrte Dichter William Butler Yeats. Am selben Tag besuchten Virginia und Leonard den alten Sigmund Freud in seinem Haus in Maresfield Gardens. Leonard schrieb über diese Begegnung: »Er war außerordentlich höflich in einer förmlichen, altmodischen Weise — zum Beispiel schenkte er Virginia fast zeremoniell eine Blume... Er gab mir das Gefühl, das nur sehr wenige Menschen vermittelten, die mir begegneten, das Gefühl großer Zartheit, aber hinter dieser Zartheit großer Stärke.«[231]

Anfang Februar verkaufte Virginia Woolf ihr Manuskript von ›Three Guineas‹, um der Britischen Flüchtlingsgesellschaft die Verkaufssumme zukommen zu lassen.

Am 15. Februar 1939 stimmte das britische Unterhaus einer Verdopplung der Rüstungsausgaben zu. Englands Verteidigungsbereitschaft wurde damit in der nächsten Zeit noch mehr als bislang erhöht. Doch am 27. Februar 1939 erkannte die britische Regierung das Regime des General Franco offiziell an.

Ende des Monats ließ Virginia Woolf die Arbeit an ihrer Roger Fry-Biographie für eine Weile liegen und konzentrierte sich auf ihren neuen Roman, dessen Abfassung ihr mehr Freude machte. Auch im Verlag stand eine Menge Arbeit an. Virginia half, Buchpakete zu packen, und setzte sich in der Frühjahrssaison des Verlags ein.

Am 3. März 1939 lehnte Hitler eine gemeinsame Garantie der tschechischen Grenze ab ohne Verpflichtung Prags, die Juden aus dem Staatsdienst zu entlassen. Dieses rabiate Verhalten bedeutete schon einen Verstoß gegen den Geist des ›Münchner Abkommens‹ zumindest im Sinne der westlichen Nationen.

Virginia setzte ihre Dickens-Lektüre fort, korrespondierte aber auch mit ihren alten Freunden wie Hugh Walpole oder

T. S. Eliot. Am 10. März beendete sie die erste Fassung der Roger Fry-Biographie, wußte aber, daß dieses Ende der Beginn einer Überarbeitung sein mußte. Sie zweifelte ohnehin an ihrer Befähigung zum Biographen. Angelica Bell bat in diesen Tagen ihre Tante Virginia sowie Vita Sackville-West um eine finanzielle Unterstützung für eine Theatergruppe, der sie auch angehörte. Beide Angesprochenen gaben Geld, so daß die Truppe weiterarbeiten konnte — selbst in Sissinghurst traten sie einmal auf.

Die deutschen Truppen marschierten am 15. März 1939 in die Tschechoslowakei ein. Chamberlain beschuldigte zwei Tage später Hitler des Bruches des ›Münchner Abkommens‹. Am 18. März gab Großbritannien eine Garantieerklärung für Polen ab. Leonard Woolf hat später geschrieben, daß die Erleichterung des ›Münchner Abkommens‹ nur eine Atempause sein konnte vor noch tieferer Verstrickung in den Krieg, und er schrieb der britischen Politik dieser Zeit einen so fatalen wie falschen Optimismus zu.

Virginia lud im März den Maler Mark Gertler ein, den sie lange Jahre nicht gesehen hatte. Sie bat Gertler, ihr von Roger Fry zu berichten und ihr Näheres über den Einfluß zu sagen, den Roger auf die jüngere Malergeneration ausgeübt hatte. In der Zeit, als Lady Ottoline Morrell noch ihre großen Partys auf ihrem Landsitz Garsington bei Oxford feierte, hatte Virginia Gertler häufig gesehen.

Zu Beginn des Monats April erkrankten Leonard und Virginia an der Grippe. Virginia konnte mit einem dumpfen Kopf nicht arbeiten. Aber auch die politischen Ereignisse in der Tschechoslowakei betäubten Virginias Kreativität. Sie hatte sich immerhin inzwischen darangebegeben, die Roger Fry-Biographie zu überarbeiten.

Dickens gehörte auch im April zu den Themen, mit denen sich Virginia Woolf befaßte. Sie bezeichnete das, was er schrieb, als »Leben«, nicht als Schreiben. Virginia vermochte sich durch die Lektüre Dickens zu entspannen, während ihr Horror gegen das Verfassen dicker Bücher anwuchs: »In Zukunft werde ich schnelle, intensive, kurze Bücher schreiben und nie angebunden sein. Dies ist der Weg, um das Sichniederlassen fernzuhalten und das Erkalten des Alters.«[232]

Die Überarbeitung der Fry-Biographie war schon bis zur Seite 40 gediehen. Immer wieder machte sich die Politik bemerkbar und störte Virginia auf: »Chamberlains Aussage heute im Parlament. Krieg, nehme ich an, nicht morgen, aber näher.«[233] Bei ihrer Dickenslektüre erkannte Virginia, daß Dickens durch unzählige Szenen Charaktere schuf, aber nicht durch Schattierungen des einzelnen wie Henry James. Sie erkannte das Holzschnittartige an Dickens: kühn und farbig, monoton, aber überquellend. Die Revision der Biographie machte gute Fortschritte, doch Virginia litt schon jetzt unter dem Dorfleben. Sie wäre so gern einmal wieder verreist, am liebsten nach Frankreich, aber auch die schönen heimischen Cotswolds reizten sie. Der Krieg, dessen Unausweichlichkeit sie sah, bedrückte sie zusehends: »In Anbetracht dessen, wie viele Dinge ich habe, die ich mag, ... ist es die Trennung, die der Krieg mit sich zu bringen scheint: alles wird bedeutungslos: ich kann nicht planen: dann kommt auch das Gemeinschaftsgefühl hinzu: ganz England denkt dasselbe — dieser Schrecken des Krieges — im selben Augenblick. Fühlte es nie so stark zuvor.«[234]

Am Tage dieser Notiz Virginias schickte der amerikanische Präsident Roosevelt eine persönliche Botschaft an Hitler, in der er ihn vor weiteren Aggressionen warnte. So wurde schon Anfang 1939 umrißhaft deutlich, daß Hitler mehr potentielle Feinde hatte, als er glaubte.

Schon im Frühjahr 1939 ging der Verlagsumsatz spürbar zurück. Literarische Texte waren weniger gefragt als sonst: jeder griff zu politischen Büchern. »Es ist sehr schwierig mit der Arbeit fortzufahren in solcher Ungewißheit«[235], schrieb Virginia. Dennoch versuchten die Woolfs und Bells, ihren Lebensstil in den alten Formen weiterzuführen, wenn auch im Bewußtsein, daß der Untergang der Kultur bevorstand, für die sie immer eingetreten waren. Einige britische Autoren wie Christopher Isherwood und W. H. Auden gingen in die USA, weil sie sich in England nicht mehr sicher fühlten.

Ende April — Virginia hatte ihre Grippe immer noch nicht völlig abschütteln können — hatte sie ein Viertel ihres Roger Fry-Buches fertig überarbeitet. Sie rechnete sich aus, daß sie noch etwas mehr als zwei Monate brauchte, um das Buch vollenden zu können. Im Zusammenhang mit diesen Arbeiten bot Virginia Ben Nicolson an, die Fry Papiere zu durchforsten, um etwaiges Material für eine kunstgeschichtliche Arbeit zusammenzustellen. Ben war Kunsthistoriker und hatte durch Fürsprache Kenneth Clarks den Posten eines stellvertretenden Kustos der Königlichen Gemälde erhalten.

Ende April besuchten Leonard und Virginia eine Filmerstaufführung. Sie sahen den Spielfilm nach Emily Brontës ›Wuthering Heights‹, in dem Laurence Olivier die Hauptrolle spielte.

Im Mai entschlossen sich die Woolfs, nach Pfingsten für zwei Wochen nach Frankreich zu fahren. Virginia hatte weiterhin nach einem Haus in Bloomsbury als Ersatz für 52 Tavistock Square gesucht und stand schon in Verhandlungen wegen der Anmietung von No. 37 Mecklenburgh Square. An Ethel Smyth schrieb sie am 25. Mai, daß die Fahrt, die sie gemeinsam mit Leonard unternehmen wollte, in die Bretagne führen sollte. Vanessa wurde am 28. Mai 1939 sechzig Jahre alt. Virginia schickte ihr Geld, damit sie sich das kaufen konnte, was sie sich derzeit am meisten wünschte.

Im Juni besuchten die Woolfs vor ihrer Frankreichfahrt nochmals Elizabeth Robins und ihre Freundin Dr. Octavia Wilberforce in Brighton. Die Beziehung trug einen freundschaftlichen Charakter, so daß Virginia die beiden nach Rodmell einlud. Die Frankreichreise begann am 5. Juni 1939. Virginia und Leonard reisten durch die Bretagne und die Normandie, doch sind die Berichte über diese Fahrt recht spärlich.

Am 20. Juni kamen die Woolfs nach England zurück. Sie fuhren kurz nach Rodmell, denn für den 25. Juni war der Umzug zum Mecklenburgh Square angesetzt. Doch zuvor gab es einen »Zwischenfall«: Virginia wurde am 23. und 24. Juni von der berühmten Fotografin Giséle Freund aufgenommen. Dies geschah gegen Virginias Willen, denn sie haßte alle Portraits mit Ausnahme der Gemälde Vanessas. Victoria Ocampo, die in England weilte, hatte Giséle Freund einfach mitgebracht und Virginia überredet, die Prozedur über sich ergehen zu lassen.

Die Mühsal der Fertigstellung des Roger Fry-Buches bestimmte nahezu das gesamte Jahr 1939. Zuzeiten hatte Virginia Kopfschmerzen. Sie suchte sich zu entspannen, las Pascal, dachte über das Leben nach: »Komme nach Hause und versuche, mich auf Pascal zu konzentrieren. Ich kann es nicht. Doch es ist der einzige Weg, sich hinaufzustimmen, und ich bekomme Ruhe, wenn auch nicht Verständnis. Diese Stecknadelköpfe der Theologie benötigen einen Zugriff, der außer meiner Reichweite ist. Was für ein Traum das Leben ist, das ist sicher — daß er tot sein sollte und ich ihn lese: und auszumachen versuche, daß wir uns aneinander hielten in der Welt; wohingegen ich manchmal fühle, daß es eine Illusion gewesen ist — so schnell vergangen; so schnell gelebt; und nichts vorzuzeigen, außer diesen kleinen Büchern.«[236]

Leonards Mutter starb am 2. Juli 1939 im Alter von 90 Jahren. Leonard und Virginia unterzogen sich ihren Verpflichtungen und gingen zur Beerdigung, doch Virginia berührte dies alles nicht sehr. Die Familie Leonards war nicht Virginias Welt.

Im Juli 1939 schrieb Virginia kaum informative Briefe. Es handelte sich zumeist um kurze Verabredungen oder geschäftliche Mitteilungen. Es ist anzunehmen, daß der Umzug, der nur langsam und Schritt für Schritt vor sich ging, all ihre Energie verbrauchte. Virginia wußte, daß es bald Krieg geben würde. In England rechnete man mit dem Kriegsausbruch für den August. In diesen Zeiten schien es Virginia, daß die Arbeit das beste Mittel sei, sich vor dem drohenden Unheil abzuschirmen.

Am 25. Juli fand der Umzug der Woolfs in das neue Haus am Mecklenburgh Square statt. Auch diesmal waren die alten Untermieter-Freunde wieder dabei: die Rechtsanwaltsfirma Pritchard. Doch Leonard und Virginia lebten trotz des Umzugs die meiste Zeit in Rodmell: »Die Luft des Untergangs und der stillen Resignation in uns beiden und außer uns ist es, was ich hauptsächlich an diesen Tagen erinnere«,[237] schrieb Leonard Woolf später. In England wurde jetzt immer intensiver und hektischer an den Verteidigungsanlagen gearbeitet. Schützengräben wurden ausgehoben, Abwehrsysteme installiert.

Im August ging Virginia dazu über, Roger Frys theoretische Schriften zu lesen, so etwa ›Vision und Design‹, um sie für ihre Biographie zu benutzen. Hitler versetzte am 23. August alle Welt — und besonders England — in Schrecken, als er einen Nichtangriffspakt mit der Sowjetunion schloß. Damit waren die Würfel gefallen: Hitler erhielt freie Hand gegenüber Westpolen.

In dieser dunklen Zeit in Europa hielten sich die Intellektuellen — so Virginia Woolf — gern an das Genre der Reflexionen und geistigen Memoiren. Der Kommentar übertrumpfte das kreative literarische Schaffen. Der unmittelbare Ausdruck des Künstlers stand in diesen Krisenzeiten in Gefahr, wurde belauert, bekrittelt im Netz ideologischer Perspektiven und Standpunkte. Die Unmittelbarkeit galt immer als verdächtig oder kritisierbar.

Nach Rodmell kamen einige Besucher ins Monks House, so Vitas Vetter Eddie Sackville-West und Rebecca West. Die Frage der Hogarth Press belastete die Woolfs: sie war noch nicht geklärt. Die Presse sollte aus dem Zentrum Londons herausgebracht werden in eine weniger gefährliche Gegend. Ende August glaubte Virginia, daß der Höhepunkt der Krise gekommen war — und sie hatte damit recht. Die Museen in London wurden geschlossen. In Rodmell installierte die Armee Suchscheinwerfer für feindliche Flugzeuge. In England herrschte eine Stimmung zwischen Apathie, Verzweiflung und Nervosität: »Eine Drehung am Schalter, und wir werden im Krieg sein.«[238] Am 29. August hörte Virginia den britischen Premier im BBC: »...es scheint, daß es noch einen anderen Friedenstag gibt«,[239] schrieb sie an Ethel Smyth. »In der Tat, das ist die Zusammenfassung der Situation — hier sind wir auf einer kleinen sonnigen Insel — und draußen Wüsten des Trübsinns und der Dunkelheit.« An Vita Sackville-West schrieb Virginia am selben Tag, sie fürchte nicht um sich selbst, obwohl sie »noch zehn Jahre haben möchte: und ich mag meine Freunde; und ich mag die Jugend«.[240] Da die Lastwagen nahezu alle für Verteidigungszwecke requiriert worden waren, konnte der Woolfsche Umzug nicht gänzlich bewältigt werden.

Mit dem Angriff der Deutschen auf Polen am 1. September 1939 brach der Zweite Weltkrieg aus. Virginia schrieb an Vita Sackville-West: »Und ich bin dumpf und kalt... Ja, ich sitze in einer stummen Wut, für mich kämpfen diese Kinder, von denen man zu sehen wünschte, daß sie einander lieben.«[241] Am 3. September erklärten Großbritannien und Frankreich Deutschland den Krieg. »Hitler hatte bis zum Schluß nicht an den britischen Kriegswillen geglaubt und war wie versteinert, als er die Kriegserklärung in Händen hielt.«[242] Beim Kriegsausbruch befanden sich Virginia und Leonard wiederum im Monks House.

Am 6. September kam die erste Warnung vor einem Luftangriff. Der Himmel war über Rodmell ganz klar, die Bauernhäuser hatten alle ihre Türen geschlossen. Über Southwark fegte ein Luftangriff hinweg: »Alle Bedeutungen sind aus allem entwichen. Es lohnt sich kaum, Zeitungen zu lesen. Der BBC gibt irgendwelche Nachrichten am Tag zuvor aus. Leere. Unwirksamkeit.«[243]

Trotz des Krieges wollte sich Virginia mit aller Gewalt dazu zwingen, die Biographie Roger Frys weiterzuschreiben, doch der Krieg wirkte sich auf ihre Seelenbalance nicht günstig aus. Das Erlebnis der Spannung, der Ohnmacht lähmte auch Virginias Arbeitskraft. Sie fühlte sich wie versteinert und konnte nichts aufs Papier bringen.

Das englische Schiff ›Athenia‹ wurde in diesen Tagen versenkt. Virginia schrieb: »Es scheint völlig sinnlos — ein mechanisches Schlachten. Wie wenn man einen Krug in eine Hand nimmt und einen Hammer in die andere. Warum muß dies zerstört werden? Niemand weiß es.«[244]

Der Krieg schnitt die Verbindungen zwischen den Menschen ab. Virginia fühlte sich immer mehr isoliert. Ganz davon abgesehen, daß Kinovorführungen und Theater verboten waren, schrieben immer weniger Menschen: »Keine Freunde schreiben oder rufen an.«[245] Manchmal sah Virginia ihre Arbeit, ihren Beitrag zum Humanen als vernachlässigenswert an in Anbetracht des Krieges. Sie schrieb wieder literaturkritische Artikel für den *New Statesman*, so zum Beispiel über den Romancier Sir Walter Scott. Inzwischen bombardierte die deutsche Luftwaffe die englische Küste, Portsmouth und Scarborough.

In dieser Zeit fürchtete sich Virginia schon vor dem Leben in London und war immer froh, wenn sie nach ein paar Tagen wieder nach Rodmell zurückkehren konnte. Die Situation der Hogarth Press blieb schwierig, teilweise kamen die Angestellten nach Rodmell, teilweise arbeiteten sie in London weiter.

Vanessa und Virginia waren erleichtert, daß Quentin wegen seines alten Lungenleidens ausgemustert wurde. Er arbeitete als »Ersatzdienstleistender« und fuhr einen Traktor auf der Farm Maynard Keynes. In dieser Zeit beschäftigte sich Virginia

Woolf neben ihrer Arbeit am Fry-Buch immer nachhaltiger mit den Klassikern der Literatur und Philosophie. Deren Texte schienen ihr gerade jetzt die Substanz der abendländischen Kultur zu vermitteln, ob es sich dabei um Platon, Shakespeare, Montaigne oder Racine handelte.

Die Woolfs brachten es unter den erschwerten Bedingungen dennoch fertig, das Herbstprogramm der Hogarth Press-Bücher zu verwirklichen. Am 26. September erschienen die Bücher, auch Leonards 2. Band seiner politischen Psychologie. Doch das Verlagsgeschäft schrumpfte deutlich. Die Woolfs erlitten Einbußen — und wer brauchte im Krieg Bücher?

Am 28. September kam Vita Sackville-West zum Lunch zu den Woolfs. Ihre beiden Söhne Ben und Nigel waren bereits eingezogen. Virginia hatte mit ihrer Arbeit an der Fry-Biographie um 12.00 Uhr aufgehört und sich mit anderer Lektüre befaßt: sie las R. L. Stevensons ›Dr. Jekyll und Mr. Hyde‹ — war das eine Allegorie auf die Zeit?

Hitler hatte mit so einem entschiedenen Kriegseintritt Großbritanniens nicht gerechnet. Daher bot er den Briten am 6. Oktober 1939 einen Friedensschluß an. Doch der britische Premierminister Chamberlain lehnte das Angebot ab. Am Tage von Hitlers Friedensangebot hatte Virginia Woolf den gesamten Text ihres Roger Fry-Buches in der revidierten Fassung mit der Maschine zu Ende abgeschrieben. Sie stürzte sich sogleich in die Lektüre anderer Autoren, plante einen Aufsatz über Lewis Carroll. Unter den Büchern, die Virginia in dieser Zeit las, waren Werke von Flaubert und Erasmus von Rotterdam.

Die Woolfs erhielten eine Einladung von Beatrice Webb zum Lunch. Am 7. und 8. Oktober kam T. S. Eliot zum Wochenende nach Rodmell. Offenbar hatte dies einen guten Einfluß auf Virginia. Sie schrieb über ihre Reaktion auf den Kriegsausbruch: das Gefühl völliger Nichtigkeit in den ersten Tagen habe nun ihren Ideenfluß ungemein angeregt. Virginia fühlte sich zum Journalismus gedrängt, sie wollte das Fry-Buch abschließen, um Artikel für die *Times* zu schreiben. Auf diese Weise glaubte sie am besten an der geistigen Auseinandersetzung mit den Kriegsteilnehmern beitragen zu können. Doch Virginia war alles andere als naiv: sie wußte, welche Grenzen der Literatur in ihrer Wirkung auf menschliches Handeln gesetzt waren:

»Three Guineas ging sehr gut, was den Verkauf betrifft. Ob es irgendeinen Eindruck machte, weiß ich nicht. Ich zweifle, daß Ideen das überhaupt tun.«[246]

Bei ihren »Ausflügen« nach London sahen Leonard und Virginia eine Reihe Freunde im Mecklenburgh Square, so Will Arnold-Forster, Stephen Spender, John Lehmann, Tom Eliot und Lady Colefax.

Immer noch arbeiteten Arbeiter und Baggerführer daran, in den Londoner Squares Schützengräben auszuheben. Virginia Woolf schrieb am 25. Oktober 1939 an Eddie Sackville-West: »Mein einziger Trost liegt in dem offensichtlichen Horror, den wir alle vor einem Krieg empfinden: aber dann mit dem soliden Block ungebackener Barbaren in Deutschland, was ist das Gute an unserem vergleichsweise Zivilisiert-Sein?«[247]

Mittlerweile näherte sich Virginia dem Abschluß des Fry-Buches. Sie überarbeitete nochmals den Schluß des Buches. Ihr Pamphlet ›Bücherbesprechen‹ erschien als Broschüre in der Hogarth Press. Es fand weite Beachtung, wurde im *New Statesman* und im T.L S. besprochen. Dieser Artikel wirbelte einigen Staub auf, da Virginia die Unehrlichkeit der meisten Rezensionen hervorgehoben hatte und es daher für besser hielt, wenn Autoren einen kompetenten Kritiker persönlich aufsuchten, um mit ihm für eine Stunde über das neu erschienene Werk zu sprechen.

Ende November fühlte sich Virginia ausgelaugt, zermürbt. Sie hielt ihre Roger Fry-Biographie für schlecht und mußte Impulse überwinden, das Buch zu zerreißen. Sie litt unter Kopfschmerzen, die sich aber abends zu bessern pflegten, so daß sie in den Abendstunden voller Ideen steckte. Schwärme von Gedanken überfielen Virginia, so daß sie schon an die Zeit dachte, in der sie von der Last der Biographie befreit sein würde. Sie begann, Sigmund Freud zu lesen, um ihren Horizont zu erweitern. Auch als älterer Mensch legte Virginia sehr viel Wert darauf, stets Neues aufzunehmen, um nicht in einen geistigen Trott zu verfallen. Vita schickte ihr Anfang Dezember ein neues Buch ›Country Notes‹. Es handelte sich dabei um eine Aufsatzsammlung, in der auch ein Bericht über die gemeinsame Reise nach Burgund im Jahre 1928 enthalten war.

Mitte Dezember befand sich das Roger Fry-Buch erneut im

Zustand der Reorganisation und Umarbeitung: »... Wie kann man ein Leben machen aus sechs Pappschachteln voller Schneiderrechnungen, Liebesbriefen und alten Bildpostkarten?«[248]

Virginia lud Lyttons Schwester Philippa (»Pippa«) Strachey ins Monks House ein, um dort mit ihr einige gemeinsame Tage zu verbringen. Auch in den Kriegszeiten bemühte sich Virginia, ihre Freundschaften zu pflegen, Gäste zu empfangen. So kamen etwa die Hutchinsons nach Rodmell. Virginia hielt ihre Korrespondenz aufrecht, obwohl die Häufigkeit der Briefe abnahm.

In dem vergangenen Jahre 1939 hatte sich in Virginia Woolf das Gefühl verstärkt, ein Außenseiter zu sein. Sie gefiel sich in dieser Rolle und haßte sie zugleich. Der Kampf der Kritiker und Journalisten nahm sich jedoch in Virginias Augen als lächerlich aus — im Vergleich mit dem Krieg. In diesen Tagen verließ das deutsche Schlachtschiff ›Graf Spee‹ Montevideo und fuhr in den »Rachen des Todes«. Angeekelt schrieb Virginia in ihr Tagebuch vom 18. Dezember 1939: »Und Journalisten und reiche Leute mieten sich Flugzeuge, von denen aus sie das Geschehen beobachten können.«[249]

Über die Weihnachtstage in Rodmell sind für das Jahr 1939 keine Dokumente überliefert. Zwischen den Jahren kamen John Lehmann und Stephen Spender zum Tee ins Monks House. Das Jahresende war eines der ruhigsten in der gesamten Lebensgeschichte der Woolfs. Der Krieg hatte bereits über die Lebenden gesiegt.

Der Winter des Jahresanfangs 1940 war eisig. Es herrschte Stille. Nichts geschah. Die Woolfs blieben in Rodmell, kamen selten nach London. Mehrfach fiel die Elektrizität im Monks House aus. Auch die Vorratshaltung wurde schon 1940 schwieriger. Die öffentlichen Dienste wurden durch den Krieg behindert; die Eisenbahnen fuhren nicht fahrplanmäßig und die Post verzögerte sich.

Virginia Woolf kommentierte die Kriegsereignisse kaum. In einem Brief an Lady Simon vom 22. Januar 1940 erwähnte sie, daß sie von einer amerikanischen Zeitschrift gebeten wurde, über den Frieden zu schreiben. In der Tat veröffentlichte Virginia in der *New Republic* vom Oktober 1940 den eindrucksvollen Aufsatz ›Gedanken über den Frieden bei einem Luftangriff‹, den man durchaus als ihr humanes und politisches Testament bezeichnen könnte.

Was ihren Gesundheitszustand betrifft, so ging es Virginia gut; sie war sich ihres Lebens und der inneren und äußeren Verhältnisse völlig bewußt.

Ende Januar wechselten Virginias Augenblicke der Verzweiflung mit Ekstasen. Sie hatte die Geschichte ›Gas in Abbotsford‹ geschrieben, eine kluge und anschauliche Reflexion über das Romantische Sir Walter Scotts im beginnenden industriellen Zeitalter. Für Virginia tauchte im Roger Fry-Buch die Kluft auf zwischen der öffentlichen und der privaten Seite der Literaturgattung ›Biographie‹. Wo wurden ihre Aussagen allgemein? Wo blieben sie durch eigene Erinnerungen gestützt?

An Ethel Smyth berichtete Virginia, wie sich der strenge Winter in Rodmell auswirkte: »Hier sind wir durch den Schnee angebunden. Alle Verabredungen in einem Durcheinander. Wir versuchten zu fahren, aber das Auto war eingefroren, die Straßen unmöglich... Nie gab es solch einen mittelalterlichen Winter. Wir kochten über dem Feuer, blieben ungewaschen, schliefen in Strümpfen und Schals.«[250] Das Buch über Roger Fry stand kurz vor seiner Vollendung. Virginia wußte, daß sie noch eine Anstrengung vor sich hatte — und dann würde es geschafft sein. Zudem hatte sie die Aufgabe übernommen, vor dem Arbeiterbildungsverein in Brighton einen Vortrag über moderne Dichtung zu halten, den sie nun ausarbeiten mußte. Das Leben in Rodmell bedrängte Virginia Woolf immer wieder, schien doch London für sie verloren zu sein: »Der Bruch in unserem Leben von London aufs Land ist vollständiger als irgendein Umzug... Der unermeßliche Raum wird leer: dann erleuchtet. Und London, in Schlückchen, ist verkrampft und gefaltet. Komisch, wie oft ich denke, an was ich meine Liebe in der City hänge: des Ganges zum Tower: das ist mein England: ich meine, wenn eine Bombe eine dieser kleinen Alleen zerstörte mit dem messinggebundenen Vorhängen und dem Geruch des Flusses und der alten lesenden Frau, werde ich fühlen — nun, was alle Patrioten empfinden.«[251]

Virginia vollendete ihr Buch über Roger Fry, von dem sie sagte, sie hätte jede Passage 10—15mal umgeschrieben. Der Schlußstrich des Buches über Roger Fry erfolgte dann am

11. Februar 1940. Virginia schickte ihr fertiges Manuskript an Margery Fry, um sich den Fryschen Familiensegen für ihre Arbeit geben zu lassen.

Das Leben in Rodmell war zuzeiten einsam: »Wie jeder von der Bildfläche verschwunden ist«, schrieb sie an Stephen Spender. »Hier leben wir auf unserem kleinen Stück Erde, manchmal wie ein solider Smaragd; ein andermal ein feuchter Pilz. ... seine Freunde nicht zu sehen ist sehr deprimierend, nicht zu wissen, welchen Punkt sie erreicht haben...«[252]

Virginia schrieb am 12. März an Vita Sackville-West, daß ihre Temperatur sich nicht normalisiere, daß sie aber hoffe, bald wieder gesund zu sein. Mitte März war Virginia immer noch grippekrank. Ihre Nichte Angelica kümmerte sich um sie. Virginia lag in Leonards Zimmer. Der Arzt wurde konsultiert und verordnete Virginia Bettruhe. So saßen Leonard und Virginia beide in diesem Zimmer und korrigierten Druckfahnen. Vanessa schrieb ihrer Schwester, daß ihr die Roger Fry-Biographie sehr gut gefiele. Virginia atmete auf und bedankte sich: »Dein Brief hat mich so glücklich gemacht. Ich wurde so von der Furcht verfolgt, daß Du es nicht mögen würdest.«[253]

Unverständlicherweise hatte Leonard Virginias Buch außerordentlich scharf kritisiert und Virginia die Benutzung einer falschen Methode vorgeworfen. Das Buch sei zu sehr analytisch und lasse die historische Schreibweise vermissen. Diese Kritik schadete Virginias Zustand sehr; sie wurde verunsichert und konnte sich nicht erholen: »Es war ein merkwürdiges Beispiel für Leonard in seiner rationalsten und unpersönlichsten Art: ziemlich eindrucksvoll: doch so bestimmt, so emphatisch, daß ich mich überzeugt fühlte; ich meine vom Fehlschlag; abgesehen von einem merkwürdigen Schimmer, daß er selbst auf dem falschen Weg war, und aus irgendeinem tiefen Grund auf seinem Standpunkt beharrte — mangelnde Sympathie mit Roger? Mangel an Interesse an Persönlichkeit? Gott weiß.«[254]

Schon in ihrem Brief an Vanessa vom 15. März 1940 hatte Virginia betont, daß Leonard vor allem den letzten Teil der Roger Fry-Biographie scharf kritisiert hatte.

Von Margery Fry kam hohes Lob über das Buch. In der ganzen ersten Märzhälfte blieb Virginia krank. Sie hatte die Grippe, war fiebrig und bekam noch eine Bronchitis dazu. Virginia brauchte zum Schreiben in diesen Wochen beträchtliche Starthilfen. Sie las zunächst in verschiedenen Büchern, spekulierte über Arbeiten, die sie verfassen wollte, bis sie so angeregt war, daß sie zur Feder greifen konnte, eine Methode, die sich als sicher, positiv und nützlich herausgestellt hatte.

Das Frühjahr hatte sich Ende März noch nicht durchgesetzt. Die Blumen waren schon draußen — Krokusse und Meerzwiebeln, doch die Knospen der Bäume und Sträucher blieben geschlossen.

Virginia ärgerte sich über Margarey Fry, die alle möglichen kleinen Veränderungen an der Biographie ihres Bruders vorschlug, ohne dabei zu bedenken, was es für einen Autor bedeutet, das Netz des Geschriebenen wieder aufzuzurren, um diese oder jene Kleinigkeit einzufügen. Die Krankheit hatte Virginia mit ihrer Arbeit zurückgeworfen, so daß sie glaubte, das Erscheinen des Buches müsse auf den Herbst verschoben werden, »wenn es einen Herbst gibt«.

Für den 1. April planten die Woolfs, nach London zu fahren. Virginias Phantasie wurde durch diesen Plan so angeregt, daß sie all die Dinge in der Stadt unternehmen wollte, die ihr in Rodmell unmöglich waren: einen Kaffee-Shop besuchen, Penguin-Bücher kaufen, Antiquitäten ansehen. Virginia sehnte sich danach, den Frühling ganz zu erleben, in sich aufzunehmen, ohne von der Literatur daran gehindert zu werden: »Denn in Gottes Namen, ich habe meinen Teil getan, mit der Feder und im Gespräch für die Menschheit.«[255] Virginia hatte trotz ihrer angegriffenen Gesundheit am Manuskript ihres Fry-Buches gearbeitet, um es dann an den Drucker schicken zu können.

Virginia Woolf arbeitete am 5. April in der London Library, prüfte Stellen und Zitate, bewirtete am Abend Desmond MacCarthy und T. S. Eliot. Am selben Tag hatte sie Leonard die endgültige Manuskriptfassung ihres Buches für den Verlag übergeben. Das Buch konnte nunmehr in den Satz gehen.

Schon am nächsten Tag erwähnte Virginia in einem Brief an Margaret Llewelyn Davies voller Stolz, daß das Fry-Buch an den Drucker abgeschickt worden sei. Leonard hatte die Verlagsgeschäfte an John Lehmann delegiert, schrieb morgens und arbeitete nachmittags in seinem Garten. »Wenn es nicht Krieg wäre, würde es ein vollkommenes Leben sein. Aber natürlich ist er hineingezogen (in die Politik), und was kann man machen.«[256]

Virginia genoß das Frühjahr, doch es war Krieg. Sie schaffte es nicht, sich aus den Gedanken um die Menschen herauszuhalten, die in ihn verwickelt waren. Das Kriegsgeschehen intensivierte sich: »...wir befinden uns am dritten Tag der ›größten Schlacht in der Geschichte‹. Es begann (hier) mit den 8.00 Uhr-Nachrichten, als ich halb schlief, welche die Invasion von Holland und Belgien ankündigten. ...Apfelblüten schneien im Garten. Eine Bowlingkugel im Teich verloren. Churchill ermahnt alle Menschen zusammenzustehen. ›Ich habe nichts anzubieten als Blut und Tränen und Schweiß‹.«[257]

Mitte April kam Vita Sackville-West zu Besuch ins Monks House. An Ethel Smyth schrieb Virginia am 22. April negativ über ihr Roger Fry-Buch: es sei nur für alte Leute gut und könne noch mit Glück im Juni erscheinen. Wenige Tage zuvor war Virginias Vetter, Herbert A. L. Fisher, Warden des New College, gestorben. Er wurde von einem Lastwagen angefahren und starb kurze Zeit später an seinen Verletzungen. Virginia war betroffen und ermahnte die über 80jährige Ethel: »Bitte Ethel, sieh nach rechts und links und komm nicht hinter einem Bus hervor.«[258] Die alten Freunde waren für Virginia in den Kriegsjahren besonders wichtig, konnte sie doch durch ihre Korrespondenz mit ihnen noch eine Art Zivilisation aufrechterhalten. Doch das war zumeist umgekehrt genauso. So schrieb Vita einen Tag nach ihrem Besuch bei Virginia: »Deine Freundschaft bedeutet mir so viel — in der Tat, sie ist eine der bedeutenderen Dinge in meinem Leben.«[259]

Am 27. April hielt Virginia Woolf ihren Vortrag über moderne Dichtung vor dem Arbeiterbildungsverein in Brighton. Das Publikum war mit zirka 200 Personen relativ groß, doch eine richtige Diskussion kam nicht auf, da die Zuhörer sich scheuten, eigene Meinungen offen zu verkünden.

Virginia und Vita wollten sich im Mai für eine Fahrt nach Penshurst verabreden, doch der Verlag setzte Virginia unter Druck. Wenn das Fry-Buch noch im Sommer erscheinen sollte, dann mußte sie umgehend die Korrekturfahnen lesen. So war Virginia gezwungen, Vita abzusagen, was sie mit größtem Bedauern tat.

Die Ära Chamberlains ging am 10. Mai 1940 zu Ende, als Winston Churchill Premierminister wurde. Zuvor war Churchill Erster Lord der Admiralität gewesen, der über eine kleinere Flotte gebot als 1914 und gerade eine Niederlage hatte einstecken müssen. England hatte im April Norwegen verloren, weil die Deutschen dort ihre Luftüberlegenheit demonstriert hatten, so daß die britische Flotte nichts ausrichten konnte. Bei rechtzeitigem Handeln hätte England Deutschland empfindlich treffen können, wenn es die Erzlager in Norwegen besetzt hätte. Trotz der fehlgeschlagenen Norwegen-Aktion wurde Churchill Premierminister, weil man allein ihm die Kriegsführung gegen Deutschland zutraute. Doch die Briten erlebten auch zu Lande eine Niederlage bei Dünkirchen, wo ihre Armee von den Deutschen eingekesselt wurde, aber über den Kanal entweichen konnte. Mit Hilfe der Navy, aber auch vieler Fischer und Wassersportler sowie Kleinreeder wurden die britischen Soldaten von Dünkirchen »abgeholt«. Indem Churchill sich in der nächsten Zeit zum Generalissimus Englands machte und eine »rücksichtslos vorwärtsgetriebene Mobilisierung (einleitete), die England in einem kurzen halben Jahr zu einer waffenstarrenden Festung machte«,[260] schuf er eine wesentliche Voraussetzung für den Sieg über Hitler.

Leonard und Virginia führten am 13. Mai 1940 ein verantwortungsbewußtes Gespräch über gemeinsamen Selbstmord im Falle einer deutschen Invasion Englands. Was bedrückend wirkte, waren die sich immer steigernden Kriegshandlungen über England: »Duncan sah einen Luftkampf über Charleston — ein Silberbleistift und eine Rauchwolke. Percy hat die Verwundeten gesehen, die in ihren Stiefeln ankamen. So gerät mein kleiner Augenblick des Friedens in eine gähnende Leere. Aber obwohl Leonard sagt, daß er Benzin in der Garage hat, um Selbstmord zu begehen, sollte Hitler gewinnen, machen wir weiter. Es ist die Größe und die Kleinheit, die das möglich macht. Meine Gefühle (über Roger) sind so intensiv, doch der Umkreis (der Krieg) scheint einen Reifen um sie zu legen.«[261]

Wenige Tage später schrieb Virginia Woolf in ihr Tagebuch: »Der Krieg ist eine ungleichartige Krankheit. Denn einen Tag sucht er heim: dann strömt das Empfindungsvermögen aus; am nächsten Tag ist man entkörpert, in der Luft. Dann wird die

Batterie neu geladen und wieder — was? Nun, der Bombenterror. Nach London fahren, um bombardiert zu werden. Und die Katastrophe — wenn sie durchbrechen: heute morgen wurde gesagt, der Kanal sei ihr Ziel...«[262]

Doch Churchill ergriff seine Abwehrmaßnahmen. Das Schwanken der britischen Politik hörte schlagartig auf. Er hatte sich fest vorgenommen, Hitler zu besiegen. »Seine erste Gesetzesvorlage, am 22. Mai einstimmig angenommen, stellte jede Person und jeden Besitz in England vorbehaltlos der Regierung zu Kriegszwecken zur Verfügung. Nach sechs Monaten gab es in England keinen Arbeitslosen mehr, auf den Strandpromenaden exerzierte die Armee, und in den requirierten Hotels saßen Kriegsbehörden. Die Fabriken produzierten vierundzwanzig Stunden am Tage Waffen und Kriegsmaterial... dafür standen 29 fast voll bewaffnete Divisionen in dem Lande, das nach Dünkirchen fast waffenlos gewesen war, und in den Häfen und auf den Flugplätzen gab es mehr Kriegsschiffe und weit mehr Kampfflugzeuge als vor den verlustreichen See- und Luftschlachten des Jahres.«[263]

Die Woolfs fuhren nach London, in der bislang schrecklichsten Woche des Krieges. Am 25. Mai kamen T. S. Eliot und William Plomer zu Besuch. Die deutschen Truppen nahmen Amiens und Arras ein, brachen dann durch die alliierten Linien und verwüsteten alles mit Panzern und Fallschirmspringern: »...die Straßen voller Flüchtlinge können nicht bombardiert werden. Sie stürzen voran. Jetzt sind sie in Boulogne. Aber es scheint auch, daß die Besetzungen nicht solide sind. Was tun die großen Armeen, wenn sie dieses 25 Meilen lange Loch offen lassen? Das Gefühl ist, wir sind überlistet. Sie sind agil und furchtlos und drauf und dran, irgendeinen neuen Winkelzug auszuführen. Die Franzosen vergaßen, ihre Brücken zu sprengen. Die Deutschen scheinen jugendlich, frisch, erfindungsreich. Wir poltern hinten nach.«[264]

Diese Bemerkungen Virginia Woolfs lassen ein Mitdenken des Kriegsgeschehens ahnen, aber auch Verzweiflung über die deutschen Erfolge. Eine Ahnung des Fehlschlags der britischen Verteidigung durchzieht diese Zeilen. Ende Mai ging ein großes Gewitter über Rodmell nieder und Virginia dachte schon, es seien die Kanonen, die auf die Kanalhäfen schossen.

Virginia kämpfte auf ihre Weise weiter; sie nahm ihren Roman wieder auf, schickte ihren Walpole-Artikel ab, traf Vorbereitungen für einen Aufsatz über Sidney Smith. Harcourt Brace telegrafierte von New York, daß sein Verlag die Roger Fry-Biographie in Amerika herausbringen wolle.

Anfang Juni fuhren Leonard und Virginia nach London und kamen am 7. des Monats zurück. Es war ungeheuer heiß in England. Die Schlacht, die »unser Leben oder (unsern) Tod entscheidet«, ging weiter. Auch in Rodmell wurden die Luftkämpfe spürbar. Der Krieg belastete Virginia schwer: sie fürchtete um die Zukunft, um Leonard, um ihr Leben. ». . . ich reflektiere: Kapitulation wird bedeuten, daß alle Juden aufgegeben werden. Konzentrationslager. So in unsere Garage. . . Was wir fürchten (. . .) ist die Nachricht, daß die französische Regierung Paris verlassen hat. . . Es traf mich dies eine merkwürdige Gefühl, daß das schreibende Ich verschwunden ist. Kein Publikum — kein Echo. Das ist Teil des Todes von einem.«[265]

Die Angst der beiden Woolfs vor der Invasion reichte tief: Leonard war Jude und Sozialist. Leonard und Virginia fürchteten die Grausamkeit der Nazis. Vor allem hatte Virginia Angst vor dem Schicksals Leonards. Sie hatten über das, was in Deutschland mit den Juden geschah, eine klare Vorstellung und erkannten, daß all das, wofür sie zeitlebens eingetreten waren, durch den Nationalsozialismus zum Unwert gestempelt würde. In seinem Aufsatz ›Zusammenhänge‹ hat Friedrich Dürrenmatt vor wenigen Jahren das Wesen des Nationalsozialismus umrissen, wenn er schreibt: »Vielleicht gelingt es nur der Tiefenpsychologie, einige der Ursachen dieser Massenneurose aufzudecken; sicher, ein verlorener Krieg, eine mystische Reichsidee, verbunden mit einem Minderwertigkeitskomplex, mischten in dieser Teufelsküche mit.« Dürrenmatt beschreibt den Nationalsozialismus als ». . . ungeheuerliche Bewegung, die als ihren Erzfeind alles Exakte, Genaue, Begriffliche sah, die das Judentum als den intellektuellen Anreger des europäischen Geistes witterte, diese ins Ungeheuerliche ausgeweitete Dreyfus-Affaire, diese völkisch emotionelle Bewegung, die auch die meisten der deutschen Intellektuellen in sich hineinsaugte . . . dieser Massenwahn, mit der Mythologie von Ratten behaftet, der sich ein Reich blonder Bestien gleich auf tausend Jahre hin erträumte...«[266] Leonard Woolf hat in seinen Erinnerungen über diese Schreckenserscheinung geschrieben: »Wenn man am Radio der schäumenden Hysterie einer Rede des Führers bei irgendeiner Wettfahrt zuhörte, welche die Hysterie von Tausenden von Nazianhängern aufpeitschte, dann fühlte man, daß Deutschland und die Deutschen jetzt infiziert waren mit seinem Wahnsinn.«[267]

Virginias Depressionen nahmen zeitweilig stärker zu. Sie fühlte sich machtlos in diesem Schreckensgeschehen des Krieges, in dem die Völker aufeinander trafen und sich gegenseitig vernichteten. Virginia Woolf war müde geworden, müde des langen Kampfes in der Welt, in der Kunst, und doch vermochte sie sich aufzuraffen, um einen Roman im Jahre 1940 fertig zu schreiben, der zu ihren besten Arbeiten gehört. Im Angesicht der Kriegsbedrohung blieb die Arbeit das Wichtigste. An diesem Punkt verschmolzen Genialität und Tragik Virginia Woolfs wie in keiner anderen Phase ihres Lebens. Untergehen und Selbstbehauptung waren die zwei Seiten derselben Münze.

Das Absurde an Virginia Woolfs Leben im Jahre 1940 lag wohl darin, daß sie sich der weltpolitischen Ereignisse, des englischen Schicksals voll bewußt war, etwas daran ändern wollte — und nicht konnte. Zugleich ging das Leben in Rodmell weiter. Wenn Louie und Mabel Johannisbeeren und Stachelbeeren pflückten, so mögen sie sich nicht viel dabei gedacht haben. Doch Virginia sah solche alltäglichen Dinge anders; wie konnte ihnen ein Sinn innewohnen, wenn die Welt unterging? Dennoch machten die Woolfs weiter, sie besuchten Erste Hilfe-Kurse in Rodmell. Leonard gehörte schon seit geraumer Zeit zur Freiwilligen Feuerwehr des Ortes und stellte sich nachts für Wachgänge zur Verfügung.

Immer wieder kehrte aber Virginias Gedanke auf den Verlust ihres Publikums zurück; sie hatte keine Stimme mehr, und es gab keine Menschen, die auf ihre Werke reagieren konnten. Auch war die gewohnte und liebgewordene Struktur des Jahres für Virginia zerstört; es gab keine London-Seasons mehr, kein Frühjahr, keinen Bücherherbst, kein Weihnachts-Rodmell; es gab nur noch Krieg und ein Zutreiben auf den Abgrund.

So schrieb Virginia den prophetischen Satz: »Ich kann mir nicht denken, daß es einen 27. Juni 1941 geben wird.«[268]

Virginia klagte über innere Unruhe und Nervosität. Sie konnte Berichte über menschliche Schicksale nicht ertragen, wollte nichts Näheres darüber wissen, daß Ray Strachey gestorben war. Zudem regte sie sich sehr auf, weil das Erscheinen der Roger Fry-Biographie bevorstand. Der seelische Streß war für Virginia noch intensiver als bei Bucherscheinungen in den Friedenszeiten, zumal Rodmell immer häufiger durch deutsche Flugzeuge in Schrecken versetzt wurde.

Doch die positiven Stellungnahmen zu ihrem Buch verschafften Virginia Woolf etwas Erleichterung. Einige Kritiker schrieben so positiv, daß Virginia überzeugt war, sie hätte Rogers Leben durch ihr Buch Gestalt verliehen. Hinzu kam, daß sich das Buch trotz des Krieges in den ersten Wochen sehr gut verkaufte. Im T.L.S. und in der *Times* kamen gute Besprechungen heraus: »Die Times sagt, ich hätte ein Genie für das Relevante.« Diese Entlastung war wohltuend für Virginia: »...ich bin mir bewußt, daß etwas Permanentes und Wirkliches in meiner Existenz ist.«[269]

Für eine kurze Zeit in diesem Sommer fand Virginia Ruhe und Besinnlichkeit. Sie las, fand Gefallen an den schönen Sommerabenden. Doch sie sorgte sich weiter um die Aufnahme ihres Buches — und dachte vor allem an E. M. Forsters Meinung. Von Forster kam keine Reaktion, weder durch eine Kritik noch durch einen Brief. Am 4. August erschien eine lobende Besprechung von Desmond MacCarthy. Clive Bell pries das Buch in einem persönlichen Brief, was Virginias Selbstbewußtsein stärkte. Schließlich kam E. M. Forsters zu Virginias Leidwesen gedämpfte Reaktion.

In England und vor allem im Süden des Landes steigerten sich die Luftangriffe. Im August/September 1940 trieb die »Luftschlacht um England« einem Höhepunkt entgegen. »Zwischen der sieggewohnten deutschen Wehrmacht und der englischen Armee, die gerade erst ihr Kriegsmaterial und die Franzosen in Dünkirchen im Stich lassend, auf die heimatliche Insel geflohen war, lag nur noch der Kanal, und der wurde in der an Schärfe zunehmenden ›Luftschlacht um England‹ seit dem Sieg über Frankreich fast pausenlos von deutschen Bomber-Geschwadern überflogen. Darauf stellte ich mich ein«, schreibt Klaus Mehnert. »Spätestens im Frühsommer 1941 wird Hitler

England angreifen. Eine Eroberung der Britischen Insel durch Hitler kann Amerika nicht zulassen; es wird dann also in den Krieg gegen Deutschland eintreten.«[270]

Mehnert konnte von Hawaii aus natürlich nicht einschätzen, was Churchill inzwischen in die Wege geleitet hatte, doch ist seine Analyse im Prinzip stimmig.

Es war ein totaler Luftkrieg, doch Churchill war nicht zu Verhandlungen bereit. Die Deutschen planten die Besetzung Englands unter dem Decknamen ›Operation Seelöwe‹, doch diese Pläne wurden nicht verwirklicht, weil die deutsche Kriegsmarine der englischen Flotte unterlegen war. Nach dem Sieg der Royal Air Force über die deutsche Luftwaffe hat Hitler die Okkupationspläne nie wieder ernstlich erwogen. Die Luftangriffe wurden schrittweise abgebaut und 1941 ganz eingestellt. »Der Sieg über Deutschlands Luftwaffe war kein Salamis oder Waterloo. Aber er bewahrte England im Augenblick vor der Niederlage. Es gewann Zeit, seine eigenen Verteidigungsmöglichkeiten gegen eine immer noch drohende Invasion zu stärken und den Krieg auf den Atlantik und das Mittelmeer auszudehnen, wo seine strategischen Vorteile die der Deutschen übertrafen.«[271]

Hitler hoffte noch auf eine Friedensregelung mit England, erwog wohl auch einen Landkrieg mit regulären Truppen. Die Royal Air Force verfügte inzwischen über 60 Jagdgeschwader, doch England — vor allem Churchill — hoffte zugleich auf aktive Unterstützung der USA, die bislang wohlwollende Neutralität geübt hatten. Am 7. September griffen 300 deutsche Bomber London an, doch am 10. September war die deutsche Operation fehlgeschlagen.

Virginia Woolf wandte sich nach den Aufregungen um das Erscheinen ihres Buches wieder ihrem Roman zu, den sie — unerachtet der Kriegswirren — mit Energie voranbrachte. Mit Ben Nicolson geriet Virginia in eine Auseinandersetzung über Roger Fry. Ben griff Rogers Liberalismus an sowie seine fehlende Stellungnahme gegen den Nationalsozialismus. Virginia antwortete Ben am 13. August und verteidigte Roger nach Kräften, wies auf sein hartes Leben hin. Erst als er über 60 Jahre alt war, wurde Roger Fry Slade Professor of Fine Arts. Virginia argumentierte, daß die Kultivierungsarbeit, die Roger Fry gegenüber allen Menschen in England geleistet hatte, wohl den wertvollsten Beitrag zum Kampf gegen den Nazismus darstellte, wie er ihn von seinen Voraussetzungen leisten konnte.

Die Debatte wurde bis in die zweite Augusthälfte weitergeführt. Virginia wies Bens Angriff zurück, bloß für einen elitären Kreis von Leuten geschrieben zu haben, und führte zu Recht ihr Engagement in der sozialen Frage und in einer friedensorientierten Kulturpolitik ins Feld, erwähnte aber auch Leonards lebenslanges Eintreten für den Sozialismus, den gesellschaftlichen Frieden und die Freiheit des Individuums. Schließlich wurde der Streit beigelegt und die Kontrahenten versöhnten sich wieder.

Das Leben im Monks House hatte seine Schrecken im August 1940: die deutschen Flugzeuge kamen ganz nahe an ihr Haus heran. Zweimal pro Tag flog die deutsche Luftwaffe über Südengland: »Wir legten uns auf die Erde unter den Baum. Der Ton war wie jemand, der über uns in der Luft sägt. Wir lagen flach auf unseren Gesichtern, die Hände hinter dem Kopf. Beiße die Zähne nicht aufeinander, sagte Leonard. Sie schienen an irgend etwas Stationärem zu sägen. Bomben schüttelten die Fenster meines Häuschens. Wird sie fallen, fragte ich? Wenn ja, dann werden wir zusammen zerbersten. Ich dachte, ich denke an Nichts — Flachheit, meine Stimmung ist flach. Furcht, nehme ich an.«[272] Die Luftangriffe steigerten sich noch weiter.

Virginia glaubte Ende August, daß die Invasion, wenn sie kommen würde, in den nächsten drei Wochen kommen müßte. Am 31. August 1940 notierte sie: »Jetzt sind wir im Krieg. England wird angegriffen. Ich bekam dieses Gefühl erstmals vollkommen gestern; das Gefühl des Drucks, der Gefahr, des Schreckens. Das Gefühl ist, daß ein Kampf vor sich geht — ein schrecklicher Kampf. Kann 4 Wochen dauern. Fürchte ich mich? Zeitweilig. Das schlimmste ist, daß der Geist am nächsten Morgen nicht mit einem Sprung arbeitet.«[273]

Von dem Gefühl, daß die Deutschen die Invasion doch noch durchführen würden, konnte sich Virginia Woolf nicht freimachen. Sie fühlte die unmittelbare existentielle Bedrohung. Adrian Stephen, der die Nazis in Berlin gesehen hatte, bekannte für sich, daß er Selbstmord begehen würde, falls die

Deutschen einmarschierten. Er bot Leonard und Virginia eine Dosis tödlichen Giftes für den Tag X an.

Anfang des Monats September kletterte das Thermometer auf Rekordhöhe. Virginia pflegte die Kontakte zu den Nicolsons sehr, telefonierte mit Vita und hatte Ben im Monks House zu Gast. Am 5. September sah Virginia wieder einen Luftkampf — wie schon so viele: »Alle Autoren sind unglücklich. Das Bild der Welt in Büchern ist so zu düster. Die Weltlosen sind die Glücklichen: Frauen in Bauerngärten...«[274]

Nach den Jägerangriffen wurden nun deutsche Bomberpulks geschickt, die London bombardierten. Virginia änderte ihre Briefe ab September 1940: sie schrieb häufiger und ausführlicher an ihre Freunde, berichtete vom Kriegsgeschehen, das sie miterlebt.

In Abständen fuhren die Woolfs nach London, so auch am 9. September 1940. In der Gower Street trafen sie auf eine Absperrung, der Mecklenburgh Square wurde durch Taue abgeriegelt: »Das Haus, das von unserem 30 Meter entfernt steht, wurde nachts um 1.00 Uhr von einer Bombe getroffen. Völlig zerstört. Eine andere Bombe im Square ist noch nicht explodiert.«[275] Die Menschen waren offensichtlich unter den Trümmern begraben, doch noch weitere Häuser waren in diesem Areal zerstört worden. Das Haus der Woolfs blieb unversehrt, doch die Fenster sprangen durch die Explosionswellen heraus.

Die Verwüstungen in London nahmen erhebliche Ausmaße an. Doch der Widerstand der Engländer wuchs angesichts dieser Bombardierungen. Virginia traf den alten Mr. Pritchard, den Rechtsanwalt, den langjährigen Untermieter der Woolfs. Er sagte nur: »Sie (die Deutschen) besitzen in der Tat die Unverschämtheit zu sagen, daß uns dies veranlassen wird, den Frieden anzunehmen.«[276] Damit sprach er die Meinung der englischen Bevölkerung aus, die sich mit dem deckte, was Churchill im Mai 1940 in seiner Rundfunkansprache gesagt hatte. Auch in Holborn rauchten die Ruinen, große Geschäfte fielen der Zerstörung anheim. Virginia beschrieb London als Alptraum: überall Zerstörung, leere Straßen, zerbrochene Fenster.

Während Virginia einen Brief an Ethel Smyth schrieb, sah sie aus dem Fenster: »Ich habe gerade gesehen, wie ein Flugzeug über dem Hügel bei Lewes abgeschossen wurde. Wir hörten das

Geschützfeuer, rannten heraus, sahen das Flugzeug trudeln und abstürzen, und dann ein Ausbruch schwarzen Rauchs. Das englische Flugzeug zog einen Kreis und flog fort.«[277] An diesem selben 11. September 1940 sprach Churchill über den Rundfunk und berichtete von den deutschen Vorbereitungen zur Invasion. Entweder würde dies in den nächsten zwei Wochen geschehen oder gar nicht, denn in den französischen Häfen konzentrierten sich Schiffe. Über die Bombardierungen sagte Churchill: »Sie sind gleichzustellen mit den Tagen, als die spanische Armada sich dem Kanal näherte und Drake sein Bowling-Spiel beendete.«[278]

»Ein anderer Luftangriff gestern auf London. Eine Zeitbombe traf den Palast. John rief an. Er war am Mecklenburgh Square in der Nacht des Luftangriffs; er will, daß die Presse sofort entfernt wird. Unsere Fenster sind zerbrochen. Er schläft irgendwo anders. Der Mecklenburgh Square ist evakuiert...«[279]

In London wurden inzwischen neue Sperrfeueranlagen installiert, um die deutschen Luftangriffe wirkungsloser zu machen. Am 13. September fuhren die Woolfs erneut nach London, um die Hogarth Press zu verlegen, die Fenster zu vernageln, Wertsachen und Briefe mitzunehmen. Virginia Woolf hatte offenbar in dieser Aktivität ihre seelische Anstrengung vergessen. Sie besaß durchaus das Zeug zur Tapferkeit, dachte daran, eine ›Common History‹ zu schreiben, eine englische Geschichte, welche die Biographie mit umfaßte.

England rüstete sich mit aller Kraft auf gegen die drohende Invasion. Die Militärbewegungen in London wollten kein Ende nehmen. Auch die Südküste wurde wie noch nie zuvor gesichert. In Rodmell verließ Virginias Köchin am 16. September das Monks House, weil es ihr dort zu unsicher war. So befiel Virginia das Gefühl des Eingeschlossenseins in Rodmell. Wieder dachte sie daran, daß sie kein Publikum mehr hatte. Das Schreiben wurde für sie immer deutlicher eine Tätigkeit im luftleeren Raum. Sie beschwor ihre Freunde, aus London zu entfliehen, und schrieb am 15. September an William Plomer: »Die Bomben kommen zu nahe an die Freunde heran.«

»›In Zeiten öffentlicher Krisen‹, schrieb sie 1941, ›ruft der Autor aus: Ich kann nicht mehr schreiben. Ich habe kein Publikum.‹

›Ich habe kein Publikum‹. Eingebettet in einen Entwurf ihres letzten Essays ›Der Leser‹, sprechen diese Wörter beredt einen anderen Aspekt von Woolfs eigenem Lesen an: ihr lebenslanges Beharren auf der Rolle des Publikums in der Schöpfung und Wiedererschaffung eines Kunstwerks. Für Woolf wohnt die Literatur nicht bloß dem geschriebenen Wort inne, sondern (auch) in der Gegenwart lebendiger Männer und Frauen, die ein Werk hören oder lesen, wenn es erstmals erscheint, und die es am Leben erhalten durch den Akt des Lesens.«[280] Diesen Gesichtspunkt der persönlichen Krise und Tragik Virginia Woolfs darf man nicht übersehen, auch wenn sich in ihr gegenteilige und optimistische Tendenzen regten! So schrieb sie am 11. September, sie könnte weitere zehn Jahre aushalten, wenn Hitler »keine Splitter in meine Maschine fallen läßt«.[281]

Doch das Gefühl der Verlassenheit überwog doch. Die Woolfs besorgten sich Vorräte in Lewes für den Fall einer Invasion. Virginia vermochte es nicht, sich in der Bibliothek von Lewes eine Literaturgeschichte auszuleihen, so sinnlos kam ihr die Bücherwelt vor mit dem all dem Staub, den Rangkämpfen darum, wer der beste Kritiker ist. »Unsere Insel ist eine Wüste«, schrieb Virginia am 17. September in ihr Tagebuch. Schon am nächsten Tag erhielten die Woolfs die Nachricht, daß durch die Bombe im Mecklenburgh Square ihr Haus betroffen wurde: vor allem kamen die Decken herunter. Vieles war zerstört, einiges noch zu retten. Nun sollte die Druckerpresse nach Letchworth gebracht werden. »Ein grimmiger Morgen. Wie kann man sich niederlassen mit Michelet und Coleridge. Wie ich sage, wir brauchen Mut... Aber ich arbeite mich gleichwohl vorwärts mit P. H.«[282] Der Umzug der Hogarth Press nach Letchworth, Hertfordshire, erfolgte am 20. September 1940. Von Letchworth aus arbeitete John Lehmann weiter. Am 25. September fuhren Leonard und Virginia nach London, um ihre Wohnung zu vernageln und Gegenstände mitzunehmen.

Virginia Woolf litt sehr darunter, daß London, die Stadt, welche sie die »Liebe ihres Lebens« nannte, vor der Zerstörung stand. Ende September brannte Vanessas und Duncans Atelier in No. 8 Fitzroy Street durch Bombardierung aus. Einhundert Gemälde wurden zerstört, dazu alles Mobiliar.

Wie überanstrengt Virginia auch immer gewesen sein mag,

sie brachte es trotz dieser ungeheuren Belastungen fertig, ihren »Standard« aufrechtzuerhalten; die Woolfs waren tätig, sahen — wenn es ging — Freunde, wechselten zwischen Arbeit und Muße. Rodmell war gefährdet: bei einer deutschen Invasion wäre die 9. deutsche Armee drei Meilen entfernt bei Newhaven an Land gegangen.

Virginia schrieb einige ausdrucksstarke und schöne Beschreibungen der Landschaft von Rodmell an den frühen Oktoberabenden des Jahres 1940. Es schien so, als ob die Natur keine Notiz vom Krieg nähme, als ob ein Allgemeines alles vom Menschen stammende Besondere übermächtigen würde: »Sollte ich an den Tod denken? Letzte Nacht ein großer schwerer Fall einer Bombe unter dem Fenster. So nahe, daß wir beide aufsprangen. Ein Flugzeug war vorbeigeflogen und hatte diese Frucht fallen gelassen. Wir gingen auf die Terrasse. Schmuckstücke aus Sternen sprühten und glitzerten. Die Bomben fielen auf Itford Hill. Dort sind zwei am Fluß, markiert mit weißen Holzkreuzen, noch nicht explodiert. Ich sagte zu Leonard: Ich möchte jetzt noch nicht sterben. Die Chancen stehen dagegen.«[283] Leonard hat das Leben während des Krieges als eine Erstarrung bezeichnet: »Das Leben wurde wie einer dieser schrecklichen Alpträume, in denen man versucht, vor einem bösartigen, namen- und formlosen Horror zu flüchten, und die Beine versagen einem, so daß man hilflos und erstarrt auf die unausweichliche Vernichtung wartet. Nach der Nazi-Invasion in Österreich wartete man hilflos auf den unausweichlichen Krieg.«[284]

Virginia fürchtete sich vor nichts so sehr wie vor einem Bombentod; die Vorstellung, von einer Bombe zerfetzt zu werden, wurde ihr unerträglich. Unvorstellbar zeigte sich der Gegensatz zwischen dem schönen Herbst 1940 und dem Krieg: eine absurde Wahrheit.

Anfang Oktober kam Vita Sackville-West ins Monks House. Die Woolfs freuten sich sehr über ihren Besuch. In einem Brief an den amerikanischen Verleger Donald Brace schrieb Virginia über die Lage: »Ich brauche nicht zu sagen, daß die Verhältnisse in England sehr unangenehm sind — aber wir machen weiter und freuen uns, Sie eines Tages wiederzusehen.«[285]

Virginias Tagebucheintragungen im Oktober weisen eine merkwürdige Schwerelosigkeit auf: sie scheint in ihrer Situation zu schweben. »... es ist alles so himmlisch frei und leicht — Leonard und ich allein.«[286]

Vita schickte Mitte Oktober Schafswolle nach Rodmell, damit Virginia warme Sachen für sich und Leonard stricken konnte. T. S. Eliot schickte ein neues Buch, und Virginia lud ihn nach Rodmell ein, falls die Kriegswirren eine Fahrt ermöglichten. Am 17. Oktober erfuhren die Woolfs, daß ihr altes Haus No. 52 Tavistock Square den Bomben zum Opfer gefallen war. Am selben Tag trug Virginia in ihr Tagebuch ein, daß sie die Nachricht von der amerikanischen Zeitschrift *Harper's Bazaar* erhalten hatte, sie möchte unbedingt einen Artikel oder eine Geschichte schicken für ein Honorar von 120 Pfund Sterling.

Am 20. Oktober fuhren die Woolfs wieder nach London. Virginia sah eine immense Menschenschlange vor der Warren Street Untergrundbahnstation: alle warteten darauf, in die U-Bahn gelassen zu werden, um sich so vor den Luftangriffen zu schützen. Am Tavistock Square sahen Leonard und Virginia nur noch einen Haufen Ruinen. Am Mecklenburgh Square fanden sie Abfall, Glas, Staub, atomisierten Deckenputz. Überall in der Wohnung lagen Bücher herum. Nur das Wohnzimmer war noch fast in Ordnung.

Am 3. November trat der Fluß Ouse aus dem Bett, zerbrach die Uferbefestigung und überschwemmte das Land. Die Marsch verwandelte sich in ein Meer, über das die Möwen flogen. Die Novemberregen und -stürme setzten ein. Virginia schrieb kontinuierlich an ihrem Roman ›Pointz Hall‹, ohne Probleme, offenbar sehr konzentriert. »Nie war ich so fruchtbar. Auch: der alte Hunger nach Büchern in mir: die kindliche Leidenschaft. So daß ich sehr ›glücklich‹ bin, wie man so sagt: und aufgeregt durch P. H.«[287]

Deutsche Nachtbombergeschwader zerstörten am 14. November 1940 die Stadt Coventry vollkommen. Dadurch sollte die englische Bevölkerung demoralisiert werden. Doch die Wirkung war genau entgegengesetzt. Am selben Tag schrieb Virginia Woolf an Ethel Smyth, daß eine weitere Bombe Mecklenburg Square in Mitleidenschaft gezogen habe, so daß nun die

Woolfs den Rest ihrer Habe nach Rodmell holen mußten. Und Virginia fuhr in demselben Brief fort: »Dann bombardierten sie zu meinem unendlichen Entzücken unseren Fluß. Kaskaden von Wasser tosten über die Marsch. — Alle Möwen kamen und ritten auf den Wellen am Ende des Feldes. Es war und ist noch ein Inselmeer von unbeschreiblicher Schönheit, fast immer wechselnd, Tag und Nacht, Sonne und Regen, daß ich meine Augen nicht abwenden kann.«[288]

Am Samstag, den 23. November 1940, vollendete Virginia Woolf ihren letzten Roman ›Pointz Hall‹. Sie dachte sogleich an ein neues Buch, das sie ›Anon‹ nannte. Virginia triumphierte über ihr Werk: »Ich denke, es ist ein interessanter Versuch in einer neuen Methode. Ich denke, es ist wesentlicher als die anderen Bücher.«[289]

*Zwischen den Akten.* Der Roman ›Zwischen den Akten‹ weist deutlich lyrische Züge auf, ist aber sorgfältig gebaut und stets kontrolliert geschrieben worden. Auch dieser Roman ist ein Experiment, das man nicht einschränken darf auf den Typ des ironisch gebrochenen Gesellschaftsromans im Sinne von Jane Austen, auch wenn Personen und Ort lokal begrenzt sind. Der Roman ist mindestens so abstrakt wie ›Die Wellen‹, läßt sich daher nicht auf eine einzige feste Bedeutung begrenzen, an der nicht mehr gerüttelt werden dürfte. ›Zwischen den Akten‹ lebt vom Ineinanderübergehen von Lyrik, Prosa und Dialog; der Roman ist ein erfolgreiches Experiment, das Passagen des Besten enthält, was Virginia Woolf je schrieb.

Besonders interessant ist, daß der Roman konstruiert wurde um den fiktionalen Kern eines historischen Schauspiels, das »im Roman« aufgeführt wird und das die literarische Vision »wirklicher« Geschichte vermittelt.

Dieser Roman ist eines der merkwürdigsten Bücher Virginia Woolfs. Wie bei ›Mrs. Dalloway‹ umfaßt die erzählte Zeit einen einzigen Tag vom frühen Morgen bis in die Nacht. Dabei wird der Roman durch Szenen gegliedert, die im Text durch Absätze voneinander getrennt werden. Es handelt sich um einen Junitag des Jahres 1939. Der Roman stellt die Familie Oliver vor, die seit einhundertundfünfzig Jahren auf einem schon im Mittelalter erbauten Landsitz namens Pointz Hall lebt und an dem besagten Junitag der Aufführung eines historischen Laienspiels entgegensieht. Alljährlich wird in Pointz Hall ein Stück aufgeführt zugunsten der Kirche des Ortes.

›Zwischen den Akten‹ teilt sich in die Darstellung von Familie, Haus und Umwelt einerseits und in die Aufführung des Stückes andererseits. Virginia Woolf schildert das Verhältnis von Gentry und Dienern sowie der Olivers und ihrer Freunde indirekt durch Ansichten, die von der Figur geäußert werden. Zugleich versteht es die Autorin, zu berichten, was im Innern der im Roman auftauchenden Menschen vorgeht — was sie denken, was sie empfinden, wo ihre Wünsche liegen und wie diese beschaffen sind. Menschliche Selbstdarstellung und -enthüllung geschieht im Buch vor allem »zwischen den Akten« des Theaterstücks; in den Pausen werden die Zuschauer in den Stand gesetzt, das Vorgeführte zu reflektieren und sich mit ihm auseinanderzusetzen durch Vergleich mit ihren Erwartungen, eigenen Vorurteilen und der jeweiligen Selbsteinschätzung. Man kann sagen, daß sich das Romanthema auf das bezieht, was »zwischen den Akten« geschieht.

Das von Miss La Trobe inszenierte Stück soll bei schlechtem Wetter in der über siebenhundert Jahre alten Scheune aufgeführt werden, doch das Wetter erlaubt, daß die Scheune für das Teebüffet hergerichtet werden kann. Hier kommen die Gäste zusammen, um zu reden. Das Theaterstück selbst präsentiert in allegorisch-ironischer Distanz eine Geistesgeschichte Englands vom Mittelalter bis in die Gegenwart, dargestellt am Verhältnis der Geschlechter zueinander. Dabei werden die wichtigsten Abschnitte, die Veränderungen brachten, den Menschen vor Augen geführt: die Zeit Chaucers, die Zeit Elisabeths, das 18. Jahrhundert unter Queen Anne, das viktorianische Zeitalter und schließlich die Gegenwart. In den Szenen werden englische Tugenden und ihre Kehrseiten dargestellt. Die Rezepte des englischen Erfolges werden sichtbar durch Ausdauer, Intelligenz, Besitzstreben und Machtgewinn der oberen Mittelklasse, die sich Wohlstand und Einfluß erwirbt auf Kosten der arbeitenden Armen.

Die Vergangenheit wird dabei zugleich als Teil der Gegenwart gezeigt, weil Einstellungen und Verhaltensweisen als typisch verinnerlicht wurden.

Alle Akte des Stückes befassen sich mit der Dialektik des Männlichen und Weiblichen. Die Kennzeichnungen der Epochen werden verdeutlicht am Stil des Liebeswerbens, das zugleich die anderen vorherrschenden Werte anzeigt. Man könnte sagen, Virginia Woolf führte die Androgynie im Spiegel ihrer Verzerrungen in der Geschichte vor.

Im Zeitalter Elisabeths I. war zwar noch die Einheit im gesellschaftlichen Leben spürbar, doch der Typus des unternehmenden, individualistischen Renaissance-Menschen drängte nach vorn mit seinem »Willen zur Überlistung und Beherrschung des anderen«[290]. In der Restauration (nach 1660) verstärkte sich der Besitz- und Herrschaftswille der oberen Mittelklasse in England. Der Geist des Kapitalismus hatte in England neue wirtschaftliche Verkehrsformen hervorgebracht: die Vernunft wurde nunmehr strategisch eingesetzt, um moderne Verfahren im profitreichen Wirtschaftshandel zu etablieren. Selbst das Verhältnis der Geschlechter wurde in diese Kommerzialisierung mit einbezogen. Der Viktorianismus schließlich huldigte allgemein dem Geldverdienen und dem Besitz. Männer wie Thomas Carlyle fühlten sich aufgerufen, die Götzen des Mammonismus für den Zerfall der gesellschaftlichen Solidarität verantwortlich zu machen. Für die Moderne vollends fehlt ein eigener Akt im Stück. Vielmehr werden einige Fragmente geboten, bizarre Zeichen, die an Szenen in Hermann Hesses ›Steppenwolf‹ erinnern. Diese Elemente werden in einer Synchronie des Heterogenen vorgeführt. In dieser Zusammenfügung von Splittern fehlt ein leitender Gedanke. Zwar wird auf den Fortschritt der Technik hingewiesen, doch das Bild vom elektrischen Kühlschrank symbolisiert das nur materielle Weiterkommen der Menschen: die Arbeitserleichterung, nicht aber die Sinngebung im Leben selbst. Der Fortschritt wird bezahlt durch menschlichen Rückschritt oder durch Beharren alter, autoritärer Verhaltensmuster.

Wenn das Stück die allgemeine Entwicklung des englischen Interesses durch die Jahrhunderte zum Gegenstand erhebt, so wird in der Familie Oliver eine innere Spannung spürbar. Die kritische Ehe von Isa und Giles Oliver wird von Anfang bis Ende des Romans vorgeführt. Giles hat Verhältnisse mit anderen Frauen, doch Isa, die ihn zugleich liebt und haßt, kann sich

nicht von ihm — »dem Vater meiner Kinder«, wie sie ihn nennt
— lossagen. In die strapaziöse Atmosphäre dieses Sommerta-
ges platzt die Bekannte des Hauses, die wohlhabende Mrs.
Manresa, herein. Mrs. Manresa, als »over-sexed« und »over-
dressed« beschrieben, lockert die sterile Situation in Pointz
Hall auf durch Manieren, die nicht gerade mustergültig sind.
Mrs. Manresa bringt William Dodge mit, einen jungen, blassen
Mann, der in den Augen der Gentry — vertreten durch Giles
Oliver und seinen alten Vater — ein Versager ist, ein weiblicher
Typus, den Künsten gegenüber aufgeschlossen. Dodge wird
von Manresa als Bildungsanhängsel favorisiert.

Beide Olivers dagegen hängen einem Männlichkeitswahn
nach. Als der alte Oliver seinen kleinen Enkel erschreckt, erwartet er »mutiges« Aufnehmen dieser Handlung, nicht aber
Kindergeschrei. Sein Bild vom Mann entspricht den Idealen der
Gentry, die durch soldatische Härte, gepflegt in Generationen
während Diensten für die Krone, Ansehen und Einfluß erwarb, die zugleich als Vorbedingung für den materiellen Erfolg
galten. So wirft der alte Oliver seiner Schwiegertochter Isa vor,
sie habe ein Schrei-Baby, das die Normen seiner Klasse verletzte.

Doch in den dreißiger Jahren des 20. Jahrhunderts war der
alte Glanz der Gentry schon verblaßt. Giles muß sich sein Brot
durch harte Arbeit als Börsenmakler verdienen. Daher entwik-
kelt er spontan Haßgefühle gegen William Dodge, den er sogar
verachtet. Als Giles im Garten eine Schlange sieht, die es nicht
schafft, eine Kröte hinunterzuwürgen, erkennt er diese »Szene«
als Hinweis auf das Prinzip »Fressen oder Gefressenwerden.«
Er zertritt die Tiere, wohl deshalb, weil er selbst es nicht
schafft, das, was er ablehnt, schlicht zu »fressen«, d.h. zu besiegen — nämlich seine Doppelexistenz. Schließlich ist Giles
selbst versklavt, er wird auch als Prometheus geschildert. Ganz
im Unterschied zur alten Gentry ist er ein Wochenendgentle-
man, der mit dem Aktenkoffer des Börsenmaklers in Pointz
Hall anreist; er kann seine Existenz nicht mehr auf die altherge-
brachte Weise bestreiten, sondern muß sich spalten in eine un-
geliebte Berufstätigkeit und in eine stark reduzierte Daseins-
form als Landedelmann.

So bedeutet für ihn die Zerstörung der beiden Tiere eine ihn erleichternde Aggression. Er bespritzt seine weißen Tennisschuhe mit Blut, bestätigt also das Prinzip, das er auf seiner Ebene nicht im Griff hat, an Lebewesen, die er total beherrscht. Ähnlich wird in ›Zwischen den Akten‹ das Verhältnis der Gentry dem Hauspersonal gegenüber verdeutlicht. Dieselbe »underdog«-Rolle schiebt man Miss La Trobe unter, die zwar die philosophische Reflexion verkörpert, aber in ihrem Lebensstil als Lesbierin und Trinkerin nicht den äußeren Formen der oberen Mittelklasse entspricht.

Mrs. Manresa vermag diese Verhaltensmuster zu überschreiten. Das äußert sich in ihrer Lebendigkeit; sie fasziniert den alten Oliver ebenso wie Giles, erregt aber die Eifersucht Isas. Dieses Thema der psychisch-sexuellen Spannung bleibt im Roman permanent, auch wenn die »Menschenmassen« auftreten, die kommen, um das historische Stück am Nachmittag zu sehen.

Mrs. Manresa und Giles Oliver driften aufeinander zu, obwohl sich kein konkretes Liebesverhältnis ergibt. Als Mrs. Manresa und Giles am Nachmittag zusammenfinden, geht Isa mit Dodge zusammen zum Gewächshaus, ohne daß sich eine erotische Beziehung herstellt. William und Isa finden einander sympathisch und verstehen wechselseitig ihr Schicksal. Sexuell fühlt sich Isa dagegen von dem Typus des edlen Gentleman angezogen, der bei Gelegenheit eines Tennisspiels sich ihr gegenüber einmal galant verhielt, den sie aber an dem Theaternachmittag vergeblich unter den Gästen sucht.

Die einzige, die William Dodge gern mag, ist Mrs. Swithin, die Schwester des alten Oliver, eine gläubige »Närrin«, die durchaus intelligent ist. Sie verbringt jeden Sommer in Pointz Hall, ist aber schon durch die Besuche in vielen Jahren zum Faktotum geworden. Mrs. Swithin wird immer wieder von ihrem Bruder geneckt, der nur an den Nutzen und an den gesunden Menschenverstand glaubt, nicht aber an Gott. Mrs. Swithin zeigt William Dodge noch vor der Aufführung das Haus, das sie ihm nicht fachmännisch beschreibt, sondern aus dem Erleben heraus schildert; das Haus ist ein Stück von ihr, wie sie ein Stück des Hauses ist.

Je mehr der Roman dem Ende zugeht, umso verzweifelter sucht Isa nach einer Befreiung aus ihrer Einsamkeit, nach einer

Ausflucht. Viele ihrer Gedanken und Äußerungen sind in einer lyrischen Sprache wiedergegeben, und sie selbst schreibt Gedichte, die sie aber verborgen läßt in einer Kladde, die wie ein Haushalts-Abrechnungsbuch aussieht. In ihrem Traum von Rupert Haines, dem edlen Gentleman, wird Isa getäuscht. Sie kann den Traum nicht in die Wirklichkeit einholen. Da William Dodge aus Isas geistig-seelischer Gestalt heraus kein Partner für sie sein kann, ist und bleibt für sie Giles der einzige Mann, mit dem sie leben kann, auch wenn sie seine brutalen Seiten, seine Untreue haßt. Ihre Sexualität ist so stark ausgeprägt, daß sie am Ende des Tages mit Giles streiten wird — dies stellt das Romanende als Schlußfolgerung vor. Nach dem Streit wird sie mit Giles schlafen und aus dieser Umarmung — so der Kommentar der Autorin — mag ein neues Leben entstehen.

Die Folge der Generationen in der englischen Geschichte wird auf das Exemplum von Isa und Giles angewendet. Die letzte Wirklichkeit der menschlichen Gattung, der Trieb zur Fortpflanzung, der immer wieder Menschen entstehen läßt, wird von Virginia Woolf kontrastiert mit der Suche nach Einsicht in das gesellschaftliche Leben, nach Wahrheit im Umgang der Menschen miteinander und nach echtem, wechselseitigem Verstehen.

Die Gespräche »zwischen den Akten« beweisen aber, daß all diese grundlegenden Bestrebungen im Verlaufe der englischen Geschichte nie erfüllt wurden innerhalb der Mittelklasse. Den Angehörigen der Mittelklasse erschien Geld, Status, politischer Einfluß immer weitaus wichtiger als die Entwicklung einer neuen menschlichen Praxis. Die Vorurteilsstruktur der Menschen steht dem wahren, besseren Menschsein im Wege. Durchsetzen wird sich nach Aussage des Romans das Lebensprinzip immer aufs Neue, das Gesetz des Überlebens, des Stärkeren, des Mächtigen. Damit sind die Fragen nach einer Sinngebung der Geschichte, nach wahrer menschlicher Gesellschaft und nach individuellem Lebenssinn aber ungeklärt wie eh und je. Die Geschichte hat die Menschen in ihrer ethischen Qualität nicht verbessert.

Auf diesem Hintergrund ist allein die Figur der Autorin und Regisseurin des Stückes zu sehen. Sie gilt als Außenseiterin in der Gegend. Niemand dankt ihr für die Mühe nach der Aufführung. Miss La Trobe führt die Regie nahezu unsichtbar; sie hält die Fäden in der Hand und erreicht durch ihre Begabung, der englischen guten Gesellschaft — exemplifiziert in den Zuschauern — einen Spiegel ihrer Geschichte und damit ihrer seelischen Grundmuster vorzuhalten.

Die Hervorhebung des Theatralischen in der Gestalt der Miss La Trobe erinnert an die These von James Joyce, das Drama sei die höchste literarische Kunstform, weil sich ein Geschehen gleichsam selbständig auf der Bühne entwickle. Miss La Trobe will in ihrem Stück ihre Vision hervorbringen, die von den anderen geteilt werden soll, doch die anderen vermögen diesen Angriff auf ihr Selbst nicht auszuhalten und überweisen das Gemeinte an die Privatheit der Miss La Trobe zurück.

In den Pausen — »zwischen den Akten« — zeigt Virginia Woolf meisterhaft, wie die Anwesenden einer Auseinandersetzung mit solchen radikalen Fragen ausweichen und sich in den small talk flüchten. Von besonderer Bedeutung erscheint die glänzend dargestellte Hohlheit und Oberflächlichkeit des Gesellschaftstratschs, bei dem es jedem nur darauf ankommt, selbst gut abzuschneiden in bezug auf seine soziale Stellung, seinen Einfluß, seine Verbindungen zu den höchsten Kreisen. Statussymbole wie Autos — hier Rolls Royces, Hispano-Suizas und Bentleys —, Reisen, Familie stehen im Zentrum des Geplänkels. In diesen Zwischenspielen der Zuschauer werden die wirklichen Antriebe der englischen Mittel- und Oberklasse genauso enthüllt wie im Spiel, so daß das Spiel zum Leben wird und das Leben zum Spiel. Die scharfe Gesellschaftskritik weist diese Klasse aber zurück, indem sie nur die Wertformeln, welche England nach außen repräsentieren, sentimental und teils verlogen bestätigt und wiederholt. Als Ergebnis des Stücks wird eine Apotheose Englands erwartet durch das Vorzeigen von Symbolen: die Armee, die Marine, die Kirche. Wie »ein Mann« steht das Publikum beim Spielen der Nationalhymne auf: hier feiert sich eine Gesellschaft selbst — sie verharrt im Teufelskreis ständiger Selbstbestätigung ohne kritische Distanz.

Die Einheit, die Miss La Trobes theatralische Vision hervorruft, ist ihr »Augenblick des Seins«, auch wenn er von den anderen Menschen an diesem Junitag des Jahres 1939 nicht mit-

vollzogen wird. »Gefangen in ihrer eigenen Isolation und Qual
... sind (die Menschen in Woolfs Universum) ... zugleich Teil
von etwas Größerem als sie selbst sind in Augenblicken der Erkenntnis. Solche Augenblicke der Wahrnehmung, welche Unvereinbarkeiten versöhnen, und das Leben mit Ganzheit und
Bedeutung ausstatten, die nicht gewöhnlich empfunden wird,
sind die transzendenten Werte in Woolfs Romankunst.«[291]
Deutlich wird bei der Aufführung des historischen Stückes
die Betonung der nationalen Kontinuität Englands — von den
Zuschauern in erhabener Selbsterhöhung aufgefaßt — und die
ironische Brechung, die auch eine tragische Abschattung aufweist in der Bedrohung durch den bevorstehenden Zweiten
Weltkrieg.

Reflexion wird am Schluß des Romans mit Reflektion zusam-
mengesehen: die Regie baut eine Szene ein, in der die Schau-
spieler Spiegel vor sich her tragen, in denen die Zuschauer sich
abgespiegelt finden. Doch der Versuch der Bewußtmachung
der Zuschauer, die Aufklärung über ihr Selbst, mißlingt.

Nicht nur die Geschichte wird von Virginia Woolf in ›Zwischen den Akten‹ als Grundthema eingebaut. Sie weist der Sprache einen ebenso bedeutenden Platz an; die Figuren im Roman
sind sich der Wichtigkeit kaum bewußt, welche der Sprache auf
der Tiefenebene von Bedeutungen zukommt. Aber genausowenig erfassen sie das Wirken der Geschichte, und doch fühlen sie
sich als Bestandteil eines gemeinsamen Herkommens.

Die Sprache des Romans deutet auf die Zersplitterung des
modernen Bewußtseins im 20. Jahrhundert, ja es findet sich
Sprach-Zersplitterung in den häufigen Zitaten oder Bruchstük-
ken, welche die Ziellosigkeit und Brüchigkeit des Lebens unterstreichen. Die Gespräche der Romanfiguren erinnern an Kolla-
gen der Sprache, die die Gleichzeitigkeit des Disparaten zeigen:
»...die Bruchstückhaftigkeit des modernen Lebens wird jetzt
verkörpert in einer verdichteten, nicht naturalistischen Erzählung, die größtenteils aus Sprache besteht.«[292] Doch auch die
Sprache selbst wird zum Gegenstand der Nachdenklichkeit:
»Gedanken ohne Wörter, ...Kann das sein?«[293] Das Faktum
der Gesprächsfetzen weist meistens auf die Umkehrung des Sat-
zes: Wörter ohne Gedanken. Aber auch die Alltagssprache tritt
in den Vordergrund, weil sie ja in ihrer Eigenschaft als Natio-

nalsprache — wenn auch unter bestimmten Filterungsprozessen — die Sprache der englischen Dichtung vom Mittelalter bis zur Gegenwart ist. Insofern reflektiert der Roman ›Zwischen den Akten‹ die nationale englische Kulturtradition, ohne sie jedoch absolut zu setzen.

Die Sprache der Erzählerin zeigt aber nicht nur Zersplitterung, sondern auch den Zusammenhang der Dinge; sie kann daher einschließend, witzig und lyrisch sein. Der Gedanke einer gemeinsamen Mittelklassenkultur besitzt etwas Inklusives. Folglich wird die Zersplitterung des modernen Lebens auch wiederum durch die Kunst überschritten: »Im Universum Virginia Woolfs wandeln sich die Dinge und bleiben zugleich dieselben.«[294] Das Betonen des Inklusiven in ›Zwischen den Akten‹ deutet auf die künstlerische Kreativität selbst hin; wenn die Welt wie ein Spiegel in viele Scherben zerfallen ist, so besteht die Aufgabe des Künstlers darin, die Ganzheit mit seinen Mitteln wiederherzustellen. Die Herstellung der Einheit ist Virginia Woolfs Aufgabe als Romanautorin. Sie wird gespiegelt im Roman durch Miss La Trobe: »Ah, sie war nicht bloß der Zupfer an einzelnen Fäden; sie war jemand, der wandernde Körper und fließende Stimmen in einem Kessel kocht und aus seiner amorphen Masse eine wieder erschaffene Welt erstehen läßt. Ihr Augenblick war da — ihr Ruhm.«[295]

Es liegt nicht weit ab, diesen letzten Roman Virginia Woolfs als Allegorie auf ihre eigene Rolle als Künstlerin zu lesen. Aber noch ein anderer, interessanter Aspekt ist für diesen Roman von Roger Poole in die Debatte geworfen worden. ›Zwischen den Akten‹ biete Virginias letztes Portrait ihrer Beziehung zu Leonard. Es handelt sich im Roman um das Verhältnis des alten Bartholomew Oliver zu seiner Schwester Lucy Swithin: »...die Nichtübereinstimmung zwischen Bart und Lucy...ist unfähig jeder Auflösung schlechthin, da Bart und Lucy zusammengeschlossen sind in einem Kampf um die Natur der Rationalität bis ans Ende ihrer Tage.«[296] Entsprechend sah das Verhältnis Leonards zu seiner »Schwester« Virginia aus. Der Begriff »Schwester« spiegelt das Verhältnis der Woolfs im Sexuellen als Nichtverhältnis, da zwischen Geschwistern das Inzestverbot gilt. Im weltanschaulichen und persönlichen Stil steht Leonards Rationalismus und dessen Grenze gegen den Spiritualismus Virginias, welcher die Welt der rationalistischen Erkenntnis transzendiert im Erfassen von Gestalten: »Was sie sah, sah er nicht; was er sah, sah sie nicht — und so weiter, ad infinitum.«[297]

Leonard ahnte zwar, daß in Virginia eine Form des Denkens, Imaginierens und Gestaltens am Werk war, die ihre spezifische Genialität ausmachte, doch es blieb ihm versagt, »dieses zweite Gesicht, diese zweite Schicht in ihrem Geist«[298] zu verstehen.

Im November 1940 und in der Folgezeit versorgte Vita Sackville-West die Woolfs mit nützlichen Dingen, schickte Wolle und Nahrungsmittel. Am 29. 11. schrieb Virginia ihr einen glühenden Dankesbrief, denn aus Sissinghurst war frische Butter eingetroffen: »Du hast vergessen, wie Butter schmeckt. So werde ich's Dir sagen — es ist etwas zwischen Tau und Honig. Mein Gott, Vita... Bitte, gratuliere den Kühen und der Milchmagd und ich möchte vorschlagen, daß das Kalb in der Zukunft (wenn es männlich ist) Leonard genannt wird, wenn es weiblich ist, Virginia.«[299]

Anfang Dezember wurden die letzten Gegenstände aus dem Haus am Mecklenburgh Square nach Rodmell gebracht. Die Woolfs mieteten drei Räume bei einem Bauern, mußten aber noch das Monks House mit ihren Dingen vollpacken, die sich über Jahre angesammelt hatten. Selbst die Druckerpresse und die Drucktypen sollten nach Rodmell geschafft werden.

Mitte Dezember lud Virginia Vita nach Rodmell ein; sie sollte vor der örtlichen Frauenvereinigung einen Vortrag über Persien halten, was in Rodmell auf große Zustimmung gestoßen war. Virginia war in diesen letzten Monaten sehr aktiv, aber auch teilweise depressiv wegen des Krieges. Aber im Ganzen kann man ihr Teilnahme am Leben nicht absprechen. Sie schickte Angelica zu Weihnachten einen Mantel. Zugleich arrangierte sie, daß Angelica in Rodmell einen Vortrag zum Thema ›Wie ein Theaterstück produziert‹ halten sollte. Kurz vor Heiligabend geschah etwas Merkwürdiges. Lady Oxford schickte ihren Fahrer auf die 120 Meilen lange Reise nach Rodmell, um Virginia eine Voltaire-Büste zu überbringen, die sie ihr testamentarisch zugedacht hatte.

Die finanzielle Situation der Woolfs sah nicht gut aus, denn durch den Krieg war das Verlagsgeschäft zurückgegangen; die Einnahmen sanken, so daß sie Schwierigkeiten hatten, die Umzugskosten zu bezahlen. Virginias Freude über den Abschluß ihres Romans hielt nicht lange an. Die düsteren Stunden folgten bald.

»Es gibt Augenblicke, wenn das Segel herunterhängt. Dann als großer Amateur in der Lebenskunst, entschlossen, meine Orange zu saugen, fort, wie eine Wespe, wenn die Blüte, auf der ich sitze, vergeht, wie es gestern der Fall war — ich gehe über die Downs zu den Klippen.«[300] Ende Dezember 1940 brannte London, und Virginia las den Bericht über das große Feuer von 1666.

Der Januar 1941 starrte vor Frost und Kälte: »Die alten Wölfe drängen sich aneinander wie Krähen einsam in ihrem Baumwipfel.«[301] Virginia überfiel ein Gefühl des Endens. Joyce war tot. Er war offenbar doch die Gestalt am Horizont ihrer literarischen Welt, mit der sie gerungen hatte. Virginia arbeitete an den Korrekturen ihres Romans und schrieb außerdem Studien zur englischen Literaturgeschichte.

Die Beziehungen zu Dr. Olivia Wilberforce waren mittlerweile durch Briefwechsel enger geworden. Octavia verwaltete eine Farm in Henfield, Sussex, und schickte den Woolfs regelmäßig frische Milchprodukte, wofür sie sich das nächste Buch Virginias ausbat. Am 13. Januar 1941 fuhren die Woolfs nach London. Virginia wanderte betrübt durch ihre geliebte, von Bomben schwer getroffene Stadt. »Ja, es ist, was, in einer merkwürdigen Ecke meines träumenden Geistes, Chaucer, Shakespeare, Dickens repräsentiert. Es ist mein einziger Patriotismus...«[302] An Vita schrieb Virginia, daß sie in Octavia Wilberforce eine neue Verehrerin gefunden habe.

Ende Januar kämpfte Virginia Woolf gegen eine starke Depression an. Das amerikanische Magazin hatte ihre Geschichte abgelehnt. Sie litt unter der Einsamkeit in Rodmell: »Das Haus ist feucht. Das Haus ist unaufgeräumt. Aber es gibt keine Alternative... wir leben ohne Zukunft.«[303] Virginia schrieb nicht, sie hatte keinen Appetit und hielt ihre Kunst für wertlos.

Wenn man bedenkt, daß für Virginia Woolf Leben und Schreiben weitgehend identisch waren, dann wird deutlich, wie sich die persönliche Situation Anfang 1941 verschärfte, nach alldem, was Virginia im Jahre 1940 durchlebt hatte. An diese Stelle gehört eine aufschlußreiche Bemerkung Leonards: »Ich konnte nie ganz Virginias Gefühl in bezug auf ihre Bücher und deren Reputation in der Welt verstehen. Sie schien deren Schicksal fast physisch und geistig als Teil ihres Schicksals zu empfinden. Ich denke nicht, daß sie irgendeinen Glauben an ein Leben nach dem Tode hegte, aber sie schien zu fühlen, daß sie irgendwie in deren Leben nach ihrem Tode involviert war. Da sie ein so inniger Teil von ihr selbst waren, fühlte sie eine Verletzung der Bücher als eigene Verletzung, und ihre Sterblichkeit oder Unsterblichkeit war ein Teil von deren Sterblichkeit oder Unsterblichkeit.«[304]

In der zweiten Februarwoche fuhren Leonard und Virginia nach Cambridge, trafen dort Pernel Strachey und Dadie Rylands. Anschließend besuchten sie den Verlag in Letchworth. Virginia berichtete Ethel Smyth von ihrer Beziehung zu Octavia Wilberforce, die sie als entfernte Liebhaberin beschrieb. In diesen Wochen las Virginia die Memoiren von Osbert Sitwells Tante, in der auch Ethel vorkam. Sie studierte zudem die englische Literatur gründlich, weil sie eine allgemeine Literaturgeschichte schreiben wollte.

Die ersten Anzeichen dafür, daß Virginia den Anstrengungen der letzten Monate erliegen würde, meldeten sich. Sie war sehr tapfer gewesen, aber sie hatte nicht mehr viel Kraft: »Ich lese und lese wie ein Esel, der rund und rund um den Brunnen geht; bete zu Gott, daß irgendeine Idee aufblitzen wird. Ich überlasse es der Natur. Ich kann mein Gehirn nicht länger kontrollieren.«[305] Virginia konnte ihr Gehirn sehr wohl kontrollieren, doch ihr »Kampfesmut« war gebrochen. Ihre Tragik hängt sicherlich mit der Überbeanspruchung ihres Willens zusammen, welche sie letztlich zermürbte. Sie konnte von London nicht lassen und war im Februar wieder dort gewesen; der Anblick, der sich ihr bot, half ihr in ihrer Stimmungslage sicher nicht. Für Virginia schien sich die Situation zu wiederholen, wie sie am Ende des Ersten Weltkriegs im Jahre 1917 gewesen war: »Das Leben ist schnell, aber ereignislos. Wir gehen zum Tee nach Charleston: Clive gräbt einen Schützengraben; Nessa füttert das Geflügel; Duncan malt Christus; Quentin fährt einen Traktor — genauso wie es 1917 war.«[306]

Am 17. Februar kam Vita ins Monks House, übernachtete dort und hielt am nächsten Tag ihren Persien-Vortrag. Am 26. Februar schloß Virginia die Überarbeitung ihres Romans ›Zwischen den Akten‹ ab. Ende des Monats kamen Besucher ins Monks House. Virginia war aufgeregt, fühlte sich gehetzt. Sie hatte sich in den elisabethanischen Dramatikern festgelesen und kam nicht vor und zurück. So schrieb sie am 1. März an Ethel Smyth: sie könnte sich mit einer Fliege vergleichen, die auf dem Fliegenpapier steckengeblieben sei. Virginia glaubte, ihre Phantasie verloren zu haben: »Ich sagte zu Leonard, wir haben keine Zukunft«.[307]

Virginia war zudem das Dorfleben leid. Das dichte Aufeinanderwohnen mißfiel ihr, die Beobachtungen, die unausgesprochene Kontrolle, das wenig Kongeniale. Der Regen machte sie noch melancholischer. An Ethel Smyth schrieb sie, daß die Briefe die Menschen nicht ersetzen könnten: »Wenn Du zurück bist, laß uns diese Einsamkeit überbrücken.«[308] Jede Nacht hörten die Woolfs das Dröhnen der feindlichen Flugzeuge, die Luftangriffe gegen London flogen. Am 11. März gingen zwei Brandbomben in der Nähe von Monks House nieder, die Heuschober entzündeten, so daß die ganze Ebene erleuchtet wurde. »Es ist schwierig zu schreiben, kein Publikum. Kein privater Antrieb, nur dieses äußerliche Dröhnen.«[309]

Im Verdüsterungsprozeß Virginias mögen auch die Schatten der vielen Tode eine Rolle gespielt haben, die sie in den letzten Jahren zur Kenntnis nehmen mußte: Lytton, Carrington, Roger Fry, Julian, Frankie Birrell, Ottoline und Ka. Virginia traf John Lehmann am 14. März 1941 in London. Sie hatte ihm ihren Roman ›Zwischen den Akten‹ zu lesen gegeben — und John fand das Buch großartig. Doch Virginia war skeptisch — wollte den Roman nochmals korrigieren. In diesen Tagen kam die schwärzeste Depression über Virginia, und Leonard informierte Octavia Wilberforce. In den letzten Tagen ihres Lebens schrieb Virginia wenige Briefe, dabei zwei völlig unauffällige an Lady Cecil und an Lady Tweedsmuir.

Am 27. März 1941 fand eine ärztliche Untersuchung Virginias durch Octavia Wilberforce im Monks House statt. Diese Untersuchung hatte zur Folge, daß sich Virginia wieder als Opfer der Medizin empfand und vor Augen hatte, wie ihr

Selbst von anderen — einschließlich Leonards — durchorgani-
siert und ihr genommen werden würde.

Am 28. März 1941 schrieb Virginia zwei Abschiedsbriefe,
einen an Vanessa und den folgenden an Leonard. Dieser Brief
gewährte in seiner Klarheit und Großzügigkeit Leonard Trost
und Bestätigung zugleich — er war ein bewußter Abschiedsbrief:

*28. März 1941*

*Liebster,*
*ich möchte Dir sagen, daß Du mir vollkommenes Glück gege-*
*ben hast. Niemand könnte mehr getan haben als Du getan hast.*
*Bitte glaube dies.*
*Aber ich weiß, daß ich niemals darüber hinwegkomme: und*
*ich zerstöre Dein Leben. Es ist dieser Wahnsinn. Nichts was ir-*
*gend jemand sagt, kann mich überzeugen. Du kannst arbeiten,*
*und Dir wird es viel besser gehen ohne mich. Du siehst, ich*
*kann dies noch nicht einmal schreiben, was zeigt, daß ich recht*
*habe. Alles was ich sagen will ist, daß bis diese Krankheit über*
*mich kam, waren wir vollkommen glücklich. Es war alles Dein*
*Tun. Niemand hätte so gut sein können wie Du es gewesen bist,*
*vom allerersten Tage bis jetzt. Jeder weiß das.*

*V.*

*Du findest alle Briefe Rogers an die Maurons in der Schreib-*
*tischschublade in der Hütte. Vernichtest Du alle meine Pa-*
*piere.*[310]

Gegen ½12 Uhr verließ Virginia Monks House und ging zum
Fluß Ouse — es war eine »Ausfahrt«, von der sie nicht mehr
zurückkehrte. Dieser Gang war ihr letzter bewußter Willens-
akt, kein Ausbruch geistiger Verwirrung. Das Wasser, dessen
Schönheit und Schrecken Virginia Woolf in ihren Romanen,
Briefen und Tagebüchern immer wieder beschrieben hatte,
wählte sie zum Element ihres Todes.

# ANHANG

# Zeittafel

| | |
|---|---|
| 1882 | *25. Januar: Virginia Stephen als drittes Kind des Schrift-stellers und Kritikers Leslie Stephen und seiner zweiten Frau Julia, verwitwete Duckworth, in London geboren.* |
| | 2. Februar: James Joyce in Dublin geboren. |
| | 19. April: Tod Charles Darwins. |
| | 20. Mai: »Dreibund«. Geheimes Verteidigungsbündnis zwischen dem Deutschen Reich, Österreich-Ungarn und Italien. Robert Koch entdeckt den Tuberkel-Bazillus. |
| | Richard Wagners ›Parsifal‹ wird uraufgeführt. |
| 1882–1894 | *In den Sommermonaten jeweils Aufenthalt in Cornwall (Talland House/St. Ives).* |
| 1883 | *Geburt des Bruders Adrian.* |
| | 13. Februar: Richard Wagner in Venedig gestorben. |
| | 14. März: Karl Marx in London gestorben. |
| | 29. Juli: Benito Mussolini geboren. |
| | 30. Oktober: Rumänien schließt sich dem deutsch-öster-reichischen Bündnis an. |
| | Robert Louis Stevenson: ›Treasure Island‹ (›Die Schatz-insel‹), Roman. |
| 1884 | Rußland besetzt Merv (Märw) an der Grenze zu Afghani-stan. In der Folge Spannungen zwischen Großbritannien und Rußland. |
| | Wahlrechtsreform in England. |
| | Dezember 1884–Februar 1885: Kongo-Konferenz in Ber-lin. |
| | Henrik Ibsen: ›Die Wildente‹, Drama. |
| | Mark Twain: ›The Adventures of Huckleberry Finn‹ (›Die Abenteuer und Fahrten des Huckleberry Finn‹), Roman. |
| 1885/86 | Bulgarische Krise. Unruhen auf dem Balkan. Russische In-tervention in Bulgarien. |
| 1885 | 22. Mai: Victor Hugo gestorben. |
| | 23. Juni: Robert Cecil, Marquess of Salisbury, wird briti-scher Premierminister. |
| | Erste Kraftwagen (Benz) und Krafträder (Daimler) werden gebaut. |
| | Die sozialkritische Schrift ›The Bitter Cry of Outcast Lon-don‹ erscheint. |
| | Friedrich Nietzsche: ›Also sprach Zarathustra‹ (1883 bis 1885). |

| 1886 | 3. Februar: William Ewart Gladstone britischer Premier (drittes Kabinett Gladstone). |
|---|---|
| | 25. Juli: Lord Salisbury folgt Gladstone im Amt (zweites Kabinett Salisbury). |
| 1887 | 12. Februar: Mittelmeerabkommen zwischen Großbritannien und Italien (am 24. März Beitritt Österreich-Ungarns). |
| | 20. Februar: Erneuerung des »Dreibundes«. Deutsch-italienischer Separatvertrag. |
| | 18. Juni: »Rückversicherungsvertrag«. Geheimes Neutralitätsabkommen zwischen Rußland und dem Deutschen Reich. |
| | 12./16. Dezember: »Orient-Dreibund« zwischen Großbritannien, Österreich-Ungarn und Italien. |
| | Rudolf Hertz weist die elektromagnetischen Wellen nach. |
| | Oscar Wilde: ›The Canterville Ghost‹ (›Das Gespenst von Canterville‹), Erzählung. |
| 1888 | 9. März: Tod des deutschen Kaisers Wilhelm I. |
| | 15. Juni: Kaiser Friedrich III. stirbt nach 99tägiger Regierungszeit. Wilhelm II. wird deutscher Kaiser. |
| | 26. September: Thomas Stearns Eliot, englischer Dichter, geboren. |
| | 14. Oktober: Geburt der englischen Erzählerin Katherine Mansfield. |
| | Fridtjof Nansen durchquert Grönland. |
| 1889 | 30. Januar: Der österreichische Kronprinz Rudolf und Mary von Vetsera werden in Mayerling erschossen aufgefunden. |
| | 20. April: Adolf Hitler geboren. |
| | 12. Dezember: Tod des englischen Dichters Robert Browning in Venedig. |
| | Kolonialverträge zwischen Großbritannien, dem Deutschen Reich, Frankreich und den USA (1889/90). |
| | Mark Twain: ›A Connecticut Yankee in King Arthur's Court‹, Roman. |
| | Gustave Eiffel errichtet den Eiffelturm für die Weltausstellung in Paris. |
| 1890 | 20. März: Wilhelm II. erzwingt den Rücktritt Bismarcks. Der deutsch-russische »Rückversicherungsvertrag« wird nicht verlängert. |
| | 1. Juni: Das unter deutscher Schutzherrschaft stehende Sultanat Sansibar kommt an Großbritannien im Tausch gegen Helgoland, das dem Deutschen Reich zugeschlagen wird (»Helgoland-Sansibar-Vertrag«). |
| | 26. Dezember: Heinrich Schliemann in Neapel gestorben. |
| | Henrik Ibsen: ›Hedda Gabler‹, Drama. |

| 1891–1895 | *Virginia Stephen gibt zusammen mit ihrer Schwester Vanessa die Familienzeitschrift ›Hyde Park Gate News‹ heraus.* |
|---|---|
| 1891–1894 | Bau der Transsibirischen Eisenbahn. |
| 1891 | Oscar Wilde: ›The Picture of Dorian Gray‹, Roman. |
| 1892 | 19. März: Vita (Victoria Mary) Sackville-West, englische Schriftstellerin, geboren. |

26. März: Tod des amerikanischen Dichters Walt Whitman.

15. August: Gladstone erneut britischer Premierminister (viertes Kabinett Gladstone).

18. August: Beistandspakt (Militärkonvention) zwischen Frankreich und Rußland.

6. Oktober: Alfred Lord Tennyson, Hofdichter der viktorianischen Zeit, gestorben.

25. Dezember: Rebecca West (Cicily Isabel Fairfield), englische Schriftstellerin, geboren.

Arthur Conan Doyle: ›The Adventures of Sherlock Holmes‹, Detektivgeschichten.

| 1893–1896 | Nordpolfahrt Fridtjof Nansens. |
|---|---|
| 1893 | Januar: Gründung der »Unabhängigen Arbeiterpartei« (»Independent Labour Party«) Großbritanniens. |

George Bernard Shaw: ›Mrs. Warren's Profession‹ (›Frau Warrens Gewerbe‹), Schauspiel (veröffentlicht 1898, in Großbritannien bis 1924 verboten).

Oscar Wilde: ›Lady Windermere's Fan‹ (›Lady Windermeres Fächer‹), ›Salome‹, Komödien.

| 1894/95 | Chinesisch-japanischer Krieg. |
|---|---|
| 1894 | 4. Januar: Der »Zweibund« Frankreich–Rußland tritt in Kraft. |

5. März: Archibald Primrose, Earl of Roseberry, wird britischer Premierminister.

24. Juni: Der französische Staatspräsident Sadi Carnot wird in Lyon von Santo Caserio ermordet.

26. Juli: Aldous Huxley, englischer Romanschriftsteller, geboren.

1. November: Zar Alexander III. gestorben. Sein Sohn Nikolaus II. folgt auf den Thron.

3. Dezember: R. L. Stevenson auf Samoa gestorben.

Aussöhnung zwischen Kaiser Wilhelm II. und Bismarck.

In London wird die Tower-Bridge fertiggestellt.

Louis Lumière konstruiert einen Kinematographen.

George Bernard Shaw: ›Candida‹, ›Arms and the Man‹ (›Helden‹), Schauspiele.

William Butler Yeats: ›The Land of Heart's Desire‹ (›Das Land der Sehnsucht‹), Drama.

30. August: Britisch-deutscher Angola-Vertrag.

2. September: Schlacht bei Omdurman. Großbritannien erobert den Sudan.

10. September: Kaiserin Elisabeth von Österreich in Genf von Luigi Lucheni ermordet.

Rußland besetzt Port Arthur, das Deutsche Reich erwirbt Kiautschou.

Marie und Pierre Curie entdecken das Element Radium.

H. G. Wells: ›The War of the Worlds‹ (›Der Krieg der Welten‹), Roman.

Oscar Wilde: ›The Ballad of Reading Goal‹ (›Die Ballade vom Zuchthaus zu Reading‹).

George Bernard Shaw: ›Caesar and Cleopatra‹, Schauspiel.

| | |
|---|---|
| 1899—1940 | Planung und Bau der Bagdad-Bahn. |
| 1899—1902 | Zweiter Burenkrieg in Südafrika. |
| 1899 | *Vanessa und Virginia Stephen erhalten Unterricht in Griechisch und Latein. Virginia besucht außerdem das King's College in London, wo sie Philosophie und Geschichte belegt.* |

*Bruder Thoby beginnt sein Studium in Cambridge.*

21. März: Britisch-französischer Sudan-Vertrag.

*Sommeraufenthalt in der Grafschaft Huntingdonshire.*

14. November: Samoa-Vertrag zwischen Großbritannien und dem Deutschen Reich.

Erste Haager Friedenskonferenz. Bildung des Internationalen Schiedsgerichtshofes. Landkriegsordnung (verabschiedet 1907).

1900     27./28. Februar: Gründung des »Labour Representation Committee« (seit 1906 »Labour Party«).

Frühjahr/Sommer: Boxeraufstand in China.

2. Juli: Start des ersten Zeppelin-Luftschiffes am Bodensee.

29. Juli: Humbert I. von Italien in Monza ermordet. Viktor Emanuel III. wird italienischer König (bis 1946).

25. August: Friedrich Nietzsche gestorben.

16. Oktober: »Yangtse-Abkommen«. Großbritannien und das Deutsche Reich einigen sich über ihre Ansprüche in China.

22. November: Sir Arthur Sullivan, englischer Komponist, gestorben.

30. November: Oscar Wilde in Paris gestorben.

Max Planck begründet die Quantentheorie.

Sigmund Freud veröffentlicht sein Werk ›Die Traumdeutung‹.

Joseph Conrad: ›Lord Jim‹, Roman.

| 1901—1904 | Südpolexpedition Robert Falcon Scotts. |
| 1901 | *Virginias Vater Leslie Stephen wird Ehrendoktor der literarischen Wissenschaften an der Universität Oxford. Vanessa beginnt ein Studium der Malerei an der Royal Academy.* |
| | 22. Januar: Königin Victoria von Großbritannien gestorben. Nachfolger auf dem Thron wird Edward VII. |
| | 18. November: Großbritannien zieht sich aus Panama zurück. Die Rechte für den Bau eines Kanals gehen an die USA über. |
| | Gründung des Internationalen Gewerkschaftsbundes in Amsterdam. |
| | Thomas Hardy: ›Poems of the Past and the Present‹, Gedichte. |
| | Rudyard Kipling: ›Kim‹, Roman. |
| 1902 | *Vater Leslie Stephen wird geadelt.* |
| | *Frühjahr: Der Vater erkrankt an Krebs. Im Dezember Operation.* |
| | 31. Mai: Die Burenrepubliken (Oranje-Freistaat/Südafrikanische Republik) werden britische Kronkolonien. |
| | 12. Juli: Arthur James Balfour britischer Premier. |
| | 29. September: Émile Zola gestorben. |
| 1903—1906 | Forschungsfahrt Roald Amundsens ins nördliche Polargebiet. |
| 1903 | 17. Dezember: Erster Motorflug der Brüder Orville und Wilbur Wright. |
| | Ernest Rutherford und Frederick Soddy erklären die Radioaktivität als Zerfallsprozeß von Atomkernen. |
| | Gründung der »Women's Social and Political Union« in Manchester. |
| | Joseph Conrad: ›Typhoon‹ (›Taifun‹), Erzählung. |
| | Henry James: ›The Ambassadors‹ (›Die Gesandten‹), Roman. |
| | Jack London: ›The Call of the Wild‹ (›Der Ruf der Wildnis‹), Roman. |
| | George Bernard Shaw: ›Man and Superman‹ (›Mensch und Übermensch‹), Schauspiel. |
| 1904/05 | Russisch-japanischer Krieg. |
| 1904 | *22. Februar: Tod des Vaters.* |
| | *April: Italien-Reise.* |
| | 8. April/8. Juni: Britisch-französische »Entente cordiale«. |
| | *Mai: Nervenzusammenbruch Virginias.* |
| | 21. Oktober: »Doggerbank-Affäre«. Spannungen zwischen Rußland und Großbritannien. |
| | *Oktober: Umzug der Geschwister zum Gordon Square 46 in Bloomsbury.* |

*November: Virginia veröffentlicht ihren ersten Artikel im*
*›Manchester Guardian‹.*
*November: Erstes Zusammentreffen mit Leonard Woolf.*
Joseph Conrad: ›Nostromo‹, Roman.
Jack London: ›The Sea-Wolf‹ (›Der Seewolf‹), Roman.

| | |
|---|---|
| 1905/06 | Erste russische Revolution. |
| | Erste Marokkokrise. |
| 1905 | *Virginias erster Artikel im ›Times Literary Supplement‹* |
| | *erschienen.* |
| | *ab März: Zusammenkünfte der »Bloomsbury Group« bei* |
| | *den Stephens.* |
| | 31. März: Kaiser Wilhelm II. vor Tanger. Beginn der Ma- |
| | rokkokrise. |
| | 5. Dezember: Sir Henry Campbell-Bannermann britischer |
| | Premierminister. |
| | *Jahresende: Vanessa gründet den »Friday-Club«.* |
| | Albert Einstein stellt die Spezielle Relativitätstheorie auf |
| | (Allgemeine Relativitätstheorie 1915). |
| 1906–1921 | John Galsworthy: ›The Forsyte Saga‹, Romanfolge. |
| 1906 | Januar–April: Marokko-Konferenz in Algeciras. |
| | 23. Mai: Henrik Ibsen gestorben. |
| | *September/Oktober: Griechenlandreise Virginias mit den* |
| | *Geschwistern. – Vanessa erkrankt.* |
| | *November: Vanessa verlobt sich mit Clive Bell.* |
| | *20. November: Tod des Bruders Thoby.* |
| | Upton Sinclair: ›The Jungle‹ (›Der Sumpf‹), Roman. |
| 1907 | *Jahresanfang: Vanessa heiratet Clive Bell.* |
| | *März: Virginia und Adrian Stephen ziehen um zum Fitz-* |
| | *roy Square 29. Das Ehepaar Bell behält die Wohnung am* |
| | *Gordon Square.* |
| | 31. August: Britisch-russischer Vertrag von Sankt Peters- |
| | burg. Abgrenzung der Interessen in Afghanistan, Persien, |
| | Tibet und auf dem Balkan. |
| | *ab Herbst: Die »Bloomsbury Group« trifft sich am Fitzroy* |
| | *Square.* |
| | »Triple-Entente« zwischen Großbritannien, Frankreich |
| | und Rußland. |
| | Zweite Haager Konferenz. |
| | Rudyard Kipling erhält den Nobelpreis für Literatur. |
| um 1908 | *Beginn der Arbeit am Roman ›Melymbrosia‹.* |
| 1908 | *4. Februar: Vanessas und Clives erster Sohn Julian gebo-* |
| | *ren* |
| | April: Herbert Henry Asquith Premierminister. |
| | *September: Reise mit den Bells in die Toskana.* |
| | Oktober: Österreich-Ungarn annektiert Bosnien und die |
| | Herzegowina. – In der Folge Bosnische Kriege (1909). |

28. Oktober: ›Daily Telegraph‹-Affäre. Eine Äußerung Kaiser Wilhelms II., die der ›Daily Telegraph‹ veröffentlicht, belastet das britisch-deutsche Verhältnis.

Fürst Ferdinand von Bulgarien proklamiert die Unabhängigkeit seines Landes.

Olympische Sommerspiele in London.

*Engere Freundschaft zwischen Virginia und Clive Bell.*

*Arbeit am Roman ›The Voyage Out‹.*

E. M. Forster: ›A Room with a View‹, Roman.

Thomas Hardy: ›The Dynasts‹, Geschichtsroman.

1909      *17. Februar: Heiratsantrag Lytton Stracheys an Virginia (nach einer Unterredung zurückgezogen).*

*März: Bekanntschaft mit Lady Ottoline Morrell.*

*April: Florenz-Reise mit den Bells.*

6. April: Robert Edwin Peary, amerikanischer Polarforscher, gelangt als erster in die unmittelbare Nähe des Nordpols.

10. April: Tod des englischen Dichters Algernon Charles Swinburne.

18. Mai: George Meredith, englischer Schriftsteller, gestorben.

25. Juli: Louis Blériot überfliegt den Ärmelkanal.

*August: Virginia, Adrian und Saxon Sidney-Turner reisen zu den Wagner-Festspielen nach Bayreuth.*

*Virginia lehnt einen Heiratsantrag Hilton Youngs ab.*

Gertrude Stein: ›Three Lives‹ (›Drei Leben‹), Erzählungen.

1910–1913    Bertrand Earl Russell und Alfred North Whitehead schaffen mit ihrem Werk ›Principia mathematica‹ eine Grundlegung der mathematischen Logik.

1910–1912    Streiks in Großbritannien.

1910      *Virginia tritt der Bewegung für das Frauenwahlrecht bei.*

*10. Februar: »Dreadnought«-Abenteuer. Verspottung der Marine durch die Stephens.*

21. April: Mark Twain (Samuel Langhorne Clemens), nordamerikanischer Schriftsteller, gestorben.

6. Mai: Edward VII. gestorben. Nachfolger auf dem englischen Thron wird Georg V.

*Virginia erkrankt. Landaufenthalt.*

*Juni–August: Virginia in der privaten Nervenklinik von Twickenham.*

*19. August: Vanessas und Clives zweiter Sohn Claudian (Quentin) geboren.*

20. November: Leo Tolstoi gestorben.

*Dezember: Virginia mietet Little Talland House bei Lewes in Sussex (bis Herbst 1911).*

Parlamentskrise in England.
Japan annektiert Korea.
Portugal wird Republik.
E. M. Forster: ›Howards End‹, Roman.

1911        *April: Die Bells besuchen mit Freunden Konstantinopel.*
*Erkrankung Vanessas. Engere Freundschaft zwischen Vanessa und Roger Fry.*
1. Juli: Das deutsche Kanonenboot ›Panther‹ wird nach Agadir entsandt (»Panthersprung«). — Zweite Marokkokrise.
20. Juli: Britisch-französische Militärkonvention.
*Juli: Leonard Woolf kehrt nach London zurück.*
*Juli: Heiratsantrag Walter Lambs. Virginia lehnt ab.*
18. August: »Parliamentary Act«. Parlamentsreform in England.
*Erneuter Besuch der Bayreuther Festspiele.*
*Spätsommer: Kontakt zu den »Neo-Paganen«.*
*September: Leonard Woolf in Little Talland House.*
*November: Umzug zum Brunswick Square 38. — Heiratsantrag Sydney Waterlows. Virginia lehnt wiederum ab.*
14. Dezember: Roald Amundsen erreicht den Südpol. Robert Falcon Scott trifft einen Monat später am Südpol ein.

1912/13    Balkankrise.
1912        *1. Januar: Virginia und Vanessa mieten Haus Asheham bei Firle im Ouse-Tal.*
*11. Januar: Leonard Woolf macht Virginia einen Heiratsantrag.*
*Februar: Virginia auf Kur in Twickenham. Anschließend Erholungsaufenthalt in Asheham.*
14./15. April: Untergang der ›Titanic‹ im Nordatlantik.
14. Mai: August Strindberg gestorben.
*29. Mai: Virginia willigt in die Heirat ein.*
*10. August: Leonard und Virginia heiraten in St. Pancras bei Bloomsbury.*
*bis 3. Oktober: Hochzeitsreise nach Frankreich, Spanien und Italien.*
*Nervlicher Zusammenbruch nach der Rückkehr.*
*ab Oktober: Das Ehepaar Woolf lebt in London, Clifford's Inn 13.*
*Tätigkeit Leonards als Sekretär bei den Grafton Galleries.*
Oktober 1912 — Frühjahr 1913: Erster Balkankrieg.
George Bernard Shaw: ›Pygmalion‹, Schauspiel.

1913—1927  Marcel Proust: ›A la Recherche du temps perdu‹ (›Auf der Suche nach der verlorenen Zeit‹), Romanfolge.
1913        *Februar: Ende der Arbeit an ›Voyage Out‹.*
29. Juni—10. August: Zweiter Balkankrieg.

*Juli/August: Erneute Depressionen Virginias.*

*9. September: Selbstmordversuch mit Schlaftabletten.*

*bis November: Gemeinsam mit Leonard Aufenthalt in Dalingridge auf dem Landsitz George Duckworths, anschließend in Asheham. Die Wohnung in Clifford's Inn wird aufgegeben.*

Höhepunkt der Suffragetten-Bewegung in England; Gründung der ›National Union of Suffrage Societies‹.

Vita Sackville-West heiratet den Schriftsteller Sir Harald Nicolson.

D. H. Lawrence: ›Sons and Lovers‹ (›Söhne und Liebhaber‹), Roman.

| | |
|---|---|
| 1914—1918 | Erster Weltkrieg. |
| 1914 | 28. Juni: Der österreichisch-ungarische Thronfolger Franz Ferdinand und seine Frau Sophie werden in Sarajewo bei einem Attentat getötet. |

28. Juli: Österreich-Ungarn erklärt Serbien den Krieg.

1./3. August: Kriegserklärung des Deutschen Reiches an Rußland und Frankreich.

4. August: Großbritannien erklärt dem Deutschen Reich den Krieg.

15. August: Eröffnung des Panamakanals.

*Herbst: Umzug nach London/Richmond.*

18. Dezember: Ägypten wird britisches Protektorat (bis 1922).

James Joyce: ›Dubliners‹, Erzählungen.

Gertrude Stein: ›Tender Buttons‹ (›Zarte Knöpfe‹), Dichtung.

1915     *Februar: Leonard Woolf mietet Hogarth House/Richmond.*

*Virginia in einer Privatklinik untergebracht.*

*bis Herbst: Allmähliche Genesung.*

Februar 1915—Januar 1916: Kampf um die Dardanellen.

*26. März: Viginia Woolfs Roman ›The Voyage Out‹ erscheint.*

7. Mai/19. August: Deutsche U-Boote versenken die Passagierschiffe ›Lusitania‹ und ›Arabic‹.

*Bruder Adrian heiratet Karin Costelloe und verläßt den Bloomsbury-Kreis.*

D. H. Lawrence: ›The Rainbow‹ (›Der Regenbogen‹), Roman.

W. Somerset Maugham: ›Of Human Bondage‹ (›Der Menschen Hörigkeit‹), Roman.

1916     *Arbeit am Roman ›Night and Day‹.*

*Juni: Leonard und Virginia Woolf treffen George Bernard Shaw und seine Frau bei Sidney Webb.*

Herbst: Virginia tritt der »Women's Co-operative Guild« in Richmond bei. — Sie lernt Katherine Mansfield und Middleton Murry kennen.

21. November: Franz Joseph I., Kaiser von Österreich-Ungarn, gestorben. Nachfolger wird sein Großneffe Karl I.

7. Dezember: David Lloyd George britischer Premier.

In Großbritannien wird die allgemeine Wehrpflicht eingeführt.

James Joyce: ›A Portrait of the Artist as a Young Man‹ (›Jugendbildnis des Dichters‹/›Stephen Daedalus‹), Roman.

1917     *Virginia und Leonard Woolf gründen die Hogarth Presse.*

8.—14. März: Russische »Märzrevolution« (nach dem in Rußland gebräuchlichen Julianischen Kalender »Februarrevolution«).

14. März: Zar Nikolaus II. dankt ab und wird gefangengenommen.

6. April: Kriegserklärung der USA an das Deutsche Reich.

*Juli: Zwei Geschichten Virginia Woolfs erscheinen unter dem Titel ›The Mark on the Wall‹ als erste Veröffentlichung der Hogarth Press.*

16. September: Die Russische Republik wird ausgerufen.

*Oktober: Leonard Woolf gründet den »1917 Club« in Soho.*

7. November (nach dem Julianischen Kalender 15. Oktober): Sieg der russischen »Oktoberrevolution«.

Dezember: Britische Truppen besetzen Palästina.

T. S. Eliot: ›Prufrock‹, Gedichte.

1918     *Beendigung des zweiten Romans ›Night and Day‹.*

8. Januar: In seinen ›Vierzehn Punkten‹ fordert US-Präsident Woodrow Wilson Selbstbestimmungsrecht für alle Völker und Errichtung eines Völkerbundes.

*Februar—Juli: Wegen der Kriegsereignisse Aufenthalt in Asheham.*

3. März: Friede von Brest-Litowsk zwischen Rußland und dem Deutschen Reich.

*April: Die Woolfs erhalten den ersten Teil von James Joyce' ›Ulysses‹ zum Druck. Sie lehnen das Manuskript wegen seines großen Umfangs ab.*

17. Juli: In Jekaterinburg wird die Zarenfamilie erschossen.

November: Revolution in Deutschland (München und Berlin). Die deutsche Republik wird ausgerufen.

9./28. November: Der deutsche Kaiser Wilhelm II. verzichtet auf den Thron.

11. November: Der österreichische Kaiser Karl I. dankt ab.

*15. November: Virginia Woolf lernt T. S. Eliot kennen.*

*25. Dezember: Vanessas drittes Kind Angelica geboren.*

*Die Söhne Quentin und Julian leben zeitweise im Hause Woolf.*

James Joyce: ›Exiles‹ (›Verbannte‹), Drama.

Lytton Strachey: ›Eminent Victorians‹, Essays.

Rebecca West: ›The Return of the Soldier‹, Roman.

1919

*Jahresbeginn: Dem Ehepaar Woolf wird in Asheham gekündigt.*

Januar: Bildung eines irischen Nationalparlaments unter Führung Eamon de Valeras.

15. Januar: Karl Liebknecht und Rosa Luxemburg ermordet.

*Februar/März: Virginia verfaßt ›Freshwater‹.*

2.–6. März: Erster Kongreß der Kommunistischen Internationale (»Komintern«) in Moskau.

29. April: Völkerbunds-Verfassung.

28. Juni: Versailler Vertrag zwischen den Alliierten und Deutschland.

*Juli: Die Woolfs ersteigern Monk's House in Rodmell.*

*20. Oktober: ›Night and Day‹ erscheint.*

Der englische Physiker Ernest Rutherford erbringt den Nachweis einer Kernreaktion (erste Element-Umwandlung).

John Alcock und Arthur Whitten-Brown überfliegen den Atlantik von Neufundland nach Irland.

Joe Engl, Joseph Massolle und Hans Vogt führen erstmals Tonfilme vor.

Vita Sackville-West veröffentlicht ihren ersten Roman ›Heritage‹.

1920–1922      Griechisch-türkischer Krieg.

1920

*Erste Pläne zu ›Jacob's Room‹.*

*14. Januar: Leonard Woolfs Buch ›Empire und Handel in Afrika‹ erschienen.*

*März: Erste Zusammenkunft des »Memoir Clubs«.*

*28. Mai/22. August: Besuche Virginias bei Katherine Mansfield.*

*Oktober: Ralph Partridge wird Mitarbeiter bei der Hogarth Press.*

*Jahresende: Treffen mit T. S. Eliot.*

»Government of Ireland Act«. Die britische Regierung verfügt die Abtrennung Nordirlands.

*Die Hogarth Press druckt Maxim Gorkis ›Erinnerungen an Tolstoi‹ und E. M. Forsters ›Story of the Siren‹.*

D. H. Lawrence: ›Women in Love‹ (›Liebende Frauen‹), Roman.

Katherine Mansfield: ›Bliss and Other Stories‹ (›Für 6 Pence Erziehung‹), Erzählungen.

**1921** *März: Virginia Woolfs erster Erzählungsband ›Monday or Tuesday‹ erscheint (amerikanische Ausgabe am 23. November veröffentlicht).*

6. Dezember: Irland erhält den Status eines »Dominions« (»Irish Free State«).

*Anton Tschechows Notizbücher erscheinen bei der Hogarth Press.*

Aldous Huxley: ›Crome Yellow‹, Roman.

Lytton Stracheys Werk ›Königin Victoria‹ hat großen Erfolg.

**1922** *Labiler Gesundheitszustand Virginias.*

16. April: Deutsch-russischer Sondervertrag von Rapallo.

24. Juni: Ermordung des deutschen Außenministers Walther von Rathenau durch Rechtsradikale.

*Oktober: Der Roman ›Jacob's Room‹ erscheint bei der Hogarth Presse.*

23. Oktober: Andrew Bonar Law britischer Premierminister.

28. Oktober: Marsch der Faschisten auf Rom.

30. Oktober: Benito Mussolini wird italienischer Ministerpräsident.

*November: Leonard Woolf kandidiert erfolglos bei den Parlamentswahlen.*

18. November: Marcel Proust gestorben.

Dezember: Erste Begegnung mit Vita Sackville-West.

*15. Dezember: Ralph Partridge will die Hogarth Press verlassen.*

30. Dezember: Gründung der UdSSR.

James Joyce: ›Ulysses‹, Roman.

Katherine Mansfield: ›The Garden Party‹, Erzählungen.

Paul Valéry: ›Charmes‹, Gedichte.

**1923** *Arbeit am Werk ›Die Stunden‹.*

*›Mrs. Dalloway in Bond Street‹ erscheint in der amerikanischen Zeitschrift ›DIAL‹.*

9. Januar: Katherine Mansfield gestorben.

11. Januar: Französische und belgische Truppen besetzen das Ruhrgebiet.

*März: Leonard Woolf wird — bis 1926 — literarischer Herausgeber bei der Zeitschrift ›The Nation‹, die John Maynard Keynes aufgekauft hat.*

*März/April: Frankreich- und Spanien-Reise.*

22. Mai: Stanley Baldwin britischer Premier.

*August: T. S. Eliots Dichtung ›The Waste Land‹ (›Das wüste Land‹) erscheint bei der Hogarth Press.*

*Oktober: Abschluß der Arbeit an der Komödie ›Freshwater‹.*

8./9. November: Putschversuch Hitlers und Ludendorffs in München.

Erste Rundfunkübertragungen in Deutschland.

William Butler Yeats erhält den Nobelpreis für Literatur.

Ezra Pount: ›XVI Cantos‹, Gedichte.

Vita Sackville-West: ›Challenge‹, Roman.

George Berhard Shaw: ›Saint Joan‹ (›Die heilige Johanna‹), Schauspiel.

1924     21. Januar: Lenin (Wladimir Iljitsch Uljanow) gestorben.

22. Januar: Ramsay MacDonald britischer Premierminister.

*13./14. März: Umzug zum Tavistock Square 52 (London).*

*17./19. Mai: Vortrag Virginias in Cambridge über ›Charaktere im modernen Roman‹.*

*ab Ende Mai: Die Woolfs verlegen die ›Internationale Psychoanalytische Bibliothek‹.*

*1. Juli: Dadie Rylands wird bei der Hogarth Press angestellt (bis Dezember).*

3. August: Joseph Conrad, englischer Schriftsteller, gestorben.

*9. Oktober: Virginia Woolf schließt den Roman ›Mrs. Dalloway‹ ab.*

4. November: Stanley Baldwin wiederum britischer Premier.

*10. Dezember: Angus Davidson arbeitet bei der Hogarth Press mit.*

Erste Olympische Winterspiele in Chamonix.

E. M. Forster: ›A Passage to India‹ (›Auf der Suche nach Indien‹), Roman.

1925     *Enge Freundschaft mit Vita Sackville-West.*

*Beginn der Arbeit am Roman ›To the Lighthouse‹ (›Die Fahrt zum Leuchtturm‹).*

*Frühjahr: Frankreich-Reise.*

7. März: Jacques Raverat gestorben.

*23. April: ›The Common Reader‹ (Essayband) veröffentlicht.*

26. April: Nach dem Tod Friedrich Eberts wird Generalfeldmarschall Paul von Hindenburg zum deutschen Reichspräsidenten gewählt.

1. Mai: Zypern zur britischen Kronkolonie erhoben.

*14. Mai: ›Mrs. Dalloway‹ (›Eine Frau von fünfzig Jahren‹) erschienen.*

ab Juni: Depressionen.

Herbst: Schlechter Gesundheitszustand.

16. Oktober/1. Dezember: Vertrag von Locarno. Garantie der deutschen Westgrenze. Deutschland verzichtet auf das Elsaß und auf Lothringen.

Erste Fernsehvorführungen in Großbritannien, Deutschland und den USA.

George Bernard Shaw erhält den Nobelpreis für Literatur.

Aldous Huxley: ›Those Barren Leaves‹ (›Parallelen der Liebe‹), Roman.

1926    *Jahresanfang: Virginia lernt den Bildhauer Stephen Tomlin kennen.*

*Januar: ›Über das Kranksein‹ wird in Eliots ›New Criterion‹ veröffentlicht.*

Mai: Generalstreik in Großbritannien.

*Frühsommer: Die Woolfs treffen Gertrude Stein in London.*

*Ende Juli: Begegnung mit Thomas Hardy.*

8. September: Aufnahme Deutschlands in den Völkerbund.

*28. September: ›To the Lighthouse‹ abgeschlossen.*

*Umbauarbeiten an Monks House.*

Nordpolflug Richard E. Byrds.

Agatha Christie: ›The Murder of Roger Ackroyd‹ (›Roger Ackroyd und sein Mörder‹), Roman.

Ernest Hemingway: ›The Sun also Rises‹ (›Fiesta‹), Roman.

T. E. Lawrence: ›The Seven Pillars of Wisdom‹ (›Die sieben Säulen der Weisheit‹).

Edgar Wallace: ›The Dead Eyes of London‹ (›Die toten Augen von London‹).

1927    Vita Sackville-West reist nach Persien (bis Mai).

*Januar: Besuch bei Beatrice und Sidney Webb.*

*April: Frankreich-Reise der Woolfs.*

4.–23. Mai: Genfer Weltwirtschaftskonferenz.

*5. Mai: Virginia Woolfs Roman ›To the Lighthouse‹ (›Die Fahrt zum Leuchtturm‹) erscheint.*

20./21. Mai: Charles Lindbergh überquert den Atlantik erstmals im Alleinflug von New York nach Paris.

*29. Juni: Virginia erlebt mit Freunden in Yorkshire eine totale Sonnenfinsternis.*

Max Born, Werner Heisenberg und Pascual Jordan entwickeln die Theorie der Quantenmechanik.

›Metropolis‹, Film von Fritz Lang.

Vita Sackville-West erhält für ihr Gedicht ›Das Land‹ den Hawthorndon-Literaturpreis.

| 1928 | 11. Januar: Thomas Hardy, englischer Schriftsteller, gestorben. |
|---|---|

1928
11. Januar: Thomas Hardy, englischer Schriftsteller, gestorben.
*März: Virginia wird für ihren Roman ›Die Fahrt zum Leuchtturm‹ mit dem Prix Femina ausgezeichnet.*
*März/April: Frankreich-Aufenthalt der Woolfs.*
*17. März: Roman ›Orlando‹ beendet.*
Juli: In Großbritannien erhalten die Frauen das uneingeschränkte Wahlrecht.
27. August: »Briand-Kellogg-Pakt«. Internationale Ächtung des Krieges.
*Oktober: Virginia Woolf und Vita Sackville-West in Frankreich. — ›Orlando‹ erscheint.*
Alexander Fleming entdeckt das Penicillin.
Aldous Huxley: ›Point Counter Point‹ (›Kontrapunkt des Lebens‹), Roman.
D. H. Lawrence: ›Lady Chatterley's Lover‹, Roman.
André Maurois: ›Climats‹ (›Wandlungen der Liebe‹), Roman.

1929—1952    *Die Werkausgabe in 14 Bänden erscheint.*
1929—1932    *Weltwirtschaftskrise.*
1929    *Virginias Text ›Ein ungeschriebener Roman‹ erscheint in der Übersetzung B. Wagenseils in S. Fischers ›Neuer Rundschau‹.*
*Pläne für ›Die Motten‹.*
*Frühjahr: Ein Ende der engen Beziehung zu Vita Sackville-West wird erkennbar.*
4. Juni: James Ramsay MacDonald erneut britischer Premierminister (zweites Kabinett MacDonald).
22. Juli: »Genfer Konvention« über die Behandlung von Kriegsgefangenen.
*24. Oktober: Der Essayband ›A Room of One's Own‹ erscheint.*
25. Oktober: »Schwarzer Freitag« an der New Yorker Börse.
Thomas Mann erhält den Nobelpreis für Literatur.
Ernest Hemingway: ›A Farewell to Arms‹ (›In einem anderen Land‹), Roman.
Thomas Wolfe: ›Look Homeward, Angel‹ (›Schau heimwärts, Engel‹), Roman.

1930    *Virginia lernt Ethel Smyth persönlich kennen.*
*November: Neffe Julian Bell veröffentlicht seinen ersten Gedichtband.*
Clyde Tombaugh entdeckt den Planeten Pluto.
W. H. Auden: ›Poems‹, Gedichte.
Vita Sackville-West: ›The Edwardians‹ (›Schloß Chevron‹), Roman.

Evelyn Waugh: ›Vile Bodies‹ (›... aber das Fleisch ist schwach‹), Roman.

1931    *Pläne für ›Flush‹.*
*Januar: Bekanntschaft mit John Lehmann, der Manager und spätere Teilhaber der Hogarth Press wird.*
*7. Februar: ›The Waves‹ abgeschlossen.*
27. März: Arnold Bennent gestorben.
*April: Autoreise durch Frankreich.*
*Frühsommer: Auseinandersetzungen mit Ethel Smyth.*
*8. Oktober: ›The Waves‹ (›Die Wellen‹) erscheint.*
Spanien wird zum zweitenmal Republik.
Japan annektiert die Mandschurei.
Bau des Empire State Building in New York.
Sir Oswald Ernald Mosley gründet eine faschistische Bewegung in England.
Eugene O'Neill: ›Morning Becomes Electra‹ (›Trauer muß Elektra tragen‹), Drama.
Vita Sackville-West: ›All Passion Spent‹ (›Erloschenes Feuer‹), Roman.

1932    *Arbeit an dem Roman-Essay ›The Pargiters‹.*
21. Januar: Lytton Strachey gestorben.
Februar: Beginn der ersten Internationalen Abrüstungskonferenz in Genf.
10. Februar: Edgar Wallace gestorben.
11. März: Carrington begeht Selbstmord.
*Mai: Griechenland-Reise.*
*11. Juli: ›The Common Reader‹ beendet.*
4. August: Goldie Dickinson gestorben.
*Herbst: Erschöpfungszustände. Herzrhythmusstörungen.*
*13. Oktober: ›The Common Reader‹, zweite Serie, erscheint.*
*28. November: Zu Sir Leslie Stephens 100. Geburtstag veröffentlicht die ›Times‹ einen Artikel Virginias.*
Eamon de Valera wird irischer Ministerpräsident.
John Galsworthy erhält den Nobelpreis für Literatur.
William Faulkner: ›Light in August‹ (›Licht im August‹), Roman.
Aldous Huxley: ›Brave New World‹ (›Schöne neue Welt‹), Roman.
Vita Sackville-West: ›Family History‹ (›Eine Frau von vierzig Jahren‹), Roman.

1933    *14. Januar: ›Flush‹ beendet.*
21. Januar: George Moore, irischer Schriftsteller, gestorben.
30. Januar: Reichspräsident Paul von Hindenburg beruft Adolf Hitler zum deutschen Reichskanzler.

31. Januar: Tod John Galsworthys.

2. Februar—14. Oktober: Zweite Internationale Abrüstungskonferenz.

24. März: »Ermächtigungsgesetz« in Deutschland. In der Folge Gleichschaltung der Länder (April), Verbot der Gewerkschaften (Mai) und Selbstauflösung der deutschen Parteien (Juni/Juli).

*Mai: Frankreich- und Italien-Reise.*

26. Juni: Grundsteinlegung für die neue Londoner Universität.

15. Juli: »Viererpakt« Großbritannien—Frankreich—Deutschland—Italien.

*5. Oktober: Erscheinen des Romans ›Flush. A Biography‹.*

19. Oktober: Deutschland tritt aus dem Völkerbund aus.

*Begegnung mit Bruno Walter.*

*Schwere Erkrankung Quentin Bells.*

Gertrude Stein: ›The Autobiography of Alice B. Toklas‹.

1934—1954    Arnold Joseph Toynbee: ›A Study of History‹, 12 Bände.

1934    *Abschluß von ›Freshwater‹.*

*Treffen mit Aldous Huxley.*

26. Januar: Deutsch-polnischer Nichtangriffs- und Freundschaftsvertrag.

23. Februar: Edward Elgar, englischer Komponist, gestorben.

*Ende April/Mai: Reise nach Irland.*

30. Juni: »Röhm-Putsch« in Deutschland.

2. August: Tod des deutschen Reichspräsidenten Paul von Hindenburg. Adolf Hitler wird »Führer und Reichskanzler«.

*9. September: Roger Fry gestorben.*

18. September: Die UdSSR wird in den Völkerbund aufgenommen.

*30. September: ›The Pargiters‹ (später ›The Years‹) beendet.*

Beatrice und Sidney Webb veröffentlichen eine Schrift über den Sowjetkommunismus.

Henry Miller: ›Tropic of Cancer‹ (›Wendekreis des Krebses‹), Roman.

Vita Sackville-West: ›The Dark Island‹, Roman.

Dylan Thomas: ›Poems‹, Gedichte.

Evelyn Waugh: ›A Handful of Dust‹ (›Eine Handvoll Staub‹), Roman.

1935    *Begegnung mit Henry Moore.*

2. Januar: Francis Birrell gestorben.

13. Januar: Deutschland erhält das Saargebiet zurück.

11.–14. April: Konferenz von Stresa zwischen den Regierungschefs Großbritanniens, Frankreichs und Italiens.
*Mai: Europa-Reise der Woolfs.*
2./16. Mai: Beistandspakt der UdSSR mit Frankreich und der Tschechoslowakei.
19. Mai: Thomas Edward Lawrence tödlich verunglückt.
7. Juni: Stanley Baldwin britischer Premierminister (drittes Kabinett Baldwin).
18. Juni: Britisch-deutsches Flottenabkommen.
*29. Dezember: Virginia beendet ›The Years‹ (erste Fassung).*
Archibald Joseph Cronin: ›The Stars Look Down‹ (›Die Sterne blicken herab‹), Roman.
T. S. Eliot: ›Murder in the Cathedral‹ (›Mord im Dom‹), Schauspiel.

| | |
|---|---|
| 1936–1939 | Spanischer Bürgerkrieg. |
| 1936 | *Überanstrengung. Virginia leidet unter starken Kopfschmerzen.* |

*Die Überarbeitung des Romans ›The Years‹ verzögert sich.*
18. Januar: Rudyard Kipling gestorben.
20. Januar: Georg V. von Großbritannien gestorben. Nachfolger wird Edward VIII. Nach seiner Abdankung am 11. Dezember besteigt Georg VI. den Thron.
7. März: Hitler kündigt den Locarno-Vertrag. Deutsche Truppen besetzen die entmilitarisierte Rheinlandzone.
14. Juni: Gilbert Keith Chesterton gestorben.
*Herbst: Besuch von Bertrand Russell.*
30. September: General Franciso Franco y Bahamonde wird spanischer Staatschef.
25. Oktober: »Achsenvertrag« Deutschland–Italien.
25. November: Deutsch-japanischer »Antikomintern-Pakt« (1937 tritt Italien bei, weitere Staaten schließen sich an).
John Maynard Keynes: ›The General Theory of Employment, Interest and Money‹ (›Die allgemeine Theorie der Beschäftigung, des Zinses und des Geldes‹).

| | |
|---|---|
| 1937 | *Neffe Julian Bell kämpft als Soldat im Spanischen Bürgerkrieg.* |

*28. Januar–12. Oktober: Arbeit an ›Three Guineas‹.*
*15. März: Virginias Roman ›The Years‹ (›Die Jahre‹) erscheint.*
28. Mai: Neville Chamberlain wird britischer Premier.
7. Juli: Überfall Japans auf China.
15. Juli: Janet Case gestorben.
*18. Juli: Julian Bell gefallen.*

29. Dezember: Der unabhängige Staat Irland (Eire) wird geschaffen.

Großbritannien und Italien einigen sich über die Wahrung des Status quo im Mittelmeer.

In Lakehurst wird ein Zeppelin-Luftschiff bei der Landung durch Feuer zerstört.

Archibald Joseph Cronin: ›The Citadel‹, Roman.

Vita Sackville-West: ›Pepita‹ (›Die Tänzerin und die Lady‹), Roman.

| | |
|---|---|
| 1938 | *Arbeit an der Biographie von Roger Fry.* |

*2. Januar: John Lehmann wird Teilhaber der Hogarth Press. Er übernimmt Virginias Eigentumsanteile.*

12.–14. März: »Anschluß« Österreichs an das Deutsche Reich.

Frühjahr: Lady Ottoline Morrell gestorben.

*3. Mai: Der Essayband ›Three Guineas‹ erscheint.*

21. Mai: Ka Arnold-Forster gestorben.

*Juni/Juli: Schottland-Reise.*

29. September: »Münchner Abkommen« zwischen Chamberlain, Daladier, Hitler und Mussolini.

30. September: Deutsch-britische Nichtangriffserklärung.

1. Oktober: Deutsche Truppen marschieren ins Sudetenland ein.

9. November: »Reichskristallnacht« in Deutschland.

6. Dezember: Deutsch-französische Nichtangriffserklärung.

Otto Hahn, Lise Meitner und Fritz Straßmann gelingt die erste Kernspaltung.

Die Kunststoffe Perlon und Nylon werden erstmals hergestellt.

Samuel Beckett: ›Murphy‹, Roman.

Graham Greene: ›Brighton Rock‹ (›Am Abgrund des Lebens‹), Roman.

Thornton Wilder: ›Our Town‹ (›Unsere kleine Stadt‹), Schauspiel.

William Butler Yeats: ›New Poems‹, Gedichte.

| | |
|---|---|
| 1939–1945 | Zweiter Weltkrieg. |
| 1939 | *Januar: Das Ehepaar Woolf trifft in Hampstead Sigmund Freud.* |

28. Januar: William Butler Yeats gestorben.

15./23. März: Deutsche Truppen marschieren in die Tschechoslowakei und ins Memelgebiet ein.

28. März/2. April: General Francos Einheiten besetzen Madrid. Ende des Spanischen Bürgerkriegs.

6. April/25. August: Britisch-polnisches Bündnis.

22. Mai: »Stahlpakt« Deutschland–Italien.

*25. Juli: Umzug der Hogarth Press zum Mecklenburgh Square 37.*

23. August: »Hitler-Stalin-Pakt«. Deutsch-russischer Nichtangriffsvertrag.

1. September: Deutscher Angriff auf Polen.

3. September: Großbritannien und Frankreich erklären Deutschland den Krieg.

23. September: Sigmund Freud in London gestorben.

28. September: Deutsch-russischer Grenz- und Freundschaftsvertrag.

T. S. Eliot: ›Family Reunion‹ (›Der Familientag‹), Schauspiel.

James Joyce: ›Finnegan's Wake‹, Roman (entstanden 1922—39).

1940

*11. Februar: ›Roger Fry‹, biographische Studie, beendet.*

April/Mai: Deutschland greift Dänemark, Norwegen, die Niederlande, Luxemburg, Belgien und Frankreich an.

10. Mai: Winston Churchill britischer Premierminister.

*13. Mai: Die Woolfs planen den gemeinsamen Selbstmord im Fall einer deutschen Invasion.*

14. Juni: Deutsche Truppen besetzen Paris.

22. Juni: Waffenstillstand zwischen Frankreich und dem Deutschen Reich.

*25. Juli: ›Roger Fry. A Biography‹ erscheint.*

August/September: Höhepunkt der Kämpfe um England. London wird täglich von deutschen Flugzeugstaffeln bombardiert.

*August: Virginia schreibt ›Gedanken über den Frieden bei einem Luftangriff‹ für eine amerikanische Tagung über Frauenfragen der Gegenwart.*

*September: Das Anwesen Mecklenburgh Square 37 wird bei einem Angriff stark beschädigt.*

*20. September: Umzug der Hogarth Press nach Letchworth in Hertfordshire.*

27. September: ›Dreimächtepakt‹ Deutschland—Italien—Japan (weitere Staaten treten bei).

*Oktober: Das Haus Tavistock Square Nr. 52 fällt den Bomben zum Opfer.*

14. November: Zerstörung Coventrys.

*23. November: Virginia beendet den Roman ›Pointz Hall‹ (›Zwischen den Akten‹).*

Graham Greene: ›The Power and the Glory‹ (›Die Kraft und die Herrlichkeit‹), Roman.

Ernest Hemingway: ›For Whom the Bell Tolls‹ (›Wem die Stunde schlägt‹), Roman.

Thomas Wolfe: ›You Can't Go Home Again‹ (›Es führt kein Weg zurück‹), Roman.

1941    *Freundschaft mit Octavia Wilberforce.*
*›Between the Acts‹ (›Zwischen den Akten‹), Roman-Fragment.*
13. Januar: James Joyce in Zürich gestorben.
*28. März: Virginia Woolf begeht Selbstmord in der Ouse bei Lewis/Sussex.*
April/Juni: Deutscher Angriff auf Jugoslawien, Griechenland und die UdSSR.
4. Juni: Tod des letzten deutschen Kaisers Wilhelm II. in Doorn/Niederlande.
14. August: Churchill und Roosevelt verkünden die »Atlantic-Charta«.
7. Dezember: Japanischer Überfall auf die US-Flotte in Pearl Harbour.
8. Dezember: Die USA und Großbritannien erklären Japan den Krieg.
11. Dezember: Kriegserklärung Deutschlands und Italiens an die USA.

# Primärliteratur

a. Abkürzungen der zitierten Quellen

| | | |
|---|---|---|
| VW, VO | = | The Voyage Out (Frogmore [10]1975) |
| —, ND | = | Night and Day (Harmondsworth 1975) |
| —, JR | = | Jacob's Room (Frogmore 1977) |
| —, MD | = | Mrs. Dalloway (Harmondsworth 1967) |
| —, TL | = | To the Lighthouse (Harmondsworth 1974) |
| —, O | = | Orlando. A Biography (Harmondsworth 1965) |
| —, W | = | The Waves (Harmondsworth 1974) |
| —, Y | = | The Years (Frogmore 1978) |
| —, BA | = | Between the Acts (Frogmore 1976) |
| —, AROO | = | A Room of One's Own (London [16]1978) |
| —, TG | = | Three Guineas (Harmondsworth 1979) |
| —, RF | = | Roger Fry. A Biography (Harmondsworth 1979) |
| —, MB | = | Moments of Being. Unpublished Autobiographical Writings, ed. by Jeanne Schulkind (Frogmore 1981) |
| —, CR I | = | The Common Reader, vol. 1 (London [12]1975) |
| —, CR II | = | The Common Reader, vol. 2 (London [9]1974) |
| —, CE I | = | Collected Essays, vol. 1 (London 1968) |
| —, CE II | = | Collected Essays, vol. 2 (London 1972) |
| —, CE IV | = | Collected Essays, vol. 4 (London 1969) |
| —, AWD | = | A Writer's Diary, ed. by Leonard Woolf (Frogmore 1983) |
| —, L I | = | Nigel Nicolson/Joanne Trautmann (eds.), The Flight of the Mind. The Letters of Virginia Woolf, vol. I: 1888—1912 (London 1975) |
| —, L II | = | The Question of Things Happening. The Letters of Virginia Woolf, vol. II: 1912—1922 (London 1976) |
| —, L III | = | A Change of Perspective. The Letters of Virginia Woolf, vol. III: 1923—1928 (London 1977) |
| —, L IV | = | A Reflection of the Other Person. The Letters of Virginia Woolf, vol. IV: 1929—1931 (London 1978) |
| —, L V | = | The Sickle Side of the Moon. The Letters of Virginia Woolf, vol. V: 1932—1935 (London 1979) |
| —, L VI | = | Leave the Letters till we're Dead. The Letters of Virgnia Woolf, vol. VI: 1936—1941 (London 1980) |
| VW, D I | = | The Diary of Virginia Woolf, ed. by Anne Olivier Bell, vol. I: 1915—1919 (Harmondsworth 1981) |
| —, D II | = | Diary, vol. II: 1920—1924 (Harmondsworth 1981) |
| —, D III | = | Diary, vol. III: 1925—1930 (Harmondsworth 1982) |
| —, D IV | = | Diary, vol. IV: 1931—1935 (Harmondsworth 1983) |

LW, 1880—1904 = Leonard Woolf, Sowing. An Autobiography of the Years
                     1880—1904 (London 1974)
LW, 1911—1918 = —, Beginning Again. An Autobiography of the Years 1911—1918
                     (London 1972)
LW, 1919—1939 = —, Downhill all the Way. Autobiography 1919—1939
                     (London 1975)
LW, 1939—1969 = —, The Journey Not The Arrival Matters. An Autobiography of
                     the Years 1939—1969 (London 1973).
QB I/II            = Quentin Bell, Virginia Woolf. A Biography, 2 vols.
                     (Frogmore 1976)

b. sonstige Quellen

Virginia Woolf, Flush. A Biography (Harmondsworth 1981)
—, The London Scene (London 1982)
—, A Haunted House and Other Stories (London ⁹1978)
—, Granite and Rainbow (London 1958)
—, The Captain's Death Bed and Other Essays (London 1950)
—, The Moment and Other Essays (London 1981)
—, Collected Essays, 4 vols. (London 1966/67)

# Anmerkungen

## Kap. 1

1 Samuel Smiles, Der Charakter, übers. v. Fr. Steger, Leipzig ³1878, Verlagsbuch-
handlung J. J. Weber, S. 169 ff.
2 J. A. Froude, Oceana or England and her Colonies (London 1886), S. 7
3 Karl-Heinz Wocker, Königin Victoria. Die Geschichte eines Zeitalters, München
1981, S. 22
4 E. J. Hobsbawm (1977), Die Blütezeit des Kapitals, München 1977, S. 50
5 VW, L VI, S. 158, No. 3293, 13. 8. 1937, an Violet Dickinson
6 Peter Keating (ed.), The Victorian Prophets (1981), S. 15, Einleitung von Peter
Keating
7 VW, RF, S. 29
8 Leslie Stephen, The Science of Ethics, London 1882, S. 321 f.
9 Ebenda, S. 322
10 VW, Y, S. 171
11 Leslie Stephen, Social Rights and Duties, London 1896, vol. 2, S. 256; 258
12 Ebenda, S. 264
13 VW, D III: 61 / 24. 2. 1926
14 Leslie Stephen, An Agnostic's Apology, 1893, S. 1
15 Ebenda, S. 3
16 Ebenda, S. 15
17 Ebenda, S. 17
18 Ebenda, S. 24
19 Ebenda, S. 36
20 Leslie Stephen, Mausoleum Book, S. XXVIII
21 Ebenda, S. X

## Kap. 2

1 L. Stephen, 1909, vol. 1, S. X
2 Ebenda, S. X
3 Ebenda, S. XIII
4 zit. nach L. Edel, 1981, S. 79 f.
5 VW, TL, S. 69
6 Virginia Woolf, ›On Not Knowing Greek‹, in: VW, CR I, S. 54
7 Virginia Woolf, A Haunted House, London ⁸1973, S. 10
8 VW, L I, S. 28
9 VW, MD, S. 37 ff.
10 VW, L I, S. 31
11 Nigel Nicolson, in: VW, L I, S. XV
12 vgl. QB I, S. 51
13 Virginia Woolf, Hours in a Library, 1916, in: VW, CE II, S. 35 f.
14 G. Spater/I. Parsons, 1980, S. 42
15 VW, L I, S. 41 f.
16 Ebenda, S. 43

1 Spater/Parsons, 1980, S. 53
2 VW, MB, S. 186f.
3 Q. Bell, 1976, S. 24f.
4 vgl. D. Gadd, 1976, S. 1
5 VW, MB, S. 190
6 P. Rose, 1978, S. 39f.
7 Ebenda, 1978, S. 43
8 Duncan Grant, zit. nach Q. Bell, 1976, S. 28
9 VW, MB, S. 200f.
10 V. Woolf, Ms MH/A 16 (S), zit. nach: Spater/Parsons, 1980, S. 56
11 Malcolm Muggeridge's BBC Television conversations with Leonard Woolf at
   Monk's House, Rodmell, in March 1967, in: J. R. Noble, 1975, S. 244ff.
12 G. E. Moore, 1977, S. 312
13 vgl. L. Edel, 1981, S. 46
14 Spater/Parsons, 1980, S. 56
15 VW, MB, S. 173
16 Vanessa Bell, zit. nach: L. Edel, 1981, S. 82
17 John Maynard Keynes, zit. nach: D. Gadd, 1976, S. 9
18 M. Holroyd, 1980, S. 403
19 J. K. Johnstone, 1954, S. 10
20 VW, MB, S. 190
21 Q. Bell, 1976, S. 65
22 D. Gadd, 1976, S. 17
23 LW, 1911–1918, S. 16f.
24 Leonard Woolf, zit. nach: L. Edel, 1981, S. 68
25 VW, MB, S. 192
26 D. Gadd, 1976, S. 17
27 L. Edel, 1981, S. 59
28 H. Read, 1967, S. 32 f.
29 B. Russell, 1972, S. 98
30 VW, JR, S. 136f.
31 Lytton Strachey, zit. nach: L. Edel, 1981, S. 131f.
32 V. Woolf, Ms MH/A 16 (S), zit. nach: Spater/Parsons, 1980, S. 58
33 VW, L I, S. 323
34 QB I, S. 132
35 V. Woolf an Violet Dickinson, 13. 5. 1908, VW, L I, S. 331
36 VW, L I, S. 316
37 Ebenda, S. 329
38 Ebenda, S. 325
39 Ebenda, S. 361
40 Ebenda, S. 348
41 Ebenda, S. 365 f.
42 Ebenda, S. 374
43 Ebenda, S. 377
44 vgl. M. Holroyd, 1980, S. 396–439
45 vgl. ebenda, S. 404
46 Lytton Strachey, zit. nach: M. Holroyd, 1980, S. 405
47 QB I, S. 142 Anm.
48 QB I, S. 145

49  QB I, S. 213
50  R. Fry, 1981, S. 166
51  P. Sloterdijk, 1983, S. 51
52  QB I, S. 168
53  LW, 1911−1918, S. 94
54  QB I, S. 170
55  L. Edel, 1981, S. 173
56  QB I, S. 176
57  LW, 1911−1918, S. 26
58  Ebenda, S. 52
59  Ebenda, S. 53
60  Vanessa Bell, zit. nach: QB I, S. 182
61  Virginia, zit. nach: QB I, S. 185 f.
62  QB I, S. 187


Kap. 4


 1  VW, L I, S. 496, No. 615, an LW aus Asheham, 1. 5. 1912
 2  vgl. R. Poole, 1978, S. 28−32
 3  vgl. ebenda, S. 33 und S. 35
 4  VW, L II, S. 67, No. 732, an Lytton Strachey, 22. 10. 1915, aus Asheham
 5  VW, L II, S. 6f., No. 645, an Ka Cox, 4. 9. 1912, aus Saragossa
 6  Leonard Woolf, zit. nach: L. Edel, 1981, S. 198
 7  R. Poole, 1978, S. 69
 8  VW, L II, S. 90, No. 753, an Leonard, 17. 4. 1916
 9  P. Rose, 1978, S. 90
10  VW, L II, S. 18, No. 658, an Lady Ottoline Morrell, 7. 3. 1913
11  R. Poole, 1978, S. 62
12  VW, L II, S. 23, No. 665, an Violet Dickinson, 11. 4. 1913
13  VW, L II, S. 33, No. 678, an LW, 3. 8. 1913, aus Twickenham. Mongoose war
    Leonards, Mandrill Virginias Kosename − übernommen aus der Fauna Ceylons
14  LW, 1911−1918, S. 151
15  VW, L II, S. 44, No. 699, an LW, 14. 3. 1914
16  VW, D I, S. 17, 14. 1. 1915
17  The Observer, 4. April 1915, S. 3
18  VW, D I, S. 214, 3. 11. 1918
19  VW, L I, S. 331, 13. 5. 1908
20  VW, L I, S. 375, 24. 11. 1908
21  VW, L II, S. 82, No. 745, 28. 2. 1916
22  vgl. P. Rose,1978, S. 56
23  vgl. ebenda, S. 55
24  VO, S. 86
25  P. Rose, 1978, S. 52
26  VO, S. 315
27  vgl. ebenda, S. 247
28  VW, AROO, S. 147f.
29  vgl. VO, S. 370f.
30  VO, S. 385
31  VO, S. 272
32  Ebenda, S. 278 f.
33  VW, L II, S. 64, No. 728, 29. 9. 1915

34  VW, L II, S. 66, No. 731, 14. 10. 1915, an Lady Robert Cecil
35  VW, L II, S. 102, No. 770
36  VW, D I, S. 22
37  vgl. VW, L II, No. 740, 27. 1. 1916, an Margaret Ll. Davies
38  vgl. R. W. Clark, 1975, S. 333
39  VW, L II, S. 120, No. 790, an Saxon Sydney-Turner
40  Ebenda, S. 107f., No. 776, 30. 7. 1916, an Vanessa
41  Ebenda, S. 95, No. 757
42  vgl. VW, L II, S. 114, No. 789, 10. 9. 1916; S. 217, No. 787, 12. 9. 1916
43  vgl. VW, L II, S. 111, No. 779
44  vgl. ebenda, S. 119, No. 789, 24. 9. 1916
45  Ebenda, S. 123 f. No. 798
46  vgl. VW, L II, S. 167, No. 853, 26. 7. 1917, an David Garnett
47  VW, D I, S. 28
48  VW, L II, S. 120, No. 791
49  Ebenda, S. 128 f., No. 806
50  Ebenda, S. 133, No. 812
51  VW, L II, S. 147, No. 827, 10. 4. 1917, an Violet Dickinson
52  Ebenda, S. 150, No. 829
53  Ebenda, S. 151, No. 831
54  Ebenda, S. 154, No. 834
55  vgl. VW, L II, S. 126, No. 803
56  VW, D I, S. 151, 28. 5. 1917
57  G. Lichtheim, 1974, S. 140 f.
58  vgl. VW, L II, S. 112, No. 781, 25. 8. 1916, an Vanessa
59  Ebenda, S. 185, No. 877
60  VW, D I, S. 116
61  VW, D I, S. 70, 2. 11. 1917
62  Ebenda, S. 100, 4. 1. 1918
63  vgl. VW, L II, S. 244, No. 935
64  Lytton Strachey, zit. nach: Q. Bell, 1976, S. 56
65  VW, D I, S. 140
66  VW, L II, S. 551, No. 1277
67  VW, CE II, S. 107
68  QB II, S. 54. Vgl. auch: LW, 1911–1918, S. 245ff.; VW, L II, No. 922 und No. 925
69  VW, L II, No. 933, 17. 5. 1918
70  Ebenda, S. 230, No. 922, 15. 4. 1918, an Vanessa
71  vgl. ebenda, No. 951, 15. 7. 1918, an Vanessa
72  D. Garnett (Ed.), 1979, S. 78
73  vgl. VW, L II, S. 278, No. 976, an Barbara Bagenal
74  WV, L II, S. 281, No. 978, 12. 10. 1918, an Lytton
75  VW, L II, S. 290, No. 986, 11. 11. 1918, an Vanessa. Vgl. auch S. 292ff. No. 987, 13. 11. 1918, an Vanessa
76  vgl. VW, L II, S. 295 f., No. 988, 18. 11. 1918
77  VW, D I, S. 235
78  VW, L II, S. 304 f., No. 993, 12. 12. 1918, an Vanessa.
79  VW, D I, S. 238, 31. 1. 1919
80  Ebenda, S. 241
81  M. Holroyd, 1980, S. 786
82  ND, S. 185

83  L. Wittgenstein, 1918, 6.44
84  Ebenda, 6.521/6.522
85  QB II, S. 69
86  ND, S. 235
87  VW, D I, S. 318


Kap. 5


1  VW, D II, 14/26. 1. 20
2  LW, 1919–1939, S. 98 f.
3  VW, D II: 18
4  VW, L II, S. 422, No. 1121
5  LW, 1919–1939, S. 27
6  VW, D II: 26/3. 3. 1920
7  VW, D II: 30/15. 4. 20
8  Ebenda: 32
9  VW, D II: 197/28. 8. 22
10  vgl. LW, 1919–1939, S. 36–40
11  VW, D II: 36/11. 5. 1920
12  VW, L II, S. 431, No. 1129, an Vanessa
13  vgl. VW, A Haunted House, S. 14–31
14  VW, D II: 53/13. 7. 1920
15  VW, D II: 56/5. 8. 1920
16  VW, D II: 61/25. 8. 1920
17  VW, L II, S. 434, No. 1132, 24. 6. 1920
18  LW, 1919–1939, S. 71 f.
19  VW, L II, S. 442, No. 1143, 24. 8. 1920, an Vanessa
20  VW, D II: 342
21  Ebenda: 72/25. 10. 1920
22  Ebenda: 72
23  VW, L II, S. 448, No. 1154, 30. 11. 1920
24  VW, D II: 80/19. 12. 1920
25  Ebenda: 81
26  VW, L II, S. 453, No. 1161, an Vanessa, 7. 1. 21
27  VW, D II: 87/25. 1. 21
28  VW, L II, S. 456, No. 1165, 25. 1. 21
29  vgl. LW, 1919–1939, S. 111; vgl. VW, D II: 91/16. 2. 21
30  VW, D II: 100/13. 3. 21
31  VW, L II, S. 460, No. 1173, 27. 3. 21, an Vanessa
32  VW, D II: 103/22. 3. 21
33  VW, D II: 87/25. 1. 21
34  vgl. VW, L II, S. 465, No. 1174, 17. 4. 21, an Lytton Strachey
35  VW, D II: 115/29. 4. 21
36  Ebenda: 116/3. 5. 21
37  VW, L II, S. 470 f., No. 1179, 22. 5. 21, an Vanessa
38  Ebenda, S. 467, No. 1176, 3. 5. 21, an Sydney Waterlow
39  Ebenda, S. 470
40  D. H. Lawrence, 1932, S. 23
41  VW, D II: 126/9. 8. 21
42  Ebenda: 134/10. 9. 21

43 Ebenda: 138/15. 9. 1921
44 VW, D II: 147/3. 12. 1921
45 VW, D II: 158/22. 1. 1922
46 VW, L II, S. 502, No. 1214
47 VW, D II: 167/17. 2. 1922
48 VW, D II: 168/28. 2. 1922
49 VW, L II, S. 514, No. 1228, 20. 3. 1922, an Janet Case
50 Ebenda, S. 525, No. 1244, 6. 5. 1922, an Roger Fry
51 VW, L II, S. 566, No. 1295, 3. 10. 1922, an Roger Fry
52 VW, D II: 178/23. 6. 1922
53 Ebenda: 186/26. 7. 1922
54 vgl. VW, L II, S. 558; vgl. VW, D. II: 205/4. 10. 1922
55 vgl. VW, L II, S. 568, No. 1298, 9. 10. 1922
56 VW, D II: 211/7. 11. 1922
57 Ebenda: 207f./14. 10. 1922
58 QB II, S. 88
59 VW, L II, S. 573, No. 1303, 22. 10. 1922
60 M. Rosenthal, 1978, S. 78
61 VW, JR, S. 28
62 VW, JR, S. 70 f.
63 Rosenthal, 1978, S. 79
64 H. Lee, 1977, S. 80 f.
65 VW, JR, S. 173
66 Rosenthal, 1978, S. 76
67 VW, JR, S. 33
68 Ebenda, S. 54
69 Ebenda, S.69
70 Ebenda, S.73
71 Ebenda, S.76
72 Ebenda
73 Ebenda, S.79
74 Ebenda, S.84
75 Ebenda, S. 84
76 Ebenda, S. 88
77 Ebenda, S. 88f.
78 Ebenda, S.89
79 Ebenda, S.90
80 Ebenda, S.91
81 Ebenda, S. 92
82 Ebenda, S.94
83 Ebenda, S.98
84 Ebenda, S.102f.
85 Ebenda, S.112
86 Ebenda, S.117
87 Ebenda, S.119
88 Ebenda
89 Ebenda, S.120
90 Ebenda
91 Ebenda, S.121
92 Ebenda, S.123
93 Ebenda, S.124

94 Ebenda, S.125
95 Ebenda, S. 126
96 Ebenda, S.127
97 Ebenda
98 Ebenda
99 Ebenda, S. 129
100 Ebenda, S. 133
101 Ebenda, S. 134
102 Ebenda, S. 135
103 Ebenda, S. 136
104 Ebenda, S. 137
105 Ebenda
106 Ebenda, S. 139
107 Ebenda, S. 142
108 Ebenda
109 Ebenda, S. 149
110 Ebenda, S. 150
111 Ebenda, S. 151
112 Ebenda, S. 152
113 Ebenda, S. 157
114 Ebenda, S. 158
115 Ebenda, S. 164
116 Ebenda, S. 168
117 Ebenda
118 Ebenda, S. 171
119 Ebenda
120 VW, L II, S. 581, No. 1313, 7. 11. 1922, an Clive Bell. Vgl. ferner: VW, L II,
    S. 588, No. 1325, 23. 11. 1922, an R. C. Trevelyan; ebenda, S. 578, No. 1309,
    30. 10. 1922, an C. P. Sanger; VW, D II: 179/23. 6. 1922
121 vgl. P. Valery, 1949
122 VW, D II: 212/13. 11. 1922
123 Ebenda: 214/27. 11. 1922
124 VW, L II, S. 585, No. 1320. 12. 11. 1922
125 VW, D II: 216/3. 12. 1922
126 VW, D II: 221
127 VW, D II: 223/7. 1. 1923
128 vgl. LW, 1919 — 1939, S. 75 f.
129 VW, L III, S. 9, No. 1351, 23. 1. 1923, an Violet Dickinson
130 Ebenda, S. 11, No. 1354, Febr. 1923, an Clive Bell
131 VW, D II: 238 f., 19. 2. 1923
132 VW, D II: 238, 6. 3. 1923
133 Gerald Brenan, South from Granada, 1957, zit. nach: VW, L III, S. 23. Vgl. auch
    Virginia Woolf, To Spain, 1923, in: WV, CE IV, S. 188—192
134 VW, L III, S. 35, No. 1386
135 VW, D II: 242/12. 5. 1923. Vgl. VW, L III, S. 42 f., No. 1395, 24. 5. 1923, an
    Vanessa
136 Ebenda: 244/4. 6. 1923
137 VW, L III, S. 39, No. 1390
138 Ebenda, S. 60, No. 1414, 30. 7. 1923, an Jacques Raverat
139 Ebenda, S. 51, No. 1405, 24. 6. 1923, an Barbara Bagenal
140 VW, D II: 246, 13. 6. 1923

141 Ebenda: 248
142 VW, L III, S. 58, No. 1414, 30. 7. 1923
143 VW, D II: 259/28. 7. 1923
144 Ebenda
145 Ebenda: 260/6. 8. 1923
146 Ebenda: 267/29. 8. 1923
147 VW, L III, S. 65, No. 1417, 10. 8. 1923, an Gerald Brenan
148 VW, D II: 277/3. 12. 1923
149 Ebenda: 283/9. 1. 1924
150 VW, L III, S. 31, No. 1448, Februar 1924
151 VW, D II: 291/3. 2. 1924
152 Ebenda: 292
153 VW, L III, S. 94, No. 1453, 18. 3. 1924, an Vita Sackville-West
154 Ebenda, S. 95, No. 1451, 21. 3. 1924
155 VW, D II: 298/5. 4. 1924
156 VW, L III, S. 96, No. 1455, 12. 4. 1924, an Ka Arnold-Forster
157 Ebenda, S. 97, No. 1456, 12. 4. 1924, an Janet Case
158 Ebenda, S. 103, No. 1462, 27. 4. 1924, an Vanessa
159 Ebenda, S. 115, No. 1479, 8. 6. 1924, an Jacques Raverat
160 VW, D II: 303
161 Vanessa Bell an Roger Fry vom 22. 6. 1924, zit. nach VW, D II: 304, Anm.
162 VW, D II: 305
163 Ebenda: 306/5. 7. 1924
164 VW, D II: 311/15. 8. 1924
165 Ebenda: 313/15. 9. 1924
166 Ebenda: 316/17. 10. 1924
167 Ebenda: 295/30. 8. 1923
168 VW, L III, S. 135, No. 1500, 2. 10. 1924, an Molly MacCarthy
169 VW, D III: 5/18. 3. 1925
170 VW, L III, S. 162
171 Ebenda, S. 177, No. 1547, 8. 4. 1925
172 VW, D III: 6/8. 4. 1925
173 Ebenda: 9
174 VW, D III: 12/27. 4. 1925
175 Ebenda: 17/9. 5. 1925
176 Ebenda: 18/14. 5. 1925
177 VW, MD, S. 6
178 Ebenda, S. 11
179 Ebenda, S. 11
180 Ebenda, S. 6
181 M. Drabble, 1972, S. 72
182 Phyllis Rose, 1978, S. 126
183 VW, MD, S. 36
184 Ebenda
185 VW, D III: 19/14. 5. 1925
186 Ebenda: 23/17. 5. 1925
187 VW, L III, S. 189, No. 1560, 14. 6. 1925, an Gerald Brenan
188 VW, D III: 30
189 Ebenda: 32/18. 6. 1925
190 Ebenda
191 VW, L III, S. 191 f., No. 1563, 23. 6. 1925, an Janet Case

192 VW, D III: 34/27. 6. 1925
193 Ebenda: 34/19. 7. 1925
194 VW, L III, S. 202, No. 1575, 1. 9. 1925, an Janet Case
195 Ebenda, S. 204, No. 1578, 7. 9. 1925
196 VW, L III, S. 217, No. 1591, 13. 10. 1925
197 vgl. VW, L III, S. 225
198 VW, D III: 57/19. 1. 1926
199 VW, L III, S. 229, No. 1611, an Vita Sackville-West
200 VW, D III: 58/8. 2. 1926
201 vgl. VW, L III, S. 238
202 VW, L III, S. 231, No. 1613, 26. 1. 1926, an Vita Sackville-West
203 VW, L III, S. 241, No. 1621, 17. 2. 1926, an Vita Sackville-West
204 VW, D III: 59/23. 2. 1926
205 Ebenda: 60
206 Ebenda: 62 f./27. 2. 1926
207 VW, L III, S. 248, No. 1624, 16. 3. 1926, an Vita Sackville-West
208 VW, L III, S. 250, No. 1626, 29. 3. 1926
209 Ebenda, S. 255, No. 1629, 14. 4. 1926
210 VW, D III: 78/6. 5. 1926
211 Ebenda: 80/7. 5. 1926
212 VW, L III, S. 261
213 VW, D III: 87/20. 5. 1926
214 VW, L III, S. 270, No. 1644, 2. 6. 1926, an Vanessa
215 Ebenda, S. 87, No. 1443, Febr. 1924, an Margaret Llewelyn Davies
216 VW, L III, S. 269 f., No. 1644, 2. 6. 1926, an Vanessa
217 Ebenda, S. 275, No. 1647, 13. 6. 1926
218 Ebenda, S. 277, No. 1651
219 VW, L III, S. 236, No. 1617, 31. 1. 1926, an Vita Sackville-West
220 vgl. Virginia Woolf, Impassioned Prose, in: VW, CE I, S. 165—172
221 VW, L III, S. 284, No. 1660, 8. 8. 1926, an Vita Sackville-West
222 Virginia Woolf, zit. nach: G. Trask/Ch. Burkhart, 1963, S. 122 f.
223 VW, L III, S. 286, No. 1663, Mitte August 1926
224 VW, D III: 106/5. 9. 1926
225 Ebenda
226 Ebenda: 110/15. 9. 1926
227 VW, L III, S. 294, No. 1675, 22. 9. 1926, an Edward Sackville-West
228 VW, L III, S. 296, No. 1677, 3. 10. 1926, an Gerald Brenan
229 VW, D III: 114/30. 10. 1926
230 VW, D III: 117/23. 10. 1926
231 Ebenda: 123/23. 1. 1927
232 Ebenda
233 VW, D III: 126/3. 2. 1927
234 VW, L III, S. 330
235 Ebenda, S. 335, No. 1719, 18. 2. 1927, an Vanessa
236 VW, D III: 130/5. 3. 1927
237 VW, L III, S. 341, No. 1785, 5. 3. 1927, an Vanessa
238 VW, D III: 131
239 VW, L III, S. 347, No. 1730, 15. 3. 1927, an Vita Sackville-West
240 VW, L III, S. 358, No. 1741, 5. 4. 1927, an Vita Sackville-West
241 Ebenda, S. 361, No. 1742, 9. 4. 1927, an Vanessa aus Palermo
242 Ebenda, S. 365, No. 1745, 21. 4. 1927, an Vanessa

243  Ebenda, S. 367, No. 1747, 26. 4. 1927, an Vanessa
244  VW, D III: 133/1. 5. 1927
245  Ebenda: 135/5. 5. 1927
246  Vanessa Bell an Virginia Woolf vom 11. Mai 1927, abgedruckt in: VW, L III, S. 572f. (Appendix)
247  QB II, S. 129
248  VW, D III: 132/21. 3. 1927
249  VW, TL, S. 30
250  Ebenda, S. 10
251  VW, AWD, S. 63
252  VW, TL, S. 34
253  Ebenda, S. 70
254  Ebenda, S. 116
255  Ebenda, S. 117
256  Ebenda, S. 118
257  Ebenda, S. 112
258  Ebenda, S. 96f.
259  Ebenda, S. 129
260  Ebenda, S. 130
     Ebenda, S. 136
262  Ebenda
263  Ebenda, S. 142
264  Ebenda, S. 144
265  Ebenda, S. 156
266  Ebenda, S. 158
267  Ebenda, S. 165
268  Ebenda, S. 167
269  Ebenda, S. 170
270  Ebenda
271  Ebenda
272  Ebenda, S. 176
273  Ebenda
274  Ebenda, S. 178
275  L. Ruddick, 1977, S. 13
276  VW, TL, S. 178
277  P. Rose, 1978, S. 156
278  VW, TL, S. 180
279  Ebenda
280  Ebenda, S. 181
281  Ebenda, S. 182f.
282  Ebenda, S. 183
283  Ebenda, S. 197
284  Ebenda, S. 198
285  Ebenda, S. 199
286  Ebenda, S. 202
287  Ebenda
288  Ebenda, S. 203
289  Ebenda, S. 204
290  Ebenda, S. 213
291  Ebenda, S. 215
292  Ebenda, S. 224

293 Ebenda, S. 226
294 Ebenda, S. 230
295 Ebenda, S. 231
296 Ebenda, S. 235
297 Ebenda, S. 236
298 VW, D III: 135/16. 5. 1927
299 VW, L III, S. 386, No. 1764, 27. 5. 1927
300 Ebenda, S. 388, No. 1767, 5. 6. 1927, an Vita Sackville-West
301 E. M. Forster an Virginia Woolf, zit. nach: VW, D III: 137
302 VW, D III: 139/18. 6. 1927
303 Ebenda: 140/22. 6. 1927
304 Ebenda: 141/23. 6. 1927
305 Ebenda: 143/30. 6. 1927
306 Ebenda: 144/4. 7. 1927. Vgl.: VW, L III, S. 395, No. 1780, 4. 7. 1927, an Vita
    Sackville-West
307 VW, L III, S. 400, No. 1788, 22. 7. 1927, an Ethel Sands
308 Ebenda, S. 407, No. 1795, 3. 8. 1927, an Vita Sackville-West
309 VW, D III: 153/4. 9. 1927
310 VW, L III, S. 420, No. 1810, 11. 9. 1927, an Vita Sackville-West
311 Ebenda, S. 425, No. 1810, an Julian Bell
312 Ebenda, S. 428, No. 1820, 9. 10. 1927, an Vita Sackville-West
313 VW, D III: 164/20. 11. 1927
314 Ebenda: 167/20. 12. 1927
315 Ebenda: 168/22. 12. 1927
316 VW, L III, S. 451, No. 1852, 29. 1. 1928, an Vanessa
317 VW, D III: 174/11. 2. 1928
318 VW, L III, S. 457 f., No. 1858, 11. 2. 1928, an Vanessa
319 Ebenda, S. 464, No. 1865, 21. 2. 1928, an Vanessa
320 Ebenda, S. 466, No. 1867, 5. 3. 1928, an Vanessa
321 VW, D III: 177/22. 3. 1928
322 Ebenda
323 VW, L III, S. 480, No. 1877, 5. 4. 1928
324 VW, L III, S. 485, No. 1884, 19. 4. 1928, an Vanessa
325 VW, D III: 180/17. 4. 1928
326 Ebenda: 21. 4. 1928
327 VW, L III, S. 488, No. 1887
328 Ebenda, S. 499, No. 1894, 12. 5. 1928, an Vanessa
329 Ebenda, S. 492, No. 1890, 4. 5. 1928, an Vita Sackville-West
330 VW, L III, S. 493, No. 1891, an Quentin Bell
331 Ebenda, S. 510, No. 1905
332 Ebenda, S. 510, No. 1906, 24. 6. 1928
333 VW, D III: 186
334 Ebenda
335 VW, L III, S. 514, No. 1911, 25. 7. 1928
336 VW, D III: 188/8. 8. 1928
337 Ebenda: 190/12. 8. 1928
338 Ebenda: 191/14. 8. 1928
339 Ebenda: 195/3. 9. 1928
340 Ebenda: 196/10. 9. 1928
341 Ebenda: 198
342 Vita Sackville-West, zit. nach: VW, L III, S. 533

343 N. Nicolson, 1974, S. 209
344 Ebenda, 1974, S. 207f.
345 LW, 1919—1939, S. 112
346 QB II, S. 117 f.
347 zit. nach: N. Nicolson, 1974, S. 212
348 N. Nicolson, 1974, S. 191
349 Ebenda, S. 192
350 VW, AWD, S. 111, 18. 6. 1927
351 QB II, S. 140
352 VW, AWD, 1983, S. 118
353 Ebenda, S. 118 f.
354 Ebenda, S. 125
355 H. Marder, 1974, S. 114
356 Virginia Woolf, Granite and Rainbow (London 1958), S. 151
357 Ebenda, S. 153
358 M. Rosenthal, 1979, S. 137
359 H. Marder, 1974, S. 110
360 H. Lee, 1977, S. 141
361 N. Nicolson, 1974, S. 20
362 Ebenda, S. 73
363 Vita Sackville-West, Autobiographie, zit. nach Nigel Nicolson, 1974,
    S. 117f.
364 LW, 1919—1939, S. 112
365 VW, D III: 200/27. 10. 1928
366 Ebenda: 201 f./7. 11. 1928
367 Ebenda: 202
368 Ebenda: 203/7. 11. 1928
369 Ebenda: 208/28. 11. 1928
370 Ebenda: 209/28. 11. 1928
371 Ebenda
372 Ebenda
373 Ebenda: 217/4. 1. 1929
374 Ebenda: 218
375 VW, L IV, S. 29, No. 2006, 23. 2. 1929
376 Ebenda, S. 36, No. 2015, 5. 4. 1929, an Vita Sackville-West
377 Ebenda, S. 35, No. 2012, 20. 3. 1929, an Quentin Bell
378 VW, D III: 221/13. 4. 1929
379 VW, L IV, S. 51, No. 2025, 2. 5. 1929, an Clive Bell
380 VW, D III: 225/13. 5. 1929
381 Ebenda: 228/15. 5. 1929
382 VW, D III: 229
383 Ebenda: 229/28. 5. 1929
384 Ebenda: 231/31. 5. 1929
385 VW, D III: 232/14. 6. 1929
386 Ebenda: 233/15. 6. 1929
387 Ebenda: 16. 6. 1929
388 VW, L IV, S. 69, No. 2042, 30. 6. 1929, an Vanessa
389 VW, D III: 237
390 Ebenda: 242/19. 8. 1929
391 Ebenda: 243
392 VW, L IV, S. 83, No. 2063, 25. 8. 1929, an Hugh Walpole

393 Ebenda
394 VW, D III: 249/2. 9. 1929
395 Ebenda: 252
396 Ebenda: 255/21. 9. 1929
397 Ebenda: 256/22. 9. 1929
398 Ebenda: 257/25. 9. 1929
399 Ebenda: 260
400 VW, L IV, S. 97, No. 2078, 4. 10. 1929, an Vanessa
401 QB II, S. 149
402 VW, L IV, S. 116, No. 2115, 10. 12. 1929, an David Garnett
403 VW, D III: 273/14. 12. 1929
404 Ebenda: 274
405 Ebenda: 275/26. 12. 1929
406 Ebenda
407 VW, D III: 286/16. 2. 1930
408 VW, L IV, S. 130 f., No. 2129, 30. 1. 1930, an Ethel Smyth
409 VW, D III, 297/11. 3. 1930
410 Ebenda: 298
411 VW, L IV, S. 159, No. 2168, 22. 4. 1930, an Ethel Smyth
412 VW, D III: 301
413 Ebenda: 302/29. 4. 1930
414 VW, L IV, S. 162 f., No. 2173, 5. 5. 1930, an Vita Sackville-West
415 VW, S. 164, No. 2175, 7. 5. 1930, an Vanessa
416 Ebenda, S. 165, No. 2176, 8. 5. 1930, an Vita Sackville-West
417 Ebenda, S. 168, No. 2179, 13. 5. 1930, an Ethel Smyth
418 VW, L IV, S. 176, No. 2189, 8. 6. 1930, an Quentin Bell
419 Ebenda, S. 184, No. 2201, 6. 7. 1930, an Ethel Smyth
420 VW, D III: 311/6. 8. 1930
421 Ebenda
422 VW, L IV, S. 194 f., No. 2215, 2. 8. 1930
423 VW, D III: 312/20. 8. 1930
424 VW, D III: 316/2. 9. 1930
425 VW, L IV, S. 204, No. 2224, 28. 8. 1930, an Ethel Smyth
426 Ebenda, S. 211, No. 2234, 11. 9. 1930, an Ethel Smyth
427 VW, L IV, S. 213, No. 2236, 14. 9. 1930, an Margaret Llewelyn Davies
428 Ebenda, S. 223, No. 2244, 28. 9. 1930, an Ethel Smyth
429 VW, D III: 323/15. 10. 1930
430 VW, L IV, S. 235, No. 2262, 27. 10. 1930
431 Ebenda
432 Ebenda, S. 241, No. 2265, 30. 10. 1930, an Ethel Smyth
433 Ebenda, S. 243, No. 2267, 2. 11. 1930, an Vanessa
434 VW, D III: 330/8. 11. 1930
435 VW, L IV, S. 250, No. 2274, 8. 11. 1930, an Vanessa
436 Ebenda, S. 261, No. 2285
437 Ebenda, No. 2286, 14. 12. 1930
438 Ebenda, S. 265, No. 2292, Christmas 1930, an Ethel Smyth
439 VW, D III: 343/30. 12. 1930
440 VW, D IV: 4 f/7. 1. 1931
441 Ebenda: 8/2. 2. 1931
442 Ebenda: 10/7. 2. 1931
443 VW, L IV, S. 296, No. 2328, 16. 2. 1931

444 Ebenda, S. 302, No. 2341, 29. 3. 1931, an Ethel Smyth
445 Ebenda, S. 294, No. 2330, 21. 2. 1931, an Clive Bell
446 Ebenda, S. 292, No. 2328, 16. 2. 1931, an Ethel Smyth
447 Ebenda, S. 308, No. 2347, 11. 4. 1931
448 Ebenda, S. 315, No. 2354, 20. 4. 1931, an Ethel Smyth
449 VW, L IV, S. 325, No. 2368, 1. 5. 1931
450 VW, D IV: 26/19. 5. 1931
451 Ebenda: 27/28. 5. 1931
452 VW, L IV, S. 327, No. 2370, 9. 5. 1931
453 Ebenda, S. 350 f., No. 2397
454 VW, D IV, S. 36, 19. 7. 1931
455 VW, L IV, S. 357, No. 2406
456 Ebenda: 40/16. 8. 1931
457 Ebenda: 44/16. 9. 1931
458 VW, L IV, S. 380, No. 2437, 17. 9. 1931
459 VW, D IV: 44/19. 3. 1931
460 Ebenda: 45/21. 9. 1931
461 VW, L IV, S. 388, No. 2448, 11. 10. 1931
462 VW, D IV: 49/17. 10. 1931
463 Vanessa Bell, zit. nach: VW, D IV: 49/17. 10. 1931
464 VW, W, S. 11
465 Ebenda, S. 12f.
466 Ebenda, S. 19
467 Ebenda, S. 29
468 Ebenda, S. 49
469 Ebenda, S. 54
470 Ebenda, S. 83
471 Ebenda, S. 136
472 Ebenda, S. 139
473 Ebenda, S. 148
474 Ebenda, S. 153
475 Ebenda, S. 159
476 Ebenda, S. 161
477 Ebenda, S. 169
478 Ebenda, S. 177
479 Ebenda, S. 183
480 Ebenda, S. 187
481 Ebenda, S. 189
482 Ebenda, S. 192
483 Ebenda, S. 193
484 Ebenda, S. 193 f.
485 Ebenda, S. 194
486 Ebenda, S. 195
487 Ebenda, S. 196
488 Ebenda, S. 199
489 Ebenda, S. 201
490 Ebenda, S. 204
491 Ebenda, S. 206
492 Ebenda, S. 207
493 Ebenda, S. 211
494 Ebenda, S. 212

495 Ebenda, S. 219
496 Ebenda, S. 221
497 Ebenda, S. 228
498 Ebenda, S. 231
499 Ebenda, S. 233
500 Ebenda, S. 237
501 Ebenda, S. 239
502 Ebenda, S. 241
503 Ebenda, S. 242
504 Ebenda, S. 244
505 Ebenda, S. 255
506 VW, L IV, S. 397, No. 2460, 27. 10. 1931
507 VW, D IV, S. 52 f.
508 Ebenda, S. 55/24. 12. 1931
509 Ebenda, Christmas morning 1931
510 Ebenda, S. 58


Kap. 6

 1 VW, L II, S. 195, No. 890, 11. 11. 1917
 2 VW, A Haunted House, S. 44
 3 VW, L II, S. 414, No. 1111, 5. 1. 1920
 4 I. Weber-Brandies, 1974, S. 26
 5 VW, L III, S. 164, No. 1534, 5. 2. 1925
 6 VW, O, S. 112
 7 in: VW, CE II, S. 141−148
 8 VW, CE II, S. 143
 9 VW, L IV, S. 155, No. 2162
10 J. O'Brien Schaefer, 1974, S. 23
11 VW, L IV, S. 106, No. 2094, 6. 11. 1929, an Goldie Dickinson
12 J. O'Brien Schaefer, 1974, S. 21 f.
13 S. Smiles, 1878, S. 62
14 Ebenda, S. 64
15 VW, AROO, S. 106
16 Ebenda, S. 97
17 Ebenda, S. 147
18 Herbert Marder, 1968, S. 3
19 VW, AROO, S. 148
20 VW, ›Professions for Women‹ 1931, in: CE II, 1972, S. 284
21 Ebenda, S. 285
22 Ebenda
23 Ebenda, S. 286
24 VW, Begleitbrief zu: M. Llewelyn Davies, 1983, S. 21
25 Ebenda, S. 22
26 P. Rose, 1978, S. 213
27 M. Rosenthal, 1979, S. 185
28 H. Marder, 1968, S. 26
29 VW, TG, S. 9
30 Ebenda, S. 35
31 Ebenda, S. 58
32 Ebenda, S. 61

33 Ebenda, S. 62
34 Ebenda, S. 60
35 Ebenda, S. 83f.
36 Ebenda, S. 86
37 J. O'Brien Schaefer, 1974, S. 22
38 J. Radcliffe Richards, 1983, S. 24
39 Ebenda, S. 35
40 VW, TG, S. 98
41 Ebenda, S. 108
42 Ebenda, S. 112
43 Ebenda, S. 113
44 Ebenda, S. 117
45 Ebenda, S. 118
46 Ebenda, S. 125
47 Ebenda, S. 136
48 Ebenda, S. 148
49 Ebenda, S. 164
50 VW, CE IV, 1967, S. 173—177
51 VW, CE II, 1972, S. 164
52 VW, CE IV, 1967, S. 173
53 Ebenda, S. 176

Kap. 7

 1 H. Bürger-Prinz, 1971, S. 214 f.
 2 R. Jaccard, 1983, S. 17
 3 VW, D I: 184/19. 8. 1918
 4 VW, L III, S. 92 f., No. 1450, 8. 3. 1924, an Jacques Raverat
 5 VW, MB, S. 97
 6 Ebenda, S. 83
 7 Ebenda, S. 98
 8 A. Miller, 1983, S. 34
 9 VW, L III, S. 379, No. 1760, an Vanessa
10 Ebenda, S. 498, No. 1894, 12. 5. 1928, an Vanessa
11 VW, MB, S. 79f.
12 VW, L VI, S. 459 f., No. 3678, 12. 1. 1941, an Ethel Smyth
13 R. Poole, 1978, S. 180
14 Herbert Marder, 1968, S. 91
15 VW, L II, S. 232, No. 923
16 VW, MB, S. 219
17 Ebenda, S. 79
18 Ebenda, S. 46
19 Ebenda, S. 106—107
20 A. & M. Mitscherlich, 1983, S. 9. Vgl. auch: M. Spilka, 1980, S. 37—46
21 VW, L III, S. 126, No. 1492
22 VW, D I: 269
23 R. Poole, 1978, S. 111
24 A. Miller, 1983, S. 46
25 VW, MB, S. 115
26 Ebenda, S. 122
27 VW, L III, S. 56, No. 1410

28  Ebenda, S. 65, No. 1417, 10. 8. 1923, an Gerald Brenan
29  VW, L III, S. 136, No. 1501, 3. 10. 1924
30  Ebenda, S. 351, No. 1733, 21. 3. 1927, an Lytton Strachey
31  Ebenda, S. 467, No. 1867, 5. 3. 1928, an Vanessa
32  Kamiya, 1965, S. 201
33  VW, MB, S. 90
34  R. Poole, 1978, S. 85
35  VW, MB, S. 93
36  Ebenda, S. 19
37  P. Sloterdijk, 1983, Bd. 1, S. 131
38  VW, MB, S. 21. Einleitung von Jeanne Schulkind
39  VW, D I: 297/13. 9. 1919
40  Ebenda: 298/14. 9. 1919
41  VW, L II, S. 391, No. 1084
42  VW, L III, S. 329, No. 1716, 9. 2. 1927
43  Leonard Woolf, The Wise Virgins, 1914, S. 221 f., zit. nach Poole, 1978, S. 95
44  LW, 1911–1918, S. 160
45  Ebenda, S. 163
46  Spater/Parsons, 1980, S. 102 f.
47  vgl. K.-H. Wocker, 1981, S. 352
48  R. Jaccard, 1983, S. 34
49  Ebenda, S. 35
50  R. Poole, 1978, S. 130
51  vgl. R. Poole, 1978, S. 133
52  VW, MD, S. 35 f.
53  R. Jaccard, 1983, S. 36
54  Lothar Krappmann, Neuere Rollenkonzepte als Erklärungsmöglichkeiten für Sozialisationsprozesse, 1978, S. 171
55  R. Jaccard, 1983, S. 101
56  Ebenda
57  R. Poole, 1978, S. 146
58  R. Jaccard, 1983, S. 19
59  M. Foucault, 1975, S. 288 ff.
60  R. Poole, 1978, S. 206 f.
61  Julian Huxley, Sex Biology and Sex Psychology, in: J. Huxley, 1934, S. 151 f.


Kap. 8


1  VW, L V, S. 8. No. 2510, 21. 1. 1932
2  VW, D IV: 66/30. 1. 1932
3  Ebenda: 69/2. 2. 1932
4  VW, L V, S. 45, No. 2570, 11. 4. 1932, an Vanessa
5  Ebenda, S. 15, No. 2522, 5. 2. 1932, an Ethel Smyth
6  VW, D IV: 74/8. 2. 1932
7  VW, L V, S. 16, No. 2523, 8. 2. 1932
8  vgl. VW, L V, S. 24
9  VW, L V, S. 27, No. 2540, 29. 2. 1932, an Clive Bell
10  VW, D IV: 79/29. 2. 1932
11  Ebenda: 81/10. 3. 1932
12  VW, L V, S. 28, No. 2542, 2. 3. 1932, an Carrington
13  VW, D IV: 85/24. 3. 1932

14 Ebenda: 87/29. 3. 1932
15 VW, L V, S. 49, No. 2573, 19. 4. 1932, an Vanessa
16 VW, D IV: 91/21. 4. 1932
17 VW, L V, S. 52, No. 2575, 24. 4. 1932, an Vita Sackville-West
18 VW, D IV: 93/24. 4. 1932
19 Ebenda: 94/2. 5. 1932
20 VW, L V, S. 55, No. 2578, 2. 5. 1932, an Vanessa
21 Ebenda, S. 58, No. 2579, 4. 5. 1932, an Ethel Smyth
22 Ebenda, S. 61, No. 2582, 8. 5. 1932, an Vita Sackville-West
23 Q. D. Leavis, 1979, S. 61
24 VW, D IV: 101 f./25. 5. 1932
25 VW, L V, S. 64, No. 2586
26 Ebenda, S. 69, No. 2598, 14. 6. 1932, an Edward Sackville-West
27 VW, D IV: 110/18. 6. 1932
28 Ebenda: 113/3. 7. 1932
29 VW, L V, S. 74, No. 2604, 1. 7. 1932, an Ethel Smyth
30 Ebenda, S. 75, No. 2606, 7. 7. 1932, an Vita Sackville-West
31 VW, D IV: 115/11. 7. 1932
32 VW, L V, S. 78, No. 2609
33 VW, D IV: 118/21. 7. 1932
34 Ebenda: 120/5. 8. 1932
35 Ebenda
36 VW, L V, S. 85, No. 2616, 7./8. 8. 1932, an Ethel Smyth
37 Ebenda, S. 97, No. 2627, 21. 8. 1932, an Ethel Smyth
38 Ebenda, S. 92, No. 2624, 17. 8. 1932, an Hugh Walpole
39 VW, D IV: 122
40 VW, L V, S. 98 f., No. 2628, 6. 9. 1932
41 VW, D IV: 124/16. 9. 1932
42 Ebenda: 125 f./2. 10. 1932
43 VW, L V, S. 114, No. 2641, 26. 10. 1932, an Hugh Walpole
44 VW, D IV: 129/2. 11. 1932
45 VW, L V, S. 127, No. 2667, 20. 11. 1932, an Ethel Smyth
46 VW, D IV: 131/4. 12. 1932
47 Ebenda: 135/31. 12. 1932
48 VW, L V, S. 148, No. 2694, 7. 1. 1933, an Vita Sackville-West
49 Ebenda, S. 154, No. 2699, 27. 1. 1933, an Ethel Smyth
50 VW, L V, S. 167, No. 2715, 14. 3. 1933, an F. B. Adams
51 Ebenda, S. 172, No. 2719, 26. 3. 1933
52 VW, D IV: 148/28. 3. 1933
53 Ebenda: 149/28. 3. 1933
54 Ebenda: 151/25. 4. 1933
55 Ebenda
56 Ebenda: 153/29. 4. 1933
57 Ebenda: 156/13. 5. 1933
58 VW, L V, S. 184, No. 2735
59 LW, 1919−1939, S. 178
60 VW, D IV: 158/15. 5. 1933
61 Ebenda: 161/30. 5. 1933
62 Ebenda: 161/31. 5. 1933
63 VW, L V, S. 207, No. 2767, 26. 7. 1933, an Quentin Bell
64 VW, D IV: 172/12. 8. 1933

65 VW, L V, S. 221, No. 2787, 3. 9. 1933, an Francis Birrell
66 VW, D IV: 178/10. 9. 1933
67 VW, D IV: 179
68 VW, L V, S. 227, No. 2795, 19. 9. 1933, an Quentin Bell
69 VW, D IV: 184/9. 10. 1933
70 VW, L V, S. 235, No. 2806
71 Ebenda, S. 239, No. 2811, 29. 10. 1933
72 VW, D IV: 186/29. 10. 1933
73 Ebenda
74 VW, L V, S. 253, No. 2826, 26. 11. 1933, an Quentin Bell
75 Ebenda
76 VW, D IV: 192/4. 12. 1933
77 Ebenda: 193/17. 12. 1933
78 VW, L V, S. 270 f., No. 2850, 24. 1. 1934, an Quentin Bell
79 VW, L V, S. 277, No. 2857, 15. 2. 1934, an Quentin Bell
80 Ebenda, S. 279, No. 2859, 26. 2. 1934, an Ethel Smyth
81 Ebenda, S. 280, No. 2862, an Vita Sackville-West
82 Ebenda, S. 281, No. 2863, 8. 3. 1934, an Quentin Bell
83 VW, D IV: 211/1. 5. 1934
84 Ebenda: 213/3. 5. 1934
85 VW, L V, S. 299, No. 2887, 4. 5. 1934, an Vanessa
86 VW, D IV: 215/6. 5. 1934
87 Ebenda: 219/9. 5. 1934
88 Ebenda: 222/18. 6. 1934
89 Ebenda: 223/2. 7. 1934
90 K. D. Bracher, 1979, S. 261
91 VW, D IV: 223 f./2. 7. 1934
92 VW, L V, S. 313, No. 2907, 2. 7. 1934, an Ethel Smyth
93 VW, D IV: 227/19. 7. 1934
94 Ebenda
95 Ebenda: 232 f./28. 7. 1934
96 Ebenda: 233/1. 8. 1934
97 Ebenda: 236/7. 8. 1934
98 Ebenda: 241/2. 9. 1934
99 VW, L V, S. 330, No. 2929, 11. 9. 1934, an Ethel Smyth
100 VW, D IV: 242/12. 9. 1934
101 Ebenda: 243/15. 9. 1934
102 VW, L V, S. 330, No. 2931, 16. 9. 1934
103 VW, D IV: 244/19. 9. 1934
104 VW, L V, S. 337f., No. 2939, 12. 10. 1934, an Ethel Smyth
105 VW, D IV: 250/11. 10. 1934
106 Ebenda: 253/17. 10. 1934
107 Ebenda
108 Ebenda: 257/26. 10. 1934
109 VW, D IV: 260/2. 11. 1934
110 Ebenda: 261/15. 11. 1934
111 Ebenda: 262/17. 11. 1934
112 Ebenda: 263/21. 11. 1934
113 Ebenda: 267/30. 12. 1934
114 Ebenda: 272/6. 1. 1935
115 VW, L V, S. 365, No. 2978, 23. 1. 1935, an Ethel Smyth

116 VW, L V, S. 369, No. 2984, 9. 2. 1935, an Ethel Smyth
117 A. J. Ayer, 1978, S. 204
118 VW, D IV, 287/11. 3. 1935
119 Ebenda
120 VW, L V, S. 382, No. 3007, 3. 4. 1935, an Quentin Bell
121 VW, D IV: 292/28. 3. 1935
122 Ebenda: 295/1. 4. 1935
123 VW, L V, S. 383, No. 3007, 3. 4. 1935, an Quentin Bell
124 VW, D IV: 298/12. 4. 1935
125 Ebenda: 301/15. 4. 1935
126 Ebenda: 303/18. 4. 1935
127 Ebenda: 304/22. 4. 1935
128 LW, 1919—1939, S. 186
129 VW, D IV: 307/28. 4. 1935
130 VW, L V, S. 391, No. 3017, 8. 5. 1935, an Ka Arnold-Forster
131 VW, D IV: 311/9. 5. 1935
132 Ebenda
133 LW, 1919—1939, S. 185
134 Ebenda, S. 193
135 VW, D IV: 313/20. 5. 1935
136 VW, L V, S. 396, No. 3025, 2. 6. 1935
137 LW, 1919—1939, S. 243
138 VW, D IV: 319/5. 6. 1935
139 Ebenda: 326/25. 6. 1935
140 VW, L V, S. 411, No. 3040, 5. 7. 1935, an Vanessa
141 Ebenda, S. 415, No. 3046, 14. 7. 1935
142 Ebenda, S. 414, No. 3044, 10. 7. 1935, an Vita Sackville-West
143 VW, D IV: 332/17. 7. 1935. Vgl. auch VW, L V, S. 415ff., No. 3047,
    17. 7. 1935, an Vanessa
144 VW, D IV: 334/3. 8. 1935
145 VW, L V, S. 424, No. 3057, 10. 8. 1935, an Jane Bussy
146 VW, D IV: 337/4. 9. 1935
147 Ebenda: 340/12. 9. 1935
148 Ebenda: 343/23. 9. 1935
149 Ebenda: 346/15. 10. 1935
150 VW, LV, S. 443, No. 3084, 16. 11. 1935
151 VW, D IV: 360/29. 12. 1935
152 Ebenda: 361/30. 12. 1935
153 VW, AWD: 252/3. 1. 1936
154 VW, L VI, S. 10 f., No. 3101, 30. 1. 1936, an Julian Bell
155 VW, AWD: 254/4. 3. 1936
156 Ebenda: 255/13. 3. 1936
157 vgl. VW, L VI, S. 19, No. 3111, 11. 3. 1936, an Julian Bell
158 Ebenda, S. 23, No. 3115, 27. 3. 1936, an Ethel Smyth
159 Ebenda, S. 26, No. 3118, 14. 4. 1936, an Ethel Smyth
160 vgl. QB II, S. 195
161 VW, L VI, S. 37, No. 3132, 8. 5. 1936
162 VW, AWD: 257/11. 6. 1936
163 Ebenda: 258/21. 6. 1936
164 VW, L VI, S. 49, No. 3146, 25. 6. 1936, an Ethel Smyth
165 Ebenda, S. 55, No. 3153, 14. 7. 1936, an Ethel Smyth

166 Ebenda, S. 63, No. 3160, 13. 8. 1936, an Ethel Smyth
167 Ebenda, S. 70, No. 3169, 14. 9. 1936, an Ethel Smyth
168 Ebenda, S. 73, No. 3173, 18. 9. 1936, an Ethel Smyth
169 Ebenda, S. 75, No. 3176, 24. 9. 1936, an Vita Sackville-West
170 LW, 1919—1939, S. 155
171 VW, AWD: 259/3. 11. 1936
172 Ebenda: 260/4. 11. 1936
173 VW, L VI, S. 83, No. 3189, 14. 11. 1936, an Julian Bell
174 Ebenda
175 VW, AWD: 261/30. 11. 1936
176 VW, L VI, S. 96, No. 3204, 26. 12. 1936, an Lady Ottoline Morrell
177 VW, AWD: 262/31. 12. 1936
178 Ebenda: 263/20. 2. 1937
178a VW, L VI, S. 110, No. 3222, 24. 2. 1937, an Ethel Smyth
179 VW, L VI, S. 111, No. 3223, 1. 3. 1937, an Ethel Smyth
180 VW, AWD: 265/12. 3. 1937
181 M. Rosenthal, 1979, S. 170
182 VW, AWD: 192/25. 4. 1933
183 H. Lee, 1977, S. 181
184 VW, L VI, S. 116, No. 3230, 7. 4. 1937, an Stephen Spender
185 W. Erzgräber, 1982, S. 138
186 VW, Y, S. 108
187 Ebenda, S. 119
188 Ebenda, S. 143
189 Ebenda, S. 164
190 H. Lee, 1977, S. 187
191 Catull, Gedichte Lat.-Dt., hrsg. v. Werner Eisenhut, München 1956, S. 13
192 LW, 1919—1939, S. 144 f.
193 VW, L VI, S. 116, No. 3230, 7. 4. 1937, an Stephen Spender
194 VW, AWD: 269/1. 6. 1937
195 VW, L VI, S. 146, No. 3275, 21. 7. 1937, an Vita Sackville-West
196 Ebenda, S. 149, No. 3283, 25. 7. 1937, an Rosamund Lehmann
197 QB II, S. 255
198 VW, L VI, S. 174 f., No. 3314, 27. 9. 1937, an Maynard Keynes
199 Ebenda, S. 177, No. 3316, 2. 10. 1937, an Vanessa Bell
200 Ebenda, S. 180, No. 3320, 9. 10. 1937, an Donald Brace
201 Mitchell A. Leaska, 1977, S. 209
202 VW, L VI, S. 186, No. 3327, 15. 11. 1937, an Vita Sackville-West
203 Ebenda, S. 187
204 VW, L VI, S. 210, No. 3358, 27. 1. 1938, an Ethel Smyth
205 Ingeborg Bachmann, zit. nach: U. Johnson, 1974, S. 32 f.
206 VW, L VI, S. 219, No. 3373, 18. 3. 1938, an Ethel Smyth
207 Ebenda
208 Ebenda, S. 225, No. 3382, 23. 4. 1938, an Ethel Smyth
209 VW, AWD: 276/26. 4. 1938
210 VW, L VI, S. 226, No. 3383, 3. 5. 1938, an Vita Sackville-West
211 VW, AWD: 278/20. 5. 1938
212 Ebenda
213 Ebenda: 279/17. 5. 1938
214 vgl. VW, L VI, S. 233, No. 3392, 1. 6. 1938, an Ethel Smyth
215 VW, AWD: 284/16. 6. 1938

216 VW, L VI, S. 241, No. 3403, 18. 6. 1938, an Vanessa
217 Ebenda, S. 253, No. 3415, 11. 7. 1938, an Ethel Smyth
218 VW, AWD: 285/7. 7. 1938
219 VW, L VI, S. 259, No. 3425, 27. 7. 1938, an Ling Su-Hua
220 Ebenda, S. 263, No. 3429, 7. 8. 1938, an Angelica Bell
221 VW, AWD: 286/17. 8. 1938
222 Ebenda: 28. 8. 1938
223 LW, 1939−1969, S. 28
224 VW, AWD: 287 f./5. 9. 1938
225 VW, L VI, S. 272, No. 3443, 17. 9. 1938, an Ethel Smyth
226 VW, AWD: 288/10. 9. 1938
227 Ebenda
228 VW, L VI, S. 276, No. 3447, 1. 10. 1938, an Vanessa
229 Ebenda, S. 280, No. 3449, 3. 19. 1938, an Vanessa
230 Ebenda, S. 309, No. 3476, 9. 1. 1939, an Ethel Smyth
231 LW, 1919−1939, S. 169
232 VW, AWD: 297/11. 4. 1939
233 Ebenda: 13. 4. 1939
234 Ebenda: 298/15. 4. 1939
235 VW, L VI, S. 327, No. 3506, 17. 4. 1939
236 VW, AWD: 299/29. 6. 1939
237 LW, 1939−1969, S. 29
238 VW, AWD: 301/24. 8. 1939
239 VW, L VI, S. 353 f., No. 3547, 29. 8. 1939, an Ethel Smyth
240 Ebenda, S. 354
241 Ebenda, S. 355, No. 3549, 2. 9. 1939, an Vita Sackville-West
242 Kurt Kluxen, 1968, S. 801
243 VW, AWD: 301/6. 9. 1939
244 Ebenda: 302/6. 9. 1939
245 Ebenda
246 VW, L VI, S. 363, No. 3558, 11. 10. 1939, an A. G. Sayers
247 Ebenda, S. 366, No. 3562, 25. 10. 1939, an Eddie Sackville-West
248 VW, L VI, S. 374, No. 3571, 9. 12. 1939, an Vita Sackville-West
249 VW, AWD: 306/18. 12. 1939
250 VW, L VI, S. 381, No. 3582, 1. 2. 1940, an Ethel Smyth
251 VW, AWD: 309/2. 2. 1940
252 VW, L VI, S. 384, No. 3587, 7. 3. 1940
253 VW, L VI, S. 385, No. 3589, 15. 3. 1940, an Vanessa
254 VW, AWD: 311 f./20. 3. 1940
255 Ebenda: 314/29. 3. 1940
256 VW, L VI, S. 391, No. 3597, 6. 4. 1940, an Margaret Llewelyn
   Davies
257 VW, AWD: 315/13. 5. 1940
258 VW, L VI, S. 393, No. 3600, 22. 4. 1940, an Ethel Smyth
259 Ebenda, S. 394, Anm. 3
260 S. Haffner, 1967, S. 128
261 VW, AWD: 315/13. 5. 1940
262 Ebenda: 20. 5. 1940
263 S. Haffner, 1967, S. 132
264 VW, AWD: 316/25. 5. 1940
265 Ebenda 318/9. 6. 1940

266  F. Dürrenmatt, 1980, S. 43 f.
267  LW, 1939—1969, S. 11
268  VW, AWD: 320/22. 6. 1940
269  VW, AWD: 322/26. 7. 1940
270  K. Mehnert, 1983, S. 278
271  Nigel Nicolson, Die Schlacht um England, in: S. G. F. Brandon, 1982, S. 658
272  VW, AWD: 324/16. 8. 1940
273  Ebenda: 327/31. 8. 1940
274  Ebenda: 327/5. 9. 1940
275  Ebenda: 327/10. 9. 1940
276  Ebenda: 328/10. 9. 1940
277  VW, L VI, S. 429, No. 3644, 11. 9. 1940, an Ethel Smyth
278  Ebenda, S. 431, Anm. 1
279  VW, AWD: 329/11. 9. 1940
280  B. R. Silver, 1983, S. 10
281  VW, L VI, S. 431, No. 3694, 11. 9. 1940, an Ethel Smyth
282  VW, AWD: 332/18. 9. 1940
283  Ebenda: 334 f./2. 10. 1940
284  LW, 1939—1969, S. 11
285  VW, L VI, S. 438, No. 3653, 6. 10. 1940, an Donald Brace
286  VW, AWD: 336/12. 10. 1940
287  Ebenda: 339/5. 11. 1940
288  vgl. VW, L VI, S. 444
289  VW, AWD: 340/23. 11. 1940
290  W. Erzgräber, 1982, S. 149
291  M. Rosenthal, 1979, S. 196
292  H. Lee, 1977, S. 207
293  VW, BA: 68
294  M. Rosenthal, 1979, S. 192
295  VW, BA: 180
296  R. Poole, 1978, S. 233
297  VW, BA: 33 f.
298  LW, 1919—1939, S. 150
299  VW, L VI, S. 448, No. 3662, 29. 11. 1940, an Vita Sackville-West
300  VW, AWD: 29. 12. 1940
301  VW, L VI, S. 457, No. 3675, 4. 1. 1941, an Sibyl Colefax
302  Ebenda, S. 460, No. 3678, 12. 1. 1941, an Ethel Smyth
303  VW, AWD: 344/26. 1. 1940
304  LW, 1919—1939, S. 205 f.
305  VW, L VI, S. 467, No. 3685, 1. 2. 1941, an Ethel Smyth
306  Ebenda, S. 472, No. 3691, 10. 2. 1941, an Mary Hutchinson
307  VW, L VI, S. 475, No. 3695, 1. 3. 1941, an Ethel Smyth
308  Ebenda, S. 478, No. 3699, 10. 3. 1941, an Ethel Smyth
309  Ebenda, S. 479, No. 3700, 13. 3. 1941, an Elizabeth Robins
310  Ebenda, S. 486 f., No. 3710, 28. 3. 1941, an Leonard Woolf

# Sekundärliteratur

Annan, Noel Gilroy, Leslie Stephen. His Thought and Character in Relation to his Time (Cambridge, Mass. 1952)
Arbeitsgruppe Bielefelder Soziologen (Hrsg.), Alltagswissen, Interaktion und gesellschaftliche Wirklichkeit (Opladen 1981)
Ayer, Alfred Jules, The Concept of a Person and Other Essays (London 1973)
—, Part of My Life (Oxford 1978)
Baldanza, Frank, Orlando and the Sackvilles, in: PMLA (1955): 274—279
Batchelor, J. B., Feminism in Virginia Woolf, in: English, vol. XVII (1968): 1—7
Barthes, Roland, Am Nullpunkt der Literatur (Frankfurt/M. 1982)
Bazin, Nancy Topping, Virginia Woolf and the Androgynous Vision (New Brunswick, N. J. 1973)
Bell, Quentin, Bloomsbury (London 1976)
Benjamin, Walter, Das Kunstwerk im Zeitalter seiner technischen Reproduzierbarkeit (Frankfurt/M. 1963)
Bennett, Joan, Virginia Woolf. Her Art as a Novelist (Cambridge 1945)
Bergmann, Eckart, Die Präraffaeliten (München 1980)
Betrifft: Erziehung Redaktion (Hrsg.), Familienerziehung, Sozialschicht und Schulerfolg (Weinheinheim/Basel 1978)
Bowlby, John, Verlust. Trauer und Depression (Frankfurt/M. 1983)
Bracher, Karl Dietrich, Die deutsche Diktatur (Frankfurt/Berlin/Wien 1979)
Bradbury, M./McFarlane, J. (eds.), Modernism (Harmondsworth 1981)
Brandon, S. G. F. (Hrsg.), Meilensteine der Geschichte (Berlin 1982)
Briggs, Asa, Victorian People (Harmondsworth 1975)
Brontë, Charlotte, Jane Eyre, ed. by Q. D. Leavis (Harmondsworth 1981)
Brook-Sheperd, Gordon, Edward VIII. Ein europäischer Herrscher (München 1980)
Bürger-Prinz, Hans, Ein Psychiater berichtet (Hamburg ³1971)
Chesler, Phyllis, Frauen — Das verrückte Geschlecht (Reinbek b. Hamburg 1977)
Clark, Ronald W., The Life of Bertrand Russell (Harmondsworth 1975)
Cookridge, E. H., Abenteuer Orient Express (München 1983)
Davies, Margaret Llewelyn (ed.), So haben wir gelebt. Englische Arbeiterinnen erzählen (Berlin 1983)
Dölle, Erika, Experiment und Tradition in der Prosa Virginia Woolfs (München 1971)
Dor, Milo/Federmann, Reinhard, Das Gesicht unseres Jahrhunderts (Düsseldorf 1960)
Drabble, Margaret, Virginia Woolf, in: MS, vol. 1 (1972)
Dürrenmatt, Friedrich, Zusammenhänge (Zürich 1980)
Edel, Leon, Bloomsbury. A House of Lions (Harmondsworth 1981)
Ellmann, Richard, James Joyce (New York 1981)

Erdmann, Karl Dietrich, Die Zeit der Weltkriege. 2. Teilband: Deutschland unter der Herrschaft des Nationalsozialismus (Stuttgart 1976)

Ernst, Cécile, Schizophrenie — Probleme und Kontroversen eines Krankheitsbildes, in: UNIVERSITAS, Jg. 38 (1983)

Erzgräber, Willi, Virginia Woolf: Mrs. Dalloway, in: Horst Oppel (Hrsg.), Der moderne englische Roman, Interpretationen (Berlin 1965), S. 160—200.

—, Virginia Woolf. Eine Einführung (München/Zürich 1982)

Ford, Boris (ed.), The Pelican Guide to English Literature 7: The Modern Age (Harmondsworth 1970)

Foucault, Michael, Madness und Society (London 1975)

Freud, Sigmund, Zur Psychopathologie des Alltagslebens (Frankfurt/M. 1954)

Fromm, Erich, Die Kunst des Liebens (Berlin/Wien 1979)

Fry, Roger, Vision and Design (Oxford 1981)

Gadd, David, The Loving Friends. A Portrait of Bloomsbury (London 1976)

Garnett, David (ed.), Dora Carrington, Letters and Extracts from her Diaries (Oxford 1979)

Gay, Peter, Die Republik der Aussenseiter. Geist und Kultur in der Weimarer Zeit 1918—1933 (Frankfurt/M. 1970)

Haffner, Sebastian, Anmerkungen zu Hitler (Frankfurt/M. 1978)

—, Winston Churchill in Selbstzeugnissen und Bilddokumenten (Reinbek b. Hamburg 1967)

Harrod, R. F., John Maynard Keynes (Harmondsworth 1972)

Hassauer, Friederike, ›Weibliche Ästhetik‹ als Gegenstand der Literaturwissenschaft, in: UNIVERSITAS, 38. Jg. (1983): 925—932.

Heidegger, Martin, Holzwege (Frankfurt/M. 1980)

—, Sein und Zeit (Tübingen 1957)

Hirschfeld, Gerhard/Kettenacker, Lothar (Hrsg.), Der »Führerstaat«: Mythos und Realität (Stuttgart 1981)

Hobsbawm, E. J., Die Blütezeit des Kapitals. Eine Kulturgeschichte der Jahre 1848—1875 (München 1977)

Holroyd, Michael, Lytton Strachey (Harmondsworth 1980)

Hootz, Reinhardt (Hrsg.), Kunstdenkmäler in Griechenland. Festland ohne Peloponnes (Darmstadt 1982)

Huxley, Julian, Essays of a Biologist (London 1934)

Hyde, Montgomery, Neville Chamberlain (München 1982)

Hyman, Virginia R., The metamorphosis of Leslie Stephen, in: VIRGINIA WOOLF QUARTERLY (San Diego), 2 (1974): 48—65

Hyslop, T. B., A Discussion of Occupation and Environment as Causative Factors of Insanity, in: British Medical Journal, 2 (1905)

Jaccard, Roland, Der Wahnsinn (Frankfurt/Berlin/Wien 1983)

Johnson, Uwe, Eine Reise nach Klagenfurt (Frankfurt/M. 1974)

Johnstone, J. K., The Bloomsbury Group (London 1954)

Joyce, James, Stephen Hero (London 1981)

Kamiya, Miyeko, Virginia Woolf: An Outline of a Study on her Personality, Illness, and Work, in: CONFINA PSYCHIATRICA, 8 (1965).

Keating, Peter (ed.), Into Unknown England 1866—1913. Selections from the SocialExplorers (Manchester 1976)

— (ed.), The Victorian Prophets (Glasgow 1981)

Kerr, Judith, Warten bis der Frieden kommt (Ravensburg 1975)

Kielholz, Paul, Differentialdiagnostik und Therapie der depressiven Zustandsbilder (Basel 1959)

Klein, Jürgen, Die Ästhetik des frühen James Joyce, in: Zeitschrift für Ästhetik und Allgemeine Kunstwissenschaft (1984)

Kluxen, Kurt, Geschichte Englands (Stuttgart 1968)

Kogon, Eugen, Der SS-Staat (München 1983)

Kühnel, Jürgen, Erlösung dem Erlöser. Wagners Philosophie im Umkreis des ›Parsifal‹, in: Programmheft Hamburgische Staatsoper (Hamburg 1983)

Laing, Ronald R., The Divided Self (Harmondsworth 1974)

Lawrence, D. H., Women in Love (London 1932)

Leaska, Mitchell A., Virginia Woolf, the Pargeter. A Reading of ›The Years‹, in: Bulletin of the New York Public Library, vol. 80 (1977)

Leavis, Q. D., Fiction and the Reading Public (Harmondsworth 1979)

Lee, Hermoine, The Novels of Virginia Woolf (London 1977)

Lee, Sir Sidney, Edward VII. (Dresden o. J.), 2 Bde.

—, Art. Sir Leslie Stephen, in: Dictionary of National Biography (1912), S. 398—405

Lehmann, John, Virginia Woolf and her World (London 1975)

Levy, Paul, G. E. Moore and the Cambridge Apostles (Oxford 1981)

Lichtheim, George, Europe in the Twentieth Century (London 1974)

Love, Jean O., Virginia Woolf. Sources of Madness and Art (Berkeley/Los Angeles/London 1977)

Majumdar, Robin/McLaurin, Allen (eds.), Virginia Woolf. The Critical Heritage (London/Boston 1975)

Marcuse, Herbert, Kultur und Gesellschaft 1 (Frankfurt/M. 1967)

Marder, Herbert, Feminism and Art. A Study of Virginia Woolf (Chicago/London 1974)

Maus, Heinz, Die Traumhölle des Justemilieu (Frankfurt/M. 1981)

Mehnert, Klaus, Ein Deutscher in der Welt. Erinnerungen 1906—1981 (Ff./M. 1983)

Miller, Alice, Das Drama des begabten Kindes (Frankfurt/M. 1983)

Mitscherlich, Alexander & Margarete, Die Unfähigkeit zu trauern (München 1983)

Moore, G. E., Principia Ethica (Cambridge 1971)

—, Principia Ethica, hrsg. v. Burkhard Wisser (Stuttgart 1977)

Musgrave, Clifford, Queen Mary's Dolls' House (London 1978)

Naremore, James, The World without a Self: Virginia Woolf and the Novel (New Haven 1973)

Nicolson, Nigel, Portrait of a Marriage (London 1974)

Nietzsche, Friedrich, Der Wille zur Macht. Versuch einer Umwertung aller Werte (Leipzig 1930)

Noble, John Russell (ed.), Recollections of Virginia Woolf (Harmondsworth 1975)

O'Brien, Edna, Virginia. A Play (London 1981)

Poole, Roger, The unknown Virginia Woolf (Cambridge 1978)

Priestley, J. B., Victoria's Heyday (Harmondsworth 1974)

Proust, Marcel, Auf der Suche nach der verlorenen Zeit (Frankfurt/M. 1976)

Read, Herbert, Henry Moore (München/Zürich 1967)

Reiners, Ludwig, In Europa gehen die Lichter aus (München 1954)

Richards, Janet Radcliffe, The Sceptical Feminist. A Philosophical Enquiry (Harmondsworth 1983)

Richter, Harvena, Virginia Woolf. The Inward Voyage (Princeton, N. J. 1970)

Riley, Helene M. Kastinger, Virginia Woolf (Berlin 1983)

Rose, Phyllis, Woman of Letters. A Life of Virginia Woolf (London/Henley 1978)

Rosenbaum, S. P., The Bloomsbury Group. A Collection of Memoirs, Commentary and Criticism (Toronto 1975)

Rosenthal, Michael, Virginia Woolf (London/Henley 1978)

Ruddick, Lisa. The Seen and the Unseen: Virginia Woolf's TO THE LIGHTHOUSE (Cambridge, Mass./London 1977)

Ruskin, John, Sesame und Lilies (Leipzig 1906)

Russell, Bertrand, Autobiographie I: 1872—1914 (Frankfurt/M. 1972)

Sartre, Jean-Paul, Das Sein und das Nichts (Hamburg 1962)

—, Drei Essays (Frankfurt/M. 1960)

O'Brien Schaefer, Josephine, Yesterday's Feminism, in: NEW REPUBLIC, 170 (1974): 21—24

Schmidt, S. J., Grundriss der empirischen Literaturwissenschaft (Braunschweig/Wiesbaden 1980) 2 Bde.

Shaw, Valerie, The Secret Companion, in: *Critical Quarterly*, vol. 20 (1978): 70—77

Silver, Brenda R., Virginia Woolf's Reading Notebooks (Princeton, N. J. 1983)

Sloterdijk, Peter, Kritik der zynischen Vernunft (Frankfurt 1983), 2 Bde.

Smiles, Samuel, Der Charakter (Leipzig ³1878)

Spater, George/Parsons, Ian, Portrait einer ungewöhnlichen Ehe. Virginia und Leonard Woolf (Frankfurt/M. 1980)

Spilka, Mark, Virginia Woolf's Quarrel with Grieving (Lincoln/London 1980)

Soergel, Albert, Dichtung und Dichter der Zeit. Neue Folge: Im Banne des Expressionismus (Leipzig 1925)

Stadtfeld, Frieder, Virginia Woolfs letzter Roman: More Quintessential Than The Others, in: ANGLIA, 91 (1973): 56—76

Stephen, Leslie, The Science of Ethics (London 1882)

—, An Agnostic's Apology and Other Essays (New York/London 1893)

—, Social Rights and Duties (London 1896), 2 vols.

—, Hours in a Library (London 1909), 3 vols.

—, Mausoleum Book, ed. by Alan Bell (Oxford 1977)

Strachey, Lytton, Eminent Victorians (Harmondsworth 1981)

Taylor, A. J. P., English History 1914—1945 (Harmondsworth 1976)

Thompson, E. P., The Making of the English Working Class (Harmondsworth 1972)

Thomson, David, England in the Nineteenth Century 1815—1914 (Harmondsworth 1964)

Trask, Georgianne/Burkhart, Charles (eds.), Storytellers and their Art (New York 1963)

Trombley, Stephen, All that Summer she was Mad. Virginia Woolf and her Doctors (London 1981)

Valery, Paul, Gedichte, übertragen v. Rainer Maria Rilke (Leipzig 1949)

Wagner, Friedolin, Sissinghurst: der weisse Garten, in: Architektur & Wohnen (1978), Heft 2

Weber-Brandies, Ingeborg, Virginia Woolf — The Waves. Emanzipation als Möglichkeit des Bewußtseinsromans (Bern/Frankfurt 1974)

Whitehead, A. N., Science and the Modern World (Glasgow 1975)

Wittgenstein, Ludwig, Tractatus logico-philosophicus (Frankfurt/M. 1964)

Wocker, Karl-Heinz, Englands Bayreuth — ohne Wagner, in: MERIAN: Englands Süden, 28 Jg. (o. J.), Heft 6

—, Königin Victoria. Die Geschichte eines Zeitalters (München 1981)

Worringer, Wilhelm, Abstraktion und Einfühlung (München ⁸1919)

Wysocki, Gisela von, Weiblichkeit und Modernität. Über Virginia Woolf (Frankfurt/M./Paris 1982)

# Register

# HEYNE BIOGRAPHIEN

## *Die Großen der Weltgeschichte –*
## *Wissenschaft · Politik · Kultur*

Robin Lane Fox
**Alexander der Große**
Eroberer der Welt
12/41 - DM 9,80

Eberhard Horst
**Friedrich II.,
der Staufer**
Kaiser - Feldherr -
Dichter 12/43 - DM 9,80

Jean Héritier
**Katharina von Medici**
Herrscherin ohne Thron
12/44 - DM 7,80

D. P. O'Connell
**Richelieu**
Kardinal - Staatsmann -
Revolutionär
12/46 - DM 9,80

Ruth Jordan
**George Sand**
Die große Liebe
12/47 - DM 9,80

Robert Payne
**Stalin**
Macht und Tyrannei
12/48 - DM 11,80

W. Siegmund-Schultze
**Johann Sebastian
Bach**
Genie über den Zeiten
12/49 - DM 7,80

Michael Grant
**Nero**
Despot - Tyrann -
Künstler
12/53 - DM 7,80

Karl Pisa
**Schopenhauer**
Geist und Sinnlichkeit
12/55 - DM 8,80

Ingeborg Drewitz
**Bettine von Arnim**
Romantik - Revolution -
Utopie 12/56 - DM 7,80

Carl Brinitzer
**G. C. Lichtenberg**
Genialität und Witz
12/59 - DM 7,80

Paul J. Stern
**C. G. Jung**
Prophet des
Unbewußten
12/60 - DM 7,80

Benno von Wiese
**Eduard Mörike**
Ein romantischer
Dichter
12/61 - DM 7,80

Helmut Hiller
**Friedrich Barbarossa**
Kaiser - Ritter - Held
12/62 - DM 8,80

Ernst Krause
**Richard Strauss**
Der letzte Romantiker
12/65 - DM 10,80

Burkhard Nadolny
**Prinz Louis Ferdinand**
Künstler - Held -
Politiker
12/66 - DM 7,80

Roberto Gervaso
**Casanova**
Verführer und Welt-
mann 12/67 - DM 8,80

Franz Herre
**Freiherr vom Stein**
Zwischen Revolution
und Reformation
12/68 - DM 8,80

Manuel Fernandez
Alvarez
**Karl V.**
Beherrscher eines
Weltreichs
12/69 - DM 7,80

Bernard Gavoty
**Chopin**
Ein Magier der Musik
12/70 - DM 10,80

Trautgott Krischke
**Ödön von Horváth**
Kind seiner Zeit
12/71 - DM 8,80

Karl Heinz Wocker
**Königin Victoria**
Die Geschichte eines
Zeitalters
12/72 - DM 12,80

**Wilhelm Heyne Verlag
München**

# HEYNE BIOGRAPHIEN

*Die Großen der Weltgeschichte –*
*Wissenschaft · Politik · Kultur*

HEYNE BIOGRAPHIEN

Jürgen Klein

**VIRGINIA WOOLF**

Genie, Tragik, Emanzipation

Preisänderungen
vorbehalten.

**Wilhelm Heyne Verlag
München**

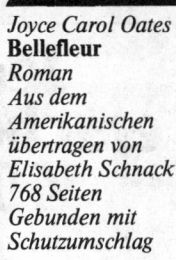